Carsten Herrmann-Pillath und Michael Lackner (Hrsg.)
unter Mitarbeit von Doris Fischer und Christoph Müller-Hofstede
Länderbericht China

Schriftenreihe   Band 351

Carsten Herrmann-Pillath
und Michael Lackner (Hrsg.)
unter Mitarbeit von Doris Fischer
und Christoph Müller-Hofstede

Länderbericht China

Politik, Wirtschaft und Gesellschaft
im chinesischen Kulturraum

Bundeszentrale
für politische Bildung

Bonn 2000 (zweite durchgesehene Auflage)
Redaktion: Doris Fischer, Christoph Müller-Hofstede
Diese Veröffentlichung stellt keine Meinungsäußerung
der Bundeszentrale für politische Bildung dar.
Für die inhaltlichen Aussagen tragen die Autoren die Verantwortung.
Satzherstellung: Medienhaus Froitzheim AG, Bonn, Berlin
Druck: Bercker, Kevelaer
ISBN 3-89331-357-5 · ISSN 0435-7604

Inhalt

Verzeichnis der Tabellen 9

Verzeichnis der Abbildungen 13

Verzeichnis der Übersichten 16

Abkürzungsverzeichnis 17

Vorwort der Herausgeber
CARSTEN HERRMANN-PILLATH/MICHAEL LACKNER 19

Teil A: Der chinesische Kulturraum 29

I. Naturräumliche Gliederung und wirtschaftsgeographische Grundlagen
WOLFGANG TAUBMANN 31

II. Chinesische Identität und langfristiger
sozioökonomischer Wandel
CARSTEN HERRMANN-PILLATH 58

Teil B: Historische Wurzeln des modernen China 77

III. Wachstum und Zerfall des kaiserlichen China
HELWIG SCHMIDT-GLINTZER 79

IV. China und der Westen im 19. Jahrhundert
JÜRGEN OSTERHAMMEL 102

V. Neue Eliten und die Herausforderungen der Moderne
RUDOLF G. WAGNER 118

VI. Die chinesische Republik zwischen
Modernisierung und Bürgerkrieg: 1911 bis 1949
HERMANN HALBEISEN 135

| VII. | Vom Objekt der Großmächte zur Unabhängigkeit: China und die Weltpolitik (1895–1949)
OSKAR WEGGEL | 154 |

Teil C: Chinesische Modernisierungsregime und politischer Wandel 167

VIII.	Die Kommunistische Partei an der Macht: Politische Entwicklungen bis zum Ende der Ära Deng Xiaoping EBERHARD SANDSCHNEIDER	169
IX.	Modernisierung ohne Demokratie? Zukunftsperspektiven des politischen Systems der VR China und der Kommunistischen Partei SEBASTIAN HEILMANN	186
X.	Taiwan seit 1945: Von der Entwicklungsdiktatur zur entwickelten Demokratie GUNTER SCHUBERT	206
XI.	Hongkong: Von der britischen Kronkolonie zur chinesischen Sonderverwaltungsregion WERNER MEISSNER	222
XII.	Singapur zwischen Staat, Markt und Modernisierung THOMAS MENKHOFF	240

Teil D: Wirtschaftliches Wachstum: Potentiale und Herausforderungen 259

XIII.	Wettbewerb der Systeme und wirtschaftliche Entwicklung im chinesischen Kulturraum CARSTEN HERRMANN-PILLATH	261
XIV.	Reform und Öffnung: Der chinesische Weg zur Marktwirtschaft MARGOT SCHÜLLER	278
XV.	Der chinesische Wirtschaftsraum als Faktor in der Weltwirtschaft SONG XUEMING	302
XVI.	Umweltkrise und Umweltpolitik DIRK BETKE	325
XVII.	Bevölkerungsentwicklung und -politik THOMAS SCHARPING	358

Teil E:	Gesellschaft und Kultur im Modernisierungsprozeß	377
XVIII.	Zwischen Krise und Chance: Neue soziale Herausforderungen des ländlichen China THOMAS HEBERER	379
XIX.	Chinesische Rechtskultur: Auf dem Wege vom Recht der Modernisierung zur Modernisierung des Rechts ROBERT HEUSER	407
XX.	Konfuzianismus von oben? Tradition als Legitimation politischer Herrschaft in der VR China MICHAEL LACKNER	425
XXI.	Das kulturelle China: Literarische Identitätssuche zwischen Zentrum und Peripherie HELMUT MARTIN	449
XXII.	Chinesische Filmkunst in den achtziger und neunziger Jahren STEFAN KRAMER	468
XXIII.	»China-Avantgarde«: Bildende Kunst seit 1979 JULIANE NOTH	478
Teil F:	Internationale Beziehungen und außenpolitische Interessen	491
XXIV.	Die VR China zwischen den Supermächten: 1949–1989 GU XUEWU	493
XXV.	Auf dem Weg zur Weltmacht? Die VR China im Spannungsfeld von USA, Japan und Rußland JOACHIM GLAUBITZ	515
XXVI.	Reich und mächtig: Chinas Zukunft als Nation CHRISTPOH MÜLLER-HOFSTEDE	534

Anhänge

DORIS FISCHER (Anhänge 1–7)

Anhang 1: Chronologie (Ende des 18. Jh. bis heute) und Abbildungen zur Geschichte Chinas	567
Anhang 2: Daten und Abbildungen zur Politik der VR China	597

Anhang 3: Daten und Abbildungen zur Gesellschaft der VR China 603
Anhang 4: Daten und Abbildungen zur Wirtschaft der VR China 611
    Anhang 4.1: Vergleich der Wirtschaftsentwicklung
            der VR China und Taiwans 611
    Anhang 4.2: Daten und Abbildungen zur allgemeinen wirtschaftlichen Entwicklung und zur Wirtschaftspolitik Chinas 615
    Anhang 4.3: Daten und Abbildungen zur Beschäftigung
            in der VR China 623
    Anhang 4.4: Daten und Abbildungen zur Eigentums- und
            Unternehmensstruktur in der VR China 627
    Anhang 4.5: Daten und Abbildungen zur Landwirtschaft
            der VR China 633
    Anhang 4.6: Daten und Abbildungen zur Industrie der VR China 637
    Anhang 4.7: Daten und Abbildungen zum Banken- und
            Finanzsystem der VR China 643
    Anhang 4.8: Daten und Abbildungen zur Außenwirtschaft
            der VR China 647

Anhang 5: Daten und Abbildungen zur Politik und Wirtschaft Taiwans 651

Anhang 6: Daten und Abbildungen zur Politik und Wirtschaft Hongkongs 659

Anhang 7: Daten und Abbildungen zur Politik und Wirtschaft Singapurs 663

Anhang 8: Die Beziehungen Deutschlands zur VR China sowie zu Taiwan,
Hongkong und Singapur
STEFAN FRIEDRICH 667

Personenregister 683

Sachregister 689

Autorenverzeichnis 697

Kartentasche

1. China im 17. bis Anfang 19. Jahrhundert
2. China Mitte 19. bis Anfang 20. Jahrundert
3. Physische Übersicht und Verkehr
4. Administration und Bevölkerungsdichte
5. Wirtschaft
6. Linguistische und ethnische Vielfalt im heutigen China
7. Republik Singapur
8. Sonderverwaltungsregion Hongkong
9. Taiwan

Verzeichnis der Tabellen

A) Tabellen im Textteil

Text I Tabelle 1:	Kennzeichen der Agrarregionen Chinas	37
Text I Tabelle 2:	Shi-Städte und nicht-agrarische Shi-Stadtbevölkerung nach Größenklassen 1952 bis 1993	45
Text I Tabelle 3:	Wirtschaftsräumliche Dreiteilung der VR China in Ost – Mitte – West	52
Text X Tabelle 1:	Taiwanisierung: Der Ständige Ausschuß des Zentralkomitees der GMD	210
Text X Tabelle 2:	Zusatzwahlen und gesamttaiwanesische Wahlen zum Legislativyuan: Sitzverteilung absolut und in Prozent	211
Text X Tabelle 3:	Zusatzwahlen und gesamttaiwanesische Wahlen zur Nationalversammlung: Sitzverteilung absolut und in Prozent	211
Text X Tabelle 4:	Die Wahlen zur taiwanesischen Provinzversammlung: Sitzverteilung	212
Text X Tabelle 5:	Die ersten freien Wahlen für die lokalen Spitzenpositionen 1994: Wahlbeteiligung und Stimmenverteilung (in %)	214
Text X Tabelle 6:	Der Ausgang der Präsidentschaftswahlen vom 23. März 1996	215
Text XV Tabelle 1:	Im- und Exportstruktur der VR China nach Produktgruppen, 1980–1995	303
Text XV Tabelle 2:	Die Haupthandelspartner der VR China, 1980–1995	304
Text XV Tabelle 3:	Der Außenhandel Hongkongs, 1951–1995 (Mrd. HK $)	306
Text XV Tabelle 4:	Hongkongs Außenhandel mit der VR China, 1978–1995 (Mrd. HK $)	307
Text XV Tabelle 5:	Die Stellung Chinas im asiatisch-pazifischen Raum, 1993	308
Text XV Tabelle 6:	Weltbankkredite an die VR China, 1981–1994 (Mio. US $)	311
Text XV Tabelle 7:	Der Außenhandel zwischen der VR China und den USA (Mrd. US $)	315

Text XV Tabelle 8:	Die chinesisch-japanischen Wirtschaftsbeziehungen, 1979–1995	317
Text XV Tabelle 9:	Abkommen über japanische staatliche Kredite an die VR China	318
Text XV Tabelle 10:	Handelsbeziehungen der EU mit dem chinesischen Wirtschaftsraum, 1980–1994	320
Text XVI Tabelle 1:	Stromtarife für Haushalte und Industrie im asiatischen Vergleich	339
Text XVII Tabelle 1:	Vitalität der Gesamtbevölkerung	366
Text XVII Tabelle 2:	Regionale Bevölkerungsentwicklung	370
Text XVII Tabelle 3:	Urbanisierung	372
Text XVIII Tabelle 1:	Einkommensrelation Stadt-Land (1957–1994, in Yuan)	386
Text XVIII Tabelle 2:	Eigentumsformen ländlicher Betriebe (1993, in %)	392

B) Tabellen im Anhang

Tabelle 2.1:	Chinas, Taiwans und Hongkongs Mitgliedschaften in internationalen Organisationen	601
Tabelle 3.1:	Ausgewählte soziale Indikatoren im internationalen Vergleich	607
Tabelle 3.2:	Entwicklung der Schüler- und Studentenzahlen der VR China, 1952–1995	608
Tabelle 3.3:	Regionale Bevölkerungsstruktur nach Art des Schulabschlusses und Analphabetenquote im Jahr 1990	609
Tabelle 4.1.1.1:	VR China: Phasen des Wirtschaftswachstum	612
Tabelle 4.1.1.2:	Taiwan: Phasen des Wirtschaftswachstums	612
Tabelle 4.1.2.1:	VR China: Anteil einzelner Sektoren am Volkseinkommen	613
Tabelle 4.1.2.2:	Taiwan: Anteil einzelner Sektoren am Bruttoinlandsprodukt	613
Tabelle 4.1.3.1:	VR China: Veränderungen in der Beschäftigtenstruktur, 1952–1995	614
Tabelle 4.1.3.2:	Taiwan: Veränderungen in der Beschäftigungsstruktur, 1952–1995	614
Tabelle 4.2.1:	Daten zur wirtschaftlichen Entwicklung der VR China, 1953–1996	616
Tabelle 4.2.2:	Ausgewählte Kennzahlen zur wirtschaftlichen Entwicklung der VR China seit 1978	618

Tabelle 4.2.3:	Liberalisierung der Märkte und Preise, 1978–1993	621
Tabelle 4.2.4:	Durchschnittliche Zahl von vorhandenen Gebrauchsgegenständen je 100 Haushalte in Städten und Dörfern	621
Tabelle 4.3.1:	Beschäftigungsentwicklung der VR China, 1978–1995	624
Tabelle 4.3.2:	Struktur des Bruttoinlandsproduktes und der Beschäfigung im Zeitvergleich	625
Tabelle 4.3.3:	Arbeitslosen- und Rentenstatistik, 1978–1995	626
Tabelle 4.4.1:	Veränderungen in der Eigentumsstruktur der Industrienunternehmen	629
Tabelle 4.4.2:	Veränderungen in der Größenstruktur der Industrieunternehmen	629
Tabelle 4.5.1:	Daten zur Kollektivierung der chinesischen Landwirtschaft, 1950–1982	634
Tabelle 4.5.2:	Ausgewählte Kennzahlen zur agrarwirtschaftlichen Landnutzung	636
Tabelle 4.6.1:	Ausgewählte Daten zur Wirtschaftslage in einzelnen Industriebranchen	638
Tabelle 4.6.2:	Energieverbrauch (Öläquivalent) und CO_2-Emissionen im internationalen Vergleich	640
Tabelle 4.7.1:	Reguläre und budgetexterne Einnahmen und Ausgaben	645
Tabelle 4.8.1:	Realisierte Auslandsinvestitionen in der VR China, ausgewählte Länder	649
Tabelle 5.1:	Ausgewählte Kennzahlen zur Wirtschaftsentwicklung Taiwans, 1952–1995	653
Tabelle 5.2:	Ausgewählte Kennzahlen zur wirtschaftlichen Rolle des Staates in Taiwan	653
Tabelle 5.3:	Wachstum der industriellen Produktion Taiwans nach Branchen	654
Tabelle 5.4:	Anteile einzelner Güterarten an den Importen und Exporten Taiwans	655
Tabelle 5.5:	Anteile einzelner Länder bzw. Regionen an den Exporten Taiwans	655
Tabelle 5.6:	Taiwans Direktinvestitionen im Ausland und ausländische Direktinvestitionen in Taiwan	656
Tabelle 5.7:	Veränderung in der Ausgabenstruktur der privaten Haushalte Taiwans	657
Tabelle 5.8:	Ausgewählte Daten zur sozialen Entwicklung Taiwans	657

Tabelle 5.9:	Entwicklung und Struktur der Schülerzahlen nach Schularten	659
Tabelle 6.1:	Ausgewählte Daten zur wirtschaftlichen Entwicklung Hongkongs	661
Tabelle 6.2:	Ausgewählte Daten zum Außenhandel Hongkongs	661
Tabelle 6.3:	Branchenstruktur von Hongkong nach BIP	662
Tabelle 6.4:	Ausgewählte Kennzahlen der sozialen Entwicklung Hongkongs	662
Tabelle 7.1:	Ausgewählte Daten zur wirtschaftlichen Entwicklung Singapurs	665
Tabelle 7.2:	Ausgewählte Zahlen zur sozialen Entwicklung Singapurs	666
Tabelle 8.1:	Partnerschaften zwischen Bundesländern und Provinzen	679

Verzeichnis der Abbildungen

A) Abbildungen im Textteil

Text XIII Abbildung 1:	Sektorale Struktur von Sozialprodukt und Beschäftigung der VR China im weltwirtschaftlichen Vergleich (%), 1980	267
Text XVI Abbildung 1:	China: Pro-Kopf-Ausstattung mit natürlichen Ressourcen im Vergleich	326
Text XVI Abbildung 2:	China: Kernregionen schwerer Umweltbelastung	330
Text XVI Abbildung 3:	Wasserverbrauch in den Provinzhauptstädten	332
Text XVI Abbildung 4:	Wasserpreise im internationalen Vergleich	334
Text XVI Abbildung 5:	Entwicklung der Gesamtemissionen ausgewählter Schadstoffe	336
Text XVI Abbildung 6:	Entwicklung der Luftbelastung mit Schwebstaub	337
Text XVI Abbildung 7:	China: Primärenergieverbrauch 1992 – Energieträgerstruktur	338
Text XVI Abbildung 8:	China: Primärenergieverbrauch 1992 nach Sektoren	339
Text XVI Abbildung 9:	Verteilung globaler Emissionen aus Energieverbrauch und Industrieprozessen 1992	345
Text XVI Abbildung 10:	Pro-Kopf-Emissionen 1992 für Staaten mit den höchsten Gesamtemmissionen	346

B) Abbildungen im Anhang

Abbildung 1.1	Langfristige Bevölkerungsentwicklung Chinas und Kontinentaleuropas	595
Abbildung 2.1:	Die zentralen staatlichen Führungsorgane der VR China	598
Abbildung 2.2:	Das zentrale politische System der VR China	599
Abbildung 3.1:	Geburten-, Sterbe- und Wachstumsrate der Bevölkerung in der VR China, 1951–1995	604
Abbildung 3.2:	Die Bevölkerungsstruktur der VR China nach Alter und Geschlecht, 1990 und 1995	604
Abbildung 3.3	Regionale Bevölkerungsstruktur	605

Abbildung 3.4:	Entwicklung der Urbanisierung in der VR China, 1951–1996	606
Abbildung 3.5:	Schema des Schul- und Ausbildungssystems der VR China	608
Abbildung 3.6:	Internationaler Vergleich der Anteile der Schüler verschiedener Bildungsstufen in Prozent der zugehörigen Altersgruppen, 1993	610
Abbildung 4.2.1:	Reale Wachstumsraten des Volkseinkommens, 1953–1993	617
Abbildung 4.2.2:	Veränderung der Bedeutung einzelner Sektoren seit der Gründung der VR China	619
Abbildung 4.2.3:	Bruttoinlandsprodukt und BIP/Kopf in einzelnen Provinzen	620
Abbildung 4.2.4:	Strukturveränderungen der Konsumausgaben der Dorf- und der Stadtbevölkerung	622
Abbildung 4.3.1:	Struktur des Bruttosozialproduktes und der Beschäftigung im Zeitvergleich	625
Abbildung 4.4.1:	Beschäftigte in den ländlichen Unternehmen (xiangzhen qiye) nach Branchen	630
Abbildung 4.4.2:	Anteil der ländlichen Unternehmen an der landwirtschaftlichen und industriellen Produktion	631
Abbildung 4.4.3:	Regionale Verteilung der Beschäftigten und der Wertschöpfung der ländlichen Unternehmen	632
Abbildung 4.5.1:	Entwicklung der Getreideproduktion in der VR China, 1955–1995	635
Abbildung 4.5.2:	Entwicklung der Produktion von Baumwolle und Obst, 1955–1995	635
Abbildung 4.5.3:	Entwicklung von agrarwirtschaftlicher Landnutzung und Düngemitteleinsatz	636
Abbildung 4.6.1:	Relative Bedeutung der Schwerindustrie und Entwicklung der Stahlproduktion, 1953–1996	639
Abbildung 4.6.2:	Entwicklung von Energieverbrauch und Stromerzeugung, 1953–1996	639
Abbildung 4.6.3:	Energieverbrauch im internationalen Vergleich	640
Abbildung 4.6.4:	Entwicklung des Personenverkehrsaufkommens der VR China	641
Abbildung 4.6.5:	Entwicklung der Gütertransportleistung der VR China	642
Abbildung 4.7.1:	Die Entwicklung von Staatseinnahmen, Staatsausgaben und Haushaltsdefizit der chinesischen Regierung	645

Abbildung 4.7.2:	Verteilung der Regierungseinnahmen und -ausgaben auf Zentral- und Lokalregierungen	646
Abbildung 4.8.1:	Die Entwicklung des chinesischen Außenhandelsvolumens 1950 bis 1996	648
Abbildung 4.8.2:	Außenhandelsstruktur der VR China nach Kontinenten	650
Abbildung 5.1:	Entwicklung des taiwanesischen Außenhandels, 1952–1995	654
Abbildung 8.1:	Realisierte Investitionen der BR Deutschland in der VR China, Taiwan und Hongkong	680
Abbildung 8.2:	Warenhandel der BR Deutschland mit der VR China	680
Abbildung 8.3:	Warenhandel der BR Deutschland mit Taiwan	681
Abbildung 8.4:	Warenhandel der BR Deutschland mit Hongkong	681
Abbildung 8.5:	Warenhandel der BR Deutschland mit Singapur	682

Verzeichnis der Übersichten

A) Übersichten im Textteil

Text XIII Übersicht 1:	Entwicklungsstrategien und wirtschaftspolitische Schwerpunkte im chinesischen Kulturraum, 1949–1997	262

B) Übersichten im Anhang

Übersicht 1.1:	Die chinesischen Dynastien	568
Übersicht 1.2:	Chronologie der Geschichte Chinas ab dem Ende des 18. Jh. bis heute	569
Übersicht 2.1:	Die Besetzung der höchsten Partei- und Regierungsämter der VR China seit 1945	600
Übersicht 4.4.1:	Klassifizierung der Unternehmensformen in der VR China	628
Übersicht 4.7.1:	Die Institutionen des chinesischen Bankensektors	644
Übersicht 5.1:	Das Regierungssystem Taiwans	652
Übersicht 6.1:	Politische Institutionen Hongkongs im Übergang zur chinesischen Sonderverwaltungsregion (SVR)	660
Übersicht 7.1:	Legislative und Exekutive der Regierung Singapurs	664
Übersicht 8.1:	Besucherliste BR Deutschland – VR China, 1972–1996	677
Übersicht 8.2:	Liste der »privaten« Besuche zwischen der BR Deutschland und Taiwan	678
Übersicht 8.3:	Besucherliste BR Deutschland – Hongkong (ab 1993)	678
Übersicht 8.4:	Besucherliste BR Deutschland – Singapur (ab 1993)	678

Abkürzungsverzeichnis

ADPL	Association for Democracy and People's Livelihood (Hongkong)
AHG	Außenhandelsgesellschaften
AIJ	Activities Implemented Jointly
APEC	Asia-Pacific Economic Cooperation
APROC	Asia-Pacific Regional Operations Center
ASEAN	Association of South East Asian Nations
ASEM	Europäisch-Asiatischer Gipfel
BGW	Bundesverband der deutschen Gas- und Wasserwirtschaft
BIP	Bruttoinlandsprodukt
BMZ	Bundesministerium für wirtschaftliche Zusammenarbeit
BOT	Build, Operate and Transfer
BSP	Bruttosozialprodukt
CEN	China Environment News
CEYB	China Environment Yearbook
CFP	Central Provident Fund (Singapur)
CJP	Chinesische Juristenpartei (Taiwan)
CSY	China Statistical Yearbook
DAAD	Deutscher Akademischer Austauschdienst
DAB	Democratic Alliance for the Betterment of Hong Kong
DFP	Demokratische Fortschrittspartei (Taiwan)
DIHT	Deutscher Industrie- und Handelstag
DP	Demokratische Partei (Hongkong)
DSP	Democratic Socialist Party (Taiwan)
EDB	Economic Development Board (Singapur)
EG	Europäische Gemeinschaft
EPC	Environmental Protection Committee under the State Council
ERPC	Environment and Resources Protection Committee
EU	Europäische Union
FAO	Food and Agriculture Organization (Welternährungsorganisation)
FDI	Foreign Direct Investment (ausländische Direktinvestitionen)
GATT	General Agreement on Tariffs and Trade
GEF	Global Environmental Facility
GMD	Guomindang
GTZ	Gesellschaft für Technische Zusammenarbeit
HKMAO	Hong Kong and Macau Affairs Office (Büro für Hongkong und Macau-Angelegenheiten beim Staatsrat)
IAEA	International Atomic Energy Agency
IAEO	International Atomic Energy Organization
ICE	Intercity-Express
IMF	International Monetary Fund
IPCC	Intergovernmental Panel on Climate Change
IWSA	International Water Supply Association
JI	Joint Implementation
k.A.	keine Angabe
KPCh	Kommunistische Partei Chinas
KPdSU	Kommunistische Partei der Sowjetunion

KSZE	Konferenz über Sicherheit und Zusammenarbeit in Europa
kW/kWh	Kilowatt/Kilowattstunde
LP	Liberal Party
LPG	Landwirtschaftliche Produktionsgenossenschaft
MFN	most favoured nation (Meistbegünstigung)
MOFTEC	Ministry of Foreign Trade and Economic Cooperation (Außenwirtschaftsministerium der VR China)
Mrd.	Milliarden
NATO	North Atlantic Treaty Organization (Nordatlantische Verteidigungsorganisation)
NEPA	National Environmental Protection Agency
NP	Neue Partei (Taiwan)
NRK	Nationale Ressourcenkommission
NT $	New Taiwan Dollar
NVK	Nationaler Volkskongreß
OECD	Organization for Economic Cooperation and Development
OSZE	Organisation für Sicherheit und Zusammenarbeit Europas
PAP	People's Action Party (Singapur)
PB	Produktionsbrigaden
PG	Produktionsgruppen
RGW	Rat für gegenseitige Wirtschaftshilfe
S $	Singapur Dollar
SED	Sozialistische Einheitspartei Deutschland
SPC	State Planning Commission
SSTC	State Science and Technology Commission
TVE	Town and Village Enterprises
UBA	Umweltbundesamt
UDHK	United Democrats of Hong Kong
UNCED	United Nations Conference on Environment and Development
UNDP	United Nations Development Projects
UNEP	United Nations Environment Programme
UNFCCC	United Nations Framework Convention on Climate Change = (Klimarahmenkonvention)
UNO	United Nations Organization
US $	Amerikanische Dollar
USA	United States of America
USG	Umweltschutzgesetz
UVP	Umweltverträglichkeitsprüfung
VBA	Volksbefreiungsarmee
VE	Volkseinkommen
VK	Volkskommunen
VR	Volksrepublik
VVS	Vertragliches Verantwortungssystem
WEU	Westeuropäische Union
WHO	World Health Organization
WRI	World Resources Institute: World Resources
WTO	World Trade Organization (Welthandelsorganisation)
YMCA	Young Men's Christian Association
YWCM	Young Women's Christian Association
ZGHJNJ	Zhongguo Huanjing Nianjian (China Jahrbuch Umwelt)
ZK	Zentralkomitee

Vorwort der Herausgeber

Mit dem *Länderbericht China. Politik, Wirtschaft und Gesellschaft im chinesischen Kulturraum* liegt zum ersten Mal seit neun Jahren wieder eine vom Ost-West-Kolleg der Bundeszentrale für politische Bildung initiierte Übersicht zur aktuellen Situation der chinesischen Welt vor. Wer den Vorgängerband (*VR China im Wandel*, Bonn 1988) mit dem vorliegenden vergleicht, wird unschwer einige Unterschiede feststellen, natürlich zunächst solche inhaltlicher Art, die den Veränderungen des vergangenen Jahrzehnts Rechnung tragen. Deutlichere Abweichungen liegen jedoch in der Form von Herangehensweise und Präsentation. So wurde z. B. eine konsequente Berücksichtigung der Gesamtheit des chinesischen Kultur- und Wirtschaftsraumes (»Greater China«: neben der VR China auch Taiwan, Hongkong und Singapur) in seiner Einheit und Vielheit angestrebt; ferner geht die überwiegende Mehrzahl der hier versammelten Artikel von der Prämisse des für die chinesischen Länder zumindest seit der Begegnung mit dem Westen gegen Mitte des 19. Jh. so zentralen und in die unmittelbare Gegenwart fortwirkenden Modernisierungsdruckes aus. Dementsprechend ist auch der Versuch unternommen worden, die historischen Wurzeln des modernen China in noch größerer Tiefenschärfe aufzuzeigen. Ferner wurden zahlreiche Karten und Tabellen in den vorliegenden Band aufgenommen, um seinen praktischen Wert als Informationskompendium für einen großen Kreis von Interessenten im Bildungs- und Medienbereich zu erhöhen.

Die genannten Unterschiede sind nicht zuletzt auch Ergebnis einer Veränderung innerhalb der mit China befaßten Forschung selbst. So bedenklich es wissenschaftstheoretisch sein mag, einen – wie immer gearteten – »Raum« mit einer Forschungsrichtung zu identifizieren (z. B. in Gestalt der Sinologie, der Indologie etc., an deren Ursprung allerdings weniger »Räume« als philologische Interessen standen), so unzweifelhaft steht jedoch fest, daß die jüngere Konzeption von »area studies« mit ihrer Verbindung der methodischen Ansätze mehrerer Disziplinen immerhin Beträchtliches für den Zuwachs von Erkenntnissen über bestimmte Räume geleistet hat. Die bereits im Band von 1988 angedeutete Differenzierung von Methoden und Fragestellungen ist erheblich weitergediehen. Dies schlägt sich auch in der größeren Anzahl der hier präsentierten Beiträge nieder. Resultat ist nicht eine Entwertung der vornehmlich auf schriftliche Zeugnisse gestützten historisch-philologischen Ausrichtung der traditionellen Sinologie, sondern deren Bereicherung und Erweiterung zu »Chinawissenschaften«. Künftige »area studies« werden, wenn sie denn überlebensfähig bleiben sollen, das jeweilige Verhältnis zwischen Leit- und Hilfswissenschaften zunehmend flexibler und stets an einer genau definierten Forschungsfrage orientiert gestalten müssen.

Bevor wir Inhalt und Struktur des Bandes näher erläutern, ist es vielleicht sinnvoll, einen kurzen Blick auf einige konstante Faktoren des westlichen, europäischen und deutschen Bildes von »China« zu werfen. Als »imagotypischer« Kontrast kann das entsprechende Bild von Indien herangezogen werden, das im Westen oft vergleichbaren Mystifikationen unterworfen war.

Im Jahre 1583, als die ersten Jesuitenmissionare sich von Macau aus definitiv auf das chinesische Festland aufmachten, erscheint einer der frühesten vergleichenden Berichte über drei asiatische Länder: Indien, Japan und China. Verfasser ist der neapolitanische Aristokrat Alessandro Valignano (1539–1606), der als Jesuitenprovinzial die Jurisdiktion über die Mission in diesen Ländern hatte. Valignano hatte langjährige Erfahrungen in Indien und Japan gesammelt, besaß jedoch vergleichsweise wenig Informationen – zudem aus zweiter Hand, wenn man von seinem Aufenthalt in Macau absieht – über China. In seinem Bericht, der »Geschichte von den Anfängen und Fortschritten der Gesellschaft Jesu in Ostindien« *(Historia del principo y progreso de la Companìa de Jesús en las Indias Orientales)*, zeichnet er zunächst das Bild Indiens: eine unglaubliche Vielfalt von Provinzen, Königreichen, Klimazonen, Sitten und Gebräuchen, Hautfarben und Sprachen. Neben diesen Charakteristika, die im Grunde auf eine überhöhte Schilderung europäischer Zustände hinauslaufen, kennzeichnet nach Valignano jedoch ein hoher Grad von Irrationalität alles Indische: Witwenverbrennung, Kastensystem, Vielgötterei, geringe durchschnittliche Intelligenz der Bevölkerung. Die Wesensart Indiens als einer Art irrationalen Europas wird auch durch die Tatsache bestätigt, daß man dort auf alte, ungeliebte Bekannte trifft: Moslems und Juden.

Auf eine ganz andere Art von Superlativen trifft man in Valignanos Aussagen über China: Es übertrifft alle anderen Königreiche, ist das bedeutendste Reich, nur unter einem König, der ein »größeres Einkommen hat als alle Könige und Herren Europas und Afrikas zusammen«; es ist am dichtesten besiedelt, mit dem am leichtesten bebaubaren Boden der gesamten Erde, einer unendlichen Zahl an Tieren und Pflanzen. Die Bevölkerung ist von »weißer Hautfarbe« (erst im 19. Jh. wird aus einer ursprünglich symbolisch zu verstehenden Farbe »gelb« die angebliche Hautfarbe der Chinesen, von der diese wiederum durch protestantische Missionare erfahren), sie ist die »intelligenteste und fleißigste in den neu entdeckten Territorien«. China ist gekennzeichnet durch sprachliche (das Chinesisch der »Mandarine und des Hofes entspricht unserem Latein«), kulturelle und geographische Uniformität. Somit ist es das »friedlichste und am besten regierte Land der Welt«, in welchem nur »Ordnung und Einklang herrschen«. Die Gründe dafür sind in der politischen Verfassung des Landes zu suchen: Zum einem gibt es nur einen König, zum anderen jedoch – und dies ist in unserem Zusammenhang weitaus bedeutsamer – wird China von den Mandarinen regiert, die »wie Götter gefürchtet, verehrt und geradezu angebetet werden«.

In dieser Vision eines Jesuiten aus dem 16. Jh. können wir unschwer Elemente erkennen, die bis zum heutigen Tage das westliche China-Bild mit geprägt haben: Man ersetze lediglich die Mandarine durch die Jesuiten (bei denen – im Grunde weitaus mehr als im zeitgenössischen China – Bildung bei oftmals niederer Herkunft und der Verzicht auf weltliche Bindungen eine entscheidende Rolle spielten), ferner die natürliche Ordnungsreligion Chinas durch das Christentum, und man erhält einen Gottesstaat, der in seiner totalitären und gleichzeitig von Rationalität geleiteten Uniformität einer bestimmten Form des europäischen Wunschdenkens entspricht und dessen Erfüllung verheißt.

Bis heute hat China – anders als das in westlichen Augen unwägbare, überaus diversifizierte Indien – allerlei autoritäre, z. T. utopische politische Modelle »linker« wie »rechter« Provenienz inspiriert; nicht zuletzt ist wohl auch die Politik etlicher

Investoren der Gegenwart vorrangig vom Gedanken der Uniformität Chinas her erklärbar. Die »Magie der chinesischen Größenordnungen« (Thomas Scharping) muß – angesichts ähnlicher Größenordnungen in Indien – ergänzt werden durch den Glauben an die Lenkbarkeit, den »Gehorsam« der chinesischen Bevölkerung, schließlich auch die »Vernünftigkeit« der chinesischen Regierung, damit China für jedwede Art von Freunden von Law and Order attraktiv war und ist. Auch die Vorstellung vom »größten Markt der Welt« ist um die – häufig uneingestandene – Voraussetzung zu ergänzen, daß dieser Markt leichter als etwa derjenige Indiens kontrollierbar ist. Einwände von Fachleuten, die auf die durchaus bedeutsame regionale, soziale, sprachliche und kulturelle Vielfalt Chinas (und u. a. auch auf die Tatsache, daß die chinesische Meritokratie der Beamtenschaft für die soziale Durchlässigkeit bestenfalls das leistete, was die katholische Kirche in Europa erbrachte) aufmerksam machten, haben ökonomische und politische Entscheidungen im Westen stets wenig beeinflußt.

Die europäische Aufklärung hat den Jesuiten vieles zu verdanken. Doch die der chinesischen Regierungsform und Staatsverfassung zugeschriebene Vernunft, die schon Voltaire ironisch »Sancte Confuci, ora pro nobis« beten ließ, erwies sich – in völliger Abhängigkeit nicht von chinesischen, sondern ausschließlich von europäischen Entwicklungen – als durchaus zweischneidiges Schwert. Nicht die Stereotypen veränderten sich, sondern vielmehr ihre Bewertung. Aus der noch von Christian Wolff 1740 gepriesenen »Sittenlehre der Chineser«, aus dem perfekt nach den Prinzipien der Vernunft organisierten Staat der Physiokraten um Quesnay wurde, zunächst in England, dann im Gefolge von Herder, eine »balsamierte Mumie, mit Hieroglyphen bemalt und mit Seide umwunden«. Die gleiche automatenhafte Präzision der Staatsmaschinerie, die unlängst bewundert worden war, fiel nun, wiederum bei Herder, unter das Verdikt einer »mongolischen Organisation«, der es an »Geschmack und wahrem Naturverhältnis« gebrach. Den Wissenschaften in China fehlte nach Hegel der »freie Boden der Innerlichkeit«. Aus fleißigen Untertanen wurden Marionetten und, Jahrhunderte später, »gelbe Ameisen«. Die gescheiterte Mission des Lord McCartney vom Ende des 18. Jh., die das Aufbrechen der »splendid isolation« Chinas zu einer auf den Prinzipien des Merkantilismus aufbauenden Handelsnation zum Ziel hatte, sollte schließlich das westliche Bild von China als einer in verfrühten, im Grunde areligiösen Formen der Vernunft bis zum Stillstand erstarrten Nation bis zum Ende des 19. Jh. prägen. Das »unbewegliche China«, »la Chine immobile« (Alain Peyrefitte) war geboren.

Denker des deutschsprachigen Raums haben all diese Veränderungen z. T. mit vollzogen, z. T. initiiert. Von der Jesuitenzeit bis zum Maoismus und, in jüngster Zeit, der wohlwollenden Annahme einer kulturellen Eigenart, die angeblich ein ebenso eigenartiges Verhältnis zu den Menschenrechten hervorbringt, bildet die deutschsprachige Rezeption Chinas keine wesentliche Ausnahme im westlichen Blick auf China. Die einzige deutliche Abweichung von einem westlichen »mainstream« kann für die 20er Jahre unseres Jahrhunderts festgestellt werden, als – im Rückgriff auf die von der Frühaufklärung propagierte »natürliche Weisheit« Chinas – nationalistische Denker, unterstützt von dem Übersetzer und Exmissionar Richard Wilhelm, eine gegen den »Westen« (d. h. den angloamerikanischen Pragmatismus und die französische »Zivilisation«) gerichtete Wesensverwandtschaft und Schicksalsgemeinschaft zwischen zwei Weltkriegsverlierern konstruierten. Nach langer Zeit der – in westlicher und auch in deutscher Optik – ausschließlich auf Formen starrenden chinesischen, höchst pragmatischen Oberflächlichkeit wurde China unversehens »wesentlich«, »tief«, und aus der negativ bewerteten »Zeitlosigkeit« wurde »Ewigkeit«. Während zur gleichen Zeit Sinologen und Übersetzer anderer westlicher Länder (inklusive russischer Gelehrter) sich der Alltagskultur des traditionellen China zuzuwenden begannen, »sprach« in Deutschland »über die Jahrhunderte hinweg Konfuzius direkt zu mir« (Richard Wilhelm). Eine bis heute merkliche Konsequenz des ansonsten wohl weitgehend überwundenen Einflusses dieses Denkens ist die immer noch weitverbreitete, auf Vorstellungen der deutschen Kulturraumtheorie und Kulturmorphologie der 20er Jahre zurückgehende Annahme einer mehr oder minder bruchlosen Kontinuität der chinesischen Kultur, die beinahe ausnahmslos jeden Chinesen zum Träger Jahrtausende alter Werte deklariert. »Der Chinese [ein Mieter in ihrem Hause] vertritt für Frau Kulicke China« (Kurt Tucholsky). Eine der wenigen Konzeptionen deutscher Herkunft, die bis heute entscheidenden Einfluß auf die Konstruktion des chinesischen Selbstverständnisses ausgeübt haben, ist die einer zeitlosen »Kultur«.

Mittlerweile wirken bei der Verfestigung derartiger, meist einem westlichen »Orientalismus« entsprungener Bilder auch häufig Chinesen mit, die gewissermaßen zu gläubigen Opfern westlicher Imagotypen geworden sind: Von der angeblich gelben Hautfarbe über die chinesische »Areligiosität« zum »Pragmatismus«, vom monolithischen Einheitsstaat zur »Einheit von Natur und Mensch« – diese und viele andere nach China importierte Klischees, Ergebnisse des »Orientalismus«, erweisen sich immer noch als ausgesprochen wirkungsmächtig. Ein neuer asiatischer »Okzidentalismus«, in dem ein auf wenige Merkmale reduzierter »Westen« einem ebenso reduzierten »China« gegenübergestellt wird, prägt umgekehrt derzeit sein Bild von Asien und dem Westen, wobei auch hier, wie bereits in den entsprechenden holzschnittartigen Konstruktionen auf westlicher Seite, die gleichen Stereotypen je nach politischer Intention bald positiv, bald negativ besetzt sein können. So hat es für die chinesischen Aufklärer stets einen »guten« Westen gegeben, dessen Schattenseite ein miserables »China« war; umgekehrt gelten für chinesische Nationalisten die gleichen Merkmale des »Westens« als Inbegriff der Dekadenz.

Der Beginn der Reformära hat auf dem chinesischen Festland auch eine Phase der Retraditionalisierung in vielen Bereichen der Gesellschaft eingeleitet, welche die ideologiebestimmte, kommunistische Ära als eine unter den großen Ausnahmen in der Geschichte Chinas erscheinen läßt. Jene Ära entsprach in einer zeitweilig dominanten westlichen Rezeption mutatis mutandis der Faszination von Jesuiten und Aufklärern von einer scheinbar zukunftsverheißenden, weil von »Vernunft« gesteuerten kollektivistischen Regierungsform. Die neue Unüberschaubarkeit Chinas sollte uns jedoch nicht dazu verleiten, in die ebenfalls abendländische Tradition eines Bildes von geheimnisvollem und gleichzeitig anarchischem Stillstand des »Reiches der Mitte« zurückzufallen.

Ein wesentlicher Faktor dieser neuen Unüberschaubarkeit ist die bereits angesprochene Tatsache, daß Chinas Staat, Wirtschaft, Gesellschaft und Kultur seit jeher nicht mit den Begriffen jenes idealtypischen Nationalstaatskonzeptes zu erfassen sind, das seit dem 19. Jh. vielen Modernisierungstheorien zugrunde gelegen hat: Im vorliegenden Länderbericht werden mehrere politische Einheiten betrachtet, die in ihrer Gesamtheit den chinesischen Kulturraum umspannen. Gegenstand des Berichtes ist diese große Region und nicht nur die VR China, jene politische Einheit, die heute den Anspruch erhebt, die Nachfolge des 221 v. Chr. gegründeten Kaiserreiches in dem Sinne angetreten zu haben, daß sie das einzig legitime politische Zentrum des chinesischen Kulturraumes darstellt.

Die Unterscheidung zwischen politischen Systemen, Wirtschaftsraum und Einzugsbereich der chinesischen Kultur ist ein wissenschaftliches Problem, bei dessen Diskussion viele politische und gesellschaftliche Empfindlichkeiten zu berücksichtigen sind. Manche Betrachter ziehen die Grenzen des »kulturellen China« sehr weit und schließen China-Towns in den USA und immer stärker chinesisch geprägte Städte wie Vancouver mit in den Einzugsbereich der chinesischen Kultur ein. Diese äußerste Peripherie des chinesischen Kulturraumes kann jedoch ihrerseits im politischen Sinne höchst ambivalente Beziehungen zum Zentrum unterhalten: In der New Yorker China-Town z. B. dominieren Kantonesen, die ihre regionale Identität stark betonen und deren Familien der kommunistischen VR China den Rücken gekehrt hatten; hierzu gesellen sich heute neue Zuwanderer aus der chinesischen Provinz Fujian, die ihre Loyalität zum Mutterland wahren. Aufgrund der Wanderungsgeschichte und der politischen Umbrüche des 19. und 20. Jh. ist die chinesische Gesellschaft außerhalb Chinas oft geteilt entlang unterschiedlicher Loyalitäten zur Republik China auf Taiwan. Auch die äußerste Peripherie kann daher unmittelbar von den politischen Konfliktlinien zwischen Zentrum und engerer Peripherie im heutigen China betroffen sein.

An der äußeren Peripherie steht ohne Zweifel auch Singapur, das sich politisch selbst eindeutig nicht als chinesischer, sondern als multiethnischer Staat definiert. Seine Aufnahme in diesen Länderbericht rechtfertigt sich durch die Beobachtung, daß sich Singapurs politische Kultur sehr deutlich (und in der Diskussion um den »clash of civilizations« auch expressis verbis) in chinesische Traditionen einordnet und ethnisch von Chinesen dominiert ist. Seine Bedeutung als »Modell« für die VR China hat in den neunziger Jahren verstärkt zugenommen.

Im Vergleich hierzu wird Taiwan heute mehr und mehr ein Gegenmodell zur vermeintlich unwandelbaren politischen Kultur Chinas: Seine Demokratisierung ist bezeichnenderweise eng mit dem Konflikt um die Frage verbunden, ob sich nicht inzwischen eine taiwanesische Identität gebildet hat, die sich gegen China abgrenzt. Für die meisten Chinesen außerhalb Taiwans ist die Insel jedoch unablösbarer Bestandteil des chinesischen Kulturraumes und damit auch seiner politischen Einheit, da die politische Integration seit jeher einen zentralen Wert der chinesischen Kultur darstellte.

Die Rückführung Hongkongs wiederum wird von vielen als ein wesentlicher Schritt beim Ausgleich kolonialer und imperialistischer Demütigungen Chinas angesehen; dennoch bleibt seine Gesellschaft auch künftig nachhaltig durch westliche Einflüsse geprägt, wie beispielsweise im Bereich der Rechtsnormen. Freilich findet Hongkongs wirtschaftliche Integration mit der Provinz Guangdong vor dem Hintergrund der gemeinsamen kantonesischen Sprache und Lebenswelt statt. Diese Form des Regionalismus gehört gemeinsam mit der Globalisierung der chinesischen Kultur und ihrer Wirtschaft zu den zentralen Faktoren der heutigen chinesischen Modernisierung: Mithin ist der Begriff der »Kultur« selbst vielfältig und komplex geworden und läßt sich nicht mehr auf statische Kategorien einer zeitlosen Kulturmorphologie reduzieren.

Dieser Länderbericht befaßt sich mit den wesentlichen politischen Bestandteilen des chinesischen Kulturraumes, blendet also aus Raumgründen die äußerste Peripherie aus. Jeder einzelne Beitrag wirft, so weit möglich und sinnvoll, ein Licht auf die Entwicklungen in allen diesen Gebieten. Naturgemäß gibt es Fragen, wo das rein quantitative Gewicht der VR China die Peripherie in der Tat zu einer marginalen Größe werden läßt, wie etwa bei demographischen Entwicklungen – Hongkong, Singapur, Taiwan und die Auslandschinesen weltweit addieren sich zu ungefähr 80 Mio. Menschen auf im Vergleich zu rund 1,3 Mrd. auf dem chinesischen Festland. Aber in anderen wichtigen Bereichen wie den politischen Systemen oder bei der wirtschaftlichen Dynamik ist die Peripherie längst zu einer treibenden Kraft der Entwicklungen geworden. Wir haben versucht, dies bei der Gewichtung der Beiträge zu berücksichtigen.

Der Band ist nach sechs Themenkomplexen gegliedert:
Teil A: Der chinesische Kulturraum
Teil B: Historische Wurzeln des modernen China
Teil C: Chinesische Modernisierungsregime und politischer Wandel
Teil D: Wirtschaftlicher Wandel
Teil E: Gesellschaft und Kultur
Teil F: Internationale Beziehungen

Sämtliche Beiträge sind perspektivisch auf das zentrale Problem der Modernisierung Chinas bezogen und versuchen, Phänomene des Wandels zu erfassen. Teil A enthält zwei grundlegende Kapitel zu langfristig wirksamen Determinanten der chinesischen Entwicklung. Dies liegt für die geographischen Faktoren sicherlich ebenso auf der Hand wie etwa für demographische Faktoren *(Beitrag Taubmann)*. Schwieriger fällt die Einschätzung kultureller Einflüsse und damit die Frage nach der chinesischen Identität, der »Chineseness«, da wirtschaftlicher und gesellschaftlicher Wandel in komplexer Weise zusammenwirken *(Beitrag Nr. II, Herrmann-Pillath)*.

Von ähnlich grundlegender Bedeutung ist der historische Hintergrund der Entfaltung chinesischer Moderne (Teil B). Das chinesische Modernisierungsprojekt ist bis heute nicht abgeschlossen und bleibt daher auf die eine oder andere Weise noch eng mit der Vergangenheit verbunden. Der Länderbericht gibt einen knappen Überblick über Aufstieg und Niedergang des chinesischen Kaiserreiches *(Beitrag Schmidt-Glintzer)*. Das chinesische Kaiserreich war sicherlich eine bemerkenswerte politische Konstruktion, da es jenseits der dynastischen Zyklen die am längsten bis ins 20. Jh. bestehende politische Einheit der menschlichen Geschichte war. Insofern ist verständlich, warum seine Eliten nach dem Zusammenstoß mit dem Westen nicht unmittelbar zu ebenso raschen Veränderungen in der Lage waren wie die politischen Kräfte im Japan der Meiji-Ära *(Beitrag Osterhammel)*. Die schmerzhaften Prozesse der Modernisierung wurden als Dilemma wahrgenommen und gingen mit einem rapiden Wandel der gesellschaftlichen Eliten einher: Die Frage der Identität stand immer wieder im Vordergrund *(Beitrag Wagner)*.

Die bis heute auf Taiwan fortexistierende Republik schien das Modernisierungsprojekt schließlich erfolgreich anzugehen, doch ist es für die politische Geschichte des 20. Jh. sicherlich von fundamentaler Bedeutung, daß sie auf dem Festland scheiterte *(Beitrag Halbeisen)*.

Ein weiterer zentraler Faktor aller Modernisierungsbestrebungen war und ist die spannungsreiche Beziehung zwischen China und der Welt: Bis heute ist die Auseinandersetzung mit dem Imperialismus und Kolonialismus ein wichtiger Aspekt der Legitimation des chinesischen Anspruchs auf eine angemessene Position in der Weltgesellschaft *(Beitrag Weggel)*.

Mit der Gründung der Volksrepublik China wurde erstmals wieder ein stabiles politisches Zentrum hergestellt, das nun den Anspruch erhob, aufgrund der erfolgreichen Einigung Chinas auch die Legitimation für die Festlegung des weiteren Modernisierungskurses zu haben (Teil C). Die innerparteilichen Konflikte der KPCh haben jedoch die politische Entwicklung dieses Zentrums ständig destabilisiert und mit der Kulturrevolution fast bis an den Rand des Zusammenbruchs gebracht; die Strategie einer Modernisierung durch Massenmobilisierung erwies sich in vielen Bereichen als kontraproduktiv *(Beitrag Sandschneider)*. Die Reform der Ära Deng Xiaoping zog die Konsequenzen aus dieser Erfahrung und ging von der Annahme aus, daß wirtschaftliche Liberalisierung und ein autoritäres Einparteienregime eine besonders leistungsfähige Mischung zur Erreichung des Modernisierungszieles abgäben. Heute ist es freilich gerade die Wirtschaftsreform, die durch die Entstehung halbautonomer gesellschaftlicher Sphären, durch die »kaderkapitalistischen« Aktivitäten innerhalb des Staatsapparates und die Bildung neuer Interessengruppen vor allem auf regionaler Ebene zu einer Selbsttransformation des Systems mit ungewissem Ausgang führt *(Beitrag Heilmann)*.

Bis heute definiert sich die Differenz zwischen Peripherie und Zentrum vor allem politisch. Das Ziel der KPCh, die Einheit Chinas zu vollenden, wurde mit der Rückführung Hongkongs an die VR China teilweise erfüllt. Der Übergang zeigt, wie sehr die Partei bemüht ist, ihren Anspruch auf legitime Herrschaft durchzusetzen, obwohl sie auf diese Weise unter Umständen auch Errungenschaften einer der seit Beginn dieses Jahrhunderts ohne Zweifel modernsten Städte des chinesischen Kulturraumes gefährdet *(Beitrag Meissner)*. Im Gegensatz hierzu hat die Republik China auf Taiwan ihre Eigenstaatlichkeit auch gegen die widrigen internationalen Einflüsse verteidigen können. Aus dem Konflikt zwischen Festländern und gebürtigen Taiwanesen ist letzten Endes die erste chinesische Demokratie geboren worden, mit der sich heute ein wichtiger Teil der Peripherie durch eigenständige Prinzipien politischer und gesellschaftlicher Organisation gegen das Zentrum abgrenzt *(Beitrag Schubert)*. Singapur steht wiederum als südostasiatischer Staat eigentlich jenseits dieser Konfliktlagen im chinesischen Kulturraum, gewinnt jedoch gerade deshalb zunehmend an Bedeutung als Vermittler und Modell. Letzteres gilt insbesondere für sein wirtschaftlich so erfolgreiches Konzept einer autoritären Modernisierung bei gleichzeitig radikaler Öffnung zur Weltwirtschaft, das sich wesentlich vom britisch geprägten Prinzip des Laisser-faire in Hong Kong unterscheidet *(Beitrag Menkhoff)*.

Die Wirtschaft ist zu einer entscheidenden Determinante des Wandels im chinesischen Kulturraum geworden (Teil D). Bei genauer Betrachtung zeigt sich, daß die Konkurrenz der Systeme und Standorte einen wesentlichen Teil der Dynamik ausmacht, und gerade nicht eine wie auch immer verstandene »Einheitlichkeit« dieses Raumes *(Beitrag Nr. XIII, Herrmann-Pillath)*. Die VR China hat sich mit ihrer Reformpolitik seit 1978 diesem Wettbewerb mehr oder weniger offen gestellt und seitdem eine Abfolge wirtschaftspolitischer Maßnahmen realisiert, die zur sogenannten »sozialistischen Marktwirtschaft« geführt haben. Viele heutige Probleme der chinesischen Wirtschaft erklären sich durch das Nebeneinander unterschiedlicher Systemelemente bei noch unvollendeter Transformation *(Beitrag Schüller)*. Einer der großen Erfolge der Reformen besteht aber ohne Zweifel darin, daß das Gewicht der VR China in der Weltwirtschaft als Exporteur und Empfänger von ausländischen Direktinvestitionen mit frappierender Geschwindigkeit zugenommen hat; die wirtschaftlichen Beziehungen innerhalb des chinesischen Kulturraums sind ein Motor dieser Entwicklung *(Beitrag Song)*.

Gleichwohl sehen viele Beobachter mittelfristig enge Grenzen des Wachstums auf dem chinesischen Festland. Im Mittelpunkt der Aufmerksamkeit steht die Relation zwischen verfügbaren Ressourcen, Umwelt und Bevölkerungsentwicklung. Nach der Bevölkerungsexplosion des maoistischen China versucht die chinesische Regierung, dieses Problem durch eine teilweise drakonisch durchgesetzte Bevölkerungspolitik in den Griff zu bekommen, die jedoch ihrerseits durch die Dynamik des wirtschaftlichen und gesellschaftlichen Wandels in Frage gestellt wird *(Beitrag Scharping)*. Gerade das Wirtschaftswachstum der letzten Dekade hat außerdem den Zielkonflikt zwischen raschem Wohlstand und ökologischem Gleichgewicht zugespitzt: Ungeachtet vielfältiger umweltpolitischer Bemühungen ist die Lage der Umwelt in China besorgniserregend *(Beitrag Betke)*.

Wirtschaftliche Modernisierung findet in enger Wechselwirkung mit gesellschaftlichen Veränderungen statt (Teil E). Die Reformen haben gleichermaßen zur Entstehung neuer sozialer Strukturen beigetragen wie zu problematischen Verwerfungen geführt: Dies gilt insbesondere für den ländlichen Raum, wo die Marktwirtschaft längst Einzug gehalten hat, wo neue lokale Eliten das Herrschaftsgefüge der KPCh verändern und wo folgenschwere Prozesse wie Migration und ländliche Industrialisierung stattfinden *(Beitrag Heberer)*. Ein staatliches Mittel zur Steuerung derartiger Entwicklungen ist das Rechtssystem. Im China des 20. Jh. ist das Recht stets als Instrument der Modernisierung und nicht primär als Regulator gesellschaftlicher Konflikte oder gar Schutzschirm unveräußerlicher individueller Rechte verstanden worden. Es bleibt eine entscheidende Frage für die Zukunft, ob aus der Wechselwirkung zwischen den unterschiedlichen Rechtssystemen des chinesischen Kulturraumes ein eigenständiger chinesischer Rechtskreis entstehen wird *(Beitrag Heuser)*. In diesem Zusammenhang ist zu beachten, daß es im gesamten chinesischen Kulturraum Bestrebungen gibt, den Konfuzianismus zum Kern chinesischer Identität in der Moderne zu entwickeln und dies mit bestimmten Vorstellungen zur Ordnung der Gesellschaft zu verbinden. Bei genauer Betrachtung zeigt sich freilich, daß eine solche interessengeleitete Rekonstruktion des Konfuzianismus auf Grenzen stößt, sei es, daß geistesgeschichtliche Verkürzungen und Verfälschungen stattfinden, sei es, weil Konfuzianismus und chinesische Kultur keinesfalls deckungsgleich sind *(Beitrag Lackner)*.

Jenseits solcher eher philosophischer Ansätze sind Kunst und Literatur ein wichtiges Medium der Reflexion über die Modernisierung. Die moderne chinesische Literatur ist immer wieder mit Problemen chinesischer Identität befaßt und mit den Auswirkungen der rapiden Veränderungen auf die Situation des Individuums in der Gesellschaft; diese künstlerische Auseinandersetzung führt auch zur inneren Ausdifferenzierung des Kulturraums, wenn in Taiwan etwa die eigenständige Identität in Abgrenzung zum Festland thematisiert wird *(Beitrag Martin)*. International hat besonders die chinesische Filmkunst viel Aufmerksamkeit erfahren, die zwar in der VR China weiterhin unter strenger politischer Kontrolle arbeitet, jedoch verstärkt Freiräume unter anderem durch grenzüberschreitende Kooperationen im Kulturraum gewinnt *(Beitrag Kramer)*. Dabei ist nicht zu übersehen, daß Kunst im zunehmend globalisierten chinesischen Kulturraum auch wichtige wirtschaftliche Aspekte besitzt und stets der Gefahr einer Kommerzialisierung ausgesetzt ist. Chinesische Malerei und bildende Kunst der Gegenwart bewegen sich ebenfalls in diesem Spannungsfeld. Die eigenständigen Bemühungen, etwa einen Ausgleich zwischen Avantgarde und traditionellen chinesischen Kunsttechniken zu finden, genießen eine wachsende Aufmerksamkeit internationaler Sammler *(Beitrag Noth)*.

Der letzte Teil des Länderberichtes wendet sich der Außen- und Weltpolitik zu. Nach dem Zweiten Weltkrieg stellten die Spannungen innerhalb des strategischen Dreiecks zu den USA und der UdSSR eine entscheidende Restriktion für die Politik der VR China dar, die angesichts wirtschaftlich-militärischer Rückständigkeit in geschickter Weise die Interessen der beiden Supermächte für die eigenen Ziele nutzen mußte. Ohne Zweifel gehört die im Laufe der siebziger Jahre erzielte außenpolitische Anerkennung der VR China weltweit zu den großen Erfolgen der KPCh *(Beitrag Gu)*. Das Ende des Kalten Krieges hat dann die Rahmenbedingungen für die weitere Entwicklung nachhaltig verändert: Die VR China ist auf dem Wege, sich über den Status einer dominanten Regionalmacht auch als Weltmacht zu etablieren. Damit gewinnen die Beziehungen zu Ländern in der Nachbarschaft Chinas an Bedeutung; allen voran zu Japan, das nach wie vor durch das Erbe des Zweiten Weltkrieges belastet ist. *(Beitrag Glaubitz)*. Wird China in den zunehmend komplexer werdenden internationalen Beziehungen künftig als Störfaktor auftreten, indem es seine Ansprüche auf angemessenen Status mit nationalistischem Impetus und gegebenenfalls militärisch durchsetzt? Wie wird China mit dem komplizierten Verhältnis zwischen den modernisierten chinesischen Gesellschaften der Peripherie und dem traditionellen Zentrum in Zukunft umgehen? Wird es angesichts der wachsenden Unruhe und Unabhängigkeitsbestrebungen in Tibet und Xinjiang künftig seine nationalstaatliche Kohäsion und Integration sichern können? Dies sind Fragen, deren künftige Antwort die weltpolitische Entwicklung des 21. Jh. ohne Zweifel nachhaltig prägen wird *(Beitrag Müller-Hofstede)*.

Chinas Weg in die Moderne ist seit dem 19. Jh. von Leid, Konflikt und immer wieder enttäuschten Hoffnungen gezeichnet gewesen. Es ist die ehemalige Peripherie, die Ort erfolgreicher chinesischer Modernisierungsmodelle geworden ist; das Zentrum holt heute mit großen Schritten auf und entwickelt unter der Herrschaft der Kommunistischen Partei teils beabsichtigt, teils unbeabsichtigt, eigenständige Wege in das 21. Jahrhundert. Die ungeheure Vielfalt und Komplexität des chinesischen Kulturraumes, der Weltmetropolen ebenso wie ärmste Dörfer umfaßt, macht alle Versuche vergeblich, diesen mit eindimensionalen Konzepten begreifen zu wollen. Die gleichzeitige Existenz großer Gegensätze bleibt im Gegenteil eine unerschöpfliche Quelle des Neuen und Unerwarteten. In diesem Sinne ist die chinesische Entwicklung ein integraler Bestandteil weltgesellschaftlicher Moderne, und kein Separatum, kein »ewig Anderes«. Dies wird jedem bewußt, der sich auf eine Auseinandersetzung mit der chinesischen Wirklichkeit einläßt. Dieser Länderbericht möchte einen Beitrag hierzu leisten.

Um den Leserinnen und Lesern den Umgang mit der Fülle der Informationen zu erleichtern, enthält jedes Kapitel des Länderberichtes Verweise auf andere Beiträge. Wir haben auf einen umfangreichen wissenschaftlichen Apparat verzichtet; wer vertieftes Interesse an einzelnen Fragestellungen entwickelt, möge sich der weiterführenden Literatur zuwenden, auf die am Ende eines jeden Beitrages hingewiesen wird. Der umfangreiche Anhang enthält neben einem Überblick zu den chinesisch-deutschen Beziehungen und einer ausführlichen Chronologie der Entwicklungen im chinesischen Kulturraum seit 1750 eine Fülle von Daten, Karten und Übersichten, die wichtige Informationen aus den Beiträgen konzentriert zusammenfassen.

Die Vielfalt des chinesischen Kulturraumes berührt auch technische Probleme der Redaktion: Unsere Entscheidung, durchgängig die offizielle Pinyin-Umschrift der VR China zu verwenden, und nicht die vor allem in Taiwan verwendete Wade-Giles-Umschrift, folgt dem inzwischen allgemeinen Usus der gegenwartsbezogenen China-Forschung und hat keinerlei politische Implikationen. Lediglich Eigennamen und andere, auch im Westen unter anderen Umschriften übliche Bezeichnungen wurden gegebenfalls unverändert aufgenommen.

Ein weiteres Ziel dieses Länderberichtes bestand darin, die Breite und Vielfalt der deutschen China-Forschung zu dokumentieren. Auch praktische Gründe wie die Vermeidung von Übersetzungskosten haben uns veranlaßt, auf ausländische Autoren zu verzichten. Ein Ausdruck des Wandels in China ist sicherlich auch, daß an diesem Länderbericht jüngere chinesische Wissenschaftler beteiligt sind, die in Deutschland arbeiten.

Die Beiträge sind zu unterschiedlichen Zeitpunkten zwischen Januar 1996 und August 1997 fertiggestellt worden. Zeitprobleme einiger Autoren und – nicht vorhersehbare – erhebliche organisatorische Umstellungen im Ost-West-Kolleg der Bundeszentrale für politische Bildung haben ihren Teil zum verzögerten Erscheinen des Bandes beigetragen. Unsere Autoren haben geduldig die vielen Änderungswünsche von Redaktion und Herausgebern aufgenommen und sich mit dem Projekt intensiv auseinandergesetzt.

Die Herausgeber möchten an dieser Stelle ausdrücklich der Bundeszentrale für politische Bildung für die Möglichkeit danken, diesen Sammelband zusammenstellen zu können. Ein besonderer Dank gilt Christoph Müller-Hofstede vom Ost-West-Kolleg, mit dem wir gemeinsam die Konzeption des Bandes erarbeiteten und der das Projekt in den letzten zwei Jahren koordinierte. Frau Doris Fischer (Universität Duisburg) hat sich besondere Verdienste durch die Zusammenstellung und Erarbeitung des ausführlichen Anhangs erworben, der eine vorzügliche Informationsquelle darstellt. Darüber hinaus hat Frau Fischer die nicht immer unkomplizierten Arbeiten der Endredaktion mit großer Geduld und Beharrlichkeit zu einem guten Ende gebracht.

Duisburg/Göttingen, im September 1997

Carsten Herrmann-Pillath Michael Lackner

Teil A:
Der chinesische Kulturraum

I. Naturräumliche Gliederung und wirtschaftsgeographische Grundlagen

WOLFGANG TAUBMANN

1. Einführung

Die räumliche Abgrenzung Chinas folgt in aller Regel den politischen Grenzen des staatlichen Territoriums; neuerdings hat jedoch auch der Begriff »Greater China« Verbreitung gefunden, der sich auf einen zunehmend verflochtenen und ethnisch weitgehend homogenen Wirtschaftsraum – die VR China, Taiwan, Hongkong und Macau – bezieht (Gälli/Franzen 1995). Ließe man das Kriterium der chinesischen Bevölkerungsmehrheit alleine gelten, so wäre auch der Stadtstaat Singapur in den großchinesischen Raum einzubeziehen, denn rund 75 % seiner 2,8 Mio. Einwohner sind chinesischer Abstammung. Wenn auch das Kriterium der räumlichen Kontingenz bzw. Nähe wie im Falle von Hongkong, Macau und Taiwan fehlt, so sind rasch zunehmende Investitionen von chinesischen Unternehmern aus Singapur in der Volksrepublik ein deutlicher Indikator für engere Wirtschaftsbeziehungen zwischen beiden Staaten. Unter Einbezug von Singapur hat der großchinesische Raum eine Einwohnerzahl von rund 1,241 Mrd. Menschen (1995), das sind etwa 21 % der Weltbevölkerung.

Eine Betrachtung der naturräumlichen Ausstattung des chinesischen Kulturraumes wird sich sinnvollerweise vornehmlich auf die Volksrepublik beziehen müssen, denn sie umfaßt über 99 % der Gesamtfläche und fast 98 % der Einwohner, allerdings nur knapp 60 % des Bruttosozialproduktes (BSP) von »Greater China«.

2. Vielfältige Landesnatur: Ost-West- und Nord-Süd-Gegensätze

Eine vielfältige Raumstruktur und ausgeprägte jahreszeitliche Gegensätze sind wichtige Charakteristika des drittgrößten Flächenstaates der Erde, der eine Nord-Süd-Ausdehnung über 35 Breitengrade (ca. 4 000 km) von der Südspitze der Insel Hainan bis zum Heilongjiang (Amur)-Bogen und eine Ost-West-Erstreckung über rund 50 Längengrade (ca. 5 000 km) von der Ostspitze der Halbinsel Shandong bis etwa zum Karakul-See aufweist. Sie sind gekoppelt mit einer nord-südlichen bzw. zentral-peripheren Klimazonierung, innerhalb derer zudem noch erhebliche Höhendifferenzen vorkommen.

Die Hochplateaus, Gebirgszüge und abflußlosen Hochbecken im Westen sind markant von den Tiefländern im östlichen China geschieden. Krustenbewegungen im Tertiär haben vier große Treppen entstehen lassen. Das Hochplateau von Tibet hat eine durchschnittliche Höhe von über 4 000 m. Einzelne Becken werden durch meist ost-west-verlaufende Gebirgsketten voneinander getrennt. Nach Osten schließen sich die zentralen Gebirge und Plateaus der zweiten Stufe an, die etwa vom Großen Chingan im Norden bis zum Plateau von Yunnan im Süden verläuft. Zu den zentralen Plateau- und Beckenlandschaften zählen das semi-aride Ordos und das Lößplateau im Bogen des Gelben Flusses (Huang He), das Yunnan-Guizou-Plateau sowie das Becken von Sichuan. Die dritte Stufe umfaßt im wesentlichen die großen Ebenen Chinas: so die Nordostchinesische Ebene bzw. das Mandschurische Becken, die Nordchinesische Tiefebene und die Ebenen am Mittel- und Unterlauf des Changjiang.

Das südchinesische Bergland, ein stark gekammertes Mittelgebirge zwischen 500 und 1 000 m Höhe, gilt im Rahmen dieser Gliederung als Sonderform. Angelagert an dieses Bergland sind zahlreiche Küstenebenen, insbesondere im Unterlauf der Flüsse. So stellt das Zhujiang-(Perlfluß-)Delta ein ausgedehntes Mündungsgebiet dar, das vom Xijiang, Beijiang und Dongjiang samt ihren Nebenarmen durchzogen wird. Macau an der Südwestflanke des Zhujiang-Ästuars bildet eine rund 5 km lange und 1,8 km breite Halbinsel aus Granit, die durch eine Nehrung mit dem Festland verbunden ist. Auch die vorgelagerten Inseln Taipa und Coloane weisen bis zu 174 m hohe Granitkerne auf. Im Südosten des Ästuars bildet das rund 65 km entfernte Territorium von Hongkong mit seinen Bergzügen aus Granit und vulkanischem Gestein ebenfalls die Fortsetzung des südostchinesischen Berglandes. Relativ schmale Küstensäume, die wie in Macau durch Neulandgewinnung ständig verbreitert werden, werden vorwiegend für eine dichte Besiedlung genutzt.

Im Rahmen der großräumigen Treppen wird die letzte Stufe von den Inselbögen gebildet, welche die Randmeere (Japanisches Meer, Gelbes Meer und Ostchinesisches Meer) vom Pazifischen Ozean trennen. Nach chinesischer Lesart ist Taiwan die größte zum chinesischen Territorium zählende Insel dieser Inselkette. Zwei Drittel der ca. 377 km langen und maximal 142 km breiten Insel werden von einem bis fast 4 000 m aufsteigenden, aus mehreren Ketten bestehenden Zentralgebirge mit z. T. vulkanischen Gipfelformen eingenommen. Die fruchtbare bis zu 40 km breite Aufschüttungsebene im Westen mit einer zum Zentralgebirge hin stufenförmig ansteigenden Hügelzone ist ausgeprägtes Kulturland und Hauptsiedlungsgebiet.

In Zusammenfassung einer größeren Zahl physisch-geographischer Faktoren unterscheiden die chinesischen Geographen sogenannte komplexe natürliche Regionen (Zhao 1994, 30 f.):

Ostchina als das vorwiegend monsunal geprägte agrarische Kerngebiet (knapp 90 % der gesamten Ackerfläche) umfaßt etwa 45 % der Landesfläche östlich einer Linie Großer Chingan (Xing'an) – Ordos-Plateau – Westrand des Roten Beckens – Yunnan-Plateau. Dieses östliche »Monsunchina« wird in vier Ost-West-verlaufende physische Großregionen gegliedert, deren Wärmegunst nach Süden zunimmt.

Qingling-Gebirge und Huaihe trennen etwa auf einer Höhe von 32 bis 34° nördlicher Breite den vorwiegend warmgemäßigten, winterkalten humiden und subhumiden Norden und Nordosten vom tropisch-subtropischen Zentral- und Südchina mit hohen Niederschlägen und langen Wachstumsperioden. Dominieren in Zentral-

und Südchina vorwiegend gelbbraune, rote oder lateritische Böden (pedalfers), so im Norden und Nordosten kalkhaltige Braun- und Schwarzerdeböden (pedocals).

Westlich der genannten Trennlinie zwischen Großem Chingan und Yunnan-Plateau erlaubt das aride bis semiaride Klima keinen flächenhaften Anbau; eine agrarische Nutzung ist nur in der Sonderform des Oasenanbaus und der Weidewirtschaft möglich. Der warm- bis kühlgemäßigte semiaride bis aride Nordwesten erstreckt sich von der innermongolischen Steppe über das Ordos-Plateau, Gobi und Turfan-Senke bis in das Tarimbecken. Ausgedehnte Flächen werden von den »shamo« (Sandwüsten) und »gobi« (Kies- und Steinwüsten) eingenommen und entziehen sich jeglicher agrarischen Nutzung.

Eine eigenständige Einheit bildet wiederum das Hochland von Tibet mit seinem hochkontinental-kalten ariden bis semiariden Klima. Bodenbildung setzte erst nach der letzten Vereisung ein; es finden sich kaum entwickelte Bodenprofile, und die Fruchtbarkeit ist entsprechend niedrig.

Seine Eigenart erhält der Übergangsbereich zwischen dem warm temperierten Nordchina und der innermongolischen Steppe durch das ausgedehnte bis zu 100 m mächtige Lößplateau in den Provinzen Shanxi, Shaanxi und Gansu, das ständiger Bodenerosion und sogenannter Gullybildung (Entstehen schluchtartiger Täler) ausgesetzt ist. Mehr als die Hälfte der gesamten Lößregion soll durch die Bodenerosion ernsthaft gefährdet sein. Die Schwebefracht des Gelben Flusses, die fast ausschließlich aus dem Lößplateau stammt, soll fast 40 kg je cbm Wasser betragen. Die gewaltige Schlammfracht erhöht das Flußbett im Unterlauf. Seit Aufzeichnungen vorliegen, soll der Huang He weit über 1 000 Überschwemmungen verursacht haben; allein 26mal verlegte er seinen Lauf.

3. Gegensatz von Klimagunst und Bodengüte

Angesichts der Größe und natürlichen Ausstattung des Landes ist eine reichhaltige regionale Differenzierung zu erwarten. An dieser Stelle sollen nur wenige Aspekte umrissen werden. Für das natürliche Potential sind, soweit insbesondere die Landwirtschaft betroffen ist, vor allem drei Merkmale von Bedeutung:
– die große räumliche Vielfalt,
– die saisonale Gegensätzlichkeit,
– die enorme periodische Variabilität.
Die große räumliche Vielfalt hat in Verbindung mit den klimatischen Randbedingungen zwei Konsequenzen:
1. Die Produktionserträge und damit die landwirtschaftlichen Einkommen sind großräumig ungleich verteilt.
2. Die große naturräumliche und klimatische Vielfalt ermöglicht andererseits eine relativ hohe Stabilität der Erträge im gesamten Land. Im Gegensatz etwa zu Rußland und seinen Nachbarstaaten liegt China im Bereich einer größeren Anzahl von Klimazonen, die durch sehr unterschiedliche Agrarprodukte gekennzeichnet sind. Auch treten schlechte Ernten selten sowohl im Frühjahr wie im Herbst auf, und Ernteausfälle kommen kaum gleichzeitig im Norden und Süden vor.

Grundproblem ist, daß in Nordchina die besten und überwiegend ebenen Böden zu finden sind, dagegen die winterliche Wachstumspause und oft wenig ergiebige Niederschläge den Anbau einschränken, während in Südchina zwar die höchsten Niederschläge und die längsten Wachstumsperioden zu verzeichnen, aber die sauren und ausgelaugten Böden rasch erschöpft sind. Rund 12 % der gesamten Anbaufläche gelten als ertragsarme Roterdeböden.

Die gegensätzliche Kombination von Klimagunst und Bodengüte ist nicht nur von Belang für die agrarische Tragfähigkeit Chinas, sondern auch ein Grundzug der naturräumlichen und damit auch der agrarräumlichen Gliederung des Landes.

4. Ackerfläche als Nahrungsgrundlage

Die natürliche Ausstattung setzt für 74 % der chinesischen Bevölkerung, d. h. rund 860 Mio. Menschen, die im ländlichen Raum leben und arbeiten, relativ eindeutig zu erfassende Rahmenbedingungen.

Erstes Kennzeichen des Ertragspotentials ist die Begrenzung der Anbaufläche. Nach offiziellen Angaben betrug die Ackerfläche 1994 knapp 95 Mio. ha; damit stünden 9,9 % der Fläche des Landes als Ackerfläche zur Verfügung (China Statistical Yearbock [CSY] 1995, 331). Diese Angaben werden jedoch kontrovers diskutiert. Auch nach Meinung chinesischer Fachleute wird die verfügbare Ackerfläche unterschätzt. Ein bis 1992 geheimgehaltener Landzensus von 1985 – basierend auf Luftbildauswertungen – ergab eine Fläche von 138,9 Mio. ha, allerdings unter Einschluß von kleinen Feldwegen, Kanälen usw. (Aubert 1995, 6 f). Schätzungen westlicher und chinesischer Experten bewegen sich zwischen 125 und 140 Mio. ha; eine häufige genannte Größenordnung liegt bei ca. 135 Mio. ha. Diese unterschiedlichen Flächenangaben sind selbstverständlich nicht ohne Belang für die Einschätzung der künftigen Situation.

Eine weitere großräumige Ausdehnung der Anbaufläche stößt jedoch auf natürliche Schranken, die nur mit erheblichem Mitteleinsatz zu überwinden wären. Zudem haben die ökologisch unangepaßte Ausweitung der Nutzungsflächen im Nordwesten und Westen Chinas, die Überweidung der Steppen und das Sammeln von Brennmaterial bereits die Wüstenbildung beschleunigt und zur Ausbreitung der Bodenversalzung geführt. Fast 20 % der Ackerfläche sind durch Salinisierung beeinträchtigt, insbesondere auch die bewässerten Flächen in Nordchina.

Nur zwischen 1949 und 1957 wies die Anbaufläche aufgrund massiver Neulanderschließungen ein jährliches Nettowachstum von etwa 1,5 Mio. ha auf (Institute of Geography 1994, I, 28). Seither werden trotz der weiter laufenden Neulandgewinnungsaktionen ständige Nettoverluste an Ackerfläche berichtet: Nach offiziellen Angaben waren es allein zwischen 1978 und 1994 264 000 ha jährlich. Da der Abgang an Ackerfläche für den genannten Zeitraum mit etwa 857 000 ha je Jahr angegeben wird, müßte also die jährliche Neuerschließung von Ackerflächen 593 000 ha umfaßt haben (CSY 1995, 331). Für die Verluste sind neben der Versalzung, Bodenerosion und Desertifikation offensichtlich das ungebremste Flächenwachstum der Städte und die – häufig illegale – Bebauung auf dem Lande zu nennen, welche für die Verluste an landwirtschaftlichen Nutzflächen verantwortlich sind.

Allein durch den Landverbrauch von Industrie-, Straßen- und Wohnungsbauten gehen jährlich in den ertragreichen östlichen Tiefebenen mehrere hunderttausend Hektar landwirtschaftlicher Fläche verloren.

Legt man die optimistische Flächenschätzungsvariante zugrunde, so hat sich pro Kopf der Bevölkerung die Ackerfläche gleichwohl fast halbiert: betrug sie 1952 noch 0,19 ha, so sank sie 1994 auf 0,11 ha. (Zum Vergleich: USA 0,79 ha; Indien 0,21 ha). Die drastisch sinkende Pro-Kopf-Ackerfläche stellt zumindest auf Dauer eine ernsthafte Begrenzung für die Nahrungsgrundlage von 1,2 Milliarden Menschen dar.

Alle Anstrengungen müssen sich deshalb vornehmlich auf die weitere Ertragssteigerung innerhalb der vorhandenen Nutzfläche richten. Zwar hat sich der Mehrfachanbau auf gleicher Anbaufläche zwischen 1978 und 1994 nur unwesentlich von 1,51 auf 1,56 erhöht, doch ist der Anteil der bewässerten Fläche im selben Zeitraum von 45 auf 51 % gewachsen. Vor allem aber sind die Erträge je Flächeneinheit durch verbessertes Saatgut und massiven Düngeeinsatz angestiegen. Der Verbrauch von Kunstdünger hat von 0,63 Mio. t im Jahr 1962 über 8,8 Mio. t 1978 auf 33,18 Mio. t im Jahr 1994 zugenommen, d. h. er hat sich in drei Jahrzehnten verfünfzigfacht (CSY 1995, 337). Daß damit neben der Abnahme des Grenzertrags auch eine ungeheure ökologische Belastung zu verzeichnen sein wird, sei hier nur am Rande erwähnt. Inzwischen sind auch Agrarexperten der Meinung, es sei gerade wegen der abnehmenden Erträge vor allem der Hochertragsgebiete günstiger, Flächen mit mittlerem Ertragsniveau durch Be- und Entwässerungs- und Bodenschutzmaßnahmen zu verbessern.

Betrachtet man die Erntemengen, so ergeben sich vorerst relativ günstige Perspektiven:

Waren die ersten drei Jahrzehnte nach 1949 durch ein Gleichgewicht zwischen der Zunahme der Getreideernten und dem Bevölkerungswachstum geprägt (mit Ausnahme des Großen Sprungs 1958 und den folgenden »drei bitteren Jahren« mit vielleicht bis zu 30 Mio. Toten), so ist seit Beginn der 80er Jahre ein neuer Trend zu beobachten, den Aubert (1995, 4 ff.) als »Great Transformation« bezeichnet. Die verfügbare Getreidemenge pro Kopf stieg von rd. 300 kg auf 375 bis 385 kg, gleichzeitig nahm die Fleischproduktion (insbes. Schweinefleisch) in einem vorher unbekannten Ausmaß zu. *(Siehe auch die Abb. 4.5.1 im Anhang.)* Im selben Zeitraum ging der direkte Getreideverzehr zurück (1993 120 kg für einen Stadtbewohner jährlich, 205 kg für einen bäuerlichen Einwohner des Landes), während zunehmend Fleisch, Fisch, Milch und Eier auf dem Speiseplan erschienen. Damit zeigt sich auch in der Nutzung des Getreides ein völlig neuer Trend. In Zukunft wird es nötig sein, ausreichend Futtergetreide zu produzieren. Bereits 1993 konnte die Futterknappheit nur durch die Verfütterung von Abfallprodukten aus den Getreidemühlen kompensiert werden.

Die zukünftige Entwicklung wird gegenwärtig zwischen Fachleuten der FAO und einem amerikanischen Autor (Brown 1995) recht kontrovers diskutiert. Brown geht schlicht davon aus, daß der Getreideertrag in China bis zum Jahr 2030 auf 272 Mio. t gefallen sein, die Bevölkerung aber auf 1,65 Mrd. angestiegen sein wird. Der Import von Getreide wird dann von gegenwärtig 15 Mio. t auf über 300 Mio. t ansteigen. Dieses Szenario wird – vermutlich zu Recht – von den Fachleuten der FAO als wenig realitätsnah bezeichnet, die ihrerseits einen Importbedarf von ca. 30 Mio. vorausschätzen (Smil 1995).

5. Agrarregionen Chinas

Die lange Wachstumsperiode in Zentral- und Südchina – im äußersten Süden ist sie ganzjährig – mit Niederschlägen bis zu 2 000 mm ermöglicht Naßfeldbau mit zwei bis drei Reisernten pro Jahr. In den winterkalten Trockenfeldbauregionen des Nordens dominieren dagegen Weizen, Mais, Sojabohnen und Hirse. In einer Übergangszone zwischen Nord- und Zentralchina mit gelegentlichen winterlichen Schneefällen können sowohl Reis wie Winterweizen angebaut werden.

Im einzelnen lassen sich sieben größere Agarregionen ausgliedern *(vgl. Tab. 1)*. Die Grenzen dieser Regionen fallen in etwa mit Provinzgrenzen zusammen, deshalb wurden zu ihrer Kennzeichnung Daten der Provinzen aggregiert. Aus Gründen der Datenverfügbarkeit wird auf die Angaben im Statistischen Jahrbuch 1995 zurückgegriffen, wenn dort auch sicher zu geringe Werte für die Anbauflächen angegeben werden (siehe oben unter 4.). Die relativen Verhältnisse dürften aber weitgehend zutreffen.

Die Regionen I (nordchinesische Ebene) und IV (mittlerer und unterer Changjiang) sind die agrarischen Kernregionen Chinas; sie umfassen zusammen 50 % der Anbau- und 56 % der Saatfläche des gesamten Landes.

Die nordchinesische Ebene (Region I) ist die wichtigste aller agrargeographischen Regionen; Weizen (34 % der Saatfläche), Mais (20 %) und Sojabohnen (8 %) sind die dominierenden Anbaufrüchte. In der Regel werden drei Ernten in zwei Jahren eingebracht (Cropping-Index 1,5). Die auf den Sommer konzentrierte jährliche Niederschlagsmenge (500–700 mm) und ungleiche Bodenqualität sind begrenzende Faktoren.

Die Region IV zeichnet sich durch hohe Klimagunst aus; dominierend sind Reis (39 % der Saatfläche) und Weizen (14 %); Mais (3,7 %) und Kartoffeln (4,3 %) werden auf Trockenland angebaut. Der Cropping-Index (2,09) verweist auf zwei Ernten pro Jahr. In dieser Region werden auch die höchsten Getreideerträge je Hektar erzielt *(vgl. Tab. 1)*. Limitierende Faktoren sind ungleiche Bodengüte und Staunässe bei starkem Niederschlag.

Hohe Niederschläge und Temperaturen kennzeichnen die humide subtropisch-tropische Agrarregion Südchina (Region V). Es ist die eigentliche Reisregion des Landes (Reis 48 % der Saatfläche) mit zwei bis drei Reisernten pro Jahr; außerhalb der Bewässerungsfelder wird die Süßkartoffel gepflanzt (9 %). Hohe Luftfeuchtigkeit und die Temperaturen erlauben keinen Weizenanbau mehr. Die Insel Taiwan mit subtropischem bzw. im Bereich der südlichen Inselspitze tropischem Klima zählt ebenfalls zur Region V. Zwei bis drei Reisernten pro Jahr sind auf Taiwan die Regel. Die Deltaregion des Zhujiang in der Provinz Guangdong gilt als bekanntes Beispiel eines Maulbeerbaum-Fischteich-Ökosystems, das inzwischen um Zuckerrohr- und Bananenpflanzungen erweitert worden ist. Insbesondere die Agrarregionen IV und V sind Zonen des Naßfeldbaus mit einem bewässerten Flächenanteil von 77 bzw. 62 %. Hongkong und Macau, gelegen in der Agrarregion V, sind längst von den Agrarprodukten der VR China abhängig geworden. Hongkong beispielsweise bezieht rund 40 % seiner gesamten Lebensmittelversorgung aus der Volksrepublik.

Die Regionen I, IV und V gehören zu den intensivst kultivierten und am dichtesten besiedelten Gebieten der Erde, vor allem in den Deltabereichen von Huang He, Changjiang und Zhujiang (Wu Chuan-jun 1990, 349). Beispielsweise steht in den

Tabelle 1: Kennzeichen der Agrarregionen Chinas

Agrarregionen	I	II	III	IV	V	VI	VII	Gesamt
Anbaufläche in % der jeweiligen Gesamtfläche	31,7	20,8	3,8	21,5	11,6	9,6	0,4	9,9
Anbaufläche in % der gesamten Anbaufläche	29,5	17,2	13,4	20,7	6,9	11,5	0,9	100,0
Bewässerte Fläche in % Anbaufläche	56,7	19,1	45,2	77,0	61,9	42,7	42,0	51,5
Saatfläche in % der gesamten Saatfläche	28,0	11,0	8,5	27,7	9,7	14,5	0,5	100,0
Cropping Index (Saatfl./Anbaufl.)	1,48	1,0	0,99	2,09	2,19	1,97	0,96	1,57
Getreideertrag in kg/ha	4 053	5 195	3 265	5 253	4 489	4 182	3 260	4 500
Reisanbaufläche in % Saatfläche	2,2	9,9	1,6	38,7	47,9	21,6	0,1	20,4
Weizenanbaufläche in % Saatfläche	34,3	8,9	28,2	14,3	0,8	16,3	32,6	19,6
Maisanbaufläche in % Saatfläche	20,4	33,8	12,9	3,7	4,6	15,6	0,3	14,3
Sojabohnenanbaufläche in % Saatfläche	8,1	23,9	11,3	5,0	4,0	6,3	10,5	8,6
Ölfruchtanbaufläche in % Saatfläche	8,3	2,9	10,2	11,0	5,3	6,7	20,7	8,2

Regionalisierung nach Zhao 1994, S. 77f; Eigenberechnung der Kennzahlen nach Statistical Yearbook of China 1995 (Alle Daten für 1994).

Region I: Mittel- und Unterlauf des Huang He (Nordchina: Beijing, Hebei, Henan, Shandong, Shaanxi, Shanxi, Tianjin)
Region II: Humid-temperiertes NO-China (Heilongjiang, Jilin, Liaoning)
Region III: Arides NW-China (Gansu, Innere Mongolei*, Ningxia, Xinjiang)
Region IV: Mittel- und Unterlauf des Changjiang (Zentralchina: Anhui, Hubei, Hunan, Jiangsu, Jiangxi, Shanghai, Zheijang)
Region V: Humides subtropisch-tropisches Südchina (Fujian, Guangdong, Guangxi, Hainan)
Region VI: Humides subtropisch-tropisches SW-China (Guizhou, Sichuan, Yunnan)
Region VII: Tibet-Qinghai-Plateau (Tibet, Qinghai)
* Der nordöstliche Teil der Inneren Mongolei gilt als Übergangsbereich und könnte – was unberücksichtigt blieb – der Zone II zugeschlagen werden.

Provinzen Zhejiang und Guangdong je Kopf der bäuerlichen Haushalte weniger als ein Mu (0,067 ha) Anbaufläche zur Verfügung.

Der humide, subtropisch-tropische Südwesten (Region VI) weist ebenfalls günstige Klimabedingungen, aber schwierige topographische Verhältnisse in den Hochländern auf. Gerade in den Bergregionen des SW sind auch große Anteile von Ackerflächen zu finden, die offiziell nicht gemeldet werden. Reis (22 % der Saatfläche) wird auf Bewässerungsfeldern gebaut; Weizen (16 %), Mais (16 %) und

Knollenfrüchte (13 %) gedeihen auf Trockenfeldern. Sichuan, insbesondere das Rote Becken, ist durch ein mildes, feuchtes Klima und ein komplexes Landwirtschaftssystem, vornehmlich in dem gebirgigen Teil, gekennzeichnet.

Nordostchina (Region II) hat eine sehr kurze frostfreie Saison von etwa 3 bis 5 Monaten. Mais (34 % der Saatfläche) gedeiht vor allem auf den Schwarzerdeböden; daneben werden im Norden Sojabohnen (24 %) und Weizen (9 %), im Süden Bewässerungsreis (10 %) gepflanzt. Diese Agrarregion ist eine typische Grenz- und Erschließungsregion, in der noch wichtige Ackerlandreserven vermutet werden. Zwischen 1949 und 1994 wurden etwa drei Millionen Hektar an Ackerland erschlossen.

Nur etwa knapp 4 % der Fläche der Agrarregion III (arider Nordwesten) können ackerbaulich genutzt werden. Ende des 17. Jh. waren 0,7 Mio. ha unter Pflug (Zhao 1994, 79); inzwischen ist die Ackerfläche durch intensive Bewässerungsmaßnahmen und Windschutzpflanzungen auf 12,7 Mio. ha angestiegen. Während vor allem im Westen der Oasenanbau dominiert, so im semiariden Osten der regengebundene Feldbau. Bei etwa einer Ernte pro Jahr dominiert eindeutig Weizen (28 % der Saatfläche) vor Mais, Sojabohnen, Hirse oder Kartoffeln. Entscheidend in dieser Region ist freilich die nomadische Weidewirtschaft. Häufig sind die Weideflächen von geringer Qualität; es wird geschätzt, daß der Grasertrag je Flächeneinheit in den letzten drei Jahrzehnten um 30 bis 50 % abgenommen hat (Wu Chuan-jun 1990, 350). In der Lößregion des Nordwestens wird die an sich hohe Bodenfruchtbarkeit begrenzt durch geringe Niederschläge von 300 bis 500 mm und durch Bodenerosion. Hauptanbaufrüchte sind auch hier Weizen, Hirse, Mais und Gaoliang (Sorghum).

Die Region VII (Tibet-Qinghai-Plateau) kann aufgrund der Höhenlage, der unentwickelten Böden und mangelnder Niederschläge kaum ackerbaulich genutzt werden (nur 0,4 % der Gesamtfläche). In der Regel kann eine Landbewirtschaftung nur unterhalb 3 000 m stattfinden, jedoch wird Gerste bei genügend Niederschlag bis 4 700 m Höhe angebaut; auf tiefer gelegenen Flächen werden auch Weizen und Hafer gepflanzt. Die nomadisierenden Tibeter finden Weidegründe für Yaks (dicht behaarte Rinder) und Schafe auf den randlichen Hochlandsteppen.

6. Variabilität des Witterungsgeschehens und Naturrisiken

Wie kaum ein anderes Land wird China von periodisch wiederkehrenden Naturkatastrophen heimgesucht. Die Variabilität des Witterungsgeschehens ist ein zusätzlicher Faktor, der vor allem in Nordchina die Ertragsleistungen erheblichen Schwankungen unterwirft. Oft sind es Dürre-, oft sommerliche Hochwasserkatastrophen, die z. B. die nordchinesische Ebene gefährden. Taifune können im Sommer und Herbst die Südostküste überqueren, winterliche Staubstürme die Oasenkulturen zudecken, Spätfröste die Wintersaat vernichten. Gegenwärtig sind die Folgen von Naturkatastrophen, die in der Vergangenheit immer wieder zu Hungersnöten führten, weitgehend gemeistert.

In den vergangenen Jahrzehnten wurden Überschwemmungen durch die oft beschriebenen Gemeinschaftsaktionen mit Hilfe von Staudämmen, Rückhaltebecken

Abbildung 1: Von Naturkatastrophen betroffene Anbauflächen in China

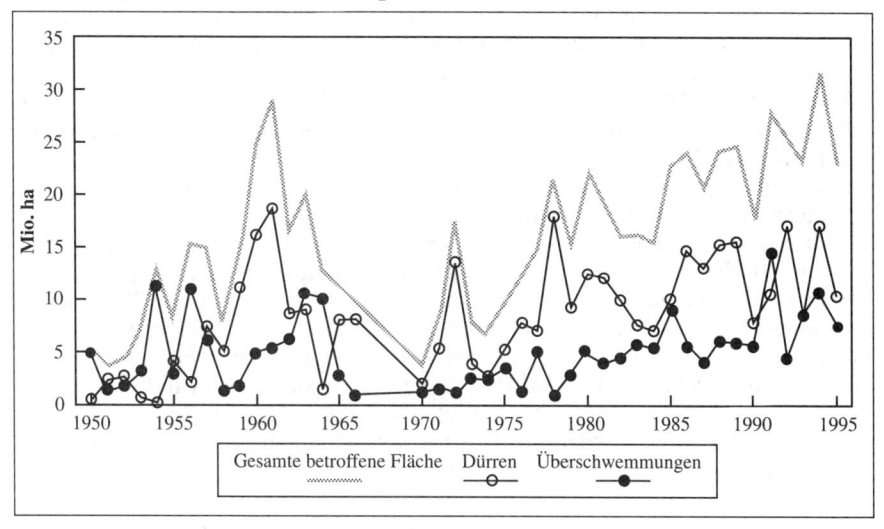

[Diagramm: Mio. ha, 1950–1995; Gesamte betroffene Fläche, Dürren, Überschwemmungen]

Quelle: Statistical Yearbook of China 1987, 170; 1995, 361

und Schutzdämmen bekämpft. Die Bodenerosion wurde durch Aufforstung, Windschutzanlagen und Sandfangzäune zumindest eingedämmt. Als Beispiel sei das Aufforstungsprojekt »Grüne Mauer« genannt; Waldschutzstreifen sollen sich heute in Abschnitten von Xinjiang über Gansu und Shaanxi bis nach Heilongjiang erstrecken. Die bisherigen Erfolge werden jedoch eher skeptisch beurteilt, weil die neugepflanzten Bäume häufig nur eine geringe Überlebensrate aufweisen.

Be- oder Entwässerungsmaßnahmen standen und stehen im Mittelpunkt der Bemühungen um Ertragssteigerung auf nassen oder ungenügend durchfeuchteten Böden. Seit Anfang der 50er Jahre wurde die bewässerte Fläche mehr als verdoppelt, sie macht gegenwärtig ca. 51,5 % der gesamten Anbaufläche aus. Allerdings ist seit Beginn der Wirtschaftsreformen 1979 nur noch eine geringe Zunahme der bewässerten Flächen zu beobachten. Die Anstrengungen konzentrieren sich vor allem auf die Weizenregion Nordchinas, deren natürliche Wasserbasis immer wieder gefährdet ist. Die Tatsache, daß die bewässerte Fläche zwischen 1979 und 1989 konstant blieb (1979: 45,0 Mio. ha – 1989: 44,9 Mio. ha), wird vor allem auf die Schwierigkeiten zurückgeführt, unbezahlte Gemeinschaftsarbeit zu mobilisieren, und darauf, daß die Grundwasservorräte in vielen Regionen Nordchinas bis an die Grenzen ausgeschöpft sind. Zudem wächst die Nutzungskonkurrenz um Wasser zwischen der Landwirtschaft und anderen Wirtschaftssektoren, vor allem der Industrie. *(Siehe auch den Beitrag von Dirk Betke.)*

Wenn auch die Folgen von Naturkatastrophen für die betroffene Bevölkerung rascher beseitigt werden können als in der Vergangenheit, so sind die landwirtschaftlichen Nutzflächen als Basis der Ernährungssicherung nach wie vor gefährdet. Nach einer Berechnung von Smil (1993, 49) hat sich sogar in den letzten Jahren die Wahrscheinlichkeit für Dürre- oder Überschwemmungsperioden deutlich erhöht.

Smils Schätzungen lassen sich durch die offiziellen Angaben recht gut belegen: Während bis zu Beginn der 80er Jahre jährlich deutlich weniger als 20 Mio. ha Agrarfläche von Naturkatastrophen wie Überschwemmungen, Dürren, Frostschäden, Taifunen und Hagelstürmen stark beinträchtigt wurden, so im letzten Jahrzehnt Anbauflächen im Umfang von 20 bis 30 Mio. ha. Im Regelfall betrug die schadensbedingte Ernteminderung mindestens 30 % gegenüber einem Normaljahr *(Siehe Abb. 1)*. Vermutlich dürften die Ursachen für die wachsende Gefährdung der landwirtschaftlichen Nutzflächen auch in Übernutzung, Überweidung, Abholzung und anderen menschlichen Eingriffen liegen.

Auch neue Umweltrisiken sind inzwischen aufgetaucht. Neben der Desertifikation und Bodenversalzung, die teilweise direkte Folgen der ökologisch unangepaßten Neulandgewinnung, aber auch der Entwaldung und exzessiven Überweidung sind, ist die Verschlechterung der Bodenqualität zu nennen. Organische Nährstoffe im Boden gehen infolge des Daueranbaus ohne Fruchtwechsel oder wegen mangelnder Zufuhr von organischem Dünger zurück. In den großen Industriezentren und Ballungsräumen, aber auch in den ländlichen Regionen mit rascher Industrialisierung hat die Schadstoffanreicherung im Boden, in Grund- und Fließwasser ein alarmierendes Ausmaß angenommen.

7. Bevölkerungsverteilung und Urbanisierung

Angesichts des nach wie vor hohen Anteils ländlicher und agrarischer Bevölkerung in der VR China kann kaum von geodeterministischer Sichtweise gesprochen werden, wenn der enge Zusammenhang zwischen der Verteilung der Anbaufläche und der Bevölkerung betont wird.

7.1 Bevölkerungsentwicklung, Bevölkerungsverteilung und Raumausstattung

Bereits um die Zeitenwende war die nordchinesische Ebene das Hauptsiedlungsgebiet der vermutlich 50 bis 60 Mio. Bewohner während der Han-Dynastie. Hatte sich seit dem 10. Jh. der Bevölkerungsschwerpunkt immer mehr nach Südchina verlagert – um 1300 zu Beginn der Yuan-Dynastie wohnten vermutlich 80 % der Einwohner im Bereich des Unterlaufs und südlich des Changjiang –, so nahm in der Ming-Periode die Bevölkerung in der nordchinesischen Ebene wieder zu. Seit dem Ende des 17. Jh. – etwa zur mittleren Kangxi-Zeit (1662–1722) ist nach langer Stagnation ein deutlicher Anstieg der Bevölkerung zu beobachten (Spence 1991, 94 f). Lebten um 1700 vermutlich um 100 Mio. Menschen in China, so waren es rund ein Jahrhundert später fast 300 Mio. Während sich die Ackerfläche in dieser Zeit trotz Neulanderschließungen entlang des Changjiang, des Hanflusses und in Nordostchina nur knapp verdoppelte, verdreifachte sich die Bevölkerungszahl. Im 18. Jh. wanderten Chinesen trotz Einwanderungsverbots in die Mandschurei oder sie siedelten die großen Flußläufe aufwärts; aus den dichtbesiedelten südost- und südchinesischen Provinzen Fujian und Guangdong wanderten Tausende von Bauern nach Taiwan;

andere emigrierten nach Südost-Asien. Bereits damals führten Übernutzung und Abholzung zu schweren ökologischen Schäden wie etwa Bodenerosion. Bis 1850 stieg die Einwohnerzahl auf ca. 430 Mio. (nach chines. Quellen nur 413 Mio.); der ländliche Bevölkerungsdruck verschärfte sich. Die Wanderungswellen erreichten im Verlauf des 19. Jh. Tibet und Xinjiang, das 1885 Provinz wurde. Die Wanderung nach Jilin und Heilongjiang verstärkte sich trotz des genannten Einwanderungsverbots der Qing-Regierung. Taiwan nahm neue Einwanderungsströme auf, und in Singapur sah sich die Qing-Regierung genötigt, 1873 ein Konsulat zu eröffnen, um eine gewisse Kontrolle über die etwa eine halbe Million Chinesen in Singapur zu haben (Spence 1991, 210). Um die Mitte des 19. Jh. setzten auch die ersten großen Auswanderungen nach Amerika ein, zu denen die Goldfunde 1848/49 in Kalifornien Anstoß gaben. *(Siehe auch Abb. 1.1 im Anhang.)*

Trotz der Wanderungsströme hat sich die Bevölkerungsverteilung in China im Verlauf des 19. Jh. nicht entscheidend verändert. 1935 – als zwischen 460 und 480 Millionen Menschen in China lebten – führte der Nestor der chinesischen Bevölkerungsgeographen, Hu Huanyong, den Begriff der »geo-demographic demarcation line« ein und meinte damit eine imaginäre Linie zwischen Aihui (Heihe) in Nordost-Heilongjiang und Tengchong in West-Yunnan, die in etwa durch eine jährliche Niederschlagsmenge von weniger als 400 mm jährlich und ungünstigere physisch-geographische Bedingungen wie hohe Bergketten, Hochplateaus, ausgedehnte Steppen und Wüsten westlich dieser Grenzlinie gekennzeichnet wird. Diese »geodemographische« Grenze teilt das chinesische Territorium etwa im Verhältnis 57 (westlich) zu 43 (östlich); die Bevölkerung jedoch wohnte 1935 zu 96 % und 1982 zu gut 94 % östlich dieser Linie (Hu Huangyong 1988, 24). Mitte der dreißiger Jahre des 20. Jh. wurde wie bereits im 19. Jh. erneut der hohe ländliche Bevölkerungsdruck bei begrenzter Fläche beklagt und von einer ökologischen Krise gesprochen, die sich in Bodenerschöpfung, Überschwemmungen, Entwaldung und Bodenerosion äußere (Spence 1991, 424).

Seit dieser Zeit dürfte sich an der räumlichen Verteilung der Bevölkerung wenig geändert haben, obwohl die Wanderungsströme zwischen 1950 und 1980 bis zum Beginn der Wirtschaftsreformen aus den östlichen Kernräumen in die nordöstlichen, nordwestlichen, westlichen und südwestlichen Provinzen gerichtet waren.

Die Bevölkerungszahl hat sich jedoch seit Mitte der 30er Jahre weit mehr als verdoppelt (1995: 1,208 Mrd.), und die schon damals beklagten durchschnittlichen Dichtewerte sind von 48 Einwohnern je km^2 auf 127 gestiegen. Nach wie vor sagen aber solche Durchschnittswerte kaum etwas aus. In den am dichtesten besiedelten Regionen etwa in der nordchinesischen Ebene, im Changjiang- und Zhujiang-Delta, in den südostchinesischen Küstensäumen und im Roten Becken werden in einigen Kreisen Spitzenwerte von über 1 000 E/km^2 verzeichnet und Werte über 600 und 800 E/km^2 sind häufig; dagegen sinken die Dichtewerte in den Kreisen der westlichen Provinzen auf unter 10, soweit diese nicht überhaupt menschenleer sind.

Die dünn besiedelten südwestlichen, westlichen und nordwestlichen Grenzregionen Chinas sind auch die Heimat vieler nationaler Minderheiten. Da diese Gebiete oft reich an Rohstoffen sind und zudem aus Verteidigungsgründen als strategisch wichtig gelten, kommt den Minderheiten eine hohe politische Bedeutung zu; nicht zuletzt, weil sie häufig ethnisch verwandte Nachbarn jenseits der Grenzen haben. Nach der letzten Volkszählung im Jahre 1990 setzte sich die chinesische Bevölkerung zu 92 % aus den Han und zu 8 % aus rund 55 anderen ethnischen Gruppen (insgesamt 91 Mio.) zusammen. Am volkreichsten sind die Zhuang (15,5 Mio.), die vor allem in Guangxi, aber auch in Yunnan und Guangdong leben. Ihre Assimilation mit den Han ist sehr weit fortgeschritten. Weniger ethnisch als vielmehr durch ihren islamischen Glauben unterscheiden sich die Hui von den Han-Chinesen. Die Hui (8,6 Mio.) finden sich vor allem in Ningxia und den benachbarten nordwestlichen Provinzen, sie sind aber insgesamt weit verstreut in China anzutreffen. Nachkommen alter Turk-Völker sind die ebenfalls moslemischen Uiguren (7,2 Mio.), die in Xinjiang leben und dort fast die Hälfte der Einwohner stellen. Große Teile der Uiguren treten für eine unabhängige Republik Ostturkistan ein. Die Beijinger Regierung geht mit großer Härte gegen die separatistischen Bestrebungen der Uiguren wie auch der Tibeter vor. Letztere, auch Zang (4,6 Mio.) genannt, leben vornehmlich im Hochplateau von Tibet und in den benachbarten Provinzen Sichuan, Qinghai, Gansu und Yunnan. Im Südwesten des Landes, insbesondere in Yunnan, Guizhou und Sichuan sind die Yi (6,6 Mio.) und die Miao (7,4 Mio.) zu Hause. Die Man (Mandschu, 9,8 Mio.) sind Nachkommen der Aristokraten und Soldaten der Qing-Dynastie; sie leben heute vornehmlich in Nord- und Nordostchina und haben ihre Identität weitgehend verloren. Die oft repressive Minderheitenpolitik der chinesischen Regierung, vor allem während der Kulturrevolution, hat immer wieder massiven Widerstand der Nicht-Han-Völker hervorgerufen. Erst seit Beginn der 80er Jahre reagierte Beijing auf die Unzufriedenheit seiner Minoritäten mit einer liberaleren Politik, die den Minderheiten zumindest formal Autonomie zugesteht. Nach wie vor greift aber die Regierung in die wirtschaftliche und soziale Struktur der Minderheiten-Regionen ein, gegenwärtig vornehmlich unter den Schlagworten »Entwicklung und Modernisierung«.

7.2 Ländliche Marktsysteme und Urbanisierungsprozesse vor Gründung der VR China

Bis weit in die Mitte des 19. Jh. lebte der überwiegende Teil der chinesischen Bevölkerung in kleinen dörflichen Siedlungen. In der agrarisch bestimmten Gesellschaft ohne ausreichendes Transportsystem konnte im 19. Jh. kein integriertes Siedlungs- oder Städtesystem entstehen. Vielmehr bildeten sich in den einzelnen Teilregionen des Landes nahezu isolierte Stadtsysteme heraus (Skinner 1977, 8 f. und 211 ff.). *(Siehe auch den Beitrag Nr. II von Carsten Herrmann-Pillath.)* Die rund 25 000 periodischen Marktorte an der Basis des Städtesystems (standard marketing towns nach Skinner) trugen ebenfalls noch durchweg dörflichen Charakter und waren eher Mittelpunkte mikroökonomischer Kreisläufe. Erst die vielleicht 1 100 größeren Marktorte (central marketing towns) waren häufig auch Sitz der Kreisverwaltungen oder höherer Verwaltungseinheiten. Sie waren auch vielfach zentrale Sammel- und Verteilstationen, die als – oft nicht ausreichende – Zwischenglieder für Warenströme zwischen dem ländlichen Raum und den höherrangigen Städten dienten. Die Zahl der Regionalzentren wie etwa Nanjing, Suzhou, Wuhan, Guangzhou, Chongqing, Chengdu, Xi'an oder Beijing war begrenzt. Die vier größten Städte des Landes (Beijing, Suzhou, Guangzhou und Wuhan) hatten zwischen 575 000 und 850 000 Einwohner und erreichten kaum die Größe der Millionenstädte des chinesischen Mittelalters (Chang'an, Kaifeng oder Hangzhou). Die Ausstrahlungskraft Beijings reichte jedenfalls nicht aus, ein integriertes nationales Städtesystem zu schaffen.

Mitte des 19. Jh. wurden die Städte im Küstenbereich durch die kolonialen Mächte von außen überformt, während die Städte und Landstädte des Binnenlandes weitgehend außerhalb des Zugriffs ausländischer Wirtschaftsmächte verblieben. Auch im Städtesystem entwickelte sich ein ausgeprägter Dualismus, der sich etwa in einer zunehmenden Urbanisierung des Küstenbereichs niederschlug. So überschritt Shanghai, um 1850 noch Kreissitz mit nur gut 300 000 Einwohnern, schon um 1910 die Millionengrenze und hatte 1934 rund 3,5 Mio. Einwohner. Mitte der 30er Jahre gehörten fast alle Vertragshäfen zu den bevölkerungsreichsten Städten im Lande. Im Gefolge der von Japan betriebenen Industrialisierungspolitik in der Mandschurei vervierfachte sich die Einwohnerzahl von Mukden (Shenyang) auf rund 1,12 Mio. im Jahr 1946. Nanjing wuchs rasch, nachdem es 1928 Sitz der nationalistischen Regierung geworden war; die Binnenstädte Kunming, Chongqing oder Xi'an wurden als Basen gegen die japanische Invasion industrialisiert und erlebten ebenfalls ein rasches Bevölkerungswachstum.

7.3 Stadtentwicklung in der VR China

Nach Gründung der Volksrepublik sollten in Anlehnung an das sowjetische Industrialisierungsmodell die »Konsumentenstädte« in »Produzentenstädte« umgewandelt und der Widerspruch zwischen der entwickelten Küstenregion und dem rückständigen Hinterland überwunden werden. Schon während des 1. Fünfjahresplans wurde eine größere Zahl von Binnenstädten als sogenannte Schlüsselindustriezentren Standort des zentralistisch gelenkten industriellen Investbaus, so Baotou, Luoyang, Chengdu, Lanzhou und Taiyuan. Nach 1957 waren weitere Städte als »neue« Industriezentren vorgesehen, etwa Golmud, Urumqi, Kashi oder Hotan. Das Entstehen bzw. das Wachstum neuer regionaler städtischer Subsysteme bei gleichzeitiger Zunahme der großräumigen Verflechtung ließ – gemessen an der Einwohnerzahl – ein etwas ausgeglicheneres Städtesystem entstehen. Die Primatstellung von Shanghai beispielsweise – gemessen an der Einwohnerrelation zu den beiden nächstgrößeren Städten Beijing und Tianjin – wurde abgeschwächt: betrug das Größenverhältnis der nicht-agrischen Einwohner im Jahr 1957 1,0 : 0,52 : 0,46, so im Jahr 1994 1,0 : 0,73 : 0,56 (Urban Statistical Yearbook of China, verschiedene Jahrgänge). *(Siehe auch die Abb. 3.3 und 3.4 im Anhang.)*

Für die Weiterentwicklung des Städtesystems ist die Rückwendung der Regional- und Wirtschaftspolitik zu den alten küstennahen Agglomerationen seit 1979 von Bedeutung, denn mit der Modernisierung und Öffnung nach außen kamen deren komparative Standortvorteile erneut ins Spiel.

Die bisherige Industrialisierung in China wurde nicht von einer parallel verlaufenden freien Land-Stadt-Wanderung und damit einer vor allem durch Migration ausgelösten Urbanisierung begleitet. *(Siehe auch die Beiträge von Margot Schüller und Thomas Scharping.)* Die strikten Wanderungs- bzw. Umzugskontrollen haben die Migrationsprozesse bis in das letzte Jahrzehnt reglementiert und gelenkt. Zudem wurde offiziell eine Politik verfolgt, die das Wachstum vor allem der großen Städte verhindern sollte. Die Lockerung der Wanderungsbarrieren seit Beginn der 80er Jahre, die agrarischen und städtisch-industriellen Reformen und die Wirkung ausländischer Investitionen in China werden vor allem die größeren und küstennahen Städte begünstigen. Damit wird auch zunehmend die in anderen Ländern bekannte »agro-industrial-urban transition« Platz greifen, wie sie gegenwärtig in den metropolitanen Regionen des Küstenraumes beobachtet werden kann. Für die küstennahen Stadtregionen hat Zhou Yixing auch versucht, das von Ginsburg und McGee entwickelte Paradigma der »metropolitan interlocking region« zu verifizieren (Ginsburg/Koppel/McGee 1991). Gemeint ist ein relativ stabiles System von Marktorten, Klein- und Mittelstädten in einer metropolitanen Großregion, das auf engen und stabilen Austausch- und Pendlerbeziehungen beruht, jedoch ohne eine massive Land-Stadt-Wanderung innerhalb dieser Region auskommt. Zhou (1991, 89f.) hat vier solcher »extended metropolitan areas« entlang der Küste identifiziert, nämlich Shanghai-Nanjing-Hangzhou, Beijing-Tianjin-Tangshan, Shenyang-Dalian-Süd-Liaoning und Hongkong-Guangzhou-Macau. In allen Fällen sind ein oder zwei große Städte mit mehr als einer Million Einwohner die Wachstumspole für die Agglomeration. Gute Häfen und Verkehrsverbindungen stellen die Achsen zwischen den Wachstumspolen dar; zudem haben sich enge wirtschaftliche Interaktionen zwischen den Kernstädten und dem Verdichtungsraum herausgebildet.

Betrachten wir die statistischen Daten des Urbanisierungsprozesses in ganz China, so gilt die eben beschriebene sozioökonomische Transformation nur sehr eingeschränkt für den Rest des Landes. Bis in die jüngste Zeit sind nämlich in erster Linie administrative Veränderungen Ursache für den Urbanisierungsprozeß, soweit er sich in der Anzahl der Shi-Städte – Landstädte (zhen) bleiben hier außer Betracht – niederschlägt (Taubmann 1996a, 213f.). Sogenannte Shi-Städte sollen in der Regel mehr als 100 000 Einwohner aufweisen – im einzelnen sind die Kriterien recht kompliziert –, Zhenorte sollen mehr als 2 000 nicht-agrarische Einwohner beherbergen. Gemeinden (xiang) erfüllen in der Regel diese Bedingungen nicht.

Angesichts der relativ komplizierten und z. T. unsicheren Datengrundlage ist es außerordentlich schwierig, die einzelnen Komponenten des Urbanisierungsprozesses zu erfassen. Es kommen folgende Ursachen des städtischen Bevölkerungswachstums in Betracht: 1) Zuwanderungsüberschüsse; 2) natürlicher Bevölkerungszuwachs; 3) Stadterhebungen (Aufwertung von Landstädten oder Gemeinden in Städte, Anmerk. der Red.); 4) administrative Veränderungen in bestehenden Städten wie etwa die Ausweitung von Stadtbezirken oder die Umwandlung von Landkreisen in Stadtbezirke.

Es gibt zahlreiche, in der Regel jedoch unbefriedigende Versuche, den Anteil der genannten Komponenten zu bestimmen. Einen eigenen Versuch erlaubt zumindest eine chinesische statistische Publikation (China – The Forty Years of Urban Development, Beijing 1990). Diese Shi-Städtestatistik wurde insoweit ausgewertet, als für eine Kohorte von bereits 1964 bestehenden 167 Städten die Bevölkerungszahlen der Jahre 1964 und 1988 verglichen wurden. Vergleicht man die Bevölkerungsentwicklung dieser Städtekohorte mit derjenigen aller Städte im selben Zeitraum – zwischen 1964 und 1988 wurden immerhin 267 neue Städte ernannt – so kommt man zu dem Ergebnis, daß das natürliche Bevölkerungswachstum der Shi-Städte im Verlauf der 25 Jahre nur 18 % und die Zuwanderung 31 % des gesamten Zuwachses ausmachten, während die administrativen Erhebungen mit 51 % die entscheidende

Ursache des städtischen Bevölkerungswachstums darstellten. Überspitzt läßt sich formulieren, daß der Urbanisierungsprozeß in der VR China, soweit er in dem Anteil der Shi-Stadtbevölkerung an der Gesamtbevölkerung zu messen ist, in den letzten viereinhalb Jahrzehnten zu einem wesentlichen Teil über administrative Shi-Stadterhebungen gesteuert worden ist.

Die Entwicklung der Shi-Städte stand in der innerchinesischen Diskussion seit Anbeginn unter der Fragestellung, ob das Städtewachstum ausgeglichen zu sein habe oder ob die Groß- und Millionenstädte rascher wachsen sollten als die übrigen Städte, ob also eine Metropolisierung des Städtesystems angestrebt werden sollte.

Von Interesse ist in diesem Zusammenhang auch, wie sich die Kohorte der bereits 1964 existierenden Städte nach Größenklassen im Vergleich zu allen Städten, d. h. auch den später gegründeten, zwischen 1964 und 1988 entwickelt hat. Auch hier zeigt sich, daß die These eines verstärkten metropolitanen Wachstums nicht gelten kann: Je größer eine Stadt 1964, um so geringer ist ihr Wachstum bis 1988; nur die Städte mit weniger als 0,5 Mio. nichtagrarischen Einwohnern (1964) wuchsen in diesem Zeitraum überdurchschnittlich, während die Städte mit mehr als 2,0 Mio. Einwohnern weniger als die Hälfte des Durchschnittswachstums aufwiesen.

Vergleicht man die Veränderung der 1964er Städtekohorte bis 1988 mit den Verschiebungen, die sich im selben Zeitraum unter Berücksichtigung auch der nach 1964 neugegründeten Städte ergeben haben, so wird deutlich, daß die neuernannten Städte jeweils zur untersten Gruppe des Shi-Stadtsystems mit weniger als 200 000 nicht-agrarischen Einwohnern zählen.

Auch diese Daten machen deutlich, daß von einem Hyperwachstum der großen Metropolen mit Blick auf die Stadtbevölkerung nicht gesprochen werden kann – auf jeden Fall nicht in relativer Sicht. Selbstverständlich wachsen auch die Einwohnerzahlen der Städte mit mehr als einer Million nicht-agrarischen Bewohnern absolut weiter an, aber offenkundig mit geringerem Tempo als die der Mittel- und Kleinstädte. Der Anteil der Städte mit weniger als 0,5 Mio. Einwohnern wuchs zwischen 1964 und 1993 von 81 auf 88 % *(vgl. Tab. 2)*. In diesen Städten wohnt ein verhält-

Tabelle 2: Shi-Städte und nicht-agrarische Shi-Stadtbevölkerung nach Größenklassen 1952 bis 1993

	1952				1964				1988				1993			
	Shi-Städte		n.-agr. Einw.		Shi-Städte		n.-agr. Einw.		Shi-Städte		n.-agr. Einw.		Shi-Städte		n.-agr. Einw.	
Mio.	abs.	%	Mio.	%	abs.	%	Mio.	%	abs.	%	Mio.	%	abs.	%	Mio.	%
über 2,0	2	1,3	7,18	20,6	5	3,0	18,60	28,2	8	1,8	30,16	21,5	10	1,75	38,06	21,5
1,0 – 2,0	5	3,3	7,18	20,6	8	4,8	11,16	16,9	20	4,6	27,09	19,3	22	3,9	28,70	16,2
0,5 – 1,0	8	5,2	4,94	14,2	18	10,8	12,55	19,0	30	6,9	20,79	14,8	36	6,3	24,64	13,9
0,2 – 0,5	21	13,7	6,42	18,4	42	25,1	13,65	20,7	110	25,3	33,21	23,7	160	28,1	47,33	26,7
unter 0,2	117	76,5	9,19	26,3	94	56,3	10,07	15,3	266	61,3	29,09	20,7	342	60,0	38,36	21,7
Gesamt	153	100,0	34,91	100,0	167	100,0	66,03	100,0	434	100,0	140,34	100,0	570	100,0	177,09	100,0

Gruppierung nach Anzahl der nicht-agrarischen Einwohner in den Stadtbezirken (shi qu)
Quelle: China. The Forty Years of Urban Development 1990; Urban Statistical Yearbook of China 1993–1994

nismäßig geringer Anteil von nicht-agrarischen Einwohnern. Darin spiegelt sich offensichtlich eine in den letzten Jahren forciert betriebene Stadternennungspolitik wider, die zu einer »Verländlichung« der kleineren Shi-Städte geführt hat, d. h. zu einer starken Zunahme des Anteils der ländlichen Einwohner an allen städtischen Bewohnern. Ursache ist die Erhebung zahlreicher Landkreise mit oft weniger als 10 % nicht-agrarischen Einwohnern zu Städten.

Die Basis des Städtesystems bzw. des ländlichen Siedlungssystems bilden gegenwärtig gut 30 000 Marktorte und Gemeinden und rund 16 000 sogenannte Landstädte (zhen); insgesamt also etwa über 40 000 Standorte für das ländliche Marktwesen. Nach Gründung der Volksrepublik wurde der ländliche Markthandel zunächst noch gefördert, dann aber mit der sozialistischen Umgestaltung auch des Privathandels durch staatliche Absatz- und Versorgungsgenossenschaften ersetzt. Im Zuge der Bildung von Volkskommunen wurde jede private Nebentätigkeit verboten und die ländlichen Märkte wurden in großem Umfang geschlossen. Ihre Zahl ging von knapp 20 000 zu Beginn der 50er Jahre auf etwa 11 000 Mitte der 70er Jahre zurück. Seit Beginn der Wirtschaftsreformen wurden zahlreiche ländliche Märkte wieder oder neu etabliert – gegenwärtig gibt es etwa 65 000. Die Einführung des Produktionsverantwortlichkeitssystems auf Haushaltsbasis und das Aufblühen des ländlichen Gewerbes und Handels haben zugleich die traditionellen Marktorte als Standorte der ländlichen Märkte wiederbelebt, die damit häufig auch in der Hierarchie der Gemeindeorte aufgestiegen sind. Ausdruck dafür ist nicht zuletzt die in den letzten Jahren zunehmende Ernennung von Gemeinden (xiang) zu Landstädten (zhen).

Auffällig ist jedenfalls, daß sich die Zahl der Landstädte in etwa parallel zu der der ländlichen Märkte entwickelte. Nach einer ersten Blüte zu Beginn des 1. Fünfjahresplans (1953–1957) ging die Anzahl der Zhenorte vor allem ab Anfang der 60er Jahre zurück und stagnierte über knapp zwei Jahrzehnte auf einem Niveau um 2 800 bis 2 900 (Taubmann 1996a, 221). Hintergrund für diese Stagnation war offenkundig die 1963 formulierte und über lange Zeit unveränderte Haltung der Zentralregierung, daß angesichts des Niveaus der landwirtschaftlichen Produktion die städtische Bevölkerung zu groß sei und nur solche Orte Zhen-Status erhalten sollten, in denen Handel, Handwerk und Industrie eine relativ wichtige Rolle spielten und damit auch ein bedeutender Beschäftigtenanteil in nicht-landwirtschaftlichen Branchen zu verzeichnen sei. Diese Haltung wurde ab dem Beschluß zu den sogenannten »Vier Modernisierungen« auf der 3. Plenarsitzung des XI. Zentralkomitees der KPCh im Jahre 1978 kritisiert: Der Aufbau der Landstädte sei durch den Einfluß der »Linken« unterminiert worden. Vor allem habe der Aufbau der »hoch kollektivierten« Volkskommunen seit Ende der 50er Jahre Gemeinden und Landstädte (cun zhen) als eigenständige Einheiten verschwinden lassen. Während der Kulturrevolution sei dann der Bau von Wohngebäuden und Infrastruktur in den Kleinstädten (xiao chengzhen) sträflich vernachlässigt worden. Erst die Einführung der Wirtschaftsreformen habe die Situation entscheidend verändert.

Kampagnen verschiedener Ministerien, Ausstellungen und Wettbewerbe schufen zu Beginn der 80er Jahre dann offenkundig ein günstiges Klima für den raschen Zuwachs von neuernannten Landstädten. Die Zahl der Landstädte verfünffachte sich zwischen 1983 und 1994 von knapp 3 000 auf etwa 16 000.

8. Natürliche Ressourcen und die »Last« des Raumes

8.1 Bodenschätze und Energie

Im Gegensatz zu den tradierten Industriestandorten, die sich überwiegend in den östlichen Regionen finden, ist China aufgrund seiner großflächigen und mannigfaltigen geologischen Strukturen relativ gleichmäßig mit unterschiedlichsten Bodenschätzen ausgestattet, wenn auch die jeweiligen Ressourcen zum Teil regional konzentriert sind und ihre Erschließung weitgehend von dem technologischen Niveau und dem Entwicklungsstand der Teilregionen abhängt. Beispielsweise ist China das führende Land der Erde für zwanzig nachgewiesene Schlüsselmineralien wie z. B. Kohle, Titanium, Molybdän, Zinn, Lithium, Antimon usw. Allerdings kann bei etlichen Mineralien der Bedarf nicht durch eigene Vorkommen gedeckt werden; dazu zählen etwa Eisenerz, Mangan, Bauxit, Kupfer, Erdöl oder Naturgas (The National Economic Atlas of China 1994, I, 12).

Einige Beispiele seien herausgegriffen: Die Primärenergieproduktion ist im letzten Jahrzehnt langsamer gewachsen als die Gesamtwirtschaft. Das heißt, der Elastizitätskoeffizient der Energieproduktion ist kleiner 1 (jährliche Wachstumsrate der Energieproduktion/jährliche Wachstumsrate des BIP). Er schwankte in den letzten Jahren zwischen 0,1 und 0,6; d. h. die Energiehaltigkeit der industriellen Produktion nahm offenkundig ab. Nach wie vor ist die Industrie mit 74,5 % (1994) aber der größte Energiekonsument in China.

Der gegenwärtige Pro-Kopf-Verbrauch an Primärenergie (932 kg Standardkohleeinheiten im Jahr 1992) ist rund dreimal so hoch wie der Indiens (350) oder Indonesiens (383). Rechnerisch liegt der Verbrauch um 3,5 % (1994) über der Produktion von Primärenergie, zweifelsfrei ist aber der potentielle Bedarf an Energie erheblich höher als die Erzeugung. Nach plausiblen Schätzungen könnte die industrielle Produktion um mindestens 20 % erhöht werden, wäre die Energieversorgung ausreichend. Rund 20 bis 30 % der Kapazitäten müssen im Durchschnitt noch wegen Energiemangel stilliegen. *(Siehe auch Abb. 4.6.3 und Tab. 4.6.2 im Anhang.)*

Entscheidenden Anteil am Primärenergieaufkommen hat nach wie vor die Steinkohle, die rund 78 % (1994) des inländischen Verbrauchs deckt. Chinas gesicherte Kohlereserven in Höhe von rund 400 Mrd. t liegen vor allem im Norden des Landes (ca. zwei Drittel).

Die regionale Verteilung der Kohleförderung (1980: 620 Mio. t; 1994: 1,23 Mrd. t) korreliert mit den gesicherten Vorkommen: In den Provinzen Shanxi, Henan, Hebei und Heilongjiang wird fast die Hälfte der Gesamtmenge gefördert. Die räumliche Konzentration der großen Zechen verursacht ständige Transport- und Versorgungsschwierigkeiten. Etwa 67 % der geförderten Kohle müssen per Eisenbahn über meist lange Strecken zu den Hauptindustriegebieten im Osten und Südosten bzw. zu den Seehäfen transportiert werden. Rund 31 % der gesamten Gütertransportkapazität sind ständig durch Kohle und Koks belegt. Zudem wird nur ein Fünftel der geförderten Kohle gewaschen, weil die zahlreichen mittleren und kleinen Anlagen (etwa 65 000), die neben den Großzechen die Förderungsstruktur bestimmen, technisch nur ungenügend ausgestattet sind. Vermutlich könnte die Frachtmenge um ca. 50 Mio. t reduziert werden, würde überwiegend vorveredelte Kohle transportiert.

Die Verbrennung solcher minderen Kohlequalitäten verursacht erhebliche Luftverschmutzung in den großen Zentren. Durch technische Modernisierung könnten sowohl die noch niedrige Produktivität der Förderung wie auch der geringe Wirkungsgrad der großen Heizungsanlagen erheblich verbessert werden.

Als zweitwichtigster Primärenergieträger deckt das Mineralöl ca. 18 % des Verbrauchs (1994, seit 1980 etwa konstant). Die Erdölreserven zeigen eine ähnliche räumliche Konzentration wie die Kohlevorräte: Im nördlichen Teil Chinas ist fast die Hälfte der gesicherten Vorkommen lokalisiert. Die rapide Ausweitung der Erdölförderung – zwischen 1957 und 1979 war eine Steigerung um das 70fache zu verzeichnen – hatte zu optimistischen Prognosen Anlaß gegeben. Zwischen 1979 und 1983 aber stagnierte die Rohölförderung bei rund 105 bis 106 Mio. t jährlich. Erst zwischen 1984 und 1986 war ein neuer Anstieg der Förderung zu beobachten (1986: 130 Mio. t; 1994: 146 Mio t), insbesondere wegen der zunehmenden Förderungsleistung der bestehenden Anlagen.

Die Energiepolitik zielt in erster Linie darauf ab, durch verstärkte Exploration das Reserve-Förderungsverhältnis zu verbessern und durch begrenzte Modernisierung das Förderungsniveau der alten Felder nicht absinken zu lassen. Jüngstes Beispiel ist die Erschließung des nördlichen Tarimbeckens. Ein weiteres Schwergewicht liegt auf den Offshore-Aktivitäten (Bohai Bay, South China Sea), die mit ausländischem Kapital und ausländischer Technologie vorangetrieben werden.

Vor allem aber soll das Erdöl gezielt durch Kohle substituiert werden: Beispielsweise wurden noch Ende der 80er Jahre rund 30 % des Öls in Wärmekraftwerken verfeuert. Mittelfristig sollen von den ca. 40 Mio. t Erdöl, die gegenwärtig noch als Brennstoff Verwendung finden, 20 Mio. t durch Kohle ersetzt werden.

Erdgas und Wasserkraft deckten 1994 knapp 4 % des Energieverbrauchs. Als ausbaufähig gilt die Wasserkraft, dezentrale Anlagen könnten insbesondere den ländlichen Raum mit Energie versorgen. Im Dezember 1994 begann der Bau des heftig umstrittenen Drei-Schluchten-Megaprojekts, das angeblich 13 Mrd. kWh Leistungskraft entwickeln soll (Luk/Whitney 1993).

Noch decken die ländlichen Haushalte ihren Energiebedarf vorwiegend aus Biomasse (Holz, Stroh, landwirtschaftliche Abfälle) und beeinträchtigen damit ebenfalls zunehmend das Ökosystem.

8.2 Das Transportsystem

Ein weiteres Schlüsselelement für die wirtschaftliche Entwicklung Chinas ist das Transportsystem. *(Siehe auch den Beitrag von Margot Schüller.)* Ausreichende Transportkapazitäten sind die Voraussetzung für den Aufbau einer zunehmend arbeitsteiligen Wirtschaft. Die »Last des Raumes« wird allein durch die geringe Flächenerschließung mit Straßen und Schienen deutlich: Zum Beispiel beträgt die Länge des Schienennetzes je 1 000 km^2 in China nur 5,6 km (1994), in Indien dagegen 20,8 km (alte Bundesländer 121 km je 1 000 km^2).

Die Eisenbahn ist mit Abstand das wichtigste Transportmittel für den Güterverkehr. Bleiben Binnen- und Küstenschiffahrt außer acht, so werden – bezogen auf die t-km-Leistung – rund 71 % (1994) aller Güter mit der Bahn befördert. Unter Einschluß der Schiffahrt sind es nur 37 %. (Schiffahrt selbst 47 %). Der schienengebundene Verkehr ist in der Regel Langstreckenverkehr (rund 790 km je transportierte Tonne), der Anteil des Kurzstreckenverkehrs ist allerdings relativ hoch und belastet das Streckennetz sowie die Be- und Entladeeinrichtungen zusätzlich. Das Eisenbahnnetz gehört bezüglich seiner Verkehrsdichte zu den am stärksten belasteten der Erde. *(Siehe auch die Abb. 4.6.4 und 4.6.5 im Anhang.)*

Der Gütertransport auf der Straße hat mit einer Durchschnittslänge von 50 km ausgesprochenen Kurzstreckencharakter, d. h. er dient als Zubringer für die Eisenbahn- und Binnenschiffahrtstransporte bzw. er bedient solche Gemeinden, die über andere Transportwege nicht zu erreichen sind. Noch ist die Straßendichte ebenfalls sehr gering, es gibt bisher kein das gesamte Territorium umfassendes koordiniertes Netz von Hauptstraßen und deshalb, außer im westlichen Landesteil, auch nur wenige durchgehende Direktverbindungen ähnlichen Standards. Das Aufblühen der Warenwirtschaft im ländlichen Raum hat den Transportbedarf bereits so erhöht, daß das unzureichende Straßennetz ein erhebliches Zirkulationshemmnis darstellt.

Im Gegensatz zu dem enormen Frachtgutaufkommen ist der durchschnittliche Personentransport in China bislang noch bescheiden: Ein Einwohner des Landes reist im Durchschnitt nur ein Drittel der Strecke, die ein Inder zurücklegt. Im Zuge der Wirtschaftsreform ist jedoch das Passagieraufkommen sehr rasch angestiegen: gemessen in Personen-km hat sich der Eisenbahnverkehr seit 1978 mehr als verdreifacht (3,3fach) und die Personenbeförderung auf der Straße ist um das Achtfache (!) angestiegen.

Daß der Luftverkehr und die Telekommunikationssysteme seit Beginn der Wirtschaftsreformen einen enormen Aufschwung zu verzeichnen haben, sei hier nur am Rande vermerkt. Die Personen-Transportleistung der stark vermehrten Fluglinien hat sich seit 1978 etwa verzwanzigfacht. Die Zahl der Telephonanschlüsse ist im gleichen Zeitraum von etwa 4 auf etwa 29 Mio. gestiegen; die Telephone sind aber zunehmend in den Städten konzentriert (1978 68 % – 1994 80 %).

Im 8. Fünfjahresplan (1991–1995) sollten wie schon im 7. Fünfjahresplan alle Sektoren des Verkehrssystems, insbesondere die Binnenwasserstraßen und die extrem überlasteten Hafenanlagen mit hoher Priorität ausgebaut werden. In Anbetracht der Größe des Landes und des gegenwärtigen Standes des Verkehrssystems sowie der Tatsache, daß andere Sektoren der Volkswirtschaft ebenfalls modernisiert werden müssen, wird eine durchgreifende Verbesserung der Verkehrsinfrastruktur sicher noch Jahrzehnte beanspruchen.

9. Wirtschaftsräumliche Konzepte des Modernisierungs- und Öffnungskurses

Im Rahmen der außen- und binnenwirtschaftlichen Reformen in der VR China werden die Vorteile einer funktionsräumlichen Arbeitsteilung sowohl auf der Makro- wie auf der Mesoebene zunehmend betont. Diese Arbeitsteilung wie auch der wachsende regionale Egoismus dezentraler Verwaltungs- und Wirtschaftseinheiten hat sich in der Etablierung zahlreicher Wirtschaftszonen oder -regionen unterschiedlichen Maßstabs niedergeschlagen. Stellt sich aus der Sicht der Zentralregierung in der Diskussion um ökonomische Entwicklungsziele eher die Frage nach der gesamtwirtschaftlich besten Nutzung unterschiedlicher regionaler Standortvorteile oder Ressourcen und weniger die nach einer möglichst gleichmäßigen Entwicklung aller Teilräume der Volksrepublik, so sind aus der Sicht der Teilregionen die eigenen lokalen Vorteile möglichst gewinnbringend zu nutzen. Selbstverständlich enthalten nationale Entwicklungsstrategien für einzelne Sektoren der Volkswirtschaft implizit immer auch regionalpolitische Elemente.

Räumlich ungleiche Entwicklungen werden also auf fast allen Ebenen, soweit sie nicht selbst nachteilig betroffen sind, zumindest zeitweilig politisch akzeptiert und wurden von der Zentralregierung im Dienste einer raschen gesamtwirtschaftlichen Entwicklung sogar bis jüngst gefordert. Gerade hier zeigt sich ein wachsender Interessenkonflikt zwischen den Provinzen und der Zentrale in Beijing, zwischen den einzelnen Provinzen und zwischen unterschiedlichen Wirtschaftszonen bzw. -regionen. *(Siehe auch die Beiträge von Sebastian Heilmann und Margot Schüller.)*

Die regionalen Interessenkonflikte um den Modernisierungskurs sind auch vor dem Hintergrund der wirtschaftsräumlichen Entwicklungsunterschiede und der oben beschriebenen unterschiedlichen Raumausstattung des Landes zu bewerten. Die Rückständigkeit und Armut weiter Landesteile sollte man nicht unterschätzen, auch wenn die Zahl der Menschen im ländlichen China, die unterhalb der sogenannten Armutsgrenze leben, von gut 125 Mio. (1985) auf knapp 80 Mio. im Jahr 1992 zurückgegangen ist. Nach wie vor ist der Technisierungsgrad der landwirtschaftlichen Produktion in weiten Landesteilen sehr niedrig. Nach wie vor bilden Eisenbahn und Straßen ein nur weiträumiges Netz und erschweren eine funktionsräumliche Arbeitsteilung nachhaltig.

Inzwischen gibt es mehrere Paradigmen wirtschaftsräumlicher Gegensätze.
– Der Ost-West-Gegensatz hat Tradition: Es ist ein ausgeprägtes Gefälle zwischen den entwickelten Küstenprovinzen im Osten und den weniger oder unterentwickelten westlichen Binnenregionen zu beobachten.
– Der Stadt-Land-Gegensatz: Nicht nur um die großen städtischen Zentren im Küstenbereich zeigt sich auf relativ kurze Entfernungen ein steiles Gefälle in den ländlichen Lebens-und Produktionsformen, ähnliches gilt für städtische Zentren im Binnenland.
– Seit einigen Jahren wird auch ein Nord-Süd-Gegensatz im Küstenbereich vor dem Hintergrund zunehmender Verflechtungen der südöstlichen und südlichen Küstenzonen mit Hongkong, Macau und Taiwan diskutiert.

Die räumliche Westverschiebung der Produktionsstandorte – eine der zentralen Absichten des 1. Fünfjahresplanes (1953–1957) hatte zu Beginn der 60er Jahre zunächst zugunsten einer Förderung der alten Industriezentren nachgelassen. Seit Mitte der sechziger Jahre traten der zentrale Süden und Südwesten wieder stärker in das Blickfeld der industriellen Standortplanung. Die Betonung der zentralen Inlandsgebiete hing unter Verteidigungsaspekten eng mit der Entwicklung der sogenannten Dritten Front zusammen. Die »Erste Front« – d. h. alle Küstenprovinzen zwischen Liaoning und Guangxi – galt ebenso wie die meisten Grenzprovinzen des Binnenlandes (Zweite Front) im Falle eines möglichen Angriffskrieges auswärtiger Mächte als besonders gefährdet. Die zur Dritten Front zählenden Provinzen (Guizhou, Nord-Yunnan, Sichuan, Süd-Gansu, Shaanxi, die westlichen Gebiete von Henan, Hubei und Hunan) schienen im Verteidigungsfall eine strategisch besonders günstige Lage zu haben. Weitgehend ohne Rücksicht auf die vorhandene Siedlungs- und Infrastruktur wurden dort deshalb Produktionsanlagen, insbesondere auch der Rüstungsindustrie, geplant und errichtet. Gegenwärtig zählen zahlreiche so entstandene Unternehmen, nicht zuletzt aufgrund der ungeeigneten Mikrostandorte, zu Problemfällen, und viele versuchen eine Konversion ihrer Produktion.

Die Strategie der Erschließung von Binnenfronten wurde mit Beginn des Reformkurses im Jahr 1978 wieder weitgehend verlassen. Unter dem Druck knapper Investitionsmittel bzw. der Standortwahl ausländischer Investoren und unter der Führung der Vertreter einer pragmatischen Wachstumspolitik wurden wie knapp zwei Jahrzehnte zuvor die bereits existierenden Produktionskapazitäten und die Vorteile außenorientierter Standorte an der Ostküste als »neue Grenze« entdeckt.

Signifikanter Ausdruck der neuen Linie war die Errichtung der fünf Sonderwirtschaftszonen (Shenzhen, Zhuhai und Shantou in Guangdong sowie Xiamen in Fujian, außerdem einige Jahre später die Insel Hainan) seit 1979, deren erstes Ziel es ist, ausländisches Kapital für die Exportproduktion anzuziehen. Doch auch die im April 1984 ausgewiesenen 14 Küstenstädte sollten eine ähnlich flexible Wirtschaftspolitik ermöglichen wie die genannten Sonderwirtschaftszonen, d. h. in eigens etablierten Entwicklungszonen sollten chinesisch-ausländische Joint Ventures oder Unternehmen mit ausschließlich ausländischem Kapital errichtet werden.

Schon bisher stellten diese 14 Städte ein knappes Viertel des gesamten industriellen Bruttoproduktionswertes des Landes. Shanghai, die wichtigste dieser 14 Küstenstädte, hat inzwischen eine Sonderstellung erreicht, nicht zuletzt durch die Ausweisung der Sonderzone Pudong. Ganz im Sinne einer neoklassischen Entwicklungstheorie sollen also die führenden Industriezentren durch sogenannte »spread«-Effekte »die wirtschaftliche Entwicklung des ganzen Landes vorantreiben«.

Vor allem während des 6. (1981–1985) und 7. Fünfjahresplans (1986–1990) tauchte neben der Etablierung der Sonderwirtschaftszonen und offenen Küstenstädte auch das Konzept der Wirtschaftszonen unterschiedlicher Größenordnung auf. So etwa das Konzept der Shanghai Economic Zone, der North-East Economic Zone, der Süd-West-Region, der Perlfluß-Delta-Region usw.

10. Alte und neue Paradigmen: Ost-West, Nord-Süd, Stadt-Land und »Greater China«

Die Rückwendung zur Küste hat die oft geäußerten Befürchtungen bestätigt, daß damit weniger »spread«-, als vielmehr »back wash«-Effekte für die Binnen- und Grenzregionen verbunden sein könnten.

Noch im 7. Fünfjahresplan (1986–1990) wurde das Land unter einem regionalökonomisch orientierten Blickwinkel in drei große Wirtschaftsräume geteilt: Ost – Mitte – West *(vgl. Tab. 3)*. Die Entwicklung der gesamten Ostküste wurde als vorrangige Priorität formuliert: »Die Entwicklung der Ostküste beschleunigen, die Ausbeutung der Energie- und Rohstoffe in der zentralen Region konzentrieren und die zukünftige Nutzung des Potentials der Westregion vorbereiten.« Diese Politik

Tabelle 3: Wirtschaftsräumliche Dreiteilung der VR China in Ost – Mitte – West

Region	Ost	Mitte	West	Gesamt
Flächenanteil in %	13,5	29,9	65,6	100,0
Bevölkerungsanteil 1985 in %	40,9	35,5	23,6	100,0
Bevölkerungsanteil 1994 in %	41,2	35,9	23,0	100,0
Bevölkerungsdichte E/km^2 1985	324,0	127,1	44,7	108,4
Bevölkerungsdichte E/km^2 1994	377,5	148,5	50,3	123,8
BPW von Industrie und Landwirtschaft 1985 in %	56,9	28,9	14,2	100,0
BPW von Industrie und Landwirtschaft 1994 in %	63,9	24,5	11,6	100,0
VE/Kopf 1985 in % des Landesdurchschnitts (534 RMB)	137,5	94,3	42,4	100,0
VE/Kopf 1992 in % des Landesdurchschnitts (1694 RMB)	134,7	77,3	66,7	100,0

Ost: Liaoning, Beijing, Tianjin, Hebei, Shandong, Jiangsu, Shanghai, Zhejiang, Fujian, Guangdong, Guangxi, Hainan
Mitte: Heilongjiang, Innere Mongolei, Jilin, Shanxi, Henan, Anhui, Hubei, Hunan, Jiangxi
West: Ningxia, Gansu, Shaanxi, Sichuan, Guizhou, Yunnan, Tibet, Qinghai, Xinjiang
Quelle: Statistical Yearbook of China 1986, 1993, 1995

der Betonung komparativer regionaler Vorteile hat sich offenkundig weitgehend zum Nachteil der Binnenprovinzen ausgewirkt, wie der Vergleich einiger Daten für 1985 und 1994 zeigt.

Diese Regionalpolitik hat aber mit zunehmender Dezentralisierung ökonomischer Entscheidungsbefugnisse auch die Konflikte zwischen der Zentrale und den Provinzen sowie zwischen den Provinzen selbst verschärft. Der zunehmende Antagonismus äußert sich in vielfältigen Formen:
- Provinzen wehren sich gegen den Export von Rohstoffen und Energiestoffen. Sie versuchen, eigene Rohstoffe selbst weiterzuverarbeiten. Dazu gibt es zahlreiche Beispiele, die sich auf die Weiterverarbeitung bzw. Weitervermarktung von Wolle, Baumwolle, Getreide oder Schweinen beziehen.
- Ähnliche oder identische Produktionsanlagen wurden häufig doppelt errichtet. Alle Provinzen wetteifern z. B. um die Herstellung von Automobilen, Farbfernsehgeräten und Kühlschränken.
- Folge dieses Wettbewerbs sind beispielsweise ein Mangel an Kooperation zwischen den Provinzen und der Schutz oder die Abschottung eigener Industriebranchen nach außen.
- Der lokale Egoismus schlug sich auch in der Errichtung zahloser Entwicklungs- und High-Tech-Zonen der Binnenstädte und selbst der Kreise nieder, die oft ohne Genehmigung der Zentralbehörden versuchten, ähnliche Vorteile zu gewähren wie die Sonderwirtschaftszonen.

Es gibt also im wesentlichen zwei Gründe für die Reduzierung und teilweise Aufhebung der wirtschaftlichen Vorteile für die offiziösen Wirtschaftszonen unterschiedlicher Ebenen.

Der – teilweise illegale – Wettbewerb dezentraler Verwaltungseinheiten um Entwicklungszonen mußte zu einer generellen Lockerung der Steuer- und Devisenpolitik führen. Seit Anfang 1996 sollen die Sonderwirtschaftszonen und die Küstenstädte ihre Vorteile, insbesondere Zollvorteile und größere Tarifliberalität, weitgehend verloren haben (Süddt. Zeitung v. 13. 11. 1995). Solche Vorteile allein sind gegenwärtig ohnehin kein Ansiedlungsgrund für ausländische Firmen mehr, weil auch die Kosten fast entsprechend gestiegen sind. Beispielsweise waren 1994 die realisierten ausländischen Investitionen in der Stadt Dongguan (ehemals Kreis) südlich von Guangzhou bereits höher als in der Sonderwirtschaftszone Shenzhen.

Der andere Grund für die Reduzierung regionaler Privilegien sind wachsende sozialpolitische Spannungen als Folge räumlicher Disparitäten. Die Fortführung des Drei-Zonen-Schemas im 8. Fünfjahresplan (1991–1995) scheiterte, wiewohl ursprünglich vorgesehen, offiziell an dem erbitterten Widerstand der Binnen- und westlichen Provinzen. Deren Kritik richtete sich vor allem gegen die Vereinfachungen des Drei-Stufen-Schemas. Diese würden nicht zur Verbreitung von Wachstumseffekten führen, sondern den Aufbau eigener ressourcenorientierter Industrien im Westen Chinas verhindern. Zudem sei die Vereinfachung nicht haltbar, ein technologischer Transfer würde automatisch von Osten nach Westen verlaufen und damit regionale Disparitäten abbauen. Mittel- und Westchina wurden teilweise schon als »Kolonien der Sonderwirtschaftszonen« apostrophiert.

Das Drei-Zonen-Schema verschleierte überdies die ganz erheblichen interprovinziellen Gegensätze und gab ebensowenig einen Hinweis auf das neuerdings diskutierte Nord-Süd-Paradigma. Der im März 1996 verabschiedete 9. Fünfjahresplan (1996–2000) strebt zwar noch hohe Wachstumsraten von jährlich 8 % an, hat sich aber von der bisherigen Dreiteilung des Landes verabschiedet. Er sieht im Gegenteil Maßnahmen vor, die die Kluft zwischen dem entwickelten Osten und dem rückständigen Westen verringern sollen.

Der neuerdings diskutierte Nord-Süd-Gegensatz steht vor allem unter dem Eindruck, daß Guangdong und Fujian in der Anfangsphase der Wirtschaftsreformen zu stark bevorzugt worden seien. Die Errichtung von Sonderwirtschaftszonen und die Nähe zu Hongkong, Macau und Taiwan hat das Wachstum dieser beiden Provinzen immens beschleunigt. Guangdong, die progressivste unter allen chinesischen Provinzen, ist heute die führende Produktionsbasis von Hongkong.

Hongkongs expandierender Außenhandel war eng verknüpft mit der weitgehenden Auslagerung seiner industriellen Fertigung nach Südchina. Mindestens 4 Mio. Menschen werden allein in Guangdong direkt oder indirekt von Hongkonger Produktionsunternehmen beschäftigt – das sind rund neunmal so viele Industriebeschäftigte wie in Hongkong selbst. Über Hongkong reexportierte Kinderwagen, Spielwaren, Sportartikel, Bekleidung, Schuhe, Koffer, Hand- und Reisetaschen werden so gut wie ausschließlich in Guangdong produziert. Es sind die billigen chinesischen Arbeitskräfte, die die Wettbewerbsfähigkeit »Hongkonger« Produkte auf dem Weltmarkt sichern.

Hongkonger Unternehmer investieren aber inzwischen nicht allein in Fabriken, sondern auch in Immobilien, Hotels, Fremdenverkehrseinrichtungen, Straßenbauten und Hafenanlagen. 1995 hatte Hongkong einen Anteil von etwa 60 % an allen in China bislang realisierten ausländischen Direktinvestitionen in Höhe von insgesamt ca. 133 Mrd. US $.

Die engen wirtschaftlichen Verflechtungen zwischen China und Hongkong, die Auslagerung der Produktion und die expandierenden Außenhandelsaktivitäten haben innerhalb weniger Jahre die Rolle des verarbeitenden Gewerbes in Hongkong drastisch reduziert. 1995 waren bereits 77 % aller Erwerbspersonen im Dienstleistungsbereich (Handel, Import-Export, Transport, Lagerung, Kommunikation, Banken, Finanzen, Beratung usw.) tätig. Diese strukturelle Verschiebung belegt wie kaum ein anderes Datum die veränderte Rolle Hongkongs in Südost-Asien.

Hongkong ist heute der zehntgrößte Dienstleistungsplatz der Erde und bietet an produktionsorientierten Diensten so gut wie alles – von juristischer Beratung bis hin zur Telekommunikation. Bei Finanz- und Wechselkurstransaktionen liegt die ehemalige Kronkolonie auf Platz fünf unter allen Nationen, als Börsenplatz an achter Stelle. Nimmt man alle Daten zusammen, so dürfte Hongkong nach London, New York und Tokyo das wichtigste Finanzzentrum der Erde sein. Hongkong hat den weltweit größten Container-Hafen und gilt als führendes Kongreß- und Touristenzentrum in Südost-Asien. Alle Daten weisen darauf hin, daß Hongkong auch nach 1997 das wichtigste Einfallstor nach China bleiben wird. Das Perlflußdelta unter Führung Hongkongs gilt als der kommende fünfte »kleine Tiger«.

Macau steht nach wie vor im Schatten von Hongkong. 1995 betrugen seine Einwohnerzahl knapp 7 % der Hongkonger Bevölkerung und das Exportvolumen nur 1,2 % der Hongkonger Gesamtexporte (Eigen- und Reexporte). Die Beschäftigtenstruktur von Macau ist stärker gewerblich geprägt als die von Hongkong – rund 22 % aller Beschäftigten arbeiteten im verarbeitenden Gewerbe. Zudem wird die Fertigung noch weitgehend durch Textil- und Bekleidungserzeugnisse bestimmt, die 1995 78 % des gesamten Exportwertes ausmachten. Die Einnahmen der Regierung entstammen allerdings überwiegend aus den Steuern, die die Spielkasinos zu entrichten haben. Macau versucht, seine bislang relativ schwache Position als Dienstleistungszentrum im westlichen Perlflußdelta durch einen 1995 eröffneten internationalen Flughafen, durch den Bau eines neuen Container-Terminals, durch Landgewinnungsmaßnahmen, durch eine zweite Brücke zwischen Macau und Taipa sowie durch den Ausbau der Grenzübergänge nach Zhuhai in Zukunft deutlich zu verbessern. Nach der Rückkehr zu China im Dezember 1999 wird Macau – dann ebenfalls als Sonderverwaltungsregion – vor allem seine Kooperation und Arbeitsteilung mit der Sonderwirtschaftszone Zhuhai ausbauen müssen. Bislang haben vor allem die spezialisierte Möbel- und die Plastikindustrie ihre Produktionsstätten nach Zhuhai verlagert. Investoren aus Macau bevorzugen daneben auch die Tourismus- und Freizeitbranche in der benachbarten Sonderwirtschaftszone.

In Fujian starteten 1988 die Investitionen taiwanesischer Geschäftsleute. In der Provinz konzentrieren sich gegenwärtig vermutlich 80 % aller taiwanesischer Investitionen. Allein in Xiamen investierten bis zu Beginn der 90er Jahre 530 taiwanesische Unternehmen; 70 % aller ausländischen Direktinvestitionen in der Sonderwirtschaftszone sind in taiwanesischer Hand.

Taiwan, das mit nur 21 Mio. Einwohnern ein Bruttosozialprodukt in der Höhe von knapp 40 % des Bruttosozialprodukts der Volksrepublik China erwirtschaftet, begann um 1986 zahlreiche arbeitsintensive Exportindustrien wie etwa die Schuh-, Textil- und Bekleidungs-, Plastik- und Spielzeugindustrie sowie die Herstellung von elektrischen und elektronischen Geräten nach Südostasien und wenig später auf das Festland auszulagern. Ursache waren u. a. steigende Löhne und Grundstückspreise sowie die Aufwertung der taiwanesischen Währung. Auf Taiwan selbst werden sowohl der Dienstleistungsbereich als auch forschungs- und entwicklungsintensive Produktionen wie etwa die Optoelektronik, Biotechnologie, Werkstofftechnik ausgebaut. Die Insel hat sich zu einem High-Tech-Land gewandelt: 1993 kamen bereits 35 % aller Exporte aus dem High-Tech-Sektor. In der Informationstechnologie liegt Taiwan – gemessen am Produktionswert – nach den USA und Japan weltweit auf dem dritten Platz. Als Handelsnation steht Taiwan auf Platz 13 in der Welt; nur Japan hat noch höhere Devisenreserven als Chinas »abtrünnige Provinz«.

Der Nord-Süd-Gegensatz auf dem Festland ist – wie vor allem die wachsende wirtschaftliche Intregration mit Taiwan und Hongkong zeigt – abhängig von der Lage zu den Nachbarstaaten und auch von der längerfristigen wirtschaftlichen Entwicklung in der Volksrepublik selbst. Der Norden wird nach wie vor geprägt durch seine schwerindustrielle Basis, einst gegründet durch die Japaner und bis 1960 durch den sowjetischen Einfluß weiter verstärkt. Dominant sind staatliche schwerindustrielle Großstrukturen der nationalen Ebene. Die Nähe zu Nordkorea und der ehemaligen Sowjetunion haben die Aufnahme neuer westlicher Impulse verzögert. Der Süden wird dagegen eher geprägt durch kleine, bewegliche, oft kollektiv oder privat orientierte und auf Konsumgüter ausgerichtete Unternehmen. Nationale Interessen spielten und spielen eine geringere Rolle als im Norden. Die Provinzen Fujian und Guangdong – die Prototypen des Südens – werden überformt durch die »Gangtai-popular-culture«, die sich hier epidemisch ausbreitete (Gangtai: Zusammenziehung aus Xianggang und Taiwan). Wie der Taiwan-Dollar als Zweitwährung in Fujian gilt, so der Hongkong-Dollar im Perlflußdelta.

Selbstverständlich sind solche engen Verflechtungen der VR China mit dem chinesisch geprägten Stadtstaat Singapur noch nicht zu erwarten. Allerdings denken die Investoren aus Singapur langfristiger als die oft kleinen und mittleren Unternehmen aus Hongkong und Macau, die auf schnelle Gewinne aus sind. Sie sind eher an Infrastrukturprojekten und großen Anlagen interessiert. Beispielsweise wird in Suzhou (Provinz Jiangsu) ein moderner Stadtteil mit allen notwendigen öffentlichen Einrichtungen gebaut, der dann ähnlich effizient verwaltet werden soll wie Singapur selbst. Singapur, das eine vergleichbar günstige strategische Lage im südostasiatischen Raum besitzt wie Hongkong, steht jedenfalls bereit, als internationaler Verkehrsknotenpunkt, als internationales Dienstleistungs- und Finanzzentrum und als »intelligente Insel« mit modernster Kommunikations- und Informationstechnologie Hongkong zu überflügeln, sollte sich die Rückkehr des britischen Territoriums nach China als Hemmschuh für seine weitere Entwicklung erweisen.

Schließlich sei noch auf die intra-provinziellen Unterschiede auf dem Festland hingewiesen. *(Siehe auch die Beträge von Margot Schüller und Thomas Heberer.)* Als Indikator können beispielsweise die Einkommensverhältnisse in Stadt und Land gelten. Auf dem Lande gibt es ein wachsendes Unmutspotential, weil die Einkommen der Bauern stagnieren, die Kosten für die Inputs steigen, die zunehmende Abgabenbelastung die Bauern irritiert, weil Bauern nach wie vor zu unentgeltlichen Arbeitsverpflichtungen herangezogen werden können, weil der ländliche Analphabetismus wächst und sich Konflikte bei der Durchsetzung der Geburtenplanung mehren.

Selbst nach offiziellen Quellen verschob sich die Einkommensrelation zwischen Stadt und Land seit 1985 wieder zugunsten der Städter. Verdienten 1957 die Stadtbewohner das 3,2fache der Bauern, so war die Relation bis 1984 auf 1 zu 1,7 gesunken. Seither stieg sie wieder kontinuierlich zugunsten der Stadtbewohner an und betrug 1993 1 zu 2,6. Ursachen sind u. a. der Rückgang der staatlichen Investitionen in die Landwirtschaft, die Ausweitung der Preisschere zwischen Industrie- und Agrarprodukten sowie geringe Budgets der Gemeinden und Dörfer bei starkem Modernisierungsdruck.

In Zukunft werden sicher weiterhin jene Wirtschaftszonen dominieren, die transnationalen Charakter haben und kürzlich als »Growth Triangles« beschrieben worden sind: so der Wirtschaftsraum »Greater Hong Kong – Pearl River Delta« oder die »Taiwan – Fujian Economic Zone«, vielleicht noch eine »Shandong – South Korea Economic Zone« oder gar ein wirtschaftlicher Verflechtungsraum Nordostchina-Nordkorea (Thant/Tang/Kakazu 1995). Es werden sich also entlang der chinesischen Küste, später vielleicht auch entlang der Binnengrenzen, wirtschaftliche Gravitationszentren internationalen Charakters weiterentwickeln. Die Einbeziehung der »infiltrierten« Küstenzonen in das weltwirtschaftliche System stärkt einerseits die dezentrale Entscheidungsbefugnis und erlaubt größere Unabhängigkeit von Beijing; gleichzeitig werden sich die Friktionen zwischen der Zentrale und den dezentralen Einheiten verschärfen und regionalistische Bestrebungen wachsen.

Verwendete und weiterführende Literatur

AUBERT, CLAUDE (1995): Grain and Meat Production in China. Paper for the Fourth European Conference on Agriculture and Rural Development in China, Manchester, 10–12 November.

BROWN, LESTER (1995): Who will feed China. Wake-up Call for a Small Planet, New York 1995.

GINSBURG, NORTON; KOPPEL, BRUCE; MCGEE, TERRY G. (1991/Hrsg.): The Extended Metropolis: Settlement Transition in Asia, Honolulu.

GÄLLI, ANTON; FRANZEN, J. (1995/Hrsg.): Die Familie des großen Drachen. Bd. I: Die VR China, Hongkong, Macao und Taiwan auf dem Weg zu »Großchina«?; Bd. II: Firmenerfahrungen in »Großchina«, München, Köln, London 1995 (ifo studien zur Entwicklungsforschung 27 und 28).

GEOGRAPHISCHE RUNDSCHAU, Jg. 48 (1996), Heft 12, Beiträge von Anton Gälli/Petra Kögel, Wolfgang Taubmann und Carsten Herrmann-Pillath.

HU HUANGYONG; WU LI (1988): The Map of China's Population Distributions – The Map of China's Population Densities. Explanation, Beijing.

LUK SHIU-HUNG; WHITNEY J. (1993): Megaproject. A Case Study of China's Three Gorges Project, New York.

INSTITUTE OF GEOGRAPHY, CHINESE ACADEMY OF SCIENCES ET AL. (1994/Hrsg.), The National Economic Atlas of China. Notes to the Maps, Hong Kong, Oxford, New York.

SKINNER, S. W. (1977/Hrsg.): The City in Late Imperial China, Stanford.

SMIL, VACLAV (1993): China's Environmental Crisis. An Inquiry to the Limits of National Development, Armonk/London.

SMIL, VACLAV (1995): Who Will Feed China?, in: China Quarterly, S. 801–813.

SPENCE, JONATHAN D. (1991): The Search for Modern China, New York, London.

STATE STATISTICAL BUREAU (1990/Hrsg.): China – The Forty Years of Urban Development, Beijing.

THANT, MYO; TANG, MIN; KAKAZU, HIROSHI (1995/Hrsg.): Growth Triangles in Asia. A New Approach to Regional Economic Cooperation. New York et al.

TAUBMANN, WOLFGANG (1992): Städtesysteme in der Sowjetunion und in der VR China, in: Köck, H. (Hrsg.): Städte und Städtesysteme (Handbuch des Geographieunterrichts, Band 4) Köln, S. 250–270.

TAUBMANN, WOLFGANG (1996a): Das Städtesystem in der VR China. Anmerkungen zu alten Problemen und neueren Definitionen, in: Steinecke, A. (Hrsg.): Stadt und Wirtschaftsraum. Festschrift für Prof. Dr. Burkhard Hofmeister (Berliner geographische Studien, Band 44), S. 213–239.

WU CHUAN-JUN (1990): Land Utilization in China: Its Problems and Prospect in: GeoJournal 20.4, S. 347–352.

ZHAO SONGQIAO (1994), Geography of China. Environment, Resources, Population and Development, New York u. a.

ZHOU YIXING (1991), The Metropolitan Interlocking Region in China: A Preliminary Hypothesis. In: Norton Ginsburg/Bruce Koppel/Terry G. McGee (Hrsg.): The Extended Metropolis: Settlement Transition in Asia, Honolulu, S. 89–111.

II. Chinesische Identität und langfristiger sozioökonomischer Wandel

CARSTEN HERRMANN-PILLATH

1. Einführung

Der gegenwärtig zu beobachtende Aufstieg des chinesischen Kulturraumes in der Weltwirtschaft weckt bei vielen Beobachtern die Besorgnis, daß China zu einer destabilisierenden politischen Macht im asiatisch-pazifischen Raum werden könnte, falls sich Wirtschaftskraft, Nationalismus und Expansionismus zu einer unheiligen Allianz verbinden sollten. *(Siehe auch den Beitrag von Christoph Müller-Hofstede.)* Besonnenere Wertungen sehen hingegen die Notwendigkeit, dem Anspruch Chinas auf einen rechtmäßigen Platz im Konzert der großen Nationen der Welt konstruktiv zu begegnen: Die lange Zeit der Demütigungen und der Konflikte in der Beziehung zwischen China und dem Westen erfordere einen sensiblen Umgang auch mit weiter reichenden nationalistischen Gebärden der Pekinger Führung.

Bei dieser Diskussion wird der chinesische Wachstumsprozeß auch eng mit kulturell spezifischen Faktoren in Verbindung gebracht und als weiterer Fall des Erfolges »konfuzianischer Kulturen« angesehen (nach Japan und Korea). *(Siehe auch den Beitrag von Thomas Menkhoff.)* Dieser Aspekt tritt besonders bei der wirtschaftlichen Integration des Kulturraumes in den Vordergrund, bis hin zur Meinung, eine »Chinese connection« verbinde wirtschaftliche und gesellschaftliche Eliten grenzüberschreitend im asiatisch-pazifischen Raum und bilde die Grundlage für eine künftige chinesische Vorherrschaft zunächst wirtschaftlicher und später dann auch politischer Art. Ist dieses »wenhua Zhongguo«, dieses »kulturelle China« erst entdeckt, schließt sich dann auch der Zirkel zu den erwähnten politischen Analysen. Kann die gegenwärtige Dynamik letzten Endes dazu führen, daß das »kulturelle China« und die »chinesische Nation« zusammenwachsen? Kulturkonservative Kräfte sind nicht weit von solchen Visionen entfernt, wie unter anderem die grenzüberschreitende Befassung mit dem »Neokonfuzianismus« demonstriert. *(Siehe auch den Beitrag von Michael Lackner.)* Es gibt viele Indizien, die solche Visionen zu bestätigen scheinen, wie etwa die von der VR China mit Stolz vermerkte, wachsende Verbreitung des chinesischen Sprachunterrichtes in der asiatisch-pazifischen Region (einschließlich der südostasiatischen Staaten, wo dieser lange Zeit unterdrückt worden war), und die Entscheidung der chinesischen Regierung, bei internationalen Pressekonferenzen nur die chinesische Sprache zu verwenden.

Ich möchte im folgenden versuchen, etwas Licht in die Wahrnehmung dieser Bezüge zwischen Kultur, Nation und Entwicklung in China zu bringen, indem ich einige langfristige Konstanten der chinesischen Gesellschaftsgeschichte herausarbeiten will. Insbesondere soll ein Konzept »chinesischer Identität« diskutiert werden, das in der lebensweltlichen Analyse der Beziehung zwischen Wirtschaft, Staat und Gesellschaft wurzelt. Dies geschieht angesichts der gebotenen Kürze in Form einer zeit- und raumübergreifenden Synopse von Themen und Beispielen und nicht systematisch. Fachleute werden viele problematische Thesen entdecken. Der Artikel begreift sich in mancher Hinsicht als Klammer zwischen verschiedenen Beiträgen in diesem Band, so daß ich wiederholt auf solche verweisen werde.

2. Die chinesische Familie als Grundelement des sozioökonomischen Gefüges

Eine der Konstanten der chinesischen Entwicklung ist ohne Zweifel die zentrale Rolle der Familie. Tragende Kraft der wirtschaftlichen Dynamik sind gegenwärtig die chinesischen Familienunternehmen weltweit, sei es als kleine Handelsbetriebe Hongkongs, als stark diversifizierte multinationale Holding-Gesellschaften Südostasiens oder als ländliche Unternehmen der VR China. Die Familie bildet aber auch die Grundlage politischer Machtstrukturen; dies ist erneut in vielen unterschiedlichen Bereichen zu beobachten, etwa in den chinesischen Dörfern des Südwestens in Gestalt patrilinearer Familienverbände (jiazu, engl. lineage) oder bei den Machteliten der VR China, deren Kinder, die sogenannten »Kronprinzen«, in wichtigen Führungspositionen der Wirtschaft tätig sind. *(Siehe auch die Beiträge von Sebastian Heilmann und Thomas Heberer.)* Diese zentrale politische und sozioökonomische Position der Familie wird auch in der Selbstwahrnehmung von Chinesen gespiegelt, die in der Regel familiäre Werte und Interessen in ihrem Lebensmittelpunkt sehen.

Die überragende Bedeutung der Familie ist sicherlich auch Folge des dauernden Zustandes äußerer Unsicherheit, dem Chinesen insbesondere seit dem ausgehenden 18. Jh. zu begegnen hatten. So war die Familie organisatorische Einheit der inneren und äußeren Migration, die sich in den Wirren des 19. Jh. intensivierte, und gerade im Ausland waren es die vielfältigen sprachlichen und gesellschaftlichen Integrationsprobleme, die in Vergangenheit und Gegenwart den Rückbezug des Individuums auf familiäre Zusammenhänge verstärkten.

Es wäre jedoch verfehlt, dieses Phänomen nur als Folge des Mangels anderer Formen der individuellen Absicherung in widrigen Umständen zu deuten. Vielmehr wurde die Familie seit frühesten Zeiten der chinesischen Geschichte als der Grundbaustein der gesellschaftlichen Ordnung betrachtet, also nicht lediglich als »natürlicher Hafen« des Einzelnen in einer unwirtlichen, durch Ordnungsversagen geprägten Welt. In der langen historischen Frist betrachtet, hängt dies mit zwei weitreichenden Veränderungen der gesellschaftlichen Strukturen des China der Kaiserzeit zusammen:

Erstens hat im politischen Bereich der Übergang von der Tang- zur Song-Dynastie (siehe Zeittafel im Anhang) endgültig die Vormachtstellung von Adelsfamilien im Aufbau der Gesellschaft gebrochen. *(Siehe auch den Beitrag von Helwig*

Schmidt-Glintzer.) Der chinesische Staat hat insbesondere durch das weitgehend leistungsorientierte Prüfungs- und Beamtensystem erheblich zur Durchlässigkeit sozialer Hierarchien beigetragen. Die späteren, zum Teil katastrophalen Verwerfungen durch Fremdherrschaft und Dynastiewechsel trugen das Ihre zur Durchmengung der Gesellschaft bei. Damit wurde der Weg für eine umfassende Neuordnung der Rolle der Familie in der chinesischen Gesellschaft geebnet, und zwar im Sinne der Universalisierung als Organisationsprinzip (und nicht mehr als Stratifizierungsprinzip).

Zweitens hat die immense wirtschaftliche Dynamik der Song-Zeit mit der gleichzeitigen, endgültigen Verlagerung des wirtschaftlichen Schwerpunktes nach Südchina an der gesellschaftlichen Basis die Voraussetzung dafür geschaffen, daß die Familie – und nicht Gutshöfe, Manufakturen usw. – zur Grundeinheit des Wirtschaftens wurde (freilich mit unterschiedlicher Komplexität der Verwandtschaftsstrukturen im Norden und im Süden Chinas, siehe unten). Da gleichzeitig wegen der Veränderung der politischen Strukturen die soziale Hierarchie durchlässiger geworden war, konnte sich eine Tradition familiengestützter Strategien sozialer Mobilität ausbilden. Zwar hatten bereits die gesellschaftlichen Umbrüche vor der Gründung des Kaiserreiches (Niedergang des Feudalismus) eine wachsende wirtschaftliche Bedeutung des einzelnen Familienhaushaltes als Wirtschaftseinheit mit sich gebracht, doch gewann dieser Sachverhalt erst mit der Song-Zeit systemprägende Kraft.

Beide Veränderungen haben Schritt für Schritt die Voraussetzung dafür geschaffen, daß sich China als eine Gesellschaft der Familien konstituierte, und daß gleichzeitig die sozialen und politischen Barrieren zwischen den verschiedenen Teilgruppierungen der gesellschaftlichen Eliten – und hier besonders den Herrschaftseliten des konfuzianisch legitimierten Staates – zunehmend an Bedeutung verloren. Diese sozialstrukturelle Veränderung läßt sich wieder auf den zwei bereits betrachteten Ebenen ablesen, also den Lebensverhältnissen des Volkes ebenso wie der Eliten. Dabei ist zu beachten, daß beide Begriffe, falls sie statisch als die beiden Gruppen der Herrschenden und Beherrschten in einem Agrarreich verstanden würden, die vielschichtigen Veränderungen verdecken, die sich gerade durch den langfristigen sozioökonomischen Wandel hinsichtlich ihrer Zusammensetzung ergeben haben. Neben der langfristig stabilen Schicht der »Beamten-Gelehrten« (shidafu) als Kern der Herrschaftseliten muß sich der Begriff der »Elite« zumindestens auch auf die lokalen Führungsschichten beziehen (»Gentry«), mit dem wirtschaftlichen Aufstieg seit der Song-Zeit aber zunehmend auch auf die reichen Patrizier der großen Städte. Das »Volk« umfaßte mit der wachsenden sozioökonomischen Komplexität eine immer größere Vielfalt von Berufsständen und Lebensformen, die nicht mehr nur auf das Bauerntum zu reduzieren war.

Denn China hatte sich seit der späten Ming-Zeit von einer Dorf- zu einer Markt-Gesellschaft gewandelt, d. h. die bäuerlichen Familienhaushalte orientierten sich zunehmend auf die lokalen Märkte und deren soziale Institutionen hin und weniger auf die Dorfgemeinschaft (wobei natürlich große regionale Variationen bestanden). In den Marktflecken gewann die Figur des »Vermittlers« eine entscheidende Bedeutung für die gesellschaftliche Vernetzung Chinas (ist also nicht erst, wie der vielzitierte Komprador, ein Produkt des West-Ost-Kontaktes): in Gestalt fliegender Händler, spezialisierter Kaufleute auf lokalen Märkten, von Maklern oder von Heiratsvermittlerinnen zwischen verschiedenen Dörfern im Umfeld eines bestimmten Marktes. Manche Wirtschaftshistoriker haben die These von der Dominanz des Markt-Prinzipes in der Sozialorganisation dahingehend radikalisiert, daß gerade die Effizienz marktvermittelter Arbeitsteilung zwischen atomisierten bäuerlichen Haushalten als Wirtschaftseinheiten (etwa in der nebenwirtschaftlichen Papierherstellung) die Entstehung komplexerer, kapitalintensiverer Organisationsformen verhindert habe: Chinas traditionelle Wirtschaft habe zwar quantitatives Wachstum, aber qualitativen Stillstand aufgewiesen.

Diese Symbiose zwischen Markt und Familie fand ihren kultur-topographischen Niederschlag in der seit der Song-Zeit einsetzenden Stagnation großstädtischer Urbanisierung und der an ihre Stelle tretenden Durchdringung des chinesischen Raumes mit kleinstädtischen und dörflichen Strukturen, die jeweils ein und dasselbe räumliche Muster replizierten, nämlich Spiegel der Logistik des Marktes waren (das berühmte »Bienenwaben-Modell« der chinesischen Siedlungsstrukturen mit Marktplätzen und um sie mehr oder weniger gleichmäßig verteilte Dörfer, das G. W. Skinner entworfen hat). Das chinesische Marktsystem war tragfähig genug, um während der letzten Dynastie eine rapide Zunahme der Bevölkerung zu ermöglichen, die ihrerseits über klein- und großräumliche Wanderungen zur Verdichtung und Verbreitung dieses Systems beitrug. Dieses kultur-topographische Muster besitzt bis heute Bestand und bietet die Grundlage für den engen Zusammenhang zwischen ländlicher Industrialisierung und dezentraler ländlicher Urbanisierung, die von vielen als Gegengewicht zu einer raschen Agglomeration von Mega-Städten in bestimmten Gebieten Chinas (etwa dem Perlflußdelta) gesehen wird. *(Siehe auch den Beitrag von Wolfgang Taubmann.)*

Der durchgreifende sozialstrukturelle Wandel seit der Song-Zeit bedeutete natürlich auch, daß in städtischen Zusammenhängen außerhalb der administrativen Zentren im engen Sinne (also etwa in regionalen Marktzentren, die nicht Sitz einer Kreisverwaltung waren) neue wirtschaftliche Eliten entstanden, deren gesellschaftlicher Status keinesfalls mehr im Lichte der traditionell-konfuzianischen Geringschätzung des Händlers gesehen wurde. Da nur wirtschaftlicher Wohlstand Familien in die Lage versetzte, die lange Ausbildung zu finanzieren, die für den Zugang zu Beamtenpositionen Chinas erforderlich war, mußte notwendigerweise eine zunehmende soziale Durchlässigkeit auch der Herrschaftseliten eintreten, die sich ja nicht mehr durch Geburtsprivilegien isolieren konnten. Diese langsame Entstehung einer mehr leistungs- als standesorientierten Gesellschaft wurde dann erdrutschartig beschleunigt, als die Festen der traditionellen Ordnung im 19. Jh. ins Wanken gerieten, und die traditionellen Herrschaftseliten in nie zuvor erfahrener Weise von den wirtschaftlichen und organisatorischen Potentialen der neuen sozialen Kräfte und Gruppen abhängig wurden (sei es auf lokaler Ebene im Rahmen städtischer Selbstorganisation, sei es auf regionaler Ebene in Gestalt der Organisation von Miliz und Militär).

Auch für diese Entwicklung gibt es Parallelen in der Gegenwart, wenn auch keine mit den vorherigen Beobachtungen zum Marktsystem vergleichbaren, direkten Verbindungslinien zur Vergangenheit bestehen. Denn wir beobachten heute erneut den Abbau politisch konstruierter Abgrenzungen zwischen Herrschaftseliten und aufsteigenden wirtschaftlichen Eliten, vor allem in der VR China, wo die Kaderschicht zunehmend in Symbiose mit dem neuen Unternehmertum lebt. *(Siehe auch den Beitrag von Thomas Heberer.)* Die Privatisierung wirtschaftlicher Prozesse führt wiederum zur Renaissance der Familie als Grundelement des sozioökonomischen Gefüges Chinas, vor allem in den ländlichen Räumen, wo der weitaus größte Anteil der chinesischen Bevölkerung lebt. Damit wird deutlich, daß der chinesische Kommunismus bestimmte elementare Strukturen der chinesischen Gesellschaft nur marginal hat verändern können. Die Reproduktion dieser Strukturen hängt vielmehr wesentlich mit wirtschaftlichen Bedingungen, aber auch mit weltanschaulichen zusammen.

3. Familie, Religion und Staat

Die chinesische »Leistungsgesellschaft« gewann ihre Wertvorstellungen aus der ethischen Universalisierung familienorientierten Leistungsdenkens. Mit dem Neokonfuzianismus der Song-Zeit wurde die volkskulturelle Vorstellung ethisch dahingehend überhöht, daß der Einzelne an der Mehrung des wirtschaftlichen Fundamentes der Familienlinie zu arbeiten habe. Normen des Fleißes und der Aufstiegsorientierung fanden vor allem in der Vorstellung Ausdruck, daß der Einzelne sich durch anhaltende Bildungsanstrengungen nicht nur selbst vervollkommnen kann, sondern zumindest im Kontext der lokalen Eliten auch dementsprechend sozial aufsteigen wird.

Es ist also bezeichnend, daß der langsame, Jahrhunderte währende Wandel sozioökonomischer Strukturen Chinas auch mit Veränderungen der weltanschaulichen und religiösen Verhältnisse einherging, die bis in die Gegenwart hinein Lebenskraft besitzen. Die Familie stand seit Alters her im Mittelpunkt volksreligiöser Vorstellungen, wie sie sich in der Verehrung der Ahnen manifestierten (für die Herrschaftseliten ist der Ahnenkult seit der Shang-Zeit dokumentiert, er dürfte sich jedoch ähnlich frühzeitig auch im Volk verbreitet haben). In der gemeinsamen Verehrung der Ahnen begreift sich nicht nur das Individuum als nicht herauslösbarer Bestandteil der Kernfamilie, sondern gleichzeitig als Glied einer Kette von männlichen Vor- und Nachfahren; so ist auch nicht der Einzelne Eigentümer des in der Familienlinie weitergegebenen Vermögens (etwa Land), sondern eigentlich nur treuhänderischer Verwalter des Familienbesitzes. Der öffentlich vollzogene Kult im Ahnentempel lebt durch die Rangordnung der anwesenden männlichen Verwandten die Hierarchie der patriarchalischen Gesellschaft vor – die im Hause von den Frauen gelebte Verehrung der unmittelbaren Vorfahren zementiert die Kernfamilie in ihrer Abgrenzung zu den größeren Zusammenhängen des patrilinearen Verbandes.

Während der große Familienverband lange Zeit eher Ausdruck herausgehobener sozialer Positionen war (unter Umständen künstlich als »Clan« [zongzu] politisch organisiert), brachte die Verlagerung des wirtschaftlichen und demographischen Schwerpunktes nach Süden es mit sich, daß der Familienverband auch zu einer Form der Selbstorganisation in der bäuerlichen »frontier society«, der Siedlergesellschaft, wurde, hier als »jiazu«, als »Lineage«, die sich selbst historisch auf Landerschließungsakte des ersten männlichen Vorfahren zurückführt. Bis heute wirkt dieses Erbe nach, mit einer vergleichsweise geringen Bedeutung der Familienverbände in Nordchina und ihrer Dominanz in vielen Dörfern des Südens, wie im Extremfall der Identität zwischen Dorfgemeinschaft und einer nach Zweigen gegliederten Lineage, also einer intern differenzierten männlichen Gruppe mit gleichem Familiennamen. *(Siehe auch den Beitrag von Thomas Heberer.)*

Der Ahnenkult der patriarchalischen Gesellschaft war in gleicher Weise zentrales Element der Volksreligion wie auch der in politischen Ritualen manifestierten Vorstellungen legitimer gesellschaftlicher Ordnung, war also ein wesentliches Bindeglied zwischen der Kultur der Eliten und des Volkes, der »Great and Little Tradition«. In der praktischen Sozialorganisation des Volkes wies die Familie freilich beträchtliche Flexibilität auf, die zudem auch vielfältige regionale Varianten kannte und vor allem keinesfalls eine historische Konstante darstellte. So war beispielsweise die familiäre Position der Frau im ersten Jahrtausend nach der Zeitwende erheblich stärker als während der letzten Dynastie und spiegelte sich auch in den normativen Regulierungen der Sexualität wider, die eigene Ansprüche der Frau auf Lust anerkannte, ebenso wie in den wohlhabenderen Familien die Frauen auch Eigentumssubjekte waren. Die zunehmende Verbreitung der grausamen Sitte des Fußbindens ging dann Hand in Hand mit dem sozioökonomischen Strukturwandel seit der Song-Zeit. Gleichzeitig veränderten sich auch wesentliche Rahmenbedingungen der Volkskultur durch den Versuch der Herrschaftseliten, die Familie und die Volksreligion stärker in offizielle Strukturen zu integrieren. Die bis dahin noch weitgehend offenen Organisations- und Glaubensformen sollten zu einer konfuzianischen Orthodoxie verdichtet werden, die aus der Sicht vieler heutiger Beobachter dann tatsächlich wesentliche Aspekte von »Chineseness« definierte und für manche auch noch definiert. Doch gerät bei solchen Wahrnehmungen die Tatsache aus dem Auge, daß sich eine dynamische Beziehung zwischen Staat und Gesellschaft herausbildete, die nicht einseitig aus der Perspektive der konfuzianisch sozialisierten Eliten definiert und beschrieben werden darf.

Die chinesische Volksreligion ist an sich ein flexibles, offenes System ohne formal-schriftliche Kodifizierung. Im ersten Jahrtausend nach der Zeitwende hatten sich zu den familienbezogenen religiösen Traditionen eine Fülle weiterer Rituale und Glaubensformen gesellt, die im wesentlichen durch Synthesen und Metamorphosen daoistischen und buddhistischen Gedankengutes geprägt waren. Ihre Themen sind von der Vorstellung getragen, daß sich Mensch und Natur, die Welten der Götter, Geister und der Menschen wechselseitig durchdringen und sich gegenseitig beeinflussen. Diese Phänomene werden in lokal und teilweise auch überlokal diffundierenden Heiligenkulten rituell organisiert, die sich in Tempelgründungen manifestieren. Der Mensch besitzt an solchen Orten die Möglichkeit, das eigene Geschick durch Rituale, Opfergaben oder auch ekstatische (schamanistische) Formen der Verehrung zu beeinflussen, bis hin etwa zu der Überzeugung, selbst übernatürliche Fähigkeiten wirken lassen zu können. (Den Europäern begegnete dies etwa im Boxer-Aufstand 1900, bei dem viele Sektenanhänger der Überzeugung waren, gegen Kugeln gefeit zu sein.)

In dieser Hinsicht besaß und besitzt die Volksreligion in China zwei wichtige Funktionen. Zum einen ist sie ein symbolisches Reservoir für die Organisation von Widerstand gegen äußere Bedrohung, einschließlich der Unterdrückung durch die

Mächtigen: Aus diesem Reservoir haben fortlaufend eschatologische und politische Bewegungen Kraft geschöpft, die ihren Unmut über den Verfall bestehender Ordnungen kollektiv zum Ausdruck brachten. Zum anderen bietet sie wegen ihres Bezuges auf das Heil des Einzelnen ein Gegengewicht zur normativen Betonung der Familie. Aus der Sicht der konfuzianischen Eliten wurde letzteres insbesondere im Zusammenhang der Verbreitung des Buddhismus in China (mit dem Höhepunkt in der Tang-Zeit) zu einem entscheidenden Problem der normativen Fundierung gesellschaftlicher Ordnung, denn gerade im buddhistischen Mönchstum wird natürlich die Selbstbehauptung des Individuums durch den Verzicht auf das »normale« Heil in der Familie vorgelebt. Solche an sich gegensätzlichen Denkmuster sind bis heute in der Volksreligion zu finden, etwa im Nebeneinander von Vorstellungen der Wiedergeburt der individuellen Seele einerseits und der klaren Einordnung des Einzelnen in einen Strom vergehender Glieder in der Generationenkette andererseits. Aus der Sicht einer historischen Psychologie spannen solche unterschiedlichen Auffassungen in ihrer Gegensätzlichkeit den Raum auf für alternative Formen der Weltsicht und Lebensgestaltung und strafen somit jedes – leider gängige – Gerede von einem kulturhistorisch zum »Kollektivismus« verurteilten China Lügen.

Angesichts der komplexen geistigen Gemengelage und der großen sozialstrukturellen Umbrüche erwuchs im Laufe der Zeit ein mächtiger weltanschaulicher Gegenstrom, der sich in der Song-Zeit zum »Neokonfuzianismus« formierte. Ein entscheidender Anspruch dieser Bewegung bestand darin, verschiedene Elemente der Volksreligion in eine offiziell sanktionierte Kosmologie und Hagiographie zu integrieren und gleichzeitig dieses System so zu organisieren, daß die Gesellschaft vor allem im Spannungsfeld zwischen Kaiser und Familie gesehen wurde: In der Vorstellung vom Kaiser als einem »junzi«, einem »Edlen«, wurde an eine unter anderem im »Mengzi« und den »Ritenklassikern« wiederentdeckte konfuzianische Tradition angeknüpft, die im »junzi« eine moralische Kraft sah, deren Ausstrahlung im Vollzug der Rituale und der guten Handlung auch die Gesellschaft ordnet. Der konfuzianische Pantheon wurde als übernatürliche Bürokratie begriffen, die staatliche Ordnung also mythisch transformiert, und entsprechende Anschauungen wurden aktiv in der Volkskultur verbreitet. Die Familie wiederum erhielt in diesem Gedankengebäude die Funktion, Wurzel der gesellschaftlichen Ordnung zu sein, indem sie Grundeinheit der Selbstorganisation der Gesellschaft war und vor allem als Träger der moralischen Sozialisation des Kindes diente mit dem Ziel, sich in »naturgegebene« Hierarchien einzuordnen. An beiden Polen, zwischen Kaiser und Familie, ergibt sich durch das nie abbrechende Bemühen um moralische Selbstvervollkommnung eine unmittelbare Beziehung zur Ordnung des Kosmos, und zwar in dem Sinne, daß die sich selbst stabilisierende soziale Ordnung auch die Ordnung der Abläufe in der Natur gewährleistet und umgekehrt. Dies kommt in Texten wie der neokonfuzianischen »Westinschrift« (»ximing«) des Zhang Zai (1020–1078), denen die späteren Neokonfuzianer größte Aufmerksamkeit widmeten, eindrucksvoll zum Ausdruck, wenn die rhetorische Reihung von Parallelismen in einem Atemzug vom Himmel in die Familien der Menschen reicht. Gleichzeitig erteilten die Neokonfuzianer jeglichen Versuchen, die direkten administrativen und rechtlichen Gestaltungsmöglichkeiten des Staates weiter auszubauen, eine klare Absage.

Mit der Song-Zeit setzt daher der Versuch des chinesischen Staates ein, die Volkstraditionen aktiv zu gestalten. Führende Neokonfuzianer wie Zhu Xi (1130–1200) begründeten die Tradition gelehrter Abfassung von Literatur zur Kindererziehung, und der Staat bemühte sich ständig, etwa über die Errichtung von Stelen in ländlichen Gebieten, moralische Beispielhaftigkeit zu verbreiten oder populäre Theatertexte zu zensieren. Es bildete sich aber lediglich ein System der »Orthopraxie« heraus, also des formell-rituellen rechten Handelns, das letzten Endes auf die Definition und Verbreitung einer »Orthodoxie«, also des rechten Glaubens, verzichten mußte, gerade weil es an administrativen Durchgriffsmöglichkeiten des Staates mangelte bzw. weil die Religion nicht in Form einer Kirche organisiert war (die in Europa in Gestalt des Priesters bis zur lokalen Ebene durchgriff). Damit blieb also die Spannung zwischen offiziell definierter Orthopraxie und Vielfalt der Volkstraditionen stets gewahrt.

Der Jahrhunderte während Prozeß der Durchdringung der Gesellschaft mit offiziell definierten Wertvorstellungen (beispielsweise über das Strafrecht) wurde dadurch aufgewogen, daß die immer komplexer werdende Gesellschaft der Qing-Zeit aus dem direkten Zugriff bürokratischer Strukturen buchstäblich hinauswuchs: So stellte sich das traditionelle Recht der Qing-Zeit im Bereich dessen, was wir als »Zivilrecht« verstehen, als eine Art dynamisches Gleichgewicht zwischen regional unterschiedlichen Gewohnheitsrechten und staatlichem Recht dar, und es blieb den einfachen Menschen überlassen, ob sie bei ihren privaten Verträgen die Gerichtsfähigkeit durch ein »rotes Siegel« des Magistrates erlangen wollten oder nicht. In ähnlicher Weise blieb die Familie ein ambivalentes Medium der staatlich inszenierten Selbstorganisation der Gesellschaft: Auf der einen Seite wurde immer wieder (mit einer zum Teil erstaunlichen Kontinuität bis in das 20. Jh. hinein) versucht, die Familie als Grundelement staatlich organisierter Selbstüberwachung der Gesellschaft zu konstruieren, wie etwa im Bereich der Kriminalität und der Besteuerung (analog einem Blockwart-System, sog. »baojia«). Auf der anderen Seite waren es jedoch familiäre Interessen und Aktivitäten, die auf lokaler ebenso wie auf der zentralen Ebene formale Herrschaftsmechanismen untergruben: Selbst die Mingzeitliche Institution der notgedrungen kinderlosen Eunuchen am Kaiserhof unterband deren Nepotismus nicht, und Ende des 18. Jh. schien die Qing-Dynastie schon nahezu dem Untergang geweiht, da ein Patronage-Netz des wichtigsten kaiserlichen Beraters funktionsfähige administrative Strukturen ausgehöhlt hatte.

Wenn wir also in sträflicher Vereinfachung das letzte chinesische Jahrtausend als das eigentliche der »Konfuzianisierung« betrachten können, namentlich was die positive Begründung der Familie als Konstituens gesellschaftlicher Ordnung chinesischer Kultur betrifft, so müssen wir gleichzeitig festhalten, daß dies nicht zu einem Zustand kultureller Uniformität und Konformität geführt hat, wie er gerne in den Klischees chinesischer Tradition suggeriert wird. Wir konstatieren vielmehr eine dynamische Beziehung zwischen Weltanschauungen, Familie und Staat, die im Verlauf der letzten Jahrhunderte zur Ausdifferenzierung einer teilautonomen »Öffentlichkeit« führte, also der Auswanderung der Gesellschaft aus staatlich definierten und oktroyierten Strukturen. Es erscheint wenig sinnvoll, diese Situation mit Hilfe des Begriffs der »konfuzianischen Kultur« zu charakterisieren, und noch weniger ratsam, auf dieser brüchigen konzeptionellen Grundlage dann die Kontinuität dieser Kultur in Gegenwart und Zukunft zu extrapolieren.

4. Vielfalt und Einheit der chinesischen Kultur

Angesichts der Tatsache, daß die Zeit der letzten chinesischen Dynastie von einer zunehmenden Mobilität der Bevölkerung geprägt war *(siehe auch den Beitrag von Wolfgang Taubmann)*, kam die Vielfalt der Volkstraditionen insbesondere bei den Siedlergemeinschaften und -gesellschaften zum Tragen, wo nicht zuletzt auch eine kulturelle Sinisierung einheimischer Völker stattfand und sich subethnische Differenzierungsprozesse innerhalb der Han-Chinesen ereigneten, wie im Falle der »Gast-Leute«, der Hakka, einer han-chinesischen Bevölkerungsgruppe, die von Neusiedlern in Bergregionen abgedrängt wurde und bis heute eigenständige Traditionen aufweist (etwa das Fußbinden nicht kannte und der Frau viel mehr Selbständigkeit einräumte). Ein gegenwärtig politisch brisanter Fall ist die ehemalige Siedler-Gesellschaft Taiwans, das im 19. Jh. besondere Merkmale in der Familien- und Sozialorganisation und bei den Heiratsregeln aufwies und erst kurz vor der Übergabe an Japan einer intensiveren Konfuzianisierung unterzogen wurde. Diese kulturelle Differenzierung vom Festland wurde anschließend durch die fünfzigjährige japanische Kolonialherrschaft überlagert und eingefroren. Nach 1949 wurde die taiwanesische Kultur dann erneut Gegenstand weltanschaulicher Indoktrination von – festländischen – Herrschaftseliten der Republik China auf Taiwan, die sich auf den Anspruch der nationalchinesischen Regierung stützte, das »wahre« kulturelle China auf der Insel zu repräsentieren und damit einmal mehr die zu einem beachtlichen Umfang konfuzianisch inspirierte Ideologie der Guomindang mit einer regionalen Volkskultur konfrontierte. Die große Energie, mit der diese Politik lange Zeit verfolgt wurde, ist nichts als ein Spiegel der teilweisen kulturellen Abkopplung Taiwans vom Mutterland.

Wenn wir solche kursorischen Betrachtungen zu Familie und Volksreligion, zu Staat und Gesellschaft zu verdichten suchen, so können wir von einem Dualismus zwischen schriftlich fixierter, monistischer Kulturtradition Chinas einerseits und der Vielfalt lebensweltlicher Traditionen andererseits ausgehen. Hieran anknüpfend stellt sich die prinzipielle Frage, ob diese Vielfalt nur als Variation eines gemeinsamen Themas existiert, oder ob das gemeinsame Thema in der langen Geschichte Chinas erst konstruiert und oktroyiert wurde. Genau dies ist aber die Frage nach der »Chineseness« in nicht nur kulturhistorischer und anthropologischer Perspektive, sondern auch für die Begründung politischer Mythologien eines chinesischen Nationalismus.

Diese Problematik wird natürlich vor allem an der Sprache deutlich: Chinas einheitliche Schrift als Zement des Imperiums und seiner intellektuellen Eliten steht einer großen sprachlichen Vielfalt gegenüber, die es bis heute verbietet, von »der chinesischen Sprache« zu reden. *(Siehe auch die Karte zu den Sprachen und Dialekten Chinas im Anhang.)* Dieser Tatbestand der Multilingualität ist komplex und hängt ohne Zweifel mit der Geschichte der chinesischen Migration zusammen: So hat ein französischer Linguist die Eigensprachlichkeit des Kantonesischen durch die Verschmelzung mit den Sprachen der südlichen Völker erklärt, in deren Territorien die Han-Chinesen einwanderten, und spricht ihm die Zuordnung zur »chinesischen Sprache« als Mandarin-Chinesisch (in der VR China als »putonghua« bezeichnet, also als Normsprache, außerhalb der VR China in der Regel als »kuo yü«, also Staatssprache) ab. Ungeachtet solcher extremer Fälle weisen die gesprochenen chinesischen Sprachen auch in anderen Regionen die synchronische Präsenz unterschiedlicher historischer Sprachschichten als Folge verschiedener Migrationsschübe auf, deren gegenseitige Unverständlichkeit sie zu eigenen Sprachen qualifiziert. Bis heute läßt sich dies an der chinesischen Sprachkarte ablesen.

Der Tatbestand der Kettenmigration besonders während der letzten Dynastie hat allerdings die Verhältnisse recht komplex werden lassen und sprachliche Integrationsprozesse im Sinne der Mehrsprachigkeit regional beschleunigt: So sind etwa Bauern von den Küstenprovinzen in die Provinz Hubei ausgewandert und anschließend andere Familienmitglieder in die Provinz Sichuan. Auf diese Weise entstanden jeweils lokale Agglomerationen der Mehrsprachigkeit, z.B. mit Kaufleuten aus Jiangxi, die sich in bestimmten Gebieten Hubeis niederließen bzw. in bestimmten Stadtvierteln größerer Städte. Die Kaufmannsgemeinschaften definierten sich nach Dialekt- und Sprachgemeinschaften; sie benutzten vertrauensstiftende Geschäftssprachen, waren jedoch gleichzeitig in der Lage, die Sprache der Einheimischen zu sprechen und unter Umständen auch in einer überregionalen Lingua franca der Gebildeten zu kommunizieren. In lokalen Zusammenhängen konnten sich Diskurszirkel zwischen lokalen Eliten und von außen zugezogenen Beamten und offiziellen Besuchern bilden, in denen die gemeinsame Hochsprache eine gemeinsame Elitekultur thematisierte. In den entstehenden kleineren städtischen Marktzentren wurde die urban-bürgerliche Kultur zum Träger solcher sprachlich vermittelter Integrationsprozesse, bei denen die wachsende Verbreitung schriftlicher Medien wie des Romans eine führende Funktion einnahm.

Die chinesische Schrift bot diesem doch äußerst flexiblen und verschachtelten Sprachgemisch ein adäquates Medium der graphischen Umsetzung. Nicht nur, daß selbstverständlich die Aussprache der chinesischen Zeichen selbst beliebig war, darüber hinaus war die Semantik der Schriftsprache in hohem Maße kontextabhängig und erlaubte mithin einen relativ breiten Spielraum der Interpretation. Insofern wird unmittelbar verständlich, woher die bis heute ungebrochene Beharrungskraft eines Schriftsystems stammt, das dem westlichen Laien als unglaublich umständlich anmutet, da ja erst Tausende von Zeichen memoriert werden müssen, bevor eine grundlegende Lese- und Schreibfähigkeit, die von einer differenzierten Sprachbeherrschung noch weit entfernt ist, erreicht werden kann.

Das Phänomen formaler Identität bestimmter Bedeutungsträger und ihrer inhaltlich-semantischen Vielfalt durchzieht in ähnlicher Weise auch andere Bereiche chinesischer Bedeutungswelt, denn zum Beispiel sind auch viele Symbole der Volksreligion – also etwa formal identische Geister – mit einer Fülle von lokal verschiedenen Bedeutungen verknüpft gewesen. Das Prinzip der formal-rituellen Einheit der Orthopraxie – also etwa auch des rechten Schreibens – bei gleichzeitig möglicher Vielfalt der geglaubten und gemeinten Bedeutungen scheint also keinesfalls nur auf die Schrift oder die Religion im engeren Sinne beschränkt, sondern könnte sich als konstitutives Element des Umgangs mit Bedeutungen und ihrer formalen Repräsentation im allgemeinen erweisen. Wir können heute in China beispielsweise Rituale der Volksreligion beobachten, die von unterschiedlichen Beteiligten sehr verschieden gedeutet werden. Doch verlangt eine solche Vermutung noch eingehendere Überprüfung, als dies hier möglich ist.

Nun wirft gerade das Problem der Beziehung zwischen Sprache und Schrift auch die Frage nach der grenzüberschreitenden Integration der chinesischen Kultur auf:

Was macht eigentlich das sogenannte »wenhua Zhongguo« aus, das kulturelle China im Sinne eines einheitlichen Phänomens? Betrachten wir den chinesischen Kulturraum in der Gegenwart, so ist die skizzierte Spannung zwischen Multilingualität und einheitlicher Schrift offenbar weiterhin von Bedeutung (sieht man von der künstlichen Unterscheidung zwischen den traditionellen Langzeichen und den in Singapur und der VR China verwendeten Kurzzeichen ab): Dies erschwert aber gleichzeitig in paradoxer Weise, den gemeinsamen Nenner der Kultur jenseits formaler Identitäten zu finden. Mit der Abwanderung von Chinesen vom Festland in verschiedene Teile der Welt hatten sich zunächst lokalkulturelle Exklaven gebildet, die ihre sprachliche Eigenständigkeit bis heute bewahrt haben, etwa in Gestalt »kantonesischer« China-Towns, die vom außenstehenden Betrachter als »chinesisch«, aus der Innensicht der Bewohner als »kantonesisch« wahrgenommen werden. Chinesische Regierungen haben wiederholt versucht, die Zentrifugalität dieses Prozesses aufzufangen, etwa mit einer aktiv-kulturalistischen Politik der Guomindang (z. B. der Verbreitung zweisprachiger Kochbücher in chinesischer Tradition), die sich vor allem in den USA mit der Vertretung taiwanesischer Interessen vermengte. Der VR China fehlte es jedoch nach 1949 an dem entscheidenden Begründungszusammenhang ähnlicher Aktivitäten, nämlich dem Rekurs auf die schriftlich fixierte Tradition der »Kulturnation China«. Die Ersatztradition des revolutionären Radikalismus mußte in anderen Ländern – vor allem Südostasiens – politisch explosiv wirken, so daß die VR China lange Zeit keine konstruktive Politik gegenüber dem Auslandschinesentum betrieb.

Insofern bietet eine eigentlich chinesische Regierung, die sich aus ethnisch-politischen Gründen offiziell nicht als solche definiert, nämlich diejenige Singapurs, das beste Beispiel für den Versuch, mit Hilfe der aktiven Verbreitung des Mandarin-Chinesisch (»putonghua«, »kuo yü«) als Amtssprache und eines vagen, formalistischen Kulturkonservativismus die tatsächliche subethnische Vielfalt der chinesischen Kultur des ohnehin bereits ethnisch differenzierten Stadtstaates umzugestalten: Der politische Autoritarismus scheint sich gerade durch diese Funktionalität zu begründen. *(Siehe auch den Beitrag von Thomas Menkhoff.)* Beispielsweise war die Handelskammer Singapurs bis 1993 nach Dialektgruppen gegliedert, und lange Zeit war auch die Siedlungsstruktur durch die Dialektgemeinschaften bestimmt gewesen. Die kulturelle Umgestaltung seit den sechziger Jahren war aber erfolgreich genug, um letzten Endes sogar die Ablösung von lokalkulturellen Traditionen zu erreichen: Die Kaufleute Singapurs haben paradoxerweise gerade vor dem Hintergrund der artifiziellen Tradition ähnliche Probleme, auf dem Festland geschäftlich zu operieren, wie westliche Unternehmen, und suchen ihrerseits die Alternative in »kulturellen Exklaven«, wie der Errichtung singapurischer Industrieparks. Andererseits ist es dieses Vorbild nationaler Integration auf kulturalistischer Grundlage, das Singapur für viele Politiker Pekings zum Vorbild werden läßt.

Wie potentiell explosiv die subethnische Differenzierung Chinas sein kann, ist besonders deutlich an der politischen Geschichte Taiwans abzulesen: Hier konnte die Guomindang bis in die achtziger Jahre hinein den Anspruch, rechtmäßige Repräsentantin der chinesischen Nation zu sein, nur durch eine Unterdrückungspolitik gegenüber den gebürtigen Taiwanesen sichern. Im Ergebnis bildete sich freilich eine sozioökonomische Spaltung zwischen »Festländern« und Taiwanesen aus, die letztendlich die eigenständig taiwanesische Tradition zum Träger der wirtschaftlichen

Dynamik von Familienunternehmen werden ließ, deren Geschäftssprache die Minnanhua bzw. Fukienesisch war und ist. Während Festländer stets den offiziellen und staatlichen Sektor Taiwans dominierten, ergibt sich für sie heute zum Teil die Notwendigkeit, Minnanhua zu lernen, um in die Kreise taiwanesischer Geschäftsleute Eingang zu finden: Die Position der Festländer im offiziellen Sektor ist heute, da sich Taiwan immer mehr in regionale Internationalisierungsprozesse einbinden muß und es gerade taiwanesische Unternehmen sind, die den Prozeß der wirtschaftlichen Integration mit dem Festland vorwärtstreiben, nicht mehr ausreichender Garant ihrer sozioökonomischen Überlegenheit.

5. Chinesische Kultur und nationale Integration

Wenden wir uns an dieser Stelle zurück zur Fragestellung des chinesischen Nationalismus, so scheint eine wesentliche Lücke zu klaffen zwischen dem Anspruch der VR China in der Gegenwart, die Kontinuität chinesischer Eigenstaatlichkeit seit der Reichsgründung 221 v. Chr. zu repräsentieren, und den jahrzehntelangen Anstrengungen des chinesischen Kommunismus, den symbiotischen Zusammenhang zwischen Elitekultur und Volkstraditionen zu brechen, die bis zum Ikonoklasmus der Kulturrevolution geführt haben. In den Worten eines Historikers erscheint die VR China als ein Staat auf der Suche nach einer Nation, soweit darunter ein noch so vage definiertes Bild lebensweltlich-kultureller Identität verstanden wird. Dieser Punkt ist für die VR China von entscheidender Relevanz, weil er im Grunde einen kulturellen Bruch nach innen und außen impliziert.

Nach außen ergibt sich das Problem, wie eigentlich der moderne sozialistische Staat eine eigene weltanschauliche Legitimation finden kann, die sich auch in die kulturelle Kontinuität des China außerhalb des Festlandes einfügt. Dies darf heute nicht nur als die konkrete Frage verstanden werden, ob etwa der Wiederaufbau von Ahnentempeln in Südchina durch Hongkonger Unternehmer politisch geduldet werden soll oder nicht, obgleich hier doch »feudaler Aberglauben« wieder ersteht. Auch die Anbindung des Festlandes an die autochthonen Modernisierungsprozesse, die in der kulturellen Peripherie stattfinden, kann zum Problem werden (etwa in der Jugendkultur). Genau deshalb besitzt der internationale, sich konfuzianisch gerierende Kulturkonservativismus seine politische Funktion ungeachtet seines mangelnden Fundamentes in lebensweltlichen Verhältnissen der Peripherie, wie sie in »abweichender« Kunst und Literatur zum Ausdruck gelangen. *(Siehe auch den Beitrag von Michael Lackner.)*

Nach innen ist jedoch noch erheblich virulenter, daß ein Bruch mit den Traditionen des ländlichen Raumes entstanden ist, die gerade durch die wirtschaftliche Dynamik in ihrer lokalen Vielfalt wieder aufgelebt sind. Chinas Eliten sind inzwischen so weit von jenen »feudalen« Traditionen des Landes distanziert, daß sie diese kaum mehr wahrnehmen: Sie werden als »unsaubere« Störfaktoren isoliert, wenn sie über die Migranten und wandernden Kaufleute in die Städte gelangen, oder wenn sie gar die Gestalt von »Dörfern« in der Stadt annehmen, in denen sich die Migranten gemeinsamer Herkunft ein neues Heim schaffen, bis hin zu extremen Formen der Selbstorganisation, wenn selbst Lebensmittel aus der Herkunftsregion importiert werden. Das Phänomen »China-Town« des Auslandes wird zum »Zhejiang-Dorf« des Inlands. Ohne kulturelle Vermittler werden diese Strukturen auch für die lokalen Behörden undurchdringlich: Der mehrsprachige Kader wird zur Brücke zwischen zunehmend autonomer Volkskultur und Staat.

Diese kulturelle Kluft zwischen Stadt und Land in China wäre die vielleicht entscheidende Barriere gegen eine Integration der chinesischen Nation, wenn nicht gerade die kulturellen Mythen Chinas in der Volkstradition fortlebten und zum Teil unreflektiert auf den heutigen Staat projiziert würden. Ob diese Projektion Bestand hat, hängt davon ab, wie die konkrete lebensweltliche Interaktion und Kommunikation zwischen Vertretern des Staates und der bäuerlichen Welt verläuft, ist also ihrerseits ein lokal stark diversifizierter Prozeß, der sich von außen kaum analysieren läßt. Es ist jedoch die diffuse Ausbildung lokaler Schutzgemeinschaften, die heute von vielen Beobachtern als möglicher Keim einer Selbstorganisation der Gesellschaft gegenüber dem Staat verstanden wird. *(Siehe auch den Beitrag von Thomas Heberer.)*

Interessanterweise wird an diesem Punkt die Diskussion um die »civil society« (also die gegenüber dem Staat autonome Gesellschaft der Bürger) Chinas doppelt zwischen der Gegenwart und der späten Qing-Zeit gespiegelt. Für beide Perioden wird konstatiert, daß die Gesellschaft wachsende Potentiale der Selbstorganisation zeigte bzw. zeigt, etwa in Gestalt einer formalen Repräsentation wirtschaftlicher Interessengruppen, die auf die lokale Politik Einfluß zu nehmen suchen. Gleichzeitig wird aber in beiden Fällen ein symbiotisches, teilweise parasitäres Verhältnis der neuen Eliten zum Staat bzw. den Herrschaftseliten registriert. Nirgendwo wird dies vielleicht so deutlich wie bei der schrittweisen Integration Hongkongs in das politische System der VR China: eigentliche Grundlage ist die Interessenkollusion zwischen den geschäftlichen Eliten Hongkongs und einer Partei, die ihre Vorrechte zunehmend auch wirtschaftlich auszunutzen sucht. Hongkongs »civil society«, wohlfundiert in einer kolonialen Patrizier-Demokratie und einer langen Tradition der Selbstbehauptung lokaler chinesischer Interessen gegen die Kolonialherren, ist auf diese Weise keineswegs Bollwerk gegen eine zunehmende Einverleibung Hongkongs in die autoritären Machtstrukturen der VR China. *(Siehe auch den Beitrag von Werner Meissner.)* Selbst in Taiwan, wo die erste chinesische Demokratie entstanden ist, zeichnen sich wachsende Probleme mit den negativen Auswirkungen informeller Selbstorganisation geschäftlicher Interessen ab, bis hin zur kriminellen Unterwanderung der Lokalpolitik. Noch kann von einer Stabilisierung der neuen demokratischen Strukturen nicht gesprochen werden.

Ich betone diesen Punkt, weil seit jeher die Rede von der chinesischen Identität auch die Frage der Demokratiefähigkeit berührt, und weil die eindeutig vorhandene, bedeutende Sozialkompetenz zur Selbstorganisation von chinesischen wie westlichen Beobachtern stets ambivalent gesehen wurde. Viele Stimmen haben seit jeher das Erfordernis autoritärer Politik darin begründet gesehen, daß die chinesische Selbstorganisation letzten Endes ausschließlich auf partikulare Ziele hin orientiert sein müsse, da es ihr an weltanschaulicher Begründung solidarischer und genuin öffentlicher Orientierung mangelt. Die im 20. Jh. obsiegenden politischen Kräfte haben expressis verbis versucht, diese angebliche Kluft zu schließen – etwa durch national definierte »Klassen« und »Klassen-Standpunkte« –, doch muß eindeutig festgestellt werden, daß diese Versuche gescheitert sind: Gerade in der VR China gähnt ein Vakuum öffentlich verbindlicher Werte. *(Siehe auch den Beitrag von Eberhard Sandschneider.)* Dem steht gleichwohl ein anhaltender Drang der chinesischen Intelligenz als gesellschaftlicher Randgruppe gegenüber, die wie auch immer verstandene »Nation« retten zu wollen, der sich in nationalen Mythen der Modernisierung (wie der 4.-Mai-Bewegung, *siehe auch den Beitrag von Rudolf G. Wagner)* perpetuiert.

Wenn die chinesische Gesellschaft also tatsächlich an einem Mangel genuin öffentlicher Interessen leidet, müßten wir vermuten, daß die Potentiale zur Selbstorganisation zwar durchaus die Kraft haben könnten, den chinesischen Kulturraum wirtschaftlich zu verflechten, aber mittel- bis langfristig keinesfalls politische Implikationen besitzen. Tatsächlich weisen manche Kommentatoren darauf hin, daß die »Chinese Connection« ihrerseits eine hochgradig kompetitive sei und keinesfalls als Interessengemeinschaft fehlgedeutet werden dürfe. (Die »China Inc.« sei keine Nachfolgerin der berühmt-berüchtigten »Japan Inc.«, also der Vergegenständlichung einer ganzen Gesellschaft als ein monolithischer politisch-ökonomischer Komplex.) Selbst auf engere Gebilde wie die räumlich nahen Gebiete Taiwan, Hongkong und VR China bezogen, ergäben also Vorstellungen von »Greater China« keinen politischen Sinn. Im Falle positiver Entwicklungsszenarien wäre zwar von einer aufsteigenden Weltwirtschaftsmacht, aber keinesfalls von einer werdenden Weltmacht zu sprechen. Eine solche Sichtweise scheint wiederum durch die gemeinsame Front taiwanesischer und Hongkonger Aktivisten gegen die japanischen Ansprüche auf die Diaoyu-Inseln (chinesisch; japanisch Senkaku-Inseln) widerlegt zu werden, die seit dem Spätsommer 1996 zu einer Woge nationaler Begeisterung geführt hat, bei der immerhin Hongkonger Aktivisten die Flagge der VR China hißten. Bei genauer Betrachtung sind jedoch solche Bewegungen weitestgehend ohne innere Bezüge, definieren sich also aus dem Bewußtsein anhaltender Demütigung und Unterdrückung Chinas seit dem 19. Jh. heraus, aus dem gemeinsamen Widerstand gegen den äußeren Feind, nicht aber durch den inneren Zusammenhalt der verschiedenen gesellschaftlichen Gruppen.

Positiv gewendet, sehen wir also den möglichen Aufstieg eines genuinen chinesischen Internationalismus, der gerade an die kulturellen Traditionen Chinas anknüpft, während ein chinesischer Nationalismus ohne gesellschaftliche Basis bleibt und nur als künstliches, machtpolitisch motiviertes Konstrukt oktroyiert werden kann. Gibt es also langfristig kein »politisches China«, sondern nur ein »kulturelles China«, wie dies u. a. der taiwanesische Staatspräsident Lee Teng-hui formuliert hat? Oder allgemeiner formuliert und nicht nur auf den Konflikt zwischen der »Republik China« und der »Volksrepublik China« bezogen, kann der chinesische Kulturraum langfristig nur Träger einer lockeren politischen Konföderation sein, und zwar einschließlich der inneren Strukturen des Festlandes? Wäre es andererseits denkbar, daß sich also eine chinesische Identität an der Schnittstelle von internationaler Wirtschaft und Gesellschaft formiert? Wird dies in der Entstehung einer globalisierten chinesischen Kultur gespiegelt, wie sie sich gerade innerhalb des Kulturraumes schon gebildet hat? Wären also Alternativen zu einer Deckung von Nation, Staat, Kultur und Gesellschaft denkbar, die chinesische Identität in anderen Formen greifbar werden lassen, als sie das europäische Konzept des Nationalstaates kennt, wie es im 19. Jh. entstanden ist?

6. Die Wirtschaft der chinesischen Kultur

Die soeben aufgeworfenen Fragen können hier nicht beantwortet werden, setzen sie doch derart umfassende Kenntnisse komplexer, weltweiter Prozesse voraus, daß jeder einzelne Beobachter nur Teilaspekte wahrnehmen und dann leicht zu Fehlurteilen gelangen kann, ähnlich jenen Blinden, die unterschiedliche Teile des Elefanten ertasten und anschließend völlig gegensätzliche Beschreibungen abgeben. Ich möchte daher abschließend eine spezielle Frage diskutieren, nämlich diejenige nach dem langfristigen Zusammenhang zwischen wirtschaftlichem Wandel und chinesischer Identität, nach den innovatorischen Potentialen einer wie auch immer definierten chinesischen Wirtschaftskultur, in deren Mittelpunkt traditionelle Formen der Familienunternehmung stehen, und danach, wie diese in einem institutionellen Kontext von Staat und Wirtschaft stehen, soweit dieser auch chinesische Identität als politische abbilden würde.

Diese Frage wird seit längerem aus zwei unterschiedlichen Perspektiven diskutiert. Einerseits setzt sich die lange Kette von Argumenten fort, daß die traditionelle chinesische Familienunternehmung letzten Endes ein Hemmschuh der Entwicklung sei. Es werden immanente Grenzen organisatorischen Wachstums und organisatorischer Effizienz identifiziert (z. B. wegen der Dysfunktionalität paternalistisch-patriarchalischer Entscheidungsmechanismen im Bereich der Informationsverarbeitung und -verteilung). Seit jeher gaben diese vermeintlichen Defizite Anlaß für staatliche Interventionen insbesondere beim technologischen Wandel, und beispielsweise wird heute von manchen Beobachtern für Hongkong eine wachsende technologische Lücke zum Rest der Region identifiziert, die dem Laisser-faire der Kolonialregierung anzulasten sei. Die Familienunternehmen Hongkongs haben ihr Überleben durch rein kostenorientierte Standortverlagerungen zum Festland gesichert, doch bedeutet dies gleichzeitig, daß sie keine endogenen Potentiale technologischer Innovation und damit langfristiger Wettbewerbsfähigkeit Hongkongs geschaffen haben – es sei denn, als »manhattisierter« Dienstleistungs-Metropole.

Diese Diagnose von Modernisierungsdefiziten einer Wirtschaftsform, in deren Mittelpunkt der organisatorische Typus der Familienunternehmung als einer traditionellen sozioökonomischen Struktur steht, steht neben kritischen Analysen des staatlichen Interventionismus in Taiwan und Singapur, der eben jene Defizite zu beheben suchte. Die aufsehenerregende Kritik des amerikanischen Ökonomen Paul Krugman am »ostasiatischen Wirtschaftswunder« steht eigentlich in direkter Linie mit den oben erwähnten Thesen vom quantitativen Wachstum und qualitativen Stillstand in der traditionellen Wirtschaft: Krugman behauptete, daß der Interventionismus Singapurs und anderer »Tiger-Staaten« nur extensives Wachstum ermöglicht habe, und daß daher Grenzen des weiteren Fortschritts zwingend auftreten werden, wenn diese Volkswirtschaften eigenständige Quellen von Wettbewerbsfähigkeit erschließen müssen (und nicht mehr Wissen importieren können). Ungeachtet vieler aufgeregter Gegenstimmen sehen die Regierungen der Region tatsächlich die Notwendigkeit, alte Strukturen abzuwerfen und weitgehende Liberalisierungs- und Deregulierungsmaßnahmen zu ergreifen, die endogene Innovationspotentiale erschließen sollen. Auf betriebswirtschaftlicher Ebene geht dies Hand in Hand mit Forderungen, die Begrenzungen des chinesischen

Familienunternehmens zu überwinden und den Übergang zur »modernen Unternehmung« – manchmal explizit als »westliche« apostrophiert – endgültig zu bewältigen.

Dieses problematische Bild der Symbiose von rückständiger Familienunternehmung und staatlichem Interventionismus, die es im chinesischen Kulturraum künftig zu überwinden gilt, wird seit längerem ausbalanciert durch die neue Vorstellung, die organisatorische Grundeinheit der Wirtschaft des chinesischen Kulturraumes sei nicht die Familie, sondern das flexible Netzwerk zwischen mehreren Familienunternehmen. Während also die erste Sicht in gewisser Weise einem Markt/Hierarchie-Dualismus verhaftet bleibt, wird nun das »Netzwerk« zu einer dritten Alternative. Dieser Schritt wird – wie vor allem vom amerikanischen Soziologen Gary Hamilton – durchaus mit einem direkten Vergleich zu den sozioökonomischen Strukturen des spät-traditionellen China begründet: Während das neokonfuzianische Bild der Gesellschaft in der Polarität Familie – Staat verharrt, ist die Familie doch von vielfältigen Formen der Selbstorganisation in komplexeren Gruppen mit anderen Askriptionsmechanismen überwunden worden, sei es territorialer Natur (etwa im Kontext der lokalen Erdgott-Rituale), sei es funktionaler Natur (wie die oben erwähnten Herkunftsgemeinschaften der Kaufleute). Solche Institutionen standen stets im Übergangsfeld zwischen informaler Gruppenbildung und formaler Organisation. Die modernen »business networks« in der asiatisch-pazifischen Region, die politischen Faktionen in der VR China wie die zur Zeit so mächtige »Shanghai-Clique« um den Parteivorsitzenden Jiang Zemin, oder die Fülle von Kammern und Kaufmannsvereinigungen in Taiwan, die kollektive Aktivitäten auf dem Festland organisieren, erscheinen als moderne Gegenstücke der Kreativität von Selbstorganisation während der späten Qing-Dynastie.

Die Frage ist, ob diese Netzwerk-Phänomene als eigentlicher Kern chinesischer Identität zu betrachten sind oder nicht. Singapurs graue Eminenz, Lee Kuan-yew, hat beispielsweise auf dem Weltkongreß chinesischer Unternehmer 1993 in der Tat die These vertreten, es sei die besondere Kompetenz zum »networking«, zum Umgang mit »guanxi« (Beziehungen), die das chinesische Unternehmertum außerhalb Chinas für die Tätigkeit auf dem Festland prädestiniere. Es gibt vielfältige Versuche, solche Behauptungen soziologisch abzustützen, indem »guanxi«-Kompetenz als Ausdruck kulturspezifischer Interaktionsformen betrachtet wird. Dazu gehören unter anderem:

– die starke Gewichtung des »Gesichtes« und damit der halb-institutionalisierten »Öffentlichkeit«, die in Netzwerken Platz greift (Gerüchte, Klatsch etc.),
– der kalkulatorische Charakter und die langfristige Orientierung der Reziprozität in Netzwerken, die auch nach Jahren Verbindlichkeiten und Ansprüche verbucht und damit persönliche Beziehungen informell institutionalisiert,
– die teilweise konfuzianisch motivierte Ethik der Loyalität, die Voraussetzung der individuellen Selbstbindung an die Rückzahlung von erhaltenen Gefälligkeiten und Diensten ist,
– der Sinn für netzwerkinterne Hierarchien zwischen Personen, sodaß häufig bestimmte Individuen im Zentrum von Loyalitäts-Ketten stehen (also Elemente charismatischer Führung enthalten sind).

Sehr häufig werden solche Beschreibungen von chinesischen Netzwerken eigentlich als Übersetzungen von Selbstbeschreibungen präsentiert, die zum Teil auch von der

These der Unübersetzbarkeit bestimmter Schlüsselbegriffe wie »guanxi« ausgehen. Die chinesische Identität wird dann aber zu einem fast nebulösen »Anderen«, das nur durch die eigene Sprache beschrieben werden kann. Empirische sozialpsychologische Untersuchungen sind an dieser Stelle wenig hilfreich, da sie desto diffusere Ergebnisse zeitigen, je genauer und besser die Fragen formuliert werden: Zum Beispiel generieren regionalisierte Stichproben aus dem chinesischen Kulturraum beachtliche Unterschiede zwischen den verschiedenen Gebieten, oder scheint unser Bild des chinesischen Sozialverhaltens durch den Umstand verzerrt, daß die weitaus größte Zahl aller Untersuchungen amerikanische und chinesische Studenten vergleicht. Noch schwieriger wird es, Phänomene des Wandels zu erfassen: Verändern sich die familienbezogenen Werte der Chinesen oder nicht? Während einer der bekanntesten Psychologen des chinesischen Kulturraumes, der Taiwanese Yang Kuo-shu, vor zwanzig Jahren noch mit einer klaren analytischen Dichotomie von »Traditionalität« und »Modernität« arbeitete, die sich im Zeitablauf gegeneinander substituieren, hat er dies heute aufgegeben und sieht Werte als komplexe und vielfältige Module, die in sehr unterschiedlicher Weise im sozialen Wandel untergehen oder Bestand haben können und je nach Umweltbedingungen Funktionalität besitzen oder nicht.

Gerade Fälle wie die »Netzwerke« demonstrieren die Schwierigkeiten, chinesische Identität zu definieren. Nicht nur, daß die sprachliche Selbstbeschreibung kaum in objektiv nachvollziehbaren Wertkategorien abgebildet werden kann: Hinzu kommt, daß wir ganz offensichtlich falsche Vergleiche anstellen, wenn wir der Welt chinesischer Familienunternehmen und Netzwerke eine Welt rationaler staatlicher Bürokratien und effizienter organisatorischer Strukturen der »modern corporation« im Westen gegenüber stellen. Sehen wir China vielleicht nur deshalb anders, weil wir die eigene Wirklichkeit durch die Brille des westlichen Rationalitätsbegriffs betrachten? In diesem Zusammenhang ist ohne Zweifel bemerkenswert, daß im Westen zunehmend über das Erfordernis reflektiert wird, lange gewachsene Strukturen formaler Organisation und Verwaltung zu brechen und an ihre Stelle flexible dezentrale Netzwerke zu setzen, in denen individuelle Initiative und Verantwortung wieder stärker zum Tragen kommen: Die Diskussion reicht konkret von der Dezentralisierung und Aufspaltung von Großkonzernen bis zur »Private-Public-Partnership« im staatlichen Bereich. Gleichzeitig sind die westlichen Sozialsysteme endgültig an die Grenze der Finanzierbarkeit und Belastbarkeit gestoßen, so daß der Zwang entstanden ist, individuelle und familiäre Sicherungsformen wieder stärker zu betonen.

In diesem Sinne könnten heutige Management-Gurus Recht haben, daß in Ostasien und mithin auch in China Muster sozioökonomischer Selbstorganisation entstanden sind, die eine Herausforderung an die Wettbewerbsfähigkeit des Westens darstellen, und zwar nicht nur im Bereich der Flexibilität unternehmerischen Handelns und betrieblicher Organisation, sondern gerade auch hinsichtlich der Beziehung zwischen Staat und Wirtschaft. Während das »ostasiatische Modell« noch im Nimbus des europäischen Verständnisses der »Nation« wahrgenommen wurde, ist die »Netzwerk-Gesellschaft« der Zukunft denationalisiert und weitestgehend entstaatlicht, und zwar auch was Politikfelder wie Technologiepolitik angeht. Traditionelle chinesische Kultur und Moderne des 21. Jh. wiesen aus dieser Perspektive also eine Art prästabilierte Harmonie auf.

Insofern wird deutlich, daß die Frage nach der Beziehung zwischen traditioneller Kultur, wirtschaftlicher Entwicklung und politischer Organisation chinesischer Identität gar nicht unabhängig davon beantwortet werden kann, welche weltwirtschaftlichen Rahmenbedingungen internationaler Wettbewerbsfähigkeit von Unternehmen und Standorten künftig zum Tragen kommen. Gegen die optimistischen Szenarien der Management-Gurus, die durch die Public-relations-Aktivitäten für Asien im Westen persönliche Einkünfte erzielen, können vernünftige Argumente gerichtet werden, in denen die kulturinvariante Funktionalität westlicher Institutionen und Werte zum Tragen kommt. Beispielsweise dürfte die oben skizzierte kulturelle Entfremdung zwischen Stadt und Land in der Tat bedingen, daß innenpolitische Krisen, die aufgrund wachsender regionaler Disparitäten auftreten können, nur behebbar sind, wenn ein handlungsfähiger, integrierter Zentralstaat vorhanden ist, der Legitimität durch Leistungsfähigkeit und sozialen Ausgleich gewinnt und der auf diese Weise die Kluft wieder schließt. Die gewaltigen Herausforderungen, die an Chinas Entwicklung im Bereich von Umwelt, Infrastruktur und Bildung gerichtet sind, dürften nur auf dem Wege einer dichten Integration in die Weltwirtschaft lösbar sein, die langfristig günstige Rahmenbedingungen für den Zustrom ausländischen Kapitals schafft. Eine solche Integration ist dann aber notwendig auch eine institutionelle, was die Diffusion von Werten ebenso zwingend impliziert.

Insofern mag sich chinesische Identität künftig als eine Spielart universeller Moderne darstellen, für die nicht »westliche« Werte konstitutiv sind, sondern ein Pluralismus auf der Grundlage gegenseitigen Verstehens, der nicht auf einen Gegensatz, einen »clash of civilizations« im Sinne Samuel Huntingtons hinausläuft. Dieses gegenseitige Verstehen ist freilich keine Akzeptanz postmoderner Beliebigkeit. Zum Beispiel bedeuten die Herausforderungen an die Systeme sozialer Sicherung im Westen, daß die gesellschaftliche Institution der Familie neu zu thematisieren ist, und dies wiederum eröffnet Perspektiven für eine Reflektion chinesischer Tradition. Das Konzept der »Familie« wäre also das einigende Band zwischen den Spielarten der Moderne, das als solches nicht der Beliebigkeit unterworfen ist. Gleiches mag nicht für das Konzept der »Nation« gelten, das die vielfältigen politischen Modernisierungsprogramme im China des 20. Jh. der traditionellen Kultur aufzuzwingen suchten und das nun im Westen seinerseits obsolet wird. Es ist also die kreative Reflexion über die chinesische und die westliche Identität, die erst zur Konstruktion der gemeinsamen Moderne führen wird.

Weiterführende Literatur

BOND, MICHAEL HARRIS (1996/Hrsg.): The Handbook of Chinese Psychology, Hong Kong et al.: Oxford University Press.
BUNDESZENTRALE FÜR POLITISCHE BILDUNG (1995): Themenheft »China«, Aus Politik und Zeitgeschichte, B50/95, 8. 12. 1995.
DRAGUHN, WERNER; SCHUCHER, GÜNTER (1995/Hrsg.): Das neue Selbstbewußtsein in Asien: eine Herausforderung? (Mitteilungen des Instituts für Asienkunde 257), Hamburg.
EAST ASIA ANALYTICAL UNIT (1995): Overseas Chinese Business Networks in Asia, Canberra: Department of Foreign Affairs and Trade.

EASTMAN, LLOYD E. (1988): Families, Fields, and Ancestors: Constancy and Change in China's Social and Economic History, 1550–1949, New York et al.: Oxford UP.

NAQUIN, SUSAN.; RAWSKI, EVELYN S. (1987): Chinese Society in the Eighteenth Century, New Haven/London: Yale UP.

NORMAN, JERRY (1988): Chinese, Cambridge Language Surveys, Cambridge et al.: Cambridge UP.

OVERMYER, D. L. ET AL. (1995): Chinese Religions – The State of the Field, Part II, Living Chinese Traditions: Taoism, Confucianism, Buddhism, Islam and Popular Religion, in: The Journal of Asian Studies, Vol. 54, No. 2, S. 314–395.

REDDING, S. GORDON (1990): The Spirit of Chinese Capitalism, Berlin/New York: de Gruyter.

ROPP, PAUL S. (1990/Hrsg.): Heritage of China: Contemporary Perspectives on Chinese Civilization, Berkeley et al.: California UP.

TU WEI-MING (1994/Hrsg.): The Living Tree – The Changing Meaning of Being Chinese Today, Stanford: Stanford University Press.

Teil B:
Historische Wurzeln des modernen China

III. Wachstum und Zerfall des kaiserlichen China

HELWIG SCHMIDT-GLINTZER

1. Ursprünge der chinesischen Zivilisation

1.1 Die Kulturheroen und die Urkaiser

Über die Ursprünge der Welt gibt es auch in China eine Vielzahl von Berichten und Mythen. Seit es eine schriftliche Überlieferung gibt, wissen wir, daß den gebildeten Chinesen vor allem jene menschlichen Gründergestalten wichtig waren und von ihnen verehrt wurden, die zur Entwicklung der chinesischen Zivilisation wesentliches beigetragen haben. Diese »Kulturheroen«, die »Drei Erhabenen« (san huang) und die »Fünf Urkaiser« (wu di), waren Erfinder des Ackerbaus, der Kanalisation, des Wagenbaus, der Töpferkunst, des Seidenfadens und der Schrift. Letzteres wird Huangdi, dem »Gelben Kaiser«, zugeschrieben, der auch Pfeil und Bogen und das Boot eingeführt haben soll. Er war als Heerführer siegreich und sicherte für seine Leute die Ebenen am Unterlauf des Gelben Flusses. »Huangdi«, der »Gelbe Kaiser«, war der erste jener Reihe von fünf vordynastischen Herrschern, die auch als »Urkaiser« bezeichnet werden. Die letzten beiden waren Yao, dem die Erfindung des Kalenders und der Riten zugeschrieben wird, und Shun, das Vorbild kindlicher Pietät. Yao hatte mit Shun als Nachfolger einen einfachen Mann von hoher Moralität gewählt. Dieser übergab die Herrscherwürde an seinen verdienten Beamten Yu, der sich um die Regulation der Wasserwege verdient gemacht hatte. Yu gliederte das Reichsgebiet in neun Regionen. Trotz aller Erfolge wurde nicht der von ihm bestimmte Mann sein Nachfolger, sondern sein Sohn. Damit wurde erstmals die Erblichkeit der Herrscherwürde in der männlichen Abfolge etabliert, welche die ganze spätere Kaiserzeit die Thronnachfolge bestimmte, auch wenn es immer wieder Ausnahmen hiervon gab. Yao, Shun und Yu wurden später immer wieder als Modellherrscher gepriesen, und mit der Erinnerung an sie verband sich der Gedanke, daß Leistung und Verdienste, nicht aber Geburt allein zur Herrschaft legitimierten. Und die Zugehörigkeit zur chinesischen Welt wurde in der späten Kaiserzeit mit der Abstammung von dem »Gelben Kaiser« gleichgesetzt.

1.2 Das Alter der chinesischen Kultur

Da die Regierungszeit von Fuxi, des ersten der »Drei Erhabenen«, traditionell auf die Jahre 2952 bis 2836 festgelegt wird, spricht man in China von einer fünftausendjährigen Geschichte. Die Geschichte der Besiedelung Chinas ist jedoch weit älter. Der 1934 in Zhoukoudian geborgene, vor 500 000 bis 400 000 Jahren lebende Peking-Mensch gilt längst nicht mehr als der älteste Mensch in Ostasien; den im Südwesten in der Provinz Yunnan gefundenen Yuanmou-Menschen datiert man auf etwa 600 000 Jahre. Nach Fundorten werden einzelne Kulturen benannt, wie etwa die von Hirseanbau, Haustierhaltung und Keramikherstellung geprägten jungsteinzeitlichen Cishan- und Peiligang-Kulturen des 6. Jahrtausends v. Chr. Man muß in dieser Zeit zwischen einer südlichen Reis- und einer nördlichen Hirsezone unterscheiden. Ein genaueres Bild können wir aufgrund von Ausgrabungsfunden erst von der unweit des »Gelben Flusses« (Huang He) gefundenen Yangshao-Kultur (ca. 5000–3000 v. Chr., Provinz Shaanxi), von der Longshan-Kultur (ca. 2400–1900 v. Chr., Provinz Shandong) und von der weiter westlich gelegenen Majiayao-Kultur (ca. 3300–2000 v. Chr., Provinzen Qinghai und Gansu) gewinnen. Während die Kulturen Nordchinas gewisse Ähnlichkeiten aufweisen, ist der Charakter der Kulturen des Südens doch sehr verschieden gewesen. So tragen die Hemudu-Kultur am Unterlauf des Yangzi (ca. 5000–3000 v. Chr.) und die Majiabang-Kultur (ca. 5000–4000 v. Chr.) sehr eigenständige Züge. Allen diesen frühen Kulturen gemeinsam war, daß sie bereits ein sehr hohes technisches Niveau erreicht hatten. So kannte man in den Kulturen im Yangzi-Tal Lackschüsseln, feinste Keramik und eine Vielzahl von Werkzeugen, einschließlich Webinstrumente. Ebenso kannte man Haustiere und im 2. Jahrtausend v. Chr. dann bereits die Verarbeitung von Seide und die Bronzetechnik.

Wie sich aus der Vielzahl der stark regional geprägten Kulturen eine chinesische Kultur bildete, ist die grundlegende Frage aller Beschäftigung mit der Frühgeschichte Chinas. Das China, das wir als historisch – weil durch schriftliche Denkmäler belegt – zu bezeichnen uns angewöhnt haben – dieser sich über Teile Nord- und Zentralchinas erstreckende Herrschaftsverband – beerbte eine lange Tradition der Herausbildung und Pflege politischer, kultureller und sozialer Einheiten. Ob die der Dynastie Shang vorangehende Dynastie Xia wirklich existierte, ist noch nicht entschieden, aber doch wahrscheinlich. Die chinesische Kultur nahm also bereits im späten 3. Jahrtausend v. Chr., im Übergang zur Bronzezeit, bestimmtere Formen an. Allerdings hatte das damalige China nur einen Teil der heutigen Ausdehnung. Zudem veränderte sich infolge der Integration weiterer Völkerschaften und Kulturen die Eigenart der chinesischen Kultur im Laufe der folgenden Jahrhunderte.

Neben vielem anderen war das wichtigste einheitsstiftende Element die chinesische Schrift, die zu einem Regionen übergreifenden Kommunikationsmittel wurde und überhaupt erst den Einheitsstaat und kulturelle Kontinuität ermöglichte. Mittelbar trug die Schrift und der durch sie begleitete und normierte Kult, insbesondere der Ahnenkult, dazu bei, eine innere Homogenität entstehen zu lassen. *(Siehe auch den Beitrag Nr. II von Carsten Herrmann-Pillath.)* Die einheitliche Schrift war nicht nur eine Voraussetzung für die Verwaltung des kulturell und auch von den Aussprachebesonderheiten her so vielfältigen Reiches, sondern mit der Schrift wurde überhaupt erst Traditionsbildung über längere Zeiträume möglich. Das Erlernen und Praktizieren dieser Schrift wurde zum zentralen Faktor der Persönlichkeitsbildung, und wie in der Vergangenheit wird bis heute der Kalligraphie bedeutender Künstler ein hoher Rang beigemessen. Auch Politiker von Mao Zedong bis zum heutigen Staatspräsidenten Jiang Zemin haben ihre handschriftlichen Aufrufe im ganzen Land verbreiten lassen.

2. Das Altertum

2.1 Die Shang-Kultur

Zu Beginn des zweiten vorchristlichen Jahrtausends entstand aus den verschiedenen neolithischen Kulturen in der nordchinesischen Ebene eine bereits hochdifferenzierte Bronzekultur, die mit dem Namen der Xia-Dynastie und dem der folgenden Shang-Dynastie verknüpft wird und in der eine eigene Schrift ebenso bekannt war wie die Technik der Metallverarbeitung, das Pferd und der Streitwagen. In der Kultur der Shang-Zeit wurde die Welt als rechteckig vorgestellt. Über den vier Richtungsgottheiten und den Gottheiten von Sonne, Mond und Erde, von Bergen, Wolken, Flüssen und anderen Naturerscheinungen stand Shangdi, eine oberste Gottheit. Obwohl Shangdi als allmächtig galt, hatte er doch keinen festen Platz und empfing keine Opfer. Von den Ahnen des Königshauses wurde angenommen, daß sie in ständigem Kontakt mit den Gottheiten, vor allem mit Shangdi, standen. Die Lebenden nahmen ihrerseits über die Betrachtung von Knochen und Schulterblättern, durch Orakelschau also, Kontakt mit den Ahnen in der anderen Welt auf.

Das Wissen um den Lauf und die Konstellationen der Gestirne war für das Weltbild im alten China von zentraler Bedeutung. Deshalb auch war Astronomie keine Privatangelegenheit einzelner Gelehrter, sondern Angelegenheit des Herrschers und seiner Umgebung. Die Erstellung des Kalenders und die Aufzeichnung der Worte und Taten das Herrschers, eine Tätigkeit, die später im Geschichtsamt mündete, war anfangs der Obhut der Astronomen anvertraut. Nicht zuletzt wegen ihrer zentralen politischen Rolle sind die astronomischen Aufzeichnungen der Chinesen, insbesondere jene, welche die Beobachtung »neuer Sterne« betreffen, bis ins 10. Jh. die genauesten und zum Teil die einzigen überlieferten derartigen Aufzeichnungen. Die für diese Aufzeichnungen verwendete Schrift zeigt bereits einen hohen Entwicklungsgrad.

2.2 Die Zhou-Dynastie und der Himmelskult

Die seit der Unterwerfung der Dynastie Shang und der Übernahme der Vorherrschaft durch die Zhou (11. Jh.–256 v. Chr.) zunehmend thematisierte Trennung zwischen der Welt der Götter einerseits und der Welt der Ahnen und der Menschen andererseits bestimmt in der späteren politisch-philosophischen Literatur den Grundtenor der Reflektionen. Zudem wurde der Obergott Shangdi der Shang weitgehend durch einen unpersönlichen Himmelsbegriff (tian) ersetzt. Die Darstellung des chinesischen Reiches in den ältesten Urkunden trug wesentlich dazu bei, die bereits länger bestehende Ansicht zu zementieren, daß das Herrschaftsgebiet des chinesischen Kaisers »alles unter dem Himmel« umfasse und eine von Barbaren und den »Vier Meeren« umgebene Insel sei.

Die Ausbildung eines fest umgrenzten Staatsgebietes im alten China geschah also nur allmählich. Die Ausbildung von Gebietsansprüchen mit festen Außengrenzen erfolgte erstmals in der Zeit des Zerfalls der Zhou-Dynastie, als einzelne Teilstaaten sich gegeneinander durch Wälle und Verteidigungslinien abgrenzten. Teile dieser Wälle gingen dann unter der Vorherrschaft des Staates Qin und nach der Reichseinigung durch diesen Staat in die »Große Mauer« ein.

2.3 Der Feudalismus der Zhou-Dynastie

Nach der Unterwerfung der Shang durch die Zhou, die wohl eher um 1045 und nicht, wie lange angenommen wurde, bereits 1122 v. Chr. stattfand, belehnten die Zhou die Mitglieder ihres Klans bzw. enge Verbündete, aber auch Nachkommen des früheren Herrscherhauses der Shang sowie einzelne lokale Machthaber. So zerfiel das chinesische Territorium in eine Vielzahl kleinerer politischer Einheiten. In der auf die Periode der Westlichen Zhou (»Westlich« wegen der Lage der Hauptstadt) folgenden sogenannten Frühlings- und Herbst-Periode (722–481 v. Chr.) dürften mehr als 170 Staaten existiert haben. Zu Beginn der Periode der »Streitenden Reiche« (403 – 221 v. Chr.), gab es außer dem Zhou-Staat nur noch sieben größere Staaten. Mit der Expansion eines dieser Staaten, des Staates Qin, und der Errichtung seiner Vorherrschaft sowie der Unterwerfung der anderen Teilstaaten endete das chinesische Altertum, und es begann eine lange Zeit staatlich gesellschaftlicher Gestaltung, die auch als »bürokratischer Staatszentralismus« bezeichnet worden ist.

Während der ersten Jahrhunderte der Zhou-Zeit war die Bindung einzelner Bauernfamilien an ein bestimmtes Stück Land vorherrschend; ein Teil ihrer Arbeitskraft hatten sie auf den Feldern ihres Lehnsherrn einzubringen. Seit 594 v. Chr. aber wurde, zunächst im Staate Lu, dann in anderen Staaten, als neue Form der Steuererhebung die Naturalabgabe eingeführt. In manchen Fällen gingen diese Abgaben unmittelbar an den Staat, unter Umgehung der Lehnsherren, wodurch sich die Bindung an diese lockerte. Die Entwicklung zur unmittelbaren Unterstellung unter den König wurde durch Landerschließungen beschleunigt. Durch die neue Teilabhängigkeit der Bauern scheint deren Produktivität gesteigert worden zu sein; zugleich aber wurde der Landverkauf erleichtert, so daß sich zunehmend Großgrundbesitz bildete.

Die politischen und sozialen Veränderungen spiegeln sich auch im geistigen Leben jener Zeit und insbesondere in den Lehren einzelner herausragender Lehrer, die Schüler um sich scharten und eigene Lehr- und Weisheitstraditionen begründeten, die zum Teil bis in die Gegenwart wirken. An erster Stelle ist hier Konfuzius (trad. 551–479 v. Chr.) zu nennen, aber auch die in seiner Tradition stehenden Denker wie Mengzi (Menzius, 372–289 v. Chr.) und Xunzi (300–230 v. Chr.) sowie die Repräsentanten des philosophischen Daoismus, Zhuangzi (um 365–290 v. Chr.) und Laozi (4. Jh. v. Chr.).

Von Feudalismus kann für die Zeit nach den zentralistischen Tendenzen in den Teilstaaten des 4. und 3. Jh. v. Chr., insbesondere nach der Reichseinigung unter Qin

Shihuangdi, nicht mehr die Rede sein. Eher wird man von zentralstaatlicher Bürokratie sprechen müssen, in der immer aber auch partikulare Interessen, vor allem der landbesitzenden Aristokratie, eine wichtige Rolle spielten. Im Laufe der Han-Zeit konzentrierte sich der Landbesitz in den Händen weniger. In der Folgezeit wurden von nahezu allen Dynastien Versuche unternommen, der Tendenz zur Landkonzentration Einhalt zu gebieten oder diese rückgängig zu machen. Obwohl es Sklaverei gab, war diese zu keiner Zeit bestimmend.

3. Die Begründung des Einheitsreiches (221 v. Chr. – 220 n. Chr.)

3.1 Aufstieg und Erfolg des Staates Qin

Der Teilstaat Qin, der bereits eine lange eigene Geschichte hatte (seit 897 v. Chr.), begründete das chinesische Kaiserreich. Damit beginnt eigentlich die Geschichte von »China«, denn diese Bezeichnung des Landes, das sich selbst das »Reich der Mitte« nennt, geht auf den Dynastienamen Qin zurück. Mit der Verlegung der Hauptstadt des Staates Qin nach Xianyang im Jahr 350 v. Chr. wurde jenes Gebiet zum Zentrum des Staates Qin und im Jahr 221 v. Chr. dann zum Mittelpunkt des ersten geeinten chinesischen Reiches, das seither mit dem als »Gebiet innerhalb der Pässe« (Guanzhong) bezeichneten Wei-Tal und der »Zentralebene« (Zhongyuan), d. h. den Überflutungsgebieten der heutigen Provinzen Henan, Hebei und Shanxi am Mittellauf des Huanghe, als die »Wiege der chinesischen Kultur« gilt. Die Ausgangsbedingungen dieses das Reich einigenden Staates Qin waren ebenso wie jene der die Shang-Dynastie seinerzeit erobernden Zhou geprägt von den kriegerischen Erfahrungen in den damals noch teilweise bewaldeten Gebieten des Ordos-Bogens und der daran anschließenden Wüstenzonen sowie von den aus dem Norden und Westen dorthin zuerst gelangenden Kulturtechniken.

Die Macht der selbst aus dem Nordwesten kommenden Qin war zunächst durch ihre militärischen Auseinandersetzungen mit den sogenannten Rong-Barbaren im Norden und Westen gewachsen. Auch in späteren Jahrhunderten sollte die Eroberung chinesischen Territoriums immer wieder von Norden her gelingen. Die Expansionspolitik der Qin hätte aber ohne nachhaltige Militärreformen nicht gelingen können, und ohne immer wieder neue Reformanstrengungen, auf dem Gebiet der Verwaltung, des Finanz- und Geldwesens und in vielen anderen Bereichen, zuletzt dann auch auf dem Gebiet der Schrift durch eine Schriftvereinheitlichung, hätten die gewonnenen Territorien nicht gehalten werden können. Dem Qin-Staat kam aber auch eine fortschrittliche Eisentechnologie zugute, die unter dem Einfluß nichtchinesischer Nachbarvölker entwickelt worden war. Die innere Überlegenheit des Staates Qin befähigte ihn schließlich dazu, die anderen sechs Staaten zu unterwerfen und nach dem Untergang des Staates Qi im Jahr 221 v. Chr. ein Einheitsreich zu errichten und damit den lange vorher schon gehegten Gedanken eines Einheitsreiches zu verwirklichen. Dem Kaiser Qin Shihuangdi kam bei der Ausprägung des imperialen Staatskultwesens eine besondere Rolle als Vorbild zu, was nicht zuletzt durch die erst vor wenigen Jahrzehnten entdeckte Tonarmee in seiner monumentalen Grabanlage unterstrichen wird. Mit dem Qin-Reich entstand also das zentralisierte bürokratische China, jene Monarchie, die infolge stetiger Anpassung und Verfeinerung ihrer Herrschafts- und Verwaltungstechniken den größten Teil der chinesischen Geschichte kennzeichnen sollte.

3.2 Verwaltung

Im Staat Qin und in den zeitgenössischen Fürstentümern wurden die politischen Veränderungen begleitet von einer Weiterentwicklung verschiedener Institutionen, einer wachsenden Professionalisierung und Spezialisierung in der Verwaltung sowie durch die Etablierung eines geschriebenen Rechtskodex. Die Gründung der Kaiserdynastie Qin im Jahr 221 v. Chr. stellt also einen Höhepunkt in mehrfacher Hinsicht dar: Sie war das Ergebnis einer jahrhundertelangen Entwicklung und zugleich der Beginn des chinesischen Großreichs bzw. Imperiums; denn trotz Einheitsgedankens und des Herrschaftsanspruchs einer Zentralgewalt war das Herrschaftsgebiet früherer »Dynastien« doch immer recht klein geblieben. Qin Shihuangdis Sonderstellung beruht auch darauf, daß er den Kaisertitel »Huangdi« überhaupt erst eingeführt hat. Vor allem aber begründete die Qin-Dynastie den Einheitsstaatsgedanken. Dadurch wurden Vereinheitlichung und Standardisierung zu einem die chinesische Identität bestimmenden Element. Dies äußerte sich nicht nur in der Standardisierung von Maßen und Gewichten, von Kalendern und Wagenspuren, sondern auch in der immer wieder zum Totalitären tendierenden Verpflichtung des geistigen Lebens auf das geordnete Ganze.

Als Folge der bereits in der Teilstaatenzeit vorgenommenen Parzellierung des Reiches in Kommandanturen (jun) und Kreise (xian) als Verwaltungseinheiten wurde eine Hierarchie von Zentralorten geschaffen, die sich im Zuge des wachsenden Binnenhandels, verstärkt in Zeiten staatlicher Zersplitterung, noch weiter differenzierte. Neben diesen Städten mit Verwaltungssitz gab es seit der Han-Zeit umwallte Ackerbau-Städte, deren Bewohner neben der Landwirtschaft Handel oder ein Gewerbe betreiben. *(Siehe auch den Beitrag von Wolfgang Taubmann.)* Die Städte waren daher von vornherein multifunktional, da sie administrative und kommerzielle Funktionen in sich vereinigten und zumeist auch als rituelle und religiöse Mittelpunkte dienten.

3.3 Die Han-Dynastie: Elemente der Stabilisierung

Der wesentliche Unterschied der Territorialherrschaft der Han gegenüber der der Qin lag in der Organisation der Provinzen. Während der Gründungsphase war eine Konföderation von 19 Königtümern notwendig gewesen, da entsprechende Erwartungen bzw. Ansprüche einzelner Mitstreiter erfüllt werden mußten. So wurden neben dem in 13 Kommandanturen (jun, im Jahr 195 waren es 15) und den Hauptstadtbezirk aufgeteilten Reichsland noch 10 Königtümer im Osten eingerichtet. Diese im Jahr 202 v. Chr. geschaffene Ordnung barg zwar zunächst die Gefahr der Verselbständigung der Königtümer, da diese als Erbkönigtümer beansprucht wurden, doch vermochte der erste Kaiser der Han-Dynastie die Gefahr dadurch zu bannen, daß er in den folgenden Jahren die Könige durch Angehörige seiner Familie ersetzte. Der Kaiser mit dem Titel »Huangdi«, der in der Nachfolge des göttliche Abstammung beanspruchenden »Königs« (wang) der Zhou stand, blieb die zentrale Gestalt für die Regierung, die Verwaltung und den Kult. Da die Han-Herrscher nicht mehr in dem Maße als Götter betrachtet wurden, wie es noch für Qin Shihuangdi gegolten hatte, mußten strenge Verhaltensregeln für die Begegnung mit ihnen eingeführt werden.

Nach der Sicherung ihrer Macht im Inneren strebten die Han-Herrscher weiter nach militärischer Expansion, insbesondere nach Nordwesten, aber auch nach Süden. Um die militärischen Aktivitäten zu finanzieren, mußten die Staatseinnahmen verbessert werden, und dies geschah durch verschiedene Abgabenformen, über deren Berechtigung jedoch immer wieder Diskussionen geführt wurden. Insbesondere die staatlichen Monopole (Erz, Wein, Salz) wurden von vielen abgelehnt. Die Außen- und Grenzpolitik ebenso wie die Eroberungsfeldzüge dienten einerseits zur Stabilisierung der inneren Machtverhältnisse, wirkten andererseits aber infolge der erhöhten Belastung der Bevölkerung durch Abgaben und Dienstleistungen destabilisierend. Dies wirkte sich dann in solchen Zeiten aus, in denen mehrere ungünstige Faktoren zusammentrafen, etwa Naturkatastrophen wie Überschwemmungen, Dürreperioden oder sonstige Plagen.

Die Entstehung einer großen Föderation von Nomadenstämmen in der nördlichen und nordwestlichen Steppenzone unter der Führung der Xiongnu gegen Ende der Qin-Zeit bedeutete eine dauernde Bedrohung der Nordgrenze des Reiches. Während der Späteren Han sah die außenpolitische Lage dann aber grundsätzlich anders aus. Die Xiongnu waren gespalten, weil sich die Südlichen Xiongnu dem chinesischen Tributsystem, das in dieser Form selbst erst eine Errungenschaft der Han-Zeit war, unterworfen hatten.

Trotz immer wieder auftretender innerer Konflikte wurde die Han-Dynastie als Nachfolgerin des Qin-Reiches zu der Epoche, die die chinesische Identität erst wirklich konstituierte. Geschichtsschreibung und die Wissenschaften überhaupt erlebten eine bis dahin nicht dagewesene Blüte. Papier, Porzellan und andere Erfindungen fanden erste Verbreitung, und mit der Errichtung einer kaiserlichen Akademie und der Einführung von Staatsprüfungen wurden eigentlich erst die Grundlagen für eine professionelle Bürokratie und Verwaltung gelegt. Diese Entwicklung ging einher mit der Durchsetzung des Konfuzianismus als Staatsdoktrin, die sich im 2. Jh. v. Chr. vollzog. *(Siehe auch den Beitrag von Michael Lackner.)* Die Orientierung an den Klassikern und die damit verbundene Kultivierung moralischer Maßstäbe begründeten eine Elite-Moral, die zugleich immer auf Glaubwürdigkeit bei der Masse der Bevölkerung bedacht war.

Der in jener Zeit geprägte Typus des Gelehrten-Beamten blieb bis in die Neuzeit prägend und trug wesentlich zur Kontinuität und Stabilität chinesischer Verwaltung und Staatlichkeit bei.

Das im Konfuzianismus entwickelte Menschenbild von der Erziehbarkeit und grundsätzlichen Perfektibilität jedes einzelnen betonte die Gleichheit aller Menschen und formulierte aufgrund dieses egalitaristischen Prinzips für die Politik die Aufgabe, für wirtschaftlichen Ausgleich, d. h. für den Wohlstand aller zu sorgen. Freilich gab es innerhalb des Konfuzianismus eine Reihe zum Teil einander widerstreitender Strömungen. Und nur unter Einbeziehung anderer Denkschulen, wie des philosophischen Daoismus, und religiös-sozialer Bewegungen, die zum Teil mit daoistischen Lehren in Verbindung gebracht werden, ergibt sich das ganze Bild der bereits in der Han-Zeit differenzierten und vielschichtigen Gesellschaft Chinas. Gerade Werke wie die Schriften des daoistischen Philosophen Zhuangzi, aber auch das Werk des Laozi, gehörten zum Bildungsgut, wenn nicht sogar zur Lieblingslektüre der Literatenbeamten, denen bei all ihrem pragmatischen Realitätssinn auch Gedanken an Weltflucht und Rückzug in die Einsamkeit nicht fremd waren.

4. Teilung des Reiches und Fremdvölker (220–589 n. Chr.)

4.1 Rebellion und Gefahren aus der Steppe

Religiöse soziale Bewegungen häuften sich in Zeiten des Verfalls von Herrschaftsstrukturen. Es ist daher nicht verwunderlich, daß im Laufe der Späteren Han-Zeit (25–220 n. Chr.) von »dämonenhaften Rebellen« (yaozei) die Rede ist, die »Zeichen und Wunder« zur Legitimation ihrer Sache nutzten. Diese Rebellen forderten nicht nur einen neuen Herrscher, sondern einen Dynastiewechsel und damit quasi eine »kosmische Erneuerung«. Die Niederwerfung der Aufstände von 184 n. Chr. und der folgenden weiträumigen Unruhen führte bei einzelnen Feldherren zu einem solchen Maß an Machtzuwachs, daß sie schließlich zu einer Bedrohung der Dynastie wurden.

Solche Zustände gab es in China häufiger. Bei einer Schwächung der Zentralgewalt und Unruhen oder Aufstandsbewegungen in der Provinz war der Einheitsstaat oft nicht aufrechtzuerhalten. Kritisch waren immer die Herrscherwechsel, die nicht selten zugleich einen Dynastiewechsel bedeuteten. Zwar wurde in der Regel frühzeitig ein Thronfolger bestimmt, doch konnten bei dessen Minderjährigkeit die Witwe des verstorbenen Kaisers und ihr Klan erheblichen Einfluß ausüben. Allerdings hatte sich bereits zur Zeit der Herrschaft Wang Mangs (9–23) und vollends dann in der Späteren Han-Dynastie das Ideal des Imperiums und des Einheitsstaates so weitgehend etabliert, daß es auch über die lange Zeit der Teilung, die erst im 6. Jh. beendet wurde, lebendig blieb.

4.2 Die Drei Reiche

In den Kämpfen des 2. Jh. n. Chr. festigten einige Feldherren zeitweilig ihre Macht, die jedoch in der Regel bald durch innere Konflikte wieder zerfiel. Einem von ihnen aber, nämlich Cao Cao, gelang es, eine schlagkräftige Truppe aufzubauen, mit der er 196 n. Chr. als stärkster Herausforderer der anderen in der Zentralebene (zhongyuan) auf den Plan trat.

Dem Vorbild Cao Pis folgend, der nach dem Tod seines Vaters, Cao Cao, die Thronabdankung des letzten Han-Herrschers entgegengenommen und sich im Jahre 220 als Kaiser von Wei hatte ausrufen lassen, ließen sich andere Generäle in anderen Landesteilen, allerdings mit unterschiedlichem Erfolg, als Herrscher einer neuen Dynastie ausrufen. Im Inneren vermochte es die Cao-Familie aber nicht, rivalisierende Klane auszuschalten. Dies führte im Jahre 265 zur Gründung einer neuen Dynastie Jin, unter der es zu einer neuen Form der Feudalisierung kam. Auch wenn die spätere Geschichtsschreibung mit der Zersplitterung des Reiches während dieser auch als »Mittelalter« bezeichneten Epoche ihre Mühen hatte, diente die Teilung doch der Ausbreitung der chinesischen Kultur und Bürokratie. Denn erst mit den eigenständigen Südreichen begann die eigentliche Sinisierung des Südens. Während im Norden eine Vielzahl von Eroberdynastien nach chinesischem Vorbild entstanden, lösten im Süden im 4. und 5. Jh. eine Reihe von Dynastien einander ab.

4.3 Die Seidenstraße und der Buddhismus

Der Buddhismus war bereits in der Han-Zeit nach China gekommen, und zwar sowohl auf dem Seeweg als auch über die Handelsroute der Seidenstraße. Doch erst ab dem Ende des 3. Jh. n. Chr. erfaßte er größere Teile der chinesischen Bevölkerung. Der Buddhismus bedeutete für China eine geistige Revolution, denn er warf nicht nur viele neue Fragen auf, sondern gab auch zahlreiche Antworten. Mit seinen Lehren von der Verstrickung des Einzelnen in die Welt und seinen Strategien zur Befreiung wurde er zur größten Herausforderung der chinesischen Kultur vor der Begegnung mit dem Abendland. Daher ist die Auseinandersetzung Chinas mit dem Buddhismus, der neben Konfuzianismus und Daoismus zur »dritten Lehre« Chinas wurde, auch für die spätere Geschichte von nicht zu unterschätzender Bedeutung gewesen.

Bei der Einführung des Buddhismus mußten zahlreiche neue Begriffe gebildet werden, und viele alte chinesische Ausdrücke wurden mit neuem Inhalt gefüllt. Dabei glich sich der Buddhismus in vielem den chinesischen Verhältnissen an. Während sich beispielsweise die Mönche anfänglich nicht vor dem Herrscher verneigen mußten, weil sie sich als »einer anderen Welt« zugehörig empfanden, mußten sie sich nach einer zwei Jahrhunderte dauernden Auseinandersetzung dem Anspruch des Kaisers auf Unterwürfigkeit fügen. Die Lehren des Buddhismus kamen zunächst vor allem den geistigen Bedürfnissen des Adels entgegen, doch verbanden sich bald, insbesondere ab dem 6. Jh., breitere Kreise mit dieser Lehre. Sie war geistig anspruchsvoll und versprach Erlösung aus der Verstrickung in die Welt mit all ihren Leiden; zugleich aber verstanden es die buddhistischen Klöster, neue Lebensformen zu entwickeln und wirtschaftliche Unternehmungen (z. B. Mühlen, Pfandleihhäuser) zu betreiben. Durch die schweren Buddhismusverfolgungen in den Jahren 844/45 wurde die buddhistische Klosterkultur zwar erheblich geschädigt, doch hielt der Einfluß des Buddhismus auf die chinesische Geisteswelt an. Von den zahlreichen Errungenschaften, die China dem Buddhismus verdankt, ist die starke Förderung des Buchdrucks an erster Stelle zu nennen, der in China etwa 500 Jahre früher als in Europa voll entwickelt wurde.

5. Die Konsolidierung in der Sui- und Tang-Zeit (579–906 n. Chr.)

5.1 Gründung und Fall der Dynastie Sui

Im Zuge der Gründung der kurzlebigen Dynastie Sui mit der Hauptstadt in Daxingcheng (Chang'an, das heutige Xi'an) durch einen Angehörigen der nordwestlichen Adelsfamilien erfolgte ein im wesentlichen unblutiger Dynastiewechsel, auf den eine längere Konsolidierungsphase folgte. Die Einigung des Reiches unter der Dynastie Sui war das Ergebnis des Zusammenbruchs der Südstaaten und der zunehmenden militärischen Stärke der Reiche im Norden. Der so von einer dieser nördlichen Dynastien eingeleitete und von der Dynastie Sui forcierte Einigungsprozeß wurde aber erst von der folgenden Dynastie Tang vollendet. Zu einer großen Belastung wurde für den ersten Sui-Herrscher der Abwehrkampf gegen die Ost-türken, so daß das Einigungswerk länger dauerte als beabsichtigt und eine Konsolidierung unter der von ihm gegründeten Dynastie nicht erreicht werden konnte. Die Reichseinigung erforderte eine Reform des Verwaltungswesens, wobei die Dynastie Han als Vorbild hingestellt, in Wirklichkeit jedoch viele Funktionen der Nordstaaten übernommen und nur umbenannt wurden. Der Bau des »Großen Kanals« sollte die Hauptstadt mit den fruchtbaren Ebenen am Unterlauf des Yangzi verbinden. Die schwierigste Aufgabe, die regionalen Eliten zu gewinnen, gelang jedoch nur sehr langsam und blieb auch in den ersten Jahren der nachfolgenden Tang-Dynastie die vordringlichste Aufgabe. Es ist ein Ausdruck der damaligen Weltoffenheit Chinas, daß ein hoher Anteil von Nicht-Chinesen in China, vor allem im Bau- und im Kriegsministerium, beschäftigt war.

Die Wiedereingliederung des lange relativ eigenständigen Südens in ein zentrales Reich erforderte die Überbrückung der verschiedensten Interessengegensätze, vor allem aber eine kulturelle Reintegration. Die entscheidende Rolle bei der Reintegration des Reiches spielte der Buddhismus, den der Gründer des Sui-Reiches, Wendi, ebenso wie die ersten Tang-Herrscher für ihre Interessen instrumentalisierten. Zwar waren die Südreiche politisch und insbesondere militärisch dem Norden unterlegen, doch hinderte dies die Eliten im Süden nicht an ihrer höheren Selbsteinschätzung gegenüber dem Norden.

5.2 Machtwechsel und Konsolidierung des Reiches

Die ersten Jahre der Tang-Zeit waren eine Zeit fortgesetzter Unruhen, aber auch innerer Konsolidierung. Von den mehr als 200 Rebellenorganisationen mußte der später als Kaiser Gaozu kanonisierte Gründungsherrscher die meisten an sich binden, um auf diese Weise seinen größten Rivalen zu begegnen. Ein probates Mittel hierbei war die Politik der Amnestien und der »Adoptionen« bei persönlicher Kontinuität der alten Anführer. Trotz seiner als Milde verstandenen Geschicklichkeit im Umgang mit alten Rivalen und gegnerischen Gruppen war die Herrschaftszeit Gaozus geprägt durch militärische Kampagnen. Er mußte seine Macht durch zwölf stehende Armeen in der Umgebung der Hauptstadt sowie durch regionale Truppenkontingente sichern. Neben dem Mittel des Militärs bediente er sich aber auch administrativer Maßnahmen zur Sicherung seines Herrschaftsgebietes. Er leitete eine Reorganisation der Verwaltung ein und teilte sein Reichsgebiet in zehn Großregionen, aus denen im 8. Jh. dann 15 wurden, denen Verwaltungs-, Finanz-, und Justizinspektoren zugeordnet wurden. Insgesamt aber setzte die Tang-Dynastie auf den meisten Gebieten, wie dem der Strafgesetzgebung, des Agrarsystems, der Finanzverwaltung, des Heerwesens und des Erziehungs- und Prüfungswesens die durch die vorhergehenden Staaten eingeleitete Entwicklung fort. Besonders folgenreich war die Schaffung von Akademien und höheren Schulen in den beiden Hauptstädten Chang'an und Luoyang und die Errichtung von Präfektur- und Unterpräfekturschulen. Das damit entstehende Bildungssystem führte zusammen mit den Staatsprüfungen allmählich zu einem grundlegenden Wandel in der Zusammensetzung der Elite.

5.3 Urbanisierung und die Stellung der Religionen

Während im mittelalterlichen China der Unterschied zwischen Stadt und Land nicht so erheblich gewesen war, entwickelte sich offenbar im 9. und 10. Jh., in der Zeit des Übergangs zur Song-Dynastie, ein neues städtisches Selbstbewußtsein, das seinen Ausdruck unter anderem in der Errichtung von Stadtgott-Tempeln fand. China erlebte in diesen Jahrhunderten einen derart grundlegenden Wandel, daß die Menschen des 11. und 12. Jh. die Tang-Zeit als fremd empfanden. Diese Veränderungen hängen mit dem Zusammenbruch der alten Adelstraditionen in der Tang-Zeit zusammen, aber auch mit neuen geistigen und religiösen Impulsen und nicht zuletzt mit wirtschaftlichen Veränderungen. Eine zunehmende Verrechtlichung der Beziehungen mit der erweiterten Möglichkeit des Kaufs und Verkaufs von Land sowie ein Aufschwung des Handels und eine Zunahme der Marktorte machten China in jener Epoche trotz Fortdauer der Bedeutung des Ackerbaus zu einem Land der Städte, und zwar nun nicht mehr der Städte als Verwaltungssitz, sondern als Ort des Handels und des Handwerks, aber auch des Vergnügens und der Kultur.

Die ethnische Vielfalt und kulturelle Weltoffenheit der Tang-Zeit hatte auch einige zunächst fremde Religionen und religiöse Lehren nach China gebracht. Neben manichäischen Gemeinden, deren Anhänger wohl vor allem Uiguren waren, gab es Nestorianismus, Zoroastrismus und jüdische Gemeinden. Trotz kosmopolitischer Züge der Tang-Gesellschaft blieb das Herrscherhaus aber an der Kontrolle der Religionen interessiert. Daher auch flammten immer wieder Kontroversen zwischen den einzelnen Religionen über ihren Status auf, und die Debatten zwischen Daoisten und Buddhisten waren ein Teil der insbesondere in der Hauptstadt geführten Kontroversen. Dabei ging es großen Teilen der Beamtenschaft auch darum, einen stärkeren Einfluß der Vertreter der Religionen auf das Kaiserhaus und hier insbesondere auf den kaiserlichen Harem zu verhindern.

5.4 Neue Reiche am Rande des Tang-Reiches

Die chinesische Kultur übernahm in jener Zeit nicht nur zahlreiche Kenntnisse sowie Handelsgüter und Kulturpflanzen aus dem Westen, sondern sie strahlte auch dorthin aus, was etwa zur Verbreitung der Kenntnisse der Papierherstellung führte, die über die arabische Welt und Spanien schließlich (im 13. Jh.) bis nach Italien gelangten. Vor allem wurde China für seine östlichen Nachbarn das große Vorbild: für Japan, aber auch für das Silla-Reich auf Korea. Diese Länder übernahmen neben der chinesischen Schrift unter anderem den Buddhismus, der sich in Japan vor allem in seiner Ausprägung als Zen-Lehre weiterentwickelte. Man kann sogar soweit gehen, zu sagen, daß Kunst und Kultur Japans im 7. und 8. Jh. in hohem Maße chinesisch geprägt waren.

Im Zuge der Ausdehnung nach Nordwesten erlangte das Tang-Reich Einfluß auf die Oasen des Tarimbeckens, u. a. Charachotscho (Gaochang) nahe dem modernen Turfan in Ost-Xinjiang, und erstreckte seinen Einfluß bis in das nördliche Afghanistan und nach Persien. Dabei war es nicht zuletzt die Hilfe des türkischen Militärs, die es der Tang-Dynastie ermöglichte, das Reich in einem Maße auszudehnen, wie dies weder Qin Shihuangdi noch Han Wudi gelungen war. Die Türken wurden ein Teil der Tang-Administration und verschafften China so eine höchst effektive Pufferzone. Doch nach dem Tod des zweiten Tang-Herrschers zerfiel dieses System; die Osttürken vereinigten sich wieder und begannen erneut, das Tang-Reich anzugreifen. Erst 721 kam es zu einem Frieden zwischen dem Türkenreich und China, bei dem sich der chinesische Hof zu hohen Tributleistungen verpflichtete.

Eine dauerhafte Beherrschung des Südwestens scheiterte zunächst an den Interessen des erstarkten Tibetischen Königreiches. Das auf dem Gebiet des heutigen Yunnan entstandene Königreich Nanzhao, eine Konföderation von sechs ihrer ethnischen Zugehörigkeit nach tibeto-burmanischen Stammesgruppen, blieb im 8. und 9. Jh. selbständig.

5.5 Zentrifugale Tendenzen: Der Aufstand des An Lushan

Trotz aller Reformbemühungen war der innere Zerfall des Reiches nicht aufzuhalten. Mit der Einsetzung ständiger Militärgouverneure (jiedushi) in den Jahren 710/11 wurde die Voraussetzung für eine Aufsplitterung der Macht geschaffen. Mit Hilfe fremder Truppen, darunter Uiguren, Tibeter und Angehörige anderer Stämme aus dem Tarim-Becken konnte zwar die das ganze Reich erschütternde Rebellion des An Lushan (755 n. Chr.) niedergeschlagen werden, doch kam es zu einem Verlust der Autorität der Zentrale, und faktisch war das Tang-Reich seither zerbrochen. Die Uiguren breiteten sich in die Gegend der Provinz Gansu aus, und die nach 650 in Sichuan und Birma entstandenen tibeto-birmanischen Fürstentümer hatten nun freiere Hand.

Die wirtschaftlichen Veränderungen, der seit dem Ende des 6. Jh. allmählich sich vollziehende Verfall des Kleinbauerntums sowie die Verschiebung des wirtschaftlichen Zentrums vom Wei-Tal und der nordchinesischen Tiefebene in das untere Yangzi-Tal – u. a. eine Folge zunehmenden Handels und veränderter Reisanbaumethoden wie der Züchtung von Setzlingen – führten zu regionalem Separatismus und Autonomiebestrebungen in den Provinzen. Ein Ausdruck dieser Tendenzen zur Machtauflösung war die sogenannte »Revolte der Vier Prinzen«, bei der sich 782 vier Gouverneure verschworen und halb-autonome Gebiete in Nordchina bildeten, die etwa 150 Jahre bestanden.

5.6 Das Ende der Tang-Herrschaft

Im ausgehenden 9. Jh. führte die Zunahme der Macht der Eunuchen im Inneren Hof und die Rückkehr zahlreicher Mitglieder der alten Aristokratie in hohe Regierungsämter zu wachsenden Spannungen innerhalb der Bürokratie. Seit der Herrschaft Kaiser Wenzongs (827–40) war es in verschiedenen Gebieten des Reiches unter der Bevölkerung zu Unruhen gekommen, und eine wachsende Zahl beteiligte sich an illegalen Handelsunternehmungen (Salzschmuggel) und an Piraterie, so daß von einem endemischen Banditentum gesprochen werden kann. Im Jahre 875 begannen Aufständische in großer Zahl von Shandong aus, sich zu organisieren und plündernd durch das Land zu ziehen. Diese Rebellionen, in deren Verlauf auch die Hauptstadt Chang'an für zwei Jahre in die Hände der Rebellen fiel, dauerten bis ins Jahr 883. Der Tang-Hof zog sich nach Chengdu zurück, wo er bis 885 blieb. Faktisch bestand die Dynastie Tang seit 885 n. Chr. nicht mehr, doch erst im Jahr 907 wurde sie formal beendet.

5.7 Reichsteilung und neue Nachbarstaaten

Das 10. Jh. war eine Zeit des Umbruchs in ganz Ostasien. Die Zeit der »Fünf Dynastien«, die in Nordchina aufeinander folgten, war eine Zeit wirtschaftlicher Blüte in einzelnen Regionen, gerade auch im Süden, und sie wird manchmal als Phase einer »wirtschaftlichen Revolution« bezeichnet. Politisch-militärisch waren die Militärgouverneure (jiedushi) für den Verfall und den Untergang der Tang direkt verantwortlich gewesen. In den knapp 60 Jahren der Zeit der Fünf Dynastien bildete sich ein neuer Typ imperialer Machtausübung heraus, der die Grundlage für die bürokratische Herrschaft des Chinas der Späten Kaiserzeit bildete. Trotz der Aufspaltung des Reiches in selbständige Staaten, die nur die Realisierung einer seit der Mitte des 8. Jh. bestehenden faktischen Fragmentierung war, wurde eine zukünftige Wiedervereinigung von den Gebildeten ebenso wie in der populären Propaganda als selbstverständlich betrachtet.

5.8 Sinisierte nichtchinesische Reiche in Zentralasien

Die von den Khitan, einem türkisch-uigurischen Nomadenvolk, begründete Dynastie Liao (907 bzw. 946–1125) war eines der »sinisierten Reiche« am Rande der chinesischen Kulturwelt. Die Beziehungen zwischen dieser Dynastie und den anderen chinesischen Territorien waren vielfältig. Doch bereits die Gründungsherrscher des Song-Reiches meldeten ihren Anspruch an, verlorenes Gebiet der Tang zurückzuerobern. Der 1005 unterzeichnete Friede von Shanyuan zwischen dem Song-Reich und den Khitan hielt dann mehr als 100 Jahre. Als zu Beginn des 12. Jh. die Liao-Dynastie in schweren Abwehrkämpfen gegen ihre ehemaligen Untertanen, die Dschurdschen, lag, sah der Song-Hof eine Möglichkeit, die 16 Präfekturen zurückzugewinnen, und suchte ein gemeinsames Vorgehen mit den Dschurdschen gegen Liao. Dann aber warfen die Dschurdschen den Song fortgesetzten

Vertragsbruch vor, eroberten Peking und besetzten im Jahr 1127 Nordchina, nachdem sie ihre Dynastie Jin (»die Goldene«) gegründet hatten. Damit war der Norden Chinas wieder, wie es manche Chinesen sahen, unter »barbarische Fremdherrschaft« geraten.

Am Nordwestrand der chinesischen Ökumene hatte sich im frühen 11. Jh. ein von tangutischen Volksstämmen beherrschter neuer Staat namens Xia oder Westliche Xia (Xixia) gebildet, der bis zur Unterwerfung durch die Mongolen im Jahr 1227 bestand. Die Führungsschicht dieses Staates bestand aus mit Xianbi vermischten Tanguten, deren tibeto-birmanischen Sprache der Sprache der Yi (Luoluo) in Südwest-China ähnlich ist.

6. Das Song-Reich – Beginn einer neuen Zeit

6.1 Bürokratisierung und Entmilitarisierung

Mit der im Jahre 960 ausgerufenen Song-Dynastie begann die Zeit der endgültigen Durchsetzung bürokratischer Verwaltung und formalisierter Beamtenrekrutierung, die Zeit der großen Orientierungsdebatten zu Grundfragen der Politik, der Philosophie und der Literatur, vor allem aber auch die Zeit einer wirtschaftlichen Blüte bis dahin nicht gesehenen Ausmaßes, des Aufkommens neuer Märkte und der Städtebildung. Die Bürokratie erforderte und schuf geradezu einen neuen Typus des Beamten, ebenso wie die Position des Herrschers durch die Bürokratisierung neu bestimmt wurde. Die Folge war – zumindest in einzelnen Bereichen – eine Professionalisierung der Zivilverwaltung und überhaupt erst die Herausbildung eines spezifischen Beamtenethos.

Die Konsolidierung des wiedervereinigten Reiches, das allerdings nicht mehr die Ausdehnung der Tang-Dynastie erreichte, war bereits durch die letzte der Fünf Dynastien im Norden, die Spätere Zhou (951–959), eingeleitet worden: durch Ausweisung und Kultivierung zusätzlicher landwirtschaftlicher Nutzflächen, durch Enteignung von Klosterbesitz im Jahr 955, durch die Umverteilung der Steuerlast und durch forcierten Kanal- und Dammbau. Die Spätere Zhou-Dynastie war zumindest »Prolog«, wenn nicht bereits ein Teil der Song-Zeit. Die Zunahme der Macht, nicht zuletzt der militärischen Macht, des Hofes war eine der Voraussetzungen der Einigung gewesen. Im Gegensatz zu früheren autokratischen Herrschern schuf der erste Song-Kaiser einen institutionellen Rahmen für eine absolutistische Regierung, indem er durch Reduzierung der Kompetenzen der wichtigsten Hofbeamten jede Politik einzelner Beamter am Kaiser vorbei unmöglich machte. Dies ist auch ein Grund dafür, daß das Reich danach niemals mehr auf Dauer zerfiel. Mit diesem Ausbau der Zentralgewalt, insbesondere mit der Unterstellung des Militärs unter zivile Aufsicht, wurde ein Paradigmenwechsel vollzogen. Denn bis in die Tang-Zeit hatte es keine strenge Trennung in militärische und zivile Karrieren gegeben. Die für die Einigung des Reiches so wichtige vorausgegangene militokratische Macht mündete also in einen bürokratischen Absolutismus, bei dem die Staatskanzlei (shangshusheng) die Hauptlast der Verwaltungsarbeit trug.

6.2 Beamtenrekrutierung und Bildungswesen

Die zunehmende Verbreitung formaler Bildung und die Ansätze einer Professionalisierung zusammen mit der Institution der Beamtenprüfung, die neuen Schichten den Zugang zu Ämtern und damit zu Pfründen und Anerkennung eröffnete, prägte nicht nur die Bürokratie, sondern das öffentliche Leben überhaupt. Aus diesem Kontext der Qualifikation durch Bildung heraus sind die neuen Formen der Traditionsaneignung verständlich, zu denen neben einer ausgeprägten Quellenkritik die Erstellung von Handbüchern ebenso gehörte wie die Anlage von privaten Sammlungen von Altertümern und Zeugnissen der Vergangenheit. Als beflügelnd für die sozialen Umgestaltungsprozesse erwies sich die egalitaristische Tradition, die nach der Übernahme des Buddhismus in der Lehre von der Buddhanatur aller Lebewesen eine Erweiterung gefunden hatte.

6.3 Binnenhandel und handwerkliche Spezialisierung

Auf wirtschaftlichem Gebiet war die Song-Zeit eine prosperierende und zugleich durch große Umwälzungen und Veränderungen gekennzeichnete Epoche. Überschwemmungen infolge von Laufänderungen des Gelben Flusses, u. a. in den Jahren 983, 1000, 1048 und 1077, verstärkten noch die seit der Mitte der Tang-Zeit sich vollziehenden und insbesondere in den Südosten gerichteten Wanderungs- und Umsiedlungsbewegungen, so daß Ende des 13. Jh. etwa 85 % der chinesischen Bevölkerung im Süden, d. h. südlich des Huai-Flusses, lebten. Die Verdichtung der Bevölkerung erforderte eine Intensivierung, zum Teil sogar Mechanisierung der Landwirtschaft, wie den Einsatz wassergetriebener Mühlen und Dreschmaschinen. Da die einzelnen Regionen des Reiches ökonomisch nicht mehr autark waren, kam es zu einem verstärkten Binnenhandel, der überwiegend auf den inländischen Wasserstraßen und Kanälen abgewickelt wurde. Die Entwicklung zu verstärktem, überregionalem Handel zeigte sich auch in der auf Verbesserung der Transportwege gerichteten staatlichen Strukturpolitik, bei der, insbesondere ab dem 11. und frühen 12. Jh., Wasserwege für den Warentransport eine besonders wichtige Rolle spielten. Mit dem Rückzug nach Süden und der Ausbildung des Huai-Laufes als Grenze zwischen dem Dschurdschen-Staat Jin und Süd-Song um 1130 verloren die wichtigen Nord-Süd-Verkehrsverbindungen, insbesondere der Kaiserkanal, allerdings vorübergehend ihre Bedeutung.

Im Zuge der Städtebildung kam es zu Differenzierungen wie einer handwerklichen Spezialisierung, der Einrichtung von Altersheimen, Waisenhäusern, Friedhöfen, Feuerwehren und Arbeitsvermittlungsstellen ebenso wie zur Ausbildung von Vergnügungsvierteln mit Schaustellern und Geschichtenerzählern, Prostituierten und Tanzmädchen, Schwindlern und Verbrechern. Die durch die Veräußerbarkeit von Land begünstigte Landakkumulation in den Händen weniger ließ die Zahl der Gutshöfe (zhuangyuan) steigen und führte zu einer Zurückdrängung des Kleinbauerntums. Wenn sie nicht zu Pächtern (dianhu) wurden, blieb den Bauern nur die Abwanderung, wodurch das Wachstum der Städte weiter begünstigt wurde. Innerhalb der Städte entstand so etwas wie eine urbane Öffentlichkeit und eine Stadtkultur, durch handwerklich-technische Errungenschaften begünstigt und diese wiederum stimulierend. So senkte eine Verbesserung des Holzplattendrucks und das Vorhandensein guten Papiers aus Maulbeerbaumrinde die Kosten des Buchdrucks derart, daß überall im Reiche private Druckereien entstanden.

6.4 Das Recht der Song-Zeit

Charakteristisch für die Rechtsentwicklung der Song-Zeit ist die Tatsache, daß gegenüber dem Strafrechtskodex, dem »Song Xingtong« von Dou Yi (914–966) aus dem Jahre 963, der über Zwischenstufen auf das »Tanglü shuyi« von 737 zurückgeht, die Präzedenzfälle immer mehr an Bedeutung gewannen. In der Rechtskultur der Song-Zeit, die allerdings keine volle Gleichheit vor dem Gesetz kannte, sondern acht Privilegiengruppen unterschied, finden sich unbestreitbare Errungenschaften, wie die Forderung nach Beachtung des Amtsermittlungsgrundsatzes und die Möglichkeit, gegen ein Urteil Berufung einzulegen. Bemerkenswert ist die Erörterung der Streitfrage, ob das Volk die Gesetze kennen solle, und auch der Umstand, daß keine Freiheitsstrafen, sondern neben Untersuchungshaft als Strafen nur Todesstrafe, Verbannung, Arbeitsdienst, Prügelstrafe, Tätowierung oder Zurschaustellung verhängt wurden. *(Siehe auch den Beitrag von Robert Heuser.)*

6.5 Krise in der Mitte der Dynastie

Seit dem Ende des 11. Jh. erlebte die Dynastie Song einen Niedergang, der unter anderem mit ungelösten Problemen der Agrarverfassung zu tun hatte. Die entscheidende Wende aber kam von außen. Die Dschurdschen, einstmals verbündete gegen die Khitan, belagerten im Jahre 1125 die Stadt Kaifeng und drangen ein Jahr später erneut überfallartig mit Kavallerie in das Reich ein, belagerten wieder Kaifeng und nahmen schließlich Kaiser Huizong, der gerade noch abgedankt hatte, und seinen Sohn, Qinzong, sowie nahezu den ganzen kaiserlichen Klan gefangen. Ziel der die Nordgrenze des Song-Reiches bedrohenden Dschurdschen war zunächst nicht die Besetzung großer Gebiete, sondern die Errichtung eines ihnen willfährigen Pufferstaates. Die Dschurdschen drangen dann aber doch weiter vor, so daß im Winter 1129 Nanjing nicht gehalten werden konnte und der Kaiser ihnen sogar den Vorschlag machte, als ihr Vasall und König des Gebietes zu herrschen. Der Hof floh von Hangzhou nach Yuezhou (das heutige Shaoxing) und zeitweilig sogar, gegen erhebliche Widerstände unter dem Gefolge, aufs Meer, wohin sich der Kaiser mit ca. 60 Schiffen und 3 000 Soldaten flüchtete. Die militärische Lage war aussichtslos, aber das grausame Wüten der Dschurdschen-Truppen verstärkte bei der Bevölkerung die Loyalität zur Song-Dynastie, die sich schließlich südlich des Huai-Flusses halten konnte.

6.6 Der Einfall der Mongolen und die endgültige Unterwerfung

Vor dem 12. Jh. spielten die Mongolen in Zentralasien keine herausragende Rolle. In entferntem Verwandtschaftsverhältnis zu den Türken und Tungusen stehend, hatten sie aber – einmal abgesehen von den Stammesgruppen, die sich in der nördlichen Waldzone durch Jagd, Rentierzucht und Pelzhandel ernährten – zu jener fluktuierenden Nomadenwelt an den Grenzen Chinas gehört, die für die Geschichte der Nordgrenze Chinas bereits seit der Zeit des Einheitsreiches der Han von großer Bedeutung war.

Der Ausdehnung der Herrschaft der Mongolen auf das Territorium Chinas ging der Aufbau der Militärorganisation unter Tschingis Khan (ca. 1160–1227) voraus. Die zweite Phase erstreckte sich auf die Regierungszeiten Ögödeis, Güyüks und Möngkes (1229–1259). Sie war durch weitere territoriale Expansion und durch die Konsolidierung der Herrschaft über die eroberten Gebiete gekennzeichnet. Die dritte Phase begann im Jahre 1260, als Khubilai Khan das Erbe seines Bruders Möngke antrat, und dauerte bis zum Zerfall der chinesischen Mongolendynastie im frühen 14. Jahrhundert.

Für China erinnerte die Unterwerfung durch den Khan der Mongolen an frühere Einfälle fremder Völker nach China. Doch während es bis dahin stets zu einer Form engerer Kontaktaufnahme zwischen den Angehörigen der chinesischen Elite einerseits und den führenden Familien der fremden Dynastiegründer gekommen war, war eine solche Form der Verständigung, etwa mit den Mitteln der Heiratspolitik, nicht mehr gangbar. Denn es war nun auf chinesischer Seite eine größere Zahl von Beamten involviert, deren Loyalität nicht mehr so umstandslos übertragbar war. Mit der Eroberung durch die Mongolen war China zum ersten Mal in seiner Geschichte in seiner Gesamtheit unter barbarische Herrschaft gefallen und Teil eines Weltreiches geworden, das sich vom Fernen Osten bis nach Rußland erstreckte.

Doch Khubilai, selbst eine Ausnahmeerscheinung, orientierte sich dann doch vornehmlich auf China und scheint dieses Land als das Herzstück seines Reiches angesehen zu haben. Er regierte mehr nach chinesischen als nach mongolischen Traditionen, und die Verlagerung der Hauptstadt von Karakorum nach Khanbalik (Peking) im Jahre 1264 war ein Zeichen der Abwendung von der Steppe. Seit 1267 wurde Peking ausgebaut, und 1272 verlegte Khubilai alle zentralen Behörden in diese Stadt, deren Bedeutung von da an ständig zunahm. Auch als Verwaltungssprache wurde neben dem Mongolischen im allgemeinen das Chinesische verwendet. Die Mehrsprachigkeit in der Verwaltung war nur ein Aspekt der bis 1368 praktizierten sogenannten »dualen Herrschaft«. Bei Hofe und in den Provinzen wurden Verwaltungsstellen doppelt besetzt, mit Mongolen oder Zentralasiaten, welche die militärische Macht innehatten, und Chinesen, die die Verwaltung führten.

Unter allen Dynastien in China ist die Yuan-Dynastie insofern ein Sonderfall, als sie nur ein Teil eines supranationalen Weltreiches war. Eine weitere Besonderheit ist die Tatsache, daß sich die Eroberung durch die Mongolen auf die Zeit von nahezu einem Vierteljahrhundert erstreckte, was einen allmählichen Anpassungsprozeß ermöglichte. Anders als alle fremden Völker, die vor den Mongolen Teile Chinas beherrschten und – zumindest als Träger eigener Staaten – verschwanden, blieben die Mongolen auch nach dem Verlust ihrer Herrschaft über China ein wichtiger Machtfaktor im Norden Chinas. In ihr eigenes Selbstbild übernahmen sie zahlreiche jener legitimierenden Elemente, die ihren Herrschern über China von den chinesischen Beratern zunächst eher aufgezwungen worden waren.

7. Die Ming- und Qing-Zeit

7.1 Die Einigung unter der nationalen Dynastie Ming

Der Gründung der Ming-Dynastie war eine Vielzahl von Aufstandsbewegungen vorausgegangen, die zum Teil starke religiöse Seiten hatten. Naturkatastrophen waren hinzugekommen. In der nordchinesischen Ebene dominierte in der Mitte des 14. Jh. die Geheimgesellschaft der sogenannten »Roten Turbane« (Hongjin). In diesen Bürgerkriegswirren profilierte sich Zhu Yuanzhang (1328–1398) als Militärführer. Er war 1344 während einer großen Hungersnot in ein Kloster gegangen hatte aber vier Jahre später das Mönchsgewand wieder abgelegt und die Führung einer Gruppe Aufständischer übernommen. Im Jahre 1359 besetzte Zhu mit seinen Verbänden Nanjing. Als er sich im Jahre 1363 zum Fürsten des Staates Wu ausrufen ließ, beherrschte er bereits ganz Zentralchina. Fünf Jahre später, im Jahre 1368, proklamierte er nach Ausschaltung einiger Rivalen die »Große Ming«-Dynastie und eroberte Peking. Doch es sollte noch fast 20 Jahre dauern, bis zum Jahre 1387, bis China wieder ganz vereinigt war, und auch die Konsolidierung des Ming-Reiches dauerte noch einige Jahrzehnte länger, bis etwa 1435, als die Ausbildung der Institutionen des neuen Kaiserreiches abgeschlossen war, die dann bis zum Untergang der Mandschu-Herrschaft Anfang des Jahres 1912 im wesentlichen Bestand hatten.

Zhu Yuanzhang gilt zu Recht als einer der großen chinesischen Kaiser und manchen als der einzige wirklich bedeutende Herrscher der Ming-Zeit. Nennenswert nach ihm sind aber von den 17 weiteren Herrschern sicherlich die nach ihrer Regierungsdevise benannten Kaiser Yongle (1403–1424), Jiajing (1522–1566), Wanli (1573–1620) und Chongzhen (1628–1644). Die chinesischen Kaiser führten nämlich neben ihrem Familiennamen als Regierungsdevise einen »Jahresnamen« (nianhao).

Während China in der Zeit zwischen der ersten Reichseinigung im Jahre 221 v. Chr. bis zum Ende der Song-Dynastie im Jahre 1279 fast die Hälfte der Zeit nicht geeint, sondern politisch zersplittert war, blieb es danach die meiste Zeit geeint. Und vielleicht ist die Aufrechterhaltung der Reichseinheit die geschichtlich bedeutendste Leistung der Ming-Herrscher. Denn zu Beginn der Ming-Zeit hatte angesichts eines erblich zu werden drohenden Militäradels durchaus die Möglichkeit einer »Refeudalisierung« bestanden. Es gelang den frühen Ming-Herrschern aber, das Heer wieder gänzlich einer zivilen Kontrolle zu unterwerfen.

Die Zeit der Herrschaft Zhu Yuanzhangs unter der Devise Hongwu (1368–1398) und die folgenden Jahrzehnte, insbesondere die Zeit des Yongle-Herrschers (1403–1424), war eine Periode des wirtschaftlichen Wiederaufbaus, der Einrichtung neuer, ganz eigenständiger Institutionen und zugleich der diplomatischen und militärischen Expansion in die Mongolei, nach Südostasien, in den Indischen Ozean, aber auch nach Zentralasien. Einen folgenreichen Schritt unternahm Yongle, als er in den Jahren 1420/21 Peking zur eigentlichen Hauptstadt zu machen begann, obwohl er im Gegensatz zu den Mongolen und den späteren Mandschu jenseits der Mauer im Norden keine Freunde hatte. Auf diese Weise konnte die Hauptstadt dann im 17. Jh. schnell zur Beute der einfallenden Mandschu-Truppen werden.

In der Mitte des 15. Jh. erlebte die Dynastie eine entscheidende Niederlage in der Mongolei, aus der in der Zeit zwischen 1438 und 1449 immer wieder Angriffe abzuwehren waren. So wurde die zweite Hälfte des 15. Jh. und die erste Hälfte des 16. Jh. außenpolitisch zu einer Periode des Rückzugs und der Verteidigung. Weitere Gründe für den Niedergang der Dynastie sind in der Umkehrung des demographischen Trends zu suchen, daß nämlich nicht mehr, wie seit der Tang-Zeit, der Süden der bevölkerungsreichste Teil war, sondern auch der Norden wieder an Bevölkerung zunahm. Hinzu kam die wachsende Isolation Chinas, die offiziell angeordnete Unterbindung des Seehandels, die auch eine Reaktion auf das überhandnehmende Piratentum entlang der Küste war, und infolge der Abschließungspolitik eine gewisse Blickverengung im Bewußtsein der Literatenbeamten, die sich dann auch vehement gegen die von jesuitischen Missionaren mitgebrachten neuen Kenntnisse wehrten.

Im Zuge der aus der inneren Dynamik entstehenden Spannungen und Widersprüche erlebte China gerade in der zweiten Hälfte des 16. Jh. einen rapiden sozialen Wandel. Großkaufleute und Bankiers traten auf den Plan, und es entstand eine neue städtische Mittelschicht, deren Milieu auch in der zeitgenössischen Literatur und Kunst ihren Niederschlag fand.

Das Manufakturwesen war sehr ausgeprägt, so daß manche bereits für diese Zeit von »Sprossen des Kapitalismus« gesprochen haben. Nicht zuletzt war China durch vielerlei Produkte auf dem Weltmarkt präsent, von denen das bekannteste das Porzellan ist.

Als Folge des zunehmenden Welthandels spielten auch neue Feldfrüchte und Pflanzen ein Rolle für die Versorgung der Bevölkerung mit Nahrungsmitteln. Die Einführung der Erdnuß 1530–1540 und der Süßkartoffel in Yunnan (erste Erwähnung im Jahre 1563) und etwas später des Mais in Nordchina führte zu einer Substitution einheimischer Anbausorten und verbesserte die Ernährungssituation erheblich, zumal wegen der Genügsamkeit der Erdnuß bislang ungenutztes Land zum Anbau herangezogen werden konnte.

Die Welthandelsbeziehungen wirkten sich auch nachhaltig auf die chinesische Binnenwirtschaft aus, insbesondere die aus den amerikanischen Kolonien kommende Silberwährung. Silber blieb, in gegossener oder geprägter Form, d. h. als Silberbarren oder als Münze, bis zum Ende des Kaiserreiches neben den Kupfermünzen für geringwertige Waren und Dienstleistungen das wichtigste Zahlungsmittel.

Der Zusammenbruch der Ming-Dynastie wurde vor allem durch eine Krise der Staatsfinanzen sowie durch agrarsoziale Spannungen und, wie so oft in der Geschichte Chinas, durch die Unfähigkeit der Politik, diese zu mildern, begünstigt. Soziale Unruhen landlos gewordener Bauern waren die Folge. Die Zunahme an Handel und Mobilität überhaupt, sowie die Verfügung über Feuerwaffen begünstigten solche Aufstandsbewegungen.

Bereits im 17. Jh. haben sich Historiker über die Gründe für den Untergang der Ming und die Durchsetzung der Herrschaft eines Dschurdschen-Stammes, der sich dann »Mandschu« nennen sollte, Gedanken gemacht, und es sind von einem Autor 40 Gründe hierfür aufgezählt worden. Unter diesen Gründen findet sich die staatliche Finanzkrise im frühen 17. Jh. ebenso wie die Volkserhebungen, der Konflikt zwischen der Verwaltung und der Macht der Eunuchen.

7.2 Dynastiewechsel und Fremdherrschaft

Bereits im Jahre 1636 proklamierten die mandschurischen Eroberer die »Große Qing«-Dynastie, die »Große Leuchtende«. Doch die Eroberung ganz Chinas durch die Mandschu-Truppen dauerte mehrere Jahrzehnte, und erst 1681 wurde der Südwesten, 1683 Taiwan erobert. Die einmal begonnene expansionistische Tendenz des Mandschu-Staates setzte sich dann auch darüber hinaus fort, so daß China unter der Mandschu-Herrschaft seine größte Ausdehnung erreichte (im Jahre 1759), auf die sich das heutige China zur Legitimierung seiner Gebietsansprüche noch gerne beruft. Erst 1751 gelang es der Qing-Regierung, sich endgültig in Tibet festzusetzen.

Die großen Mandschu-Herrscher, die gelegentlich als »aufgeklärte Despoten« bezeichnet werden, waren – nach ihrem Jahresnamen benannt – die Kaiser Kangxi (1662–1722), Yongzheng (1723–1735) und Qianlong (1736–1796). Sie förderten die Wissenschaften und Künste, und erst durch sie wurde eigentlich die »Konfuzianisierung« Chinas vollendet, nicht zuletzt durch das Mittel einer strengen Zensur und einer systematischen Indoktrinierung der Bevölkerung, jedenfalls ihres literarisierten Teils. Dies hat dazu geführt, daß das Chinabild bis heute von dieser letzten imperialen Epoche geprägt wird, aber auch dazu, daß man sich innerhalb wie außerhalb Chinas darum bemüht, frühere Epochen der chinesischen Geschichte in ihrer Eigenart wahrzunehmen.

Die Zeit der späten Ming- und der frühen Qing-Dynastie sah auch den Beginn eines verstärkten Kontaktes zwischen Europa und dem Fernen Osten. Zwar sind seit der Han-Zeit Beziehungen zwischen China und dem Mittelmeerraum nachweisbar, und katholische Missionare bzw. päpstliche Gesandte waren zur Zeit des Mongolenreiches an den Hof des Großkhans gezogen, in jener Zeit, aus der auch der Reisebericht Marco Polos stammt. Mit der Landung einer portugiesischen Delegation in China im frühen 16. Jh. begann aber eine neue Ära eines europäisch-chinesischen Handels und ein intensiverer Austausch von Waren und schließlich auch von Ideen.

Mit der von dem italienischen Jesuiten Matteo Ricci (1552–1610) eingeleiteten China-Mission wurden neue Formen der Beziehung zwischen China und Europa begründet. Missionare wie der Kölner Pater Adam Schall von Bell traten sogar in den chinesischen Staatsdienst und wurden auch nach dem Dynastiewechsel von der Ming- zur Qing-Dynastie wieder eingestellt. Ein reger Wissenstransfer begann. Die neuen Naturwissenschaften, die Astronomie vor allem, beeindruckten die Chinesen, während die Jesuiten dem europäischen Publikum von dem weisen Regiment der chinesischen Kaiser und ihrer Bürokratie berichteten. Allerdings regten sich in China Widerstände, und selbst reformwillige und innovationsfreudige Herrscher hatten es schwer, sich durchzusetzen. In Europa wurde China zu einem Faszinosum, und die Kenntnisse über chinesische Gartenbaukunst, die Pagodenarchitektur sowie chinesisches Porzellan und Malerei prägten die europäischen Salons und den Ausbau von Parkanlagen. Tee und Seide wurden zu begehrten Artikeln. In China dagegen keimten allmählich, zunächst insbesondere innerhalb der Literatenschicht, Widerstände, die sich dann im Laufe des 19. Jh. in durch antichristliche und antiwestliche Propaganda geschürte Massenbewegungen steigern sollten. *(Siehe auch den Beitrag von Rudolf G. Wagner.)*

7.3 Anfänge einer Industrialisierung

Das späte 17. und das 18. Jh., vor allem geprägt durch die beiden nach ihren Jahresnamen benannten Herrscher Kangxi (1661–1722) und Qianlong (1736–1796), aber auch durch den ebenso fähigen wie gewalttätigen Yongzheng-Herrscher (1723–1735), war in China eine Epoche der Blüte und des Wohlstands und zugleich der Expansion des mandschurisch-chinesischen Imperiums. Jede Darstellung dieser Epoche hat bereits im vorangehenden 17. Jh., etwa um 1680, zu beginnen und sich auch auf die ersten Jahrzehnte des 19. Jh., d. h. die Jiaqing-Ära (1796–1820), zu erstrecken. In diesem »langen Jahrhundert« wurden die Spannungen und Konflikte sichtbar, die im 19. Jh. dann zum Niedergang der Mandschu-Herrschaft und zum Zusammenbruch des Kaiserreiches führen sollten. Und gerade in diesem »langen« 18. Jh. treten die Unterschiede zwischen China und Europa in besonders krasser Weise zutage. Der wenig ertragreichen Landwirtschaft eines dünnsiedelten Europa stand in China ein hochentwickelter Ackerbau und eine hohe Produktivität von Handwerk und Manufakturen gegenüber. Insbesondere kam der Textilindustrie eine Schlüsselrolle zu. Allein in Nanjing standen mehr als 30 000 Webstühle. Aber auch der Bergbau – es sind Bergwerke mit mehr als 10 000 Bergleuten bekannt –, die Teeverarbeitung und die Porzellanmanufaktur (z. B. in Jingdezhen mit über 100 000 Arbeitern) sind hier zu nennen. Der zunehmende Wohlstand hatte eine Blüte des Handwerks und des Handels zur Folge, und durch die Begünstigung der Kleinbauern erlebte auch die Landwirtschaft einen Aufschwung. Waren aller Art wurden auf den Weltmärkten, in Japan und Südostasien ebenso wie in Europa, abgesetzt und stimulierten die einheimische Wirtschaft.

Das mit der Prosperität verbundene Bevölkerungswachstum (in der zweiten Hälfte des 18. Jh. von 143 auf 360 Mio., im Gegensatz zu Europa, wo sich die Bevölkerung im gleichen Zeitraum nur von 144 auf 193 Mio. erhöhte) und die zunehmende Differenzierung der Gesellschaft überforderten den Qing-Staat und führten zu Spannungen innerhalb der Bevölkerung, die sich in immer häufigeren Volkserhebungen und Aufständen, insbesondere in den Randzonen des Reiches, entluden. Die Erhebungen kolonisierter Völker und der Versuch der chinesischen Regierungsvertreter, die innere Ordnung aufrechtzuerhalten, führten seit dem späten 18. Jh. zu einer solchen Verschlechterung des politischen und sozialen Klimas, daß der Zusammenbruch des riesigen Reiches mit den verfügbaren Mitteln nicht mehr aufrechtzuerhalten war. *(Siehe auch den Beitrag von Jürgen Osterhammel.)*

8. Schlußwort

China, das seinen Namen von jenem ersten von dem Teilstaat Qin zusammengebrachten Einheitsreich hat, mit dem die chinesische Kaiserzeit vor bald 2 220 Jahren beginnt, hat daneben viele Namen gehabt, die Namen der Dynastien. Und es wird leicht vergessen, daß das Territorium China nicht selten von mehreren Dynastien beherrscht wurde und teilweise zur gleichen Zeit mehrere Hauptstädte hatte. Auch hat China, das in seiner heutigen Ausdehnung mit Europa zu vergleichen wäre und das sich selber als Vielvölkerstaat versteht, erst im Laufe der Jahrhunderte seine Grenzen ausgedehnt.

Die Ausdehnung des chinesischen Reiches war zur Zeit der Reichsgründung bei weitem nicht die gleiche wie heute. Eroberungsfeldzüge, Teilungen und Sezessionen prägten China noch bis in seine jüngste Geschichte. Doch immer wieder hat sich der Gedanke der Einheit Chinas durchgesetzt. Dies wie der Umstand, daß sich trotz aller regionaler Vielfalt schon in der Jungsteinzeit, vor etwa 5 000 Jahren, in weiten Gebieten des heutigen China sehr eng miteinander verwandte Kulturerscheinungen finden, berechtigt uns, von 5 000 Jahren chinesischer Geschichte zu sprechen.

Damit ist jedoch die sowohl in der offiziellen Propaganda der späten Kaiserzeit als auch in der Gegenwart gelegentlich vorgetragene Behauptung nicht zu rechtfertigen, es gebe eine ungebrochene historisch-kulturelle Identität Chinas von der Qin- bis zur Qing-Zeit. Dieses Selbstmißverständnis hat mit dazu beigetragen, daß China im Westen als ein geradezu geschichtsloser, sich ewig gleichbleibender Staat betrachtet wurde. Trotz der inzwischen gewonnenen Einsichten sind diese Zerrbilder auch heute noch wirksam. Ein Rückblick auf die Geschichte Chinas läßt die heute noch wirksame innere Dynamik dieser Kultur, und zwar ihre Chancen wie auch ihre Gefährdungen, deutlicher erkennen. Die Kontakte zu Völkern an den Rändern waren vielfältig, und früh schon wurden Beziehungen mit Nachbarstaaten auf der Ebene der Gleichberechtigung gepflegt.

Der Blick auf die Geschichte Chinas zeigt, daß der von einer Zentrale her gelenkte Staat nur kurze Perioden hindurch Bestand haben konnte. Die meiste Zeit überwog der Zustand regionaler Vielfalt oder – während der Zeit des späten Kaiserreichs – eine relative Laissez-faire-Politik gegenüber den Formen intermediärer Strukturbildung. In gewisser Weise war China auch ein »weltanschaulich neutraler« Staat, und erst dadurch war es möglich, das Reich zusammenzuhalten. Das heißt nun nicht, daß er gegenüber religiösen Anschauungen und Praktiken indifferent gewesen wäre. Er dramatisierte aber auch nicht die Unterschiede auf der Ebene der Glaubensüberzeugung, sondern brandmarkte nur jeden Anflug einer »Zwei-Welten-Theorie«, weil es eben nur eine Welt mit einem Zentrum geben könne. Die in dem Kaiser, dem »Himmelssohn«, personifizierte Einheit des auf diesen und die Hauptstadt mit ihrer Verwaltung zentrierten Reichsgebietes, das zugleich Kulturraum war, diese Einheit hatte alle Herausforderungen durch konkurrierende Mächte ausgehalten. Es gab dort keinen allmächtigen Gott und schon gar nicht eine durch einen solchen Gott eingesetzte Statthalterschaft auf Erden wie das Papsttum in Rom. Es war aber vielleicht gerade diese Tendenz zur Kohäsion und zur Vereinheitlichung und der Mangel an interner Konkurrenz, die mit zur – im Vergleich zu Europa – »verzögerten« Entwicklung beigetragen haben. Mit dieser Charakterisierung ist der Umstand angesprochen, daß in China erhebliche Bereiche bereits sehr früh zu einer solchen Vollendung gekommen waren, daß eine weitere Modernisierung nicht für dringlich erachtet wurde. Im alten China zeigen sich also nicht nur bereits die Grundprobleme, die China heute noch mit sich hat, sondern es wurden während der Formation des chinesischen Reiches die strukturellen Grundlagen geschaffen für das heutige chinesische Selbstverständnis und die Chancen und Risiken der Politik Chinas.

Bei allen Veränderungen und Turbulenzen haben sich aber kulturelle Errungenschaften und Techniken in China herausgebildet und erhalten, mit denen China einen wesentlichen Beitrag zur Weltkultur geleistet hat und noch leistet. Auf den verschiedensten Gebieten der Künste und der handwerklichen Techniken und nicht zuletzt auf dem Gebiet der Literatur ist das Erbe Chinas so reich, daß die Chinesen allen Grund haben, stolz auf ihre Vergangenheit zu sein.

Verwendete und weiterführende Literatur

FRANKE, OTTO (1930): Geschichte des chinesischen Reiches, 5 Bände, Berlin 1930–1952.
EBERHARD, WOLFRAM (1980): Geschichte Chinas, Bern 1948, 3. Aufl. Stuttgart 1980.
EBREY, PATRICIA BUCKLEY (1996): China. Eine Illustrierte Geschichte, Frankfurt 1996.
EICHHORN, WERNER (1961): Kulturgeschichte Chinas, Stuttgart 1961.
FRANKE, HERBERT; TRAUZETTEL, ROLF (1968): Das chinesische Kaiserreich, Frankfurt am Main 1968.
WIETHOFF, BODO (1971): Grundzüge der älteren chinesischen Geschichte, Darmstadt 1971.
ELVIN, MARK (1973): The Pattern of the Chinese Past. A Social and Economic Interpretation, Stanford, Cal. 1973.
TWITCHETT, DENIS; FAIRBANK, JOHN K. (1979 ff.): The Cambridge History of China, Cambridge, bisher erschienen: Band 1, 3, 6, 7, 10–15,
GERNET, JACQUES (1979): Die chinesische Welt, Frankfurt am Main (2. Aufl. 1983).
SCHMIDT-GLINTZER, HELWIG (1995): Das alte China. Von den Anfängen bis zum 19. Jahrhundert, München.
SCHMIDT-GLINTZER, HELWIG (1997): China. Vielvölkerreich und Einheitsstaat, München.

IV. China und der Westen im 19. Jahrhundert

JÜRGEN OSTERHAMMEL

In weltgeschichtlicher Perspektive erscheint weniges an China erstaunlicher als die Beharrungskraft des zentralistisch-bürokratisch regierten Territorialstaates. *(Siehe auch den Beitrag von Helwig Schmidt-Glintzer.)* Als die Ming-Dynastie (1368–1644), unter deren Herrschaft sich die bürokratische Staatsverwaltung zu voller Blüte entwickelte, 1644 von der mandschurischen Qing-Dynastie abgelöst wurde, übernahmen die Eroberer aus dem Norden das Regierungs- und Verwaltungssystem ihrer Vorgänger. Es wurde unter dem Kaiser Yongzheng (reg. 1723–1735) auf den Höhepunkt seiner Effizienz geführt. Zugleich gelang es den Kaisern der Qing-Dynastie nicht nur, das Territorium des Ming-Imperiums zu bewahren; in einer Reihe großer Feldzüge unterwarfen sie außerdem bedeutende Teile des nicht-hanchinesischen Innerasien (die Mongolei, den Osten des islamischen Turkestan, Tibet) sowie die Insel Taiwan. Als Folge dieser Expansion erreichte die Herrschaftssphäre des Kaisers um die Mitte des 18. Jh. ihre maximale Ausdehnung in der gesamten chinesischen Geschichte. Dieser kolossale Reichsverband, der von einem Kranz und Puffer tributpflichtiger Vasallenstaaten umgeben war, konnte nach der »Öffnung« Chinas durch die westlichen Mächte mehr als ein halbes Jahrhundert lang im wesentlichen intakt bewahrt werden. Erst nach seiner militärischen Niederlage gegen Japan im Jahre 1895 war das Mandschu-Reich dem Zugriff der europäischen Großmächte und Japans weithin schutzlos ausgeliefert und verlor wichtige Teile seiner Peripherie, etwa Taiwan und den Süden der Mandschurei. Eine koloniale Zerstückelung des chinesischen Kerngebietes wurde indessen auch dann noch vermieden. Die Qing-Dynastie war bis zum Vorabend ihres Sturzes im Oktober 1911 in der Lage, das Reich notdürftig zusammenzuhalten.

Zwischen 1913 und 1916 gelang dem diktatorisch herrschenden Präsidenten Yuan Shikai (1859–1916), einem der höchsten Funktionäre des untergegangenen Kaiserreichs, dann noch einmal die einstweilen letzte Zentralisierung der politischen Macht. Doch auch während der Periode territorialer Zersplitterung, die sich an Yuan Shikais Tod anschloß, spielten separatistische Tendenzen keine nennenswerte Rolle. Ungeachtet ihrer erbitterten Auseinandersetzungen beharrten alle politischen und militärischen Kräfte auf der Notwendigkeit einer Nationalregierung für ganz China. Mit der Errichtung der VR China im Oktober 1949 wurde eine starke Zentralgewalt wiederhergestellt. Unter nationalistisch-revolutionären Vorzeichen beanspruchte sie für sich das territoriale Erbe des Qianlong-Kaisers (reg. 1736–1796). Sieht man von den Wirren zur Zeit des Dynastiewechsels von 1644 ab, so hat es seit dem Ende der Mongolen-Herrschaft, also in den letzten sechshundert Jahren der chinesischen Geschichte, nur eine relativ kurze Phase der politischen Zersplitterung gegeben: 1916 bis 1949 – das Zeitalter von militärischem Regionalismus, Bürgerkrieg und japanischer Aggression.

Es ist wichtig, sich diese erstaunliche Kontinuität der politischen Organisation vor Augen zu führen, wenn man versucht, die Stellung des 19. Jh. in der chinesischen Geschichte zu bestimmen. Das Jahrhundert zeigte ein Janusgesicht. Einerseits brachte es beispiellose Herausforderungen mit sich: die Begegnung Chinas mit der europäischen Zivilisation, seine Einbindung in die Strukturen von Weltpolitik und Weltwirtschaft, die von Europa geformt und beherrscht wurden. Andererseits brach das Ancien Régime unter dem Ansturm des Westens keineswegs zusammen. Vielmehr bewies das »alte« China eine bemerkenswerte Widerstandskraft. Sie richtete sich gegen Einflüsse von außen, aber auch gegen radikalere Reformchancen im Inneren. China wurde weder kolonisiert und in ein zweites Indien verwandelt, noch brachte es die Kraft zu einer selbständigen, nationbildenden Transformierung auf, die es zu einem zweiten Japan gemacht hätte. Und so unverkennbar eine gesellschaftliche Dynamik war, die das westliche Klischee von einem »statischen« Reich der Mitte Lügen strafte, so wenig führte diese Dynamik doch über den Rahmen der alten politischen Ordnung hinaus.

In diesem Widerspiel zwischen Herausforderung und Abwehr, zwischen Bewegung und Trägheit, zwischen Neubildung und Stabilisierung muß das chinesische 19. Jh. gesehen werden. Es endete 1895, als die militärische Demütigung durch das seit jeher mit Herablassung betrachtete Japan in großen Teilen einer sich neu formierenden chinesischen Öffentlichkeit das Bewußtsein weckte, die Lebensformen, Werte und politischen Spielräume der Tradition seien tödlich bedroht. »Nationale Rettung« (jiuguo) wurde die Formel, unter der sich die unterschiedlichen politischen Strömungen des Fin de siècle und des frühen 20. Jh. zusammenfanden. *(Siehe auch den Beitrag von Rudolf G. Wagner.)* Nun erst wurden Lehren aus einem Niedergangsprozeß gezogen, der ein Jahrhundert zuvor begonnen hatte.

1. Dynastischer Niedergang (1790–1840)

Alle chinesischen Dynastien haben eine Phasenfolge von Aufstieg, Blüte und Verfall durchlaufen. Chinesische Zeitbeobachter und Chronisten achteten stets mit besonderer Aufmerksamkeit auf Symptome des Verfalls: zunehmende Korruption in der Verwaltung, Inaktivität und verminderte Kompetenz der Monarchen, Vernachlässigung staatlicher Infrastruktur- und Wohlfahrtsaufgaben, Aufstandsbewegungen, usw. Die Krise, die das sino-mandschurische Kaiserreich um die Wende zum 19. Jh. erfaßte, läßt sich indessen mit der klischeehaften Vorstellung eines solchen »dynastischen Zyklus« nicht zureichend erfassen. Man versteht sie am besten als eine Bündelung verschiedenartiger krisenhafter Erscheinungen: einer ökologischen Krise, einer Staatskrise und einer Wirtschaftskrise.

1. Die tieferliegenden Ursachen der ökologischen Krise (Will 1990, 25–28) sind in dem schnellen Bevölkerungswachstum zu suchen, das das innerlich befriedete China des 18. Jahrhunderts zu einem Land in voller wirtschaftlicher Expansion gemacht

hatte. Zwischen 1700 und 1800 verdoppelte sich die Bevölkerung des Reiches von ca. 150 auf 300 Millionen Menschen. *(Siehe auch Abb. 1.1 im Anhang.)* Dies entspricht einer für vormoderne Gesellschaften außerordentlichen Wachstumsrate von knapp einem Prozent pro Jahr. Der Bevölkerungszuwachs wurde auf zweifache Weise absorbiert: teils von den seit Jahrhunderten dicht besiedelten Landesteilen wie etwa der fruchtbaren Region am Unterlauf des Yangzi, wo die Bauernfamilien auf immer kleineren Parzellen mit immer intensiverem Arbeitseinsatz ihr Auskommen suchten, teils von neu durch Zuwanderer erschlossenen Gebieten an den Rändern der alten Siedlungskerne. An diesen »wilden« Siedlungsgrenzen in Bergen und Wäldern, an See- und Flußufern bildeten sich turbulente Pioniergesellschaften, die der zentrale Staat kaum unter seine Kontrolle zu bringen vermochte (Naquin/ Rawski 1987, 226f.). Landwirtschaftliche Erträge wurden hier nicht durch noch intensivere Nutzung vorhandener Flächen gewonnen, sondern durch extensiven Raubbau größten Stils. Wälder wurden vernichtet: Brandrodung führte zu Bodenerosion; empfindliche Mikro-Systeme der Wasserregulierung wurden durch anarchische private Eindeichungen aus dem Gleichgewicht gebracht. Die Häufigkeit von Naturkatastrophen, insbesondere von Überschwemmungen, nahm langfristig zu. Es war kein Zufall, daß einige der großen Aufstandsbewegungen, wie sie nach Jahrzehnten innerer Ruhe seit den 1770er Jahren ausbrachen, von solchen »internal frontiers«, Zonen besonderer gesellschaftlicher und ökologischer Instabilität, ihren Ausgang nahmen.

Ökologische Kausalzusammenhänge, etwa zwischen Abholzungen am Oberlauf des Gelben Flusses und der Anhebung des Flußbettes an seinem Unterlauf, waren einigen Zeitgenossen durchaus bewußt. Die aufmerksamsten Beobachter des Geschehens, etwa der vielseitige Gelehrte Wei Yuan (1794–1856), erkannten, daß sich hier eine fundamentale Krise der chinesischen Zivilisation anbahnte. Bereits 1793 hatte Hong Liangji (1746–1809), der »chinesische Malthus«, ein wachsendes Ungleichgewicht zwischen Bevölkerungsvermehrung und Nahrungsmittelversorgung festgestellt. Solche Einsichten blieben aber folgenlos, obwohl durchaus etwas hätte getan werden können: Daß der Erschöpfung lebenswichtiger Ressourcen auch in traditionalen asiatischen Gesellschaften zu begegnen war, zeigt die systematische Aufforstungspolitik im Japan des 18. Jahrhunderts.

2. In enger Beziehung zu Bevölkerungswachstum und Umweltbelastung stand eine strukturelle Krise des Staates. Der demographische Aufschwung selbst, der weithin als eine unabhängige Variable des Niedergangsprozesses erscheint, war in mancher Hinsicht eine Folge staatlichen Handelns: Innerer Frieden und geordnete Verwaltung hatten maßgeblich zum Fortpflanzungseifer der Bevölkerung beigetragen. Mit der Zeit schuf sich der chinesische Staat dadurch sein eigenes Überforderungsproblem. Da der Staatsapparat nicht in gleichem Maße wie die Zahl der Untertanen expandierte, da zudem ein starres Steuersystem den Fiskus daran hinderte, vom Aufschwung der Privatwirtschaft zu profitieren, ging die Leistungsfähigkeit der Verwaltung deutlich zurück. Dies wiederum trug verstärkend zu der Umweltkrise bei: So kümmerte sich der zentrale Staat immer weniger um die Aufrechterhaltung öffentlicher Getreidespeicher und um den Makro-Wasserbau, also die Konstruktion und Instandhaltung von Flußdeichen; beides gehörte zu seinen traditionellen Aufgaben. Vor allem die Regulierung des Gelben

Flusses und des Yangzi wurde vernachlässigt. Auch begann der Kaiserkanal zu verfallen, der die Hauptstadt und die Reiskammern am unteren Lauf des Yangzi miteinander verband. Die Staatskrise entwickelte sich zudem aus Ursachen, die in die Blüteperiode der Dynastie zurückreichten: Zwar hatte der Qianlong-Kaiser zwischen 1747 und 1791 durch eine Reihe großer Feldzüge das Reichsgebiet auf einen unerhörten Umfang erweitert, doch war dies unter Anspannung aller finanziellen Kräfte geschehen. Wie manch anderes Imperium der Geschichte hatte sich das Qing-Reich strategisch wie fiskalisch übernommen. Die Unterdrückung der großen Aufstandsbewegungen am Jahrhundertende, von denen diejenige der Sekte vom »Weißen Lotus« die bedeutendste war (1796–1805), zerrüttete dann vollends die bereits durch Qianlongs imperiale Abenteuer geschwächten Staatsfinanzen.

Die Krise des Staates war schließlich auch die seiner Diener. Die chinesischen Beamten oder, wie man im Westen sagte, »Mandarine« waren niemals – wie Bürokraten im Staat der europäischen Moderne – regulär besoldet worden. Ihre Ämter waren Pfründen, deren hemmungslose Nutzung allein durch kaiserliche Kontrolle und durch die hohen moralischen Ansprüche gebremst wurde, die ein konfuzianischer Gentleman (»junzi«, *siehe auch den Beitrag Nr. II von Carsten Herrmann-Pillath*) an sich selbst zu stellen gelernt hatte. In Zeiten der Überlastung und eines Karrierestaus, der es für neu gekürte Absolventen des Prüfungssystems immer schwieriger machte, auf eine der begehrten Beamtenstellen vorzurücken, litt das dienstliche Pflichtbewußtsein und nahmen Korruption und Nepotismus zu. In dieser Beziehung hatte das bestechliche und tyrannische Regiment, das der Günstling He Shen (1750–99) in den letzten Jahren des Qianlong-Kaisers am Hofe selbst geführt hatte, ein denkbar schlechtes Vorbild abgegeben.

3. Waren Staatskrise und ökologische Krise »hausgemacht«, so hatte die Wirtschaftskrise vorwiegend Ursachen, die außerhalb Chinas lagen. Eine akute ökonomische Depression machte sich relativ spät, erst in den 1830er Jahren, bemerkbar. Sie gehört damit zur unmittelbaren Vorgeschichte des Opiumkrieges. China war seit dem frühen 18. Jh. allmählich immer stärker in den interkontinentalen Handel einbezogen worden. Obwohl die Qing-Regierung westlichen Kaufleuten den Zugang zum Landesinneren verweigerte, entwickelte sich über die südchinesischen Häfen, in erster Linie über Guangzhou (Kanton), ein solch umfangreicher Außenhandel, daß sich einzelne Branchen und Regionen Chinas geradezu auf den Export nach Europa zu spezialisieren vermochten. Porzellan, Seide, Baumwollstoffe und vor allem Tee waren dabei Chinas begehrteste Produkte.

Da Europa seinerseits dem autarken und gewerblich hochentwickelten China kaum attraktive Handelsgüter bieten konnte, wurden die chinesischen Exporte in Metall bezahlt. Schon seit der späten Ming-Zeit war Silber nach China geflossen und hatte die Binnenwirtschaft durch leichte Inflationierung belebt. Nach der Eroberung Bengalens hatten dann die Briten indische Rohbaumwolle als Tauschgut für chinesischen Tee entdeckt. Seit etwa 1805 entfiel dadurch die Notwendigkeit, Silber von außen (besonders aus Spanisch-Amerika) in den anglo-indisch-chinesischen Dreieckshandel hineinzupumpen. Wenig später erwies sich aus westlicher Sicht indisches Opium als ein noch viel vorteilhafteres Gut im Chinahandel. In der zunehmend demoralisierten Gesellschaft des Reichs der Mitte war die Nachfrage nach der Droge so gewaltig, daß sich erstmals die Handelsbilanz zu Chinas Ungunsten entwickelte. Zwischen 1827 und 1849 verlor China vermutlich die Hälfte des Silbers, das während der vorausgegangenen 125 Jahre ins Land geströmt war.

Als Folge ergab sich eine sehr ernste deflationäre Krise. Sie traf nicht nur Kaufleute, Handwerker und Tagelöhner in den Städten, sondern auch Landbesitzer vom großen Grundherrn bis zum kleinen Parzellenbauern, deren Steuerlasten in Silber festgesetzt waren, während ihre Bareinnahmen in der Regel aus Kupfergeld bestanden. Der reale Wert der Grundsteuer stieg in einigen Gegenden binnen kurzem um 50–60 Prozent. Seit ihrer Gründung 1644 hatte die Qing-Dynastie keine schwere wirtschaftliche Krise erlebt. Sie hatte bis dahin auch überwiegend erfreuliche Erfahrungen mit dem Europahandel gemacht. Der Tausch von Tee und Textilien gegen Silber, also die Situation vor 1800, war für China ein gutes Geschäft gewesen. Der Tausch von Silber gegen Opium, also die Situation nach 1830, führte hingegen zu Belastungen der heimischen Wirtschaft. Sie machten schmerzlich bewußt, wie eng bereits das noch »ungeöffnete« China in den internationalen Handel verstrickt war. Je mehr sich die wirtschaftlichen Probleme vertieften, desto mehr nahm das zu, was die konfuzianische Obrigkeit am meisten fürchtete: soziale Unruhe.

Man kann sich die Opium-Silber-Krise der 1830er Jahre als jenen zusätzlichen Faktor vorstellen, der in einer Atmosphäre des Niedergangsbewußtseins bei Teilen der Staatsführung die Entschlossenheit weckte, dem westlichen Handel, der mittlerweile überwiegend Schmuggel war, energischer entgegenzutreten. Die meisten Probleme des Reiches schienen unlösbar zu sein; allein die Opiumfrage versprach schnelle und leichte Erfolge. Verhärtete sich die chinesische Haltung gegenüber dem Handel der Fremden an der Chinaküste, so geriet gleichzeitig die britische Politik – vor allem nach der Abschaffung des Teemonopols der altehrwürdigen East India Company im Jahre 1834 – zunehmend unter den Druck von radikalen Freihändlern, die ungehinderten und privilegierten Zugang zum »größten Markt der Welt« verlangten, und von evangelikal orientierten Missionaren, die nach der Bekehrung des größten »Heidenvolkes« der Welt drängten. Hinzu kam schließlich, daß das einstmals hohe Prestige Chinas in den Augen des selbstbewußter gewordenen Europa inzwischen so weit gesunken war, daß der »unzivilisierte« Eigensinn der Selbstabschottung nicht länger tolerabel zu sein schien. So begaben sich China und die westliche Vormacht, Großbritannien, auf einen Kollisionskurs, der früher oder später in einem militärischen Zusammenstoß enden mußte.

2. Kriege und innere Aufstände (1840–1860)

Der Opiumkrieg begann 1839, als der kaiserliche Kommissar Lin Zexu (1785–1850) den Opiumhandel unterbrach und britisches Opium vernichtete; er endete 1842 mit der Besiegelung von Chinas Niederlage durch den ersten einer langen Reihe von »Ungleichen Verträgen«, den Vertrag von Nanjing. Der Krieg wurde nicht in erster Linie um die Opiumfrage geführt. Sie war eher Anlaß als tieferer Hintergrund, und es ist bemerkenswert, daß die Opiumeinfuhr erst 1858 vertraglich legalisiert wurde. Großbritannien wandte auf China jene Methoden der notfalls gewaltsamen Durchsetzung von Freihandelsprinzipien an, die es zuvor schon gegenüber den jungen lateinamerikanischen Republiken und dem Osmanischen Reich praktiziert hatte. Der Qing-Staat wiederum sah seinen Widerstand gegen Aktivitäten, die ebenso illegal wie schädlich waren, in der alten Tradition der Disziplinierung ruheloser »Seebarbaren«, beging dabei freilich den Fehler, den neuen, mit Dampfschiffen angreifenden Widersacher zu unterschätzen.

Der Opiumkrieg machte die strukturelle Schwäche eines Reiches sichtbar, das noch 1793, als Lord Macartney, der Gesandte des englischen Königs, mit einer großen Delegation dem alten Kaiser Qianlong seine Aufwartung gemacht hatte, mit Recht als die führende Großmacht Asiens galt. Zum Beispiel zeigte er die Wirkungslosigkeit der chinesischen Küstenverteidigung, die allerdings seit den 1680er Jahren keine nennenswerte Herausforderung mehr erfahren hatte. Der Krieg offenbarte ebenfalls Chaos und Entscheidungslähmung in einem politischen System, dem die starke kaiserliche Hand fehlte und in welchem Beamtencliquen um Macht und Einfluß rivalisierten. Nur so läßt sich die sprunghafte und konfuse Reaktion der Qing-Dynastie auf die Niederlage von 1842 erklären.

Der Vertrag von Nanjing samt anderen frühen völkerrechtlichen Regelungen verfügte mehrere Einschränkungen der chinesischen Souveränität: (1) das Privileg der Extraterritorialität, also der Immunität von Staatsangehörigen der westlichen Vertragsmächte gegenüber der chinesischen Justiz; (2) die Öffnung der Hafenstädte Guangzhou, Shanghai, Fuzhou, Ningbo und Xiamen für ausländische Kaufleute und Konsuln; (3) die Abtretung der Insel Hongkong an Großbritannien; (4) die Abschaffung chinesischer Außenhandelsmonopole sowie die Festsetzung eines »fairen und regelmäßigen« – lies: niedrigen – Zolltarifs. Dies waren harte und neuartige Bestimmungen. Sie degradierten China aber noch keineswegs zum Spielball der Großmächte und zum Operationsgebiet des westlichen Kapitalismus. Nach der »Ersten Vertragsordnung« von 1842 blieben die Fremden auf die südchinesischen Häfen beschränkt, in denen sie zuvor schon teils als legale Händler, teils als Schmuggler tätig gewesen waren. Das Entwicklungspotential Hongkongs und sogar Shanghais vermochte noch niemand zu erkennen; die Briten ahnten 1842 noch nicht, welch großer Coup ihnen gelungen war. Die Extraterritorialität schließlich erinnerte an die alte chinesische Gepflogenheit, mit Fremden nur über deren Führer und Vorsteher zu verkehren; sie besaß den Vorteil einer klaren Trennung der Kompetenzen und kann nicht eo ipso als ein Instrument imperialistischer Aggression gewertet werden.

Es blieb jedoch nicht bei diesen relativ maßvollen Regelungen. Auf die Erste Vertragsordnung folgte 1858 bzw. 1860 eine viel weitergehende Zweite Vertragsordnung. Einheimische Würdenträger sabotierten nach 1842 immer wieder die Umsetzung der Vertragsbestimmungen, indem sie zum Beispiel die Zollbestimmungen mißachteten, den Zugang zu vertraglich geöffneten Häfen verweigerten und Übergriffe auf Ausländer duldeten oder gar anregten. Damit verschafften sie den westlichen Mächten (neben Großbritannien verstärkte nun vor allem Frankreich sein fernöstliches Engagement) willkommene Anlässe zu erneuten Interventionen. Am Ende abermaliger kriegerischer Konflikte, manchmal ungenau als »Zweiter Opiumkrieg« bezeichnet, die 1860 einen spektakulären Höhepunkt erreichten, als ein britisch-französisches Expeditionskorps Kaiser Qianlongs Sommerpalast vor dem Toren von Beijing plünderte und niederbrannte, stand die Zweite

Vertragsordnung. Sie erst vollendete das »Treaty-System«: ein Gebäude ausländischer Privilegien, an dem vermittels der allgemein angewandten Meistbegünstigungsklausel auch noch das unbedeutendste fremde Land teilhatte. Erst seit 1860 waren die rechtlichen und politischen Voraussetzungen für eine tatsächliche Öffnung des Landesinneren geschaffen, erst jetzt stand China in der Gefahr, so etwas wie eine Halbkolonie des Westens zu werden.

Die Zweite Vertragsordnung machte ganz China für ausländische Reisende zugänglich und garantierte christlichen Missionaren die unbehinderte Betätigung in allen Provinzen; bald wurde die katholische Kirche zum größten ausländischen Grundeigentümer in China. Die Verträge von 1858 und 1860 öffneten neben mehreren weniger bedeutenden Vertragshäfen die große nordchinesische Hafenstadt Tianjin sowie Hankou (heute ein Teil von Wuhan), die Handelsmetropole ganz Zentralchinas, für den ausländischen Handel. Damit hing zusammen, daß zivilen Dampfschiffen unter fremden Flaggen und den Kanonenbooten der Vertragsmächte nunmehr der freie, an keine Genehmigung gebundene Verkehr auf den chinesischen Binnen- und Küstengewässern gestattet wurde. Importgüter waren fortan nicht länger den hohen Binnenzöllen unterworfen. Schließlich zwangen die Großmächte den Kaiserhof, seine Verweigerung »zivilisierter« diplomatischer Umgangsformen aufzugeben und ausländische Gesandte in Beijing zu akkreditieren; ein Proto-Außenamt (das »Zongli yamen«) wurde eingerichtet und die Entsendung chinesischer Missionen in die westlichen Hauptstädte vorbereitet. Chinas Souveränität wurde stärker eingeschränkt als je zuvor und das Land zugleich mit Merkmalen moderner Staatlichkeit ausgestattet. Dieser Widerspruch zwischen rechtlicher Entmündigung und institutioneller Modernisierung sollte viele Jahrzehnte lang für Chinas internationalen Status charakteristisch bleiben.

Nicht das anmaßende Auftreten der westlichen Mächte war indessen nach der Mitte des Jahrhunderts die größte Herausforderung der Qing-Dynastie, sondern der Taiping-Aufstand, eine der am längsten andauernden und zerstörerischsten Protestbewegungen in der chinesischen Geschichte und noch weit vor dem etwa gleichzeitigen amerikanischen Sezessionskrieg (1861–1865) der größte Bürgerkrieg des 19. Jh. *(Siehe auch den Beitrag von Rudolf G. Wagner.)* Er begann in einer armen Gegend der südlichen Provinz Guangxi. Hier waren große Teile der örtlichen Bevölkerung von Chinas verschiedenen Krisen betroffen und hatten auch bereits unter den Folgen der Verlagerung von Außenhandelsaktivitäten von Kanton nach Shanghai zu leiden. Aber der Taiping-Aufstand war kein direktes Ergebnis des Opiumkrieges, wie überhaupt eine rein sozialökonomische Interpretation zu kurz greifen würde. Verunsicherung und Elend der Bevölkerung erklären zum Teil die große Resonanz, die die Bewegung fand, nicht aber ihre ideologische Wucht. An ihrem Anfang stand ein Prophet: Hong Xiuquan (1814–1884), die ungewöhnlichste und verhängnisvollste Figur in der chinesischen Geschichte des 19. Jh. Hong entstammte einer armen Familie aus der subethnischen Minderheit der Hakka. Nachdem er in den Staatsprüfungen gescheitert war, kam er in Kanton unter den Einfluß protestantischer Missionare. Bekanntschaft mit christlichen Glaubenslehren verdichtete sich bei ihm zu visionären Erlebnissen und der Überzeugung, als »jüngerer Bruder« von Jesus Christus zur Gründung einer christlichen Gemeinschaft und zur Vernichtung der Mandschus berufen zu sein. Mit der Zeit erdachte er ein eigentümliches Gedankensystem, in das neben christlich-alttestamentarischen

Vorstellungen auch Elemente des Konfuzianismus sowie heterodoxer Volksreligionen eingingen.

Hong Xiuquan war ein charismatischer Redner und, zumindest am Anfang seiner politischen Karriere, ein glänzender Organisator. Mit Hilfe fähiger Mitstreiter formte er seine Anhängerschaft zu einer schlagkräftigen militärischen Truppe. Ideologie und Organisation hoben sie bald von den zahlreichen Räuberbanden ab, die Südchina unsicher machten. Nach ersten Zusammenstößen mit Qing-Truppen begann Hong, der sich im Januar 1851 zum Himmelskönig des »Himmlischen Reiches des Großen Friedens« (Taiping Tianguo) erklärt hatte, im Herbst jenes Jahres seinen großen Kriegszug nach Norden. Bald folgten eine Reihe unglaublicher militärischer Erfolge. Im März 1853 fiel Nanjing, die alte Kaiserstadt der Ming-Dynastie, in die Hand der Rebellen, die in einer Orgie ethnisch motivierter Gewalt die gesamte Mandschu-Bevölkerung abschlachteten. Von Nanjing aus regierten die Taiping bis zu ihrer Vernichtung 1864 eine Art von Gegenstaat, der um 1856 seine größte Macht erreichte und damals die Qing-Dynastie an den Rand des Zusammenbruchs trieb. Die Taiping wurden in ausdauernden Kämpfen, an denen auch westliche Söldner mitwirkten, militärisch besiegt, doch scheiterten sie auch an sich selber: am Versagen des zunehmend verwirrten »Himmelskönigs«, an Machtkämpfen innerhalb ihrer Führungsgruppe, an abschreckender Gewalttätigkeit und an einer intoleranten Misch-Ideologie, die sämtliche potentiellen Bundesgenossen verprellte: die traditionellen Geheimgesellschaften, die für antimandschurische Propaganda nicht unempfängliche lokale Oberschicht, die Missionare und die christlichen Großmächte.

Lehre und zum Teil auch Praxis der Taiping – vor allem ein egalitäres Bodengesetz – weisen mit ihrem Utopismus in manchem auf die kommunistischen Experimente des 20. Jh. voraus, und die sino-marxistische Geschichtsschreibung hat die Bewegung denn auch in die Ahnengalerie der Revolution eingeordnet. Als Vorläufer der postmaoistischen Modernisierungspolitik taugt sie freilich nicht. Gegenüber dem archaischen Agrartotalitarismus des Bodengesetzes fiel der nie realisierte Plan des zeitweiligen »Premierministers« der Taiping, Hong Ren'gan (1822–1864), das Himmlische Königreich durch Banken und Postdienste, Dampfschiffe und Eisenbahnen zu modernisieren, kaum ins Gewicht. (Michael/Chang 1971, 748–76).

Im Zuge einer Rebellenunterdrückung, die dem Wüten der Aufständischen an Sorglosigkeit gegenüber Menschenleben nicht nachstand, wurden fast alle Spuren der Taiping-Gegenkultur vernichtet. Was blieb, waren gigantische demographische Verluste (Schätzungen sprechen von bis zu fünf Prozent des Bevölkerung des Reiches) und materielle Verwüstungen, von denen sich manche Städte und Landschaften nie wieder erholten.

In der Abwehr der Taiping und anderer, von ihnen unabhängiger Aufstände (besonders der Nian-Rebellion im nördlichen Zentralchina, 1851–1868, und großer Muslim-Erhebungen im Nord- und Südwesten, 1855–1873) raffte sich das sinomandschurische Ancien Régime zu einem großen Kraftakt auf. Westliche Unterstützung spielte dabei keine maßgebliche Rolle. Nicht nur der Zentralstaat war an der Vernichtung der Rebellen beteiligt. Es handelte sich im Grunde um Bürgerkriege mit einem weiten Mobilisierungsradius. Auf loyalistischer Seite engagierten sich große Teile der ländlichen Oberschicht. Sie stellten Milizen auf oder erweiterten die Schutzverbände, die sie zuvor bereits im Kampf gegen das ausufernde Banditenwesen geschaffen hatten. Aus einigen dieser Milizen entstanden bald regionale Armeen, wie es sie bis dahin in der Qing-Zeit nicht gegeben hatte. Eine Folge der Taiping-Periode war daher die außerordentliche Militarisierung der chinesischen Gesellschaft, vor allem auf dem Lande (Kuhn 1970). Die regionalen Armeen unterstanden dem Befehl jener hohen Provinzialbeamten, die sie ins Leben gerufen und für ihre Finanzierung gesorgt hatten. Der Hof in Beijing übte nur eine indirekte Kontrolle über sie aus.

Ein solcher militärischer Regionalismus und die mit ihm verbundene Machtverschiebung von der Zentrale hinab zur Provinz- und Regionalebene war ein für die Qing neuartiges Phänomen. Doch keiner der neuen Militärführer strebte nach dem Aufbau einer eigenen territorialen Machtbasis, keiner kündigte der Dynastie die Gefolgschaft auf. Das Ziel von Militärreformern wie Zeng Guofan (1811–1872) und Li Hongzhang (1823–1901) war vielmehr die Rettung des Gesamtstaates unter der Führung des legitimen Kaiserhauses. Sie waren sozial konservative Verteidiger der bestehenden Gesellschaftsordnung und vertraten eine strenge, hohe ethische Ansprüche stellende konfuzianische Pflichtenlehre, ohne sich indessen der Nutzung moderner westlicher Technologie im Militär wie auf anderen Gebieten zu verweigern. Die sogenannte »Restauration« der Dynastie, die in den sechziger Jahren unter der Ägide dieser Männer begann, drehte das Rad nicht zu den Verhältnissen der ersten Jahrhunderthälfte zurück.

3. Konservative Stabilisierung und zaghafte Modernisierungsversuche (1860–1895)

Die neuerliche Stabilisierung der Qing-Dynastie versprach man sich in der Zeit nach der Zweiten Vertragsordnung und der Niederlage der Taiping von der Kooperation mit den ausländischen Mächten und einer sehr behutsamen Übernahme einzelner Elemente der westlichen Zivilisation. Zum sichtbarsten Ausdruck der Kooperationspolitik wurde der Aufbau der von chinesischer wie westlicher Seite geförderten Seezollbehörde (Smith/Fairbank/Bruner 1991). Als ihr »Inspector-General« mit nahezu unumschränkten Vollmachten innerhalb des Amtes wirkte jahrzehntelang der Nordire Sir Robert Hart (1835–1911), der einflußreichste Ausländer im China des 19. Jh. Harts Seezollbehörde garantierte im Interesse der ausländischen Mächte und Firmen die Beachtung der vertraglich festgelegten Zollbestimmungen; sie wurde damit zum wichtigsten Exekutivorgan des Freihandelsregimes, das China seit 1842 schrittweise auferlegt worden war. Doch auch der Qing-Staat profitierte von dem neuartigen Amt, denn dessen konstante und unbestechliche Arbeit gewährleistete stetig fließende Zolleinkünfte und ermöglichte der Reichszentrale dadurch, an der Ausweitung des Handelsverkehrs zu partizipieren, die ein Merkmal der letzten vier Jahrzehnte des 19. Jh. war. Das Seezollamt war ein Teil des chinesischen Staatsapparates, beschäftigte aber neben zahlreichen Chinesen auf seinen höheren Rängen Ausländer aus vielen Ländern. Es war intern nach modernen Prinzipien westlicher Behördenorganisation geordnet, verwandte aber in seinem Schriftverkehr Chinesisch als neben Englisch gleichberechtigte Amtssprache. Sein Mischcharakter machte deutlich, daß trotz fortwährenden britischen Übergewichts unter den »Treaty Powers« der Imperialismus im späten Qing-Reich eine multinationale Angelegenheit war.

Die Einkünfte, die das Seezollamt erzielte, wurden nicht zuletzt für die Reformprojekte verwendet, die nun unter der Parole der »Selbststärkung« (ziqiang) auf den Weg kamen (Chu/Liu 1994): Aufbau einer einheimischen Werft- und Rüstungsindustrie unter staatlicher Ägide, Anfänge des Eisenbahnbaus und der chinesischen Dampfschiffahrt (in Konkurrenz zu ausländischen Reedereien), Beginn der Telegraphenkommunikation, eines Postwesens und des mechanisierten Kohlebergbaus, usw. An fast allen diesen Projekten waren ausländische Berater beteiligt, ohne im allgemeinen jedoch eine bestimmende Rolle zu spielen; zu finanzieller Abhängigkeit vom kreditgebenden Ausland führten diese frühen Modernisierungsbemühungen nicht. Man kann auch nicht sagen, daß sie von ausländischen Mächten und Wirtschaftsinteressen sabotiert worden wären. Wenn sie allesamt nach hoffnungsvollem Beginn ins Stocken gerieten, lag dies hauptsächlich an innerchinesischen Problemen: der schwachen Finanzbasis der frühen Modernisierung, dem Mangel an privatwirtschaftlichem Engagement, der Abhängigkeit von der persönlichen Initiative einzelner Provinzialmachthaber (wie des bereits erwähnten Li Hongzhang), schließlich an einer mangelnden Koordinierung und Stetigkeit der regional verstreuten Initiativen. Anders als in Japan, das gleichzeitig eine höchst erfolgreiche Politik gesamtgesellschaftlicher Modernisierung betrieb, fehlten in China eine zentralstaatliche Steuerung, ein Gefühl der Anspannung aller nationalen Kräfte und die Bereitschaft, die Erfolgsgeheimnisse des Westens unbefangen zu studieren und sie den eigenen Erfordernissen anzupassen. Vor allem aber fehlte das, was der Reformpolitik in Japan – in Gestalt der »Meiji-Restauration« von 1868 – vorausgegangen war und was sie daher mit den chinesischen Versuchen im Grunde unvergleichbar macht: eine revolutionäre Umwälzung des politischen Systems und der politischen Führungsschicht. Die Modernisierungsanstrengungen der 1860er bis 1880er Jahre hielten sich im Rahmen eines soeben durch den Sieg über die Taiping revitalisierten Ancien Régime.

Für viele westliche Beobachter erschien Chinas politische Ordnung in den letzten vier Jahrzehnten des Jahrhunderts als ein Relikt aus längst vergangenen Zeiten. Der Theorie nach war China eine absolute Monarchie, in welcher der Wille des Herrschers widerspruchslosen Gehorsam verlangte. 1820 war jedoch der letzte Herrscher, der selbständig und aktiv regierte, der Jiaqing-Kaiser, gestorben. Seine Nachfolger waren schwache Gestalten, und selbst die skrupellose und durchaus fähige »Kaiserinwitwe« Cixi (1835–1908), die nach 1861 als die eigentliche Kraft hinter dem Thron in Erscheinung trat, erreichte nicht das Format der Kaiser des 18. Jh. Trotz mancher Demütigungen durch die überseeischen »Barbaren« wurden Anspruch und Mystik des universalen Kaisertums weiter gepflegt. Der Kaiser residierte nach wie vor in der von der Außenwelt abgeschirmten Palastanlage der Verbotenen Stadt inmitten der Hauptstadt, umgeben von Höflingen und Eunuchen. Das auf die Ming-Zeit zurückgehende Hofzeremoniell wurde weiter praktiziert; alle Untertanen hatten sich dem Monarchen im »Kotau« zu Füßen zu werfen. Bis in die 1880er Jahre hinein wurden die traditionellen Tributgesandtschaften mit herkömmlichem Pomp empfangen.

Der Kaiser gebot über sein eigenes »Küchenkabinett«. Die Verwaltung des Reiches blieb aber den regulären Organen der Zentralregierung und unter ihnen einem bürokratischen Netz überlassen, das alle Provinzen überzog. Das höchste Amt außerhalb der Zentralregierung war das des Generalgouverneurs, der für zwei bis drei Provinzen zuständig war. Darunter hatte jede Provinz ihren eigenen Gouverneur. Die niedrigste Ebene der Verwaltung war die des Distriktbeamten in der Kreisstadt, der für 100 000 bis 250 000 Untertanen zuständig war und dem nur ein kleiner, aus eigenen Mitteln finanzierter, ausführender Mitarbeiterstab zur Verfügung stand. Für die Bevölkerung war er die Verkörperung des Staates, eine Art von Mini-Kaiser, dem die Tradition die Rolle eines »Vaters und Mutter« des Volkes übertrug. Er war zuständig für die Sicherung der öffentlichen Ordnung, für Steuereinziehung, Rechtsprechung, Pflege der Infrastuktur, Ermutigung lokaler Gelehrsamkeit und für eine Reihe religiöser und kultischer Aufgaben.

Da die Macht der Qing-Bürokratie nicht auf die Dorfebene hinabreichte, war der Staat bei vielen lokalen Belangen auf die Mitwirkung der örtlichen Oberschicht angewiesen. Diese war von Region zu Region unterschiedlich zusammengesetzt. Zweierlei hatten die Angehörigen dieser »Gentry«, wie sie in der Literatur meist genannt wird, jedoch gemeinsam (Wakeman 1975, 19–37). Zum einen bezogen sie einen beträchtlichen Teil ihres Einkommens aus Grundbesitz, auch wenn sie andere Erwerbsquellen nicht verschmähten; sie strebten dem Kulturideal des müßiggängerischen Landlebens nach. Zum anderen definiert es geradezu die Gentry, die man eher als eine Statusgruppe denn als eine soziale Klasse auffassen sollte, daß ihre Mitglieder in den regelmäßig abgehaltenen, sehr harten Staatsprüfungen zumindest den untersten von neun Gelehrtengraden errungen hatten. Nur wenige der erfolgreich Examinierten hatten am Ende eine Chance, eine Stelle im Beamtenapparat zu erringen, doch war schon mit dem niedrigsten Titel rechtliche Bevorzugung und vor allem Sozialprestige verbunden. Ein gelehrter Gentryangehöriger war ein potentieller Beamter, er besaß den gleichen Bildungshorizont wie ein Amtsinhaber und konnte sich diesem – anders als das »gemeine Volk« – auf der Ebene gesellschaftlicher Gleichrangigkeit nähern. Auf dieser kulturellen Allianz zwischen Beamtenschaft und außerstaatlicher Gentry beruhte die sub-bürokratische Verwaltung des chinesischen Reiches. Bis zu ihrer Abschaffung im Jahre 1905 waren Prüfungssystem und Titelhierarchie kaum überschätzbare Bindekräfte, die das riesige Imperium zusammenhielten (Smith 1994, 55–67). Selten in der Geschichte ist kulturelle Homogenisierung mit ähnlichem Erfolg den Zielen politischer Integration dienstbar gemacht worden.

Ohne Zweifel war der kultivierte Gentleman und umfassend gebildete Generalist mit seinem am Kanon klassischer Schriften orientierten Horizont den Herausforderungen der Moderne immer weniger gewachsen. Zwar wurden gegen Ende der Dynastie auch realitätsnähere Gegenstände in den Themenkreis der Staatsprüfungen aufgenommen, doch rückte man nie von der zunehmend anachronistischen Idee ab, ein guter Kommentator alter Texte sei gleichzeitig zur Ausübung eines Verwaltungsamtes befähigt. Es fällt leicht, dieses literarische Amateurideal zu belächeln. Und dennoch wäre es ungerecht, die Leistungsfähigkeit selbst noch des spätkaiserlichen Staates zu unterschätzen. Der Verwaltung unter der Republik (1911–1949) war er allemal überlegen. *(Siehe auch den Beitrag von Hermann Halbeisen.)*

4. Neue gesellschaftliche Kräfte unter dem Einfluß des Westens

Im Gehäuse eines so gut wie unveränderten politischen Systems wurde nach etwa 1860 ein gesellschaftlicher Wandel in Gang gesetzt, der sich um die Jahrhundertwende beschleunigen und dann die revolutionären Veränderungen des 20. Jh. tragen sollte. Nicht alle diese Veränderungen wurden vom Kontakt mit dem Westen ausgelöst. Wie der amerikanische Historiker William T. Rowe in einem umfangreichen Werk über die Geschichte der zentralchinesischen Stadt Hankou im 19. Jh. gezeigt hat (Rowe 1984/1989), waren in vielen Fälle externe Einflüsse nur ein zusätzlicher Faktor, der auf sozialgeschichtliche Prozesse traf, die endogen, also gewissermaßen innerchinesisch abliefen.

Die Wirkungen des Westens auf die chinesische Gesellschaft lassen sich in vier Punkten zusammenfassen:

(1) Anders als für die Zeit nach dem Chinesisch-Japanischen Krieg von 1894/95, als Ausländer in Industrie, Bergbau, Eisenbahnwesen und Bankensektor dominierende Positionen aufbauten, läßt sich für die Periode nach der Zweiten Vertragsordnung (1860) noch nicht von einer wirtschaftlichen Invasion Chinas durch den westlichen Kapitalismus sprechen. Der direkte ökonomische Einfluß des Westens blieb auf wenige große Küstenstädte beschränkt. Allein die Dampfschiffahrt auf dem Yangzi entwickelte sich zu einer Speerspitze wirtschaftlicher Durchdringung des Landesinneren, doch hinderte niemand chinesische Transporteure und Passagiere daran, sich dieses neuen Verkehrsmittels zu bedienen, das überwiegend, aber keineswegs vollständig von ausländischen Firmen betrieben wurde. Weit davon entfernt, den chinesischen Markt einer Überflutung durch die konkurrenzlosen Produkte der europäischen und amerikanischen Industrie preiszugeben, schuf das erzwungene Freihandelsregime vielfach neue Möglichkeiten für die einheimische Wirtschaft. Gewiß hatten die Westmächte das Treaty-System auf ihre eigenen Bedürfnisse hin zugeschneidert. Es zeigte sich aber bald, daß trotz der Verminderung von Importzöllen auf ein Minimum und trotz der Zulassung fremder Handelsaktivitäten in einer wachsenden Zahl auch binnenländischer Vertragshäfen von einer Eroberung des chinesischen Marktes durch westliche Kaufleute nicht die Rede sein konnte. Leistungsfähige einheimische Kaufmannsorganisationen behielten den Binnenhandel, auch den mit Importgütern, überwiegend in den eigenen Händen und stellten sich flexibel auf die Chancen gesteigerter Kommerzialisierung ein.

Davon profitierten vor allem Städte vom Typ der nicht-administrativen Handelszentren – zum Beispiel Hankou. Sie konnten nun in einigem Abstand von der manchmal (aber keineswegs ausnahmslos) kommerzfeindlichen Bürokratie ihre interregionalen Fernkontakte ausbauen. In den aufstrebenden Städten dieser Art kam es trotz einer gewissen Ausweitung »proto-industrieller« Hausproduktion zu keinem Durchbruch in Richtung auf eine sich selbst tragende Industrialisierung. Statt dessen läßt sich die Perfektionierung eines ungemein effizienten »Handelskapitalismus« beobachten. Dessen treibende Kräfte waren nicht einige wenige patrizische Großkaufleute, wie man sie aus dem frühneuzeitlichen Europa kennt, sondern zahlreiche Firmen mittlerer Größe, die oft über familiäre und landsmannschaftliche Kontakte in ganz China verfügten. Aus ihnen entstand eine zunehmend selbstbewußte Kaufmannschaft, die sich sozial wie kulturell immer näher auf Teile der Gentry zubewegte, die es ihrerseits zunehmend in die Städte zog. Die traditionelle Statusgrenze zwischen Kaufleuten und landbesitzenden Gelehrten verwischte sich (Rankin 1986; Esherick/Rankin 1990). Angehörige der Gentry erschlossen sich neue Einkunftsquellen, die höhere Renditen versprachen als die relativ unergiebige Landverpachtung, vor allem Bank- und Handelsgeschäfte (entweder direkt oder in stiller Teilhaberschaft an Kaufmannshäusern). Zugleich schwand der alte Hochmut der Gelehrten gegenüber den Krämern. Die Kaufleute umgekehrt nutzten die Möglichkeiten des Titelkaufs zur eigenen Statuserhöhung und »Gentrifizierung« und engagierten sich in jener philantropischen Fürsorge für Arme und Benachteiligte, die seit jeher zum Selbstbild einer verantwortungsbewußten Oberschicht gehört hatte. *(Siehe auch den Beitrag Nr. II von Carsten Herrmann-Pillath.)* Durch solche Prozesse des Sich-aufeinander-Zubewegens entstand gegen Ende des Jahrhunderts in vielen Städten vor allem des Landesinneren eine neue Schicht, die von chinesischen Historikern neuerdings als »Gentry-Kaufmanns-Klasse« (shen-shang jieji) bezeichnet wird. Sie bot den Nährboden für die sich am Ende des Jahrhunderts ausformende politische Öffentlichkeit. Ihre allmähliche Entfremdung vom kaiserlichen Zentralstaat war eine der tieferen Ursachen für den Sturz der Monarchie im Jahre 1911.

(2) Unmittelbarer vom Westen geprägt waren die gesellschaftlichen Veränderungen in den großen Vertragshäfen an der Küste. Obwohl zwischen 1842 und 1895 insgesamt 39 Städte durch Vertrag geöffnet worden waren (Zhang 1993, 321–24), gewannen neben dem Yangzihafen Hankou nur Shanghai, Guangzhou und Tianjin erstrangige Bedeutung als Brückenköpfe westlicher Wirtschaftsinteressen. Shanghai überragte sie alle. *(Siehe auch den Beitrag von Rudolf G. Wagner.)* Dank seiner unvergleichlichen verkehrsgeographischen Lage nahe der Yangzimündung und in der Mitte der chinesischen Küste wurde es zum Mittelpunkt sämtlicher ökonomischen Aktivitäten von Ausländern im Reich der Mitte. In Shanghai unterhielten größere westliche Handelshäuser ihre Hauptquartiere, kleinere waren in der Regel nur hier vertreten. Nur eine winzige Minderheit unter einer Bevölkerung, die in den 1890er Jahren die Größenordnung von etwa 700 000 erreicht hatte, waren Ausländer. Sie hatten es vermocht, außerhalb der »Ungleichen Verträge« durch schrittweise Usurpation von Hoheitsrechten das Herz der Stadt unter ihre Kontrolle zu bringen. Die sogenannte Internationale Niederlassung war eine kolonieähnliche Enklave, in der nicht ein Gouverneur oder (wie in der benachbarten Französischen Konzession) ein Konsul die staatliche Gewalt ausübte, sondern ein international zusammengesetzter Stadtrat, der sich aus der Mitte der großen ausländischen Handelshäuser bildete. Erst in den 1920er Jahren räumte man der reichen chinesischen Oligarchie ein gewisses Mitspracherecht ein.

Sowohl in Shanghai als auch in den anderen großen Küstenstädten kam es zur Urbanisierung der Gentry und zum Aufstieg der Kaufleute zu gesellschaftlicher Respektabilität. Die Kaufmannschaft an der Küste trug dadurch eine besondere Note, daß in ihr Kompradore eine größere Rolle spielten als im Binnenland. Kompradore (maiban) waren die engsten Partner der ausländischen Firmen, von denen die meisten für nahezu alle Kontakte mit der einheimischen wirtschaftlichen Umwelt auf chinesische Vermittler angewiesen waren. Der Komprador stellte diese Geschäftsverbindungen her, wickelte den angesichts der chinesischen Währungs- und Kreditverhältnisse ziemlich umständlichen Zahlungsverkehr ab und bürgte für die Bonität chinesischer Lieferanten und Kunden. Er leistete Dolmetscherdienste und überwachte die chinesischen Angestellten des ausländischen Handelshauses. Obwohl in mancher Hinsicht Werkzeug und Agent des ausländischen Kapitals, war er in aller Regel auch ein Kaufmann von eigenem Gewicht, der auf persönliche Rechnung Geschäfte betrieb und nicht auf die Kommission angewiesen war, die sein fremder Meister ihm zahlte. An dieser Schnittstelle von einheimischer Wirtschaft und ausländischem Brückenkopf konnten große Vermögen angehäuft werden. Kompradore gehörten zu den wohlhabendsten Leuten im späten Qing-Reich. Sie investierten ihre Reichtümer in erheblichem Umfang verdeckt in ausländische Firmen, so daß sie nicht selten stille Teilhaber oder Gläubiger ihrer Auftraggeber waren (Hao 1986, 212 ff.).

Es wäre übertrieben, von einer deutlich abgrenzbaren Kompradoren-»Klasse« zu sprechen. Angemessener ist es, ein Kompradorenelement in der einheimischen Elite der maritimen Vertragshäfen anzunehmen. Diese Elite war dadurch stärker westlich oder kosmopolitisch orientiert und weiter von den orthodoxen Werten und Einstellungen des konfuzianischen Imperiums entfernt als die »Shen-shang-Oberschicht« der inneren Provinzialstädte. Zu einer vollständigen Durchdringung westlicher und chinesischer Kultur im Sinne einer dauerhaften Kultursymbiose ist es in den Vertragshäfen jedoch nicht gekommen. Die Ausländer hielten eine arrogante Distanz zur chinesischen Umwelt, deren Sprache ihnen zumeist fremd blieb. Die Kompradore, die sich auf (Pidgin-)Englisch zu verständigen vermochten, waren ihrerseits nur in engen Grenzen auf eine Verwestlichung ihres Lebensstils erpicht. So hat sich an der Chinaküste, anders als in Japan, im 19. Jh. europäische Kleidung nicht durchsetzen können; der Komprador trug sein langes Gewand, nicht den engen Rock der Europäer. Die großen Vertragshäfen – und keiner mehr als Shanghai – wurden dennoch zum wichtigsten Einfallstor der westlichen Zivilisation, auch wenn diese sich an Ort und Stelle nicht immer vorbildlich präsentierte. Da Chinesen in der Internationalen Niederlassung dem Zugriff der chinesischen Behörden entzogen waren, wurde das quasi-koloniale Imperium in imperio auch zu einer frühen Oase von Presse- und Meinungsfreiheit.

(3) Ähnliche Verhältnisse herrschten in der britischen Kronkolonie Hongkong, deren Aufstieg zur eigenständigen Wirtschaftsmetropole allerdings erst im zweiten Drittel des 20. Jh. begann. Zunächst war Hongkong ein Überseehafen für das ungünstiger gelegene Guangzhou. Anders als Shanghai, das beim Eintreffen der Ausländer bereits eine jahrhundertelange Stadtgeschichte hinter sich hatte, war Hongkong ein koloniales Kunstprodukt (Tsai 1993). Nicht nur die Kolonialherren, sondern auch alle Teile der chinesischen Bevölkerung waren seit 1841/42 zugewandert. Hongkong gehört daher in vieler Hinsicht zu den »wilden« Grenzregionen der chinesischen Expansion. Wie unter Laborbedingungen läßt sich hier die Entstehung chinesischer Gesellschaftsformen studieren – auch deshalb besonders gut, weil die koloniale Regierung ihre Eingriffe in chinesische Angelegenheiten auf ein Minimum beschränkte und Wohlfahrtsaufgaben sowie die Regelung von Konflikten gerne den sich neu profilierenden einheimischen Honoratioren überließ. Die Gesellschaft Hongkongs bestand im Grunde aus einer Mehrheit von »Kulis«, also Lohnarbeitern im Dienste von Schiffahrt und Handel, und einer Minderheit von kleineren und größeren Kaufleuten, die fast alle in irgendeiner Weise »Komprador«-Funktionen ausübten. Als Kolonie und neugebildetes Gemeinwesen war Hongkong nicht unbedingt stärker verwestlicht als Shanghai: Traditionelle Familienstrukturen, Formen lands-

mannschaftlicher Solidarität und Netzwerke von Beziehungen (guanxi) gaben auch der Gesellschaft Hongkongs Halt und Zusammenhang. In Hongkong fehlte aber ein Element, das in allen anderen chinesischen Städten bis ins frühe 19. Jh. eine bedeutende Rolle spielte: die titeltragende, der konfuzianischen Hochkultur und dem Landbesitz verbundene Gentry. Insofern war die Gesellschaft Hongkongs die modernste und »bürgerlichste« auf chinesischem Boden.

(4) Der kulturelle Einfluß des Westens blieb, anders als etwa gleichzeitig in Japan, bis zur Jahrhundertwende auf kleine Elitekreise begrenzt. Nur wenige Gelehrte bemühten sich um ein tieferes Verständnis der europäischen Kultur. Daß die machtpolitischen Erfolge der Europäer nicht bloß überlegener Technik und amoralischer Verschlagenheit zuzuschreiben waren, wurde von wenigen erkannt. Erst nach dem Schock von 1895 begann Yan Fu (1853–1921), der am Greenwich Naval College Schiffstechnologie studiert hatte, mit der Publikation seiner berühmten Übersetzungen englischer und französischer philosophischer Texte. Er verfaßte sie in einem exquisiten klassischen Chinesisch, das nur wenigen zugänglich war. Das einzige westliche Buch, das während des 19. Jh. in China eine massenhafte Verbreitung fand, war die Bibel. Zwischen 1833 und 1914 sollen 20 Millionen Exemplare in China verteilt worden sein (Ch'en 1979, 103). Westlicher Einfluß wurde denn auch in erster Linie über Missionare vermittelt. Seit dem frühen 20. Jh. konzentrierten sich einige Missionsgesellschaften mit großem Erfolg auf die Beeinflussung der großstädtischen Bildungsschichten, vor allem durch anspruchsvolle Angebote im höheren und universitären Erziehungswesen. Charakteristisch für die Zeit davor waren Bekehrungsversuche im Landesinneren. In dieser Weise besonders aktiv waren katholische Orden und die evangelikale China »Inland Mission«. Beide begegneten dem chinesischen »Heidentum« mit aggressiver Verachtung und schreckten vor Provokationen wie zum Beispiel der Zerstörung von Tempeln nicht zurück. Chinesische Konvertiten stellten sie – unter sehr freizügiger Auslegung der Vertragsbestimmungen – unter den Schutz ausländischer Flaggen. So wurden zahlreiche städtische und dörfliche Gemeinschaften gespalten; Minderheiten von Christen unterwarfen sich der Autorität der örtlichen Missionare und wußten sich damit den chinesischen Gesetzen entzogen. In vielen Fällen waren diese Protektion und die Wohlfahrtsleistungen der Missionare wirksamere Gründe für die Konversion, als eine interesselose Glaubensüberzeugung es hätte sein können; man sprach von »Reis-Christen«. So blieb der kulturell verwestlichende Einfluß der Missionare gering, war es ihnen doch vorrangig um die Anzahl der geretteten Seelen zu tun. Insgesamt gesehen, ist die kulturelle Verwestlichung Chinas, zu der auch die Aufnahme des Marxismus-Leninismus gehört, ein Phänomen erst des 20. Jh.

Die Jahre zwischen 1842 und 1895 waren eine Zeit des relativ langsamen Übergangs. Großbritannien, unterstützt von Frankreich und den USA, hatte China gewaltsam geöffnet und unter ein Freihandelsregime gebeugt. Westlicher ökonomischer Einfluß machte sich in den großen Vertragshäfen an der Küste bemerkbar und führte dort zur Herausbildung neuer gesellschaftlicher Gruppierungen. In den Städten des Landesinneren verstärkten von außen kommende Impulse der Kommerzialisierung die schon seit längerem vorbereitete Annäherung zwischen Kaufmannschaft und Gentry. Ansonsten blieb die gesellschaftsverändernde Wirkung des Westens gering. Auch enttäuschte der chinesische Markt die Erwartungen westlicher Exporteure. Einheimische Wirtschaftsinstitutionen in Gewerbe und Handel paßten sich flexibel den neuen Gegebenheiten an. Die Elitenkultur nahm vom Westen einstweilen wenig Notiz; dramatisch verunsichert wurde sie erst nach 1895. Das Christentum fand nur unter isolierten Minderheiten Resonanz. Seine stärkste Wirkung war persönlicher Natur: die visionäre Inspiration des Gründers der Taiping-Bewegung.

Die politische Ordnung der Qing-Dynastie wurde durch die »Ungleichen Verträge« in das von Großbritannien geschaffene liberale Weltsystem eingefügt. An die Stelle des überkommenen Sinozentrismus trat allmählich die Idee der Mitgliedschaft in einer vom Westen dominierten Familie der Nationen. Das Ancien Régime war bei weitem nicht mehr so leistungsfähig wie noch im 18. Jh. Aber es erwehrte sich mit erstaunlichen Energiereserven der großen Aufstände der Jahrhundertmitte. Und obwohl die Zentralmacht aus diesen grausigen Kriegen geschwächt hervorging, bewahrte sie den Zusammenhalt des Reiches für weitere Jahrzehnte und sicherte im großen und ganzen sogar seine territoriale Integrität. Nach der Zäsur des Opiumkrieges war erst 1895 aufgrund der chinesischen Niederlage im Krieg gegen Japan wieder ein Jahr von epochaler Bedeutung.

Verwendete und weiterführende Literatur

CH'EN, JEROME (1979): China and the West. Society and Culture, 1815–1949, London.
CHU, SAMUEL C.; LIU, KWANG-CHING (1994/Hrsg.): Li Hung-chang and China's Early Modernization, Armonk, London.
ESHERICK, JOSEPH W.; RANKIN, MARY B. (1990/Hrsg.): Chinese Local Elites and Patterns of Dominance, Berkeley.
FAIRBANK, JOHN K. (1978): The Cambridge History of China. Band 10: Late Ch'ing 1800–1911, Teil 1, Cambridge.
FAIRBANK, JOHN K. (1992): China. A New History, Cambridge,Mass./London.
KUHN, PHILIP A. (1970): Rebellion and Its Enemies in Late Imperial China: Militarization and Social Structure, 1796–1864, Cambridge: Harvard University Press.
MICHAEL, FRANZ; CHANG, CHUNG-LI (1971): The Taiping Rebellion. History and Documents, Bd. 3, Seattle, London.
NAQUIN, SUSAN; RAWSKI, EVELYN S. (1987): Chinese Society in the Eighteenth Century, New Haven.
OSTERHAMMEL, JÜRGEN (1989): China und die Weltgesellschaft. Vom 18. Jahrhundert bis in unsere Zeit, München.
OSTERHAMMEL, JÜRGEN (1997): Shanghai, 30. Mai 1925: Die chinesische Revolution (Reihe ›Zwanzig Tage im 20. Jahrhundert‹), München.
ROWE, WILLIAM T. (1984/1989): Hankow, Band 1: Commerce and Society in a Chinese City, 1796–1889, Band 2: Conflict and Community in a Chinese City, Stanford.
SMITH, RICHARD J. (1994): China's Cultural Heritage. The Qing Dynasty, 1644–1912, 2. Aufl., Boulder, Oxford.
SPENCE, JONATHAN D. (1995): Chinas Weg in die Moderne. Aus dem Amerikanischen von Gerda Kurz und Siglinde Summerer, München,Wien.
TENG, SSU-YÜ; FAIRBANK, JOHN K. (1954/Hrsg.): China's Response to the West. A Documentary Survey, 1839–1923, Cambridge, Mass.
WAKEMAN, FREDERIC JR. (1975): The Fall of Imperial China, New York/London.
WILL, PIERRE-ETIENNE (1990): De l'ère des certitudes à la crise du système, in: Bergère, Marie-Claire et al. (Hrsg.): La Chine au XXe siècle. D'une révolution à l'autre, Paris, S. 9–43.

V. Neue Eliten und die Herausforderungen der Moderne

RUDOLF G. WAGNER

1. Konfrontation mit dem ›Westen‹

Die verstärkte staatliche Interaktion zwischen dem Westen und China seit Mitte des 19. Jh. bedeutete für China einen Eingriff in eine vertraute Weltordnung. Die erste Reaktion des Hofes war die, die Westler an der fernen Südküste als eine Standardvariante des vertrauten Problems aus Zentralasien zu behandeln: Die neue Variante war ebenso kriegerisch, ebenso versessen auf Geld, und auch sie entbehrte aller zivilisierten Verfeinerung. Entsprechend mußte man bei direkter militärischer Konfrontation mit Niederlagen rechnen und mittelfristig Strategien entwickeln und Waffen beschaffen, mit denen man in einer solchen Auseinandersetzung würde bestehen können, mußte ihrer Geldgier durch strikt reguliertem Handel einigen Spielraum geben, und mußte darauf vertrauen, daß der längerfristige Kontakt mit China das Seine zu ihrer Zivilisierung, und das hieß »Sinisierung«, tun werde. Fern davon, mit Panik zu reagieren, betrachtete der Hof bis zur Niederlage im Sino-japanischen Krieg 1895 die westliche Herausforderung als eher marginales und im übrigen durchaus vertrautes Problem. Diese Einschätzung war nicht unrealistisch, da keine der westlichen Mächte an eine Kolonialisierung Chinas dachte, und auch in Fragen des Einsatzes staatlicher Machtmittel zur Sicherung des freien Handels unter Einschluß von Opium sich vor allem in England eine erhebliche und lautstarke Opposition zu Wort meldete und keineswegs Einstimmigkeit herrschte. *(Siehe auch den Beitrag von Jürgen Osterhammel.)*

Die Verträge von 1842 und 1860 etablierten jedoch das Recht der westlichen Missionare, ihre Lehre in allen Teilen des Landes unter extraterritorialem Schutz zu verkünden, sowie den Zugang zu zunächst vierzehn Vertragshäfen in China selbst, in denen Ausländer Handel treiben konnten, ohne der Jurisdiktion chinesischer Beamter zu unterliegen.

Der bei weitem wichtigste und erfolgreichste dieser Vertragshäfen war Shanghai, welches sich zwanzig Jahre nach seiner Gründung 1843 zum bedeutendsten chinesischen Außenhandelshafen entwickelt und Hongkong bzw. Guangzhou (Kanton) überflügelt hatte. Shanghai hat eine glänzende wirtschaftsgeographische Position an der Mündung der wichtigsten chinesischen Wasserader, des Yangzi, welche ihrerseits mit einem dichten Netz von Kanälen mit dem gesamten Jiangnan-Gebiet, also dem Gebiet südlich des Yangzi, verbunden war. *(Siehe auch den Beitrag von Wolfgang*

Taubmann.) Zugleich war es der wichtigste chinesische Umschlagplatz für den chinesischen Nord-Süd-Küstentransport. Mit der Öffnung für den Außenhandel verwandelte sich diese ›T‹-förmige Struktur in eine kreuzförmige mit Shanghai im Zentrum. Das Jiangnan-Gebiet produzierte einen sehr erheblichen Teil der potentiellen chinesischen Exportprodukte wie Seide und Tee, war seit dem 11. Jh. die kommerziell am weitesten entwickelte chinesische Region und wies darüber hinaus (und infolgedessen) die höchste Konzentration an Gebildeten auf. Hinzu kamen zeitbedingte Umstände. Von 1853 bis 1863 wurde die Jiangnan-Region von den Taiping-Rebellen kontrolliert. Die mörderischen Schlachten zwischen den Taiping-Rebellen und der Qing-Regierung sowie die religiös bedingte Verfolgung von Konfuzianern, Buddhisten und Taoisten durch die Taiping-Bewegung hatten zur Folge, daß ein erheblicher Teil der Wohlhabenden und der Gebildeten der Region in die Sicherheit des »International Settlement« von Shanghai flohen und mit ihnen erhebliche Teile des Unterhaltungsgewerbes (Opernsänger, Kurtisanen). Shanghai wurde innerhalb weniger Jahre ein Ort, an dem sich chinesisches Geld, chinesische Bildung und eine neuartige chinesische städtische Lebensqualität konzentrierten. Zusammen mit dem sich rasch entwickelnden internationalen Handel der Stadt waren damit geradezu ideale langfristige wie auch aktuelle Voraussetzungen für die Rolle Shanghais als einer blühenden Weltstadt auf chinesischem Boden gegeben.

Da die Stadt weder ausländische Kolonie noch Kontrollgebiet der chinesischen Regierung war, übernahm ein (unbezahlter) Stadtrat die Organisation und Leitung der Stadt, der sich aus den wohlhabendsten westlichen Steuerzahlern der Stadt rekrutierte. Die von diesem Stadtrat betriebene moderne Organisation der Stadt mit ihrer Feuerwehr, ihrer Polizei, ihrem Leitungswasser, ihren gepflasterten Straßen, ihrem Gas- und elektrischen Licht und nicht zuletzt ihrer Unterhaltungsindustrie verschaffte ihr eine erhebliche Anziehungskraft für Chinesen aus allen Schichten, die in ihren bisherigen Umständen kein Weiterkommen sahen und lieber das Wagnis des Sprungs in dieses chinesische »Ausland« auf sich nahmen, als ohne Perspektive zuhause zu bleiben. Insgesamt gesprochen zeichneten sich die Zuwanderer nach Shanghai und zu einem gewissen Teil auch in die anderen Vertragsstädte sowie in die englische Kronkolonie Hongkong ebenso wie die Auswanderer nach Südostasien durch eine höhere Beweglichkeit und den Willen zum Arrangement mit neuen Verhältnissen aus.

Die Shanghaier Interaktion zwischen dem zu einem sehr erheblichen Teil von Chinesen eingebrachten Kapital, ihrem hohen Bildungsniveau und schließlich ihrer Arbeitskraft mit den im wesentlichen durch westliche Kaufleute und Konsuln gesetzten institutionellen Rahmenbedingungen verschafften Shanghai eine Dynamik, durch die es nicht nur zum bei weitem wichtigsten Handelshafen des Landes wurde, sondern auch zum Finanz-, Industrieproduktions-, Verlags- und Vergnügungszentrum des Landes, eine Rolle, die es heute – zumindest in den ersten Punkten – wieder anstrebt. Die Bedeutung Shanghais und der anderen Vertragshäfen ermißt sich insofern nicht aus dem Prozentsatz der dort lebenden chinesischen Bevölkerung, sondern daraus, daß sich in diesen Enklaven die Akkulturierung und Assimilierung der westlichen institutionellen, technischen und ideologischen Konstrukte vollzog und eine neuartige chinesische industrielle und politische Kultur herausbildete.

1.1 Die Entstehung neuer Eliten

In der veränderten Umgebung dieser Vertragsstädte und vor allem Shanghais bildeten sich neue »moderne« Schichten und Klassen heraus, welche das Entwicklungsmuster des 20. Jh. präfigurierten:
- Die Kompradoren (maiban), d. h. Geschäftsleute mit oft erheblichem Eigenvermögen, die sowohl als Mittler zwischen den westlichen Kaufleuten und dem chinesischen Markt als auch als Garanten der westlichen Kaufleute bei den chinesischen Behörden fungierten, und von denen viele schließlich selbständig wurden. Diese Schicht rekrutierte sich aus den beweglichsten Kräften der Handels- und Bankhäuser des ganzen Landes. Die alten, zum Teil hochentwickelten Wirtschaftsstrukturen wie das Netz der Bankiers aus der Provinx Shanxi sowie die auf Ausschaltung der Konkurrenz und Preisstabilität ausgerichteten Gilden konnten den seit den 1880er Jahren neu entstehenden chinesischen Aktiengesellschaften und Handelskammern auf Dauer nicht viel entgegensetzen. Die unter den Shanghaier Bedingungen äußerst erfolgreichen chinesischen Kaufleute und Bankiers verdrängten seit etwa 1880 zunehmend ihre westlichen Konkurrenten. Eine Schicht von Händlern, Bankiers und Industriellen entstand in Shanghai, die unter modernen Bedingungen operierte und nach der Umsiedlung 1949 bis heute führende Positionen in Zentren wie Hongkong oder Singapur eingenommen hat.
- Die Intellektuellen, d. h. Gebildete, die es sicht nicht zu einem offiziellen Posten geschafft hatten und die sich als bezahlte Angestellte von Zeitungen, Schulen und Verlagen eine staatsunabhängige Existenz aufbauten und bald in Konkurrenz zur bisherigen Gelehrtenschicht traten. Mit der Abschaffung des alten Prüfungssystems 1905 (vor Ende des Kaiserreiches 1911) sowie der darauf folgenden Flut von neu gegründeten »modernen« Schulen eroberte diese Schicht eine für die Bestimmung des weiteren chinesischen Entwicklungsweges entscheidende strategische Position. Ihre Schulen, Lehrbücher, Zeitungen und Zeitschriften wurden zum Medium, über das sie – auch im Zusammenhang mit den großen Demonstrationen ihrer Schüler und Studenten am und nach dem 4. Mai 1919 – ihren Anspruch anmeldeten, nicht nur die Lehrer der Nation, sondern auch ihre wahren und besten politischen Repräsentanten zu sein. Die früher in diesen Kreisen populäre, an den russischen Nihilisten orientierte, anarchistische Einzelaktion wurde nach der Oktoberrevolution in Rußland von der Perspektive der elitegeleiteten Massenorganisation abgelöst. Die beiden wichtigsten Parteien, die republikanische Nationale Partei (Guomindang) und die Kommunistische Partei, – beide mit einem hohen Anteil an Mitgliedern aus der Intelligenz –, organisierten diese Perspektive und boten der neuen Intelligenz neue Wege zur Macht. Wiederum war es das »International Settlement« von Shanghai, welches die rechtlichen, politischen und publizistischen Voraussetzungen für den Aufbau dieser Organisationen sowie die Entwicklung ihrer Propaganda bot.
- Das städtische Kleinbürgertum von Angestellten bei den Geschäftsunternehmen der Städte. Anders als die Intelligenz mit ihren nationalen Aspirationen und ihrem hohen kulturellen Status, handelte es sich hier um Menschen ganz innerhalb der Geldökonomie, die genügend Lesefähigkeit, Interesse und Zeit hatten, um einen Markt für Printmedien von der Regenbogenpresse bis zum revolutionären

Traktat abzugeben, jedoch einen Interessenhorizont besaßen, der stärker an den unmittelbaren eigenen und lokalen Interessen orientiert war.
– Schließlich Industriearbeiter und vor allem auch Industriearbeiterinnen, die, nachdem sich seit der Jahrhundertwende die Vertragsstädte von Handels- auch zu Industriezentren entwickelten, insgesamt gegenüber der breiten Masse der bäuerlichen Bevölkerung der inländischen Provinzen eine privilegierte Schicht darstellten.
– Ferner Bauernhaushalte im Umkreis dieser Städte, die als spezialisierte Zulieferbetriebe etwa von Tabak oder Seidenkokons für städtische Verarbeitungsindustrien oder als Zulieferanten etwa von Gemüse für die neuen Großstadtmärkte aus der Waren- in die Geldökonomie überwechselten.

Angelockt von den institutionellen Rahmenbedingungen der Vertragshäfen, ihrem reichen örtlichen und dem Zugang zum nationalen und internationalen Markt, siedelten etliche chinesische Unternehmer aus dem Inland, aber auch aus Südostasien ihre Unternehmen nach Shanghai und in andere Vertragshäfen um, wo sich eine akkulturierte chinesische Geschäftskultur mit ihren besonderen Werten, Umgangs-, Rekrutierungs-, Management-, Kooperations- und Abrechnungsformen herausbildete, die dem modernen chinesischen Unternehmer sein besonderes Gepräge geben. Die Option eines angenehmen und interessanten städtischen Lebens war darüber hinaus verlockend genug für viele wohlhabende Gebildete, um sie dazu zu bewegen, ihre Familiensitze auf dem Land zu verlassen und in die neuen modernen Städte zu ziehen. Zusammen mit pensionierten Beamten und reich gewordenen Kaufleuten bildeten sie eine Rentiersklasse, deren Leben der luxuriösen Muße gewidmet war und die vor allem die bedeutende Shanghaier Vergnügungsindustrie am Leben hielten, die ihrerseits erheblich zum Mythos und zur Attraktion der Stadt beitrug.

1.2 Die Veränderung der etablierten politischen Klasse

Gleichzeitig, jedoch weitgehend unabhängig von diesen zunächst kaum bemerkten Entwicklungen vollzog sich eine andere, sehr wesentliche Veränderung innerhalb der obersten Ränge der politischen Klasse selbst. Die letzte chinesische Dynastie, die Qing (1644–1911), war von einer Koalition nördlicher Reitervölker unter Führung der Mandschuren errichtet worden. Diese insgesamt sehr erfolgreiche und langlebige Dynastie präsentierte sich in der Verwaltung der von Han-Chinesen bewohnten Gebiete organisatorisch und institutionell als traditionelle chinesische Dynastie (während sie sich gegenüber den Mongolen und Tibetern in ihrem Herrschaftsgebiet ideologisch und sprachlich ganz anders darstellte), so daß sie insgesamt von der Han-chinesischen politischen Klasse als legitim akzeptiert wurde. *(Siehe auch den Beitrag von Jürgen Osterhammel.)* Die Besetzung höchster Amtspositionen am Hof sowie in der militärischen und zivilen Verwaltung der Provinzen mit Mandschuren und anderen Angehörigen der Stammeskoalition ohne weitere Berücksichtigung von deren Qualifikation im traditionellen Prüfungssystem blockierte aber die Karrierewege Han-chinesischer Beamter.

Die Taiping-Rebellion setzte hier unfreiwillig einen neuen Prozeß in Gang. Diese Rebellion war evangelikalisch-christlich inspiriert. Ihr Anführer Hong Xiuquan sah sich in einer durch viele Zeichen bestätigten Vision als jüngerer Bruder Christi und zweiter Sohn Gottes, der nun die Aufgabe habe, China durch Ausrottung der »Dämonen« zum ursprünglichen Glauben an den einen Gott zurückzuführen und ein »Himmlisches Königreich des Großen Friedens« (Taiping tianguo) zu errichten. Diese Vision eines gereinigten China unter Gottes Sohn im Kreis der anderen christlichen Nationen war überzeugend genug, um Hunderttausende in Südchina anzuziehen, und die sichere Unterstützung von Gottes eigener Hand gab diesen die Sicherheit des Sieges selbst gegen militärisch vielfach überlegene Truppen. Die Taiping-Rebellen trieben die berittenen und als Bogenschützen berühmten mandschurischen Elitetruppen in vielen Schlachten in die Flucht, eroberten Nanjing (200 Kilometer stromauf von Shanghai) und machten es zu ihrem »neuen Jerusalem«, von dem aus sie Jiangnan und weite Teile Südchinas für ein Jahrzehnt regieren. Der Qing-Hof ging in dieser kritischen Situation auf den Vorschlag einiger chinesischer Beamter ein, eine neuartige, von ihnen kommandierte Truppe in ihren Heimatprovinzen Anhui und Hunan in Zentralchina aufzustellen, die einerseits der Taiping-Rebellion die Rekruten streitig machen würde, und andererseits den Vorteil einer guten lokalen Verankerung sowie kurzer Nachschubwege würde nützen können. Es waren diese Beamten, vor allem Zeng Guofan (1811–1872) und Li Hongzhang (1823–1901), die in der Kriegssituation auch Gebrauch von aus dem Westen importierten Waffen machten und den Hof sogar eine kleine westliche Söldnertruppe gegen die Taiping-Rebellen einsetzen ließen.

Sie waren es, die nach der Niederschlagung der Taiping-Bewegung 1863 für eine »Selbststärkung Chinas« durch selektive Verwendung westlicher Technik eintraten, jedoch an der Monarchie sowie dem traditionellen ideologischen und institutionellen Grundgerüst festhalten wollten. Ihre hohe und relativ unabhängige Stellung innerhalb des Landes erlaubte es ihnen, eine erhebliche Zahl tatkräftiger und reformoffener jüngerer Leute in ihren Stab zu ziehen, die die stärkere Stellung ethnisch chinesischer Beamter gegenüber dem Qing-Hof in der nächsten Generation konsolidierten und im Rahmen weiterer »Selbststärkungsbemühungen« die Grundlagen für eine informiertere Auseinandersetzung mit dem Westen durch Gründung von Übersetzungsbüros, Waffenfabriken und einem auf Barbarenangelegenheiten spezialisierten Büro am Hof legten. Auf der anderen Seite etablierten Zeng Guofan und Li Hongzhang das Modell von der Zentrale relativ unabhängiger regionaler Truppeneinheiten mit persönlicher Loyalität zu ihrem Kommandeur und lokaler Finanzierung, welches in den Jahren der schwachen Zentrale zwischen der Gründung der Republik 1912 und der »zweiten Revolution« der Guomindang 1927 im Auftreten zahlreicher Militärmachthaber (»warlords«) mit eigenen Truppen und nationalem Führungsanspruch seine weitere Entwicklung fand. *(Siehe auch den Beitrag von Hermann Halbeisen.)*

Damit hatten sich unter den komplexen Verhältnissen von Bürgerkrieg und Vertragshäfen die neuen Kräfte und Konstellationen herausgebildet, die in den folgenden Jahrzehnten die Agenda des Landes bestimmten. Durch die nationale Bedeutung des Jiangnan-Gebietes, vor allem jedoch durch die sich seit 1872 in Shanghai und später in Tianjin entwickelnde chinesischsprachige Presse mit nationalen Vertriebsnetzen und zahlreichen Korrespondenten im ganzen Land fand die regierungsunabhängige Kommunikation des Landes mit sich selbst über seine eigene Situation in diesen Vertragshäfen (und zu einem gewissen Teil in Orten wie Yokohama, in denen sich chinesische Auslandsstudenten konzentrierten) statt, und die dort erscheinenden Zeitungen, Zeitschriften und Bücher genossen geradezu ein Monopol in der Definition der Probleme des Landes und der Wege zu ihrer Lösung.

2. Auseinandersetzung mit westlichem Gedankengut

Gern wird die Geschichte vom hinter Mauern eingeschlossenen China erzählt, welches plötzlich dem Ansturm ausländischer, westlicher Ideen ausgesetzt worden sei. Wie jede andere Region und jede andere Bevölkerungsgruppe ist jedoch auch China seit jeher Teil eines mehr oder minder aktiven weltweiten Austausches, gleichgültig ob dieser sich auf DNA, sprachliche Formen, Nahrungsmittel, Krankheiten, Güter, staatliche Institutionen, musikalische Instrumente, religiöse und philosophische Systeme, Götter und Geister, militärisches Gerät oder Formen und Inhalte der Kunst, des Theaters und der Literatur bezieht. China wurde zudem nicht Kolonie, sondern bewahrte durch alle Zeiten der Schwäche der Zentrale hindurch die zum mindesten subjektive Autonomie in der Entscheidung darüber, was von anderswo angenommen werden sollte und wie.

In der westlichen und vor allem der missionarischen Wahrnehmung des 19. Jh. galt China als Hochkultur, ausgestattet mit einem hochdifferenzierten Staatssystem, einem wohlartikulierten Sinn für gut und böse sowie einer natürlichen Kenntnis Gottes; jedoch stand es unter der Herrschaft eines unkultivierten und ganz korrupten Volksstammes, der Mandschuren, die in der westlichen Presse als »the imperialists« angesprochen wurden. In diesem Sinne signierte einer der ersten preußischen Missionare im China des 19. Jh., Karl August Gützlaff aus Pommern seine auf Chinesisch geschriebenen Texte mit dem Namen »Ai Han zhe, Der die Han-Chinesen Liebt.« Die Energie der evangelikalischen Missionare der zweiten Erweckungsbewegung richtete sich vornehmlich auf dieses Land, wo vor der bald erwarteten Rückkehr des Herrn noch so viel Arbeit zu tun war. Fern davon, nun auf dem Gebiet der religiösen Organisation koloniale Herrschaftsverhältnisse zu schaffen, konzentrierten sich die meisten Missionare darauf, chinesische Konvertiten, »native evangelists,« zu gewinnen, die ihrerseits die eigentliche Missionierung Chinas übernehmen sollten. Darüber hinaus begannen sie, ähnlich wie es die Jesuiten des 17. Jh. getan hatten, seit etwa 1830 über chinesischsprachige Bücher und Zeitschriften Nachrichten über institutionelle, rechtliche, soziale, wissenschaftliche und technische Besonderheiten und Errungenschaften des Westens in den Küstenregionen Chinas zu verbreiten. Obwohl hier bereits seit den 1840er Jahren chinesische Übersetzungen von Texten zur politischen Ökonomie, zum Staatsaufbau, zu den sozialen Verhältnissen im Westen sowie zu vielfältigen technischen und wissenschaftlichen Fragen vorgelegt wurden, scheinen sie nur bei wenigen Gebildeten auf Interesse gestoßen zu ein. Die Missionspressen gingen so weit, Bücher zu veröffentlichen, die mit ihren missionarischen Bestrebungen unmittelbar nichts zu tun hatten, und chinesische Übersetzer dazu heranzuziehen, die ganz ausdrücklich keine Christen waren; gleichwohl gelang es ihnen nie, diese Bücher auch wirtschaftlich von Subventionen unabhängig zu machen.

2.1 Die Bedeutung der Taiping-Bewegung

Die theologisch und organisatorisch von den Missionaren ganz unabhängige, jedoch von vielen als Erfüllung ihrer schönsten Missionsträume begrüßte Taiping-Bewegung trennte nicht zwischen Christentum und Eisenbahn, sondern las Nachrichten über westliche Technik oder über die Institutionen von Hongkong als Informationen über die Inneneinrichtung eines christlichen Reiches mit dem Zweck, die optimale soziale und staatliche Umgebung zu schaffen, die den Menschen helfen würde, sich von ihren spontanen, gottlosen und asozialen Neigungen zu befreien. Sie fügte diese modernen Elemente wie Zeitungswesen, öffentliche Krankenhäuser und Eisenbahnnetze in ihrem (nicht zur Verwirklichung gekommenen) Programm von 1859 in einen institutionellen und moralischen Rahmen, der seine Terminologie und einiges von seinen Inhalten der im Ritenbuch Liji (kompiliert während der früheren Han-Zeit [214–06]) überlieferten, utopisch idealisierenden Darstellung des chinesischen Altertums entnahm, denn damals verehrten nach Auffassung der Missionare wie der Taiping-Rebellen Herrscher und Gemeine in China gleichermaßen den einen Gott. *(Siehe auch den Beitrag von Helwig Schmidt-Glintzer.)* Taiping-China unter Führung von Gottes zweitem Sohn empfand sich in natürlicher Gleichberechtigung mit den christlichen Nationen des Westens. Wer das von westlichen Kaufleuten importierte Opium rauchte, wurde hingerichtet, der Handel mit Shanghai in legitimen Gütern blühte jedoch während der Taiping-Herrschaft, und westliche, protestantische Missionare konnten im Taiping-Gebiet frei predigen. Die Radikalität des religiös inspirierten Umdenkens der Taiping-Rebellen bewegte diese dazu, die Institutionen der traditionellen Ideologie, seien sie konfuzianisch, buddhistisch oder daoistisch, als »dämonisch« zu zerstören, und ihre eigenen Anhänger mit alttestamentarischer Härte zur Einhaltung der zehn Gebote zu zwingen.

Das Resultat war nicht die Blitzchristianisierung Chinas, sondern die Verwüstung ganzer Regionen Zentralchinas und Jiangnans durch die Taiping-Bewegung selbst und durch die Truppen des Qing-Hofes sowie ein Verlust an Menschenleben, der von manchen auf über 20 Millionen geschätzt wird. Es dauerte bald sechzig Jahre bis andere vergleichbar ikonoklastische und radikale Programme zur Reform Chinas vorgelegt wurden wie das von 1859. Viele der Autoren solcher Programme wie etwa Sun Yat-sen (1866–1925), der Begründer der republikanischen Partei Guomindang, sahen sich selbst in der Taiping-Tradition. In der Auseinandersetzung der Taiping-Bewegung mit westlichem Gedankengut sollten so manche der westlichen staatlichen Institutionen für die Organisation eines primär religiös orientierten Himmelreichs auf Erden dienen, manche westliche Instrumente der Öffentlichkeit wie die Zeitung und der moderne Druck sollten dazu dienen, die Lehren des alten, des neuen und des himmlischen Testaments zu verbreiten, und manche der technischen Einrichtungen wie die Eisenbahn konnten dazu dienen, neiderweckende und damit der Sünde förderliche regionale Ungleichgewichte in der Verfügbarkeit von Nahrungsmitteln durch entsprechende Hilfstransporte auszugleichen. Die Institutionen, die Kommunikationsmedien und die Technik des Westens hatten kein eigenes Gewicht und keine eigene Kraft. Sie wurden selektiv übernommen, bzw. sollten übernommen werden, um die millenaristischen Ziele der Taiping-Rebellen zu fördern.

2.2 Die »Selbststärkungsbemühungen« gegenüber dem ›Westen‹

Unter dem Druck der Taiping-Bewegung, die einen erheblichen Teil der reichsten Regionen des Landes kontrollierte und in ihren Schlachten allem Anschein nach von einem mächtigen Gott beschützt und unterstützt wurde, suchte der Qing-Hof nach religiösen, ideologischen wie auch militärischen Mitteln, um ihnen entgegenzutreten. Bilder des Schutzgotts der Dynastie, Guandi, wurden (ohne rechten Erfolg) auf den Stadtwällen aufgestellt, die von den Taiping-Truppen berannt wurden, und Guandi wurde in der Himmelshierarchie befördert. Die chinesischen Generäle wie Zeng Guofan setzten alles daran, die Taiping als eine Horde von langhaarigen Rebellen darzustellen, darauf aus, die chinesische Kultur und die traditionellen Werte, wie sie die Lehre des Konfuzius und seiner Schüler verkörpere, zu zerstören, und sie bemühten sich um die Rehabilitation eines auf die Bedingungen der Zeit abgestellten Konfuzianismus.

Sofort nach Niederschlagung der Taiping-Bewegung gründeten sie Amtsverlage, deren Aufgabe die Veröffentlichung entsprechender auch für die Vorbereitung auf die staatlichen Prüfungen notwendiger Bücher war, von denen viele durch die Aktionen der Taiping-Bewegung nicht mehr erhältlich waren. Schließlich jedoch hatte sich im Opiumkrieg auch die Überlegenheit der westlichen Kanonen, Gewehre sowie der militärischen Ausbildung über die Qing-Truppen deutlich gezeigt. Nach der Niederschlagung der Taiping-Rebellen begannen dieselben Beamten unter technischer Anleitung von Europäern und Amerikanern, die zu Qing-Beamten ernannt wurden, mit dem Aufbau von Waffenfabriken. In diesem Zusammenhang entstanden auch Dolmetscherschulen, die einen Kader von Chinesen ausbilden sollten, der die Geheimnisse der westlichen Macht anhand der Originalquellen studieren könnte. Die Rezeption westlicher Technik in diesem Kontext hatte vor allem das Ziel der militärischen Stärkung der Dynastie gegenüber Rebellionen und gegenüber dem übermächtigen westlichen (und später japanischen) Ausland.

Es herrschte ein ganz unideologischer Pragmatismus bei diesen Übernahmen technischer und auch organisatorischer Art. Der Hof überließ etwa dem Ausland die Verwaltung des chinesischen Seezolls kurz nach dem Opiumkrieg, weil sich bei einer kurzfristigen, durch eine Notlage bedingten Verwaltung des Zolls durch einen Ausländer, Sir Robert Hart, in Shanghai herausstellte, daß die auf diese Weise an den Hof abgelieferten Beträge deutlich höher waren als es die von chinesischen Beamten weitergegebenen jemals gewesen waren. Und inmitten der militärischen Auseinandersetzungen mit dem Westen im Opiumkrieg 1840 vertraute Lin Zexu (1785–1850), der als Oberkommissar mit Sondervollmachten in Kanton mit der Verbrennung von 20 000 Kisten Opium aus westlichen Lagern den Anlaß für die englische Intervention gegeben hatte, seinen Körper dem amerikanischen Arzt Parker an, der ihm eine Bauchbinde gegen seinen Leistenbruch anpaßte. Dieselben Beamten widersetzten sich jedoch etwa der Einführung der Eisenbahn und industrieller Technik für die zivile Manufaktur, ganz abgesehen von einer Reform der chinesischen Institutionen. Militärtechnik war in diesem Universum das natürliche und primäre Produkt einer aggressiven Barbarenbevölkerung, die westliche Medizin ein handwerkliches Können, welches in bestimmten Bereichen wie Staroperationen oder Bruchbehandlungen Kniffe kannte, die den chinesischen überlegen waren. Sie mußten aus pragmatischen Erwägungen übernommen werden. Das ostentative Desinteresse der in die neuen Waffenfabriken und Dolmetscherschulen abgeordneten jungen chinesischen Beamten an diesem Barbarengeschäft zeigt den niedrigen Status und die marginale Rolle dieses Wissens in der Werthierarchie der Beamten bis hin zum Sino-japanischen Krieg 1895.

2.3 Die Rezeption des ›Westens‹ in Shanghai

In der kommerziellen Umgebung der Vertragshäfen wie Shanghai, die weder von den Taiping-Rebellen noch von konfuzianischen Beamten bestimmt war, präsentierten sich westliche Technik und Institutionen noch einmal ganz anders. Shanghai ist hier wiederum die Stadt, in der sich das Neue am klarsten artikulierte. Anknüpfend am doppelten Image der berühmten Städte der Vergangenheit wie Hangzhou, Nanjing, Kaifeng oder Yangzhou als Sitz des Reichtums und/oder der Macht, aber jedenfalls einer entfalteten Vergnügungsindustrie, wurde Shanghai wahrgenommen und beschrieben als Ort paradiesischer Blüte und Annehmlichkeit (fanhua), als Ort des »Faszinierenden« (qi). Die frühen Stadtführer stellten es als einen Themenpark moderner Annehmlichkeit dar, wobei der [westliche] Stadtrat, die [chinesischen] Kurtisanen, die gepflasterten Straßen, die Existenz einer Feuerwehr, fließend Wasser in den Häusern und elektrische Lampen in den Straßen, Zeitungen und Theater, öffentliche Parks, Pferderennen ebenso wie der chinesisch-ausländische »Gemischte Gerichtshof« ganz unsortiert der Kategorie des »Faszinierenden« und »Blühenden« zugewiesen wurden. Die Bevölkerung der Vertragshäfen schien bis in die 20er Jahre dieses Jahrhunderts hinein keine Not mit der Rolle der Ausländer in diesen Städten zu haben, die bei ihrer geringen Zahl zudem fern davon waren, das Stadtbild zu prägen; sie erscheinen in den Darstellungen dieser Jahre nicht als säbelrasselnde Imperialisten oder fette Ausbeuter, sondern bestenfalls als Teilnehmer an einem kuriosen öffentlichen Sackhüpfwettbewerb und als weibliches Personal in einem westlichen Bordellschiff im Huangpu-Fluß. Die Missionspressen sowie die vom Hof neu eingerichteten Übersetzungsbüros fuhren fort, Übersetzungen westlicher Werke von der Optik zur Geometrie, von der Kinderheilkunde bis zum Bergbau und zum internationalen Recht zu veröffentlichen; jedoch blieb ihr Einfluß deutlich geringer als etwa in Japan, wo bereits zwischen 1860 und 1885 etliche dieser chinesischen Übersetzungen ihrerseits ins Japanische übertragen wurden und das Material für die Grundausbildung der ersten Generation von japanischen Regierungsstipendiaten in den USA und Europa bildeten.

Die drei zuvor beschriebenen Ansätze der Taiping-Bewegung, der chinesischen »Selbststärkungsbewegung« sowie Shanghais hatten bei aller Verschiedenheit eines gemeinsam: Sie partikularisierten die institutionellen und technischen Optionen, die der Westen bot, die technischen Optionen wurden nicht im Kontext eines Systems der Wissenschaften mit seinen theoretischen Prämissen und praktischen Regeln wahrgenommen, sondern als interessante Einzeltricks, und auch die rechtlichen, religiösen, ökonomischen und philosophischen Optionen wurden nicht auf ihre gemeinsamen Grundlagen zurückgeführt. Damit blieb der Weg zu eigenständigen Neuentwicklungen auf diesen Grundlagen zunächst und für lange Jahre versperrt.

3. Der Einfluß von Übersetzungen und Übersetzern auf die gegenseitige Wahrnehmung

Es wäre falsch zu vermuten, daß das chinesische Augenmerk sich ausschließlich auf die genannten technischen und institutionellen Institutionen gerichtet hätte. Vielmehr waren diese ein – oft nur marginaler – Teil eines weit reicheren und komplexeren kulturellen Wechselspiels in diesen Jahrzehnten zwischen 1840 und 1895. Voraussetzung für eine erfolgreiche Interaktion war dabei in allen Fällen die Fähigkeit der Ausländer, sprachlich und kulturell im chinesischen Kontext zu operieren, bis hin zum Argument, das Neue sei im Kern nichts Fremdes, sondern nur die Wiederbelebung längst vergessener Einrichtungen und Erkenntnisse des chinesischen Altertums, gleichgültig ob es sich um die Zeitung, den einen Gott, die Druckkunst, die Nächstenliebe, den Realismus in der Malerei und Literatur oder das Schwarzpulver handelte. Resultat war eine von zahlreichen chinesischen Intellektuellen getragene Bewegung, die den Ursprung westlicher Wissenschaften und Kenntnisse auf chinesische Wurzeln zurückführte. Diese chinesische China-Zentriertheit oder China-Borniertheit übte wiederum einen erheblichen kulturellen Druck auf die in China aktiven Ausländer aus, wobei der Status Chinas als alter Hochkultur ein Übriges dazu tat, bei ihnen die Bereitschaft zur Anpassung zu fördern. In seinem Bemühen, die Lehren des Christentums als die ganz unvermeidliche Konsequenz aus den höchsten Prämissen der chinesischen Philosophie darzustellen, schrieb so der bereits erwähnte Missionar Gützlaff schon um 1835 zwei Romane und andere literarische Werke auf Chinesisch. Ihre Protagonisten sind chinesische Gelehrte, sie spielen in China, ihre Sprache und ihre Themen sind chinesisch.

Ernest Major, ein Londoner Kaufmann, der 1860 als junger Mann nach China gekommen war und in der schriftlichen und mündlichen, aktiven und passiven Kommunikation auf Chinesisch ein hohes Niveau erreicht hatte, gründete 1872 in Shanghai eine chinesische Zeitung, die »Shenbao«, welche das wichtigste chinesische Blatt für die nächsten Jahrzehnte blieb, und einen chinesischen Verlag, den Pionier und Marktführer der modernen Verlags- und Druckindustrie in Shanghai bis 1895. Sein Markt waren die gebildeten Schichten des Jiangnan-Gebietes und allmählich, über eine Ladenkette von Zeitungs- und Buchläden in den wichtigsten Städten, die des ganzen Landes. Im Gegensatz zu den subventionierten Missionspressen und Übersetzungsbüros der Regierung war dies ein kommerzielles Unterfangen. Sein Verlagsprogramm spiegelt insofern den Markt der Zeit weit besser; es konzentriert sich ganz auf oft schwer zugängliche Stücke aus dem traditionellen chinesischen Bildungskanon sowie hochwertige Unterhaltungsliteratur. Er bot die Übersetzung eines einzigen englischen Romans an, und vertrieb über seinen Verlag eine Informationszeitschrift für westliche Wissenschaft; für Übersetzungen westlicher Werke existierte offenbar kein breiter Markt. Mit seiner Kommerzialisierung der chinesischen Kultur, der Professionalisierung des Zeitungs- und Verlagswesens und der Neugruppierung eines Bildungskanons, welcher nun etwa auch Romane einschloß, ist Majors kultureller Einfluß in China kaum zu überschätzen. Die von ihm eingeführten technischen, kommerziellen und editorischen Innovationen verstecken sich jedoch durchweg im Gewand einer Tradition bzw. wie bei der Lithographie in dem eines dekontextualisierten technischen Verfahrens.

Umgekehrt bleibt der kulturelle Druck der Chinazentriertheit auch bei den damals noch wenigen Absolventen der Übersetzerschulen wirksam, die es gelernt hatten, sich flüssig in einer fremden Sprache auszudrücken. Das beste Beispiel ist hier der im Westen gegen Ende des 19. Jh. bei weitem bekannteste chinesische Autor, Chen Jitong (Tcheng-Ki-Tong). Er war seit 1880 der höchstrangige chinesische Diplomat in Paris, ein eleganter Mann mit flüssigem Französisch, verheiratet mit einer Französin, ein gern gesehener Gast am Hof und in der Gesellschaft. Er schrieb, auf Französisch, eine Reihe von äußerst populären und erfolgreichen Darstellungen Chinas (Les Chinois peints par eux-mêmes, Le Roman de l'homme Jaune, Les Plaisirs de la Chine), die sogleich in andere Sprachen, darunter auch ins Deutsche, übersetzt wurden. Diese Bücher, deren »authentischer« chinesischer Sprecher sich gegen die kulturelle Ignoranz der China beschreibenden westlichen Autoren ironisch abgrenzt, präsentieren dem westlichen Leser in seiner eigenen Sprache und Rhetorik ein Traumchina, welches in fröhlicher Gediegenheit in sich selbst ruht, ungestört von Bürgerkriegen (wie der Taiping-Rebellion), einer ethnischen Spaltung in der Führung (zwischen Mandschus und Han-Chinesen) oder Konflikten mit anderen Staaten. Chens Bücher reflektieren und verstärken das Image von der kulturellen Eigentümlichkeit und Andersartigkeit Chinas, welches bis in unsere Tage hinein die Diskussionen im Westen wie in China selbst prägt.

Die chinesische Niederlage im Chinesisch-japanischen Krieg 1895 war schockierender als die früheren gegen England und Frankreich, weil Japan etwa gleichzeitig mit China begonnen hatte, westliche Technologie einzuführen. In Übernahme sozialdarwinistischer Ideen vom »survival of the fittest« begann Japan, einen eigenen imperialen Anspruch in Ostasien zu definieren. In diesem Szenario hatte China den Existenzkampf bereits verloren und konnte nur unter japanischer Führung einen Platz in der Welt finden. Seit den 70er Jahren waren beim neu gegründeten Büro für Auswärtige Angelegenheiten, dem Zongli Yamen in Peking sowie beim Jiangnan-Arsenal in Shanghai spezialisierte Übersetzungsbüros eingerichtet worden, die eine nicht unerhebliche Zahl von westlichen vor allem technischen, wirtschaftlichen und staatsrechtlichen Texten übersetzten, am markantesten repräsentiert in der von Jonathan Fryer in Shanghai herausgegebenen ersten »Wissenschaftszeitschrift« (Gezhi huibian).

Es ist schwierig, den Einfluß dieser Arbeiten einzuschätzen, die oft durch die Notwendigkeit der Erfindung neuer chinesischer Termini und Konzepte sowie der Abbildung westlicher Argumentationslogik schwer zu verstehen waren. Einzelne große Arbeiten wie W. A. P. Martins Übersetzung von Wheatons »Elements of International Law« (1864), welches die rechtlichen Spielregeln des zwischenstaatlichen Verkehrs westlichen Typs darlegte und entsprechend für ein neu in diese Rechtssphäre eintretendes Land sehr wichtig hätte sein können, kamen erst viele Jahre später wirklich zum Tragen. Es ist davon auszugehen, daß die Vermittlung staatsrechtlicher und anderer Konzepte in dieser frühen Zeit zum großen Teil nicht über die Lektüre der Übersetzungen selbst erfolgte, sondern über Zitate aus diesen Arbeiten in Leitartikeln und Berichten der chinesischen Presse.

Erst in den 1890er Jahren nach der Niederlage Chinas im Chinesisch-Japanischen Krieg von 1895 wächst das Bedürfnis nach genauerer Kenntnis des Westens bei Beamten und Intellektuellen, so daß Übersetzungen westlicher Werke einen wirklichen Markt finden. Yan Fu (1853–1921), der wichtigste unter diesen Übersetzern, übertrug westliche Werke aus dem Bereich der Sozialwissenschaften, die Rahmenkategorien für die Dynamik gesellschaftlicher Entwicklung sowie zwischenstaatlicher Beziehungen anboten, darunter Spencers »A Study of Sociology,« (1897) Huxleys »Evolution and Ethics« (1898), Adam Smiths »Wealth of Nations« (1902), Mills »On Liberty« (1903) und Montesquieus »L'Esprit des Lois« (1905). Wie wir aus zeitgenössischen Quellen wissen, wurden diese Werke von den Reformern dieser Jahre sowie breiten Kreisen der jungen Intelligenz begierig aufgenommen. Es handelte sich um kommentierende Übersetzungen, in die immer wieder Erklärungen und Bemerkungen des Übersetzers eingeschoben waren, die den Text auf chinesische Verhältnisse bezogen. Den größten Einfluß hatte die Übertragung von Konzepten des Überlebenskampfes in der biologischen Entwicklung, wie sie vor allem von Darwin und Lamarck entwickelt worden waren, auf den Wettkampf zwischen verschiedenen Nationen. Die Originaltexte waren analytisch gemeint und sollten die Mechanik aufzeigen, in denen sich soziale Prozesse vollziehen, zu denen auch das Absinken Chinas zu einer Macht zweiter Klasse gehörte. Die chinesische Rezeption war von dem Wunsch geprägt, praktische Mittel zu finden, um China aus seinem Status als »kranker Mann Ostasiens« zu befreien und »reich und mächtig« zu machen. Die Texte wurden insofern als normative Handbücher studiert; es wurden die Merkmale der in diesem Wettkampf erfolgreichen Nationen gesucht, um sie dann in China einzuführen.

Die beweglichsten Teile der politischen Klasse Chinas – jüngere Gebildete aus den südlichen Küstenprovinzen – reagierten auf diese Krise mit einer Flut von Kritiken am bestehenden Zustand sowie mit Reformprojekten, die das Ziel hatten, die hier zum ersten Male als solche wahrgenommene chinesische ›Nation‹ stark und reich zu machen. Von ihren Vorfahren übernahmen diese jungen Leute den Anspruch, das Schicksal der Nation bestimmen zu können, sowie die Verachtung für die Irrationalität und Engstirnigkeit des »dummen Volkes«. Ihr Adressat war zunächst der Hof, und sie erhofften sich von dort Unterstützung ihrer Reformprojekte nach dem Vorbild Rußlands unter Peter dem Großen, Deutschlands unter Kaiser Wilhelm und Bismarck sowie Japans während der Meiji Reform.

Wichtige sozialutopische Anstöße kamen aus der christlichen Soziallehre dieser Jahre, welche über eine von vielen Reformern abonnierte von Missionaren herausgegebene Zeitung, die »Wanguo gongbao«, vermittelt wurde. In ihrer öffentlichen Form, etwa dem »Buch von der Großen Gemeinsamkeit« (Datong shu) von Kang Youwei (1858–1927) beziehen diese Vorschläge ihre Begriffe jedoch aus demselben Kapitel des Ritenklassikers Liji, auf welches sich schon die Taiping-Rebellen bezogen hatten. Etliche dieser Projekte suchten so weiterhin eine Verbindung zwischen einer – allerdings ganz neu konstruierten – chinesischen »Tradition« geistiger und institutioneller Art mit einer dekontextualisierten westlichen Technik. Kang Youwei propagierte nicht wie die Taiping-Anhänger die Vernichtung des »dämonischen« Konfuzianismus, er verwandelte Konfuzius vom Bewahrer der etablierten Ordnung und Werte in einen Reformer, der vor allen die Bedeutung des Erziehungswesens erkannt hatte, und bemühte sich um die Gründung eines chinesisch-japanischen Konfuziuskultes, in dem der modernisierte Konfuzius an die Stelle Jesu trat, und der sich um die Etablierung des Konfuzianismus als Staatsreligion bemühte. In einem der ersten chinesischen Social-Science-Fiction-Romane »Rückschau auf die Zukunft des Neuen China« (1907) ließ Kangs Schüler Liang

Qichao (1873–1929) entsprechend einen direkten Nachkommen des Konfuzius im Jahre 1996 einem in China versammelten Kreis von Staatspräsidenten, Premierministern und gekrönten Häuptern aus aller Welt (die inzwischen alle Chinesisch als erste Fremdsprache gelernt hatten) die Gründe für den erstaunlichen Aufstieg Chinas unter die modernen Weltmächte erklären, die eben in dieser Verbindung gereinigter und neu erfundener Traditionen mit westlichen Technikimporten bestand.

Nachdem der Versuch, den Hof für die Reformen zu gewinnen, 1898 fürs erste fehlgeschlagen war, verlagerte sich der Schwerpunkt der Reformer inhaltlich, formal und geographisch. Der Hof und die Beamtenschaft wurden ihnen zum Hemmnis für die Reform des Landes und die Stärkung der Nation. Eine der Begleiterscheinungen der Erfindung Chinas als ›Nation‹ war die Entdeckung einer Rassengrenze zwischen Han-Chinesen und Mandschus. Es gelang dem Hof bis zum Ende der Dynastie 1911 trotz aller Anfang des neuen Jahrhunderts tatsächlich durchgeführten Reformen nicht, Initiative und Glaubwürdigkeit wiederzugewinnen. An seine Stelle trat als Basis der Reform ein durch die Reformer selbst »erneuertes« und umerzogenes oder gar »revolutioniertes« »Volk«. Das Medium für diese Erneuerung und Umerziehung war nicht mehr die Eingabe an den Herrscher, sondern die unter dem Schutz des Shanghaier »International Settlement« oder direkt in Japan veröffentlichten Zeitungen und Zeitschriften sowie die politischen Romane mit ihrer kritischen Denunziation der Mißstände in Hof und Gesellschaft. Weiterer Träger der Reform war die in diesen En- oder Exklaven etablierte politische Organisation oder Partei sowie bald darauf die sich im ganzen Land formierende neue Schule mit einem Curriculum, welches nicht mehr auf die Vorbereitung für die Staatsprüfungen abgestellt war, und dessen Themen Fremdsprachen, Weltgeschichte und Einführungen in die Naturwissenschaft und Technik einschlossen.

Geographisch verlagerte sich der Schwerpunkt der Tätigkeit auf Bereiche außerhalb des Kontrollbereiches des Hofes, wo sich potentielle Mitglieder einer künftigen Elite würden erreichen lassen, das heißt nach Shanghai sowie in die japanischen Städte wie Yokohama, in die Tausende von chinesischen Studenten nun strömten, um sich dort bereits voradaptierte westliche Kenntnisse anzueignen. Darüber hinaus wurden systematische Anstrengungen unternommen, die finanzielle und organisatorische Unterstützung von Auslandschinesen für diese Verbindung aus Nationalismus und Reform zu gewinnen. Toleriert und gelegentlich auch vorsichtig unterstützt von örtlichen Beamten sowie einer ersten Generation von Unternehmern und Philanthropen wie Zhang Jian konnten die neuen Schulen auch außerhalb dieser Exklaven im chinesischen Inland hier und da Fuß fassen.

Obwohl Missionare, die Übersetzungsbüros und unabhängige chinesische Übersetzer wie Yan Fu fortfuhren, wichtige Arbeiten aus verschiedenen Bereichen der Technik und Sozialwissenschaften zu übersetzen, kam der entscheidende Einfluß nun über die Studenten aus Japan. Dies wird deutlich daran, daß der größte Teil des Vokabulars für die neuen politischen Ordnungsbegriffe wie »Staat«, »Gesellschaft«, »Geschichte,« »Volk«, »Nation« ebensowie das neue naturwissenschaftliche und technische Vokabular von »Kosmos« bis »Physik« und »Brechung« aus den (mit chinesischen Zeichen geschriebenen) japanischen Übersetzungsbegriffen für die entsprechenden westlichen Begriffe kam, wobei die Übersetzer ins Japanische vielfach auf Begriffe aus dem klassischen Chinesisch zurückgriffen. So entsteht um die

Jahrhundertwende ein Diskurs, der in seinem Vokabular, seinen Gemeinplätzen und seinen Argumentationssträngen ein in seiner Struktur und Problemlage ganz neu konstituiertes China beschreibt, welches sich aus einer Singularität in ein Exemplar der international vertrauten Gattung »schwache und unterdrückte Nation« verwandelt hatte, welches mit international vertrauten Begriffen hinreichend genau beschrieben werden konnte und für welches Rettungsrezepte verschrieben werden konnten, die ihrerseits aus der internationalen politischen Apotheke stammen konnten. In den politischen Romanen der Zeit trafen Revolutionäre und Reformer aus Irland, Spanien, Japan, Ägypten, Polen und den Philippinen einander bei der Wallfahrt zur Freiheitsglocke in Baltimore und entdeckten im Gespräch, daß ihre Länder ähnliche Probleme hatten, die nach ähnlichen Lösungen verlangten. Der Aufenthalt in Shanghai oder Japan und gelegentlich sogar der Besuch in einem westlichen Land förderte eine Internationalisierung auch in ganz lebenspraktischen Bereichen wie der Kleidung, dem Schuhwerk, den Eßinstrumenten und den Umgangsformen. Selbst bei den Rollenmodellen traten nun italienische Revolutionäre wie Mazzini oder russische Anarchistinnen wie Sophia Perovskaya an die Stelle von loyal remonstrierenden Beamten des chinesischen Altertums wie Bi Gan, Qu Yuan, Bao Zheng oder Hai Rui.

4. Die ›Kapitulation‹ vor der Modernisierung und die Entstehung neuer politischer Eliten

Die Reformbemühungen seitens des Hofes von 1898 waren nach 100 Tagen durch einen Putsch der Kaiserinmutter Cixi vorerst beendet worden. Zwei Jahre später versuchten Kräfte des Hofes, durch Unterstützung lokaler, stark traditionalistischer und fremdenfeindlicher Gruppierungen (»Boxeraufstand«) die irritierende Präsenz von Missionaren im Innern des Landes zu vermindern und zugleich die stark am Westen orientierten Reformkräfte in China zu isolieren. Die Westmächte reagierten mit der Entsendung einer von dem Deutschen Graf Waldersee angeführten multinationalen Streitmacht, die den Hof zur Flucht aus Peking zwang. Die Regentin Cixi reagierte mit einem auf der Flucht geschriebenen Aufruf an die Gebildeten des Landes, Vorschläge für die Reform des Landes zu unterbreiten. Die Kernstücke des Aufrufes entstammten den Reformprojekten des Jahres 1898. Diese Sequenz von Reform, Coup, Boxeraufstand und Reformappell signalisierte eine zunehmende Instabilität des Hofes, reduzierte die Kontrolle des Hofes über den legitimen Diskurs weiter und erhöhte die Attraktivität alternativer »moderner« Karrieren außerhalb des Beamtentums, da diese ein größeres Zukunftspotential zu haben schienen. Die offizielle Abschaffung der traditionellen Staatsexamen 1905, die Einrichtung eines Erziehungsministeriums mit der Aufgabe der Etablierung eines modernen Schulsystems sowie die Reorganisation der Zentralverwaltung in Peking ratifizierten insofern nur Entwicklungen, die bereits weit fortgeschritten waren, und setzten keine wichtigen neuen Impulse.

1911 fand die Dynastie ihr im Wesentlichen unblutiges Ende. Die Provinzen weigerten sich, Direktiven der Zentrale durchzuführen, die chinesischen Kommandeure der chinesischen Militäreinheiten verweigerten den Einsatz in einem Bürgerkrieg und der tatsächliche Umsturz erfolgte in einer Reihe örtlicher, kleinerer Aufstände unter Beteiligung der von Sun Yat-sen geleiteten Tongmenghui (später Guomindang), jedoch ohne große Einbeziehung der Bevölkerung, deren Reife für solche nationale und revolutionäre Aktivität zudem von den meisten Revolutionären bezweifelt wurde. *(Siehe auch die Beiträge von Hermann Halbeisen und Oskar Weggel.)*

Vielfältige politische Organisationen wie Provinzversammlungen, politische Vereinigungen und Parteien, Studienzirkel und Verbände hatten sich im vergangenen Jahrzehnt gebildet und dazu beigetragen, die Autorität des Hofes zu unterminieren. Die neue »Republik« hatte seit 1912 zwar alle formalen Schritte unternommen, welche die Ankunft einer neuen Dynastie signalisierten, wie die Einführung eines neuen Kalenders, der im ersten Jahr der Republik begann (jedoch das Jahr nach dem westlichen Kalender organisierte), sowie die Einführung eines neuen Staatsrituals mit Hymne und Flagge, ja sogar einer neuen durch Gesetz verkündeten modernisierten Staatstracht, die Sun Yat-sen selbst mit seinem Schneider entwickelt hatte. Es fehlte der neuen Zentralregierung jedoch die Kraft, sich gegen die starken regionalen Kräfte mit ihren eigenen Militäreinheiten und eigenen Verbindungen zum Ausland sowie gegen die Fraktionen in ihren eigenen Reihen durchzusetzen, die ihrerseits oft direkt von westlichen oder japanischen Sponsoren dirigiert wurden. Die Republik war nicht imstande, die Hoffnungen der radikalen Intelligenz einzulösen, die nun in den neuen Schulen, der bereits 1898 gegründeten Nationaluniversität in Peking und den von Missionaren gegründeten Universitäten in den Vertragshäfen heranwuchs.

Diese neue und zum Teil im Ausland ausgebildete Intelligenz machte sich daran, das von Liang Qichao begonnene Projekt der Erziehung der »Massen« zur modernen politischen Reife fortzuführen. Als wesentlicher Hemmschuh galt ihnen die nun als solche definierte »feudale« und »rückständige« kulturelle und Wertorientierung dieser Massen. Eine »neue Kultur« war von Nöten, die sie schaffen und durch eine neue, allen verständliche, umgangssprachlich orientierte Schriftsprache popularisieren würden, und die mit der nun als konfuzianische »Menschenfressergesellschaft« (Lu Xun) denunzierten alten Gesellschaft Schluß machen werde. Die chinesische Geschichte wurde ein zweites Mal innerhalb einer Generation umgeschrieben; die Ehrenplätze wurden nun für die Rebellen gegen die konfuzianische Orthodoxie reserviert. Zu den führenden Köpfen dieser neuen Intelligenz gehörten unter anderen Hu Shi, der später zum führenden Vertreter einer an John Dewey orientierten, pragmatischen Erziehungsphilosophie wurde, Chen Duxiu, einer der Gründer und der erste Vorsitzende der Kommunistischen Partei Chinas, und Lu Xun, dessen Erzählungen und Essays die wichtigsten polemischen Symbolfiguren und -begriffe dieser Bewegung für eine neue Kultur prägten. Diese neue Intelligenz, welche die Begriffe »neu« und »Jugend« zu Leitworten für Chinas Reorientierung erhob (ähnlich wie es im Westen »Young England« oder »Jungdeutschland« getan hatten und taten), beanspruchte für sich die traditionelle Ehrenrolle des Lehrers und Leiters des »dummen« Volkes und erklärte, die objektiven Interessen dieses Volkes zu definieren und zu repräsentieren, die dieses selbst in seiner Verblendung nicht wahrnehmen könne. Dieser erzieherische Eliteanspruch fand seinen konzentriertesten Ausdruck in der von ihnen propagierten neuen, auf die »gesprochene Sprache« (baihua) gestützten Schriftsprache, die sich ostentativ an die breiten Volksmassen richtete, jedoch faktisch zum Erkennungsmerkmal und Kommunikationsmedium für die neue Intelligenz selbst wurde und mit ihrer importierten Terminologie und ihren stark vom Japanischen und von westlicher Grammatik beeinflußten Strukturen für die vermeintlichen Adressaten auf Jahrzehnte noch weithin unverständlich blieb, selbst wenn diese lesen konnten.

Diese Bewegung für eine »neue Kultur« konnte nicht unpolitisch sein, sah jedoch eher in der langfristigen wissenschaftlichen und politischen Umerziehung der Intelligenz und der Bevölkerung zum Zwecke der Stärkung der Nation und der Stabilisierung der Republik ihre Hauptaufgabe. Dieses Programm bot zunächst einen relativ weiten Spielraum für Anleihen aus Japan, den USA und aus dem revolutionären Rußland und bewahrte die Distanz gegenüber dem politischen und diplomatischen Tagesgeschehen.

Als jedoch nach dem Ende des Ersten Weltkriegs die Westmächte 1919 in den Versailler Verhandlungen der Übergabe der ursprünglich deutschen Kolonien in China an Japan zustimmten, übernahm die junge Intelligenz eine weitere Rolle, die der Verteidigung der Interessen der Nation gegenüber den imperialistischen Aspirationen des Auslands und gegen die Nachgiebigkeit chinesischer »Verräter« gegenüber diesen Aspirationen. Am 4. Mai 1919 kam es zu einer Demonstration in Peking, der Streikaktionen in anderen Städten sowie schließlich eine Flut von Gründungen nationalistisch inspirierter Vereinigungen im ganzen Land folgten. Die neue »Internationale« der unterdrückten Völker machte sich hier zum ersten Male konkret bemerkbar. Die chinesischen Aktionen gegen den Versailler Vertrag übernahmen bis in die Details die Formen, die die koreanische Opposition gegen die Fortsetzung der japanischen Kolonialherrschaft in Korea entwickelt hatten und die – unter breiter chinesischer Presseberichterstattung – in die koreanische Bewegung des 1. März 1919 gemündet waren.

Das breitere Programm der »neuen Kultur« reduzierte sich zunehmend auf die Aspekte, die mit dem neuen Nationalismus verträglich waren, und die geduldige Aneignung und Adaption der aus Japan, dem Westen und der neuen Sowjetunion gebotenen Optionen wurde vielfach durch einen an nationalistischen Zielen orientierten Aktionismus ersetzt. Die Guomindang und die 1921 durch die Kommunistische Internationale in Shanghai gegründete Kommunistische Partei Chinas wurden zu den Organisatoren dieser neuen Agenda. Die »Generation des 4. Mai« stellte das Führungspersonal dieser Parteien, und es gelang diesen, sich durch die von ihnen kontrollierte kulturelle Produktion bis hinunter zu den Schulbüchern unserer Tage als den Beginn des »neuen China« nach Tausenden von Jahren der feudalen Stagnation zu definieren, dem aus diesem Grunde legitimerweise die Führung des neuen China zustünde.

Das von den Taiping-Rebellen in großem Stil begonnene Projekt der radikalen Umerziehung Chinas durch Zerstörung seiner Kulturgüter und Unterbrechung der kulturellen Kontinuität, die in den Projekten der Reformer der späten Qing sowie der Bewegung der »neuen Kultur« ihre Fortsetzung gefunden hatte, erreichte durch die Verbindung von nationalistischer Neuerfindung der Geschichte und einer modernen Agenda des Landes mit moderner Staatsgewalt in der Republik sowie schließlich der Volksrepublik China ihre größte Wirkung und Durchschlagskraft – um den Preis erheblicher Risiken.

Verwendete und weiterführende Literatur

ESHERICK, JOSEPH (1987): The Origins of the Boxer Uprising, Berkeley: Univ. of California Pr.
FAIRBANK, JOHN K. (1968): The Chinese World Order: Traditional China's foreign relations, Cambridge, Mass., Harvard University Press.
FAIRBANK, JOHN K. (1978/Hrsg.): The Cambridge History of China: Volume 10: Late Ch'ing, 1800–1911, Part I, Cambridge: Cambridge University Press.
FAIRBANK, JOHN K., KWANG-CHING LIU (1980/Hrsg.): The Cambridge History of China: Volume 11: Late Ch'ing, 1800–1911, Part 2, Cambridge, Cambridge University Press, 1980.
FEWSMITH, JOSEPH (1985): Party, State, and Local Elites in Republican China: Merchant Organizations and Politics in Shanghai, 1890–1930, Honolulu: University of Hawaii Press.
GRIEDER, JEROME B.(1983): Intellectuals and the State in Modern China: A Narrative History, New York: Free Pr.
HSIAO KUNG-CH'ÜAN (1975): A Modern China and a New World: K'ang Yu-wei, Reformer and Utopian, 1858–1927. Seattle: University of Washington Press.
HSÜ IMMANUEL C. Y. (1970): The Rise of Modern China, New York: Oxford University Press.
LEVENSON, JOSEPH R. (1965): Confucian China and its Modern Fate (Volume Three): The Problem of Historical Significance, London: Routledge and Kegan Paul.
SCHWARTZ, BENJAMIN (1964): In Search of Wealth and Power: Yen Fu and the West, Cambridge, Mass.: The Belknap Press of Harvard University Press.
WAGNER, RUDOLF G. (1982): Reenacting the Heavenly Vision: The Role of Religion in the Taiping Rebellion, Berkeley: Institute of East Asian Studies, University of California.
WAGNER, RUDOLF G. (1995): The Role of the Foreign Community in the Chinese Public Sphere, in: China Quarterly, Nr. 142, Juni 1995, S. 423–443.

VI. Die chinesische Republik zwischen Modernisierung und Bürgerkrieg: 1911 bis 1949

HERMANN HALBEISEN

1. Vorbemerkung

In den beinah vierzig Jahren ihres Bestehens auf dem chinesischen Festland hat die Republik China eine wechselvolle Geschichte durchlaufen. Auseinandersetzungen um die politische Macht und Interventionen ausländischer Staaten bewirkten eine Abfolge verschiedener Regime und letztlich den Untergang der Republik auf dem Festland als Folge des Bürgerkrieges. In diesem Zeitraum genoß die Republik nur in den ersten Jahren der Präsidentschaft Yuan Shikais und während der sogenannten »Nanjing-Dekade« Phasen relativer Ruhe und Stabilität.

Die neue Ordnung war mit den gleichen Problemen belastet, die auch die Qing-Herrschaft in ihrer Spätphase geprägt hatten: Die Schwäche der Zentralregierung hielt an, während der Spielraum der Provinzen immer größer wurde. Diese Gewichtsverlagerung wurde nicht durch einen konstitutionellen Rahmen strukturiert, sie manifestierte sich vielmehr in andauernden militärischen Auseinandersetzungen zwischen jenen Kräften, die auf eine Stärkung der Zentralgewalt abzielten, und jenen, die den Einfluß der Provinzen zu wahren oder auszudehnen trachteten. Dahinter standen verschiedenartige Modernisierungskonzepte.

2. Die Auseinandersetzung um die politische Ordnung

2.1 Die Revolution von 1911

Die republikanische Revolution war eher das Ergebnis eines Zufalls denn das Resultat zielgerichteter Anstrengungen. Drei Faktoren begünstigten ihren Erfolg: die anhaltende Krise der Qing-Dynastie, wachsende Spannungen zwischen den Provinzen und der Regierung in Peking über die Verteilung ökonomischer und politischer Ressourcen sowie die langjährigen Aktionen revolutionärer Gruppen, die die Gründung einer Republik anstrebten.

Nur vor diesem Hintergrund konnte eine Konspiration junger Offiziere in Wuchang, deren Aufdeckung den Auslöser für die Revolution am 10. Oktober 1911 bildete, landesweite Bedeutung erlangen. Führende Repräsentanten der republikanischen Bewegung, Huang Xing und Sun Yat-sen, setzten sich an die Spitze der Rebellion. Sun, Advokat der Republik und Führer der größten Organisation für eine revolutionäre Veränderung, der Tongmenghui (»Verschworene Liga«), wurde provisorischer Präsident der neuen Republik. Süd- und Zentralchina entglitten der Kontrolle der Regierung in Peking, das Land spaltete sich geographisch wie politisch.

2.2 Die Präsidentschaft Yuan Shikais (1912–1916)

Die Schwächen der nationalistischen Revolution wurden schnell offenkundig. Die Revolutionäre verfügten weder über die militärische Macht noch über die politische Unterstützung, um der Revolution im ganzen Land zum Sieg zu verhelfen. In einem Kompromiß mit konservativen, kaisertreuen Kräften wurde die Abdankung des Kaisers und die Etablierung der Republik als neue Staatsform vereinbart. Der erste Präsident der Republik, Yuan Shikai, entstammte jedoch nicht dem revolutionären Lager. Er war ein loyaler Diener der Qing, der die Institutionen der neuen Ordnung ablehnte.

Über die Ausgestaltung der politischen Strukturen bestanden tiefgreifende Meinungsverschiedenheiten. Die Verfassung sah ein präsidentielles System vor, das dem Präsidenten der Republik eine starke Stellung zuwies. Tendierte Präsident Yuan zu einer extensiven Interpretation der Prärogativen seines Amtes, so verfolgten führende Vertreter der republikanischen Bewegung einen anderen Kurs. Song Jiaoren, der wichtigste Repräsentant dieser Bewegung, strebte ein parlamentarisches System an. Unter seiner Führung schloß sich die Tongmenghui, bislang eine revolutionäre Geheimgesellschaft, mit anderen bürgerlichen Gruppierungen zur Nationalpartei (Guomindang/GMD) zusammen. Die GMD schickte sich an, in Konkurrenz mit anderen Parteien bei den anstehenden Wahlen eine parlamentarische Mehrheit zu erringen und über das Amt des Premierministers Regierungsgewalt auszuüben. Dieser Entwicklung wurde durch die Ermordung Songs im März 1913 und die Unterdrückung der GMD ein Ende gesetzt.

Nachdem Yuan Shikai auch den von seinen Gegnern im Juli 1913 gestarteten Versuch einer »Zweiten Revolution« auf diese Weise niedergeschlagen und das Parlament als funktionsfähiges politisches Organ ausgeschaltet hatte, dominierte der Präsident die politischen Institutionen. Der Versuch, die Machtfülle seines Amtes zur Durchsetzung eines Vorrangs der Zentralregierung zu nutzen, scheiterte jedoch. Mit wachsenden innen- und außenpolitischen Problemen konfrontiert – so suchte Japan die Schwäche der Regierung durch die Präsentation von sogenannten »21 Forderungen« zu nutzen, deren Erfüllung dem Land eine weitgehende Dominanz in der Politik und Wirtschaft Chinas gesichert hätte – war Yuan bestrebt, seine schwindende Legitimation durch die Restauration des Kaisertums zu erneuern. Er stieß dabei aber auf einhellige Ablehnung und löste eine neue Rebellionsbewegung in den Provinzen aus, die sich unter dem Vorwand, die Republik zu schützen, gegen die Zentrale erhoben.

2.3 Herrschaft der Kriegsherren (1916–1927)

Nach dem Tode Yuans im Jahr 1916 zerfiel der Einfluß der Zentralregierung. Sie blieb weiterhin die international anerkannte Regierung mit dem Recht, international verbindliche Verträge abzuschließen. Es war daher immer noch ein erstrebenswertes Ziel, die Kontrolle über diese Regierung zu erlangen. Allerdings war die Regierungskontrolle bis 1928 – und in mancher Hinsicht bis zur Etablierung der kommunistischen Regierung im Jahre 1949 – nicht mit der Herrschaft über das gesamte Territorium Chinas verbunden. Das Land zerfiel vielmehr in zahlreiche Teilgebiete, die von »Kriegsherren« beherrscht wurden.

2.3.1 Charakteristika der Kriegsherren

Als »Kriegsherren« galten lokale Machthaber, die jeweils ihnen persönlich ergebene Streitkräfte befehligten und ein bestimmtes Gebiet kontrollierten bzw. versuchten, die Kontrolle über ein Gebiet zu erlangen. Ein Kriegsherr handelte – weitgehend unabhängig von anderen Einflüssen – in Verfolgung seiner eigenen Interessen. Charakteristisch für die Kriegsherren waren weniger die Ziele ihrer Herrschaft als die Art der Herrschaftsausübung.

Unter dem Begriff »Kriegsherren« wird eine sehr disparate Gruppe von Personen zusammengefaßt, deren Zusammensetzung, Qualifikationen und Herkunft sich über die Zeit hin änderte. Die Kriegsherren, die unmittelbar nach dem Tode Yuans auftraten, entstammten in der Regel dem Offizierskorps der Qing-Dynastie, mit Wertvorstellungen, die sich stark am Konfuzianismus orientierten. Anfang der zwanziger Jahre trat eine neue Generation auf den Plan, viele ihrer Mitglieder entstammten sehr einfachen Verhältnissen. Gleichheit der Herkunft führte jedoch nicht zwangsläufig zu gleicher Politik. Das Spektrum erstreckte sich von Feng Yuxiang, dem »christlichen General«, bis Zhang Cungchang. Handelte Feng nach konfuzianischen Vorstellungen von der Verpflichtung der Regierung gegenüber dem Volk, so beutete Zhang, dessen Karriere auch eine Zeit als Bandit einschloß, die von ihm beherrschten Gebiete systematisch aus.

Die Kriegsherren kümmerten sich intensiv um die Beschaffung finanzieller Ressourcen, zur eigenen Bereicherung wie zum Unterhalt ihrer Truppen. Da ihre Herrschaft höchst unsicher war und regelmäßig von Kriegen unterbrochen wurde, achteten sie beim Eintreiben von Abgaben in der Regel nicht darauf, die wirtschaftliche Leistungsfähigkeit der beherrschten Gebiete zu sichern.

2.3.2 Volksfront und Nordfeldzug (1924–1927)

Unter den Kriegsherren war das formelle politische Leben weitgehend lahmgelegt. Abseits der politischen Institutionen formierten sich jedoch politische Kräfte, die in den kommenden Jahren die politische Entwicklung des Landes prägen sollten.

Sun Yat-sen, Führer und Vordenker der GMD, präzisierte seine politischen Theorien von den »Drei Volksprinzipien« und vom Aufbau einer demokratischen Ordnung. Die Niederlage der »Zweiten Revolution« war ihm Beleg dafür, daß China nicht reif war für einen direkten Übergang zur Demokratie. Um ein erneutes Scheitern zu vermeiden, vertrat Sun jetzt ein Phasenmodell: Nach der mit militärischen Mitteln vollendeten Revolution sollte eine Phase der Erziehungsdiktatur die Chinesen auf die Demokratie vorbereiten.

Motiviert von den Ideen der 4. Mai-Bewegung *(siehe auch den Beitrag von Rudolf G.Wagner)* und dem Erfolg der Oktoberrevolution in Rußland gründete eine

Gruppe junger Intellektueller am 1. Juli 1921 die Kommunistische Partei Chinas (Gongchandang/KPCh). Als Partei einer Arbeiterklasse, die zum Zeitpunkt der Parteigründung gerade 0,5 % der Bevölkerung ausmachte, blieb sie jedoch zunächst ohne Einfluß.

Gravierenden Einfluß auf die innenpolitische Entwicklung hatte jedoch das Engagement der Kommunistischen Internationale (Komintern) in China. Mit Hilfe ihrer Berater wurde die GMD nach leninistischen Prinzipien reorganisiert. Die Komintern unterstützte die Partei finanziell, half beim Aufbau einer Militärakademie sowie bei der Aufstellung und Ausrüstung ihrer Streitkräfte.

Auch die Entwicklung der KPCh wurde von der Komintern beeinflußt. Ihre Delegierten lenkten die ideologische Entwicklung der Partei und setzten gegen den Widerstand zahlreicher Mitglieder ein Bündnis zwischen KPCh und GMD durch. Im Rahmen einer »Volksfront« konnten Mitglieder der KPCh auf individueller Basis in die GMD eintreten und in leitenden Funktionen tätig werden.

Nach dem Tod Sun Yat-sens, dem unumstrittenen Führer der GMD wie der Volksfront, im März 1925 gewann das ohnehin spannungsgeladene Verhältnis der beiden Parteien an Schärfe. Auch innerhalb der GMD nahmen die Auseinandersetzungen zu, sei es als Folge persönlicher Machtinteressen im Kampf um den vakanten Parteivorsitz oder als Folge von Meinungsverschiedenheiten über den Sinn des Bündnisses mit der KPCh. Deren Einfluß nahm innerhalb und außerhalb der Volksfront ständig zu, und besonders unter der Arbeiterschaft und den Bauern vermochte die KPCh ihre Stellung auszubauen.

Diese Spannungen wurden durch den Beginn des »Nordfeldzuges« im Juli 1926, der mit der Einigung des Landes mit militärischen Mitteln endete, zunächst zurückgedrängt. Bei ihrem Vormarsch stießen die Truppen der GMD nur auf geringen Widerstand und erzielten in kurzer Zeit große Geländegewinne. Anfang 1927 wurde Shanghai eingenommen.

Der Vormarsch wurde durch den erneuten Ausbruch von Konflikten innerhalb des Bündnisses unterbrochen. Die GMD spaltete sich in einen rechten, antikommunistischen Flügel unter Chiang Kai-shek in Shanghai und einen linken Flügel unter Wang Jingwei in Wuhan. Wang hielt zunächst an der Volksfront fest. Ein blutiges Massaker in Shanghai im April 1927, in dessen Verlauf zahlreiche Angehörige linker Organisationen getötet wurden, leitete das Ende der Volksfront ein, das bald danach auch vom linken Flügel der GMD vollzogen wurde. Die Reste der KPCh zogen sich in den städtischen Untergrund zurück oder versuchten, auf dem Lande einen Guerillakrieg zu organisieren.

3. Die Nanjing-Dekade (1927–1937)

Die knapp zehn Jahre zwischen dem Ende des Nordfeldzuges und dem Beginn des anti-japanischen Krieges werden nach dem Ort benannt, an dem die siegreiche GMD ihre Regierung errichtete. Die neue Regierung verfolgte ambitionierte Pläne: Vollendung der nationalen Einheit, Rückerlangung chinesischer Souveränität in politischen und ökonomischen Angelegenheiten sowie rapide Industrialisierung und wirtschaftliche Entwicklung. Ihrer Verwirklichung standen jedoch gravierende

Hindernisse entgegen. Die politischen Institutionen der Nation waren verfallen, regionale Militärmachthaber herrschten auch weiterhin in großen Teilen des Landes. Die Wirren vor der Etablierung des neuen Regimes hatten die wirtschaftlichen Bedingungen verschlechtert, Aufstände im Inneren und Aggression von außen stellten die Regierung vor ungeahnte Probleme.

3.1 Gefährdete Herrschaft

Schon vor dem Ende des Nordfeldzuges mit der Eroberung Pekings im Juni 1928 wurde am 18. April eine neue Zentralregierung in Nanjing errichtet. Die vollständige Einigung der Nation wurde allerdings erst im Dezember 1928 erreicht, als sich auch der Kriegsherr der Mandschurei formell der Zentralregierung unterordnete.

3.1.1 Konflikte zwischen Zentralregierung und Kriegsherren

Die tatsächliche Autorität der Zentralregierung erstreckte sich trotzdem nur über einen Teil des Territoriums der Republik. Er umfaßte mit den am Unterlauf des Yangzi gelegenen Provinzen Zhejiang, Anhui, Jiangsu und Jiangxi sowie dem Finanzzentrum Shanghai zwar eines der wirtschaftlich bedeutendsten Gebiete Chinas, aber nur 7,6 Prozent seiner Fläche und 20 Prozent seiner Bevölkerung. Der Großteil des Landes stand weiterhin unter der de facto Kontrolle einzelner Kriegsherren, da sich die GMD während des Nordfeldzuges aus pragmatischen Überlegungen auf weitgehende Kompromisse gegenüber diesen hatte einlassen müssen. Sie waren zum Teil mit hochrangigen Positionen in der GMD abgefunden worden, standen aber ihrer programmatischen Zielsetzung indifferent, und Plänen für eine Zentralisierung der Macht sogar ausgesprochen ablehnend gegenüber.

Die Unabhängigkeit der Kriegsherren wurde in der Form regionaler Politischer Räte legitimiert und institutionalisiert, die formal dem Zentralen Politischen Rat in Nanjing unterstanden. Die Absicht der Zentralregierung, diese Räte aufzulösen und eine Reduzierung der Streitkräfte vorzunehmen, löste erneut Konflikte aus. Nach dem Abschluß der militärischen Phase der Revolution mußten die auf zwei Millionen Mann angewachsenen Streitkräfte reduziert werden, da ihr Unterhalt die Mittel für dringend benötigte Investitionen verschlang. Trotz einer Übereinkunft über die Reduzierung der Streitkräfte auf 800 000 Mann und einer Beschränkung der Militärausgaben auf 41 Prozent der Regierungseinnahmen scheiterte die Demobilisierungskonferenz im Januar 1929, da die Kriegsherren einen Machtverlust fürchteten. Versuche der Zentralregierung, ihre Vorrangstellung durchzusetzen, stießen auf entschiedenen Widerstand und lösten eine Folge von Menschen wie Material vernichtenden militärischen Auseinandersetzungen aus.

Auch temporäre Erfolge der Zentralregierung führten lediglich zu weiteren Auseinandersetzungen. Oppositionelle Gruppierungen der GMD fanden sich mit Kriegsherren in der »Nördlichen Koalition« zusammen, die die Errichtung eines separaten Regimes betrieb und im September 1930 eine neue Regierung ausrief. Das separatistische Regime in Beijing war jedoch nicht von Dauer. In erbitterten Kämpfen – die Verluste beider Seiten beliefen sich auf fast 250 000 Gefallene und

Verwundete – konnte die Zentralarmee die Rebellen aus Beijing vertreiben, Nordchina blieb jedoch weiterhin außerhalb der Kontrolle der Zentralregierung.

Auch die Spaltung der GMD dauerte an. Meinungsverschiedenheiten über die Notwendigkeit einer Verfassung für die Zeit der Erziehungsdiktatur mündeten in einen Konflikt zwischen führenden Repräsentanten. Unter dem Eindruck der positiven Reaktionen auf den Verfassungsentwurf der »Nördlichen Koalition« sprach sich Chiang Kai-shek im Februar 1931 ebenfalls für die Verabschiedung einer vorläufigen Verfassung aus, stieß jedoch auf erbitterten Widerstand, der im Mai 1931 erneut zur Gründung einer Gegenregierung, diesmal mit Sitz in Guangzhou (Kanton), führte.

Die japanische Invasion der Mandschurei im September 1931 verstärkte die Forderungen nach einem Ende der innerparteilichen Streitigkeiten und der Bildung einer geeinten Regierung, um dem Aggressor wirksam entgegentreten zu können. Unter dem Druck der öffentlichen Meinung bildeten Nanjing und Guangzhou nach langwierigen Verhandlungen eine neue Regierung. Diese Regierung, die am 1. Januar 1932 ihr Amt antrat, erwies sich jedoch als extrem kurzlebig. Ohne Beteiligung der wichtigsten Persönlichkeiten der GMD, ohne Unterstützung in den Streitkräften und den Finanzkreisen wurde sie nach nur 25 Tagen von einer Koalition abgelöst, in der der langjährige Führer der innerparteilichen Opposition, Wang Jingwei, das Amt des Regierungschefs und Chiang Kai-shek den Vorsitz der Militärkommission übernahm.

Die Bildung der neuen Regierung unter dem Eindruck der japanischen Bedrohung markierte jedoch nicht das Ende der Konflikte zwischen Zentralregierung und Kriegsherren. Bildeten vor 1932 angeblich diktatorische Neigungen Chiangs die Legitimation für eine Rebellion gegen Nanjing, so dienten jetzt angeblich unzureichende Anstrengungen gegen den japanischen Aggressor als Rechtfertigung. Die allmähliche Ausdehnung des Einflußbereiches der Zentralregierung vermochten sie jedoch nicht aufzuhalten. Im Zuge der Militärkampagnen gegen die KPCh vermochte Nanjing seinen Einfluß auf die Provinzen Süd- und Westchinas auszudehnen. Die Niederschlagung der letzten großen Rebellion von Kriegsherren vor Beginn des anti-japanischen Krieges im Sommer 1936 verstärkte diesen Trend. Neun Jahre nach ihrer Gründung erstreckte sich der Einflußbereich der Zentralregierung auf ca. 23 Prozent der Fläche und knapp zwei Drittel der Bevölkerung Chinas.

3.1.2 Japans Agression in China

Die wichtigste externe Bedrohung des nationalistischen Regimes ging von Japan aus, das Anfang der dreißiger Jahre seine bisher geübte Chinapolitik der politischen Intervention zugunsten einer Annektion chinesischen Territoriums aufgegeben hatte. Ziel der Expansionspläne waren die im Nordosten Chinas gelegenen Provinzen der Mandschurei, deren reiche Rohstoffvorkommen die Aufmerksamkeit der japanischen Führung erweckt hatten.

Um seine Ambitionen nicht zu gefährden, versuchte Japan, Fortschritte in der Einigung Chinas und in der Konsolidierung der Zentralregierung zu verhindern. Es bediente sich dazu willfähriger Kriegsherren, zögerte aber auch nicht, eigene Truppen einzusetzen. So versuchten japanische Streitkräfte im April 1928, den Vormarsch des Nordfeldzuges durch eine Intervention in Shandong zu stoppen. Erste

Erfolge des Bemühens der Zentralregierung, ihre Stellung gegenüber Japan durch militärische und wirtschaftliche Projekte zu stärken, aber auch die wachsende antijapanische Haltung großer Teile der chinesischen Bevölkerung wurden als Bedrohung empfunden. Besonders die in der Mandschurei lebenden Japaner fühlten sich gefährdet und forderten die japanische Regierung zu Gegenmaßnahmen auf, die auch die Gründung eines autonomen mandschurisch-mongolischen Staates einschlossen. Diese Pläne fanden die Unterstützung der japanischen Kwantung-Armee, die große Teile der Mandschurei kontrollierte. Diese Armeegruppe genoß einen semiautonomen Status, den sie zur Verwirklichung ihrer selbstgestellten Aufgabe, die Mandschurei für Japan zu gewinnen, nutzte.

Die innenpolitische Lage Chinas wie die internationale Situation schienen die Pläne der Kwantung-Armee zu begünstigen. Die westlichen Großmächte waren durch die Weltwirtschaftskrise geschwächt und mit internen Problemen beschäftigt. Der Völkerbund verfügte nicht über die Mittel, um internationalen Verträgen im Konfliktfall Geltung zu verschaffen. In Japan hatten die Auswirkungen der Weltwirtschaftskrise eine innenpolitische Klimaveränderung bewirkt. Angesichts wachsender Arbeitslosigkeit und wirtschaftlicher Schwierigkeiten gewannen die Argumente expansionistischer Kreise an Unterstützung. Ihre Anhänger im Militär übten Druck auf die Regierung aus, einen Kurs außenpolitischer Expansion einzuschlagen. Die Regierung in Tokyo war nicht fähig, ihre Autorität gegenüber den Streitkräften durchzusetzen.

Ein vorgetäuschter Bombenanschlag auf die Südmandschurische Eisenbahn, der »Mukden-Zwischenfall« vom 1. September 1931, lieferte den Vorwand für eine ›Selbstverteidigungsaktion‹ der japanischen Einheiten. Innerhalb weniger Tage gelangten die wichtigsten Städte der Mandschurei in japanische Hand. Versuche der japanischen Regierung, den Vormarsch zu stoppen, scheiterten.

Der japanische Angriff traf die chinesische Regierung nicht unerwartet. Angesichts andauernder innenpolitischer Probleme war sie jedoch darauf bedacht, weitere militärische Konflikte, zumal mit einer überlegenen Macht, zu vermeiden. Sie verfolgte daher einen hinhaltenden Kurs, der auf direkten militärischen Widerstand ebenso verzichtete wie auf Verhandlungen. Proteste in Tokio blieben ebenso erfolglos wie der Versuch, den Konflikt durch die Einschaltung des Völkerbundes zu internationalisieren.

Innerhalb von fünf Monaten brachten japanische Truppen die gesamte Mandschurei unter ihre Kontrolle. Am 28. Januar 1932 eröffneten sie eine zweite Front in Shanghai, stießen aber auf den entschiedenen Widerstand chinesischer Truppen. Als deren Widerstand zusammenbrach, wurde der Sitz der Zentralregierung nach Luoyang in Zentralchina verlegt. Nach Inkrafttreten eines Waffenstillstands am 5. Mai 1932 zogen sich die japanischen Truppen aus Shanghai zurück.

Entsprechend den Plänen für die Bildung einer autonomen Region Mandschurei-Mongolei errichtete Japan am 9. März 1932 in der Mandschurei ein Marionettenregime mit dem Namen Manchukuo – Land der Mandschuren, an dessen Spitze der letzte Kaiser der Qing-Dynastie, Puyi, trat.

Entgegen den Anweisungen der eigenen Regierung dehnte die Kwantung-Armee ihre Angriffe auf Gebiete jenseits der großen Mauer aus. Erst mit dem Waffenstillstand vom 31. Mai 1933, der die Schaffung einer entmilitarisierten Zone im östlichen Hebei mit den Städten Beijing und Tianjin vorsah, wurde der japanische

Vormarsch vorläufig beendet. An die Stelle militärischer Operationen trat in den folgenden Jahren die Förderung von Autonomiebewegungen, mit deren Hilfe weitere Gebiete in Nordchina aus der Kontrolle Nanjings gelöst werden sollten.

3.1.3 Entwicklung der kommunistischen Bewegung

Eine weitere wesentliche Herausforderung für das nationalistische Regime bildete die kommunistische Bewegung. Sie hatte sich nach dem Bruch der Volksfront in zwei Lager geteilt. Die Parteizentrale der KPCh operierte im städtischen Untergrund und versuchte, durch Streiks, Sabotageakte und Aufstände eine Revolution auszulösen. In den ländlichen Gebieten Hunans und Jiangxis verfolgte Mao Zedong eine Politik der Agrarrevolution.

Auf die politischen Strategien der KPCh hatte in dieser Zeit auch die Komintern in Moskau bestimmenden Einfluß. Die KPCh geriet daher unter den Einfluß der Auseinandersetzungen zwischen Stalin und Trotzki über den Kurs der Weltrevolution. Nach Stalins Sieg im innerparteilichen Machtkampf wurde seine Analyse der Lage in China bestimmend: Die chinesische Revolution befand sich demnach in einer Aufschwungphase, die durch bewaffnete Aufstände und die Einrichtung von städtischen Sowjetgebieten gefördert werden sollte.

3.1.3.1 Revolution in den Städten

Gemäß dieser Einschätzung organisierte die KPCh bewaffnete Aufstände mit dem Ziel, Städte unter ihre Kontrolle zu bringen und sie zu Basisgebieten auszubauen. Der erste Aufstand am 1. August 1927 in Nanchang wurde nach vier Tagen niedergeschlagen. Auch ein zweiter Aufstandsversuch scheiterte. Unter Führung des deutschen Kominternagenten Neumann besetzten Arbeitermilizen am 11. Dezember 1927 Guangzhou. Die erhoffte Signalwirkung der »Kanton-Kommune« blieb jedoch aus, der Aufstand brach nach drei Tagen unter hohen Verlusten der Aufständischen zusammen.

Der Bruch der Volksfront und das Scheitern der Aufstandsbewegung lösten scharfe Kontroversen über deren Ursachen und den künftigen Kurs der Partei aus. Da die politische Korrektheit der Kominternlinie außer Frage stand, wurde die Verantwortung in der Führung der KPCh gesucht, anhaltende Umbesetzungen in den Führungspositionen waren die Folge. Als erster wurde Generalsekretär Chen Duxiu wegen »Defätismus« seines Amtes enthoben. Sein Nachfolger wurde Qu Qiubai, ein Schützling Stalins.

Auf dem IV. Parteitag, der im Juli 1928 in Moskau zusammentrat, wurden erneut Veränderungen vorgenommen, der politische Kurs wurde jedoch beibehalten. Er forderte den Sturz der Regierung in Nanjing und die Vernichtung ihrer militärischen Macht, die Einrichtung von Sowjets, eine Agrarrevolution mit Beschlagnahme des Bodens der Grundbesitzer und die Einigung des Landes durch Vertreibung der Imperialisten. Li Lisan löste den wegen »Linksabweichlertums« kritisierten Qu in der Parteiführung ab.

Ausgehend von einer Analyse der Komintern, die im Oktober 1929 erneut eine revolutionäre Welle für China erwartete, suchte Li die Mitte 1930 ausbrechenden innenpolitischen Unruhen zu nutzen. Er intensivierte die Untergrundarbeit der Partei und organisierte Streiks und Sabotageakte. Die neugebildete Rote Armee unter Führung von Peng Dehuai eroberte Changsha, die Hauptstadt von Hunan, vermochte sie aber nicht zu halten. Der Fehlschlag der »Li-Lisan-Linie«, über Arbeiteraufstände in den Städten die Macht der KPCh zu stärken, führte zu seiner Ablösung. Mitglieder der »28 Bolschewiken«, die an der Sun Yat-sen Universität in Moskau studiert hatten, übernahmen im Januar 1931 die Führung des Politbüros.

3.1.3.2 Revolution in den ländlichen Gebieten

Weitgehend unabhängig von der Parteiführung hatte Mao Zedong in Hunan den Aufbau einer Bauernbewegung vorangetrieben und im September 1927 den »Herbsternteaufstand« organisiert. Von Regierungstruppen verfolgt, zogen sich seine Truppen daraufhin in ein unzugängliches Berggebiet an der Grenze von Hunan und Jiangxi, den Jinggangshan, zurück. Ungeachtet der Kritik der Parteiführung an Maos Strategie – sie führte im November 1927 zu seinem Ausschluß aus dem Politbüro – unterstellten sich im Laufe des Jahres 1928 weitere Einheiten seinem Kommando. Die militärische Führung lag bei Zhu De, Mao fungierte als Vertreter der Partei.

In diesen Jahren entwickelte Mao die wesentlichen Elemente seiner Strategie der ländlichen Revolution: Durch eine an egalitären Prinzipien orientierte Agrarrevolution, die allen ländlichen Klassen einen Anteil am Boden zuwies, sollte die Unterstützung der bäuerlichen Massen gewonnen werden. Es sollte eine territoriale Basis geschaffen werden, die relativ sicher vor dem Zugriff der GMD war und über einen eigenen Partei- und Regierungsapparat verfügte. Ein weiteres Ziel war die Einrichtung einer unabhängigen militärischen Streitmacht für den Guerillakrieg. Die territoriale Basis und die Armee sollten in der Lage sein, sich selbst zu versorgen. Diese Vorstellungen prägten den Jiangxi-Sowjet, den kommunistische Einheiten unter Maos Führung 1929 gründeten.

Während die Strategie der Parteiführung in Shanghai nur Fehlschläge und Verluste gebracht hatte, erwies sich Maos Strategie als erfolgreich. Ausdruck seines gewachsenen Einflusses war die Einberufung des 1. Allchinesischen Sowjetkongresses für den 7. November 1931 in die Hauptstadt des Jiangxi-Sowjets, an dem auch Delegierte der Parteiführung in Shanghai teilnahmen. Während des Kongresses kam es zu scharfen Auseinandersetzungen über den künftigen Kurs der chinesischen Revolution. Der moderate Kurs Maos in der Landrevolution sollte nach dem Willen der Parteiführung durch die vollständige Enteignung der Grundbesitzer und eine Umverteilung des Bodens zugunsten der armen Bevölkerung abgelöst werden. Ebenso sollte die Guerillastrategie zugunsten einer regulären Kriegsführung gegen die Regierungstruppen aufgegeben werden. Der Plan, eine antijapanische Volksfront unter Einschluß aller Gruppen zu organisieren, wurde kritisiert, die Parteiführung forderte statt dessen den verstärkten Ausbau der Roten Armee.

Die innerparteilichen Auseinandersetzungen fanden vor dem Hintergrund ständiger militärischer Bedrohung statt. Als Antwort auf die Einrichtung von Sowjetgebieten unternahmen die Streitkräfte der Zentralregierung insgesamt fünf Einkreisungs- und Vernichtungskampagnen, die mit sehr unterschiedlichen Resultaten endeten. Erst der fünften Einkreisungskampagne war Erfolg beschieden. Für diese Kampagne mobilisierte die Zentralregierung im Oktober 1933 mehr als 700 000 Mann. Deutsche Militärberater hatten für Chiang Kai-shek eine Strategie der Einkreisung und wirtschaftlichen Isolation ausgearbeitet, die die Basisgebiete von allen äußeren Zufuhren abschloß.

Die Strategie war erfolgreich: Sie fügte den kommunistischen Verbänden schwere Verluste zu und zwang sie zur Aufgabe des Sowjetgebietes in Jiangxi. Um der vollständigen Vernichtung zu entgehen, durchbrachen Einheiten der Roten Armee am 15. Oktober 1934 den Belagerungsgürtel. Fast 100 000 Menschen begaben sich auf eine Flucht, die später als »Langer Marsch« berühmt wurde. Das Ziel, ein Sowjetgebiet in Nord-Shaanxi, erreichten im Oktober 1935 – nach einem Marsch von rund 12 500 km – nur 8 000.

3.1.5 Der Xi'an-Zwischenfall

Die Politik der Zentralregierung, ungeachtet der äußeren Aggression zunächst den Widerstand im Innern zu beseitigen, war innenpolitisch höchst umstritten. Besonders unter der Studentenschaft und nationalistisch eingestellten Bevölkerungsgruppen verlor die Regierung zunehmend an Zustimmung und Unterstützung.

Die KPCh hingegen war im Kampf um die öffentliche Meinung erfolgreicher, da sie in ihrer Propaganda Forderungen der Komintern mit den Erwartungen großer Teile der Bevölkerung verknüpfte. Unter dem Eindruck des wachsenden Einflusses faschistischer Regime und der damit verbundenen Bedrohung der UdSSR beschloß die Komintern im August 1935, daß die kommunistischen Parteien Bündnisse mit antifaschistischen und linken Gruppierungen zur Abwehr von Faschismus und Militarismus eingehen sollten. So begann die KPCh Anfang 1936, das Konzept einer großen Allianz aller Parteien, Gruppen und Streitkräfte zur Rettung der Nation vor der japanischen Aggression zu verbreiten. Dieser Plan stieß auf positive Resonanz und verstärkte den ohnehin starken Druck der öffentlichen Meinung auf die Zentralregierung.

Die Nationalisten waren jedoch nicht bereit, das Primat der inneren Konsolidierung aufzugeben, zumal sie die chinesischen Kommunisten in eine Position gedrängt hatten, die eine baldige militärische Lösung erwarten ließ. Die dafür vorgesehenen Einheiten erwiesen sich jedoch als anfällig für den Plan einer antijapanischen Einheitsfront. Anläßlich einer Inspektion in Xi'an wurde Chiang Kai-shek im Dezember 1936 von diesen Einheiten festgesetzt. Seine Freilassung wurde an die Erfüllung verschiedener Forderungen geknüpft, zu denen auch die Einstellung militärischer Kampfhandlungen gegen oppositionelle Kräfte und die Reorganisation der Zentralregierung unter Einschluß aller für die nationale Rettung eintretenden Gruppen und Parteien gehörten. Nach Chiangs Freilassung wurden die bewaffneten Aktionen der Zentralregierung gegen die KPCh eingestellt, die Blockade ihrer Basisgebiete wurde jedoch fortgesetzt.

3.2 Die politische Ordnung der Republik von Nanjing

Die Übernahme der Macht durch die GMD wurde von großen Hoffnungen begleitet, symbolisierte sie doch für viele Chinesen den Beginn einer neuen Ära, in der nach Jahren der Zerstörung und Demütigung ein geeintes China Wohlstand für seine Bevölkerung und einen geachteten Platz unter den Nationen erreichen sollte.

Mit dem Abschluß des Nordfeldzuges läutete die GMD, gemäß dem Konzept Sun Yat-sens, eine Periode der Erziehungsdiktatur ein. In dieser Phase des Transitionsprozesses zur vollständigen Demokratie sollte das Volk unter Führung der GMD auf seine künftige Rolle als Souverän vorbereitet werden. Die »Grundsätze der Erziehungsdiktatur«, im Oktober 1928 verabschiedet, etablierten de facto eine Einpartei-Diktatur. Andere politische Parteien wurden nicht zugelassen, politische Partizipation der Bevölkerung war nur durch eine Mitgliedschaft in der GMD möglich.

3.2.1 Führungskonflikte in der GMD

Die Konsolidierung der Herrschaft wurde durch anhaltende Konflikte um die Parteiführung beeinträchtigt. Drei Kontrahenten erhoben Ansprüche, die sie aus ihren Verdiensten um die nationalistische Bewegung herleiteten: Chiang Kai-shek, Hu Hanmin und Wang Jingwei. Wang, ein langjähriger Mitstreiter Sun Yat-sens, galt als Repräsentant des linken Parteiflügels, seine Basis lag in den mittleren und unteren Ebenen der Parteiorganisation. Hu, Repräsentant des rechten Parteiflügels, hatte sich als Sekretär und Stellvertreter Suns wie als politischer Theoretiker ausgezeichnet. Chiang konnte sich keiner vergleichbaren Verdienste rühmen, als Kommandeur der Streitkräfte kontrollierte er jedoch den wichtigsten Machtfaktor innerhalb des Regimes. Gute Kontakte zu den Finanz- und Wirtschaftskreisen Shanghais und eine geschickte Personalpolitik verschafften ihm eine überlegene Ausgangsposition im Kampf um die Parteiführung. In den innerparteilichen Auseinandersetzungen erwies sich Chiang als der bessere Taktiker, der die Loyalität konkurrierender Faktionen auf sich vereinigen konnte.

Sein Aufstieg zur dominierenden Persönlichkeit des Regimes wurde begleitet vom wachsenden Einfluß seiner politischen und gesellschaftlichen Vorstellungen auf die Politik des Regimes. Er stand revolutionären Massenbewegungen ebenso skeptisch gegenüber wie den Verfahrensweisen einer modernen politischen Partei. Seine Vorstellungen von der Arbeitsweise komplexer Organisationen orientierten sich an den Befehls- und Gehorsamsstrukturen des Militärs, sein personalisierter Führungsstil verhinderte eine optimale Entfaltung der administrativen wie planenden Funktionen der Regierungsinstitutionen. Die ehemals revolutionäre GMD erstarrte und verlor ihre mobilisatorischen Fähigkeiten, ihre Arbeit blieb den Interessen Chiangs und der Streitkräfte untergeordnet.

3.2.2 Organisation und Charakter der GMD

Die GMD vermochte die ihr zugewiesene Führungsrolle nicht wahrzunehmen. Obwohl nach den Prinzipien des demokratischen Zentralismus aufgebaut, bildete die GMD keine geschlossene, ideologisch geeinte und diszipliniert agierende Organisation. Ihre Basis in der Bevölkerung war schmal, ihr Aktionsraum blieb auf Gebiete unter direkter Kontrolle der Zentralregierung beschränkt.

Diese Schwäche hatte mehrere Ursachen. Hierzu zählen die Zusammensetzung und Rekrutierung ihrer Mitglieder. Trotz insgesamt hoher Mitgliedszahlen blieb der Anteil der Zivilbevölkerung gering: Von den ca. 1,7 Millionen Parteimitgliedern des

Jahres 1937 waren fast 1,1 Millionen Angehörige der Streitkräfte, lediglich 630 000 stammten aus der Zivilbevölkerung. Unter ihnen überwogen wiederum Angehörige von Staats- und Parteiorganen. Die Schichtenverteilung der Gesellschaft fand keine Entsprechung in der Mitgliederstruktur der GMD, der Anteil von Intellektuellen, Großbürgertum und städtischem Mittelstand war überdurchschnittlich hoch. In den Säuberungsaktionen der Jahre 1928 bis 1931 wurden nicht nur Kommunisten aus der GMD ausgeschlossen, sondern auch sozialreformerische Mitglieder des linken Parteiflügels.

Nach dem Scheitern der Volksfront hegten die Spitzenpolitiker der GMD ein ausgeprägtes Mißtrauen gegenüber Massenbewegungen. Daher verkümmerten die Massenorganisationen der Partei für Bauern, Kaufleuten, Frauen und Studenten zu bürokratischen Einrichtungen, die weder die Bevölkerung für die Politik der Partei zu mobilisieren noch als deren Interessenvertretung innerhalb des Regimes zu agieren vermochten.

Unter den drei Stützen des nationalistischen Regimes – Staatsapparat, Streitkräfte und Parteiorganisation – spielte die Partei nur eine nachgeordnete Rolle. Zur Sicherung und Erweiterung seines Herrschaftsgebietes bediente sich das Regime fast ausschließlich der Streitkräfte. Lokale Parteiorgane wurden in einem Gebiet erst aktiv, nachdem es von der Armee unter die Kontrolle der Zentralregierung gebracht worden war.

Ein andauernder Kampf parteiinterner Gruppen um Einfluß und Ämter, das Charakteristikum nationalistischer Herrschaft in der Nanjing-Dekade, band die Energien. Da Zugang zur Macht – außerhalb der militärischen Hierarchie – nur auf der Basis partikularistischer Beziehungen zu erlangen war, hatten Ausbau und Sicherung dieser Basis Vorrang vor der Verwirklichung politischer Programme.

3.2.3 Konfuzianisierung der Parteiideologie

In den Auseinandersetzungen mit den Doktrinen der KPCh und denen der Anhänger politischer Überzeugungen westlichen Ursprungs stellte die GMD vor allem jenen Teil der politischen Theorie Sun Yat-sens in den Vordergrund, der an Gedanken und Konzepte der chinesischen Klassiker anknüpfte. Gegen die Vorstellung vom Klassenkampf als Mittel sozialen Fortschritts führte sie Suns Diktum an, daß Klassenkampf ein pathologisches Phänomen sei, und propagierte seine Überzeugung, Fortschritt sei nur durch einen Ausgleich der Interessen zu erzielen. Der Rückgriff auf konfuzianisches Gedankengut zielte jedoch nicht auf die Wiederbelebung vergangener Gesellschaftsformen. Die GMD war zutiefst unzufrieden mit der Lage Chinas, ihre Führung war bereit, radikale Maßnahmen zu ergreifen, um die Verhältnisse in China selbst, aber auch die internationale Position des Landes zu verbessern.

Die Vorstellungen, die Chiang und seine Gefolgsleute von einer künftigen gesellschaftlichen Ordnung Chinas entwickelten, waren sowohl von konfuzianischen Elementen wie von den militaristischen Zügen der Gesellschaften Japans, Italiens und Deutschlands beeinflußt. In diesem Gedankengebäude wurden die Werte der chinesischen Tradition funktionalisiert, sie dienten als Versatzstücke, die den Zusammenhalt der chinesischen Bevölkerung fördern und damit die Voraussetzung für die Errichtung einer neuen Gesellschaft schaffen sollten. Ziel der intellektuellen Anstrengungen war die Vermittlung eines neuen »zentralen Glaubens«. Ohne Glauben würde das Volk zu Anarchie und moralischer Verwirrung neigen. Den wichtigsten Versuch, diesen Ansatz in die Tat umzusetzen, bildete die Bewegung »Neues Leben«. Unter starkem persönlichen Engagement Chiangs sollte die Bewegung der Bevölkerung jener Gebiete, die längere Zeit unter kommunistischer Herrschaft gestanden hatten, ein neues Bewußtsein vermitteln.

3.2.4 GMD und gesellschaftliche Gruppen

Das nationalistische Regime wird literarisch zumeist als Interessenvertreter der Großgrundbesitzer und der Großbourgeoisie dargestellt. Seine Verbindungen zu den Gruppen der chinesischen Gesellschaft entsprachen jedoch nicht dieser vereinfachenden Sichtweise. Weder Regime noch gesellschaftliche Gruppen waren monolithisch strukturiert, die Beziehungen der Entscheidungsträger auf den verschiedenen Ebenen des Regimes zu den gesellschaftlichen Kräften waren daher unterschiedlich.

Auf der nationalen Ebene verfügte das Regime über einen hohen Grad an Autonomie gegenüber der Gesellschaft. Da seine Macht auf der Kontrolle der Zentralarmee basierte, war es weder von der Zustimmung der Wähler noch von der Unterstützung durch Verbände oder Massenorganisationen abhängig. Das Verhältnis des Regimes zur Privatwirtschaft war eher auf deren Unterwerfung unter die Ziele des Regimes denn auf eine Förderung der privatwirtschaftlichen Interessen ausgerichtet.

Im ländlichen Bereich bestand ein komplexes Verhältnis von Kooperation und Konflikt: Das Regime stellte einerseits eine Bedrohung für die Interessen der ländlichen Eliten dar, da es ihre Machtstellung angriff und die staatliche Verwaltung in Gebiete ausdehnte, die bislang unter lokaler Selbstverwaltung gestanden hatten. Die wachsende Steuerlast trieb außerdem viele Grundbesitzer in den Konkurs. Andererseits unterstützte das Regime aber durch die Eintreibung rückständiger Pachtzahlungen und durch die Verschleppung der Bodenreform die Interessen der Grundbesitzer.

3.2.5 Kritik und Repression

Die Hoffnungen, welche die Bevölkerung ursprünglich mit der Nationalregierung verbunden hatte, wichen bald der Enttäuschung; die Kritik an der nationalistischen Herrschaft wuchs. Autoritäre Herrschaftspraktiken, Korruption, Mißwirtschaft, aber auch die ständigen Querelen zwischen den Faktionen der GMD ließen Unterstützung in Ablehnung und Opposition umschlagen.

Besonders im Verhältnis zu zwei Stützen der öffentlichen Meinung, den Intellektuellen und Studenten, bewies das Regime keine glückliche Hand. Deren wachsende Kritik wurde mit Zensur und Zwangsmaßnahmen beantwortet, die schließlich in Pläne für eine »Vereinheitlichung des Denkens«, ein Euphemismus für Unterdrückung der Gedankenfreiheit, mündeten. Das Unvermögen der Nationalisten, sich den Kritikern in einer offenen Auseinandersetzung zu stellen, führte zu einer tiefgehenden Entfremdung zwischen der GMD und großen Teilen der chinesischen Intelligenz.

3.3 Erfolge und Mißerfolge des nationalistischen Regimes

Es ist kaum möglich, eine faire Bilanz der Erfolge und Mißerfolge des nationalistischen Regimes in den knapp zehn Jahren der Nanjing-Dekade zu ziehen. Die Kluft zwischen den Erwartungen der Bevölkerung, den Intentionen der Regierung und dem tatsächlich Erreichten war gewaltig. Eine kritische Würdigung der Regierungspolitik muß jedoch auch jene Faktoren berücksichtigen, die ihre Erfolgschancen negativ beeinflußt haben. Hierzu zählen die anhaltenden bewaffneten Konflikte in China und die japanischen Expansionsbestrebungen. Sie veranlaßten die Regierung, umfangreiche Ressourcen für militärische Aufgaben einzusetzen und sie damit einer produktiven Verwendung zu entziehen. Berücksichtigt werden müssen aber auch die Auswirkungen der Weltwirtschaftskrise, welche die äußeren Rahmenbedingungen für die Entwicklung des Landes verschlechterten.

Das entwicklungspolitische Konzept der GMD konzentrierte sich auf die technologischen Voraussetzungen künftigen Wirtschaftswachstums. Mit einem solchen Ansatz konnten keine kurzfristigen Erfolge bei der Lösung der wirtschaftlichen Probleme des Landes erzielt werden. Der Zeitraum zwischen der Gründung der Regierung in Nanjing und dem Ausbruch des anti-japanischen Krieges war zu kurz, um ihre Politik voll zur Wirkung kommen zu lassen.

3.3.1 Wirtschaft und Finanzen

Die Zentralregierung vereinheitlichte die Währung, im April 1933 wurde der Tael als legales Zahlungsmittel vom Silberdollar abgelöst. Dem starken Abfluß von Silber ins Ausland, der die wirtschaftliche Stabilität des Landes bedrohte, begegnete die Regierung im November 1935 mit der Einführung von Papiergeld.

Der Regierung gelang es jedoch nicht, die Ausgaben den Einnahmen anzupassen und ausreichende Mittel für die wirtschaftliche Entwicklung bereitzustellen. Die Ausgaben wurden von militärischen Erfordernissen bestimmt, ihre Finanzierung erfolgte zu einem beträchtlichen Teil durch Schuldverschreibungen. Auf der Einnahmenseite klafften große Lücken: Das Budget der Zentralregierung war im Schnitt nur zu 80 % durch Einnahmen gedeckt, der Anteil der Militärausgaben erreichte mehr als 40 %, weitere 25 % mußten für den Schuldendienst aufgewandt werden.

In der Wirtschaftspolitik galt die besondere Aufmerksamkeit dem Aufbau einer modernen leistungsfähigen Industrie und dem Ausbau der Infrastruktur. Diese Schwerpunkte entsprachen den Plänen Sun Yat-sens für die wirtschaftliche Entwicklung Chinas, sie entsprangen aber auch aktuellen politischen Erfordernissen.

Nach Suns Vorstellungen sollte die Industrialisierung Chinas unter Beteiligung ausländischen Kapitals verwirklicht werden. Der englische Titel seiner programmatischen Schrift lautete bezeichnenderweise »The International Development of China«. Die Kontrolle über die Industrialisierungspolitik sollte jedoch in chinesischen Händen verbleiben. Die Antipathie der GMD gegen ein kapitalistisches Wirtschaftssystem und die daraus resultierende Neigung, die wirtschaftliche Entwicklung soweit wie möglich staatlicher Kontrolle zu unterwerfen, wurde durch die internationalen wirtschaftspolitischen und -theoretischen Debatten jener Zeit, welche die Vorzüge staatlicher Planung herausstellten, eher verstärkt.

Das große Interesse des Regimes am Aufbau einer modernen Industrie entsprang durchaus auch den aktuellen Bedürfnissen: Nach einer Vereinbarung aus dem Jahre 1928 fielen die Steuereinnahmen aus der Landwirtschaft den Provinzen zu, der moderne Sektor der Wirtschaft bildete somit die wichtigste Einkommensquelle der Regierung in Nanjing. Auch der Aufbau einer modernen Armee, den die Nationalisten als Voraussetzung für eine erfolgversprechende Abwehr der japanischen Expansion ansahen, setzte eine leistungsfähige industrielle Basis voraus.

Nach anfänglicher Konfusion in der Industriepolitik begann die Zentralregierung 1932 mit dem Aufbau einer Planungsbürokratie. Die Aufgaben der »Kommission für die nationale Verteidigungsplanung« lagen zunächst in der Entwicklung von Basisindustrien und der wirtschaftlichen Mobilisierung des Landes. Nach ihrer Umbenennung in »Nationale Ressourcen Kommission« (NRK) übernahm sie die Planung des rasch wachsenden staatlichen Industriesektors und die Gestaltung der Handelsmechanismen zur Abwicklung von Kooperationsprojekten zwischen China und ausländischen Partnern. Die Umsetzung des Plans, China mit Hilfe ausländischen Kapitals zu entwickeln, stieß jedoch auf Hindernisse, da ausländische Kapitalgeber nicht an Investitionen in Firmen interessiert waren, die nicht ihrer Kontrolle unterstanden.

Einen Ausweg aus diesem Dilemma bot ein Modell der NRK, das Kooperationsprojekte ohne Einsatz chinesischen oder ausländischen Kapitals ermöglichte. Die ausländische Beteiligung bestand aus Sachleistungen und Ausbildungsprogrammen, die Finanzierung erfolgte durch Tauschgeschäfte, in denen chinesische Rohstoffe gegen ausländische Investitionsgüter getauscht werden sollten. Dieses Modell wurde erstmals im Jahre 1934 mit deutschen Partnern beim Bau einer Eisenbahnlinie angewandt. In den folgenden Jahren fand es besonders beim Aufbau des Staatssektors der Schwerindustrie häufiger Anwendung. Ein ambitioniertes Industrialisierungsprogramm, das China – mit starker deutscher Beteiligung – in den Besitz modernster Technologie bei voller Kontrolle über die Betriebe bringen sollte, fiel jedoch dem Krieg mit Japan zum Opfer.

Das Wachstum des privaten Sektors wurde durch die nationalistische Wirtschaftspolitik in vielfacher Weise behindert. Der hohe Finanzbedarf der Zentralregierung entzog der Privatwirtschaft Mittel, die dringend für Investitionen benötigt wurden. Die Kreditaufnahme durch den Staat absorbierte rund 70% des zur Verfügung stehenden Investitionskapitals, sie verteuerte darüber hinaus die Kapitalbeschaffungskosten beträchtlich: Zinssätze von 18 bis 20% p.a. machten Kredite für viele Unternehmer unerschwinglich und verstärkten den Abfluß des Kapitals aus dem produktiven Sektor der Volkswirtschaft.

Erfolge konnte die Zentralregierung dagegen beim Ausbau der Verkehrs- und Kommunikationsverbindungen vorweisen. Durch die Gründung des Eisenbahnministeriums verbesserte sich die Koordination von wichtigen Bauvorhaben, das Eisenbahnnetz wuchs zwischen 1928 und 1937 um 5000 km auf eine Länge von 13 000 km. Im Straßenbau und in der Entwicklung des Luftverkehrs wurden ebenfalls Fortschritte gemacht. Das Straßennetz erreichte eine Ausdehnung von ca. 120 000 km im Jahre 1936, verglichen mit knapp 1 000 km im Jahre 1921. Unter starker Beteiligung ausländischer Firmen wurde ein modernes Luftverkehrswesen ins Leben gerufen.

Der Ausbau von Verkehrswegen und Kommunikationsverbindungen bildete ein wichtiges Instrument zur politischen Integration des Landes, da es der Zentrale schnelle, direkte Kontakte auch mit entlegenen Regionen des Landes ermöglichte. Sein Beitrag zur wirtschaftlichen Entwicklung des Landes war jedoch begrenzt, da sich die Streckenführung häufig eher an militärischen denn an ökonomischen Erwägungen orientierte.

3.3.2 Landwirtschaft

Der Landwirtschaft hingegen widmete das Regime wenig Aufmerksamkeit, obwohl dieser Sektor ca. 60 % des BSP erwirtschaftete und mehr als 80 % der Bevölkerung im ländlichen Raum lebten.

Diese Bevölkerung wurde von mehreren Problemen geplagt. Unter der Herrschaft der Kriegsherren hatte sich ihre wirtschaftliche Lage verschlechtert. In besonders großen Schwierigkeiten befanden sich die Pächter. Nach Untersuchungen des Völkerbundes mußten in Südchina Pächter und Teilpächter, die dort 60–90 % der Bauernschaft ausmachten, zwischen 40 und 60 % des jährlichen Ernteertrages als Pacht zahlen. Hinzu kamen die staatliche Landsteuer sowie diverse Zusatzsteuern, die ihrerseits 35–350 % der Pachtzahlungen ausmachen konnten. Weitgehende Verschuldung, Verlust des Besitzes und Armut waren die zwangsläufige Folge dieser Verhältnisse.

Die ohnehin prekäre Situation auf dem Lande wurde durch ein strukturelles Problem verschärft: Das Verhältnis zwischen der Bevölkerungszahl, der landwirtschaftlich nutzbaren Fläche und der Nahrungsmittelproduktion verschlechterte sich kontinuierlich und entzog sich einer schnellen Lösung durch kurzfristige Maßnahmen der Regierung.

Das Ziel, die ungerechten Besitzverhältnisse zu verändern, das einer der wichtigsten Punkte in Sun Yat-sens politischem Programm gewesen war, verschaffte den Nationalisten während des Nordfeldzuges starken Zulauf aus bäuerlichen Kreisen. Durch eine umfassende Landreform sollte jeder Bauer in den Besitz des Bodens kommen, den er bearbeitete. Das Regime schuf zwar im Jahre 1930 mit dem »Bodengesetz« die gesetzlichen Voraussetzungen für eine Bodenreform und die Reduzierung der Pachtzahlungen auf maximal 37,5 % der jährlichen Haupternte, doch fehlte ihm der Wille zu seiner systematischen Umsetzung. Pachtreduzierung und Bodenreform blieben daher während der gesamten Dekade regionale Einzelerscheinungen.

Selbst eine umfassende Verwirklichung der Reformpläne hätte jedoch unmittelbare keine Abhilfe bei den Strukturproblemen bewirkt. Die Versuche, diesem Komplex durch eine Intensivierung landwirtschaftlicher Forschung und die Züchtung ertragreicherer Getreidesorten zu begegnen, blieben ohne nennenswerte Resultate.

3.3.3 Bildung und Erziehung

Große Anstrengungen unternahm das Regime hingegen im Erziehungswesen, das sowohl in qualitativer wie in quantitativer Hinsicht verbessert wurde. Die Zahl der Schüler und Studenten wuchs zwischen 1928 und 1937 um mehr als 180 %. Dem tertiären Bildungssektor schenkte die Regierung große Aufmerksamkeit, indem sie neue Universitäten und Colleges gründete und bestehende Einrichtungen ausbaute. Anfang der dreißiger Jahre verfügte China über 111 weiterführende Bildungseinrichtungen. Durch die finanzielle Unterstützung privater Institutionen bot sich die Möglichkeit, neue Ausrüstungen anzuschaffen und den Lehrkörper zu erweitern. Ein Indiz für den Erfolg dieser Bildungspolitik war der steigende Anteil von Studenten in naturwissenschaftlichen und technischen Fächern.

3.3.4 Nationale Souveränität

Die Abschaffung der Beschränkung des Zollhebesatzes, der seit dem Opiumkrieg auf 5 % des Wertes festgelegt war, stellte ein weiteres vordringliches Ziel der Nationalisten dar. Schon vor Abschluß des Nordfeldzuges verkündete die Zentralregierung am 20. Juli 1927 die Zollautonomie, die betroffenen Staaten konnten sich der Einführung neuer Tarife jedoch bis Juli 1928 widersetzen. In den Verhandlungen fiel noch eine weitere, die Souveränität Chinas einschränkende Regelung: Die ausländischen Staaten erklärten sich bereit, in Zukunft auf die Konsulargerichtsbarkeit zu verzichten.

Bemühungen, die von der Qing-Dynastie an ausländische Staaten abgetretenen Pachtgebiete zurückzugewinnen, waren weniger erfolgreich. Großbritannien verzichtete zwar auf einen Teil seiner Konzessionsgebiete, Belgien auf seine Konzession in Tianjin, die endgültige Wiederherstellung aller chinesischen Rechte erfolgte jedoch erst im Jahre 1943.

4. Krieg gegen Japan, Bürgerkrieg, Flucht nach Taiwan

Zusammenfassend läßt sich festhalten, daß es der GMD während der zehn Jahre, in denen sie die Regierung in Nanjing stellte, gelang, den Prozeß der Desintegration zu verlangsamen und große Teile des Landes unter ihre Herrschaft zu stellen. Die Priorität, die das Regime der Lösung der nationalen Frage einräumte und der Versuch, diese Lösung mit militärischen Mitteln zu erreichen, führten jedoch zu einer Vernachlässigung dringend notwendiger Reformen in anderen Politikbereichen, ohne die die fundamentalen Probleme des Landes nicht zu bewältigen waren.

4.1 Krieg gegen Japan (1937–1945)

Der Ausbruch des Krieges gegen Japan im Juli 1937 deckte die Schwächen des nationalistischen Regimes schonungslos auf. Zwar gelang es dem Regime unter großen Anstrengungen, lebenswichtige Einrichtungen aus dem unteren Yangzi-Gebiet flußaufwärts nach Sichuan zu verlegen. Militärisch hatten die Nationalisten den Japanern jedoch wenig entgegenzusetzen, zumal die von der chinesischen Armee verfolgte konventionelle Kriegsführung es den japanischen Streitkräften erlaubte, ihre materielle Überlegenheit voll zur Geltung zu bringen.

Chongqing, die Kriegshauptstadt der Republik, entwickelte sich zwar zu einem Anziehungspunkt für Intellektuelle aus den besetzten Gebieten, die Flucht ins Landesinnere schnitt die GMD jedoch vom Fundament ihrer Herrschaft, den entwickelten Teilen Chinas, ab. Partei und Regierung erwiesen sich als unfähig, neue Konzepte für die veränderten Bedingungen zu entwickeln. Militärische Mißerfolge und ausufernde Korruption demoralisierten das Regime und seine Streitkräfte, während die Bevölkerung unter Inflation und Repression litt.

4.2 Bürgerkrieg und Flucht nach Taiwan (1945–1949)

Nach der japanischen Kapitulation am 14. August 1945 kehrte die Zentralregierung nach Nanjing zurück. Sie versuchte, die ehemals besetzten Gebiete wieder ihrer Kontrolle zu unterstellen und eine stabile Ordnung in dem durch den Krieg verwüsteten Land aufzubauen. Angesichts der Größe der Herausforderung wurden die Mängel des Regimes augenfällig: Polizeiterror und Habgier von Amtsträgern nahmen bedrückende Formen an, die Inflation entzog sich jeder Kontrolle durch die Regierung.

Politische Reformen, die die Erziehungsdiktatur beenden und den Übergang zur Verfassungsherrschaft vollziehen sollten, vermochten das Regime nicht mehr zu stabilisieren. Die neue Verfassung der Republik trat zwar zum Jahresbeginn 1947 in Kraft und die nationalen Parlamente wurden durch Wahlen besetzt. Doch trotz ihres Wahlsieges hatte die GMD zu diesem Zeitpunkt nach Meinung vieler Chinesen den Anspruch auf eine Fortsetzung ihrer Herrschaft eingebüßt.

Im 1947 erneut ausbrechenden Bürgerkrieg mit der KPCh setzten die Nationalisten wiederum auf militärische Mittel. Ihre zahlenmäßig überlegenen Verbände vermochten die Einheiten der KPCh zunächst zurückzudrängen, doch wendete sich nach einer Offensive der Kommunisten im September 1948 die militärische wie politische Lage endgültig zugunsten der KPCh, die von großen Teilen der Bevölkerung als Befreier von einem unerträglichen Regime begrüßt wurde. Als auch das letzte Rückzugsgebiet der Nationalisten auf dem Festland, die Provinz Sichuan, nicht mehr gegen die Truppen der Volksbefreiungsarmee verteidigt werden konnte, zogen sich Chiang Kai-shek und die Regierung der Republik im Dezember 1949 nach Taiwan zurück, gefolgt von rund zwei Millionen Anhängern. Fortan – und bis heute – beschränkte sich das Territorium der Republik China auf die Insel Taiwan und einige vorgelagerte Inselgruppen.

Verwendete und weiterführende Literatur

CH'I HSI-SHENG (1976): Warlord Politics in China, 1916–1928, Stanford.
COBLE, PARKS M. JR. (1980): The Shanghai Capitalists and the Nationalist Government, 1927–1937, Cambridge, MA.
DOMES, JÜRGEN (1969): Vertagte Revolution: Die Politik der Kuomintang in China, 1929–1937, Berlin.
EASTMAN, LLOYD E. (1991/Hrsg.): The Nationalist Era in China, 1927–1949, Cambridge.
FAIRBANK, JOHN K. (1983/Hrsg.): The Cambridge History of China, Vol. 12: Republican China 1912–1949, Part 1. Cambridge.

FAIRBANK, JOHN K.; FEUERWERKER, ALBERT (1986/Hrsg.): The Cambridge History of China, Vol. 13: Republican China 1912–1949, Part 2. Cambridge.

FEWSMITH, JOSEPH (1985): Party, State, and Local Elites in Republican China: Merchant Organizations and Politics in Shanghai, 1890–1930, Honolulu, HI.

HALBEISEN, HERMANN (1989): La décennie de Nankin (1927–1937), in: Bergère, Marie-C.; Bianco, Lucien; Domes, Jürgen (Hrsg.): La Chine au XXe Siècle: D'Une Révolution à l'Autre 1895–1949, Paris, 161–184.

JORDAN, DONALD (1976): The Northern Expedition. China's National Revolution of 1926–1928, Honolulu.

MOHR, ERNST G. (1985): Die unterschlagenen Jahre. China vor Mao Tse-tung, Esslingen.

NATHAN, ANDREW J. (1976): Peking Politics, 1918–1923. Factionalism and the Future of Constitutionalism, Berkeley, CA.

OSTERHAMMEL, JÜRGEN (1997): Shanghai, 30. Mai 1925. Die chinesische Revolution, München.

PEPPER, SUZANNE (1978): Civil War in China. The Political Struggle 1945–1949, Berkeley, CA.

PORTER, ROBIN (1994): Industrial Reformers in Republican China, Armonk/London.

SHERIDAN, JAMES E. (1975): China in Disintegration. The Republican Era in Chinese History, 1912–1949, New York.

SIH, PAUL K.T. (1970/Hrsg.): The Strenuous Decade: China's Nation-Building Efforts, 1927–1937, New York.

TIEN HUNG-MAO (1972): Government and Politics in Kuomintang China, 1927–1937, Stanford.

WILBUR, C. MARTIN (1976): Sun Yat-sen, Frustrated Patriot, New York.

VII. Vom Objekt der Großmächte zur Unabhängigkeit: China in der Weltpolitik (1895–1949)

OSKAR WEGGEL

1. Das »halbkoloniale« China

Seit der Niederlage im Opiumkrieg (1839–1842) war das Reich der Mitte, das in Ostasien seit 2 000 Jahren den Ton angegeben hatte, zu einem Spielball westlicher Mächte geworden und nur noch ein Schatten seiner einstigen Größe.

Zwar hatte China im Laufe der Jahrhunderte das Schicksal der Unterdrückung und Ausbeutung durch Fremdvölker immer wieder erfahren müssen, doch war am Ende noch jeder Usurpator vor der zivilisatorischen Leitfunktion und vor den so überaus einleuchtenden politischen Spielregeln des Kaiserreichs in die Knie gegangen, sei es nun widerwillig oder, wie im Falle der damals gerade herrschenden (mandschurischen) Fremddynastie der Qing, aus innerer Überzeugung.

Mit der Ankunft der Europäer freilich schienen all diese historischen Erfahrungen plötzlich wie ausgelöscht: China wurde diesmal nicht nur politisch entmündigt und wirtschaftlich zur Ader gelassen, sondern sogar als Träger eines eigenen Wertesystems achtlos beiseite geschoben, und sank gegen Ende des 19. Jh., wie Sun Yat-sen (Sun Yixian, 1866–1925) es einmal ausdrückte, zum Sklaven von zehn Herren und zu einer »halbkolonialen« Gesellschaft herab, die nur noch im Hinterland selbstbestimmt bleiben konnte, die im Küsten- und im Yangzi-Bereich aber kolonial erniedrigt wurde. Überall ging der ausländische Einfluß bis an die Schmerzgrenze. Sogar das Ideengut der Reformer und Revolutionäre, die sich nach und nach zu Wort meldeten und die China ein neues Profil geben wollten, war ausländischer Herkunft.

Deprimierend waren zunächst schon einmal die militärischen Niederlagen, die seit Mitte des 19. Jahrhunderts Schlag auf Schlag über das Reich hereingebrochen waren, angefangen vom Opiumkrieg (1839–1842) und der Yili-Krise (1871–1881) über den chinesisch-französischen Krieg (1884/85) bis hin zur traumatischen Niederlage gegen den einstigen Schüler Japan (1894/95) und die Demütigung des Reichs im Gefolge des Boxer-Aufstands (1900).

Europäische Großmächte wie Großbritannien, Frankreich, Rußland oder das Deutsche Reich, ja am Ende gar noch Japan verlangten Hafenrechte, Konzessionen, »Einflußsphären«, »Pachtgebiete« und Kriegsentschädigungen, wollten meistbegünstigt behandelt werden und mischten sich, wo immer es ihnen paßte, wahllos in die chinesische Innenpolitik ein, indem sie die neuen Revolutionäre gegen den konservativen Widerstand, das Kaiserhaus gegen die einzelnen »Kriegsherren« oder aber die aufständischen Taiping gegen den Hof ausspielten.

China war aber nicht nur zum Objekt der internationalen Politik, sondern überdies zur fünffachen Beute fremder Wirtschaftsinteressen geworden: Da standen zuächst, in immer länger werdender Schlange, die Sieger, um ihre »Kriegsentschädigungen« einzuholen, soweit sie sich nicht ohnehin vorher schon direkt bedient hatten.

Darüber hinaus hatte China wachsende Außenhandelsdefizite zu verkraften, die sich am Vorabend der Revolution von 1911 auf rund 94 Mio. Tael beliefen – eine für die damalige Zeit unerhörte Summe (Hou 1938: 231)!

Drittens beherrschte ausländisches Kapital vor allem die vier modernen Schlüsselsektoren der chinesischen Volkswirtschaft, nämlich das Banken-, Reederei-, Eisenbahn- und Bergwerkswesen. Da die Außenhandelsfinanzierung für das altmodische chinesische Geldgewerbe ein Fremdwort war, drangen immer mehr ausländische Geldinstitute in das hier klaffende Vakuum ein, und zwar 1845 die britische Oriental Banking Corp., 1853 die Hongkong and Shanghai Banking Corp., 1889 die Deutsch-Asiatische Bank und 1892 die japanische Yokohama Bank. All diese Institute gaben sich keineswegs mit Außenhandelsgeschäften zufrieden, sonder rissen schon bald auch Inlandsgeschäfte an sich, betreuten Regierungsgelder und emittierten schließlich sogar eigene Banknoten (Hou 1938: 57).

Auch auf dem Reedereisektor gaben britische Kapitäne, westliche »Taipans« und Kanonenboote mehrerer Nationen den Ton an, sei es nun bei der Küstenschiffahrt – man denke etwa an die britische »China Coast Steam Navigation Company« – oder aber auf den Binnenwasserstraßen (»Yangtze Steam Navigation Company«). Bereits um die Jahrhundertwende war der chinesische Frachtanteil angesichts dieses Konkurrenzdrucks auf 19,3 Prozent zusammengeschrumpft. Nicht nur beim Wassertransport, sondern auch im Eisenbahnwesen waren die Chinesen in Gefahr, zu Fremden im eigenen Land zu werden. Frankreich hatte dem Beijinger Hof bereits 1895 das Recht zum Bau einer Eisenbahnlinie von Französisch-Indochina zur südwestlichen Provinz Yunnan abgetrotzt. 1896 folgte das zaristische Rußland mit Schienenprojekten im Nordosten, 1897 das Deutsche Reich und fast zur gleichen Zeit das japanische Kaiserreich mit immer neuen, dem Qing-Hof abgepreßten, »Konzessionen«.

Gleichzeitig machten sich die imperialistischen Mächte daran, die Regionen entlang »ihrer« Eisenbahntrassen zu sozio-ökonomischen Einflußzonen auszubauen, also auch das Hinterland unter ihre Kontrolle zu bringen.

Auch Bergwerke und der Schwerindustriesektor gerieten unter ausländische Kontrolle: Die Kohlengruben von Fushun und das Eisenerzlager von Anshan (Mandschurei) gingen an Japan, die Kohlengruben von Kailuan an Großbritannien und die Rohölfelder in Shaanxi an die amerikanische Standard Oil Company.

Nicht einmal im Leichtindustriesektor konnten die Chinesen unter sich bleiben. Hier setzte vor allem der »Multi« Jardine & Matheson seine Ellenbogen ein, indem er nicht nur Tee, Seide und Baumwolle verarbeitete, Bier braute und Lagergeschäfte betrieb, sondern auch in das Versicherungs- und Kreditwesen einstieg.

Sogar die kaiserliche Zollverwaltung wurde seit 1858 von Ausländern übernommen und im Namen des Reiches geführt. Da das von dem Briten Robert Hart neuorganisierte Zollamt rein fiskalisch, nicht jedoch politisch, das heißt in Schutzkategorien dachte, konnten Industrieerzeugnisse aus aller Herren Länder mit lächerlichen 5 % Zoll belastet die chinesischen Städte und Dörfer überfluten, angefangen von Baumwollgarnen über Zigaretten bis hin zum Petroleum, das die bis dahin für den Lampenverbrauch verwendeten Pflanzenöle überflüssig machte – und mit ihnen das altehrwürdige und wohlorganisierte heimische Öl- und Lampengewerbe.

Das Zollamt beschränkte sich aber nicht nur auf die Vereinnahmung von Zöllen, mit denen immerhin etwa ein Drittel des kaiserlichen Haushalts finanziert wurde, sondern bildete chinesisches Verwaltungspersonal aus, baute Leuchttürme entlang der chinesischen Küste, installierte Seefahrtszeichen und finanzierte bis 1911 sogar das moderne chinesische Postwesen – setzte auf stille Weise also jenen Entmündigungsprozeß fort, der von den ausländischen Waffen vorher lärmend in Gang gesetzt worden war. (Fairbank 1953; Morse 1967)

Die Eingriffe von außen lösten im Wirtschaftsgefüge des Reichs der Mitte traumatische Verzerrungen aus: Provinzen, die wirtschaftlich jahrhundertelang den Ton angegeben hatten, wie etwa Sichuan und Hunan, oder aber Städte vom Rang Beijings, Xi'ans, Kaifengs und Luoyangs gerieten ins ökonomische Abseits, während gleichzeitig neue Zentren aufzublühen begannen, die traditionell an der Peripherie gelegen hatten, seien es Shanghai und Qingdao oder aber Tianjin und Tangshan, von Verdichtungszonen wie den neuen mandschurischen Schwerindustrieorten ganz zu schweigen. Ursächlich für dieses Absterben und Aufblühen waren nicht zuletzt Eisenbahn und Küstenschiffahrt.

Die neue Standortverteilung nahm auf die chinesischen Wirtschaftsbelange selten Rücksicht, sondern richtete sich fast ausschließlich nach den Bedürfnissen des Weltmarkts. So konzentrierte sich denn nahezu die gesamte Leichtindustrie zu Beginn des 20. Jh. auf wenige Küstenenklaven (Shanghai, Tianjin, Guangzhou, Fuzhou, Hangzhou, Ningbo); die unter japanischer Leitung entstandene Schwerindustrie andererseits blieb fast ausschließlich auf die rohstoffreiche Südmandschurei beschränkt, während das übrige China als bäuerliche »Peripherie« dahinvegetierte. Die Ausrichtung auf den Weltmarkt ging so weit, daß die Leichtindustrie Shanghais oder Tianjins sogar einen Teil ihrer Rohstoffe nicht aus dem chinesischen Hinterland, sondern von See her bezog. Die dortigen Industriestandorte hatten mit »China« also kaum noch etwas zu tun und standen auch untereinander nur in loser Beziehung, so daß sich kein geschlossener moderner Binnenmarkt entwickeln konnte. So führte beispielsweise Guangdong Reis aus, während Hunan hungerte.

Kein Wunder, daß unter solchen Umständen gerade das junge Handelsbürgertum all jenen Politikern und Parteien zuzuströmen begann, die den Aufbau einer geschlossenen Volkswirtschaft und einer souveränen chinesischen Nation auf ihre Fahnen geschrieben hatten. Dies war auch der Grund, warum Sun Yat-sen vom chinesischen Auslandsbürgertum viele Jahre hindurch mit beträchtlichen Geldmitteln unterstützt wurde, warum das Herz des Unternehmertums für Chiang Kai-shek schlug und warum am Ende vielleicht sogar die KPCh hoffähig geworden wäre, hätte sie dem Bürgertum nicht von vornherein die Liquidierung angedroht. Zusätzlich zu den regionalen Ungleichgewichten kam es, und zwar ebenfalls unter ausländischem Einfluß, zur Geburt zweier neuer, für die weiteren Entwicklungen schicksalhafter gesellschaftlicher Klassen, nämlich des Bürgertums und des »Arbeiterproletariats«, die schon in ihren Anfängen auf Kollisionskurs gegangen waren. Verstärkt wurden all diese ursprünglich von außen her angestoßenen, dann aber als Triebkräfte im Inneren fortwirkenden Entwicklungen und Widersprüche durch eine weitere außenpolitische Katastrophe, die nun endlich auch einem eigenständigen chinesischen Nationalismus auf die Sprünge verhalf, nämlich durch die demütigende Niederlage Chinas gegen Japan in den Jahren 1894/95. Auslöser für diesen Waffengang waren Aufstände in Korea, die sich gegen das verhaßte, rohstoffhungrige Japan richteten und die den koreanischen Hof veranlaßten, den Tributherrn China in seiner Eigenschaft als traditionelle Schutzmacht anzurufen.

Was als Hilfe für Korea gedacht war, endete als Katastrophe für China: Seine Landtruppen wurden am 14. und 15. September, seine Nordflottenverbände am 17. September 1894 vernichtend geschlagen. Die maritime Niederlage war, zumindest in ihrem deprimierenden Ausmaß, dadurch verursacht worden, daß die Kaiserinwitwe Ci Xi einen Teil der für Munition und Flottenbau vorgesehenen Haushaltsmittel für den Ausbau des Beijinger Sommerpalasts, und ausgerechnet auch noch für das dortige »Steinschiff« abgezweigt hatte. Was von der chinesischen Flotte übrigblieb, wurde am 30. Januar 1895 im Kriegshafen Weihai (auf der Shandong-Halbinsel) Beute eines nachsetzenden japanischen Angriffs, der diesmal nicht nur von der See-, sondern auch von der Landseite her erfolgte.

Unter dem empörten Aufschrei einer gerade durch den Chinesisch-japanischen Krieg erweckten Öffentlichkeit signierte die Regierung des Reichs der Mitte am 17. April 1895 im südjapanischen Shimonoseki einen Vertrag, in dem sie die Vorherrschaft Japans über Korea anerkannte und die Halbinsel Liaodong, die Insel Taiwan sowie den zwischen Taiwan und dem Festland liegenden Penghu-Archipel abtrat. Zwar sorgten drei westliche Großmächte, nämlich Rußland, Frankreich und Deutschland durch ihren »Einspruch von Shimonoseki« dafür, daß Japan den Fuß dann doch nicht aufs chinesische Festland setzen konnte, doch holte Tokyo i. J. 1906 nach, was ihm elf Jahre vorher versagt worden war und zwang China, ihm nun etwas verspätet die Halbinsel Liaodong wenigstens zu »verpachten«.

Darüber hinaus verdrängte Japan durch mehrere Siege über das zaristische Rußland (1904/05) seinen bis dahin schärfsten Konkurrenten aus der Mandschurei, brachte 1910 Korea unter seine Herrschaft, besetzte im November 1914 das von einer nur schwachen deutschen Besatzung verteidigte Qingdao und stellte am 18. Januar 1915 der Regierung in Beijing jene berüchtigten »21 Forderungen«, die, wären sie voll angenommen worden, China zu einem kolonialen Anhängsel Japans hätten werden lassen.

2. Neue Vorstellungen

Als das 20. Jh. anbrach, gab es im Ausland nur wenige Beobachter, die auf China und sein Fortbestehen auch nur noch einen Heller gesetzt hätten. Und doch hatte dort unter dem Leidensdruck der schmachvollen Niederlage gegen Japan ein Prozeß reformerischer Selbstbesinnung eingesetzt, dessen ganze Tragweite freilich erst zwei bis drei Jahrzehnte später spürbar werden sollte.

Soviel aber war schon jetzt ins allgemeine Bewußtsein gedrungen: Mit den überkommenen Mitteln wäre fortan kein Staat mehr zu machen! Jahrhundertelang hatte das konfuzianische Mandarinat die Schuld für Niederlagen und Rückschläge selten bei unzulänglichen Institutionen, mangelhafter Organisation oder rückständiger Waffentechnik gesucht, sondern hatte mit seiner Gewissenserforschung hauptsächlich bei sich selbst, d. h. bei der offensichtlich unzulänglichen Selbstvervollkommnung der politisch Verantwortlichen angesetzt; hatte Konfuzius doch gefordert, daß sich politische Eliten durch »Selbstvervollkommnung mittels ständiger Verlebendigung der überlieferten Sittlichkeit« (ke ji fu li) zu legitimieren hätten.

Im Zeichen der Niederlagen und Depressionen jedoch, wie sie gegen Ende des 19. Jh. über das Reich der Mitte wie Sturzfluten hereinbrachen, wurden diese zweieinhalb Jahrtausende alten Selbstverständlichkeiten plötzlich hinterfragt, und zwar nicht zufällig von jüngeren Intellektuellen, die sich durch die um die Jahrhundertwende nach China gelangten westlich-sozialdarwinistischen Lehren von der »natürlichen Auslese« und »vom Überleben des Stärkeren« hatten inspirieren lassen. *(Siehe auch den Beitrag von Rudolf G. Wagner.)* Nun also glaubte man plötzlich den wahren Schlüssel für den Niedergang Chinas in der Hand zu haben: Es war nicht der Mangel an personeller Selbstvervollkommnung, sondern die Schwäche der Institution Staat, den es konsequenterweise in ähnlicher Weise zu stärken galt, wie es Japan in exemplarischer Weise vorexerziert hatte. Ein kraftvoller chinesischer Staat mußte her! Darin zumindest waren sich alle Gruppierungen der neuen Eliten einig. *(Siehe auch den Beitrag von Christoph Müller-Hofstede.)* Streit herrschte lediglich über die Art und Weise dieses Selbststärkungsprozesses: Ließ er sich mit den überkommenen Strukturen, vor allem mit einem Qing-Kaiser an der Spitze bewerkstelligen oder bedurfte es dazu nicht bereits einer republikanischen Regierungsform? Für beide Optionen sollten auch schon bald leidenschaftliche Befürworter zutagetreten – hier die Konstitutionalisten um die »Reformer« Kang Youwei und Liang Qichao, dort die Revolutionäre um Sun Yat-sen.

Es war vor allem der zuletzt genannte Sun Yat-sen, der zum einflußreichsten Denker der damaligen Umbruchszeit wurde. Im Gegensatz zu seinen Kontrahenten, die noch eine klassische Ausbildung durchlaufen hatten, war er bezeichnenderweise ganz von der »chinesischen Peripherie« geprägt worden: Geboren im äußersten Süden Chinas, war er mit 13 Jahren ins Ausland gegangen, hatte in Honolulu ein Gymnasium der Kirche von England besucht, war zum Christentum konvertiert, hatte in Guangzhou und in Hongkong Medizin studiert und dann 1892 vergeblich versucht, in der portugiesischen Kolonie Macau eine Arztpraxis zu eröffnen.

Als auslandsorientierter Chinese am Rande der Gesellschaft stehend, als Bürger mit dem herrschenden System unzufrieden und als Arzt gescheitert, schlug er schließlich eine für die damalige Zeit einzigartige Laufbahn ein, indem er – hierin dem russischen Lenin vergleichbar – zum ersten Berufsrevolutionär Asiens wurde, der ständig neue Ideen entwarf, nacheinander drei Parteien gründete, zehn Aufstände gegen die Qing-Dynastie vom Zaun brach, ständig auf der Flucht war und sich vorgenommen hatte, mit jeder Gruppierung zusammenzuarbeiten, die Bereitschaft zeigte, seine republikanischen Ziele zu unterstützen, sei es nun mit chinesischen Geheimgesellschaften, japanischen Expansionisten, amerikanischen Missionaren, chinesischen Studenten, Überseechinesen, »Warlords« oder Komintern-Agenten. Auch innerhalb der chinesischen Gesellschaft waren Randgruppen seine bevorzugten Adressaten, sei es nun die zurückgekehrte Studentenschaft, das Küstenbürgertum oder aber das Auslandschinesentum in den zirkum-pazifischen Randzonen.

Suns Hauptvermächtnis waren die »Drei Grundlehren vom Volk« (sanminzhuyi), d. h. eine Trias von nationalen, politischen und sozialen Doktrinen. In seiner »Nationalen Grundlehre« verkündete Sun das Ziel, China wieder souverän werden zu lassen, in seinem Inneren die uneingeschränkte Gleichheit aller Volksgruppen herzustellen und schließlich die »Große Einheit« (datong) zwischen China und den anderen Staaten der Welt, vor allem den Westmächten, herbeizuführen. Zwar erschienen die »Drei Grundlehren« erst 1923 im Druck, ansatzweise waren sie aber schon lange vor dem Ende des Kaiserreichs (d. h. vor 1911) propagiert worden.

Was die Souveränitätsforderung anbelangt, so blieb sie noch viele Jahre nach Ausrufung der Republik China (1. Januar 1912) auf dem Papier stehen: Eine der Hauptursachen dafür bestand darin, daß Sun Yat-sen, der Bannerträger der Souveränitätsidee, das Amt eines chinesischen Staatspräsidenten nur eineinhalb Monate lang bekleiden konnte. Anschließend mußte er miterleben, wie die Macht zuerst von rückwärtsgewandten Kräften usurpiert und dann von sogenannten »Kriegsherren« (Warlords) parzelliert wurde, so daß die junge Republik eineinhalb Jahrzehnte lang ohne glaubhafte Außenpolitik und vor allem ohne einen Souveränitätsfürsprecher blieb. Zum Glück für das neue Regime brach 1914 der Erste Weltkrieg aus, in dessen Gefolge sich der Griff der imperialistischen Mächte um den Hals Chinas für mehrere Jahre zu lockern begann. Um so gefährlicher wurde nun andererseits Japan, dessen »21 Forderungen« von 1915, wie oben erwähnt, nur mit Mühe abgewehrt werden konnten.

Der Rückzug der europäischen Mächte ließ freilich auch die ohnehin schon ubiquitäre konservative Front noch mehr erstarken. So blieb Sun Yat-sen und seinen Anhängern nichts anderes übrig, als sich in den Jahren 1916/17 fluchtartig ins südliche Guangzhou abzusetzen, wo sie sich neu formierten, eine revolutionäre Gegenregierung zum erzkonservativen Beijing errichteten und mit anderen umstürzlerischen Kräften, vor allem mit den Hauptvertretern der 1919 gegründeten KPCh zu kooperieren begannen.

Die Moskauer Komintern, die diese Vorgänge aufmerksam beobachtet hatte, sah in der neuen Guangzhouer Kräftekonstellation eine einzigartige Chance für die Kommunisierung Chinas und machte sich sogleich daran, die Zusammenarbeit zwischen GMD und KPCh durch finanzielle, militärische und Ausbildungshilfe systematisch zu fördern. Besonders bedeutsam in diesem Zusammenhang wurde die Huangpu (Whampoa)-Militärakademie, die Sun Yat-sen 1924 – ein Jahr vor seinem Tod – noch persönlich einweihen konnte, und in der, nach dem Schema der sowjetischen Roten Armee, ein modernes Offizierskorps ausgebildet wurde, das im weiteren Verlauf der »Befreiung« Chinas in der Tat eine kaum hoch genug einzuschätzende Rolle spielen sollte, sei es nun auf GMD- oder aber auf KPCh-Seite. Leiter der Schule war Chiang Kai-shek, Politkommissar der junge Zhou Enlai.

3. Erste Zerreißproben zwischen Innen- und Außenpolitik

Kaum hatte sich die »revolutionäre Basis« Guangzhou genügend konsolidiert, erfolgte auch bereits, und zwar 1926, der Startschuß für jenen »Nordfeldzug« (beifa), der die nördlichen »Warlords« unterwerfen und – im Geiste des mittlerweile verstorbenen Sun Yat-sen – die nationale Einheit Chinas wiederherstellen sollte.

Die revolutionären Truppen, die verblüffend schnelle Erfolge erzielten, arbeiteten in der Anfangsphase noch Hand in Hand, begannen dann aber, spätestens nach den Siegen von Wuhan und Shanghai, übereinander herzufallen und sich gegenseitig zu zerfleischen. Sieger blieben am Ende die Vertreter des rechten GMD-Flügels, die unter der Leitung Chiang Kai-sheks 1927 ihre kommunistischen Gegner aus den meisten Städten und aus dem Yangzi-Tal verjagten und sie zwangen, fortan mit »befreiten Stützpunktgebieten« auf den Dörfern vorlieb zu nehmen. 1927 errichteten die Gewinner eine neue Hauptstadt in Nanjing (wörtlich: »Südliche Hauptstadt«) und tauften das ihnen so zuwider gewordene Beijing (»Nördliche Hauptstadt«) in »Beiping« (»Nördlicher Friede«) um.

Alles in allem lag die Bedeutung des Nordfeldzugs darin, daß er die Vorherrschaft der Militärmachthaber liquidierte, also den Regionalismus streckenweise beseitigte und damit die Voraussetzungen für die Wiedervereinigung Chinas, für eine neue Zentralstaatlichkeit und zum ersten Mal auch für eine, den Zielsetzungen Sun Yat-sens adäquate, republikanische Außenpolitik schaffte.

Freilich zeigte der seit 1926 nicht mehr zur Ruhe kommende neue Bürgerkrieg zwischen Nationalisten und Kommunisten der jungen Nanjinger Republik von Anfang an harte außenpolitische Grenzen auf, da alle Energien des neuen Staatswesens sofort wieder durch die inneren Auseinandersetzungen aufgezehrt wurden. *(Siehe auch den Beitrag von Herrmann Halbeisen.)* Die Verbissenheit, mit der beide Seiten übereinander herfielen, ließ sogar die japanische Gefahr, die seit Mitte der zwanziger Jahre wie eine schwarze Wolke über dem nördlichen Himmel Chinas aufzuziehen begann, zu einer Nebenerscheinung werden. Aus der Sicht des neuen Staatspräsidenten Chiang waren die Japaner, wie er es ausdrückte, nur eine Hautkrankheit, die Kommunisten dagegen ein Herzleiden. Kein Wunder, daß im Zeichen dieser Spannungen zwischen Innen- und Außenpolitik Entwicklungen eintraten, die für die Republik China schicksalhaft werden sollten, vor allem der »Zwischenfall von Xi'an« am Doppelzwölften (12. 12.) des Jahres 1936.

Die Nanjinger Republik befand sich damals, neun Jahre nach ihrer Gründung, in einer Zwickmühle: Auf der einen Seite war die verhaßte kommunistische Bewegung immer noch am Leben, ja schien sich zwischenzeitlich sogar neu zu konsolidieren, auf der anderen Seite hatten die Japaner unter Ausnutzung dieser inneren Schwierigkeiten mittlerweile riesige Teile des Reichs an sich gerissen:
– Begonnen hatte der japanische Raubzug am 18. September 1931, und zwar mit dem »Zwischenfall von Mukden«, dem heutigen Shenyang. Dabei war es der anfänglich auf der Liaodong-Halbinsel stationierten japanischen Guandong (»Kwantung«)-Armee gelungen, innerhalb weniger Wochen den gesamten Nordosten Chinas, d. h. die einstige Mandschurei, zu besetzen und damit auf einen Schlag 11 % des chinesischen Territoriums sowie 35 % der damals bekannten Kohle-, 50 % der Erdöl- und 80 % der Eisenvorräte Chinas unter Kontrolle zu bringen.

- Schon ein Jahr später (1932) versuchte die kaiserliche Armee blitzartig, die Yangzi-Metropole Shanghai zu überrennen, mußte aber, nachdem England, Frankreich, die USA und Italien interveniert hatten, wieder klein beigeben.
- Im gleichen Jahr auch war das Kaiserreich Manzhuguo (»Manchukuo«) proklamiert und dabei Pu Yi – Chinas »letzter Kaiser« – inthronisiert worden, ein Schauspiel, das zu durchsichtig war, als daß nicht jedermann sogleich die Drahtzieherschaft Japans hätte erkennen können.
- 1933 war dann die unmittelbar an Manzhuguo angrenzende Provinz Rehe (»Jehol«) angegriffen und 1934/35 die Ostmandschurische Eisenbahn japanisiert worden. Nur wenige ernsthafte Beobachter konnten jetzt noch an weitergehenden japanischen Angriffsplänen gegen China zweifeln.

Trotz dieser Provokationen, die weit über die Schmerzgrenze hinausgingen, wollte sich die Nanjinger Führung nicht vom Kampf gegen die innere Gefahr abbringen lassen – schon gar nicht, wie sie meinte, fünf Meter vor dem Ziel. Immerhin war es ihr mit Hilfe von fünf sogenannten »Einkreisungs- und Ausrottungsfeldzügen« gelungen, die Kommunisten aus ihren Basen im südchinesischen Jiangxi zu vertreiben. Nur unter Aufbietung letzter Kraftreserven hatten sich die dortigen Roten Verbände durch einen »Langen Marsch« nach Nordwesten absetzen und dort – im Umfeld von Yan'an – Ende 1935 neue revolutionäre Stützpunkte aufbauen können. Offensichtlich standen sie jetzt, wie Chiang Kai-shek meinte, kurz vor ihrer Vernichtung.

Wie sollte sich Nanjing in dieser Situation verhalten: Sollte es seine Truppen im Norden zum Schutzwall gegen die drohende japanische Gefahr aufbauen oder sollte es nicht schnell noch versuchen, den letzten und entscheidenden Schlag gegen die Kommunisten durchzuführen?

Chiang gab damals bekanntlich der innenpolitischen Option den Vorzug, legte sich dadurch aber mit Verbänden aus seinem eigenen Lager an, die von den Japanern aus ihrer Heimat in Nord- und Nordostchina vertrieben worden und die deshalb fest entschlossen waren, der aus ihrer Sicht katastrophalen Weichenstellung Nanjings entgegenzuwirken. So kam es, daß Chiang bei einem Abstecher zum vorgeschobenen Kommandoposten im nordwestlichen Xi'an am 12. Dezember 1936 von den eigenen Truppen festgenommen und – mit dem Messer an der Kehle – gezwungen wurde, sowohl mit den meuternden GMD-Truppen als auch mit der »Roten Armee« der Kommunisten ein anti-japanisches Bündnis einzugehen. Chiang gab in Todesangst nach und erteilte grünes Licht dafür, daß die kommunistischen Verbände als »Achte Armee« in die nationalen Streitkräfte eingegliedert wurden. Gleichzeitig war damit – erstmals in der Geschichte der Nanjinger Republik – eine Umstellung aller chinesischen Energien auf »Außenpolitik« bewerkstelligt worden.

Die Auswirkungen des »Zwischenfalls von Xi'an« können gar nicht hoch genug veranschlagt werden: »Xi'an« beendete erstens den zehnjährigen Bürgerkrieg, sicherte zweitens das weitere Überleben der Kommunisten, die einen sechsten Ausrottungs- und Vernichtungsfeldzug wohl kaum hätten überleben können und schuf drittens die Voraussetzungen für eine Zweite – diesmal antijapanische Einheitsfront, in deren Schutz die KPCh trotz zahlreicher späterer GMD-Gegenschläge ihre Stützpunktgebiete und ihre Armee-Einheiten weiter ausbauen konnten. Der Zwischenfall bedeutete für Chiang den ersten Ab-, für Mao aber den Aufstieg und für die Japaner das Signal zum Losschlagen.

4. Die Außenpolitik der Nanjing-Ära

Die Außenpolitik Nanjings war durch scharfrandige Freund- und Feindbilder bestimmt: Zu den Feinden gehörte anfangs die Sowjetunion und dann – in einer Art Nullsummenspiel – zunehmend Japan.

Zwar richtete sich gleich nach Gründung der neuen Hauptstadt alle Abscheu gegen die Komintern, deren Vertreter 1927, gerade noch fünf vor zwölf, fluchtartig die Republik hatte verlassen können, und zwar via Mongolei. Eineinhalb Jahre später überfielen Truppen des mandschurischen »Warlords« Zhang Xueliang (offensichtlich in Abstimmung mit Nanjing) das Generalkonsulat der UdSSR in Harbin und besetzten außerdem Teile der Ostmandschurischen Eisenbahn – ein Vorgehen, das zahlreiche Zusammenstöße mit den dort stationierten sowjetischen Truppen zur Folge hatte. Ferner ließ die Republik China die sowjetischen Konsulate in Guangzhou, Shanghai und Wuhan schließen und brach im Juli 1929 die diplomatischen Beziehungen zu Moskau ab.

Kaum hatten jedoch die japanischen Angriffe auf Nordost- und Nordchina begonnen, streckte die UdSSR der Führung in Nanjing bereits wieder die Hand zur Versöhnung entgegen, nahm (1932) erneut diplomatische Beziehungen auf, schloß im August 1937 mit der Republik China sogar einen Nichtangriffspakt ab und verpflichtete sich ihr gegenüber zur Lieferung von Waffen, Munition und Versorgungsgütern, die im Kampf gegen die japanische Aggression eingesetzt werden sollten.

Anders als gegenüber Japan und der UdSSR blieb das Verhältnis Nanjings zu den Westmächten, vor allem zu den USA unproblematisch. Die junge Republik steuerte gegenüber Europäern und Amerikanern einen klaren Westkurs, der sich in der Tat auch schon bald auszuzahlen begann. Hauptsächlich in zwei Bereichen konnten die chinesischen Nationalisten Punkte sammeln, nämlich bei der Rückgewinnung der Tarifautonomie sowie bei der Liquidation der ausländischen »Konzessionen«: Vor allem die Briten hatten der Nanjing-Regierung immer wieder zu verstehen gegeben, daß ein Verzicht Londons auf seine (durch »Ungleiche Verträge«) erlangten Vorrechte nur dann in Betracht käme, wenn China von seinem archaischen Recht Abschied nähme und sich eine moderne, berechenbare Gesetzesordnung zulegte. Die republikanische Regierung ließ sich dies nicht zweimal sagen, sondern leitete noch in den späten zwanziger Jahren einen Rezeptionsprozeß ein, der hauptsächlich zur Übernahme deutschen Rechts führte und der als solcher eher emanzipatorisch-außenpolitisch als rechtspolitisch motiviert war.

Damit waren die Weichen für die Rückerlangung von Souveränitätsrechten gestellt: In zähen Verhandlungen konnte Nanjing – und zwar auf gleichberechtigter (!) Grundlage – den Großmächten eine Zollerhebungsbefugnis nach der anderen abtrotzen, zuerst den USA (24. Juli 1928), dann dem Deutschen Reich (17. August 1928), Belgien, Italien, Großbritannien, Frankreich und schließlich sogar noch den Japanern (6. Mai 1929). Auch bei den »Konzessionen« erzielte Nanjing rasch Einbrüche: Die Briten gaben ihre Rechte in den Yangzi-Städten Hankou und Jiujiang (Februar 1927), in Jinjiang (Februar 1929), in Weihaiwei (April 1930) und in Xiamen (»Amoy«, September 1930) auf; die Belgier folgten im Januar 1931 mit dem Verzicht auf ihre Konzession in Tianjin. Freilich dauerte es noch bis 1943, ehe die USA und Großbritannien auch ihre letzten noch verbliebenen Vorrechte aus den »Ungleichen Verträgen« fallen ließen und der Chiang-Regierung damit einen Triumph bescherten (Wright 1938).

Von den »Drei Volksrechts«-Verheißungen, wie sie durch Sun Yat-sen einstmals verkündet worden waren, hatte Nanjing bis Mitte der vierziger Jahre also wenigstens den ersten Teil, nämlich die »Nationalen Rechte« einlösen können. Was die Republik China von den Westmächten zurückerhalten hatte, war im Zeichen der Kriegsereignisse gegenüber Japan allerdings längst (d. h. seit 1938) wieder verlorengegangen.

Der Einfluß der Westmächte machte sich nicht nur politisch, sondern auch kulturell bemerkbar – nicht zuletzt auf dem Weg über christliche Colleges und Missionsschulen – man denke an die Universitäten Yanjing (Beijing), Saint Jones' (Shanghai) sowie an Hochschulen in Shanghai, Suzhou, Hangzhou, Chengdu und Nanjing. Die Amerikaner begannen damals den Reigen anzuführen, nachdem vor allem das Lehrpersonal zahlreicher staatlicher Universitäten wie der Beijing- und der Qinghua-Universität zumeist in den USA ausgebildet worden war. Auch beim YMCA (gegründet in China 1885) und beim YWCA standen amerikanische Institutionen Pate. »Volksdiplomatie« spielte hier also eine nicht unwesentliche Rolle!

Die Westorientierung zahlte sich für die GMD auch militärisch aus und zwar sowohl während des Widerstandskriegs gegen Japan, in dessen Verlauf vor allem die USA für großzügige militärische und wirtschaftliche Unterstützung sorgten, als auch während des Bürgerkriegs (1945–1949), in dem die Amerikaner erneut umfangreiche Transport- und Waffenhilfe für die GMD-Truppen leisteten, ohne daß sie dadurch allerdings die Niederlage Chiang Kai-sheks hätten verhindern können.

5. Der »Antijapanische Widerstandskrieg«

Am Ende konnte allerdings weder das antijapanische Bündnis mit den Kommunisten noch die Wiederversöhnung mit der UdSSR, und schon gar nicht der »Westkurs« Nanjings den Ausbruch des Chinesisch-japanischen Kriegs verhindern: Das Unheil begann – wieder einmal! – mit einem »Zwischenfall«, nämlich diesmal an der Marco-Polo-Brücke nahe Beijing am 18. September 1937, und zog sich über sage und schreibe acht Jahre hin, nämlich bis zum August 1945.

Ende 1937 hatte sich China wieder einmal aufgespalten – diesmal in drei Teile: Da war einmal das unter Herrschaft der GMD verbliebene Restgebiet, das nun, nach einer chaotischen Flucht der Regierung in den fernen Westen, um die Not-Hauptstadt Chongqing herum lag, also jenseits der berüchtigten Yangzi-Stromschnellen, die sich als vorerst unüberwindbares Hindernis für die nachstoßenden japanischen Verbände erwiesen. Nordöstlich schlossen sich die »Befreiten Stützpunktgebiete« der Kommunistischen Achten Armee an. Das dritte China schließlich bestand aus den von japanischen Truppen besetzten Küstengebieten, in denen seit 1940 die von den Japanern eingesetzte und daher von den meisten Chinesen als »zougou« (»Kettenhunde«) verschriene Regierung Wang Jingweis »regierte«.

Die ins ferne Chongqing abgetauchte Regierung der Republik China schien zwar längst am Ende zu sein, weigerte sich aber beharrlich, vor den Japanern zu kapitulieren und erhielt deshalb von den Amerikanern noch viele Jahre lang militärische Unterstützung – zuerst auf dem Landweg via Birma und dann – im Anschluß an den erfolgreichen Birma-Feldzug der Japaner – via Luftbrücke. Die Kommunisten andererseits blieben weitgehend auf sich selbst, d. h. auf Eigenproduktion und auf japanische Beutewaffen, angewiesen; erst nach 1945 erhielten auch sie internationale Unterstützung, und zwar von Seiten der Sowjetunion.

Die acht Jahre »Widerstandskrieg gegen Japan« können in ihrer Auswirkung auf die weitere Entwicklung der Innenpolitik Chinas gar nicht hoch genug eingeschätzt werden. Zwanzig Jahre später gab Mao Zedong einem japanischen Besucher gegenüber zu verstehen, daß der »japanische Militarismus den Chinesen großen Nutzen gebracht hat. Durch ihn erst wurde das chinesische Volk instandgesetzt, die Macht zu ergreifen. Wenn Ihre Kaiserliche Armee nicht angegriffen hätte, wären wir machtlos geblieben« (Martin 1982: 316).

Der japanische Angriff war also ungewollt zu einem weiteren Geburtshelfer der chinesischen Revolution geworden. Eine zusätzliche, und bei den Japanern ganz gewiß nicht erwünschte, Nebenfolge war die Entstehung eines in der chinesischen Geschichte neuartigen Phänomens, das zu Recht als »Bauernnationalismus« bezeichnet worden ist. Im mandarinären China war der Nationalismus ja lange Zeit ein Fremdwort geblieben und erst am Ende des 19. Jh. zum Tragen gekommen – doch auch dann nur in Kreisen der Intelligenz sowie des damals noch im Entstehen begriffenen Bürgertums, das im Interesse einer Entfaltung der eigenen Volkswirtschaft nach einem starken Staat verlangte. Für die Bauern war ein nationales Wir-Gefühl erst zur Wirklichkeit geworden, nachdem sie am eigenen Leib eine von ausländischen Truppen exekutierte barbarische Politik der »dreifachen Auslöschung« (sanguang: alles niederbrennen, alles niedermetzeln, alles ausplündern) hatten erleben müssen. Der Krieg von 1937 bis 1945 war damit zur Geburtsstunde eines »Nationalismus« der kleinen Leute geworden, der dem Erstarken eines chinesischen Staatswesens ungeahnten Auftrieb verlieh. Drittens aber hatte der antijapanische Krieg den Nährboden für die Herausbildung moderner chinesischer Militärverbände geliefert, die ihre Schlagkraft bei den sich anschließenden Bürgerkriegsauseinandersetzungen zwischen 1946 und 1949 unter Beweis stellen konnten (Weggel 1989).

6. Bürgerkrieg

Nach der Kapitulation Japans im August 1945 waren es zwei innen- und zwei außenpolitische Gegenkräfte, die für das weitere Schicksal Chinas entscheidend werden sollten. An der innenpolitischen Front standen sich die kommunistischen und die Guomindang-Verbände gegenüber, die von den beiden damals gerade frischgebackenen Supermächten unterstützt wurden, und zwar die KPCh-Seite von der UdSSR und die GMD von den USA.

Allerdings hätten die USA die beiden Bürgerkriegsparteien am liebsten Arm in Arm gesehen. Sollte freilich das Entweder-Oder nicht zu umgehen sein, so würde man sich am Ende lieber für die »Demokraten« und Vertreter eines »freien China« entscheiden, nämlich für die GMD.

Im Gegensatz zum amerikanischen GMD-Engagement war die UdSSR gegenüber den chinesischen Genossen, die Stalin früher schon einmal als »Radieschen-Kommunisten« (außen rot, innen weiß) bezeichnet hatte, zunächst durchaus skeptisch eingestellt. Am Ende aber überließen die mittlerweile in die Mandschurei einmarschierten Verbände der Roten Armee den Truppen Maos dann doch japanische Waffenbestände und trugen damit erheblich zu deren Aufrüstung bei. Außerdem verhinderten die Sowjetverbände die Anlandung von GMD-Truppen in der Hafenstadt Dalian. Mit diesen beiden Hilfsdiensten war die Unterstützung der Mao-Einheiten durch die Rote Armee freilich schon fast wieder zu Ende.

Um so entschlossener griffen auf der anderen Seite die Amerikaner den Guomingdang-Verbänden unter die Arme und lieferten nicht nur Waffen, sondern leisteten vor allem Transporthilfe, indem sie innerhalb weniger Wochen rund eine Million Regierungssoldaten nach Nord- und Nordostchina transportierten, wobei die nordchinesischen Städte in der Regel aus der Luft, die nordöstlichen Gefechtsstellungen aber über See angesteuert wurden. So kam es, daß die GMD-Truppen in dieser ersten Phase den Mao-Verbänden fast immer einen Schritt voraus waren – und das Rennen um die Machtübernahme schon fast für sich entschieden zu haben schienen.

Mehrmals versuchten die Amerikaner aber auch jetzt noch, zwischen den beiden Kontrahenten zu vermitteln, zuletzt durch die Entsendung von General George Marshall, der später zwar mit dem nach ihm benannten Plan in Europa reüssieren konnte, dem aber in Ostasien, wie sich bald herausstellte, partout kein Erfolg beschieden sein sollte. Nach China war er mit dem dreifachen Auftrag gekommen, Kommunisten und Nationalisten zu einer Koalition zusammenzuschmieden, den drohenden Bürgerkrieg abzuwenden und beiden Seiten amerikanische Hilfe für den gemeinsam zu betreibenden nationalen Aufbau anzubieten.

Am Ende allerdings kam, was unter den damals gegebenen Umständen offensichtlich unvermeidlich geworden war, nämlich der Bürgerkrieg, aus dem, allen Erwartungen zuwider, nicht die Republik Chiangs, sondern die Volksbefreiungsarmee Mao Zedongs als Sieger hervorging.

Die Ursachen für die GMD-Niederlage hingen mit Führungsschwächen, mit einem epochalen Gesichtsverlust der GMD sowie damit zusammen, daß das von drei Jahrzehnten Krieg und Bürgerkrieg heimgesuchte China sich nach Stabilität sehnte, komme sie, woher sie wolle. Die Kommunisten schienen gerade hierfür das bessere Programm und die größere Durchsetzungsfähigkeit vorweisen zu können, besaßen vor allem aber das Vertrauen der Bauernschaft, aus deren Reihen sie ja hervorgegangen waren.

Der »Gesichtsverlust« der GMD hing nicht zuletzt damit zusammen, daß sie – unter kräftiger Mitwirkung der sinokommunistischen Propaganda – den Anschein zu erwecken schien, ein »Lakai der USA« zu sein. Die KPCh-Propaganda behauptete, daß Washington »das Geld und die Gewehre liefert, während Chiang die Menschen stellt, um für die USA Krieg zu führen, das chinesische Volk abzuschlachten und China in eine amerikanische Kolonie zu verwandeln.« Schlimm für die GMD, daß all diese Anwürfe, so übertrieben sie auch waren, bei der breiten Bevölkerung zunehmend Gehör fanden.

Schließlich aber widersprach die GMD-Politik dem damaligen Zeitgeist. Erwartungen lagen in der Luft, daß endlich etwas geschehen müsse, daß es so nicht weitergehen könne wie bisher und daß China eine Renaissance brauche, auch wenn sie mit Opfern verbunden sei. Die KPCh lag mit ihrer ganzen Reformpolitik genau in diesem Stimmungstrend, während umgekehrt die GMD, zusätzlich angeschwärzt von der geschickten KP-Propaganda, immer mehr in den Ruf der Reaktion, der Korruption und der totalen Unfähigkeit geriet. Die GMD erwies sich auch dadurch einen Bärendienst, daß sie über die Vorgänge in den kommunistisch beherrschten Gebieten eine dichte Nachrichtensperre verhängt hatte, so daß niemand der in Chongqing, Nanjing oder Shanghai lebenden Landsleute genau wußte, was es mit dem Maoismus eigentlich auf sich hatte. Unter diesen Umständen wurden die überschwenglichen und schwärmerischen Berichte einiger westlicher Journalisten, Schriftsteller und sogar US-Diplomaten zur einzigen Informationsquelle. Die Genügsamkeit, die Disziplin und die Entschlossenheit der kommunistischen Führer, von denen in solchen Berichten permanent die Rede war, erschienen plötzlich als höchst attraktive Alternative zu der korrupten und ineffizienten Regierungspolitik. Niemand konnte damals ja ahnen, daß die Korruption eines Tages auch zum Alltag im sozialistischen China werden könnte.

Während einige wenige von der KPCh schwärmten, andere sie für das kleinere Übel hielten, konnten sich die meisten schon bald keine glaubhafte Alternative mehr zu ihr vorstellen. Zum Schluß geschah, was dem Durchschnittschinesen damals fast unausweichlich schien: Nicht die KPCh eroberte China, sondern China warf sich ihr in die Arme. Während die letzten Einheiten der GMD hastig auf die Insel Taiwan flohen, rief Mao Zedong am 1. Oktober auf der Plattform des »Tors zum Himmlischen Frieden« vor einer begeisterten Volksmenge von 300 000 Menschen die Gründung der Volksrepublik aus: »Die Chinesen, ein Viertel der Menschheit, haben sich erhoben!« Schon einen Tag später wurde die neue Volksrepublik von der UdSSR anerkannt.

Verwendete und weiterführende Literatur

FAIRBANK, JOHN K. (1953): Trade and Diplomacy on the China Coast, Harvard.
FAIRBANK, JOHN K. (1989): Geschichte des modernen China, 1800–1985, München.
HOU, CHI-MING (1965): Foreign Investment and Economic Development in China, 1840–1937, Cambridge/Mass.
MARTIN, HELMUT (1982/Hrsg.): Mao Zedong, Texte, Bd.V – 1961–1964, München, Wien.
MOHR, ERNST GÜNTHER (1985): Die unterschlagenen Jahre. China vor Mao Tse-tung, Esslingen, München.
MORSE, H. B. (1967): The Trade and Administration of China, New York.
TANG TSOU (1963): America's Failure in China, 1941–1950, Chicago.
WEGGEL, OSKAR (1989): Geschichte Chinas im 20. Jahrhundert, Stuttgart.
WRIGHT, S.F. (1938): Chinas Struggle for Tariff Autonomy 1843–1938, Shanghai.

Teil C:
Chinesische Modernisierungsregime und politischer Wandel

Teil C

Chinesische Modernisierungsversuche und kultureller Wandel

VIII. Die Kommunistische Partei Chinas an der Macht: Politische Entwicklungen bis zum Ende der Ära Deng Xiaoping

EBERHARD SANDSCHNEIDER

1. Einleitung

Am 1. Oktober 1949 übernahm die Kommunistische Partei Chinas (KPCh) mit der offiziellen Proklamation der Volksrepublik China nach 28jährigem politischem und militärischem Kampf die Macht auf dem chinesischen Festland. Damit war es zum zweiten Mal in der Geschichte des 20. Jh. einer revolutionären kommunistischen Bewegung gelungen, die Macht in einem Land zu erringen, das nach gültiger kommunistischer Lehre die sozioökonomischen Voraussetzungen für eine solche Revolution nicht erfüllte. Mit dem Sieg der KPCh ging gleichzeitig zumindest formal das Jahrhundert der »chinesischen Revolution« zu Ende. Es hatte sich vom ersten Opiumkrieg (1839–1842) über den Zusammenbruch des Kaiserreiches (1911), den Zerfall zentralstaatlicher Gewalt durch Warlord-Regime (1916–1927), die zeitweilige Durchsetzung der Guomindang (1927–1937) bis zum Widerstandskrieg gegen Japan (1937–1945) und den anschließenden Bürgerkrieg zwischen Kommunisten und Nationalisten (1946–1949) erstreckt. Sehr schnell sollte sich jedoch zeigen, daß die inneren Umwälzungen in China mit dem militärischen und politischen Sieg der Kommunistischen Partei noch längst kein Ende gefunden hatten. *(Siehe auch die Beiträge von Jürgen Osterhammel und Herrmann Halbeisen.)*

Der Versuch, die politische Entwicklung der VR China seit 1949 strukturiert zu überblicken und die wesentlichen Entwicklungstendenzen aufzuzeigen, läßt zunächst unterschiedliche Möglichkeiten der zeitlichen und inhaltlichen Phrasierung erkennen: In einer ersten und sicher noch sehr groben Annäherung könnte man die Geschichte der VR China seit 1949 in zwei große und relativ klar voneinander abgrenzbare Phasen einteilen: Auf eine durch ideologische Vorgaben und parteiinterne Konflikte bestimmte Phase macht-, wirtschafts- und gesellschaftspolitischer Kontroversen zwischen 1949 und 1978 folgte die noch andauernde Phase der pragmatischen Modernisierungspolitik, in der die wirtschaftliche Entwicklung Chinas im Zentrum der politischen Bemühungen stand. Möglich wäre auch eine Dreiteilung, die sich aus der Perspektive der jeweils dominierenden Führungspersönlichkeit gewinnen ließe: Die Ära Mao Zedong reichte demnach von 1949 bis 1976. Ihr folgte eine kurze Übergangsphase unter Hua Guofeng von 1976 bis 1978 bzw. 1980, an die sich die Ära Deng Xiaoping von 1978/80 bis 1997 anschloß.

Bei genauerem Hinsehen erweisen sich jedoch beide Einteilungen als zu grob. Es läßt sich nämlich unschwer feststellen, daß die politische Entwicklung der VR China von einer ganzen Reihe zum Teil tiefgreifender Umbrüche gekennzeichnet ist, die innerhalb dieser großen Phasen die Dynamik chinesischer Politik im eigentlichen Sinne bestimmten. Die Schnelligkeit dieser Umbrüche hat westliche Beobachter – Journalisten, Politiker und Wissenschaftler gleichermaßen – immer wieder vor große Probleme gestellt. Sie ist bedingt durch die Tatsache, daß die Grundlinien chinesischer Politik durch innerparteiliche Konflikte und damit durch kurzfristige Verschiebungen von Machtkonstellationen entschieden wurden. Die formale Behauptung der Führungsrolle der KPCh kann nicht darüber hinwegtäuschen, daß die VR China seit 1949 kaum längere Phasen der inneren Stabilität aufzuweisen hat. Im Gegenteil, politische, ökonomische und gesellschaftliche Entwicklung fand in China bis Ende der 70er Jahre als permanentes Oszillieren zwischen den Extrempolen eines an maoistischem Denken orientierten Entwicklungsmodells und der Gegensteuerungsversuche seiner politischen Gegner statt und ist seither durch zum Teil intensive innerparteiliche Konflikte um die jeweiligen Schritte des Modernisierungs- und Reformprogramms gekennzeichnet.

Der vorliegende Versuch, die politischen Entwicklungen in der VR China seit 1949 nachzuzeichnen, beruht auf der Ausgangsthese, daß es zwei Grundsatzkonflikte waren, die die politische Geschichte der Volksrepublik bis heute bestimmt haben. Zunächst war es der innerparteiliche Machtkonflikt über den richtigen Weg im Sozialismus, der sich an konkurrierenden Entwicklungsmodellen und ihrer konkreten Umsetzung entzündete und die Politik Chinas zwischen 1949 und 1980 nachhaltig beeinflußte. Der zweite Grundsatzkonflikt wird geprägt von den politischen und gesellschaftlichen Konsequenzen, die die Modernisierungspolitik Deng Xiaopings seit 1980 gerade durch ihren ökonomischen Erfolg ausgelöst hat. Die nachfolgende Darstellung folgt deshalb den wesentlichen Phasen der Ausprägung dieser beiden Konflikte und skizziert chinesische Politik als Abfolge von Konsolidierungsbemühungen und machtpolitisch bestimmten Umbrüchen.

2. Die erste Konsolidierungsphase: Machtsicherung und kommunistischer Aufbau, 1949–1957

Zum Zeitpunkt ihrer Machtübernahme Ende 1949 stand die Kommunistische Partei vor einer ganzen Reihe zum Teil wirklich gigantischer Aufgaben. Im Mittelpunkt ihrer Bemühungen mußten zunächst die Stabilisierung und der Wiederaufbau eines von Krieg und Bürgerkrieg geschwächten Landes stehen, wobei sich drei zentrale Aufgabenbündel deutlich überschnitten: Erstens mußte sie durch die Ausschaltung der Überreste der Guomindang-Armee und den Aufbau eigener Regierungs- und Verwaltungsstrukturen die institutionellen Grundlagen ihrer Herrschaft sichern. Hinzu kamen zweitens die strukturellen Notwendigkeiten der Wiederbelebung der Wirtschaft durch den Aufbau eines funktionierenden Transportwesens, der Sicherstellung der Nahrungsmittelversorgung der Bevölkerung sowie die Bekämpfung der Arbeitslosigkeit und einer galoppierenden Inflation. Bedingt durch ihre eigenen politischen Vorgaben schließlich mußte die Kontrolle über das Land durch eine

Reform der Besitz- und Produktionsverhältnisse und die entsprechende Mobilisierung der Massen abgesichert werden.

Die chinesische Innenpolitik in den frühen fünfziger Jahren war entsprechend geprägt von dem doppelten Bemühen der KPCh, ihre Macht nicht nur in den Städten, sondern vor allem auch in den Dörfern des Landes zu konsolidieren und eine neue, sozialistische Gesellschaftsordnung aufzubauen. Einen ersten Schritt unternahm die chinesische Regierung 1950 mit der Schaffung eines neuen Ehegesetzes, das der Frau innerhalb wie außerhalb der Familie einen gleichberechtigten Status zuschrieb. Das dadurch bedingte Aufbrechen der traditionellen Strukturen schwächte die dominante Stellung der Familien und ermöglichte der Kommunistischen Partei einen größeren Einfluß auf dem Land. Die Einführung eines neuen Agrarreformgesetzes im selben Jahr brachte eine umfassende Bodenreform mit sich, in deren Verlauf rund 43 Prozent der landwirtschaftlichen Nutzfläche in den Besitz von 120 Millionen Kleinbauern übergingen. Begleitet wurde die Agrarreform von einer Senkung des Pachtzinses und der Streichung alter Pachtschulden. Damit hatte die Regierung ihr Ziel, den Großgrundbesitzern durch umfassende Enteignungen die Macht zu nehmen, erreicht und gleichzeitig die Grundlagen für die allmähliche Erholung der landwirtschaftlichen Produktion gelegt.

Im politisch-ideologischen Bereich bildete die Einleitung einer »Kampagne zur Niederwerfung von Konterrevolutionären« im Jahre 1951 den Beginn einer Reihe von Massenkampagnen, welche seither immer wieder als Gestaltungs- und Steuerungselemente der chinesischen Politik zu erkennen sind. Die Kampagnen dienten zum einen der Mobilisierung des Volkes »im Geiste des Sozialismus«, zum anderen der »Säuberung« politischer Gegner aus Partei und Kultur.

Eine enge Anlehnung an das Entwicklungsmodell des sowjetischen Nachbarstaates prägt die wirtschaftliche und politische Entwicklung der VR China in den Jahren 1953 bis 1957. Unter der im Mai 1953 verkündeten »Generallinie des Übergangs zum Sozialismus« gewinnt die KPCh die alleinige Verfügungsgewalt über Wirtschaft und Politik. Im politischen Bereich festigt sie ihre Position durch die Verabschiedung der ersten Verfassung der VR China im Jahre 1954, in der die sechs 1949 gebildeten Verwaltungsgroßregionen durch 21 Provinzen, fünf Autonome Regionen und zwei Regierungsunmittelbare Städte abgelöst und zentrale Verfassungsorgane (Nationaler Volkskongreß, Oberster Volksgerichtshof, individuelles Staatsoberhaupt) eingerichtet wurden. Das politische System war fortan durch die Dreiteilung des Herrschaftsapparates von Partei, Staat und Armee bestimmt und durch die deutliche personalpolitische Dominanz der Kommunistischen Partei gekennzeichnet.

Auf wirtschaftlichem Gebiet lag der Erfolg der chinesischen Führung in der Verwirklichung des 1. Fünfjahresplanes begründet. Zwei wesentliche Inhalte bestimmten diesen Plan: Die Entwicklung der Schwerindustrie erhielt Vorrang vor dem Ausbau der Leichtindustrie und der Landwirtschaft. Mit der Bildung sogenannter »Landwirtschaftlicher Produktionsgenossenschaften« wurde der gesamte ländliche Bereich einer umfassenden Kollektivierung unterworfen, um diesen produktiver und finanzkräftiger zu gestalten. Durch den Ankauf industrieller Produkte sollte die Landwirtschaft zu einem Absatzmarkt für die inländische Industrie werden und gleichzeitig ihre eigene Mechanisierung anstreben. Die quantitativen Erfolge dieser Politik waren beeindruckend: Während des 1. Fünfjahresplanes (1953–

1957) wuchs die Industrieproduktion im jährlichen Durchschnitt um 18 Prozent und die Landwirtschaft um 4,5 Prozent. Schnell sollten sich allerdings auch die Nachteile des sowjetischen Modells in China zeigen: Bürokratisierungstendenzen und ökonomische Ineffizienz, wie sie für zentralistische Planungssysteme typisch sind, ließen auch in China kein dauerhaftes Wirtschaftswachstum entstehen. Verschärft wurden die systembedingten Defizite noch zusätzlich durch den ersten offenen Ausbruch des Machtkonfliktes über die Grundlagen der ökonomischen Entwicklungsstrategie der VR China.

3. Der erste Bruch: Vom »Großen Sprung« zu den »Drei bitteren Jahren«, 1958–1962

Die wirtschaftlichen und politischen Erfolge der ersten Jahre veranlaßten einen Teil der Parteiführung, im Sinne des maoistischen Modells einen neuen revolutionären Anlauf in der Politik der »Drei Roten Banner« zu suchen. Der »Große Sprung nach vorn« markierte diese Abwendung vom sowjetischen Entwicklungsmodell: Nicht mehr materielle Anreize, sondern revolutionärer Elan, nicht mehr tatsächliche Rahmenbedingungen, sondern das »richtige« (d. h. maoistische) Bewußtsein sollten die beschleunigte Entwicklung der chinesischen Gesellschaft bestimmen.

Den ersten Schritt der Abkehr vom übernommenen sowjetischen Entwicklungsmodell leitete Mao Zedong im April 1956 in seiner Rede über die »Zehn Großen Beziehungen« ein. Im Mai des folgenden Jahres begann die sogenannte »Hundert-Blumen-Bewegung«. Unter dem Motto »Laßt hundert Blumen blühen, laßt hundert Gedankenschulen miteinander wetteifern« wollte die kommunistische Führung die Intelligenz zur aktiven Mitarbeit am Aufbau des kommunistischen Staates ermuntern. Studenten und Wissenschaftler wurden zu Diskussion und Kritik am politischen System und seinen Vertretern aufgerufen. Auf einer Sitzung der Obersten Staatskonferenz hielt Mao Zedong im Februar 1957 eine Rede über »Die richtige Behandlung der Widersprüche im Volk«. Diese Rede galt als richtungsweisend für den zukünftigen Arbeitsstil innerhalb der Partei. Sie schuf zudem eine ideologische Grundlage für eine liberalere Behandlung der Intelligenz, indem sie eine offene Diskussion über die auch im Sozialismus auftretenden Widersprüche im Volk anregte. Mao unterschied zwischen nicht-antagonistischen und durch Diskussion zu lösenden Widersprüchen zwischen dem Volk und der Partei sowie antagonistischen Widersprüchen zwischen dem Volk und den »Feinden des Sozialismus«, die nur durch staatliche Gewalt gelöst werden könnten. Anläßlich des Jubiläums der »4.-Mai-Bewegung« von 1919 kam es nach verhaltenem Beginn zu einer tiefgreifenden Ausweitung der Kritik unter den Intellektuellen. In den Mittelpunkt der Angriffe gerieten zunehmend die Führer der KPCh und das sozialistische System selbst. Die Partei reagierte auf diese unerwartet heftige Kritik mit einer »Kampagne gegen Rechtsabweichler«, welche offiziell als Berichtigung der in Bürgertum und Intelligenz hervorgetretenen rechten Kräfte definiert wurde. Die Kampagne, die bis zum Frühjahr 1958 dauerte, wurde begleitet von harten Repressionsmaßnahmen, in deren Verlauf rund 400 Intellektuelle hingerichtet und bis zu 550 000 Menschen in Arbeitslager deportiert wurden.

Das Jahr 1958 war geprägt durch die endgültige Abwendung vom sowjetischen Wirtschaftsmodell und die insbesondere von Mao favorisierte Suche nach einem spezifisch chinesischen, durch Kollektivierung, Massenmobilisierung und die Ablehnung materieller Anreize gekennzeichneten Entwicklungsprogramm. Nach heftigen parteiinternen Auseinandersetzungen entschied das 2. Plenum des VIII. Zentralkomitees (ZK) in Peking im Mai über die Einführung der von Mao Zedong initiierten Politik der »Drei Roten Banner«. In Abkehr vom sowjetischen Modell sah das maoistische Konzept die gleichzeitige Entwicklung von Landwirtschaft und Schwerindustrie vor. Im Rahmen einer »permanenten Revolution« und unter Anleitung der »Generallinie des sozialistischen Aufbaus« sollten der arbeitsintensive Einsatz mobilisierter Massen und die umfangreiche Kollektivierung des gesamten Lebens in einem »Großen Sprung nach vorne« den Weg zur endgültigen kommunistischen Gesellschaft ebnen. Die organisatorische Form dieses »Großen Sprungs« manifestierte sich in der Errichtung sogenannter »Volkskommunen«, einer Zusammenfassung mehrerer Landwirtschaftlicher Produktionsgenossenschaften zu Großkollektiven. *(Siehe auch Tab. 4.5.1 im Anhang.)* Die Kommune kollektivierte und verwaltete das gesamte Leben der ländlichen Bevölkerung nach militärischen Gesichtspunkten. Privatbesitz wurde in Kollektiveigentum überführt.

Die Überlastung der Bevölkerung durch sogenannte »Produktionsschlachten« in der landwirtschaftlichen Produktion, vor allem aber in der Schlüsselsparte der Stahlerzeugung führte nach anfänglich beeindruckenden quantitativen Zuwachsraten jedoch mittelfristig zu einem Rückgang der Produktion in Landwirtschaft und Industrie. Als Folge kam es – zusätzlich begünstigt durch Planungsfehler und Naturkatastrophen – zu einem wachsenden Versorgungsmangel mit Nahrungsmitteln. In den »Drei bitteren Jahren« (1960–1962) wurde die Entwicklung Chinas durch Hungersnöte, Unterversorgung der Bevölkerung und eine verheerende Wirtschaftskrise gekennzeichnet, die bis zu 30 Millionen Hungeropfer forderte. Der erste Versuch, die im wesentlichen von Mao Zedong entwickelten Vorstellungen einer mobilisatorischen Entwicklung in die Praxis umzusetzen, endete folglich in einem ökonomischen Fiasko.

4. Die zweite Konsolidierungsphase: Readjustierung unter Liu Shaoqi, 1962–1965

Auf verschiedenen Konferenzen der Führungsgruppen der KPCh in Lushan war Mao Zedong schon im August 1959 zunehmend in die Kritik gemäßigter Parteikräfte unter Führung des Verteidigungsministers Peng Dehuai geraten. Diese Auseinandersetzungen kennzeichneten den Beginn wachsender innerparteilicher Konflikte um den zukünftigen Kurs der Wirtschaftspolitik und die personelle Zusammensetzung der kommunistischen Führungsgruppe. Schon hier wurde innerparteilich der Grundstein für die machtpolitischen Auseinandersetzungen während der Kulturrevolution gelegt. Unter dem Eindruck der Wirtschaftskrise und konfrontiert mit zunehmendem Widerstand der Bevölkerung gelang es schließlich einer Mehrheit der zivilen Parteiführung unter Liu Shaoqi, ein liberaleres Wirtschaftsprogramm durchzusetzen, das unter dem Namen der »Readjustierung« in wesentlichen Teilen eine Abkehr vom maoistischen Kollektivierungskonzept vorsah. Die Grundlinien dieses Konzeptes zeichneten sich spätestens 1962 nach einer Serie von Parteikonferenzen ab. Es stand jetzt unter der Parole, die wirtschaftliche Entwicklung Chinas »mit der Landwirtschaft als Grundlage und der Industrie als führendem Faktor« voranzutreiben, und korrigierte so zunächst das maoistische Primat einer durch Tonnenideologie charakterisierten vorrangigen Entwicklung der Schwerindustrie. Als Kernelemente dieser »Readjustierungspolitik« lassen sich neben der nun gleichgewichtigen Entwicklung von Industrie und Landwirtschaft die Betonung der schrittweisen Mechanisierung der Landwirtschaft, eine weitgehende Dekollektivierung der landwirtschaftlichen Produktion, eine deutliche Einschränkung massenmobilisatorischer Politikelemente sowie die Einführung materieller Anreize erkennen. In der Konsequenz bedeutete dieses Programm die fast vollständige Revision der ursprünglichen Struktur der Volkskommune bis 1965 und eine damit verknüpfte grundlegende Dezentralisierung von Wirtschaftsplanung und -verwaltung auf die unteren Ebenen. Die chinesische Wirtschaftslage erfuhr durch diese Maßnahmen für einen kurzen Zeitraum eine allgemeine Entspannung, die durch den Ausbruch der Kulturrevolution ab Ende 1965 erneut jäh unterbrochen werden sollte.

5. Der zweite Bruch: Die »Große Proletarische Kulturrevolution«, 1966–1969

Die Politik der Kulturrevolution wird in der offiziellen zeitlichen Eingrenzung erst mit dem Sturz der sogenannten »Viererbande« um Maos Witwe Jiang Qing im Oktober 1976 als beendet angesehen. Das Jahrzehnt der Kulturrevolution zerfällt allerdings in drei deutliche Phasen: Das Ende der Phase der Kulturrevolution im engeren Sinne (1966–1969) kann mit dem IX. Parteitag der KPCh im April 1969, der auch das erste offizielle und »siegreiche« Ende der Kulturevolution verkündete, angesetzt werden. Es folgte eine Phase heftiger machtpolitischer Auseinandersetzung um Maos designierten Nachfolger, den Verteidigungsminister Lin Biao. Sie fand mit Lin Biaos Sturz und mysteriösem Tod im September 1971 ihren Höhepunkt und mit seiner offiziellen Verurteilung auf dem X. Parteitag im August 1973 ihren formalen Abschluß. Die sich anschließende dritte Phase intensiver Nachfolgekonflikte, in deren Mittelpunkt macht- und richtungspolitische Auseinandersetzungen mit den verbliebenen Trägern kulturrevolutionärer Politik standen, endete schließlich rund einen Monat nach dem Tod Maos mit der Verhaftung und Säuberung der Hauptvertreter der kulturrevolutionären Linken am 6. Oktober 1976.

Die innenpolitische Entwicklung der VR China erreichte mit der »Großen Proletarischen Kulturrevolution« einen entscheidenden Höhe- und Wendepunkt, der in seinen politischen, wirtschaftlichen und gesellschaftlichen Auswirkungen bis heute spürbar ist. Als »zehn verlorene Jahre« pflegen Chinesen das Jahrzehnt zwischen 1966 und 1976 zu bezeichnen – zehn Jahre, die in der ohnehin nicht gerade ereignisarmen Geschichte des modernen China ihresgleichen suchen. Was im November 1965 ganz im vertrauten Stil politischer Massenkampagne begann, wie sie die politische Entwicklung der VR China immer wieder begleitet hatten, sollte sich innerhalb weniger Monate zu einer der größten Herausforderungen an die KPCh und das von ihr getragene politische System entwickeln. Zum ersten Mal in der Geschichte regierender kommunistischer Parteien trat ein Parteiführer mit dem deutlich erklärten Ziel an, eben die von ihm geführte Partei und ihre bürokratischen Strukturen zu zerschlagen. Im Auftrag und mit dem politischen Segen des Parteiführers durchzogen »Rote Garden« als rebellierende Jugendbanden das Land und zerschlugen im wahrsten Sinne des Wortes den Herrschaftsapparat von Partei und Staat. Schulen und Universitäten wurden zum Teil für Jahre geschlossen, kulturelle Vielfalt auf einen Minimalkanon revolutionärer Themen beschränkt, die Wirtschaft des Landes kam weitgehend zum Erliegen und China zog sich in einer revolutionären Nabelschau auf Jahre hinaus als Akteur von der Bühne der internationalen Politik zurück.

Nach ersten kulturpolitischen Auseinandersetzungen manifestierte im Mai 1966 die Ankündigung einer »Großen Proletarischen Kulturrevolution« durch das ZK die neuerliche Offensive Mao Zedongs in einem macht- und richtungspolitischen Kampf, dessen Strukturen sich seit dem Scheitern des Großen Sprungs und im Verlauf der Readjustierungsphase herausgebildet und verfestigt hatten. Ziel dieser Kampagne war es, durch die Säuberung der politischen Gegner einen alternativen Herrschaftsapparat aufzubauen, die Wiederaufnahme des Kollektivierungskonzeptes von 1958 durchzusetzen und über massive Indoktrinierung und Umerziehung der Bevölkerung das Land endgültig zum Kommunismus zu führen. Die Durchführung des revolutionären Konzeptes stürzte das Land jedoch in ein regelrechtes Chaos. Wieder entfaltete sich eine unter Mao Zedong verfolgte Politik zu einer existenzbedrohenden Krise für das politische System der VR China und dessen führende Partei. Die gewaltsamen Säuberungen gemäßigter Kader in Partei und Armee, der Sturz mehrerer regionaler Parteiführer, wachsender Widerstand von Seiten der bedrängten Bevölkerung, ganz wesentlich aber der Terror der von Mao selbst ins Leben gerufenen »Roten Garden« und die zunehmende Verweigerung regionaler Militärs begannen, den Kontrollapparat der Partei zu zerstören: Durch den Zerfall der Kommunistischen Partei entstand ein Machtvakuum, das von der einzig intakt gebliebenen Institution des Landes, nämlich der Volksbefreiungsarmee, gefüllt werden sollte.

Demonstrationen und Streiks der Bevölkerung veranlaßten Mao Zedong im Januar 1967 dazu, der zunächst neutralen Volksbefreiungsarmee den Befehl zum Eingreifen in die Auseinandersetzungen zwischen sich offen bekämpfenden Rotgardistengruppen zu geben. Anfangs nur auf die Städte konzentriert, griff die kulturrevolutionäre Bewegung nun auch auf die ländlichen Regionen über. Es kam zu ersten Zusammenstößen zwischen regionalen Militärkommandos und Rotgardisten. Zur Konsolidierung der innenpolitischen Situation wurden ab August 1967 sogenannte »Revolutionskomitees« mit Vertretern aus Militär, Massenorganisationen und Kadern gebildet, um die Kontrolle der Partei auf dem Land zu gewährleisten und den Terror der Rotgardisten einzuschränken. Die Komitees wurden von Vertretern der Armee dominiert. Im Rahmen der Disziplinierungsversuche der zumeist von Jugendlichen getragenen Roten Garden forderte Mao Zedong Schüler und Studenten auf, von der Landbevölkerung zu lernen und sich zu »Nachfolgern für die Sache der Revolution« erziehen zu lassen. Diese sogenannte »Landverschickungs-(xiafang) -Bewegung« umfaßte etwa 12 Millionen Schüler, Studenten und Angehörige der Intelligenz, die zum Teil erst zu Beginn der achtziger Jahre wieder in ihre Heimatstädte zurückkehren durften.

Die Bedeutung der Kulturrevolution läßt sich als Summe unterschiedlicher, auf ideologischer, macht- und richtungspolitischer Ebene angelegter Konfliktstränge beschreiben. Ideologisch ging es im Sinne der »reinen« kommunistischen Lehre um die Übertragung der Revolution von der politischen und ökonomischen jetzt auch auf die kulturelle Ebene. Der Begriff »Kultur« bezog sich dabei allerdings nicht auf ein Kulturverständnis etwa im Sinne der deutschen Romantik, sondern im streng marxistischen Sinne auf Umwälzungen im Bereich des Überbaus mit dem Ziel der Schaffung eines neuen Menschen und einer neuen Gesellschaft. Obwohl dieser Revolutionsaspekt bei Marx und Engels noch ohne Erwähnung geblieben war, konnten sich chinesische Politiker hierbei deutlich auf Lenin stützen, der nach der politischen und ökonomischen auch eine »Kulturrevolution« als wesentlichen Bestandteil des Übergangs vom Sozialismus zum Kommunismus gefordert hatte. Die Kulturrevolution war also in ihrer ideologischen Intention eine Überbaurevolution, in der durch die Abfolge eines revolutionären Dreischrittes »Kampf–Kritik–Änderung« (dou-pi-gai) die Beseitigung der sogenannten »Vier Alten« (altes Denken, alte Sitten, alte Gewohnheiten und alte Kultur) erreicht werden sollte. Erklärtes Ziel war die Schaffung eines »neuen Menschen«, der die gesammelten Ideale eines heroisch verklärten, ganz im Dienste am Gemeinwesen aufgehenden kommunistischen Übermenschen in sich verwirklichen sollte.

Machtpolitisch stand die Entscheidung an, welche Person(en) und welche an sie gebundenen Karriere- und Elitegruppen die Geschicke der Partei und damit des ganzen Landes in ihrem Sinne bestimmen sollten. Die Hauptkontrahenten lassen sich nach ihren politischen Grundeinstellungen vierfach unterteilen: Auf der Seite der Befürworter kulturrevolutionärer Politikideale findet man zum einen Mao Zedong und seine Anhänger in der »Zentralen Gruppe Kulturrevolution«, zu der auch seine Frau Jiang Qing und sein Sekretär Chen Boda als prominente Mitglieder zählten. Zum anderen wurde die Kulturrevolution von einer Gruppe zentraler Militärführer um den Verteidigungsminister Lin Biao als Instrument zum machtpolitischen Aufstieg genutzt. Auf der Seite der Gegner der Kulturrevolution findet man eine Mehrheit der zivilen Parteikader zunächst um Deng Xiaoping und später um den Ministerpräsidenten Zhou Enlai sowie eine Mehrheit unter den regionalen Militärkommandanten.

Zusätzlich zu den machtpolitischen Verdrängungskämpfen zwischen diesen Gruppen standen richtungspolitisch eine ganze Reihe grundsätzlicher Fragen der politischen, gesellschaftlichen und wirtschaftlichen Entwicklung im Sozialismus zur Debatte. Viele dieser Themen hatten bereits seit der Mitte der fünfziger Jahre unterschwellig die chinesische Politik beherrscht. Im Kern ging es nach wie vor um den altbekannten Grundsatzkonflikt der ökonomischen Entwicklungsstrategie: Sollte die VR China dem maoistischen Konzept der Entwicklung durch Massenmobilisierung oder dem revisionistischen Konzept der Entwicklung nach herkömmlichen volkswirtschaftlichen Wachstumskriterien folgen? Zum zweiten Mal innerhalb eines Jahrzehnts hatten Auseinandersetzungen um diesen Konflikt das Land in eine tiefe wirtschaftliche und politische Krise geführt. Am Ende der ersten Phase der Kulturrevolution aber waren die Voraussetzungen für seine endgültige Lösung noch nicht gegeben.

Der eigentlich statutenmäßig seit 1961 überfällige IX. Parteitag der KPCh tagte schließlich vom 1.–24. April 1969 in Peking. Mit dem Beschluß einer neuen Parteiverfassung und der Benennung des Vizevorsitzenden und Verteidigungsministers Lin Biao zum designierten Nachfolger Mao Zedongs markierte er das eigentliche Ende der »Großen Proletarischen Kulturrevolution«. Die Ergebnisse dieser »Revolution« lassen sich in folgenden Punkten benennen:
- Die Kulturrevolution forderte rund drei Millionen Todesopfer.
- Die Spaltung innerhalb der Parteiführung erweiterte sich zum endgültigen Bruch.
- Die Partei erlebte den Zusammenbruch ihres Kontrollapparates und wurde mit einer tiefgehenden Vertrauens- und Legitimitätskrise in Armee und Bevölkerung konfrontiert.
- Die Rückkehr zum Kollektivierungskonzept von 1958 mißlang.
- Mao Zedong gelang es nur vorläufig, seine Gegner aus den Führungsgremien auszuschließen.
- Die Volksbefreiungsarmee wurde zum neuen Herrschaftsträger. Sie nutzte ihren Vorteil als einzig intakt gebliebene Institution, füllte das Machtvakuum aus und übernahm nun grundlegende Herrschafts- und Entscheidungsbefugnisse.
- Die Ausnutzung ihres Enthusiasmus und die offene Verfolgung der Roten Garden hinterließ unter der Jugend des Landes ein großes Unruhepotential. Die Kommunistische Partei konnte – und kann sich bis heute – ihrer Unterstützung nicht mehr sicher sein.

Nachdem der erste Versuch, das maoistische Programm während des »Großen Sprungs nach vorn« 1958/59 in die Tat umzusetzen, kläglich gescheitert war, stellte die Kulturrevolution also den zweiten Versuch dar, den jeweiligen maoistischen Positionen zum Durchbruch zu verhelfen. Die tiefgreifende Bedeutung der politischen Ereignisse zwischen 1966 und 1976 wird durch eine auffällige Veränderung im offiziellen Sprachgebrauch deutlich: Die Standardformulierung »jiefang yihou« (nach der Befreiung, d. h. nach 1949) wurde abgelöst durch die Formulierung »wenhua dageming yilai« (seit der Kulturrevolution). Aus der Sicht der politischen Führung Chinas wurden damit die Ereignisse vor allem zwischen 1966 und 1969 in ihrer politischen Bedeutung mit der Machtübernahme der KPCh im Jahre 1949 gleichgesetzt.

6. Die dritte Konsolidierung: Die Politik Zhou Enlais, 1969–1975/76

Ab Mai 1971 kennzeichneten eine Reihe von Rehabilitierungen »gesäuberter« Kader der Kulturrevolution den Beginn erneuter macht- und richtungspolitischer Auseinandersetzungen innerhalb der politischen und militärischen Führungsgruppen der VR China. Das militärische Mobilisierungs- und Kollektivierungsprogramm Lin Biaos dominierte zu diesem Zeitpunkt die wirtschaftliche Entwicklungspolitik. Zunächst hatte im Dezember 1970 der Wiederaufbau des regionalen Parteiapparates mit der Bildung von 29 Provinzparteikomitees seinen formalen Abschluß gefunden. Aber schon im Sommer 1971 zeichnete sich die nächste tiefgreifende Führungskrise ab: Mao Zedong sprach von einem »Überraschungsangriff und Untergrundaktivitäten« Lin Biaos in Zusammenhang mit den Ereignissen des 2. Plenums des IX. ZK im August und September 1970. Der Versuch, Lin Biaos Nachfolgestatus in der Verfassung zu verankern, wurde von Mao und linken Parteitheoretikern als Umsturzversuch ausgelegt. In der Nacht vom 12. auf den 13. September 1971 kam Lin Biao während eines angeblichen Fluchtversuches in die UdSSR bei einem Flugzeugabsturz in der Mongolei unter bis heute nicht geklärten Umständen ums Leben. Die erste offizielle Reaktion über die Ereignisse an der Führungsspitze der KPCh erfuhr die Welt jedoch erst 1973: Vom 24.–28. August trat in Peking der X. Parteitag der KPCh zusammen. Seine wichtigsten Aufgaben bestanden im Abschluß der Kritik an Lin Biao und in der Festigung der sich durch die umfangreichen Rehabilitierungen neu formierenden Führungsgruppe der KPCh.

Die Fortsetzung umfangreicher Rehabilitierungen von in der Kulturrevolution gesäuberten Kadern kennzeichnete ab Januar 1972 den neuerlichen Beginn einer etwas gemäßigteren Entwicklungsphase der VR China. Schließlich wurde im April 1973 auch der während der Kulturrevolution »gesäuberte« Deng Xiaoping rehabilitiert und wieder in sein altes Amt als Vizepremier eingesetzt. Im Dezember 1973 kehrte Deng auch wieder ins Politbüro der KPCh zurück und ab August 1974 übernahm er kommissarisch das Amt des schwer erkrankten Premiers Zhou Enlai. Dieser hatte noch auf der Sitzung des VI. Nationalen Volkskongresses im Januar 1975 die Grundlagen seines gemäßigten Entwicklungsprogrammes vorgelegt. Sein Konzept der sogenannten »Vier Modernisierungen« sah die umfassende Modernisierung von Landwirtschaft, Industrie, Landesverteidigung sowie Technik und Wissenschaft vor und knüpfte unverkennbar an einige Inhalte des »Readjustierungsprogrammes« der frühen sechziger Jahre an. Als Zeichen seiner inhaltlichen Mißbilligung nahm Mao Zedong an dieser seit zehn Jahren ersten Sitzung des Volkskongresses nicht teil – ein deutliches Signal dafür, daß sich der nächste Konflikt um die Durchsetzung seiner politischen Ideale führungsintern bereits abzeichnete.

Am 8. Januar 1976 starb Zhou Enlai. Überraschenderweise wurde aber nicht Deng, sondern der bis dahin weitgehend unbekannte Hua Guofeng im Februar zum geschäftsführenden Premierminister ernannt. Eine neuerliche Systemkrise war vorgezeichnet: Im Rahmen großer Trauerdemonstrationen um den verstorbenen Premier Zhou Enlai kam es ab März auf dem Platz des Himmlischen Friedens zu ersten Auseinandersetzungen zwischen der Bevölkerung und Sicherheitskräften. Die Kundgebungen weiteten sich in der ersten Aprilwoche auf über 100 Städte des Landes aus und kritisierten die kulturrevolutionäre Linke als Verfechter der Politik Mao Zedongs. Am 5. April schließlich wurden die eskalierenden Demonstrationen auf dem Platz des Himmlischen Friedens von Sicherheitstruppen gewaltsam unterdrückt (sogenannter erster »Tiananmen-Zwischenfall«). Zwei Tage später, am 7. April, wurde Deng Xiaoping auf Beschluß des von einer kulturrevolutionären Mehrheit dominierten Politbüros zum zweitenmal seiner Ämter in Partei und Regierung enthoben. Hua Guofeng erhielt nun auch offiziell die Ämter des Premierministers und des Ersten Vizevorsitzenden des ZK. Wieder einmal sah es so aus, als würden Konsolidierungsversuche der gemäßigteren Kräfte an der Parteispitze der machtpolitischen Durchsetzung ihrer kulturrevolutionären Gegner zum Opfer fallen.

7. Der dritte Bruch: Von der kulturrevolutionären Linken zu Hua Guofeng, 1976–1978/80

Mit dem Tod Mao Zedongs am 9. September 1976 stellte sich schließlich offiziell die endgültige Nachfolgefrage. Bereits am 6. Oktober fiel allerdings eine unerwartete machtpolitische Entscheidung: Die sogenannte »Viererbande« der maoistischen Linken unter Führung der Mao-Witwe Jiang Qing wurde im Verlaufe eines Militärputsch verhaftet. Hua Guofeng wurde vom Politbüro zum neuen Parteivorsitzenden gewählt. Damit wurde nicht nur der Kern der kulturrevolutionären Linken endgültig entmachtet, sondern auch der Boden für die Neuorientierung der chinesischen Politik bereitet.

Deng Xiaoping wurde zum Teil auf Druck einiger regionaler Militärkommandanten und gegen den Widerstand Hua Guofengs im Juli 1977 auf dem 3. Plenum des X. ZK zum zweiten Mal rehabilitiert und kehrte erneut in seine Regierungs- und Parteiämter zurück. Der im unmittelbaren Anschluß in Peking tagende XI. Parteitag der KPCh erklärte die Kulturrevolution im August 1977 offiziell für »siegreich« beendet und verabschiedete ein neues Parteistatut, das angesichts des vergangenen Personenkults um Mao Zedong größeres Gewicht auf eine kollektive Führung legte. Entsprechend wurde Hua Guofeng im März 1978 auf dem V. Nationalen Volkskongreß zunächst im Amt des Ministerpräsidenten bestätigt. Der Volkskongreß strich allerdings das Amt des Staatspräsidenten und übergab dem Vorsitzenden des ZK der KPCh den Oberbefehl über das Militär.

Zum zweiten Jahrestag des Tiananmen-Zwischenfalls vom 5. April 1976 erschienen Wandzeitungen in Peking, die eine Rehabilitierung der Bewegung von 1976 forderten. Diese Forderungen standen am Beginn einer Menschenrechtsbewegung, die für etwa ein Jahr die außerparteiliche Szene der VR China beherrschte. Der Dissident Wei Jingsheng, ein ehemaliger Angehöriger der »Roten Garden«, wurde zur zentralen Figur der Bewegung. Er forderte eine umfassende Demokratisierung und stellte diese den »Vier Modernisierungen« als unverzichtbare »fünfte Modernisierung« voran. Wei wurde wiederholt zu langen Gefängnisstrafen verurteilt und ist bis heute einer der im Westen bekanntesten Persönlichkeiten der vergleichsweise kleinen Demokratie- und Menschenrechtsbewegung in China.

Das 3. Plenum des XI. ZK legte auf seiner Sitzung im Dezember 1978 im Rahmen der »Vier Modernisierungen« die Grundlagen für die zukünftige Entwicklungspolitik fest: Der Arbeitsschwerpunkt der gesamten Partei sollte in Zukunft auf der sozialistischen Modernisierung des Landes liegen. Die Priorität in der Wirtschaftspolitik sollte im Aufbau der Landwirtschaft liegen, den ökonomischen Gesetzen sollte Rechnung getragen und materielle Anreize zum Antriebsmotor der wirtschaftlichen Entwicklung werden. Privatparzellen, häusliches Nebengewerbe und Markthandel wurden als notwendige Ergänzungen der sozialistischen Wirtschaft bewertet.

Als die Demonstrationen für größere politische Freiheiten zunehmend das politische System der VR China und die Führungsrolle der KPCh in den Mittelpunkt ihrer Kritik stellten, begann die Führungselite ab Januar 1979 mit der Verhaftung führender Vertreter der Menschenrechtsbewegung und schloß im November desselben Jahres die sogenannte »Mauer der Demokratie«, die im Zentrum Pekings als Versammlungs- und Veröffentlichungsort für Wandzeitungen zum Symbol der Bewegung geworden war. Ende März erließ das Pekinger Stadtparteikomitee mit Bezug auf eine Rede Deng Xiaopings eine Direktive, die unter dem Titel der »Vier Grundlegenden Prinzipien« bis heute als verbindlicher ideologischer Rahmen der wirtschaftlichen, politischen und gesellschaftlichen Entwicklung der VR China angesehen wird. Zu diesen Grundprinzipien zählen: 1. der sozialistische Weg, 2. die demokratische Diktatur des Volkes, 3. die Führung durch die Kommunistische Partei und 4. der Marxismus-Leninismus und die »Gedanken Mao Zedongs«.

Das 5. Plenum des XI. ZK im Februar 1980 war von personalpolitischen Entscheidungen geprägt. Die Position Deng Xiaopings wurde durch den Aufstieg Zhao Ziyangs und Hu Yaobangs in den Ständigen Ausschuß des Politbüros des ZK gestärkt; vier Angehörige der ehemals maoistischen Linken schieden hingegen aus ihren Partei- und Staatsämtern aus. Liu Shaoqi, ehemaliger Staatspräsident, wurde als Opfer der Kulturrevolution rehabilitiert.

Im Dezember schließlich wurde Hua Guofeng in einer Resolution des Politbüros offen eines »linken Führungsstils« beschuldigt und wegen seiner Opposition gegen die Rehabilitierung Deng Xiaopings kritisiert. Er trat von allen Staats- und Parteiämtern zurück. Mit seinem Sturz ging die Phase der maoistisch geprägten Versuche, chinesische Politik zu gestalten, zu Ende. Die einstigen und langjährigen Gegner Mao Zedongs – nach außen am deutlichsten repräsentiert durch Deng Xiaoping – konnten sich also innerhalb eines Zeitraumes von zwei Jahren nicht nur richtungs-, sondern auch machtpolitisch durchsetzen. Die mit dem Namen Deng Xiaopings verbundene Phase der Modernisierungs- und Öffnungspolitik begann. Schon bald zeichnete sich jedoch ab, daß mit der Lösung des ersten großen Grundsatzkonflikts der chinesischen Politik nach 1949 neue Spannungs- und Konfliktlinien auftauchten, welche die Politik Chinas in den achtziger und neunziger Jahren nachhaltig bestimmen sollten.

8. Die vierte Konsolidierung: Die Modernisierungspolitik Deng Xiaopings seit 1978

Im Dezember 1978 wurde unter Federführung Deng Xiaopings eine Reformpolitik eingeleitet, die das Zentralverwaltungssystem der Wirtschaft Chinas durch marktwirtschaftliche Elemente auflockerte. Als erstes größeres sozialistisches Land verließ die VR China damit den Boden der damals noch in den übrigen sozialistischen Systemen praktizierten Orthodoxie in grundlegenden Fragen der Organisation ihrer Wirtschaftssysteme. Im Falle Chinas wird die Abwendung von maoistischer Dogmentreue und die Hinwendung zu pragmatischen Politikansätzen am deutlichsten in der Formulierung Dengs zum Ausdruck gebracht, es sei gleich, ob eine Katze schwarz oder weiß sei, Hauptsache, sie finge Mäuse.

Die Modernisierungspolitik ist allerdings keine politische »Erfindung« der Kommunistischen Partei und ihrer Führungsspitze in der zweiten Hälfte der siebziger Jahre. Modernisierung war ein grundsätzliches Anliegen aller chinesischen Eliten – der kaiserzeitlichen und nationalistischen, ebenso wie der kommunistischen – seit der Mitte des vergangenen Jahrhunderts gewesen. *(Siehe auch den Beitrag von Rudolf G. Wagner.)* Bei allen Unterschieden in den Details der jeweiligen Zielsetzungen und den Maßnahmen, die zur Umsetzung dieser Ziele ergriffen wurden, ist diesen Elitegruppen das Streben nach einem geeinten, wirtschaftlich und politisch leistungsfähigen und international angesehenen China gemeinsam.

Bei der Umsetzung der von Deng Xiaoping seit 1978 betriebenen Modernisierungspolitik ging es zudem sicherlich nicht um eine Abwendung vom sozialistischen Systemtyp, der durch die alleinige und unangefochtene Führungsrolle der Kommunistischen Partei geprägt ist. Ziel war es vielmehr, durch marktwirtschaftliche Reformen eine Steigerung der ökonomischen Leistungsfähigkeit des Systems zu erreichen. Erhaltung und Verfestigung politischer Stabilität in einem nach wie vor von der KPCh monopolisierten politischen System sollte durch eine Steigerung ökonomischer Effizienz mit dem Ziel des Anschlusses an die internationale Wirtschaftsentwicklung erreicht werden. Die Entwicklung der Modernisierungspolitik zwischen 1978 und 1989 vollzog sich dabei in zwei deutlich unterscheidbaren Phasen. Zu den wesentlichen Reformmaßnahmen in der ersten Phase bis 1983/84 gehörte zunächst die Dezentralisierung der landwirtschaftlichen Produktion, die schnell zu einer besseren Versorgung der Bevölkerung mit Nahrungsmitteln, vor allem aber zu einem deutlichen Anstieg des Einkommens der bäuerlichen Bevölkerung führte. Getragen von den Erfolgen in der Landwirtschaft wurden die Reformmaßnahmen ab 1984 auf den industriellen Sektor ausgeweitet: Hier bewirkten die Dezentralisierung der ökonomischen Entscheidungsbefugnisse und die Einführung marktwirtschaftlicher Motivationsfaktoren zusammen mit einer Preisreform und der allmählichen Öffnung des Landes für Auslandskapital einen Effizienzschub, der nach den vieldiskutierten ostasiatischen Tigerländern (Taiwan, Südkorea, Hongkong, Singapur) nun auch der VR China zu einem international beachteten Wirtschaftswachstum verhalf. *(Siehe auch den Beitrag von Margot Schüller.)*

Ein detailliertes Gesamtkonzept oder auch nur ein Einvernehmen innerhalb der Parteiführung über die einzuschlagenden Reformschritte gab es jedoch nicht – und gibt es im eigentlichen Sinne bis zum Ende der Ära Deng Xiaoping nicht. Das war und ist in Anbetracht der Komplexität der Reformnotwendigkeiten vielleicht auch nicht zu erwarten. Jeder Reformschritt war Gegenstand zum Teil heftiger intra-elitärer Debatten, die oft nur dadurch beigelegt werden konnten, daß man sich in zentralen Fragen auf verwässerte Kompromisse einigte. Chinas Abkehr von maoistischen Dogmen und seine Hinwendung zu marktwirtschaftlichen Elementen war geprägt von einer Strategie von Versuch und Irrtum. In der Intention der Initiatoren dieser Politik sollte sie in keinem Fall zu einer Bedrohung der Machtposition der kommunistischen Partei führen.

Auf den ersten Blick sind die ökonomischen Ergebnisse der Modernisierungspolitik durchweg eindrucksvoll. Sie hat zu einem beträchtlichen Wirtschaftsaufschwung und zu einer deutlichen Anhebung des Lebensstandards weiter Teile der chinesischen Bevölkerung geführt. Sie hat allerdings auch zu neuen Problemstellungen beigetragen, die zum Teil die Anpassungsfähigkeit des politischen Systems überforderten bzw. die Grenzen des politisch Erlaubten überschritten. Die Reformpolitik wurde zwar als »Reform von oben« durch die politische Führung um Deng Xiaoping auf den Weg gebracht und führte zu einer ganzen Reihe von Erfolgen in der Wirtschaft; sie hatte allerdings auch gesellschaftlichen Wandel und Pluralisierung zur Folge und führte schließlich zu Forderungen nach politischen Veränderungen, die das ursprünglich gesetzte Ziel einer durch ökonomische Effizienz begründeten Stabilitätssteigerung des kommunistischen Systems deutlich konterkarierten. Der neue Grundsatzkonflikt der chinesischen Politik dokumentierte sich am eindrucksvollsten während der vierten großen Systemkrise des Jahres 1989.

9. Der vierte Bruch: Die »Demokratiebewegung« von 1989

Die politischen Spannungen, die während der Demokratiebewegung in der ersten Jahreshälfte des Jahres 1989 zum Vorschein kamen, sind sowohl auf den ökonomischen Erfolg der Modernisierungspolitik und ihre sozialen Konsequenzen, als auch auf das Ausbleiben von nennenswerten Reformen im politischen System der VR China zurückzuführen.

Konflikte über Ausmaß und Geschwindigkeit der Reformpolitik hatten bereits in den beiden vorangegangenen Jahren zu heftigen innerparteilichen Konfrontationen geführt. Im Januar 1987 war der Generalsekretär des ZK, Hu Yaobang, wegen angeblicher »Weichheit im Kampf gegen den bürgerlichen Liberalismus« seines Amtes enthoben worden. Im Sommer 1988 war es auf einer Arbeitskonferenz des Politbüros zu einer offenen Konfrontation zwischen dem Reformflügel um Zhao Ziyang und seinen orthodoxen Kritikern gekommen. Die Parteiführung war offensichtlich über die Grundlinien der weiteren Reformpolitik, über die Rolle marktwirtschaftlicher Elemente in der Wirtschaftspolitik und die Notwendigkeit politischer Strukturmaßnahmen zerstritten. So wurde zum Beispiel die Politik der Preisliberalisierung, die Zhao Ziyang durchzusetzen versucht hatte, in Anbetracht der Inflationsentwicklung im Jahr 1988 Gegenstand heftiger Kritik. Die strukturellen Voraussetzungen für einen grundsätzlichen Konflikt waren also deutlich gegeben. Rückblickend erkennt man, daß es in dieser Situation nur eines äußeren Anreizes bedurfte, um die gespannte Lage zur Krise werden zu lassen. Der in der Einleitung angesprochene zweite Grundsatzkonflikt chinesischer Politik dokumentiert seine Virulenz gerade deshalb, weil es zunächst fast unscheinbare Ereignisse waren, die ihn voll zur Entfaltung kommen ließen.

Ein Blick auf die Ereignisgeschichte des Frühjahrs und Sommers 1989 zeigt, daß als Auslöser der gesamten Demokratiebewegung der Tod Hu Yaobangs anzusehen ist. Der ehemalige Generalsekretär des ZK starb am 15. April 1989 an den Folgen eines Herzanfalls, den er am 8. April während einer Plenartagung des Politbüros erlitten hatte. Bereits zwei Tage später wurde auf einer ersten großen Demonstration chinesischer Studenten und Intellektueller in Peking die posthume Rehabilitierung Hu Yaobangs gefordert. Im Verlauf der Protestaktionen der folgenden Tage dehnte sich die Kritik der Studenten zunehmend auf das politische System und seine Führungselite aus. Zu den zentralen Forderungen zählten die Bekämpfung von Korruption und Nepotismus und die Gewährleistung der Meinungs-, Presse- und Versammlungsfreiheit. Am 26. April, vier Tage nach der offiziellen Trauerfeier für Hu Yaobang, verurteilte die Volkszeitung die jetzt an Dynamik täglich zunehmende Demokratiebewegung als »planvolle Verschwörung«, deren Ziel es allein sei, die Führungsrolle der Partei und den sozialistischen Weg in Frage zu stellen. Am 13. Mai begannen auf dem Platz des Himmlischen Friedens zunächst 300 Studenten – ihre Zahl wuchs in den folgenden Wochen auf über 2 000 an – einen bis zum 4. Juni andauernden Hungerstreik, um ihren Forderungen Nachdruck zu verleihen. Wieder nur zwei Tage später traf der sowjetische Staats- und Parteichef Michael Gorbatschow zu einem Staatsbesuch in Peking ein, mit dem ein offizieller Schlußstrich unter den sino-sowjetischen Konflikt gezogen werden sollte. *(Siehe auch den Beitrag von Gu Xuewu.)* Die Anwesenheit internationaler Medienvertreter anläßlich dieses Staatsbesuches wurde von den Führern der Demokratiebewegung zu einer weltweiten Verbreitung ihrer Forderungen genutzt. Am 20. Mai verhängte das Politbüro den Ausnahmezustand über Peking. Ministerpräsident Li Peng forderte vor einer Versammlung von Parteifunktionären energische Maßnahmen zur Wiederherstellung von Ruhe und Ordnung sowie das Einrücken von Truppen der Volksbefreiungsarmee. Nachdem am 27. Mai Deng Xiaoping in einer schriftlichen Erklärung seine Zustimmung zum Einsatz der Armee gegeben hatte, wurden die Demonstrationen auf dem Platz des Himmlischen Friedens in der Nacht vom 3. auf den 4. Juni 1989 durch Einheiten der Volksbefreiungsarmee gewaltsam beendet. In Peking fielen dem Eingreifen der Truppen nach unterschiedlichen Schätzungen mindestens mehrere hundert Menschen zum Opfer. Dem Massaker folgten Verhaftungen von mehreren tausend Dissidenten und zahlreiche Hinrichtungen. Einigen Führern der Bewegung gelang die Flucht ins Ausland.

Die internationale Staatengemeinschaft reagierte mit Empörung auf die Ereignisse in Peking. Trotz zum Teil heftiger verbaler Verurteilungen nahmen sich allerdings alle Sanktionsmaßnahmen vergleichsweise milde aus und sollten erkennbar das Verhältnis zu China nicht prinzipiell gefährden – immerhin brauchte der Westen die Kooperation Chinas beispielsweise im Rahmen der UN-Beschlüsse zum Golfkrieg 1990. Spätestens mit der offiziellen Aufhebung des Kriegsrechtes Anfang 1990 setzte eine allmähliche Normalisierung der diplomatischen Beziehungen zu China ein. Ernsthafte Beeinträchtigungen der wirtschaftlichen Kontakte hatte es ohnehin nicht gegeben. Immerhin, seit dem Massaker vom Juni 1989 ist die Menschenrechtsfrage offizieller Bestandteil der Außenpolitik westlicher Staaten gegenüber China geworden und wurde wiederholt zum Gegenstand diplomatischer Auseinandersetzungen.

10. Die fünfte Konsolidierung: Auf dem Weg zur »sozialistischen Marktwirtschaft«?

Zwischen dem 18. Januar und 21. Februar 1992 unternahm Deng Xiaoping als letzte große Reforminitiative seines Lebens eine Inspektionsreise nach Südchina, auf der er die marktwirtschaftlichen Experimente der Sonderwirtschaftszonen der Provinzen Guangdong und Fujian ausdrücklich lobte und für die Beschleunigung marktwirtschaftlicher Reformen eintrat. Der Besuch wurde – als Indiz für die anhaltenden innerparteilichen Meinungsverschiedenheiten – zunächst nur in der Hongkonger Presse erwähnt. Nachdem ein Volkszeitungsartikel am 23. Februar »Kapitalismus« im Rahmen der Öffnungspolitik als nicht schädlich für China bezeichnet hatte, kam es im März auf einer Tagung des Politbüros zu intensiven Diskussionen über die Öffnungs- und Reformpolitik und zu erkennbaren Positionskämpfen zwischen Reformbefürwortern und Reformgegnern.

Im Oktober 1992 schließlich tagte in Peking der XIV. Parteitag der KPCh, ohne zu einer grundsätzlichen Neuorientierung der chinesischen Politik zu gelangen. »Sozialistische Marktwirtschaft«, also möglichst weitgehende Wirtschaftsreformen ohne politische Veränderungen, blieb und bleibt bis heute das Programm einer kommunistischen Partei, die in ihrem Herrschaftsanspruch auf Dauer nicht an den wirtschaftlichen und sozialen Konsequenzen ihres eigenen Erfolges vorbeikommen wird. Die letzten Jahre der Ära Deng Xiaoping waren durch die Fortsetzung des wirtschaftlichen Erfolgskurses – und damit auch durch die Intensivierung der durch diesen Erfolg ausgelösten politischen Spannungen – geprägt. Während des 8. Fünfjahresplanes (1991–1995) wuchs das Bruttosozialprodukt jährlich um durchschnittlich 12 Prozent. Das Einkommen der Stadtbevölkerung stieg im selben Zeitraum um durchschnittlich über 7 Prozent, das der ländlichen Bevölkerung um über 4 Prozent. In China entstehen allmählich breitere Mittelschichten – aus systematischer Perspektive immer eine wichtige Voraussetzung für Forderungen nach mehr Partizipation und politischer Mitsprache. Ob das Experiment der vollständigen Einführung eines Systems sozialistischer Marktwirtschaft bis zum Jahr 2010 gelingen wird, bleibt derzeit offen. Ob es gelingen kann, ohne daß auch politische Konsequenzen aus dem beachtlichen ökonomischen und sozialen Wandel gezogen werden, bleibt zumindest fraglich.

11. Zusammenfassung und Ausblick

Die chinesische Politik nach 1949 war geprägt durch unterschiedlichste Ausgestaltungen des grundsätzlichen, innerparteilichen Konfliktes und Machtkampfes über den richtigen Weg im Sozialismus. Die erste dominierende Grundfrage chinesischer Politik lautete entsprechend: Sollte China einer eher ideologisch bestimmten, an den Vorstellungen Mao Zedongs orientierten Politik folgen, oder sich an den deutlich pragmatischeren Politik- und Entwicklungsvorstellungen Liu Shaoqis oder Deng Xiaopings orientieren. Seit der macht- und richtungspolitischen Durchsetzung Deng Xiaopings und den ökonomischen Erfolgen seiner Modernisierungspolitik ab dem Ende der siebziger Jahre wurde dieser Grundsatzkonflikt mittlerweile offensichtlich zugunsten einer pragmatischen, am Primat ökonomischer Entwicklung orientierten Politik gelöst.

Längst aber hat sich in China eine neue grundsätzliche Konfliktlinie entfaltet, mit der sich die Erben Deng Xiaopings werden auseinandersetzen müssen: Historische Erfahrungen lehren uns, daß es auf Dauer unmöglich ist, in einem politischen Herrschaftsverband eine wirtschaftliche und gesellschaftliche Ordnung zu etablieren, deren Grundprinzipien denen der politischen Ordnung diametral entgegenlaufen. Hier zeigt sich das wesentliche Dilemma, eben der neue Grundsatzkonflikt chinesischer Reformpolitik: Die von der Partei nach wie vor eingeforderten politischen Tugenden sind unverträglich mit den erlaubten marktwirtschaftlichen Eigenschaften: Individualität, Spontaneität, Flexibilität und Innovationsfähigkeit sind nicht gerade die Eigenschaften, die autokratische Führer ruhig schlafen lassen. Das Dilemma wird zum Paradoxon: Die Kommunistische Partei, die über mehrere Jahrzehnte versuchte, Wirtschaft und Gesellschaft in China von oben zu steuern, wird buchstäblich vom Jäger zum Gejagten: Sie muß jetzt umgekehrt versuchen, ihre ureigene Domäne, den politischen Raum, freizuhalten von unerwünschten wirtschaftlichen und gesellschaftlichen Konsequenzen, die als Ergebnis ihrer eigenen erfolgreichen ökonomischen Modernisierungspolitik auftreten.

Auch in China wird mittelfristig kein Weg an der Notwendigkeit vorbeigehen, das politische System den sozioökonomischen Veränderungen anzupassen. Kein politisches System der Welt – weder in der Gegenwart noch in der Vergangenheit – konnte auf Dauer stabil bleiben, wenn es sich als unfähig erwiesen hat, Veränderungen im ökonomisch-gesellschaftlichen Bereich aufzunehmen und entsprechend darauf zu reagieren.

Nach der Lösung des ersten großen Grundsatzkonfliktes der chinesischen Politik, der sich um konkurrierende Entwicklungsmodelle für Chinas Weg im Sozialismus entfaltet hatte, harrt der zweite Grundsatzkonflikt – die immer noch fehlende Umsetzung politischer Konsequenzen als Folge ökonomischer Modernisierung und sozialen Wandels – nach wie vor einer entsprechenden Lösung. Diese Lösung war bisher ideologisch tabu, sie wurde aus machtpolitischen Gründen verschoben und sie mag unter weiterer Auszehrung der Systemressourcen auch noch geraume Zeit weiter verschoben werden. Auf Dauer muß dieses Dilemma jedoch gelöst werden. Erst wenn dies gelungen ist, läßt sich die Frage künftiger chinesischer Entwicklung, aber auch die Frage der Verläßlichkeit Chinas bei der Lösung anstehender internationaler und globaler Probleme einer Antwort näher bringen.

Verwendete und weiterführende Literatur

CREMERIUS, RUTH; FISCHER, DORIS; SCHIER, PETER (1990): Studentenprotest und Repression in China, April–Juni 1989. Analyse, Chronologie, Dokumente, Hamburg: Institut für Asienkunde.
DOMES, JÜRGEN; NÄTH, MARIE-LUISE (1989): China im Aufbruch. Darstellung, Analyse und Dokumente der Frühjahrskrise 1989 in der Volksrepublik China, Frankfurt: Lang.
DOMES, JÜRGEN; NÄTH, MARIE-LUISE (1992): Geschichte der Volksrepublik China, Mannheim: B.I. Taschenbuchverlag.
HAAG, KLAUS (1991): Der Tausendköpfige Drache. Herrschaftssystem und Protesttradition in der Geschichte Chinas & das Massaker in Peking 1989, Berlin: Mink.
LIEBERTHAL, KENNETH (1995): Governing China. From Revolution Through Reform, New York/London: Norton.
TEUFEL DREYER, JUNE (1993): China's Political System. Modernization and Tradition, Houndmills et al.
WEGGEL, OSKAR (1989): Geschichte Chinas im 20. Jahrhundert, Stuttgart: Kröner.

IX. Modernisierung ohne Demokratie? Zukunftsperspektiven des politischen Systems und der Kommunistischen Partei*

Sebastian Heilmann

Einleitung

In der westlichen Öffentlichkeit hat sich eine gespaltene Sichtweise der Entwicklung in der Volksrepublik China verfestigt: Wirtschaftliche Öffnung und Dynamik werden mit politischer Unterdrückung und Erstarrung kontrastiert. Das Bild der politischen Erstarrung wird jedoch den tatsächlichen Entwicklungen in China nicht gerecht. Zwar ist die Kommunistische Partei bis heute nicht bereit, ihr Machtmonopol durch konkurrierende politische Organisationen oder unabhängige Kontrollinstanzen einschränken zu lassen. Dennoch sind als Folge der Wirtschaftsreformen und der Öffnungspolitik weitreichende Veränderungen im politischen System in Gang gekommen.

Diese Veränderungen und die Perspektiven der künftigen politischen Entwicklung sind Gegenstand des folgenden Beitrags. Das erste Kapitel widmet sich dem organisatorischen und ideologischen Wandel innerhalb der Kommunistischen Partei Chinas (KPCh). Im zweiten Teil wird der Frage nachgegangen, inwieweit die Kontrollstrukturen der Partei gegenüber Staatsinstitutionen, Militär, Wirtschaft und Gesellschaft grundlegenden Modifizierungen unterworfen sind. In einem dritten Abschnitt werden die Machtgrundlagen der kommunistischen Herrschaft zusammengefaßt, um in einem abschließenden Teil den Entwicklungstendenzen nachzugehen, die sich aus den tiefgreifenden wirtschaftlichen, gesellschaftlichen und politischen Veränderungen in der VR China ergeben. Zu diesem Zwecke werden Zukunftsszenarien dargelegt, die die Bandbreite alternativer Entwicklungsmöglichkeiten berücksichtigen.

---

* Dieser Beitrag ist die gekürzte und überarbeitete Fassung einer ausführlichen Studie, die unter dem Titel »Die Kommunistische Partei Chinas vor dem Zusammenbruch? Politische Konsequenzen der Wirtschaftsreformen und die Zukunft der kommunistischen Herrschaft in China« als Bericht des Bundesinstituts für ostwissenschaftliche und internationale Studien Nr. 58/1995 erschienen ist. Der Autor dankt dem Bundesinstitut für die freundliche Erlaubnis zur Verwendung in diesem Band.

1. Die Kommunistische Partei unter Wandlungsdruck

Personal und Organisation der Kommunistischen Partei bilden Kern und Gerüst des Herrschaftssystems der Volksrepublik China. Der Kommunistischen Partei gehörten 1995 rund 55 Millionen Mitglieder an. Die knapp sieben Millionen Führungskader der Partei sitzen an allen wichtigen Schalthebeln der chinesischen Politik: Staatsverwaltung, Armee, Sicherheitsorgane, Justiz, Gewerkschaften und Unternehmerverbände werden gleichermaßen von Parteifunktionären kontrolliert. Zur Kommunistischen Partei gibt es in China derzeit keine organisatorische Alternative und Konkurrenz.

Die machtvollen Fassaden der offiziellen Parteiinstitutionen können jedoch nicht die zunehmend porösen, labilen Fundamente verbergen, auf denen der Zusammenhalt der Kommunistischen Partei ruht: Korruption, politische Illoyalität und ideologische Orientierungslosigkeit haben sich auf allen Ebenen der Parteiorganisation ausgebreitet. Für diese Entwicklung sind einerseits Abnutzungseffekte und Desillusionierungen ursächlich, die sich nach Jahrzehnten des revolutionären Kampfes (1921–1949) und repressiver Klassenkampfkampagnen (1949–1978) einstellten. Darüber hinaus aber hat die von der Kommunistischen Partei selbst eingeleitete Politik wirtschaftlicher Reform und Öffnung (seit 1979) die Erosion der Grundlagen der Einparteiherrschaft beschleunigt, indem sie das politische System vor völlig neue, grundlegende Herausforderungen stellte: Die Transformation der Wirtschaft hin zu einem dezentralisierten, markt- und exportorientierten System geht mit einer schrittweisen Lockerung der politischen und ideologischen Kontrollstrukturen einher. *(Siehe auch den Beitrag von Eberhard Sandschneider.)*

Anders als in den osteuropäischen kommunistischen Regimen vor 1989 sind also nicht wirtschaftliche Stagnation und wirtschaftsstrukturelle Verkrustungen, sondern gerade die Erfolge der chinesischen Wirtschaftsreformen ursächlich für die Schwächung der Einparteiherrschaft: die hohe Wachstumsdynamik (durchschnittlicher Zuwachs des Bruttoinlandsprodukts von rund 9 % in den letzten fünfzehn Jahren) und der rasche, marktorientierte Strukturwandel (weniger als 10 % der Industrieproduktion werden heute noch über zentrale Planvorgaben gesteuert, nur noch rund 40 % des industriellen Outputs werden von staatlichen Betrieben produziert). Mit der überkommenen Kommando- und Planungshierarchie des leninistischen Parteistaates ist der wirtschaftliche und soziale Wandel immer weniger zu steuern.

Wie man den damit einhergehenden Herausforderungen an das politische System begegnet, wird von der chinesischen Führung offen als Überlebensfrage für die Kommunistische Partei eingeschätzt. Trotz dieser Erkenntnis ist der wirtschaftliche und gesellschaftliche Wandel bisher nicht von einer umfassenden Neuordnung des Regierungssystems begleitet. Die notwendige Elastizität und Anpassungsfähigkeit der politischen Institutionen wird bisher vornehmlich hinter den Kulissen des »ancien régime« gewährleistet: Parteiorganisation und Funktionärsschicht machten sich im Laufe der achtziger und neunziger Jahre neue Funktionen und Interessen zu eigen. Die ideologische Kontrolle trat immer stärker hinter das Management der Wirtschaftstransformation zurück. Parteikader waren und sind aufgefordert, mitten im wirtschaftlichen Geschehen zu stehen und sich an der Umgestaltung der Unternehmens- und Wirtschaftsstrukturen aktiv zu beteiligen. So entwickelten große Teile der chinesischen Funktionärsschicht dank der mit den Wirtschaftsreformen verbundenen Chancen zur privaten Bereicherung (unter Einschluß von Verwandten, Freunden, Protegés) ein starkes Eigeninteresse daran, die Transformation des Wirtschaftssystems voranzutreiben.

In den ökonomisch dynamischsten Regionen Chinas erscheint die Kommunistische Partei inzwischen zum Teil als Partei der Manager. Denn dort hat sich ein dichtes persönliches Beziehungsgeflecht zwischen Kadern und Unternehmern entwickelt, und die Tätigkeit von Partei- und Staatsorganen ist heute oft untrennbar mit wirtschaftlichen und unternehmerischen Interessen verwoben. Der Funktionswandel der Parteiorganisation fördert die Wirtschaftsnähe der chinesischen Behörden, begünstigt zugleich aber die Ausbildung weitläufiger Korruptionsstrukturen.

Die wirtschaftliche Dynamik hat grundlegende Verschiebungen der Funktionen und Interessen von Partei und Funktionärsschicht nach sich gezogen. Die leninistischen Kontrollstrukturen der Partei sind jedoch weiterhin bedeutsam: Dies gilt in besonderem Maße für die Kader- und Personalpolitik (Nomenklatura-System), für die Militärpolitik (Politkommissarsystem) und für die innere Sicherheit (Parteikontrolle über Justiz- und Sicherheitsapparat). Leninistische Strukturen wirken in diesen Bereichen fort, auch wenn sie in ihrer Funktionsfähigkeit teilweise geschwächt scheinen. (Siehe im einzelnen 2.1. und 2.2.)

Zur Schwächung des Zusammenhalts der Parteiorganisation trägt ganz wesentlich die Tatsache bei, daß die praktische Bedeutung ideologischer Indoktrinierung und Linientreue im Sinne des Marxismus-Leninismus und der Mao-Zedong-Ideen im Niedergang begriffen ist. Regionale und lokale politische Führungen sind durch die Bewältigung konkreter wirtschaftlicher und sozialer Probleme vor Ort fast vollständig absorbiert. Lokale Parteifunktionäre können ihre Berechtigung, verbindliche politische Entscheidungen zu fällen, nur dadurch legitimieren, daß sie wirtschaftliches Wachstum und möglichst breite Einkommenszuwächse fördern. Wenn sie die Macht behalten wollen, können sie das immer weniger mit Hilfe der von der Parteizentrale propagierten Ideologien rechtfertigen. Unter diesen Bedingungen können Beijings politisch-ideologische Appelle zur Einheit der Parteiorganisation nur noch wenig beitragen, da sie nicht mit ideologischen Säuberungskampagnen wie in der Mao-Ära verbunden werden.

1.1 Die Nachfolgefrage und der Führungskern der Partei

Neben den vielfältigen politischen und sozialen Veränderungen, die von den Wirtschaftsreformen hervorgerufen wurden und auf die im folgenden im Detail einzugehen sein wird, hat eine andere, innerparteiliche Entwicklung weitreichende Bedeutung für Gegenwart und Zukunft des kommunistischen Systems in China gewonnen: Das biologisch bedingte Abtreten der Revolutionsveteranen und der Aufstieg einer technokratischen Führungsgeneration in die höheren Ebenen der Parteihierarchie.

Die Regelung der Führungsnachfolge und die damit verbundenen innerparteilichen Auseinandersetzungen haben in der Geschichte der Volksrepublik China mehrfach zu einer Destabilisierung des politischen Systems geführt. Deng Xiaoping (1904–1997) hat sich im Verein mit anderen Revolutionsveteranen darum bemüht, Vorkehrungen für die Zeit nach seinem Tod zu treffen. Auf den Shanghaier Aufsteiger Jiang Zemin (1926–) wurden seit 1989 die Positionen des Generalsekretärs der Kommunistischen Partei, des Vorsitzenden der Zentralen Militärkommission und des Staatspräsidenten vereinigt. Jiang steht somit an der Spitze von Partei, Armee und Staat. Er wird als »Kern« des Führungs- und Entscheidungszentrums präsentiert, zu dem noch die sechs anderen Mitglieder des Ständigen Ausschusses des Politbüros (Ministerpräsident Li Peng (1928–), der Vorsitzende des Nationalen Volkskongresses Qiao Shi, der Vorsitzende der Politischen Konsultativkonferenz Li Ruihuan (1934 –), der stellvertretende Ministerpräsident Zhu Rongji (1928–), der stellvertretende Vorsitzende der Zentralen Militärkommission Liu Huaqing (1917–) sowie der für Organisations- und Personalarbeit der Parteizentrale zuständige Hu Jintao (1942–) gehören.[1]

Es hat sich in der Geschichte der chinesischen Kommunistischen Partei mehrfach erwiesen, daß formale Führungspositionen keine Garantie für die Machterhaltung über den Tod der politischen Patrone hinaus darstellen. Dennoch kann man der amtierenden chinesischen Parteispitze, verglichen mit nahezu sämtlichen Führungsgremien der vergangenen Jahrzehnte, einen starken Zusammenhalt attestieren. KPCh-Generalsekretär Jiang Zemin ist inzwischen länger als sechs Jahre, und damit länger als all seine Vorgänger in den achtziger Jahren, im Amt. Er hat seine Machtstellung durch gezielte Umbesetzungen und Beförderungen loyaler Gefolgsleute ausbauen können. Zur Zeit genießt er die Unterstützung der wichtigsten Partei- und Militärführer, denen bewußt zu sein scheint, daß die Einheit des Führungszentrums angesichts vielfältiger zentrifugaler Kräfte im politischen System die einzige Garantie für die Aufrechterhaltung der Einparteiherrschaft darstellt. Die schweren Macht- und Richtungskämpfe, die viele Chinabeobachter schon seit Jahren innerhalb der Beijinger Führung heraufziehen sehen, sind bisher ausgeblieben. Die Machtzentrale in Beijing steht aufgrund der politischen Veränderungen im In- und Ausland in einem Existenzkampf, der den Zusammenhalt gestärkt hat. Ob diese Überlebensgemeinschaft auch im Falle einer größeren innenpolitischen Krise zusammenhalten wird, bleibt abzuwarten.

1.2 Die neue technokratische Führungsgeneration

Der Generationswechsel in der nationalen Führung kann seit 1994 als im wesentlichen abgeschlossen gelten: Viele der mächtigsten Veteranenkader (etwa Deng Xiaoping und Peng Zhen) waren aufgrund ihres Alters und Gesundheitszustandes nicht mehr in der Lage, die Tagespolitik kontinuierlich mit persönlichen Weisungen zu begleiten. Zwar blieben die Veteranen in ihren letzten Lebensjahren als Patrone jüngerer Gefolgsleute und als Konfliktschlichter weiterhin einflußreich. Aber die tagespolitische Verantwortung lastete bereits uneingeschränkt auf den Schultern der Führungsgeneration um Jiang Zemin.

Die politische Führungsschicht der VR China hat einen profunden Wandel während der Reformperiode seit 1979 durchgemacht. Einst wurde die Führung dominiert von ländlichen Revolutionären, deren Autorität sich aus Jahrzehnten des be-

---

[1] Zu Veränderungen an der Parteispitze durch den XV. Parteitag der KPCh im September 1997; siehe Heilmann, Sebastian: Der XV. Parteitag: Wachsende Risiken der Wirtschaftsreform, in: China aktuell, September 1997, S. 857–864. (Anmerkung der Redaktion.)

waffneten Kampfes ableitete. Die heutige Führungsschicht besteht jedoch zu einem großen Teil aus Technokraten, die gekennzeichnet sind durch eine Ausbildung (oft Hochschulausbildung) in technischen Disziplinen (Ingenieurwesen) und durch ihre langjährigen Arbeitserfahrungen in Parteiapparat und Wirtschaftsbürokratie. Während sich 1982 nur etwa 12 % der ZK-Mitglieder in die Kategorie der Technokraten einordnen ließen, waren es nach dem XIV. Parteitag 1992 rund 70 %. Auch auf regionaler Ebene hat sich das Bildungsprofil der Parteifunktionäre gegenüber den frühen achtziger Jahren stark verbessert: 80 % der Leitungskader auf Kreis-, Bezirks- und Provinzebene sollen inzwischen über einen höheren Schulabschluß verfügen. Es handelt sich um Personen, die ihre Karriere nicht dem revolutionären Kampf und auch nicht bloßer ideologischer Linientreue zu verdanken haben; vielmehr können sie sich auf ihre Sachkenntnisse vor allem für die Ziele der Wirtschaftsförderung berufen.

Mit dem Aufstieg einer technokratischen Führungsgeneration halten zwar neue Vorstellungen im Hinblick auf die Leistungsfähigkeit politischer Institutionen Einzug: Amtswillkür, Korruption und regionale Egoismen werden etwa von der heutigen Beijinger Führung offener kritisiert als zu Zeiten Maos und Dengs; auf die Orthodoxie pochende Ideologen sind in der jüngeren Führungsgeneration nur noch selten zu finden.

Aber die Bemühungen der technokratischen Führung um eine Effizienzsteigerung der politischen Institutionen zeitigen nur geringe Wirkung: Die Durchsetzbarkeit von politischen Entscheidungen der Beijinger Zentrale hat in den anderthalb Jahrzehnten der Reform abgenommen. Die heutige Parteispitze muß große Rücksicht gegenüber den gewachsenen regionalen, ressortspezifischen, militärischen und patronagebedingten Interessen walten lassen, die innerhalb der Parteiorganisation vertreten sind. Die Vielfalt der innerparteilichen Interessen hat mit dem Aufstieg der neuen Führungsgeneration keineswegs abgenommen. Folglich werden Richtungs-, Macht- und Flügelkämpfe trotz des Generationswechsels auch in der Zukunft ihre Fortsetzung erfahren. Eine besondere Rolle werden in diesem Zusammenhang regionale Interessen spielen, die eine wachsende Bedeutung für die innerparteiliche und innerstaatliche Willensbildung gewonnen haben.

1.3 Die Neuordnung der Beziehungen zwischen Zentrale und Regionen

Obwohl es sich beim Staat der VR China wie auch bei der KPCh formal um hochzentralisierte, unitarische Organisationen handelt, war das politische Eigengewicht der regionalen Führungen bereits in den ersten drei Jahrzehnten der kommunistischen Herrschaft (1949–1979) durchweg beachtlich. Mit der Einleitung der Reform- und Öffnungspolitik erfuhr das Verhältnis zwischen Zentrale und Regionen jedoch eine qualitative Veränderung: Die Dezentralisierung wirtschafts- und finanzpolitischer Entscheidungs- und Verfügungskompetenzen wurde zu einem Kernelement der Reformbemühungen erhoben; den regionalen Führungen wurden in der Wirtschaftspolitik zum Teil sehr weitreichende eigenständige Gestaltungsmöglichkeiten eingeräumt. Neue Grundmuster der politischen Willensbildung und Interessendurchsetzung begannen sich im Verhältnis zwischen Zentrale und Regionen herauszubilden.

Im Laufe der achtziger Jahre trat immer stärker die Durchsetzung regionaler Interessen in den Vordergrund, wobei oft nur noch wenig Rücksicht auf die Erfordernisse der gesamtwirtschaftlichen Stabilität (etwa die Eindämmung der Inflation durch Begrenzung öffentlicher Ausgaben und Investitionen) genommen wurde. Die Verselbständigungstendenzen in manchen Regionen gingen so weit, daß Weisungen der Zentrale zusehends weniger beachtet oder gar systematisch umgangen wurden. Regionale Sonderentwicklungen gewannen eine neue Qualität: Die Entstehung regionaler Märkte und Entwicklungsstrategien, die geringe Handelsverflechtung zwischen den Provinzen, die außenwirtschaftliche Orientierung der Küstenregionen und das ausgeprägte Wohlstandsgefälle zwischen Küste und Inland stellen das politische System vor neue Probleme und Regelungserfordernisse.

Die Parteizentrale kann die eigenwilligen regionalen Führungen nicht mehr so strikt wie früher auf die nationale Politik verpflichten: Die Zeit der Kommandowirtschaft und der ideologischen Disziplinierungskampagnen ist vorbei. Die rasch wachsende Komplexität des dezentralisierten Wirtschaftssystems und die darin ständig neu auftretenden Regulierungsprobleme erfordern fortlaufende Kompromisse von den politischen Führungen in Beijing und in den Provinzen, um den Fortgang der Wirtschaftsreformen zu sichern.

Aufgrund dieser Entwicklungen geraten die alten, auf Machtmonopol, Personalkontrolle und organisatorischen Zusammenhalt der Kommunistischen Partei gestützten politischen Strukturen unter zunehmende Spannungen. In wirtschafts- und finanzpolitischen Fragen ist an die Stelle der Kommandohierarchie des offiziellen Parteistaates ein mehrstufiges Verhandlungssystem getreten, das Ansätze zur Begrenzung zentralstaatlicher Machtbefugnisse und zur Herausbildung einer vertikalen Gewaltenverschränkung zwischen Zentrale und Regionen aufweist.

1.4 Die organisatorische Schwächung der Partei

Nach offiziellen Angaben waren in der Kommunistischen Partei Mitte 1995 rund 55 Mio. Mitglieder registriert. 6,75 Mio. von ihnen waren als hauptamtliche Funktionäre in Staats- oder Parteiorganen sowie parastaatlichen Organisationen tätig. Schwierigkeiten hat die Partei mit der Nachwuchsförderung: Der Anteil der Parteimitglieder, die jünger als 35 sind, ist von rund 30 % (1987) auf 21 % (Ende 1993) zurückgegangen. Vor allem im ländlichen Bereich gibt es beträchtliche Rekrutierungsprobleme. Während die Partei in vielen städtischen Zentren einen Organisationsgrad (Bevölkerungsanteil) von mehr als 10 % erreicht, gehören nur rund 2 % der ländlichen Bevölkerung der Partei an. Trotz der großen Zahl von Parteimitgliedern verfügt die Kommunistische Partei nur über eine relativ dünne Decke qualifizierten Personals für die Millionen politischer und administrativer Führungspositionen, die von ihr zu besetzen sind.

Die nachlassende Bindungs- und Integrationskraft der Kommunistischen Partei zeigt sich besonders deutlich auf der Ebene der Basisorganisationen. Mit Hilfe ihrer Parteizellen in Dörfern, Unternehmen, Behörden und anderen Institutionen hat die KPCh jahrzehntelang ihre Omnipräsenz in der chinesischen Gesellschaft und Wirtschaft sichergestellt. Heute jedoch wird der Zustand dieser untersten Organisationsebene von der Parteizentrale als äußerst unbefriedigend eingeschätzt. Aus Beijinger Sicht sind die Zustände in einigen süd- und westchinesischen Provinzen besonders alarmierend: Dort werden ländliche Parteiorgane zum Teil durch Familienclans, kultisch-religiöse Geheimgesellschaften oder durch die organisierte Kriminalität unterwandert. Auch in wirtschaftlich aufstrebenden ländlichen Regionen an der Ost- und Südostküste, wo die Gunst der Partei- und Regierungskader wichtig ist, um Gewerbegenehmigungen, Grundstücke, Kredite etc. zu erlangen, bröckelt die Parteidisziplin: Versammlungen und politische Studien werden vielerorts nur noch unregelmäßig abgehalten, Parteidokumente und -zeitungen nicht studiert. KPCh-Generalsekretär Jiang Zemin stellte bereits im August 1989 angesichts des alarmierenden Verfalls der Partei-Basisorganisationen fest, daß bei einer weiteren Aushöhlung der Parteibasis selbst der KPCh-Generalsekretär schon bald zum »Pseudo-Befehlshaber« verkommen werde.

Mitte der neunziger Jahre wurden die Bemühungen um eine Revitalisierung der Parteiorganisation verstärkt. 1995 sollen insgesamt 450 000 Partei- und Regierungskader von den höheren Parteiebenen entsandt worden sein und sich um die »Ausrichtung« und Neuorganisation der dörflichen Parteiorgane bemüht haben. Die Erneuerung der ländlichen Basisorganisationen soll innerhalb von drei Jahren abgeschlossen werden. Angesichts der gewaltigen Aufgabe, mehrere hunderttausend »gelähmte« Basisorganisationen auf ihre Funktionsfähigkeit und Loyalität hin zu überprüfen, und aufgrund der Erfolglosigkeit solcher Bemühungen in den letzten fünf Jahren erscheint es zweifelhaft, ob die Partei ihre unteren Hierarchieebenen mit neuem Leben erfüllen kann.

Die organisatorische Schwächung der Kommunistischen Partei geht Hand in Hand mit einer tiefgehenden Orientierungs- und Identitätskrise. In einem internen Bericht hat die Parteiführung Anfang 1995 davor gewarnt, daß unter den Parteimitgliedern bis in hohe Kaderränge hinein die ideologischen Grundlagen des sozialistischen Systems zum Teil radikal in Frage gestellt würden. Die von der Parteiführung verbindlich vorgegebenen »Vier Grundprinzipien« (1. Führungsrolle der Partei; 2. Demokratische Diktatur des Volkes; 3. Sozialistischer Entwicklungsweg; 4. Marxismus-Leninismus/Mao-Zedong-Ideen) würden von einem Teil der Parteimitgliedschaft mehr oder weniger offen in Zweifel gezogen und nur noch als Lippenbekenntnisse hochgehalten.

Als Resultat des wirtschaftlichen Umbruchs wird die offizielle Parteiideologie immer mehr zum Anachronismus. Ein Großteil der jüngeren Parteimitglieder ist vornehmlich aus Karrieregründen in die KPCh eingetreten und fühlt sich der sozialistischen Ideologie nur noch schwach verbunden. Die Kommunistische Partei ist in ihrer jüngeren Mitgliedschaft zu einem Sammelbecken von Opportunisten geworden.

Über die ideologische Orientierungskrise hinaus stellt die wachsende Vielfalt von politischen Standpunkten unter der Parteimitgliedschaft eine neue, tiefgreifende Herausforderung an die autoritären Strukturen der Parteiorganisation dar: Politik und Fehlleistungen der zentralen Führung werden immer häufiger zum Gegenstand offener Kritik auf den unteren Ebenen der Parteihierarchie. Hier zeigen sich Ansätze zu einer Pluralisierung, die nur noch zum Teil eine Folge der altbekannten innerparteilichen Flügelkämpfe ist, sondern vielmehr ein Reflex der sich rasch entwickelnden gesellschaftlichen Vielfalt in China.

1.5 Korruption

Die Korruption, die sich trotz aller Beijinger Appelle und Disziplinierungskampagnen immer tiefer in die politischen und wirtschaftlichen Institutionen Chinas hineinfrißt, ist der deutlichste Ausdruck des organisatorischen Verfalls der Kommunistischen Partei. Nach offiziellen Angaben haben die Disziplinarorgane von Partei und Staat zwischen Januar 1993 und März 1995 innerhalb von zwei Jahren insgesamt 3,1 Mio. Anzeigen und Beschwerden aus der Bevölkerung wegen Korruptionsdelikten (Bestechlichkeit im Amt, Veruntreuung öffentlicher Mittel, widerrechtliche Aneignung von Staatseigentum etc.) registriert. Die öffentliche Verwaltung der VR China gehört heute nach Einschätzung ausländischer Geschäftsleute zu den korruptesten in Ostasien.

In den Augen der chinesischen Bevölkerung stellt die allgegenwärtige Korruption die Legitimität der kommunistischen Herrschaft noch grundsätzlicher in Frage als zunehmende soziale Gegensätze, Kriminalität oder politische Repression. Folgerichtig wird die Eindämmung der grassierenden Korruption von der chinesischen Parteiführung als Kampf »auf Leben und Tod« für die Partei eingeschätzt. Die Mitte 1993 eingeleitete Kampagne zur Bekämpfung von Korruption in Partei und Verwaltung hat bisher nur bescheidene Erfolge gezeitigt. Die Gründe hierfür sind offensichtlich: Viele führende Parteifunktionäre und ihre Familienmitglieder sind in die weitläufigen Korruptionsgeflechte selbst eingebunden und haben kein Interesse, eine Kampagne zur Aufdeckung dieser Strukturen mitzutragen. So trifft die Korruptionsbekämpfung in vielen Landesteilen und Institutionen auf erheblichen Widerstand innerhalb der Funktionärsschicht. Daran haben auch die Korruptionsuntersuchungen gegen mehrere hochrangige Vertreter der Beijinger Stadtparteiführung nichts geändert, die 1995 zur Amtsenthebung einzelner Spitzenkader (darunter erstmals ein Politbüro-Mitglied) führten.

Ohne durchgreifende institutionelle Reformen, die den Kern des politischen Systems beträfen – gewaltenteilige Ordnung mit parlamentarischer Kontrolle, unabhängiger Justiz und regierungskritischen Medien –, ist eine Eindämmung des Korruptionsproblems nicht zu erwarten. Da solche Reformen aber das Machtmonopol der Kommunistischen Partei einschränken würden, sind die Widerstände gegenüber der Schaffung unabhängiger Kontrollinstanzen bisher unüberwindbar.

2. Die Kontrolle der Partei über das politische System

Die vorstehenden Abschnitte verdeutlichen, wie weit der Wandel reicht, dem die Kommunistische Partei in ihren Organisations- und Kontrollstrukturen unterworfen ist. Die Ablösung der Revolutionsveteranen, der Aufstieg einer technokratischen Führungsgeneration, die Schwächung des organisatorischen Zusammenhalts und die grassierende Korruption: all das macht deutlich, daß es sich bei der auf die Revolutionszeit zurückgehenden Kommunistischen Partei um eine im Niedergang begriffene Organisation handelt.

Wie aber wahrt eine intern geschwächte Kommunistische Partei die Kontrolle über staatliche Institutionen, Militär, Wirtschaft und Gesellschaft? Über die alten leninistischen Kontrollmechanismen hinausweisend, beginnen sich neue Muster der politischen Steuerung herauszukristallisieren, die beträchtliche Bedeutung für die politische Zukunft Chinas gewinnen können.

2.1 Partei und Staat

In kommunistischen Regierungssystemen sind Partei und Staat gewöhnlich kaum zu unterscheiden: Die Kommunistische Partei stellt nicht nur beinahe ausnahmslos das Personal für die Führungspositionen in Regierungs- und Verwaltungsorganen. Die Regierungsorgane sind darüber hinaus in ihren Entscheidungskompetenzen den Parteikomitees grundsätzlich untergeordnet. *(Siehe auch die Abb. 2.1 und 2.2. im Anhang.)*

Um der Wirtschaftsverwaltung größere Gestaltungsspielräume zu geben und damit die wirtschaftspolitische Flexibilität zu fördern, brachte Deng Xiaoping Mitte der achtziger Jahre die »Trennung von Partei und Staat« in die Diskussion. Dengs Vorschläge zielten auf eine Erhöhung der ökonomischen Effizienz: Die Arbeit von Unternehmensleitungen und Wirtschaftsbehörden sollte sich verstärkt an Produktivitätskriterien, nicht mehr primär an politisch-ideologischen Leitbildern orientieren. In den Staatsbetrieben übernahm seitdem schrittweise ein professionelles Management die Verantwortung für die Betriebsleitung. Staatliche Wirtschaftsbehörden nehmen anstelle von Parteiorganen die Aufsicht über Unternehmen und Wirtschaftsabläufe wahr. So ist seit der zweiten Hälfte der achtziger Jahre tatsächlich ein beachtlicher Teil der wirtschaftspolitischen Aufsichts- und Entscheidungskompetenzen von Parteiorganen auf Regierungsstellen übergegangen.

Eine Verselbständigung staatlicher Organe gegenüber der Partei wird jedoch konsequent verhindert: Parteikomitees genießen in strittigen und grundsätzlichen Fragen weiterhin Vetorecht und Weisungsbefugnis gegenüber Regierung und Verwaltung. Strategische Bereiche wie etwa das Personal-/Kadersystem, der Justiz- und Sicherheitsapparat sowie die Kommandoebenen des Militärs werden immer noch direkt von Parteiorganen kontrolliert. Die Organisationsgewalt der höheren Parteiebenen wurde 1994 und 1995 durch systematische Reorganisation und durch Personalrotationen in regionalen zivilen wie auch militärischen Führungen demonstriert.

Veränderungen im Verhältnis zwischen Parteiorganen und staatlichen Institutionen zeigen sich auch am Beispiel der Volkskongresse. Diese Volksvertretungsorgane auf Gemeinde-, Kreis-, Provinz- und nationaler Ebene wurden lange Zeit zu Recht als leblose »Abstimmungsmaschinen« abgetan. Seit den späten achtziger Jahren aber konnte insbesondere der Ständige Ausschuß des Nationalen Volkskongresses ein eigenständigeres Profil in seiner Gesetzgebungstätigkeit gewinnen. Die Parteiführung ist bestrebt, das nationale Legislativorgan zu einem Motor der Reform des Wirtschafts- und Rechtssystems auszubauen. Zugleich sollen die Volkskongresse der unteren Verwaltungsebenen eine wirksamere Rolle in der Korruptions- und Haushaltskontrolle gegenüber den Regierungsorganen entfalten. Die Stärkung der Volkskongresse soll aus der Sicht der Parteiführung also nicht einer parlamentarisch-demokratischen Öffnung dienen, sondern der Modernisierung und Effizienzsteigerung des Herrschaftssystems.

2.2 Partei und Armee

Die Führungen von Kommunistischer Partei und Volksbefreiungsarmee (VBA) sind seit der Revolutions- und Bürgerkriegszeit aufs engste miteinander verwoben. Der Anteil von Armeevertretern in den Führungsgremien der Partei ist auch heute noch beachtlich: Im 1992 zusammengetretenen XIV. Zentralkomitee der KPCh stellt das Militär nahezu ein Viertel der Mitglieder. Die politische Kontrolle über die Armee wird durch ein weitverzweigtes System von Parteiorganen (Politkommissarsystem) auf allen Kommandoebenen des Militärs gesichert.

Die VBA hat in schweren innenpolitischen Krisen (so etwa 1968 während der Kulturrevolution und 1989 bei der Unterdrückung der städtischen Protestbewegung) eine ausschlaggebende Rolle gespielt. Dies wird zweifellos auch für die Zeit nach dem Ableben der Revolutionsveteranen um Deng Xiaoping und für das weitere Schicksal der KPCh-Herrschaft gelten: Nur wer breiten Rückhalt in der Armee findet, hat die Chance, sich an der Spitze Chinas dauerhaft zu halten. Es ist fraglich, ob der amtierende Staats- und Parteichef Jiang Zemin, der zugleich Vorsitzender der Zentralen Militärkommission ist, sich der Loyalität der Armee wirklich sicher sein kann, da er sich nicht wie beispielsweise Deng Xiaoping auf ein über Jahrzehnte gewachsenes Beziehungsgeflecht in der VBA stützen kann.

Während die revolutionäre Führungsgeneration Deng Xiaopings sich durch das Fehlen einer strikten Trennung zwischen ziviler und militärischer Laufbahn auszeichnete, ist es seit den achtziger Jahren zu erheblichen Veränderungen in den Karrieremustern der Spitzenvertreter des Regimes gekommen. Die gegenwärtig führenden Technokraten (Bürokraten mit Ingenieurausbildung wie Jiang Zemin, Li Peng oder Zhu Rongji) in der Parteispitze haben keinerlei Erfahrung mit einem Dienst im Militär. Anderseits wird auch schon die nächste Generation von VBA-Generälen über keine große Arbeitserfahrung im zivilen Parteiapparat mehr verfügen. Die Unterschiede zur Generation der Revolutionsveteranen sind somit gewaltig: Künftigen Partei- und Militärführern wird nicht nur die prägende Erfahrung des gemeinsamen revolutionären Kampfes fehlen, auch ihre Ausbildungsgänge und ihre politische Sozialisation werden sich grundsätzlich unterscheiden.

Eine solche Entwicklung könnte ähnlich wie in der ehemaligen Sowjetunion zu einer Differenzierung politischer und militärischer Kompetenzbereiche führen, die letztlich die Parteikontrolle über die Armee schwächt. Es wird eine der größten Herausforderungen für die chinesische Parteispitze bleiben, einer solchen Auseinanderentwicklung zwischen Partei- und Militärführung entgegenzuwirken. Denn die nachrevolutionäre Generation chinesischer Militärs, die noch in den neunziger Jahren in höchste Kommandopositionen aufsteigen wird, könnte eine unabhängigere Stellung des Militärs gegenüber der Parteiführung beanspruchen.

2.3 Partei und Unternehmen

Die Transformation des Wirtschaftssystems brachte für die Kommunistische Partei ungeahnte Belastungen und Anpassungszwänge mit sich, aber auch ganz neue Chancen für die Funktionärsschicht, an den Früchten des Wandels teilzuhaben. Während die Parteiorganisation im Staatssektor noch über eine flächendeckende

Präsenz verfügt, ist dies in den dynamischsten Bereichen der Wirtschaft – lokale Kollektivunternehmen, Privatunternehmen und Unternehmen mit ausländischer Beteiligung – nicht der Fall. In offiziellen Parteistellungnahmen wird immer wieder deutlich, wie schwer es der Partei fällt, in diesen rasch wachsenden nicht-staatlichen Unternehmensformen Fuß zu fassen.

Die Partei als Institution ist durch diese Entwicklung in ihren Möglichkeiten, unmittelbaren Einfluß auf betriebliche Entscheidungen zu nehmen, empfindlich geschwächt worden. Große Teile der Funktionärsschicht haben es jedoch verstanden, sich mit den neu entstehenden Unternehmensformen zu arrangieren. Die Macht der Funktionäre gegenüber den Unternehmen beruht heute nicht mehr auf direkter organisatorischer oder ideologischer Kontrolle, sondern erwächst aus den umfassenden Verfügungsrechten der Wirtschaftsverwaltung: Verwaltungs- und Parteikader nehmen entscheidenden Einfluß darauf, welcher Unternehmer billige Kredite erhält, wer bestimmte Grundstücke oder Gebäude zur Nutzung überlassen bekommt, wer günstige Verträge abschließen darf und wer überhaupt politische Protektion genießt. Fast alle chinesischen Unternehmer sind deshalb auf eine enge Zusammenarbeit mit der Staats- und Parteibürokratie angewiesen.

Die Abhängigkeit besteht allerdings wechselseitig: Die privaten Zusatzeinkommen der Kader und die Haushaltseinnahmen der von ihnen verwalteten Gebietskörperschaften stützen sich auf die Gewinnabführungen profitabler Unternehmen. Die in der Kommunistischen Partei beheimateten Machteliten und die aus den verschiedenen Unternehmensformen hervorgegangenen neuen Wirtschaftseliten sind somit häufig durch eine für beide Seiten einträgliche, symbiotische Beziehung verbunden.

2.4 Partei und Gesellschaft

Die chinesische Gesellschaft ist als Folge des ökonomischen Umbruchs in einem tiefgreifenden Wandel begriffen, dessen politische Auswirkungen immer stärker spürbar werden. Indem die Parteiführung seit den achtziger Jahren auf ideologische Massenkampagnen als Mittel zur Durchsetzung ihrer Politik weitgehend verzichtete und dadurch der politische Konformitätsdruck nachließ, ging die Kontrolle der KPCh über das Privatleben der Menschen allmählich zurück: Die Pluralisierung von Lebensformen, Wertvorstellungen und politischen Überzeugungen in der chinesischen Gesellschaft schreitet rasch voran.

In diesem Zusammenhang stellen sich grundlegende Fragen: Ist die chinesische Gesellschaft auf dem Weg zur Selbstbehauptung gegenüber der Autorität von Partei und Staat? Oder kann sich die kommunistische Herrschaft ihrer Kontrolle über die verschiedenen gesellschaftlichen Gruppen und Schichten noch sicher sein?

Gesellschaftlicher und wirtschaftlicher Wandel haben offenkundig zu einem Autoritätsverlust von Partei und Staat geführt. Dennoch erscheint der Weg zur Durchsetzung einer demokratischen Ordnung in China weit. Denn nur äußerst zaghaft entwickeln sich gesellschaftliche Kräfte, Schichten und Organisationen, die bereit und imstande sind, politische Freiheiten, Mitspracherechte und institutionelle Neuerungen zu erstreiten. Für die politische Durchsetzung und Konsolidierung einer Demokratie sind solche Kräfte unverzichtbar.

Der von der Reform- und Öffnungspolitik in Gang gesetzte wirtschaftliche und gesellschaftliche Wandel zieht eine schrittweise Transformation, nicht jedoch eine einseitige Reduktion staatlichen Einflusses in Gesellschaft und Wirtschaftsleben nach sich. Während der Übergangsperiode zwischen sozialistischer Wirtschaft und Marktwirtschaft verfügt ein Großteil der am Wandel führend beteiligten sozialen Gruppen (etwa die Schicht der Privatunternehmer und Neureichen) über enge Bande zum Parteistaat. Staatliche Instanzen und gesellschaftliche Kräfte arrangieren sich neu miteinander. Das vereinfachende Bild einer Konfrontation zwischen Staat und Volk, wie es vielen journalistischen Darstellungen der Entwicklung in China zugrundeliegt, kann die vielschichtigen Verflechtungserscheinungen im Verhältnis zwischen Staat und Gesellschaft in China nicht erfassen.

3. Die Machtgrundlagen der kommunistischen Herrschaft

In den vorangehenden Abschnitten wurde gezeigt, daß die zentralisierten politischen Kontrollstrukturen im Regierungssystem der VR China beträchtlichen Belastungen ausgesetzt sind. Zweifellos kann die politische Führung in Krisensituationen auf einen mächtigen Repressionsapparat zurückgreifen. Die Allmacht der Partei wird jedoch offenkundig von den Wirtschaftsreformen erodiert. Die KPCh verfügt nicht mehr über die Requisiten ihrer früheren Macht: charismatische Führung, eine allgemein verbindliche offizielle Ideologie, Massenmobilisierung für die Ziele der politischen Führung, disziplinierte Partei- und Verwaltungsorganisation bis auf die untersten Ebenen. Korruption und private Wirtschaftstätigkeit haben die politische Kontrolle durch die Partei unterhöhlt. Was hält die kommunistische Herrschaft unter diesen Bedingungen gegenwärtig noch zusammen?

3.1 Das Machtmonopol der Partei

Die Kommunistische Partei ist weiterhin die einzige Organisation, über die man in China politische Macht erlangen kann. Die Partei kontrolliert über ihr Kadersystem sämtliche Führungspositionen in Staat und Militär. Aus Wirtschaft und Gesellschaft sind trotz vielfältiger Autonomisierungstendenzen bisher keine homogenen Eliten und tragfähigen Organisationsformen hervorgegangen, die kurzfristig eine Bedrohung für das Machtmonopol der Partei darstellen könnten. Tatsächlich stehen gegenwärtig viele Kader der Partei sogar im Zentrum des wirtschaftlichen Geschehens, indem sie und ihre Familien entweder selbst unternehmerisch tätig sind (die Grenzen zu Korruption und Wirtschaftskriminalität sind hier fließend) oder aber indem sie symbiotische Beziehungen zu Unternehmern unterhalten (Wirtschaftsförderung, politische Protektion und Beteiligung an den Unternehmensgewinnen sind untrennbar verknüpft).

Gegenüber neu entstehenden gesellschaftlichen Gruppen und Vereinigungen verfolgt die Partei bisher einen Kurs der korporatistischen Vereinnahmung mit Hilfe eines staatlich kontrollierten Verbändewesens. Politisch unerwünschte Gruppen aber sind weiterhin Ziel massiver Repressalien. Zwar hat die Partei in manchen ländlichen Regionen die Kontrolle gegenüber Clangemeinschaften, Geheimgesellschaften und kriminellen Banden verloren. Der politische Einfluß dieser Kräfte reicht aber bisher nur selten über einen engeren regionalen Rahmen hinaus. Somit sind zur Zeit keinerlei Organisationen, Vereinigungen, Bewegungen und gesellschaftliche Kräfte innerhalb Chinas in Sicht, die mittelfristig eine Alternative zur Regierung der Kommunistischen Partei darstellen könnten. Die Partei ist angeschlagen, hat sich aber durch eine gezielte Repressionspolitik gleichsam unersetzlich gemacht.

3.2 Der Zusammenhalt der zentralen Parteiführung

Trotz des hohen Drucks, dem die Beijinger Führung angesichts der Nachfolgeproblematik und der vielfältigen innenpolitischen, wirtschaftlichen und sozialen Schwierigkeiten ausgesetzt ist, zeichnet sich bislang keine Lähmung des Beijinger Entscheidungszentrums ab. Im Gegenteil, im Bereich etwa der staatlichen Finanzordnung und des Bankwesens konnten in den letzten beiden Jahren Reformen auf den Weg gebracht werden, die zur aktiven Zeit Deng Xiaopings an heftigen politischen Widerständen gescheitert waren.

Die innenpolitische Lage in China scheint im Vergleich zu politischen Konstellationen in den vorangegangenen Jahrzehnten durch eine Verkehrung der Instabilitäten gekennzeichnet: Einer instabilen, unruhigen Gesellschaft steht eine zur Zeit relativ stabile Beijinger Machtzentrale gegenüber. In früheren Jahrzehnten hatte sich dies meist umgekehrt verhalten: Eine durch interne Konflikte zerrüttete Parteizentrale war damals die wichtigste Ursache der politischen Instabilität. Sollte die politische Zentrale aber in naher Zukunft durch interne Gegensätze ihres Zusammenhalts beraubt werden, so ist eine umfassende Destabilisierung des gesamten Regierungssystems nicht auszuschließen.

3.3 Die Angst vor dem Chaos

In der Bevölkerung und selbst unter Parteimitgliedern wachsen die Zweifel daran, daß die kommunistische Führung die anstehenden wirtschaftlichen, gesellschaftlichen und politischen Probleme wird bewältigen können. Eine flexiblere und erneuerungsbereite Regierungsform erscheint vielen angesichts der Geschwindigkeit des wirtschaftlichen und sozialen Wandels als wünschenswert. Die Schwierigkeit wird jedoch mit Blick auf die sozialen Verwerfungen innerhalb Chinas darin gesehen, einen solchen Systemumbruch ohne blutige innere Kämpfe und ohne schwere wirtschaftliche Rückschläge zu bewältigen.

Daß ein umfassender innerer Ordnungszusammenbruch fatale Folgen nach sich ziehen kann, haben viele Chinesen älterer Jahrgänge in der Zeit der »Kulturrevolution« (1966–1976) zu spüren bekommen. Zu den traumatischen Erfahrungen aus jener Zeit kommt noch die Wirkung der »sowjetischen Lektion« hinzu: Die wirtschaftliche, soziale und politische Destabilisierung nach dem Untergang von KPdSU und Sowjetunion steht vielen Chinesen, besonders Parteimitgliedern und Militärs, als abschreckendes Beispiel vor Augen.

Die gesellschaftlichen Spannungen und Wanderungsbewegungen innerhalb Chinas lassen sich trotz einer außerordentlich großen wirtschaftlichen Dynamik und trotz einer autoritären Regierungsordnung schon heute kaum mehr im Zaum halten. Was aber passiert, wenn die politischen Kontrollstrukturen ganz wegbrechen und das Wirtschaftswachstum durch einen politischen Zusammenbruch zum Stillstand kommen sollte? Bedenken dieser Art bilden gegenwärtig eine der wichtigsten Stützen der kommunistischen Herrschaft in China: Die Angst vor dem Chaos wirkt systemstabilisierend und läßt vielen Chinesen eine Fundamentalopposition gegen die KPCh als zukunftsgefährdend erscheinen.

4. Szenarien der künftigen politischen Entwicklung

In den vorstehenden Abschnitten wurde verdeutlicht, wie weit der politische Wandel hinter den erstarrt wirkenden Fassaden der kommunistischen Einparteiherrschaft geht. Welche Zukunft haben die Kommunistische Partei und das von ihr dominierte politische System unter diesen Voraussetzungen? Wird die Partei unter den neuen Anforderungen zusammenbrechen oder wird sie etwa aus eigenem Antrieb die Erneuerung des politischen Systems vorantreiben?

Die Grundtendenzen der gegenwärtigen Entwicklungen weisen zum Teil in widersprüchliche Richtungen und lassen es geraten erscheinen, auf deterministische Verengungen (Prognosen) zu verzichten, die meist eher auf das Wunschdenken des westlichen Betrachters als auf die Offenheit der politischen Entwicklung Rücksicht nehmen. So kann am Ende der folgenden Überlegungen nicht eine Prognose, sondern nur eine vorsichtige Einschätzung der Szenarien nach ihrer gegenwärtig absehbaren Plausibilität stehen. Die Reichweite der Szenarien ist auf mittlere Frist – also auf die nächsten fünf bis zehn Jahre – begrenzt.

4.1 Kollaps-Szenario: Zusammenbruch der kommunistischen Herrschaft und Zerfall Chinas

Sollte die zentrale Führung nach Deng Xiaopings Tod durch interne Auseinandersetzungen gelähmt werden, dann könnte es zu schwerwiegenden politischen Spaltungen kommen. Ein Machtvakuum in der Beijinger Entscheidungszentrale könnte dazu führen, daß die Partei binnen kurzer Frist auf allen Organisationsebenen in Flügel und Gruppierungen zerfällt, die sich offen befehden. Ein großer Teil der einfachen Mitglieder würde vermutlich die Gefolgschaft aufkündigen und sich aus der Parteiorganisation spontan zurückziehen.

Die regionalen und sozialen Gegensätze, die sich im Laufe der Wirtschaftsreformen verstärkt haben, könnten im Kontext des Kollaps-Szenarios zu einer Welle von neuen Massenwanderungen, Protestbewegungen und ethnischen Konflikten wie auch zur Verselbständigung politischer und militärischer Cliquen in den Provinzen führen. Anhaltende gewaltsame Auseinandersetzungen wären nicht auszuschließen. Auf die kommunistische Herrschaft in China folgte also keine politische Neuordnung oder gar Liberalisierung, wie sie im Westen von vielen erhofft wird, sondern ein umfassender Zusammenbruch der politischen und gesellschaftlichen Ordnung.

Im Falle eines Kollapses der Kommunistischen Partei könnten sich ähnliche Strukturen herausbilden, wie sie gegenwärtig in Teilen der Rußländischen Förderation zu finden sind. In einem postkommunistischen China werden aller Voraussicht nach auf der lokalen Ebene Machtstrukturen dominieren, die von einem dichten Beziehungsgewebe zwischen ehemaligen Parteifunktionären und Beamten der Wirtschaftsbehörden einerseits sowie Unternehmern und Bankleitern andererseits geprägt sind. Diese Strukturen werden nicht zu einer Öffnung oder gar Demokratisierung der politischen Ordnung beitragen, sondern eine Allianz zwischen alter Machtelite und neuer Wirtschaftselite begünstigen, die den Großteil der Bevölkerung ausschließt. Große Teile der Funktionärsschicht werden sich deshalb auch im Falle eines Systemzusammenbruchs in komfortablen Positionen in die neue Zeit hinüberretten können.

Welche Folgen hätte aber ein Ordnungszusammenbruch im internationalen Zusammenhang? Im Falle einer abrupten Schwächung der politischen Kontrollstrukturen oder gar gewaltsamer innerer Auseinandersetzungen müssen Chinas Nachbarländer (vor allem die Staaten Südostasiens sowie Taiwan, Korea, Rußland und Japan), aber auch attraktive Zielländer in Australien-Ozeanien, Nordamerika und Westeuropa mit einer riesigen Migrations- und Flüchtlingswelle rechnen. Der zur Zeit schon sehr hohe innerchinesische Bevölkerungs- und Wanderungsdruck wird im Falle eines Ordnungszusammenbruchs verstärkt über die Grenzen hinausgreifen. Ein Zusammenbruch des kommunistischen Regimes wird im Falle gewaltsamer innerchinesischer Auseinandersetzungen auch zu schweren Rückschlägen für die meisten ausländischen Wirtschaftspartner führen. Die asiatisch-pazifische Wachstumsregion, zu deren Dynamik das chinesische Wirtschaftswachstum ganz erheblich beiträgt, wird in ihrem Aufstieg zu einem neuen Gravitationszentrum der Weltwirtschaft zurückgeworfen.

Auch internationale bewaffnete Konflikte mit chinesischer Beteiligung sind im Rahmen dieses Szenarios nicht auszuschließen. Allein schon die Wanderungsbewegungen in die asiatischen Nachbarländer werden diese nicht ohne Gegenwehr hinnehmen können. Auch ist es möglich, daß sich innerchinesische politische und militärische Gruppierungen im Hinblick auf Taiwan zu einem Militärschlag entschließen, um für eine Außenablenkung der innenpolitischen Spannungen zu sorgen und um die »nationalistische Karte« innerhalb Chinas zu spielen. Auch für Hongkong kann eine Destabilisierung des kommunistischen Regimes fatale Konsequenzen haben, wenn die Sonderverwaltungsregion dem willkürlichen Zugriff durch südchinesische politische und militärische Machthaber ausgesetzt werden sollte. Dies hätte wegen der internationalen Bedeutung Hongkongs als Finanz- und Dienstleistungszentrum Rückwirkungen auf die gesamte Weltwirtschaft.

4.2 Szenario der »Modernisierung von oben«: Zentralisierte politische Steuerung und schrittweise institutionelle Erneuerung

Von Grundannahmen, die denen des Kollaps-Szenarios diametral entgegengesetzt sind, geht das Szenario einer »Modernisierung von oben« aus. Dieses Szenario beruht auf der Annahme, daß es einer Allianz technokratisch orientierter Partei- und Militärführer in Beijing gelingen kann, eine zentralisierte Steuerung des Transformationsprozesses durchzusetzen und sowohl die politische Einheit als auch die gesamtwirtschaftliche Stabilität aufrechtzuerhalten.

Zwar wird auch eine solche Führung am Machtmonopol der Partei festhalten. Aber die alten Kontroll- und Kommandostrukturen des kommunistischen Systems werden den Anforderungen des wirtschaftlichen und gesellschaftlichen Wandels immer weniger gewachsen sein. Um der drängenden wirtschaftlichen und sozialen Fragen (Inflation, Reform der Staatsbetriebe, Ausbau der Infrastruktur, interregionales Wirtschaftsgefälle) Herr zu werden, muß sich die chinesische Führung auf einen Kurs der schrittweisen institutionellen Erneuerung begeben, der sich am Modell der asiatischen Erfolgsländer Südkorea, Taiwan und Singapur in ihrer autoritären, wirtschaftlich erfolgreichen Herrschaftsphase orientiert.

In kleinen Schritten wird die politische Gestaltungsmacht zwischen Zentrale und Regionen neu verteilt: Staatliche Einnahmen und Aufgaben wie auch Regelungs- und Gesetzgebungskompetenzen werden durch eine Serie von Absprachen zwischen Beijing und regionalen politischen Führungen neu aufgeteilt. Diese schon 1994 mit der großen Finanzreform in Gang gesetzte schleichende Föderalisierung Chinas wird einen Grad an wirtschaftlicher und sozialer Vielfalt gewähren, der einerseits den neuen Entwicklungen Rechnung trägt, andererseits aber die nationale Einheit nicht bedroht. Zugleich wird mit dieser Neuordnung der steigende politische Problem- und Protestdruck auf verschiedene staatliche Ebenen verteilt: Die Überlastung zentraler Entscheidungsinstanzen, wie sie für das chinesische Regierungs- und Verwaltungssystem bislang typisch ist, wird gelindert. Die regionale Mitsprache wird auf eine breitere und gesicherte Grundlage gestellt. Auch die unterentwickelten und bisher benachteiligten Regionen des chinesischen Inlands werden in die Entscheidungsfindung und Verantwortung der zentralen Führungsgremien (Politbüro und Zentralkomitee der KPCh) fest eingebunden. Die Schlichtung ethnischer Konflikte etwa in Tibet und Xinjiang wird im Rahmen eines dezentralisierten, quasi-föderalen Systems mit größerem Erfolg betrieben.

Eine umfassende »Ent-Leninisierung« kommt durch eine Reihe unspektakulär erscheinender institutioneller Reformen in Gang. Es entwickeln sich neue Organisationsmuster und Entscheidungsverfahren, wie sie etwa bei der stückweisen Preisgabe des Machtmonopols durch die leninistisch organisierte Nationale Partei (Guomindang/GMD) auf Taiwan zu beobachten waren. In ähnlicher Weise wird sich die Kommunistische Partei Chinas zu einer Hegemonialpartei entwickeln, die durch eine Vielfalt innerparteilicher Gruppierungen (»Faktionen«) gekennzeichnet ist, ohne daß nach außen das Machtmonopol der übergeordneten Parteiorganisation preisgegeben würde.

In absehbarer Zeit wird mit den wirtschaftlichen und gesellschaftlichen Veränderungen innerhalb Chinas der Druck hin auf politische Liberalisierung und demokratische Öffnung steigen. Zunächst setzt die politische Führung die Repressionsorgane gegen jede Form der Opposition ein. Auf Dauer kann sie aber der Vielfalt der gesellschaftlichen und politischen Interessen nicht mehr mit Gewalt Herr werden. Die Konkurrenzwahlen zwischen verschiedenen Kandidaten, die schon heute auf Dorfebene und bei der Konstituierung der Volkskongresse auf Gemeinde- und Kreisebene gelegentlich stattfinden, werden nach langwierigen, zähen Auseinandersetzungen schließlich über die Provinzparlamente bis hinauf zur nationalen Volksvertretung ausgedehnt. Aus gesellschaftlichen Oppositionsgruppen und aus der Kommunistischen Partei selbst heraus entstehen neue Parteien, die um die Macht konkurrieren. Am Schluß steht der allmähliche Aufbau der Institutionen eines demokratischen, föderalen Verfassungsstaates.

Die westlichen und ostasiatischen Staaten werden aus der Sicht dieses Szenarios mit der am ökonomischen Erfolg orientierten, rational agierenden chinesischen Führung kooperieren können. Das globale wirtschaftliche, militärische und politische Gewicht Chinas wird dank der gestärkten zentralisierten Führung rasch wachsen. Falls die innenpolitische Mäßigung und Ent-Leninisierung des Herrschaftssystems bis dahin vorangekommen ist und China in ein Netz weltweiter multilateraler Abkommen eingebunden sein sollte, wird China eine konstruktive Rolle in den internationalen Beziehungen spielen können.

Falls eine solche Einbindung nicht vorankommt, wird der Supermacht-Kandidat China seine Macht gelegentlich dazu benutzen, chinesische Interessen auch gegen den Willen anderer Staaten durchzusetzen. Der weltpolitische Aufstieg Chinas wird unter diesen Umständen von anhaltenden Handelskonflikten, diplomatischen Konfrontationen oder gar von begrenzten militärischen Auseinandersetzungen (Territorialstreitigkeiten, Taiwan-Frage) begleitet werden. Dies könnte die ostasiatischen Nachbarstaaten inklusive Japans, zusehends aber auch Rußland und die Vereinigten Staaten zu einer Neuorientierung in ihrer Außen- und Allianzpolitik zwingen. Die Eindämmung der Machtansprüche Chinas könnte zu einem Brennpunkt der Weltpolitik werden.

4.3 Szenario des permanenten Krisenmanagements: Schwächung zentralisierter Steuerung und strukturelle Instabilität des politischen Systems

Ein drittes Szenario geht davon aus, daß die wirtschaftlichen Strukturbedingungen und der hohe politische Problemdruck eine zentralisierte Steuerung und politisch kontrollierte Modernisierung dauerhaft unmöglich machen können.

Die schwierigen Fragen etwa der sozialen Sicherung, der ländlichen Gesellschaft und Agrarwirtschaft, der Umstrukturierung der Staatsunternehmen, der Korruption, der Inflation sowie der Umweltzerstörung werden noch über Jahre hinaus einen immensen Konfliktstoff bieten. Viele dieser Konflikte werden nicht ohne größere politische Auseinandersetzungen und wirtschaftlich-soziale Einbrüche zu bewältigen sein.

Auch die Spannungen innerhalb der KPCh, die sich um die Machtverteilung zwischen Zentrale und Regionen sowie um die regionalpolitischen Gewichtungen des Modernisierungsprogramms drehen, deuten darauf hin, daß eine einvernehmliche, stetige Modernisierungspolitik kaum möglich sein wird. Die starken Zwänge zur Kompromißfindung und zum regionalen Ausgleich in Wirtschafts- und Finanzpolitik werden eine geradlinige, zentralisierte politische Steuerung unmöglich machen. Die zentralstaatlichen Machtbefugnisse werden angesichts zusehends offensiverer Forderungen der Regionen noch stärker eingeschränkt als bisher. Der Verfall des organisatorischen Zusammenhalts der Kommunistischen Partei wird durch diese Entwicklungen weiter beschleunigt.

Aufgrund dieser Überlastung mit einer Fülle drängender Anforderungen werden die politischen Institutionen Chinas kaum imstande sein, einen stabilen Rahmen für die Modernisierung des Landes zu bieten. Mittelfristig wird sich ein gefestigtes Regierungs- und Rechtssystem nicht herausbilden können. So wird die chinesische Politik in wahrscheinlich noch ausgeprägterer Form als heute in den kommenden fünf bis zehn Jahren aus einem permanenten Krisenmanagement bestehen.

Für das Ausland wird China im Kontext dieses Szenarios ein schwieriges, unsicheres Terrain bleiben. Soziale und politische Instabilität wie auch regionale Differenzierung werden China für die internationale Politik und Wirtschaft zu einem schwer berechenbaren Partner machen. Ein langfristiges wirtschaftliches Engagement in China wird weiterhin mit erheblichen Risiken behaftet sein. Die chinesische Außenpolitik wird sich unter instabilen inneren Voraussetzungen nur schwer auf einen verläßlichen Kurs der internationalen multilateralen Zusammenarbeit festlegen können.

4.4 Ausblick

Aus heutiger Sicht besitzt das dritte Szenario des »permanenten Krisenmanagements« die größte Wahrscheinlichkeit. Denn zur Zeit zeichnen sich weder ein umfassender Ordnungszusammenbruch noch eine dauerhafte innere Stabilisierung Chinas ab.

Trotz des unbewältigten Reformdrucks erscheint es gegenwärtig unwahrscheinlich, daß das kommunistische Regime kollabieren oder durch eine Volksbewegung gestürzt wird. Wichtige Faktoren, die das Herrschaftssystem in China stützen, sind die anhaltende wirtschaftliche Dynamik, der Zusammenhalt und die Handlungsfähigkeit der Beijinger Machtzentrale, die Kontrolle der Partei über Militär- und Sicherheitsapparat sowie der Mangel einer organisatorischen Alternative und Konkurrenz zur Kommunistischen Partei.

Die Bereitschaft zur offenen Revolte gegen das kommunistische Regime ist gegenwärtig auf einzelne soziale Gruppen begrenzt, die die Parteiführung durch eine Mischung aus wirtschaftlichen Zugeständnissen (etwa im Falle der Arbeiterschaft in Staatsbetrieben) und harter Repression (im Falle organisierter politischer Opposition) im Zaum zu halten sucht. Zur Zeit gibt es auch keine Ansätze zu einer programmatisch oder personell zusammenhängenden Oppositionsbildung innerhalb der Kommunistischen Partei. Ebenfalls keine konkreten Anhaltspunkte gibt es für eine mögliche Zersplitterung der Partei in regionale Ableger und eine Machtübernahme durch Allianzen aus abtrünnigen Parteikadern, Militärs und Unternehmern in einzelnen Provinzen.

Grundsätzlich ist das sowjetische Szenario des staatlichen Zerfalls auf den chinesischen Kontext kaum anwendbar: Im Vergleich zur ehemaligen Sowjetunion (mit einem Anteil an nicht-russischen ethnischen Gruppen von nahezu fünfzig Prozent) kann China mit einem Minderheitenanteil von insgesamt gerade acht Prozent als ethnisch überwiegend homogen angesehen werden. Die Leitvorstellung der Reichseinheit ist in der chinesischen Gesellschaft und politischen Elite fest verankert. Die Einheit Chinas wird von einer starken patriotisch-nationalistischen Grundströmung getragen. *(Siehe auch den Beitrag von Christoph Müller-Hofstede.)*

In den Siedlungsgebieten ethnischer Minderheiten wie Tibet und Xinjiang ist die Situation verschieden: Dort werden mit einer weitergehenden Schwächung der Beijinger Zentralgewalt vermutlich separatistische Bewegungen größeren Ausmaßes als bisher in Gang kommen. Aufgrund der geographischen und politischen Randlage dieser Regionen ist es jedoch unwahrscheinlich, daß dortige Sezessionsbestrebungen auf das chinesische Kerngebiet übergreifen.

Auch wenn die nationale Einheit Chinas somit nicht grundsätzlich gefährdet scheint, so wird sich die Tendenz zu einer stärker regionalisierten Herrschaftsorganisation trotz der jüngsten Rezentralisierungsbemühungen wahrscheinlich fortsetzen. Denn innerhalb Chinas sind regional völlig unterschiedliche Voraussetzungen für die wirtschaftliche, soziale und politische Modernisierung entstanden. Während sich in den östlichen Küstenregionen Vorgänge abzeichnen, die Analogien zu früheren Stadien der Entwicklung etwa in Taiwan nahelegen, können sich die armen Regionen im Inland und an der Peripherie nur schwer aus Rückständigkeit und Despotismus lösen. So ist damit zu rechnen, daß sich innerhalb Chinas zukünftig noch ausgeprägtere regionale Sonderentwicklungen nicht nur im Bereich der Wirtschaft, sondern möglicherweise auch im Bereich der politischen Strukturen – zwischen »Provinzdespotismus« und »Provinzparlamentarismus« – herausbilden könnten.

Zusätzliche Impulse für eine politische Erneuerung, die von den wohlhabenden, international ausgerichteten Küstenregionen Chinas ausgeht, könnte künftig auch die Integration Hongkongs in den chinesischen Staat geben. Der Einfluß Hongkongs auf das gesellschaftliche und kulturelle Leben in Südchina ist heute schon außerordentlich groß. Die gegenwärtigen und künftigen politischen Auseinandersetzungen, die sich um die Sicherung demokratischer Mitspracherechte für die Hongkonger Bevölkerung in der Zeit nach 1997 drehen, werden zumindest im Hinterland Hongkongs nicht ohne Wirkung bleiben.

Angesichts der tiefgreifenden Herausforderungen, denen sich das chinesische politische System in den kommenden Jahren stellen muß, wird deutlich: Um die Transformation des politischen und gesellschaftlichen Systems ohne einen katastrophalen Ordnungszusammenbruch zu bewältigen, wird die Führungselite Chinas in Zukunft eine wesentlich größere Bereitschaft zu politischen Reformen zeigen müssen als in den vergangenen Jahren. Eine verläßliche Grundlage für ökonomisches Wachstum und für dauerhafte politische Stabilität wird sich nur dann schaffen lassen, wenn die chinesische Führung größeren Mut als bisher beweist: Sie wird sich von ihrem umfassenden politischen Kontrollanspruch schrittweise lösen und die Grundlagen des Regierungssystems durch die Zulassung unabhängiger Kontrollinstanzen sowie durch eine politische Öffnung gegenüber der wachsenden Vielfalt wirtschaftlicher und gesellschaftlicher Interessen erneuern müssen.

Verwendete und weiterführende Literatur

BAUER, EDGAR (1995): Die unberechenbare Weltmacht – China nach Deng Xiaoping, Berlin.
CHINA AKTUELL (Monatszeitschrift zu den neuesten Entwicklungen im chinesischen Raum, herausgegeben vom Institut für Asienkunde, Hamburg).
DOMENACH, JEAN-LUC (1995): Der vergessene Archipel – Gefängnisse und Lager in der Volksrepublik China, Hamburg.

DOMES, JÜRGEN; NÄTH, MARIE-LUISE (1992): Geschichte der Volksrepublik China, Mannheim.

GU XUEWU (1995): Von Mao zu Deng: Chinas Wandel vom Totalitarismus zum Autoritarismus, in: Aus Politik und Zeitgeschichte, B 50/95 (8. 12. 1995), S. 38–47.

HEBERER, THOMAS (1995): Die Stille Revolution von unten. Wandlungsprozesse im ländlichen Raum Chinas, in: Aus Politik und Zeitgeschichte, B 50/95 (8. 12. 1995), S. 27–38.

HEILMANN, SEBASTIAN (1995): Die ›Abstimmungsmaschinen‹ der chinesischen Volkskongresse: Ansätze des Aufbegehrens?, in: Zeitschrift für Parlamentsfragen, Heft 1, 1995, S. 113–140.

HEILMANN, SEBASTIAN (1996): Auf dem Weg zu einer postkommunistischen Gesellschaftsordnung: »Kaderkapitalismus« in der VR China, in: Zeitschrift für Politik, Jg. 43 (1996), Nr. 4, S. 375–393.

HEILMANN, SEBASTIAN (1996): Das politische System der VR China im Wandel (Mitteilungen des Instituts für Asienkunde Nr. 265), Hamburg.

PEI MINXIN (1994): From Reform to Revolution: The Demise of Communism in China and the Soviet Union, Cambridge/ Massachusetts.

SCHELL, ORVILLE (1995): Das Mandat des Himmels. China: Die Zukunft einer Weltmacht, Berlin.

SHIRK, SUSAN L. (1993): The Political Logic of Economic Reform in China, Berkeley.

WHITE, GORDON (1993): Riding the Tiger–The Politics of Economic Reform in Post-Mao China, Stanford.

X. Taiwan seit 1945: Von der Entwicklungsdiktatur zur entwickelten Demokratie

GUNTER SCHUBERT

1. Weichenstellungen nach der japanischen Kapitulation

Das Ende des Zweiten Weltkrieges im August 1945 bedeutete für Taiwan einen historischen Einschnitt. Nach fünfzig Jahren japanischer Kolonialherrschaft wurde die Insel wieder unter chinesische Hoheitsgewalt gestellt und damit zu einem Teil der 1911 ausgerufenen Republik China. Begeistert empfing die einheimische Bevölkerung die nationalchinesischen Truppen und Verwaltungsbeamten Chiang Kai-sheks (Jiang Jieshi). Die Freude war jedoch nur von kurzer Dauer. Der Bürgerkrieg auf dem chinesischen Festland veranlaßte das neue Regime unter seinem Gouverneur Chen Yi dazu, die weitgehend intakte Wirtschaft der Insel schamlos auszubeuten, um damit den Kampf gegen die Volksbefreiungsarmee Mao Zedongs zu finanzieren. Korruption und Inflation nahmen innerhalb kürzester Zeit extreme Ausmaße an und verschlechterten die materielle Situation der Taiwanesen rapide. Die zunehmenden Spannungen entluden sich schließlich in einem zweiwöchigen Aufstand, der als »Zwischenfall vom 28. Februar« (er er ba shijian) – benannt nach dem Tag seines Beginns im Jahre 1947 – in die jüngere Geschichte der Insel eingegangen ist. Als nationalchinesische Verstärkungstruppen die Unruhen schließlich niederschlugen und in den anschließenden Wochen Jagd auf tatsächliche und vermeintliche Widerständler machten, kamen mehrere tausend Menschen ums Leben. Dieses Ereignis grub sich tief in das kollektive Gedächtnis der Inselbevölkerung ein und begründete jene Frontstellung zwischen den sogenannten »Taiwanesen« (bentu ren) und den »Festländern« (waisheng ren), die bis heute das innenpolitische Geschehen Taiwans prägt.

Als »Taiwanesen« werden jene Teile der han-chinesischen Bevölkerungsmehrheit bezeichnet, die seit dem siebzehnten Jahrhundert – vor allem aus den südchinesischen Provinzen Guandong und Fujian – nach Taiwan eingewandert sind. Als »Festländer« gelten wiederum die Gruppen, die nach 1945, vor allem aber nach der Flucht der GMD vor den chinesischen Kommunisten im Jahre 1949, nach Taiwan gelangten. Die Taiwanesen stellen heute rund 85 Prozent, die Festländer etwa 12 bis 13 Prozent der Gesamtbevölkerung. Daneben leben noch etwa 300 000 sogenannte Ureinwohner (yuanzhumin) auf Taiwan, die malayo-polynesische Wurzeln haben und deren Vorfahren die Insel bereits lange vor der Ankunft der ersten Chinesen besiedelten.

Nachdem Mao Zedong den Sieg im chinesischen Bürgerkrieg errungen hatte und die militärische Situation für die regierende Nationalpartei (Guomindang, hinfort:

GMD) unter Chiang Kai-shek unhaltbar geworden war, flüchteten die Nationalisten nach Taiwan. Im August 1949 setzten zwischen ein und zwei Millionen Soldaten, Parteifunktionäre, Staatsbeamte und Unternehmer – die letzten Getreuen Chiangs und seiner diskreditierten chinesischen Republik – in einem gut geplanten Manöver nach Taiwan über. *(Siehe auch den Beitrag von Hermann Halbeisen.)* Von hier aus wollte die GMD nach einer Phase der ökonomischen und militärischen Konsolidierung die Rückeroberung des Festlandes in Angriff nehmen. Fortan war Taiwan nicht mehr nur eine chinesische Provinz, sondern gleichzeitig – zusammen mit den Inseln Jinmen, Penghu und Mazu – das Restterritorium der Republik China. Diesen offiziellen Namen trägt die Insel noch heute.

Jedoch hing das Schicksal dieser letzten Rückzugsbasis Chiang Kai-sheks in den Jahren 1949/50 am seidenen Faden, da die von der GMD und ihrer Politik enttäuschten USA dem Regime die militärische Unterstützung versagten und die Truppen Mao Zedongs sich auf eine Invasion Taiwans vorzubereiten schienen. Es war schließlich der Ausbruch des Korea-Kriegs am 25. Juni 1950, der Washington zum Umdenken veranlaßte. Fortan galt Taiwan als wichtiger geostrategischer Brückenkopf jenes anti-kommunistischen Containment-Gürtels Washingtons, der die gerade ausgerufene Volksrepublik China über Südkorea und Japan bis hin zu den Philippinen einkreisen sollte. Die 7. US-Flotte fuhr in die Taiwan-Straße ein und verhinderte damit ein Übersetzen kommunistischer Truppenverbände nach Taiwan. Am 2. Dezember 1954 unterzeichneten die Republik China und die USA einen Verteidigungspakt. Mit Hilfe der Unterstützung Washingtons konnte Taiwan in den folgenden zwei Jahrzehnten seinen Sitz in den Vereinten Nationen behaupten, und es waren vor allem die umfangreichen Finanztransfers im Rahmen der amerikanischen Militär- und Wirtschaftshilfe, die das taiwanesische »Wirtschaftswunder« der Nachkriegszeit ermöglichten. *(Siehe auch den Beitrag Nr. XIII von Carsten Herrmann-Pillath.)*

2. Die autoritäre Ära (1949–1986)

2.1 Innenpolitische Machtabsicherung

Noch bevor die unmittelbare außenpolitische Bedrohung durch die VR China gebannt war, konzentrierte sich das GMD-Regime auf die innenpolitische Absicherung seiner Herrschaft. Dazu war schon vor der Flucht der Nationalisten im Mai 1949 das Kriegsrecht auf Taiwan ausgedehnt worden. Zahlreiche weitere, die Verfassung von 1946 einschränkende bzw. außer Kraft setzende Ausnahmegesetze wurden ebenfalls »importiert« und in den folgenden Jahren immer wieder verschärft. Besonders folgenschwer waren die »Vorläufigen Bestimmungen zur Mobilisierung für die Zeit der Niederschlagung der kommunistischen Rebellion« aus dem Jahre 1948, eine Art Ermächtigungsgesetz zugunsten Chiang Kai-sheks. Die »Vorläufigen Bestimmungen« höhlten die geltende Verfassung aus, vor allem, indem sie die Amtszeitbeschränkung des Staatspräsidenten aufhoben und ihm das Recht auf die Einrichtung besonderer Exekutivorgane zur Aufrechterhaltung der öffentlichen

Ordnung einräumten. So konnte Chiang 1967 den berüchtigten Nationalen Sicherheitsrat ins Leben rufen, der in der autoritären Ära keiner öffentlichen Kontrolle unterlag und auf einen Fingerzeig Chiangs an die Stelle der ordentlichen Verfassungsorgane treten konnte. Daneben kontrollierte Chiang einen weit verzweigten Sicherheitsapparat mit verschiedenen Geheimdiensten, die das politische Geschehen auf der Insel scharf kontrollierten und für die Inhaftierung von »kommunistischen Spionen«, »Saboteuren« und »Umstürzlern« verantwortlich waren. Vor allem die 50er Jahre waren durch den »Weißen Terror« des GMD-Regimes geprägt, dem schätzungsweise mehrere tausend Menschen durch Inhaftierung und Exekution zum Opfer fielen. Viele andere entzogen sich den Verfolgungen durch den Weg ins Exil.

Eine zentrale Regelung der »Vorläufigen Bestimmungen« sah vor, die Mandate der in den Jahren 1947/48 auf dem chinesischen Festland gewählten Abgeordneten der Nationalversammlung, des Legislativyuans und des Kontrollyuans bis zur »Befreiung« der kommunistisch beherrschten Gebiete einzufrieren. Das politische System Taiwans geht auf die »Drei Volksprinzipien« (sanmin zhuyi) des Gründervaters der chinesischen Republik, Dr. Sun Yat-sen (1866–1925), zurück. An seiner Spitze steht ein Staatspräsident. Der Legislativyuan entspricht einem ordentlichen Parlament, während dem Kontrollyuan die Disziplinarkontrolle über die Beamten und öffentlichen Bediensteten, einschließlich aller politischen Mandatsträger, obliegt. Daneben existieren noch der Exekutivyuan (die Regierung), der Justizyuan (das höchste Berufungs- und Verfassungsgericht) sowie der mit der Durchführung der staatlichen Eintrittsexamina für Beamte beauftragte Prüfungsyüan.

Aufgrund der »Vorläufigen Bestimmungen« konnten die in der Verfassung vorgesehenen, regelmäßigen Wahlen dieser Gremien somit nicht durchgeführt werden. Im Laufe der Jahre verwandelten sie sich in regelrechte »Greisenparlamente«. Zwar wurden seit Anfang der 70er Jahre sogenannte Zusatzwahlen durchgeführt (vgl. unten Punkt 2.3), mit denen man zumindest einen Teil der durch Tod und Senilität ausscheidenden Altparlamentarier ersetzte. Aber bis zu den ersten kompletten Neuwahlen der Nationalversammlung und des Legislativyuans mußte die Bevölkerung Taiwans weitere zwanzig Jahre warten. Immerhin ließ die GMD bereits seit den frühen 50er Jahren relativ freie Wahlen auf Lokalebene – von der Ebene der taiwanesischen Provinzversammlung abwärts – zu, an denen sich zwar keine Oppositionsparteien, wohl aber unabhängige Kandidaten beteiligen konnten. Zwar wurden diese Wahlen durch die Durchdringung der taiwanesischen Gesellschaft mit den Parteiorganisationen der GMD sowie durch die geschickte Manipulation einflußreicher lokaler Interessengruppen (Lokalfaktionen) vom Regime nahezu problemlos kontrolliert; dennoch konnten sich vereinzelt immer wieder GMD-kritische Kräfte durchsetzen. Ungeachtet ihres autoritär-repressiven Stils auf der nationalen Ebene gelang es der GMD mit dieser Politik, die von einer in den Jahren 1950 bis 1952 durchgeführten, umfassenden Parteireform flankiert wurde, zahlreiche lokale Eliten in ihren Apparat zu kooptieren. Damit konnte sie ihr institutionelles Standbein in der Bevölkerung stabilisieren und sich selbst – zumindest teilweise – sogar demokratisch legitimieren.

Trotz allem blieben die Taiwanesen in der autoritären Ära Bürger zweiter Klasse. Die Spitzenpositionen in der Staatsverwaltung wurden von den Festländern besetzt, die auch die politischen Führungsgremien im Regierungs- und Parteiapparat dominierten. Die Gründung oppositioneller Parteien blieb verboten, regimekritische Äußerungen und unverhohlene Liberalisierungsversuche, die 1960 sogar zur Gründung einer »Chinesischen Demokratischen Partei« (CDP) durch eine Gruppe liberaler Intellektueller um Lei Zhen führte, zogen sogleich die schärfsten Sanktionen nach sich. Besonders gefährlich war es, sich dem Verdacht der Propagierung der taiwanesischen Unabhängigkeit auszusetzen. Vor allem nach der Zerschlagung der CDP und der Inhaftierung Lei Zhens hielt ein »politischer Winter« in Taiwan Einzug, der den Rest der Dekade bestimmte.

2.2 Rückzug aus der UNO und außenpolitische Krise

Am 25. Oktober 1971 votierte die Generalversammlung der Vereinten Nationen mit 73 gegen 35 Stimmen (bei 17 Enthaltungen) für die Aufnahme der VR China in die Weltorganisation. Damit war klar, daß die internationale Staatengemeinschaft den Anspruch der Regierung in Taibei, Gesamtchina zu repräsentieren, nicht länger akzeptierte. Sofort zog sich die Republik China aus der UNO zurück. Machtlos mußte man mitansehen, wie nur wenige Monate später, im Februar 1972, der amerikanische Präsident Nixon nach Beijing reiste und dort das »Shanghaier Kommuniqué« mit seiner berühmten Taiwan-Klausel unterzeichnete. Diese erklärte Taiwan zu einem Bestandteil Gesamtchinas und die Taiwanfrage zu einer innerchinesischen Angelegenheit. Die Republik China mußte damit eine schmerzhafte Zurückstufung durch ihren wichtigsten außenpolitischen Partner hinnehmen, auch wenn man vorläufig weiter diplomatische Beziehungen zu Washington unterhalten konnte. Die neue Chinapolitik der USA hatte jedoch Folgen. Schon im September 1972 brach Japan seine diplomatischen Beziehungen zu Taibei ab, und innerhalb der nächsten Jahre wendeten sich alle wichtigen Länder der VR China zu. Heute unterhält Taiwan noch rund dreißig Botschaften in zumeist kleinen und politisch eher unbedeutenden Ländern in Zentral- und Südamerika, Afrika und im pazifischen Raum. Einziger europäischer Bundesgenosse ist der Vatikan.

Ein außenpolitischer Rückschlag für Taiwan war auch die im Frühjahr 1971 von der amerikanischen Regierung bekanntgegebene Entscheidung, eine kleine, vor der Nordwestküste gelegene und im zweiten Weltkrieg besetzte Inselkette – den Diaoyutai- oder Senkaku-Archipel – an Japan zurückzugeben. Dies rief eine nationalistische Opposition auf den Plan, die von taiwanesischen Intellektuellen und Studenten getragen wurde und das GMD-Regime des nationalen Verrats bezichtigte. Allerdings thematisierte diese Protestbewegung sehr schnell auch innenpolitische Fragen und forderte eine Liberalisierung des autoritären Systems. Schließlich war die GMD Mitte der 70er Jahre noch mit einer Wirtschaftsrezession konfrontiert, die ein Ergebnis der Ölkrise der Jahre 1973/74 war und zu steigenden Inflationsraten sowie einem deutlich abgeschwächten Wirtschaftswachstum (von 12,8 Prozent 1973 auf 1,2 Prozent 1974) führte. Somit stellten sich der Regierung zahlreiche ernstzunehmende Herausforderungen, denen sie jedoch erfolgreich begegnete.

Dabei kehrte an der außenpolitischen Front relativ schnell wieder Ruhe ein, als deutlich wurde, daß sich die amerikanisch-taiwanesischen Beziehungen substantiell zunächst nicht ändern würden und auch die anderen Staaten an der Aufrechterhaltung quasi-offizieller Beziehungen zu Taibei interessiert waren. Viele der alten

Botschaften wurden lediglich in Wirtschafts- oder Kulturbüros umbenannt und gingen weitgehend ihren alten Tätigkeiten nach. Auch die Wirtschaft konnte sich schnell wieder erholen und war in den folgenden Jahren durch sprunghafte Wachstumsraten gekennzeichnet. Der besonders radikale Teil der oppositionellen Reformbewegung wurde durch Berufsverbote, Exmatrikulation und im schlimmsten Fall Inhaftierung ruhiggestellt. Dennoch war dem GMD-Regime klar geworden, daß die Gefahr eines innergesellschaftlichen Protestpotentials anwuchs. Die Frage war, wie man darauf angemessen reagieren sollte.

2.3 »Taiwanisierung« und die Entstehung einer Oppositionsbewegung

1972 übernahm Jiang Jingguo (Chiang Ching-kuo), der Sohn Chiang Kai-sheks, das Amt des Ministerpräsidenten der Republik China auf Taiwan; nach dem Tode seines Vaters (5. April 1975) wurde er zudem GMD-Parteivorsitzender und drei Jahre später auch Staatspräsident. Mit ihm unternahm die Regierungspartei einen neuen Anlauf zur Kooptierung einheimischer Eliten, diesmal vor allem in den zentralen Partei- und Staatsorganen, um die im Zuge des Modernisierungsprozesses rasch anwachsenden Mittelschichtsegmente der taiwanesischen Gesellschaft politisch zu binden. Dies führte zu einer breiten »Taiwanisierung« im Verwaltungsapparat sowie vor allem in den Führungsebenen der Parteigremien von der lokalen Ebene aufwärts bis in den Ständigen Ausschuß der GMD. Dort stieg der Anteil einheimischer Politiker seit 1976 deutlich an und durchbrach 1988 erstmals die 50-Prozent-Grenze *(vgl. Tab. 1)*.

Gleichzeitig wurden sogenannte Zusatzwahlen für die nationalen Zentralparlamente eingeführt, die seit 1972 in regelmäßigen Abständen für die Nationalversammlung und den Legislativyuan stattfanden *(vgl. die Tab. 2 und 3)*. Sie konnten zwar an den Mehrheitsverhältnissen wenig ändern, doch die allmählich ansteigenden Quoten für frei wählbare Abgeordnete der Provinz Taiwan vergrößerten den Handlungsspielraum der Opposition und machten Wahlen nun auch auf der nationalen Ebene zu einem festen Bestandteil des autoritären politischen Systems.

Tabelle 1: Taiwanisierung: Der Ständige Ausschuß des Zentralkomitees der GMD

	Total	Festländer	Taiwanesen
7. ZK (Oktober 1952)	10	10	–
8. ZK (Oktober 1957)	15	13	2
9. ZK (November 1963)	15	13	2
10. ZK (April 1969)	21	19	2
11. ZK (November 1976)	22	18	4
12. ZK (April 1981)	31	20	11
13. ZK (Juli 1988)	31	15	16
14. ZK (August 1993)	31	12	19

(Als *Quellen* für die im Text enthaltenen Tabellen dienten vor allem inoffizielle Wahlstatistiken der Zentralen Wahlkommission in Taipei, verschiedene Ausgaben des Yearbook of the Republic of China sowie Zeitungsberichte aus der taiwanesischen Tagespresse.)

Tabelle 2: Zusatzwahlen und gesamt-taiwanesische Wahlen zum Legislativyuan: Sitzverteilung absolut und in Prozent

Jahr	Gesamtzahl der Sitze	Wahlbeteiligung in %	GMD absolut (in %)	DFP absolut (in %)	NP absolut (in %)	CJP absolut (in %)	DSP absolut (in %)	Unabhängige absolut (in %)
1969	11	55,0	8 (72,7)	–	–	–	–	3 (27,2)
1972	51	68,2	41 (80,4)	–	–	1 (2,0)	–	9 (17,7)
1975	52	76,0	42 (80,8)	–	–	1 (1,9)	–	9 (17,3)
1980	97	66,4	79 (81,5)	–	–	2 (2,0)	–	16 (16,5)
1983	98	63,1	83 (84,7)	–	–	2 (2,0)	1 (1,0)	12 (12,3)
1986	100	65,9	79 (79,0)	12 (12,0)	–	2 (2,0)	1 (1,0)	6 (6,0)
1989	130ᵃ	75,2	94 (72,3)	21 (16,2)	–	1 (0,8)	–	14 (10,8)
1992	161ᵇ	70,7	95 (59)	51 (31,7)	–	–	1 (0,6)	14 (8,7)
1995	164ᵇ	67,7	85 (46,0)	54 (33,2)	21 (13,0)	–	–	4 (7,8)

a einschließlich 29 indirekt gewählter Vertreter der Überseechinesen
b einschließlich 30 Listenmandate sowie sechs indirekt gewählte Vertreter der Überseechinesen

Tabelle 3: Zusatzwahlen und gesamttaiwanesische Wahlen zur Nationalversammlung: Sitzverteilung absolut und in Prozent

Jahr	Zahl der Sitze	Wahlbeteiligung (in %)	GMD absolut (in %)	DFP absolut (in %)	NP absolut (in %)	CJP absolut (in %)	DSP absolut (in %)	Unabhängige absolut (in %)
1969	15	54,7	15 (100)	–	–	–	–	–
1972	53	68,5	43 (81,1)	–	–	–	–	10 (18,9)
1980	76	66,4	61 (80,3)	–	–	–	1 (1,3)	14 (18,4)
1986	84	65,4	68 (81,0)	11 (13,1)	–	–	1 (1,2)	4 (4,7)
1991	325	68,3	180 (55,4)	41 (12,6)	–	–	–	104 (32,0)
1996	334	76,0	183 (54,8)	99 (29,6)	46 (13,8)	–	–	6 (1,8)

Von diesen Reformen profitierte vor allem eine neue taiwanesische Oppositionsbewegung, die sich seit Mitte der 70er Jahre im Dunstkreis einiger regierungskritischer Zeitschriften formierte. Ihr gelang es, unter der Bezeichnung »Dangwai« (jene »außerhalb der Partei«, also der GMD) bei den Lokalwahlen 1977 einen beachtlichen Erfolg zu landen, und mit etwa 30 Prozent der Stimmen 21 Sitze in der Provinzversammlung *(vgl. Tab. 4)* sowie vier der 21 Landkreisvorsteher- bzw. Bürgermeisterposten (der kreisfreien Städte) zu gewinnen. Dieses Ergebnis schockierte vor allem den konservativen Flügel der GMD.

Die »Dangwai« setzte in der Folgezeit ihre Institutionalisierungsbemühungen fort und steuerte auf die Gründung einer politischen Partei zu. In dieser kritischen Phase verkündeten die USA, mit Wirkung vom 1. Januar 1979 volle diplomatische Beziehungen mit Beijing aufzunehmen und ihre Botschaft in Taibei zu schließen. Auch der Verteidigungspakt mit der Republik China wurde aufgekündigt. An seine Stelle trat jedoch umgehend der» Taiwan Relations Act«, in dem die USA eine explizite Sicherheitsgarantie gegenüber Taiwan aussprechen.

Tabelle 4: Die Wahlen zur taiwanesischen Provinzversammlung: Sitzverteilung

Jahr	Total	GMD	DFP	NP	CJP	DSP	Unabhängige
1951	55	43	–	–	1	–	11
1954	57	48	–	–	–	–	9
1957	66	53	–	–	1	–	12
1960	73	58	–	–	–	–	15
1963	74	61	–	–	1	–	12
1968	71	60	–	–	–	–	11
1973	73	58	–	–	–	–	15
1977	77	56	–	–	–	–	21
1981	77	59	–	–	–	–	18
1985	77	59	–	–	1	–	17
1989	77	54	16	–	–	–	7
1994	79	48	23	2	–	–	6

Daraufhin suspendierte das GMD-Regime die für den Dezember 1978 anberaumten Zusatzwahlen zur Nationalversammlung sowie zum Legislativyuan und raubte der »Dangwai« damit die Chance, sich weiter auf der politischen Bühne zu etablieren. Die Konsequenz war eine Radikalisierung der politischen Opposition. Am 10. Dezember 1979, dem internationalen Tag der Menschenrechte, rief die »Dangwai« zu einer Großkundgebung in der südtaiwanesischen Hafenstadt Gaoxiong (Kaohsiung) auf, in deren Verlauf es zu gewaltsamen Auseinandersetzungen mit den anwesenden Sicherheitskräften kam (»Zwischenfall von Gaoxiong«). Daraufhin wurde in einer landesweiten Verhaftungswelle die gesamte Oppositionsführung interniert und in den sogenannte Gaoxiong-Prozessen zu langjährigen Freiheitsstrafen verurteilt.

2.4 Innenpolitische Krise und demokratische Wende

Die Unterdrückung der Dangwai-Bewegung war jedoch nur von kurzer Dauer. Die USA, noch immer der wichtigste Verbündete des GMD-Regimes, sah sich seit dem Amtsantritt Jimmy Carters einer offensiven Menschenrechtspolitik verpflichtet und forderte politische Reformen in Taiwan. Hinzu kam, daß seit Anfang der 80er Jahre zahlreiche weitere Menschenrechtsverletzungen an die Öffentlichkeit drangen, die der GMD zur Last gelegt wurden. Besonderes Aufsehen erregte die Ermordung der Zwillingstöchter und der Mutter Lin Yixiongs, einer der Hauptangeklagten in den Gaoxiong-Prozessen, im Februar 1980. Im Juli 1981 stürzte Professor Chen Wenzheng, ein amerikanischer Überseechinese, der Kontakte zur illegalen taiwanesischen Unabhängigkeitsbewegung in den USA unterhalten haben soll, nach einem Verhör mit Sicherheitskräften aus dem Fenster eines Universitätsgebäudes in Taibei und kam ums Leben. Im Frühjahr 1984 schließlich ermordeten Mitglieder der berüchtigten »Bamboo Gang« auf Geheiß taiwanesischer Geheimdienstkreise den amerikanisch-chinesischen Schriftsteller Henry Liu (Liu Yiliang) vor seinem Haus in Kalifornien. Liu wurde verdächtigt, als Doppelagent sowohl für Taibei als auch für Beijing zu arbeiten. Zudem hatte er eine kritische Biographie über Jiang Jingguo verfaßt. Dies alles veranlaßte die USA zur Ausübung massiven Drucks auf die GMD, nun endlich Fortschritte in Richtung Demokratisierung zu realisieren.

Die »Dangwai« ihrerseits konnte sich in den verschiedenen lokalen und nationalen Urnengängen zwischen 1980 und 1985 wieder stabilisieren. Es waren vor allem die direkten Angehörigen der 1979 Inhaftierten, die die oppositionelle Arbeit weiterführten und die Popularität der Häftlinge für die gemeinsame Sache auszunutzen verstanden. Ein nochmaliger Schlag gegen die »Dangwai« war für die GMD unter den gegebenen Bedingungen nur unter großen innen- und außenpolitischen Risiken möglich. Abgesehen davon hatte das Regime mit der Berufung des ersten einheimischen Politikers, Dr. Lee Teng-hui (Li Denghui), in das Amt des Vizepräsidenten (März 1984), der Bildung einer Reformkommission im April 1986 und dem Beginn eines politischen Dialogs mit der Opposition im darauffolgenden Mai bereits signalisiert, vom alten Autoritarismus allmählich Abstand nehmen zu wollen. Vor diesem Hintergrund rief die »Dangwai« am 28. September 1986 die Gründung der Demokratischen Fortschrittspartei (Minzhu jinbudang, hinfort: DFP) aus und schaffte damit ungeachtet des geltenden Parteienverbots Fakten. Obwohl dies zu stürmischer Kritik der GMD-Konservativen führte, die die sofortige Zerschlagung der neuen Gruppierung forderten, setzten sich die gemäßigten Kräfte um Jiang Jingguo durch. Die DFP wurde nicht verboten und konnte sogar, obwohl sie zunächst weiterhin illegal war, an den nationalen Zusatzwahlen von 1986 teilnehmen. Dort erreichte sie mit einem Stimmenanteil von 19,9 Prozent in der Nationalversammlung sowie 24,6 Prozent im Legislativyuan ein respektables Ergebnis, das sie in den kommenden Jahren weiter ausbauen sollte.

Nur wenige Tage nach der Inaugurierung der DFP, am 8. Oktober 1986, kündigte Jiang Jingguo in einem Interview mit der Washington Post an, daß die Regierung das Kriegsrecht in naher Zukunft aussetzen und die Gründung oppositioneller Parteien erlauben werde. Damit war endgültig klar, daß sich das GMD-Regime auf den Weg einer graduellen Demokratisierung des politischen Systems einlassen wollte. Tatsächlich wurde am 17. Juli 1987 das Kriegsrecht nach einer Gesamtdauer von 38 Jahren aufgehoben. Das Ende der autoritären Ära war eingeläutet.

3. Die Demokratische Ära (1986–1996)

3.1 Innenpolitische Reformdynamik

In den folgenden Jahren wurden zahlreiche weitere Reformen erlassen, die die politische Landschaft in Taiwan stark veränderten. So verabschiedete die GMD-Regierung zu Beginn der Jahre 1988 und 1989 wichtige Ausführungsgesetze zur Wiederherstellung der Pressefreiheit bzw. zur Gewährleistung der Vereinigungs- und Demonstrationsfreiheit. Jetzt erst wurde die DFP legalisiert. In der Folge entstanden zahlreiche neue politische Parteien und Vereinigungen, die jedoch keine wirkliche Rolle spielen sollten. Über der DFP schwebte zwar das Damoklesschwert des

1987 verabschiedeten und das Kriegsrecht ersetzenden neuen Sicherheitsgesetzes, das sich vor allem gegen die radikalen Dissidenten der taiwanesischen Unabhängigkeitsbewegung richtete. So mußte jeder, der die gültige GMD-Doktrin, derzufolge Taiwan ein unabtrennbarer Bestandteil Chinas ist, bestritt und sich damit des Sezessionismus schuldig machte, weiterhin mit harter Strafe rechnen. Aber diese Einschränkung der politischen Meinungsfreiheit wurde durch die Aufhebung verschiedener Landesverratsartikel im Frühjahr 1991 sowie vor allem durch die Reform des Strafrechtsparagraphen 100 im Mai 1992 insoweit entkräftet, daß lediglich gewaltsame, aber nicht mehr verbale Aktionen gegen den Staat der Republik China gerichtlich verfolgt werden konnten.

Am 21. Juni 1990 entschied das Oberste Verfassungsgericht Taiwans nach einer Klage der Opposition, daß alle »Altparlamentarier« der drei Zentralparlamente bis zum 31. Dezember 1991 endgültig ihre Pensionierung akzeptieren mußten. Damit waren zwei Dinge absehbar: Erstens würde die GMD sehr bald ihre willfährigen Mehrheitsbeschaffer in diesen Gremien verlieren; zweitens wären konstitutionelle Reformen in dem Augenblick notwendig, wenn mit der Aufhebung der »Vorläufigen Bestimmungen« der Bürgerkriegszustand mit der VR China endgültig beendet würde und die Verfassung von 1946 somit erstmals in Kraft träte. Genau dies kündigte Staats- und Parteichef Lee Teng-hui, der dem im Januar 1988 verstorbenen Jiang Jingguo in seinen Ämtern nachgefolgt war, für den 1. Mai 1991 an. Deshalb trat bereits im April 1991 die Nationalversammlung zusammen, um über erste Verfassungsreformen zu beraten und die anstehenden Direktwahlen für die nationalen Vertretungskörperschaften vorzubereiten. Am 22. April 1991 wurde der erste Verfassungszusatz verabschiedet, der u. a. die Modalitäten für die ersten gesamttaiwanesischen Wahlen zur Nationalversammlung im Dezember 1991 sowie zum Legislativyuan genau ein Jahr später regelte. Die Durchführung dieser Urnengänge waren Meilensteine auf dem Weg der politischen Demokratisierung.

Im Mai 1992 wurden neue Verfassungsreformen verabschiedet, mit denen das Regierungssystem Taiwans den veränderten politischen Verhältnissen weiter angepaßt werden sollte. Dabei kam es zur Einführung direkter Wahlen der bisher vom Präsidenten ernannten Bürgermeister der beiden wichtigsten Städte des Landes, Taibei und Gaoxiong, sowie des Gouverneurs der Provinz Taiwan *(vgl. Tab. 5)*.

Es wurde sogar eine Grundsatzentscheidung für die Volkswahl des Staatspräsidenten gefällt, obwohl zu diesem Zeitpunkt aufgrund heftiger Auseinandersetzungen innerhalb der GMD noch nicht entschieden werden konnte, ob der Präsident auf indirektem Wege von einem Wahlmännergremium – etwa nach amerikanischem Muster – oder aber durch einen direkten Entscheid der Bevölkerung

Tabelle 5: Die ersten freien Wahlen für die lokalen Spitzenpositionen 1994: Wahlbeteiligung und Stimmenverteilung (in %)

	Wahlbeteiligung	GMD	DFP	NP
Provinzgouverneur	76,2	56,2	38,7	4,3
Bürgermeister v. Taipei	78,5	25,9	43,7	30,2
Bürgermeister v. Gaoxiong	80,6	54,5	39,3	3,5
Durchschnitt	76,7	52,0	39,4	7,7

zu wählen sei. Diesem zweiten, von der Opposition lautstark geforderten Verfahren stimmte das Zentralkomitee der GMD im Frühjahr 1994 schließlich zu. Es wurde im Rahmen des von der Nationalversammlung am 29. Juli 1994 förmlich verabschiedeten dritten Verfassungszusatzes rechtskräftig. Im März 1996 wurde Lee Teng-hui in direkten Wahlen zum Präsidenten gewählt und ist somit der erste in der Geschichte Chinas (und Taiwans) amtierende Staatschef, der ein unmittelbares Mandat des Volkes besitzt *(vgl. Tab. 6)*.

Tabelle 6: Der Ausgang der Präsidentschaftswahlen vom 23. März 1996

Kandidat	erhaltene Stimmen	Prozentanteil
Lee Teng-hui	5 813 699	54,0 %
Peng Mingmin	2 274 586	21,1 %
Lin Yanggang	1 603 790	14,9 %
Chen Lüan	1 074 044	10,0 %

Von grundlegender Bedeutung für den taiwanesischen Demokratisierungsprozeß und für die Glaubwürdigkeit des von der GMD eingeleiteten Reformprogramms war außerdem die unter Lee Teng-hui behutsam vorgenommene Enttabuisierung des »Zwischenfalls vom 28. Februar 1947«. 1990 wurde eine Kommission aus renommierten Wissenschaftlern der Academia Sinica von der Regierung damit beauftragt, die genauen Hintergründe der für die Insel schicksalhaften Geschehnisse jener Zeit zu untersuchen. Obgleich ihr von der Opposition immer wieder Opportunismus vorgeworfen und der im Februar 1992 schließlich vorgelegte Bericht als teilweise unvollständig und verharmlosend kritisiert wurde, erkannte man doch das Bemühen der Regierung an, die zwischen Taiwanesen und Festländern bestehenden Spannungen und Feindseligkeiten zu beenden. Am 28. Februar 1995 sprach Präsident Lee schließlich gegenüber den Angehörigen der Betroffenen die langerwartete Entschuldigung der Regierung für die während der Niederschlagung des Aufstands verübten Verbrechen der GMD-Truppen aus.

3.2 Ausbildung eines Mehrparteiensystems

Obwohl sich nach der formellen Legalisierung von oppositionellen Parteien und Vereinigungen Anfang 1989 eine Vielzahl entsprechender Gruppierungen bildete, blieb in den ersten Jahren des Reformprozesses die DFP die einzige politische Kraft, welche der regierenden GMD wirksamen parlamentarischen Widerstand leisten konnte. Ihr Stimmenanteil bewegte sich auf nationaler Ebene allerdings nur um etwa 30 Prozent. Es konnte der DFP somit bis heute nicht gelingen, der GMD ihre absolute Mehrheit im Legislativyuan und in der Nationalversammlung zu nehmen. Allerdings gab es auf lokaler Ebene 1994 einen ersten Sieg: Die DFP gewann die wichtigen Bürgermeisterwahlen von Taibei. Bei den zeitgleich stattfindenden Wahlen zu den Stadtparlamenten von Taibei und Gaoxiong sowie zur Provinzversammlung von Taiwan konnte sich außerdem, wenn auch mit nur wenigen Sitzen, erstmals eine weitere Partei etablieren. Es handelte sich dabei um die im August

1993 aus einer Abspaltung der GMD hervorgegangene Neue Partei (NP). Ihr überraschend gutes Abschneiden bei den Wahlen zum Legislativyuan Ende 1995 *(vgl. Tab. 2)* hat den Trend zur Ausbildung eines Drei-Parteiensystems in Taiwan bestätigt und gezeigt, daß es jenseits von GMD und DFP noch Raum für eine »dritte Kraft« zu geben scheint.

Die NP stützt sich auf ein Wählerreservoir, das mit der Politik von Präsident Lee Teng-hui und seiner sogenannten »Hauptströmung« innerhalb der GMD unzufrieden ist und im wesentlichen von pensionierten Militärs und alten Nationalisten sowie jüngeren Angehörigen der zweiten festlandchinesischen Generation gestellt wird. Diese Gruppen bilden auch die Mitgliederbasis der Partei. Die NP bekennt sich zur chinesischen Wiedervereinigung und nimmt für sich in Anspruch, die eigentliche Bewahrerin der Tradition der Drei Volksprinzipien des Republikgründers Sun Yatsen zu sein. Der Hauptströmung innerhalb der GMD wirft sie vor, heimlich die taiwanesische Unabhängigkeit zu betreiben und das Land mit Korruption und Vetternwirtschaft zu überziehen. Indem sie sich als »Saubermann« und Sprecher der zu kurz Gekommenen präsentiert, gewinnt die Neue Partei auch die Stimmen vieler Taiwanesen, die von der GMD und der DFP gleichermaßen enttäuscht sind. Nicht zuletzt deshalb wird in den Reihen der DFP mittlerweile offen über eine Zusammenarbeit mit der NP nachgedacht. Die parlamentarischen Mehrheiten der GMD sollen auf allen Ebenen gebrochen werden. Dies gelang erstmals bei den Wahlen zum Stadtparlament von Taibei Ende 1994, als die GMD ihre absolute Mehrheit verlor und nur noch 20 der 52 Mandate erringen konnte.

Die Erfahrungen und Tendenzen der letzten (Wahl-)Jahre sprechen somit für eine neue Ära politischer Koalitionen oder Kooperationen in der taiwanesischen Parteienlandschaft. Dabei stehen sich die GMD und die NP ideologisch zweifellos näher als die GMD und die DFP einerseits oder gar die DFP und die NP andererseits. Allerdings könnte das große Frustrationspotential beider Oppositionsparteien gegenüber der GMD dafür sorgen, daß auch die großen Unterschiede in der Chinafrage zugunsten des politischen Machterwerbs zurückgestellt werden. In diesem Fall wird die politische Opposition jedoch langfristig stärker sachpolitische Inhalte vermitteln müssen, die einstweilen hinter den ideologischen Debatten zurückstehen und von der Öffentlichkeit kaum perzipiert werden.

3.3 Außenpolitische Kurskorrekturen

Der Wille zu innenpolitischen Reformen übertrug sich auch auf die für Taiwan besonders prekäre Außenpolitik. Noch unter Jiang Jingguo wurde im November 1987 mit einer Liberalisierung des Reiseverkehrs zwischen Taiwan und der VR China begonnen. Millionen von taiwanesischen Touristen konnten sich in den folgenden Jahren ein eigenes Bild vom Zustand des »großen Bruders« auf der anderen Seite der Taiwan-Straße machen. Im April 1988 wurden zudem direkte Telefonverbindungen eingerichtet. Dies alles ordnete sich in die neue Politik der »substantiellen Beziehungen« bzw. »flexiblen Diplomatie« ein, die Lee Teng-hui seit seinem Amtsantritt 1988 betrieb, um die von Beijing verfügte außenpolitische Isolation Taiwans zu durchbrechen. Die flexible Diplomatie setzte die taiwanesische Variante der Hallstein-Doktrin außer Kraft, derzufolge ein Staat mit diplomatischen Beziehungen zur VR China ebensolche keinesfalls mit Taiwan knüpfen konnte. Diese Wende vollzog Beijing allerdings nicht mit und bekämpft seither vehement jeden Versuch Taibeis, eine chinesische Doppelanerkennung auf internationalem Parkett salonfähig zu machen.

Mehr Erfolg hatte die neue Politik der GMD jedoch in dem Bemühen, das bilaterale Verhältnis mit Beijing zu entspannen und auf eine modifizierte konzeptionelle Grundlage zu stellen. Dazu wurden 1990 insgesamt drei neue Organisationen gegründet, denen unterschiedliche Funktionen bei der Formulierung und Implementierung der taiwanesischen Chinapolitik zugeordnet wurden: Erstens, die auf Initiative Lee Teng-huis gegründete »Kommission für Nationale Wiedervereinigung« (guojia tongyi weiyuanhui), die das generelle »Design« der Chinapolitik entwerfen soll, und die zu diesem Zweck im Februar 1991 die sogenannten »Nationalen Leitprinzipien zur Wiedervereinigung« verabschiedete. Die »Nationalen Leitprinzipien« sehen einen dreistufigen Prozeß zur Vollendung der chinesischen Wiedervereinigung vor und entwickeln dementsprechend kurz-, mittel- und langfristige Perspektiven der bilateralen Kooperation zwischen beiden Seiten der Taiwan-Straße. Zweitens, die »Kommission für die Angelegenheiten Festlandchinas« (dalu weiyuanhui), die direkt der Regierung untersteht, für die praktische Umsetzung der Nationalen Leitprinzipien verantwortlich ist und als das strategische und operative Zentrum der taiwanesischen Chinapolitik fungiert; schließlich die »Stiftung für den Austausch zwischen beiden Seiten der Taiwan-Straße« (haixia jiaoliu jijinhui), die sich ausschließlich mit »technischen Problemen« des bilateralen Verhältnisses beschäftigen und diese durch direkte Kontakte mit der anderen Seite lösen soll.

Nachdem Beijing dieses Dialogangebot annahm und im Dezember 1991 seinerseits eine halbamtliche Organisation, die »Vereinigung für die Beziehungen über die Taiwanstraße« (haixia liang'an jiaoliu xiehui) gründete, stand den ersten mehr oder weniger direkten Gesprächen zwischen beiden Seiten nichts mehr im Wege. Seitdem haben sich hochrangige, aber in inoffizieller Funktion auftretende Beamte beider Seiten mehrere Male zu politischen Verhandlungen getroffen und dabei kleinere Abkommen, etwa über die gegenseitige Beglaubigung und Anerkennung von Urkunden oder zu amtlichen Nachforschungen über den Verbleib von Posteinschreibsendungen, unterzeichnet. Im April 1993 trafen sich erstmals die Vorsitzenden der beiden semi-offiziellen Organisationen zu Spitzengesprächen auf neutralem Boden in Singapur. Eine für den Juli 1995 vorgesehene zweite Zusammenkunft wurde von der VR China allerdings abgesagt, nachdem Präsident Lee von einem in Beijing hochumstrittenen, privaten Besuch aus den USA zurückgekehrt war.

Ungeachtet dieses Rückschlags ist zu sagen, daß die taiwanesische Außen- und Chinapolitik seit der demokratischen Öffnung des Landes in einem Maße aktiv geworden ist, wie man das nach der Lethargie der siebziger und frühen achtziger Jahre nicht erwarten konnte. Seit im Jahr 1993 zudem das Ziel des Wiedereinzugs in die UNO amtlich geworden ist und Taiwan seine faktische Unabhängigkeit damit in eine international akzeptierte Eigenstaatlichkeit verwandeln will, sind die Machthaber in Beijing stärker unter Zugzwang geraten. Reagiert haben sie auf diese Politik, die Taibei unter dem Motto »Ein Land – zwei politische Entitäten« propagiert, mit einer harten Haltung, wovon nicht zuletzt die in unmittelbarer Nähe zur nordtaiwanesischen Küste ausgetragenen Militärmanöver im Juli, August und November 1995 sowie im März 1996 Zeugnis ablegten. Es ist bisher nicht abzusehen, daß die

VR China ihren Anspruch, die volle politische Souveränität über die »Provinz Taiwan« auszuüben, aufgeben und ihre wiederholt formulierte Androhung einer militärischen Intervention revidieren wird. Die Möglichkeit, daß sich die Taiwanpolitik Beijings nach dem Ableben Deng Xiaopings und der Neuformierung der politischen Kräfteverhältnisse in der Führungsspitze der KPCh in dieser Richtung ändert, ist eher pessimistisch zu beurteilen.

4. Probleme des Reformprozesses

Trotz der demokratischen Reformen, die die Inselrepublik schon heute als konsolidierte Demokratie erscheinen lassen, gibt es noch einige ernste innenpolitische Probleme. Sie stehen freilich allesamt in einem mehr oder minder direkten Zusammenhang mit dem schwierigen bilateralen Verhältnis zwischen Taiwan und der VR China. Es handelt sich dabei zuvorderst um die Auseinandersetzung zwischen den Anhängern und Gegnern einer taiwanesischen Unabhängigkeit – also der expliziten Aufkündigung des amtlich geltenden Ein-China-Prinzips – sowie der damit verbundenen Frage nach einer taiwanesischen (vs. einer chinesischen) Identität der Inselbevölkerung. Zweitens haben die bis 1994 verabschiedeten Verfassungsreformen zu einer problematischen Mischung aus parlamentarischen und präsidentiellen Komponenten innerhalb des politischen Systems geführt. Diese könnte unter bestimmten Bedingungen zukünftig zu ernsten Verfassungskrisen führen.

4.1 Unabhängigkeit und taiwanesische Identität

Obgleich die GMD mit ihrer Politik der »zwei politischen Entitäten« für eine Eigenstaatlichkeit Taiwans – unter der alten Bezeichnung »Republik China« – plädiert, hat sie auf der offiziellen Ebene bisher nicht von ihrem Ein-China-Prinzip Abstand genommen. Vielmehr sollen, nach dem früheren deutschen Modell, die VR China und die Republik China beide Teile eines (fiktiven) chinesischen Gesamtstaates vertreten und – verbunden durch das gemeinsame Ziel einer ultimativen Wiedervereinigung – auf der internationalen Bühne als gleichberechtigte Partner agieren können. Genauso argumentieren jene Teile der Neuen Partei, die sich ebenfalls für eine UNO-Vertretung Taiwans einsetzen. Die DFP setzt dem das Konzept einer souveränen »Republik Taiwan« entgegen, die sich endgültig vom Wiedervereinigungspostulat lossagt und allenfalls noch der Idee einer chinesischen Kulturnation, ohne die Verpflichtung auf eine staatliche Einheit, zustimmt. Teile der Unabhängigkeitsbefürworter stellen jedoch sogar die gemeinsamen kulturellen Wurzeln der Bevölkerungen beider Seiten der Taiwanstraße in Frage und sprechen von einer eigenständigen taiwanesischen Kultur und Identität. So prallen nicht nur unterschiedliche politische Konzepte hinsichtlich der staatlichen Verfaßtheit Taiwans aufeinander, sondern auch widerstreitende Definitionen bezüglich dessen, was Taiwan eigentlich ist – Teil einer derzeit nicht existenten chinesischen Nation; ein der chinesischen Kultur und Geschichte zwar verhaftetes, aber unabhängiges Land; oder aber ein von China heute gänzlich verschiedener, souveräner Staat. Einigkeit auf allen Seiten besteht derzeit lediglich darin, daß man die Position Beijings, Taiwan genieße gegenwärtig den Status einer festlandchinesischen Provinz, ablehnt.

Die beschriebenen Konfliktlinien laufen quer zu den politischen Lagern. Vor allem mit Blick auf die GMD, deren überwältigende Mitgliedermehrheit mittlerweile auf Taiwan geboren ist, kann nicht mehr eindeutig ausgemacht werden, inwiefern die Aufrechterhaltung der amtlichen Ein-China-Politik noch einer wirklichen gesamtnationalen Überzeugung entspricht oder aber nur noch der militärischen Bedrohung durch das Festland geschuldet ist. Genau hier setzt die Kritik der Neuen Partei an, die der Regierungspartei eine Übernahme der Position der DFP vorwirft. Gleichzeitig macht es für die Mehrheit der oppositionellen Anhänger einer taiwanesischen Unabhängigkeit wenig Sinn, die ethnisch-kulturellen Gemeinsamkeiten zwischen Taiwan und dem chinesischen Subkontinent in Zweifel zu ziehen. Sie setzt allerdings auf eine klare politische Abgrenzung von Beijing und mahnt zu größter Vorsicht in der regierungsoffiziellen Annäherungspolitik.

Ein Konsens der Streitparteien ist derzeit nicht absehbar und führt immer wieder zu teilweise heftigen innenpolitischen Grabenkämpfen. Der Ausgang der Präsidentschaftswahlen im März 1996, in denen sich Lee Teng-hui wie erwartet souverän durchsetzte, wird kaum zur Lösung des Konfliktes beitragen. Zu erwarten ist, daß es zu einer zunehmenden Polarisierung zwischen der NP und der GMD kommt. Gleichzeitig dürfte sich das Lager der Unabhängigkeitsbefürworter weiter stabilisieren, zumal Lee in der Vergangenheit in nicht-amtlichen Stellungnahmen wiederholt seine ambivalente Haltung zur gesamtchinesischen Idee zu Protokoll gegeben hat – und dafür mit lauttönender Kritik aus Beijing bedacht wurde. Dies muß Befürchtungen verstärken, daß die unverkennbare Tendenz hin zu einem unabhängigen Taiwan, das sich eines Tages auch als kulturell vom Festland verschieden definieren könnte, eine militärische Gegenreaktion der VR China provoziert. Diese Gefahr wird auch auf Taiwan erkannt. Nicht zuletzt aus diesem Grunde herrscht zumindest weitgehende Einigkeit in der Frage einer UNO-Mitgliedschaft. Dadurch würde der Status Taiwans aufgewertet und die Chinafrage internationalisiert. In diesem Fall, so hofft man, würde sich Beijing jede gewaltsame Aktion gegen die Insel gut überlegen.

4.2 Die offene Verfassungsfrage

Mit der Verabschiedung des dritten Verfassungszusatzes im Juli 1994 fand die Teilrevision der aus dem Jahre 1946 stammenden Verfassung der Republik China einen vorläufigen Abschluß. Das daraus resultierende Regierungssystem ist allerdings überaus umstritten. Eine klare Entscheidung zugunsten eines parlamentarischen oder präsidentiellen Systems konnte in der Nationalversammlung wegen widerstreitender politischer Interessen nicht herbeigeführt werden. Zwar ist daran nichts auszusetzen, solange die einzelnen Verfassungsinstitutionen auf konsistente Weise miteinander verbunden sind. Genau dies ist jedoch nicht der Fall. So wurde im März 1996 der Staatspräsident erstmals direkt vom Volk gewählt. Der damit verbundenen Legitimation zur unmittelbaren Machtausübung stehen jedoch nur geringe formale Kompetenzen gegenüber. So kann sich der Präsident bisher nicht direkt in die Gesetzgebung einschalten und verfügt folgerichtig über keinerlei Vetorecht gegenüber dem Legislativyuan. Er ernennt zwar den Premierminister, benötigt dazu aber die Zustimmung des Parlaments. Bei dem ihm zugebilligten Personalernennungsrecht für die höchsten Ämter des Justiz-, Kontroll-, und Prüfungsyuans, die ebenfalls den Rang höchster Verfassungsorgane haben, ist er wiederum auf die Bestätigung der Nationalversammlung angewiesen. Seine wichtigsten exekutiven Befugnisse bestehen in der Verhängung des Kriegsrechts sowie in der Dekretierung von Notstandsmaßnahmen – Ausnahmerechte also, die keineswegs zum politischen Alltag gehören.

Der Premierminister hängt zwar vom Vertrauen des Präsidenten ab, der ihn jederzeit durch einen neuen Regierungschef – sofern der Legislativyuan zustimmt – ersetzen kann. Allerdings ist er keiner bindenden Richtlinienkompetenz des Präsidenten unterworfen. Gleichzeitig sind der Premier und seine Minister nicht Mitglieder des Parlaments und können von diesem auch nicht durch ein konstruktives Mißtrauensvotum auf direktem Wege abberufen werden. Im Ergebnis führt diese komplizierte Konstellation zu einer problematischen Machtverteilung zwischen Präsident, Premier und Parlament, die vor allem dann krisenanfällig ist, wenn der Staatschef gegen eine Mehrheit des Parlaments arbeiten muß. Zudem ist es angesichts des öffentlichen Prestiges des Amtes und seiner machtpolitischen Tradition, aber auch mit Blick auf die vielen politischen Einflußkanäle des Präsidenten völlig unvorstellbar, daß dieser sich von den anderen Verfassungsinstitutionen einfach blockieren lassen würde. Problematisch ist auch die Kompetenzverteilung zwischen dem Legislativyuan und der Nationalversammlung, die sich die Aufgaben eines »regulären« Parlamentes teilen. Während der Legislativyuan die höchste Gesetzgebungsbefugnis besitzt, darf nur die Nationalversammlung die Verfassung ändern. Im besten Fall bedeutet dies eine Verschwendung personeller und finanzieller Ressourcen. Wenn jedoch eine programmatische Koordination beider Organe, wiederum bedingt etwa durch unterschiedliche parteipolitische Mehrheiten, nicht mehr möglich ist, wächst die Gefahr verfassungsrechtlicher Konflikte mit großen innenpolitischen Reibungsverlusten. *(Vgl. auch Übersicht 5.1 im Anhang.).*

Zukünftige Verfassungsreformen, die der alte und neue Präsident Lee bereits wiederholt angekündigt hat, werden sich vor allem mit der Rolle des Staatschefs beschäftigen müssen. Nach den derzeitigen Aussagen führender Politiker aus Regierung und Opposition wird es mittel- bis langfristig zur Implementierung eines Präsidialsystems nach französischen oder amerikanischen Muster kommen. Auch die Abschaffung der Nationalversammlung und die Verwandlung des derzeitigen Fünf-Gewalten- in ein klassisches Drei-Gewaltensystem wird offen diskutiert. Damit würde sich Taiwan jedoch auch auf der verfassungsrechtlichen Ebene von seiner gesamtchinesischen Vergangenheit endgültig verabschieden – eine Entscheidung, die das Mißtrauen Beijings zweifellos verstärken wird.

Verwendete und weiterführende Literatur

DOMES, JÜRGEN (1982): Taiwan im Wandel – Politische Differenzierung und Opposition 1978–1980, Frankfurt – Bern.
GOLD, T. (1986): State and Society in the Taiwan Miracle, Armonk – London.
HARREL, S.; HUANG, C.C. (1994): Cultural Change in Postwar Taiwan, Boulder
KAPLAN, D. E. (1992): Fires of the Dragon, New York.

KINDERMANN, G.-K. (1980/Hrsg.): Chinas unbeendeter Bürgerkrieg: Im Spannungsfeld Peking-Taiwan-USA 1949–1980, München.

MAURER, J. (1996): Taiwan in den Internationalen Beziehungen, Institut für Asienkunde, Hamburg.

SCHUBERT, GUNTER (1994): Taiwan – die chinesische Alternative. Demokratisierung in einem ostasiatischen Schwellenland (1986–1993), Institut für Asienkunde, Hamburg.

SCHUBERT, GUNTER; SCHNEIDER, AXEL (1996/Hrsg.): Taiwan an der Schwelle zum 21. Jahrhundert (Mitteilungen des Instituts für Asienkunde, Nr. 270), Hamburg.

RUBINSTEIN, M.A. (1994): The Other Taiwan. 1945 to the Present, Armonk – London.

THE CHINA QUARTERLY: Special Issue: Contemporary Taiwan, Jg. 1996, Nr. 148 (Dezember).

WACHMAN, A.M. (1994): Taiwan. National Identity and Democratization, Armonk – London.

WEGGEL, OSKAR (1991): Die Geschichte Taiwans, Köln – Weimar – Wien.

WHITTOME, GÜNTER (1991): Taiwan 1947. Der Aufstand gegen die Kuomintang, Institut für Asienkunde, Hamburg.

XI. Hongkong: Von der britischen Kronkolonie zur chinesischen Sonderverwaltungsregion

WERNER MEISSNER

1. Einleitung

Nach der Niederlage im Opiumkrieg mußte die Qing-Dynastie 1842 im Vertrag von Nanjing die Insel Hongkong »auf Ewigkeit« an England abtreten. 1860 folgte die Abtretung des nördlich gelegenen Kowloon, und 1898 wurden die »New Territories« im Norden an der Grenze zu China auf 99 Jahre an England verpachtet. *(Siehe auch den Beitrag von Jürgen Osterhammel.)*

Bereits während des Zweiten Weltkrieges gab es Gespräche zwischen der Regierung in London und der Regierung der Republik China über eine vorzeitige Rückgabe der New Territories. Die britische Seite schlug vor, diese Frage erst nach Kriegsende zu diskutieren. Das Wiederaufflammen des Bürgerkrieges nach der Niederlage Japans und der Sieg der Kommunisten 1949 machten die Überlegungen einer vorzeitigen Rückgabe obsolet und führten zu einer erneuten, auch militärischen Verstärkung der britischen Position in Hongkong. Die neue Regierung in Beijing zeigte jedoch zunächst kein Interesse, die Kolonie sofort zu übernehmen, zumal sich Hongkong bald aufgrund seiner damaligen Rolle als »Entrepot« für die Volksrepublik, die sonst weitgehend isoliert vom »Westen« war, zur wichtigsten Devisenquelle entwickelte.

Mit den politischen Veränderungen in der VR China seit 1978 stieg die Bereitschaft Großbritanniens, mit Beijing in Verhandlungen über eine Rückgabe Hongkongs einzutreten. Die Verhandlungen wurden von britischer Seite offensichtlich in der Annahme geführt, daß die Veränderungen in der VR China auf wirtschaftlichem Gebiet langfristig zu einer Liberalisierung des politischen Systems führen würden, was letztlich auch Hongkong zugute kommen würde. 1984 einigten sich beide Seiten in einer »Gemeinsamen Erklärung« (Joint Declaration) auf die Rückgabe aller Gebiete (Hongkong, Kowloon und die New Territories) an die VR China zum 1. Juli 1997. Am 4. April 1990 verabschiedete das 3. Plenum des VII. Nationalen Volkskongresses der VR China das »Basic Law of the Hong Kong Special Administrative Region of the People's Republic of China« (Grundgesetz der Sonderverwaltungsregion Hongkong). Gemäß der Gemeinsamen Erklärung und dem Basic Law soll Hongkong nach 1997 ein hohes Maß an Autonomie besitzen. Das wirtschaftliche und politische System bleibt nach dem Prinzip »Ein Land, zwei Systeme« für 50 Jahre unverändert. Die »Special Administrative Region« (SAR) soll gemäß dem Basic Law mit exekutiver, legislativer und »unabhängiger juristischer Gewalt« ausgerüstet sein. Lediglich die Bereiche Außenpolitik und Verteidigung fallen in die Zuständigkeit der Zentralregierung in Beijing.

2. Hongkong unter britischer Herrschaft

2.1 Die Dekolonisierung

Die Dekolonisierung britischer Kolonien war normalerweise begleitet von einer sukzessiven Umwandlung der bislang von der Kolonialregierung ernannten Legislativräte in gewählte Vertretungen der Bevölkerung durch Einführung des allgemeinen Wahlrechts. Im Zuge dieser Veränderungen sollten die ebenfalls bisher ernannten Exekutivräte dann von den Legislativräten gewählt und somit parlamentarischer Kontrolle unterstellt werden. Auf diese Weise hatte Großbritannien in der Vergangenheit versucht, auf dem Wege zur Unabhängigkeit das britische Modell der parlamentarischen Demokratie in den Kolonien zu verankern.

Im Falle Hongkongs liegen die Dinge anders. Die scheidende Kolonialregierung mußte das Territorium nicht auf die Unabhängigkeit vorbereiten, sondern für die Übergabe an die VR China, die ein grundsätzlich anderes politisches System besitzt. Ein Teil der Schwierigkeiten, mit denen Hongkong zur Zeit zu kämpfen hat, rührt aus diesem Gegensatz.

2.2 Faktoren der Legitimierung der britischen Herrschaft

Offiziell unterstand Hongkong bis 1997 der britischen Krone. Das Staatsgebiet wurde von einem Gouverneur verwaltet, der von der britischen Regierung ernannt wurde. Ab 1992 hieß der Gouverneur Christopher Patten, zuvor Vorsitzender der Konservativen Partei in Großbritannien. Dem Gouverneur zur Seite stand ein Exekutivrat (Executivecouncil, abgekürzt Exco), dessen Mitglieder vom Gouverneur ernannt wurden. Das zweite wichtige Organ war der Legislativrat (Legislativecouncil, abgekürzt Legco). Er setzte sich zuletzt aus 60 Mitgliedern zusammen. In der Vergangenheit hatte der Legco überwiegend beratende Funktion gehabt. Seine Mitglieder wurden zum Teil vom Gouverneur ernannt, zum Teil über sogenannte »functional constituencies« (nach Sparten geordnete Wahlkreise wie Handwerk, Erziehung, Banken, Handel, Gesundheitswesen, Tourismus etc.) korporativ gewählt. *(Siehe auch Übersicht 6.1 im Anhang.)*

Während es zwischen 1842 und 1945 mehrfach zu Unruhen und Streiks gegen die britische Herrschaft gekommen war, vollzog sich nach dem Ende des Zweiten Weltkrieges, und besonders seit dem Sieg der Kommunisten 1949, ein positiver Wandel in der Einstellung der Hongkonger Bevölkerung gegenüber der Kolonialmacht Großbritannien. Dieser Wandel wurde im wesentlichen durch folgende Faktoren herbeigeführt:

- Nach Kriegsende war die Bevölkerung von 600 000 auf 2,36 Mio. im Mai 1952 gestiegen. Dabei handelte es sich in der großen Mehrheit um Menschen, die wegen der Kriegswirren und der anschließenden Machtübernahme der Kommunisten nach Hongkong geflohen waren, um in der britischen Kolonie Schutz zu suchen.
- Die innenpolitische Entwicklung in der VR China nach 1949, die Folgen des »Großen Sprungs nach vorn« (1958) und schließlich der Terror der »Kulturrevolution« (1966–1969) trugen weiterhin dazu bei, daß die Kolonie im Bewußtsein vieler Hongkong-Chinesen zu einem sicheren Hafen wurde.

- Während auf dem Festland die sozialistische Wirtschaft über Jahrzehnte stagnierte, begann in Hongkong ein beeindruckender Wirtschaftsboom, der seit den siebziger Jahren großen Teilen der Bevölkerung die Diskrepanz zwischen den Lebensbedingungen unter dem Kommunismus und unter der britischen Herrschaft bewußt werden ließ.

Daneben gab es drei weitere, interne Faktoren, die dazu beitrugen, daß viele Chinesen das Leben in der Kolonie dem Leben auf dem Festland vorzogen:
- eine effiziente Verwaltung und wirksamer Kampf gegen die Korruption sowie eine erfolgreiche Bereitstellung öffentlicher Güter;
- ein bürokratischer Paternalismus bei einem Minimum an Bürokratie (herausragende Beispiele sind die einfache Steuergesetzgebung und die Finanzverwaltung);
- ein eingespieltes System von Konsultation und Konsensfindung mit den verschiedenen gesellschaftlichen Gruppen unter bewußter Tolerierung und Einbeziehung oppositioneller Gruppen.

So war es nicht erstaunlich, daß sich 1982 in einer Meinungsumfrage 85 % der Bevölkerung für einen Verbleib Hongkongs unter britischer Oberhoheit nach 1997 aussprachen und lediglich 4 % eine Rückkehr zu China favorisierten (Miners 1993: 34). Ein Mitglied des Legislativrates, des Parlaments der Kolonie, faßte die Bedeutung von Hongkong einmal in den Worten zusammen: »China ist das Meer, und Hongkong ist das Rettungsboot.«

2.2.1 Die Ausweitung der Staatstätigkeit

Das Modell der britischen Herrschaft über Hongkong vor 1960 war der minimale Staat. Die Regierung kümmerte sich lediglich um grundlegende Aufgaben: öffentliche Ordnung, öffentliche Arbeiten, residuale Gesundheits- und Sozialdienste.

Die Politik der begrenzten Staatstätigkeit änderte sich nach den schweren Unruhen, die 1967 in Hongkong im Zusammenhang mit der »Kulturrevolution« in der VR China ausbrachen: Zum einen weitete die Regierung ihre Tätigkeit vor allem in den Bereichen öffentlicher Wohnungsbau, Erziehungswesen, Infrastruktur, Gesundheitswesen und Sozialfürsorge aus. Speziell die großen Neuansiedlungsprogramme, die Beseitigung von Slums und der Aufbau einer modernen Infrastruktur wurden zu den wichtigsten Aufgaben des Staates. Eine der größten Leistungen in dieser Hinsicht war die Bereitstellung von Wohnraum für über drei Millionen Menschen in den letzten dreißig Jahren und deren soziale und wirtschaftliche Integration. Zum zweiten baute die Regierung das Prinzip der Konsultation der Bevölkerung aus. So errichtete sie in den städtischen Bezirken Stadtbezirkskomitees, Gebietskomitees und Komitees für gegenseitige Hilfe. Durch Kooptation der lokalen Eliten in diese Organe sollten die Partizipation der Bevölkerung erhöht, soziale und politische Konflikte entschärft bzw. ihnen vorgebeugt werden.

2.2.2 Partizipation durch Protestaktionen und Pressure Groups

Neben der Konsultation und Partizipation der traditionellen Pressure-groups (Wirtschaftsverbände, Gewerkschaften, Kirchen, Clanverbände, Berufsverbände, Nachbarschaftsgruppen, Clubs etc.) bildete sich seit den siebziger Jahren eine neue Form der Partizipation heraus: der Protest. Unterstützt und organisiert von Studenten, Angehörigen der Kirchen und Sozialarbeitern entstand in Hongkong wie in allen modernen Gesellschaften eine Protestkultur, die den Beginn einer aktiven politischen Partizipation der Bevölkerung bildete. Gegenstand der Proteste waren etwa Mißstände im Wohnungsbau, Umweltfragen, Tariferhöhungen im Nahverkehr etc. Die Formen des Protests reichten von Petitionen, Sit-ins und Sleep-ins bis zu Unterschriftensammlungen und Demonstrationen zu Wasser und zu Lande, wobei gewaltsame Auseinandersetzungen die Ausnahme blieben. Diese Entwicklung führte zur Entstehung von neuen Pressure-groups, welche die Proteste effektiv und medienwirksam zu organisieren verstanden. Gemäß Polizeiakten stieg die Anzahl von öffentlichen Versammlungen kontinuierlich von jährlich 38 im Jahre 1984 auf 365 im Jahre 1990. Straßenumzüge und Demonstrationen stiegen von 31 im Jahre 1984 auf 272 im Jahre 1990 (South China Morning Post, 17. 3. 1991).

Die Regierung unterdrückte die Entstehung dieser Protestaktionen und die dahinter stehenden Organisationen nicht, wozu sie vom Gesetz her die Möglichkeit gehabt hätte, sondern tolerierte sie. Das speziell von der Regierung eingesetzte »Standing Committee on Pressure Groups« betrachtete die Gruppen und ihre Protestaktionen als politische und soziale Ventile und empfahl ausdrücklich, ihre Vertreter, wo möglich, in Regierungsinstitutionen und deren Tätigkeiten einzubinden.

Dieses Vorgehen der Regierung hat dem politischen System von Hongkong seinen kolonial-autoritären Charakter genommen und seine Entwicklung zu einer modernen offenen Gesellschaft hin beschleunigt. Es hat bis heute entscheidend zur innenpolitischen Stabilität beigetragen.

Die zunehmende Partizipation der Bevölkerung seit den siebziger und vor allem in den achtziger Jahren erfuhr eine entscheidende Verstärkung durch die Ereignisse vom 4. Juni 1989 in Beijing. *(Siehe auch den Beitrag von Eberhard Sandschneider.)* Erstmals nahmen die Protestaktionen der Bevölkerung, die sich bislang gegen lokale und soziale Mißstände richteten, den Charakter politischer Massendemonstrationen an. Zwei Mal waren mehr als eine Million Hongkonger auf den Straßen, um die Studentenbewegung in Beijing zu unterstützen und ihrem Protest gegen das Vorgehen der Militärs Ausdruck zu verleihen. Ein Jahr später marschierten 200 000 Menschen zur Nachrichtenagentur Neues China (Xinhua), der halboffiziellen Vertretung Beijings in Hongkong. Zu den Jahrestagen des Ereignisses demonstrierten, seit 1994 wieder zunehmend, regelmäßig zwischen 10 000 und 40 000 Menschen.

3. Ansätze zur Demokratisierung

3.1 Schrittweise Repräsentation

Parallel zur wachsenden Partizipation der Bevölkerung seit den siebziger Jahren begann die Regierung zu Beginn der achtziger Jahre, eine vorsichtige Demokratisierung einzuleiten und von der Kooption zur schrittweisen Repräsentation durch Wahlen überzugehen.

Das »Green Paper« der Regierung von Hongkong von 1984 enthielt erstmals detaillierte Pläne zur stufenweisen Einführung eines repräsentativen System bis zum

Ende der britischen Oberhoheit. Bereits 1982 wurden Bezirksräte eingeführt, 1986 Stadträte, 1991 wurden erstmals 18 Mitglieder des Legislativrats direkt vom Volk gewählt. Kontinuierlich stieg der Anteil der Wählerschaft an der Bevölkerung von nur 0,40 % im Jahre 1952 auf 17,60 % bei den Wahlen von 1982, auf 26,23 % im Jahre 1986, auf 33 % im Jahre 1991 und auf 43 % bei den Wahlen zum Legislativrat im Jahre 1995.

3.2. Der »durchfahrende Zug«

Das vom Nationalen Volkskongreß der VR China 1990 verabschiedete Basic Law der Sonderverwaltungsregion Hongkong bestimmt die Zusammensetzung des ersten Legislativrats nach dem 1. Juli 1997 wie folgt: Der Legislativrat hat 60 Mitglieder. Davon werden 20 in geographischen Wahlkreisen direkt gewählt, 30 in den erwähnten »functional constituencies« (darunter 21 in bereits bestehenden und 9 in neu zu schaffenden »functional constituencies«). Die restlichen 10 Mitglieder werden von einem Wahlkomitee gewählt, das sich aus den Bezirksräten zusammensetzt.

Das Basic Law hebt nun ausdrücklich hervor: »Wenn die Zusammensetzung des letzten Hongkonger Legislativrates mit den wichtigen Bestimmungen dieser Entscheidung und des Basic Law der Sonderverwaltungsregion Hongkong übereinstimmt, können jene Mitglieder des Legislativrates, die sich zum Basic Law bekennen [...] Mitglieder des ersten Legislativrates der Sonderverwaltungsregion werden.« (§ 6, Annex II zum Basic Law, in: Miners 1993: 292, Anhang)

Diese Formulierung wurde in der Öffentlichkeit als »durchfahrender Zug« (through train) bezeichnet, d. h. die 1995 für vier Jahre zu wählenden Mitglieder des Legislativrates konnten theoretisch über den 1. Juli 1997 hinaus bis 1999 amtieren. Das Ziel dieser Regelung war ein »reibungsloser Übergang« der legislativen Gewalt am 1. Juli 1997.

3.3 Pattens Reformpaket

Die vom Basic Law vorgegebene Neueinteilung des Legislativrates machte eine Reform des Wahlgesetzes notwendig, denn die nächsten Wahlen waren für 1995 vorgesehen. Gouverneur Patten legte daher anläßlich seines Amtsantritts 1992 ein politisches Reformprogramm vor. Nach langen und harten Debatten in der Öffentlichkeit wie im Legislativrat, in denen u. a. die sofortige Einführung des uneingeschränkten direkten Wahlrechts gefordert wurde, beschloß der Legislativrat am 23. Februar und am 29. Juni 1994 wesentliche Teile des Reformpakets mit nur geringen Änderungen. Die wichtigsten Reformen waren:
1. Die 21 alten und die 9 neu zu schaffenden »functional constituencies« umfassen alle Mitglieder der Berufsorganisationen (ca. 2,7 Mio.). Statt der Körperschaften erhalten von nun an die individuellen Mitglieder das Wahlrecht.
2. Das Wahlkomitee für die Wahl der zehn restlichen Mitglieder des Legco setzt sich aus zuvor direkt gewählten Bezirksräten zusammen.
3. Die 346 Bezirksräte werden nicht mehr ernannt, sondern direkt vom Volk gewählt.
4. Das Wahlalter wird von 21 auf 18 Jahre herabgesetzt.

3.4 Die Reaktion Beijings

Diese im Prinzip äußerst bescheidenen Reformvorschläge zur Demokratisierung stießen auf schärfsten Widerstand der politischen Führung in Beijing. Sie interpretierte Pattens Pläne als Einführung des direkten Wahlsystems durch die Hintertür und machte deutlich, daß Reformen nur mit Zustimmung Beijings durchgeführt werden dürften. Offensichtlich hegte man in der Beijinger Führung die Befürchtung, daß bei einer Ausweitung des direkten Wahlsystems die Pro-Beijing-Kandidaten verlieren und die Beijing-kritischen Kandidaten die Mehrheit gewinnen würden. So wandte sich Beijing dagegen, daß
- Bezirks- und Stadträte vom Volk gewählt werden;
- 2,7 Millionen Werktätige das Recht erhielten, über die »functional constituencies« Mitglieder in den Legislativrat zu entsenden, und daß
- das Wahlkomitee zur Bestimmung der restlichen zehn Mitglieder sich aus zuvor direkt gewählten Bezirksräten zusammensetzen sollte.

Bereits im August 1994 beschloß daher der Ständige Ausschuß des Nationalen Volkskongresses, daß alle nach dem Reformgesetz durchgeführten Wahlen – die Bezirksratswahlen 1994, die Stadtratswahlen 1995 und die Wahlen zum Legislativrat (ebenfalls 1995) – von vornherein ungültig seien. Damit kündigte Beijing den »through train« auf, wobei es Patten den Vorwurf machte, seinerseits durch seine Vorschläge den »Zug« zum Entgleisen gebracht zu haben.

Erwartungsgemäß fielen bei den Wahlen 1995 in den 20 geographischen Wahlkreisen die Kandidaten Beijings durch, und die Mehrheit der Sitze (18) ging an die Demokraten sowie an Beijing-kritische Unabhängige. Insgesamt erreichte die Opposition 31 Sitze im Legislativrat.

Beijings vorherige Ankündigung, daß die Wahlen ungültig seien, ist nicht durch das Basic Law gedeckt. Denn die Wahlen standen zumindest formalrechtlich im Einklang mit dem Basic Law, was die Zusammensetzung des Legislativrates (20/30/10) betraf. Das Basic Law fordert ausdrücklich, daß 20 Mitglieder direkt gewählt werden, was in der Tat stattfand. In welcher Weise die restlichen 40 Mitglieder gewählt werden, wie groß etwa die »functional constituencies« zu sein hätten, darüber sagt das Basic Law nichts aus. Das festzulegen, war Sache des Hongkonger Legislativrats. Nach Auffassung vieler Rechtswissenschaftler in Hongkong verletzte Beijing mit seiner Annullierung der Wahlen daher das Basic Law. Denn eine Parlamentswahl kann nicht insgesamt für ungültig erklärt werden, nur weil die Legalität der Wahl einiger seiner Mitglieder – etwa die von den »functional constituencies« gewählten – angeblich nicht gegeben ist. Daher liegt der Verdacht nahe, daß Beijing mit seiner Taktik von vornherein den gesamten Legislativrat für illegal erklären wollte, um die Opposition als Ganzes ausschalten zu können. Der Konflikt war daher auch nicht rechtlicher, sondern politischer Natur.

3.4.1 Pläne Beijings

Im Verlauf des sich verschärfenden Konflikts wurde immer deutlicher, daß Beijing nicht nur den 1995 gewählten Legislativrat, sondern auch alle anderen politischen Reformen abschaffen wollte. So ist am 1. Juli 1997 an die Stelle des 1995 gewählten Legislativrat ein sogenannter Provisorischer Legislativrat getreten. Dessen Mitglieder wurden von einem von Beijing aufgestellten Wahlkomitee, bestehend aus vierhundert Personen, im Dezember 1996 bestimmt. Ebenfalls zum 1. Juli wurden wesentliche Teile der Bill of Rights (»International Covenants on Civil and Political Rights« der UNO), die der Legislativrat 1991 als Gesetz verabschiedet hatte, außer Kraft gesetzt. Gemäß der Bill of Rights müssen alle bestehenden Gesetze den darin niedergelegten Prinzipien angeglichen werden. Nach Ansicht Beijings darf jedoch kein Gesetz im Rang höher stehen als das Basic Law. Die im Basic Law niedergelegten Grundrechte werden von Beijing als ausreichend angesehen.

Die 1994 gewählten Bezirks- und Stadträte sollen wie schon in Kolonialzeiten nach dem 1. Juli 1997 wieder vom Regierungschef ernannt werden. Da der Legislativrat nach Auffassung Beijings nicht rechtmäßig gewählt worden ist, gelten auch die von ihm beschlossenen Gesetze als nicht gültig. Dabei hat Beijing vor allem jene Gesetzesänderungen im Auge, die im Zuge der Durchsetzung der Bill of Rights eine Liberalisierung der drakonischen Kolonialgesetze mit sich brachten, und zwar auf dem Gebiet der Pressefreiheit, inneren Sicherheit, Versammlungsfreiheit, Fernsehen, Radio und Notstand. Die vom Legislativrat beschlossene Liberalisierung dieser Gesetze wurde von Beijing als illegal angesehen und damit zum 1. Juli 1997 rückgängig gemacht. Der Provisorische Legislativrat soll eigene Gesetze zu diesen Bereichen erlassen.

Mit dem Vorgehen Beijings steht seit dem 1. Juli 1997 die politische Struktur Hongkongs zur Neuordnung an. Es ist kaum möglich, dieses Vorgehen aus dem Basic Law heraus zu rechtfertigen. Auch die Außerkraftsetzung wesentlicher Teile der Bill of Rights etwa stellt einen Bruch des Basic Law dar: Artikel 39 legt ausdrücklich fest, daß die Bill of Rights auf Hongkong Anwendung findet und auch nach dem 1. Juli 1997 »in Kraft bleiben soll«.

Im April 1996 versuchte Beijing, einen Keil zwischen den Gouverneur und die Regierungsorgane der Kolonie zu treiben. So forderte es die Mitglieder des Civil Service von Hongkong auf, mit dem demnächst zu bildenden Provisorischen Legislativrat zusammenzuarbeiten und ihm gegenüber vorauseilende Loyalität zu üben. Es mußte diese Forderung jedoch unter dem Protest der Verwaltung und der Öffentlichkeit fallen lassen. Auch kam es erstmals im April 1996 anläßlich der Beratungen des Vorbereitungskomitees über die Modalitäten zur Einsetzung des Provisorischen Legislativrates zu gewalttätigen politischen Demonstrationen. Demonstranten verbrannten Käfige als Symbol der Beschränkung der politischen Rechte und zündeten Reifen an. Vertreter Beijings, darunter der Direktor des Büros für Hongkong- und Macau-Angelegenheiten beim Staatsrat, Lu Ping, und sein Stellvertreter wurden tätlich bedroht und konnten nur unter Polizeischutz die Tagungsstätte verlassen.

4. Politische Parteien

Seit den achtziger Jahren fand die wachsende Partizipation der Bevölkerung ihren Ausdruck auch in der Herausbildung eines Parteisystems. Die registrierten Parteien zusammen haben insgesamt ca. 5 000 Mitglieder. Von ebenso großer, wenn nicht größerer Bedeutung sind die nichtregistrierten Parteien.

4.1 Nichtregistrierte Parteien

Die beiden Parteien mit der längsten Kontinuität sind die Nationalpartei (Guomindang) und die KPCh. Ihre Anfänge reichen in Hongkong in die frühen dreißiger Jahre zurück. Sie haben sich nicht registrieren lassen, weil nach dem Gesetz jede politische Vereinigung, die Verbindungen zu politischen Organisationen außerhalb Hongkongs hatte, verboten war. Derzeit wird die Zahl ihrer Mitglieder für die Guomindang auf ca. 10 000 und für die KPCh auf über 100 000 geschätzt.

Offiziell behaupten Vertreter der Nachrichtenagentur Neues China, die KPCh verfüge über keine Parteiorganisation in Hongkong. Es wird jedoch angenommen, daß der Direktor der Agentur, Zhou Nan, zugleich der Erste Sekretär der Partei in Hongkong ist. An der Spitze des geheimen Netzwerks der KPCh in Hongkong steht angeblich der Geschäftsmann Yip Kwok Wah (Yee Guohua). Seine Position innerhalb der KPCh soll der eines Provinzparteisekretärs entsprechen. Yip wurde unlängst zum »Berater« des von Beijing ausgewählten Nachfolgers von Patten, Tung Chee-Hwa, ernannt.

Über die Rolle der KPCh nach dem 1. Juli 1997 bestehen nur Vermutungen. Es ist nicht auszuschließen, daß die Partei nach 1997 ihre Registrierung beantragen und versuchen wird, eine ähnliche, politisch alles entscheidende Rolle zu spielen wie bisher auf dem Festland.

4.2 Demokratische Parteien

Nach dem 4. Juni 1989 vereinigten sich 230 lokale Gruppierungen zur »Hong Kong Alliance in Support of the Patriotic Democratic Movement in China«, deren führende Persönlichkeiten später die »United Democrats of Hong Kong« (UDHK) mitbegründeten. 1994 schlossen sich UDHK und der »Meeting Point« zusammen und gründeten die Demokratische Partei (DP). Sie hat etwa 700 bis 800 Mitglieder und steht unter der Führung des Rechtsanwalts Martin Lee Chu-ming. Bei den Wahlen zum Legislativrat im Jahre 1995 erhielt sie 19 von 60 Sitzen. Sie ist damit die stärkste Partei im Legislativrat.

Eine kleinere demokratische Partei ist die »Association for Democracy and People's Livelyhood« (ADPL, gegr. 1986), die 1995 vier Sitze errang.

4.3. Pro-Beijing-Parteien

Die bedeutendste »Pro-Beijing-Partei« ist neben der Untergrund-KPCh die »Democratic Alliance for the Betterment of Hong Kong« (DAB) unter der Leitung von Tsang Yok-Sing, der vermutlich Mitglied der KPCh ist. Sie wurde 1992 auf Initiative und mit Unterstützung Beijings gegründet und sieht nach außen hin ihre Aufgabe in der Rolle eines Vermittlers zwischen der Regierung in Beijing und der Bevölkerung in Hongkong. Durch intensive Basisarbeit und professionelle Wahlkampfmethoden hat die Partei erhebliche Popularität gewonnen. Bei den Wahlen zum Legislativrat 1995 errang sie immerhin sechs Sitze. Auf Grund ihrer Nähe zum neuen Souverän und den zu erwartenden Restriktionen für die anderen Parteien kann davon ausgegangen werden, daß die DAB nach 1997 eine führende Rolle in Hongkong spielen wird.

4.4 Pro-Business-Parteien

Die größte »Pro-Business-Partei« ist die »Liberal Party« (LP) unter Allen Lee Pengfei. Sie ist wie die DP ursprünglich aus einer »Legislativclique« von ernannten Mitgliedern des Legislativrats hervorgegangen. Im Gegensatz zur Demokratischen Partei ist es der LP bisher nicht gelungen, eine Massenbasis zu gewinnen. Immerhin gewann sie bei den Wahlen 10 Sitze. Sie gilt als pro-China und bedingt pro-Beijing. Die LP vertritt vor allem die Interessen der Wirtschaft gegenüber Beijing.

4.5 Unabhängige

Einen erheblichen Anteil im Legislativrat stellen die Unabhängigen mit insgesamt 15 Sitzen, darunter so bekannte Persönlichkeiten wie Emily Lau und Christine Loh Kung-wai, die für eine schnelle Demokratisierung Hongkongs eintreten und von Beijing zum harten Kern der Opposition gerechnet werden. Zusammen mit sieben weiteren Unabhängigen kamen die demokratischen Parteien DP und ADPL in Fragen der Autonomie Hongkongs, der Menschenrechte und der Demokratisierung auf eine Fall-zu-Fall-Mehrheit von 31 zu 29 Stimmen im Legislativrat. Dieses Stimmenverhältnis wird sich jedoch nach dem 1. Juli 1997 dramatisch verändern.

5. Die politische Integration Hongkongs

5.1 Die Strategie Beijings

Die Strategie Beijings zur politischen Integration Hongkongs besteht im wesentlichen aus zwei Elementen: Das erste ist vergleichbar mit der britischen Kolonialpolitik in der Vergangenheit, nämlich Kooption und Konsultation der lokalen Eliten bei Ausschluß der Opposition. Das zweite Element ist die Einheitsfrontstrategie, die von den Kommunisten in den zwanziger und dreißiger Jahren entwickelt wurde. Sie zielt auf die Isolierung des Hauptgegners, in diesem Falle die Demokraten und eine Anzahl von Unabhängigen, durch temporäre Bündnisse mit anderen, Pro-Beijing- und neutralen politischen Gruppen. Diese Strategie wandte die KPCh bereits erfolgreich im Chinesisch-japanischen Krieg und später im Vorfeld der Gründung der VR China 1949 an. Die ideologische Legitimierung liefern wie schon in den dreißiger Jahren der »Patriotismus« und der Nationalismus in Verbindung mit einem »Anti-Ausländertum«, das auch im Basic Law seinen Ausdruck findet (Art. 23 über das Verbot von Beziehungen zu ausländischen Organisationen).

5.2 Pro-Beijing-Gruppen

Bei der Anwendung der Einheitsfrontstrategie kann sich Beijing auf folgende Gruppen stützen:

Geheime Organisationen
- Mitglieder der Untergrund KPCh (auf über 100 000 geschätzt);
- die neue Pro-Beijing-Untergrundelite. Letztere wird auf fünf- bis zehntausend Personen geschätzt. Sie sollen in den vergangenen zehn Jahren im Auftrage Beijings über das westliche Ausland kommend nach Hongkong eingewandert sein und in allen Bereichen – Wirtschaft, Universitäten, Civil Service etc. – als Fachleute mit guten Englischkenntnissen Fuß gefaßt haben. Es wird davon ausgegangen, daß zusätzlich auch die Sicherheitsapparate der einzelnen Provinzen in großer Anzahl ihre Vertrauensleute inzwischen in Hongkong plaziert haben.
- Geheimgesellschaften und Triaden. Über die Kooperation und umfangreiche Absprachen zwischen Beijing und den Geheimgesellschaften in Hongkong (ca. 120 000–150 000 Mitglieder), darunter vor allem mit der Sun Yee On, der größten Gesellschaft mit ca. 47 000 Mitgliedern, hat es in der Vergangenheit mehrfach Presseberichte gegeben.

Nicht-geheime Organisationen
- die bereits erwähnte »Democratic Alliance for the Betterment of Hong Kong« (DAB);
- die »Hong Kong Federation of Trade Unions« mit ca. 180 000 Mitgliedern, deren führende Mitglieder zugleich in der DAB sind;
- zahlreiche Dachorganisationen in den New Territories;
- die »Hong Kong Federation of Women«, gegründet 1993 unter dem Vorsitz von Peggy Lam, Mitglied der Politischen Konsultativkonferenz des Chinesischen Volkes; weiterhin
- die »Association of Chinese Enterprises«;
- die »Association of Post Secondary Students«;
- die »Federation for the Stability of Hong Kong«;
- die »Hong Kong Chinese Reform Association«;
- die »Hong Kong Progressive Alliance« u. a.

Alle diese Organisationen können als Einheitsfrontorganisationen unter der Leitung erfahrener Kader der KPCh betrachtet werden.

5.3 Beraterkomitees

Im Zuge seiner Strategie errichtete Beijing spezielle Beraterkomitees in Hongkong. Das Vorläufige Arbeitskomitee (Preliminary Working Committee, Ende 1995 aufgelöst) mit 70 Mitgliedern, von Beijing auch als Schattenkabinett oder »zweiter Kochherd« bezeichnet (die bestehende Regierung bildete danach den »ersten Kochherd«), das Beraterkomitee der chinesischen Regierung (186 Mitglieder), das Bezirksberaterkomitee (537 Mitglieder) und das Vorbereitungskomitee (Preparatory Committee). *(Siehe auch Übersicht 6.1 im Anhang.)*

Die Komitees setzten sich aus offiziellen Vertretern Beijings, Vertretern der Pro-Beijing-Gruppen und Pro-Beijing-Parteien, Vertretern der alten wie der neuen Pro-Beijing-Untergrundelite in Hongkong sowie den von Beijing ernannten Vertretern Hongkongs im Nationalen Volkskongreß und in der Politischen Konsultativkonferenz des Chinesischen Volkes auf nationaler Ebene wie auf Provinzebene (Guangdong) zusammen.

Um nach außen hin den konsultativen und scheinbar repräsentativen Charakter dieser Komitees zu demonstrieren, wurden führende Persönlichkeiten aus den Bereichen Wirtschaft, Erziehungswesen etc. aufgefordert, sich der Regierung als Berater zur Verfügung zu stellen. Die Ablehnung einer solchen Ernennung oder Kooption in ein Komitee war unwahrscheinlich, weil sie als Zeichen der Illoyalität gedeutet werden konnte, dem nach 1997 entsprechende Sanktionen folgen könnten.

Die Mehrheit für Beijing war durch die Zusammensetzung der Komitees von vornherein gesichert. Die politische Opposition dagegen, die bei den letzten Wahlen zum Legislativrat die meisten Stimmen erhielt, blieb von allen Komitees – auch expressis verbis – grundsätzlich ausgeschlossen.

Das Vorbereitungskomitee (Preparatory Committee) wurde 1996 zur direkten Vorbereitung der Übernahme eingesetzt. Seine Einsetzung geht zurück auf den Beschluß des 3. Plenum des VII. Nationalen Volkskongresses vom April 1990. Es setzt sich zu je 50 % aus Festländern und Hongkongern zusammen. Vorsitzender ist der Außenminister der VR China, Qian Qichen. Eine Aufgabe des Komitees bestand darin, die Richtlinien auszuarbeiten, nach denen der Nachfolger des Gouverneurs (der Chief Executive der SAR) ermittelt wird: durch Konsultationen und durch die Aufstellung eines Wahlkomitees von 400 Mitgliedern, die ausschließlich Hongkonger sind und alle Bereiche der Gesellschaft vertreten sollen.

Einen Eindruck davon, wie die Vorgänge im Vorbereitungskomitee von Beijing gesteuert werden, zeigt folgendes Beispiel: Bei der Abstimmung über die Modalitäten zur Einsetzung des Provisorischen Legislativrats, der den frei gewählten Legislativrat am 1. Juli 1997 abgelöst hat, gab es nur eine Gegenstimme. Sie kam von Frederick Fung, Mitglied der ADPL, der offenbar mit der Absicht in das Komitee aufgenommen worden war, die Demokraten zu spalten. Fung wurde daraufhin vom Direktor des HKMAO, Lu Ping, unmittelbar nach der Abstimmung und vor allen Komiteemitgliedern mitgeteilt, daß er aufgrund seines Votums gegen die Einsetzung eines Provisorischen Legislativrates weder als Kandidat für das Wahlkomitee noch für den neuen Legislativrat selbst in Frage käme.

Trotz aller Versuche, den Komitees einen repräsentativen Charakter zu geben, besitzt zum Beispiel das Vorbereitungskomitee in der öffentlichen Meinung keinen Rückhalt. So haben 56,3 % überhaupt kein Vertrauen in das Komitee, 26,9 % sehr geringes Vertrauen, 11,7 % geringes Vertrauen, 3,9 % mittleres und nur 1,2 % volles Vertrauen. 60 % der Befragten sind der Auffassung, daß das Komitee die Bevölkerung der Kolonie ungenügend repräsentiert (South China Morning Post, 25. 6. 96).

5.4 Entscheidungsträger der VR China in Hongkong

Die Schwierigkeiten der politischen Integration Hongkongs in die VR China unter dem Slogan »Ein Land, zwei Systeme« liegen nicht nur in den unterschiedlichen

politischen Strukturen beider politischen Einheiten und den gegensätzlichen Ideologien und Interessen der politischen Führungen, sondern sie werden auch verkompliziert durch die Vielzahl von politischen Entscheidungsträgern in der VR China, die für die Beziehungen zu Hongkong verantwortlich sind:
- die chinesischen Mitglieder der Chinesisch-Britischen Verbindungsgruppe (Sino-British Joint Liaison Group). Die Verbindungsgruppe ist das oberste Verbindungsorgan zwischen der britischen und chinesischen Seite. Es hat die Aufgabe, über alle die Übergabe Hongkongs betreffenden Fragen zu beraten.
- das bereits erwähnte Büro für Hongkong und Macau-Angelegenheiten beim Staatsrat der VR China (HKMAO, Direktor: Lu Ping);
- ein weiteres »Hong Kong and Macau Affairs Office« beim Außenministerium;
- das »Hong Kong and Macau Working Committee«;
- eine kleine Gruppe, zuständig für Hongkong und Macau, beim Zentralkomitee; und schließlich
- die Nachrichtenagentur Neues China in Hongkong, die als inoffizielle, aber wichtigste Vertretung Beijings fungiert.

Zwischen den einzelnen Organen, besonders zwischen dem HKMAO und der Nachrichtenagentur bestehen offenbar starke Gegensätze. Die Agentur, mit über 500 festen Angestellten zuständig für die genaue Beobachtung aller Lebensbereiche Hongkongs, ist die stärkste offizielle Basis der VR China in der Kolonie. Dieses Eigengewicht hatte schon früher zu Spannungen zwischen ihrem ehemaligem Direktor Xu Jiatun, der 1989 in die USA floh, und dem damaligen Leiter des HKMAO, Ji Pengfei, geführt. Dieser Gegensatz hat sich fortgesetzt, wobei die Vertreter der Agentur, insbesondere ihr stellvertretender Direktor Zhang Yunsheng, durch zahlreiche Äußerungen als Hardliner auffallen, während der Direktor des HKMAO in Beijing, Lu Ping, nach außen hin als Vertreter einer relativ gemäßigten Linie gilt.

Mit dem 1. Juli 1997 kommen mehrere einflußreiche Organisationen hinzu, darunter
- das Büro des Außenministeriums der VR China in Hongkong mit über 200 Mitarbeitern;
- Institutionen des tertiären Bildungsbereichs (etwa eine Hongkonger Akademie der Sozialwissenschaften, deren Vorbereitung das 1995 gegründete »Hong Kong Institute for Policy Research« zu dienen scheint); und schließlich
- die ca. 10 000 Mann starke Garnison der »Volksbefreiungsarmee«.

Auf keine der Organisationen haben die Vertreter Hongkongs auch nur den geringsten Einfluß. Besonders deutlich wird dies bei den Streitkräften: Im Gegensatz zum Gouverneur der Kolonie ist sein Nachfolger Tung Chee-Hwa, der Chief Executive, nicht zugleich Oberkommandierender der in Hongkong stationierten Streitkräfte. Er kann damit nicht über deren Einsatz oder Nichteinsatz im Falle von Unruhen entscheiden.

5.5 Der Provisorische Legislativrat

Im Dezember 1996 ›wählte‹ ein Wahlkomitee, bestehend aus 400 Mitgliedern, die ihrerseits vom Vorbereitenden Komitee (s.o. unter 5.3) ernannt worden waren, den Provisorischen Legislativrat, der den bestehenden, frei gewählten Legislativrat nach dem 1. Juli ablösen sollte. Nach vorsichtigen Schätzungen sind unter den 60 Mitgliedern des Provisorischen Legislativrates mindestens 25 geheime KPCh-Mitglieder. Besonders ungünstig für das Ansehen des Gremiums in der Öffentlichkeit ist der Umstand, daß zehn der Mitglieder des Provisorischen Legislativrat bei den ersten freien Wahlen zum Legislativrat 1995 durchgefallen waren, jetzt aber durch die Hintertür plötzlich doch noch einen Sitz erhielten. Weiterhin waren einige Mitglieder des Provisorischen Legislativrats zugleich Mitglieder des »Wahlkomitees«, beziehungsweise auch des Vorbereitenden Komitees, so daß sie sich faktisch selber gewählt haben. So ist es nicht überraschend, daß der Provisorische Legislativrat bei Meinungsumfragen schlecht abschneidet: Lediglich 4 % betrachten ihn als ein Organ, daß die Interessen der Hongkonger Bevölkerung schützt, hingegen billigen 48 % dem existierenden Legislativrat diese Eigenschaft zu. Im Vergleich zum letzteren sieht eine Mehrheit von 58 % den Provisorischen Legislativrat als weniger repräsentativ an (DeGolyer 1997: 13). Ähnliche Ergebnisse erbrachte eine andere Umfrage, wonach nur 22 % glauben, daß der Provisorische Legislativrat glaubwürdig ist (South China Morning Post, 21. 3. 1997).

Aufgabe des Provisorischen Legislativrates ist es, jene Gesetze vorzubereiten, welche nach dem 1. Juli 1997 an die Stelle der von Beijing annullierten Gesetze und Gesetzesänderungen treten sollen. Dazu gehört auch die Neufassung der Wahlgesetze für die Wahl eines neuen Legislativrates, die 1998 erfolgen soll.

5.6 Die Beeinflussung der Massenmedien

Im Rahmen der Strategie Beijings zur Übernahme Hongkongs spielen die Massenmedien eine besonders wichtige Rolle, da ohne ihre Kontrolle die Ausschaltung der Opposition nicht möglich ist.

Hongkong verfügt über ein voll ausgebildetes System von Massenmedien. Bis vor wenigen Jahren unterlag die Berichterstattung keiner Beschränkung. Durch mehrere Gesetzesänderungen hatte die Regierung zudem versucht, die noch bestehenden Gesetze aus der Kolonialzeit mit der vom Legislativrat 1991 verabschiedeten Bill of Rights in Einklang zu bringen und sie damit zu liberalisieren. Dennoch hat sich die Lage der Medien eindeutig verschlechtert: Seit Beginn der neunziger Jahre erfolgt eine indirekte und direkte Einwirkung von Institutionen aus Beijing und der Provinz Guangdong auf die Hongkonger Medien mit dem Ziel, diese auf die Linie Beijings festzulegen. In mehreren Reden haben führende Vertreter der Nachrichtenagentur Neues China in Hongkong, aber auch der Außenminister der VR China, deutlich gemacht, daß sich Journalisten bei ihrer Berichterstattung »patriotisch« verhalten sollen: Sie sollen »China lieben, Hongkong lieben«, und das Grundgesetz der Sonderverwaltungsregion hochhalten. Die Verbreitung von »Gerüchten« werde man hingegen nicht zulassen. Chinesische Stellen gehen gegen nicht-kooperationswillige Medien mit den Methoden der Warnung (Gespräche), des Anzeigenboykotts, dem Entzug von Lizenzen auf dem Festland, der Einschüchterung, der finanziellen Übernahme sowie der exemplarischen Bestrafung vor. So werden Vertreter der Hongkonger Medienorganisationen darauf hingewiesen, daß sie sich selbst zu »disziplinieren« hätten und das Festland nicht kritisieren dürften. Kritische Berichterstattung über die VR China gelte als Einmischung in die inneren Angelegenheiten des Landes. Die 1994 in Beijing erfolgte Verurteilung des Hongkonger Journalisten der Zeitung Ming Pao, Xi Yang, zu 12 Jahren Gefängnis (Ende 1996 überraschend freigelassen), und der Beijinger Journalistin Gao Yi zu sechs Jahren wegen angeblichen Verrats von »Staatsgeheimnissen« (die nachweislich auch in anderen Zeitungen standen), können als exemplarische Bestrafungen und somit als Signale an die Journalisten in Hongkong gedeutet werden, sich in ihrer Berichterstattung vorsichtshalber konform zu verhalten.

5.7 Die Haltung der Wirtschaft

Nicht nur Hongkonger Unternehmen haben in den letzten Jahren in der VR China investiert, sondern auch Unternehmen aus der VR China in Hongkong. So wird geschätzt, daß über die Hälfte des Immobilienmarktes von Hongkong bereits von Festlandfirmen kontrolliert wird. Über 1 000 Firmen vom Festland sind in Hongkong registriert, davon über 100 Konzerne, die von mehreren Provinzen geführt werden. Diesen Firmen ist u. a. auch die Aufgabe zugedacht, während der Periode des Übergangs einen stabilisierenden Faktor zu bilden. Als Beitrag zur Stabilität wird auch die wachsende Verflechtung zwischen Hongkonger und festländischen Firmen betrachtet. Ein Beispiel dafür sind der Erwerb von Anteilen der Cathay Pacific Airways (Hongkong) durch Citic Pacific (Festland) und der Erwerb von Anteilen der Dragon Air (Hongkong) durch die staatseigene China National Aviation Corporation.

Die politischen Konsequenzen der sich dabei entwickelnden finanziellen Abhängigkeiten wurden erstmals im April 1996 deutlich, als sich alle großen Wirtschaftsverbände Hongkongs gegen den Gouverneur stellten und ihn in einem offenen Schreiben aufforderten, bei der Einsetzung des verfassungsrechtlich und politisch höchst umstrittenen Provisorischen Legislativrates mit dem Vorbereitungskomitee zusammenzuarbeiten. In diesem Zusammenhang wird eine wachsende Interessenübereinstimmung deutlich zwischen der Schicht der reichen Businessleute in Hongkong und der Schicht der »Kronprinzen« (= Angehörige führender chinesischer Politiker) in der KPCh, die auf Grund ihrer kommunistischen Herkunft inzwischen große Teile der chinesischen Wirtschaft kontrollieren. Aus Verlautbarungen einzelner Mitglieder der Hongkonger Geschäftswelt, z. B. des Tycoons Henry Fok, der zugleich stellvertretender Vorsitzender der Politischen Konsultativkonferenz des Chinesischen Volkes ist, wird ersichtlich, daß die bisher erfolgte Demokratisierung des politischen Systems in Hongkong nicht im Interesse dieser Gruppen zu liegen scheint und rückgängig gemacht werden soll.

6. Das Verhalten der Bevölkerung

Da etwa die Hälfte der Bevölkerung vor den Kommunisten in die Kolonie geflohen ist oder aus geflohenen Familien stammt, dürfte sich die Freude über die Vereinigung mit der VR China schon immer in Grenzen gehalten haben. Auf Grund der nach 1978 einsetzenden Veränderungen in der VR China waren jedoch bis zum

Juni 1989 noch 75 % der Bevölkerung optimistisch hinsichtlich der Zukunft Hongkongs. Nach dem 4. Juni 1989 sank die Zahl auf 52 %. Immerhin befürworteten im Februar 1996 noch 46 % der Befragten grundsätzlich die Zugehörigkeit Hongkongs zu China. Ein etwa gleich großer Anteil sprach sich jedoch für die Unabhängigkeit (14), den Status einer britischen Kolonie (18) oder für die Zugehörigkeit zum Commonwealth aus (12). Hinsichtlich der politischen Stabilität nach 1997 zeigten sich zum selben Zeitpunkt 57 % leicht und 10 % stark beunruhigt, gegenüber 30 %, die sich keine Sorgen machten. 13 % waren ohne Meinung (DeGolyer 1996: 35).

Überraschend positiv ist die Einstellung der Bevölkerung zur Regierung der Kolonie: Die Kolonialregierung unter Gouverneur Patten erfreute sich einer Zustimmung, von der die britische Regierung im eigenen Land nur träumen kann: 73 % zeigten sich zufrieden mit der Regierung, und 90 % der Befragten gaben an, sie wären mit ihrem Leben glücklich. Die Regierung der VR China kam hingegen auf 38 % (DeGolyer 1997).

Nach Angaben der Hongkonger Regierung verlassen seit 1990 jährlich ca. 60 000 Menschen Hongkong, von denen 12 % zurückkehren. Etwa 700 000 bis 800 000 von insgesamt 6,2 Millionen Hongkongern sollen inzwischen einen (meistens durch Kauf) erworbenen ausländischen Paß (Zielländer: Australien, Kanada, USA, Neuseeland, Singapur, Malaysia, Indonesien) besitzen. Weitere 500 000 bis 600 000 verfügen über eine Aufenthaltsgenehmigung in einem anderen Staat. Ca. 500 000 haben zudem in den ersten Monaten 1996 einen Antrag auf Ausstellung eines »British National Overseas Passport« (BNO) gestellt, der ihnen die visafreie Einreise nach Großbritannien, aber auch in andere Staaten ermöglicht. Rechnet man Kinder und Greise ab, haben statistisch in jeder Familie ein oder zwei Mitglieder die Möglichkeit, im Falle einer Krise Hongkong zu verlassen und in einem anderen Land zu leben. In diesen Angaben sind jedoch nicht die 450 000 Ausländer enthalten, die in Hongkong arbeiten und jederzeit von heute auf morgen in ihre Herkunftsländer zurückfliegen können. Über die Hälfte aller potentiellen Emigranten gaben an, daß sie bereits über Stützpunkte in Übersee in Form von früher ausgewanderten Familienmitgliedern verfügten.

Generell will die Mehrheit der Hongkonger jedoch bleiben und abwarten. Allerdings gaben 45 % derjenigen Befragten, welche vorerst bleiben werden, im Februar 1997 an, Hongkong ebenfalls verlassen zu wollen, sollten sich die Verhältnisse ungünstig entwickeln. Weitere 8 % erklärten, sie würden ebenfalls gehen wollen, besäßen aber nicht die Mittel dazu. Als auslösende Faktoren für den möglichen Weggang wurden politische Instabilität (28 %), Einschränkung der Freiheit (21 %) und negative wirtschaftliche Entwicklung (21 %) genannt (DeGolyer 1997: 18).

7. Von der Dekolonisierung zur »Rekolonisierung«?

Der politische Basiskonsens in Hongkong erschien vor der Übergabe in mehrfacher Hinsicht zerbrochen: Die Zusammenarbeit zwischen dem Gouverneur und den Vertretern Beijings wurde eingestellt. Bis zuletzt war das Verhalten einiger Vertreter Beijings gegenüber dem Gouverneur durch Herablassung und Beschimpfungen gekennzeichnet. Beijing versuchte, den Gouverneur zu isolieren und zwischen ihn und die Administration von Hongkong einen Keil zu treiben, was jedoch mißlang. Erfolgreich war Beijing hingegen bei dem Versuch, die Wirtschaft auf seine Seite zu ziehen: Die Wirtschaftsverbände, darunter auch die German Business Association, unterstützten die Einsetzung des von Beijing geplanten Provisorischen Legislativrats und sprachen sich somit gegen die Weiterexistenz des bestehenden, erstmals frei gewählten Legislativrats nach dem 1. Juli 1997 aus. Im Gegensatz dazu verstärkte sich in der öffentlichen Meinung der Widerstand gegen das Vorgehen Beijings, sowohl im Meinungsbild der Bevölkerung, als auch in Form von Demonstrationen. In Meinungsumfragen rangierte Patten Anfang 1997 vor dem zukünftigen Regierungschef Tung Chee-Hwa. Zugleich ging ein Riß durch die Bevölkerung, was Befürwortung oder Ablehnung der Übergabe Hongkongs an die VR China betraf. Zwar nahm die Zahl der Befürworter in den letzten Monaten vor der Übergabe Hongkongs wieder zu, doch wird dies von Soziologen auch auf den Anpassungsdruck zurückgeführt, wonach der Bevölkerung keine andere Wahl blieb.

Eine über ein Jahr lang geführte Umfrage unter hochrangigen Vertretern in Wirtschaft, Politik und unter Regierungsmitgliedern ergab drei Szenarien für die zukünftige Entwicklung Hongkongs:

31 Prozent der Befragten nahmen an, die politische Situation Hongkongs bleibe grundsätzlich stabil, die Währung stark und konvertibel. Handel und Wirtschaft würden sich positiv entwickeln und die Regierung der SAR werde sich bis auf einige Ausnahmen an die Gemeinsame Erklärung und das Basic Law halten.

57 Prozent nahmen an, die Regierung der SAR wie der Provisorische Legislativrat würden überwiegend aus Beijing-freundlichen Persönlichkeiten bestehen. Auch die Richter, ebenfalls nach politischen Gesichtspunkten ausgewählt, würden mehr der chinesischen als der britischen Rechtsauffassung zuneigen. Die Kriminalitätsrate werde steigen. Korruption und Schwarzgeldpressung würden zunehmen, ebenso der Wettbewerb mit Firmen, die Ministerien auf dem Festland gehören oder im Hintergrund haben, und damit über große finanzielle Druckmöglichkeiten verfügen. Nicht-chinesischen Firmen wurde daher empfohlen, einen bekannten Chinesen oder einen seiner Verwandten einzustellen und ihm ein sehr hohes Gehalt zu zahlen (etwa Mitglieder des Vorbereitungskomitees, des Provisorischen Legislativrats oder anderer von Beijing eingesetzter Organe). Weitere vorbeugende Maßnahmen seien die »Lokalisierung bis zu 100 Prozent«, d. h. Senkung des Ausländeranteils an der Gesamtzahl der Firmenmitglieder. Die Lokalisierung werde als Voraussetzung für höhere Akzeptanz bei zukünftigen Verhandlungen angesehen.

12 Prozent der Befragten glaubten, daß Beijing, um jeden zivilen Ungehorsam bereits im Keim zu ersticken, die Armee einsetzen werde. Dissidenten, soweit nicht bereits vor dem 1. Juli emigriert, würden unter Hausarrest gestellt oder anderweitig kontrolliert werden. Überwachung und Polizeistaatsmentalität würden sich ausbreiten. Medien und Telekommunikation würden ebenfalls kontrolliert werden und die bürgerlichen Rechte weitgehend suspendiert. Bei größeren Demonstrationen wird das Herbeiführen von zusätzlichen Truppen aus Guangdong als wahrscheinlich angesehen.

Die Dekolonisierung Hongkongs war gekennzeichnet durch eine Ausweitung des direkten Wahlrechts und eine Liberalisierung der Vorschriften in den Bereichen öffentliche Sicherheit, Versammlungsrecht und Freiheit der Medien auf dem Wege der Angleichung der Gesetze aus der Kolonialzeit an die 1991 vom Legislativrat verabschiedete Bill of Rights. Der Ständige Ausschuß des Nationalen Volkskongresses hat dagegen im Februar 1997 beschlossen, daß alle wichtigen Teile des Reformwerks der letzten sechs Jahre zum 1. Juli 1997 aufgehoben werden: die Liberalisierung der Gesetze aus der Kolonialzeit, ferner die Bill of Rights, die in ihrem Wesensgehalt dahingehend eingeschränkt wird, daß die in ihr niedergelegten Grundrechte für die zukünftige Regierung der Sonderverwaltungsregion Hongkong keine bindende Wirkung haben, und das 1994 eingeführte Wahlrecht zum Legislativrat wie zu den Bezirks- und Stadträten.

Angesichts dieser Ankündigung seitens des neuen Souveräns nehmen viele Beobachter an, daß Hongkong nach einer Phase der Dekolonisierung ab 1997 eine Phase der »Rekolonisierung«, diesmal durch die VR China, bevorsteht. Den ideologischen Hintergrund für diese Entwicklung verdeutlichte ein Artikel der kommunistischen Zeitung Ta Kung Pao (Da Gong Bao) in Hongkong, in dem es hieß, China werde niemals die Existenz eines westlichen repräsentativen Systems auf chinesischer Erde dulden.

Viele Beobachter in Hongkong neigen zu der Auffassung, daß die Führung in Beijing nach dem 1. Juli 1997 wie folgt vorgehen wird: Beijing wird versuchen, den Einfluß der Opposition in Hongkong sukzessive zu verringern und ihren harten Kern zu isolieren. Zugleich wird es die Machtposition der Pro-Beijing-Parteien vergrößern und ihnen zur Dominanz verhelfen. Im März 1997 nahm der Direktor der Nachrichtenagentur Neues China, Zhou Nan, das angestrebte Ergebnis dieser Politik in einer Rede bereits vorweg: Die liberale Opposition sei schon jetzt im Niedergang begriffen. Beijing wird mit Hilfe des Provisorischen Legislativrats eine Scheinlegitimität errichten. Auf der Basis der von diesem Legislativrat beschlossenen Gesetze wird dann die während der britischen Herrschaft erfolgte Demokratisierung »legal« wieder aufgehoben. Insbesondere das zukünftige Wahlrecht wird darüber Aufschluß geben, inwieweit nach 1997 möglicherweise durch wahlrechtliche Manipulationen (Vorauswahl der Kandidaten durch von Beijing kontrollierte Wahlkomitees wie bei den Wahlen zum NVK, Zulassungsbestimmungen etc.) die bisherige Opposition aus dem zukünftigen Legislativrat ferngehalten werden kann. Zugleich wird die Führung versuchen, die angestrebte Umsteuerung des politischen Systems wirtschaftlich dadurch abzusichern, daß sie die bestehende Wirtschaftsordnung unangetastet läßt, eventuell sogar besondere Anreize schafft, um die Sympathien der ausländischen Geschäftswelt zu erhalten, und, wo erforderlich, zugunsten der Wirtschaft stabilisierend interveniert.

Der Kern des Problems in den Beziehungen zwischen Hongkong, London und Beijing ist der Widerspruch zwischen dem undemokratischen und vormodernen Charakter des politischen Systems der VR China und den politischen Grundprinzipien der westlichen Demokratien, die in Hongkong begonnen haben, konkrete Gestalt anzunehmen. Keines der seit 1989 die Beziehungen belastenden Probleme hätte auch nur ein annähernd gleich großes Gewicht bekommen, wenn beide Seiten eine wenigstens in Teilen verwandte Vorstellung von Demokratie und Menschenrechten gehabt hätten. Es erscheint daher als eine Dialektik der Geschichte, daß zum Zeitpunkt der Abschaffung des letzten kolonialen Relikts auf chinesischem Boden, nämlich Hongkong, dieses erneut zum Opfer politischer Unterdrückung zu werden droht.

Verwendete und weiterführende Literatur

CHENG, JOSEPH Y. S.; LO, SONNY S. H. (1995): From Colony to SAR. Hong Kong's Challenge Ahead, The Chinese University Press, Hongkong.
CHEUNG, STEPHEN Y.L.; SZE, STEPHEN M.H. (Hrsg./1995): The Other Hong Kong Report 1995, The Chinese University Press, Hongkong.
DEGOLYER, MICHAEL E. (1995): Countdown to 1997: Hong Kong in the Transition, 2 Bände, Hong Kong Baptist University, Department of Government and International Studies.
DEGOLYER, MICHAEL E. (1996): Public Opinion: Perceptions and Misperceptions in Hong Kong and China, Hong Kong Transition Project. Hong Kong Baptist University, Department of Government and International Studies.
DEGOLYER, MICHAEL E. (1997): The Hong Kong Transition Project. Golden Sunset, Red Sunrise: Hong Kong Public Attitudes in the Transition to PRC Rule. Hong Kong Baptist University, Department of Government and International Studies.
DENG XIAOPING (1993): Deng Xiaoping on the Question of Hong Kong. New Horizon Press, Hongkong.
LAU, SIU-KAI (Hrsg./1993): Hong Kong tried Democracy, The Chinese University Press, Hongkong.
LO, SONNY S. H.; MCMILLEN, DONALD H. (1995): A Profile of the »Pro-China Hong Kong Elite«: Images and Perceptions, in: Issues and Studies, 6 (1995), S. 98–127.
MCMILLEN, DONALD H.; DEGOLYER, MICHAEL E. (Hrsg./1993): One Culture, many Systems. Politics in the Reunification of China, The Chinese University Press, Hongkong.
MEISSNER, WERNER (1996): Hongkonger Notizen – Ein politisches Tagebuch. Edition global, München.
MINERS, NORMAN (1993): The Government and Politics of Hong Kong, Oxford University Press, Hong Kong/Oxford.
MING, CHAN K.; CLARK, DAVID J. ET AL. (Hrsg./1992): Hong Kong Becoming China: The Transition to 1997, Band 1: The Hong Kong Basic Law; Band 3: The Common Law in Chinese Context, Band 4: Precarious Balance Between Britain and China, Hong Kong University Press, Hongkong.
WACKS, RAYMOND (Hrsg./1992): The Future of the Law in Hong Kong, Hong Kong, Oxford, New York.
WACKS, RAYMOND (Hrsg./1993): China, Hong Kong and 1997. Essays in Legal Theory. Hong Kong University Press, Hongkong.
WANG GUNGWU; WONG SIU-LUN (1995/Hrsg.): Hong Kong's Transition and After. A Decade After the Deal, Hongkong, Oxford, New York.

XII. Singapur: Zwischen Staat, Markt und Modernisierung

THOMAS MENKHOFF

Einleitung

Die an der Südspitze der malayischen Halbinsel (136,8 km nördlich des Äquators) gelegene Republik Singapur steht in der entwicklungspolitischen Diskussion für erfolgreiche Integration in den Weltmarkt und die Demontage der entwicklungspessimistischen Dependenztheorie. Neben Hongkong, Südkorea und Taiwan gehört der kleine Stadtstaat (mit 641 qkm kleiner als Hamburg) zu den sogenannten Neuen Industrieländern (newly industrializing countries/NICs), die in nachholender Entwicklung zur industriellen Reife herangerückt sind. In knapp 20 Jahren avancierte Singapur unter der straffen Führung des früheren Premierministers Lee Kuan-yew (1959 bis 1990) und der regierenden People's Action Party vom Entrepôt (Stapelplatz) zum internationalen Reparatur-, Handels-, Dienstleistungs-, Investitions- und Bankenzentrum (Regnier 1987).

Von den rund 2,9 Mio. Einwohnern sind 2,3 Mio. Chinesen, 415 900 Malaien (14,2 %), 209 400 (7,1 %) Inder und Pakistanis. Hinzu kommen 35 300 Eurasier, Armenier und »andere« Minderheiten, die 1,2 % der Gesamtbevölkerung repräsentieren. Insgesamt arbeiten in Singapur aufgrund des chronischen Fachkräftemangels rund 40 000 Wissenschaftler, Manager und Techniker aus Europa, Japan, Australien und den USA. Zu 77,5 % geprägt von einer chinesisch-stämmigen Bevölkerung, mit ausländischen Währungsreserven von über 70 Mrd. US $, strikter politischer Ordnung und einer Staatsideologie inkl. nationalen Grundwerten (sogenannten core values), die viele Ähnlichkeiten mit dem Konfuzianismus aufweisen, wird Singapur oft als »chinesischer Modellstaat« außerhalb des eigentlichen Chinas charakterisiert. Der Stadtstaat hat nach Japan (31 450 US $) mit über 19 000 US $ das höchste Pro-Kopf-Einkommen und den höchsten Lebensstandard in Asien. Es liegt damit vor Großbritannien (17 970 US $) und Australien (17 510 US $).

Die Gründe für Singapurs erfolgreichen Aufstieg zum »Neuen Industrieland« sind vielschichtig und eng verwoben. Ein entsprechender Erklärungsansatz muß mindestens vier Faktorenkomplexe berücksichtigen, ohne allerdings damit einen klaren Kausalzusammenhang herstellen zu können: 1. die im Vergleich zu anderen Entwicklungsländern durchaus erfolgversprechenden Startbedingungen wie die günstige geographisch-strategische Lage innerhalb des ost-/südostasiatischen Wirtschaftsraumes, 2. strukturelle Faktoren wie stabile politische Rahmenbedingungen, effiziente und handlungsfähige staatliche Institutionen sowie die Politik der Exportindustrialisierung, 3. externe Faktoren, etwa in Form von günstigen Weltmarktbedingungen und geopolitischen Konstellationen sowie 4. kulturelle Elemente in Form von Werten wie die hohe Lern-, Arbeits- und Sparethik der Bevölkerung.

1. Startbedingungen

Singapur verfügte im Gegensatz zu anderen Entwicklungsländern über relativ günstige Ausgangsbedingungen, als es 1965 wegen wirtschaftlicher, politischer und ethnischer Divergenzen aus der 1963 zusammen mit den Einzelstaaten der malayischen Halbinsel und British Borneo gegründeten, unabhängigen Föderation Malaysia ausschied. Zu diesen Vorzügen zählen zweifelsohne Singapurs Standortvorteile. Verkehrsgünstig gelegen, am Knotenpunkt internationaler Schiffahrts-, Flug- und Handelsrouten, avancierte Singapur mit seinem natürlichen Tiefseehafen in kurzer Zeit zu einem der größten Umschlagsplätze der Welt.

Die geographisch-strategische Lage Singapurs innerhalb Südostasiens und seine logistischen Vorteile waren auch ausschlaggebend für das Interesse der englischen Kolonialmacht an der nur 41,8 km langen und 22,9 km breiten Insel. Am 6. Februar 1819 erwarb der Brite Sir Stamford Raffles im Auftrag der British East India Company von Repräsentanten des Sultanats Johor (zu dem die Dschungelinsel damals gehörte) das Recht, auf Singapur einen Handelsposten zu gründen. Raffles hatte nach einem neuen Stützpunkt für die englischen Opiumklipper gesucht, die die berüchtigte Opium-Route von Kalkutta nach Kanton befuhren. Singapur erschien ideal. Es gab reichlich Trinkwasser, und der natürliche Hafen bot ausreichenden Schutz. Von hier aus konnte der Handel mit China und den östlichen Inseln gut kontrolliert werden. Die ambitiöse britische Kolonialmacht besaß damals östlich der Bucht von Bengalen lediglich Benkulen (Bengkulu), ein kleines Gebiet an der Nordwestküste Sumatras, und Pulau Pinang (das heutige Penang) im Nordwesten der malayischen Halbinsel, das 1786 von Francis Light besetzt worden war. England brauchte eine weitere Niederlassung in der von den Holländern kontrollierten Region, die zu jener Zeit die Oberhoheit über die Straße von Malacca und Sunda ausübten. Raffles schrieb: »Es ist unmöglich, sich einen Ort, der mehr Vorteile in sich vereint, vorzustellen; er liegt innerhalb einer Wochenreise mit dem Segelschiff von China entfernt, ein einziger Freihafen in diesen Gewässern muß letztendlich das holländische Monopol brechen«. Die britische Politik des Freihandels zog in der Folgezeit immer mehr Einwanderer und Kaufleute aus Asien, dem Nahen Osten, Europa und Amerika an und trug maßgeblich zum schnellen Wachstum dieses regionalen Entrepôt bei (Turnbull 1985).

Die 1965 nach Erlangung der vollen Unabhängigkeit von den Briten übernommenen Verwaltungsstrukturen sowie der traditionelle Freihandelsstatus – und damit die Ideologie einer liberalen Wirtschaftsordnung – sind zwei der Säulen, auf denen Singapurs Wirtschaftswachstum aufbauen konnte. Zudem gab es im Gegensatz zu anderen asiatischen Entwicklungsländern keine sozio-ökonomischen Probleme mit in die Stadt drängenden, land- und arbeitslosen Bauern. Der Zuzug von Arbeitsmigranten aus Malaysia, Thailand, Indonesien oder Bangladesh wird seit der Unabhängigkeit streng überwacht. Es gibt keine wirtschaftlichen Interessenkonflikte zwischen unterschiedlich entwickelten Regionen. Die größtenteils von

Einwanderern abstammende, »dynamische« und leistungsbereite Bevölkerung gilt als ein weiterer Plusfaktor.

2. Strukturelle Faktoren

Als wesentliche strukturelle Ursachen für Singapurs Erfolg gelten die »gute Regierungsführung« (good governance) und das hohe Maß an politischer Stabilität. Mit 2,9 Mio. Einwohnern ist Singapur klein genug, um relativ stabile Machtverhältnisse und eine hohe politische, soziale und wirtschaftliche Steuerungsfähigkeit zu gewährleisten. Seit 1959 regiert ununterbrochen die People's Action Party (PAP), bis 1990 unter der paternalistischen Führung von Lee Kuan-yew. Seit November 1990 ist Goh Chok Tong neuer Premierminister. Wirtschaftlicher Pragmatismus, instrumentelle Rationalität, Meritokratie, soziale Disziplin, Ordnung und Expertenherrschaft bestimmen Singapurs öffentliches Gesicht. Die konfliktgeladene Vielparteiendemokratie westlich-liberaler Provenienz steht dagegen im Verdacht, den politischen Entscheidungsprozeß zu lähmen und die Entwicklung einer stabilen »nationalen Gemeinschaft« zu verhindern.

Die zahlreichen Interventionen staatlicher Organe in Wirtschaft und Gesellschaft und die Verfolgung einer export- und wachstumsorientierten Entwicklungsstrategie auf Basis der »richtigen ökonomischen Grundlagen« sind kennzeichnend für Singapurs erfolgreichen Werdegang vom Entrepôt zum Neuen Industrieland (Rhodan 1989; The World Bank 1993). Noch relativ unerforscht ist die Bedeutung der internationalen Entwicklungshilfe, etwa der Einfluß der UNDP (United Nations Development Projects). Diese Organisation hatte 1960 eine Kommission von Wirtschaftsberatern unter der Leitung des Holländers Dr. Albert Winsemius (der von 1960 bis Anfang der 80er Jahre Singapurs Chefberater in Sachen Wirtschaftsentwicklung war) nach Singapur entsandt, die die Blaupause für Singapurs wirtschaftliche Entwicklungsstrategie entwarf:

»Rückblickend erscheint mir Singapurs Evolution seit 1960, als uns das von Dr. Winsemius geleitete UN Team von Wirtschaftsexperten erstmals unter die Lupe nahm, als Prototyp der von internationalen Institutionen wie Weltbank, IMF und GATT propagierten Wirtschaftsentwicklung. Wir haben solche Politiken verfolgt, die die entwickelten Länder den unterentwickelten Ländern nahegelegt haben. So haben wir am Anfang den Schwerpunkt auf die Herstellung von einfachen Produkten gelegt (wobei die entwickelten Länder durch die Öffnung ihrer Märkte geholfen haben) und dann allmählich unser wirtschaftliches Know-how und unsere Fertigkeiten aufgewertet, hin zu höherwertigen und qualifikationsintensiveren Produkten. Letztendlich, so hoffen wir, können wir wie die westlichen Industrieländer kapitalintensive, hochtechnologische Verarbeitungsindustrien aufbauen« (der verstorbene frühere Finanzminister Singapurs, Hon Sui Sen, während einer Debatte über den Staatshaushalt 1978 im Parlament Singapurs, zit. nach Chow et al. 1989: 19).

Die Berater entwickelten realistische Empfehlungen, die von der politischen Führung Singapurs ohne größere Änderungen implementiert wurden. Wenn man rückblickend die 1960 formulierten Empfehlungen der UNDP-Kommission zur Wirtschaftsförderung Singapurs studiert, drängt sich der Eindruck auf, daß Singapur ein seltenes Beispiel für nachhaltige Entwicklungszusammenarbeit darstellt.

Ohne einen nennenswerten Binnenmarkt und eigene Rohstoffe – so die UNDP-Berater – war Singapur auf die außenwirtschaftliche Öffnung, Auslandsinvestitionen und die Integration in den Welthandel angewiesen. Betrachtet man diesen Integrationsprozeß in zeitlicher Perspektive, so lassen sich grob 4 Phasen unterscheiden:
1. Die Frühphase von 1959 bis Mitte der 60er Jahre, geprägt durch die zusammen mit Malaysia verfolgte Importsubstitutionspolitik.
2. Die Phase der forcierten Exportorientierung – bzw. Industrialisierung von 1967 bis 1973, bei der die Ausfuhr arbeitsintensiv hergestellter Verbrauchsgüter (Textil-, Bekleidungs- und Elektroindustrie) und die Subvention öffentlicher Sozialleistungen dominierten, zwecks Absicherung der politischen Legitimität der PAP und des wirtschaftlichen Aufschwungs.
3. Die Phase der industriellen Restrukturierung, d. h. der beschleunigte Aufbau von Sektoren mit höherer Humankapital- und Technologieintensität von 1973 bis 1984, die aufgrund der hohen Kosten mit einer Neudefinition der Rolle des Staates und der staatlichen Sozialpolitik (weniger Staat, mehr Eigeninitiative) verbunden war.
4. Die seit 1985 zu beobachtende Phase der verstärkten Diversifizierung der Industriestruktur und der Förderung des Dienstleistungssektors bei steigender Konzentration auf Sektoren mit höherer Wertschöpfung.

2.1 Die Frühphase: 1959–1965

Die 1954 im Zuge der Entkolonialisierung gegründete People's Action Party (PAP) unter der Führung von Lee Kuan-yew war in ihren Gründerjahren mit einem sozialdemokratischen bis sozialistischen Image angetreten. Industrialisierung, soziale Wohlfahrt, Zusammenschluß mit dem 1957 unabhängig gewordenen Malaya und volle Souveränität waren einige der wichtigsten Programmpunkte der PAP. Nach Inkrafttreten des Abkommens über die innere Verwaltungsautonomie Singapurs im Jahre 1959 gewann sie bei den ersten Wahlen unter der neuen Verfassung auf Anhieb 43 von 51 Sitzen im Parlament (53 % aller Wählerstimmen). Am 3. Juni 1959 wurde Lee Kuan-yew als erster Premierminister Singapurs vereidigt.

Zwischen 1959 und der Gründung der unabhängigen Föderation Malaya im Jahre 1963 kam es innerhalb der PAP zu starken Flügelkämpfen zwischen dem bürgerlich-antikommunistischen Lager um Lee Kuan-yew und den populistisch-prokommunistisch orientierten Gewerkschaftsaktivisten um Lim Chin. Mitte 1961 brachen die beiden Fraktionen auseinander. Die Barisan Sosialis (Sozialistische Front) trennte sich von der PAP. Im Februar 1963 wurden auf Geheiß des Internal Security Council über hundert oppositionelle Gewerkschafts- und Studentenführer sowie 24 Barisan-Führer verhaftet. Bei den kurz danach stattfindenden Wahlen gewann die PAP 37 von 51 Parlamentssitzen.

Der schwelende Konflikt zwischen der parteipolitischen Allianz aus der United Malay National Organisation, der Malaysian Chinese Association und dem Malaysian Indian Congress in Kuala Lumpur sowie der singapurischen PAP führte zwischen 1963 und 1965 zu einer Art kaltem Krieg um den ethnischen Proporz in der

Verwaltung und den Machtapparaten der Malaiischen Föderation. In diesem Klima kam es 1964 in Singapur zu Rassenunruhen und 1965 zur Trennung von Malaya und Singapur. Singapur gab sich als selbständige Republik eine neue Verfassung, die Ära ungebrochener PAP-Herrschaft begann.

Mit der Loslösung von Malaysia und der politischen Unabhängigkeit (auf Malaiisch Merdeka) im Jahre 1965 stand die von der People's Action Party (PAP) gebildete Regierung Singapurs vor erheblichen Strukturproblemen: Der Industrialisierungsgrad war gering, die Infrastruktur mangelhaft, es fehlten Arbeitsplätze, Einkommensmöglichkeiten und Wohnraum, die Gesundheitsversorgung war unzureichend, der Ausbildungsstand der Bevölkerung war niedrig. Die rasche Bevölkerungszunahme verschärfte die Probleme.

2.2 Die Phase der forcierten Exportindustrialisierung (1967–1973)

Der Schwerpunkt der staatlichen Wirtschaftspolitik lag deshalb auf der raschen Exportindustrialisierung und dem Ausbau der Infrastruktur sowie der Verbesserung der sozialen Wohlfahrt. Da für die Entwicklung einer international wettbewerbsfähigen Industrie Fachkräfte, Kapital und technisches Wissen fehlten, bemühte sich die 1961 auf Empfehlung der UN-Berater gegründete Wirtschaftsplanungsbehörde »Economic Development Board« (EDB) mittels industriepolitischer Anreize um ausländische Direktinvestitionen multinationaler Konzerne. In den Jahren 1965 bis 1970 wurden eine Reihe von staatlichen Sonderprogrammen zur Förderung der Exportwirtschaft (Abbau von Zollhemmnissen etc.) und zur Anhebung des Ausbildungsstandes der Bevölkerung aufgelegt, mit denen die Industriestruktur erfolgreich aufgewertet wurde. Ausländische Investoren erhielten Abschreibungs- und Steuervergünstigungen für Kapitalanlagen, Exportanreize wie zinsvergünstigte Ausfuhrkredite und geeignete Standorte in den von der 1968 gegründeten Jurong Town Corporation im Westteil der Insel errichteten staatlichen Gewerbeparks. Der Ausbau und die Verbesserung des Straßennetzes, des öffentlichen Nahverkehrs, des Hafens, des Kommunikationssystems, der Hygiene, Kanalisation und Abfallbeseitigung waren weitere wichtige Voraussetzungen für den wirtschaftlichen Wachstumsprozeß und die Hochkonjunktur im Bereich der Elektro- und Elektronikindustrie, der Mineralölverarbeitung, der Werftindustrie sowie der Textilindustrie.

Reste der sozialistischen Philosophie der PAP zeigten sich während der 60er und 70er Jahre in der Bereitstellung einer Vielzahl öffentlicher Dienstleistungen und Güter zu relativ niedrigen Preisen. Die hohen staatlichen Investitionen im Gesundheits-, Ausbildungs- und Wohnungswesen waren aus Sicht der pragmatisch eingestellten Regierung notwendige Investitionen in Humankapital. Die staatlichen Subventionen ermöglichten indirekt ein für eine wettbewerbsfähige Exportindustrialisierung notwendiges, relativ niedriges Lohnniveau bei gleichzeitiger Befriedigung der elementarsten Grundbedürfnisse der Arbeiterschaft. Während die Regierung eine sozialstaatliche Entwicklung nach westlichem Vorbild aus ideologischen und wirtschaftspolitischen Gründen ablehnte (und heute noch ablehnt), wurde der arbeitsrechtlichen Ausstattung des Arbeitsplatzes frühzeitig besondere Aufmerksamkeit geschenkt. Singapur war eines der ersten Länder in der Region, das Arbeitnehmern per Gesetz das Recht auf Entschädigungsleistungen bei Arbeitsunfällen einräumte (Workmen's Compensation Act).

Das 1955 noch von den Briten eingeführte System des Zwangssparens zur Altersversorgung (Central Provident Fund Act) wurde erheblich ausgeweitet und schuf für einen immer größer werdenden Teil der Bevölkerung eine neue Grundlage für die individuelle Daseinsvorsorge und soziale Sicherheit. Das System bot die Voraussetzung für eine hohe volkswirtschaftliche Sparquote und avancierte nach der Unabhängigkeit zu einer wichtigen Ressource für die Finanzierung notwendiger Infrastrukturmaßnahmen und anderer produktiver Investitionen. Zudem ermöglichte es, über die Funktion der Konsumdämpfung den rasanten Zustrom ausländischen Kapitals zu neutralisieren und die Inflationsrate niedrig zu halten. Eine weitere wesentliche Voraussetzung für die hohe Sparquote ist die relativ effiziente Kontrolle des Banken- und Finanzsektors durch die 1971 gegründete »Monetary Authority of Singapore«, die quasi Zentralbankfunktionen ausübt. Im Gegensatz zu anderen Entwicklungsländern gibt es in Singapur keine Probleme im Bereich der Ersparnismobilisierung. Singapurische Kleinsparer haben Zugang zu sicheren Finanzinstitutionen und -dienstleistungen. Die Einlagen der 1877 gegründeten POS Bank betrugen am Jahresende 1993 rund 20 Mrd. S $ (ca. 32 Mrd. US $).

Der steigende Lebensstandard und die Partizipation nahezu aller gesellschaftlichen Gruppen am Wachstum sicherte der PAP die Unterstützung durch weite Teile der Bevölkerung. Zwischen 1968 und 1980 gewann sie bei den Parlamentswahlen alle Mandate. Eine besondere Rolle spielte dabei der öffentliche Wohnungsbau (s.u.). Die politische Stabilität und öffentliche Unterstützung für die Politik der Regierung basiert nicht nur auf der Fähigkeit, öffentliche Güter in ausreichendem Maße bereitzustellen. Sie basiert auch auf einem enggeknüpften Netz diverser Graswurzelorgansiationen wie den sogenannten »People's Associations«, die in den jeweiligen Nachbarschaftsvierteln Gemeindezentren und Kindergärten unterhalten, sowie den in jedem Wahlkreis eingerichteten sogenannten »Citizen's Consultative Committees«.

Singapurs Stadtbild hat sich in den letzten beiden Jahrzehnten drastisch verändert. Die hypermodern anmutende asiatische Metropole (ohne Slumviertel) mit ihren strengen stadthygienischen Bestimmungen mausert sich zum Typus der innerstädtisch und international elektronisch vernetzten »Smart City«, laut US-Zukunftsforscher John Naisbitt die wahre »Global City« der Zukunft.

Die Stadtplanung wird seit 1974 von der »Urban Redevelopment Authority« konzipiert. Wolkenkratzer- und Hochhausneubauten von Banken und Versicherungsgesellschaften, Geschäfts- und Dienstleistungszentren, riesige Einkaufszentren und 5-Sterne-Hotels haben die alte zwei- bis dreigeschossige chinesische Reihenhausbebauung weitgehend ersetzt. Die Bewohner der alten slumartigen Wohnquartiere wurden umgesiedelt und in neuen, staatlich subventionierten Wohnkomplexen untergebracht, die im Zentrum, aber vor allem in den neuen Trabantenstädten (»New Towns«) Ang Mo Kio, Bedok, Bishan, Bukit Batok, Jurong West, Clementi usw. entstanden sind.

In den von der staatlichen Wohnungsbaubehörde seit 1960 errichteten über 714 000 Wohnungen leben heute ca. 87 % der Bevölkerung mit einer durchschnittlichen Pro-Kopf-Wohnfläche von 20qm. Rund 80 % dieser Wohnungen sind mittlerweile in Privateigentum übergegangen. Ermöglicht wurde dies u. a. durch das 1964 eingerichtete »Home Ownership for the People Scheme« und den »Central Provident Fund« (CFP). Seit 1968 können die Einwohner Singapurs ihre in den CPF eingezahlten Ersparnisse für den Erwerb von Wohnungen der staatlichen Wohnungsbaubehörde nutzen. In den neuen Trabantenstädten leben bereits rund 56 % der Bevölkerung, mit steigender Tendenz. Sie sind mit Nachbarschaftszentren, Schulen, Kindergärten, Kinderspielplätzen, Schwimmbädern und kleinen Einkaufszentren ausgestattet und an den leistungsstarken öffentlichen Busverkehr angeschlossen. Ein Schnellstraßennetz verbindet die Siedlungskomplexe miteinander. Fast vollendet ist der inselweite Ausbau des 1983 begonnenen, modernen unter- und oberirdischen Schnellbahnnetzes.

Die Ansiedlung multinationaler Konzerne und Industriebranchen wie der Elektro- und Elektronikindustrie sowie der Textilindustrie führte zu einem sprunghaftem Anstieg von (Frauen-)Arbeitsplätzen. Um ein ausreichendes Arbeitskräftepotential zu gewährleisten, wurden in den 60er und 70er Jahren eine Reihe von Gesetzen und Bestimmungen erlassen. 1960 verabschiedete die Regierung die sogenannte »Women Charter«, die ein erster Schritt zur Beseitigung bestehender geschlechtsspezifischer Ungleichheiten auf dem Arbeitsmarkt und im Bildungsbereich war. Ein weiterer Grund für die rapide Zunahme der weiblichen Erwerbstätigen in den 60er und 70er Jahren war das während dieser Zeit eingeführte Familienplanungsprogramm mit dem Ziel, die durchschnittliche Kinderzahl in den Familien von 6 auf 2 bis 3 zu reduzieren. Durch Änderungen im Arbeitsrecht wurde – bei gleichzeitiger Einführung eines basalen Mutterschaftsschutzes – das Verbot der Nachtarbeit für Frauen gelockert. Viele Betriebe der Leichtindustrie wurden in unmittelbarer Nähe der neu entstehenden staatlich geförderten Wohnkomplexe angesiedelt, um einen relativ problemlosen Zugang zum Arbeitsplatz zu gewährleisten.

Um Verteilungskämpfe, Streiks und Arbeitskämpfe zu verhindern, wurde der Einfluß kommunistischer Interessengruppen sowie unabhängiger Gewerkschaften in den 60er und 70er Jahren von der PAP systematisch ausgeschaltet. Die heute rund 80 registrierten Gewerkschaften Singapurs mit ihren ca. 217 000 Mitgliedern (Dachverband: National Trade Union Congress/NTUC) sind den politischen Zielen der Regierung verpflichtet. Sie dienen als Institutionen zur Durchsetzung lohnpolitischer Ziele sowie als »Frühwarnsystem« für gesellschaftliche Problemfelder. Arbeits- und Lohnkämpfe sind heute so gut wie unbekannt. Die Höhe von Löhnen und Gehältern, arbeitsrechtliche Bestimmungen etc. werden von der Regierung in Absprache mit dem 1972 gegründeten »Nationalen Lohnrat« festgelegt. Dieses Gremium setzt sich aus Vertretern der Arbeitgeber, der Gewerkschaften und des Staates zusammen und formuliert alljährlich unter Beachtung der makroökonomischen Rahmenbedingungen Vorschläge hinsichtlich volkswirtschaftlich sinnvoller Lohnerhöhungen.

2.3 Aufbau von Sektoren mit höherer Humankapital- und Technologieintensität (1973–1984)

Ende der 70er Jahre führte die arbeitsintensive Industrialisierung zu Engpässen auf dem Arbeitsmarkt und zu einem langsamen Anstieg der Lohnkosten bei zunehmender Konkurrenz durch andere Billiglohnländer und stagnierender Arbeitsproduktivität. Gleichzeitig zeichneten sich bei den arbeitsintensiv hergestellten Exportgütern Absatzgrenzen ab. Dies veranlaßte die Regierung ab 1973 zu einem erneutem Strategiewandel mit dem Ziel der Umstrukturierung und Verbesserung des industriellen Sektors, d. h. der allmählichen Abkehr der Industrie von arbeitsintensiven Bereichen mit niedrigem Technologiegehalt.

Ziel der ab 1979 vehement implementierten Hochlohnpolitik war es, die Unternehmer zu einer stärkeren Mechanisierung, Rationalisierung, Automatisierung und Computerisierung ihrer Betriebe zu zwingen. Arbeitsplätze sollten eingespart, die Arbeitsproduktivität und damit das Pro-Kopf-Einkommen gesteigert werden. Weitere Motive waren die Verbesserung der Produktions- und Güterqualität sowie die Stärkung der Wettbewerbsposition Singapurs gegenüber den auf den Weltmarkt drängenden Niedriglohnländern wie Taiwan, Hongkong, Südkorea, China und Indien.

Nach Ansicht der Regierung hatte die Niedriglohnpolitik der früheren Jahre den Marktpreis für den Faktor Arbeit angesichts der Knappheit an Arbeitskräften und der Abhängigkeit von ausländischen Arbeitskräften verzerrt. 1979 empfahl der Nationale Lohnrat drastische Lohnerhöhungen, höhere CPF-Beiträge der Arbeitgeber sowie die Einrichtung eines sogenannten »Skills Development Fund«, um das Qualifikationsniveau der Arbeitnehmer entsprechend der beabsichtigten Entwicklung von kapitalintensiven Hochtechnologieindustrien anzuheben. Die Arbeitgeber wurden verpflichtet, für jeden Arbeitnehmer mit einem Monatseinkommen von bis zu 750 S $ 5 S $ an den neuen Fonds abzuführen. Zwischen 1979 und 1981 (Phase der korrigierten Lohnpolitik) führten diese Maßnahmen für die Unternehmen zu einem Anstieg der Lohnkosten um durchschnittlich 58 % in Verbindung mit signifikanten Reallohnsteigerungen.

Die Entwicklung von High-Tech-Industrien mit einer höheren Humankapital- und Technologieintensität sowie die Ausbildung von höher qualifizierten Arbeitskräften wurde (und wird) vom Staat vehement mit steuerlichen und finanziellen Anreizen gefördert. So stiegen die Investitionen in entsprechende Aus- und Fortbildungsprogramme zwischen 1978 und 1983 um rund 1 000 % (Rhodan 1989: 149). Das Ergebnis dieser staatlichen Interventionen ». . . has been a broad, technically inclined« human capital base well-suited to rapid economic development« (The World Bank 1993: 15)

Der EDB unterstützte die Errichtung von Berufsbildungszentren in enger Zusammenarbeit mit den großen, in Singapur ansässigen Auslandsunternehmen wie Rollei oder Phillips. Besonderes Gewicht legte man neben der Facharbeiterausbildung auf die Qualifizierung von technischen Führungskräften im Bereich der mittleren technischen Bildungsebene für die Metallindustrie. Anfang der 80er Jahre kam es in enger Kooperation mit mehreren westlichen Industrieländern zur Gründung von Technologie-Instituten. Ein Beispiel ist das mit deutschen Entwicklungsgeldern geförderte German-Singapore Institute, das mittlerweile in das Nanyang Polytechnic integriert wurde. Ebenfalls in diese Zeit (1981) fällt die Gründung des »National Computer Board«, dem neben der Computerisierung der öffentlichen Verwaltung die Aufgabe übertragen wurde, die Bevölkerung für moderne Informationstechnologien zu sensibilisieren.

Seit 1980 werden immer mehr öffentliche Mittel für Forschungs- und Entwicklungszwecke bereitgestellt, um der geringen Verflechtung von Forschung und Produktion entgegenzuwirken sowie die eigenen Unternehmen zu fortlaufenden technologischen Innovationen zu befähigen. Priorität genießen hochtechnologische

Verarbeitungsbranchen wie der Maschinenbau, der medizinische und chirurgische Apparatebau, die Chemie-, Pharma- und Computerindustrie, die Feinoptik, der Präzisionswerkzeugbau, die Elektronik sowie die Herstellung von Hydraulikanlagen und pneumatischen Kontrollsystemen.

Die Verbesserung und der weitere Ausbau der physischen Infrastruktur waren und sind weitere wichtige Voraussetzungen für die erfolgreiche, vom Staat maßgeblich vorangetriebene Umstrukturierung. Seit 1980 konzentriert sich die Jurong Town Corporation auf die Entwicklung von Loyang, der Seletar Air Base und des Singapore Science Parks zu Zentren der Luftfahrtindustrie sowie spezialisierter Forschungs- und Entwicklungsunternehmen. Die Gründung weiterer Staatsbetriebe (sog. government linked companies) wie Singapore Aircraft Industries, Singapore Technology Corporation, Venture Investment oder die Government of Singapore Investment Corporation unterstreicht die starke Rolle des Staates in diesen Sektoren.

Insgesamt gibt es rund 560 Staatsbetriebe in Singapur, die nicht vor privatem Wettbewerb geschützt werden und im Gegensatz zu Ländern wie China, Vietnam oder Rußland zum größten Teil erfolgreich wirtschaften. Der Staat beteiligt sich zwar mit Risikokapital an der Förderung von Schlüsselindustrien, ineffiziente Industriezweige aber werden nicht künstlich am Leben gehalten. 1990 betrug das Gesamtvermögen dieser Unternehmen 10,6 Mrd. S $. Dies entspricht einem Anteil am BIP von 18,4 %. Groben Schätzungen zufolge gehörten dem singapurischen Staat zu Beginn der 90er Jahre 69 % des Gesamtvermögens aller lokal kontrollierten Unternehmen Singapurs (Vennewald 1994: 332). Zur Kennzeichnung der starken Rolle des Staates als Unternehmer und der Abhängigkeit Singapurs von ausländischen Managern hat sich der Begriff »managerial capitalism« eingebürgert. Der Förderung der Unternehmer im eigenen Lande wird erst seit der Rezession 1985/86 besondere Beachtung geschenkt (Lee & Low 1990; Menkhoff 1993).

Ein herausragendes Merkmal des Entwicklungsweges von Singapur und damit einer der Erfolgsfaktoren ist die institutionelle Effizienz der öffentlichen Verwaltung bzw. all jener Behörden (Economic Development Board, Trade Development Board, Monetary Authority of Singapore etc.), die die staatliche Rahmenplanung und Entwicklungspolitik formulieren und implementieren. Neben den politisch-bürokratischen Eliten sind dies vor allem die in den Staatsapparat (Parlament, Kabinett, Bürokratie, staatliche Wirtschaftsbetriebe) kooptierten Technokraten.

Eine wichtige Variable in der Erfolgsbilanz ist der ökonomische Sachverstand der singapurischen Wirtschaftslenker, die die richtigen makroökonomischen Rahmenbedingungen geschaffen haben und für Singapurs makroökonomische Stabilität verantwortlich zeichnen. Singapurs Wirtschaftspolitik ist gekennzeichnet durch den effektiven Gebrauch makroökonomischer Instrumente, durch Finanzkonservatismus, regelmäßige Budgetüberschüsse sowie eine moderate Inflationsrate, die während der letzten 6 Jahre unter 3,4 % lag.

Die vorsorgende Haushaltspolitik, die sich an den jährlichen Budgetüberschüssen zeigt, ist aus der Sicht der führenden Politiker des Stadtstaates einer von fünf Faktoren, die für den wirtschaftlichen Erfolg Singapurs verantwortlich sind. Die übrigen offiziell immer wieder genannten Faktoren umfassen die Wahl der freien Marktwirtschaft als Wirtschaftsmodell, die hohe Sparquote und solide Sozialpolitik sowie »strong leadership«. Laut Goh Keng Swee, einem der Architekten des singapurischen Wirtschaftswunders, ist »gute politische Führung« von zentraler Bedeutung für den Wachstumsprozeß in Südostasien. In einem Artikel über den wirtschaftlichen Aufschwung Indonesiens und die Rolle multinationaler Konzerne, in dem er sich kritisch mit der Prophezeihung der Dependencia-Schule auseinandersetzte, »daß die Abhängigkeit von ausländischen Geschäftsinteressen für ein Land eine Reihe schwerwiegender Probleme mit sich bringen werde«, betonte er:

»[...] Indonesiens Werdegang unterstreicht die zentrale Rolle der politischen Führung, ein Aspekt, der in den meisten Wirtschaftsentwicklungsstudien vernachlässigt wird [...] politische Führer [...] müssen sich bei bestimmten Angelegenheiten, bei denen sie selbst unsicher sind, beraten lassen. Die Auswahl dieser Berater zeigt, wie weise sie bezüglich der Folgenabschätzung zukünftiger Probleme sind [...,] wenn sie Erfolg haben [...], bildet sich ein unsichtbarer Bund zwischen dem Volk und seinen Führern, der im Westen so nicht existiert und den hier lebende Westler kaum wahrnehmen« (Straits Times 27/2/1994).

Gohs Einschätzung deckt sich mit der Auffassung der Weltbank. Die Weltbank lehnt die These ab, wonach die Regierungen der ostasiatischen Staaten autoritären Charakter hätten bzw. Entwicklungsdiktaturen seien, in denen machtvolle Technokraten, abgeschirmt von politischen Pressure-groups, Interventionsstrategien entwerfen:

»Das Konzept der Entwicklungsdiktatur übersieht die zentrale Rolle der Kooperation zwischen Staat und privatem Sektor. Während die Führer der high performing Asian economies (HPAEs) dazu tendieren, entweder autoritär oder paternalistisch zu agieren, sind sie gleichzeitig offen für einen Dialog mit Schlüsselfiguren der Wirtschaft und bereit, der technokratischen Elite ein gewisses Maß an Autorität abzutreten. Im Gegensatz zu autoritären Führern in vielen anderen Volkswirtschaften haben die Führer der HPAEs frühzeitig erkannt, daß wirtschaftliche Entwicklung ohne Kooperation unmöglich ist« (The World Bank 1993: 13).

Die Legitimität der politischen Führung basiert nach Meinung der Weltbankökonomen vor allem auf dem Prinzip des »shared growth«, wonach alle Gruppen vom Wachstumsprozeß profitieren. Eine wichtige Rolle spielt dabei in Singapur das subventionierte, öffentliche Wohnungsbauprogramm. Dennoch gibt es gelegentlich Kritik an der als zunehmend ungleich wahrgenommenen Einkommensverteilung und den steigenden Lebenshaltungskosten. Die offiziellen Statistiken zeichnen jedoch ein relativ positives Bild von den sozio-ökonomischen Lebensbedingungen. So stiegen die Reallöhne seit 1988 um 5,2 % bis 7,4 %. Während 1983 rund 79 % der Erwerbstätigen weniger als 1 000 S $ verdienten, waren es 1993 nur noch rund 46 %. Analog stieg die Zahl der Haushalte mit einem Einkommen von mehr als 2 000 S $ von 7,5 % im Jahre 1983 auf 21,5 % im Jahre 1993 (Report of the Labour Force Survey 1993: 183).

2.4 Rezession und Diversifizierung (1985 – heute)

Mitte der 80er Jahre kamen verschiedene Faktoren zusammen, die Singapurs wirtschaftlichen Aufstieg abbremsten: die weltweit sinkende Nachfrage nach Rohstoffen, der Rückgang des Schiffsbaus, die Zunahme protektionistischer Tendenzen, der Verfall der Rohstoffpreise für Kautschuk, Palmöl, Erdöl, Zinn, Reis und das steigende Kostenniveau der singapurischen Wirtschaft. Viele Gewinne flossen wieder ab. Auch die neuen Industriezonen waren konjunkturabhängig. Die Funktion Singapurs als regionaler Entrepôt-Hafen verlor zunehmend an Bedeutung. Die beschleunigte Industrialisierung und Aufnahme von direkten Handelsbeziehungen der Nachbarländer Indonesien und Malaysia zu regionalen und internationalen Absatzmärkten hat starke strukturelle Veränderungen bewirkt.

Mittlerweile ist die Rezession überwunden, nicht zuletzt aufgrund der raschen Implementation der Empfehlungen eines Wirtschaftskomitees, das vom Ministry of Trade & Industry 1986 eingesetzt wurde, um die Ursachen des Konjunkturrückgangs zu analysieren und Lösungswege aufzuzeigen (Ministry of Trade & Industry 1986). Durch die temporäre Senkung der Körperschaftssteuer und der Arbeitgeberbeiträge zum CPF von 25 % auf 10 % wurden die Unternehmen kostenmäßig entlastet. Zudem wurde die Lohnkostensteuer zeitweilig ausgesetzt und das Lohnniveau durch den Nationalen Lohnrat für zwei Jahre eingefroren. Unternehmen, die Singapur zu ihrem regionalen Hauptsitz machten, erhielten Steuervergünstigungen von 10 %. Außerdem privatisierte die Regierung einige der in Staatshand befindlichen Unternehmen.

Seit der Rezession wird stärkeres Gewicht auf die Diversifizierung der Industriestruktur und die Förderung des Dienstleistungssektors gelegt. Singapur soll zu einem Spitzentechnologiezentrum mit einer nachhaltig serviceorientierten Wirtschaftsstruktur werden, das der Industrie in den ASEAN-Staaten zuarbeitet. Ein anderer Schwerpunkt ist der Ausbau des Stadtstaates zum regionalen Zentrum für Finanzdienstleistungen.

3. Externe Bedingungen

Wie die Rezessionsjahre 1974/75, 1982 und 1985/86 gezeigt haben, ist die wirtschaftliche Zukunft des Stadtstaates weitgehend von externen Einflüssen abhängig. Obwohl immer mehr einheimische Firmen regional und global operieren, ist Singapur in starkem Maße auf Auslandsinvestitionen multinationaler Konzerne angewiesen. Von den 4 000 »Multis«, die gegenwärtig in Singapur ansässig sind, sind 800 in der verarbeitenden Industrie tätig. Ihr Exportvolumen entspricht etwa der Hälfte des Bruttoinlandsprodukts von Singapur (Statistisches Bundesamt 1994: 118).

Die seit den 70er Jahren steigenden Auslandsinvestitionen multinationaler Konzerne aus Europa, den USA und dem Fernen Osten (Japan) konzentrieren sich vor allem in der Mineralölindustrie, dem Maschinenbau, der Herstellung von Transportausrüstungen, der Elektro- und Elektronikindustrie sowie der chemischen Industrie. Zum führenden Investor avancierten 1993 die USA mit einem Kapitalaufwand von 1,5 Mrd. S $, gefolgt von den EG-Ländern mit insgesamt 857 Mio. S $ und Japan mit 779 Mio. S $. Die Investitionen lokaler Unternehmen beliefen sich im gleichen Zeitraum auf 741 Mio. S $. In Singapur sind ca. 370 deutsche Unternehmen mit über 8 000 Beschäftigten vertreten.

Die Gründe für die ausländische Investitionsbereitschaft in Singapur sind zugleich einige der zentralen Erfolgsursachen Singapurs. Sie liegen neben den staatlichen Vergünstigungen in der guten Verkehrslage (Schiffahrt und Flugverkehr) und dem effizienten Kommunikationssystem (Telefon, Satellit, Telefax, Telex, Internet, E-mail). Die Leistungsfähigkeit der öffentlichen Verwaltung, die Qualität der disziplinierten Arbeiterschaft und Manager, das frühere niedrige Lohnniveau und die politische Kontinuität sind weitere ausschlaggebende Faktoren. Die hohen öffentlichen und privaten Investitionen in Infrastruktur und Humankapital, insbesondere im Bereich der beruflichen Bildung, sind weitere wichtige Faktoren. Singapurs leistungsbereite Bevölkerung ist eine wichtige Ressource für multinationale Konzerne.

Singapurs Wirtschaft verzeichnete in den Jahren 1988 (+11,1 %), 1989 (+9,2 %), 1990 (+8,8 %), 1991 (+6,7 %), 1992 (+6,0) und 1993 (+9,9 %) bemerkenswerte Wachstumsraten. Die Gründe für die graduelle Verlangsamung des Wachstums zwischen 1988 und 1992 liegen in der Golfkrise, in den rückläufigen Auslandsbestellungen insbesondere in der Elektro- und Elektronikbranche sowie im steigenden Lohnniveau bei hinterherhinkender Produktivitätsentwicklung. Für die Jahre 1995 bis 1999 wird mit einem durchschnittlichen Wirtschaftswachstum von 6–7 % gerechnet.

Aufgrund der steigenden Lohn- und Grundstückskosten sowie der Knappheit an Land und Arbeitskräften ist der Stadtstaat gezwungen, mehr und mehr arbeitsintensive Industrien auszulagern, z. B. nach Batam (Indonesien), das zusammen mit Johore (Malaysia) das sogenannte SIJORI-Wachstumsdreieck bildet. Die Insel Batam liegt 20 km südlich von Singapur und gehört zur indonesischen Provinz Riau. Batams neuer Industriepark (Batamindo Industrial Park) wurde von singapurischen Staatsbetrieben in Zusammenarbeit mit der indonesischen Salim-Gruppe errichtet, die zum Firmenkonglomerat des bekannten indonesischen (ethnisch-chinesischen) Tycoons Liem Sioe Liong gehört. In Kürze werden die in Batams Weltmarktfabriken arbeitenden, zumeist javanischen Arbeiter und Arbeiterinnen die Stammbevölkerung Batams zahlenmäßig weit übertreffen. Verwaltet werden die meisten dieser Betriebe von Singapur aus. Die Rekrutierung der Arbeitsmigranten wird streng überwacht, möglicherweise um Forderungen nach höheren Löhnen entgegenzuwirken. Potentielle sozio-kulturelle Probleme betreffen Konflikte zwischen den Zuwanderern und der einheimischen Bevölkerung sowie die ungleiche Verteilung der Früchte der Entwicklung. Die lokale Bevölkerung ist aufgrund der niedrigen Entschädigungen für ihr Land sowie der zunehmenden Squatter-Siedlungen unzufrieden (Perry 1991: 148, 150).

Der vereinzelte Abzug ausländischer multinationaler Unternehmen wie Toshiba in Billiglohnländer wie Mexiko unterstreicht die Abhängigkeit Singapurs von ausländischen Unternehmen. Angesichts der sich verändernden externen Bedingungen und regionalen Arbeitsteilung braucht der Stadtstaat eine dauerhafte Nische. Der Stadtstaat soll zu einem umfassenden Geschäfts- und Kommunikationszentrum und als globales Sprungbrett ausgebaut werden, von dem aus Wirtschaftsunternehmen in die gesamte asiatische Region und auf andere Märkte vordringen können. Singapur – so der 1991 verabschiedete Strategic Economic Plan – will bis zum Jahre 2030 den Entwicklungsstand der Schweiz erreichen. Wichtige Teilziele dieser Vision umfassen die Steigerung der eigenen technologischen Innovationsfähigkeit, die Erschließung neuer regionaler Märkte (China, Indien, Vietnam und Burma), die Globalisierung der einheimischen Firmen und eine stärkere globale Beweglichkeit der aus Singapur stammenden Manager, die Entwicklung einer kultivierten Gesellschaft usw. Die ehrgeizigen Infrastrukturprojekte wie der Ausbau des See- und Flughafens, die Landgewinnungsmaßnahmen, die Modernisierung des Kommunikationswesens, die Errichtung gewaltiger Lager- und Güterumschlagszentren sowie die zunehmende regionale Verflechtung unterstreichen, daß die politische Führung willens ist, die traditionelle regionale und globale Nutzenfunktion Singapurs weiter auszubauen.

Externe Weltmarkteinflüsse stellen Singapurs Wirtschaftsstrategen regelmäßig vor neue Herausforderungen. Sie sind zugleich wichtige erklärende Variablen für Singapurs Aufstieg vom Entrepôt zum Neuen Industrieland. Singapurs Integration in den Weltmarkt vollzog sich zu einem günstigen welthistorischen Zeitpunkt, als Handel und Exporte weltweit expandierten. Nicht nur das Timing war gut, auch die Kapitalzinsen waren in den 60er Jahren bedeutend niedriger als heute. Die amerikanische Außenpolitik bzw. US-Interessen in der Region sind weitere wichtige Faktoren, die in diesem Zusammenhang erwähnt werden müssen.

Die USA haben den 1967 vollzogenen Zusammenschluß der südostasiatischen Länder Singapur, Malaysia, Philippinen, Indonesien, Brunei und Thailand zur Association of Southeast Asian Nations (ASEAN) nachhaltig unterstützt. Singapur war eines der Gründungsmitglieder dieses anti-kommunistischen Bündnisses und erhielt, ebenso wie die anderen Staaten, großzügige Wirtschafts- und Militärhilfe. Nicht vergessen werden sollten auch der von den USA geführte Koreakrieg und der Vietnamkrieg, von denen der kleine Stadtstaat wirtschaftlich profitierte.

Es steht außer Zweifel, daß der ASEAN-Staat Singapur aufgrund seiner strategischen Rolle im Rahmen dieses antikommunistischen Bollwerks zu jener Zeit von der außenpolitischen Großwetterlage profitiert hat. Singapurs politische Eliten nutzten die politische Situation während des Kalten Krieges, unterstützten die in der Region an Bedeutung gewinnenden USA und erhielten so gewisse wirtschaftliche Konzessionen. Geopolitische Faktoren erklären somit z. T. die im Vergleich zu lateinamerikanischen Ländern relativ starke Verhandlungsposition des Staates gegenüber den Vereinigten Staaten und den westlichen multinationalen Konzernen. Sie erlaubten eine gewisse politische Manövrierfähigkeit gegenüber den USA (relative Autonomie gegenüber US-Hegemonie). Noch unerforscht ist die Geschichte der Beziehung zwischen Politik und ausländischen Investoren. Die entwicklungsfördernde Wirkung ausländischer multinationaler Unternehmen in Singapur ist sicherlich auch eine Funktion der Integrität der politischen Elite. Im Gegensatz zu anderen Entwicklungsländern wird Korruption konsequent geahndet. Bürokraten verdienen Spitzengehälter, die regelmäßig an das Gehaltsniveau der Privatwirtschaft angepaßt werden.

4. Asiatische Werte als Fundament des Wirtschaftswunders?

Um den Aufstieg Singapurs und die wirtschaftliche Dynamik Ostasiens zu verstehen, müssen neben strukturellen, institutionellen und welthistorischen Faktoren auch kulturelle Variablen berücksichtigt werden. Daß Kultur eine interessante, intervenierende Variable in der komplexen und komplizierten Erfolgsgeschichte Asiens ist, zeigt sich an der ungleichen Entwicklung Chinas und jener südostasiatischer Länder, die stark von der unternehmerischen Dynamik der dort lebenden ethnischen Chinesen geprägt sind (Buchholt/Menkhoff [Hrsg.] 1996). Wie empfindlich der Motivationsfaktor auf Umweltturbulenzen und Veränderungen im institutionellen Rahmen reagiert, läßt sich an der Situation chinesischer Kaufleute im vorrevolutionären China und Ländern wie Singapur, Malaysia oder Indonesien zeigen. Während in China das Verhältnis der Kaufmannschicht zum konfuzianischen Beamten- und Gentry-Staat von Appropriation, Ambivalenz und Ignoranz geprägt war, entwickelte sich die aus China stammende, chinesische Händlerminorität in vielen südostasiatischen Ländern zu einem tatkräftigen Marktagenten (Menkhoff 1993; Chan/Chiang 1994).

Die kulturelle Dimension von Entwicklung ist angesichts des Erfolgs der ethnischen Chinesen in Südostasien und des kometenhaften Aufstiegs der neuen Industrieländer wieder ins Blickfeld von Sozialwissenschaftlern gerückt (Redding 1990). Die »Kulturalisten« gehen von der These aus, daß die Dynamik im ostasiatischen Wirtschaftsraum auf das »chinesische Kulturerbe« (den sogenannten Post-Konfuzianismus), zurückgeführt werden kann. In ihm sehen sie das Gegenstück zur protestantischen Ethik, die laut Max Weber die Entwicklung des modernen Kapitalismus in Westeuropa nachhaltig beeinflußt hat. Heute gilt das gemeinsame konfuzianische Erbe (hohe Lernbereitschaft; Gemeinschaftsbezogenheit; Betonung der familiären und persönlichen Beziehungen; Vorrang der Erziehung und des Lernens; Respekt gegenüber Autoritäten; Bereitschaft, sich in eine hierarchische Ordnung einzugliedern; Selbstdisziplin etc.) als treibende Kraft der Entwicklung der »vier Drachen« (Singapur, Hongkong, Südkorea, Taiwan). Noch vor 25 Jahren galten der »Konfuzianismus« und damit viele der o.g. Werte als fortschrittsfeindlich, obgleich Max Weber prognostiziert hatte, daß »der Chinese, aller Voraussicht nach, ebenso fähig, vermutlich noch fähiger sein (würde) als der Japaner, sich den technisch und ökonomisch im neuzeitlichen Kulturgebiet zur Vollentwicklung gelangten Kapitalismus anzueignen.«

Als wichtige Elemente des Motivationsfaktors gelten Wertorientierungen und Wirtschaftstugenden wie utilitaristische Disziplin, eine hohe Lern-, Arbeits- und Sparethik, die familienzentrierte Unternehmensethik und die leistungsorientierte Mentalität der Bevölkerung:

»... der bis vor kurzem anhaltende, kontinuierliche Zustrom chinesischer Immigranten in die in Südostasien existierenden chinesischen Kommunitäten, deren Bereitschaft, für ihren Lebensunterhalt hart zu arbeiten, und der soziale und materielle Druck auf die Nachfolgegeneration, das Wertesystem ihrer Vorfahren zu übernehmen – all dies hat dazu beigetragen, daß die Chinesen heute ein solch dynamisches Element in den südostasiatischen Volkswirtschaften darstellen« (Yoshihara 1988: 58).

Diese oftmals und in fahrlässiger Weise ursächlich mit dem »rationalen Konfuzianismus« in Verbindung gebrachten Elemente haben während der Frühphase der chinesischen Immigration (1870–1930) das chinesische Wirtschaftshandeln nachhaltig geprägt. In der heutigen Zeit lassen sich jedoch auch Gegentendenzen beobachten, wie z. B. der Verfall von Tugenden wie Kindespietät, was die Kontinuität vieler chinesischer Familienbetriebe gefährdet, die Übernahme »westlicher« Werte wie eine stärkere Freizeit- und Konsumorientierung und zunehmender Individualismus. In Anbetracht der populären »Konfuzianismusthese« als Erklärung für dynamische Wirtschaftsentwicklung muß betont werden, daß Untersuchungen, die die Verhaltenskonsequenzen von Taoismus, Buddhismus und anderen religiösen Glaubenssystemen im Kontext chinesischen Wirtschaftshandelns thematisieren, bislang völlig fehlen. *(Siehe auch den Beitrag Nr. II von Carsten Herrmann-Pillath.)*

Nach Meinung des »Economist« sind es vor allem zwei Faktoren, die die Betonung und Förderung konfuzianischer Tugenden und Werte (bzw. der sog. Asiatischen Werte) so verlockend machen: die Hoffnung, gemeinschaftsstiftende Werte zu erhalten bzw. wieder lebendig zu machen, und ihre Nützlichkeit als politische Ideologie:

»In Asien erfreut sich der Konfuzianismus als Erklärungsschema des wirtschaftlichen Erfolges besonderer Popularität. Zum einen gilt er als die verantwortliche Triebkraft für Ostasiens Aufstieg, der ausschließlich auf lokal verankerte Tugenden und Werte zurückgeführt wird [...] Zum anderen stellt er als politische Philosophie für die Politiker eine Alternative zum westlichen Liberalismus dar« (The Economist, 21. 1. 1995: 33).

Die mit zunehmender Emotionalität geführte Debatte um die kulturellen Ursachen der wirtschaftlichen Dynamik Ostasiens zeigt, daß der Konfuzianismus für verschiedene Interessengruppen in »Ost« und »West« zu einem Emblem geworden.

Singapurs Senior Minister Lee Kuan-yew gehört neben Malaysias Premierminister Dr. Mahathir zu den Vorreitern einer gegenwärtig in Asien zu beobachtenden wachsenden Frontstellung gegen westliche Dominierung und westliche Definitionsmacht – bei der Beherrschung der internationalen Märkte sowie bei den Menschenrechten und der Begriffsbestimmung von Modernität. Der erfolgreiche wirtschaftliche Transformationsprozeß in der Region hat zu einem neuen ethnisch-kulturellen Bewußtsein geführt. In Singapur spricht man von der »Renaissance Ostasiens«. Wie Senior Minister Lee Kuan-yew kürzlich betonte, wird die wirtschaftliche Transformation Ostasiens zu einer Bestätigung der asiatischen Kultur, asiatischer Traditionen und asiatischer Werte führen:

»Der Einfluß des Westens auf unsere Lebensstile, Eßgewohnheiten, Mode, Politik und die Medien wird schwinden [...] der asiatische Einfluß wird zunehmen [...] Die Frage, ob asiatische oder westliche Werte die besseren sind, wird nicht allein durch Argumente beantwortet werden. Entschieden wird die Debatte durch die wirtschaftliche Transformation Ostasiens« (The Straits Times, 6. 2. 1995).

Während manche westliche Medienvertreter den Aufstieg Ostasiens als eine Art chinesische Verschwörung interpretieren (nach asiatischer Lesart: Der wirtschaftlich stagnierende Westen macht China und die unterstellte strategische Allianz der weltweiten Kommunität der Überseechinesen zum Sündenbock), sind für viele asiatische Meinungsmacher der »westliche Verfall« (Stichwörter: zerstörerischer Individualismus, Materialismus ohne Moral, Erosion der Familie, steigende Kriminalität, Medienmacht, Wohlfahrtsstaat etc.) und die wirtschaftliche Stagnation Beweis für die moralische Überlegenheit asiatisch-kultureller Traditionen und Werte.

Vor diesem Hintergrund ist die 1988 initiierte Kampagne zur Verbreitung »nationaler Grundwerte« (das Individuum hat gegenüber den Bedürfnissen der Nation und Gemeinschaft zurückzustehen; die Familie ist die grundlegende Einheit der Gesellschaft; Konsens statt Disput; rassische und religiöse Harmonie) zu sehen. Die Ähnlichkeit der nationalen Grundwerte mit den Elementen des Konfuzianismus hatte in der Vergangenheit zu leichten Spannungen geführt. Knapp 25 % der Bevölkerung Singapurs sind nicht-chinesischer Abstammung. So beklagte sich der Oppositionsabgeordnete Chiam See Tong 1989 im Parlament: »Wenn wir uns den Konfuzianismus zu eigen machen, werten wir unsere ethnischen Bindungen zu China auf, obwohl doch jede Unterstützung des chinesischen Chauvinismus eine Gefahr für unsere vielrassige Gesellschaft ist.« Diese Gefahr scheint trotz engerer Beziehungen zur VR China – möglicherweise auch aufgrund des durch die Abgrenzung vom Westen herrührenden, stärker werdenden Kulturstolzes – vorläufig gebannt.

Die 1994 in Singapur verabschiedeten sogenannten Familienwerte (Liebe, Anteilnahme und Sorge; gegenseitiger Respekt; Verpflichtung und Bindung; Verantwortung der Kinder für ihre Eltern; Kommunikation) sind der vorläufige Endpunkt einer langen und kontroversen Diskussion um die fortschreitende »Verwestlichung« und Modernisierung Singapurs, deren Ursachen und Folgewirkungen. Ob die von der politischen Führung in Singapur mit Sorge beobachteten negativen sozialen Folgewirkungen der rapiden Entwicklung in Form wachsender Selbstbezogenheit, zunehmender Scheidungszahlen etc. ursächlich auf westliche Modernisierungseinflüsse zurückgeführt werden können, ist zweifelhaft. Erstens ist der Westen kulturell und in sozialorganisatorischer Hinsicht weitaus heterogener, als durch den Begriff »der Westen« suggeriert wird. Zweitens konzentriert sich die Kritik zumeist nur auf die negativen Aspekte westlicher Gesellschaften. Drittens werden häufig Ursache und Wirkung verwechselt: Modernisierung ist ein neues Phänomen für westliche wie für nicht-westliche Gesellschaften und verläuft in beiden Systemen unterschiedlich. Modernisierung ist nicht gleich Verwestlichung.

Die Art und Weise, wie asiatische Werte von verschiedenen Interessengruppen instrumentalisiert werden, verweist auf die methodologische Schwierigkeit, kausale Beziehungen zwischen Werten und wirtschaftlichen Entwicklungsprozessen herzustellen. Eindeutiger ist die Wirkungskraft im Bereich staatlichen Handelns. Die Internalisierung der o.g. kulturellen Werte wird durch staatliche Agenturen in Form von Kampagnen und Verlautbarungen stark beeinflußt. Wie der bekannte singapurische Diplomat Tommy Koh verlautbaren ließ, sei der in Ostasien existierende »soziale Kontrakt« zwischen dem Staat und der Bevölkerung einer von »zehn asiatischen Werten«, auf denen das ostasiatische Wirtschaftswunder aufbaue. »Gute«, »faire« und »humane« Führer (und Bürokraten) verdienten Respekt und Loyalität, sofern sie – so die konfuzianische Lehre – die Grundbedürfnisbefriedigung gewährleisteten. Der wirtschaftliche Erfolg Singapurs hat diesen sozialen Kontrakt gefestigt. Dies ist eventuell ein Grund dafür, warum sich die meisten Bürger Singapurs widerspruchslos in die von der Regierung vorgegebene hierarchische Ordnung einfügen.

Zusammenfassung und Schlußfolgerung

Der Erfolg des kleinen Stadtstaates kann nicht eindimensional erklärt werden, sondern hat vielfältige Ursachen, die eine interdisziplinäre Analyse erfordern. Neben den relativ günstigen Ausgangsbedingungen, den Standortvorteilen usw. ist insbesondere die Rolle des Staates im Entwicklungsprozeß Singapurs hervorzuheben.

Die pragmatische, interventionistische Wirtschafts- und Gesellschaftspolitik der People's Action Party und die von einer effizienten Wirtschaftsbürokratie implementierte Entwicklungsplanung im Verbund mit der export- und wachstumsorientierten Industrialisierungsstrategie sind wesentliche Faktoren, die zum rapiden Aufstieg Singapurs vom Entrepôt zum Neuen Industrieland beigetragen haben. Eine zentrale Rolle haben die Direktinvestitionen ausländischer multinationaler Unternehmen gespielt, die von der staatlichen Wirtschaftsförderung am stärksten profitieren konnten. Die gesellschaftliche Stabilität, gute makroökonomische Rahmenbedingungen und solides Management sowie die liberale Außenhandelspolitik sind weitere wichtige Faktoren. Es liegt auf der Hand, daß der Erfolg des Stadtstaates nicht allein den Standortvorteilen, strukturellen Faktoren wie der ausgebildeten und leistungsbereiten Arbeiterschaft oder der Instrumentalisierung konfuzianischer Werte zugeschrieben werden kann. Singapurs beeindruckende Wirtschaftsentwicklung (und generell das »ostasiatische Wunder«) ist zu einem erheblichen Maße von externen Weltmarkteinflüssen abhängig, wie z. B. der Investitionspolitik multinationaler Konzerne, der amerikanischen Außenpolitik während des Kalten Krieges sowie dem historischen Zeitpunkt der Unabhängigkeit Singapurs und seiner Integration in den Weltmarkt.

Anzumerken bleibt, daß der im wirtschaftlichen Bereich so erfolgreiche Regierungsapparat seine starke und kontrollierende Rolle auf viele Lebensbereiche ausgedehnt hat, wie sich an der Familien-, Wohnungs- und Medienpolitik ablesen läßt. Singapur hat in den vergangenen Jahren im Westen nicht nur positive Schlagzeilen gemacht (Stichwörter: asiatische Werte als Alternative zu westlicher Demokratie, Neo-Autoritarismus, paternalistischer Führungsstil, Modernisierungsdiktatur, Internal Security Act, Medienkontrolle etc). Dies zwingt zur Auseinandersetzung mit den eigenen sozialen und kulturellen Wertvorstellungen. Manche Beobachter sprechen in diesem Zusammenhang von einer Entpolitisierung der Bevölkerung, eine Interpretation, die nach Meinung des Sozialwissenschaftlers Chua (1994: 125) zu kurz greift, da sie die Fähigkeit der Wählerschaft unterschätze, selbständig über die »trade-offs« zu entscheiden, die für ihr tägliches Leben wichtig sind. Eine besondere Rolle hinsichtlich der Legitimität der Regierungspartei spielt die von der PAP seit Jahrzehnten propagierte Ideologie des nationalen Überlebens, welches nur durch eine pragmatische, auf Wachstum und soziale Kohäsion ausgerichtete Wirtschafts- und Gesellschaftspolitik gesichert werden könne:

»Hinter allen politischen Maßnahmen, die die Regierung in den vergangenen drei Dekaden getroffen hat, steht die Intention, Singapurs soziale und politische Stabilität zu sichern und die Transformation der Bevölkerung voranzutreiben. Naturgemäß können diese Politikmaßnahmen auf zweifache Weise interpretiert werden: als Bestimmungsfaktoren für Singapurs wirtschaftlichen Erfolg und den hohen Lebensstandard der Einwohner Singapurs einerseits oder als Beschneidung politischer Freiheiten einer sich unterzuordnenden Bevölkerung bei guten materiellen Lebensbedingungen andererseits« (Chua 1994: 124).

Die Legitimität der Regierungspartei PAP wird in zunehmendem Maße an einer stetigen Verbesserung des Lebensstandards und der Bereitstellung öffentlicher Güter gemessen. Es bleibt abzuwarten, wie die Regierung mit der durchaus vorhandenen Kritik an den Methoden der Regierung, der Verteilung der Früchte des Wachstums und den steigenden Lebenshaltungskosten (insbesondere innerhalb der ärmeren Bevölkerungsschichten) sowie den stärker werdenden Forderungen der wachsenden Mittelschicht nach mehr Mitbestimmungsrechten umgehen wird. Der wirtschaftliche Globalisierungsprozeß, die damit einhergehende Globalisierung demokratischer Gesellschaftsideale westlicher Prägung und der Wertewandel stellen für die politische Elite Singapurs innen- und außenpolitisch eine große Herausforderung dar.

Verwendete und weiterführende Literatur

BUCHHOLT, H.; MENKHOFF, THOMAS (1996/Hrsg.): Vom Wanderkrämer zum Towkay – Ethnische Chinesen im Prozeß der Modernisierung Asien-Pazifiks, Köln.
CHAN KWOK BUN; CHIANG, CLAIRE (1994): Stepping Out – The Making of Chinese Entrepreneurs, Singapore.
CHOW KIT BOEY ET AL. (1989): One Partnership in Development: UNDP and Singapore, Singapore.
CHUA BENG HUAT (1994): »Singapore«, in: Norma Mahmood (Hrsg.): Rethinking Political Development in Southeast Asia, Singapore, S. 115–134.
MENKHOFF, THOMAS (1993): Trade Routes, Trust and Trading Networks – Chinese Small Enterprises in Singapore, Saarbrücken, Fort Lauderdale.
MINISTRY OF TRADE & INDUSTRY (1986): The Singapore Economy: New Directions. Report of the Economic Committee, Singapore.
MINISTRY OF TRADE & INDUSTRY (1991): The Strategic Economic Plan, Singapore.
PERRY, M. (1991): »The Singapore Growth Triangle: State, Capital and Labour at a New Frontier in the World Economy«, in: Singapore Journal of Tropical Geography 12/2: 139–151.
REDDING, S. GORDON (1990): The Spirit of Chinese Capitalism, Berlin.
REGNIER, PHILIPPE (1987): Singapore – City-State in South-East Asia, London.
REPORT OF THE LABOUR FORCE SURVEY (1993). Singapore: Research and Statistics Department, Ministry of Labor.
RHODAN, GERRY (1989): The Political Economy of Singapore's Industrialization, Hong Kong.
STATISTISCHES BUNDESAMT 1994: Singapur 1994, Wiesbaden.
THE WORLD BANK (1993): The East Asian Miracle – Economic Growth and Public Policy, New York, NY.
TURNBULL, C.M. (1985): A History of Singapore, Singapore.
VENNEWALD, WERNER (1994): Singapur – die ohnmächtige Demokratie, in: Schubert, Gunter; Tetzlaff, R.; Vennewald, W. (Hrsg.): Demokratisierung und politischer Wandel – Theorie und Anwendung des Konzeptes der strategischen und konfliktfähigen Gruppen, Münster.
YOSHIHARA KUNIO (1988): The Rise of Capitalism in South-East Asia, Singapore.

Teil D:
Wirtschaftliche Entwicklung: Potentiale und Herausforderungen

XIII. Wettbewerb der Systeme und wirtschaftliche Entwicklung im chinesischen Kulturraum

CARSTEN HERRMANN-PILLATH

1. Vielfalt der Systeme und divergierende wirtschaftliche Entwicklung im chinesischen Kulturraum

Viele Beobachter sehen im chinesischen Kulturraum einen aufsteigenden Wachstumspol der Weltwirtschaft: Er bildet sich aus dem Zusammenspiel des wirtschaftlichen, demographischen und politischen Gewichtes der VR China und der innovativen und dynamischen Potentiale seiner Peripherie (Hongkong, Singapur, Taiwan). Es besteht eine deutliche Neigung, die »Chinese« oder »bamboo connection« als ein kulturelles Projekt analog zur berühmt-berüchtigten »Japan Inc.« wahrzunehmen. Dabei wird übersehen, daß ein wesentliches Element der Dynamik der asiatisch-pazifischen Region der Wettbewerb zwischen Wirtschaftssystemen, Unternehmen und wirtschaftspolitischen Strategien der verschiedenen Länder ist. Dieser Wettbewerb der Systeme treibt einerseits Prozesse wirtschaftlicher Integration voran (etwa durch eine wachsende Verflechtung von Direktinvestitionen), ist aber andererseits auch ein Hindernis für Formen des Zusammenwachsens, die eine gemeinsame Ausrichtung von Interessen nach dem Muster der Europäischen Union voraussetzen.

Historische Wurzel der heutigen Wachstumsdynamik ist der politische Konflikt zwischen Zentrum und Peripherie in der Zeit des Maoismus. Zwischen 1949 und 1978 war dieser Konflikt gleichbedeutend mit einer offenen Konkurrenz zwischen unterschiedlichen wirtschaftlichen Ordnungs- und Entwicklungskonzeptionen, die vor dem Hintergrund des »Kalten Krieges« häufig mit der Brille des Gegensatzes von »Kapitalismus und Kommunismus« interpretiert wurden. Die Politik der Wirtschaftsreformen nach 1978 hat die VR China auf den Weg zu einer Systemkonvergenz gebracht. Obgleich also insbesondere zwischen Taiwan und der VR China weiterhin politisch konflikthafte Beziehungen bestehen *(siehe auch den Beitrag von Christoph Müller-Hofstede),* bewegen sich die Wirtschaftsordnungen inzwischen in etwa gleicher Richtung: Während die VR China eine Transformation von der Plan- zur Marktwirtschaft durchläuft und dabei aus Sicht mancher Betrachter Konzeptionen und Modelle aus der Phase des taiwanesischen »take-off« aufgreift (etwa die Politik der Sonderwirtschaftszonen, s.u. Abschnitt 4), verfolgt die taiwanesische Regierung seit Mitte der achtziger Jahre eine Strategie der Liberalisierung und Deregulierung, um den Herausforderungen des weltwirtschaftlichen Strukturwandels besser gewachsen zu sein.

Der Systemwettbewerb in der Vergangenheit ist nicht zuletzt auch deshalb von Interesse für das Verständnis der heutigen Entwicklungen, weil die während verschiedener Perioden gewählten Strategien strukturelle Daten geschaffen haben, also nicht nur Ergebnisse für das relative Niveau der Entwicklung zeitigten, sondern spezifische Ausgangsbedingungen für die jeweilig folgenden Entwicklungsphasen schufen, etwa was Unternehmensstrukturen, Infrastrukturentwicklung oder Institutionen betrifft. Auch langfristig wurden Freiheitsgrade der Wirtschaftspolitik und der Entwicklung durch strukturelle Faktoren eingeschränkt: Zum Beispiel sind die großen Staatsunternehmen in der VR China, die größtenteils schon in den fünfziger Jahren geschaffen wurden, bis heute ein zentrales Problem der Wirtschaftspolitik, obgleich 18 Jahre Wirtschaftsreform seit 1978 längst dazu geführt haben, daß der nichtstaatliche Sektor eine größere volkswirtschaftliche Bedeutung besitzt als der staatliche. *(Siehe auch den Beitrag von Margot Schüller.)*

Wenn wir in *Übersicht 1* die Abfolge der verschiedenen Strategien wirtschaftlicher Entwicklung im chinesischen Kulturraum betrachten, so fallen zunächst die großen Unterschiede auf. Dies ist deshalb bemerkenswert, weil die oben angesprochene politische Polarisierung der Systeme dazu verleitet, ein im Prinzip gemeinsames, »marktwirtschaftliches« Entwicklungsmodell für die Peripherie im Ge-

Übersicht 1: Entwicklungsstrategien und wirtschaftspolitische Schwerpunkte im chinesischen Kulturraum, 1949–1997

Dekaden	VR China	Hongkong	Taiwan	Singapur
50er	Kollektivierung und Aufbau der Planwirtschaft	Koreaboom und »Laissez-faire«	Importsubstitution und staatliche Planung	Entrepôt und »Laissez-faire«
60er	Kulturrevolution, Dezentralisierung und Mobilisierung	Exportorientierung, Entrepôt	Exportorientierte Entwicklungsstrategie	Exportorientierung und Mischsystem
70er	zelluläre Befehls- und Naturalwirtschaft	industrielles Upgrading, »positive non-interventionismus«	Kapitalintensivierung, staatliche Industriepolitik und selektive FDI-Politik	Umfassende FDI-Orientierung und Industriepolitik
80er	Schrittweise Reformen und Öffnung für ausländ. Direktinvestitionen (FDI)	Finanz- und Dienstleistungszentrum	industrielles Upgrading und regionale Diversifikation	Off-shore-Kapitalmarkt und industrielles Upgrading
90er	Regionalisierung, Industriepolitik und weitere Öffnung für Direktinvestitionen	Deindustrialisierung, kantonesischer Wirtschaftsraum, FDI	Liberalisierung, regionales Wirtschaftszentrum, FDI-Orientierung	Kapitalexporte, Singapur-Satelliten im Ausland, staatliche Innovationspolitik

gensatz zum Zentrum zu unterstellen. Dies ist nur dann richtig, wenn dieser Begriff auch weitreichende Formen eines staatlichen Interventionismus einschließt.

Mit Ausnahme von Hongkong haben alle chinesischen politischen Einheiten mehr oder weniger ausgeprägte Phasen einer staatlichen Lenkung der Wirtschaft durchlaufen. Darin spiegelt sich der Umstand wider, daß im Ringen um die Modernisierung seit dem 19. Jh. chinesische Eliten in der Regel Weltanschauungen – und hier vor allem im weitesten Sinne sozialistische – annahmen, die dem Staat und seiner intellektuellen Führungsschicht die Aufgabe zusprachen, die Entwicklung Chinas voranzutreiben und es auf diesem Wege im Wettlauf mit dem Westen »zu retten«. *(Siehe auch den Beitrag Rudolf G. Wagner.)* Nur die bis 1997 bestehende Kolonie Hongkong wies eine ausgeprägt liberale Wirtschaftspolitik auf: In Hongkong wurden erst in den siebziger Jahren einige staatliche Einrichtungen der Wirtschaftsförderung als Ausdruck des »positive non-interventionism« geschaffen, die sich unter anderem der Unterstützung der technologischen Entwicklung kleinerer und mittlerer Unternehmen widmeten. Wohlfahrtsstaatliche Interventionen blieben jedoch völlig undenkbar, sieht man freilich von der indirekten Lenkung des Boden- und Immobilienmarktes über die Bodennutzungspolitik und den sozialen Wohnungsbau ab. Interessanterweise hat aus der Sicht des heutigen »Chief Executive« genau diese Politik Hongkongs industrielle Entwicklung ins Hintertreffen geraten lassen: Hongkong ist heute kein Industriestandort mehr, spielt eine marginale Rolle in der technologischen Dynamik der Region und ist auch nicht bevorzugter Standort technologisch-industrieller Direktinvestitionen ausländischer Unternehmen.

Im Falle Hongkongs wird also der mögliche Zusammenhang zwischen Strategieschwerpunkten und Restriktionen heutiger Entwicklung sehr gut deutlich: Denn für die Standortkonkurrenz im chinesischen Kulturraum ist entscheidend, daß die anderen Gebiete in der Vergangenheit je eigenständige Strategien gewählt hatten. Zwar ist diesen Strategien gemeinsam, daß der Staat eine führende Rolle in der wirtschaftlichen Entwicklung spielen sollte, doch sind jeweils spezifische Zwischenziele und Instrumente gewählt worden. Fassen wir einige wesentliche Unterschiede knapp zusammen, die in *Übersicht 1* zum Vorschein kommen:
- Singapur hat seit der zweiten Hälfte der sechziger Jahre eine gezielte Politik der Attraktion ausländischer Direktinvestitionen betrieben und dabei bewußt Lohnkosten-Nachteile für die kleinen und mittleren Unternehmen in Kauf genommen. Diese Strategie der Internationalisierung setzte sich mit der Gründung von Offshore-Kapitalmärkten fort und findet heute in einer aktiven staatlichen Förderung von Investitionen singapurischer Unternehmen im Ausland Ausdruck. Im Gegensatz hierzu hat die VR China bis 1978 eine Politik der Autarkie und Abschottung betrieben, Hongkong in die Entwicklung der kleinen und mittleren Unternehmen so gut wie gar nicht interveniert und Taiwan eine Politik verfolgt, die ausländischen Unternehmen nur sehr selektiv eine Rolle in der nationalen Wirtschaft einräumte und statt dessen die Entfaltung eigener industrieller Potentiale betonte.
- Taiwan hat bis in die achtziger Jahre hinein eine Strategie des marktorientierten Interventionismus umgesetzt, die staatlichen Unternehmen und Einrichtungen eine Schlüsselrolle für die indirekte Wirtschaftslenkung (z. B. Energie und Erdöl) und die technologische Entwicklung zuwies; außerdem hat der Staat über die Kredit- und Steuerpolitik umfassend in den strukturellen Wandel der Wirtschaft

eingegriffen und in vielen Bereichen eine Strategie der »exportorientierten Importsubstitution« verfolgt. Im Gegensatz hierzu wurden in Hongkong Exporte nicht gesondert gefördert und der Binnenmarkt weitestgehend für Aktivitäten von ausländischen Unternehmen offengehalten. Ungeachtet der Bedeutung staatlicher Eingriffe in Singapur und Taiwan ist dort der privatwirtschaftliche Sektor nicht prinzipiell diskriminiert worden, während in der VR China die private Wirtschaft systematisch unterdrückt wurde und erst im Laufe der neunziger Jahre zu einer bedeutenderen Kraft der wirtschaftlichen Entwicklung werden konnte.

- Während Singapur die Internationalisierung seines Kapital- und Finanzmarktes auf dem Wege eines »Off-shore-Modells« betrieb und zunächst auf eine Internationalisierung der eigenen Währung aus Stabilitätserwägungen heraus verzichtete, hat Hongkong einen der freiesten Kapitalmärkte der Welt und ist damit zu einem der wichtigsten internationalen Börsenplätze geworden. Taiwans Finanzsektor blieb bis in die achtziger Jahre hoch reguliert und von staatlichen Institutionen dominiert. Erst in jüngerer Zeit findet eine binnenwirtschaftliche Deregulierung und außenwirtschaftliche Liberalisierung mit dem Ziel statt, Taiwan als internationalen Finanzstandort attraktiv werden zu lassen. Die VR China beginnt erst in den neunziger Jahren mit substantiellen Schritten der Öffnung ihres Finanzsektors gegenüber dem Ausland.

Es ließen sich noch andere Beispiele für wichtige, bis heute nachwirkende Differenzen zwischen den Gebieten des chinesischen Kulturraumes nennen: Wir halten nur fest, daß auch die Peripherie keiner geschlossenen Konzeption gefolgt ist, die als Erklärung für ihren Entwicklungserfolg hinzugezogen werden könnte. Es gibt jedoch noch zwei weitere wesentliche Faktoren zur Erklärung von Gemeinsamkeiten und Unterschieden in der Region.

Zum einen hatten und teilweise haben alle Gebiete autoritäre politische Regime aufgewiesen, wenn auch die britische Kolonialherrschaft als ein solches interpretiert wird. Für Singapur, Taiwan und die VR China gilt außerdem, daß sich straff organisierte politische Parteien als Führungskraft von Wirtschaft und Gesellschaft etablierten und Einparteiensysteme errichteten (mit oder ohne quasi-demokratische Legitimation durch Wahlen). In der VR China gewannen jedoch innerparteiliche Konflikte beherrschenden Einfluß auf den politischen Prozeß und haben auf diese Weise auch die wirtschaftliche Entwicklung nachhaltig destabilisiert. *(Siehe auch den Beitrag von Eberhard Sandschneider und Abb. 4.2.1 im Anhang.)*

Zum anderen waren in bestimmten Schlüsselphasen der Entwicklung spezifische außenwirtschaftliche und außenpolitische Rahmenbedingungen für alle Länder entscheidend: Für die Peripherie insgesamt gilt, daß sie erheblich davon profitierte, über den Motor der Exporte auf den weltwirtschaftlichen Wachstumszug der sechziger Jahre aufspringen zu können; im Gegensatz hierzu hat die VR China in den sechziger Jahren gleichzeitig unter der Isolationspolitik der USA und dem sino-sowjetischen Konflikt gelitten, die ihr eine nur teilweise selbst gewählte Autarkie auferlegten. Hongkong hätte Anfang der fünfziger Jahre mit dem Verlust seines chinesischen Hinterlandes vielleicht einen entscheidenden Rückschlag in der Entwicklung erlitten, hätten nicht der Koreakrieg und in der Folge die strategische Präsenz der USA in der Region auch entscheidende Impulse für seinen weiteren Ausbau als Hafen-, Handels- und Dienstleistungszentrum gegeben. Auch die Integrationsprozesse des chinesischen Kulturraumes in den achtziger und neunziger Jahren sind wesentlich durch politische Veränderungen bedingt gewesen (wie die amerikanisch-chinesische Annäherung), die eine spezifische Veränderung der Entwicklungsmuster anstießen: Beispielsweise hat während der achtziger Jahre die Auslagerung wichtiger arbeitsintensiver Industrien in die Provinz Guangdong den Hongkonger Prozeß der Deindustrialisierung nachhaltig beschleunigt und wohl unumkehrbar werden lassen.

Im folgenden sollen die Mechanismen von Systemkonkurrenz und wirtschaftlicher Entwicklung am konkreten Fall Taiwans und der VR China illustriert werden. Dabei gilt der Wechselwirkung zwischen Ausgangsbedingungen, wirtschaftspolitischer Strategiewahl und Randbedingungen der sich ergebenden Wachstumsprozesse die Hauptaufmerksamkeit.

2. Nachholende sozialistische Industrialisierung versus exportorientierte Entwicklungsstrategie: Taiwan und die VR China, 1949–1978

Viele Vergleiche zwischen Taiwan und der VR China konzentrieren sich auf den Systemaspekt und unterschlagen den einfachen Faktor der Größe und damit den Unterschied zwischen einem Teilgebiet der chinesischen Peripherie und der kontinentalen Masse Chinas. Bis zum Jahr 1949 hatte die Insel Taiwan bereits eine mehr als hundert Jahre währende Sonderentwicklung vollzogen, die es zu einem der weitest entwickelten Gebiete des asiatischen Raumes hatten werden lassen. Nachdem die Qing-Kaiser erst im Laufe des 19. Jh. eine Besiedlung der Insel offiziell zugelassen hatten, entwickelte sie sich aufgrund ihrer günstigen agrarwirtschaftlichen Bedingungen rasch zu einem Nettoexporteur nach dem chinesischen Festland und konnte bald einen Wohlstandsvorsprung erzielen. Nachdem Taiwan dann für fünfzig Jahre japanische Kolonie wurde (1895), beschleunigte sich seine Entwicklung weiter: Der japanische Kolonialismus setzte in dieser Zeit unterschiedliche Schwerpunkte und baute Taiwan zunächst als Basis für Agrarexporte nach Japan aus, wandte sich im Laufe der dreißiger Jahre jedoch auch der industriellen Entwicklung zu, als Taiwan zu einem Dreh- und Angelpunkt der japanischen Expansion im südchinesischen Raum werden sollte. Ungeachtet aller repressiven und negativen Aspekte der japanischen Kolonialherrschaft zeitigte diese also beabsichtigt oder unbeabsichtigt auch nachhaltig positive Auswirkungen. Zu den unbeabsichtigten Wirkungen kann beispielsweise die teilweise Zerschlagung traditioneller ländlicher Eliten gezählt werden (die Rolle von traditionellen Familienorganisationen und anderen Formen der Selbstorganisation wie Geheimgesellschaften wurde durch japanisch oktroyierte Einrichtungen wie die Agrarkooperativen ersetzt), die von vielen Betrachtern der Entwicklung des Festlandes als ein entscheidender Hemmschuh seiner Modernisierung betrachtet worden sind.

Tatsächlich hat das chinesische Festland zur gleichen Zeit zwar ohne Zweifel wirtschaftlichen Fortschritt realisiert, doch blieb der chinesische Staat während der Zeit der »Warlords« schwach und während der Republik ambivalent in seiner Rolle als Transformator von Wirtschaft und Gesellschaft *(siehe auch den Beitrag von Hermann Halbeisen)*; außerdem taten Bürgerkrieg und japanische Invasion das ihre, um die vorhandenen Entwicklungsimpulse wieder zu ersticken. Als die chinesischen Kommunisten 1949 die VR China ausriefen, war das industrielle Potential des Landes darüber hinaus durch die Flucht vieler Kapitalisten »mit Sack und Pack« und sowjetische Demontagen ausgeblutet.

Diese Unterschiede in den Ausgangsbedingungen sind wichtig, um den weiteren Verlauf des Wettbewerbs der Systeme zwischen Taiwan und der VR China zu verstehen und lassen sich beispielsweise deutlich am Vorlauf des Strukturwandels in Taiwan gegenüber dem Festland in den fünfziger Jahren ablesen. *(Siehe Tabellen 4.1.2.1,2 und 4.1.3.1,2 im Anhang.)* Beide Länder sahen sich in den fünfziger Jahren mit den harten Imperativen des Kalten Krieges konfrontiert, und mit den Konsequenzen der selbst gewählten Zielsetzung, den Bürgerkrieg letzten Endes doch noch zum eigenen Vorteil zu entscheiden. Insofern wurde der rasche wirtschaftliche Fortschritt für beide zur entscheidenden Voraussetzung für den Erfolg. Interessanterweise zeichnete sich zu Beginn der fünfziger Jahre eigentlich eine Konvergenz der wirtschaftspolitischen Anschauungen ab: Während die chinesischen Kommunisten eine Politik der »Neuen Demokratie« propagierten, die einen entwicklungsorientierten Klassenkonsens suchte, hatten die Lehren Sun Yat-sens stets starkes Gewicht auf die Rolle des Staates als Entwicklungspromoter gelegt *(vgl. Tab. 5.2 im Anhang)*. Auf beiden Seiten der Taiwan-Straße wurde eine Landreform zu Lasten des Großgrundbesitzes durchgeführt und nahmen staatliche Unternehmen eine zentrale Rolle in der industriellen Entwicklung ein.

Außen- und innenpolitische Faktoren führten dann jedoch rasch zur Polarisierung der Strategien. Mit der Festigung der Frontlinien des Kalten Krieges im Koreakrieg orientierte sich die VR China an der Sowjetunion, während Taiwan die USA als Schutzmacht suchen mußte. *(Siehe auch den Beitrag von Gu Xuewu.)* In beiden Fällen wurden dann auch wirtschaftliche Ordnungs- und Entwicklungskonzepte in den chinesischen Kulturraum übertragen, die nicht ursprünglich Bestandteil der Programmatik der führenden Parteien waren: Die Amerikaner ebenso wie aus den USA rückkehrende Eliten drängten Taiwan in Richtung einer marktwirtschaftlichen Orientierung und einer gezielten Öffnung zum Weltmarkt, während in der VR China Mitte der fünfziger Jahre die planwirtschaftlichen Lenkungsmethoden der UdSSR übernommen wurden. In der Folge wies Taiwan einen systematisch gerichteten Wandel seiner Entwicklungsstrategie und Ordnungspolitik auf, während die VR China aufgrund des Richtungsstreites innerhalb der Partei und mit der Sowjetunion ausgeprägte Schwankungen ihres Kurses durchlebte.

Obgleich auch im Taiwan der fünfziger Jahre (Phase der Importsubstitution) und der siebziger Jahre (industrielles Upgrading) die staatliche Förderung der Schwerindustrie eine wichtige Rolle spielte, zeichnet sich das Entwicklungsmodell der VR China zwischen 1949 und 1978 eindeutig durch die Konstante aus, die Schwerindustrie in den Mittelpunkt zu rücken. *(Siehe Abb. 4.6.1 im Anhang.)* Die kommunistische Führung folgte einem Konzept der nachholenden Zwangsindustrialisierung, das sich an stalinistischen Vorstellungen orientierte. Dabei zeigten die Ergebnisse dieses Modells im Jahre 1980 *(siehe Abb. 1)*, daß sich die VR China deutlich anders entwickelt hatte als vergleichbare Länder, was den induzierten Strukturwandel betrifft.

- Wird die sektorale Zusammensetzung des Sozialproduktes betrachtet, so folgte die chinesische Entwicklung eindeutig dem sowjetischen Muster, d. h. der Anteil

Abbildung 1: Sektorale Struktur von Sozialprodukt und Beschäftigung der VR China im weltwirtschaftlichen Vergleich (%), 1980

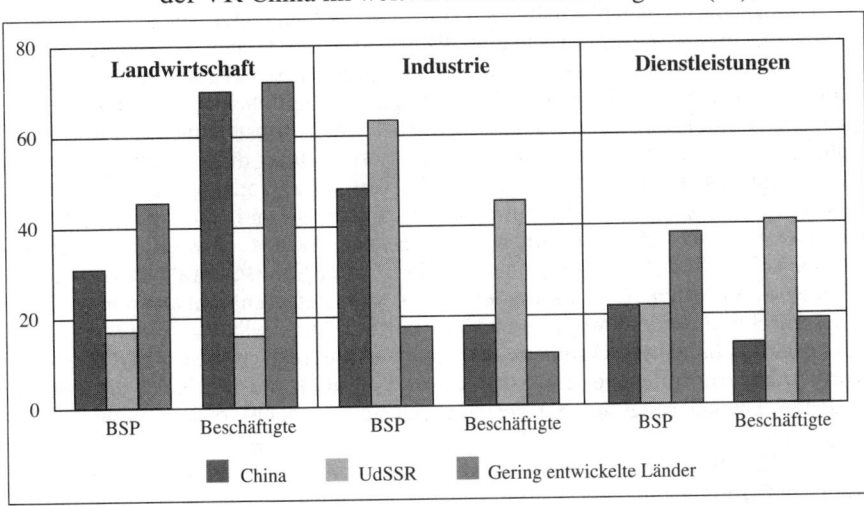

Quelle der Daten: Peter Nolan und Robert F. Ash, China's Economy on the Eve of Reform, in: The China Quarterly, Jg. 1995, Nr. 155, S. 983.

der Industrie ist 1980 wesentlich höher als in Entwicklungsländern mit einem vergleichbaren Niveau des Sozialproduktes; andererseits blieb der Dienstleistungssektor ähnlich unterentwickelt wie in der UdSSR.

- Die Beschäftigungsstruktur ist jedoch diesem Wandel nicht gefolgt; die VR China wies 1978 weiterhin einen Anteil der landwirtschaftlichen Beschäftigung an der Gesamtbeschäftigung auf, der sehr armen Entwicklungsländern entsprach, während die rasche sektorale Wanderung (und Zwangsumsiedlung) landwirtschaftlicher Arbeitskräfte ein zentrales Merkmal der stalinistischen Industrialisierung war.

Diese Beobachtung läßt sich auch im direkten Vergleich mit Taiwan konkretisieren. *(Siehe Tabellen 4.1.2.1,2 und 4.1.3.1,2 im Anhang.)* Was die Zusammensetzung des Volkseinkommens bzw. des Sozialproduktes betrifft, so haben Taiwan und die VR China einen stetigen Prozeß der Modernisierung im Sinne einer Zunahme der Bedeutung der Industrie durchlaufen. In den siebziger Jahren war die VR China im Schnitt sogar stärker industrialisiert als Taiwan. Dies geschah jedoch eindeutig zu Lasten des Dienstleistungssektors, während die Bedeutung der Landwirtschaft nur vergleichsweise langsam zurückging. Werden freilich die Daten zur Beschäftigungsstruktur betrachtet, so weist Taiwan einen ähnlich zügigen Rückgang der Agrarbeschäftigung auf sowie eine stetige Zunahme des Anteils der Dienstleistungen – die VR China hingegen hat im Verlauf der Implementation der quasi-stalinistischen Entwicklungsstrategie eine sehr ungewöhnliche Zunahme der Agrarbeschäftigung und sogar einen relativen Rückgang der Bedeutung der Industriebeschäftigung erfahren. Erst im Verlauf der Wirtschaftsreformen verändert sich die Beschäftigungsstruktur in Richtung international »normaler« Werte.

Hinter diesen Differenzen steht der historisch einzigartige Versuch einer raschen Industrialisierung durch Zwangsakkumulation in der VR China. Unabhängig von den Politikschwankungen schälte sich im Laufe der fünfziger Jahre die Strategie heraus, die Investitionsmittel auf dem Wege einer künstlichen Beschränkung des volkswirtschaftlichen Konsums zu maximieren. Dies geschah zum einen über den Transfer von Ressourcen aus der Landwirtschaft in die Industrie und zum anderen über eine Begrenzung der Zunahme des städtischen Konsumniveaus durch Kontrolle der Löhne. Zentrale Institutionen zur Verwirklichung dieses Konzeptes waren das System des staatlichen Zwangsankaufes von Agrarprodukten und die völlige Ausschaltung von Wanderungsbewegungen zwischen Land und Stadt Ende der fünfziger Jahre. Durch den staatlichen Zwangsankauf wurde gewährleistet, daß die Landbewohner durch künstlich niedrige Preise den intersektoralen Ressourcentransfer finanzierten. Gleichzeitig erlaubten die niedrigen Ankaufspreise, Nahrungsmittel und Bekleidung (Baumwolle) in den Städten billig zu verteilen und somit auch die Löhne in der Industrie entsprechend niedrig zu halten. Auf diese Weise wurden die Profitraten der Industrie künstlich erhöht und Mittel für eine selbsttragende Finanzierung der Schwerindustrialisierung nach sowjetischem Vorbild freigesetzt.

Natürlich traten bei diesem System massive Anreizprobleme im ländlichen Raum auf: In den fünfziger Jahren setzte daher zunächst eine Abwanderung der Bauern in die Städte ein, die dann durch die Kollektivierung und die Einrichtung des sogenannten »Haushaltsregistrationssystems« und Migrationsverbote gestoppt wurde. *(Siehe Tab. 4.5.1 im Anhang.)* Durch die Kollektivierung sollte die Möglichkeit geschaffen werden, auf dem Befehlswege eine Struktur der landwirtschaftlichen Produktion durchzusetzen, die dem Bedarf der Zwangsindustrialisierung entsprach. Da gleichzeitig die Stadtbewohner systematisch gegenüber der Landbevölkerung privilegiert wurden, ergab sich außerdem die Notwendigkeit, die Bauern an die Scholle zu binden, um eine Abwanderung zu verhindern; auf diese Weise wurde auch der Urbanisierungsprozeß eingefroren. *(Siehe auch den Beitrag von Thomas Scharping und Abb. 3.4 im Anhang.)* Die VR China realisierte also ein Entwicklungsmodell mit ausgeprägtem Stadt-Land-Dualismus.

Obgleich diese Politik China in die Katastrophe des »Großen Sprunges« hineinführte, hielt die Führung der KPCh am dualistischen Entwicklungsmodell fest, denn aus ihrer Sicht hätte jede Liberalisierung mit den entsprechenden Anpassungen der Güter- und Faktorpreise das Ziel einer raschen Akkumulation und Industrialisierung gefährdet. Im Verlauf der siebziger Jahre wurde das Konzept lediglich durch die Vorstellung ergänzt, die notwendigerweise auftretenden, massiven Probleme der Unterbeschäftigung in den ländlichen Räumen könnten durch eine endogene Industrialisierung bewältigt werden (die sogenannten »small scale industries«).

Neben der raschen Industrialisierung war ein weiteres Ziel der maoistischen Entwicklungsstrategie, eine möglichst gleichmäßige Verteilung der Industriestandorte im Land zu erreichen, um regionale Ungleichgewichte zu unterbinden und das Land gegen die Folgen eines denkbaren Krieges mit den Supermächten besser abzuschirmen. Im Unterschied zur sowjetischen Planwirtschaft zeichnete sich daher das chinesische Modell durch eine weitgehende regionale Dezentralisierung von Planungsfunktionen aus. Über die Verlagerung von Investitionsmitteln, die etwa von der verstaatlichten Textilindustrie Shanghais akkumuliert wurden, in die

Binnenprovinzen sollten dort halbwegs autarke industrielle Systeme geschaffen und ein flächendeckender Industrialisierungsprozeß eingeleitet werden. Im Gegensatz zur Ära der Reformen hat sich also die Entwicklungsstrategie des Maoismus gezielt nicht an komparativen Vorteilen einzelner Regionen des Landes orientiert.

Ohne Zweifel ist diese räumliche Problematik ein entscheidender Unterschied zwischen Taiwan und der VR China, wobei noch hinzu kommt, daß Taiwan bis Mitte der sechziger Jahre umfangreiche Militärhilfe aus den USA erhielt. Insofern blieb die Entwicklungsstrategie Taiwans weitestgehend von militärisch-strategischen Überlegungen unbelastet. Doch sind andere Differenzen sicherlich bedeutsamer. Wie schon erwähnt haben beide Länder eine Landreform durchgeführt, deren Ergebnisse freilich in der VR China nur wenige Jahre Bestand hatten. In beiden Fällen dürfen politisch-ökonomische Aspekte der Landreform und – in der VR China – der anschließenden Kollektivierung keinesfalls unterschlagen werden, denn die leninistischen Parteien beiderseits der Taiwan-Straße hatten ein politisches Kontrollproblem zu lösen. Kollektivierung und Verstaatlichung von Landwirtschaft und Industrie dienten in der VR China auch dem Ziel, die mit dem Konzept der »Neuen Demokratie« teilweise mobilisierten gesellschaftlichen Eliten außerhalb der Partei in den Griff zu bekommen; dies galt in den Städten etwa für die bürgerlichen Schichten und in den ländlichen Räumen für die traditionellen Eliten in Verwandtschaftsverbänden oder Geheimgesellschaften. Daher waren die wirtschaftlichen Veränderungen immer auch eng mit politischen Kampagnen verbunden. *(Siehe auch den Beitrag von Eberhard Sandschneider.)* Zur Ausschaltung der alten Eliten schien es unerläßlich, die wirtschaftliche Grundlage ihrer gesellschaftlichen Autonomie zu unterbinden. Ein ähnliches Nebenziel wurde auch mit der Landreform und Politik der Vermögensumverteilung im Taiwan der fünfziger Jahre verfolgt, nachdem sich in der Folge des Massakers an lokalen Eliten im Jahre 1947 ein scharfer Gegensatz zwischen Taiwanesen und Festländern herauskristallisiert hatte. *(Siehe auch den Beitrag von Gunter Schubert.)*

Trotz ähnlicher Nebenziele hatten beide Strategien jedoch fundamental unterschiedliche Folgen für die wirtschaftliche Entwicklung, denn im Gegensatz zur VR China bildete sich in Taiwan eine breite Schicht von kleinen Vermögensbesitzern aus, deren Spar- und Investitionsverhalten dann zum Motor der gesamtwirtschaftlichen Entwicklung wurde. Nicht unerwähnt sollte bleiben, daß die Vermögenspolitik der fünfziger Jahre dem traditionellen chinesischen Wirtschaftsverhalten sehr gerecht wurde, bei dem die wirtschaftlichen Belange der Familie eine entscheidende Motivation des Unternehmertums sind. *(Siehe auch den Beitrag Nr. II von Carsten Herrmann-Pillath.)* Gleichzeitig öffnete die wirtschaftliche Aktivität ein Ventil für die unterdrückten Aspirationen der gebürtig taiwanesischen Bevölkerung, der ganze Karrierewege durch das politische Monopol der Festländer verschlossen blieben. Der Staat unterstützte gewerbliche Investitionen durch steuerliche Begünstigungen im Vergleich zur traditionell bevorzugten Vermögensbildung durch Immobilienbesitz. Damit transformierte sich die Schicht von Vermögensbesitzern im ländlichen Raum rasch in eine Unternehmerschicht, die dann auch Träger der rapiden gesellschaftlichen Veränderungen in Richtung einer »Zivilgesellschaft« wurde. In der VR China rückte statt dessen der Parteifunktionär in alle wichtigen Positionen von Wirtschaft, Politik und Gesellschaft.

Mit Unterstützung amerikanischer und internationaler Berater arbeitete die taiwanesische Regierung ein Modell »exportorientierter Entwicklung« heraus, das die Potentiale des einheimischen Unternehmertums zum Tragen kommen ließ. *(Siehe Abb. 5.1 im Anhang.)* Angesichts der sehr begrenzten Größe des Binnenmarktes wurde rasch erkannt, daß eine Politik der Importsubstitution klassischen Musters in Taiwan scheitern mußte. Dennoch nahm die taiwanesische Regierung nicht Abstand von der Vorstellung, bestimmte Schlüsselbereiche der Industrie eigenständig und unter dem Schutz von Handelsbeschränkungen aufzubauen. Jedoch spielte in der Regel eine wichtige Rolle, daß Privilegien nur für solche Industrien ausgesprochen wurden, die wiederum als Zulieferer für das Exportgeschäft bedeutsam waren oder die gegebenenfalls selbst zu Exporteuren werden konnten. Der einzigartige Erfolg der Exportorientierung wurde binnenwirtschaftlich durch eine sanfte sektorale und regionale Umschichtung der Beschäftigung abgestützt: Viele ländliche Familien realisierten Mobilitätsstrategien, bei denen einzelne Familienmitglieder jeweils unterschiedliche Aktivitäten verfolgten, die Einkommen jedoch gepoolt blieben (z. B. temporäre Migration unverheirateter Töchter zu den Standorten der Textilindustrie.) Auf diese Weise fand der rasche wirtschaftliche Wandel auf dem Boden stabiler sozialer Strukturen statt.

Beide chinesischen Staaten haben zwischen 1949 und 1978 gesamtwirtschaftliche Planung durchgeführt. Angesichts der grundsätzlichen Entscheidung für ein marktwirtschaftliches System war jedoch die Wirtschaftsplanung Taiwans in der Regel eine indirekte und bediente sich eines höchst undurchsichtigen Systems von steuerpolitischen Privilegien und Diskriminierungen, von außenwirtschaftlichen Beschränkungen und vor allem auch der Kreditpolitik der staatlich kontrollierten Banken. Bis in die achtziger Jahre hinein war der taiwanesische Finanzsektor in einen offiziellen und einen »grauen« gespalten, so daß auch hier von teilweise dualistischen Strukturen gesprochen werden kann. Gleichzeitig wird aber deutlich, wie groß die Potentiale der hauptsächlich taiwanesisch dominierten, exportorientierten Familienunternehmen waren, die ihre Investitionen aus Eigenmitteln und über informelle Kreditinstitutionen finanzierten: Die Dynamik der Kapitalbildung in Taiwan steht derjenigen der sozialistischen Zwangsakkumulation in nichts nach. *(Siehe Tab. 4.1.1.1,2 im Anhang.)* In der VR China hingegen war die staatliche Planung in noch höherem Maße als in anderen sozialistischen Ländern sogar gegen die Nutzung monetärer Instrumente gerichtet.

Kein Vergleich der Systeme und Strategien darf nämlich übersehen, daß der Maoismus als Entwicklungsmodell ausdrücklich gegen jedwede Formen monetärer Steuerung gerichtet war, da selbst für die sowjetische Planwirtschaft unterstellt wurde, pekuniäre Kategorien böten den Boden für eine Wiedergeburt des Kapitalismus in einem Land, das auch aus der Perspektive der marxistischen Theorie Entwicklungsphasen zu überspringen bzw. stark abzukürzen suchte. Natürlich sind hier Theorie und Praxis zu unterscheiden, doch gibt es einige wesentliche Bereiche der Wirtschaft, wo diese radikale Ablehnung monetärer Instrumente auch im Kontext planwirtschaftlicher Prozesse zum Tragen kam. In den ländlichen Volkskommunen beispielsweise wurde weitestgehend auf eine pekuniäre Entlohnung verzichtet und statt dessen ein Arbeitspunkte-System eingeführt, das eine Berücksichtigung auch politisch-moralischer Aspekte des individuellen Verhaltens erlaubte. Die starke Dezentralisierung des Planungssystems während der Kulturrevolution ermöglichte den weitestgehenden Abbau monetärer Planungsverfahren und kreditpolitischer Steuerung im Rahmen einer »zellulären Befehlswirtschaft«. Dieser irrationale Radikalismus der Kulturrevolution hat zweifelsohne sogar Entwicklungspotentiale des planwirtschaftlichen Modells verspielt.

Dessen ungeachtet dürfen einige positive Aspekte der maoistischen Entwicklungsstrategie nicht unter den Tisch gekehrt werden. Vergleicht man materielle und soziale Indikatoren der Entwicklung Taiwans und der VR China bis 1978, dann fällt auf, daß die VR China zwar eindeutig im Standard des privaten Konsums hinter Taiwan zurückgefallen war, jedoch in Kernbereichen wie der Lebenserwartung oder der Ernährung durchaus spürbare Fortschritte im Vergleich zur Ausgangslage 1949 aufzuweisen hat. *(Siehe Tab. 3.1 im Anhang.)* Es sind dies in der Regel Bereiche, wo Methoden der Mobilisierung der Massen oder einzelner gesellschaftlicher Gruppen in kurzer Zeit durchgreifende Wirkungen zeitigen können. Beispiele sind etwa Hygienekampagnen zur Ausrottung von Schädlingen und Seuchen, die Selbstorganisation der Grundschulausbildung oder die »Kapitalbildung durch Arbeit« bei der Schaffung ländlicher Infrastruktur. Das Zusammenspiel dieser Faktoren ist sicherlich der entscheidende Faktor für die stetig ansteigende Lebenserwartung in der VR China nach dem Zweiten Weltkrieg, die dann auch die großen bevölkerungspolitischen Herausforderungen der Gegenwart nach sich zog. Gemessen an diesem einfachen, aber klaren Indikator muß der maoistischen Politik ein gewisser Erfolg zugesprochen werden. Ähnliches gilt für das erzielte Niveau der Industrialisierung, wenngleich die geschaffenen Strukturen nicht dem Test auf marktwirtschaftliche Effizienz unterzogen wurden und sich daher massive Zwänge zur Umstrukturierung einstellten, sobald im Zuge der Reformen dem marktwirtschaftlichen Wettbewerb mehr Raum gegeben wurde.

Insofern darf der eingangs erwähnte Aspekt der Unterschiede in den Ausgangsbedingungen der wirtschaftlichen Entwicklung Taiwans und der VR China nicht aus dem Auge verloren werden. Wenngleich westlich ausgebildete chinesische Ökonomen in den fünfziger Jahren durchaus andere Entwicklungsmodelle entworfen hatten, zog der Faktor der absoluten Rückständigkeit gemeinsam mit dem Gefühl, daß die verlorene Zeit des Bürgerkrieges so rasch wie möglich aufzuholen sei, die chinesische Politik in Bann. Außenpolitisch war der Übergang zu einer exportorientierten Strategie nach dem Muster Taiwans ohnehin keine gangbare Alternative. Gleichzeitig schienen aber Zweifel angebracht, ob eine marktwirtschaftliche Entwicklungsstrategie tatsächlich den zeitlichen Erfordernissen gerecht werden würde und ob sie tatsächlich auch auf nationaler Ebene – und nicht nur regional begrenzt – Erfolg haben könnte.

Betrachten wir kurz die Folgen der divergierenden Entwicklung Taiwans und der VR China für die Ausgangslage der achtziger Jahre. Die Volksrepublik China stand Ende der siebziger Jahre nahezu am Zusammenbruch des Systems, das an die Grenzen der Mobilisierungsfähigkeit geraten war und den Lebensstandard der Bevölkerung in wesentlicher Hinsicht kaum verbessert hatte. *(Siehe Tab. 4.2.1 im Anhang.)* Ungeachtet aller Mauern zwischen China und der Welt wuchs das Gefühl auch in Teilen der Bevölkerung, in das Hintertreffen der Entwicklung geraten zu sein (beispielsweise erfuhren viele Bewohner der Provinz Guangdong von ihren Verwandten in Hongkong, wie sich dort die Lebensverhältnisse geändert hatten). Die Politik der Landverschickung der siebziger Jahre hatte den Unterbeschäftigungsdruck in den ländlichen Räumen weiter verschärft und umgekehrt führten die Motivationsdefizite in der Landwirtschaft dazu, daß eine rasche Steigerung des Lebensstandards selbst im Rahmen des bestehenden Systems städtischer Privilegien kaum mehr möglich schien. *(Siehe Abb. 4.5.1,2 im Anhang.)* Die schwerindustrielle Entwicklung war zwar erfolgreich vorwärts getrieben worden, jedoch stagnierte der technologische Wandel auf dem Niveau der fünfziger Jahre. Damit wurde zunehmend deutlich, daß Chinas Industrialisierung nicht deckungsgleich mit einer »Modernisierung« war. Auch ohne ökonomischen Sachverstand wurde dieser Zustand vor allem im Bereich der Militärtechnologie schmerzhaft spürbar. Einer wachsenden Zahl von Mitgliedern der Parteielite war diese Problematik schon in den sechziger Jahren bewußt geworden, doch blockierte die alles überschattende Gestalt des »Großen Steuermannes« Mao Zedong den erforderlichen politischen Wandel.

Im Gegensatz zu dieser Lage des chinesischen Festlandes war die Strategie Taiwans von Erfolg auf der ganzen Linie gekrönt: Ungeachtet der außenpolitischen Rückschläge der siebziger Jahre erschien Taiwan daher als marktwirtschaftliches Gegenmodell zum kommunistischen China. Taiwan hatte nicht nur eine rapide Zunahme des Pro-Kopf-Sozialproduktes erzielt, sondern war vor allem in bestimmten Bereichen der Industrie international wettbewerbsfähig, wie seine Erfolge als Exporteur und der rasche Strukturwandel seiner Exporte demonstrierten. *(Siehe Abb. 5.1 und Tab. 5.4.)* Für Taiwan wurde vielmehr der weltwirtschaftliche Strukturwandel zu einer Herausforderung: Ende der siebziger Jahre führte die Wachstumsschwäche der westlichen Industrienationen dazu, daß diese Absatzmärkte zunehmend die Kraft als Motor taiwanesischer Exporte verloren; verstärkter Protektionismus der Industrieländer tat das Seinige dazu. Wichtiger erscheint jedoch, daß mit dem wachsenden Wohlstand Taiwan ohnehin Wettbewerbsvorteile in vormals tragenden Bereichen seiner Entwicklung verlor: Steigende Löhne und Bodenpreise setzten die traditionell arbeitsintensiven Industrien allmählich unter Druck. Die taiwanesische Regierung hatte daher schon in der ersten Hälfte der siebziger Jahre eine aktive Technologiepolitik eingeleitet, die zunehmend die Industriepolitik im Sinne der Förderung bestimmter Schlüsselbranchen ersetzte.

Insofern standen beide chinesische Staaten Ende der siebziger Jahre an ganz unterschiedlichen Positionen ihres Entwicklungsweges. Es macht einen entscheidenden Teil der gegenwärtigen Dynamik des chinesischen Kulturraumes aus, daß diese Positionen zum Teil mit komplementären wirtschaftlichen Strukturen einhergingen, die eine Vertiefung der regionalen Arbeitsteilung erlaubten. Wegen der politischen Barrieren kam dieser Faktor nach Beginn der Reformen in der VR China zunächst nur für Hongkong zum Tragen, und erst in der zweiten Hälfte der achtziger Jahre für Taiwan.

4. Standortwettbewerb und wirtschaftliche Integration des chinesischen Kulturraums

Das maoistische Entwicklungsmodell unterschied sich wesentlich vom idealtypischen Modell der Planwirtschaft sowjetischen Typs; wie gesehen, fand dies auch in signifikanten Differenzen des strukturellen Wandels Ausdruck. In mancher Hin-

sicht haben diese Unterschiede den Wandel der achtziger und neunziger Jahre erleichtert und gleichzeitig Ansatzpunkte für eine erneute Integration des chinesischen Kulturraumes als Wirtschaftsraum gegeben. Einige Punkte seien hier ohne Anspruch auf Vollständigkeit genannt:
- Die Dezentralisierung und regionale Streuung der Industrien erlaubten ein rasches Wachstum wettbewerblicher Märkte, da es eine hinreichend große Zahl von Anbietern in gleichen Branchen gab. Gleichzeitig war die Motivation lokaler Gebietskörperschaften groß, die Chancen eines industriellen Strukturwandels zu nutzen, um die lokalen Einnahmen (und Gewinne für die Kader) zu steigern. Beide Faktoren trugen dazu bei, daß in der ersten Hälfte der achtziger Jahre ein Strukturwandel in Richtung der konsumnahen Leichtindustrie stattfand (bzw. die Schwerindustrie sich stärker auf Vorleistungen für die Leichtindustrie hin orientierte), der erheblich zu einem raschen Wachstum des Lebensstandards vor allem in den Städten beitrug. *(Siehe Abb. 4.2.4 und 4.6.1 im Anhang.)*
- Die bloße Rücknahme der restriktiven Agrarpolitik des Maoismus setzte erhebliche Produktivitätspotentiale durch die Reorganisation des Einsatzes der Produktionsfaktoren Boden und Arbeit frei. Dies erlaubte, die problematischen städtischen Privilegien nur langsam abzubauen, da zunächst rasche absolute Fortschritte in den ländlichen Gebieten erzielt werden konnten. Nicht zuletzt bot die durch Massenmobilisierung geschaffene ländliche Infrastruktur günstige Bedingungen, deren Ausbau bezeichnenderweise mit dem Übergang zu den Reformen stagnierte.
- Die in den siebziger Jahren begonnene Politik der ländlichen Industrialisierung gewann in den achtziger Jahren überragende Bedeutung für die ländliche Entwicklung, weil diese Industrien rasch Wettbewerbsvorteile aufgrund der schier grenzenlosen Verfügbarkeit billigster Arbeitskraft erringen konnten: zunächst auf den lokalen Märkten, später dann zunehmend auch national und international. *(Siehe Abb. 4.4.1 und 4.4.2 im Anhang.)* Da sie gleichzeitig außerhalb des staatlichen Planungssystems operierten, konnten sie die Vorteile marktwirtschaftlicher Flexibilität rasch nutzen, auch wenn in der ersten Hälfte der achtziger Jahre der Staat sogar Markteintrittsbarrieren zugunsten staatlicher Industrien in manchen Branchen errichtete.
- Ungeachtet der Parole von der »Öffnungspolitik« hat die VR China das System außenwirtschaftlicher Kontrollen nur sehr zögerlich abgebaut. Dies war gemeinsam mit der regionalen Fragmentierung des Binnenmarktes durch Defizite der Verkehrsinfrastruktur eine Voraussetzung für den Schutz lokaler Industrien und damit der Ausbreitung des Industrialisierungsprozesses auf dem Festland. Da gleichzeitig dem Vorbild der exportorientierten Entwicklungsstrategie Taiwans gefolgt wurde, war der Wachstumsprozeß nachfrageseitig solide abgestützt.

Die Geschwindigkeit, mit der sich in den achtziger Jahren der chinesische Systemwandel vollzog, erklärt sich also weniger durch Erfolge der angewandten Reformstrategie – erst heute kommen etwa die Reformen im Bereich des Steuer- und Bankensystems vorwärts –, sondern vor allem durch die Dynamik, die – nach einer chinesischen Formulierung – »außerhalb des Systems« durch die Liberalisierung ermöglicht wurde, und die ihre Kraft aus dem aufgestauten Strukturwandel der maoistischen Periode gewann: In diesem Sinne setzte die VR China also eine dualistische Entwicklungsstrategie unter veränderten Vorzeichen fort. Der Strukturwandel wurde zusätzlich durch die Reintegration des chinesischen Kulturraumes beschleunigt.

Die chinesische Wirtschaftsreform konzentrierte sich anfangs auf die Landwirtschaft und auf die sogenannte »Öffnungspolitik«. *(Siehe auch den Beitrag von Margot Schüller.)* Unter letzterem wurde verstanden, daß die VR China eine aktive Strategie der Integration in regional- und weltwirtschaftliche Zusammenhänge betrieb und dabei die regional- und strukturpolitischen Ziele des Maoismus grundlegend revidierte: Die komparativen Vorteile der Küste als möglicher Exportbasis und Standort ausländischer Direktinvestitionen sollten erneut zum Tragen kommen, auch wenn dies bedeuten würde, daß auf diese Weise regionale Ungleichgewichte entstünden. Eine zentrale Annahme der Entwicklungsstrategie Deng Xiaopings bestand darin, daß sich Wachstumsimpulse von den weiter entwickelten zu den weniger entwickelten Gebieten Chinas fortpflanzen würden.

Diese Politik kann jedoch nur in einem rechten Licht gesehen werden, wenn sie auch im Kontext der Bemühungen um eine endgültige politische Wiedervereinigung zwischen Zentrum und Peripherie des chinesischen Kulturraumes gesehen wird. In den frühen achtziger Jahren zielte Chinas vielbeachtete Politik der Einrichtung von Sonderwirtschaftszonen von Anbeginn darauf ab, die Voraussetzungen für die politische Vereinigung mit Hongkong und Taiwan auf dem Wege einer wirtschaftlichen Integration zu schaffen. Während jedoch die taiwanesische Regierung bis 1987 hohe politische Barrieren gegen engere wirtschaftliche Beziehungen mit dem Festland errichtete, um dieser Strategie das Wasser abzugraben, wuchs Hongkong rasant mit seinem »natürlichen« Hinterland zusammen.

Geographische Nähe, enge kulturelle Affinität (z. B. Kantonesisch als gemeinsame Sprache) und vielfältige verwandtschaftliche Bindungen waren dafür ausschlaggebend, daß der Strukturwandel der Hongkonger Wirtschaft aufs engste mit dem Systemwandel in der Provinz Guangdong verknüpft wurde. Insofern konnte die chinesische Politik einen äußerst günstigen historischen Moment nutzen: Die Wirtschaft Hongkongs befand sich Ende der siebziger Jahre in einer Phase des Übergangs, in der viele Industrien wegen steigender Faktorkosten zunehmend an Wettbewerbsfähigkeit verloren. Die Verlagerung von Fertigungsstätten in die Sonderwirtschaftszonen und die Provinz Guangdong bot die einzigartige Gelegenheit, die internationale Wettbewerbsfähigkeit dieser Industrien wieder herzustellen. Diese Abwanderung gab einerseits der Wirtschaft Guangdongs starke Impulse, die bis zu den Reformen aufgrund ihrer Randlage von der Zentralregierung systematisch vernachlässigt worden war, und beschleunigte andererseits die Deindustrialisierung Hongkongs. *(Siehe Abb. 4.2.3 und Tab. 6.3 im Anhang.)* Es entstand der »kantonesische Wirtschaftsraum« mit Hongkong als Finanz- und Dienstleistungszentrum und Guangdong als seiner »verlängerten Werkbank«.

In den neunziger Jahren zeichnet sich zunehmend ab, daß diese komplementären Strukturen in kompetitive übergehen können. Die Abwanderung der Hongkonger Industrie ging nicht mit technologischem Wandel einher, da die niedrigen Faktorpreise in Guangdong keine entsprechenden Anreize boten: In der Regel wurden die alten Maschinen und Geräte eingesetzt. Insofern ist die Deindustrialisierung Hongkongs dort auch mit dem allmählichen Verlust von Innovationspotentialen verbunden. Der Kapitalstrom nach Guangdong wurde andererseits von einem Strom des organisatorischen und technologischen Know-how begleitet, der heute die Voraussetzung dafür schafft, daß die Unternehmen Guangdongs sich aus der Abhängigkeit von Hongkong lösen können und eigenständige Wettbewerbsvorteile entfalten. Kritische Stimmen sehen daher Hongkongs künftige wirtschaftliche Führungsposition im chinesischen Kulturraum gefährdet. Wie schon erwähnt, wird aus diesem Grunde auch das britische Ordnungsmodell des liberalen »Laisser-faire« von manchen in Zweifel gezogen und eine Industriepolitik nach dem Muster Taiwans oder Singapurs gefordert.

Das Beispiel Hongkongs zeigt also deutlich, daß ungeachtet der Konvergenz der Wirtschaftssysteme seit Beginn der Reformen in der VR China nach wie vor eine Standortkonkurrenz im chinesischen Kulturraum stattfindet, in der bestimmte wirtschaftspolitische und institutionelle Faktoren eine Schlüsselrolle spielen.

Taiwans Hauptstadt Taibei beispielsweise erhofft sich künftig Chancen, wesentliche Teile der heutigen Rolle Hongkongs an sich ziehen zu können, falls die Rückführung der Kolonie an die VR China mit gesellschaftlichen und politischen Fehlentwicklungen verbunden ist (etwa Korruption und Verfall der Rechtsordnung), die dann auch die wirtschaftlichen Vorteile Hongkongs gefährden. *(Siehe auch den Beitrag von Werner Meissner.)* Voraussetzung ist jedoch, daß Taiwan vor allem seine umfangreichen Regulierungen im Finanzsektor abbaut und im Dienstleistungsbereich angemessene Rahmenbedingungen für die Tätigkeit internationaler Unternehmen schafft. Dementsprechend verfolgt die taiwanesische Regierung seit der zweiten Hälfte der achtziger Jahre eine Strategie der Deregulierung und Liberalisierung, die heute unter dem Namen »APROC« (Asia-Pacific Regional Operations Center) zusammengefaßt wird: Taiwan soll zu einem Zentrum der regionalen Operationen multinationaler Unternehmen werden.

Ob solche weitgehenden Vorstellungen Erfolg haben werden, wird vor allem von der Entwicklung der politischen Beziehungen zwischen Taiwan und dem Festland abhängen, denn es sind gerade mögliche Standortvorteile im Chinageschäft, die ausländische Unternehmen anziehen könnten. Mit einer Verzögerung von rund zehn Jahren hat seit Mitte der achtziger Jahre ähnlich wie im Falle Hongkongs ebenfalls die Abwanderung taiwanesischer Unternehmen auf das Festland eingesetzt. Diese Bewegung ist jedoch nur ein Bestandteil des taiwanesischen Kapitalexportes in die gesamte asiatisch-pazifische Region, der aufgrund der verschlechterten Wettbewerbsfähigkeit seiner klassischen Exportindustrien bereits in den frühen achtziger Jahren eingesetzt hatte. Die taiwanesische Regierung begleitete diese Entwicklung, die von vielen als »Aushöhlung« und Deindustrialisierung der taiwanesischen Wirtschaft betrachtet wurde, durch eine Fülle industrie- und technologiepolitischer Maßnahmen, um durch ein industrielles Upgrading neue Wettbewerbsvorteile in Industrien an höherer Position der Wertschöpfungskette zu schaffen. Gleichzeitig ist sie bemüht, durch politischen Druck auf die Unternehmen eine einseitige Konzentration der Auslandsinvestitionen auf das chinesische Festland zu verhindern.

Auch unabhängig von diesen politischen Maßnahmen hat sich im großen und ganzen ein Entwicklungsmuster der taiwanesischen Wirtschaft etabliert, bei dem Taiwan Standort wissens- und technologieintensiver Branchen wird, ressourcen- und arbeitsintensive Industrien jedoch vermehrt im Ausland und auf dem chinesischen Festland angesiedelt werden. Vor diesem Hintergrund wird nicht zuletzt auch die Demokratisierung als ein wirtschaftlich relevanter Standortfaktor angesehen, denn gerade die gesellschaftlichen Veränderungen lassen Taiwan beispielsweise für gut ausgebildete Chinesen, die im Ausland (vor allem den USA) arbeiten, für eine Rückwanderung attraktiv werden. Angesichts der Rückführung Hongkongs und der anhaltend autoritären politischen Kultur Singapurs machen die liberalisierten Verhältnisse Taiwan auch als künftigen Standort international tätiger Unternehmen attraktiv, insbesondere für die Informations- und Medienindustrien des chinesischen Kulturraumes.

Mit noch stärkerer Verzögerung ist inzwischen auch Singapur in engere wirtschaftliche Beziehungen zum Festland eingetreten. Während im Falle Taiwans die Regierung eher bestrebt ist, das Festland-Engagement in Grenzen zu halten, begleitet die Regierung Singapurs die Aktivitäten der Unternehmen aktiv und konstruktiv, wie zum Beispiel in Gestalt der Schaffung großer Industrieparks für die Ansiedlung. Gerade der Fall Singapurs zeigt aber auch, daß die Affinitäten im chinesischen Kulturraum durchaus komplex sein können: Während die Bande der gemeinsamen kantonesischen Identität im Falle Hongkongs stark zum Tragen kommen, gibt es teilweise beträchtliche Kontakt- und Kommunikationsprobleme zwischen Festländern und Einwohnern Singapurs, die an ein korruptionsfreies und leistungsfähiges politisch-administratives System gewöhnt sind.

5. Ausblick

Die Regierung Singapurs stellt seit einiger Zeit erhebliche Defizite im Bereich eigenständiger Innovations- und Kreativitätspotentiale fest und ist bemüht, durch entsprechende industriepolitische Fördermaßnahmen und Reformen im Ausbildungssystem Abhilfe zu schaffen. Diese Situationsanalyse ist für den gesamten chinesischen Kulturraum zutreffend, in dem gegenwärtig nur wenige, zumeist taiwanesische Unternehmen wie der Computerhersteller Acer internationale Wettbewerbsfähigkeit auch an den Frontlinien industrieller Entwicklung erlangt haben. Diese Diskrepanz zwischen kurz- und mittelfristiger Wachstumsdynamik einerseits und langfristigen Potentialen andererseits wird auch in Hongkong zunehmend wahrgenommen. In der Tat hat vor allem die Öffnung und Reform der Wirtschaft des chinesischen Festlandes dazu beigetragen, quantitativ-extensive Wachstumsmuster zu verfestigen, die vor allem an der Verfügbarkeit billiger Arbeitskräfte ansetzen und organisatorisch-institutionell auf eher traditionellen Formen der Unternehmensorganisation (Familienunternehmen) aufbauen. Die Integrationsprozesse haben zudem die regionalen Entwicklungsunterschiede (zwischen Provinzen, aber nicht zuletzt auch innerhalb von Provinzen) auf dem Festland verstärkt, da die Kapitalimporte sich bislang auf bereits weiter entwickelte Gebiete mit guter Infrastruktur und ausreichender Verfügbarkeit guter Arbeitskräfte konzentrieren.

Insofern läßt sich die Dynamik der vergangenen zwei Jahrzehnte nicht uneingeschränkt in die Zukunft extrapolieren. Zuversichtlich stimmt die Einsicht aller Regierungen des chinesischen Kulturraumes, daß der Übergang zu einem wissens- und innovationsintensiven Entwicklungsmodell die entscheidende Herausforderung der Zukunft ist. Fraglich ist aber, welche wirtschaftspolitischen Rahmenbedingungen hierfür zuträglich sind. So setzt die Regierung der VR China in den neunziger Jahren auf eine Industriepolitik und außenwirtschaftliche Regulierung, die derjenigen Taiwans in der Vergangenheit ähnelt. Viele Beobachter zweifeln jedoch an der Wirksamkeit solcher Instrumente und befürchten eher, daß staatliche Fehlentscheidungen und der Einfluß von Interessengruppen der Wachstumsdynamik abträglich sein werden. Vor einem ähnlichen Hintergrund ist die Auseinandersetzung um die künftige Wirtschaftspolitik Hongkongs zu sehen. Auch in Zukunft wird daher der System- und Standortwettbewerb eine Schlüsselrolle für die wirtschaftliche Entwicklung des chinesischen Kulturraumes spielen.

Verwendete und weiterführende Literatur

BERCUSON, KENNETH ET AL. (1995): Singapore – A Case Study of Rapid Development, IMF Occasional Paper No. 119, Washington.
GÄLLI, ANTON; FRANZEN, J. (1995/Hrsg.): Die Familie des großen Drachen, Weltforum Verlag 1995.
GEOGRAPHISCHE RUNDSCHAU, Heft 12/1996, Themenschwerpunkt »Ostasien.«
HERRMANN-PILLATH, CARSTEN (1995): Marktwirtschaft in China, Geschichte – Strukturen – Transformation, Opladen.
RISKIN, CARL (1987): China's Political Economy: The Quest for Development since 1949, Oxford et al.
THE CHINA QUARTERLY Vol. 136, December 1993: Special Issue: Greater China.
THE CHINA QUARTERLY Vol. 144, December 1995: Special Issue: China's Transitional Economy.
THE CHINA QUARTERLY Vol. 148, December 1996: Special Issue: Contemporary Taiwan.
WADE, ROBERT L. (1990): Governing the Market – Economic Theory and the Role of Government in East Asian Industrialization, Princeton.

XIV. Reform und Öffnung: Der chinesische Weg zur Marktwirtschaft

MARGOT SCHÜLLER

1. Chinas Reformstrategie: Schock versus Gradualismus?

Ende der 70er leitete die Kommunistische Partei Chinas (KPCh) mit ihren Reformbeschlüssen einen Wandel des chinesischen Wirtschaftssystems ein, der Auslöser für ein hohes Wachstumstempo, für steigenden materiellen Wohlstand der Bevölkerung und für eine qualitative Veränderung der Wirtschaftsstrukturen wurde. Beim Vergleich der Transformation des Wirtschaftssystems mit dem Wandel in Osteuropa und den Nachfolgestaaten der ehemaligen Sowjetunion werden erhebliche Unterschiede erkennbar, die sich unter Vereinfachung der komplexen Realität von Transformationsprozessen zu typischen Reformstrategien reduzieren lassen, nämlich Schocktherapie und Gradualismus. Abhängig von den politischen und sozialen Startbedingungen mußten die Transformationsländer stärker die eine oder die andere Strategie bevorzugen, ohne tatsächlich eine Alternative zu haben. Während in China eine gradualistische Veränderung der Wirtschaftsordnung zu beobachten ist, verfolgten die meisten osteuropäischen Transformationsländer eine schockartige Strategie. Vor dem Hintergrund der Erfahrungen mit gescheiterten Reformen in Osteuropa und dem Schicksal der Reformen unter Gorbatschow empfahlen die Vertreter der Schocktherapie den schnellen Wandel des Wirtschaftssystems auch deshalb, um konservativen Kräften keine Möglichkeiten zur Bildung blockierender Koalitionen zu geben.

Das Konzept des abrupten Wirtschaftswandels geht davon aus, daß nach der Einführung von Marktpreisen die planwirtschaftlichen Strukturen zusammenbrechen und der institutionelle Rahmen der Marktwirtschaft durch rasche und simultane ordnungspolitische Maßnahmen des Staates hergestellt wird. Marktliberalisierung und Privatisierung als Schlüsselbereiche des Systemswandels werden als unvereinbar mit dem Erbe planwirtschaftlicher Elemente betrachtet. Die Wirkung marktwirtschaftlicher Anreize, wie sie sich beispielsweise im Gewinn- und Verlustrisiko für die Unternehmen darstellt, bleibt der Schocktherapie nach dagegen auch dann wirkungslos, wenn die planwirtschaftliche Logik in Form von Planquoten, -preisen und anderen Formen staatlicher Intervention (z. B. Subventionen) weiterbesteht.

Während in den übrigen Transformationsländern gleich zu Beginn der Reformen die Einführung einer Marktwirtschaft als explizites Ziel des Transformationsprozesses formuliert wurde, erschwerten in China ideologische Auseinandersetzungen über Tempo und Richtung der Wirtschaftsreformen innerhalb der KPCh sowie politisch-bürokratische Widerstände diese klare Zielvorgabe. Unter diesen Bedingungen entwickelte sich eine zweigleisige Reformpolitik, die einerseits eine Verbindung von Plan- und Marktelementen als Kompromiß im Reformprozeß akzeptierte und andererseits neben dem bestehenden alten System den Aufbau eines nichtstaatlichen, marktorientierten Sektors verfolgte. Rückblickend betrachtet setzte die KPCh also auf eine Reformstrategie, die sich von dem Anspruch eines sofortigen Wandels des Wirtschaftssystems abhebt. Während die idealtypische Version des abrupten Wandels eine schnelle und vollständige Preisfreigabe sowie Liberalisierung des Handels, Privatisierung, Abschaffung der staatlichen Monopole im Industriesektor und umfassende Reformen des Finanzsektors und des Steuersystems verlangt hätte, wurden in China Parallelstrukturen aufgebaut: Beispielsweise blieben die Preiskontrollen bestehen, doch gleichzeitig wurde der Umfang der Marktverkäufe erhöht; statt Privatisierung wurden private, kollektive und Auslandsunternehmen neben den staatlichen zugelassen und die Marktzutrittsbarrieren reduziert; es erfolgte keine abrupte Abschaffung der zentralen Planung, vielmehr wurde der Kontrollumfang schrittweise reduziert. Der wirtschaftliche Erfolg Chinas scheint zu beweisen, daß eine zweigleisige und schrittweise Transformation der Wirtschaftsordnung von einem durch zentrale Planung und Staatseigentum dominierten Wirtschaftssystem zu einer (sozialistischen) Marktwirtschaft möglich sein kann. Alle quantifizierbaren ökonomischen Indikatoren zeigen, daß der noch keineswegs abgeschlossene Übergangsprozeß von weitaus geringeren gesamtwirtschaftlichen Instabilitäten begleitet war als in den osteuropäischen Transformationsländern und den GUS-Staaten.

Ausgehend von Reparaturen am sozialistischen Wirtschaftssystem beschränkten sich die Reformexperimente in den ersten Jahren zunächst auf eine Reduzierung der staatlichen Planungsvorgaben in Form einer Teilliberalisierung der Mengen- und Preisplanung für die landwirtschaftliche und industrielle Produktion. Bis 1993 erhöhte sich der Anteil der marktlich bestimmten Preise am gesamten Einzelhandelsumsatz auf 95 %, bei Investitionsgütern betrug der Anteil 85 % und bei Agrarprodukten 90 % und nur noch 5 % der Industrieproduktion unterlagen der Imperativplanung. *(Siehe auch Tab. 4.2.3 im Anhang.)* Indem die Zunahme der außerhalb von Planquoten und -preisen stattfindenden Produktion und Distribution erlaubt wurde, erfolgte zwar eine Aushöhlung des Planungssystems, nicht jedoch seine Abschaffung. Bis Mitte der 90er Jahre blieben Elemente des zweigleisigen Preissystems mit staatlich fixierten Preisen einerseits und Marktpreisen andererseits bestehen. Eingriffe in das Preissystem, z. B. über die staatliche Vorgabe von Preisobergrenzen bzw. durch Einfrieren von Preisen, gelten auch weiterhin als probates Mittel, um kurzfristig Inflationsschübe zu bekämpfen.

Die offene Privatisierung der Wirtschaft wurde aus ideologischen Gründen als Ziel der Reform des Wirtschaftssystems in China abgelehnt. Mit der Dezentralisierung von ökonomischen Entscheidungs- und Verfügungsrechten in der Landwirtschaft und der Zulassung von privaten und kollektiveigenen Unternehmen in den Städten und ländlichen Gebieten konnte sich jedoch ein starker nichtstaatlicher Sektor entwickeln. Die privaten und kollektiven Unternehmen sowie die auslandsfinanzierten Unternehmen wurden zu Konkurrenten der Staatsunternehmen auf den Rohstoff- und Absatzmärkten. Der Wettbewerbsdruck verstärkte den Anpassungszwang für staatseigene Unternehmen, die sich stärker am Markt orientieren mußten und durch den Verlust ihrer Monopolstellung in Branchen mit niedrigen Zutrittsbarrieren für kollektiveigene und private Unternehmen ihre Gewinne einbüßten. *(Siehe auch Übersicht und Tab. 4.4.1 im Anhang.)*

Obwohl der bisherige Verlauf des chinesischen Transformationsprozesses relativ erfolgreich war, bestehen auch in China Grundprobleme des Systemwandels. Die Marktorientierung ist noch keineswegs abgeschlossen, und indirekte Lenkungsmechanismen wie Steuern und Zinssätze sind erst beschränkt wirksam. Auch hinsichtlich einer bindenden Rechtsordnung, die Sicherheit für die ökonomischen Akteure schafft, bestehen weiterhin erhebliche Defizite, wie die Praxis der Umgehung von Urheberrechten, Patenten und Verträgen zeigt. Der Aufbau des institutionellen Rahmens der Marktwirtschaft ist also noch nicht abgeschlossen, und die Fortsetzung der Systemtransformation, insbesondere die Finanz-, Unternehmens- und Bankenreform wird auch in den nächsten Jahren im Zentrum der reformpolitischen Anstrengungen stehen. Die Erfahrungen der osteuropäischen Länder in der Verfolgung eines abrupten Systemwandels zeigen jedoch, daß sich die Reformen auch dort mit unterschiedlichem Tempo durchsetzen. Während die formale Privatisierung in ein oder zwei Jahren abgeschlossen war, dauert die Herausbildung marktwirtschaftlich orientierter Unternehmensleiter und Behörden weiter an.

Im Rückblick lassen sich verschiedene Phasen des Reformprozesses in China feststellen. In den Jahren 1979 bis 1984 stand die Reform des landwirtschaftlichen Sektors im Mittelpunkt, ab Mitte der achtziger Jahre lag der Schwerpunkt der Reformen auf der Umgestaltung des städtischen Industriesektors, und die Jahre 1988 bis 1991 sahen unter den Bedingungen einer restriktiven Wirtschaftspolitik die Abbremsung der Reformen. Vor dem Hintergrund des politischen Zusammenbruchs der Sowjetunion wurde eine erneute Beschleunigung der Wirtschaftsreformen ab Anfang 1992 verfolgt, und auf dem XIV. Parteitag der KPCh im Oktober 1992 setzte sich das von Deng Xiaoping geförderte Programm mit einer »sozialistischen Marktwirtschaft« als Ziel der Reform des Wirtschaftssystems durch. Die Definition der Rolle des Staates in dieser Wirtschaftsordnung ist unklar, denn auf der Basis einer dezentralen Planung soll grundsätzlich der Markt-Preis-Mechanismus gelten, gleichzeitig jedoch staatliches Eigentum als dominante Form bestehen bleiben und der Staat aktiv einer Einkommenspolarisierung entgegensteuern, wofür er regulierend eingreifen kann.

2. Die Transformation der Landwirtschaft und des ländlichen Raumes

Zeitgleich zu der Transformation von einem planwirtschaftlichen in ein marktwirtschaftliches System befindet sich China in einer Phase des Übergangs von einer Agrargesellschaft in eine Industriegesellschaft. Diese Entwicklung spiegelt sich im sinkenden Beitrag des landwirtschaftlichen Sektors zum Sozialprodukt und zur Beschäftigung wider. *(Siehe auch Abb. 4.3.1 und Tab. 4.3.2 im Anhang.)* Nach wie vor arbeitet jedoch noch die Mehrheit der ländlichen Beschäftigten im Agrarsektor, der auch weiterhin eine herausragende Rolle als Lieferant wichtiger Rohstoffe für die

Industrie spielt. Im folgenden werden die Transformation der Landwirtschaft sowie damit verbundene Probleme betrachtet. Die Reform des landwirtschaftlichen Sektors war der Ausgangspunkt für weitreichende Veränderungen im gesamten Wirtschaftssystem. Die erfolgreiche Umsetzung der Reformen im Agrarsektor mit Produktivitätsgewinnen (1981–1984: Wachstum des Agrarsektors um 10 % jährlich) und Einkommensverbesserungen für die Bauern stärkten die Position der Reformbefürworter und verbesserten die Ausgangsbedingungen für die Transformation anderer Wirtschaftsbereiche.

Als Reaktion auf die Krise der landwirtschaftlichen Produktion und die stagnierenden Einkommen der ländlichen Bevölkerung wurde der landwirtschaftlichen Entwicklung im Reformprogramm ab 1978 zunächst Vorrang eingeräumt. Hierzu zählten wirtschaftspolitische Fördermaßnahmen sowie eine begrenzte Verlagerung von Entscheidungskompetenzen auf untere Verwaltungsebenen und ländliche Haushalte. Das Interesse der Bauern an der Ausweitung dieser Reformexperimente sowie die Unterstützung der Reformbewegung durch Teile der Zentrale und der Lokalregierungen führten dazu, daß sich die Liberalisierung der landwirtschaftlichen Produktion weitaus schneller vollzog als Ende der 70er Jahre ursprünglich beabsichtigt. Die zunächst als Experiment gedachte familienbezogene Verpachtung des Landes an die Bauern setzte sich auf lokaler Ebene rasch durch und brachte eine Erosion der kollektiven Produktionsorganisationen der in den 50er Jahren eingeführten Volkskommunen mit sich. Es entwickelte sich ein System langfristiger privater Bodennutzungsrechte (Dauer der Nutzungsverträge zunächst fünf, dann 15 und heute bis maximal 50 Jahre), das einerseits Pflichtverkäufe an den Staat und andererseits den Verkauf von Produktionsüberschüssen auf dem Markt vorsah.

Die schrittweise Lockerung des staatlichen Handelsmonopols und die größere Wirtschafts- und Gewerbefreiheit für die Bauern waren weitere Elemente in der Reform der institutionellen Struktur bis Mitte der 80er Jahre. Neben diesen Veränderungen wurde die Landwirtschaft durch eine Reihe wirtschaftspolitischer Maßnahmen gefördert, die direkt als Produktionsanreize für die Bauern oder indirekt als Handlungsanreize für die lokalen Regierungen wirkten. Hierzu zählte die wiederholte Anhebung der staatlichen Ankaufspreise für landwirtschaftliche Produkte. Da die Preissteigerung nicht auf die städtische Bevölkerung in Form höherer Einzelhandelspreise abgewälzt, sondern aus dem Staatshaushalt finanziert wurde und hier das Defizit vergrößerte, stieß diese Politik im Laufe der Reform an ihre Grenzen.

Der anfängliche Erfolg der Reformmaßnahmen spiegelte sich in einer Steigerung der Agrarproduktion und der Einkommen der Bauern wider. Im Vergleich zur städtischen Bevölkerung erhöhten sich die Einkommen der Bauern bis Mitte der 80er Jahre weitaus schneller, und die Einkommensunterschiede zwischen Stadt und Land reduzierten sich. Aufgrund des höheren Wachstums der städtischen Einkommen in den Folgejahren verschlechterte sich die Einkommenssituation der Bauern jedoch wieder gegenüber den städtischen Beschäftigten. *(Siehe auch Tab. 1 im Beitrag von Thomas Heberer.)*

Charakteristisch für die zweite Phase der Agrarreform ab Mitte der 80er Jahre waren einerseits die weitere Liberalisierung der Agrarmärkte und der Agrarpreise sowie eine Auffächerung der ländlichen Wirtschaftsstruktur und andererseits relativ hohe Schwankungen der landwirtschaftlichen Produktion. Hierzu trugen folgende Faktoren bei: (1) Steigende Produktionskosten und relativ niedrige staatliche Ankaufspreise führten dazu, daß ein Teil der Bauern sich anderen Wirtschaftsaktivitäten zuwandte. (2) Der Anteil staatlicher Investitionen zur Förderung der Landwirtschaft ging zurück; auf lokaler Ebene wurden Investitionsmittel oft statt zur Verbesserung der landwirtschaftlichen Infrastruktur in die Entwicklung der Industrie umgeleitet. Unzureichende Investitionen beeinträchtigten die Erneuerung und Instandhaltung von Wasserbauanlagen. (3) Die Industrie konnte die steigende Nachfrage der Landwirtschaft nach Kunstdünger, Pestiziden und sonstigen landwirtschaftlichen Inputs nur unzureichend befriedigen. (4) Die landwirtschaftliche Anbaufläche ging mit der Ausweitung der städtischen Siedlungsfläche, der Industrieansiedlungen sowie dem Ausbau der Verkehrsinfrastruktur drastisch zurück. *(Siehe auch Abb. und Tab. 4.5.3 im Anhang.)*

Die rückläufige Getreideproduktion pro Kopf hat in den letzten Jahren die Diskussion verstärkt, ob sich China auch zukünftig selbst mit Getreide versorgen kann. Trotz größerer Schwankungen war das Land in den letzten Jahren zwar in der Lage, die Getreideernte auf einem Niveau von 440–450 Mio. Tonnen zu halten. Die Pro-Kopf-Versorgung verbesserte sich jedoch nicht, da gleichzeitig die Bevölkerung um rund 13 Mio. Menschen jährlich zunahm. *(Siehe auch Abb. 4.5.1 im Anhang.)* Vor allem in den südostchinesischen Provinzen verknappte sich das Getreideangebot, insbesondere von Mais und hochwertigen Reissorten. Ausländische Prognosen, die einen dramatischen Rückgang der Getreideproduktion und eine steigende Abhängigkeit vom Weltmarkt vorhersagen, werden von der chinesischen Regierung als zu pessimistisch abgelehnt. Eigenen Berechnungen zufolge könnten durch moderne Agrartechnologien auch in Zukunft größere Produktionssteigerungen realisiert werden. *(Siehe auch den Beitrag von Wolfgang Taubmann.)*

Am Beispiel der Getreideproduktion wird deutlich, daß sich die chinesische Landwirtschaft noch in einem Übergangsstadium zur Marktwirtschaft befindet: Der Boden befindet sich im kollektiven Eigentum ebenso wie die Bewässerungsanlagen; private Nutzungsrechte am Boden sind zeitlich befristet, die wichtigsten landwirtschaftlichen Produktionsmittel werden in staatseigenen Unternehmen produziert und überwiegend nach nichtmarktlichen Kriterien zugeteilt, beispielsweise in Relation zur Getreideablieferungsmenge an den Staat. Eine Ausnahme bilden die landwirtschaftlichen Maschinen und Geräte, die sich heute überwiegend in privatem Eigentum der Bauern befinden. Die Preise landwirtschaftlicher Produkte bilden sich auch heute nicht ausschließlich am Markt, sondern es bestehen noch administrative Eingriffe in das Preissystem. Nach einer kurzen Phase der Liberalisierung des Getreidehandels besteht seit dem Frühjahr 1994 wieder das System der obligatorischen Ankaufquoten mit teilweise staatlich festgelegten und teilweise ausgehandelten Preisen.

Im direkten Zusammenhang mit der Reform der Agrarstrukturen steht die Entwicklung der nichtlandwirtschaftlichen Betriebe sowie die Migration von Bauern in die Städte. Aus den Inlandsprovinzen, die kaum alternative Beschäftigungsmöglichkeiten für die überschüssigen Arbeitskräfte zu bieten haben, rekrutiert sich der überwiegende Teil der Wanderarbeiter. Die Migrationsströme tragen dazu bei, die strenge Abgrenzung zwischen Stadt und Land mit zwei relativ unabhängigen Systemen der Beschäftigung und sozialen Absicherung aufzuweichen. Sowohl die Entwicklung eines nichtagrarischen Sektors in den ländlichen Regionen als auch die Migration ländlicher Arbeitskräfte sind Ergebnisse der Dekollektivierung der

Agrarproduktion, in deren Folge sich die verdeckte Arbeitslosigkeit in eine offene Unterbeschäftigung verwandelte. Vor allem in den wirtschaftlich höher entwikkelten Küstenprovinzen und in der Umgebung von Großstädten boten sich ausreichend Anreize für die Lokalregierungen, bestehende kollektive Kleinbetriebe zu fördern bzw. neue zu gründen. Landesweit beschäftigten diese Betriebe 1995 rund 120 Mio. Menschen und tragen rund ein Drittel zum Gesamtexport bei.

Die rasche Entwicklung der ländlichen Unternehmen, die sowohl Industriebetriebe, Unternehmen der Bauwirtschaft als auch Dienstleistungsunternehmen in den Bereichen Transport, Gastronomie, Handel etc. einschließen, wurde ab Mitte der 80er Jahre durch eine Reihe wirtschaftspolitischer Anreize begünstigt. *(Siehe auch Abb. 4.4.1 im Anhang.)* Die Regierung verfolgte damit gleich mehrere Ziele, nämlich insbesondere die Nutzung lokaler Ressourcen, einschließlich der Beschäftigung überschüssiger ländlicher Arbeitskräfte, Einkommensverbesserungen für die Bauern sowie eine Erhöhung des lokalen Steueraufkommens, eine Diversifizierung der ländlichen Wirtschaftsstruktur und eine Förderung des Urbanisierungsprozesses. Die politische Unterstützung für die nichtagrarischen Unternehmen unterlag jedoch ebenso wie andere Politikbereiche ideologischen Restriktionen. So gab es bis Ende der 80er Jahre starke Widerstände innerhalb der Partei und Regierung gegen die Entwicklung der ländlichen Unternehmen als Konkurrenten um knappe Ressourcen wie Kredite, Rohstoffe, etc. zu den Staatsunternehmen.

Die Entwicklung der ländlichen Unternehmen läßt sich unterschiedlichen regionalen Modellen zuordnen. So entfaltete sich das »Süd-Jiangsu-Modell« auf der Grundlage bestehender kollektiveigener Gemeinde- und Dorfbetriebe. Es wurde durch die geographische Nähe zu städtischen Zentren begünstigt und entwickelte sich unter einem besonders starken Beschäftigungsdruck. Die so entstandenen Betriebe konzentrierten sich auf die Verarbeitung nichtagrarischer Produkte. Demgegenüber dominierten im »Süd-Zhejiang-Modell« einzel- und privatwirtschaftlich geführte Betriebe, deren Unternehmensaktivitäten sich vor allem auf Handel, Kunsthandwerk sowie auf die Verarbeitung landwirtschaftlicher und nebengewerblicher Produkte erstreckten. Für das »Nord-Jiangsu-Modell« war die relativ späte Entwicklung des nichtlandwirtschaftlichen Sektors charakteristisch. Es gab in diesem Modell einerseits einzel- und privatwirtschaftliche Betriebe, aber andererseits auch Gemeinde- und Dorfbetriebe, die überwiegend landwirtschaftliche und nebengewerbliche Produkte herstellten. Da die Verwaltung der ländlichen Betriebe den Provinzregierungen unterstellt wurde, konnten diese entscheiden, welchem »Modell« sie den Vorzug gaben. Am Beispiel der »Modelle« für die Entwicklung der ländlichen Unternehmen wird deutlich, daß hier verschiedene Eigentumsformen nebeneinander existieren, wobei allerdings die formale Bezeichnung oftmals nicht den tatsächlichen Besitzverhältnissen entspricht. So ließen aus Furcht vor politischer Diskriminierung in den 80er Jahren viele private Unternehmen ihr Geschäft als kollektiveigenes Unternehmen registrieren. Dies war sogar mit Zustimmung der Lokalbehörden möglich, welche sich von der Förderung dieser Unternehmen eine Verbesserung der lokalen Wirtschaft versprachen.

Im Transformationsprozeß von der Plan- zur Marktwirtschaft spielen die ländlichen Betriebe eine zentrale Rolle. Ihrer dynamischen Entwicklung ist es zu verdanken, daß die negativen Begleiterscheinungen bei der Umwandlung des Wirtschaftssystems zumindest teilweise kompensiert werden konnten; so kam es in China nicht zu dramatischen Einbrüchen von Wachstum und Beschäftigung wie in den meisten Transformationsländern. Während die Mehrzahl der staatseigenen Unternehmen Effizienzprobleme hat und hohe Verluste aufweist, den staatlichen Haushalt belastet und Arbeitskräfte entlassen muß, tragen die ländlichen Betriebe zunehmend zur Beschäftigung und zum Wirtschaftswachstum bei. Regional ist die Entwicklung der ländlichen Betriebe jedoch sehr unterschiedlich verlaufen, mit starker Konzentration der ländlichen Betriebe in den östlichen Küstenprovinzen.

Die Bedeutung der nichtagrarischen Betriebe für die Transformation des ländlichen Raumes spiegelt sich insbesondere anhand ihres Betrags zu Beschäftigung und Einkommen wider. Während diese Unternehmen 1984 einen Beschäftigungsanteil von erst 14 % (52 Mio. Beschäftigte) aufwiesen, erhöhte sich der Anteil bis 1994 auf rund 27 % (120 Mio. Beschäftigte). Bereits 1992 trugen die ländlichen Unternehmen mit rund 66 % zum gesamten ländlichen Bruttooutput bei. Ihr Anteil am nationalen Steueraufkommen war mit rund 15 % bereits von herausragender Bedeutung. Die ländliche Industrialisierung mit dem Aufbau von nichtlandwirtschaftlichen Betrieben hat entscheidend dazu beigetragen, die Einkommenssituation der Bauern zu verbessern und den Druck auf die Bodenressourcen sowie den Migrationsdruck zu reduzieren. Die Entwicklung der ländlichen Betriebe hat außerdem den Urbanisierungsprozeß beschleunigt. So erhöhte sich zwischen 1985 und 1995 die Zahl der städtischen Einwohner von 251 Mio. auf 352 Mio. Menschen. Dies ist vor allem auf die Gründung ländlicher Kleinstädte zurückzuführen, deren Motor die Entfaltung der ländlichen Industriebetriebe war. Zu den Schattenseiten dieser Entwicklung zählt jedoch aufgrund der teilweise wenig effizienten Produktion dieser Unternehmen die Verschwendung von natürlichen Ressourcen verbunden mit einer extensiven Zerstörung der Umwelt. *(Siehe auch den Beitrag von Dirk Betke.)*

3. Die Reform der Staatsindustrie

Trotz vielfältiger Reformansätze weist ein großer Teil der staatseigenen Industrieunternehmen Probleme hinsichtlich der wirtschaftlichen Effizienz auf, und der Beitrag der staatlichen Unternehmen zum Wachstum von Output und Beschäftigung im Industriesektor ist rückläufig. Der Transformationsprozeß der staatseigenen Industrie ist noch nicht abgeschlossen, denn auch Mitte der 90er Jahre lehnt die chinesische Regierung die offene Privatisierung der großen Staatsbetriebe ab. Kleinere Unternehmen dagegen können inzwischen aus dem Staatssektor durch Verkauf, Verpachtung etc. herausgelöst werden, und auch eine ›stille‹ Privatisierung durch Gründung von sino-ausländischen Joint-Venture-Unternehmen und den Verkauf von Unternehmensanteilen über den Aktienmarkt ist möglich. Neben ideologischen Widerständen gegen eine Privatisierung großer Staatsunternehmen bestehen politisch-bürokratische Blockaden auf der Ebene der Lokalregierungen, die die ihnen zugeordneten mittelgroßen und kleinen Staatsbetriebe nicht aus ihrer administrativen Kontrolle entlassen wollen. Gründe hierfür sind einerseits die hohe Abhängigkeit einzelner Regionen von Beschäftigung und Steuerzahlungen der Staatsbetriebe, aber auch das Interesse der Behörden, mit der Kontrolle über die Staatsunternehmen ihre ökonomische Machtposition zu behalten. Im folgenden werden zunächst die verschiedenen Reformschritte nachgezeichnet und anschließend die verbleibenden Probleme der staatlichen Industrieunternehmen aufgezeigt.

Ziel der Reform der staatseigenen Unternehmen ist es, durch eine Verlagerung von Entscheidungsbefugnissen auf die Unternehmensleiter Effizienzsteigerungen herbeizuführen. Die ersten Reformschritte Anfang der 80er Jahre umfaßten beschränkte Autonomierechte für das Management hinsichtlich Produktion und Vermarktung sowie die Einbehaltung von Gewinnanteilen. Diese Maßnahmen erwiesen sich jedoch als unzureichend, da aufgrund mangelnder Transparenz langwierige Verhandlungen zwischen Unternehmensmanagern und Behörden über Gewinnanteile vorherrschten und Planquoten sowie staatliche Preise die Gewinnsituation für die Unternehmen verzerrten. Mitte der 80er Jahre wurde eine Gewinnsteuer eingeführt, die zunehmend an die Stelle der Abführung von Unternehmensgewinnen trat, sowie eines dualen Preissystems mit staatlichen Preisen für Ablieferungen von Planmengen an den Staat und Marktpreisen für den freien Verkauf von Überplanmengen. Durch die Reduzierung von Marktzutrittsbarrieren und die Zulassung nichtstaatlicher Unternehmen wurden die Staatsbetriebe zusätzlich unter Konkurrenzdruck gesetzt. Ab dem Ende der 80er Jahre praktizierten die Manager der Staatsbetriebe ein vertragliches System der Verantwortung der Betriebsleiter, das die Zahlung einer Pauschalsteuer an die zuständigen Behörden zum wesentlichen Inhalt hatte. Wie bereits bei den vorangegangenen Reformen führte auch dieses System allerdings zu extensiven Verhandlungen über die Vertragsinhalte zwischen Unternehmen und Lokalbehörden, einschließlich der Steuerämter und Banken, die alle ein finanzielles Interesse an den Staatsunternehmen hatten. Durch die kurze Vertragsdauer von ein bis drei Jahren bot das Vertragssystem den Unternehmensmanagern außerdem nur wenig Anreize, langfristig wirksame Investitionsentscheidungen zu treffen.

Da die staatseigenen Industriebetriebe aufgrund ihrer oftmals kritischen wirtschaftlichen Lage zunehmend einen Hemmschuh für die weitere Transformation des Wirtschaftssystems darstellten, entschied die KPCh in einem 50-Punkte-Reformprogramm von November 1993, die Unternehmensreform schneller als bisher mit Pilotprojekten in 18 Städten und einer ausgewählten Anzahl von Unternehmen durchzuführen. Die rund tausend großen Staatsbetriebe, die mit 66 % zu den Gewinnen beitragen und auf die 51 % des Anlagevermögens der Staatsunternehmen entfällt, sollen weiterhin eine zentrale Rolle spielen und in den Schlüsselsektoren Energie, Telekommunikation, Transport, Bergbau, Banken etc. durch Beschränkung der ausländischen Konkurrenz geschützt werden. *(Siehe auch Tab. 4.4.2 im Anhang.)*

Eine Reihe von Indikatoren weist auf das relativ schlechte Abschneiden der staatseigenen Industriebetriebe im Vergleich zum nichtstaatlichen Sektor hin. Während staatliche Unternehmen 1995 nur noch 34 % zum Industrieoutput beitrugen, nahmen sie rund 74 % der industriellen Investitionen für sich in Anspruch. Das bedeutet, daß die Kapitalmenge, die für jede Outputmenge eingesetzt wurde, in staatseigenen Industrieunternehmen mehr als doppelt so hoch wie in nichtstaatlichen Unternehmen ist. Zwar sind die staatlichen Unternehmen in kapitalintensiven Industrien konzentriert, doch weisen landesweite Untersuchungen auf die ineffiziente Nutzung von Investitionsmitteln durch Staatsbetriebe in 37 von 39 In-

285

dustriebranchen hin. Weiterhin ist die Wertschöpfung pro Arbeitskraft in den staatlichen Industrieunternehmen rund um die Hälfte geringer als in den nichtstaatlichen Unternehmen. Zu den Industriebranchen, die die größten Verluste machen, zählen die Kohleindustrie, die Militär-, Erdöl- und NE-Metallindustrie sowie die Tabakindustrie. *(Siehe auch Tab. 4.6.1 im Anhang.)*

Im Vergleich zu den nichtstaatlichen Industrien wiesen die Staatsbetriebe nur ein sehr langsames Entwicklungstempo auf. Zwischen 1984 bis 1994 betrug das Wachstum des Industrieoutputs real nur etwa die Hälfte der Wachstumsrate der nichtstaatlichen Unternehmen, und im Jahre 1994 weniger als ein Fünftel. Weiterhin nahm in der letzten Dekade die Beschäftigung in nichtstaatlichen Unternehmen dreimal so schnell zu wie in den staatlichen Unternehmen. Das langsamere Wachstum der staatlichen Unternehmen hatte zur Folge, daß ihr Anteil am Industrieoutput und an der Beschäftigung sank. Anfänglich wurde dieser Rückgang durch die kollektiveigenen sowie Gemeinde- und Dorfindustriebetriebe kompensiert, gegen Ende der 80er Jahre trugen zum Output und zur Beschäftigung vor allem die privaten Unternehmen und Individualbetriebe sowie Unternehmen mit Auslandskapital bei. *(Siehe auch Übersicht und Tab. 4.4.1 im Anhang.)*

Das schlechte Abschneiden der Staatsbetriebe ist teilweise das Ergebnis von Beschränkungen durch die Wirtschaftspolitik. Durch Preiskontrollen werden die Gewinnmöglichkeiten der Unternehmen vor allem in der Kohle-, Erdgas-, Kunstdünger- sowie Getreideverarbeitungsindustrie beschränkt; die Staatsbetriebe sind weiterhin für soziale Dienstleistungen verantwortlich und haben wenig Entscheidungsfreiräume, Entlassungen vorzunehmen und damit wirtschaftlicher zu arbeiten. Bei einer geschätzen Gesamtzahl überschüssiger Arbeitskräfte in staatlichen Unternehmen von rund 15 Mio. Menschen wird das Ausmaß der noch anstehenden Umstrukturierung deutlich. Transferzahlungen aus dem Staatshaushalt und versteckte Subventionen durch das Bankensystem kompensieren einen großen Teil der Verluste, die den Unternehmen durch die wirtschaftspolitischen Entscheidungen entstehen. Der Umfang der Subventionen, die aus dem Staatshaushalt 1994 an die staatseigenen Unternehmen gezahlt wurden, belief sich auf 2,3 % des BIP. Gegenüber einem Anteil von 7,5 % am BIP im Jahre 1992 konnten demnach bereits Fortschritte gemacht werden. Die impliziten Finanzsubventionen in Form von Krediten zu niedrigen Zinsen sowie nicht zurückgezahlter Kredite und Zinsen betrugen 1994 nochmals 1,7 % des BIP; diese hatten 1992 noch 3,6 % ausgemacht.

Zusammenfassend ist festzuhalten, daß die bisherigen Reformen erst unzureichende Autonomierechte und Gewinn- und Verlustanreize für die Staatsbetriebe bieten, die eigentumsrechtliche Abgrenzung zwischen den zuständigen Behörden und dem Unternehmensmanagement weiterhin vage definiert und in vielen Fällen kaum verändert ist. An die Stelle der Kontrollfunktion der Regierungsbehörden über das staatliche Eigentum ist noch kein marktwirtschaftliches Anreizsystem getreten, das eine »Ausplünderung« des staatlichen Vermögens an den Unternehmen und eigennütziges Verhalten der Manager beschränken würde. Trotz einer Reihe von spektakulären Konkursen besteht nach wie vor wenig Bereitschaft, die Unternehmen Bankrott gehen zu lassen, insbesondere nicht auf der lokalen Ebene. Verfahrensprobleme machen Konkurse außerdem schwierig, zeitintensiv und kostenträchtig. Da eine überbetriebliche soziale Sicherung erst im Aufbau begriffen ist, werden Konkurse aufgrund der damit verbundenen Zunahme der offenen Arbeitslosigkeit und sozialen Instabilität auch aus diesem Grund soweit wie möglich verhindert. Die Umstrukturierungsprobleme der Staatsindustrie und die versteckte Arbeitslosigkeit konzentrieren sich besonders in einigen Regionen wie den alten Industriestandorten Nordost- und Zentralchinas.

4. Der Wandel des Außenwirtschaftssystems

Der zweigleisige und schrittweise Reformansatz ist auch charakteristisch für die außenwirtschaftliche Öffnungspolitik. Ideologische Widerstände gegen die Integration in die Weltwirtschaft und eine damit verbundene größere wirtschaftliche Abhängigkeit Chinas von ausländischen Märkten hatten anfänglich das Ausmaß der Reformen auf bestimmte Regionen und Bereiche des Außenwirtschaftssystems beschränkt. Trotz erheblicher Fortschritte bei der Anpassung des Außenhandels, des Kapitalverkehrs mit dem Ausland und des Wechselkurssystems an internationale Standards wird Chinas Außenwirtschaftssystem auch Mitte der 90er Jahre von den Mitgliedern der Welthandelsorganisation (WTO) als noch nicht ausreichend liberalisiert eingestuft. Der Widerstand der USA und anderer Industriestaaten, die auf eine größere Öffnung des chinesischen Marktes für ausländische Produkte drängen, verhinderte bisher Chinas Beitritt zur WTO. *(Siehe auch den Beitrag von Song Xueming.)* In der folgenden Betrachtung soll ein Überblick über die institutionelle Transformation der drei zentralen Elemente des Außenwirtschaftssystems – des Außenhandel, der Wechselkurse sowie des Kapitalverkehrs – mit dem Ausland gegeben werden.

Ziel der Reform des Außenhandels war die Anpassung der Import- und Exportgüterstrukturen an Marktnachfrage und -angebot im In- und Ausland. Hierfür war die Aufweichung der Planvorgaben im Außenhandel erforderlich sowie die Neudefinition der Rolle der Außenhandelsgesellschaften (AHG), die für die Umsetzung der Pläne verantwortlich waren. Der erste Schritt zur Dezentralisierung des Außenhandelssystems erfolgte 1984 mit der Zulassung neuer AHG, die neben die zwölf bestehenden branchenorientierten nationalen Unternehmen traten, die ein Außenhandelsmonopol hatten. Die Zweigstellen der nationalen AHG auf Provinzebene erhielten ihre wirtschaftliche Unabhängigkeit, und die Provinzen konnten eigene AHG gründen. Bis 1986 stieg die Zahl der AHG auf 1 200 Unternehmen. Mit der Gründung von auslandsfinanzierten Unternehmen verschiedener sino-ausländischer Beteiligungsformen, die selbständig Außenhandel betreiben können, sowie der Zulassung neuer inländischer Handels- und Produktionsunternehmen erhöhte sich die Zahl der Unternehmen mit Außenhandelsberechtigung bis Mitte der 90er Jahre sogar auf über 7 000.

Die Außenhandelsplanung wurde liberalisiert, indem zunächst der Exportplan in einen Imperativ- und einen Indikativplan aufgeteilt wurde, der wiederum Produkte nach ihrer Bedeutung unterschied in solche, die von den nationalen AHG und andere, die von den übrigen AHG exportiert werden durften. Während die Imperativplanung unbedingt erfüllt werden mußte, auf Mengenvorgaben basierte, bestimmte Produkte einschloß, und den Unternehmen hierfür die notwendigen

Inputlieferungen garantiert wurden, bestand der Indikativplan aus wertmäßigen Zielvorgaben für die Provinzen, die diese relativ flexibel erfüllen konnten. Der Anteil der Exporte, der über den Indikativplan abgewickelt wurde, ging bis 1986 auf rund 60 % zurück. Die Importplanung wurde ebenfalls in verschiedene Teilbereiche aufgespalten, nämlich in den Imperativplan für wichtige Rohstoffe, die nur von den nationalen AHG und den AHG der Provinzen eingeführt werden konnten, in ein System der Zuteilung von Devisen für wichtige Importe sowie in ein Importlizenzsystem. Bis 1986 ging der Anteil der Einfuhren im Rahmen des Importplans auf 40 % zurück; für 30 % der Importe galt das Devisenzuteilungssystem für wichtige Einfuhrprodukte und für weitere 30 % das Importlizenzsystem.

Die Export- und Importplanung wurde schrittweise durch indirekte staatliche Lenkungsmechanismen ersetzt. Mitte 1996 veröffentlichte das Außenwirtschaftsministerium (MOFTEC) einen neuen Katalog über diejenigen Importe, die Beschränkungen von Importquoten und Lizenzen unterliegen. Danach existierten noch 348 Produkte in 36 Produktkategorien, die durch Importlizenzen und/oder -quoten kontrolliert werden. Weiterhin gab es Ende 1996 116 Exportgüterkategorien, für die Lizenzen erforderlich waren; davon unterlagen 96 Güterkategorien zusätzlichen Quotenvorgaben (freiwillige Exportbeschränkungen und zwangsweise vom Ausland verhängte Quoten).

Zwischen den Weltmarktpreisen und den Ankaufspreisen, die den Exporteuren geboten wurden, bestand lange Zeit keine direkte Beziehung, da die Abwicklung der Exporte und Importe überwiegend zu festen Preisen und über ausgewählte AHG erfolgte. Preisverzerrungen und Verluste für die AHG waren die Folge, die durch staatliche Subventionen ausgeglichen werden mußten. Zur Kompensation der Verluste zahlte die Regierung 1986 24 Mrd. Yuan an die AHG (2 % des BSP). Verluste traten vor allem auf, wenn die AHG Produkte wie beispielsweise Getreide und Chemiedünger entsprechend dem Importplan zu Weltmarktpreisen einführen und zu niedrigeren Preisen auf dem Inlandsmarkt verkaufen mußten. Auch beim Export bestimmter Produkte, die zu hohen Preisen auf dem Inlandsmarkt (besondere Maschinen und Elektronikprodukte) angekauft und dann auf dem Weltmarkt verkauft wurden, entstanden für die AHG Verluste. Anfang der 90er Jahre beendete die Zentralregierung die Zahlung der Exportsubventionen; die Unternehmen wurden für Gewinn und Verlust selbst verantwortlich gemacht. Mit der Anhebung der Inlandspreise von Stahl, NE-Metallen und anderen Produkten auf Weltmarktniveau entfielen auch die Subventionen für die meisten Importprodukte.

Die zweite Phase in der Reform des Außenhandelssystems begann Ende der 80er Jahre. Im Mittelpunkt der institutionellen Transformation stand die Einführung von Verträgen, die das Außenwirtschaftsministerium mit allen Verwaltungsebenen der Provinzen und mit den nationalen AHG abschloß. Die Verträge legten drei Zielvorgaben fest, nämlich die Deviseneinnahmen aus dem Außenhandel und den Anteil, der an die Zentralregierung abzuführen war, sowie den Umfang der Subventionen in inländischer Währung zum Ausgleich von Verlusten aus Exportgeschäften.

Die Reformen im Außenhandel waren begleitet von der Umgestaltung des Wechselkurssystems hin zu einer Teilkonvertiblität der Währung. Hierzu zählte zunächst die Aufspaltung des Wechselkurses. Von 1981 bis 1984 hatte für die Abrechnung zwischen den AHG und den für den Außenhandel produzierenden Unternehmen ein interner Umtauschkurs bestanden, der unterhalb des offiziellen Wechselkurs lag. Auch der offizielle Umtauschkurs bildete sich nicht frei am Markt, sondern wurde staatlich festgelegt und unterlag einem System gelenkter Wechselkursschwankungen. Nachdem 1985 der offizielle Wechselkurs auf das Niveau der internen Umtauschrate gesenkt worden war, brachte die Einführung von Devisen-Swapzentren im Jahre 1986 erneut einen gespaltenen Wechselkurs mit sich. Ein offizieller Wechselkurs galt für den Außenhandel und für andere Transaktionen mit dem Ausland, während sich ein zweiter Wechselkurs auf den Devisen-Swapzentren bildete. Hier konnten die Unternehmen Devisen sowie Deviseneinbehaltungsrechte an- und verkaufen, um damit Handelstransaktionen außerhalb des Plans abzuwickeln. Anfang 1994 wurde der gespaltete Wechselkurs vereinheitlicht, in dem die für Devisentransaktionen und für Ausländer bestimmte Sonderwährung (Foreign Exchange Certificates) abgeschafft und der offizielle Wechselkurs an das Niveau der Umtauschrate auf den Devisen-Swapmärkten angepaßt wurde. Die strikte Kontrolle über die Devisenverwendung der AHG blieb jedoch bestehen.

Die schrittweise Liberalisierung der Wechselkurse war von der Einführung eines Deviseneinbehaltungssystems begleitet. Zwar mußten die Exporteure grundsätzlich die Deviseneinnahmen an die Zentralregierung abliefern, doch wurden als Anreiz für die Ausweitung der Exportaktivitäten branchenbezogen (höhere Quoten für die Leichtindustrie, Bekleidung, Maschinen, Elektronikprodukte) und regional (Sonderwirtschaftszonen und -gebiete) unterschiedlich hohe Einbehaltungsquoten vergeben. Ende der 80er Jahre konnten die einbehaltenen Devisen an den Devisen-Swapmärkten von den Unternehmen mit ausländischer Kapitalbeteiligung und den auf Außenhandel spezialisierten Unternehmen gehandelt werden. Seit Frühjahr 1996 besteht eine Teilkonvertibilität der chinesischen Währung, die sich allerdings nur auf Außenhandelstransaktionen beschränkt. Im Rahmen dieser Teilkonvertibilität können auch inländische Unternehmen chinesische Währung in Devisen auf der Basis des Shanghaier Interbanken-Devisenkurses umtauschen und ihre Außenhandelsgeschäfte über Devisenkonten abwickeln. Die Reform des Wechselkurssystems spiegelt sich in der Entwicklung der Umtauschrate in Relation zum US-Dollar wider. Nach verschiedenen Abwertungen der chinesischen Währung gab es seit der Vereinheitlichung der gespalteten Wechselkurse Anfang 1994 nur noch geringfügige Kursschwankungen.

Die Liberalisierung des Kapitalverkehrs hatte ebenfalls eine herausragende Bedeutung im Rahmen der Reform des Außenwirtschaftssystems und für die gesamte wirtschaftliche Entwicklung. Der Zutritt zu den internationalen Wirtschaftsorganisationen wie dem Internationalen Währungsfonds (IMF) und der Weltbank sowie zur Asiatischen Entwicklungsbank erlaubte China den Zugang zu umfangreichen Finanzmitteln in Form von Krediten zu günstigen Bedingungen, die durch Regierungskredite im Rahmen der bilateralen Entwicklungshilfe ergänzt wurden. Durch die Verbesserung der gesetzlichen Rahmenbedingungen für Kapitalimporte und durch die steigende Attraktivität des chinesischen Binnenmarktes konnte China außerdem hohe ausländische Direktinvestitionen absorbieren. Während die Auslandsinvestoren fast ausschließlich die östlichen Küstenprovinzen und exportorientierte Projekte bevorzugten, konnten Kredite der Weltbank und andere Entwicklungskredite vor allem in die Inlandsprovinzen und in Infrastrukturprojekte geleitet werden. Seit Anfang der 90er Jahre ist China der wichtigste Kreditnehmer der

Weltbank und das Entwicklungsland, in das jährlich die meisten Auslandsinvestitionen fließen.

Ein wichtiger Schritt bei der Liberalisierung der Kapitalimporte war die Ausweitung der gesetzlichen Investitionsformen auf Unternehmen mit ausschließlich ausländischer Kapitalbeteiligung Mitte der 80er Jahre. Die Möglichkeit für Auslandsinvestoren, 100 %ige Tochtergesellschaften in China zu gründen, ergänzte bestehende Investitionsformen wie Gemeinschaftsunternehmen mit ausländischer und chinesischer Kapitalbeteiligung (Equity Joint Venture) sowie Kooperativ-Gemeinschaftsunternehmen (Contractual bzw. Cooperative Joint Venture). Um zusätzliche Anreize zu bieten, wurden die anfänglich sehr rigiden Bestimmungen hinsichtlich des Zugangs zum Inlandsmarkt für Auslandsinvestoren schrittweise liberalisiert. Zur Verbesserung des Investitionsklimas zählte auch die Einrichtung der Devisen-Swapmärkte, auf denen die ausländischen Unternehmen Devisen anbieten und kaufen konnten. Anfang der 90er Jahre wurde mit der Öffnung neuer Investitionsbereiche ein weiterer Schritt zur Liberalisierung der Kapitalimporte unternommen. So konnten in ausgewählten Küstenstädten und in den Sonderwirtschaftszonen sino-ausländische Joint-Venture-Unternehmen im Einzelhandel gegründet werden, und auch in sensiblen Bereichen wie im Kraftwerksbau, im Transportsektor und im Hafenbau, zur Erdölexploration und im Bankensektor wurden ausländischen Investitionen unter bestimmten Beschränkungen zugelassen. Die herausragende Bedeutung der mit Auslandskapital finanzierten Unternehmen spiegelt sich in ihrem Beitrag zu den Exporten wider, der inzwischen auf über ein Drittel angestiegen ist (1996: rund 40 %).

5. Die Reform der öffentlichen Finanzen und des Bankensystems

Die Reform der staatseigenen Unternehmen und die Verlagerung von Entscheidungs- und Verfügungsrechten auf die Lokalregierungen veränderte auch das öffentliche Finanzsystem und machte Anpassungen im Bankensystem erforderlich. Anfang der 90er Jahre sah die Zentralregierung ihre finanzpolitische Kontroll- und Steuerungsfähigkeit in Frage gestellt und drängte auf eine Rezentralisierung fiskalischer Entscheidungsrechte und Beschleunigung der Bankenreform. Im folgenden werden zunächst die wichtigsten Veränderungen des öffentlichen Finanzsystems im Zusammenhang mit der Unternehmensreform und der fiskalischen Dezentralisierung betrachtet und die dabei entstandenen Probleme aufgezeigt. Anschließend wird die Reform des Bankensystems betrachtet.

Um die Unterstützung der Lokalregierungen bei der Umsetzung der Wirtschaftsreform zu sichern, verlagerte die Zentralregierung Anfang der 80er Jahre bestimmte Aufgaben und Finanzmittel auf die Ebene der Provinz-, Kreis- und Gemeinderegierungen und auf die Staatsbetriebe. Die Gebietskörperschaften erhielten Anspruch auf die Gewinnabführungen und Steuerzahlungen der ihnen zugeordneten Staatsbetriebe, und sie wurden im Gegenzug verantwortlich für deren Finanzmittelbedarf. Gleichzeitig veränderte sich die Beziehung zwischen den staatseigenen Unternehmen und dem Staat durch die Umwandlung der Gewinnabführungen in eine Verpflichtung zur Zahlung von Körperschaftssteuern. Während vor diesen Reformen zwischen dem öffentlichen Sektor und der Regierung nicht unterschieden und der größte Teil der Regierungseinnahmen und -ausgaben über den öffentlichen Finanzhaushalt abgewickelt worden war, setzte mit der eigenen Rechnungsführung der staatlichen Unternehmen eine schrittweise Herauslösung der Unternehmen aus dem öffentlichen Haushalt ein.

Da die staatlichen Unternehmen einen zunehmenden Teil der Gewinne selbst behalten konnten bzw. nur über die Lokalregierungen Steuern abzuliefern hatten, sanken die Einnahmen erheblich. Im Zeitraum 1978 bis 1993 fielen die Einnahmen der Zentralregierung im Verhältnis zum BIP von 34,4 % auf 15,4 %. *(Siehe auch Abb. 4.7.1 im Anhang.)* Diese Entwicklung wurde zum überwiegenden Teil durch die rückläufigen Beiträge der staatseigenen Unternehmen zum Regierungshaushalt verursacht. So fielen deren Zahlungen in den Haushalt im Verhältnis zum BIP von 20 % im Jahre 1978 auf weniger als 4 % im Jahre 1992. Ein zweiter Grund für das drastische Absinken der Haushaltseinnahmen am BIP ist die finanzpolitische Dezentralisierung. Die Verlagerung der Steuerhoheit auf untere Verwaltungsebenen förderte zwar einerseits die lokalen Wirtschaftsaktivitäten, brachte jedoch andererseits das Problem der geteilten Loyalität der lokalen Regierungsbeamten und damit die Unterordnung der Interessen der Zentralregierung unter diejenigen der Lokalregierungen mit sich.

Zwar erschwerte vor allem die Dezentralisierung und die geteilte Steuerloyalität die Mobilisierung von Steuereinnahmen für die Zentralregierung, doch gab es auch noch andere Defekte im Steuersystem. So verfügte China im Gegensatz zu den meisten Staaten über keine nationale Steuerbehörde, die auf lokaler Ebene vertreten war. Obwohl die Zentralregierung die Steuerquoten und die Steuerbasis bestimmte, wurden alle Steuern mit Ausnahme der Verbrauchssteuern von den lokalen Steuerbehörden eingetrieben. Die Steueraufteilung erfolgte im Rahmen eines sehr komplexen Systems zwischen den Lokalregierungen und der Zentrale. Die Lokalregierungen besaßen damit eine De-facto-Kontrolle über die Steuerpolitik; sie konnten den Unternehmen unabhängig von gesetzlich festgeschriebenen Steuersätzen Steuererleichterungen zugestehen und ihnen Steueranreize anbieten, die nicht von der Zentralregierung genehmigt waren. Die Lokalregierungen drängten auch die lokalen Steuerämter, weniger rigoros bei der Eintreibung von Steuern vorzugehen, die mit der Zentrale geteilt werden mußten. Mit fortschreitender Dezentralisierung nutzten die wachstumsorientierten Lokalregierungen die Flexibilität des Steuersystems dazu, ihre Steuerablieferungen zu reduzieren und weniger Finanzeinnahmen mit der Zentralregierung zu teilen. Ein Instrument dieser Strategie der Lokalregierungen war die Erhebung von Abgaben und Gebühren, die nicht in den lokalen Haushalt eingingen und damit nicht von der Zentralregierung beansprucht werden konnten. Der Umfang dieser außerbudgetären Haushalte stieg von 2,6 % im Verhältnis zum BIP im Jahre 1978 auf 4,2 % im Jahre 1993 schnell und stellte rund 25 % des regulären Haushalts dar. *(Siehe auch Tab. 4.7.1 im Anhang.)*

Der Anteil der Zentralregierung an den gesamten Einnahmen (nach Aufteilung der Steuern) fiel kontinuierlich von 69 % im Jahre 1978 auf 41 % im Jahre 1993. Nach der Einführung eines Vertragssystems über eine mehrjährige Steuerablieferungsquote zwischen Zentrale und Lokalregierungen im Jahre 1988 hatte sich diese Entwicklung weiter beschleunigt. Angesichts des sinkenden Anteils an den Finanzeinnahmen nahm die Zentralregierung verstärkt den Bankensektor und indirekt die Zentralbank in Anspruch, um weiterhin einen interregionalen Finanzausgleich durchzuführen. *(Siehe auch Abb. 4.7.2 im Anhang.)*

Die sinkenden Regierungseinnahmen waren jedoch nicht von einem gleichzeitigen Ausgabenrückgang begleitet. Während die Lokalregierungen immer mehr investierten, konnte die Investitionsplanung nicht mehr wirkungsvoll von der Staatlichen Planungskommission kontrolliert werden, und auch die Subventionszahlungen an die staatseigenen Unternehmen erhöhten sich. Das Defizit im Haushalt stieg dementsprechend und betrug 1993 2,1 % in Relation zum BIP. Der Staatshaushalt bzw. die Ausgaben im Haushalt beschrieben jedoch nur sehr ungenau die tatsächlichen Regierungsaktivitäten und das Defizit, da nach wie vor wichtige wirtschaftliche und soziale Aktivitäten der staatseigenen Unternehmen über den öffentlichen Haushalt finanziert wurden. Wird auch der Teil der Zentralbankkredite an den Finanzsektor einbezogen, der die nichtautonomen Aktivitäten der staatseigenen Unternehmen finanziert, kann ein konsolidiertes Regierungsdefizit aufgestellt werden, das wesentlich aussagefähiger ist. In den letzten Jahren war dies im Durchschnitt um das Zwei- bis Dreifache höher als das einfache Haushaltsdefizit; 1994 belief sich das konsolidierte Regierungsdefizit auf 9,9 % am BIP.

Um die finanzpolitische Kontrolle zurückzugewinnen, hat die Zentralregierung Anfang 1994 ein Programm zur Steuerreform durchgesetzt, in dessen Mittelpunkt die Neuaufteilung der Steuern zwischen Zentrale und Lokalregierungen und die Verbreiterung der Steuerbasis durch Einführung neuer Steuern steht. Mehr Steuern als bisher sollen dem Staat zur Verfügung stehen, um wichtige öffentliche Güter und Dienstleistungen bereitzustellen. Hierzu zählen einerseits die Kosten, die im Zusammenhang mit der Einführung der marktwirtschaftlichen Reformen anfallen. Andererseits sind höhere öffentliche Mittel für die Finanzierung der sozialen und physischen Infrastruktur erforderlich, um mittel- und langfristig die schnell wachsende Wirtschaft zu unterstützen. Um diese Ausgaben zu decken und um das Haushaltsdefizit bis zum Jahre 2000 abzubauen, war eine Kehrtwende in der Steuerpolitik erforderlich. Auch die Umverteilung von Finanzmitteln aus dem Zentralhaushalt in ärmere Regionen gilt als wichtige zukünftige Aufgabe, um die soziale und politische Stabilität zu garantieren. Mit der Einführung des Steueraufteilungssystems Anfang 1994 sollten schrittweise der Anteil der Zentralregierung an den Gesamteinnahmen auf 60 % angehoben und mehr Mittel für den interregionalen Ressourcentransfer bereitgestellt werden. Zur besseren Kontrolle der Steuerablieferungen und des Steuergebahrens wurden in den Provinzen Zweigstellen der zentralen Steuerbehörden gegründet.

Der Anteil der öffentlichen Ausgaben im Staatshaushalt ist mit 14,1 % am BIP im Jahre 1994 (33,8 % im Jahre 1978) im Vergleich zu anderen Ländern auch deshalb sehr niedrig, weil ein erheblicher Teil der öffentlichen Ausgaben, insbesondere staatlich gelenkte Investitionen und »weiche« Kredite an marode Staatsunternehmen, über das Bankensystem finanziert wird. Hieraus resultierte ein starker Inflationsdruck sowie das Problem »fauler Kredite« für die Banken. Im folgenden wird gezeigt, wie sich die Rolle der Banken im Verlauf der Transformation des chinesischen Wirtschaftssystems verändert hat und welchen Problemen sich die Bankreform gegenübersieht.

Die Funktion des Bankensystems beschränkte sich zu Beginn der Wirtschaftsreformen auf die Bereitstellung von Krediten im Rahmen staatlicher Direktiven und auf die Überwachung ihrer zweckbestimmten Nutzung. Im Verlauf der Wirtschaftsreform veränderten sich durch die Verlagerung von Produktions- und Investitionsentscheidungen auf private Haushalte und Unternehmen die Finanzströme zwischen Sparern und Investoren. Vor allem die Rolle der privaten Haushalte für die Ersparnisbildung hat sich wesentlich vergrößert. Der Anteil der Haushalte an der Ersparnisbildung erhöhte sich von 23 % im Jahre 1978 auf 71 % im Jahre 1991, während der Beitrag der Regierung zur Ersparnis von 43 % auf 4 % zurückfiel. Mit der Reform der Staatsunternehmen stieg die Nachfrage nach Krediten, da die Unternehmen neue Produktions- und Vermarktungsmöglichkeiten wahrnehmen wollten. Es erfolgte eine schrittweise Umstellung auf die Finanzierung der Anlagekredite durch die Banken, welche die Zuweisungen aus dem Haushalt ersetzten. Die neue Rolle der Banken bestand also in der Mobilisierung von Ersparnissen und deren Weiterleitung in effiziente Verwendungen, allerdings im Rahmen der Beschränkungen des halbreformierten Wirtschaftssystems mit staatlich vorgegebenen Zinssätzen und Kreditplänen.

Mit der Umwandlung der Chinesischen Volksbank in eine Zentralbank und der Gründung von vier staatlichen Spezialbanken für verschiedene Sektoren und Aufgaben begann Mitte der 80er Jahre die Reform der institutionellen Struktur des Bankensystems. Bis zu diesem Zeitpunkt hatte die Volksbank die Bargeldversorgung, die Kreditallokation im Rahmen des zentralen Kreditplans und den Zahlungsverkehr allein durchgeführt. Die sektorale und funktionale Aufgabenteilung im Bankensektor wurde in den Folgejahren durch Zulassung von landesweit agierenden Universalbanken ausgeweitet und durch Finanzinstitutionen des Nichtbankensektors, insbesondere Investment- und Treuhandgesellschaften, ergänzt. Ende der 80er Jahre traten neue Universal- und Regionalbanken hinzu und 1994 drei Staatsbanken mit speziellen wirtschaftspolitischen Aufgaben. Gegenüber Auslandsbanken wurden Anfang der 90er Jahre die Zutrittsmöglichkeiten zum chinesischen Markt gelockert, doch dürfen sie nach wie vor nur lokal beschränkt (Sonderwirtschaftszonen oder ähnliche Regionen) sowie funktional beschränkt (keine Einlagegeschäfte in Landeswährung) tätig sein. Die verschiedenen Reformschritte wurden mit dem Geschäftsbankensystem und dem Zentralbankgesetz 1995 in einem rechtlichen Rahmen zusammengefaßt. *(Siehe auch Übersicht 4.7.1 im Anhang.)*

Trotz dieser Reformmaßnahmen, die Wettbewerbselemente einführten, veränderte sich die Funktion der in den staatlichen Kreditplan eingebundenen Spezialbanken nicht durchgreifend. Sie blieben weiter »Ladenkassen«, in welche die Lokalbehörden zur Versorgung ihrer Staatsbetriebe greifen konnten. Die krisenhafte Entwicklung vieler Staatsunternehmen stellte jedoch eine schwere Belastung für die Banken dar, die staatlich gelenkte Investitionen und Umlaufkapital für Verlustunternehmen zu staatlich festgelegten Zinssätzen bereitstellen mußten. Andererseits vergrößerten sich die Finanzierungsmöglichkeiten der Banken im Verlauf der Reform und überstiegen bei weitem die ihnen zugeteilten Kreditkontingente, da sie Finanzanleihen vergeben, Wechsel bei den Chinesischen Volksbank diskontieren und auf dem Interbankenmarkt kurzfristige Kredite nachfragen konnten. Weiterhin durften die Banken eigene Investment- und Treuhandgesellschaften gründen, am Aktienmarkt spekulieren und in Immobiliengeschäften investieren. Die Kontrolle über das Kreditgebaren der Banken hinsichtlich der Bestimmung von Zinssätzen und anderen Konditionen entglitt der Zentralregierung immer mehr und trug im

Sommer 1993 zu einer extremen Ausweitung der Geldmenge und hoher Inflation bei. Vor diesem Hintergrund wurden die Reform des Bankensystems beschleunigt und das Zentralbank- sowie das Geschäftsbankengesetz im Frühjahr und Sommer 1995 verabschiedet.

Die Neuaufteilung der Banken in Geschäftsbanken, die nach Effizienzkriterien arbeiten, und solchen, die nach wirtschaftspolitischen Richtlinien Kredite vergeben, ist zentrales Element der Reform des Bankensystems. Die Banken sollen gegenüber den Unternehmen durch die Kreditvergabe nach Effizienzkritierien eine Kontrollfunktion ausüben. Da die Staatsunternehmen bei den Banken jedoch hoch verschuldet sind, besitzen diese ein eigenes Interesse daran, die Unternehmen durch neue Kredite vor dem Konkurs zu schützen. Nach Schätzungen beträgt der Anteil notleidender Kredite am gesamten Kreditvolumen 20–30 %; in den alten Industriestandorten sogar bis zu einem Drittel. Unter diesen Bedingungen ist kurzfristig kaum mit einer Umsetzung der Bankenreform zu rechnen.

Daß die chinesischen Banken sich in einer Krise befinden, wird auch anhand der sinkenden Eigenkapitalquote sichtbar. Während diese nach Bestimmungen der Bank für internationalen Zahlungsausgleich bei mindestens 8 % liegen sollte, wiesen die vier größten staatlichen chinesischen Banken 1994 eine Quote von 2,8 % bis 4,4 % auf. Trotz der eingeleiteten Reformmaßnahmen können die Banken ihre Rolle als Disziplinierungsinstrument für die Unternehmen bisher nur sehr unzureichend erfüllen. Die bis zum Jahr 2000 angestrebte Kommerzialisierung der Banken wird nicht nur durch das Schuldenproblem erschwert, sondern auch durch die Dominanz der staatlichen Banken, die 80 % des Bankengeschäfts bestimmen.

6. Regionalismus und Disparitäten

Die stärkere Beteiligung lokaler Gebietskörperschaften und staatseigener Unternehmen an den Finanzeinnahmen bewirkte zwar die gewünschte Entfaltung lokaler Wirtschaftsaktivitäten, führte jedoch gleichzeitig zu einer Reihe ungeplanter Nebenerscheinungen und Probleme. Hierzu zählen neben dem drastischen Rückgang der Einnahmen der Zentralregierung vor allem die Stärkung lokaler »Egoismen«. Die Durchsetzung regionaler Interessen entwickelte sich zunehmend im Widerspruch zur Wirtschaftspolitik der Zentralregierung. Während beispielsweise Anfang der 90er Jahre viele Provinzen ein hohes Wirtschaftswachstum auch unter Inkaufnahme größerer Preissteigerungen durchsetzen wollten, zielte die Zentralregierung mit der Beschränkung des Kreditvolumens auf eine Abschwächung des Wirtschaftswachstums und auf eine geringe Teuerungsrate. Auch die Umverteilung der Steuern auf unterentwickelte Provinzen im Rahmen der reformierten Finanzordnung, die Stärkung der kreditpolitischen Rolle der Zentralbank sowie eine Industriepolitik mit dem Ziel der koordinierten Entwicklung von Schlüsselindustrien waren Maßnahmen, um die wirtschaftlichen Verselbständigungstendenzen der Provinzen zu stoppen.

Der »Regionalismus«, d. h. die Verfolgung lokaler Entwicklungsstrategien nicht selten zu Lasten gesamtwirtschaftlicher Interessen, führte in seiner krassesten Form zur Abschottung lokaler Märkte vor der Konkurrenz aus anderen Provinzen bzw. Regionen und zur systematischen Umgehung von Anweisungen der Zentralregierung. Dieses als »Feudalherrenwirtschaft« von der Zentralregierung kritisierte Verhalten der Lokalregierungen, die sich wiederum ähnlichen Problemen in ihrem Verhältnis zu den Stadt- und Kreisregierungen gegenübersahen, erschwerte die Entstehung eines einheitlichen Marktes, der den ungehinderten Strom von Gütern und Dienstleistungen voraussetzt. Die Verselbständigungstendenzen waren vor allem in denjenigen Regionen besonders groß, die zu Beginn der Wirtschaftsreform Sonderrechte für die Ansiedlung von ausländischen Unternehmen und zur Liberalisierung ihrer Wirtschaft erhalten und durch die außenwirtschaftliche Integration einen starken Wachstumsschub erfahren hatten.

Die Regionalpolitik mit der Zuteilung von wirtschaftlichen Sonderrechten für bestimmte Regionen stellte Anfang der 80er Jahre eine Abkehr vom maoistischen Ideal einer gleichgewichtigen Wirtschaftsentwicklung dar und wies den Küstenprovinzen aufgrund ihrer vorteilhaften geographischen Lage und ihres höheren wirtschaftlichen Entwicklungsniveaus in der außenwirtschaftlichen Öffnung eine Schlüsselrolle zu. Im Rahmen einer mehrstufigen Öffnungsstrategie bestand jedoch die Vorstellung, daß sich das Wirtschaftswachstum über Sickereffekte von der Küste auf die übrigen Regionen ausbreiten sollte.

Wird die Entwicklung der regionalen Disparitäten (Veränderung des BIP pro Kopf in den Provinzen) seit Beginn der Wirtschaftsreform betrachtet, dann läßt sich ein U-förmiger Verlauf mit einem Rückgang der Unterschiede in den ersten Reformjahren und eine Zunahme der regionalen Unterschiede ab Ende der 80er Jahre feststellen. Daß die regionalen Disparitäten in den ersten Jahren der Wirtschaftsreform zurückgingen und die Inlandsprovinzen sogar ihren Beitrag zum nationalen Sozialprodukt erhöhen konnten, ist auf die positiven Effekte der Landwirtschaftsreform in den überwiegend agrarisch strukturierten Inlandsprovinzen zurückzuführen. Auch die fiskalpolitische Dezentralisierung sowie die staatliche Investitionspolitik verhinderten zunächst ein noch stärkeres Auseinanderfallen der regionalen Wirtschaftsentwicklung. Anfang der 90er Jahre hat sich die Tendenz zur Vergrößerung des Regionalgefälles zwischen den Provinzen verfestigt. Die entsprechenden statistischen Werte für die Messung von Disparitäten liegen deutlich höher als zu Beginn der Wirtschaftsreformen.

Zwar konnten auch die Provinzen Zentral- und Westchinas im Verlauf der Wirtschaftsreform ein beachtliches Entwicklungstempo entfalten, doch aufgrund des weitaus höheren Wirtschaftswachstums in den Küstenprovinzen hat sich das Regionalgefälle zwischen den Großräumen in den letzten Jahren verstärkt. Die regionalen Unterschiede im Entwicklungsniveau, die insbesondere aus der Weltmarktintegration der Küstenprovinzen resultieren, wurden durch Experimente mit der Kapitalmarkt- und Unternehmensreform sowie der beschränkten Liberalisierung des Banken- und Dienstleistungssektors verstärkt, die sich ebenfalls auf wenige Gebiete an der Ostküste beschränkten. Auch der Umfang des nichtstaatlichen Sektors hatte entscheidenden Einfluß auf die Wirtschaftsentwicklung einer Provinz. Der private und kollektive Sektor in der Ostregion erhielt durch den Aufschwung der ländlichen kollektiven Betriebe und durch die Ansiedlung von Auslandsunternehmen eine weitaus größere Bedeutung als in der Zentral- und Westregion. *(Siehe auch Abb. 4.4.3 im Anhang.)*

Das hohe Wirtschaftswachstum in den Küstenprovinzen wirkte als starker Anreiz zur Migration für arme Bauern aus den Inlandprovinzen. Der Strom von ländlichen Wanderarbeitern, die auf der Suche nach Arbeit in die Städte innerhalb ihrer Provinzen und bis in die boomenden Küstenstädte drängten, löste ein erneutes Umschwenken in der Regionalpolitik aus. Die Diskussion über die politischen Folgen des wachsenden Regionalgefälles nahm innerhalb der KPCh zu. *(Siehe auch den Beitrag von Sebastian Heilmann.)* Die Stimmen der benachteiligten Provinzen gewannen an Gewicht und drängten die politische Führung zu neuen Ansätzen in der Regionalpolitik. Die 1994 verabschiedete Reform des Steuersystems und die von der Zentralregierung beschlossene Veränderung von Investitionsanreizen für die Ansiedlung von Auslandsunternehmen sind Ausdruck dieser Neugewichtung in der Regionalpolitik. Die begonnene Verlagerung von Produktionskapazitäten staatseigener Unternehmen der Textilindustrie aus der Ostregion in die Provinz Xinjiang ist ein anderes Beispiel hierfür.

Mit einer kurzfristigen Annäherung der regionalen Unterschiede wird nicht unbedingt zu rechnen sein, sondern wohl eher mit einer Vergrößerung der Disparitäten in den nächsten Jahren, da die Wachstumsdynamik in den Provinzen Ostchinas auch in den kommenden 10 bis 20 Jahren anhalten könnte. Die Modernisierung der alten Industriestandorte wie Shanghai und Liaoning sowie die Verbesserung der Wachstumsbedingungen in den anderen Küstenprovinzen werden hierzu beitragen. Andererseits bestehen durchaus Möglichkeiten zur Reduzierung des Regionalgefälles, die jedoch weitaus umfassendere wirtschaftspolitische Fördermaßnahmen für die Inlandsprovinzen notwendig machen würden.

7. Bildung und Infrastruktur als Rahmenbedingungen der Systemtransformation

7.1 Bildung

Der Wandel des Wirtschaftssystems stellte ebenfalls neue Anforderungen an das Bildungssystem, das ähnlich wie die Staatsunternehmen Probleme der Ineffizienz aufwies. Reformen wurden weiterhin notwendig, weil die Marktwirtschaft und die Integration in den Weltmarkt von den Beschäftigten neue berufliche Qualifikationen und Fähigkeiten zur flexiblen Anpassung an sich schnell verändernde Nachfragesituationen verlangte. In den wirtschaftlichen Zielvorstellungen der Regierung erhielten die Entwicklung von Wissenschaft und Technologie sowie die Verbesserung des Ausbildungsniveaus ab Mitte der 80er Jahre einen hohen Stellenwert.

Wie unzureichend der Bildungsstand zu Beginn der Wirtschaftsreform war, spiegelt sich in folgenden Daten wider: Aufgeteilt nach dem Ausbildungsniveau in der Industrie im Jahre 1982 wiesen 78 % der Beschäftigten einen Grund- und Mittelschulabschluß auf (einschließlich 7,9 % Analphabeten oder Halbanalphabeten); einen Oberschulabschluß hatten lediglich 20,4 %, und der Anteil der Universitätsabgänger betrug 1,5 %. In den Staatsbetrieben insgesamt arbeiteten zu diesem Zeitpunkt 1,2 Mio. Ingenieure und Techniker, die damit nur 3,5 % der Gesamtbeschäftigten stellten. Zu den größten Problemen im Bildungssystem zählten: (1) Die schlechte Qualität der Grundschulausbildung, die sich negativ auf alle höheren Ausbildungsstufen auswirkte. (2) Berufsbildung und technische Ausbildung entwickelten sich so langsam, daß die Schulabgänger nahezu ohne berufliche Qualifikation blieben. (3) Kein Ausbildungsgang konnte Schritt halten mit dem schnellen Tempo der wirtschaftlichen, sozialen, wissenschaftlichen, technischen und kulturellen Veränderungen. (4) Den Lokalregierungen waren nur geringe Entscheidungsräume im Bildungsbereich erlaubt.

Vor diesem Hintergrund wurde im Jahre 1985 eine Bildungsreform mit dem Ziel angekündigt, die nationale Wirtschaftsentwicklung zu fördern und das Ausbildungsniveau zu erhöhen. Zu den vier wichtigsten Strategien dieser Bildungsreform zählten: (1) die Verlängerung des obligatorischen Schulbesuchs auf neun Jahre und die Übertragung der Verantwortung für die Elementarbildung auf die lokale Ebene, (2) die Erhöhung der Bildungsausgaben; die Bildungszuweisungen der Zentrale und der Lokalregierungen sollten schneller als die Haushaltseinnahmen angehoben werden; vor allem auf der lokalen Ebene sollten die Gemeinderegierungen ihre Bildungsausgaben steigern und Mittel für die Verbesserung des Bildungssystems mobilisieren, (3) die Förderung der beruflichen und der technischen Ausbildung nach dem Prinzip »zuerst Ausbildung, dann Beschäftigung«. (4) Die Reform der Hochschulaufnahme und des Zuteilungssystems für Hochschulabsolventen.

Anfang der 90er Jahre präsentiert sich das chinesische Bildungssystem mit zahlreichen Erfolgen, jedoch auch großen Problemen. So ist nach wie vor die Zahl der Analphabeten mit 180 Mio. bzw. 22 % der Bevölkerung (bezogen auf Personen über 15 Jahre) zu hoch. Hierzu trägt die Abbruchquote von schätzungsweise 20 % der eingeschulten Kinder bei, so daß die hohe Einschulungsquote wenig aussagefähig hinsichtlich der Alphabetisierung ist. Vor allem in ärmeren Regionen stellt die Erhebung von Schulgebühren oftmals den wichtigsten Grund für den Schulabbruch dar. Besonders groß sind die Probleme mit unzureichendem Angebot und Inanspruchnahme von Grundschulausbildung in den 592 als Armutsgebieten ausgewiesenen Bezirken, in denen Anfang der 90er Jahre ca. 10 % der Kinder im Alter von sechs bis 12 Jahren nicht die Schule besuchten. In den ländlichen Armutsregionen ist dieser Prozentsatz noch höher, und insgesamt wird die Zahl dieser Kinder mit 1,28 Mio. angegeben. Das Bildungsniveau ist nach wie vor bedroht durch den Trend zum Schulabbruch, die mangelhafte Finanzausstattung auf lokaler Ebene, geringe materielle Anreize für die Lehrer und die oftmals überholten Bildungsinhalte und -methoden. *(Siehe auch Abb. 3.6 im Anhang.)*

Auch die Einführung der neunjährigen Schulpflicht ist nur in den wirtschaftlich höher entwickelten Küstenprovinzen teilweise durchgesetzt, während die Inlandsprovinzen hierbei noch aufholen müssen. Bis zum Jahre 2000 sollen zwölf Provinzen mit einem mittleren Einkommensniveau (Hebei, Shanxi, Heilongjiang, Anhui, Fujian, Jiangxi, Henan, Hubei, Hunan, Hainan, Sichuan und Shaanxi) schrittweise die neunjährige Schulzeit durchsetzen. Im Durchschnitt beträgt die Schulzeit der Bevölkerung erst 5,4 Jahre. Obwohl bei der Ausbildung chinesischer Fach- und Führungskräfte Fortschritte gemacht wurden, ist ihr Qualifikationsniveau oftmals sehr unzureichend, so daß Auslandsunternehmen bei ihrem Engagement in China oft umfangreiche Fortbildungsmaßnahmen leisten müssen. *(Siehe auch Tab. 3.3 im Anhang.)*

Vor dem Hintergrund des unzureichenden öffentlichen Angebots hat sich seit Anfang der 90er Jahre der Trend zur Gründung von Privatschulen und privaten Kindergärten verstärkt. Ende 1994 gab es rund 60 000 private Schulen und Kindergärten, von denen die Hälfte berufsbildende und andere Kurse auf Kurzzeitbasis anbietet, 17 000 waren Kindergärten, 4 000 Grundschulen, 800 Mittelschulen, 1 000 Hochschulen und 200 Berufsschulen. Um das wissenschaftliche Niveau und die Qualität der Ausbildung mit Blick auf die internationale Konkurrenzfähigkeit Chinas im 21. Jh. anzuheben, wurde 1995 ein nationales Projekt zur Förderung von Hochschulen begonnen, in das etwa 100 Hochschulen und Zentren für die wichtigsten Disziplinen eingebunden wurden.

Obwohl China im Vergleich zu anderen Entwicklungsländern in den 80er Jahren bei den sozialen Indikatoren (Gesundheit, Bildung, soziale Sicherung) relativ gut positioniert war, besteht ein rückläufiger Ausgabentrend, der die bisherigen Errungenschaften in Frage stellen könnte. Beispielsweise sanken die öffentlichen Ausgaben für Bildung von 3,1 % am BIP im Jahre 1985 auf 2,4 % im Jahre 1994. Gegenüber anderen asiatischen Ländern wendet China unterproportional wenig für die Grundschulausbildung und Gesundheit auf, und die Unterschiede in der Versorgung mit Bildungseinrichtungen zwischen den städtischen und ländlichen Regionen sind extrem groß. Um den universellen Zugang zu einer guten Elementarbildung zu gewährleisten, müßten nach Schätzungen der Weltbank die entsprechenden Haushaltsausgaben bis zum Jahre 2000 von 1,2 % auf 2,1 % am BIP angehoben werden. Zwei Drittel des Anstiegs wären notwendig für die Verbesserung der Ausbildungsqualität und ein Drittel für die Steigerung der Einschulungsquote auf 100 %.

7.2 Infrastruktur

Zu den langfristigen Bestimmungsfaktoren des Wirtschaftswachstums zählt neben der Bildung auch die Infrastruktur, die aufgrund der starken regionalen Unterschiede in China eine besondere staatliche Förderung, insbesondere in strukturschwachen ländlichen Regionen, erforderlich macht. Mit der Einführung von Märkten und der damit verbundenen Veränderung der Distribution von Waren und Dienstleistungen sind außerdem die Ansprüche an die Effizienz der Infrastruktur, insbesondere der Verkehrsinfrastruktur, aber auch von Telekommunikation und Dienstleistungen gestiegen. Im internationalen Vergleich hatte das Transport- und Dienstleistungsangebot in China (Beschäftigungsanteile von Handel und Transport an der Gesamtbeschäftigung) Ende der 80er Jahre zwar einen ähnlichen Umfang wie in den anderen großen Entwicklungsländern Brasilien und Indien, schnitt jedoch wesentlich schlechter im Vergleich zu Deutschland und den USA ab.

Der Ausbau des Schienen- und Straßennetzes sowie der Flug- und Schiffahrtshäfen für die Güter- und Personenbeförderung hat mit dem sehr schnellen Wirtschaftswachstum nicht Schritt gehalten. Beispielsweise nahm die Länge der neuen Eisenbahn- und Straßenverbindungen zwischen 1983 und 1991 lediglich um jährlich 0,43 % bzw. 1,6 % zu. Auf dem Eisenbahnnetz wurden 1995 rund 13 % des Frachtvolumens befördert, und bezogen auf die Streckenleistung (in t/km) entfielen auf die Schiene 36 %. *(Siehe auch die Abb. 4.6.4 und 4.6.5 im Anhang.)* Die chronische Überlastung des Eisenbahnnetzes führte ständig zu Wartezeiten beim Transport von insbesondere Kohle, Erdöl, Eisen und Stahl sowie Getreide. Um die unzureichende Beförderungskapazität auszuweiten, sollen bis zum Ende das Jahrzehnts das derzeitige Streckennetz von 54 600 km auf rund 70 000 km erhöht und die Hauptstrecken elektrifiziert werden. Vorgesehen ist auch der Ausbau des Eisenbahnnetzes in den Inlandsregionen und ihre Anbindung an die Küstenregionen sowie der Bau von Bahnstrecken für den Hochgeschwindigkeitsverkehr. Trotz großer Anstrengungen im Ausbau des Straßennetzes weist auch dieser Bereich der Infrastruktur erhebliche Defizite auf. Der Beitrag der Straße als Verkehrsträger zum Frachtvolumen betrug 1995 76 %, in Bezug auf die Streckenleistung lag der Anteil bei lediglich 14 %. Mit dem Ausbau des Personenkraftverkehrs wird eine Ausweitung des Straßennetzes von derzeit 1,1 Mio. km auf 1,25 Mio. km in den nächsten Jahren notwendig. Das hierfür erforderliche Investitionsvolumen beträgt rund 56 Mrd. US $ und kann nur teilweise durch Weltbankkredite und private BOT-Projekte (Build, Operate, Transfer) finanziert werden.

Der Transportsektor ist zu einem Engpaßfaktor der Wirtschafts- bzw. Marktentwicklung geworden. Die Folgen der unzureichenden Transportstruktur, die eine pünktliche und vorhersehbare Bereitstellung von Gütern erheblich erschwert, sind für den verarbeitenden Sektor gravierend. Hierzu zählen Verzögerungen im Produktionsablauf, da Inputmaterialien verspätet eintreffen, kostenträchtige Lagerhaltung und das Verrotten verderblicher Güter. Für den Ausbau des Verkehrsnetzes sind nach Schätzungen insgesamt etwa 100 Mrd. US $ notwendig, und die Beteiligung ausländischer Unternehmen über BOT-Projekte wird erforderlich sein, um die hochgesteckten Ziele im Transportsektor zu erreichen. Zwar wurden die Mittel für Infrastrukturprojekte von 4,4 % am BIP im Jahre 1985 auf 7,5 % am BIP erhöht, doch sind Berechnungen zufolge für den weiteren Ausbau des Straßen- und Schienennetzes Finanzmittel aus dem Haushalt in Höhe von 8–9 % am BIP erforderlich.

Die Entwicklung der Telekommunikation hat in den letzten Jahren einen starken Aufschwung erhalten. 1994 wurden die in der Fünfjahresplanung (1991–1995) festgelegten Ziele vorzeitig erfüllt und eine Kapazität bei den Telefonanschlüssen von 48 Mio. erreicht. Von 1990 bis 1995 stieg die Telefondichte von 1,11 Telefonen (pro 100 Personen) auf 4,66. Zwischen Stadt und Land bestehen in der Telefondichte allerdings erhebliche Unterschiede. Die Pläne zum Ausbau des Telekommunikationssektors in den nächsten fünf Jahren sehen die Ausweitung der Anschlüsse auf 140 Mio. Stück sowie die Erhöhung der Telefondichte auf 8 % landesweit und 30–40 % in den Städten vor. Um diese Vorstellungen realisieren zu können, werden Investitionen in Höhe von ca. 56 Mrd. US $ erforderlich sein.

8. Politische Ökonomie des Transformationsprozesses

Die Veränderung des Wirtschaftssystems vollzog sich trotz anhaltender Widerstände der zentralen Planungsbürokratie, deren Einfluß durch die Zulassung eines dynamisch wachsenden nichtstaatlichen Sektors sukzessive beschnitten wurde. Durch Beteiligung der Lokalregierungen an den Früchten der Reform sicherte sich die

Zentrale die anfängliche Unterstützung der lokalen Regierungsebenen bei schwierigen Reformentscheidungen. Die Lokalregierungen weiteten ihrerseits ihre Handlungsspielräume und Beteiligungsmöglichkeiten durch neue Reformexperimente aus und wurden in vielen Fällen die treibenden Kräfte in einem Interaktionsprozeß mit der Zentralregierung. Auf lokaler Ebene nutzte die Bürokratie die Möglichkeiten zur Förderung des nichtstaatlichen Sektors auch entgegen zentralstaatlichen Vorgaben. Hierbei entstand ein Muster von Unternehmens- und Marktstrukturen, das durch ein dichtes Verflechtungs- und Beziehungsnetz zwischen staatlichen Funktionären und privaten sowie kollektiven Unternehmen charakterisiert ist.

Die Möglichkeit der Partei- und Regierungskader, an den Vorteilen der Reform teilzuhaben, hat zwar wesentlich zum bisherigen Erfolg der Transformation beigetragen, jedoch auch zu vielen Verzerrungen geführt, die unter dem Begriff »Kaderkapitalismus« zusammengefaßt werden können. *(Siehe auch den Beitrag von Sebastian Heilmann.)* Hierbei geht es um den dominierenden Einfluß der Kader im Wirtschaftsleben, der sich heute indirekt über die Zuweisung wirtschaftlicher Privilegien (Kredite, Grundstücke, Lieferungen von Rohstoffen und Energie etc.) entfaltet. Die Präsenz der Kader hat sich nach der Gründung von kommerziell arbeitenden Behördenablegern seit 1992 noch verstärkt. Die von Ministerien und anderen Regierungsebenen gegründeten Unternehmen verwischen oftmals die Grenzen zwischen öffentlicher Verwaltung und privater Geschäftstätigkeit. Gleichzeitig können die Behörden durch ihre Wirtschaftsableger bestimmte Wirtschaftssektoren weiter kontrollieren und somit den Marktzutritt für andere Unternehmen erschweren.

Die Verflechtung von lokalen Verwaltungen und kollektiveigenen Unternehmen sowie privaten Unternehmen macht ebenfalls den Einfluß der Staats- und Parteikader im Wirtschaftsleben deutlich. In den Privatsektor, der sich ohne die politische Protektion durch die Funktionäre nicht entfaltet hätte, sind seit Anfang der 90er Jahre viele Staats- und Parteikader geströmt. Jeder fünfte Privatunternehmer war 1994 ein Mitglied der KPCh oder ihrer Jugendorganisation, und es bestehen enge Verbindungen der Privatunternehmen zu Parteikadern und Funktionären im staatlichen Sektor. Dieser soziale Hintergrund erschwert die Herausbildung einer eigenständigen Unternehmerschaft, die sich zu einer autonomen gesellschaftlichen Kraft entfalten könnte.

Im Übergang von der Plan- zur Marktwirtschaft sind die genannten Phänomene einer gegenseitigen Durchdringung von Staat und Wirtschaftsgesellschaft sowie die Gleichzeitigkeit verschiedener Koordinationsmechanismen (Markt und bürokratische Anweisungen) unvermeidbar. Der Aufbau neuer Institutionen zur makroökonomischen Lenkung der Wirtschaft und die Zulassung von Wettbewerb entzieht den Planungsbehörden und Parteifunktionären ihre Macht und kann nur in einem langwierigen Prozeß sowie durch ein Angebot von Alternativen für die Kaderschicht durchgesetzt werden. Die wechselnden Kräftekonstellationen in der Partei und die Interessen der bürokratischen Organisationen erklären, warum der wirtschaftliche Modernisierungsprozeß eher einem Zickzackkurs glich und häufige ordnungspolitische Veränderungen notwendig waren. Dieser Prozeß ist noch nicht abgeschlossen und wird noch länger dauern, da die Unternehmens- und die Bankenreform gegen die Interessen der Zentral- und Lokalbehörden sowie der Beschäftigten in den maroden Staatsunternehmen durchgesetzt werden müssen.

Verwendete und weiterführende Literatur

AUBERT, CLAUDE (1996): The Chinese Rural Economy, in: Brosseau, Maurice; Pepper, Suzanne, Tsang Shu-ki (Hrsg.): China Review 1996, Hongkong 1996.

BASS, H.H.; SCHÜLLER, MARGOT (1995/Hrsg.): Weltwirtschaftsmacht China (Mitteilungen des Instituts für Asienkunde), Hamburg.

FISCHER, DORIS (1995): Gibt es den chinesischen Privatunternehmer – Neue Verbindungen zwischen »guan« und »shang« im China der 90er Jahre?, in: Osteuropa-Wirtschaft, Jg. 40, Nr. 4, S. 299–316.

HEILMANN, SEBASTIAN (1995): China auf dem Weg zum Förderalismus?, in: China aktuell, Juli, S. 573–589.

HERRMANN-PILLATH, CARSTEN (1990): Struktur und Prozeß in der chinesischen Wirtschaftspolitik, oder: Warum China doch anders ist, in: Aus Politik und Zeitgeschichte, Beilage zur Wochenzeitung das Parlament, B 4890, 23. 11. 1990, S. 18–30.

HERRMANN-PILLATH, CARSTEN (1995/Hrsg.): Wirtschaftliche Entwicklung in Chinas Provinzen und Regionen, 1978–1992, Baden-Baden.

LARDY, NICHOLAS R. (1994): China in the World Economy, Institute for International Economics, Washington, D.C.

LEWIN, KEITH M. ET AL (1994): Educational Innovation in China. Tracing the Impact of the 1985 Reforms, Essex.

RAISER, MARTIN (1995): Die Rolle der Staatsunternehmen in der Systemtransformation: Die Erfahrungen der VR China, in: Die Weltwirtschaft, Heft 3, S. 340–362.

SCHÜLLER, MARGOT (1995): Ansturm auf die Städte: Regionalgefälle und Binnenmigration in China, in: China aktuell, Juni, S. 494–499.

SCHÜLLER, MARGOT (1996): Finanzmarktreform in China, in: Fischer, Bernhard; Reszat, Beate (Hrsg.), Internationale Integration der Devisen-, Finanz- und Kapitalmärkte, Baden-Baden, S. 185–214.

TAUBMANN, WOLFGANG; JIE FAN (1995): Die Rolle der kollektiven Gemeinde- und Dorfindustrie im Transformationsprozeß des ländlichen China, in: Geographische Zeitschrift, 83. Jg. Heft 3 und 4, S. 187–206.

THE WORLD BANK (1996): The Chinese Economy: Fighting Inflation, Deepening Reforms, Washington, D.C.

THE WORLD BANK (1996): World Development Report 1996 – From Plan to Market, Washington, D.C.

THE WORLD BANK (1994): Internal Market Development and Regulations, Washington, D.C.

XV. Der chinesische Wirtschaftsraum als Faktor in der Weltwirtschaft

XUEMING SONG

1. Die Integration Chinas in die Weltwirtschaft

In den ersten Jahrzehnten nach ihrer Gründung war die VR China aufgrund des Kalten Krieges bei weitem nicht so schnell in der Lage, sich in die Weltwirtschaft zu integrieren wie die durch frühere Kolonialisierungsprozesse fest an große kapitalistische Volkswirtschaften gekoppelten Ökonomien Taiwans und Hongkongs. Erst die langsame Öffnungspolitik ab 1972 und die Reformen seit 1978 haben China zu einem Faktor in der Weltwirtschaft werden lassen.

Der politische Riß, den der Kalte Krieg und die Autarkie-Ideologie des Maoismus in Asien zwischen den Wirtschaftsregionen Süd- und Südostchinas und Taiwan bzw. Hongkong zog, verhinderte bis 1978 die Aufnahme respektive den Ausbau von Handels- und Investitionsbeziehungen. Von der Entstehung eines chinesischen Wirtschaftsraumes (aus Platzgründen kann Singapur hier nicht mit einbezogen werden) kann erst im Laufe der achtziger und neunziger Jahre gesprochen werden, da in dieser Zeit der Zustrom von Kapital aus Hongkong und Taiwan in die VR China erheblich beschleunigt und dadurch die Verflechtung zwischen den drei Regionen gefördert wurde.

Für diesem Wirtschaftsraum hat die Weltbank, sofern die Wirtschaftsreformen in der VR China fortgesetzt und die weltwirtschaftlichen Rahmenbedingungen stabil bleiben, vorausgesagt, daß er im ersten Jahrzehnt des 21. Jh. zur weltweit größten »Volkswirtschaft« werden könnte. Allein für die VR China wurde schon Mitte der neunziger Jahre konstatiert, daß ihr Sozialprodukt, umgerechnet nach einem Wechselkurs, der die Kaufkraft berücksichtigt, das drittgrößte nach dem Sozialprodukt der USA und Japans sei.

Nachdem im folgenden zunächst die außenwirtschaftliche Entwicklung der VR China, Hongkongs und Taiwans skizziert wird, soll auf zwei Aspekte gesondert eingegangen werden: die zunehmende Einbindung des chinesischen Wirtschaftsraumes in internationale wirtschaftliche Organisationen und die Entwicklung der bilateralen Wirtschaftsbeziehungen zu ausgewählten Ländern und Regionen.

1.1 VR China

Mit der Gründung der VR China am 1. Oktober 1949 richteten sich die außenwirtschaftlichen Beziehungen einseitig auf die sozialistischen Länder, speziell die Sowjetunion, aus. Die Beziehungen zu den kapitalistischen Ländern brachen dagegen zusammen. Das UN-Handelsembargo, das im Zusammenhang mit dem Koreakrieg im Jahre 1951 gegen die VR China verhängt wurde, brachte die Beziehungen zwischen dem Westen und der VR China völlig zum Erliegen. *(Siehe auch den Beitrag von Gu Xuewu.)* Erst nachdem die VR China 1971 Mitglied der UNO wurde und damit die Position von Taiwan übernahm, stieg der Außenhandel rapide an. Die Exporte überstiegen bis 1978 noch die Importe, da aufgrund der ideologisch begründeten Bestrebungen nach wirtschaftlicher Selbstversorgung (self-reliance) ein Handelsbilanzdefizit als Abhängigkeit von anderen Ländern gedeutet worden wäre.

Mit der 3. Sitzung des XI. Parteitages der KPCh im Dezember 1978 wurde eine neue Periode der Wirtschaftspolitik eingeläutet. Die sozialistische Wirtschaft sollte reformiert und die Selbstversorgungspolitik zum Teil aufgehoben werden. Die Einrichtung von vier Sonderwirtschaftszonen für ausländische Investitionen in den Jahren 1979/80 war eine der ersten konkreten Maßnahmen dieser neuen Politik. *(Siehe auch den Beitrag von Margot Schüller.)*

Die Verflechtung der chinesischen Wirtschaft mit der Weltwirtschaft hat seither kontinuierlich zugenommen. Während das Außenhandelsvolumen im Jahre 1978 20,64 Mrd. US $ betrug, erreichte es im Jahre 1995 schon 280,85 Mrd. US $. *(Siehe auch die Abb. 4.8.1 im Anhang.)* Die Exportstruktur unterlag nach 1978 allerdings

Tabelle 1: Im- und Exportstruktur nach Produktgruppen, 1980–1995
(Angaben in Prozent)

Jahr		1980	1985	1992	1995
EXPORT	*Primärprodukte*	50,3	50,5	20,0	14,4
	Lebensmittel	16,5	13,9	9,8	6,7
	Getränke u. Tabak	0,4	0,4	0,8	0,9
	Rohmaterialien	9,4	9,7	3,7	2,9
	Mineralöl u. ähnl. Produkte	23,6	26,1	5,5	3,6
	Tier. u. pflanz. Öle oder Fette	0,3	0,5	0,2	0,3
	Industrieprodukte	49,7	49,5	80,0	85,6
	Chemikalien	6,2	5,0	5,1	6,1
	Verarbeitete Waren	22,1	16,4	19,0	21,7
	Maschinen u. Transportmittel	4,7	2,8	15,6	21,1
	Gemischte Produkte	15,7	12,8	40,3	36,7
	Nicht klassifizierte Produkte	1,1	12,5	0,0	0,0
IMPORT	*Primärprodukte*	34,8	12,5	16,4	18,5
	Lebensmittel	14,6	3,7	3,9	4,6
	Getränke u. Tabak	0,2	0,5	0,3	0,3
	Rohmaterialien	17,8	7,7	7,2	7,7
	Mineralöl u. ähnl. Produkte	1,0	0,4	4,4	3,9
	Tier. u. pflanz. Öle oder Fette	1,2	0,3	0,6	2,0
	Industrieprodukte	65,2	87,5	83,6	81,5
	Chemikalien	14,5	10,6	13,9	13,1
	Verarbeitete Waren	20,8	28,2	23,8	21,8
	Maschinen u. Transportmittel	25,6	38,4	38,9	39,9
	Gemischte Produkte	2,7	4,5	6,9	6,3
	Nicht klassifizierte Produkte	1,7	5,8	0,0	0,5

Quelle: Statistical Yearbook of China, verschiedene Jahrgänge; China's Customs Statistics, Nr. 12, 1995.

erheblichen Änderungen, denn seit 1985 ist die VR China mit Erfolg bestrebt, den Anteil der exportierten Industrieprodukte zu erhöhen *(siehe Tab. 1)*. Im Jahr 1992 wurde insbesondere die Steigerung des Exportanteils kapitalintensiver Produkte zu einem wirtschaftspolitischen Ziel erklärt. So ist z. B. der Exportanteil der Maschinenbaubranche in den letzten Jahren angestiegen und betrug im Jahre 1995 mehr als 20 %.

Seit der Wirtschaftsreform ist eine allmähliche Regionalisierung des Außenhandels zu beobachten. Während im Jahre 1980 ca. 50 % des Außenhandels mit asiatischen Ländern abgewickelt wurden, ist dieser Anteil im Jahre 1995 auf 62 % gestiegen. Der Außenhandel der VR China konzentriert sich also verstärkt auf ihre Nachbarn. Japan kommt als drittgrößtem Handelspartner dabei eine besonders wichtige Rolle zu, aber auch das Handelsvolumen Taiwans und Südkoreas mit der VR China ist insgesamt fast so groß wie das der EU-Länder *(siehe Tab. 2)*.

Hongkong ist der zweitwichtigste Handelspartner der Volksrepublik, wobei ein erheblicher Anteil des Handels mit Hongkong Reexporte umfaßt, d. h. Hongkong

Tabelle 2: Die Haupthandelspartner der VR China, 1980–1995

Jahr	1980	1985	1992	1995*
EXPORT (Mrd. US $):	18,12	27,35	84,94	148,77
Hauptempfängerländer (%):				
Japan	20,9	22,3	13,8	19,1
Hongkong	24,2	26,3	44,2	24,2
USA	5,5	8,6	10,1	16,6
Südkorea	–	–	2,9	4,5
Taiwan	–	–	0,8	2,1
EU**	13,2	7,8	9,0	12,8
IMPORT (Mrd. US $):	20,02	42,25	80,59	132,08
Hauptherkunftsländer (%):				
Japan	23,8	35,6	17,0	22,0
Hongkong	3,6	11,4	25,5	6,5
USA	22,8	12,0	11,0	12,2
Südkorea	–	–	3,3	7,8
Taiwan	–	–	7,3	11,2
EU**	13,3	13,7	12,2	16,1
HANDELSVOLUMEN (Mrd. US $):	38,14	69,60	165,53	280,85
Haupthandelspartner (%):				
Japan	22,4	30,4	15,3	20,5
Hongkong	13,4	17,2	35,1	15,9
USA	14,6	10,7	10,6	14,5
Südkorea	–	–	3,1	6,0
Taiwan	–	–	4,0	6,4
Asien	50	–	–	62
EU**	13,3	11,4	10,5	14,4

* In 1993 fand eine Revision der Handelsstatistik hinsichtlich des Bestimmungslandprinzips statt. Betroffen sind vor allem Hongkong, Japan und die USA.
** 1980 EU 10, 1995 EU 16, sonst EU 12.

Quelle: Statistical Yearbook of China, verschiedene Jahrgänge; China's Customs Statistics, Nr. 12, 1995.

reexportiert Güter, die in der VR China produziert wurden, in andere Länder ebenso wie es Güter auf dem Weltmarkt kauft, um sie in die VR China zu reexportieren. Die Rolle Hongkongs als Entrepôt ist heute sogar größer als früher. Da die VR China im Jahr 1993 ihre Handelsstatistik in Anpassung an internationale Gepflogenheiten auf das Bestimmungslandprinzip umgestellt hat, ist diese Entwicklung anhand der in *Tabelle 2* verwendeten Daten der chinesischen Statistik allerdings nicht zu erkennen.

Abgesehen vom Außenhandel sind die ausländischen Investitionen in der Volksrepublik eine der wesentlichen Quellen des Wirtschaftswachstums seit 1978 und gleichzeitig Indiz für die wachsende Einbindung Chinas in die Weltwirtschaft. Für die Investitionen des Auslandes wurde von der Volksrepublik nicht nur wegen des damit verbundenen Sachkapitals geworben, sondern auch wegen des so ermöglichten Zugangs zu modernen Technologien und Know-how. Mit einem Volumen von 27,77 Mrd. US $ war die VR China bereits im Jahr 1993 das Land mit den meisten ausländischen Investitionen nach den USA. Im Jahr 1994 betrugen die Investitionen 33,97 US $ und 1995 stiegen sie auf 38,08 Mrd. US $, wobei der größte Teil der Investitionen Direktinvestitionen waren. *(Siehe auch Tabelle 4.8.1 im Anhang.)* Die ausländischen Direktinvestitionen kommen vor allem aus Hongkong/Macau, Taiwan, den USA und Japan. Der überwiegende Teil kommt also aus dem chinesischen Wirtschaftsraum selbst. Am meisten wurde in den Industriesektor investiert. Diese Investitionen haben entscheidend zum Industrialisierungsprozeß Chinas beigetragen. In den letzten Jahren wurde zunehmend der Tertiärsektor Ziel des Interesses ausländischer Investoren. Die chinesische Regierung, der dieser Trend willkommen ist, hofft, daß mit dem Ausbau des Dienstleistungssektors mehr Arbeitsplätze geschaffen werden können.

Im Verlauf der Reformperiode hat die VR China immer mehr Kredite bei ausländischen Banken und Regierungen aufgenommen, die vor allem der Finanzierung von Infrastrukturprojekten dienen. Damit ist das Problem der internationalen Verschuldung auch für die VR China akut geworden. Ende 1995 hatte der Schuldenstand der VR China ein Volumen von 106,6 Mrd. US $ erreicht. Da die Exportaktivitäten sehr intensiv sind, ist die Schuldendienstquote (Anteil der Zinsen und Tilgung am Export) noch gering. Dies würde sich drastisch ändern, sollte sich der Export künftig nicht mehr so dynamisch entwickeln.

Die zunehmende Integration der VR China in die Weltwirtschaft kommt auch darin zum Ausdruck, daß die VR China heute ein Nettoexporteur von Arbeitsleistungen geworden ist. Die Volksrepublik verfügt über ein großes (Über-)Angebot an einfachen Arbeitskräften. Die Entwicklung des Arbeitsmarktes generell und die Entlastung des heimischen Arbeitsmarktes durch Export von Arbeitsleistung haben daher einen hohen Stellenwert. Ende 1994 waren 230 000 Vertragsarbeiter der VR China im Ausland beschäftigt.

1.2 Hongkong

Hongkong wurde 1842 von China an Großbritannien abgetreten, das Hongkong zu einem Handelsplatz ausbauen wollte. Eine merkliche Beschleunigung der Entwicklung Hongkongs setzte jedoch erst in den 60er Jahren des 19. Jh. mit der Einwanderung von Flüchtlingen infolge des Taiping-Aufstandes in China ein. Da ein Teil der Flüchtlinge Hongkong wieder verließ, um sich in Südostasien anzusiedeln, entwikkelte sich Hongkong zum Zwischenhandelsplatz zwischen dem Festland und den neuen Siedlungsgebieten. Diese Rolle Hongkongs als Entrepôt für China wurde in der zweiten Hälfte des 19. Jh. immer bedeutender, bis Shanghai am Ende des letzten Jahrhunderts Hongkong überflügelte.

Auch zwischen 1949 und 1978 wurde die Wirtschaftsentwicklung Hongkongs stark von den Beziehungen zur VR China beeinflußt: Die Entrepôtfunktion Hongkongs ging wegen des UN-Embargos gegen die VR China im Jahre 1951 plötzlich verloren. Dies galt vor allem für die Importe der VR China über Hongkong (Ho 1992). Hongkong mußte somit einen eigenen Industrialisierungskurs verfolgen. Es entwickelte sich daher selbst zu einem Produktionsstandort. Die Reexporte nahmen erst im Laufe der 70er Jahre wieder zu.

Die Entwicklung des Außenhandels von Hongkong wird aus *Tabelle 3* ersichtlich. Sowohl die Exporte als auch die Importe sind von 1978 bis 1995 um mehr als das Zehnfache gestiegen. Besonders anzumerken ist, daß Hongkong in den letzten Jahren immer ein Handelsbilanzdefizit aufwies. Dies konnte jedoch durch den Exportüberschuß im Dienstleistungssektor ausgeglichen werden.

Mit dem erneuten Aufstieg Hongkongs zum Handelszentrum Ostasiens ist der Standort Hongkong für ausländische Investoren zunehmend attraktiver geworden. Zunächst nahmen die ausländischen Direktinvestitionen im Industriesektor rasch zu. Im Jahr 1994 erreichten sie einen Umfang von 5,69 Mrd. US $. Davon kamen 33,4 % aus Japan, 26,8 % aus den USA, 9,5 % aus der VR China und 6,8 % aus Großbritannien. Wie hoch die ausländischen Direktinvestitionen im Dienstleistungssektor Hongkongs sind, ist unbekannt, da es keine systematische Erfassung gibt. Es ist anzunehmen, daß der Umfang der Investitionen im Dienstleistungssektor heute weit höher liegt als im Industriesektor, weil die wirtschaftlichen Schwerpunkte Hongkongs im Handel und im Finanzsektor liegen.

Die wirtschaftlichen Beziehungen zwischen der VR China und Hongkong sind sehr intensiv, so kamen im Jahre 1995 36 % der Importe Hongkongs aus der VR China und 33 % der Exporte gingen dorthin. Das Handelsvolumen zwischen Hong-

Tabelle 3: Der Außenhandel Hongkongs, 1951–1995 (Mrd. HK $)

Jahr	Import	Export	darunter Eigenexporte	Reexporte	Netto-Serviceexport
1951	4,87	4,43	4,43	–	–
1961	4,95	3,93	294	0,99	–
1971	20,26	17,16	13,75	3,41	3,18
1981	138,38	122,16	80,42	41,74	7,25
1991	778,98	765,89	231,05	534,84	35,54
1992	955,30	924,95	234,12	690,83	75,11
1993	1 072,60	1 046,25	223,03	823,22	90,80
1994	1 250,71	1 170,01	222,09	947,92	103,00
1995	1 491,10	1 344,10	231,70	112,50	126,30

* Jahre 1970 bzw. 1980

Quelle: Mok, V. (1993): Xianggang jingji de fazhan he jiegou bianhua, Joint Publishing (Hong Kong) Co., S. 77 und 80; Census and Statistics Department Hong Kong, General Statistics Section (1) B.

Tabelle 4: Hongkongs Außenhandel mit der VR China, 1978–1995
(Mrd. HK $)

Jahr	Import	Export		Reexport aus der VR China	Anteil am Gesamtexport (%)
		Eigenexport	Reexport		
1978	10,550	0,081	0,214	3,659	k.A.
1980	21,948	1,605	4,642	8,394	27,3
1985	58,963	15,189	46,023	34,628	32,9
1990	236,134	47,470	110,908	240,410	58,0
1991	293,356	54,404	153,318	315,689	59,0
1992	354,348	61,959	212,105	403,782	58,4
1993	402,161	63,376	274,561	474,007	57,6
1994	470,876	61,009	322,835	545,831	57,6
1995	539,500	63,600	384,000	600,300	54,0

Quelle: Census and Statistics Department Hong Kong; South China Morning Post, 24. 2. 1996.

kong und der VR China steigt sehr rasch. *(Siehe Tab. 4.)* Die Bedeutung Hongkongs als Zwischenstation für den Außenhandel der VR China wird auch in der Tatsache deutlich, daß im Jahre 1995 35 % der Reexporte Hongkongs in die VR China gegangen und 54 % der Reexporte aus der VR China gekommen sind. Die Reexporte aus der VR China gehen vor allem in die USA, nach Japan und Deutschland.

1.3 Taiwan

Die Geschichte Taiwans nahm einen ganz anderen Verlauf als die Hongkongs. Vom 17. Jh. bis 1895 war Taiwan ein Teil Chinas, der jedoch von der chinesischen Regierung ziemlich vernachlässigt wurde. Nach dem Chinesisch-japanischen Krieg 1894/95 wurde im Vertrag von Shimonoseki die Abtretung Taiwans an Japan festgelegt. Nach der Eingliederung Taiwans in das japanische Reich änderte sich auch die Außenhandelsorientierung. Japan wurde der Haupthandelspartner.

Nach dem Zweiten Weltkrieg wurde Taiwan an China zurückgegeben. Hinsichtlich der Wirtschaftspolitik beschritt Taiwan aber einen von Hongkong sehr verschiedenen Weg. Unmittelbar nach dem chinesischen Bürgerkrieg (1945–1949) und der Flucht der Nationalregierung auf die Insel hatte Taiwan vor allem mit den Problemen der Arbeitslosigkeit und des Mangels an Devisen zu kämpfen. *(Siehe auch den Beitrag von Gunter Schubert.)* Nach einer Übergangsphase verfolgte Taiwan zunächst eine Politik der Importsubstitution. Aufgrund des kleinen Binnenmarktes stieß diese Politik jedoch rasch an ihre Grenzen. Von 1958 bis 1960 wurden daher viele handelsbeschränkende Maßnahmen aufgehoben. Mit einer Politik der Exportförderung trat Taiwan in den 60er Jahren in eine neue Phase der Entwicklung ein. Im Jahre 1972 beschloß die Regierung, die Wirtschaftspolitik erneut umzustellen. Nun sollten verstärkt die kapitalintensiven Industriebranchen entwickelt werden. Seit Mitte der achtziger Jahre steht die Handelsliberalisierung im Mittelpunkt der Außenhandelspolitik, was zu erneuten kräftigen Anstiegen im Handelsvolumen Taiwans geführt hat. *(Siehe die Abb. 5.2 und die Tab. 5.4 im Anhang.)*

Seit Mitte der 80er Jahre ist Taiwan ein Nettokapitalexporteur. Der Hauptteil der Auslandsinvestitionen geht nach Asien. Nordamerika nimmt die zweite Stelle ein. *(Siehe auch Tab. 5.6 im Anhang.)* Gründe für den immer stärker werdenden Kapitalexport sind Kostensteigerungen sowie Arbeits- und Umweltprobleme seit Mitte der 80er Jahre. Mit der Verlagerung der arbeitsintensiven Produktionsbereiche geht ein Anstieg des Außenhandels einher. Der Handel mit den Industrieländern geht allerdings relativ gesehen zurück. Das liegt zum einen daran, daß Taiwan seit 1988 keine Zollpräferenzen der USA mehr genießt. Zum anderen möchte Taiwan durch eine Exportdiversifizierung seine einseitige Abhängigkeit von Japan und den USA verringern. Erfolge dieser Strategie sind nicht zu leugnen: Während im Jahre 1987 ca. 49 % der Exporte in die USA gingen, liegt der Anteil heute nur noch bei ca. 23 %. *(Siehe auch Tab. 5.5 im Anhang.)*

Die wirtschaftlichen Beziehungen Taiwans zur VR China sind heute ausgesprochen intensiv. Wie schon bei den ausländischen Direktinvestitionen in der VR China deutlich wurde, ist Taiwan einer der wichtigsten Investoren: Nach den Statistiken der VR China lag das Investitionsvolumen 1991 bis 1994 bei ca. 8 Mrd. US $. Vermutet aber wird, daß das tatsächliche Volumen ein Vielfaches dieser Zahl beträgt, zumal viele Investitionen aus Taiwan über Firmen in Hongkong getätigt werden.

Zusammenfassend läßt sich sagen, daß die VR China mit ihrer Größe, Hongkong mit seiner Laissez-faire-Wirtschaftspolitik und Taiwan mit seiner Wirtschaftskraft heute wichtige Akteure auf dem Weltmarkt sind. Dies wird auch aus dem Anteil des chinesischen Wirtschaftsraumes am Weltexport ersichtlich: Der chinesische Wirtschaftsraum ist fast so bedeutsam wie Japan. Wichtig zu bemerken ist, daß der Anteil noch weiter steigt.

Tabelle 5: Die Stellung Chinas im asiatisch-pazifischen Raum, 1993

Länder	Bevölkerung Mio.	BSP Mrd. US $	BSP pro Kopf US $	Außenhandel Mrd. US $
VR China	1 178,4	581,1	490	195,7
Hongkong	5,8	104,7	17 860	273,9
Taiwan	20,9	226,2	10 852	162,2
Japan	124,5	3 926,7	31 450	603,9
Südkorea	44,1	338,1	7 670	166,0
Philippinen	64,8	54,6	830	29,8
Thailand	58,1	120,2	2 040	83,4
Indonesien	187,2	137,0	730	65,2
Brunei	2,7	4,6	16 174	5,6
Malaysia	19,0	60,1	3 160	92,8
Singapur	2,8	55,4	19 310	159,2
Papua Neuguinea	4,1	4,6	1 120	3,8
Australien	17,6	310,0	17 510	88,3
Neuseeland	3,5	44,7	12 900	20,2
Kanada	28,8	574,9	20 670	284,2
USA	257,8	6 387,7	24 750	1 068,2
Mexiko	90,0	325,0	3 750	80,4
Chile	13,8	42,5	3 070	20,3

Quellen: Asian Wall Street Journal, 16. 11. 1995; International Financial Statistics, Dec. 1995.

Das Bruttosozialprodukt des chinesischen Wirtschaftsraums betrug im Jahr 1993 912 Mrd. US $ *(Tab. 5)*. Das Pro-Kopf-Einkommen in Hongkong ist bereits so hoch wie in den Industrieländern. Während Taiwans Pro-Kopf-Einkommen das Niveau des Einkommens von Schwellenländern erreicht hat, gehört die Volksrepublik noch zu den Ländern mit niedrigstem Pro-Kopf-Einkommen. Allerdings weist die VR China ein beträchtliches Entwicklungspotential auf.

2. China und die internationalen Organisationen

Aufgrund der fortgeschrittenen Integration in die Weltwirtschaft hat der chinesische Wirtschaftsraum Anspruch auf eine angemessene Vertretung in den internationalen Organisationen. Bisher treten hier Hongkong, Taiwan und die VR China jedoch getrennt voneinander, zum Teil aufgrund des komplizierten Status von Taiwan sogar kontrovers zueinander auf. Die Mitgliedschaft der VR China in internationalen Organisationen, insbesondere der Internationalen Bank für Wiederaufbau und Entwicklung (Weltbank) und dem Internationalen Währungsfonds (IMF), hat bereits wesentlich zu ihrer Integration in die Weltwirtschaft beigetragen.

Der VR China wurde mit ihrem Beitritt zu den Vereinten Nationen im Jahre 1972 die Tür zu weiteren internationalen Organisationen geöffnet. Diese Möglichkeit (insbesondere der Mitgliedschaft im IMF und der Weltbank) wurden zunächst wegen Nachwirkungen der Kulturrevolution nicht genutzt. Erst im Zuge des Reformprozesses und der Öffnungspolitik intensivierten sich Chinas Interaktionen mit den internationalen Organisationen. Hongkong und Taiwan sind auf der internationalen Bühne nicht sehr aktiv. Für ihre Inaktivität sind jedoch spezielle Gründe verantwortlich: Im September 1971 mußte Taiwan aus der UNO austreten. Aufgrund des Festhaltens der Mehrheit der Länder an einer Ein-China-Politik konnte und kann Taiwan seither kaum Länder finden, die zur Aufnahme von diplomatischen Beziehungen mit Taiwan bereit sind. Die VR China übt zudem gegenüber Ländern, die es in Erwägung ziehen, Taiwan diplomatisch anzuerkennen, starken Druck aus. Hongkong war als Kronkolonie in vielen internationalen Organisationen durch Großbritannien mitvertreten. Als Sonderverwaltungsregion der VR China wird Hongkong vielfach durch die Volksrepublik mitrepräsentiert werden.

Im folgenden soll auf die Vertretung des chinesischen Wirtschaftsraumes in den wirtschaftsorientierten internationalen Organisationen wie der Weltbank, dem IMF und der Welthandelsorganisation (WTO) eingegangen werden. Die Asiatisch-pazifische Wirtschaftskooperation (APEC), ein noch wenig institutionalisiertes Forum asiatisch-pazifischer Länder, ist in ihrer Bedeutung für die chinesische Wirtschaft bisher gering einzuschätzen. Es sei lediglich darauf hingewiesen, daß in dieser Organisation, da sie im Gegensatz zu den oben genannten nicht gleichzeitig auch eine politische Organisation ist, alle drei Regionen des chinesischen Wirtschaftsraumes vertreten sind.

Vorab sei bemerkt, daß die VR China bis 1979 eine sehr reservierte Haltung gegenüber den drei wichtigsten weltwirtschaftlichen Organisationen eingenommen hatte: So wurden die Weltbank und der IMF als Instrumente des Imperialismus und das Allgemeine Zoll- und Handelsabkommen (GATT), der Vorgänger der WTO, als

Institution zur Ausbeutung der Entwicklungs- durch die Industrieländer angesehen (Jacobson und Oksenberg 1990). Im Zuge der Neuorientierung der Außenpolitik seit Ende der 70er Jahre betont die VR China jedoch nicht nur die Unabhängigkeit des Landes und die fünf Prinzipien der »friedlichen Koexistenz«, sondern verfolgt zunehmend eine pragmatische Politik, in der sie zum eigenen Vorteil durchaus bereit ist, von früheren ideologischen Standpunkten abzurücken.

2.1 Weltbank und IMF

Die Frage nach einem Sitz in der Weltbank und im IMF wurde ein Jahr nach dem Beitritt der VR China zur UNO im Jahre 1972 diskutiert (Jacobson und Oksenberg 1990). Die Weltbank befürwortete die Mitgliedschaft der VR China. Aufgrund verschiedener Überlegungen lehnte die VR China aber die Aufforderung des Weltbankpräsidenten McNamara, einen offiziellen Antrag zu stellen, im Jahre 1974 ab. Da die VR China weiter an dem Prinzip der Selbstversorgung festhielt, also eine Abhängigkeit von ausländischem Kapital vermeiden wollte, hätte sie auf die Nutzung der Kreditmöglichkeiten verzichten, trotzdem aber bisher geheimgehaltene Wirtschaftsdaten preisgeben müssen. Erst mit dem Beginn der Wirtschaftsreformen hat sich die Haltung der VR China diesbezüglich geändert. Mitgliedschaften werden seither als förderlich für die Erreichung der neuen wirtschaftspolitischen Ziele angesehen: Nach intensiven Verhandlungen trat China daher im April 1980 dem IMF bei; einen Monat später folgte die Aufnahme in die Weltbank.

Für die VR China war der Beitritt zunächst eine Prestigefrage. Bald stellte sich heraus, daß die Weltbank und der IMF der VR China nicht nur Kredite und technische Hilfen bieten konnten, sondern auch die Wegbereiter für den Zugang zu weiteren Finanzquellen anderer Organisationen und Staaten waren. Die Urteile der Weltbank haben große Wirkungen auf die Entscheidungen anderer internationaler Organisationen und Regierungen. Da die Weltbank andere Schwerpunkte setzt als der Währungsfonds, ergänzen sich beide Organisationen sehr gut: Die Weltbank konzentriert sich hauptsächlich auf die Themen Entwicklung und Wirtschaftswachstum, der IMF kümmert sich hingegen vor allem um Fragen der Finanz-, Geld- und Außenwirtschaftspolitik. Beide Aspekte waren für die VR China von großer Bedeutung, da sie im marktwirtschaftlichen Kontext kaum über Erfahrungen auf diesen Gebieten verfügte.

Die Weltbank erstellte zunächst regelmäßige, zuvor in diesem Umfang nicht vorhandene Zustandsanalysen der chinesischen Wirtschaft, um ausreichendes Informationsmaterial zu erhalten. Die Weltöffentlichkeit bekam dadurch einen besseren Überblick über die Wirtschaft der VR China, was die Integration der VR China in die Weltwirtschaft wesentlich erleichterte. Die Weltbank hat ferner regelmäßig sektorale Studien verfaßt, die für die chinesischen Politiker als Richtlinien für die Wirtschaftsreformen wichtig waren. Fundierte Analysen der Weltbank waren z.B den Reformern eine große Hilfe beim Kampf gegen den Widerstand konservativer Kräfte. Die Weltbank hat so die Richtung der Wirtschaftsreformen wesentlich beeinflußt und die Wirtschaftspolitik der VR China mitgestaltet. Es ist erstaunlich festzustellen, daß dies in der VR China nicht so gesehen wird. Offensichtlich ist es der Weltbank gelungen, ihre wirtschaftspolitischen Vorstellungen für China zu verwirklichen und gleichzeitig die sensible Frage der Einmischung in die inneren Angelegenheiten zu vermeiden.

Die VR China ist heute der größte Empfänger von Weltbankkrediten. Das Volumen der Kredite stieg im Laufe der Zeit stetig an, mit nur einer Unterbrechung nach der Niederschlagung der Protestbewegung im Jahre 1989 *(Tab. 6)*. Dabei ist festzustellen, daß Chinas Kreditvolumen bei der Internationalen Entwicklungsorganisation (IDA), einer Tochter der Weltbank, die vor allem zinslose Darlehen an Länder mit niedrigstem Einkommen vergibt, 1994 bereits zurückging. Dieser Rückgang wird sich künftig vermutlich fortsetzen, denn obwohl die VR China nach wie vor zur Ländergruppe mit den niedrigsten Einkommen gehört, stand bereits zur Diskussion, die Zahlungen ganz einzustellen, weil die Volksrepublik aufgrund ihrer wirtschaftlichen Lage ausreichend Zugang zu kommerziellen Kreditquellen hat. Von der Zusammensetzung her betrachtet, flossen die Weltbankkredite vor allem in die Sektoren Landwirtschaft und Infrastruktur, also in Bereiche, in welche die VR China selbst seit Mitte der 80er Jahre zu wenig investiert hat. Die Weltbank füllt hier eine wichtige Lücke aus.

Ferner hat die VR China technische Hilfestellungen der Weltbank und des IMF genutzt. Diese Hilfen finden meistens in der Form von Seminaren und Vorträgen statt. Auch verschiedene Schulungskurse wurden durchgeführt. Von ebenso großer Bedeutung ist, daß die Weltbank und der IMF auf chinesischer Seite große institutionelle Anpassungen bewirkt haben. Auf Anregung der Weltbank und des IMF hat die VR China nicht nur die schrittweise Umgestaltung ihrer Wirtschaftsordnung in Angriff genommen, sondern auch mit der Veränderung der Funktionsweise ihrer staatlichen Behörden in Hinblick auf marktwirtschaftliche Anforderungen begonnen.

Anders als die Weltbank hatte der IMF am Anfang zahlreiche Probleme mit der VR China. Als die VR China dem IMF beitrat, führte sie gerade einen internen

Tabelle 6: Weltbankkredite an die VR China, 1981–1994 (Mio. US $)

Jahr	Weltbank		IDA	
	Anzahl	Volumen	Anzahl	Volumen
1981	1	100	1	100
1982	–	–	1	60
1983	5	463	1	150
1984	5	616	5	424
1985	7	660	5	442
1986	7	687	4	450
1987	8	867	3	556
1988	10	1 054	4	640
1989	7	833	5	515
1990	–	–	5	590
1991	6	602	4	978
1992	8	1 578	8	949
1993	10	2 155	8	1 017
1994	8	2 145	6	925
Summe	82	11 759	60	7 796

Quelle: World Bank Annual Report, verschiedene Ausgaben

Wechselkurs für die Außenhandelsgesellschaften ein. Es bestanden also zwei parallele Wechselkurse. Das verstieß eindeutig gegen die Regeln des IMF. Für die VR China war die Kritik des IMF an den parallelen Wechselkursen unverständlich, da sie derartige währungspolitische Maßnahmen als ihre inneren Angelegenheiten betrachtete. Auf Seite der VR China bestand also ein Interessenkonflikt zwischen der Unabhängigkeit des Landes einerseits und dem Wunsch, an den internationalen Organisationen teilzuhaben andererseits, da letzteres auch mit Verpflichtungen verbunden war. Auch war der Nutzen des IMF für die VR China nicht so eindeutig erkennbar wie der Nutzen der Weltbank. Weitere Unstimmigkeiten waren in der Folgezeit unvermeidlich.

Die Vorteile der Mitgliedschaft im IMF wurden deutlich, als der IMF der VR China half, eine Leistungsbilanz nach internationalem Standard zu erstellen. Die Öffnungspolitik der VR China hatte das Ziel, ausländische Investitionen und Technologien ins Land zu holen. Die Investoren waren aber zunächst zurückhaltend, da die VR China keine aussagefähigen Wirtschaftsdaten präsentieren konnte. Die Leistungsbilanz besitzt aber große Bedeutung für ausländische Investoren, kommerzielle Banken und Handelspartner. Die Unterstützung durch den IMF in dieser Angelegenheit erleichterte die weitere Zusammenarbeit. Auch die Vorschläge des IMF zur Wechselkurspolitik wurden und werden in der VR China zum größten Teil akzeptiert und mit einer gewissen Zeitverzögerung durchgeführt.

Die wichtigsten der heute sehr umfangreichen Leistungen des IMF für die VR China sind Beratungen in makroökonomischen Fragen. Die Versuche, ein funktionierendes Steuersystem aufzubauen, blieben lange Zeit erfolglos. Der IMF konnte hier aufgrund seiner Erfahrungen Vorschläge zur Gestaltung des chinesischen Steuersystems unterbreiten. Auch im Bereich der Geldpolitik ist der IMF in China sehr aktiv. Dank der Unterstützung des IMF und der Weltbank konnte die VR China das Management ihrer Auslandsschulden deutlich verbessern. Den Kreditbeistand des IMF, der für andere Entwicklungsländer große Bedeutung besitzt, hat die VR China außer Anfang und Mitte der 80er Jahre, als das Leistungsbilanzdefizit sehr groß war, nicht in Anspruch nehmen müssen.

Insgesamt ist festzustellen, daß die Politik der Weltbank und des IMF gegenüber der VR China bisher sehr erfolgreich war. Der Grund dafür liegt wohl darin, daß sowohl die Weltbank als auch der IMF sich sehr für Projekte in der VR China eingesetzt haben und immer die besten Fachleute in die VR China schickten. Auch die diskrete Form der Beratungen und Empfehlungen an die VR China hat dazu beigetragen.

Taiwan und Hongkong sind weder Mitglieder der Weltbank noch des IMF. Die Wirtschaftsanalysen der Weltbank und des IMF decken diese beiden Gebiete allerdings zum Teil mit ab. Die VR China hat bisher eine Mitgliedschaft Taiwans in diesen Organisationen verhindert.

2.2 Welthandelsorganisation (WTO)

Aufgrund der Tatsache, daß die drei Gebiete des chinesischen Wirtschaftsraums wichtige Handelsländer bzw. -gebiete sind, wäre für sie alle eine Mitgliedschaft in der WTO erstrebenswert. Trotzdem gehört bis heute nur Hongkong der WTO an.

Für die VR China bestünde der Nutzen einer Mitgliedschaft in einer Senkung der Transaktionskosten, die bei laufenden bilateralen Verhandlungen über Handelsfragen anfallen, der Möglichkeit einer Erschließung zusätzlicher, bisher für die Volksrepublik unzugänglicher Märkte und einem internationalen Prestigegewinn. Besonders wichtig für die VR China ist die Erschließung zusätzlicher Märkte. Die chinesische Wirtschaft ist schon heute in hohem Maße abhängig von der internationalen Kooperation (Exportquote von 23,7 % im Jahre 1994).

Dem Vorteil des Zugangs zu neuen Märkten stellen allerdings kritische Stimmen die ebenfalls durch einen WTO-Beitritt erforderlich werdende weitere Öffnung des chinesischen Marktes gegenüber. Die Stimmen, die dafür plädieren, die einheimische Industrie zu schützen, werden in jüngster Zeit wieder lauter. Damit wird der Tatsache Rechnung getragen, daß die meisten Industriebranchen der VR China auf dem Weltmarkt nicht konkurrenzfähig sind. Eine vollständige Öffnung des chinesischen Marktes nach den Regeln der WTO könne, so die Meinung der Gegner eines Beitritts, die heimische Wirtschaft nicht verkraften.

Trotz dieser bremsenden Stimmen will die VR China der WTO durchaus noch beitreten, allerdings nicht um jeden Preis. Die seit 1987 andauernden Verhandlungen werden härter, da die VR China nicht mehr bereit ist, weitgehende Kompromisse zu machen. Die geforderten Reformschritte werden genau hinsichtlich ihrer Auswirkungen auf die Binnenwirtschaft geprüft. Unabhängig davon hat die VR China aber eine Reihe von Reformmaßnahmen im Bereich der Außenwirtschaft durchgeführt. Dennoch ist die Diskrepanz zwischen dem gegenwärtigen und dem von der WTO gewünschten Außenwirtschaftssystem groß. Das ist auch der Grund, warum sich die Beitrittsverhandlungen so lange hinziehen.

Die wichtigsten Grundprinzipien der WTO sind Meistbegünstigung, Reziprozität, Marktschutz nur durch Zölle, Inlandsbehandlung der Importgüter bzw. -leistungen und Transparenz. Mit den ersten beiden hat die VR China keine Probleme. Sie werden den Handelspartnern weitgehend gewährt. Die letzten drei Kriterien erfüllt die VR China aber noch nicht. Die wichtigsten Handelsbarrieren auf dem Weg zum chinesischen Markt sind heute nicht Zölle, sondern nicht-tarifäre Handelshemmnisse wie Importplanung, -lizenzen und -kontingente. *(Siehe auch den Beitrag von Margot Schüller.)* Das Prinzip der Inlandsbehandlung wird insbesondere bei Dienstleistungen und ausländischen Direktinvestitionen verletzt, so verlangt China für letztere z. B. den Ausgleich der Devisenbilanz, die bevorzugte Verwendung von im Inland hergestellten Vorprodukten und die Einhaltung einer Exportquote. Was die Transparenz angeht, ist die Situation seit einigen Jahren besser geworden. Doch die Entscheidungswege, vor allem über Importe, sind immer noch zu undurchsichtig. Es gibt nach wie vor viele sogenannte »interne«, also nicht veröffentlichte Regelungen.

Das sind sicherlich die wichtigsten Punkte, die den Beitritt der VR China erschweren, aber es existieren noch weitere Probleme. Aufgrund der Tatsache, daß die VR China viele Freunde unter den Entwicklungsländern hat, die Mitglieder der WTO sind, wird vor allem von den USA verlangt, den Beitritt der VR China nach strengen Bedingungen zu gestalten. Es wird befürchtet, daß ansonsten die WTO-Regeln dadurch verwässert werden könnten, daß auf die kurzfristigen Interessen der VR China (und anderer Entwicklungsländer) eingegangen wird. Aus Sicht der VR China sind die Forderungen der Haupthandelspartner, insbesondere der Industrieländer, überzogen: Die VR China habe schließlich schon viel für den Beitritt getan. Für die Industrieländer geht es jedoch um Prinzipien: Das Außenwirtschaftssystem der VR China müsse weitgehend mit den Funktionsmechanismen der WTO in Einklang stehen. Die VR China und die Industrieländer haben in dieser Frage unterschiedliche Wahrnehmungen: Die VR China steht auf dem Standpunkt, viel für den Beitritt getan zu haben, weil sie den gegenwärtigen Zustand mit dem früheren vergleicht, während die Industrieländer meinen, daß das gegenwärtige Außenhandelssystem noch weit vom Standard der WTO-Regeln entfernt sei.

Seit einer beträchtlichen Senkung der Zölle im April 1996 ist die Aussicht der VR China auf eine Mitgliedschaft in der WTO besser geworden. Im Jahre 1997 soll das Zollniveau weiter auf 15 % gesenkt werden. Ende 1996 wurde bereits eine weitgehende Konvertibilität der chinesischen Währung eingeführt. Ferner wird seit April 1996 allmählich die Inlandsbehandlung der ausländischen Direktinvestitionen realisiert. Einige Argumente, die bisher z. B. von den USA gegen eine Mitgliedschaft der VR China angeführt wurden, verlieren damit bereits ihre Relevanz und lassen den Beitritt wahrscheinlicher werden.

Als Teilgebiet Großbritanniens war Hongkong schon immer ein Mitglied des GATT. Die Frage eines Beitritts als selbständiges Mitglied stellte sich deshalb nicht. Die Lage änderte sich mit der »Gemeinsamen Erklärung« über Hongkong von Großbritannien und der VR China im Jahre 1984. Daraufhin trat Hongkong im April 1986 dem GATT als ein selbständiges Zollgebiet nach Artikel XXXIII bei. Am 1. 1. 1995 wurde Hongkong automatisch Mitglied der WTO.

Taiwan hat am 1. 1. 1990 einen Antrag auf Aufnahme in das GATT gestellt. Der Grund für diesen Schritt war, daß Taiwan den einseitigen Liberalisierungsdruck aus den USA verringern wollte. Ansonsten gibt es für Taiwan keine zwingende Gründe, dem GATT beizutreten. Der außenwirtschaftliche Verkehr zwischen Taiwan und den Handelspartnern läuft schon weitgehend nach den Regeln der WTO. Aus der Sicht der Mitglieder ist die WTO-Mitgliedschaft für Taiwan nicht problematisch. Nur besteht die VR China, die noch nicht Mitglied ist, darauf, vor Taiwan der WTO beizutreten. Für Taiwan werden keine großen Umstellungen nach dem Beitritt erwartet. Allerdings wird Taiwan den Dienstleistungssektor und die Landwirtschaft stärker als bisher für die Weltwirtschaft öffnen müssen.

3. China und die internationale Zusammenarbeit: Bilaterale Beziehungen

Die Außenhandelstheorie führt verschiedene Gründe für eine internationale Arbeitsteilung an: Verfügbarkeit der Güter, Unterschiede im Technologiestand und den Faktorausstattungen, Skalenerträge und Produktdifferenzierungen. Jedes Land stellt annahmegemäß jene Güter her, für deren Produktion es komparative Vorteile aufweist. Indem es über den Eigenbedarf hinaus produziert, wird der internationale Tausch gegen andere Güter möglich. Aufgrund der Arbeitsteilung entsteht für die beteiligten Länder ein Nutzen, derart, daß sie so entweder über Güter, die sie selbst nicht herstellen können, bzw. über billigere Produkte verfügen können. Die komparativen Vorteile der VR China in der Weltwirtschaft liegen bisher vor allem im

Bereich arbeitsintensiver Produkte. Hingegen hat sie noch komparative Nachteile in den Bereichen kapitalintensiver und hochtechnologischer Produkte. Diese Produkte werden aber für die Modernisierung der Volkswirtschaft gebraucht.

Im folgenden sollen die wichtigsten bilateralen Beziehungen näher beleuchtet werden. Wir konzentrieren uns hier hauptsächlich auf die VR China, da Hongkong und Taiwan keine souveränen Staaten und ihre Eigenexporte und -importe mit der VR China nicht so bedeutend sind.

3.1 USA

Mit der UN-Mitgliedschaft der VR China im Jahre 1971 verbesserten sich die Beziehungen zwischen den USA und der VR China. Die Aufnahme diplomatischer Beziehungen zwischen beiden Ländern erfolgte allerdings erst acht Jahre später. Die politischen Aspekte der Zusammenarbeit standen zunächst im Vordergrund. *(Siehe auch den Beitrag von Gu Xuewu.)* Mit den tiefgreifenden Wirtschaftsreformen in der VR China gewann aber die wirtschaftliche Kooperation an Bedeutung. Die wirtschaftlichen Beziehungen zwischen beiden Ländern sind heute sehr intensiv. Nach US-Statistiken sind die USA heute der wichtigste Handelspartner der VR China: 32 % der chinesischen Exporte gehen in die USA. Der chinesische Export besteht vor allem aus arbeitsintensiven Produkten wie Textilien, Spielzeugen und

Tabelle 7: Der Außenhandel zwischen der VR China und den USA (Mrd. US $)

Jahr	Chinesische Statistik				US-Statistik			
	Total	Import	Export	Saldo	Total	Import	Export	Saldo
1979	2,4	1,8	0,6	−1,2	2,4	0,7	1,7	1,0
1980	4,7	3,7	1,0	−2,7	4,9	1,2	3,7	2,5
1981	5,9	4,4	1,5	−2,9	5,7	2,1	3,6	1,5
1982	5,3	3,7	1,6	−2,1	5,4	2,5	2,9	0,4
1983	4,5	2,7	1,8	−0,9	4,7	2,5	2,2	− 0,3
1984	6,1	3,8	2,3	−1,5	6,4	3,4	3,0	− 0,4
1985	7,1	4,4	2,7	−1,7	8,0	4,2	3,8	− 0,4
1986	7,3	4,7	2,6	−2,1	8,3	5,2	3,1	− 2,1
1987	7,8	4,8	3,0	−1,8	10,4	6,9	3,5	− 3,4
1988	10,0	6,6	3,4	−3,2	14,3	9,3	5,0	− 4,3
1989	12,3	7,9	4,4	−3,5	18,6	12,8	5,8	− 7,0
1990	11,8	6,6	5,2	−1,4	21,0	16,2	4,8	−11,4
1991	14,2	8,0	6,2	−1,8	26,6	20,3	6,3	−14,0
1992	17,5	8,9	8,6	−0,3	34,9	27,4	7,5	−19,9
1993	27,7	10,7	17,0	6,3	42,5	33,7	8,8	−24,9
1994	35,4	14,0	21,5	7,5	48,1	38,8	9,3	−29,5
1995	40,8	16,1	24,7	8,6	57,4	45,6	11,8	−33,8

* Import: CIF-Export: Fob-Wert.

Quelle: China Statistical Yearbook, verschiedene Jahrgänge; OECD: Foreign Trade by Commodities; Guoji shangbao 20. 5. 1996.

elektronischen Maschinen. Die US-Exporte in die VR China sind i. d. R. kapital- bzw. technologieintensiv. Chemikalien, Flugzeuge, Turbinen und Düngemittel machen den Hauptanteil aus. Die US-Direktinvestitionen in der VR China von 1979 bis 1995 betrugen ca. 10 Mrd. US $, damit sind die USA der viertgrößte Investor in der VR China. *(Siehe auch Tab. 4.8.1 im Anhang.)* Wichtige Branchen sind die Pharmaindustrie, der Maschinenbau und die Telekommunikation.

Die wirtschaftliche Zusammenarbeit beider Länder seit 1979 verlief aber keineswegs störungsfrei, sie wurde vielmehr von zahlreichen politischen und wirtschaftlichen Streitigkeiten begleitet. Für Kontroversen in den USA hat vor allem die Meistbegünstigung (MFN-Status) für die VR China seit 1989 gesorgt: Die Gewährung des MFN-Status sollte von Fortschritten in der Einhaltung der Menschenrechte in der VR China abhängig gemacht werden. Dieses Problem wurde zwar gelöst, indem Präsident Clinton 1994 die Frage der Handelsbeziehungen beider Länder von Menschenrechtsfragen abgekoppelt hat. Dennoch bleibt die Gewährung des MFN-Status für die VR China bis heute im US-Kongreß und in den amerikanischen Medien umstritten.

Neben diesen politisch bedingten Problemen gibt es eine Reihe von Konflikten zwischen den USA und der VR China, die handelspolitischer Natur sind. Dabei geht es entweder um das Handelsbilanzdefizit der USA oder um Streitigkeiten z. B. infolge von Verletzungen amerikanischer Urheberrechte. Schon seit mehreren Jahren besteht ein Handelsbilanzdefizit der USA gegenüber der VR China *(Tab. 7)*. Aus Sicht der chinesischen Regierung ist das Defizit jedoch gar nicht so groß und besteht auch erst seit kurzem. Für die unterschiedlichen Auffassungen ist hauptsächlich die unterschiedliche Erfassung der Reexporte über Hongkong verantwortlich. Der reexportierte Teil durch Hongkong wird in der VR China als Export nach Hongkong gezählt und in den USA als Import aus der VR China, wodurch sich der Unterschied in den erfaßten Volumina erklärt.

Die VR China vertritt bezüglich des Handelsdefizits ferner die Meinung, daß Hongkong und Taiwan die Verantwortung dafür tragen und daß deshalb das Problem aus einer anderen Perspektive zu betrachten sei, nämlich aus derjenigen des chinesischen Wirtschaftsraums. Hongkong und Taiwan haben seit mehreren Jahren durch Investitionen arbeitsintensive Branchen in die VR China verlagert. Die Handelsdefizite der USA gegenüber diesen beiden Ländern haben sich proportional verringert. Die entsprechenden Produkte wurden ursprünglich zu einem großen Teil von Hongkong und Taiwan aus in die USA exportiert. Nun kommen die Exporte aus der VR China, obwohl die Produkte in der VR China zum Teil nur verarbeitet worden sind (Harding 1992). Mit zunehmenden Investitionen der koreanischen Unternehmen in der VR China könnte dieses Problem noch größer werden, da auch diese von ihren chinesischen Auslandsfilialen in die USA exportieren.

Handelskonflikte zwischen beiden Ländern wird es auch in Zukunft geben. Allerdings sind die wirtschaftlichen Interessen auf beiden Seiten zu groß geworden, als daß eine echte Unterbrechung der Handelsbeziehungen in Betracht gezogen werden könnte. Drohungen und Gegendrohungen bei Verhandlungen gehören deshalb zu den üblichen Instrumenten. Bisher ist eine Einigung schließlich noch immer zustandegekommen, woran sich wohl auch in Zukunft nichts ändern wird. Die amerikanische Außenpolitik setzt vor diesem Hintergrund im Rahmen einer Strategie des konstruktiven Engagements auf den kontinuierlichen Ausbau der

Wirtschaftsbeziehungen, von dem sie sich einen mäßigen Einfluß auf die Politik Pekings erhofft.

3.2 Japan

Japan ist seit 1963 ein wichtiger Handelspartner der VR China, die es schon in den 60er Jahren mit verschiedenen Chemieanlagen belieferte. Mit dem Abschluß des Handelsabkommens vom 26. Februar 1978 avancierte Japan zum wichtigsten Handelspartner der VR China. Das Handelsabkommen wurde 1995 zum zweiten Mal für weitere fünf Jahre verlängert. Es ist davon auszugehen, daß die Handelsbeziehungen langfristig stabil bleiben.

Das Außenhandelsvolumen erreichte 1995 einen Stand von 57,5 Mrd. US $ *(Tab. 8)*. Somit ist Japan weiterhin der wichtigste Handelspartner der VR China. Die chinesischen Exporte bestehen hauptsächlich aus Rohstoffen und einfach verarbeiteten, also arbeitsintensiven Produkten, der Import dagegen aus Maschinen sowie

Tabelle 8: Die chinesisch-japanischen Wirtschaftsbeziehungen, 1979–1995

Jahr	Außenhandel			Japanische Direktinvestitonen in der VR China	Staatliche Kredite	Entwicklungshilfe an die VR China	Technische Hilfe
	Export	Import	Summe				
	Mrd. US $			Mio. US $	Mrd. Yen		
1979	2,8	3,9	6,7		28,060	–	0,099
1980	3,8	4,8	8,6		77,94#	0,680	0,452
1981	4,9	6,3	11,2		60,000	2,370	1,018
1982	4,9	4,0	8,9	769*	65,000	6,580	1,978
1983	4,5	5,5	10,0	186	69,000	7,831	3,045
1984	5,4	8,5	13,9	225	71,500	5,493	2,677
1985	6,1	15,0	21,1	315	75,100	5,896	3,948
1986	4,8	12,4	17,2	263	80,600	6,968	4,810
1987	6,4	10,1	16,5	267	85,000	7,029	6,192
1988	7,9	11,0	18,9	598	161,521	7,958	6,149
1989	8,4	10,5	18,9	408	97,179	5,698	4,051
1990	9,0	7,6	16,6	520	122,524	6,606	7,049
1991	10,3	10,0	20,3	610	129,607	6,652	6,855
1992	11,7	13,7	25,4	748	137,328	8,237	7,527
1993	15,8	23,3	39,0	1 361	138,743	9,774	
1994	21,6	26,3	47,9	2 086	218,238		
1995	28,5	29,0	57,5	1 300**	141,429		
Summe				1 680,829	87,772	55,850	

\# enthält zum Teil kommerzielle Kredite
* 1979–1982
** Januar–Juni 1995

Quelle: Statistical Yearbook of China, verschiedene Jahrgänge; Guoji shangbao, 20. 2. 1994, 1. 11. 1995 und 13. 1. 1996; Guoji maoyi, 24. 10. 1995; China Daily Business Weekly, 19.–25. 11. 1995.

elektronischen und chemischen, also kapitalintensiven Produkten. Die Struktur des Handels entspricht genau den komparativen Vorteilen beider Länder.

Bei den Direktinvestitionen der japanischen Unternehmen in der VR China zeichnet sich ein ganz anderes Bild ab: Verglichen mit den Handelsbeziehungen ist die Investitionsbereitschaft japanischer Unternehmen deutlich geringer. Seit 1993 steigt das Investitionsvolumen aber schnell an und erreichte im Jahre 1994 2,1 Mrd. US $. Für das Jahr 1995 wird eine Wachstumsrate von 57 % erwartet. Oft wird die Meinung vertreten, daß die japanischen Unternehmen strategisch vorgingen: Am Beginn stünde der Handel der Generalhandelshäuser mit der VR China, die dort wichtige Informationen sammelten, damit dann die Investoren nachziehen könnten. Die Direktinvestitionen konzentrieren sich hauptsächlich auf die arbeitsintensiven Industriebranchen (Elektronik, Chemie, Textilien und Lebensmittel). Die Investitionen entsprechen – ähnlich wie der Handel – den Regeln der komparativen Vorteile. Investitionen in High-Tech-Bereiche finden sich – anders als bei den US-Unternehmen – kaum. Zwischen Japan und der VR China findet also eine Arbeitsteilung im Sinne der neoklassischen Theorie des Außenhandels statt.

Die finanzielle Zusammenarbeit zwischen Japan und der VR China findet vor allem auf der staatlichen Ebene statt. Japan ist heute nach der Weltbank der größte Kreditgeber der VR China. Von 1979 bis 1995 hat Japan der VR China 1 680 Mrd. Yen staatliche Kredite gewährt *(Tab. 8)*. Damit wurden in erster Linie Infrastrukturprojekte finanziert, die Landwirtschaft bildete den zweiten Schwerpunkt. In den nächsten Jahren werden weitere Kredite im Wert von 580 Mrd. Yen fließen *(Tab. 9)*. Für die VR China sind auch die japanische Entwicklungs- und technische Hilfe von großer Bedeutung. Diese Hilfen konzentrieren sich auf die Bereiche Landwirtschaft, Ausbildung und humanitäre Einrichtungen wie die Wasserversorgung in ländlichen Gebieten. Das Volumen betrug zwischen 1979 und 1993 ca. 143 Mrd. Yen. Ein Schwerpunkt der technischen Hilfe ist der Austausch von Wissenschaftlern. In diesem Rahmen wurden bis 1994 mehr als 4 000 chinesische Wissenschaftler nach Japan zur Weiterbildung geschickt und ca. 3 000 japanische Experten in die VR China eingeladen.

Die Wirtschaftsbeziehungen zwischen der VR China und Japan sind nicht frei von Spannungen. Die VR China wirft Japan vor, ihr nicht wirklich helfen zu wollen, um die chinesische Konkurrenz nicht zu stark werden zu lassen. Diesen Eindruck konnte Japan auch durch die verstärkten Investitionen in den letzten Jahren nicht beseitigen. Die Investitionen werden von chinesischer Seite nicht als Hilfe für die VR China angesehen, sondern eher als ein für die japanische Wirtschaft not-

Tabelle 9: Abkommen über japanische staatliche Kredite an die VR China

Nr.	Zeitraum	Projekte	Volumen (Mrd. Yen)
1	1979–1984	6	330,9
2	1985–1989	16	470,0
3	1990–1995	42	810,0
4	1996–1998	40	580,0
Summe		104	2 190,9

Quelle: Guoji shangbao, 20. 10. 1994; Guoji maoyi, 24. 5. 1995.

wendiger Schritt zu einer neuen Arbeitsteilung in Ostasien, weil der japanische Yen stark aufgewertet wurde. Aus der Sicht Japans ist diese Deutung nicht richtig: Japan hielt die Rahmenbedingungen für Direktinvestitionen in der VR China zuvor häufig für zu schlecht. Daher partizipierte Japan lieber indirekt durch Handel an der chinesischen Entwicklung.

Weitere Probleme betreffen die Verschuldung der VR China: Die Verschuldung ist zum Thema geworden, da China heute die ersten japanischen staatlichen Kredite vom Ende der 70er Jahre in Yen zurückzahlen muß. Mit der Aufwertung des Yen steigt die Last der Tilgung, vor allem da die chinesischen Devisenreserven hauptsächlich in US-Dollar gehalten werden.

Konflikte zwischen der VR China und Japan bestehen vor allem im Bereich der Politik, wobei aus chinesischer Sicht die japanischen Verbrechen im Zweiten Weltkrieg und die befürchtete erneute Militarisierung Japans im Vordergrund stehen. Aus japanischer Sicht ist dagegen die Aufrüstung der VR China besorgniserregend, da sie das regionale Gleichgewicht gefährden könnte. *(Siehe auch den Beitrag von Joachim Glaubitz.)*

3.3 Die Europäische Union

Für die Europäische Union (EU) stellt der chinesische Wirtschaftsraum einen relativ neuen Markt dar. Mit einem Wirtschaftswachstum von ca. 8 % seit mehr als einem Jahrzehnt ist der Wirtschaftsraum heute ein bedeutender Handelspartner der EU, der einen Anteil von 7 % am Handelsvolumen der EU einnimmt (vor zehn Jahren lediglich 3,4 %, vgl. *Tab. 10*). Dabei wird das Potential nur zu einem kleinen Teil ausgeschöpft. Die Steigerung des bilateralen Handelsvolumens hängt nur noch von einer Verbesserung der Rahmenbedingungen ab. Im Vordergrund stehen Informationsdefizite und Unsicherheiten auf Seiten der EU-Länder über die Potentiale aber auch Besonderheiten des Engagements im chinesischen Wirtschaftsraum. Nach Ansicht der EU könnte auch das andauernde Handelsdefizit mit diesem Wirtschaftsraum abgebaut werden (EU 1995), wenn diese Barrieren behoben würden.

Nach Angaben der EU haben die Importe der VR China aus der EU in den letzten Jahren zugenommen. Auch die Importe Hongkongs aus der EU sind in den letzten Jahren stark angestiegen. Ein großer Teil von ihnen wird weiter in die VR China reexportiert. Für die EU stellte die VR China den sechst-, Hongkong den elft- und Taiwan den zwölftwichtigsten Handelspartner im Jahre 1994 dar. Von der Handelsstruktur her ist eine Verschiebung zwischen den Teilgebieten des chinesischen Wirtschaftsraums zu beobachten: Die VR China verdrängt auf dem europäischen Markt Hongkong und Taiwan vor allem in den Bereichen Textilprodukte, Schuhe und Touristikartikel.

Für die VR China ist die EU nach Japan, den USA und Hongkong der viertgrößte Handelspartner. Die Importe aus der EU bestehen hauptsächlich aus kapital- und technologieintensiven Produkten wie Fahrzeugen, Präzisionsmaschinen und Instrumenten. Gegenüber Hongkong und Taiwan ist die Situation ähnlich. In bezug auf die Handelsbilanz haben je nach Art der Berücksichtigung der Reexporte über Hongkong sowohl die VR China als auch die EU ein Defizit zu verzeichnen. Hongkong hat mit der EU ein Defizit im Güterhandel, aber einen Überschuß im Dienst-

Tabelle 10: Handelsbeziehungen der EU mit dem chinesischen Wirtschaftsraum, 1980–1994

Jahr		1980*	1985	1990	1991	1992	1993	1994
IMPORT aus								
VR China	Mio. ECU	1 890	3 936	10 603	14 974	16 787	19 633	23 002
Hongkong	Mio. ECU	3 583	4 819	5 916	6 401	5 908	6 428	6 571
Taiwan	Mio. ECU	2 158	3 997	9 159	11 053	10 717	10 368	10 434
ChW#	Mio. ECU	7 631	12 752	25 678	32 428	33 412	36 429	40 007
	%**	2,8	3,1	5,5	6,6	6,9	7,5	7,4
EXPORT in/nach								
VR China	Mio. ECU	1 734	7 180	5 318	5 603	6 852	11 338	12 475
Hongkong	Mio. ECU	2 133	4 551	6 602	7 395	8 782	11 391	13 133
Taiwan	Mio. ECU	880	2 291	4 917	5 511	6 250	7 583	8 726
ChW#	Mio. ECU	4 747	14 022	16 837	18 509	21 884	30 312	34 334
	%**	2,2	3,7	4,0	4,4	5,0	6,2	6,4
AUSSENHANDELSVOLUMEN								
VR China	Mio. ECU	3 624	11 116	15 921	20 577	23 639	30 971	35 477
Hongkong	Mio. ECU	5 716	9 370	12 518	13 796	14 690	17 819	19 704
Taiwan	Mio. ECU	3 038	6 288	14 076	16 564	16 967	17 951	19 160
ChW#	Mio. ECU	12 378	26 774	42 515	50 937	55 296	66 741	74 341
	%**	2,5	3,4	4,8	5,6	6,0	6,9	6,9

\# ChW = Chinesischer Wirtschaftsraum
* EU 10, sonst EU 12.
** Anteil des ChW in % des EU-Imports bzw. EU-Exports, ohne den Intra-EU-Handel.
Quelle: Eurostat, Außenhandel, Reihe 6B, verschiedene Ausgaben.

leistungshandel aufzuweisen. Taiwan hat eine annähernd ausgeglichene Handelsbilanz mit der EU.

Für die europäischen Unternehmen ist der chinesische Wirtschaftsraum, vor allem die VR China, von großer Bedeutung. Einerseits stellt die VR China einen Standort dar, auf den angesichts steigender Produktionskosten in Europa und der zunehmenden Konkurrenz durch die Schwellenländer einschließlich Hongkong und Taiwan ausgewichen werden kann. Für einige Branchen bietet die VR China diesbezüglich gute Bedingungen (großer Binnenmarkt, billige Arbeitskräfte und hohes Wirtschaftswachstum). Viele Unternehmen streben heute aber auch schon ein Engagement in der VR China an, um so den Absatzmärkten ihrer Produkte (z. B. Maschinenbauindustrie) näher zu sein. Daß die Direktinvestitionen der EU-Länder in der VR China dennoch relativ gering sind, liegt in der kulturellen und geographischen Distanz, den befürchteten politischen und rechtlichen Unsicherheiten in der VR China und der Stellung, die der jeweiligen Gegenseite in der eigenen Außenwirtschaftsstrategie eingeräumt wird, begründet.

Zu der aus der Sicht der EU unbefriedigenden Situation hat auch die Tatsache beigetragen, daß die EU keine einheitliche Politik gegenüber der VR China verfolgt hat. So konnte die VR China die einzelnen EU-Länder immer wieder zu ihren eigenen Gunsten gegeneinander ausspielen. Ob eine verstärkte Kooperation der EU-Länder, die seit der Verabschiedung der »langfristigen Politik gegenüber der VR China« (EU 1995) im Jahre 1995 angestrebt wird, etabliert werden kann, bleibt abzuwarten. Insbesondere wenn es um die Ausschreibung von großen Investitionsprojekten geht, dürften unterschiedliche nationale Interessen eine einheitliche Haltung der EU-Länder wohl auch in Zukunft verhindern.

3.4 Sonstige Länder

Gemeinschaft südostasiatischer Staaten (ASEAN): Das Handelsvolumen zwischen der VR China und ASEAN betrug im Jahre 1995 18,44 Mrd. US $, wobei 9,04 Mrd. US-$ auf Exporte und 9,4 Mrd. US $ auf Importe entfielen. Seit zwei Jahren wächst das Handelsvolumen sehr schnell. Bei der derzeitigen wirtschaftlichen Entwicklung ist zu erwarten, daß die Handelsbeziehungen zwischen der ASEAN und der VR China noch intensiver werden. Auch die Direktinvestitionen spielen in der gegenseitigen wirtschaftlichen Zusammenarbeit eine nicht unwichtige Rolle. Die Wirtschaftsbeziehungen sind aber gleichzeitig durch Konkurrenz um Weltmarktanteile gekennzeichnet: Die wirtschaftliche Entwicklung der ASEAN-Länder ist zwar weiter als die der VR China, einige Industriebranchen der VR China können sich aber durchaus mit denen der ASEAN-Länder messen. Ferner fließt seit drei Jahren eine große Menge von Auslandsinvestitionen in die VR China, während der Anteil der ASEAN-Länder an den weltweiten Auslandsinvestitionen zurückgeht.

Südkorea: Nach der Aufnahme diplomatischer Beziehungen zwischen beiden Ländern im August 1992 ist Südkorea bis heute zum fünftgrößten Handelspartner der VR China aufgestiegen. Die Volksrepublik ist ihrerseits drittgrößter Handelspartner Südkoreas und größter Empfänger koreanischer Investitionen. Die Aussichten der Zusammenarbeit werden von beiden Seiten als sehr gut bezeichnet. Es existieren keine politischen Hindernisse, und eine enge Zusammenarbeit kann beiden Seiten nur Vorteile bringen. Südkorea hat Interesse durch Kooperation mit dem wirtschaftlich und politisch ›großen‹ China einen Gegenpol zum Gewicht Japans zu schaffen. Von einer guten Beziehung zur VR China verspricht sich Südkorea ferner Unterstützung bei der Lösung von Problemen mit Nordkorea. Die VR China ist bestrebt ihre außenwirtschaftliche Abhängigkeit von den USA und Japan abzubauen, wobei der Außenhandel mit Südkorea hilfreich ist, da durch ihn die Handelsstruktur der VR China diversifiziert werden kann.

GUS-Länder: Die Wirtschaftsbeziehungen zwischen der Sowjetunion und der VR China kamen erst ab 1983 wieder in Gang, nachdem die VR China und die Sowjetunion ein entsprechendes Abkommen unterzeichnet hatten. Die Wirtschaftsstrukturen Rußlands und der VR China sind in hohem Maße komplementär, deshalb haben die beiden Länder auch Kooperationsabkommen in den jeweils konkurrenzfähigsten Bereichen Chemie (Kunstdünger und Kunststoffe) und Textilien unterzeichnet. Die Handelsstruktur zeigt die Komplementarität besonders deutlich: Die VR China importiert aus Rußland Rohstoffe, petrochemische Produkte und Stahl, während sie Konsumgüter und elektrische Produkte exportiert. Ein wichtiges Merkmal der chinesisch-russischen Zusammenarbeit besteht darin, daß die Exporte von Arbeitsleistungen für die VR China eine große Rolle spielen. Nach inoffiziellen Schätzungen gibt es hunderttausend chinesische Arbeitnehmer in Rußlands Fernem Osten.

Für die VR China sind ferner die Rohstoffe der GUS-Länder, vor allem Rußlands, von strategischer Bedeutung. Es ist absehbar, daß sich die VR China bei Fortsetzung der derzeitigen Wirtschaftsentwicklung in naher Zukunft nicht mehr selbst mit allen Rohstoffen versorgen kann. Die reichen Naturschätze Sibiriens sind für die VR China deshalb sehr wichtig. *(Siehe auch den Beitrag von Joachim Glaubitz.)*

Süd- und Westasien: Das Handelsvolumen zwischen der VR China und den Ländern dieser Region ist relativ unbedeutend. Nur mit vier Ländern erreichte das Handelsvolumen im Jahre 1995 eine Milliarde US $, das sind Indien (1,162), Pakistan (1,011), Saudi Arabien (1,285) und die Vereinigten Arabischen Emirate (1,221). Gegenüber diesen Ländern kann die VR China seit längerer Zeit eine positive Handelsbilanz verbuchen. Als Grund dafür wird von der chinesischen Seite die einseitige Wirtschaftsstruktur dieser Länder genannt. Die VR China hat mit dieser Region auch eine positive Dienstleistungsbilanz aufzuweisen. Die Exporte von Arbeitsleistungen (vor allem für Bauprojekte) sind für sie eine wichtige Einnahmequelle.

Lateinamerika: Der chinesische Handel mit Lateinamerika ist seit 1994 stark gestiegen: Das Handelsvolumen betrug im Jahre 1995 6,114 Mrd. US $ (Exporte: 3,147 Mrd. US $ und Importe 2,967 Mrd. US $), das entsprach einem Zuwachs von 30 % gegenüber dem Vorjahr. Der Grund dafür liegt in den Bemühungen um eine Handelsliberalisierung der lateinamerikanischen Länder. Insgesamt betrachtet hat Lateinamerika aus Sicht der VR China aber seit 1978 an Bedeutung verloren. *(Siehe Abb. 4.8.2 im Anhang.)* Dafür sind vor allem die dauerhaften Krisen Lateinamerikas und die geographische Entfernung verantwortlich. Da sowohl die VR China als auch die lateinamerikanischen Länder an Kapitalimport interessiert sind, sind die gegenseitigen Direktinvestitionen ziemlich gering. Taiwan könnte in Lateinamerika viel investieren, aufgrund der politischen Situation kommt aber kein Abkommen über einen Investitionsschutz zustande und daher bleiben auch die Direktinvestitionen aus.

Afrika: Die politischen und wirtschaftlichen Beziehungen der VR China zu den Ländern Afrikas waren in den 60er und 70er Jahren sehr intensiv. Sie sind seit den Wirtschaftsreformen jedoch immer schwächer geworden. Politisch ist Afrika heute für die VR China zwar noch wichtig, aber nicht mehr in dem Maße wie in den 60er und 70er Jahren. In den letzten Jahren entdeckt die VR China Afrika zunehmend als Markt. Ehemalige Entwicklungshilfeprojekte werden wieder ins Leben gerufen. Insgesamt fließt heute aber weniger direkte finanzielle Hilfe, statt dessen stehen Investitionsprojekte und Handel im Mittelpunkt der wirtschaftliche Zusammenarbeit.

4. Interdependenzen zwischen der chinesischen Wirtschaft und der Weltwirtschaft

4.1 Die Bedeutung der VR China für die Weltwirtschaft

Der wirtschaftliche Erfolg der VR China in den letzten 17 Jahren ist beeindruckend. Das Bruttosozialprodukt ist durchschnittlich um 9,5 % pro Jahr gewachsen. Schon heute wird die VR China als Wachstumsmotor der asiatisch-pazifischen Region angesehen. Aber kann sich dieser Wachstumstrend wirklich fortsetzen? Wie sicher ist der Markt für die Weltwirtschaft? Dies hängt wesentlich davon ab, inwieweit die VR China in der Lage sein wird, folgende Probleme zu handhaben: 1) die makroökonomische Instabilität, 2) die Krise in der Landwirtschaft, 3) regionale Disparitäten, 4) ineffiziente Staatsunternehmen, 5) Umweltprobleme und 6) die Korruption. Für die Lösung der ersten vier Probleme könnten weitere Wirtschaftsreformen hinreichend sein, doch die beiden letzten Problemfelder machen zusätzlich soziale und politische Reformen notwendig. Die Zukunft der VR China hängt also eng mit der Reformfähigkeit der Wirtschaft und Gesellschaft und dem Reformwillen der Regierung zusammen. *(Siehe auch die Beiträge von Sebastian Heilmann, Margot Schüller und Dirk Betke.)*

Sofern die Volksrepublik alle diese Probleme in den Griff bekommt, kann sie einer vielversprechenden Zukunft entgegensehen. Für die Industrie- und Entwicklungsländer bedeutet das Chancen und Konkurrenz zugleich. Die Chancen bestehen darin, daß sie einen wachsenden Markt erschließen und billigere, vor allem arbeitsintensive Produkte aus der VR China beziehen können. Eine weitere Chance ist darin zu sehen, daß die VR China neue, lukrative Investitionsmöglichkeiten bietet.

Die Konkurrenz durch die VR China bekommen insbesondere die Entwicklungsländer zu spüren, da sie auf arbeitsintensive Produkte spezialisiert sind. Die komparativen Vorteile der VR China in diesem Bereich sind aber größer als die vieler anderer Entwicklungsländer, die deshalb bereits Marktanteile an die VR China verloren haben. Auch die neu industrialisierten Länder hatten in jüngster Zeit mit der Konkurrenz der VR China zu kämpfen, denn selbst bei einigen kapitalintensiven Produkten hat die VR China komparative Vorteile. Die Konkurrenz zwischen der VR China und anderen asiatischen Entwicklungsländern auf dem Weltmarkt wird in Zukunft vermutlich eher noch härter werden.

4.2 Die Bedeutung der Weltwirtschaft für die VR China

Ein Teil der chinesischen Probleme kann mit Hilfe der internationalen Organisationen und der anderen Länder gelöst werden. Bei makroökonomischen Problemen haben die Weltbank und der IMF einen erheblichen Beitrag geleistet, und sie sind weiterhin bereit, mit der chinesischen Seite insbesondere auf den Gebieten der Steuerreform, Finanzreform und Armutsbekämpfung zusammenzuarbeiten. Auch stehen diese Organisationen der VR China bei ihren sozialpolitischen Reformen mit Erfahrungen und Vorschlägen zur Seite. Der größte Beitrag dieser Organisationen wird aber weiterhin ihr politisches Gewicht sein. Viele Probleme in der VR China werden auch von den chinesischen Wissenschaftlern und Politikern erkannt. Lösungsvorschläge durchzusetzen, ist aber nicht leicht. Die Weltbank und der IMF werden daher gerne von den Reformern als Argumentationshilfen in der Innenpolitik genutzt.

China integriert sich in die Weltwirtschaft durch Handel und Investitionen. Insbesondere in der Exportwirtschaft werden Arbeitsplätze geschaffen und wird damit zum Abbau von Arbeitslosigkeit beigetragen. Gleichzeitig kann die Öffnung der Wirtschaft für Importe die einheimischen Unternehmen unter Konkurrenzdruck setzen. Langfristig dürfte die chinesische Wirtschaft durch die Integration in den Weltmarkt daher weiter an Dynamik gewinnen. Trotzdem gestaltet sich der Außenhandel heute nicht reibungslos. Der beobachtbare Trend zu einem verstärkten Protektionismus der Industrieländer wird es der VR China auf Dauer nicht leicht machen, ihre Exporte auszubauen. Für die VR China kommt es zukünftig darauf an, ihre Exporte hinsichtlich der Exportregionen und -produkte stärker zu diversifizieren.

Mit den Direktinvestitionen fließen nicht nur Kapital, sondern auch neue Technologien und Managementmethoden in die VR China. Damit werden die Produktionsweisen wesentlich geändert, und im Idealfall können die Auslandsinvestitionen sogar einen Beitrag zum Umweltschutz leisten.

Um ihr Wachstumspotential voll ausnutzen zu können, wird die VR China zahlreiche Engpässe überwinden müssen. Schon heute hat die VR China z. B. Schwierigkeiten bei der Versorgung mit Baumwolle und Erdöl. Bei beiden Produktgruppen ist die VR China in der jüngsten Vergangenheit vom Nettoexporteur zum Nettoimporteur geworden. Sofern die Wirtschaft mit dem derzeitigen Tempo weiterwächst, wird auch ein Mangel an Reis, wichtigen Mineralien und Stahl auftreten. Die Weltwirtschaft schlüpft somit in die Rolle des Rohstofflieferanten für die VR China. Die Weltwirtschaft bietet der VR China darüber hinaus nicht nur Finanzhilfen, Beratungen und Ratschläge bei der Wirtschaftsreform an, sondern ist ihr auch Markt und Technologiegeberin zugleich. Ohne weitere Einbindung in die Weltwirtschaft wird sich das Modernisierungsprogramm der chinesischen Führung nicht verwirklichen lassen.

Verwendete und weiterführende Literatur

CASSEL, DIETER; HERRMANN-PILLATH, CARSTEN (1995/Hrsg.): The East, the West, and China's Growth: Challenge and Response, Nomos Verlag, Baden-Baden.

CHAN, GERALD (1995): China and International Organizations, in: Lo Chi Kin et al. (Hrsg.): China Review 1995, Chinese University Press, Hong Kong.

EUROPÄISCHE UNION (1995): Mitteilung der Kommission: Die langfristige Politik der Europäischen Union gegenüber China, in: Bulletin der Europäischen Union, 7/8, 1995, S. 103–104.

GRANT, RICHARD (1995/Hrsg.): The European Union and China, A European Strategy for the Twenty-First Century, The Royal Institute of International Affairs, London 1995.

HARDING, H. (1992): The US and Greater China, in: China Business Review, May/June, 1992, S. 18–22.

HO YIN-PING (1992): Trade, Industrial Restructuring and Development in Hong Kong, MacMillan.

JACOBSON, HAROLD K.; OKSENBERG, MICHEL (1990): China's Participation in the IMF, the World Bank, and GATT, University of Michigan Press.

LARDY, NICHOLAS R. (1992): Foreign Trade and Economic Reform in China, 1978–1990, Cambridge, Cambridge University Press.

NYE, J. S.(1995): The Case for Deep Engagement, in: Foreign Affairs, July/Aug., S. 90–102.

RISKIN, CARL (1987): China's Political Economy, Oxford University Press.

BASS, H.-H.; SCHÜLLER, MARGOT: Weltwirtschaftsmacht China, Mitteilungen des Instituts für Asienkunde Hamburg, Nr. 252, 121–144.

WORLD BANK (1994): China: Foreign Trade Reform, World Bank, Washington D.C.

XVI. Umweltkrise und Umweltpolitik

Dirk Betke

1. Die Rahmenbedingungen der Umweltproblematik

1.1 Naturräumliche Situation und Ressourcenausstattung

Wenige Länder der Erde sind mit der Umweltfrage in einer solchen Größenordnung und Vielfalt konfrontiert wie China. Die chinesische Gesellschaft muß sich heute gleichzeitig mit Problemen auseinandersetzen, die in der Entwicklung der Industriestaaten aufeinanderfolgten: mit Ressourcenzerstörungen aufgrund vorindustrieller Übernutzung – Entwaldung, Bodenerosion, Verwüstung – und der Belastung der Umwelt durch Schadstoffemissionen aus Produktion und Konsum. Ein konstanter Entwicklungsengpaß bleibt dabei stets der Naturraum (ungünstige Reliefbedingungen, extreme Klimaverhältnisse) und der knappe Vorrat an natürlichen Ressourcen. Den 1,2 Mrd. Chinesen stehen heute pro Kopf lediglich 0,08 ha Akkerland und 0,1 ha Wald zur Verfügung, das sind 33 % bzw. 16 % des Weltdurchschnitts. Unter den großen Flächenstaaten befindet sich nur Indien in einer ähnlich prekären Lage. Auf einen US-Amerikaner kommen dagegen fast zehnmal soviel Ackerland und Wald, noch üppiger ist der Ressourcenvorrat Rußlands mit 0,9 ha Anbau- und 5,3 ha Waldfläche pro Kopf. *(Vgl. Abb. 1)*

Der Druck auf die natürlichen Ressourcen wird kontinuierlich zunehmen: Allein um den Bedarf der 125 – 130 Millionen Chinesen zu decken, die in den 90er Jahren geboren werden, muß die Gesellschaft im Jahr 2000 Ressourcen in Größenordnungen bereitstellen, die dem Jahresbedarf hochindustrialisierter Staaten oder bevölkerungsreicher Entwicklungsländer entsprechen. Es wird dann soviel mehr an Primärenergie benötigt wie Indien und Brasilien 1990 zusammengenommen erzeugten, und der zusätzliche Bedarf an Zement und Stickstoff-Dünger entspricht der Jahresproduktion Japans. Durch Urbanisierung wird Ackerland in der Größenordnung der Anbaufläche Vietnams verlorengehen, und ein zusätzlicher Wasserbedarf wird in einer Größenordnung gedeckt werden müssen, die der Frischwasserentnahme von Deutschland und Frankreich zusammen entspricht. (Betke 1989; Smil 1993; WRI 1996) *(Siehe auch den Beitrag von Wolfgang Taubmann.)*

1.2 Historische Hinterlassenschaften

Der aktuelle Zustand der Umwelt ist wesentlich durch die Wirkung radikaler Veränderungen im Muster der Ressourcennutzung geprägt, die durch die kommunistische Revolution im Jahre 1949 ausgelöst wurden. *(Siehe auch den Beitrag von Eberhard Sandschneider.)* Vorbild war das sowjetische Industrialisierungsmodell:

Abbildung 1: Pro-Kopf-Ausstattung mit natürlichen Ressourcen im Vergleich

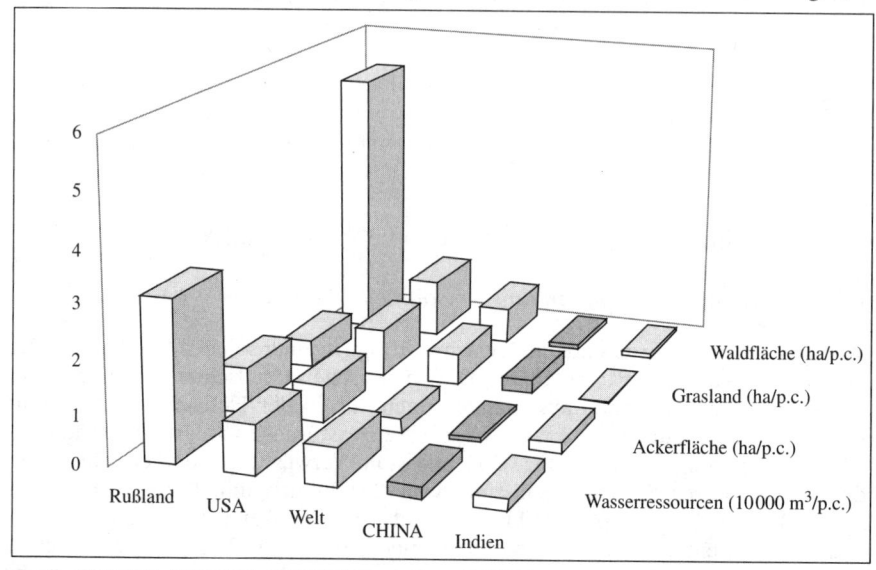

Waldfläche (ha/p.c.)
Grasland (ha/p.c.)
Ackerfläche (ha/p.c.)
Wasserressourcen (10000 m^3/p.c.)

Rußland, USA, Welt, CHINA, Indien

Quelle: WRI 1994; WRI 1996; CSY 1995; Darstellung BETKE

Durch Überspringen des Stadiums des bürgerlichen Staates wollte es die traditionelle Agrargesellschaft in eine moderne Industrienation verwandeln. Hinter dem Programm stand die Vision von der Kontrollierbarkeit sämtlicher Dimensionen des »chaotischen« Prozesses gesellschaftlicher Entwicklung. Bevölkerung und Natur wurden in dem ehrgeizigen Projekt zu beliebig verfügbaren Ressourcen für den Aufbau des Industriestaates transformiert. Die Partei organisierte die Arbeitskräfte in Produktionseinheiten und eignete sich die Verfügungsgewalt über den Boden und alle anderen Naturgüter an. Indem der Staat auch den Marktmechanismus aussetzte, machte er sich zur einzigen Allokationsinstanz für Ressourcen und verwandelte die sozialistische Ökonomie faktisch in eine überdimensionale Naturalwirtschaft.

Den wirtschaftlichen Schwerpunkt des Entwicklungsmodells bildete der Aufbau einer nationalen Schwerindustrie, die riesige Produktionskomplexe in den städtischen Zentren konzentrierte. Die Landwirtschaft ihrerseits hatte nicht nur Nahrungsmittel für die Städte zu liefern, sondern auch das bäuerliche Mehrprodukt bereitzustellen, das in einem administrativ gesteuerten, negativen Land-Stadt-Ressourcentransfer für die Finanzierung der Industrialisierung abgeschöpft wurde.

Daß sich das Experiment im Sinne seiner Schöpfer realisierte, ist der hohen Organisationsfähigkeit der Kommunistischen Partei zu verdanken. Partei- und Staatsapparat verschmolzen miteinander zu einer hierarchischen Mega-Organisation. Grundvoraussetzung für ihre Stabilität und Funktionalität war zum einen die Verfügung der Führungsspitze über ein immenses Macht- und Kontrollpotential. Zum anderen sicherte sie sich die Loyalität der Funktionsträger in Partei, Staat und Produktionsorganisationen durch »Nutzungsbeteiligungen« am nationalen Ressourcenpool.

Die Nutzung der Ressourcen durch die staatlichen Einheiten wurde nicht durch Besitztitel formalisiert. Das Verfügungsrecht blieb vom Zentralstaat jederzeit widerrufbar. Es kann als ein an politische Loyalität geknüpftes, zeitlich begrenztes »Lehen« beschrieben werden, als eine Art »fragmentiertes« oder »dezentrales« Staatseigentum. Betriebe und Behörden bewirtschafteten den lokalen Ressourcenbestand gewissermaßen als patrimoniale »Domäne«: Hatten sie die zentralstaatlichen Planvorgaben einmal erfüllt, konnten sie über die Ressourcen nahezu unbeschränkt verfügen. Es entwickelten sich daraus gewohnheitsrechtliche Institutionen mit eigeninteressierten Normensystemen und Verhaltensmustern. Im Schatten der Partei- und Staatshierarchie bildeten sich informelle (wirtschaftliche) Kooperationsformen in Gestalt klientelistischer Beziehungsgeflechte (guanxi). Natur und Ressourcen wurden damit faktisch doppelt ausgebeutet – einmal für den Zentralstaat und zum andern für die lokalen Interessen.

Die kombinierte Wirkung von gestalterischer Vision des sozialistischen Projekts, der Organisationsfähigkeit des politisch-administrativen Systems, von dezentralen Verfügungsrechten und informellen Institutionen führte zu Umformungen der naturräumlichen Verhältnisse in historisch vorher nicht gekannten Größenordnungen.

Den Vorgaben des Modernisierungsziels entsprachen der massive Ausbau der Infrastruktur, die Umbildung der Kulturlandschaft und die Produktionssteigerungen: Das Straßennetz wurde ausgebaut, Millionen Hektar Neuland (vor allem im Norden und Nordwesten) erschlossen, die bewässerte Fläche erweiterte sich von rund 20 Mio. ha (1952) auf rund 45 Mio. ha (1978). In marginalen Hügelregionen entstanden großflächig Terrassenfeldfluren und auf 110 Mio. ha realisierte die Volksrepublik mit Großeinsätzen in knapp 30 Jahren das größte Ödlandaufforstungswerk der Menschheitsgeschichte. Die nationale Getreideernte konnte verdreifacht, die Baumwollproduktion verfünffacht werden. Mit den Mitteln des abgeschöpften bäuerlichen Mehrprodukts und der Hilfe der Sowjetunion wurde gleichzeitig ein »komplettes Industriesystem« aufgebaut.

Als ökologischen Nebeneffekt hatte das sozialistische Entwicklungsprojekt andererseits im Zeitraffertempo die komplette »Serie« all der Umweltbeeinträchtigungen gleichzeitig installiert, die sich sonst auf eine längere historische Sequenz in der ökonomisch-ökologischen Evolution der Industrieländer verteilten. Die Umweltprobleme der alten Gesellschaft dauerten im »Neuen China« nicht nur an, sondern hatten sich noch beschleunigt und in ihrer flächenhaften Dimension immens erweitert. Die modernen Umweltprobleme – die Belastung von Wasser, Boden und Luft durch Schadstoffe – zeigten bereits ökonomische Wirkung: Ertragseinbußen in der Landwirtschaft und Fischerei, Versorgungsengpässe bei zentralen Ressourcen wie dem Trinkwasser und schließlich Gesundheitsschäden.

1.3 »Boom-China«: Dezentralisierung und lokaler Staat

Der aktuelle Wirtschaftsboom als Umweltfaktor erscheint so spektakulär, daß er die Konstante Naturraum-Ressourcenvorrat zu überlagern und die historischen Hinterlassenschaften zu verdrängen scheint. Bei genauerem Hinsehen zeigt sich, daß er die anhaltenden Wirkungen dieser Faktoren eher noch verstärkt:

Der nun fast zwei Jahrzehnte andauernde Wachstumsschub erhöhte die Anzahl der industriellen Produzenten (insbesondere in den Landgebieten), gleichzeitig auch die Masse kaufkräftiger Konsumenten. Damit nahm der Durchsatz an Rohstoffen und Energie in Produktion und Verbrauch rasch zu, wodurch sich Ressourcenausbeutung und Umweltbelastung erhöhten. Die Umweltprobleme in den Städten verstärkten sich weiter, gleichzeitig kam es zu einer rapiden Ausbreitung der Belastung in den ländlichen Regionen.

Die Wirtschaftsentwicklung wird – dies entspricht der aktuellen Logik staatlicher Entwicklungspolitik – im wesentlichen von »dezentralen« Akteuren getragen. Städte und Landgebiete befinden sich in einer Art »Goldrausch«. Marktmechanismen sind zwar zunehmend wirksam, doch werden sie aufgrund des Weiterbestehens tief verwurzelter – (auch informeller)-bürokratischer Institutionen stark modifiziert. Preisanreize zum Beispiel, die zur Schonung von Ressourcen und Umwelt geschaffen werden, können ihre Wirkung oft kaum entfalten, da sie durch administrative Manipulationen (wie Subventionen oder Steuererleichterungen) unterlaufen oder neutralisiert werden.

Der Staat besitzt nach wie die größte Verhandlungsmacht in der Gesellschaft. Doch sie ist durch die Dezentralisierungspolitik auf die unteren Ebenen umverteilt. Daher ist das Verhalten der Vertreter des lokalen Staates von der Zentrale nur noch beschränkt steuerbar. Dies verfestigt die alten Verfügungsrechte der Funktionäre über lokale Ressourcen, z. B. über die ländlichen Industriebetriebe oder den (nominell der Dorfgemeinschaft gehörenden) Boden (Krug 1996).

Umweltfolgen zeigt auch die zunehmende Mobilität von Bevölkerung und Kapital: Die Auflösung der früher administrativ kontrollierten Ortsgebundenheit der chinesischen Bevölkerung führt zum einen zu immensen Migrationsbewegungen in die städtischen Zentren. *(Siehe auch den Beitrag von Thomas Scharping.)* Die Verfügbarkeit über leistungsfähige Technologien der Ressourcenausbeutung ist heute lediglich eine Frage des Zugangs zu finanziellen Mitteln. Die staatliche Preispolitik für Rohstoffe und die Verfügungsrechte lokaler Funktionäre verzerren vielfach die »terms-of-trade« zwischen Wachstumsregionen und Hinterland zuungunsten der Landgebiete. Rohstoffe werden so teilweise »verramscht«. Vor diesem Hintergrund löst der explodierende Bedarf der Wirtschaft an Rohstoffen, Energie und Flächen bei unzähligen postsozialistischen Wirtschaftssubjekten, die über entsprechende »Trüffelschweinqualitäten« verfügen, ein hektisches Schürfen nach Ressourcen aus, die bisher aufgrund zentralverwaltungswirtschaftlicher Allokationsschwäche brachlagen. Bisher unzugängliche und marginale Regionen werden erschlossen, es wächst der Druck auf ökologisch sensible Randgebiete (wie die rohstoffreichen Trockengebiete oder Waldregionen).

Die gesellschaftliche Dynamik, die durch die Reform in Gang gesetzt ist, zeigt die Grenzen der Steuerungsfähigkeit des Zentralstaates deutlich auf. Sie erschwert eine mäßigende, auf Nachhaltigkeit angelegte Umweltpolitik erheblich. Selbst eine umweltbewußte Regierung hätte unter diesen Bedingungen nur sehr enge Handlungsspielräume.

Andererseits bleibt der staatliche Steuerungsanspruch unübersehbar bestehen. Die Zentralgewalt kann sich (wie der Bau des Drei-Schluchten-Staudamms zeigt) bei strategisch wichtigen Vorhaben immer noch durchsetzen. Die Modernisierer in der Regierung sehen in einer starken politischen Führung, einer technisch leistungsfähigen Verwaltung und neuerdings auch in einem stabilen Rechtssystem die geeigneten Instrumente, Wohlstand für die Bevölkerung und Chinas Aufstieg zur führenden Wirtschaftsmacht gleichzeitig zu realisieren. Staatliche Umweltpolitik erhält in diesem Zusammenhang die Aufgabe, die im Wirtschaftsprozeß entstehenden Umwelt- und Ressourcenprobleme zu identifizieren und mit dem bürokratisch-technischen Instrumentarium zu bearbeiten.

Manche Fragen, die hier nur skizzenhaft angerissen wurden, sollen in den folgenden Abschnitten vertieft und veranschaulicht werden. Abschnitt 2 stellt die Umweltproblematik dar, wie sie aus der Mixtur der geschilderten Rahmenbedingungen entstanden ist. Abschnitt 3 beleuchtet kurz die globalökologischen Implikationen der chinesischen Schadstoffproduktion. Die chinesische Umweltpolitik im Rahmen des politisch-administrativen Systems wird in Abschnitt 4 untersucht. Abschnitt 5 schließlich unternimmt den Versuch, die umweltpolitischen Anstrengungen hinsichtlich der gesteckten Umweltziele zu bewerten und Perspektiven für die weitere Entwicklung zu skizzieren.

2. Ressourcenverbrauch und Umweltqualität in den 90er Jahren

Die chinesische Regierung wertet den aktuellen Zustand der Umwelt als politischen Erfolg: Trotz eines durchschnittlichen Wirtschaftswachstums um die 10 % habe man in den vergangenen 18 Jahren eine dem Wachstumstempo »entsprechende Verschlechterung« der Umweltqualität vermeiden können (Presseamt 1996). Die Regierung hält sich mit einer genaueren quantitativen Beweisführung für diese Behauptung zurück – sie dürfte von der Datenlage her auch kaum dazu in der Lage sein. Auch hier kann nur versucht werden, Trends in der Veränderung der Umweltqualität annäherungsweise in ihrer quantitativen Dimension aufzuzeigen.

2.1 Umweltqualität in den Ballungszentren

Abbildung 2 liefert eine Vorstellung des engen räumlichen Zusammenhangs von Wachstumspolen und Umweltbelastung in China. Betroffen sind insbesondere die südlichen und östlichen Landesteile sowie die bevölkerungsreichste Provinz und Wachstumsregion Sichuan im Südwesten. Hier kumulieren Schadstoffbelastungen durch Abgase, Abwasser und feste Abfälle. Doch ist das Bild ergänzungsbedürftig hinsichtlich einer differenzierten Beurteilung der regionalen Konzentration und Ausbreitung der Umweltbelastung. Da in dieser Grafik lediglich Daten zu den statistisch erfaßten Gesamtemissionen auf Provinzebene verarbeitet sind, fallen weniger dicht besiedelte Provinzen des Hinterlands, wie z. B. die nordwestlichen Regionen, aus der Wertung heraus. Hier können jedoch hohe regionale Siedlungsdichten und Industriekonzentrationen in Verbindung mit technologischer Rückständigkeit zu extremen Umweltbelastungen führen, z. B. im Raum Xi'an (Provinz Shaanxi), Lanzhou (Gansu), Hohhot (Innere Mongolei) und Ürümqi (Xinjiang).

Für 70 % der Schadstoffbelastung ist die Industrie verantwortlich. Als Hinterlassenschaft der Standortpolitik der 50er bis 70er Jahre konzentrieren sich die gro-

Abbildung 2: Kernregionen schwerer Umweltbelastung (1994)

Kernregionen schwerer Umweltbelastung (1994)

Industrielle Umweltbelastungen

⇒ Abwassereinleitung ≥ 89,9 Mio t/a
△ Abfallaufkommen ≥ 23,8 Mio t/a
☆ Schwefeldioxid (SO$_2$)-Emissionen ≥ 516 000 t/a

1	Beijing	9	Shanghai	17	Hubei	25	Shaanxi
2	Tianjin	10	Jiangsu	18	Hunan	26	Gansu
3	Hebei	11	Zhejiang	19	Guangdong	27	Qinghai
4	Shanxi	12	Anhui	20	AR Guangxi Zhuang	28	AR Ningxia Hui
5	AR Innere Mongolei	13	Fujian	21	Sichuan	29	AR Xinjiang Uygur
6	Liaoning	14	Jiangxi	22	Guizhou	30	Hainan
7	Jilin	15	Shandong	23	Yunnan	31	Taiwan
8	Heilongjiang	16	Henan	24	AR Xizang (Tibet)		

Quelle: nach Zhongguo huanjing nianjian 1995 © Betke/Straub 1996

ßen Betriebe, trotz Schließungen oder Standortverlegungen von »Dreckschleudern« aufs Land, noch immer in den Zentren bzw. in stadtnahen Gebieten.

Es sind vergleichsweise wenige »Schlüsselverschmutzer« (etwa 9 000 meist staatliche Großunternehmen), die allein für 85 % der industriellen Schadstoffemissionen in den Ballungsgebieten verantwortlich sind. Eine Vorstellung von der Größenordnung einzelner »Mega-Emittenten« gibt das »Hauptstadt«-Stahlwerk (shougang) in Beijing: Es emittiert 55 % der gesamten Abgasmenge der Stadt, dabei 51 % des ausgestoßenen Schwefeldioxids, 61 % der Stickstoffoxide, 75 % der Kohlenmonoxide, 50 % des Schwebstaubs. Vergleichbare Fälle sind die Wanyuan Papierfabrik in Wanxian am Yangzi, die jährlich rund 1,5 Mio. t unbehandelte Abwässer in den

Fluß einleitet[1]; oder die 54 Firmen, die 80 % der 350 Mio. t Abwässer produzieren, die jährlich in den Fen He (Provinz Shanxi) eingeleitet werden. Die Reihe ließe sich fortsetzen (NEPA, SPC 1994; SWB FE/2626, FE/2648, 1996; CEN 1997).

2.1.1 Wasserknappheit

Die zunehmende Wasserknappheit – verursacht durch Übernutzung und Verschmutzung – wird gegenwärtig von den Staatsführern öffentlich als Umweltproblem Nr. 1 definiert und der Kampf dagegen als die zentrale umweltpolitische Aufgabe für den 9. Fünfjahresplan (1996 – 2000) bestimmt.

2.1.1.1 Wasserverbrauch und Übernutzung

Von Chinas 622 Städten (1994) leiden über 50 % unter Wasserknappheit, über 100 sind regelmäßig von schweren, länger andauernden Versorgungskrisen betroffen. Im statistischen Mittel stehen einem Chinesen 2 300 m^3 Wasser pro Kopf/Jahr zur Verfügung, allerdings mit großen regionalen Unterschieden: In den neun Nordprovinzen sind es im Mittel 500 m^3, in Beijing bleiben nur noch 400 m^3 zu verteilen, und Tianjin steht mit dem kritischen Wert von 154 m^3 pro Kopf an letzter Stelle der großen Städte. Im Jahre 2000 soll es – bei Fortsetzung gegenwärtiger Trends – in den städtischen Regionen Chinas ein tägliches Wasserdefizit von 200 Mio. m^3, im Jahre 2010 von 1 Mrd. m^3 geben.

Betrachtet man die aktuelle Entwicklung in den chinesischen Städten, überraschen solche Prognosen nicht. Obwohl sich die Knappheitssituation offensichtlich absolut zuspitzt, zeichnet sich im Wasserverbrauch keine wesentliche Trendveränderung ab: Die Leitungswasserversorgung der chinesischen Haushalte stieg 1996 um 900 Mio. m^3 auf insgesamt 16,7 Mrd. m^3, gleichzeitig blieben die städtischen Wasserwerke mit insgesamt 46,6 Mrd. m^3 um 1,6 Mrd. m^3 hinter ihrer Lieferkapazität von 1995 zurück (SWB FE/2671, 1996; CEN 1997).

Insbesondere die Wirkungen des rasch steigenden Lebensstandards der städtischen Bevölkerung sind unübersehbar. Der Bau von neuen Wohnungen, die Vergrößerung der Pro-Kopf-Wohnfläche, der Ausbau der Sanitäranlagen und der zunehmende Besitz von Haushaltsgeräten tragen dazu bei. Während 1980 lediglich 48 von 100 Haushalten Waschmaschinen besaßen, waren es 1994 bereits 87. Die spezifischen Verbräuche pro Einwohner liegen im Mittel relativ hoch – vergleicht man sie z. B. mit dem Berliner Pro-Kopf-Verbrauch (133 l) oder dem französischen Durchschnitt (157 l). *(siehe Abb. 3)* Da sich die Erhöhung des Konsumniveaus bei vielen Familien erst am Anfang befindet, ist mit einem weiteren raschen Ansteigen des Wasserverbrauchs der Haushalte zu rechnen. So lag der nationale durchschnittliche Pro-Kopf-Wasserverbrauch 1996 mit 208 l um 12,6 l höher als 1995. Im Jahre 1989 waren noch 172 l pro Kopf verbraucht worden (China Statistical Yearbook 1990, 1995; CEN 1997).

Die niedrigen Werte bei den Städten im Norden und Nordwesten (Taiyuan, Xi'an, Lanzhou, Xining und Ürümqi) *in Abbildung 3* dürfen nicht irreführen. Die geringen Pro-Kopf-Verbräuche kommen nicht aufgrund einer bewußt nachhaltigen

---

1 Im konkreten Fall dieses Großverschmutzers am Yangzi wird sich das Emissions-Problem im Zuge eines noch größeren Eingriffs in die Umwelt lösen: Der Betrieb wird – wie die gesamte Stadt Wanxian – gewissermaßen als ökologischer Gratiseffekt des San-Xia-Staudamm-Baus in naher Zukunft unterhalb des Wasserspiegels »stillgelegt« werden.

Abbildung 3: Wasserverbrauch in Provinzhauptstädten 1989/1994
Haushalte u. Kleingewerbe (Liter/Einwohner/Tag) mit internat. Vergleichswerten

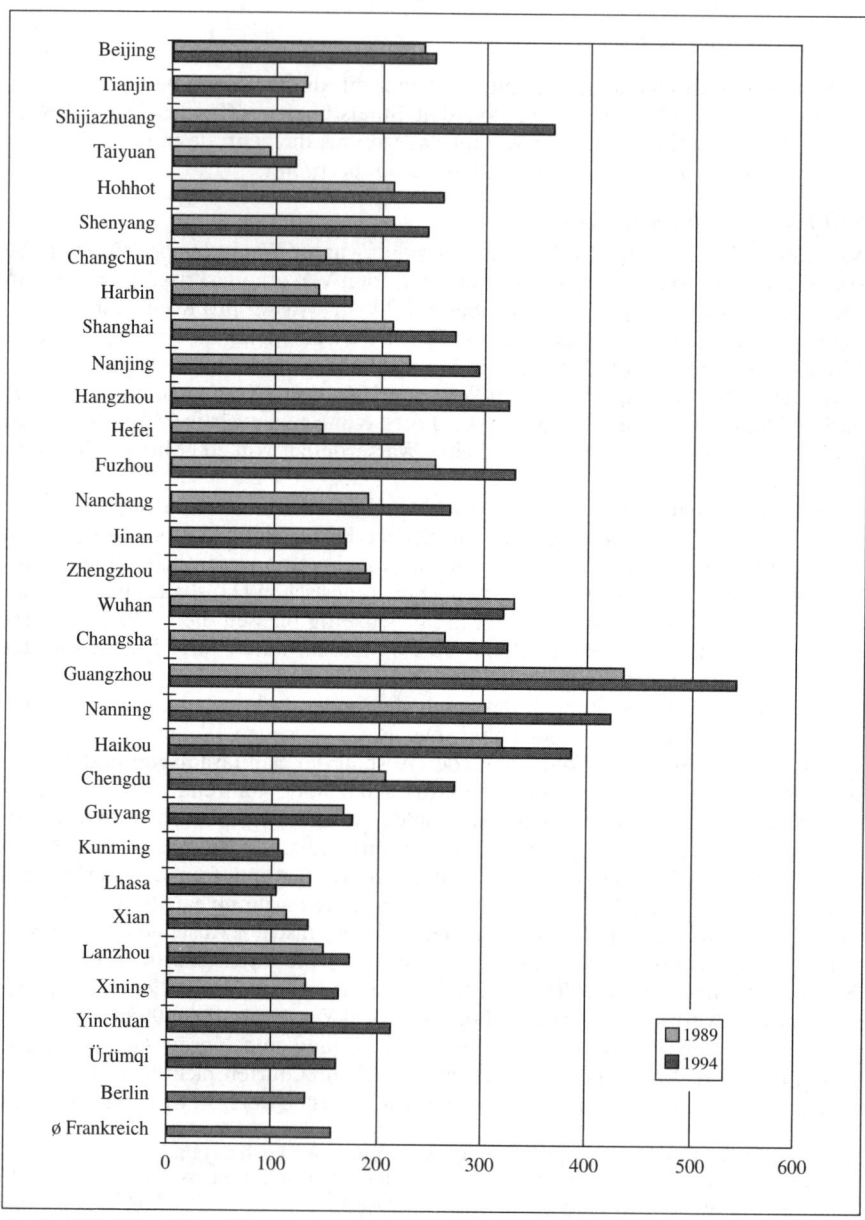

Quelle: CSY 1990, 1995; BGW 1994; IWSA 1995; Darstellung BETKE

Wasserhaushaltspolitik zustande, sondern reflektieren das begrenzte regionale Wasserdargebot, das nur durch erhebliche technische und finanzielle Anstregungen erweiterbar ist. Die Wasserknappheit führt selten zu echten Sparstrategien: Tagtägliche Wasserverschwendung, insbesondere in staatlichen Einrichtungen und aufgrund oft simpelster technischer Mängel (z. B. Lecks in Wasserleitungssystemen, defekte Rückhalteventile bei Toiletten etc.), ist hier ebenso verbreitet wie in den wasserreicheren Regionen Chinas.

Das Beispiel Wasser zeigt, daß in der »halbreformierten« Wirtschaftsgesellschaft Chinas die Preise für zentrale Ressourcen nicht die tatsächliche Knappheit reflektieren. Von den administrativ preisverzerrten Märkten gehen wenig Anreizsignale zu ressourcenerhaltendem und umweltschonendem Verhalten aus. Zum Beispiel gilt unbehandeltes Rohwasser nach wie vor den meisten Nutzern als Kollektivgut und wird (wie z. B. Flußwasser) trotz vorhandener Gesetze meist ungeregelt genutzt. Grundwasser konnte bis Anfang der 80er Jahre von (staatlichen) Einheiten, die über die technischen Möglichkeiten verfügten, kostenfrei entnommen werden. Die inzwischen eingeführte Grundwasser-Entnahmegebühr liegt immer noch so niedrig, daß sie als betriebswirtschaftlicher Kostenfaktor selten ins Gewicht fällt. Das von den Wasserwerken gelieferte Brauch- und Trinkwasser dagegen besitzt einen (lokal) staatlich festgesetzten Preis, da es Aufbereitungs- und Bereitstellungskosten enthält. Dieser wurde stellenweise für die Industrie so weit erhöht, daß er örtlichen Betrieben Anreiz zur Drosselung des Wasserverbrauchs, zu Sparstrategien bzw. zur erhöhten Kreislaufführung des Wassers bot. Entsprechende Signale senden die Preise für das an die Haushalte gelieferte Wasser nicht aus. Obschon mehrfach erhöht, bieten sie keinen Anreiz zum Wassersparen. Bei einem internationalen Vergleich von Wasserpreisen für Haushalte in Haupt- und Großstädten bilden die chinesischen Metropolen Beijing, Shanghai und Guangzhou die Schlußlichter *(siehe Abb. 4)*. Verantwortlich für den niedrigen Haushaltswasserpreis in den meisten Städten Chinas ist zu einem guten Teil die Sorge der Regierung um ihre städtisch-industrielle Klientel (Sternfeld 1996).

2.1.1.2 Wasserbelastung

Neben der Übernutzung der Wasservorkommen kommt als wichtiger Knappheitsfaktor der zunehmende Qualitätsverlust der Wasservorkommen hinzu. Chinesische Experten führen den Wassermangel zu 60–70 % auf Wasserverunreinigung zurück. Die Degradierung der Wasserressourcen zeigt sich in unterschiedlichen Erscheinungsformen:
- insgesamt verfügen über 25 % der Bevölkerung, d. h. 300 – 330 Mio. Chinesen nicht über einen Zugang zu hygienisch einwandfreiem Trinkwasser;
- bei 78 % der Frischwasserquellen in den städtisch-industriellen Ballungsgebieten liegt die Wasserbelastung über den zulässigen Werten;
- 50 % der gesamten genutzten Grundwasserressourcen in den Städten sind verschmutzt;
- 40 % der Trinkwasserquellen werden als hoch gesundheitsgefährdend eingestuft und sind als Rohwasserquellen nicht mehr nutzbar.

Der Katalog der unmittelbaren Ursachen für die Wasserbelastung ist vielfältig:
- Einleitung kaum oder nicht behandelter kommunaler und industrieller Abwässer: Nach der amtlichen Umweltstatistik wurden 1991 jährlich 34 Mrd. t Ab-

Abbildung 4: Wasserpreise im internationalen Vergleich 1995
(f. Haushalte m. e. Verbrauch von 200 m³/Jahr) in ECU

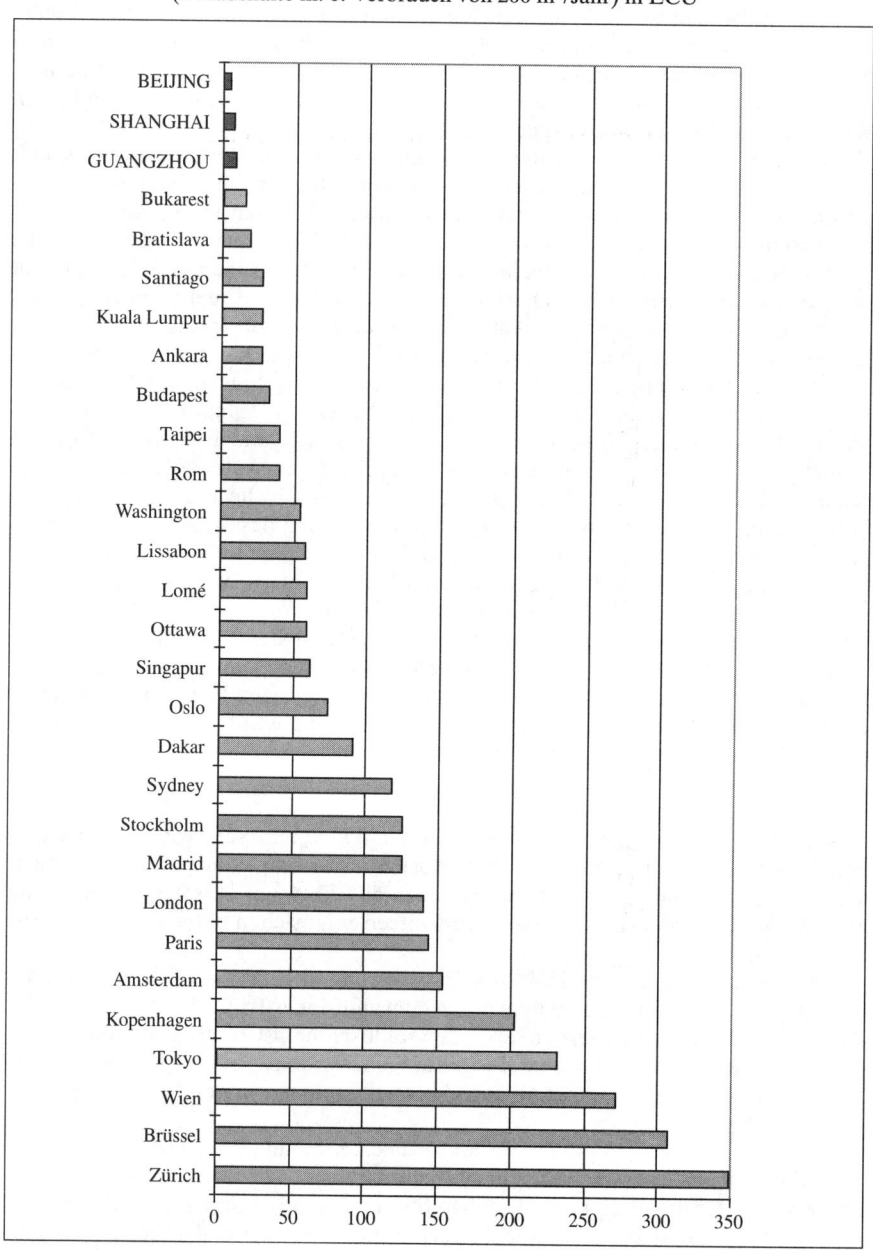

Stadt	ECU
BEIJING	~5
SHANGHAI	~8
GUANGZHOU	~10
Bukarest	~18
Bratislava	~22
Santiago	~30
Kuala Lumpur	~30
Ankara	~32
Budapest	~38
Taipei	~45
Rom	~48
Washington	~58
Lissabon	~62
Lomé	~62
Ottawa	~62
Singapur	~65
Oslo	~78
Dakar	~95
Sydney	~120
Stockholm	~125
Madrid	~128
London	~140
Paris	~148
Amsterdam	~155
Kopenhagen	~205
Tokyo	~230
Wien	~270
Brüssel	~305
Zürich	~350

Quelle: IWSA 1995, Darstellung BETKE

wasser, Mitte der 90er 37 Mrd. t eingeleitet. Von den in chinesische Gewässer täglich insgesamt eingeleiteten 100 Mio. t Abwasser werden rund 70–80 % unbehandelt emittiert;
- Einbringen von festen Abfällen: Pro Jahr wurden in den 90er Jahren in China allein von der in der amtlichen Statistik erfaßten (meist staatlichen) Industrie zwischen 34 Mio. (1991) und 22 Mio. (1995) Tonnen fester Abfälle in die Gewässer eingebracht, die Ziffer für die Einbringung von kommunalem Müll liegt nach Expertenmeinung um ein Vielfaches höher (SPC, SSTC 1994; CEN 1996; CEYB 1996).

2.1.2 Luftqualität

2.1.2.1 Emissionen

Die chinesische Umweltstatistik zeigt, daß sich die Staubemissionen aus industriellen Prozessen seit Anfang der 80er Jahre etwa halbiert haben und auf einem Niveau von 5–6 Mio. t stagnieren. Dies ist auf den Einsatz von Filteranlagen zurückzuführen. Bei dem Parameter Flugasche hat sich die statistisch erfaßte Gesamtemission (industrielle und nichtindustrielle Emittenten, ohne ländliche Betriebe) trotz industriellen Wachstums auf einem Wert von 14 Mio. t eingepegelt. Auch dies ist auf Entstaubungsmaßnahmen zurückzuführen *(siehe Abb. 5)*.

Hingegen stiegen die Schwefeldioxid-Emissionen nach einer (strukturwandelbedingten) leichten Abschwächung in der ersten Hälfte der 80er Jahre seit den 90er Jahren kontinuierlich an. Die Emissionen seien – so der Vizeminister für Elektroindustrie – völlig »außer Kontrolle« geraten. Wesentlichen Anteil daran haben die zur Befriedigung des Energiehungers von Wirtschaft und Haushalten in rascher Folge errichteten Kohlekraftwerke. Sie allein emittieren mit 6,3 Mio. t SO_2 ca. ein Drittel der statistisch erfaßten SO_2-Emissionen in China, im Jahre 2000 wird mit 9,5 Mio. t gerechnet. Über das Ausmaß lokaler Belastung gibt die Statistik Auskunft: So lag die SO_2-Gesamtemission im Ballungsgebiet der Stadt Chongqing nur knapp unter der Gesamtemission von Japan, die von Shanghai dicht hinter der von Indonesien (CEN 1996; CEYB 1996).

Trotz der Rückhaltemaßnahmen bei der Staubemission ist die Luftbelastung in den chinesischen Städten nach wie vor sehr ernst. Sowohl die SO_2- wie die Schwebstaub-Immissionen überschreiten in allen chinesischen Städten die von der Weltgesundheitsorganisation WHO empfohlenen Luftgüteleitwerte *(siehe Abb. 6)*. Damit gehören die chinesischen Großstädte zu den höchstbelasteten der Welt. (WRI 1994)

2.1.2.2 Ursachen der Luftverschmutzung

Eine der Ursachen für die hohen Emissionen sind Struktur und technischer Stand des chinesischen Energieverbrauchs: Über 70 % des Primärenergieverbrauchs entfallen auf die Kohle, wobei die Industrie mit 70 % und die Haushalte mit 14 % die größten Verbraucher darstellen *(siehe Abb. 7 und 8)*. Trotz einer stetigen Senkung der Energieintensität in den vergangenen Jahren sind die technischen Wirkungsgrade von Produktionsanlagen, Kraftwerken und Kesseln in China generell immer noch niedrig. Hinzu kommt, daß die Kohle wie bereits vor zehn Jahren nur zu einem geringen Teil (rund 18 %) gewaschen wird (Betke 1989; SPC, SSTC 1994; Presseamt 1996).

Abbildung 5: Entwicklung der erfaßten Gesamtemissionen ausgewählter Schadstoffe 1981–1995 (in Mio. t)

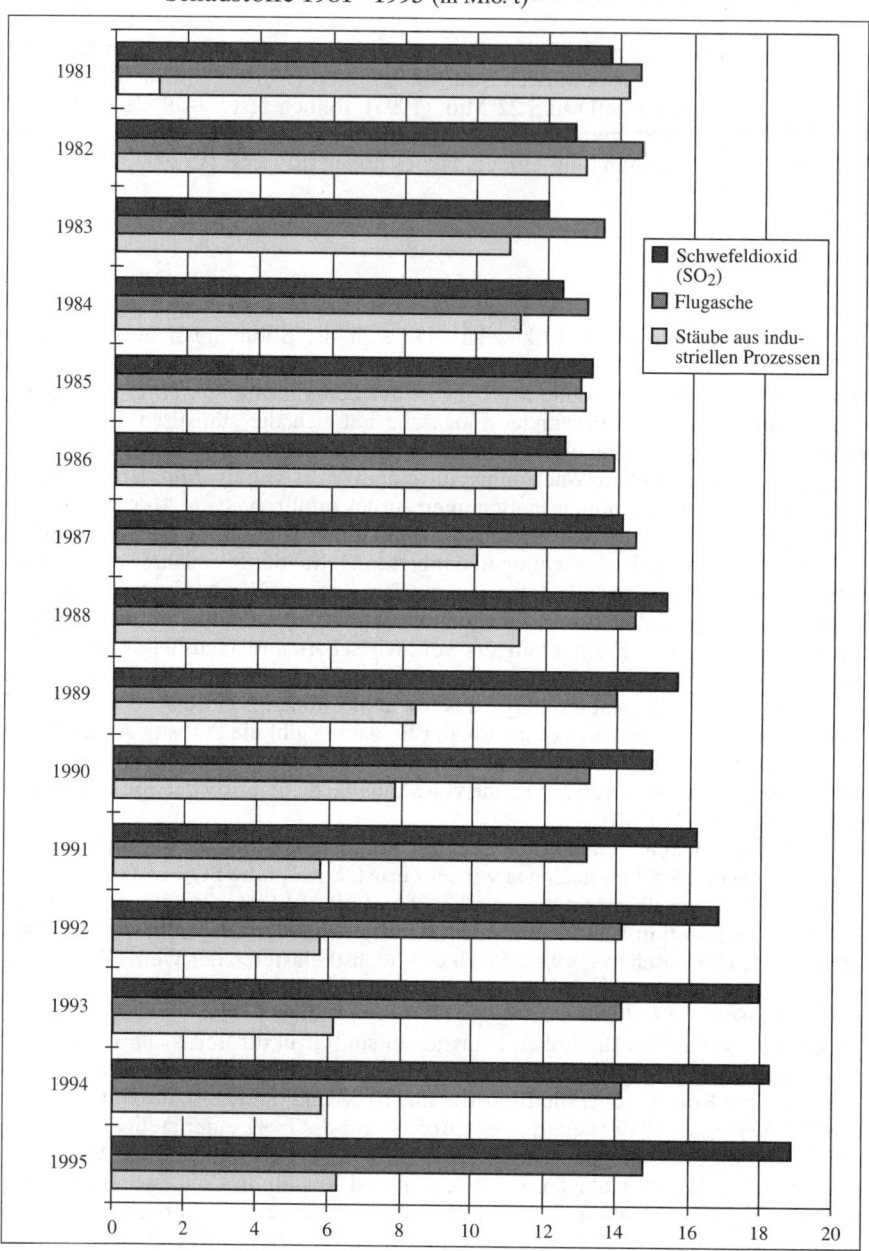

- ■ Schwefeldioxid (SO₂)
- ▨ Flugasche
- □ Stäube aus industriellen Prozessen

Quelle: NEPA 1988, 1992, 1993; ZGHJNJ 1990, 1991, 1994, 1995, 1996; Darstellung BETKE

Abbildung 6: Entwicklung der Luftbelastung mit Schwebstaub
Jahresmittelwerte in Innenstädten im Vergleich m. deutschen Orten ($\mu g/m^3$)

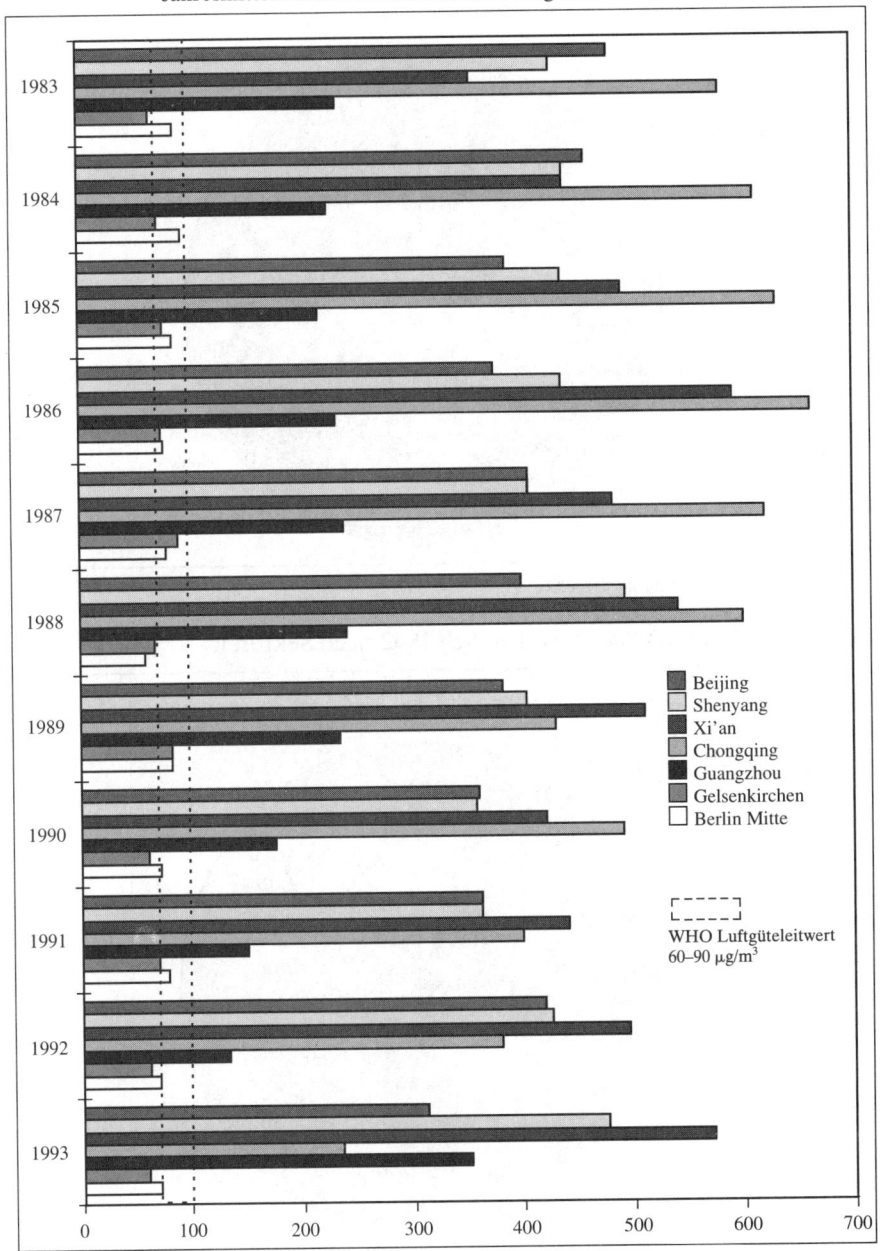

Beijing
Shenyang
Xi'an
Chongqing
Guangzhou
Gelsenkirchen
Berlin Mitte

WHO Luftgüteleitwert
60–90 $\mu g/m^3$

Quelle: WHO, UNEP 1992; WHO 1996 persönliche Information; UBA 1994; Darstellung BETKE

Abbildung 7: Primärenergieverbrauch 1992 – Energieträgerstruktur

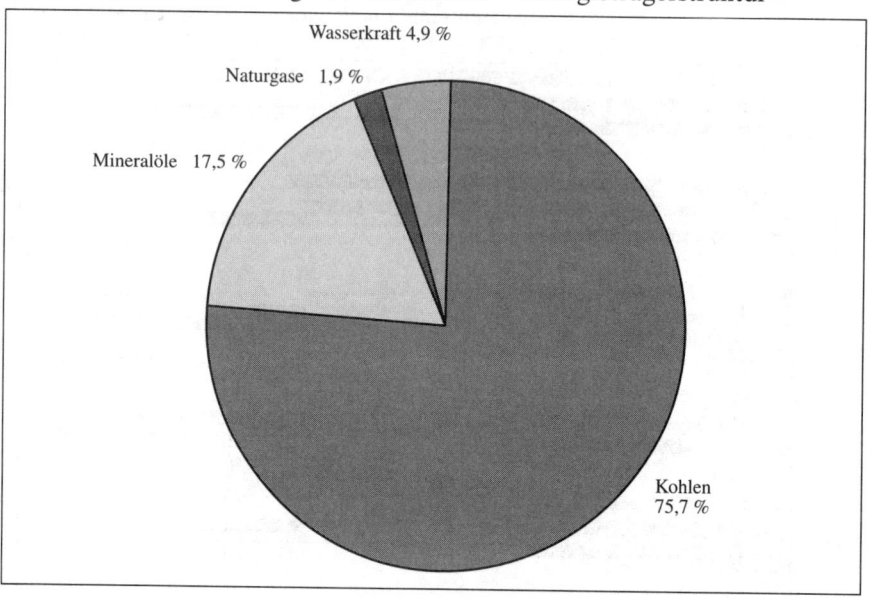

- Wasserkraft 4,9 %
- Naturgase 1,9 %
- Mineralöle 17,5 %
- Kohlen 75,7 %

Quelle: CSY 1995, Darstellung BETKE

Abbildung 8: Primärenergieverbrauch 1992 nach Sektoren

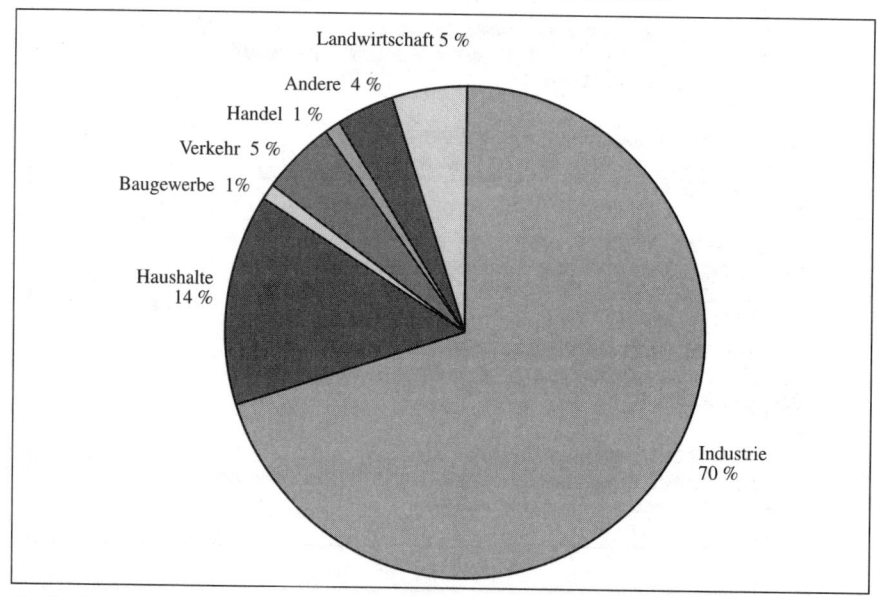

- Landwirtschaft 5 %
- Andere 4 %
- Handel 1 %
- Verkehr 5 %
- Baugewerbe 1 %
- Haushalte 14 %
- Industrie 70 %

Quelle: CSY 1995, Berechnung BETKE

Ein weiterer wichtiger Faktor ist, daß in China – allen öffentlichen Erklärungen und Programmen zum Trotz – die Anreize für eine Erhöhung der Energieeffizienz und damit für die Minderung der Schadstoffemissionen weiterhin gering bleiben. Die Energiepreise werden trotz verschiedener Ansätze zu Preisreformen immer noch sehr niedrig gehalten. Besonders gilt dies für die Strompreise, für den Endverbraucher meist die entscheidende Größe. Die chinesischen Stromtarife liegen weit unter den Erzeugungs- und Bereitstellungskosten und im asiatischen Vergleich deutlich hinter den Tarifen anderer Staaten. Die Beijinger Industrie muß für ihren Strom durchschnittlich nur etwa ein Zehntel der japanischen Tarife bezahlen, weniger als ein Drittel der indischen und etwa die Hälfte der koreanischen Preise *(siehe Tab. 1)*. Gering bleibt daher die Neigung chinesischer Betriebsleiter, in Energiespartechnologien zu investieren: Lediglich 6 % des Investitionsvolumens werden im chinesischen Energiesektor hierfür aufgewendet (OECD 1996).

Auch die Gestaltung des ökonomischen Instruments der Emissionsabgaben gibt den Emittenten keinen Anreiz zu umweltschonendem Verhalten: Die Emissionsgebühren für Schwefeldioxid betragen 200 Yuan pro Tonne SO_2. Aufgrund der hohen Preise für importierte Entschwefelungsanlagen sowie der Aufwendungen für Zölle, Kommissionen und Gebühren kostet die Entschwefelung von einer Tonne SO_2 zwischen 2 000 und 3 000 Yuan. Industriemanager wie Kraftwerksdirektoren verhalten sich in diesem Falle betriebswirtschaftlich absolut rational, wenn sie die Emissionsgebühren bezahlen und auf den Einsatz von Minderungstechnologien verzichten (CEN 1996).

Fazit: Die administrativ verzerrte Anreizstruktur (Energiepreise, Höhe der Emissionsabgaben) bewirkt, daß die beachtlichen (technischen) Leistungen in der chinesischen Luftreinhaltepolitik »verpuffen« und nicht ausreichen, um die prekäre Immissionssituation in den Städten wesentlich zu verbessern.

Tab. 1: Stromtarife für Haushalte und Industrie im asiatischen Vergleich (1993–94) (US-Cents/kWh)

	Haushalte	Industrie
Japan	16,7	23,7
Indonesien (Jakarta)	8,5	6,1
Korea (Seoul)	8,7	4,7
Thailand (Bangkok)	5,4	7,0
Indien (Bombay)	4,1	7,8
Vietnam (Hanoi)	4,3	4,3
China (Beijing)	2,5	2,4

Quelle: OECD 1996

2.3 Neuere umweltrelevante Trends

2.3.1 China und das Auto

In den letzten Jahren trägt eine neue, »boombedingte« Verursachergruppe zunehmend zur Luftbelastung in den Städten bei: die Kraftfahrzeuge, dabei insbesondere Personenkraftwagen. In den 90er Jahren ist der Kfz-Bestand mit einem jährlichen Wachstum von über 10 % in die Höhe geschnellt: 1995 gab es in China ca. 10,4 Mio. Automobile, davon rund 4 Mio. Pkw und 6 Mio. Lkw. 1995 wurden in China 8,3 Mio. Motorräder und Mopeds produziert, dies entspricht einer Steigerung um 54 % gegenüber dem Vorjahr! Während in Beijing 1994 noch insgesamt 600 000 Automobile fuhren, bevölkerten allein im ersten Halbjahr 1996 über 373 000 neue Fahrzeuge zusätzlich die Straßen (zum Vergleich: In Berlin gab es 1988 über 2 Mio. Pkw).

Im Kfz-Bereich zeigt sich deutlich, wie unzureichend die administrative Kapazität des bürokratischen Staates ist, diese Gruppe »beweglicher« Emittenten zu erfassen und hinsichtlich ihrer Umwelteinwirkungen zu steuern. Es fehlt an flexiblen, auch ökonomisch wirksamen Instrumenten, um mit diesem Typus von Verursachern adäquat umzugehen. Verfahren der Registrierung und technischen Überprüfung gibt es allenfalls in Ansätzen. Wo sie existieren, werden sie oft umgangen.

Die technologisch oft veralteten Automobile fahren mit langer Nutzungsdauer, haben einen hohen spezifischen Energieverbrauch und einen entsprechend hohen Schadstoffausstoß. Die Abgase Shanghaier Pkw enthalten z. B. Bleikonzentrationen, die 10 bis 20 mal so hoch wie bei Fahrzeugen in den Industrieländern liegen. Die von Automobilen emittierten Stickstoffoxide haben in manchen Millionenstädten bereits die »klassischen« Schadstoffe (Flugasche, Stäube, SO_2) in ihrer Schadwirkung insbesondere in den Wintermonaten überflügelt und inzwischen das Konzentrationsniveau von Industrieländern erreicht.

Mit dem weiteren Anstieg des Kfz-Bestands wächst langfristig dessen Klimarelevanz: Aktuell liefern die Automobile mit jährlich 10 Mio. t CO_2 noch einen bescheidenen Beitrag zum nationalen Gesamtaufkommen. Für das Jahr 2000 wird bei einer Gesamtzahl von 18–20 Mio. Automobilen mit einer CO_2-Emission von 14 Mio. t, im Jahre 2010 bei 44–55 Mio. Fahrzeugen auf Chinas Straßen mit einer Gesamtemission von fast 25 Mio. t CO_2 ausgegangen. Diese Projektionen sind extrem niedrig angesetzt: Zum Beispiel emittierten in Deutschland 30 Mio. Pkw jährlich fast 100 Mio. t CO_2. Nimmt man diese Werte als Maßstab, wäre in China im Jahr 2010 mit einer automobilbedingten Gesamtemission von 140 bis 180 Mio. t CO_2 zu rechnen (SPC/ SSTC 1994; CEN 1994, 1996, 1997; China Statistical Yearbook 1996; UBA 1994; OECD 1996).

2.3.2 Wachstums- und Wohlstandsmüll

Jährlich fallen rund 650 Mio. t Abfälle in der staatlich überwachten Industrie an. Der Anteil der recyclierten Abfälle und Reststoffe stieg seit Beginn der Reform stetig von 25 % (1985) auf den nicht nur für Entwicklungsländer beachtlichen Wert von 43 % (1996). Dennoch werden auch heute noch von der städtischen Industrie jährlich um die 17 Mio. t Abfälle ungeregelt in die Umwelt verbracht, z. B. auf landwirtschaftliche Flächen oder in Gewässer, darunter 220 000 t gefährlicher Sonderabfälle. Die akkumulierten industriellen Abraum- und Abfallhalden sind auf fast 7 Mrd. t angeschwollen und verursachen – weil nicht gesichert – häufig schwere Boden- und Grundwasserbelastungen. Völlig unterentwickelt ist die Beseitigung und Behandlung von toxischen und radioaktiven Sonderabfällen. Erst heute entsteht mit einem Weltbankkredit bei Shenyang Chinas bislang einzige Anlage für die Entsorgung von Sonderabfällen. Eine umweltverträgliche Behandlung oder Deponie für die wöchentlich anfallenden 3 500 Tonnen teils toxischer Sonderabfälle der Industriestadt war bisher nicht möglich.

Ein signifikanter Indikator für das rasch wachsende Konsumniveau in den Städten sind die anfallenden Hausmüllmengen. Chinas jährliches Siedlungsabfallaufkommen (kommunale Abfälle, Hausmüll, Fäkalien) liegt gegenwärtig bei rund 100 Mio. t, für das Jahr 2000 erwartet man ein jährliches Siedlungsmüllaufkommen von 140 Mio. t. Das tägliche Abfallaufkommen der Stadt Beijing beträgt inzwischen 12 000 t. Die Pro-Kopf-Hausmüllmenge der Städter liegt heute im Mittel bei etwa 440 kg/Jahr und wächst – parallel zur Wirtschaft – um jährlich 8–10 % (NEPA, SPC 1994; SPC, SSTC 1994).

Im Abfallbereich kann man ebenfalls deutlich die unterschiedlichen Kapazitäten des Staates feststellen, mit verschiedenen Emittentengruppen umzugehen. Während es in den 80er und 90er Jahren administrativ gelang, beim Großteil der räumlich konzentrierten (meist staatlichen) städtischen Industriebetriebe eine geregelte Entsorgung bzw. Wiederverwertung der industriellen Abfälle und Reststoffe durchzusetzen, hatte die staatliche Abfallbeseitigung der konsumbedingten Hausmüllexplosion kaum etwas entgegenzusetzen. Offensichtlich ist man bisher nicht in der Lage, technische Beseitigungskapazitäten oder Anreizsysteme zu schaffen, um das Abfallaufkommen der »diffusen« Emittentengruppe von Millionen individueller Haushalte zu bewältigen. Die öffentliche Müllabfuhr verfügt nur über ungenügende Kapazitäten der Abfallsammlung und des Abfalltransports, und es gibt nach wie vor kaum gesicherte Deponieflächen und Müllverbrennungsanlagen. 98 % des Hausmülls werden am Rande von Siedlungen aufgehaldet oder in Flüsse, Seen und ins Meer gekippt (SPC, SSTC 1994).

2.3.3 Der Beitrag der ländlichen Industrie zur nationalen Schadstoffemission

Hinsichtlich einer Beurteilung der tatsächlichen Umweltbelastung sind die Aussagen der offiziellen Umweltstatistik ungenügend und irreführend. Die Daten beruhen auf Erhebungen in rund 70 000 (staatlichen) Industriebetrieben auf und oberhalb der Kreisebene. Die Höhe der nationalen Gesamtemission läßt sich annäherungsweise nur dann ermessen, wenn auch die Emissionen der nichtstaatlichen Industriebetriebe berücksichtigt werden. Dazu zählen die etwa 900 000 sogenannten Kollektivbetriebe in (Land-)Städten und Dörfern, und die rund 8,7 Mio. privaten Unternehmen (1994) (im folgenden werden diese Betriebe unter dem Sammelbegriff Town and Village Enterprises [TVE] subsumiert). Gemeinsam ist diesen Unternehmen, daß sie mit extrem niedrigen Nutzungsgraden an Stoffen und Energie produzieren. Die schwersten Verschmutzer sind Papierfabriken, Gerbereien und Lederverarbeiter, Hersteller von Textilfarbstoffen und Kokereien. Zu den Risikobetrieben zählen ferner »traditionelle« Mineral- und Metallschmelzen, Galvanikbetriebe, Druckereien und Färbereien, Hersteller von Pestiziden und radioaktiven Produkten, Ziegelbrennereien und Zementfabriken.

Ihr Anteil an der gesamten industriellen Schadstoffemission hat in den letzten Jahren kontinuierlich zugenommen. In der ländlichen Industrie kann die Umweltbelastung durchaus mit dem Wirtschaftswachstum mithalten: Zwischen 1989 und 1994 wuchs das industrielle Abwasseraufkommen der TVE um über 65 %, die

Industriestaubemissionen um über 23 %, das Abfallaufkommen um fast 60 % (CEYB 1995). Ergebnisse der bisher umfangreichsten Untersuchung über die Umweltbelastung der ländlichen Unternehmen unterstreichen, daß die TVE als Faktor bei den Gesamtemissionen inzwischen eine ganz entscheidende Rolle spielen:
- Die TVE tragen mit einem Anteil von 28 % zu den SO_2-Emissionen der gesamten chinesischen Industrie bei. Verrechnet man diesen Beitrag mit den in der Umweltstatistik veröffentlichten Daten, dann erhöht sich der Wert der nationalen Gesamtemission (d.h. die Emissionen aller industriellen und nichtindustriellen Emittenten) des Jahres 1995 auf über 24 Mio. t SO_2. Diese »atemberaubende« Zahl bedeutet, daß China bereits Mitte der 90er Jahre die USA als weltgrößten SO_2-Emittenten (1993: 20, 6 Mio. t SO_2-Gesamtemission) »eingeholt und überholt« hatte.
- Mit einem Anteil von 54 % an den Flugascheemissionen übertrifft die ländliche »Kleinindustrie« sogar den Gesamtbeitrag der staatlichen Konkurrenten. Der Wert der nationalen Gesamtemission erhöht sich damit von den 14,8 Mio. t der Umweltstatistik auf reale 24,7 Mio. t.
- Die extremen produktionstechnologischen Unterschiede zwischen Staatsbetrieben und ländlicher Industrie zeigt der Beitrag der TVE von über 68 % zu den Industriestaub-Emissionen. Dies erhöht den Wert der nationalen Gesamtemission aus der Umweltstatistik schlagartig von 6,4 Mio. t auf fast 20 Mio. t.
- Die TVE tragen ferner mit einem Anteil von 46,5 % zur industriellen Belastung der Gewässer mit organischen Stoffen bei, bei festen Abfällen produzieren die TVE einen Anteil von fast 39 % am industriellen Gesamtabfallaufkommen (CEN 1997).

Die TVE-Untersuchung bestätigt auch die regionalen Ausbreitungstrends, wie sie in *Abbildung 2* dargestellt sind. Dabei hat sich das Muster der Umweltbelastung von einer punktförmigen hin zu einer flächenhaften Belastung gewandelt: Die früheren »Schadstoffinseln« der Großstädte wachsen gegenwärtig mit den umliegenden ländlichen Industriezonen zu »Archipelen« zusammen. Den Trend zur raschen Ausbreitung der Umweltverschmutzung in die Landgebiete könnte man in Abwandlung eines alten maoistischen Leitmotivs so beschreiben: Aus dem »Funken« der ländlichen Industrialisierung ist in 18 Jahren Reform ein »Steppenbrand« der Umweltbelastung entstanden.

2.4 Die (fast) vergessene Dimension der »traditionellen« Umweltprobleme: Waldverbrauch, Bodenerosion, Desertifikation

Die Betrachtung der industriell verursachten Umweltverschmutzung führt leicht zu einer Schwerpunktverschiebung in der Wahrnehmung, die der tatsächlichen Problemlage unangemessen ist. Die Wirkungen der Schadstoffemissionen der Industrie machen sich vor allem in den städtischen Zentren bemerkbar; auch die bürokratische Elite ist von ihnen betroffen. Und auf sie konzentriert sich die nationale und internationale Aufmerksamkeit. Die »traditionellen« Umweltschäden dagegen – Entwaldung, Bodenerosion, Versalzung, Verwüstung – vollziehen sich weitab von Entwicklungspolen und den Augen des Auslands, und werden oft erst nach mehreren Jahrzehnten in ihrer Wirkung wahrgenommen. Doch die »traditionellen« Umweltschäden betreffen in China Hunderte von Millionen Hektar. Schwer geschädigte oder zerstörte Ökosysteme sind inzwischen oft gar nicht mehr »reparierbar« (Betke 1989; Smil 1993). Bei den neueren Entwicklungen in diesem Problembereich zeichnet sich eine Tendenz zur Beschleunigung der Degradierungsprozesse ab.

2.4.1 Waldverbrauch

Die chinesischen Aufforstungsprogramme haben nach der Krise Ende der 70er und 80er Jahre in jüngster Zeit wieder Erfolge erzielt. In 25 Gebieten auf Provinzebene übersteigt heute der Zuwachs der Reserven die Holzentnahme. Doch hinter diesen Erfolgsmeldungen verbirgt sich eine nach wie vor prekäre Situation der chinesischen Waldbestände: Der statistische Flächen- und Massenzuwachs beruht auf dem Anstieg der Jungholzbestände. Die hiebreifen Holzvorräte Chinas sind bis auf die großen Waldgebiete im Nordosten und Südwesten weitgehend erschöpft, doch der hohe Nutzholzbedarf und die Aussichten auf raschen Gewinn dezimieren weiter die Reserven. Im Gewinnstreben staatlicher Forstämter liegt auch der Ausgangspunkt für ein raubwirtschaftliches Entwaldungsprojekt im Südwesten mit ökologisch möglicherweise verheerenden Folgen: Die Waldbestände der Provinz Yunnan waren in 40 Jahren sozialistischer Forstwirtschaft schwer dezimiert worden. Sie schwanden in den 70er Jahren um jährlich 27 Mio. m^3, d.h. um das Doppelte des jährlichen Zuwachses. Nun greift die Yunnaner Forstverwaltung nach den großen Naturwaldreserven im benachbarten (»rückständigen«) Tibet, dessen regionale Forstverwaltung bisher weder über genügend Personal noch über die entsprechende Technologie verfügte, um die Holzressourcen auszubeuten. In einem »Kooperationsvertrag« vom Sommer 1996 haben die Forstverwaltungen beider Provinzen beschlossen, die Reserven gemeinsam zu nutzen. Know-how und moderne Technologie wird von den erfahrenen Förstern aus Yunnan geliefert. Von chinesischen Ökologen wird Schlimmstes befürchtet. Der Kahlschlag würde nicht nur zum Verlust seltener Pflanzen- und Tierarten führen, sondern auch die Kapazität des riesigen Waldgebietes für die Abflußregulierung zweier Ströme, – darunter der Jinsha, der Oberlauf des Yangzi, – erheblich beinträchtigen (SPC, SSTC 1994; CEN 1996).

2.4.2 Bodenerosion

180 Mio. ha in China sind von Wassererosion betroffen, davon 37,7 Mio. ha schwer. Die Erosionsfläche am Mittellauf des Gelben Flusses beträgt ca. 80 % des Einzugsgebietes, mit mittleren Abtragsraten von 3 000 t/km^2/Jahr, im Huai-Gebiet sind 50 % der Fläche von Erosion betroffen mit jährlichen Bodenverlusten zwischen 1 000 und 10 000 t/km^2, im Yangzi-Gebiet hat sich die Bodenerosionsfläche gegenüber der Situation in den 50er Jahren um 40 % ausgedehnt. Die chinesischen (international stark beachteten) Bodenschutzprogramme können mit der aktuellen Geschwindigkeit der Erosionsausbreitung nicht mithalten: 1994 lag die Zunahme der Erosionsfläche fünf mal so hoch wie die der sanierten Fläche.

Zum einen ist der Zusammenhang von ökonomischer Marginalisierung und ökologischer Degradierung unübersehbar: 87 % der 200 als Armutsgebiete ausgewiesenen Kreise Chinas liegen in den Zonen schweren Bodenabtrags. Massiv zur Beschleunigung des nationalen Bodenabtrags trägt zum anderen die rasche Ausbreitung gewerblich-industrieller Tätigkeit auf dem Land bei: Die kombinierte Wirkung von Kahlschlägen, agrarischen Landerschließungen, bergbaulichen Aktivitäten (vor allem Tagebau), Steinbruchbetrieb sowie Straßen- und Infrastrukturbau hat die Fläche der von »moderner« Erosion betroffenen Standorte auf heute 2,8 Mio. ha anwachsen lassen. Diese Gebiete tragen inzwischen mit einem jährlichen Abtrag von 554 Mio. t zu etwas mehr als 10 % der gesamten nationalen Bodenerosion bei (SPC, SSTC 1994; Zhongguo Nongye Nianjian 1995). *(Siehe auch den Beitrag von Wolfgang Taubmann.)*

2.4.3 Desertifikation

Seit Jahrzehnten gilt China als das Land mit der größten Erfahrung in der Desertifikationsbekämpfung. Diese Expertise hat nicht verhindern können, daß sich die Zunahme der verwüsteten Fläche in der Reformperiode von 150 000 ha auf 240 000 ha pro Jahr beschleunigt hat. Insgesamt sollen fast 20 Mio. ha in den letzten Jahrzehnten degradiert worden sein. Dies betrifft insbesondere die ressourcenreichen Trockengebiete im Norden und Nordwesten Chinas. Sie stehen seit Beginn der Reformphase unter erhöhtem Nutzungsdruck. Nicht nur der (z. T. völlig ungeregelte) Abbau von mineralischen Rohstoffen und Energie, sondern auch die agrarische Nutzung in den Neulandgebieten wird im Modernisierungswettlauf der Regionen forciert und trägt zur Vegetationszerstörung und Veränderung des Wasserhaushaltes bei. In Qinghai sind allein innerhalb der letzten zehn Jahre 700 000 ha Graslandflächen verwüstet worden. Insgesamt gelten 40 % der Steppenflächen an den Quellen des Yangzi auf dem Qinghai-Tibetplateau als zerstört (Betke 1989; CEN 10–96, SPC, SSTC 1994).

3. Chinas Umweltprobleme im globalen Kontext

3.1 CO_2-Emissionen im globalen Kontext

China liegt heute mit einem Anteil von rund 13 % der globalen CO_2-Emissionen bereits an zweiter Stelle hinter den USA *(siehe Abb. 9)*. Bei einem Szenario raschen Wachstums (9,5 % jährlich in den 90er Jahren, 8 % zwischen 2000 und 2010 und 6,5 % zwischen 2010 und 2050) wird für China eine Verdreifachung der Treibhausgasemissionen, hauptsächlich aufgrund des steigenden Kohleverbrauchs, prognostiziert (Johnson et al. 1996).

An der Rolle der Kohle als Hauptenergieträger wird sich nichts ändern. Nur ein Bündel von gezielten Maßnahmen mit klimaschützenden Wirkungen könnte entscheidende Veränderungen bringen: die Steigerung der Energieeffizienz, die Nutzung alternativer und erneuerbarer Energien, Aufforstungsprogramme und Verbesserung landwirtschaftlicher Technologien zur Senkung der Methanemissionen aus Viehwirtschaft und Reisanbau. Dadurch könnte die Verdreifachung der CO_2-

Emissionen auf eine Verdoppelung gesenkt und z. B. für das Jahr 2020 CO_2-Emissionsreduktionen in der Größenordnung der britischen Gesamtemission (1990), für das Jahr 2050 sogar in Höhe der aufaddierten 1990er-Emissionen Frankreichs und Japans erwartet werden (Johnson et al. 1996; Beuermann 1997).

Im Rahmen der international diskutierten Möglichkeiten von Klimaschutzmaßnahmen ist für China das Instrument der »Gemeinsamen Umsetzung« (Joint Implementation [JI]) bzw. der »gemeinsam umzusetzenden Aktivitäten« (Activities

Abbildung 9: Verteilung globaler CO_2-Emissionen aus Energieverbrauch und Industrieprozessen 1992

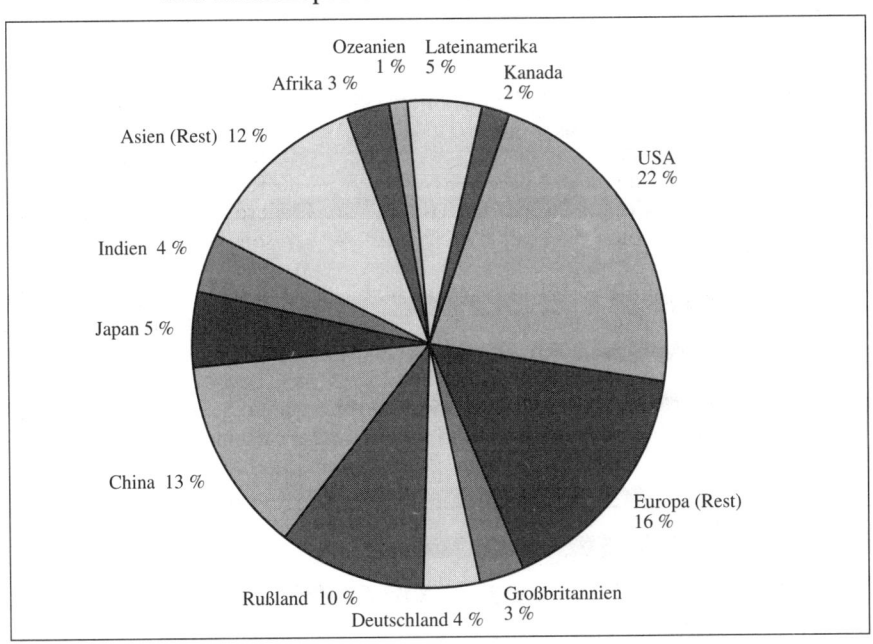

Quelle: WRI 1996, Berechnungen BETKE

Implemented Jointly [AIJ]) interessant. Es geht von dem Grundgedanken aus, daß die Reduktion klimawirksamer Emissionen wegen der hohen Kosten in den Industrieländern in den Entwicklungsländern durch den Transfer fortschrittlicher Technologie schneller und kostengünstiger erreicht werden kann. Industrieländer könnten klimaschutzrelevante Investitionen in Entwicklungsländern auf eigene Verpflichtungen anrechnen lassen. Unter Kosten-Nutzen-Aspekten wie auch unter globalökologischen Gesichtspunkten wird dieses Konzept als sinnvoll eingeschätzt, da Empfänger- und Geberländer Vorteile erhalten. China erhielte z. B. moderne Anlagen zur Emissionsminderung ohne hohe Eigeninvestitionen. Zentraler Ansatzpunkt für AIJ-Maßnahmen ist das weite Feld der Steigerung der Energieeffizienz, mit der insgesamt auch hohe Umweltwirkungen erzielt werden können. In China betrifft dies sowohl die Angebotsseite (z. B. durch Erhöhung der Wirkungsgrade in Kraftwerken, Einführung von Kraft-Wärme-Kopplung etc.) als auch die Energienachfrageseite (z. B. durch Nutzung technischer Einsparpotentiale). Es wird geschätzt, daß bei einer Steigerung der Energieeffizienz von 1 % in der Stromerzeugung eine Reduktion der CO_2-Emissionen von 3 bis 4 % erzielt werden könnte (OECD 1996; Oberheitmann 1996, 1997; Michaelowa 1997).

Doch die Wirkungen strenger Klimaschutzmaßnahmen sind begrenzt: Selbst wenn die chinesische jährliche Pro-Kopf-Emission (heute rund 2 t, d. h. etwa ein Zehntel des Wertes der USA und ein Fünftel der deutschen Pro-Kopf-Emission) *(siehe Abb. 10)* zukünftig auf der Höhe des gegenwärtigen globalen Durchschnittswertes von rund 4 t/Jahr/Kopf gehalten werden könnte, würden Chinas CO_2-Gesamtemissionen das Land zwischen 2010 und 2025 zum größten Emittenten der Welt machen (Johnson et al. 1996; OECD 1996; Beuermann 1997, WRI 1996).

Abbildung 10: Pro-Kopf-CO_2-Emissionen 1992 für Staaten mit den höchsten Gesamtemissionen

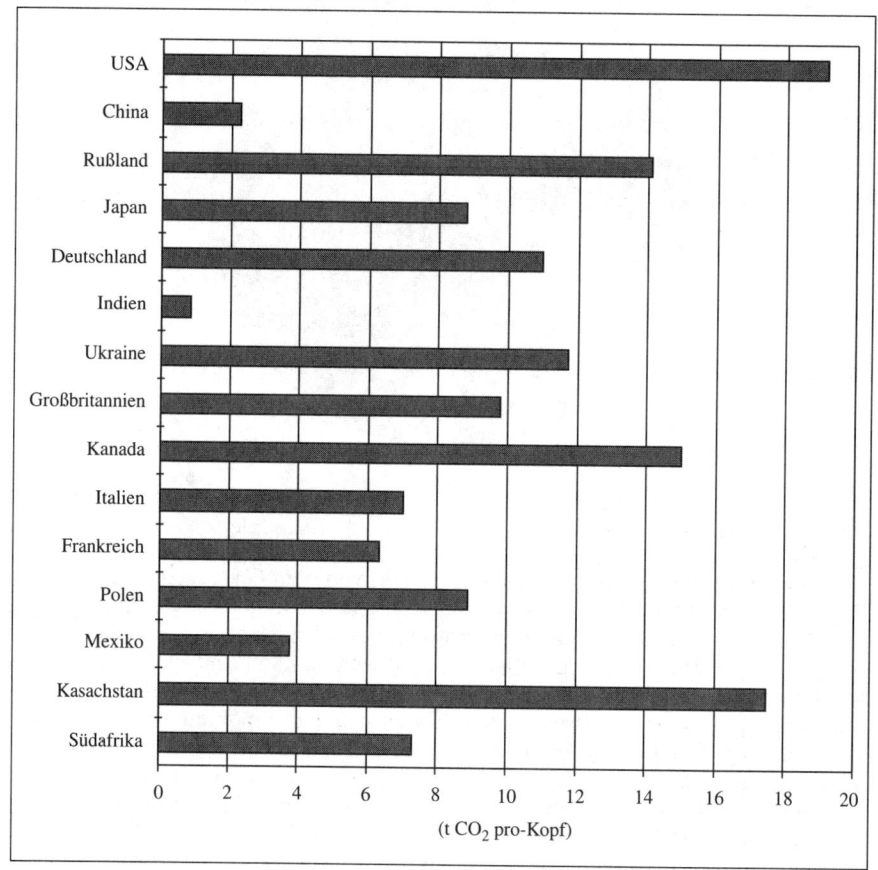

Quelle: WRI 1996

4. Umweltpolitische Kapazitäten

Die chinesische Umweltpolitik ist nicht als staatliche Reaktion auf »unübersehbare« Umweltzerstörungen entstanden, sondern – ähnlich wie in den meisten Industrieländern – von externen Entwicklungen ausgelöst worden. Ausgangspunkt war die Umweltkonferenz von Stockholm 1972, an der China nach langer politischer Isolation teilgenommen hatte. Dort waren die vielfältigen Formen von Naturzerstörung und Ressourcenverbrauch unter dem integrierenden Begriff des Umweltproblems gefaßt und nationale Umweltpolitik als eigenes Politikfeld definiert worden. Zugleich etablierte sich das Modell des bürokratisch-technischen, nachsorgenden Umweltschutzes. Es enthält einen typischen »Kanon« von umweltpolitischen Institutionen: die Ergänzung der Verfassung durch Umweltschutzartikel und die Formulierung umweltpolitischer Prinzipien, die Schaffung von Umweltgesetzen und umweltpolitischen Instrumenten sowie die Einrichtung eines Umweltministeriums bzw. Umweltamtes mit nachgeordneten Fachbehörden (Jörgens 1996).

4.1 Der institutionelle Rahmen

4.1.1 Verfassungsbestimmungen und umweltpolitische Prinzipien

Das Bekenntnis der Staatsführung zum Umweltschutz ist seit 1978 in der chinesischen Verfassung verankert. Der Staat wird dort klar als Sachwalter der natürlichen Ressourcen und Hauptakteur im Umweltschutz definiert. Wie international üblich, bezieht sich auch die chinesische Umweltpolitik auf das Vorsorge- und das Verursacherprinzip. Man findet dagegen kein Äquivalent des Kooperationsprinzips, das z. B. in Deutschland die Mitwirkung aller gesellschaftlichen Gruppen in der Umweltpolitik vorsieht. Leitgedanke der chinesischen Umweltpolitik ist dagegen das Prinzip der Verstärkung der Umweltverwaltung, das den staatlichen Steuerungsanspruch unterstreicht.

4.1.2 Umweltziele und Pläne

Die Staatsführung beansprucht, Wirtschafts- und Sozialentwicklung und den Schutz der Umwelt gleichzeitig zu realisieren. In diesem Sinne werden Fünfjahrespläne für den Umweltschutz formuliert, deren wesentliche Punkte in die allgemeine Entwicklungsplanung einfließen. Das jüngste Planwerk – der »9. Fünfjahresplan für den Umweltschutz (1996 – 2000) und die Perspektivziele für das Jahr 2010« – gibt eine ehrgeizige Zielsetzung vor. Das Jahr 2000 soll die ökologische Wende bringen. Bis dahin soll der Trend zur Verschärfung des Umweltproblems unter Kontrolle gebracht, bis 2010 das Umweltproblem im nationalen Rahmen gelöst sein. China will der Welt zeigen, daß man rasches Wirtschaftswachstum und Umweltbelastung entkoppeln kann. Der Schlüssel für die Umsetzung wird in der Schaffung eines »lückenlosen« Systems von Umweltnormen und einer starken vollzugsfähigen Verwaltung gesehen (CEYB 1996).

Unverkennbar sind die Bezüge des Plans zu Chinas nationaler Agenda 21 (1994 als weltweit erste ihrer Art verabschiedet). Mit ihr soll das in Rio 1992 propagierte Leitbild der nachhaltigen Entwicklung umgesetzt werden. Umweltziele sind in alle

Vorhaben der Wirtschafts- und Gesellschaftsentwicklung von Beginn an miteinzubeziehen. Das »alte« Modell des nachsorgenden »end-of-pipe«-Umweltschutzes, der durch technische Maßnahmen erst am Ende eines Produktionsprozesses Schadstoffausstoß verhindert, soll überwunden werden, z. B. durch ressourcensparende Produktionsprozesse und umweltfreundliche Produkte (SPC, SSTC 1994).

4.1.3 Rechtlicher Rahmen und Normen im Umweltschutz

Das umweltrechtliche Instrumentarium Chinas ist ähnlich umfangreich wie das mancher umweltpolitischer Vorreiterländer. Grundlage ist auch hier ein Rahmenwerk, das »Umweltschutzgesetz« (1979, Neufassung 1989). Seit den 80er Jahren wird es kontinuierlich durch medienspezifische, stoffbezogene und ressourcenrelevante Gesetze sowie Rechtsverordnungen und Verwaltungsvorschriften (rund 30) und eine Fülle von Umweltstandards (ca. 400) ergänzt und konkretisiert.

Bisher sind folgende Bereiche durch nationale Einzelgesetze geregelt:
- der Gewässerschutz (1984, novelliert 1996), die Luftreinhaltung (1988, novelliert 1995), der Schutz der marinen Umwelt (1983), die Abfallbeseitigung (1995) und die Lärmbekämpfung (1996);
- die Nutzung der Naturressourcen regeln Gesetze zum Wald (1985), zu Graslandressourcen (1985) und Fischerei (1986), zu mineralischen Ressourcen (1986), Bodenverwaltung (1987) und Wasserhaushalt (1988) sowie zum Schutz der Wildtiere (1989) und zur Wasser- und Bodenerhaltung (1991).

In den 90er Jahren hat sich die umweltgesetzgeberische Tätigkeit noch einmal intensiviert. Sie orientiert sich dabei verstärkt am praktischen Vollzug. Neben neuen Regelwerken gibt es umfassende Novellierungen wie die Gesetze zur Luftreinhaltung (1995) und zum Gewässerschutz (1996), die konkretisiert und verschärft wurden. Eine Verschärfung des Umweltrechts bedeutet auch die Aufnahme eines Katalogs von Umweltdelikten in das novellierte Strafgesetzbuch (wirksam ab Oktober 1997). Man bemüht sich in Teilen des politisch-administrativen Systems offensichtlich, den Sanktionen für umweltrechtliche Verstöße eine rechtsverbindliche Grundlage zu geben und mehr Abschreckungswirkung zu erzielen.

Unübersehbar im chinesischen Umweltrecht ist eine starke Tendenz zur Dezentralisierung: So gibt es zusätzlich zu den nationalen Gesetzen 600 umweltrechtliche Regelwerke auf Provinzebene. Sie können nationale Bestimmungen konkretisieren, ergänzen, auch verschärfen. Ferner existiert – parallel zu den von der zuständigen Fachbehörde des Umweltschutzes erarbeiteten Regelungen – eine Fülle von Umweltnormen (ca. 300) der Sektorministerien (wie Industrie, Landwirtschaft, Wasserbau etc.) für die ihnen untergeordneten Einheiten. Auch die Armee besitzt für ihr großes Wirtschaftsimperium ein eigenes umweltpolitisches Regelsystem.[2]

Auf den ersten Blick erscheint die Vielfalt von Normen durchaus sinnvoll: Sie signalisiert Anpassung an lokale Gegebenheiten bzw. die Integration des Umweltschutzes in andere Wirtschaftsbereiche. Bei genauerem Hinsehen stellt sich der

---

2 Die Armee stellte bisher ein umweltpolitisch höchst delikates Terrain dar: Wiederholt gab es Klagen, daß Militärbetriebe ungestraft Äcker oder Fischgewässer verschmutzten. Die zuständigen Umweltbehörden blieben oft Zuschauer. Dies soll sich nun grundlegend geändert haben: Die Armee verkündete stolz, ihre Betriebe hätten während des 8. Fünfjahresplans (1991–1995) ihren Ausstoß an »verschiedenen Schadstoffen um 50 %« gesenkt (CEYB 1996).

Reichtum an Umweltnormen jedoch als zweischneidige Errungenschaft dar: Überlappungen und Widersprüche zwischen den parallelen Regelsystemen sind offensichtlich. Hinzu kommt, daß die Vollzugskompetenz oft ungeklärt ist. Damit ist man in China von einem konsistenten und allgemein verbindlichen Umweltrecht weit entfernt. Die nationale Umweltbehörde NEPA versucht in jüngster Zeit, sich einen Überblick über Zahl, Inhalte und Durchführung von Umweltnormen in den verschiedenen Zuständigkeitsbereichen zu verschaffen. Sie will nicht nur die Vereinheitlichung der Regelwerke erreichen, sondern erhofft, sich selbst als die zentrale Definitions- und Regelungsinstanz zu etablieren, die sie formal schon lange ist *(siehe Abschnitt 4.2)*. Angesichts der massiven bürokratischen Bestandsinteressen dürfte dies ein schwieriges Unterfangen sein: Die »Säulenstruktur« der chinesischen Verwaltung (d. h. Mangel an Querverbindungen oder »Amtshilfebeziehungen«) hat sich mit der zunehmenden Konkurrenz um knappe Budgetressourcen in der Reform eher noch verstärkt. Bemühungen um eine zentrale Regelungskompetenz könnten als Eingriffsversuch in die eigene Domäne, verbunden mit einem Verlust von Kompetenzen und Verfügungsrechten an Ressourcen, gedeutet werden.

4.1.4 Umweltpolitische Instrumente

China hat seit Beginn der Umweltpolitik im Jahr 1973 das Arsenal der umweltpolitischen Instrumente kontinuierlich erweitert. Man setzt eine Mischung staatlich-hierarchischer und marktorientierter Koordinationsmechanismen und Verhaltenssteuerung ein. Jedoch dominieren ordnungsrechtliche Ansätze, marktwirtschaftliche Anreizinstrumente besitzen untergeordnete Bedeutung. Die chinesische umweltpolitische Elementarausstattung stützt sich auf die Instrumente der »Dreifachen Gleichzeitigkeit« (seit 1973)[3], der Umweltverträglichkeitsprüfung (UVP, seit 1979 gesetzlich vorgeschrieben) und der Emissionsabgabe (seit 1979).

Neuere umweltpolitische Instrumente betreffen Versuche mit SO_2-Steuern in zwei Provinzen und neun Städten. Auch der »Nationale Plan zur Kontrolle der Gesamtemission von Schadstoffen« ist eine Neuentwicklung. Er wurde für die Umsetzung der Umweltziele des 9. Fünfjahresplans erarbeitet und lehnt sich an das US-amerikanische »bubble«-Konzept an: Über Provinzen und Regionen (z. B. Flußgebiete) werden virtuelle Blasen gedacht. Die verschiedenen Emittenten unter jeder dieser Blasen erhalten Anteile an der vom Staat (als Sachwalter der Umwelt) definierten Gesamtemission (orientiert am Basisjahr 1995). Die Behörden kontrollieren im Prinzip nur die Einhaltung der Gesamtemission. Die verschiedenen Nutzer können auf einem Markt mit Emissionslizenzen handeln und dadurch mitentscheiden, wie die behördlich vorgeschriebenen Emissionsziele auf die verschiedenen Betriebe oder Anlagen verteilt werden. Das »bubble-Konzept« kommt der Logik der chinesischen Umweltpolitik insofern entgegen, als es sich zwar um ein Instrument mit marktwirtschaftlichen Grundgedanken handelt, jedoch gleichzeitig einen hohen administrativen Kontrollaufwand voraussetzt (CEYB 1996).

Ebenfalls jüngeren Datums ist die Schaffung eines chinesischen Markenzeichens für umweltfreundliche Produkte und die beginnende landesweite Einführung eines

---

3 Die Auflage der »Dreifachen Gleichzeitigkeit« bedeutet, daß bei Entwurf, Bau und Inbetriebnahme von Industrieanlagen – gleichzeitig auch entsprechende umwelttechnische Einrichtungen installiert werden.

einheitlichen, gutachterlich überwachten Umweltmanagementsystems nach ISO 14001. Ähnlich wie beim europäischen Öko-Audit ermitteln Stoff- und Energiebilanzen Ressourcenintensität und Umweltverträglichkeit von Betrieben, Prozessen und Produkten. Ein positives ISO-Zertifikat verspricht Wettbewerbsvorteile auf dem nationalen und internationalen Markt. Damit reagiert die chinesische Umweltpolitik auf eine wachsende internationale Strömung, die seit Rio 1992 umweltfreundliche Prozesse und Produkte fördert. Angesichts der oben geschilderten Parallelität und Uneinheitlichkeit von Umweltnormen dürfte sich die flächendeckende Realisierung von ISO 14001 jedoch noch schwierig gestalten.

4.2 Organisationen und Akteure im Umweltbereich

Nach der Logik des international verbreiteten Organisationsmodells erhält die Fachbehörde für den Umweltschutz idealtypischerweise die Zuständigkeit für zuvor auf verschiedene Ressorts verteilte Umweltbelange (Jörgens 1996). Dies gilt prinzipiell auch für China. Doch im organisatorischen Bereich des Umweltschutzes findet sich eine ähnlich Vielfalt und Parallelität wie im Falle der Umweltnormen. Dabei ist zwischen übergeordneten Kommissionen *(4.2.1),* der hierarchischen Organisation des eigentlichen Umweltressorts *(4.2.2)* und den Umweltschutzabteilungen der Sektorministerien und Kommissionen zu unterscheiden *(4.2.3).* Ferner zählt zum Akteursspektrum die Öffentlichkeit, d. h. die Medien, Nichtregierungsorganisationen und die Bürger *(4.2.4).*

4.2.1 Übergeordnete Kommissionen

Eine im Bereich der Legislative wirkende umweltpolitische Instanz ist der Ausschuß für Umwelt und Ressourcen (Environment and Resources Protection Committee, ERPC) des Nationalen Volkskongresses (NVK). Seine Einrichtung im März 1993 gilt als wichtiger Schritt in der formalen Aufwertung des Umweltschutzes im politischen System Chinas. Vorsitzender ist Qu Geping, bis dahin Chef der NEPA, ein Umweltbeamter von hohem internationalen Renommee. Aufgaben des 17köpfigen ERPC sind Entwurf und Vorlage von Gesetzesentwürfen an den ständigen Ausschuß des NVK, die Überprüfung und Modifizierung bestehender Regelwerke und die Befassung mit Vorschlägen von Volkskongreßdelegierten zu Umweltbelangen. Aktiv ist der Ausschuß auch im Bereich des Vollzugs: Seit 1993 organisiert er regelmäßig Inspektionsreisen in verschiedene Landesteile, um an der Basis den praktischen Vollzug der Umweltnormen zu überprüfen. Medienwirksam inszeniert, soll damit auch Druck auf pflichtvergessene Lokalregierungen ausgeübt werden. Da in China die Verrechtlichung der Gesellschaft nur schleppend vorankommt, scheint diese Form der Rechtskontrolle zur Zeit das angemessene Mittel zur Förderung des Rechtsbewußtseins zu sein.

Die Umweltschutzkommission des Staatsrats (Environmental Protection Committee under the State Council, EPC) (seit 1984) ist eine sektorübergreifende Beratungs- und Koordinationsinstitution. Hauptfunktion des vierteljährlich tagenden Gremiums ist es, einen Ausgleich herzustellen zwischen den unterschiedlichen Umwelt- und Ressourcenansprüchen der in der Kommission vertretenen Branchenministerien, d. h. es werden »Verfügungsrechte« der Bürokratien verhandelt. Kommissionsvorsitzender ist Song Jian, der als Mitglied des Staatsrats und Vorsitzender der einflußreichen Staatlichen Kommission für Wissenschaft und Technologie die Rolle des Moderators übernommen hat. Regierungen auf Provinz-, Stadt- und Kreisebene haben ebenfalls Ausschüsse gebildet, die Aufgaben der Konsensfindung wahrnehmen (Betke 1989).

4.2.2 Die Fachverwaltung des Umweltschutzes

Die Staatliche Amt für Umweltschutz NEPA (National Environmental Protection Agency) (ca. 300 Beamte) verkörpert die höchste Ebene der Umweltfachverwaltung. Direkt dem Staatsrat untergeordnet besitzt sie einen quasi-ministeriellen Status. Damit liegt sie rangmäßig unter einem Branchenministerium oder einer Provinzregierung. Neben ihrer Funktion als Sekretariat der EPC sind ihr die Politikentwicklung, Gesetzesformulierung, Entwicklung von Umweltstandards, die fachplanerische Koordination der untergeordneten Umweltbehörden und vor allem der Vollzug der Umweltnormen übertragen. Auf nationaler Ebene nachgeordnet gehören zur NEPA auch Einrichtungen der Umweltüberwachung, der Forschung und der Politikberatung mit fast 2 000 Beschäftigten. Der NEPA obliegt ferner die Aufgabe der Zusammenführung umweltrelevanter Aktivitäten der Sektorbehörden. Aufgrund ihres politischen Ranges ist die Reichweite ihrer Funktionen und Aufgaben jedoch begrenzt. Dies schränkt insbesondere ihre Kompetenzen im Gesetzesvollzug gegenüber Ministerien und Provinzregierungen ein.

25 Provinzen verfügen heute über vollständige Umweltverwaltungen bis hinunter zur Kreisebene mit insgesamt rund 2 600 Umweltämtern und 5 000 nachgeordneten Einrichtungen (Meßstationen, Forschungsinstitute). Von den 90 000 Beschäftigten sind mehr als zwei Drittel Techniker und Arbeiter. Einen Engpaß für die Durchsetzung des Umweltschutzes stellt die extrem unterschiedliche Ausstattung der Kreisumweltämter mit Finanzmitteln, Technik und Personal dar. Sie erfüllen als Vollzugsbehörden an der »Front« eine Schlüsselfunktion. Oft sind sie personell so unterbesetzt, daß sie ihre Kontrollaufgaben nicht wahrnehmen können. Deshalb soll der Personalbestand der Kreisumweltämter im 9. Fünfjahresplan von heute 19 000 auf 30 000 aufgestockt werden (CEN 1994; CEYB 1996, ZGHJNJ 1996).

Auf lokaler Ebene wird die Wirkung der Dezentralisierung deutlich: Die lokalen Umweltämter sind in ihrer politischen Loyalität stärker den Lokalregierungen verpflichtet als den übergeordneten Ebenen der Umweltschutzbürokratie. Die NEPA in Beijing hat durch die Dezentralisierung an Einfluß auf die konkrete Umweltpolitik der unteren Ebenen verloren. Im lokalen Vollzug führt die Bildung von »bilateralen« Verhandlungsbeziehungen zwischen Behördenvertretern und den Verursachergruppen oft zur eigenwilligen Auslegung der Umweltnormen.

4.2.3 Die Parallelstruktur im Umweltschutz: Organisationen der Sektorbehörden

Kommissionen, Sektorministerien und die Armee verfügen über eigene Organe des Umweltschutzes. Die Parallelstrukturen reichen ebenfalls bis auf die Ebene der Kreise und der staatseigenen Mittel- und Großbetriebe hinunter. Ihr Personalbestand wird auf insgesamt 200 000 Beschäftigte geschätzt, d. h. doppelt so hoch wie der Bestand der eigentlichen Umweltfachbehörden. Kompetenzüberschneidungen sind an der Tagesordnung. So treffen z. B. in einem Großbetrieb vier verschiedene Umweltschutzfunktionäre aufeinander: die Fachbehörde für den Umweltschutz auf Provinzebene auf der einen Seite und die Umweltabteilungen des betreffenden Industrieministeriums der drei Ebenen (National-, Provinz- und Stadtebene) auf der anderen. Für das Medium Wasser in Beijing teilt sich das Umweltamt, verantwortlich für die Überwachung der Wassergüte, mit fünf weiteren Behörden die Kompetenzen: Es gibt Zuständigkeiten für die Oberflächenwasserverwaltung (1), für die Exploration und Förderung des Grundwassers (2), für Trink- und Brauchwasserversorgung (1) sowie für Kanalisation und Kläranlagen (1) (Sternfeld 1996). Eine effiziente Koordination findet nur selten statt. Hier wird deutlich, daß die historische Hinterlassenschaft der »fragmentierten« oder »dezentralen« Verfügungsrechte *(siehe oben unter 1.2)* bis heute lebendig bleibt.

4.2.4 Die chinesische Öffentlichkeit:
Medien, Nichtregierungsorganisationen, Bürger

Die chinesische Regierung tat sich bisher mit der Beteiligung der Bevölkerung im Umweltschutz schwer. In jüngster Zeit gibt es Zeichen, die auf einen langsamen, aber kontrollierten Wandel in der offiziellen Haltung zur Bürgerbeteiligung hindeuten könnten. Ein Mechanismus der Beteiligung der Öffentlichkeit soll etabliert werden, der den Medien und der Bevölkerung eine Art Detektiv- oder Helferrolle bei der Aufklärung von Umweltdelikten zubilligt. Ein Novum im Umweltrecht ist Artikel 13 des novellierten Gesetzes zum Gewässerschutz (1996). Er sieht vor, daß die Meinung der lokalen Bevölkerung bei der Prüfung der Umweltverträglichkeit von großen Bauvorhaben eingeholt werden muß. Wenn dieses Beteiligungsrecht tatsächlich eingefordert würde, könnte dies zum Prüfstein für die Ernsthaftigkeit der Bemühungen der Regierung gesehen werden, echte Beteiligung als notwendigen Teil der Umweltpolitik zu begreifen (CEYB 1996).

Die Medien, insbesondere die Presse, teilweise auch das Fernsehen, bringen fast täglich Reportagen oder Artikel über Umweltthemen und -skandale. Teilweise können sie damit die Arbeit der lokalen Umweltbehörden unterstützen, indem sie Druck auf Verursachergruppen ausüben. Die Berichte sind meist im Stile von auflagensteigernden Sensationsmeldungen abgefaßt. Das Thema wird von der staatlichen Zensur offensichtlich geduldet, sicherlich auch deshalb, weil meist nicht nach politischen Verantwortlichkeiten für die Skandale gefragt wird.

1993 wurde die erste nichtstaatliche Umweltorganisation, die »Freunde der Natur« gegründet. Es folgte eine bisher noch überschaubare Reihe von nationalen (z. B. von Frauen, Schülern, Studenten, Journalisten) und lokalen Vereinigungen, die sich im weitesten Sinne mit Umweltthemen beschäftigen. Die Aktivitäten reichen von Initiativen zum Bäumepflanzen oder Aufrufe zum Schutz von Wildtieren, Berichten zu Umweltskandalen bis hin zu Unterschriftenaktionen für die Verlegung von Verschmutzerindustrien. Die Gruppen agieren vorsichtig und vermeiden jede Äußerung oder Handlung, die sie in den Augen der Behörden in die Nähe einer »Grünen Partei« rücken könnte. Ohnehin unterliegen alle Nichtregierungsorganisationen einer strengen staatlichen Kontrolle, so daß es nicht zur Bildung wirklich autonomer Interessengruppen kommen kann (CEN 1996; CEYB 1996).

Bisher geht das staatliche Partizipationsangebot im Umweltschutz nur so weit, wie es mit den Interessen und Projekten der Partei- und Staatsführung verträglich ist. Eine autonome Gegenöffentlichkeit wird bisher nicht zugelassen. Widerspruch gegen nationale Schlüsselprojekte, wie gegen den Bau des Drei-Schluchten-Damms wird als Opposition gegen die Partei gewertet und gesetzlich verfolgt.

4.3 Vollzug der Umweltnormen

Ohne Zweifel verfügt der chinesische Umweltschutz inzwischen über ein großes formalrechtliches und verwaltungstechnisches Instrumentarium, über eine ausgebaute Behördenstruktur mit einem wachsenden Meßnetz und Forschungseinrichtungen.

Auch beim Vollzug der Umweltnormen kann die Umweltbehörde Erfolge vorweisen: Auflagen zur fristgerechten Fertigstellung, Umrüstung, Produktionsumstellung, Verlegung und Schließung werden jährlich in Hunderten von Betrieben erfüllt; die Vergabe von Lizenzen für Abwassereinleitungen sind formal bis auf Bezirksebene durchgesetzt; die Umweltverträglichkeitsprüfung gehört bei größeren Vorhaben zunehmend zum Standard; die Einnahmen aus Emissionsgebühren haben sich in den letzten Jahren fast verdoppelt – von 2 Mrd. Yuan (1991) auf 3,7 Mrd. Yuan (1995). Und punktuell gelingt es der Führung auch, auf nationaler Ebene umweltpolitisch hart durchzugreifen: So wurden 1996 kampagnenartig 60 000 umweltverschmutzende Kleinstbetriebe geschlossen. Die umweltpolitischen Erfolge werden auch international anerkannt (CEYB 1966).

Die Kapazität der umweltpolitischen Institutionen reicht aber offensichtlich nicht aus, um den Trend zur Verschärfung der Umweltbelastung wesentlich zu bremsen. In der chinesischen Diskussion werden hierfür folgende typische Vollzugsdefizite verantwortlich gemacht:
- Umweltgefährdende Projekte erhalten von der Umweltbehörde die Bau- oder Betriebs-Genehmigung trotz Überschreitung der Umweltstandards; Genehmigungsbehörden gestatten Registrierung, Planung, Bau oder die Inbetriebnahme von Vorhaben, obwohl keine Genehmigung der Umweltbehörde vorliegt; Banken geben Kredite für Projekte, ohne die Zustimmung der Umweltbehörde abzuwarten;
- Unternehmen nehmen installierte emissionsmindernde Anlagen, die Grundlage der Betriebsgenehmigung waren, aus Kostengründen (Energieverbrauch etc.) nicht in Betrieb;
- Behörden genehmigen Erschließungs- und Bauaktivitäten in Naturschutzgebieten oder vermarkten diese als Tourismusgebiete;
- lokale Behörden genehmigen oder dulden den Import von ausländischem Sonder- und Hausmüll oder Müllverschiebungen über Provinzgrenzen;
- die Höhe der Emissionsgebühren ist im Verhältnis zu den Kosten der Vermeidung von Emissionen generell zu niedrig; Umweltbehörden oder Lokalregierungen treiben oft nicht einmal die volle Höhe der Abgaben ein bzw. treffen »sozial- und wirtschaftsverträgliche« Absprachen; erhobene Gebühren werden zweckentfremdet; Lokalpolitiker kommen der staatlichen Schließungsverfügung für verschmutzende Kleinbetriebe nicht nach;

- generell gibt es eine starke Tendenz bei Lokalregierungen oder Führungskadern, sich über die Einhaltung von Umweltnormen hinwegzusetzen; strafbare Umweltvergehen werden eher als »Kavaliersdelikt« betrachtet; das Gesetz wird durch persönliche (Amts-)Macht der Funktionsträger ersetzt, Gesetzesverletzer werden oft überhaupt nicht bestraft, oder Gefängnisstrafen in Geldbußen umgewandelt (CEYB 1996).

Diese Liste bestätigt, was in Abschnitt 1 angesprochen wurde und in Abschnitt 2 wiederholt zum Vorschein kam: Der Vollzug von Umweltnormen unterliegt immer noch den Einflüssen alter, verwurzelter Institutionen, Wertvorstellungen und Verhaltensweisen. Es sind in erster Linie lokale Interessen, die für die Entscheidungsträger relevant sind. Nach Maßgabe lokalen Nutzens – z. B. der Produktionssteigerung – wird entschieden, wie Umweltrecht gehandhabt wird. Übergeordnete, gesellschaftliche Ziele bleiben sekundär.

5. Fazit und Ausblick

Wie entwickelt sich die Fähigkeit der chinesischen Gesellschaft, Umweltprobleme zu erkennen und zu bearbeiten? Werden die umweltpolitischen Institutionen in Zukunft auch in der Lage sein, die durch die Wirtschaftstätigkeit ausgelösten Umweltbelastungen zu begrenzen bzw. zu vermindern und beispielsweise die Luft- und Wasserqualität zu verbessern?

Eine Antwort auf diese Fragen fällt nicht leicht.

China hat ein umfassendes umweltpolitisches Instrumentarium entwickelt. Die Träger des Umweltschutzes agieren – im Vergleich mit den Umweltverwaltungen auch der Industrieländer – nach formalen Gesichtspunkten erfolgreich. Chinesische Umweltaktivitäten werden mit internationalen Ehrungen (u. a. vom UN-Umweltprogramm) belohnt, darunter das Werk prominenter Umweltpolitiker wie Qu Geping, die Arbeiten fleißiger Schülergruppen oder vorbildlicher Einzelinitiativen. Die chinesische Umweltdiplomatie ist ein respektierter und einflußreicher Teilnehmer auf internationalen Konferenzen und Konventionen. Besonders seit Chinas intensiver Mitwirkung an der Vorbereitung der Rio-Konferenz werden Beijing und andere chinesische Metropolen zu Tagungszentren internationaler Umweltpolitik. Mit der Erstellung einer eigenen Agenda 21 bekennt sich China zum Leitbild einer nachhaltigen Entwicklung, die den Gedanken des Umweltschutzes ausdrücklich in alle sektoralen Vorhaben zu integrieren versucht.

Internationale Expertise wird verstärkt für die nationale Umweltpolitik genutzt. Ein wichtiges Beratungsgremium für die chinesische Regierung ist der 1992 vom Staatsrat gemeinsam mit Kanada gegründete »China Council for International Cooperation on Environmental Development«, in dem chinesische und internationale Experten aus Politik, Wissenschaft und Wirtschaft vertreten sind.

Andererseits laufen die wirtschaftlichen Trends in China auf eine Weiterführung hoher Wachstumsraten hinaus. Der Ressourcenverbrauch der Wirtschaftssubjekte wird weiter zunehmen, in den Produktionsanlagen wird auf absehbare Zeit noch mit größtenteils veralteter und umweltbelastender Technologie gearbeitet werden. Hier eröffnet sich ein Dilemma: Die Umrüstung scheint kaum finanzierbar. Auch die massenhafte Schließung dieser Betriebe – der großen staatseigenen »Dinosaurier« der sozialistischen Industrialisierung wie der Kollektivbetriebe der lokalen Funktionäre – ist eine unrealistische Option. Denn an ihnen hängen bürokratische Interessen und eine umfangreiche Klientel städtischer und ländlicher Arbeitskräfte, die, wenn marginalisiert, massiv zur sozialen Destablisierung beitragen können.

Auch die Marktkräfte können bis auf weiteres nicht ihre volle Anreizwirkung entfalten, da nach wie vor mit Hilfe »bilateraler Verhandlungen« zwischen Unternehmen und Verwaltung, Umwelt, Rohstoffe und Energie unter Preis verteilt werden. Preiserhöhungen können durch lokale Subventionen oder Steuererleichterungen »abgepuffert« werden. Im Ergebnis werden knappe Ressourcen weiter verschwendet.

Der Vollzug der Umweltpolitik unterliegt ähnlichen Restriktionen wie die Nutzung der Ressourcen. Auch hier verhindern Verhandlungsbeziehungen auf lokaler Ebene häufig einen wirkungsvollen Gesetzesvollzug. Die Höhe der Abgaben wird von den Umweltbehörden nicht selten so flexibel festgelegt, daß der Bestand des Betriebes nicht gefährdet ist, aber auch die Behörde den ihr gesetzlich zustehenden Teil für das eigene Budget erhält.

Die NEPA in Beijing, die die übergeordneten Belange und die gesellschaftlichen Ziele des Umweltschutzes als ihren Aufgabenbereich betrachtet, erweist sich gegen diese Entwicklungen bisher als machtlos. Aufgrund der Logik der Dezentralisierung wird Umweltpolitik in der Regel immer lokal gestaltet. Dezentrales Handeln entspricht der erklärten Politik der Regierung. Es erscheint als deutlicher Widerspruch zum öffentlichen Bekenntnis der höchsten politischen Führung zum Umweltschutz, daß die NEPA nach Jahren umweltpolitischer Arbeit immer noch keinen ihrer zentralen Aufgabenstellung angemessenen politischen Rang besitzt.

Dies wiegt um so schwerer, als der bürokratisch-technische Ansatz den Kern der chinesischen Umweltpolitik ausmacht. Denn der zentralstaatliche Steuerungsanspruch wird ungebrochen aufrechterhalten. Vorerst kann es deshalb auch kaum handlungsfähige und unabhängige nichtstaatliche Akteure geben, die z. B. die anspruchsvoll formulierten Ziele und Normen der chinesischen Umweltpolitik einfordern und zu Bündnispartnern der Umweltbehörden werden könnten. Man weiß, wie wichtig für die Entwicklung des Umweltschutzes die autonome Beteiligung der Bevölkerung ist. Alle Beispiele erfolgreicher Umweltpolitik bestätigen: Ohne Partizipation bleiben die besten Gesetze und die strengsten Normen lediglich Hülsen.

Wenn wir abschließend erneut die Kapazitäts-Frage an die chinesische Umweltpolitik stellen, dann müssen – folgt man den Ergebnissen der obigen Ausführungen – die Erwartungen der chinesischen Regierung, Wirtschaftswachstum und ansteigende Umweltbelastungen entkoppeln zu können, unrealistisch erscheinen. Die Regierung will zwar im anlaufenden Fünfjahresplan ihre finanziellen Anstrengungen im Umweltschutz nahezu verdoppeln: Statt wie bisher rd. 0,7 % sollen 1,3 % des Bruttosozialprodukts in die Bekämpfung der Umweltverschmutzung investiert werden. Doch dies wird kaum ausreichen: Die oben beschriebene Mixtur aus Faktoren wie dem begrenzten relativen Ressourcenvorrat, historischen Hinterlassenschaften und rapidem Wirtschaftswachstum hat in China zu Ressourcenzerstörung und Umweltbelastungen in einem Ausmaß geführt, das heute bereits »Grenzen des

Wachstums« anzuzeigen scheint. Chinesische Angaben zu Einzelbereichen wie auch globale Schätzungen deuten an, daß ein Großteil des Wirtschaftswachstums von der Umweltzerstörung »aufgefressen« wird: Umweltprobleme verursachen danach jährliche Kosten zwischen 8 und 15 % des Bruttosozialprodukts.

Vieles deutet darauf hin, daß sich die bisherigen Trends in der Umweltproblematik angesichts des dynamischen Wirtschaftswachstums vorerst nicht grundlegend ändern werden. Auf die Rückkehr des »klaren Wasser und des blauen Himmels« werden die Chinesen noch länger warten müssen.

Verwendete und weiterführende Literatur

BECHERT, STEPHANIE (1995): Die VR China in internationalen Umweltregimen, (Studien z. internationalen Umweltpolitik Bd. 6), Münster.
BETKE, DIRK (1989): Die Umweltfrage, in: Louven, Erhard (Hrsg.): Chinas Wirtschaft zu Beginn der 90er Jahre – Strukturen und Reformen. Ein Handbuch. Hamburg, S. 55 – 82.
BETKE, DIRK (1994): »Lasset uns Bergen und Flüssen neue Plätze zuweisen!« Zur politischen Ökologie des sozialistischen Zentralstaats in Innerasien. Ein Beispiel aus Xinjiang. In: Fragner, Bert G. u. Hoffmann, Birgitt (Hrsg.), Bamberger Mittelasienstudien, Islamkundliche Untersuchungen, Bd. 149, Berlin, S. 81 – 108.
BEUERMANN, CHRISTIANE (1997): China and Climate Change. In: Fermann, G. (Hrsg.), International Politics Of Climate Change, Oslo, S. 213–234.
CEN (China Environment News) 1993, 1994, 1995, 1996, 1997, Beijing.
CEYB (China Environment Yearbook) 1995, 1996, Beijing.
EDMONDS, RICHARD LOUIS (1994): Patterns Of China's Lost Harmony: A Survey of the Country's Environmental Degradation and Protection, London u. New York.
JÖRGENS, HELGE (1996): Die Institutionalisierung von Umweltpolitik im internationalen Vergleich, in: Jänicke, Martin (Hrsg.), Umweltpolitik der Industrieländer, Berlin, S. 58–111.
JOHNSON, TODD M.; LI, JUNFENG; JIANG, ZHONGXIAO; TAYLOR, ROBERT P. (1996): China: Issues and Options in Greenhouse Gas Emissions Control, (World Bank Discussion Paper, No. 330), Washington D.C.
KRUG, BARBARA (1996): Zurück zur Almeind. Kommunale Unternehmen als Motor des privaten Sektors in China, in: Neue Zürcher Zeitung, 29./30. Juni.
LIEBERTHAL, KENNETH (1995): Governing China. From Revolution Through Reform, New York, London.
MAO, YUSHI (1996): Environment and Environmental Policy in China, in: Jänicke, Martin u. Weidner, Helmut (Hrsg.), National Environmental Policies: A Comparative Study of Capacity-Building, Berlin, Heidelberg, New York, S. 237–255.
MICHAELOWA, AXEL (1997): Internationale Kompensationsmöglichkeiten zur CO_2-Produktion: Steuerliche Anreize und ordnungsrechtliche Maßnahmen, Baden-Baden.
NEPA (National Environmental Protection Agency) 1988: Umweltstatistik (1981–1985), Beijing (chin.)
NEPA, SPC (State Planning Commission) (1994): Environmental Action Plan of China, Beijing.
OBERHEITMANN, ANDREAS (1996, 1997): Zu Chancen und Problemen der CO_2-Minderungspotentiale in der VR China durch Activities Implemented Jointly. Teil 1–3. In: Wirtschaftswelt China, Nr. 12/ 96, S. 15–17; Nr. 1/ 97, S. 8–10; Nr. 3/ 97, S. 17–18.
OECD (1996): China in the 21st Century. Long-term Global Implications, Paris.
PRESSEAMT BEIM STAATSRAT DER VOLKSREPUBLIK CHINA (1996): Umweltschutz in China, in: Beijing Rundschau, Vol. 33, Nr. 25. I-XVI.

SMIL, VACLAV (1993): China's Environmental Crisis, New York.
SPC (State Planning Commission) SSTC (State Science and Technology Commission) (1994): China's Agenda 21 – White Paper on China's Population, Environment and Development in the 21st Century, Beijing.
STERNFELD, EVA (1996): Sozioökonomische und ökologische Aspekte der Wasserwirtschaft Beijings, Diss. FU Berlin.
WRI (World Resources Institute), United Nations Environment Programme, United Nations Development Programme, The World Bank (1994, 1996): World Resources 1994–95; 1996–97, New York, Oxford.
ZGHJNJ (Zhongguo Huanjing Nianjian) 1990, 1994, 1995, 1996: Umweltjahrbuch China, Beijing (Chin.).
ZHOU DANMIN (1994): Umweltverträglichkeitsprüfung in der VR China, (Berliner Beiträge zu Umwelt und Entwicklung, Nr. 5), Berlin.

XVII. Bevölkerungsentwicklung und -politik[1]

THOMAS SCHARPING

1. Die Last der Vergangenheit

Bei ihrer Gründung im Jahre 1949 trat die Volksrepublik China ein schweres bevölkerungspolitisches Erbe an: Ein schon Ende des 17. Jh. beginnendes rasantes Bevölkerungswachstum, das binnen zweihundert Jahren zu einer Verdreifachung der chinesischen Gesamtbevölkerung führte, hatte zu der wirtschaftlichen und gesellschaftlichen Zerrüttung des Reiches der Mitte am Ausgang der Kaiserzeit beigetragen. Der stark zunehmenden Bevölkerungsdichte in den Schlüsselregionen des Landes standen auf der anderen Seite spektakuläre Bevölkerungsverluste gegenüber: Schätzungsweise 20 Mio. Menschenleben soll der größte chinesische Bauernaufstand aller Zeiten, die Taiping-Revolution, zu Mitte des vorigen Jahrhunderts, gekostet haben. Millionen von Opfern haben auch die verschiedenen chinesischen Kriege und Bürgerkriege sowie die wiederholten verheerenden Dürre- und Überschwemmungskatastrophen Ende des 19. und Anfang des 20. Jh. gefordert. Und schließlich haben über solche einmaligen Ereignisse hinaus eine hohe Seuchenanfälligkeit und eine permanente Unterernährung großer Bevölkerungskreise die Sterblichkeit weiter in die Höhe getrieben.

Unter dem Eindruck dieser Entwicklungen und mitbedingt durch das fast völlige Fehlen zuverlässiger Bevölkerungszahlen trugen Chinas Politiker und Wissenschaftler bereits vor Gründung der Volksrepublik im Jahre 1949 einen heftigen Streit untereinander aus. Auf der einen Seite fand sich eine Reihe einflußreicher Sozialwissenschaftler, die an westlichen Universitäten ausgebildet worden waren, welche die Grundvorstellung einer Überbevölkerung Chinas teilten und die unter Hinweis auf die dadurch bedingten Strukturprobleme eine Geburtenkontrolle forderten. Ihnen standen mit Sun Yat-sen und Chiang Kai-shek die Führer der chinesischen Republik gegenüber, die sich dem Abwehrkampf gegen ausländische Kolonialinteressen verschrieben hatten, von bedrohlichen Bevölkerungsverlusten des Landes ausgingen und zur Wahrung seiner nationalen Unabhängigkeit ein hohes Bevölkerungswachstum forderten. Teils bewußt und teils unbewußt knüpften sie mit dieser Einstellung an die traditionell pro-natalistische Politik der chinesischen Kaiser an, die große Bevölkerungszahlen schätzten, weil sie das Steueraufkommen erhöhten und die Wehrkraft gegen kriegerische Grenzvölker stärkten. *(Siehe auch den Beitrag von Hermann Halbeisen.)*

---

[1] In diesen Beitrag sind die Ergebnisse von Forschungsprojekten eingegangen, die von der DFG und der VW-Stiftung gefördert wurden. Ich danke beiden für die erhaltene Unterstützung.

Diese zu Beginn des 20. Jh. einsetzende Kontroverse hat über 70 Jahre gewährt. Sie hat auch die führenden Männer der KPCh, allen voran Mao Zedong, zutiefst beeinflußt. In auffälliger Übereinstimmung mit ihren Bürgerkriegsgegnern von der Guomindang erblickten sie noch jahrelang in hohen Bevölkerungszahlen ein Symbol nationaler Größe und ein wirksames Abwehrmittel gegen jegliche Kolonialinteressen und Angriffspläne der Großmächte.

Karl Marx lieferte seinen chinesischen Adepten weitere Argumente, um eine Geburtenkontrolle vehement abzulehnen. 1846 hatte er in seiner berühmt gewordenen Kritik an Thomas Robert Malthus, einem Mitbegründer der modernen Bevölkerungswissenschaft, dessen Warnung vor einer Überbevölkerung abgelehnt. Marx zufolge bestimmten nicht allgemeine Probleme der Nahrungsmittelversorgung, sondern historisch bestimmte und revolutionär veränderbare Produktionsweisen die Grenzen des Bevölkerungswachstums.

Mao Zedong stand somit in einer mehrfachen Traditionslinie, als er 1949 in einem richtungsweisenden Kommentar Chinas große Bevölkerung zu einer »ausgezeichneten Sache« erklärte und formulierte, daß »Produktion plus Revolution« alle Bevölkerungsprobleme lösen könnten. Diese von der chinesischen Propaganda später immer wieder zitierten Sätze von Mao waren als Replik auf ein Weißbuch der amerikanischen Regierung niedergeschrieben worden, in dem der Ausbruch der chinesischen Revolution auch auf die durch die große Bevölkerung bedingten Wirtschafts- und Versorgungsprobleme des Landes zurückgeführt worden war.

2. Irrungen und Wirrungen der Bevölkerungspolitik

Maos Weigerung, hohe Bevölkerungszahlen als Mitursache der chinesischen Entwicklungsprobleme anzuerkennen, sowie sein Glaube an die unbegrenzte Macht der siegreichen Revolution sorgten dafür, daß nach der Gründung der Volksrepublik zunächst jegliche Geburtenkontrolle unterblieb. Außerdem besaß auch die kommunistische Regierung zunächst keine wirklich verläßlichen Bevölkerungsstatistiken. Chinas erster moderner Zensus wurde Mitte 1953 abgehalten. Als seine Ergebnisse ein Jahr später bekannt wurden, zeigte sich allerdings, daß alle Warner recht behalten hatten: Mit über 580 Mio. Menschen lag die chinesische Bevölkerungszahl um rund 100 Mio. über dem Wert, der anhand früherer Angaben aus der republikanischen Ära vermutet worden war. Das erschreckend hohe Zensusergebnis zeitigte erste Ansätze zum Umdenken. So wurde 1954 erstmals wieder ein chinesischer Politiker mit der Forderung nach Geburtenkontrolle zu Protokoll genommen – eine Kursänderung, die sich zunächst in das ideologisch unverdächtige Gewand des Mutterschutzes kleidete. 1955 nahm China die Spätehen-Propaganda und die Produktion von Kontrazeptiva auf, ein Jahr später wurden Abtreibungen und Sterilisationen, die bis dahin verboten waren, in gesundheitlich oder arbeitsmäßig begründeten Ausnahmefällen gestattet.

Und noch ein weiterer Faktor förderte die Kehrtwendung der bisherigen Bevölkerungspolitik: Die im Verlauf des ersten chinesischen Fünfjahresplans zunehmende Landflucht bürdete den Städten erhebliche infrastrukturelle Lasten auf. Vor allem aber ließ sie neben der alten Furcht vor mangelnder Nahrungsmittelversorgung immer mehr das Problem der Arbeitsplatzbeschaffung in den Blickpunkt des öffentlichen Interesses rücken. Eine deutliche Diskrepanz zwischen den steigenden Geburtenziffern einerseits und einem nachlassenden Zuwachs bei der Schaffung neuer Arbeitsplätze andererseits trat hervor. China reagierte ab 1955 auf die sich abzeichnende Krise mit der Einführung einer städtischen Getreiderationierung, mit dem Ersatz des freien Arbeitsmarktes durch ein staatliches Monopol auf Arbeitsplatzzuteilung und mit der Verschärfung melderechtlicher Bestimmungen, die ein faktisches Migrationsverbot für den Umzug vom Land in die Stadt nach sich zogen.

Für die wachsenden Beschäftigungsprobleme war neben der demographischen Entwicklung vor allem die Übernahme der sowjetischen Industrialisierungsstrategie verantwortlich, die kapitalintensive Großbetriebe der Schwerindustrie förderte, kleine, arbeitsintensive Handwerksbetriebe hingegen vernichtete. *(Siehe auch den Beitrag von Eberhard Sandschneider.)* Die Enteignung aller Privatbetriebe und die Diskriminierung von Handel und Dienstleistungssektor spielten dabei eine nicht unwesentliche Rolle. Auf dem Land schließlich machte sich die ungünstige Boden-Kopf-Relation stärker als früher bemerkbar, weil sich das traditionelle Ventil der Neulanderschließung an der chinesischen Peripherie schon in den 50er Jahren zu erschöpfen begann. Die verbliebenen Landreserven lagen in dünn besiedelten, ungünstigen Gebieten und waren zumeist nur noch mit unverhältnismäßig hohen Kosten nutzbar zu machen. Die Siedlerströme erreichten darum nicht entfernt jene Größenordnungen, die chinesische Politiker in früheren Jahrzehnten vorgesehen hatten und die notwendig gewesen wären, um den Bevölkerungszuwachs im Kerngebiet durch eine demographische Umverteilung in die Randregionen ausgleichen zu können. Das gilt selbst dann, wenn die vor allem in den Perioden 1953–59 und 1963–71 erfolgten umfangreichen Versetzungen von städtischen Arbeitskräften in neue Industriezonen des Hinterlandes mitberücksichtigt werden.

Ihren Höhepunkt erreichte die neue Bevölkerungspolitik während der Hundert-Blumen-Bewegung, die der chinesischen Intelligenz im Frühjahr 1957 für wenige Wochen die Möglichkeit zur freien Meinungsäußerung verschaffte. Nachdem Mao Zedong in einer internen Rede erstmals selber die Geburtenkontrolle unterstützt hatte, traten all jene chinesischen Sozialwissenschaftler wieder hervor, die schon in den 30er Jahren aus wirtschaftspolitischen Erwägungen eine Einschränkung des Bevölkerungswachstums gefordert hatten. Sie plädierten dafür, die bis dahin nur in den Städten zögernd propagierte Geburtenkontrolle auf das ganze Land mit seiner großen bäuerlichen Bevölkerungsmehrheit auszudehnen.

Diese Vorschläge sind nicht in die Tat umgesetzt worden. Sie gerieten in den Strudel einer neuen Kampagne gegen Rechtsabweichler, mit der die Partei die »Hundert Blumen« ausriß und sich aller unbequemen Kritiker entledigte. Als 1958 der »Große Sprung« begann, paßte die aktive Weiterverfolgung der Geburtenkontrolle auch nicht mehr in eine politische Landschaft, die durch den Glauben an das baldige Nahen einer kommunistischen Überflußgesellschaft und an die unbezwingbare Macht menschlicher Arbeitskraft geprägt war. Im Vertrauen auf die Propagandaparolen der Partei strömten rund 30 Mio. Landbewohner in die Städte, um sich dort an neuen Aufbaumaßnahmen zu beteiligen. Weitere Heerscharen von Bauern wurden bei ländlichen Infrastrukturprojekten eingesetzt, wo fehlende

Technik durch den Masseneinsatz billiger Arbeitskräfte ausgeglichen werden sollte. Unter solchen Vorzeichen galt das Land vielen seiner hohen Funktionäre, die immer neuen vermeintlichen Wirtschaftsrekorden hinterherjagten, als nicht über-, sondern unterbevölkert. Das endgültige Aus für eine Geburtenkontrolle kam, als 1960 der damalige Rektor der Beijing-Universität Ma Yinchu unter dem Vorwurf des Malthusianismus entlassen wurde, weil er mit dem Hinweis auf die bevölkerungsmäßig bedingte geringe Arbeitsproduktivität das Nachlassen der Geburtenkontrolle beklagt hatte.

Erst nach dem Ende des Großen Sprunges wurden 1962 auf Betreiben von Ministerpräsident Zhou Enlai erste zögernde Neuansätze einer aktiven Bevölkerungspolitik eingeleitet. Dies geschah in einem Umfeld, das durch eine beispiellose Wirtschaftskrise mit millionenfachen Massenentlassungen in den städtischen Betrieben, durch zwangsweise Rücksiedlungsaktionen für landflüchtige Bauern und eine Hungerkatastrophe größten Ausmaßes gekennzeichnet war. 1963 wurde deswegen erstmals die Absenkung des natürlichen Bevölkerungszuwachses auf ein Niveau von 1 % im Jahresdurchschnitt zum Ziel erhoben – ein Programm, das die ein Jahr später gegründete Staatliche Geburtenplanungskommission in die Tat umsetzen sollte. Doch auch noch 1964 mußte die Geburtenkontrolle im Politbüro weiter gegen ideologische Bedenken verteidigt werden. *(Siehe auch Abb. 3.1 im Anhang.)*

Die 1966 einsetzende Kulturrevolution hat die Geburtenkontrolle zwar nicht aus dem politischen Programm gestrichen, jedoch zu einem faktischen Stillstand fast aller diesbezüglichen Aktivitäten geführt. Erst nach der gewaltsamen Beendigung der chaotischen Zustände im Land wurde sie ab 1970 wieder auf die Tagesordnung der höchsten Partei- und Staatsgremien gesetzt. Dabei schlossen sich die Parteiführung und auch Mao Zedong persönlich Zhou Enlais Forderung an, die Geburtenkontrolle künftig nicht mehr als gesundheitspolitisches Problem zu erörtern, sondern im Zusammenhang von Ernährungsfragen und Wirtschaftsplänen zu behandeln. Gleichwohl blieben unter dem beherrschenden Einfluß Maos zahlreiche ideologische Bedenken weiterbestehen. Sorgfältig vermied es die Partei, demographische Probleme als Mitursache wirtschaftlicher Schwierigkeiten anzuerkennen. Sie rechtfertigte die Geburtenkontrolle statt dessen mit dem ausweichenden Argument, daß neben den Wirtschaftsabläufen auch das menschliche Reproduktionsverhalten in den Bereich der sozialistischen Planung einbezogen werden müsse.

So wurde erstmals 1973 eine Kennziffer für den Bevölkerungszuwachs in die Wirtschaftspläne aufgenommen. Im gleichen Jahr verkündete eine Konferenz zur Geburtenplanung in Peking die wesentlichen Elemente der Geburtenkontrolle bis zum Ende der 70er Jahre: eine immer härter durchgesetzte Spätehen-»Empfehlung« von 23–25 Jahren für Frauen und 25–28 Jahren für Männer sowie eine maximale Zahl von zwei Kindern pro Ehepaar mit einem vierjährigen Geburtenabstand. Diese Richtlinien wurden schrittweise auch auf dem Land durchgesetzt; lediglich die nationalen Minderheiten waren von ihnen ausgenommen. Insgesamt wurde damit eine mildere Form der Geburtenplanung praktiziert als sie heute üblich ist.

Umgekehrt verhielt es sich mit dem Migrationsgeschehen, dem zweiten Kernbestandteil der chinesischen Bevölkerungspolitik in der Kulturrevolution. Rund 17 Mio. städtische Jugendliche, in der Mehrzahl Schulabgänger oder Arbeitslose, wurden 1968–1978 mit mehr oder weniger großem Zwang auf dem Land angesiedelt. Weitere Millionen von erwachsenen Arbeitslosen, Intellektuellen und Funktionären, die im Zuge der unaufhörlichen Kampagnen politisch verfolgt oder entlassen wurden, gesellten sich ihnen hinzu. Während die chinesische Propaganda die Landverschickungen als ideologische Umerziehungsmaßnahme zur Aufhebung der Stadt-Land-Gegensätze feierte, diente die äußerst unpopuläre Umsiedlungspolitik dem offensichtlichen Zweck, die Urbanisationsrate auf einem niedrigen Niveau zu stabilisieren sowie die politisch brisanten Konflikte und Beschäftigungsprobleme der chinesischen Städte aufs Land zu verlagern.

Erst 1980 wurden die zwangsweisen Umsiedlungsaktionen endgültig eingestellt. Zu diesem Zeitpunkt waren bereits rund 95 % der in früheren Jahren landverschickten Jugendlichen teils mit offizieller Genehmigung, teils illegal in die Städte zurückgekehrt. Bis Mitte der 80er Jahre folgten ihnen auch die meisten anderen Umsiedler aus den oben erwähnten Personenkreisen. Durch diesen Rückstrom und durch die Zuwanderung in wohlhabende Küstenregionen und Städte ist die Urbanisationsrate seit den 80er Jahren merklich angestiegen. Das im Zuge der Wirtschaftsreformen stark zunehmende Wohlstandsgefälle innerhalb des Landes, die Auflösung der ländlichen Volkskommunen sowie die wachsende Liberalisierung von Erwerbsleben und Mobilität haben dabei die Migration teilweise den Charakter einer beginnenden Landflucht annehmen lassen. *(Siehe auch den Beitrag von Wolfgang Taubmann.)*

3. Die Ein-Kind-Kampagne

Die einschneidendste Veränderung in der chinesischen Bevölkerungspolitik ist seit Beginn der Wirtschaftsreformen aber zweifellos durch die Verkündung der Ein-Kind-Politik eingetreten. Mit ihr reagierten Maos Nachfolger auf die massiven Wirtschafts- und Versorgungsprobleme, die nach dem Ende der Kulturrevolution hervortraten. Seit ihrer Verkündung Ende 1979 hat die neue Politik vier Phasen durchlaufen:

Die Periode 1979–1983 sah den Übergang von der vormaligen Zwei-Kind- zur Ein-Kind-Politik. Diese wurde als Massenkampagne mit Übergriffen und Gewaltakten, aber auch großen lokalen Implementierungsunterschieden durchgeführt. In dieser Zeit wurden erste provisorische Bestimmungen zur Geburtenplanung mit Anreizen und Sanktionen ausgearbeitet. Eine von 1984 bis 1985 währende Liberalisierungsphase weitete den Ausnahmekatalog für Zweitkind-Genehmigungen auf bis zu 17 Ausnahmebedingungen aus. Vorsichtige Kritik an den zuvor praktizierten Zwangsabtreibungen und Zwangssterilisationen wurde laut, die Wahlfreiheit für Verhütungsmittel stärker betont. Ein wichtiger politischer Schritt war die regionale Differenzierung bei der Geburtenplanung, die hinfort unterschiedliche Vorschriften für fünf bis sieben verschiedene Gebietstypen vorsah. In den Jahren 1986–1989 entbrannte danach ein heftiger interner Richtungsstreit um die weitere Fortführung der Ein-Kind-Politik. Während einige chinesische Politiker sie in einem graduellen Wandel zur Zwei-Kind-Politik zurückführen wollten, warnten andere vor einer neuen Geburtenexplosion und begründeten damit ihre Forderung nach weiterer Anwendung von Zwangsmaßnahmen. De facto lockerten viele Provinzen die Ausnahmebedingungen für Zweitkind-Genehmigungen weiter und erkannten auch einen vierjährigen Geburtenabstand oder die Geburt eines Mädchens als ausreichenden Grund für eine zweite Geburt an.

Seit 1990 prägt schließlich eine Verwaltungsstrategie die weitere Ein-Kind-Politik. Die Bestimmungen haben sich vermehrt und sind auch auf Randgruppen der Gesellschaft ausgedehnt worden. Gleichzeitig sind die Strafsummen für die Überschreitung der Geburtenpläne drastisch gestiegen. Dem haben ein finanzieller und personeller Ausbau des Apparates und die Einführung restriktiver Verantwortungssysteme mit kollektiven Haftungen von Kadern und Betriebsleitern, Belegschaften und Dorfgemeinschaften entsprochen. Andererseits haben jedoch die zunehmende Regelungsdichte, die fortlaufende Delegierung von Geburtenplanungsaufgaben innerhalb einer weit verzweigten Bürokratie und die häufigen Änderungen der Politik ein heute äußerst komplexes Regelwerk entstehen lassen, das eigene Probleme von Transparenz und Durchführbarkeit besitzt. Daneben haben sich einige Problemfelder über die Jahre hinweg als besonders schwierige Hindernisse für einen raschen Geburtenrückgang erwiesen.

So wurde das gesetzliche Heiratsalter 1980 durch ein neues Ehegesetz de facto auf 20–22 Jahre herabgesetzt. Die in den 70er Jahren stark im Mittelpunkt der chinesischen Bevölkerungspolitik stehende Spätehen-Empfehlung ist dadurch in den 80er Jahren kaum noch beachtet und erst nach den bedenklichen Ergebnissen einer neuen Volkszählung im Jahr 1990 wieder stärker betont worden. Ein hoher Prozentsatz aller Eheschließungen sind außerdem nach wie vor Frühehen unter dem gesetzlichen Heiratsalter. Solche Frühehen sind insbesondere in rückständigen Landgebieten weit verbreitet und gesellschaftlich akzeptiert, weil eine amtliche Eheregistrierung in China traditionell nicht bestanden hat. Das durchschnittliche Heiratsalter ist vor dem Hintergrund dieser Entwicklungen von vormals 23 bis 24 Jahren auf ca. 22 Jahre zurückgegangen. Da die meisten Geburten weiterhin innerhalb des ersten Jahres nach der Heirat erfolgen, hat dies eine entsprechende Verlagerung der Fruchtbarkeit in jüngere Altersgruppen nach sich gezogen. Während Geburtengenehmigungen in den Städten heute nur in einem mehrstufigen Verfahren ausgestellt werden, das mit schriftlichen Selbstverpflichtungen für späte Schwangerschaft und die Geburt nur eines Kindes, Garantieerklärungen für die Durchführung von Verhütungsmaßnahmen nach der Entbindung sowie mit Dokumentenvorlage und Kautionshinterlegung arbeitet, besteht dieses engmaschige Netz der Überwachung in den Dörfern nicht.

Arbeitskräftemangel, Probleme der Altersversorgung sowie das Streben nach einer Fortführung der Familienlinie sind die wesentlichen Anerkennungsgründe für die Genehmigungen von Zweitkindern. Angehörigen der meisten nationalen Minderheiten sind darüber hinaus auch vielfach dritte Kinder, teilweise sogar vierte oder fünfte Kinder gestattet worden. Die tibetische Landbevölkerung ist bis heute völlig von der Geburtenkontrolle befreit. Die Ausnahmebedingungen sind in den Bestimmungen zur Geburtenplanung in komplizierten Fallgruppen zusammengefaßt und im Laufe der Jahre stetig ausgeweitet worden. Vielfach operieren sie mit dem Begriff der »echten Nöte«, die bei einer Zweitkind-Genehmigung nachgewiesen werden müssen. Solche Gummiparagraphen führen zu großen Anwendungsunterschieden. In vielen Landgebieten ist durch sie eine faktische Zweitkind-Situation eingetreten.

Auf Grund ihrer Reversibilität und der aufrechterhaltenen Option auf ein zweites Kind sind Pessare die bevorzugte Verhütungsmaßnahme. Sterilisationen werden zumeist erst nach der Geburt eines zweiten Kindes durchgeführt, obwohl einige Provinzen mit besonders hohen Geburtenzahlen seit 1991 auch schon nach der ersten Geburt mit der Durchsetzung begonnen haben. Aus Kostengründen werden Antibabypillen, Kondome und andere Verhütungsmittel von weniger als 10 % der Betroffenen angewandt. Weil Pessare oft entfernt werden oder andere Methoden nachlässig praktiziert werden, bleiben die Abtreibungsraten mit 30 bis 50 Schwangerschaftsabbrüchen pro 100 Lebendgeburten hoch. Sie sind deshalb ein Symptom von erfolgreicher und nachlässiger Geburtenkontrolle zugleich.

Durchgesetzt werden soll die Ein-Kind-Politik mit einem System von Anreizen und Sanktionen. Weil ideologische Aufrufe im China der Wirtschaftsreformen ihre Wirkung eingebüßt haben, kommen dabei nur materielle Anreize in Frage. Ihr Hauptproblem ist jedoch die mangelnde Finanzierbarkeit und Durchsetzbarkeit. Die Ein-Kind-Prämie von zumeist 60 Yuan pro Jahr ist seit 1980 unverändert auf dem gleichen Niveau geblieben und durch Inflation entwertet worden. Während sie in den Städten von den Betrieben bezahlt wird, fehlt auf dem Land häufig ein verantwortlicher Träger. Der verlängerte und bezahlte Schwangerschaftsurlaub für Personen mit Ein-Kind-Zertifikaten fällt oft zu gering aus. Präferenzen für Einzelkinder bei der Arbeitsplatzzuteilung, Beschulung und Krankenversorgung sind schwer durchsetzbar, weil sie den Amtsbereich anderer Verwaltungen berühren oder durch die hohe Zahl der Betroffenen ihren Vorzugscharakter verlieren. Auf dem Land wären zusätzliches Ackerland und eine staatlich oder kollektiv getragene Altersversicherung die zweifellos wirksamsten Anreize. Wegen der Entkollektivierung der Landwirtschaft sind sie jedoch zumeist nicht realisierbar. *(Siehe auch den Beitrag von Margot Schüller.)*

Weil die materiellen Anreize beschränkt sind, bleiben Sanktionen das Hauptmittel zur Durchsetzung der Geburtenplanung. Sie schreiben zumeist bei Nichteinhaltung der Geburtenplanungsvorschriften einen zehnprozentigen Lohnabzug für beide Ehepartner über 14 Jahre hinweg vor. Der Lohnabzug ist bei Staatsbediensteten in den Städten leicht durchzusetzen. Auf dem Land ist er hingegen schwer durchführbar. Die wachsende Zahl der privatwirtschaftlich tätigen Personen entzieht sich darüber hinaus einer genauen Einkommenskontrolle. Vielfach liegen die Einkommen höher als angegeben und ermöglichen deshalb die freiwillige Bezahlung von Strafsummen. Darum sind die Geldstrafen ständig erhöht worden und können mittlerweile auf bis zu sechs Jahreseinkommen anwachsen. Es existieren jedoch große Ermessensspielräume, die zwar angesichts der immer stärker divergierenden Einkommensentwicklungen notwendig sind, andererseits aber der Korruption Tür und Tor öffnen.

Weitere Probleme sind organisatorischer Art. Die Geburtenplanungskommissionen haben bis 1991 nur bis zur Kreisebene bestanden. Sie sind erst seitdem schrittweise auf die ländlichen Gemeinden und Marktstädte ausgedehnt worden. Ihre Angehörigen leiden zumeist unter mangelndem sozialen Ansehen, schlechter Entlohnung und fehlender Ausbildung. Personalmangel hat über die ganzen 80er Jahre hinweg die Geburtenplanung belastet, in den Dörfern sind nur nebenberufliche Mitarbeiter für die Geburtenkontrolle tätig. Mangelhaft ist auch das medizinische Netzwerk, in dem nach wie vor ausreichende Einrichtungen auf unterer

Ebene fehlen. Hinter all diesen Problemen stehen stets Finanzierungsschwierigkeiten. Nur etwa 20 % der Finanzmittel kommen von der Zentrale, den Hauptteil der Lasten müssen vor allem die Kreisverwaltungen und Betriebe übernehmen. Weil neben den Geburtenplanungskommissionen rund 20 andere Behörden direkt oder indirekt der Geburtenplanung beteiligt sind, haben auch ungelöste Kompetenzprobleme die Ein-Kind-Politik erschwert.

Schließlich hat die pro-natalistische Tradition der chinesischen Gesellschaft weitverbreitete Ausweichaktionen begünstigt. Vielfach drängen Familienangehörige auf die schnelle Geburt eines Sohnes oder verlangen bei dessen Ausbleiben die Scheidung. Übergriffe gegen Geburtenplanungskader und Dokumentenfälschungen, heimliche Niederkünfte und unterlassene Anmeldungen, fingierte Abtreibungen, Sterilisation und Adoptionspraktiken sind üblich. Die seit Mitte der 80er Jahre allgemein verwendeten Ultraschallgeräte haben pränatale Geschlechtsbestimmungen mit anschließenden Abtreibungen ermöglicht, die sich ebenso wie der lokal immer noch auftretende Infantizid besonders gegen weiblichen Nachwuchs richten.

Angesichts solcher Probleme bleiben Fälschungen und Unterregistrierungen von Geburtenzahlen ein großes Problem. Die amtliche Statistik hat es nicht vermocht, einen ausreichenden Überblick über die Geburtenentwicklung zu vermitteln. In den 80er Jahren bestanden in den Geburtenmeldungen der Geburtenplanungskommissionen Registrierungslücken von bis zu 40 %, im Meldewesen bis zu 30 %. Auch jährliche Stichprobenerhebungen müssen mit rund 10 % Erfassungslücken rechnen.

4. Demographische Bilanz

Die besten demographischen Daten entstammen den vier chinesischen Volkszählungen der Jahre 1953, 1964, 1982 und 1990 sowie einer Reihe von großen Stichprobenerhebungen zu Fruchtbarkeit, Sterblichkeit und Migration der Bevölkerung aus den 80er Jahren. Angesichts erheblicher Registrierungslücken in den Perioden zwischen den Volkszählungen bleiben allerdings viele Zahlen unsicher. Dennoch lassen sich retrospektiv einige langfristige Trendaussagen über die chinesische Bevölkerungsentwicklung treffen, die neben spontanen gesellschaftlichen Faktoren in hohem Maße durch politische Eingriffe geprägt bleibt.

Tabelle 1 mit den besten diesbezüglichen Daten weicht von den sonst üblichen Periodisierungen für die Volksrepublik China ab und orientiert sich statt dessen an den großen bevölkerungspolitischen Zäsuren.

Sie enthält für die Jahre bis 1980 von J. Banister bereinigte Daten, die nicht mit den offiziellen chinesischen Angaben identisch sind *(siehe hierzu die Abb. 3.1 im Anhang des Bandes),* mit anderen Bereinigungsversuchen konkurrieren und hinsichtlich der Gesamtbevölkerung für die Jahresmitte angegeben werden. Dabei spiegeln die Sterbe- und Geburtenraten sowohl die individuelle als auch die durch die Altersstruktur der Bevölkerung bedingte Populationsdynamik wider, während Lebenserwartung und zusammengefaßte Geburtenziffer synthetisch abgeleitete Größen sind, aus denen der Einfluß der Altersstruktur herausgerechnet wurde. Wie

Tabelle 1: Vitalität der Gesamtbevölkerung

	Gesamtbevölkerung (Mio.)	Sterberate (‰)	Lebenserwartung (e(0))	Geburtenrate (‰)	Zusammengefaßte Geburtenziffer (Kinder pro Frau)
1953	584,19	25,8	40,3	42,2	6,1
1957	633,22	18,1	49,5	43,3	6,4
1960	650,66	44,6	24,6	24,6	4,0
1962	653,30	14,0	53,0	41,0	6,0
1970	820,40	9,5	61,4	37,0	5,8
1979	971,79	7,6	65,0	21,4	2,8
1980	983,38	7,7	64,9	17,6	2,3
1988	1 194,97	6,6	68,0	22,5	2,5
1992	1 164,97	6,6		18,2	1,9

Siehe auch Abb. 3.1 im Anhang.

beispielsweise die Daten für 1980 und 1988 zeigen, kann es dadurch zu differierenden Tendenzen kommen.

Generell sind in den ersten beiden Jahrzehnten der Volksrepublik alle Sterberaten schnell zurückgegangen, während sich das Tempo dieser Entwicklung danach verlangsamte. Relativ gesehen ist die Sterblichkeit der jüngeren Altersgruppen in den 50er und 60er Jahren besonders stark abgesunken, während bei den höheren Altersgruppen eine geringfügigere Abnahme zu verzeichnen war. Vor allem die Säuglingssterblichkeitsrate ging von ca. 200 Promille bei Gründung der Volksrepublik auf ca. 60 Promille zu Beginn der 70er Jahre zurück. Seitdem hat sich der Mortalitätsrückgang spürbar abgeflacht. Dies ist ein durchaus normaler Vorgang, ist doch die stürmische Nachholphase des medizinisch-gesundheitlichen Fortschritts im ersten Vierteljahrhundert der Volksrepublik im wesentlichen abgeschlossen. Die früher als Todesursachen so dominierenden Seuchen und Infektionskrankheiten wurden in dieser Zeit erfolgreich zurückgedrängt und durch die heute vorherrschenden degenerativen Alterserkrankungen abgelöst. Diese treten üblicherweise erst in Ländern mit einem deutlich höheren Einkommensniveau in den Vordergrund und können nur mit wesentlich höherem Aufwand bekämpft werden. Allerdings existieren innerhalb Chinas nach wie vor ein epidemiologisches Stadt-Land-Gefälle und einige Landesteile, in denen die Bevölkerung weiterhin an Mangelernährung und höherer Seuchenanfälligkeit leidet.

Die durchschnittliche Lebenserwartung bei der Geburt spiegelt diese Verhältnisse wider. Sie stieg zwischen 1953 und 1970 um mehr als ein Jahr per annum – auch im internationalen Vergleich ein äußerst rascher Anstieg, der die großen gesundheits- und sozialpolitischen Leistungen der Volksrepublik zum Ausdruck bringt. Seit den 70er Jahren ist die Lebenserwartung nur noch um etwa ein Drittel des früheren Ausmaßes gestiegen. Zwischen den Provinzen mit der höchsten und denjenigen mit der niedrigsten Lebenserwartung klafft weiterhin ein Abstand von etwa 12 Jahren. Im gesamtchinesischen Durchschnitt lag die Lebenserwartung bei der letzten Volkszählung von 1990 bei knapp 71 Jahren, was etwa dem heutigen Niveau Osteuropas entspricht. Werden die abnorm niedrigen Zensusdaten zur Säuglings-

und Kleinkindersterblichkeit bereinigt, dann sinkt sie auf das plausiblere Niveau von etwas über 68 Jahren im Jahr 1989. Da bei Sterbefällen weiblicher Kleinkinder und Säuglinge besonders große Erhebungslücken zu bestehen scheinen, sind solche Datenprobleme mit hoher Wahrscheinlichkeit durch die Ein-Kind-Politik bedingt. In die gleiche Richtung deutet auch die starke Verzerrung des Geschlechterverhältnisses der Neugeborenen.

Die größte Ausnahme von dem ansonsten vorherrschenden Bild zügigen Fortschritts beim Rückgang der Sterblichkeit stellt zweifellos die Periode des Großen Sprungs dar. In der ihm folgenden Wirtschaftskrise, die durch Naturkatastrophen zusätzlich verschärft wurde, schnellten die Sterberaten in den Jahren 1958–1961 abrupt nach oben. Der Gipfel wurde 1960 mit einer Rate von bereinigt 25 Promille bis 44 Promille erreicht. Dem entsprach ein analoger Rückgang der Geburtenraten, so daß es in den Jahren 1960/61 zu einem realen Bevölkerungsrückgang kam. Je nachdem welche Verfahrensweisen für die Bereinigung der defekten demographischen Daten angewandt werden, ergibt sich für den Zeitraum 1958–1961 ein Überhang von minimal 15 Mio. und maximal 30 Mio. Sterbefällen über das normale Maß hinaus – die größte Hungerkatastrophe in der Geschichte des 20. Jh.

Nach diesem Schockerlebnis, das noch heute in auffälligen Lücken der Alterspyramide seine Spuren hinterlassen hat, ist die Sterblichkeit ab 1962 wieder schnell zurückgegangen. Seit Mitte der 70er Jahre bewegt sich die Sterberate in China auf einem relativ stabilen, niedrigen Niveau von ca. 7 Promille und wird künftig, durch Veränderungen der Altersstruktur bedingt, eher wieder leicht ansteigen als weiter zurückgehen. Unter solchen Bedingungen spielt die Fruchtbarkeit die Hauptrolle in der Bevölkerungsdynamik.

Alle Zeichen deuten darauf hin, daß in den frühen 50er Jahren nach dem Ende der Bürgerkriegsära ein äußerst starkes Bevölkerungswachstum einsetzte. Dabei scheint neben der Normalisierung der Lebensbedingungen auch die Kompensation für die schwache Bevölkerungsdynamik der Kriegsjahre eine Rolle gespielt zu haben. Die chinesischen Daten aus jener Zeit widersprechen damit der landläufigen These, wonach steigender gesellschaftlicher Wohlstand immer eine sinkende Fruchtbarkeit nach sich zieht. Manche Berechnungen kalkulieren mit einer auch nach internationalem Maßstab sehr hohen Geburtenrate von 46 Promille im Jahr 1952. Bis 1957 liegt sie stets über 40 Promille.

Nach dem Tiefpunkt des Großen Sprunges kommt es ab 1962 wieder zu Kompensationseffekten, die bis zum Ende des Jahrzehnts auf einem hohen Fruchtbarkeitsniveau ausschwingen. Eine nachhaltige Wirksamkeit der Geburtenkontrolle mit einem kontinuierlichen Rückgang von Geburtenrate und Kinderzahl pro Frau ist erst ab 1971 dokumentierbar. Bis 1979, dem letzten Jahr der Zwei-Kind-Politik, halbieren sich die Fruchtbarkeitsindikatoren. Sie erreichen mit einer zusammengefaßten Geburtenziffer von 2,7 bis 2,8 einen Referenzwert, der für Vergleiche mit den Effekten der Ein-Kind-Politik herangezogen werden kann. Die Daten für 1980 zeigen die unmittelbaren Auswirkungen der neu verkündeten Ein-Kind-Politik an. In den Zahlen für 1988 und 1992 tritt danach die Lockerung und die folgende neuerliche Verschärfung der Geburtenkontrolle deutlich hervor.

Trotz des Übergangs zur Ein-Kind-Politik ist die chinesische Gesamtbevölkerung zwischen 1980 und 1992 um durchschnittlich 15 Mio. Menschen pro Jahr gewachsen. Insgesamt hat sie in diesem Zeitraum um mehr als 200 Mio. Menschen zugenommen. Dies ist zunächst auf die hohe Basiszahl der Bevölkerung zurückzuführen, die auch bei sinkenden natürlichen Zuwachsraten immer noch eine hohe Bevölkerungsdynamik bei den absoluten Zahlen erzeugt. Darüber hinaus ist dieser Bevölkerungszuwachs auch auf die oben geschilderten Umsetzungsprobleme der Geburtenkontrolle zurückzuführen. Erstaunlich niedrig ist weiterhin der Anteil von Erstgeburten an der Gesamtzahl aller Geburten geblieben. Während er nach den Erfolgsberichten der Geburtenplanungskommission kontinuierlich auf 69 % angestiegen sein sollte, hat ihn eine nationale Großerhebung 1988 bei nur 50 % angesiedelt. Dies ist durch den hohen Anteil ungenehmigter Geburten bedingt. Sie sollten nach Aussage der Geburtenplanungskommission in den 80er Jahren auf 15 % aller Geburten zurückgegangen sein, sind jedoch real auf 49 % im Jahre 1988 angestiegen. Die besonders geburtenstarken Provinzen befinden sich zumeist im rückständigen Hinterland bzw. in den nordwestlichen und südwestlichen Minderheitenregionen. Daneben haben aber auch Küstenprovinzen wie Fujian und Guangdong hohe Geburtenzahlen aufgewiesen.

Während die chinesische Propaganda mit dem Leitbild von einem Kind pro Frau gearbeitet hat, sind die internen Planungen in den 80er Jahren von 1,5 bis 1,7 Kindern pro Frau ausgegangen. Diese Planzahl ist nicht erreicht worden. Statt dessen hat die zusammengefaßte Geburtenziffer bis 1990 bei 2,2 bis 2,3 Kindern pro Frau gelegen. In einzelnen Jahren wie 1988 hat sie sogar den Wert von 2,5 überschritten. Deutlich lassen sich Wellenbewegungen erkennen, die auf die wechselnden politischen Rahmenbedingungen zurückzuführen sind. Lediglich verstädterte Regionen wie Beijing, Tianjin, Shanghai und Nordost-China sowie die Provinzen Jiangsu, Zhejiang und Sichuan, die wegen ihrer hohen Bevölkerungsdichte eine Vorreiterrolle bei der Geburtenplanung spielen, bewegen sich innerhalb des angestrebten Rahmens. Im Gefolge der wieder schärferen Ein-Kind-Politik in den 90er Jahren soll die zusammengefaßte Geburtenziffer auf heute ca. 1,9 Kinder pro Frau zurückgegangen sein und damit ihren historischen Tiefstand für ganz China erreicht haben. Dieser Wert bleibt allerdings nach wie vor mit großen Unsicherheiten behaftet und kann durch massive Unterzählungen bedingt sein.

Bei einer Betrachtung der altersspezifischen Fertilitätsraten zeigt sich, daß das gesunkene Heiratsalter, der hohe Anteil von Frühehen und der gesunkene Prozentsatz von Spätehen sich auch auf die Fertilität übertragen haben. Nach wie vor erfolgen die meisten Geburten im ersten Jahr nach der Heirat. Die höchsten altersspezifischen Fertilitätsraten finden sich bei den 20–24jährigen Frauen. Dies ist eine deutliche Verschiebung in jüngere Altersgruppen, waren doch noch 1979 die meisten Geburten bei den 25–29jährigen Frauen erfolgt. Diese Verlagerung ist doppelt bedenklich, weil sie den Lebensabschnitt für potentielle Zweitgeburten verlängert und insgesamt zu einer Beschleunigung des Generationenwechsels mit entsprechend höherem Bevölkerungszuwachs führt.

Paritätsspezifisch nach den Zahlen für die Geburten verschiedener Ordnung betrachtet, zeigt sich ein klares Stadt-Land-Gefälle. Während die chinesischen Städte das angestrebte Niveau von 1,5 bis 1,7 Kindern pro Frau überwiegend einhalten, ist die zusammengefaßte Geburtenziffer auf dem Land von fast 3,0 im Jahre 1979 auf das immer noch hohe Niveau von rund 2,5 im Jahre 1989 zurückgegangen. In den Städten gingen die Zweitgeburten Anfang der 80er Jahre zunächst dramatisch zurück, um sich danach bei einem Beitrag von ca. 30 % zur Geburtenziffer einzupendeln. Auf dem Land hingegen ist die Geburtenziffer für zweite Kinder über die 80er Jahre hinweg kontinuierlich gewachsen. Auch die Geburtenziffer für Geburten dritter und höherer Ordnung blieb 1989 bedenklich hoch. Ihr hoher Stand ist unter demographischen Gesichtspunkten der eigentliche Grund, der einer generellen Freigabe von Zweitgeburten auf dem Land entgegensteht: Bei einem solchen Schritt wäre ein schneller Anstieg der Dritt- und Viertgeburten zu befürchten.

Nach internationalen Vergleichszahlen müßte das Geschlechterverhältnis der Neugeborenen zwischen 1 050 und maximal 1 070 Knaben pro 1 000 Mädchen im Alter von 0 bis 1 Jahren liegen. In diesem Rahmen hat sich während der 50er und 60er Jahre auch China bewegt. Seit Beginn der Ein-Kind-Politik jedoch ist die Sexualproportion zunehmend abnorm geworden: Sie liegt heute für ganz China bei über 1 100, regional kann sie sogar Werte von über 1 200 erreichen. Auffällig verhalten sich dabei sowohl rückständige Landgebiete mit traditioneller Geschlechtspräferenz als auch diejenigen Regionen, in denen eine besonders strikte Ein-Kind-Politik durchgesetzt worden ist. Umgekehrt ist die Sexualproportion dort relativ normal, wo besonders weitgehende Ausnahmegenehmigungen für Zweit- oder Mehrgeburten eingeräumt worden sind.

Soziale Indikatoren wie Bildungsstand und Berufszugehörigkeit weisen auch in China die erwartete negative Korrelation zum Fruchtbarkeitsniveau auf: Mit steigender Bildung nimmt die Kinderzahl ab, ähnliches gilt für qualifizierte Berufe mit längeren Ausbildungszeiten. Dennoch bleibt das Problem bestehen, daß 75 % der Bevölkerung Bauern sind, die zumeist nur eine Grundschulbildung besitzen. Die wenigen Stichprobenerhebungen zur einkommensspezifischen Fruchtbarkeit deuten auf eine zweigipflige Häufung von Geburten bei Armen und Reichen hin. Nur in der Mittelgruppe scheint die Fruchtbarkeit abzunehmen.

Insgesamt also scheint die sozioökonomische Eigendynamik für einen spontanen Fertilitätsrückgang noch immer so schwach zu sein, daß sich die Führung nicht auf sie verlassen kann. Eine leichte Entspannung für die chinesische Bevölkerungspolitik zeichnet sich lediglich für die zweite Hälfte der 90er Jahre ab. Obwohl die Gesamtzahl der Frauen im gebärfähigen Alter von 15 bis 49 Jahren weiter zunehmen wird, ist bis zum Jahre 2005 ein Rückgang bei den besonders gebärfreudigen Kohorten im Alter von 21 bis 29 Jahren zu erwarten.

Wie bereits mehrfach erwähnt, bestehen bei der Größe Chinas erhebliche demographische Unterschiede innerhalb des Landes. *Tabelle 2* faßt die regional unterschiedlichen bevölkerungsdynamischen Entwicklungen seit 1953 zusammen. Sie zeigt die starke Unausgewogenheit bei der Siedlungsdichte des Landes, wenn man diese an der sinnvollsten Bezugsgröße, den Ackerflächen, mißt. In diesem Zusammenhang muß allerdings bemerkt werden, daß die chinesischen Ackerstatistiken besonders unzuverlässig sind und erheblich voneinander abweichen können. *(Siehe auch den Beitrag von Wolfgang Taubmann.)*

Wahrscheinlich sind die Flächen größer als in der Tabelle zugrunde gelegt, was zu einer deutlich niedrigeren Dichte führen würde. Dennoch treten in der Tabelle neben den Stadtregionen Peking, Tianjin und Shanghai die Provinzen Ost-, Zentral-, Süd- und Südwest-Chinas als die am dichtesten besiedelten Ballungsgebiete hervor. Den höchsten Bevölkerungszuwachs zwischen 1953 und 1993 haben jedoch nicht diese Gebiete, sondern die übrigen Regionen im Norden, Nordosten und Nordwesten des Landes erfahren. Besonders hoch fällt der Zuwachs in den Provinzen und

Tabelle 2: Regionale Bevölkerungsentwicklung
(Bevölkerung absolut in Mio., durchschnittlicher jährlicher Zuwachs in %,
Anteil an der Gesamtbevölkerung in %, Dichte in Einwohner/qkm Ackerland)

	Absolut 1993	Zuwachs 1953–1993	Anteil 1953	Anteil 1993	Dichte 1993
Peking	11,12	2,48	0,7	0,9	2 740
Tianjin	9,28	1,79	0,8	0,8	2 164
Hebei	63,34	1,57	5,8	5,3	969
Shanxi	30,12	1,85	2,5	2,5	821
Innere Mongolei	22,32	2,78	1,3	1,9	432
Nord	136,18	1,88	11,0	11,5	840
Liaoning	40,42	1,68	3,5	3,4	1 179
Jilin	25,55	2,04	1,9	2,2	649
Heilongjiang	36,40	2,80	2,0	3,1	408
Nordost	125,82	2,12	7,5	8,6	629
Shanghai	13,49	0,89	1,6	1,1	4 470
Jiangsu	69,67	1,53	6,5	5,9	1 550
Zhejiang	42,66	1,55	3,9	3,6	2 568
Anhui	58,97	1,63	5,3	5,0	1 366
Fujian	31,50	2,18	2,3	2,7	2 583
Jiangxi	39,66	2,15	2,9	3,3	1 705
Shandong	86,42	1,35	8,6	7,3	1 279
Ost	342,37	1,59	31,1	28,9	1 624
Henan	89,49	1,77	7,6	7,6	1 303
Hubei	56,53	1,77	4,8	4,8	1 666
Hunan	63,11	1,60	5,7	5,3	1 928
Guangdong	66,07	1,93	5,2	5,6	2 804
Guangxi	44,38	2,04	3,4	3,7	1 703
Hainan	7,01	2,42	0,5	0,6	1 625
Zentralsüd	326,59	1,81	27,1	27,6	1 725
Sichuan	111,04	1,30	11,3	9,4	1 782
Guizhou	34,09	2,04	2,6	2,9	1 847
Yunnan	38,85	1,99	3,0	3,3	1 361
Tibet	2,32	1,49	0,2	0,2	1 038
Südwest	62,55	1,56	17,1	15,7	1 670
Shaanxi	34,43	1,93	2,7	2,9	996
Gansu	23,45	1,82	1,9	2,0	674
Qinghai	4,67	2,56	0,3	0,4	803
Ningxia	4,95	2,77	0,3	0,4	616
Xinjiang	16,05	2,99	0,8	1,4	514
Nordwest	83,55	2,15	6,1	7,0	730
VR CHINA	1 185,55	1,78	100,0	100,0	1 246

Siehe auch Abbildung 3.3 im Anhang.

Autonomen Regionen Innere Mongolei, Heilongjiang, Hainan, Qinghai, Ningxia und Xinjiang an der Peripherie Chinas aus. Sie haben als von nationalen Minderheiten besiedelte Grenz- und Neulandgebiete eine starke Aufmerksamkeit genossen und sind besonders in den 50er und 70er Jahren planmäßig kolonisiert worden. Außerdem sind an ihrem starkem Bevölkerungswachstum auch die Sonderkonditionen beteiligt, die Chinas Minderheiten bei der Geburtenkontrolle genießen. Ähnliches gilt für südwestchinesische Minderheitengebiete wie Guangxi, Guizhou und Yunnan, deren Bevölkerungszuwachs ebenfalls über dem Durchschnitt liegt. Das überproportional starke Wachstum der chinesischen Hauptstadt Peking dürfte hingegen in erster Linie auf Zuwanderung zurückzuführen sein. Schließlich haben auch die Provinzen Fujian, Jiangxi und Guangdong einen besonders starken Zuwachs erlebt, der in hoher Fruchtbarkeit und wenig wirksamer Geburtenkontrolle gründet.

Auch bei den Provinzen mit den niedrigsten Zuwachsraten machen sich mehrere Einflußfaktoren bemerkbar. Sie stellen entweder seit jeher Abwanderungsgebiete dar (Shandong, Hebei, Hunan), sind stark urbanisiert (Tianjin, Liaoning, Shanghai, Jiangsu) oder zeichnen sich als bevölkerungsstarke Schlüsselregionen durch eine besonders rigide Geburtenplanung aus (Shandong, Jiangsu, Zhejiang, Sichuan). In der Mitte des Spektrums liegen ländliche Hinterlandprovinzen wie Anhui, Henan, Hubei, Shaanxi und Gansu, in denen eine ehrgeizige Geburtenkontrolle auf ein besonders traditionell geprägtes Gebärverhalten stößt.

Wie ein Vergleich der Bevölkerungsanteile der einzelnen Provinzen in den Jahren 1953 und 1993 belegt, haben all diese verschiedenen Einflußfaktoren die Regionalstruktur des Landes nur geringfügig verändern können. Die Bevölkerungsanteile Ost- und Südwest-Chinas haben in diesem Zeitraum leicht abgenommen, die der anderen Regionen leicht zugenommen. Lediglich in den beiden Haupterschließungsgebieten Heilongjiang und Xinjiang führen starke Zuwanderung und natürlicher Zuwachs zu einem spektakulärem Anstieg. Die oft beschworene Umverteilung der Bevölkerung in großem Maßstab ist aber ausgeblieben. Die nur schwache Verschiebung der Bevölkerungsanteile ist auch darauf zurückzuführen, daß viele Umsiedlungskampagnen in späterer Zeit durch spontane Rückwanderungen wieder zunichte gemacht worden sind und daß in anderen Fällen Zuwanderungen und Abwanderungen einander ausgeglichen haben.

Während also trotz des erheblichen Umfangs staatlich organisierter Bevölkerungsbewegungen die Gesamteffekte interregionaler Migrationen demographisch bescheiden geblieben sind, hat allerdings das Stadt-Land-Verhältnis erhebliche Veränderungen erfahren. Nach einem rasanten Anstieg der Urbanisationsraten in den 50er Jahren haben hier staatliche Eingriffe wie das zwischen 1962 und 1984 weitgehend respektierte städtische Zuzugsverbot für Bauern die weitere Urbanisierung viele Jahre lang künstlich aufgehalten. Dann jedoch hat das frühere Wachstum im Zuge der Wirtschaftsreformen wieder eingesetzt. Die für die Stadtentwicklung wichtigen Daten finden sich in *Tabelle 3*.

Eine Reihe der in der Tabelle 3 enthaltenen Zahlen ist durch vielfältige Definitions- und Erhebungsprobleme umstritten. *(Siehe auch den Beitrag von Wolfgang Taubmann.)* Insbesondere sind die seit den 80er Jahren stark anwachsenden Zuwanderungen in die Städte ohne Wechsel des offiziellen Wohnsitzes nicht erfaßt. Die Wanderbevölkerung in städtischen und ländlichen Gebieten wird heute auf insgesamt 80–100 Mio. Menschen geschätzt. Die realen Urbanisationsraten dürften

Tabelle 3: Urbanisierung
(durchschnittlicher jährlicher Zuwachs seit dem vorher angegebenen Jahr,
Urbanisationsrate als Prozentanteil an der Gesamtbevölkerung)

	Stadtbevölkerung (%)	Zuwachs (%)	Urbanisierungsrate (%)
1953	78,26		13,3
1957	99,49	6,2	15,4
1960	130,73	9,5	19,7
1962	116,59	−5,6	17,3
1970	144,27	2,7	17,5
1978	172,45	2,3	17,9
1993	333,51	4,5	28,1

deshalb heute merklich höher liegen. Nach Erhebungen in besonders betroffenen Städten machen dort Migranten ohne offiziellen Wechsel des Wohnortes mehr als ein Drittel der De-facto-Bevölkerung aus. Dennoch zeichnen sich die großen Tendenzen auch in den De-jure-Daten der Tabelle eindeutig ab: Fast 20 Jahre lang blieb Chinas Verstädterung, einmalig in der ganzen Welt, auf einem relativ niedrigen Stand eingefroren. Dann jedoch hat die Reformpolitik schnell wieder an das frühere Urbanisierungstempo angeknüpft. Am Gesamtwachstum der Städte seit 1953 sind jeweils zu ungefähr einem Drittel ihr natürlicher Zuwachs, Migration und Eingemeindungen beteiligt. *(Siehe auch Abb. 3.4 im Anhang.)*

5. Zukunftsperspektiven

Das China der Zukunft wird nicht mehr der noch durch vielerlei Traditionalismen geprägte Agrarstaat der 70er Jahre, sondern ein zunehmend urban geprägtes Land sein mit allen Konsequenzen, die dieser Wandel für Versorgung, Erwerbsleben und Lebensweise, Werte, Bildungsstand und politische Mobilisierung der Bevölkerung hat. Seine Städte werden eine wachsende Schicht von Migranten besitzen, deren ungünstiger Meldestatus mit empfindlichen Benachteiligungen bei Sozialleistungen, Wohnverhältnissen und öffentlichen Dienstleistungen verbunden ist. Das senkt die Kosten für Betriebe und Stadtverwaltungen, schafft aber andererseits auch ein erhebliches Konfliktpotential. Dieses wird nur beherrscht werden können, wenn die Einkommen sowohl der zugewanderten als auch der eingesessenen Bevölkerung weiter kontinuierlich steigen und kein Kampf um Arbeitsplätze und Lohn ausbricht.

Darüber hinaus aber beeinflussen vor allem die Folgen der Ein-Kind-Politik Chinas Zukunftsaussichten. Hauptintention dieser Politik bleibt es weiterhin, eine raschere Modernisierung des Landes zu ermöglichen als dies auf der Basis des hohen Bevölkerungswachstums früherer Jahre möglich war. Ängste um Ernährung, Arbeitsplätze und Wohnraum, genügend Investitionsspielräume und ausreichende natürliche Ressourcen haben an der Wiege dieser Politik gestanden. Ihre tatsächliche

Durchführung weicht allerdings stark von den Planungen ab und bleibt hinter den angestrebten Zielen zurück. So haben die demographischen Entwicklungen der 80er und 90er Jahre die chinesischen Zukunftsszenarios erheblich verändert. Statt der ursprünglich angestrebten Obergrenze von 1,2 Mrd. Menschen im Jahre 2000 wird zur Jahrhundertwende eine Gesamtzahl von knapp 1,3 Mrd. erreicht werden. Für das Jahr 2050 wird heute statt der 1,07 Mrd. Menschen, die in früheren Hochrechnungen projiziert wurden, eine Zahl von 1,4 bis 1,5 Mrd. zugrunde gelegt. Bei einem höheren Fertilitätsniveau, als dieses die niedrigen Zuwachsraten der 90er Jahre suggerieren, kann die Gesamtbevölkerung im Jahre 2050 auch leicht auf 1,7 Mrd. steigen. Dies sind erschreckende Aussichten, weil damit Chinas reale Bevölkerungszahl mehr als doppelt so hoch sein wird wie das von chinesischen Wissenschaftlern anhand ökonomischer und ökologischer Daten empfohlene Optimum von 0,7 Mrd. Menschen.

China wird demgemäß seine Modernisierung und Industrialisierung unter den Bedingungen eines ständigen großen Bevölkerungsüberhanges leisten müssen. Ökologische Probleme wie Landhunger und Übernutzung sowie dadurch ausgelöste Erscheinungen wie Luft- und Wasserverschmutzung, Bodenerosion, Entwaldung und Desertifikation werden unter solchen Verhältnissen mit hoher Wahrscheinlichkeit zunehmen. Schwierig stellt sich auch die Getreideversorgung der Bevölkerung dar. Sollten hier keine durchgreifenden Änderungen im Preis- und Finanzierungssystem für die Getreideproduktion erfolgen oder ein agrotechnischer Durchbruch eintreten, kann leicht eine Stagnation der Pro-Kopf-Versorgung drohen. Dem wäre nur durch eine erhöhte Importtätigkeit mit entsprechenden Belastungen für den Staatshaushalt und Auswirkungen auf die internationalen Getreidemärkte zu begegnen.

Auch die Beschäftigungssituation in China wird unter den geschilderten Rahmenbedingungen äußerst angespannt bleiben. Aus der heutigen Altersstruktur der Bevölkerung läßt sich eine Zunahme des Arbeitskräftepotentials um netto 230 bis 250 Mio. Menschen bis zum Jahre 2030 ableiten. Ausbildungs- und Arbeitsplätze für diese riesige Zahl an zusätzlichen Erwerbspersonen zu schaffen, wird ein Hauptproblem der chinesischen Wirtschaftspolitik bleiben. Dies zeichnet eine Niedriglohn- und Hochbeschäftigungspolitik vor, die sich in einem ständigen Spannungsverhältnis zu Zielen der Wirtschaftsreform wie Einkommenserhöhungen und Produktivitätssteigerung befindet.

Positivere Entwicklungen lassen sich lediglich hinsichtlich der Altenlast voraussehen. Angesichts der andauernd hohen Geburtenzahlen werden der wachsenden Menge von alten Menschen nicht so wenige Berufstätige entgegenstehen, wie dieses zu Beginn der Ein-Kind-Politik befürchtet worden war. Für ganz China ergeben die Projektionen für das Jahr 2040 einen Anteil von 17 % alter Menschen im Alter ab 65 Jahren. Das würde ungefähr dem heutigen Zustand in Deutschland entsprechen. Anders sieht die Situation jedoch in denjenigen Städten und Regionen aus, die in den 80er Jahren eine strikte Ein-Kind-Politik durchsetzen konnten. Hier drohen im gleichen Zeitraum Altenanteile von bis zu 40 %. Dies wird gravierende Sozialprobleme aufwerfen, die nur über starke Zuwanderung aus dem Umland mit entsprechenden Belastungen in anderen Bereichen zu lösen sind.

Nicht bezifferbar sind schließlich langfristige Folgen der demographischen Entwicklung in anderen Sektoren: Das ständig wachsende Arbeitskräftepotential erzeugt einen anhaltenden Bedarf an Regulierungsmaßnahmen, die der angestrebten Einführung eines Arbeitsmarktes zuwiderlaufen. Der offene Ausbruch von Massenarbeitslosigkeit bleibt ein Damoklesschwert, das über China hängt und sowohl durch die Wirtschaftsreformen als auch durch demographische Entwicklungen bedingt ist. Eine Einschränkung der Freizügigkeit, ein hohes innenpolitisches Unruhepotential und steigende Kriminalität sind unmittelbare Konsequenzen solcher Verhältnisse.

Subtil sind schließlich die schleichenden Veränderungen, die durch den Wandel der Familienstruktur bewirkt werden. Die steigende Zahl von egozentrischen Einzelkindern läuft den gruppen- und gemeinschaftsbezogenen Werten der chinesischen Kultur fundamental zuwider. Chinas Menschen müssen sich bereits heute auf eine stark abnehmende soziale Kohäsion einstellen.

In diesem Zusammenhang spielen auch die durch die Geburtenplanung aufgeworfenen Menschenrechtsfragen eine wichtige Rolle. Nicht nur im Ausland haben die chinesischen Maßnahmen heftige Probleme ausgelöst – auch in China bleiben sie höchst unpopulär und umstritten. Selbst wenn im Lauf der Zeit eine zunehmende Tendenz zur Verrechtlichung festzustellen ist, arbeitet die chinesische Politik bis heute weiter überwiegend mit Sanktionen und Zwangsmaßnahmen. Jeder Versuch einer ausgewogenen Beurteilung sieht sich dennoch mit der Tasache konfrontiert, daß bei der Geburtenplanung in China gleich drei verschiedene Wertesysteme aufeinanderprallen: die individualistisch geprägten Menschenrechtsideen westlicher Provenienz, die zunehmend auch in der städtischen Bevölkerung Chinas Resonanz finden – sie begründen das Verlangen nach einer unantastbaren Privatsphäre im Bereich von Sexualität und Fortpflanzung; die traditionellen Wertvorstellungen der breiten bäuerlichen Bevölkerungsmehrheit, die die Unterordnung des einzelnen unter die ökonomischen, sozialen und rituellen Forderungen der Familie legitimieren – sie unterwerfen die Frau einem faktischen Gebärzwang bis zur Geburt eines männlichen Nachkommen; der Glaube einer etatistisch erzogenen Elite an den Vorrang gesamtgesellschaftlicher und staatlicher Entwicklungsziele über die Wünsche von Individuum und Familie – sie rechtfertigen die Einschränkungen der Gegenwart für eine bessere Zukunft. Das Dilemma des modernen China ist es, daß alle drei Maßstäbe gleichzeitig in den Hirnen und Herzen verankert sind.

Weiterführende Literatur in westlichen Sprachen

AIRD, JOHN S. (1990): Slaughter of the Innocents, Coercive Birth Control in China, Washington.

BANISTER, JUDITH (1987): China's Changing Population, Stanford.

CHINA FINANCIAL AND ECONOMIC PUBLISHING HOUSE (Hrsg./1988): New China's Population, New York.

GIESE, KARSTEN (1993): Landflucht und interprovinzielle Migration in der VR China, Hamburg.

GREENHALGH, SUSAN (1990): The Evolution of the One-Child Policy in Shaanxi, 1979–88, in: China Quarterly, No. 122, London, S. 191–229.

LIU ZHENG; SONG JIAN u. a. (1981): China's Population: Problems and Prospects, Beijing.

POSTON, DUDLEY L.; YAUKEY, DAVID (1992/Hrsg.): The Population of Modern China, New York.

SCHARPING, THOMAS (1981): Umsiedlungsprogramme für Chinas Jugend 1955–1980, Probleme der Stadt-Land-Beziehungen in der chinesischen Entwicklungspolitik, Hamburg.

SCHARPING, THOMAS (1983–86): Chinas Bevölkerung 1953–82, Teil I–IV (Berichte des Bundesinstituts für ostwissenschaftliche und internationale Studien), Köln.

SCHARPING, THOMAS; HEUSER, ROBERT (1995/Hrsg.): Geburtenplanung in China, Analysen, Daten, Dokumente, Hamburg.

SCHARPING, THOMAS (1995): Vom Ständestaat zur mobilen Gesellschaft, Migration und Systemwandel in China, in: Geographische Zeitschrift, Heft 3/4, Stuttgart 1995, S. 135–149.

SCHARPING, THOMAS (1997/Hrsg.): Floating Population and Migration in China – The Impact of Economic Reforms (Mitteilungen des Instituts für Asienkunde, Nr. 284), Hamburg.

TAUBMANN, WOLFGANG (1993/Hrsg.): Urban Problems and Urban Development in China, Hamburg.

TIEN H. YUAN (1973): China's Population Struggle, Demographic Decisions of the People's Republic, 1949–1969, Columbus.

TIEN H. YUAN (1991): China's Strategic Demographic Initiative, New York.

Teil E:
Gesellschaft und Kultur im Modernisierungsprozeß

XVIII. Zwischen Krise und Chance: Neue soziale Herausforderungen des ländlichen China

THOMAS HEBERER

1. Einleitung

»In der Krise steckt die Chance«, so lautete jüngst eine deutsche Werbeanzeige. Sie bezog sich auf das chinesische Zeichen *ji*, in dem sich diese Doppelbedeutung scheinbar vereinigt. Daran ist jedenfalls wahr, daß *ji*, das auch die Bedeutung von »springender Punkt« hat, sich sowohl zur »Chance« (*jihui*) wie zur »Krise« (wei*ji*) entwickeln kann.

Die Einheit von Gegensätzen besitzt Tradition in China: Sie kommt nicht nur im klassischen Yin-Yang-Prinzip und im Daoismus vor, sondern wurde auch von Mao in seiner berühmten Schrift über den »Widerspruch« eingehend untersucht. Und genau eine solche Identität der Gegensätze kennzeichnet die gegenwärtige Entwicklung Chinas: Einem gewaltigen politischen, ökonomischen und sozialen Krisenpotential, das die Gesellschaft zu sprengen droht, steht die Chance gegenüber, einen graduellen, evolutionären Wandel vom Staatssozialismus in Richtung eines pluralisierten Gemeinwesens zu vollziehen. Diese Gesellschaft, die an einem *ji*, einem springenden Punkt, steht, wird im Westen teils zu euphorisch gesehen, als kommender Wirtschaftsgigant, dessen politisches System sich durch ökonomische Entwicklung und Außenöffnung quasi von selbst verändere (Stichwort:»Wandel durch Handel«) (u. a. Overholt 1994), teils zu pessimistisch, als Krisenherd ohne großen Impetus (u. a. Jenner 1993).

Als die Parteiführung Ende der 70er Jahre mit der Einführung von Reformen einen ökonomischen Umbauprozeß einleitete, mag sie die gewaltigen Folgen für Gesellschaft und Politik nicht bedacht haben. Die »Vier Modernisierungen« (von Industrie, Landwirtschaft, Wissenschaft/Technik und Landesverteidigung) waren jedenfalls rein ökonomisch definiert. Allerdings war bereits damals die Rede von einer »zweiten Revolution«. Und in der Tat läßt sich der Veränderungsprozeß der 80er und 90er Jahre mit dieser Formel umschreiben.

Der ökonomische Umbauprozeß hat sozialen und dieser wiederum politischen Wandel in Gang gesetzt. Nur, die neue Revolution war kein Akt gewaltsamer Veränderung der bestehenden Ordnung, sondern ein tiefgreifender Veränderungs- und Wandlungsprozeß, der sich spontan, schleichend, meist in Abweichung von zentral beschlossener Politik, von unten her vollzog. »Unten« meint, daß die Hauptakteure zunächst nicht in der zentralen Parteielite zu suchen sind, sondern sozialen Entwicklungszusammenhängen entsprungen sind, auf welche die Partei nur begrenzten Einfluß zu nehmen vermochte. Dies waren in erster Linie die ländlichen Regionen und die Bauern.

Aus der Entwicklungstheorie wissen wir, daß ein solch massiver Wandel, der die gesamte Gesellschaft erfaßt und auch das politische System tangiert, zunächst nicht soziale und politische Stabilität bewirkt, sondern Destabilisierung. Wirtschaftliches Wachstum ist verbunden mit der Auflösung bzw. Schwächung traditioneller Sozial- (wie Familie, Clan, Dorf- und Betriebsgemeinschaft, die »danwei«) und Verwaltungsstrukturen, der Zunahme räumlicher Mobilität, der Migration ländlicher Arbeitskräfte in die Städte, wachsenden Einkommensdisparitäten, dem Entstehen neuer Schichten und Eliten, der Verschärfung regionaler und ethnischer Konflikte über die Allokation von Investitionen und Konsumgütern, der Hebung des Bildungsniveaus und dem Zugang zu Massenmedien, die Erwartungen wecken, die nicht zu befriedigen sind, sowie der Zunahme von Gruppenansprüchen gegenüber dem Staat, die der letztere nicht zu realisieren vermag. Diese Pluralisierung sowie die Streuung sozialer Interessen bedeuten gewaltige Herausforderungen für Staat und Gesellschaft, zumal ein Teil der Bevölkerung materiell von dem Veränderungsprozeß profitiert, ein anderer Teil sich verschlechtert und sozial frustriert ist.

Der Ordnungsverlust stellt indessen nur einen Aspekt dieses Prozesses dar. Wenn wir von Herausforderungen sprechen, dann lassen sich wesentlich zwei Kategorien unterscheiden:
1. Herausforderungen, die die Legitimität des Systems in Frage stellen und/oder die soziale Stabilität beeinträchtigen (Krisenpotential);
2. Herausforderungen, die transformatorisches Potential entwickeln (Chancenpotential).

Zu 1. zählen Faktoren wie Korruption, Einkommensdisparitäten, soziale Polarisierung, Migration, wachsende Arbeitslosigkeit, unkontrolliertes Bevölkerungswachstum, mangelnde soziale Absicherung, neue Formen der Ausbeutung von Arbeitskraft, zunehmende Kriminalität und das wachsende Bewußtsein von Ethnizität bei nicht-chinesischen Völkern.

Unter 2. lassen sich Momente wie die Privatisierung von Wirtschaftstätigkeiten, die Entstehung neuer Schichten und Eliten, die Ökonomisierung von Politik und Verwaltung, der Wandel von Werten und Einstellungen sowie die Organisierung von Gruppeninteressen fassen.

Nachfolgend stellen wir zunächst das latente Krisenpotential dar. Auf diese Weise soll gezeigt werden, welche Größenordnungen und Vielfalt dieses Potential besitzt.

Im Mittelpunkt unserer Erörterung steht gleichwohl das Chancenpotential, d. h. das transformatorische Moment, dessen Dynamik in dem gegenwärtigen sozialen Wandel und seinen politischen Implikationen zu suchen ist, in dem sich der Charakter der sozialen und politischen Veränderungen am deutlichsten niederschlägt und das direkt in Richtung Veränderung des politischen Systems wirkt. Dabei gehen wir von den ländlichen Regionen aus, in denen die Bevölkerungsmehrheit lebt und wo der Impetus des Wandels derzeit am spürbarsten ist.

2. Das Krisenpotential

In welchem Ausmaß das transformatorische Potential zu wirken vermag, hängt von der gesellschaftlichen Gesamtstabilität ab. Wachsende Instabilitäten könnten die Partei bzw. den Staat zur Eingrenzung oder Drosselung dieses Potentials veranlassen. *(Siehe auch den Beitrag von Sebastian Heilmann.)* Wie wir im folgenden sehen werden, bilden die Herausforderungen, mit denen China heute konfrontiert ist, ein Paket latenter Krisen, die sich mit herkömmlichen Problemlösungstechniken nicht bewältigen lassen. Dabei handelt es sich um Herausforderungen auf ökonomischem, politischem, sozialem, ideologischem und ökologischem Gebiet.

2.1 Ökonomische Herausforderungen

Die Landwirtschaft spielt eine zentrale Rolle in der chinesischen Volkswirtschaft: Sie muß die Ernährung einer wachsenden Bevölkerung sowie die Rohstoffversorgung der Industrie sicherstellen. *(Siehe auch den Beitrag von Wolfgang Taubmann.)* Bedenklich ist hierbei, daß die Erträge wichtiger Agrarprodukte pro Fläche und pro Kopf stagnieren oder rückläufig sind: So bewegten sich die Flächenerträge (ha/kg) bei Getreide zwischen 3 615 (1984), 3 585 (1988) und 3 870 (1991)[1], bei Baumwolle zwischen 915 (1984), 660 (1992) und 750 (1993), die Pro-Kopf-Erträge (kg) bei Getreide zwischen 392 (1984), 393 (1990) und 373 (1994), bei Baumwolle zwischen 3,9 (1984), 4,0 (1990) und 3,6 (1994). Dies vollzieht sich bei gleichzeitigem Verlust ländlicher Anbaufläche durch Erosion, Verstädterung, nichtagrarische Nutzung u. a. Allein 1994 sollen 7 144 qkm verlorengegangen sein, nahezu die dreifache Fläche des Saarlandes. Aufgrund industrieller Entwicklungsprogramme nicht nur der Provinzen, sondern selbst einzelner Kreise und Gemeinden könnte sich dieser Prozeß beschleunigen. Vertreter der bevölkerungsreichsten Provinz (Sichuan) äußerten 1994 gegenüber dem Verfasser, wenn sämtliche in den Entwicklungsplänen der Provinz, der Kreise und Gemeinden ausgewiesenen Wirtschaftszonen und -projekte realisiert würden (was allerdings nicht zu erwarten ist), besäße die Provinz keinen Hektar Anbaufläche mehr.

Besonders gravierend ist die desolate Lage der Staatswirtschaft. Der Anteil der staatlichen Betriebe, die mit Verlust oder ohne Gewinn arbeiten und vom Staat subventioniert werden müssen, betrug offiziellen Angaben zufolge Mitte der 90er Jahre fast 50 %. Tatsächlich sollen es allerdings mehr als zwei Drittel sein, weil die realen Verluste zum Teil weitaus höher sind als die in den Bilanzen ausgewiesenen. Viele Betriebe (allein in der Provinz Sichuan sollen dies 1995 ca. 70 % gewesen sein) sind nicht mehr in der Lage, Löhne, Gehälter und Prämien termingerecht zu zahlen oder müssen Sozialleistungen auf ein Minimum kürzen. *(Siehe auch den Beitrag von Margot Schüller.)* Zu den Ursachen dieser Entwicklung gehören die personelle Überfrachtung, die Überlastung durch Sozialkosten (neben Alters- und Gesund-

---

1 Die statistischen Angaben nach 1991, die in einer anderen Größenordnung stagnieren als vorher, sind mit denen vor 1991 nicht vergleichbar, weil die umfassendere alte Kategorie »Getreide« (liangshi) durch eine verkleinerte neue Kategorie »Zerealien« (guwu) ersetzt wurde.

heitsversorgung müssen die Betriebe für die Versorgung mit subventionierten Wohnungen, Kindergärten, Kantinen etc. sowie für zahllose Zulagen aufkommen), geringe Faktorproduktivität, Ineffizienz, mangelnde Marktorientiertheit, die wachsende Konkurrenz durch den nichtstaatlichen Sektor u. a. Eine zentrale Rolle spielen die von dem ungarischen Ökonomen Janos Kornai benannten »soft budget constraints«: Der Staat trägt letztlich alle Verluste, und Verlustbetriebe werden noch mit zusätzlichen Krediten, Steuernachlässen, Subventionen und Preiserhöhungen »belohnt« (Kornai 1980). Rasche und einschneidende Änderungen sind schwierig, weil drei Viertel aller städtischen Beschäftigten in diesem Sektor tätig sind. Einschränkungen in den Sozialleistungen oder gar Entlassungen könnten zu sozialen Unruhen in den Städten führen.

Dazu kommt die Inflation, die offiziellen Angaben zufolge 1993 21,7 % betrug und sich bis 1995 auf rund 16 % abschwächte. Die Toleranzgrenze der Bevölkerung ist hier sehr gering, zumal die Gefahr wachsender Inflation keineswegs gebannt ist.

2.2 Politische Herausforderungen

Im Zentrum der Unzufriedenheit steht die Korruption der Parteifunktionäre (Heberer 1991a). Meinungsumfragen unter der Bevölkerung zeigen, daß dies mit Abstand das brennendste Problem ist. In der Liste der korruptesten Länder Asiens, die nach Umfragen unter ausländischen Unternehmen erstellt wird, übernahm China 1995 erstmals die Spitzenposition in Asien und verdrängte Indonesien von Platz 1 (The Economist, 27. 5. 95, 71).

Korruption, Inflation, die Ausweitung der Einkommensschere zwischen Stadt und Land, zwischen Bevölkerungsschichten und Regionen, die damit verbundene Entstehung neuer Armut sowie die Krise der Staatsbetriebe bewirken einen Legitimationsverlust der Partei. Dieser Legitimationsverlust schreitet auch auf dem Lande fort, wo – neben Korruption – die Ausplünderung der Bauern durch Steuern und Gebühren, Spekulationsgeschäfte von Funktionären mit knappen, für die Agrarproduktion unentbehrlichen Gütern (wie Kunstdünger, Insektiziden, Dieselöl) und die Bezahlung der an den Staat zu verkaufenden Agrargüter mit staatlichen Schuldscheinen statt mit Bargeld für Unruhe sorgen. Kollektive Angriffe auf Behörden und Funktionäre nehmen zu. Dazu kommt der Zerfall der Partei- und Verwaltungsstrukturen auf dem Lande sowie der bisher für die Kontrolle der Gesellschaft so wichtigen »Massenorganisationen«. Kommunistischer Jugend- und Frauenverband finden kaum noch neue Mitglieder, und selbst der Gewerkschaftsverband, für den bislang Zwangsmitgliedschaft bestand, beklagt, daß immer mehr Arbeiter sich weigern beizutreten bzw. ihren Austritt erklären und daß der Widerwille, Beiträge zu zahlen, wächst. In einer wachsenden Zahl von Betrieben schläft die Gewerkschaftsarbeit schlichtweg ein.

Regionalismus und Kommunalismus schwächen die Zentrale, die tendenziell die Kontrolle über das Wirtschaftsgebaren der Provinzen einzubüßen droht. Das Gerangel um Steuer- und Devisenteilung, das Entwerfen eigener regionaler oder lokaler Entwicklungskonzepte, massive Steuerhinterziehungen auf kommunaler Ebene, protektionistische Maßnahmen von Provinzen, wobei diese recht drastische Maßnahmen zum Verkauf und Schutz ihrer eigenen Produkte bzw. zum Verbot

»fremder«, außerprovinzlicher Produkte ergreifen, Verselbständigungen im Außenhandel und in der Devisenbewirtschaftung, Abweichungen von zentral beschlossener Politik, Vorrang regionaler bzw. lokaler vor zentralen Interessen belegen dies (Heilmann 1995). Dazu kommt die wachsende regionale Ungleichheit, die immer mehr zu einem politischen Problem wird. Vertreter der westchinesischen Armutsregionen haben bereits mehrfach vor dem Entstehen einer »Vierten Welt« gewarnt, d. h. vor einer zunehmend verarmenden Region innerhalb Chinas. Letzteres hat auch eine ethnische Komponente, da der Westteil Chinas zu einem nicht unerheblichen Teil von nicht-chinesischen Völkern bewohnt wird. *(Siehe auch den Beitrag von Margot Schüller.)*

Nicht zuletzt der zunehmende innere Kolonialismus (deutlich z. B. in der Förderung wichtiger Rohstoffe, die zu administrativ festgelegten Niedrigpreisen vorwiegend in die ost- und zentralchinesischen Industriegebiete gehen) führt unter diesen Völkern zu einem wachsenden Bewußtsein von Ethnizität. Nationalitätenkonflikte und die Ausbreitung separatistischer Bewegungen nicht nur in Tibet, sondern auch in Xinjiang (Ostturkestan) und der Inneren Mongolei weisen auf ethnische Aspekte des Krisensymptoms hin. Nicht umsonst erklärte die chinesische Führung separatistische Tendenzen zur Hauptgefahr für den »Bestand der Nation«. Aufgrund der Zahlenrelation (9 % ethnische Minoritäten laut Mikrozensus 1995) scheinen diese Tendenzen zwar nicht so bedrohlich zu sein wie in der ehemaligen Sowjetunion; gleichwohl wirkt der Zerfall des Sowjetimperiums auf die Selbständigkeitsbestrebungen größerer Völker ermutigend. Entsprechend wurde die militärische Präsenz in den betroffenen Gebieten in den letzten Jahren verstärkt. *(Siehe auch den Beitrag von Christoph Müller-Hofstede.)*

2.3 Ideologische Herausforderungen

Der Marxismus-Leninismus hat seine Funktion als Leitideologie verloren. Dies ist Folge des Desasters der Kulturrevolution, der häufigen Wechsel in den Interpretationen durch die jeweiligen Machteliten in den einzelnen Phasen der Geschichte der Volksrepublik, vor allem aber der Orientierung der Politik an wirtschaftlichen Imperativen im Zuge der Wirtschaftsreformen. Die wirtschaftlichen Interessen haben zur Aufgabe politischer Prinzipien geführt, die jahrzehntelang als Grundpfeiler der Parteipolitik galten, wie Dominanz politischer über wirtschaftliche Entscheidungen, selbstloser Einsatz für die Interessen des Kollektivs, Vorrang sozialer Sicherheit, egalitäre Entlohnung, Arbeitsplatzsicherheit, Subventionierung des Alltagbedarfs der Stadtbevölkerung, Preisstabilität usw. Der Zerfall des Sozialismus in Osteuropa und in der Sowjetunion sowie die gewaltsame Niederschlagung der städtischen Protestbewegung im Juni 1989 haben ebenfalls ihren Teil zur Erosion der Ideologie beigetragen.

Das ideologische Vakuum wird zunehmend durch eine nationalistische Ideologie gefüllt, wobei die Nation zur Klammer für alle Chinesen, ungeachtet ihrer Einstellung, werden soll. Die Partei selbst bezeichnet sich als Repräsentantin, Interessenvertreterin und führende Kraft der Nation. Aus der »proletarischen Avantgarde« im Leninschen Sinne kristallisiert sich zunehmend eine neue »nationalistische Avantgarde« heraus.

2.4 Soziale Herausforderungen

Die wichtigsten sozialen Herausforderungen sind:
1. die Polarisierung der Gesellschaft in arm und reich, sowohl zwischen Stadt und Land, zwischen Regionen, innerhalb von Stadt und Land als auch zwischen Schichten (Griffin/Zhao 1993);
2. der Zerfall des sozialen Netzes; der Staat bzw. die staatlichen Betriebe können für die Kosten für Gesundheit und Alterssicherung kaum mehr aufkommen. Zwischen 1978 und 1992 erhöhten sich die staatlichen Ausgaben im Bereich der Gesundheitsversorgung um durchschnittlich 18,9 % pro Jahr, 1993 allein um 23,4 %;
3. das drohende Scheitern der Bevölkerungspolitik primär in den ländlichen Regionen (mit wachsenden Kinderzahlen und hohen Dunkelziffern in der Bevölkerungsstatistik); entgegen den Planvorstellungen der Parteiführung, die die Bevölkerung im Jahre 2000 auf 1,2 Mrd. begrenzen wollte, wird dieses Planziel um mindestens 100 Mio. (!) Menschen überschritten werden (ca. 1,3 Mrd.);
4. das Anwachsen der offenen Arbeitslosigkeit: Die offizielle städtische Arbeitslosenquote soll 1994 bei 2,8 % (4,76 Mio.) gelegen haben; diese Zahl umfaßt aber weder Personen mit ländlicher Wohnberechtigung in den Städten, noch von den Betrieben »freigestellte« Personen oder Langzeitarbeitslose, die älter als 35 sind, so daß chinesische Arbeitswissenschaftler die tatsächliche urbane Arbeitslosenquote bereits Anfang der 90er Jahre auf mindestens 12 % schätzten. Hierbei wurde die verdeckte Arbeitslosigkeit in den Städten (ca. 20–30 Mio. allein im Staatssektor) und auf dem Lande (wo, wenn auch übertrieben, in China von 310 Mio. Arbeitslosen bis zum Jahr 2000 gesprochen wird) noch nicht einmal berücksichtigt. Daß dieses Problem nicht an Brisanz verlieren wird, zumal unter Bedingungen fehlender Arbeitslosenabsicherung, darauf weisen bereits die Zahlen hin: In den 90er Jahren werden jährlich ca. 17–20 Mio. Jugendliche in das Arbeitsleben eintreten, die Mehrheit davon auf dem Land. Das heißt, es werden in diesen Zeitraum für ca. 170 Mio. Menschen neue Arbeitsplätze benötigt;
5. die Landflucht (80–100 Mio. ländliche Arbeitskräfte sollen landesweit auf der Suche nach Arbeit und Einkommen unterwegs sein, vgl. Day/Ma 1994) und
6. die wachsende Kriminalität.

Diese Probleme bilden permanente Herausforderungen und sind Hort wachsender Unzufriedenheit der Bevölkerung. Bedrohlich ist vor allem die Lage der ländlichen Gesundheitsversorgung. 95 % der neu verarmten Haushalte auf dem Land sollen aufgrund von Krankheiten in die Armutszone abgerutscht sein, die Zahl der Dörfer mit genossenschaftlicher Gesundheitsversorgung ging von über 90 % (1979) auf 4,8 % (1989) zurück. Zugleich wächst der Unmut der Landbevölkerung über die rigide Geburtenplanungspolitik und die staatliche Entscheidung über die Nutzung von Boden.

Die Unzufriedenheit derjenigen Teile der Landbevölkerung, die von der Reformpolitik nicht oder wenig profitieren, wird durch die Unzufriedenheit städtischer Bevölkerungsteile mit der wachsenden Unsicherheit der Arbeitsplätze, dem Preisauftrieb und dem zunehmenden Arbeitsdruck verstärkt. Dazu kommt der Unmut der Beschäftigten in den privaten und den ländlichen Kollektivbetrieben, die vielfach unter frühkapitalistischen Ausbeutungsverhältnissen arbeiten müssen (mehr als zwölfstündige Arbeitstage, siebentägige Arbeitswoche, mangelnder Arbeitsschutz, Fehlen jeglicher Sozialleistungen usw.). Daß sich unter der Arbeiterschaft Konfliktstoff zu entzünden beginnt, zeigt nicht nur die Zunahme von Ausständen und Unruhen. Selbst von in Asien tätigen Bankern wurde China 1995 als das Land mit dem größten sozialen Unruhepotential aufgrund von Arbeitskonflikten eingestuft (Far Eastern Economic Review, 30. 11. 95, 13).

Die politische Führung verfügt derzeit über keine ausgereiften Konzepte zur Lösung dieser Krisen, die überwiegend Ergebnis des ökonomischen sowie des dadurch bedingten sozialen Wandels sind. Umfrageergebnisse chinesischer Sozialwissenschaftler zeigen, daß die negativen Phänomene sich im Meinungsbild der Bevölkerung deutlich niederschlagen. Zumindest in den Städten brennen der Bevölkerung drei Probleme unter den Nägeln, die mit der Legitimation der KP-Herrschaft eng verbunden sind: die innere Glaubwürdigkeit der KP (schließlich sind es ihre Funktionäre, die korrupt sind), ihre Wirtschaftspolitik (die im öffentlichen Bewußtsein Inflation und soziale Polarisierung hervorbringt oder nicht zu stoppen vermag) und die innere Sicherheit (ein Faktor, dessen Garantie wichtiges Moment der KPCh-Herrschaft war). Dies verbindet sich mit der Auffassung, daß die gegenwärtige Gesellschaft allein denen nutzt, die ohnehin mehr haben an Macht, Geld und Einfluß. Die Parteiführung hat diese Brisanz durchaus erkannt und wiederholt darauf hingewiesen, daß ohne Lösung dieser Probleme der Sturz der Partei drohe.

3. Wachsende Konfliktpotentiale auf dem Land

Die zunehmende Konfliktbereitschaft der Landbevölkerung entwickelt sich immer mehr zu einem zentralen Problem. Wie eingangs bereits betont, bringt sozialer Wandel ein hohes Maß an Destabilisierung mit sich. Gesellschaftliche Mobilität und Polarisierung, Individualisierung und Autonomie nehmen zu, die sozialen Strukturen, Werte und Einstellungen wandeln sich, bestehende Formen sozialer Organisation lösen sich auf. Ökonomische Liberalisierung und Markt verändern die Interessenlage der Individuen wie der Bürokratie, die Ökonomisierung der Politik verändert die Beziehungen zwischen Funktionären und Bevölkerung. Das wachsende Konfliktpotential auf dem Land besitzt folgende Hintergründe:
1. stagnierende Einkommen bzw. das Faktum, daß das Wachstum der bäuerlichen Einkommen im Vergleich zu dem der städtischen zurückbleibt, so daß die Einkommensdivergenz zwischen Stadt und Land rasch wächst;
2. eine gewaltige Kostensteigerung bei den landwirtschaftlichen Inputs, die zu einer Verringerung der Einnahmen aus agrarischer Tätigkeit führen;
3. die wachsende Abgabenbelastung und finanzielle Ausplünderung der Bauernschaft und der ländlichen Betriebe;
4. das hohe Maß an Korruption unter ländlichen Kadern;
5. die Umwandlung von agrarischer Nutzfläche in nicht-agrarisch genutzte;
6. unentgeltliche Arbeitsverpflichtungen der Bauern für öffentliche Projekte an in der Regel 15 bis 27 Tagen im Jahr;
7. Konflikte mit dem Staat hinsichtlich des Bodeneigentums;

8. Konflikte bei der Durchsetzung der Geburtenplanung;
9. der hohe Grad an ländlichem Analphabetismus (Anfang der 90er Jahre 21 % der erwerbsfähigen Landbevölkerung);
1993 verzeichnete das Ministerium für öffentliche Sicherheit u. a. 850 verbotene Demonstrationen und Kundgebungen, 1 210 illegale Versammlungen oder Sitzstreiks, 440 »Unruhen« und 210 »Rebellionen« (Zhengming 4/94, 21). Bei einem Großteil davon handelte es sich um ländliche Protestaktionen.

Ein wichtiger Unmutsfaktor unter der Bauernschaft ist die sich kontinuierlich ausweitende Einkommensschere zwischen Stadt- und Landbevölkerung. Was die Genauigkeit der Daten anbelangt, so ist beim Umgang mit chinesischen Einkommensdaten zwar Vorsicht angebracht, da es sich entweder um das Ergebnis von »Stichprobenerhebungen« handelt, die keineswegs immer repräsentativ sind, oder um die Zusammenfassung von Angaben, die von den unteren Ebenen geliefert werden und häufig nicht den Tatsachen entsprechen. Daher sollten solche Daten wie die in *Tabelle 1* nicht als absolute, sondern lediglich als mögliche Tendenzwerte angesehen werden. Diesen offiziellen Quellen zufolge gestaltete sich das Einkommensverhältnis Stadt-Land seit 1957 folgendermaßen:

Tabelle 1: Einkommensrelation Stadt-Land (1957–1994, in Yuan)

Jahr	Pro-Kopf-Einkommen		Relation (B/A)
	Bauern (A)	Stadtbewohner (B)	
1957	73	235	3,2
1964	97	227	2,3
1978	134	316	2,4
1980	191	439	2,3
1981	223	458	2,1
1982	270	495	1,8
1983	310	526	1,7
1984	355	608	1,7
1985	398	685	1,7
1986	424	828	2,0
1987	463	916	2,0
1988	545	1 119	2,1
1989	602	1 261	2,1
1990	686	1 387	2,0
1991	709	1 544	2,2
1992	784	1 826	2,3
1993	922	2 337	2,5
1994	1 221	3 179	2,6

Quelle: Eigenberechnung nach Statistical Yearbook of China 1995, Peking 1995.

Selbst nach offiziellen Angaben verschlechterte sich also die Einkommensrelation der Bauernschaft zugunsten der Stadtbevölkerung. Tatsächlich dürfte diese Disparität noch erheblich größer sein. So weist etwa der Soziologe Lu Xueyi darauf hin, daß unter Einbeziehung versteckter Einkommen das Disparitätsverhältnis in der ersten Hälfte der 90er Jahre bereits 1 : 3,9 betragen habe. Bezieht man das nicht-monetäre Einkommen der städtischen Bevölkerung (staatliche Subventionierung und Zuschüsse) sowie die Inflationsrate in die Einkommensberechnung ein, dann ergibt sich für die Landbevölkerung ein noch weitaus ungünstigeres Bild.

Das Zurückbleiben der bäuerlichen Einkommen gegenüber den städtischen hat eine ganze Palette von Gründen:
a) Rückgang der staatlichen Investitionen in die Landwirtschaft: von über 10 % in den 70er Jahren auf 3,3 % im 7. und 8. Fünfjahresplan (1986–1990 und 1991–1995), wodurch den lokalen Verwaltungen und der Bauernschaft größere Investitionsverpflichtungen erwuchsen;
b) Ausweitung der Preisschere zwischen Industrieprodukten, die in der Landwirtschaft benötigt wurden, deren Preise rasant stiegen, und Agrargütern, deren Preise aufgrund staatlicher Preisbindung stagnierten, sanken oder sich nur leicht erhöhten;
c) geringe Budgets der Dörfer und Gemeinden bei gleichzeitigem Investitions- und Modernisierungsdruck;
d) Zweckentfremdung wachsender Geldbeträge durch lokale Kader.

In dem Maße, wie ein wachsender Prozentsatz der staatlichen und kollektiven Betriebe rote Zahlen schrieb, die Preise explodierten, die Gehälter der Kader dagegen stagnierten und von den lokalen Behörden die Modernisierung der Städte, Kreise und Gemeinden gefordert wurde, ohne daß die lokalen Ebenen dafür Geldmittel erhielten, nahm der Druck auf die Bauernschaft zu.

Chinesische Arbeiten und Untersuchungen des Autors zeigen eine Verzehnfachung der Abgaben zwischen Ende der 70er und Anfang der 90er Jahre. Wurden 1978 fünf Steuern und Abgaben auf dem Land erhoben, so waren es offiziellen Untersuchungen zufolge im Jahr 1985 im Schnitt 27 (24,25 Yuan pro Kopf) und 1990 97 (80,19 Yuan). Durchschnittlich 17 % des bäuerlichen Einkommens sollen 1990 dadurch abgeschöpft worden sein. Der Prozentsatz an Steuern und Abgaben soll sich bis 1993 auf 30 % der bäuerlichen Einkommen erhöht haben.

Selbstmorde, neuerliche Armut und Unruhen in den ländlichen Gebieten, während derer die Bauern z. B. Parteibüros in den Kreisstädten attackierten, ließen die Zentrale aufschrecken. Im Juli 1993 gab Peking ein Dokument über das Problem der »Belastung der Bauern« heraus und verbot 136 Formen von »Gebühren« und »Abgaben«. Zugleich wurde festgelegt, daß Steuern und Abgaben der Bauernschaft 5 % des Vorjahreseinkommens nicht überschreiten dürften. Die lokalen Verwaltungen umgingen diese Bestimmung allerdings, indem sie einfach höhere Einkommen nach oben meldeten, die Bezeichnungen der Gebühren änderten, die Zahl der Stunden für unentgeltliche öffentliche Arbeiten der Bauern erhöhten, Dienstleistungen nur noch gegen Zahlung »freiwilliger« Gebühren anboten, die Preise für in der Landwirtschaft benötigte Güter anhoben oder bäuerliche Unternehmer mit neuen Gebühren belegten. Darüber hinaus wurde der 5 %-Beschluß vielerorts nicht öffentlich bekanntgegeben. Eine Untersuchung des Landwirtschaftsministeriums von 1994 ergab jedenfalls, daß 59,8 % der befragten Bauern nichts von dem 5 %-Beschluß wußten; über 70 % hatten zwar von einem Beschluß gehört, waren aber nicht über dessen Inhalt informiert.

Weitere Formen der Belastung waren die seit Ende der 80er Jahre zunehmend praktizierte Ausgabe von Schuldscheinen für den Ankauf agrarischer Produkte durch die staatlichen Ankaufstationen (die nicht über genügend Geldmittel verfügten, um die angekauften Güter bezahlen zu können) sowie die Ausgabe von Schuldscheinen für Geldüberweisungen von Wanderarbeitern durch die Postämter. Nicht zuletzt erzeugt die wachsende Zahl der Dorffunktionäre, die auf Kosten der Bauernschaft unterhalten werden muß, Unmut in den Dörfern. Diese Funktionäre werden nicht vom Staat bezahlt, vielmehr müssen ihre Gehälter, Prämien und Zulagen von der Dorfbevölkerung aufgebracht werden.

Kreis- und Gemeindefunktionäre mit Modernisierungsplänen wollen ihre Pläne ebenfalls, gestützt auf Umlagen unter der Bauernschaft und unter bäuerlichen Unternehmen, durchsetzen. Ein besonders drastischer Fall ereignete sich 1993 in der Gemeinde Lukou im Hunaner Kreis Changsha, als der Parteisekretär pro Person 100–150 Yuan einziehen ließ. Die Polizei sammelte das Geld Haus für Haus ein; wer nicht zahlen wollte oder konnte, dessen Eigentum wurde konfisziert, oder die Betreffenden wurden bis zur Auslösung durch Freunde oder Verwandte kurzerhand eingesperrt.

Das Steuersystem, das die Einnahmen der Dörfer und Gemeinden weitgehend auf Einnahmen aus den lokalen Unternehmen reduziert, begünstigt das genannte Verhalten der Funktionäre. Von den Agrarsteuern, die komplett an die Zentrale gehen, verbleibt lokal nichts, obgleich diese Steuern vor Ort eingetrieben werden müssen. Von daher bedeutet die Landwirtschaft kein Direkteinkommen für die Dorf- und Gemeindeverwaltungen.

Die Konflikte mit dem Staat reichen über stagnierende Einkommen und Abgabenbelastungen hinaus. So gibt es massive Unzufriedenheit der Landbevölkerung in der Bodennutzungsfrage. Dies betrifft zum einen die Eigentumsfrage, wobei die Bürokratie sich beständig in die Transaktionen von Boden zwischen den Bauern einmischt, während die Bauernschaft den Boden inzwischen mehr oder weniger als Eigentum zu betrachten scheint: Transfer von Anbaufläche gegen Geld, Verkauf bzw. Kauf von Boden im Namen des Kaufs bzw. Verkaufs von Gebäuden, Verkauf von dorfeigenem Boden an Industriebetriebe durch Dorfverwaltungskomitees und andere bislang illegale Transaktionen. Dazu kommt die entschädigungslose Enteignung von Landnutzungsrechten durch übergeordnete Behörden für Industrieansiedlungen, Straßenbau u.a. Selbst Landbesetzungen durch Bauern oder ganze Clans sind inzwischen keine Seltenheit mehr.

Diese Konfliktmuster paaren sich mit der Unzufriedenheit über die sich verschlechternde soziale Lage der Bauernschaft (mangelnde medizinische Versorgung, Kostenexplosion im Gesundheitswesen, so daß ärztliche Behandlung für Landbewohner immer weniger finanzierbar ist, drastische Schulgebühren, die zu einem Rückgang der Schulbesuchsrate geführt haben, Ausdünnung des Kultursektors, weil die staatlichen Subventionen dafür gestrichen wurden usw.). Dazu gesellt sich die Unzufriedenheit über die 1978 versprochene Abschaffung der unentgeltlichen bäuerlichen Arbeitspflichten für öffentliche Projekte, wobei sich diese Verpflichtung mit Geldzahlungen abdecken läßt, was wiederum nur den wohlhabenderen Haushalten oder Dörfern möglich ist, sowie die Rigidität hinsichtlich der Geburtenkontrolle. Diese Rigidität hat sich in den letzten Jahren verschärft, nicht, weil die Geburtenrate niedrig gehalten werden soll, sondern weil die Bußgelder für »Überplangeburten« drastisch angehoben und bereits zu einem festen Bestandteil der lokalen Etats wurden. Das Interesse vieler Lokalverwaltungen liegt daher auf der Erhebung von Bußgeldern, nicht aber auf der Senkung der Geburtenrate.

Die Unzufriedenheit der Bauernschaft schlägt sich in unterschiedlichem Protestverhalten nieder:
- in der Weigerung, Gebühren oder Steuern zu zahlen oder Getreide an den Staat zu verkaufen;
- in tätlichen Angriffen auf Kader oder Lokalbehörden (etwa auf Steuerbeamte) und deren Eigentum;
- in der Abwanderung von Bauern aus der Landwirtschaft in Nichtagrarbereiche bzw. in die Städte, mit der Folge zunehmender Bodenbrache;
- in der Vernachlässigung der Investition in Böden und landwirtschaftliche Infrastruktur;
- in der Korruption, bis hin zum Kauf politischer Ämter in den Dörfern, Gemeinden, Land- und Kreisstädten;
- in der Verclanung von ländlichen Betrieben und Dorfverwaltungen;
- in kollektivem Raub von in der Landwirtschaft benötigten Gütern wie Kunstdünger, Insektizide, Dieselöl;
- in zunehmender Kriminalität auf dem Lande, vor allem in den entwickelteren Gebieten; im Perlflußdelta in der Provinz Guangdong verschob sich in der ersten Hälfte der 90er Jahre das Kriminalitätszentrum von den Städten in die Dörfer. 70 % der Straftaten in Meizhou (Provinz Guangdong) wurden 1993 in den zur Stadt gehörenden Dörfern verübt. Dabei geht der Trend von Klein- und Mittel- zu Schwer- und zu organisierter Kriminalität.
- im Ansteigen der Kriminalität in den Städten: Das massive Anwachsen der urbanen Kriminalität geht überwiegend auf die ländliche Wanderbevölkerung zurück, wobei der krasse Stadt-Land-Unterschied, die Diskriminierung von Wanderarbeitern und das in den Städten deutlich sichtbare Konsumverhalten einer neureichen Schicht erheblichen Einfluß ausüben dürfte; hierzu zählen auch die landesweit vor allem von Dorfunternehmen betriebene Herstellung von gefälschten oder verbotenen Waren, die von Bauern in den Städten vertrieben werden;
- Selbstorganisation aufgrund fehlender Möglichkeiten der Interessenartikulation, z.B. Organisation in religiösen Geheimgesellschaften und Sekten. Sekten in Guangdong rekrutieren jährlich Tausende von neuen Mitgliedern unter allen sozialen Schichten, auch unter Parteimitgliedern und Intellektuellen.
- Zunahme von Drogenabhängigkeit und Glücksspiel unter der Bauernjugend.

4. Herausforderung durch transformatorisches Potential

In den Sozialwissenschaften ist die Tendenz weit verbreitet, Wandlungsprozesse aus der Makroperspektive zu betrachten. Zentrale Institutionen oder Eliten werden analysiert, Bewegungen unter Bevölkerungsgruppen oder -schichten weitgehend ausgeblendet. Veränderungsprozesse lassen sich ohne Rekurs auf die unteren Ebenen aber weder erklären noch verstehen. Gerade im Falle Chinas, mit seinen heterogenen Strukturen, die sich von Provinz zu Provinz, von Kreis zu Kreis, ja häufig von Dorf zu Dorf unterscheiden, führt der Blick auf die Makroebene leicht zu falschen oder vereinfachenden Schlußfolgerungen. Die folgende Betrachtung geht daher von der Mikroebene, den lokalen Strukturen aus, hier primär vom Land und den Bauern, was sich bei einem von der Bauernschaft dominierten Land wie China anbietet. Dabei läßt sich ein grundsätzlicher, tendenzieller Zusammenhang von ökonomischem, sozialem und politischem Wandel konstatieren (Heberer 1993; Goodman/Hooper 1994; Heberer/Taubmann 1997).

Der ökonomische Wandel auf dem Lande kommt vor allem in dem raschen Prozeß der Privatisierung zum Ausdruck. Dieser Prozeß hat zugleich soziale und politische Implikationen, weil er zu einer Neustrukturierung des sozialen Schichtengefüges führt, schließlich zur Veränderung bestehender und zur Herausbildung neuer Eliten. Entsprechend wandeln sich Wertvorstellungen und Einstellungen. Es entstehen neue gesellschaftliche Gruppen, wie Unternehmer- oder Berufsgruppen, die im öffentlichen Leben Mitsprache haben wollen, was sich u. a. in der Gründung von Interessenvereinigungen niederschlägt.

4.1 Private Gestaltung des ländlichen Wirtschaftsprozesses

Erster Privatisierungsschritt war die Ende der 70er Jahre eingeleitete Rückkehr zu familiärer Bewirtschaftung. Nicht das Kollektiv, sondern die Familie war nun wieder grundlegende Produktionseinheit auf dem Land. Dieser Schritt war keineswegs Ergebnis der Einsicht einer weisen, vorausschauenden Parteiführung, sondern Resultat gescheiterter Politik der Mao-Ära. Der Versuch, ab den 50er Jahren die Städte und die Industrie auf Kosten der Bauernschaft zu entwickeln und die Lebensbedürfnisse der Bauernschaft denen der Stadtbewohner nachzuordnen, bewirkten nicht nur Verfall bzw. Stagnation der Landwirtschaft, sondern auch eine Verschlechterung der Lebensbedingungen der Bauern. In einzelnen Armutsgebieten brach die Landbevölkerung bereits 1975/76, also noch zu Lebzeiten Maos, mit der Kollektivwirtschaft und teilte den Boden unter den Familien auf. Dieser Trend setzte sich 1977/78 fort. Lokale Parteiführer tolerierten dies, um die Unzufriedenheit der Bauern einzudämmen, und weil andere Lösungen zur Besserung der Lage der bäuerlichen Bevölkerung nicht in Sicht waren.

Der Erfolg familiärer Bewirtschaftung gab den Befürwortern dieser Maßnahmen recht. Die Stimulierung der individuellen und familiären Leistungsbereitschaft führte oft schon nach kurzer Zeit zu einer Verbesserung der Ertrags- und Lebenslage der betroffenen Bauernfamilien. Nach kurzer Auseinandersetzung wurde dieses Programm dann 1979 als »Landwirtschaftsreform« von der Parteiführung gebilligt. Zunächst nur für Armutsgebiete konzipiert, breitete sich die Reform wie ein Steppenbrand im ganzen Land aus. Als die Parteiführung beschloß, sie landesweit durchzuführen, hatte die Landbevölkerung bereits Tatsachen geschaffen: Familiäre Bewirtschaftung war nahezu überall an die Stelle kollektiver Bewirtschaftung getreten.

Dieser Prozeß öffnete eine Büchse der Pandora: Nachdem die ländlichen Kollektive mit einem Überangebot an Arbeitskräften gemeinschaftlich den Boden bearbeitet hatten, führte die Rückkehr zur Bewirtschaftung kleiner Parzellen auf Familienbasis zur Freisetzung von Millionen von Arbeitskräften (chinesische Wissenschaftler sprechen von 150 bis 200 Mio.), die nun nicht mehr in der Landwirtschaft benötigt wurden. Sie mußten sich andere Beschäftigungskanäle suchen. Da der Staat solche Kanäle nicht bereitstellen konnte, die Staatsbetriebe nur Stadtbewohnern offenstanden und personell ohnehin hoffnungslos überfrachtet waren, war die Selbstorganisation ländlicher Überschußarbeitskräfte in einem privaten, informellen Sektor der einzige Ausweg. Ein Aufschwung des bäuerlichen Heimgewerbes, zunehmende Marktproduktion und damit die Revitalisierung der ländlichen Märkte und des privaten Kleinhandels und Handwerks waren die Folge. Anfang der 80er Jahre billigte die Parteiführung private Wirtschaftstätigkeiten in kleinerem Umfang. Sie erhoffte sich davon die Schaffung neuer Arbeitsplätze, eine Verbesserung der Versorgungslage sowie die Erschließung neuer Einnahmequellen (Heberer 1989).

Doch was ursprünglich nur als Zulassung von Kleinhandel und Handwerk gedacht war, entwickelte sich binnen kurzer Zeit zum dynamischsten Eigentumssektor. War die Einstellung lohnabhängig beschäftigter Personen zunächst verboten, so wurde binnen weniger Jahre die Einstellung von zunächst zwei, dann fünf, später sieben Arbeitskräften nachträglich gebilligt. 1987 wurden Beschränkungen in den Einstellungen generell aufgehoben, weil es bereits Zigtausende privater Unternehmen mit mehr als sieben Beschäftigten gab. Ursache dieses Privatisierungsprozesses war letztlich nicht der gute Wille der Parteiführung, sondern vielmehr der Beschäftigungsdruck und die Armut auf dem Land, welche die bäuerliche Bevölkerung notwendig nach neuen Beschäftigungs- und Einkommensquellen suchen ließen. Von daher hätte jeder Versuch, die Entwicklung des privaten Sektors zu beschneiden, zu einer Verschärfung dieser Probleme und damit zu massiven sozialen Konflikten geführt.

Als Ergebnis dieser Entwicklung waren offiziellen Angaben zufolge Ende 1994 44,24 Mio. Arbeitskräfte (von 614,7 Arbeitskräften insgesamt, davon 317 Mio. im Nichtagrarsektor) in 22,3 Mio. Privatunternehmen tätig. Angesichts der Gesamtzahl der Erwerbspersonen mag diese Zahl relativ gering erscheinen. Den schattenwirtschaftlichen, d. h. nicht-registrierten Bereich (dieser Sektor soll offiziellen Angaben zufolge so groß sein wie der registrierte), mithelfende Familienangehörige, Personen mit Zweitberuf sowie die große Zahl von Betrieben, die nominell staatliche oder kollektive, tatsächlich aber in Privatbesitz sind, eingerechnet, dürften derzeit jedoch mindestens 200 Mio. Arbeitskräfte im Privatsektor tätig sein. Eigentumsmischformen und quasi-private Bewirtschaftung von Staats- und Kollektivbetrieben, wie Verpachtung an Einzelpersonen, wurden hier noch nicht einmal berücksichtigt.

Die Parteiführung einigte sich darauf, daß die Duldung von Privatwirtschaft in begrenztem Umfang (»Ergänzung zur sozialistischen Wirtschaft«) Teil der anzustrebenden »sozialistischen Marktwirtschaft« sein sollte. Um diesen Kompromiß nicht brüchig werden zu lassen, wurde der private Sektor in diverse Kategorien eingeteilt, die nicht als privat bezeichnet werden, wie »Bürgerwirtschaft«, »vom Volk betriebene Wirtschaft«, »Familienwirtschaft«, »Haushaltswirtschaft« oder »Hofwirtschaft«. Selbst die familiäre Bewirtschaftung im Agrarsektor gilt nicht als private Wirtschaftstätigkeit, sondern als »familiäre«. Eine Ende 1995 veröffentlichte Liste der 500 größten Privatunternehmen Chinas weist für die einzelnen Betriebe Jahresumsatzgrößen zwischen 1,6 Mrd. und 11,1 Mio. Yuan aus. Daher ist der »Ergänzungsfaktor« auf dem Weg, zu einem tragenden Element der Volkswirtschaft zu werden, zumal er nicht, wie der Staatssektor, staatlich subventioniert werden muß, sondern für den Staat einen wachsenden Einnahmefaktor darstellt.

Nun wäre es falsch, daraus auf einen sanften Übergang zu marktwirtschaftlichen Verhältnissen nach europäischem Vorbild zu schließen. Zum einen fehlt es an einem rechtlichen Instrumentarium, das dem Privatsektor Sicherheit bieten könnte, zum anderen handelt es sich bei der »sozialistischen Marktwirtschaft« Chinas um eine staatlich gelenkte, d. h. um eine etatistische Wirtschaftsform. Zwar ist der Privatsektor der derzeit dynamischste Sektor, der seine Aktivitäten am elastischsten dem Markt und seinem Bedarf anzupassen vermag. Doch trotz formalrechtlicher Gleichstellung wird er von den lokalen Behörden diskriminiert und seine kontinuierliche Entwicklung behindert. Massive Entwicklungshindernisse existieren zum Beispiel durch Diskriminierung beim Marktzugang, bei der Erlangung von Gewerbeflächen bzw. Geschäftsstandorten, Rohmaterialien, Rohstoffen, Krediten, Kapital und Exportlizenzen, durch die Vielzahl willkürlicher Gebühren, Umlagen und Sonderabgaben an die lokalen Behörden sowie durch die hohe Steuerbelastung (1994 betrugen die Einkommenssteuern für Staats- und Kollektivbetriebe 33 %, für private 35–40 %), durch bürokratische Beschränkungen des Marktzugangs (so brauchten Privatwirtschaftende in Sichuan 1994 bis zu 35 behördliche Genehmigungen vor der Registrierung als selbständige Unternehmen) und durch gesellschaftliche Vorurteile bzw. sozialen Neid. Dazu kommen politische Probleme, wie häufige Schwankungen in der zentralen und lokalen Politik, die partielle Klassifizierung von Beschäftigung im Privatsektor als »Ausbeutung« und von Privatunternehmern als »neue Kapitalisten«.

Auf dem Land dominiert der Privatsektor hinsichtlich der Zahl der Betriebe und der Beschäftigten bereits absolut. Die 24,53 Mio. ländlichen Betriebe mit 123,45 Mio. Beschäftigten verteilten sich 1993 wie folgt:

Tabelle 2: Eigentumsformen ländlicher Betriebe (1993, in %)

	Betriebe	Beschäftigte
* gemeinde- und landstadteigene (xiangzhen)	1,8	23,3
* dorfeigene (cun)	5,1	23,4
* Gemeinschaftsunternehmen (mit Kapital von mehr als zwei Bauernfamilien sowie Aktienbetriebe)	4,2	7,4
* dörfliche Privatunternehmen	88,9	45,9
gesamt	100,0	100,0

Quelle: Zhongguo xiangzhen qiye nianjian 1994 (Jahrbuch der ländlichen Betriebe Chinas), Peking 1994, S. 151, 160.

Tabelle 2 zeigt, daß zwar die meisten Unternehmen privat sind, daß es sich gleichwohl um die kleineren Betriebe handelt, während die größeren von den Gemeinden und Dörfern gehalten werden. Hierbei muß allerdings zwischen formeller und tatsächlicher Eigentumsform unterschieden werden: Viele Privatunternehmen lassen sich aus steuerlichen, politischen, protektionistischen oder Marketing-Gründen lieber als »Kollektivunternehmen« einstufen.

Der Privatisierungsprozeß pflanzt sich mittlerweile in die Städte hinein fort. Dort bleibt jedoch der Staatssektor dominant, konzentrieren sich private Wirtschaftstätigkeiten noch weitgehend auf den Tertiärsektor.

4.2 Die Herausbildung neuer lokaler Schichten und Eliten

Es haben sich neue Schichten etabliert, wofür zwei Momente der sozialen Differenzierung und Polarisierung förderlich waren:
a) die *Entwicklung des Privatsektors*, die keineswegs nur ökonomische Effekte besitzt, und die damit verbundene Herausbildung einer zum Teil recht wohlhabenden Unternehmerschicht;
b) die *Ökonomisierung der Politik*, d. h. die Ausrichtung der Funktionäre auf die wirtschaftliche Entwicklung, auf Unternehmer-, Markt-, Wettbewerbs- und Gewinndenken. *(Siehe auch den Beitrag von Sebastian Heilmann.)* Einkommen und Aufstieg hängen nun nicht mehr von politischen Faktoren wie Klassenherkunft oder politischem Bewußtsein ab, sondern von der Erreichung wirtschaftlicher Zielsetzungen. Leitbild des guten Funktionärs ist heute der Unternehmer und nicht mehr der ideologisch geschulte Kader. Von der zentralen Parteischule bis zu denen der Gemeinden stehen Schulungen in Management, Marktwirtschaft, Finanzwesen und Buchhaltung auf dem Stundenplan, weniger abstraktes politisches Grundwissen. »Nur wer ein guter Unternehmer ist, ist auch ein guter Kader«, lautet heute die Devise. Eine wachsende Zahl von Funktionären ist daher in die Wirtschaft um- oder eingestiegen und bezieht zunehmend das Haupteinkommen aus Wirtschaftstätigkeiten. Umfragen zufolge wollten Anfang der 90er Jahre immerhin rund 90 Prozent der Dorfkader ihre Ämter niederlegen und in der Wirtschaft Geld verdienen. Niedrige Funktionärsgehälter und wachsender Erwartungsdruck sowohl von Seiten der höheren Organe als auch der lokalen Bevölkerung beschleunigen den Prozeß der Ämteraufgabe.

Ebenso hat die Partei massive Rekrutierungsprobleme. Ende 1994 beklagte das Parteiorgan »Volkszeitung«, daß die Partei aufgrund der Unfähigkeit vieler Funktionäre und als Folge der Korruption, der Änderungen der Wertvorstellungen der Jugend und des Konservatismus älterer Parteimitglieder gegenüber Privat- und Marktwirtschaft, Handel und Geldverdienen kaum noch Anziehungskraft besitze.

Daher tolerieren die höheren Stellen die Selbstbereicherung der Kader auf Dorf- und Gemeindeebene, soweit sie auf erfolgreicher Wirtschaftsentwicklung basiert. Ansonsten bestünde die Gefahr, daß die Qualifiziertesten abwanderten und der ländliche Funktionärsstamm sich zunehmend nur noch aus Unqualifizierten und anderen Personen, die im Wirtschaftssektor ohne Chance sind, zusammensetzte.

Die durch Privatisierung und Ökonomisierung der Politik geschaffenen neuen Erwerbs- und Einkommensmöglichkeiten bilden die Ursache für Einkommensdisparitäten, wachsende Ungleichheit und damit für soziale Differenzierung und Polarisierung. Durch das Nutzen von Marktchancen und Marktlücken, durch die Kontrolle wichtiger Ressourcen (Funktionäre) sowie gute Beziehungen zu lokalen Kadern (Unternehmer), durch legale, illegale, krypto-private oder schattenwirtschaftliche Tätigkeiten, durch Spekulation und Korruption lassen sich enorme Einkommen erzielen: Auf dem Lande verstärken die wesentlich höheren Einkommen im Nichtagrarsektor die lokalen Disparitäten bei den Einkommen und im Lebensstandard. Zugleich entstehen neue Schichten. Der Markt hat also neue Quellen für Macht geschaffen, wobei sich diese Macht zunächst ökonomisch äußert.

Grundsätzlich lassen sich heute auf dem Land 13 Schichten unterscheiden:
a) Schichten mit hohem Status: führende Partei- und Verwaltungskader; Manager größerer nicht-privater Unternehmen; größere Privatunternehmer mit für einen Ort wichtiger Finanzkraft bzw. wichtigen sozialen Beziehungen;
b) Schichten mit gehobenem Status: sonstige lokale Funktionäre; Intellektuelle (Lehrer, Ärzte, Techniker u. a.); sonstige größere Privatunternehmer; Manager kleinerer ländlicher Betriebe;
c) Schichten mit durchschnittlichem Status: Angestellte in Kollektivunternehmen; private Kleinunternehmer;
d) Schichten mit niedrigem Status: Vertragsarbeiter in Kollektivunternehmen; Beschäftigte in Privatunternehmen; Kleinbauern; Wanderarbeiter von außerhalb.

Die lokale Wirtschaftselite setzt sich aus den Managern der ländlichen Kollektivbetriebe und aus erfolgreichen Privatunternehmern zusammen. Die ersteren rekrutieren sich zu einem großen Teil aus aktiven oder ehemaligen Kadern oder aus Personen mit guten Verbindungen zur politischen Elite. Zu einem hohen Prozentsatz handelt es sich um ehemalige Verwaltungskader. Managerposten in größeren Unternehmen bilden die einträglichsten Pfründe. Die ländlichen Betriebe werden in der Regel von den Managern gepachtet, wobei diese bei Erfüllung der vertraglichen Vorgaben in der Regel 1-3 % der Gewinnsumme als Boni erhalten. Bei Nichterreichen der Normen verringert sich die Prämiensumme, bei Übererfüllung dagegen nimmt sie erheblich zu. Während die Direktorengrundgehälter in der ersten Hälfte der 90er Jahre zwischen 250 und 500 Yuan monatlich schwankten, konnten in Regionen mit industrieller Infrastruktur die monetären Boni der Führungsmanager bei kleineren Betrieben über zehntausend Yuan im Jahr, bei florierenden größeren (mit über hundert bzw. mehreren hundert Beschäftigten) einige Zigtausend und in Einzelfällen über 100 000 Yuan betragen. Nicht nur monetäre, auch nicht-monetäre Boni werden vergeben, wie die Schenkung von Häusern, Limousinen, Eigentumswohnungen (jeweils im Wert von mehreren hunderttausend Yuan), städtischen Wohnberechtigungen usw. Die Direktoren größerer Betriebe verfügen in der Regel über eigene Pkws sowie großräumige, gut ausgestattete Villen.

Bei den privaten Unternehmern handelt es sich überwiegend um ehemalige Funktionäre, ehemals landverschickte städtische Mittelschulabsolventen, Angehörige vorrevolutionärer Eliten bzw. früherer Privatunternehmer sowie ehemalige Armeeangehörige. Diese Gruppen verfügen in der Regel über einen gewissen Bildungs- und Erfahrungshintergrund bzw. über gute Beziehungen zur örtlichen Bürokratie. Daß ehemalige Parteifunktionäre oder Personen mit verwandtschaftlichen Verbindungen zu höheren ländlichen Kadern einen wichtigen Teil der größeren bzw. mächtigeren Privatunternehmer stellen, ist kaum verwunderlich, denn Privatunternehmer ohne derartige Verbindungen und Funktionäre ohne wirtschaftliche Anbindung sind von dieser Entwicklung benachteiligt.

In den Dörfern bilden die Führungsmitglieder des Partei- und des Dorfverwaltungskomitees (das administrative Organ) die politischen Autoritäten. Soweit diese die Dorfbetriebe kontrollieren, stellen sie auch die wirtschaftliche Elite. Daneben gibt es in den Dörfern eine wirtschaftliche Elite, die sich aus erfolgreichen Privatunternehmern, wohlhabenden Bauernhaushalten und den Managern der dorfeigenen Betriebe (meist Kader bzw. deren Familienangehörige) zusammensetzt. Eine relativ große Rolle spielt die traditionelle Elite: Clanälteste und religiöse Persönlichkeiten. In den meisten Dörfern haben sich Verquickungen zwischen den verschiedenen Eliten herausgebildet. Politische und ökonomische Macht beginnen sich hier am deutlichsten zu vermengen.

Stratifikation und Elitenwandel haben das ländliche Sozialgefüge grundlegend verändert. Obwohl es seit 1949 durchgängig soziale Schichtung gegeben hat, existieren gravierende Unterschiede zwischen der Schichtung vor und nach Beginn der Reformen. Davor handelte es sich im wesentlichen um eine Schichtung, die politische Kriterien zur Grundlage hatte, wobei Parteimitgliedschaft, Kaderrang, Klassenherkunft und ideologische Standfestigkeit Voraussetzung der Elitezugehörigkeit waren und Personen, die den »Klassenfeinden« zugerechnet wurden, wie ehemalige Großgrundbesitzer, reiche Bauern und deren Familienmitglieder sowie Angehörige der ehemals politischen Elite, zur untersten Schicht zählten. Familienherkunft und Klassenstatus waren weitgehend identisch.

Heute hingegen handelt es sich um eine Schichtung, die stärker auf ökonomischen Kriterien (wirtschaftlicher und unternehmerischer Erfolg) beruht. Die Diversifizierung des Eigentumsystems, soziale Mobilität und wachsende Arbeitsteilung bilden – wie oben erwähnt – die Grundursachen für die Ausweitung von Einkommensdisparitäten und soziale Stratifikation, wobei das Ausmaß dieser Entwicklung in so kurzer Zeit beachtlich ist. Eine statistische Erfassung von Einkommen ist aufgrund der Undurchsichtigkeit der Einkommensquellen, des riesigen schattenwirtschaftlichen Bereiches (so geht ein Großteil der Beschäftigten im Staatssektor einem Zweitberuf nach), der Verschleierung zur Vermeidung von Steuerzahlungen, behördlicher Willkür und gesellschaftlichem Neid sowie des Defizits an Erfassungskapazitäten kaum möglich. Statistischen Angaben zufolge soll es aber 1995 über fünf Millionen Haushalte mit einem Jahreseinkommen von über 50 000 Yuan gegeben haben (2 % aller Haushalte). Gegenwärtig wird über die hohen Einkommen der Privatunternehmer heftig debattiert, wollen konservative Funktionäre diese Einkünfte eingeschränkt sehen und sind die Vorurteile in der Bevölkerung groß (so lauten weitverbreitete Meinungen, Privatunternehmer kämen überwiegend aus der Unterschicht, seien Asoziale, die lediglich auf schnellen Gewinn zielten). Ökonomen haben gezeigt, daß es in den postsozialistischen Gesellschaften häufig talentierte Kräfte aus der Unterschicht sind, die im Übergang von der Plan- zur Marktwirtschaft initiativ und damit reich werden, und dies keineswegs nur auf legalem Wege, wobei das Vermögen häufig durch private Aneignung staatlichen Eigentums erfolgt.

Aus diesem ländlichen Elitenwandel vor allem auf der Gemeinde- und Dorfebene darf aber noch nicht geschlossen werden, daß ein einfacher Machtwechsel von der alten (politischen) auf die neue (wirtschaftliche) Elite bevorsteht. Dies würde eine Veränderung des politischen Systems voraussetzen. Solange das gegenwärtige System fortexistiert, werden sich Angehörige der neuen Wirtschaftselite nur über eine Mitgliedschaft in der Partei einflußreiche Ämter sichern können. Aber politische Macht und politischer Einfluß resultieren nicht mehr *nur* aus der Mitgliedschaft in der Partei. »Machtausübung« und damit Partizipation ist durchaus auch über

Korruption (Bestechung von Kadern) und persönliche Beziehungen (»guanxi«) möglich, die privaten Unternehmern auf dem Land oft einen beträchtlichen Einfluß auf politische und ökonomische Entscheidungen ermöglichen. Funktionäre, die in die Privatwirtschaft eingestiegen sind, vermögen staatliche oder halbstaatliche Kontrollinstitutionen aufgrund ihres Beziehungshintergrundes oftmals in den Dienst ihrer wirtschaftlichen Interessen zu stellen.

Die genannten Veränderungen der lokalen Machtstrukturen bedeuten bereits einen Wandel des politischen Systems. Die systemische Veränderung besteht eben darin, daß diese neuen Eliten nicht im Zuge politischer Prozesse Eingang in die Elite gefunden haben, sondern aufgrund ökonomischer Zusammenhänge. Sie repräsentieren neue Werte, neue Statussymbole, neue politische und wirtschaftliche Interessen und Zielsetzungen, die den ursprünglichen Zielen und Intentionen der Partei zuwiderlaufen.

Die primär ökonomische gegenüber der früher ideologischen Ausrichtung der Funktionäre begünstigt den Aufstieg wirtschaftlich erfolgreicher Kader und damit Elitenwandel. Lokal bleiben die Kader zunächst politische Entscheidungselite. Die Wirtschaftsmanager florierender Betriebe, zum Teil auch größere Privatunternehmer, spielen gesellschaftlich eine wachsende Rolle, an politischen Entscheidungsprozessen sind sie derzeit eher marginal beteiligt. Allerdings sind sie führend im Lebensstandard. Nach wie vor sind in den ländlichen Regionen die Parteiführungen dominant, sind sie der Wirtschaftselite übergeordnet. Von daher hat sich ein Dualismus von politischer und wirtschaftlicher Macht herausgebildet, bei dem politische nicht automatisch wirtschaftliche Macht und die letztere nicht per se politische mit sich bringt. Doch wirtschaftliche Macht drängt nach politischer Macht, nicht zuletzt zur Durchsetzung ökonomischer Interessen und zur Erhöhung des gesellschaftlichen Status. Die neuen Eliten verkörpern ökonomische Interessen, entwickeln zugleich aber soziales und auch politisches Partizipationsinteresse und versuchen mittels ihres pekuniären Machtpotentials Einfluß auf die künftige Politikgestaltung zu nehmen. Darauf weist u. a. ein Papier des Zentralkomitees der KPCh aus dem Jahre 1994 hin, in dem vor der Tendenz gewarnt wird, daß Privatunternehmer in wachsendem Maße lokal politische Ämter, Wählerstimmen und Funktionäre kauften.

4.3 Veränderung der Einstellungen und Werte

Der ökonomische und soziale Wandlungsprozeß hat einen merklichen Einstellungs- und Wertewandel in Gang gesetzt. Einheitliche, generationen- oder schichtenübergreifende Einstellungen und Wertvorstellungen beginnen sich aufzulösen. Für den Zusammenhalt der Gesellschaft positive Einstellungen und Werte verlieren ihre Wirkung zugunsten stärker individualistisch geprägter. Daß dies von großen Bevölkerungsteilen subjektiv erkannt wird, zeigt sich an Umfrageergebnissen, bei denen der Verfall der sozialen Ethik mehrheitlich beklagt wird. Ein Beispiel von vielen entstammt der ersten landesweiten Meinungsumfrage über zwischenmenschliche Beziehungen aus dem Jahre 1992, wobei 72,8 % der Befragten der Auffassung waren, die Menschen seien »egoistisch« geworden und 78,2 % meinten, ohne Geschenke (Korruption) ließe sich »gar nichts mehr erreichen«.

Dieser Wertewandel vollzieht sich rascher unter der Jugend, in den Städten, in entwickelteren Regionen mit höherem Grad sozialer Mobilität sowie unter den Wanderarbeitern und anderen ländlichen Arbeitskräften, die in nicht-agrarische Sektoren übergewechselt sind.

Umfragen unter Jugendlichen in der zweiten Hälfte der 80er Jahre weisen auf eine Reihe von Grundmustern des Wertewandels hin:
1. Individualisierung der Lebensanschauungen und -vorstellungen;
2. stärkere Betonung individueller Interessen und Neigungen; zunehmende Ablehnung von Vorbildern;
3. neue Interessenprioritäten, Abnahme des Interesses an Politik und damit Verringerung des Einflusses der Partei;
4. Drang nach unabhängigerem Denken und wachsende Ablehnung von Ein- und Unterordnungsschemata;
5. wachsendes Interesse an Berufen, die Unabhängigkeit bzw. größere Entscheidungsselbständigkeit mit sich bringen;
6. steigender Zukunftspessimismus;
7. die Partei wird als notwendiges Mittel zum Aufstieg begriffen, nicht mehr als gesellschaftliche und ideologische Führungsinstanz.

Eigene Umfragen unter Belegschaften ländlicher Betriebe zeigen, daß sich trotz zum Teil gravierender Unterschiede je nach dem ökonomischen Entwicklungsstand und der politischen Situation eines Ortes, dem Bildungsgrad und Alter der Befragten aus den Antworten folgende Schlußfolgerungen ziehen lassen:
1. Im gesellschaftlichen Leben spielt die Familie wieder offen die dominierende Rolle. Allerdings wird die Rolle der Familie heute stärker von ökonomischen, weniger von traditional-konfuzianischen Momenten bestimmt. *(Siehe auch den Beitrag Nr. II von Carsten Herrmann-Pillath.)* Individualistisches Denken und Verhalten nehmen einerseits zwar zu, bleiben andererseits aber dem Familiensinn noch nachgeordnet. Der Status der Familie und die Zukunft der Kinder gelten als zentrale Fragestellungen bei der Zukunftsplanung.
2. Soziale Ungleichheit und Stratifikation werden akzeptiert, die Haltung gegenüber diesem Prozeß ist jedoch ambivalent, weil egalitäre Vorstellungen von Harmonie und sozialer Gemeinschaft dadurch verletzt werden. Der Urbanisierungsprozeß hat traditionelle Vorstellungen vom »autarken Dorf« bereits weitgehend zerstört und familienbezogenen Wohlstand stärker in den Mittelpunkt der Interessen gerückt. Das Interesse an einer Verbesserung der materiellen Lebensverhältnisse kommt in den Umfrageergebnissen deutlich zum Ausdruck. Der Wechsel in nichtagrarische Tätigkeitsbereiche sowie die damit verbundene Migration und Ausweitung bzw. Differenzierung sozialer Kontakte haben zur Veränderung von Einstellungen und Werten beigetragen.
3. Verschiedene Eigentumsformen werden akzeptiert und als gleichberechtigt anerkannt, Handel und Warenwirtschaft finden eine neue und positivere Bewertung. Dies ist eine wichtige Grundlage für die weitere Entwicklung von Markt und Privatsektor auf dem Lande.
4. Höchstes berufliches Image besitzen die »Wissenden«, d. h. wissenschaftlich-technische Fachkräfte. Nicht der hart arbeitende Bauer ist Vorbild auf dem Lande, nicht der »rote« Experte, der Kader, sondern der gut ausgebildete Fachmann. Eine solche Einstellung fördert den Wunsch nach Bildung für die eigenen

Nachkommen und läßt nur noch den fachlich versierten Funktionär Akzeptanz finden. Insgesamt zeigt sich, daß der Fachmann und der Unternehmertyp Vorbilder auf dem Land sind, nicht der Arbeiter, Bauer oder Funktionär. Dabei spielt es keine Rolle, ob der Unternehmer der Manager eines nicht-privaten oder der Eigentümer eines größeren privaten Betriebes ist.
5. In der Haltung gegenüber den Kadern drückt sich Skepsis aus, ob sie den gegenwärtigen wirtschaftlichen Erwartungen gerecht werden können. Das selbstherrliche und korrupte Verhalten vieler lokaler Funktionäre bereitet den Nährboden für diese Skepsis. Und Skepsis gegenüber den Funktionären bedeutet Skepsis gegenüber der Partei.
6. Die Rolle der Partei bei akuten Problemlösungen am Arbeitsplatz wird eher gering eingeschätzt. Dies kommt bei Jüngeren und Gebildeteren besonders deutlich zum Ausdruck.
7. Beziehungen (»guanxi«) spielen auch weiterhin eine zentrale Rolle in Alltag und Leben.
8. Im Antwortverhalten manifestieren sich letztlich die zunehmende Differenzierung des Weltbildes der Landbevölkerung, ein wachsendes Problembewußtsein und der damit einsetzende Wandel vom »Gehorchen« (ting hua), bäuerlichem Hinnehmen und Erdulden, zum wachsenden Wunsch nach Mitsprache (can yu).

Das partielle Heraustreten aus Landwirtschaft und Dorf, Tätigkeiten in Landstädten und Industriebetrieben und die damit verbundene Erweiterung des Weltbildes und der sozialen Kontakte führen zu einer Aufweichung der bäuerlich-ländlichen Teilkultur. Dies drückt sich zunächst in der Ausweitung interpersoneller Kontakte und dorfübergreifender Erkenntnisse und Erfahrungen aus, sodann in der Teilnahme am Marktgeschehen, in Investitionen und Unternehmertätigkeiten, schließlich in dem Wunsch nach materiellem Wohlstand, besserer Ausbildung für den Nachwuchs und zunehmender Empathie.

Die Wertvorstellungen der Menschen haben sich differenziert. Werte wie Aufopferung für das Kollektiv und altruistisches Verhalten im Sinne von »Modellhelden« finden auch unter der ländlichen Bevölkerung kaum mehr Resonanz. Dem Familisierungs-, Individualisierungs- und Privatisierungsprozeß entspricht es, den Wert des Lebens stärker in Konsum, in familiärem und privatem Glück, in außeragrarischen Berufsfeldern, in der Maximierung des Einkommens oder in innerer Kontemplation zu suchen. Das Verständnis großer Teile der Bevölkerung von »Marktwirtschaft« als Ökonomisierung des gesamten Denken und Handelns, als Vermarktung aller Dinge und Personen und Unterwerfung aller sozialen Bereiche und Tätigkeiten unter Profitinteressen beschleunigt die Zersetzung herkömmlicher Werte.

4.4 Retraditionalisierung

Veränderungen im Prozeß des sozialen Wandels sind keineswegs automatisch mit der Herausbildung »moderner« Kategorien verbunden, sondern können auch zum Wiederaufleben traditionaler Muster führen. Dies zeigt sich etwa an der neuerlichen Bedeutung von Clans und Clanführern in den ländlichen Regionen oder am Wiederauflebenden volksreligiösen Brauchtums. *(Siehe auch den Beitrag Nr. II von Carsten Herrmann-Pillath.)*

Das Wiederaufleben der Clans in den Dörfern in Süd-, Südwest-, Zentral-, aber auch Ostchina ist hierbei ein zentrales Moment. Die Mitglieder eines »Clan« begreifen sich als Verwandtschaftsgruppe aufgrund gemeinsamer Abstammung, die Generationen zurückliegt. Aufgrund der gedachten Verwandtschaft ergeben sich wirtschaftliche und soziale Verpflichtungen. Ein Clan kann einige Tausend Menschen umfassen. Er wird von einem Clanältesten und einem Ältestenrat geführt und erfüllt wirtschaftliche und soziale Schutzfunktion für seine Mitglieder.

Mit der Bildung von Volkskommunen in der zweiten Hälfte der 50er Jahre sollten die traditionellen Clanbindungen zerschlagen werden. Mit der Auflösung der Volkskommunen und der Rückkehr zu familiärer Bewirtschaftung in den 80er Jahren wuchs auf dem Land die Bedeutung der Familie und damit der Clans, erfolgte ein Wiederanknüpfen an die ökonomische Funktion traditioneller familiärer Strukturen. Solange die Dorfbewohner in Produktionsbrigaden organisiert waren, hatten familiäre oder Clanverbindungen keine große Bedeutung. Erst die Rückkehr zu familiärer Bewirtschaftung ließ, zunächst in der Landwirtschaft, die Bedeutung verwandtschaftlicher Beziehungen wieder wachsen. Denn nun wurden gegenseitige Hilfe und Unterstützung im Produktionsprozeß, bei Kapitalknappheit, schließlich bei der Aufnahme selbständiger Tätigkeit oder bei Unternehmensgründungen notwendige Faktoren, bei denen sich der einzelne nicht auf ein fiktives Kollektiv, sondern auf Familien- oder Clanbande verlassen mußte. Dieser Familisierungsprozeß der Wirtschaft verlieh der ökonomischen Entwicklung enorme Schubkraft.

Da die heutigen Verwaltungsinstitutionen immer weniger in der Lage sind, auf den gesellschaftlichen Wandel und die damit verbundenen neuen Erfordernisse zu reagieren, es zudem keine rechtlich verbindliche und soziale Absicherung der Individuen gibt, übernehmen traditionelle Organisationsstrukturen die Funktionen von Auffang-, Schutz- und Rechtsinstitutionen. Damit geraten die Clans in Widerspruch zu den Partei- und Staatsinstitutionen. Dies schlägt sich einerseits in dem Bemühen nieder, Partei- und Administrationsorgane mit Mitgliedern des eigenen Clans zu besetzen, andererseits ordnen Clanmitglieder ihre Verbände den Partei- und Staatsorganen über. Clanrechtsprechung und -gesetze werden über staatliches Recht gestellt. Ermöglicht und erleichtert wird dies durch die oben geschilderte Abwanderung dörflicher Funktionäre in andere Bereiche.

Wesentlich beteiligt an der Retraditionalisierung sind die Dorfbetriebe und die damit verbundene traditionelle Struktur vieler ländlicher Unternehmen. Solche Betriebe werden personell weitgehend mit Clanmitgliedern besetzt. Teilweise sind in den Dörfern Netzwerke von Familienbetrieben entstanden, die wirtschaftlich miteinander verflochten sind, über gemeinsame Beziehungsgeflechte verfügen und im Zusammenspiel agieren. Dadurch erhalten die Clans größere ökonomische und letztlich auch politische Macht, denn diese Netzwerke drängen in den politischen Bereich, indem sie Mitglieder in politische Positionen bringen oder über Korruption für das Netzwerk wichtige Kader »kaufen«. Vornehmlich im Südwesten des Landes wurde auf unsere Frage, wer die Person mit dem größten Prestige im Dorf sei, weitgehend »der Clanführer« geantwortet.

Beginnende Industrialisierung und Modernisierung bewirken keineswegs automatisch eine Überwindung traditioneller Strukturen, weil solche partikularistischen

Strukturen (wie Bevorzugung von Sippen- und Clanmitgliedern) erst unter marktwirtschaftlichen Bedingungen profitabel werden, wobei den Gruppenmitgliedern gleichzeitig soziale Sicherheit garantiert wird. Dabei handelt es sich nicht mehr um den traditionellen Clan, wie er bis zur Zeit vor der Kollektivierung bestand. Der Clan entwickelt sich heute mehr zu einer Institution von Menschen, die nicht nur Verpflichtungen aufgrund von Verwandtschaft haben, sondern wirtschaftlich und sozial aufeinander angewiesen sind. Zugleich ermöglicht und stärkt der Clan die dörfliche Autonomie gegenüber dem Staat.

Untersuchungen in anderen Entwicklungsländern belegen, daß in traditionellen Gemeinwesen der Staat oder das, was mit ihm verbunden wird, im Grunde genommen als eine fremde, äußere Macht betrachtet wird. Der einzelne identifiziert sich mit dem lokalen Gemeinwesen, nicht mit einem für ihn weitgehend abstrakten Staat. Von daher ist die neuerliche Identifizierung mit dem eigenen Clan auch Ausdruck gewachsenen lokalen Selbstbewußtseins. Die Wiederentstehung der traditionellen Clanfunktion belegt die These, daß sich Dorfgemeinschaften eigene Führungsstrukturen schaffen (oder im Falle Chinas wieder schaffen), die als Kontrapunkte zu den übergeordneten staatlichen Strukturen und als eigenständige Interessenverbände verstanden werden. Und dies zeigt zugleich, daß die Bauernschaft nicht als monolithische soziale Einheit begriffen werden darf, sondern sich zunehmend offen wieder in Form von Interessengruppen mit partikularistischen Zielen organisiert. Retraditionalisierung entwickelt auf diese Weise ebenfalls transformatorisches Potential.

4.5 Wachsende Organisierung von Interessen

Die Entstehung neuer gesellschaftlicher Schichten und Akteure sowie zunehmende Arbeitsteilung und Spezialisierung haben zur Entstehung neuer Gruppenkonflikte geführt. Diese Gruppen beginnen sich auf der Grundlage gleicher Interessen zu organisieren. Neue Gruppeninteressen drängen zur Bildung von funktionsfähigen Berufsverbänden bzw. Interessenvertretungen. Dies wird u. a. im Falle der Privatunternehmer durch soziologische Untersuchungen belegt. Im Bezirk Baoding waren im Jahre 1991 bereits 94 Prozent der ländlichen Unternehmer im »Verband Bäuerlicher Unternehmer«, im »Verband für Individualwirtschaftende«, in der »Vereinigung für Industrie und Handel« oder in Branchenverbänden organisiert. Ein Spezifikum dieser Entwicklung ist, daß die Mehrheit solcher Vereinigungen auf dem Lande entstanden ist.

Ein wesentlicher Grund für die Konzentration in den ländlichen Gebieten ist, daß es für die Bauern jahrzehntelang keine organisatorischen Kanäle für die Artikulation von Interessen und damit zur Kanalisierung von Konflikten gegeben hat. Durch die Zerschlagung traditioneller Dorforganisationen (wie der Clans) und die Einbindung in kollektive Strukturen (Produktionsgruppen, -brigaden und Volkskommunen) versuchte die Partei, die Interessen der Bauernschaft auf ihr Entwicklungskonzept sowie auf die Interessen eines weitgehend abstrakten »Kollektivs« zu reduzieren. Wo die Organisierung von gesellschaftlichen Interessen verboten ist, dort können sich Bedürfnisse und Forderungen von Gruppen nicht artikulieren. Die Folge ist, daß sich Widersprüche und Konflikte in anderer Form ausdrücken: in spontaner Entladung von Unzufriedenheit, Kriminalität, Vandalismus usw. Um gesellschaftliche Konflikte mildern zu können, wird der Staat auf Dauer gezwungen sein, die Autonomie von Interessenvereinigungen zuzulassen. Ansonsten wird sich Unzufriedenheit in spontanen Kollektivaktionen niederschlagen, deren politische Kosten hoch sind und die letztlich eine effiziente Konfliktlösung verhindern.

Die Rückkehr zu familiärer Bewirtschaftung hat die Notwendigkeit der Schaffung bäuerlicher Interessenvereinigungen auf die Tagesordnung gesetzt. Teilen der Bauernschaft wird zunehmend bewußt, daß die gesellschaftlichen Lasten auf die am wenigsten organisierte Gesellschaftsgruppe abgeladen werden. Daß die Organisierungsinitiative von den Bauern ausgeht, zeigt sich nicht nur an der Vielzahl unternehmerischer Vereinigungen auf dem Land, sondern auch am Wiederentstehen traditioneller Organisationen. So bilden sich auf lokaler Ebene unabhängige oder halbunabhängige Organisationen, wie Landsmannschaften, Clans, religiöse Vereinigungen (auch christliche Untergrundkirchen), Geheimgesellschaften, Berufsverbände, autonome Künstlervereinigungen usw. In den Städten schließen sich Bauern auf der Grundlage gleicher Interessen ebenfalls zu solchen traditionellen (und inoffiziellen) Organisationen und Interessenvereinigungen zusammen, vornehmlich zu Landsmannschaften und Bettlerbanden bis hin zu kriminellen Vereinigungen mit mafiaähnlichen Strukturen, die Unternehmen betreiben, Schutzgelder und Straßengebühren einfordern und teilweise relativ große Gebiete kontrollieren. Wie weit das geht, zeigt eine Untersuchung über zugewanderte Straßenhändler in Peking, die landsmannschaftlich organisiert sind: Auf dem Tianwaitan-Markt in Peking z.B. stammten Anfang der 90er Jahre 70 Prozent der Händler aus Yiwu in der Provinz Zhejiang. Sie kontrollierten nicht nur einen Großteil des Großhandels mit kleinem Alltagsbedarf, sondern waren auch als Interessenverband (»tongxiangbang« = Landsmannschaft) organisiert. Solche Landsmannschaften beziehen meist gleiche Wohnquartiere und bilden auf diese Weise relativ geschlossene Migrantengemeinschaften. Die informelle Organisation reicht bis in den geschäftlichen Bereich hinein. So entstanden z.B. Vereinigungen von Privathändlern, die zum Mittel kollektiver Abwanderung von einem Markt zu einem anderen greifen, um sich gegen Schikane und Schröpfung durch Verwaltungsbeamte zu wehren. Selbst (illegale) Gewerkschaften der Wanderarbeiter sind entstanden, die Streiks und Demonstrationen organisieren. Wie in anderen Entwicklungsländern auch, führte die soziale Isolierung der Bauern in den Städten zur spontanen Bildung von Vereinigungen auf der Grundlage lokaler, ethnischer oder berufsmäßiger Herkunft.

Die Gründung wissenschaftlicher, beruflicher, fachlicher, künstlerischer oder von Hobby-Vereinen bzw. Vereinigungen ist seit einigen Jahren gesetzlich erlaubt. Nachdem sich im Zuge der städtischen Protestbewegung 1989 zahlreiche politische Interessenvereinigungen gebildet hatten, die den Staat herauszufordern begannen, begriff die Parteiführung die Gefahr, die ihrer Herrschaft durch solche Vereinigungen drohte. Im Oktober 1989 wurden daher die »Bestimmungen über Anmeldung und Verwaltung gesellschaftlicher Vereinigungen« erlassen, durch die Vereine stärker unter staatliche Kontrolle genommen werden sollten. Die Anmeldung setzt voraus, daß eine offizielle Stelle (Behörde, staatliche oder Parteiinstitution, öffentliches Unternehmen) den formalen Antrag auf Anerkennung eines Vereins stellt und zugleich die formelle Schirmherrschaft übernimmt. Da diese Institutionen mit der Schirmherrschaftsübernahme auch die Funktion eines Aufsichtsorgans ausüben und ihre Leitungen für Fehlverhalten der Vereinigung zur Verantwortung gezogen werden können, sind sie nur dann dazu bereit, wenn ihnen daraus (materielle oder nicht-materielle) Vorteile entstehen oder persönliche Beziehungen vorhanden sind.

Daraus darf aber nicht geschlossen werden, daß Verbände und Vereinigungen primär die Interessen von Partei und Staat vertreten. Es war der durch Ausweitung des Marktes, durch politische Liberalisierung und durch wachsende Autonomie der Gesellschaft entstandene gesellschaftliche Druck, der die Zulassung von Vereinigungen, auch spontan von unten gebildeten, erzwang. Und in einer Gesellschaft, in der die unabhängige Existenz von Parallelstrukturen nicht erlaubt ist, sind Interessenvertretung und Teilnahme an Verhandlungsprozessen zwischen Staat und Interessengruppen ohne solche Verwebungen nicht möglich. Die chinesische »Verhandlungsgesellschaft« (»bargaining society«, Lampton 1992) bedarf im gegenwärtigen Zustand einer solchen Verflechtung, weil zum einen nur so ein gewisses Maß an Partizipation gesellschaftlicher Gruppen ermöglicht wird (wobei mit Partizipation gemeint ist, daß die Interessengruppen in politische Diskussionsprozesse eingebunden werden und damit zumindest indirekt an Entscheidungen beteiligt sind). Zum anderen können Vereine über die ihnen vorgeordnete staatliche Bürgschaftsorganisation Einfluß auf die Politik nehmen.

Mitte 1995 soll es bereits 1 810 angemeldete Vereinigungen auf nationaler und über 200 000 auf Provinz- und Kreisebene gegeben haben. Das »Blaubuch« über die gesellschaftliche Entwicklung 1994/95 nennt weitergehende Zahlen: 1,46 Mio. bäuerliche Fachvereinigungen, davon 120 000 agrartechnische Forschungsvereine mit 4,5 Mio. Mitgliedern. Allein im Jahr 1993 sollen 65 000 neue bäuerliche Vereinigungen entstanden sein.

Von der Funktion her lassen sich folgende Vereinigungen unterscheiden:
a) zum Austausch von Erfahrungen bzw. zur Verfolgung gemeinsamer Hobbies (wissenschaftliche/Hobbyvereine); die Gründung geht hier von den Interessenten aus;
b) zur Verfolgung gemeinsamer wirtschaftlicher oder sozialer Interessen (Unternehmens- oder Branchenvereinigungen, Vereine mit sozialen Zielsetzungen); die Gründung geht von den jeweiligen Interessengruppen aus;
c) zur Einbindung gesellschaftlicher Gruppen, wie die Verbände der Individual- bzw. der Privatwirtschaftenden (hier erfolgt die Gründung durch staatliche Institutionen, es herrscht Zwangsmitgliedschaft), religiöse Vereinigungen u. a.;
d) von staatlichen Institutionen gegründete, zur Verfolgung staatlicher Interessen gegenüber auswärtigen Institutionen oder Personen (Vereinigung der Auslandschinesen, der Gesellschaften für Verwandte von Taiwanesen oder die Freundschaftsgesellschaften);
e) von staatlichen Institutionen gegründete zur Akquirierung zusätzlicher Finanzmittel oder zur Durchführung unabhängigerer Tätigkeiten, wie die Gesellschaften für Wissenschaft und Technik.

Richtig ist, daß alle diese Organisationsformen unter der Aufsicht von Partei und Staat arbeiten und nicht als unabhängige Institutionen begriffen werden können. Ihre Zielsetzung und ihr Wirken unterliegen behördlicher Kontrolle. Von daher gibt es bislang noch keine eigentlichen »pressure groups«. Dies schließt jedoch nicht aus, daß die genannten Organisationen Vermittlerfunktion zwischen Partei/Staat und ihren Mitgliedern einnehmen (wie die Vereinigungen für Individual- oder Privatwirtschaftende, Berufs- und Unternehmer- oder Branchenvereinigungen) und über einen gewissen Spielraum verfügen.

Generell werden über Vereinigungen Interessen artikuliert, d. h. es wird gesellschaftlicher Input eingegeben, der den Output, politische Entscheidungsprozesse, beeinflußt und somit unmittelbar auf solche Prozesse einwirkt. Die zunehmende Trennung von öffentlicher und privater Sphäre, der Rückzug des Staates aus einer Vielzahl gesellschaftlicher Teilbereiche, wenn bislang auch weitgehend nur aus der Ökonomie, gibt solchen Vereinigungen größeren Handlungsspielraum, stärkt die gesellschaftliche Autonomie und schafft ein artikuliertes gesellschaftliches Gegengewicht gegenüber staatlichem Handeln.

Lokal ist eine unübersehbare Zahl von Vereinigungen entstanden, deren Aktivitäten kaum mehr kontrollierbar sind. Die tatsächliche Zahl dürfte die oben angegebene beträchtlich übersteigen. Unseren Untersuchungen zufolge wurden die Vereinigungen 1993/94 weitgehend nur bis zur Kreisebene erfaßt. Vor allem diejenigen in den Dörfern sind nach Auskunft der zuständigen Ämter für Zivilverwaltung auf Kreisebene nicht erfaßbar, weil sie spontan entstehen, nur über eine lokkere Organisationsstruktur verfügen und von den Mitgliedern nicht angemeldet werden. Um nicht Konflikte mit den Dorfgemeinschaften zu provozieren, werden solche Vereinigungen toleriert bzw. ignoriert. Dabei kann es sich um dorfübergreifende Wirtschaftsvereinigungen von Bauern, um agrartechnische Vereinigungen u. a. handeln.

Vom politischen, gesellschaftlichen und ökonomischen Gewicht her gibt es gravierende Unterschiede zwischen den Vereinen, aber auch zwischen den Regionen. Diese Unterschiede hängen nicht nur mit dem wirtschaftlichen Entwicklungsniveau eines Kreises zusammen, sondern auch mit den Zielsetzungen, dem lokalen Beziehungsnetzwerk, der ökonomischen bzw. gesellschaftlichen Bedeutung und dem Prestige der Vereinsführung, dem fachlichen Prestige sowie der Haltung der lokalen Bürokratie gegenüber Vereinigungen. Der Name einer Organisation sagt nur wenig über den Einfluß aus. Die »Gesellschaft zur Erforschung der Arbeit des Volkskongresses« im Kreis Wuxi (Provinz Jiangsu) z. B. machte der Kreisregierung Vorschläge zur funktionellen Stärkung dieser Institution, um durch Einbindung der Delegierten in das lokale Entwicklungsprogramm eine stärkere Aufgabenteilung und größeren Konsens zu erreichen. Dies stärkte die Rolle des Volkskongresses gegenüber Partei und Regierung und ist daher als eine wichtige politische Aufgabe zu werten. Die »Vereinigung für nationale Minderheiten« (daselbst) bemühte sich um Interessenvertretung der lokalen Angehörigen ethnischer Minoritäten und diente so über die staatlichen Nationalitätenkommissionen hinaus als Interessenvereinigung. Sie griff Konfliktfälle auf, verhandelte mit den Behörden, suchte Konfliktlösungen und brachte gravierende Fälle in die Presse. Die »Forschungsgesellschaft für Parteiaufbau« in Jinzhou (Liaoning) machte sich nicht nur Gedanken über die Gewinnung neuer Parteimitglieder und neue Programme für den Ausbau lokaler Parteiorganisationen, sondern unterbreitete auch Vorschläge zur Einbindung neuer gesellschaftlicher Schichten in die Partei und zur Ökonomisierung der Parteiarbeit. Die »Studiengesellschaft für Disziplinkontrolle« in Guanghan (Sichuan) untersuchte Möglichkeiten der Eindämmung von Korruption in den städtischen Parteiorganisationen und machte Vorschläge, die u. a. die Einbeziehung der Öffentlichkeit und stärkere Unabhängigkeit der Medien vorsahen. Die »Studiengesellschaft für Umweltwissenschaft« (Kreis Wuxi) entwickelte Umweltschutzprogramme und meldete den lokalen Behörden Quellen der Umweltverschmutzung.

Aus Ostasien wie aus Osteuropa wissen wir, daß solche Vereinigungen den Grundstock für spätere autonome Umweltbewegungen bilden können. Ihre Mitglieder fühlen sich aufgrund ihrer Tätigkeit und Erfahrung dem Umweltschutz besonders verpflichtet und wirken als Umweltinteressenorganisation. Die »Gesellschaft für Rechnungsprüfung« im Kreis Zunyi (Guizhou) oder die »Studiengesellschaft für Finanzen auf dem Land« in Qionglai (Sichuan) machten Vorschläge zur Eindämmung von Verschwendung und Korruption sowie für eine gesellschaftliche Kontrolle des lokalen Finanzgebarens. Die Konsumentenvereinigungen, die es inzwischen landesweit gibt, gehen Beschwerden privater Konsumenten nach und tragen Kritik in die Medien. Die große Zahl von Vereinen für Kunst- und Kulturschaffende sowie von künstlerisch-kulturellen Freizeitvereinen zeigt, daß die offiziellen Künstlervereine an Anziehungskraft verloren haben und alternative Vereinigungen nicht nur notwendig geworden sind, sondern auch von den Behörden toleriert werden, um das Ausweichen in informelle Zirkel und damit den völligen Kontrollverlust zu verhindern. Daneben gab es eine Vielzahl von Unternehmervereinigungen und, im sozialen Bereich, bereits vereinzelte Wohlfahrtsorganisationen.

All dies demonstriert einerseits, daß der Staat mit zunehmender ökonomischer Liberalisierung nicht mehr in der Lage ist, alle gesellschaftlichen Tätigkeiten zu kontrollieren, andererseits auch nicht die Notwendigkeit sieht, solange sich solche Strukturen nicht als politische Parallelstrukturen zu formieren beginnen. Die Bildung autonomer, horizontaler Vereinigungen ist zugleich Ausdruck des Entstehens neuer Gruppen und Gruppeninteressen, die der Staat in sein bisheriges institutionelles Gefüge nicht einzubinden vermag bzw. die über dieses Gefüge hinausreichen und letztlich systemische Sprengkraft entwickeln.

Wenn wir hier davon gesprochen haben, daß sich die von unten wachsenden Organisationsstrukturen nicht nur ökonomisch, sondern auch politisch zu formieren beginnen, dann meinen wir nicht politische Betätigung im Sinne der Verfolgung eines politischen Programms oder politischer Ziele. Da Politik sich auf das Beziehungsgefüge zwischen Staat und gesellschaftlichen Gruppen, auf die Interaktion von gesellschaftlichen Gruppen sowie die Entscheidungen und Rahmensetzung zu geregeltem Zusammenleben des Gemeinwesens in einem Staatsverband bezieht, ist die Übermittlung von Anliegen (auch ökonomischer und sozialer Natur) durch Interessengruppen per se politisch. Die Durchsetzung von Gruppeninteressen hat zugleich Auswirkungen auf das gesamte Gemeinwesen, da sich weitere Interessengruppen zur Durchsetzung ihrer Interessen veranlaßt sehen und um Partizipation an gesellschaftlichen Entscheidungen bemühen. In autoritären Gesellschaften wie China gibt es (noch) keine andere Möglichkeit zur Äußerung und Durchsetzung von Gruppeninteressen als über die oben beschriebenen Kanäle.

Die Entwicklung in der ehemaligen Sowjetunion und in anderen ehemals sozialistischen Ländern hat gezeigt, daß in Phasen politischen Umbruchs sich über die Interessenvereinigungen rasch Alternativstrukturen herausbilden können. Diese können sich zu Parteien oder Proto-Parteien entwickeln oder als Ad-hoc-Gruppen lokale Einflußsphären besetzen, die von der KPCh nicht mehr ausfüllbar sind. Selbst

Parteiorganisationen wenden sich dann gegen die Partei, um sich als Alternative gegenüber diesen Interessenvereinigungen anzubieten und Vertrauen unter der Bevölkerung zurückzugewinnen.

5. Chancen und Konflikte im Zusammenspiel

Das transformatorische Potential stellt eine entscheidende gesellschaftliche Herausforderung dar, weil es die Fundamente der Parteiherrschaft untergräbt. Ökonomische und gesellschaftliche Sachzwänge führten zu einem Rückzug des Staates (und damit der Partei) aus dem Dorf. Mit der Ökonomisierung von Politik und Gesellschaft begann ökonomisches Kalkül das Verhalten der Partei und ihrer Akteure zu bestimmen. Ganz ähnlich wie in der ehemaligen Sowjetunion ist der chinesische Staat nicht mehr in der Lage, weite Teile der Gesellschaft und die Staatswirtschaft zu finanzieren, zu subventionieren und sozial abzusichern. Parallel zur Rückkehr zu familiärer Bewirtschaftung auf dem Land zieht sich der Staat aus den Dörfern zurück. Die ökonomische führt zu gesellschaftlicher Pluralisierung, schwächt die staatliche Kontrolle über Wirtschaft und Individuen und erweitert den Handlungsspielraum der Menschen. Der Niedergang der Staatswirtschaft, die Erosion der Ideologie und die Ökonomisierung der Politik tragen ebenso zur Zersetzung der politischen Machtstrukturen bei wie die zunehmende Privatisierung, Individualisierungsprozesse und der Partizipationsdrang neuer Schichten und Eliten. Dies führt keineswegs automatisch zum Zusammenbruch des bestehenden Systems, verlangt aber die schrittweise Anpassung an die neuen ökonomischen und gesellschaftlichen Verhältnisse. Ostasiatische Länder wie Südkorea und Taiwan, auch wenn sie weitaus kleiner und weniger konplex in ihren Strukturen sind, geben ein Beispiel dafür, wie Pluralisierung und Liberalisierung auf wirtschaftlicher Basis den Drang nach Liberalisierung und Pluralisierung in der Politik stärken. Doch im Unterschied zu den genannten Ländern sieht sich China nicht nur einer allgemeinen Wirtschaftsentwicklung gegenüber, sondern auch einer noch umfangreicheren Palette von potentiellen Krisenfaktoren, die die Stabilität untergraben und den Umbauprozeß in eine ganz andere Richtung lenken könnten.

In welche Richtung sich der weitere Wandel entwickeln wird, hängt daher von der Konstellation der verschiedenen Herausforderungen ab. Bestimmend bleibt dabei der Faktor Stabilität, der bei der politischen Elite und der Bevölkerung Vorrang vor politischen Veränderungen genießt.

Verwendete und weiterführende Literatur

DAY, LINCOLN H.; MA, XIA (1994): Migration and Urbanization in China, Armonk, London.
EDMONDS, RICHARD L. (1994): Patterns of China's Lost Harmony. A Survey of the Country's Environmental Degradation and Protection, London, New York.
GOODMAN, DAVID; SEGAL, G. (1994/Hrsg.): China Deconstructs: Politics, Trade and Regionalism, London, New York.

GOODMAN, DAVID S. G.; HOOPER, BEVERLEY (1994/Hrsg.): China's Quiet Revolution. New Interactions Between State and Society, New York.

GRIFFIN, KEITH; ZHAO RENWEI (1993/Hrsg.): The Distribution of Income in China, Houndsmill, Basingstoke.

HEBERER, THOMAS (1989): Die Rolle des Individualsektors für Arbeitsmarkt und Stadtwirtschaft in der Volksrepublik China (Bremer Beiträge zur Geographie und Raumplanung), Bremen.

HEBERER, THOMAS (1991a): Korruption in China. Analyse eines politischen, ökonomischen und sozialen Problems, Opladen.

HEBERER, THOMAS (1993): Transformation des chinesischen Systems oder sozialer Wandel? Eine Untersuchung zum Verhältnis von ökonomischen, gesellschaftlichen und politischen Wandlungsprozessen (Berichte des Bundesinstituts für ostwissenschaftliche und internationale Studien Nr. 28), Köln.

HEBERER, THOMAS; TAUBMANN, WOLFGANG (1997): Ländliche Urbanisierung und sozialer Wandel in der Volksrepublik China, Opladen.

HEILMANN; Sebastian (1995): China auf dem Weg zum Föderalismus? Neue Strukturen im Verhältnis zwischen Zentrale und Regionen, in: China aktuell, Juli, S. 573–589.

JENNER, W. J. F. (1993): Chinas langer Weg in die Krise. Die Tyrannei der Geschichte, Stuttgart.

KORNAI, JANOS (1980): Economics of Shortage, 2 Bände, Amsterdam, New York, Oxford.

LAMPTON, DAVID M. (1992): A Plum for a Peach: Bargaining, Interest, and Bureaucratic Politics in China, in: Lieberthal, Kenneth G.; Lampton, David M. (Hrsg.): Bureaucracy, Politics, and Decision Making in Post-Mao China, Berkeley, Los Angeles, Oxford, S. 33–58.

OVERHOLT, WILLIAM (1994): Gigant der Zukunft: Chinas Wirtschaft vor dem Großen Sprung, München.

XIX. Chinesische Rechtskultur im Wandel: Auf dem Wege vom Recht der Modernisierung zur Modernisierung des Rechts

ROBERT HEUSER

>»... *Ich werde mit einem Rechtskundigen sprechen und sehen, ob die Gesetze für eine solche Verletzung Genugtuung schaffen!*«
>(Georg Büchner, Brief an die Familie vom 5. 8. 1834)

1. Recht und Reform

1.1 Die »Gesetzesschule« im alten China

Seit Beginn des 20. Jh. sind chinesische Regierungen mit unterschiedlicher Intensität bestrebt, den als notwendig erkannten Wandel gesellschaftlicher und wirtschaftlicher Lebensverhältnisse mittels Gesetzgebung zu steuern, zu gestalten, zu beschleunigen, gar zu initiieren. Im chinesischen Altertum hat es dafür ein Beispiel gegeben: Zwischen dem 7. und 3. Jh. v. Chr. hatte sich eine Denkrichtung intensiv um den Nachweis bemüht, daß staatliche Macht und gesellschaftliche Stabilität noch am ehesten durch vom Herrscher nach Nützlichkeit erlassene, für jedermann – ob Prinz, Beamter oder Volk – gleichermaßen geltende Gesetze (fa) erlangt und gesichert werden könnten. In einem der frühesten Texte dieser später so genannten »Gesetzesschule« (fajia), dem *Guanzi* (7. Jh. v. Chr.), lesen wir: »Sämtliche Dinge vereinigen sich zu einem, alle Maßnahmen orientieren sich am Maßstab der Gesetze [...] Sämtliche Angelegenheiten können sich nur im Rahmen der Gesetze entfalten. Daher ist das Gesetz das höchste Prinzip des Staates und von großem Nutzen für einen weisen Herrscher. Wenn Herrscher und Minister, Vorgesetzte und Untergebene, Hochgestellte und Einfache alle die Gesetze befolgen, so nennt man dies eine gute Regierung«. Liegt dem *Guanzi* noch ein qualifizierter Gesetzesbegriff zugrunde, wenn er die Funktion der Gesetze darin sieht, »die Verteilung anzuordnen und den Kampf zu verbieten«, so gelangte der späte Vertreter der Gesetzesschule, Han Feizi (gest. 233 v. Chr.), zu einer formalen, jedem Inhalt zugänglichen Definition: »Gesetz ist, was niedergeschrieben, in den Behörden niedergelegt und dem Volk bekanntgemacht wurde.«

Dieses Denken erlebte nicht nur seinen praktischen Triumph in der Herstellung des chinesischen Einheitsstaats im Jahre 221 v. Chr., sondern blieb auch unter der Vorherrschaft des mehr die tradierten, ungeschriebenen Gewohnheitsnormen (li) als die »gemachten« Gesetzesnormen (fa) favorisierenden Konfuzianismus präsent: in der Form der (konfuzianische Werte sanktionierenden) dynastischen Kodizes, vor allem aber bei gesetzgeberischen Maßnahmen in Perioden von Reform und Umbruch. So war der Reformer des 11. Jh., Wang Anshi, von der regulierenden Funktion der Gesetze im sozialen und politischen Bereich überzeugt. Auch die verschiedenen Gruppen der Reformer des 20. Jh. – also der letzten Dekade der Kaiserzeit (1904–1911), der chinesischen Republik (vor allem zwischen 1927 und 1937) und besonders wieder der volksrepublikanischen »Modernisierung« seit Ende der siebziger Jahre – entpuppen sich als Anhänger der Gesetzesschule, sehen mit dem *Guanzi* im Gesetz »das beste Prinzip unter dem Himmel« oder sind mit dem legistisch beeinflußten Konfuzianer Xunzi (3. Jh. v. Chr.) jedenfalls der Auffassung, daß »wenn Gesetzesherrschaft auch nicht als ideal bezeichnet werden kann, mit Gesetzen zu regieren aber immer noch besser ist als ohne sie.«

1.2 Recht und Gesetz während der Qing- und Republik-Reformen

Die alte chinesische Rechtsidee läßt sich mit den Begriffen Konservatismus und Stabilität charakterisieren. Die Gesetze standen im Dienste der konfuzianischen Staats- und Gesellschaftsanschauung, und sie wurden über die Dynastien weitergegeben. Änderungen kamen vor, aber die Grundanschauung blieb unverändert. Der chinesische Kaiserstaat konnte sich auf diese Weise über 2 000 Jahre halten. Ende des 19., Anfang des 20. Jh. gelangten Anschauungen in das chinesische Recht, die an das erinnern, was die Legisten propagiert hatten. *(Siehe auch den Beitrag von Hellwig Schmidt-Glintzer.)* Die chinesische Rechtsidee verband sich wieder intensiv mit der Vorstellung, durch Gesetze Reform und Wandel, eine Modernisierung politischer, gesellschaftlicher und wirtschaftlicher Lebensformen zu »transportieren«.

Mit dem Jahre 1902 – also noch unter der kaiserlichen Regierung – begann die bis heute andauernde Epoche der chinesischen Rechtsmodernisierung per Gesetzgebung. In einem kaiserlichen Edikt aus dem Jahre 1903, durch das der Entwurf eines Handelsgesetzbuches angeordnet wurde, heißt es: »Handel und die Förderung von Industrie sind seit jeher und besonders in der Gegenwart für die Regierungen von großer Bedeutung. Einer alten Tradition verhaftet, haben Wir jedoch diese Angelegenheiten als völlig unwichtig erachtet. Daß die Politik der Regierung und die Arbeit des Volkes nur in täglich wachsende Armut einmünden, kann keinen anderen Grund haben, als eben diese Mißachtung von Handel und Industrie. Es ist deshalb höchste Zeit, hier Änderungen herbeizuführen [...].« Der Staat begann nun, die Regelungsinstrumentalität des Rechts zur Förderung und Kontrolle des Wirtschafts- und Erwerbslebens sowie des Bildungswesens und anderer moderner Verwaltungen einzusetzen.

In Taiwan haben die während der produktiven Dekade der Nanjing-Regierung der Republik China (1927–1937) durch Rezeption japanischen, deutschen und schweizerischen Rechts geschaffenen Kodifikationen, die sogenannten »Sechs Gesetzbücher« (Zivil-, Straf-, Strafprozeß- u. a. Gesetzbücher) zunehmend soziale Relevanz erlangt. Zwar weist § 1 des Zivilgesetzbuches auf die Geltung überlieferten Gewohnheitsrechts als (subsidiärer) Rechtsquelle hin, im heutigen Taiwan kommt ihm aber nur eine ganz untergeordnete Rolle zu (Beispiele: die »he-hui«-Vereinigung zum gegenseitigen Beistand, oder das erbrechtliche »jisi gongye«, wonach dem ältesten Sohn ein Grundstück zusteht, dessen Erträge der Pflege der Ahnengräber dienen). Ein in Taiwan tätiger Zivilrechtsprofessor hat 1986 anläßlich der 50. Wiederkehr des Inkrafttretens des chinesischen Zivilgesetzbuches von 1929/1931 die Ansicht vertreten, daß »die neuen rechtlichen Vorstellungen« der Bevölkerung nicht mehr fremd seien und weiter ausgeführt: »Neue Juristengenerationen sind im neuen Recht, in seinen Grundgedanken und Methoden ausgebildet. Eine junge, stark rechtsvergleichungsorientierte chinesisch-taiwanesische Rechtswissenschaft hat sich entwickelt und bemüht sich, den unter Umständen notwendigen Wandel der Rechtskultur vorzubereiten und kritisch zu begleiten. Die wirtschaftlichen und politischen Verhältnisse haben sich in Taiwan in den letzten Jahrzehnten rasch gewandelt und sind nach dem sozialen Modell der Industriegesellschaft fortgeschritten. Obwohl noch eine eingehende Untersuchung über die Wechselwirkung zwischen Rezeption [fremden Rechts] und sozialem Wandel fehlt, wird dennoch allgemein anerkannt, daß das Recht als Mittel sozialen Wandels die mit der Rezeption gewünschte gesellschaftliche Veränderung in Taiwan hervorgebracht hat. Dieses von Deutschland übernommene [...] Gesetzeswerk ist nach fünfzigjähriger praktischer Anwendung und mühsamer wissenschaftlicher Bearbeitung ein wesentlicher Teil unseres Rechtslebens geworden.«

1.3 Recht und Modernisierung in der Volksrepublik

Von der Einsicht in die Notwendigkeit des legistischen Prinzips »mit Gesetzen regieren« (yi fa zhi guo) ließen sich auch die während der Kulturrevolution verfolgten, an die Macht zurückgekehrten Oligarchen der kommunistischen Partei leiten, als sie Ende der siebziger Jahre damit begannen, Gesetze auszuarbeiten, Justizbehörden zu stärken und juristische Fakultäten einzurichten. Der herkömmliche Herrschaftsmechanismus der Politikumsetzung *(siehe auch den Beitrag von Eberhard Sandschneider)* durch von der KPCh geleitete Kampagnen sollte durch ein weiteres Herrschaftsinstrument ergänzt und zurückgedrängt werden: durch Gesetze und Instanzen der Gesetzesdurchsetzung. Dessen bedurften die chinesischen Machthaber zur Vorbeugung gegen neuerliche Entgleisungen des Kampagnenstils und um ein auf die Anhebung des Lebensstandards zielendes Programm (»Modernisierung«) zu verwirklichen. Das Modernisierungsvorhaben konnte aufgrund seiner sozialen und wirtschaftlichen Komplexität, seiner Internationalität und des damit verbundenen wirtschaftlichen und politischen Risikos nicht mit den bisherigen Methoden und Erfahrungen gesteuert werden. Die zunehmende Positivierung des Rechts (»Vergesetzlichung«) sollte jedoch keine Verabschiedung vom bisherigen instrumentalen Verständnis von Recht bedeuten. Geändert hatte sich der Auftrag: An die Stelle des Klassenkampfes trat die von der Kommunistischen Partei geleitete Wirtschaftsreform. Recht sollte von nun an als Medium der Modernisierung, als Element staatlicher Produktivkraft fungieren.

1.3.1 Die Ursprünge des Gesetzgebungskurses

Den Beginn des Gesetzgebungskurses nach der Kulturrevolution markiert die Verfassung vom 5. 3. 1978. Sie bedeutet die Hinwendung zu einem »chinesischen, sozialistischen Rechtssystem«. Auf der sie verabschiedenden Tagung des Nationalen

Volkskongresses (NVK) wurde betont: »Wollen wir im Land die große Ordnung [...], müssen wir auf der Grundlage der Verfassung [...] unsere sozialistischen Gesetze ausarbeiten und vervollkommnen [...]«. Gesetze sollten nun zur Umsetzung der durch die Partei vorgegebenen Politik beitragen. Dazu bedurfte es der Maßgeblichkeit der Gesetze ohne Unterschied der Person: »Das Gesetz bindet alle. Das Gesetz bindet die Massen. Das Gesetz bindet erst recht die Funktionäre.« Nicht zuletzt um diesem in früheren Epochen der chinesischen Staats- und Sozialgeschichte bis in die unmittelbare Gegenwart mißachteten Grundprinzip jeglicher moderner Rechtsordnung verfassungstextuellen Ausdruck zu verleihen, kam es schon 1980 zur Einsetzung einer Volkskongreß-Kommission zur Revision der Verfassung. Der neue Verfassungstext, der am 4. 12. 1982 verkündet wurde, bestimmt in Art. 5: »Alle Staatsorgane [...], alle politischen Parteien und gesellschaftlichen Organisationen [...] müssen die Verfassung und die Gesetze einhalten [...]. Keine Organisation und kein Individuum darf das Privileg genießen, die Verfassung und die Gesetze zu überschreiten.« In zahlreichen Artikeln sieht die Verfassung Aufträge an den Gesetzgeber vor, um die dort deklarierten Ordnungs- und Reformziele zu konkretisieren und zu verwirklichen. So fördert der Staat die Entwicklung der Wirtschaft, auch der Privatwirtschaft (Art. 11), schützt Privateigentum und Erbrecht (Art. 13), befaßt sich mit Natur-, und Umweltschutz (Art. 9 II, 26, 22 II), erhöht die wirtschaftliche Effizienz durch Perfektionierung von Management, Arbeitsorganisation und Individualverantwortlichkeit (Art. 14), gestattet ausländische Investitionen (Art. 18) und fördert den »Aufbau der sozialistischen geistigen Zivilisation« (Art. 24 I) sowie die Familienplanung (Art. 25). Weiteren Ausdruck hat das Gesetzgebungsprogramm in dem Bericht gefunden, den der damalige Parteisekretär Zhao Ziyang im Oktober 1987 auf dem XIII. Parteitag erstattet hat. Neben weiterer Rechtssetzung auf wirtschaftlichem Gebiet werden Aktivitäten des Gesetzgebers zur Reform der politischen Struktur verlangt. Themen, die in diesem Zusamenhang anstehen, sind die Trennung von Partei und Verwaltung, die Beziehung zwischen zentralen und lokalen Behörden, die Funktion der Massen- und der gesellschaftlichen Organisationen und der Aufbau eines Partizipations- und Informationssystems zur Heranziehung der Bürger zu Verwaltungsentscheidungen. Als dritten legislativ relevanten Bereich nennt der Bericht die Rechtssetzung zu Grundrechtsgegenständen. Es heißt dort: »Es kommt gegenwärtig [...] vor, daß die Rechte und die Interessen der Massen verletzt werden. Daher müssen wir unverzüglich Publikations-, Vereinigungs-, Versammlungs- und Demonstrationsgesetze ausarbeiten und ein Beschwerdesystem für das Volk errichten, um die in der Verfassung verankerten Rechte und Freiheiten der Bürger zu gewährleisten und um dem Mißbrauch der Macht und der Freiheit Einhalt zu gebieten.« Seit November 1993 schließlich obliegt dem Gesetzgeber die Gestaltung dessen, was die KPCh als »sozialistische Marktwirtschaft« propagiert *(Siehe unten Punkt 2.).*

1.3.2 Parteisouveränität, Gesetzgebung und Rechtsquellen

Die Reformen und deren Operationalisierung durch das Rechtssystem werden durch die KPCh geleitet. Die Verfassung spricht in ihrer Präambel von der Führung (lingdao) durch die KPCh und der Anleitung (zhiyin) durch den Marxismus-Leninismus und die Mao-Zedong-Gedanken. Dies ist durch die 1979 von Deng Xiaoping eingeführte Formel von den »Vier Grundprinzipien« zu den »grundlegenden Leitgedanken der Verfassung« ausgebaut worden. Als Prinzip in der Rechtssetzung haben sie in die »Vorläufigen Bestimmungen über das Verfahren beim Erlaß von Verwaltungsrechtsnormen« vom 21. 4. 1987 Einlaß gefunden. Es heißt dort (§ 4 Ziff. 1): »Beim Erlaß von Verwaltungsrechtsformen ist an den Vier Grundprinzipien festzuhalten«. Unter dieser Führung und Anleitung »wird das Rechtssystem perfektioniert« (7. Abschnitt der Präambel der Verfassung). Gemäß der Präambel der Satzung der KPCh vom 6. 9. 1982 bedeutet Führung (»im wesentlichen«) »politische, ideologische und organisatorische Führung«, d. h. die Partei »muß gewährleisten, daß die staatlichen Organe für Gesetzgebung, Rechtsprechung und Vollziehung, die Wirtschafts-, Kultur- und Massenorganisationen aktiv, selbständig, verantwortungsbewußt und koordiniert arbeiten können«.

Für das Rechtssystem bedeutet Führung durch die KPCh zweierlei. Zum einen resultieren aus den ideologischen Grundlagen bestimmte Entscheidungen für die Art und Weise staatlicher Institutionen. So wird in Anlehnung an den Rousseauschen Typus der Demokratie die Konzentration der Gewalten, wonach die Volkskongresse die Machtorgane des Staates sind, aus denen sich jede andere Staatstätigkeit ableitet, als »grundlegendes politisches System« des Staatswesens institutionalisiert (vgl. Art. 2 II Verf.). Die seit Jahren viel beschworene Stärkung der Volkskongresse (gegenüber den Parteiorganen und der Regierung) nimmt erst in letzter Zeit durch die enorm angestiegene Gesetzgebungstätigkeit konkretere Formen an. Die Unabhängigkeit der Justiz nach Art. 126 Verf. (»Die Volksgerichte üben ihre Gerichtsbarkeit gemäß den gesetzlichen Bestimmungen unabhängig aus [...]«) und § 4 Gerichtsorganisationsgesetz (»Die Volksgerichte sind in ihrer Rechtsprechung unabhängig und nur dem Gesetz unterworfen«) ist nicht als Ausdruck von Gewaltenteilung zu verstehen, sondern will eine fachfremde Einmischung »durch Verwaltungsorgane, gesellschaftliche Organisationen oder Individuen« (Art. 126 Verf.) unterbinden. Damit ist zwar der jahrzehntelangen Praxis des »shuji pi'an«, der Bestätigung richterlicher Entscheidungen durch den Parteisekretär, eine Absage erteilt worden (jedenfalls im Hinblick auf die Routinetätigkeit der Gerichte). Die interne Bestätigung von Entscheidungen durch die Gerichtspräsidenten und die Abhängigkeit von den Volkskongressen (vgl. Art. 124 II, 128 Verf.) wird dadurch aber nicht berührt, was durch das Richtergesetz vom 28. 2. 1995 erneut bestätigt wurde.

Führung bedeutet weiterhin, daß den Leitlinien (fangzhen) und politischen Richtlinien (zhengce) teils als unmittelbar anwendbares Recht, insbesondere aber als »Generatoren« für die staatlichen Gesetzgebungsinstanzen Geltung zukommt. Alles Recht, alle Rechte – von den Rechten der Gewerbetreibenden bis hin zur Religionsfreiheit – sind in Rechtsform gegossene politische Strategien der KPCh, Strategien zur Annäherung an Entwicklungsziele. Politische Richtlinien des Staates (guojia zhengce) ergänzen das Gesetzesrecht. So heißt es etwa in § 13 des Gesetzes über die Organisation der Dorfbewohnerkomitees vom 24. 11. 1987, daß die Mitglieder dieser Komitees nicht nur »Verfassung, Gesetze und Rechtsvorschriften«, sondern auch »die politischen Richtlinien des Staates zu befolgen haben«. Und nach § 6 der Allgemeinen Grundsätze des Zivilrechts vom 12. 4. 1986 haben sich »Zivilgeschäfte an das Gesetz zu halten; soweit das Gesetz keine Bestimmungen trifft, müssen sie sich an die staatlichen Richtlinien halten«. Gewohnheitsrecht ist selten;

Gerichtsentscheidungen kommt nicht der Rang einer Rechtsquelle zu, sie gelten nur »inter partes«, zwischen den individuellen Parteien eines Gerichtsverfahrens.

1.3.3 Konkurrierende Normenkreise

Daß nach der geschriebenen Rechtsordnung heute die Gesetze die wichtigste Rechtsquelle sein sollen, beantwortet noch nicht die Frage, ob die Gesetzesnormen tatsächlich die ihnen vom Gesetzgeber beigemessene Sozialordnungsfunktion erfüllen. Damit stellt sich die Frage nach der Geltung anderer, neben dem Gesetz existierender Sozialnormen. Heute wird diese Frage meist im Zusammenhang mit den Schwierigkeiten der Durchsetzung von Gesetzen aufgeworfen. Sie hängt aufs engste zusammen mit dem erwähnten traditionellen Sozialnormenpaar »li« (Moralnormen, Gewohnheiten) und »fa« (Gesetzesnormen), dem System der Reduzierung der Gesetzesfunktion auf die Durchsetzungshilfe für Moralnormen und scheint sich im heutigen chinesischen Kulturkreis in einer Dreiheit der Normenkreise aus »qing« (renqing = menschliche Beziehung), »li« (Vernunft, Logik) und »fa« (Gesetz) zu manifestieren. In der Realität zeigen sich die Schwäche von Gesetzesnormen und die Stärke bzw. der Vorrang anderer Sozialnormen. Es kommt vor und scheint verbreitet, daß »qing« gegenüber »li«, letzteres wiederum gegenüber »fa« obsiegt, soziales Handeln also zunächst im Sinne der Beziehungsnorm und der Vernunftnorm, erst zuletzt gemäß der Gesetzesnorm beurteilt wird. Dadurch wird z. B. das Geschenk eines Klägers an den Richter im Sinne der »qing«-Norm als üblich und geboten akzeptiert, während es sich im Sinne der »fa«-Norm um Bestechung handelt. Dieser Zwei- oder Dreiklang der Normenordnung ist in der gegenwärtigen chinesischen Kultur durchaus lebendig, wenn er auch als Zerstörung oder Schwächung der Rechtsordnung zu überwinden gesucht wird.

Andererseits ist es aber auch möglich, daß eine Gesetzesnorm im Prozeß ihrer Durchsetzung Gewohnheit und Volksbewußtsein nicht ausreichend berücksichtigt und so den sozialen Frieden unterminiert, so etwa (wie geschehen), wenn der jüngere Bruder im Einklang mit der Tradition die kinderlose Witwe seines verstorbenen älteren Bruders aus dessen Haus vertreibt. Die Witwe kann dann nach modernem Recht zwar ihr Erbrecht durchsetzen, wird sich damit aber die Feindschaft des Schwagers und das Unverständnis der Dorfgemeinschaft einhandeln. Die Gesetzgebung will in diesem Fall gerade auf die Überwindung solcher Traditionalismen hinwirken. Der taiwanesische Zivilrechtswissenschaftler Wang Boqi schrieb in den 50er Jahren in seiner bis heute bedenkenswerten Studie über *Modernes Rechtsdenken und alte chinesische Kultur*: »Das Erbrecht der Ehepartner und der Töchter, die Ausübung der Rechte und Pflichten der minderjährigen Kinder durch Vater und Mutter, die Unabhängigkeit der Person des Ehepartners – all diese Rechtsinstitute, wenn sie auch bis heute und über 20 Jahre nach Inkrafttreten des Zivilgesetzbuches immer noch fremd anmuten, so rufen sie jedenfalls keine Ablehnung mehr hervor.« Dies macht seiner Ansicht nach deutlich, daß die Prinzipien des geltenden Rechts allmählich gesellschaftliche Akzeptanz finden und zu Normen des gelebten Rechts werden können. Die vonstatten gehende Vergesetzlichung mag auch als Symptom dafür begriffen werden, daß traditionelle Wertvorstellungen schwinden und ihre orientierende Kraft, ihre konsensbildende bzw. konfliktregelnde Funktion verlieren. Pluralität und mögliche gegenseitige Hemmung gesellschaftsregulierender Normen wird für die chinesische Rechtskultur (jedenfalls die dörfliche) jedoch noch lange kennzeichnend bleiben.

2. »Sozialistische Marktwirtschaft« als Auftrag an den Gesetzgeber

2.1 Systemtransformation

Nach fünfzehnjährigen Experimenten, Plan- und Marktwirtschaft zu verbinden, tat das ZK der KPCh im November 1993 per »Beschluß« die Absicht kund, daß die Wirtschaftsordnung der VR China eine »sozialistische Marktwirtschaft« sein solle. Hieß es in der chinesischen Verfassung vom 4. 12. 1982 (Art. 15): »Der Staat führt eine Planwirtschaft [...] durch. Er sichert die [...] Entwicklung der Volkswirtschaft durch [...] Wirtschaftspläne und ergänzend dazu vermittels der Regulierung durch den Markt«, so lautet dieser Artikel nach der Verfassungsrevision vom 29. 3. 1993: »Der Staat führt eine sozialistische Marktwirtschaft durch; er verstärkt die Wirtschaftsgesetzgebung und verbessert die Makrosteuerung.« Damit dankt der Staat als Unternehmer ab und überläßt diese Position der Gesellschaft. Die Wirtschaftsverwaltung will nicht mehr Unternehmer sein, wozu sie weder ausreichend Geld noch Expertise hat; als Rahmensetzer, Schiedsrichter und Förderer des Wirtschaftsgeschehens, aber auch als Investor will sie sich jedoch volle Geltung verschaffen. Die chinesische Rechtswissenschaft erörtert dies unter der Fragestellung von den »Funktionen der Regierung«. Der Grundterminus, den jetzt auch die Verfassung enthält, ist wörtlich »Makro-Regulierung und -Kontrolle« (hongguan tiaokong), also die Beeinflussung des Wirtschaftsgeschehens durch die indirekten Mittel der Geld-, Zins-, Preis- und Steuerpolitik. In einem weiteren Sinne gehört dazu die gesamte auf die Schaffung von Rahmenbedingungen für den Markt gerichtete Gesetzgebung:

– Als Fundament des Systems sozialistischer Marktwirtschaft gilt ein modernes Unternehmenssystem mit dem öffentlichen Eigentum (gongyouzhi) als Hauptbestandteil. Die öffentlichen Unternehmen unterliegen ebenso wie private der Marktkonkurrenz und haften mit dem ihnen als juristischen Personen zugeordneten Vermögen. Als Rechts- oder Organisationsformen kommen Einzelunternehmen, GmbH und AG in Betracht. (Gesellschaftsgesetz vom 29. 12. 1993). Nach dem Beschluß des ZK soll die Zahl der Aktiengesellschaften, deren Aktien an den Börsen gehandelt werden, begrenzt bleiben. Der Aktienanteil des Staates an einem solchen Unternehmen sei von dem jeweiligen Wirtschaftszweig abhängig. So sollen Unternehmen, die gewisse Spezialprodukte herstellen, oder Rüstungsunternehmen vom Staat als Einzelinvestor betrieben werden. In den Schwerpunktunternehmen der Basisindustrien soll der Staat die Aktienmehrheit besitzen, aber nichtstaatliches Kapital soll durchaus beteiligt werden. Kleine Staatsunternehmen können verpachtet oder verkauft (privatisiert) werden.
– Entwicklung des Marktsystems, d. h. Normierung der Markthandlungen (Rechtsgeschäfte; Vertragsrecht), Beseitigung regionaler Barrieren, Bekämpfung unlauteren Wettbewerbs (Gesetz vom 2. 9. 1993, dazu Warenzeichengesetz vom 23. 8. 1992, Verbraucherschutzgesetz vom 31. 10. 1993, Produktqualitätsgesetz vom 30. 10. 1992, Werbegesetz vom 27. 10. 1994, Wucherbestimmungen

vom 28. 1. 1995), Bildung eines einheitlichen, konkurrierenden und geordneten Marktsystems unter Einschluß eines Finanz-, Arbeits-, Immobilien-, Technik- und Informationsmarktes (Arbeitsgesetz vom 5. 7. 1994, Patentgesetz vom 4. 8. 1992, Gesetz über die Verbreitung landwirtschaftlicher Technik vom 2. 7. 1993, Gesetz über Fortschritt von Wissenschaft und Technik vom 2. 7. 1993, Gesetz über Verwaltung städtischer Immobilien vom 5. 7. 1994, Sicherheitengesetz vom 30. 6. 1995, Geschäftsbankengesetz vom 10. 5. 1995, Versicherungsgesetz vom 30. 6. 1995). Dazu Fortführung der Preisreform im Sinne einer zunehmenden Preisbildung durch den Markt und der Abschaffung des doppelgleisigen, d. h. teils markt-, teils administrativ gesteuerten Preissystems.
- Neubestimmung der Funktion der Wirtschaftsverwaltung im Sinne eines »makroökonomischen Steuerungssystems«. Im Beschluß des ZK wird ausgeführt, daß der Regierung in der Wirtschaftsverwaltung vor allem die Funktion zukomme, eine Politik makroökonomischer Steuerung auszuarbeiten und durchzuführen sowie eine geeignete Infrastruktur zu schaffen, also Systeme betreffend Sozialversicherung, Geburtenkontrolle, Umweltschutz, Arbeitsschutz, Marktschutz, Währungs-, Steuer- und Zinspolitik u. a. zu realisieren. Die Regierung verwende zwar wirtschaftliche, juristische und administrative Mittel zur Leitung der Volkswirtschaft, greife aber nicht direkt in Produktion und Management der Unternehmen ein, ist also nicht Mitspieler auf dem Markt.
- Der Ordnungsfaktor »Marktwirtschaft« betrifft aber nicht nur die eigentliche Wirtschaftsgesetzgebung, sondern das gesamte Gesellschaftsleben und damit auch das gesetzgeberische Tätigwerden in Bereichen wie Zivil-, Proceß-, Verwaltungs- und Strafrecht. So wird ein Zivilgesetzbuch ausgearbeitet: zunächst ein einheitliches Vertragsgesetz, »Schuldrecht«, dann ein das Eigentum und die aus ihm resultierenden Verfügungsrechte regelndes »Sachenrecht«. Für Straf- und Strafprozeßgesetze liegen Revisionsentwürfe im Sinne der Präzisierung und Ergänzung von Tatbeständen sowie der Verbesserung des Rechtsschutzes vor, und ein Schiedsgesetz, das die (behördenunabhängige) Beilegung von Vermögensstreitigkeiten bezweckt, trat 1995 in Kraft. Die auf die Grundlegung eines die Verwaltung an die Gesetze bindenden Verwaltungsrechts gerichtete Gesetzgebung hat Gesetze über den Verwaltungsprozeß (1989), den Verwaltungswiderspruch (1990) und die Haftung des Staates bei schädigender Handlung seiner Beamten (1994) hervorgebracht. So ist das von den Unternehmensgesetzen garantierte Gewerberecht häufig Gegenstand von Verwaltungsprozessen. Ein das Verwaltungshandeln (unter Einschluß von Anhörungs- und Teilnahmerechten) normierendes Verwaltungsverfahrensgesetz befindet sich in der Ausarbeitung.

2.2 Die Gesetzgebungskompetenz

China ist ein Einheitsstaat, originäre Gesetzgebungskompetenz besitzt nur der Zentralstaat (NVK, Staatsrat). Den als Gesetzgeber immer aktiver werdenden Provinzen kommt (nur) abgeleitete Gesetzgebungskompetenz zu. Dies ist im Prinzip in der Verfassung (Art. 100) ausgesprochen und soll durch ein Gesetzgebungsgesetz (lifa fa) demnächst konkretisiert werden. Provinzkongresse haben auf der Basis der Verfassung und zentralstaatlicher Richtlinien bereits Vorschriften über das Verfahren ihrer Rechtssetzungstätigkeit erlassen und darin auch eine Kompetenzregelung aufgenommen. So sieht § 5 der »Vorschriften über Erlaß und Genehmigung von lokalen Rechtsbestimmungen durch den Ständigen Ausschuß des Volkskongresses der Provinz Jiangsu« vom 26. 8. 1993 zum Umfang des Erlasses von lokalen Rechtsbestimmungen folgende Rechtssetzungskompetenz vor: »(1) Ein Gesetz [des NVK] bestimmt, daß vom Ständigen Ausschuß des Volkskongresses der Provinz Ausführungsregeln [...] erlassen werden; (2) zur Gewährleistung der Durchführung der Verfassung, Gesetze und Verwaltungsrechtsbestimmungen [d. h. Staatsratsverordnungen] sowie der Entscheidungen und Beschlüsse des NVK und seines Ständigen Ausschusses [...] ist es erforderlich, [...] lokale Rechtsbestimmungen zu erlassen; (3) gemäß den konkreten Umständen [...] in der Provinz ist es in Bereichen wie Politik, Wirtschaft, Erziehung, Wissenschaft, Kultur, Gesundheit, Zivilverwaltung oder ethnischen Minderheiten erforderlich, [...] lokale Rechtsbestimmungen zu erlassen; (4) der Ständige Ausschuß erläßt auf der Grundlage einer Ermächtigung durch den Ständigen Ausschuß des NVK Einzelbestimmungen und (5) der Ständige Ausschuß erläßt wegen anderer Bedürfnisse lokale Rechtsbestimmungen.« Eine weitere bemerkenswerte Kompetenznorm enthalten z. B. entsprechende Vorschriften der Provinz Shaanxi (vom 31. 8. 1984): »Hat bei einer die Interessen des Volkes der ganzen Provinz berührenden wichtigen Frage der Zentralstaat bereits eine klare Leitlinie oder politische Richtlinie vorgegeben, ein Gesetz aber noch nicht verkündet, so kann die Provinz bei dringendem Bedarf lokale Rechtsbestimmungen erlassen.« Damit beruht die Provinzgesetzgebung auf zwei Prinzipien: dem Prinzip der konkreten Umstände und Bedürfnisse und dem Prinzip »Zentralrecht bricht Lokalrecht«. Ein originäres Gesetzgebungsrecht der Provinzen existiert nach derzeitigem und wohl auch nach zukünftigem Recht nicht. Das geplante Gesetzgebungsgesetz soll Kompetenzkataloge der Art enthalten, die zum einen die Gesetzgebungsmaterie, für die die Zentralebene ausschließlich zuständig ist, zum anderen solche Gesetzgebungsmaterie, für die Zentral- und Lokalgesetzgeber gemeinsam (im Sinne einer subsidiären, Rahmen- oder Grundsatzkompetenz) zuständig sind, konkret auflisten; von einem Bereich ausschließlicher Zuständigkeit der Provinzen ist nicht die Rede. Die von manchen Provinzen geäußerten Absichten, ein eigenes, lokales marktwirtschaftliches Rechtssystem – neben der Verfassung, den Gesetzen und Verwaltungsvorschriften des Staates – zu gestalten (und in Durchführung dieser Absicht getätigte Kompetenzüberschreitungen) werden als Regionalismus zurückgewiesen.

Die Überprüfung der Verfassungsmäßigkeit von Lokalgesetzen soll einer gemäß dem Entwurf des Gesetzgebungsgesetzes unter dem NVK als Fachausschuß einzurichtenden »Verfassungskommission« obliegen, womit gegenüber dem derzeit noch geltenden System (die niemals relevant gewordene Kontrolle des Ständigen Ausschusses des NVK) sowohl das wachsende Konfliktpotential als auch das daraus resultierende Bedürfnis nach verfassungsjuristischer Expertise hervorgehoben wird.

2.3 Chinesischer Rechtskreis

Die so vonstatten gehende umfängliche Gesetzgebung empfängt einerseits Impulse von der parallel verlaufenden wirtschaftlichen Kooperation und Integration chinesischer Randzonen – besonders des britischen Hongkong und des portugiesischen

Macao, aber auch Taiwans – und zielt zum zweiten auf eine Beeinflussung solcher Entwicklungen. Gehört Hongkongs Rechtssystem zum Rechtskreis des »common law«, also zum englischen Rechtskreis mit seinem primären Merkmal der Rechtsquellenqualität gerichtlicher Entscheidungen (case law), so sind die Rechtssysteme Macaos und Taiwans kontinentaleuropäisch geprägt, beruhen also primär auf Gesetzesrecht (Kodifikationen). An diesen Verhältnissen soll sich auch nach der Integration Hongkongs (1997) und Macaos (1999) in den chinesischen Staatsverband als sog. »Sonderverwaltungszonen« auf längere Zeit nichts ändern. So wird gemäß Art. 8 des 1990 vom NVK angenommenen »Grundgesetzes für die Sonderverwaltungsregion Hongkong« »das bisherige Recht Hongkongs, bestehend aus dem ›common law‹, den Verordnungen, den untergeordneten Rechtsakten und dem Gewohnheitsrecht gewahrt bleiben.« Sowohl in Hongkong wie in Macau werden seit Jahren Anstrengungen unternommen, die wichtigsten Quellen der dortigen Rechtssysteme durch Übersetzung ins Chinesische und durch die Schulung des in den Territorien ansässigen juristischen Nachwuchses zu »sinisieren«. Ungeachtet der Tatsache, daß die Rechts- und Sozialanschauungen der Bevölkerung in allen Teilen des chinesischen Kulturraums – sowohl wegen der nachwirkenden Tradition als auch wegen der Modernisierungsvorgänge – manche Ähnlichkeit aufweisen, erfolgt eine Koordination der Rechtssysteme, d. h. eine Überwindung der Probleme von Rechtszersplitterung (vorerst) nicht durch interregional-vertragliche, schon gar nicht durch zentralstaatliche Rechtsvereinheitlichung, sondern durch eine Anwendung der Grundsätze des sogenannten internationalen Konfliktrechts (auch »internationales Privatrecht« genannt) auf die inner-chinesischen Verhältnisse, so daß ein »interregionales Konfliktrecht« entsteht. Diesem ist dann zu entnehmen, welche Rechtsordnung – die zentralstaatliche oder die einer der Sonderverwaltungsregionen – für die zu behandelnde Rechtsfrage heranzuziehen ist. Ein »chinesischer Rechtskreis« im Sinne gemeinsamer struktureller und intellektueller Grundlagen – wie er auf der Basis des vormodernen chinesischen Rechts in Ostasien bestanden hat – wird auf diese Weise gerade nicht entwickelt, was aber natürlich nicht ausschließt, daß zum einen durch eine sich fortsetzende Beeinflussung des zentralstaatlichen Rechts durch das Randzonenrecht, besonders des kontinentaleuropäisch geprägten, zum anderen aber auch durch zentralstaatliche Einflüsse auf die Randzonen (etwa in Form der personellen Zusammensetzung der Gerichte) ein neuer chinesischer Rechtskreis allmählich Gestalt annimmt.

3. Das subjektive Recht

3.1 Die »Wasserscheide« von modernem und feudalistischem Recht

Dem Gesetzesrecht des kaiserlichen China kam nie die Funktion der Errichtung horizontaler Beziehungen zwischen Individuen zu, sondern es war Mittel von Regulierung und Kontrolle zur Wahrung der existierenden sozialen und politischen Ordnung. Auch zu der seit Ende der Kaiserzeit betriebenen Etablierung der Rolle des Rechts als Reforminstrument gesellte sich nur zögernd die Vorstellung vom Recht als Garantie und Schutz individueller Rechte und Freiheit. Zur Zeit der Kodifikationsbemühungen unter der Nanjing-Regierung der Republik betonte der Präsident des Gesetzgebungsamtes in einer programmatischen Rede, daß es Aufgabe der Gesetzgebung sei, die Ideen des Gründers der Republik, Sun Yat-sen, realisieren zu helfen. Sun Yat-sen aber ging es um die Freiheit der Nation, nicht um die Freiheit des Individuums, für die er gemäß seiner Interpretation der chinesischen Geschichte überhaupt kein Bedürfnis sah. In seinen in den zwanziger Jahren verfaßten Büchern *Grundlagen der Staatsgründung* und *Das Prinzip der Demokratie* vertrat er die Auffassung, daß die Chinesen im Gegensatz zu den Europäern kaum jemals in ihrer Geschiche extremen Despotismus erfahren hätten. Die Vorstellung der Freiheit hätte sich in China deshalb nicht bilden können, weil es nicht nötig war, daß sie sich bildete, da die historischen Bedingungen zu ihrer Entstehung nicht vorhanden gewesen seien. Während die europäischen Revolutionen des 18. und 19. Jh. für die individuelle Freiheit ausgefochten worden seien, weil die europäischen Menschen totale Unfreiheit erlebt hätten, sei die Revolution in China, wo die Freiheit so extrem gewesen sei, daß das Volk, losem Sand gleich, der Kolonisierung durch die Ausländer nichts entgegensetzen konnte, umgekehrt gerade auf Begrenzung der individuellen Freiheit zugunsten der Freiheit der Nation gerichtet gewesen.»Fazhi«, die Herrschaft der Gesetze, wurde als Respektierung der Gesetze begriffen, das Recht als eine Notwendigkeit für den Aufbau eines modernen Industriestaates angesehen, eine Ansicht, die in der VR China gleichsam aggressiv überhöht wurde. So wurde 1958 bei der Erläuterung des Haushaltsregister-Gesetzes vor dem Ständigen Ausschuß des NVK die Vereinbarkeit dieses Gesetzes mit dem von der Verfassung von 1954 aufgeführten Freizügigkeitsrecht mit der Begründung festgestellt, daß es sich bei den von der Verfassung gewährleisteten Freiheiten um »geleitete Freiheiten und nicht um anarchistische Zustände, um die Freiheit der breiten Massen des Volkes und nicht um absolute Freiheiten einer Minderheit« handele.

Diese Kollektiv- und Pflichtenzentriertheit des Rechtssystems hat sich in Taiwan seit den siebziger Jahren immer mehr reduziert und stößt seit Mitte der achtziger Jahre auch in China auf Kritik. Argumentiert wird etwa, daß »beeinflußt von langfristiger historischer Erfahrung« das Recht (falü) oft mit Strafe gleichgesetzt werde. Dies führe dazu, daß sich die Pflichten-Normen (Verbotsnormen) im Rechtssystem entwickelten, während die Rechte-Normen (Erlaubnisnormen) zurückblieben. »In der Rechtswissenschaft legt man gleichfalls viel Gewicht auf die Erforschung von Verbot und Strafe und läßt die Erforschung von Rechten, der Rechteverwirklichung sowie der psychologischen und absichernden Mechanismen der Rechteverwirklichung außer acht. Ganz gleich, ob im Rechtssystem oder im System der Rechtswissenschaft, man muß die Rechte zur Grundlage machen und die Sicherung und Verwirklichung der Rechte untersuchen.« Einer der Herausgeber der »Chinesischen Rechtszeitung« bezeichnete das so an das Rechtssystem herangetragene Wertproblem wie folgt: »Darin, das Rechtssystem mit Freiheit und Demokratie zu verbinden, liegt die Wasserscheide zwischen modernen und feudalistischen Rechtssystemen.«

3.2 Ein »Homo oeconomicus« ohne Menschenrechte?

Es ist deutlich geworden, daß der chinesische Begriff des Gesetzes seit den Reformen der späten Kaiserzeit immer mehr auch horizontale Rechte – Pflichten – Beziehungen (gesellschaftliche Austauschverhältnisse) umfaßt und so die vormoderne Beschränkung auf Verwaltungsinstrumentalität hinter sich gelassen hat. Gesetze garantieren heute auch Rechtsverhältnisse der Wirtschaftsbürger, vermitteln Rechtsschutz, also den Zugang zu Gerichten und anderen Instanzen im Falle der Störung solcher Verhältnisse und realisieren damit die Ansprüche, die subjektiven Rechte, die Marktteilnehmer untereinander zu haben glauben.

3.2.1 Kollektive versus individuelle Interessen

Schwieriger gestaltet sich die Regelung des Staat-Bürger-Verhältnisses, die Begründung sogenannter subjektiver öffentlicher Rechte, da hier ein Konflikt individueller mit als kollektiv (staatlich) definierten Interessen involviert ist. Ein Grundzug auch gegenwärtiger chinesischer Rechtskultur ist der Vorrang kollektiver vor Einzelinteressen. Ganz entscheidend schlägt sich Staatsdominanz im Grund- und Menschenrechtsverständnis der volksrepublikanischen Verfassung nieder. Alle dort aufgeführten Grundrechte stehen unter der Schranke der »Interessen des Staates, der Gesellschaft und des Kollektivs« (Art. 51). So begrenzt die Religionsfreiheit der chinesischen Katholiken oder sonstiger Gläubiger selbstverständlich nicht die Macht des Staates, ein noch so radikales Familienplanungsprogramm durchzuführen, es verhält sich umgekehrt: Die Bedürfnisse des Staates begrenzen und entleeren die Grundrechte. Eine unabhängige Instanz zur Entscheidung eines Interessenkonflikts gibt es nicht; was Staats- oder Kollektivinteressen sind, bestimmen die involvierten Staats- oder Parteiorgane selbst. Eine ähnliche Überordnung der Staatsinteressen ergibt sich aus der Schrankenregelung der in Taiwan in revidierter Fassung fortgeltenden Verfassung der Republik China vom 25. 12. 1946 (Artt. 22, 23). Neuere, auf den modernen (und das heißt den nach dem Zweiten Weltkrieg geschaffenen) Rechtsstaat hin entworfene Verfassungstexte ostasiatischer Staaten artikulieren ein hohes Maß an Sensibilität für die Geltung von Grundrechten, die auch durch einschränkende Gesetze nicht »leerlaufen« sollen. So heißt es in einem von der größten Oppositionspartei initiierten »Entwurf der Verfassung Taiwans« von 1991 (Art. 6): »Diese Grundrechte binden Legislative, Judikative und Exekutive als unmittelbar geltende Staatsbürgerrechte; in sie darf nur auf Grund eines Gesetzes eingegriffen werden [...]. Die Würde des Individuums ist absolut unverletzlich [...]«; Art. 37 der Verfassung der Republik Korea von 1988 erklärt den »Kernbereich« der Grundrechte für schlechthin unantastbar. Konzeptionell bedeutet dies eine Umkehrung der Staat-Bürger-Priorität, geschützt durch eine die Individualbeschwerde (Verfassungsbeschwerde) umfassende Verfassungsgerichtsbarkeit.

Seine völkergewohnheitsrechtlichen Verpflichtungen (ein Beitritt zu dem Menschenrechtspakt der Vereinten Nationen von 1966 ist insofern keine Voraussetzung) zur Wahrung eines gewissen Mindeststandards an Menschenrechtsschutz verletzt China nicht erst durch die Praxis seiner Behörden und Gerichte, sondern bereits durch die geschriebenen Gesetze. So wird die Todesstrafe in exzessiver Weise angedroht, verhängt und vollstreckt, u. U. schon für Unterschlagung oder Verletzung eines Warenzeichens; die vom Völkerrecht geforderte Unschuldsvermutung im Strafprozeß ist nicht Bestandteil des chinesischen Strafprozesses; auch ist der von den internationalen Menschenrechtsstandards geforderte Grundsatz »nulla poena sine

418

lege« im chinesischen Recht schon dadurch durchbrochen, daß es Analogie zuläßt, des weiteren aber dadurch, daß viele Tatbestände des Strafgesetzbuches nicht ausreichend bestimmt, sondern vage formuliert sind, wie z. B. schon Begriffe wie »konterrevolutionäre« Straftat oder »rowdyhaftes Verhalten« deutlich machen.

Dem Art. 10 der »Allgemeinen Erklärung der Menschenrechte« widerspricht das chinesische System der Verwaltungsstrafen, wonach für nichtkriminelles, aber als sozial schädlich angesehenes Verhalten Freiheitsstrafen u. a. in Form der Einweisung in Arbeitslager bis zu vier Jahren ohne gerichtliches Verfahren, allein durch Polizeiverfügung verhängt werden dürfen. Das Eugenikgesetz vom Oktober 1994 (»Gesetz über die Gesundheitsvorsorge von Mutter und Kind«) verbietet Ehen von Personen mit Geistes-, Geschlechts- und anderen schweren ansteckenden oder vererbbaren Krankheiten, es sei denn, daß eine Sterilisation erfolgt. Bei geschädigtem Fötus wird der Schwangeren angeraten, eine Abtreibung vornehmen zu lassen. Die Einwilligung der Mutter ist zwar erforderlich, die soziale Wirklichkeit mag anders aussehen.

Es ist nun nicht so, daß die genannten Mängel des chinesischen Rechtssystems bezüglich dessen Übereinstimmung mit internationalen Standards in China nicht als Mängel begriffen, geschweige denn trotzig verteidigt würden; ihre Überwindung wird gemäß rechtswissenschaftlicher Stellungnahmen für erforderlich gehalten. Strafgesetzbuch und Strafprozeßrecht sollen in folgenden Punkten geändert werden: Abschaffung der Analogieregel, Klarstellung der Unschuldsvermutung, (z. B. auch durch Übernahme sprachlicher Differenzierung wie Verdächtiger, Angeschuldigter, Angeklagter, statt immer nur »Angeklagter« oder »Straftäter«); die Ersetzung der »konterrevolutionären Straftaten« durch »Staatsschutzdelikte« oder »Straftaten, welche die Sicherheit des Staates gefährden«, Präzisierung vager Begriffe, Reduzierung der Anwendung der Todesstrafe, Wiederzuordnung des Rechts, Todesurteile zu bestätigen, an das Oberste Gericht, Ausdehnung der Anwendung der Geldstrafe, Vorverlagerung des anwaltlichen Beistandes auf das Ermittlungsverfahren, Abschaffung der Verwaltungshaft in Form der sogenannten »Unterbringung zur Untersuchung«.

Grundrechtsrelevante Vorhaben, die der Gesetzgeber in letzter Zeit realisiert hat, sind das Verwaltungsprozeßgesetz von 1989 und das Staatshaftungsgesetz von 1994, wonach der Bürger eine Verwaltungsbehörde verklagen kann, wenn er der Ansicht ist, daß die Behörde eines seiner Rechte (etwa Vermögen, Freiheit der Person, Gewerberecht, Rentenrecht) verletzt hat, ferner das Rechte und Pflichten von Vollzugsbeamten und Gefangenen normierende Gefängnisgesetz vom 30. 12. 1994. Hingewiesen sei auch auf die »Interpretation« des Obersten Gerichts zum Verwaltungsprozeßgesetz, in der es u. a. heißt: »Auf der Grundlage des in § 11 bestimmten Umfangs der Fallannahme kann ein Bürger, der den Beschluß über Arbeitserziehung eines Verwaltungsausschusses für Arbeitserziehung nicht akzeptiert, bei Gericht Verwaltungsklage erheben [...] Akzeptiert ein Bürger die von einer Abteilung für Geburtenplanung verhängten Verwaltungsstrafen der Erhebung eines Bußgeldes für Überschreitung der Geburtenzahl nicht, so kann er bei Gericht Verwaltungsklage erheben« (Ziff. 2). Diesbezügliche Fälle wurden von den Gerichten auch zugunsten der Kläger entschieden.

Auch die in der chinesischen Rechtswissenschaft vertretenen Auffassungen von den subjektiven Rechten »als Grundlage, Kern, Standard« des Rechtssystems zielt auf Stärkung individueller Rechte in einer traditionell staatszentrierten, bürokratiezentrierten, pflichtenzentrierten politischen Kultur. Argumentiert wird dahingehend, daß die chinesische Rechtstheorie bisher »den Wert der Rechte des Kollektivs, der Gesellschaft, des Staates in übertriebener Weise hervorgehoben, die individuellen Rechte bedingungslos Kollektivinteressen untergeordnet, individuelle Interessen und Freiheiten geopfert« habe. Ein derart extremes, kollektivistisches oder etatistisches Rechtekonzept sei unvereinbar mit den Entwicklungsgesetzen von Marktwirtschaft und demokratischer Politik. Deren letztes Ziel liege darin, »daß das konkrete Individuum, nicht ein abstraktes Kollektiv – Gesellschaft oder Staat – an Freiheit und Glück« gewinne. Die chinesische Rechtswissenschaft betone einseitig Pflichten, »Pflichten des Individuums gegenüber der Familie, der Gesellschaft, dem Staat« und ignoriere »die Rechte des Individuums gegenüber Familie, Gesellschaft und Staat«. Die Ansicht von den »subjektiven Rechten als Grundlage« sucht nun die Rechte-Pflichten-Beziehung im Sinn eines Ziel-Mittel-Verhältnisses aufzufassen: Rechte sind Ziel, Pflichten dagegen Mittel; Pflichten haben ihren Ursprung in Rechten. Der gesetzlich bestimmte Zweck der Pflichten liegt in der Gewährleistung der Rechte-Verwirklichung; Rechte sind der primäre, Pflichten der sekundäre Faktor. Hinsichtlich der Beziehung von subjektiven Rechten und staatlicher Macht sind die Rechte der Bürger und der anderen Rechtssubjekte Zweck und Grenze der Zuweisung und Anwendung von staatlicher Macht. Das heißt, die Zuweisung und Anwendung von politischer Macht des Staates ist nur insoweit legal und legitim, als sie der Garantie der Verwirklichung subjektiver Rechte, der Regelung von Rechtskonflikten, der Sanktionierung von Rechtsverletzungen und der Wahrung der Rechte-Balance dient. Bestehen keine gesetzlichen Verbote, so spricht die Vermutung für die Existenz von Rechten; bei der Ausübung seiner Rechte unterliegt das Rechtssubjekt nur den gesetzlich fixierten Schranken, wobei einziger Zweck der Schrankenerrichtung in der Garantie der Respektierung der Rechte anderer Rechtssubjekte liegt.

3.2.2 »Spezifisch kulturell« oder »spezifisch modern«?

Trotz solcher Änderungsvorhaben, Verbesserungen und Denkweisen ist angesichts der Lage von Rechtssystem und Rechtspraxis die Frage aufzuwerfen, ob es in China überhaupt ein sozio-kulturelles und politisches Umfeld für eine grundlegendere Änderung der Menschenrechtspraxis gibt. Dies ist die Frage nach der Möglichkeit der Universalität der Menschenrechte, wie sie auf der Wiener Menschenrechtskonferenz im Juni 1993 unter dem Stichwort einer »kulturrelativistischen Auffassung der Menschenrechte« wieder aufgeworfen worden ist.

Angesichts der europäischen Wurzeln der Menschenrechte (Naturrecht, Christentumsinterpretation, alteuropäische Herrschaftsverträge) scheint die Möglichkeit von Universalität zweifelhaft. Ähnliche Wurzeln sind in der chinesischen traditionellen Kultur nicht anzutreffen: weder die Vorstellung von angeborenen Rechten, weder die Idee vom Wert des Menschen als solchem, noch eine Tradition der Herrschaftsbegrenzung durch Vertrag. Nach chinesischer Vorstellung erlangt der Mensch erst in seiner gesellschaftlichen Rolle seinen Wert, Menschenwürde ist keine Wesensbestimmung des Menschen überhaupt, sondern eine soziale Eigenschaft, die im gesellschaftlichen Leben erst erworben werden muß. So mag Art. 1 der Allgemeinen

Erklärung der Menschenrechte, wonach »alle Menschen frei und gleich an Würde und Rechten geboren« sind, im chinesischen Bewußtsein weniger selbstverständlich sein als im (wenn auch nicht unpervertiert gebliebenen) westlichen. Was Herrschaftsbeschränkung anbetrifft, so ist nach konfuzianischer Staatslehre der Herrscher zwar an Moralnormen und den sogenannten »Himmelsauftrag« (tian ming) gebunden, dies bleibt aber vage und enthält nicht die Vorstellung der Bindung an Rechte bestimmter Bevölkerungsgruppen. Dennoch ist diese chinesische Geistestradition der Herrschaftsbegrenzung für die Moderne bedeutsam. Es ist auch festzustellen, daß das vormoderne chinesische Straf- und Strafprozeßrecht zahlreiche Regelungen enthielt, die, richtig angewandt, sich im Ergebnis wie Menschenrechte auswirkten. So z. B. die gesetzliche Begrenzung der Anwendung der Ermittlungsprügel, die gesetzlich vorgeschriebene Anwesenheit des leitenden Beamten, wenn die Tortur angewandt wurde, die Bestrafung des Beamten bei Mißbrauch usw. Aus der westlichen Genese des Menschenrechtsbegriffs und der andersartigen chinesischen Geistestradition sozusagen die Bodenlosigkeit der Menschenrechte in der heutigen und zukünftigen chinesischen Welt zu schlußfolgern, wäre falsch. In Europa sind sie zu einer bestimmten Zeit entstanden, auch tausend und mehr Jahre Christentum standen ja keineswegs im Zeichen der Menschenrechte. Sie kamen zu einer bestimmten Zeit, 1776, 1789, zustande, weil es spezifische Bedürfnisse gab: Legitimation des Abbruchs vom Mutterland England, Legitimation der Überwindung der absolutistischen Königsmacht in Frankreich. Sie waren also durchweg revolutionärer Natur. Zur Vorstellung der Universalität der Menschenrechte (und zur Justitiabilität von Grund- und Menschenrechten in den Einzelstaaten, dann »gekrönt« durch die Europäische Menschenrechtskonvention) gelangte Europa überhaupt erst nach dem Zweiten Weltkrieg. Trotz der genannten Wurzeln sind Menschenrechte nicht selbstverständlicher Bestandteil der westlichen Rechtskultur, sondern sie haben sich gegen große Widerstände auf revolutionärem Weg durchgesetzt. Es leuchtet daher ein, wenn gesagt wird, daß Menschenrechte nicht spezifisch kulturell, sondern spezifisch modern sind. In Ostasien hat die Moderne zu Formen des Individualismus, zur Reduzierung und Auflösung patriarchalischer Zustände, zu Gewerbefreiheit, Freiheit der Ehepartnerwahl und sonstiger Emanzipation geführt. Menschenrechte sind Ausdruck der Moderne und ihrer Leidenserfahrungen: Sie werden notwendig, wenn traditionelle normative Ordnungen und Werte zerbrechen, die Menschen in den Strudel der allgemeinen Gesellschaft entlassen werden. Der Beginn dieser Moderne läßt sich in China zwar schon auf die Mitte des 19. Jh. datieren, die Gesellschaft als Ganze ist davon aber erst durch die Politik der Reform und Öffnung seit Ende der 70er Jahre erfaßt worden.

So hat der chinesische Dissident-Gewerkschaftler Han Dongfan folgenden Zusammenhang aufgewiesen: Wird das patriarchalische Betriebssystem, wo jeder seinen Arbeitsplatz zugeteilt erhielt und ihn lebenslang behielt, eine administrative und nicht arbeitsvertragliche Verteilung das Prinzip war, erst einmal zugunsten eines modernen Managements aufgegeben, so können nur neuartige Arbeitsbeziehungen, d. h. ein System der Austragung von Arbeitskonflikten durch Tarifverhandlungen und Streikrecht, die »frei« gewordenen und nicht mehr per Bevormundung versorgten Menschen vor krasser Ausbeutung bewahren. Menschenrechte wurden und werden notwendig, um soziale Katastrophen zu vermeiden.

Es ist dann die Frage, ob das festlandchinesische politische System diesen Wandel leisten kann. Es scheint mehr dieses System zu sein als soziokulturelle, historische Erfahrungen, das eine Barriere für effektiven Menschenrechtsschutz darstellt. Die Entwicklung ostasiatischer, in der chinesischen Kulturtradition stehender Staaten, wie Südkorea und Taiwan, hat deutlich gemacht, daß der Gesetzesstaat als solcher noch nicht verhindert, daß Menschen gesetzwidrig in Untersuchungshaft gehalten werden, Polizeibeamte foltern und Strafprozesse sich als Farce erweisen können, daß der Gesetzesstaat so lange als beliebiges Instrument der politischen Macht degenerierbar bleibt, wie diese sich nicht demokratisch legitimieren muß. Die »autoritäre Lösung« erweist sich nur vorübergehend als erfolgreich, wie es der Bürgermeister von Seoul kürzlich ausdrückte: »Die koreanische Erfahrung zeigt, daß die Industrialisierung unter einem monolithischen System, so erfolgreich sie wirtschaftlich auch war, in moralischen Zerfall und politischen Verfall mündet.« Ein autoritäres politisches System mag sich als »Gesetzesherrschaft« darstellen, bleibt aber im Kern ein Staat der »Herrschaft durch politische Führer«, welche sich der Gesetze als Instrument bedienen (oder nicht bedienen). Auch in Taiwan hat diese Erfahrung zur Überwindung des Autoritarismus geführt. So hat der ehemalige Vorsitzende der taiwanischen Demokratischen Fortschrittspartei, der Partei, mit der die Entwicklung demokratischer Verhältnisse in Taiwan verbunden ist, im Hinblick auf das Ende der Einparteienherrschaft festgestellt: »Entscheidend ist, daß wir nicht wieder der ›weisen Führung‹ einer Einzelperson unterliegen, daß wir nun damit beginnen, uns an Institutionen zu halten und von der Personenherrschaft zum Rechtsstaat übergehen.« Ungeachtet der Erfahrungen und Entwicklungen in diesen ostasiatischen Staaten ist es wohl realistisch davon auszugehen, daß in der VR China Formen autoritärer Herrschaft für längere Zeit andauern werden und der Schutz von Menschenrechten prekär bleiben wird.

4. Rechtskultur im Wandel

Der seit Beginn des 20. Jh. vonstatten gehende Wandel der chinesischen Rechtskultur als Summe von Rechtssystem und Rechtsanschauung liegt vor allem in der Integration des zivil- und wirtschaftsrechtlich relevanten subjektiven Rechts in den Gesetzesbegriff, der damit seine vormoderne Beschränkung auf Strafe und Verwaltung überwunden hat. Mag im Volksbewußtsein »Gesetz« (fa) noch vielfach als »Strafe« (xing), ja als nackte Gewalt aufgefaßt werden, so ist die Gesetzesordnung doch immer mehr auch Abbild gesellschaftlicher Austauschverhältnisse geworden. Die Tätigkeit von Juristen, besonders von Rechtsanwälten und Unternehmensrechtsberatern, aber auch von Zivilrichtern gewinnt an sozialer Relevanz, wie sie etwa das Erfordernis der Auslegung einer Generalklausel wie die in § 2 des Gesetzes gegen unlauteren Wettbewerb (»Ein Unternehmen muß sich im Marktverkehr nach den Prinzipien der Freiwilligkeit, Gleichberechtigung, der Fairness und dem Prinzip von Treu und Glauben richten und die allgemein anerkannten Verkehrssitten befolgen«) deutlich macht. Die ideologische Staatsbestimmung »Modernisierung« fördert dies ebenso wie sie die Geltung des subjektiven Rechts in der Staat-Bürger-

Relation begrenzt, die insofern über den Ansatz der »Gesetzesschule« (Gesetz ist Leitung von oben nach unten) bisher nur wenig hinausgelangt ist. Mit dem Inkrafttreten des Verwaltungsprozeßgesetzes wurde aber bekundet, daß »Gesetz« auch die Kompetenz des Bürgers enthält, gegenüber der Verwaltung als Rechtssubjekt aufzutreten, wenn es auch einige Zeit in Anspruch nehmen wird, bis sich Vorstellung und Wirklichkeit von »min gao guan« (das Volk verklagt die Beamten) gegenüber der »fumuguan«-Vorstellung, die den Beamten als »Vater und Mutter« des Volkes versteht, durchgesetzt haben werden. Die wachsende Zahl von Verwaltungsprozessen und Umfragen zum »Bürger-Bewußtsein« deuten auf einen allmählichen Wandel. So ist auch in der Volksrepublik die Furcht vor dem Staat geringer geworden, das Interesse an politischer Teilhabe gewachsen, die offene Debatte üblicher und die Vorstellung vom Bürger als Träger nicht nur von Pflichten, sondern auch von Rechten, wenn nicht vertraut, so doch möglich geworden. Die Ansicht, wie sie ein Verwaltungsrechtler der Universität Suzhou in seiner 1993 erschienenen Darstellung des chinesischen Verwaltungsrechts, ausdrückt, ist heute noch nicht institutionalisierte Wirklichkeit, gehört aber immerhin zum rechtswissenschaftlichen Bekenntnisgut: »Die wichtigste Funktion des Rechts (falü) liegt in der Bindung und Beschränkung der politischen Macht, in der Sicherung von Menschenrechten (renquan) und (sonstigen) subjektiven Rechten (quanli)«.

Verwendete und weiterführende Literatur

THE CHINA QUARTERLY, Nr. 141 (March 1995), Special Issue: China's Legal System.
HEUSER, ROBERT (1996/Hrsg.): Wirtschaftsreform und Gesetzgebung. Texte und Kommentare (Mitteilungen des Instituts für Asienkunde, Nr. 264), Hamburg.
KEITH, RONALD C. (1994): China's Struggle for the Rule of Law, New York 1994.
LAUFFS, ANDREAS (1990): Das Arbeitsrecht der Volksrepublik China. Entwicklung und Schwerpunkte (Mitteilungen des Instituts für Asienkunde, Nr. 188), Hamburg.
LENZ, KARL-FRIEDRICH; HEUSER, ROBERT (1995): Strafrechtsentwicklung in Japan und der VR China, Freiburg i. Br. 1995 (S. 200 ff: Bibliographie zum chinesischen Strafrecht).
MI JIAN, (1989) Die chinesische traditionelle Kultur und das gegenwärtige Rechtssystem, in: Zeitschrift für Rechtsvergleichung 1989, S. 24 ff.
MÜNZEL, FRANK (1989): Unternehmens- und Gesellschaftsrecht der VR China (Mitteilungen des Instituts für Asienkunde, Nr. 176), Hamburg.
O'BRIEN, KEVIN J.; LI LIANJIAN (1995): The Politics of Lodging Complaints in Rural China, in: China Quarterly, Nr. 143 (Sept. 1995), S. 756 ff.
POTTER, PITMAN B. (1992): The Economic Contract Law of China. Legitimation and Contract Autonomy in the PRC, Seattle, London.
POTTER, PITMAN B. (1994): Riding the Tiger: Legitimacy and Legal Culture in Post-Mao China, in: China Quarterly, Nr. 138 (June 1994), S. 325 ff.
SCHARPING, THOMAS; HEUSER, ROBERT (1995/Hrsg.): Geburtenplanung in China. Analysen, Daten, Dokumente (Mitteilungen des Instituts für Asienkunde, Nr. 250), Hamburg.
SCHMALE, WOLFGANG (1993/Hrsg.): Human Rights and Cultural Diversity. Europe, Arabic-Islamic World, Africa, China. Goldbach.
SENGER, HARRO VON (1994): Einführung in das chinesische Recht, München.
STEINMANN, MATTHIAS; THÜMMEL, MARTIN; ZHANG XUAN (1995): Kapitalgesellschaften in China. Das neue Gesellschaftsgesetz: Einführung und Übersetzung (Mitteilungen des Instituts für Asienkunde, Nr. 242), Hamburg.

TANNER, MURRAY SCOT (1994): The Erosion of Communist Party Control over Lawmaking in China, in: China Quarterly, Nr. 138 (June 1994), S. 381 ff.

TETZ, STEFANIE (1994): Abschluß und Wirksamkeit von Verträgen in der VR China (Mitteilungen des Instituts für Asienkunde, Nr. 235), Hamburg.

THÜMMEL, MARTIN (1995): Bodenordnung und Immobilienrecht in der VR China (Mitteilungen des Instituts für Asienkunde, Nr. 255), Hamburg.

WACKS, RAYMOND (Hrsg./1993): Hong Kong, China and 1997. Essays in Legal Theory, Hong Kong.

WOLFF, LUTZ-CHRISTIAN (1986): Der Arbeitsvertrag in der Volksrepublik China nach dem Arbeitsvertragssystem von 1986 (Mitteilungen des Instituts für Asienkunde, Nr. 189), Hamburg.

WU, HARRY (1994): Nur der Wind ist frei. Meine Jahre in Chinas Gulag, Frankfurt a. M., Berlin.

XX. Konfuzianismus von oben? Tradition als Legitimation politischer Herrschaft in der VR China

MICHAEL LACKNER

Gibt es einen asiatischen Sonderweg zur Moderne bzw. zur Modernisierung? Einen Weg, der sich, etwa in Anlehnung an die These von Samuel Huntington (»clash of civilizations«), weniger an nationalstaatlichen als an kulturellen Mustern orientieren könnte? Auch ohne die panische Reaktion zu zeitigen, welche die Vorstellung Huntingtons von einer konfuzianisch-islamischen, militärischen Verbindung hervorzurufen beabsichtigt, stellen wir doch seit Beginn der neunziger Jahre des 20. Jh. einen neuen Ton in manchen Teilen Ostasiens fest, ein »Neues asiatisches Selbstbewußtsein«. Ein Zeugnis dafür ist das – nicht von konfuzianischen, sondern japanischen Vorbildern inspirierte – Werk *China kann nein sagen*, das im Sommer 1996 Bestsellerauflagen auf dem chinesischen Buchmarkt erreichte. Freilich dient diesem Selbstbewußtsein zumeist das Argument einer unverwechselbaren (häufig als Antithese zu einem holzschnittartig auf ein paar angebliche Wesensmerkmale reduzierten Westen konstruierten) »Kultur« wiederum nur zur Unterstützung eines Nationalismus, dem die vertrauten Ideologien, z. B. des Entwicklungsnationalismus, ausgegangen sind. Bisweilen dient der – beinahe durchweg antiwestliche – Rekurs auf angeblich Ureigenes auch nur der Machterhaltung der Regierenden angesichts einer sich beschleunigenden wirtschaftlichen und kulturellen Verflechtung der Welt.

In der VR China versucht die Propagandamaschine der Kommunistischen Partei seit Ende der achtziger Jahre nicht ohne Erfolg, den Konfuzianismus als Inbegriff der chinesischen Kultur darzustellen. Sie hat sich dazu auf eine simplifizierte Form des Denkens ihrer einstigen Todfeinde, der Begründer des sogenannten »Modernen Neokonfuzianismus« einlassen müssen. Obwohl die gegenwärtigen Vertreter dieser Schule aufgrund ihrer Herkunft aus dezidiert antikommunistischen intellektuellen Milieus jede Komplizenschaft mit der Kommunistischen Partei weit von sich weisen müssen, bestehen unzweifelhaft tiefgreifende gedankliche Verbindungen zwischen beiden, die sich z.T. auf Gemeinsamkeiten im antidemokratischen, in jedem Falle jedoch in einem Denken, das gegen den Westen gerichtet ist, gründen. Beide teilen die Vorstellung, daß es möglich sei, »Technik« des Westens (im Sinne von der Erhöhung des Lebensstandards dienenden Geräten, aber auch im Sinne von gewissen, freilich als »begrenzt« eingestuften Formen argumentativer Analyse) zu importieren, einen »nationalen« (»völkischen«, »rassischen«, »kulturellen«) Kern jedoch bewahren zu können. Was diesen Kern ausmacht, vermag nach einer mehr als 150 Jahre anhaltenden Zerstörung der traditionellen Lebenswelt und Weltanschauung Chinas niemand mehr zu sagen; daher wird aus den unterschiedlichsten Quellen – Teilen eines über das westliche philosophische Vokabular verstandenen klassischen Schrifttums, autoritätsfixierten Verhaltensweisen u. ä. – ein Gebräu destilliert, das den Namen »Konfuzianismus« trägt. *(Siehe auch den Beitrag Nr. II von Carsten Herrmann-Pillath.)*

Im folgenden soll gezeigt werden, wie diese Verbindung zustandekam; wie sie als Ferment einer nationalen (und, soweit die chinesischsprachige, bisweilen sogar die gesamte ostasiatische Welt betroffen ist), internationalen Kohäsion eingesetzt wird; schließlich, wie sie Auswüchsen einer als »verwestlicht« empfundenen Wirtschaftsmentalität Herr werden soll. Ein notwendiger Blick auf die philosophischen Grundlagen, deren Urheber eine derartige Instrumentalisierung nicht ahnen konnten, sowie eine Betrachtung der Rolle, die der »Konfuzianismus« in der VR China spielen könnte, ergänzen das Bild.

1. Konfuzianismus, Autoritarismus, Verwestlichung und Retraditionalisierung

Seit geraumer Zeit kreisen die meisten Bestimmungen des chinesischen »Wesens« um den Konfuzianismus. Die in der VR China veröffentlichte Literatur zu Fragen des Konfuzianismus im traditionellen China wie des »modernen« Neokonfuzianismus hat sich gegenüber dem Beginn der achtziger Jahre mehr als verzehnfacht. »Konfuzianismus« hat jedoch nicht immer im Zentrum der Identitätsdiskussion gestanden. Zu verschiedenen Zeiten wurden, häufig in enger Anlehnung an westliche Debatten, als Begründung für die Einzigartigkeit bzw. Überlegenheit der chinesischen Zivilisation, das Alter der chinesischen Kultur (»5 000 Jahre«; bei dem liberalen Marxisten Li Zehou ist sogar von 7 000 Jahren die Rede), deren Kontinuität beschworen. *(Siehe auch den Beitrag von Helwig Schmidt-Glintzer.)* Erinnern wir uns ferner, daß Mao Zedong als der »größte lebende Marxist-Leninist« galt, woraus ein Anspruch der Überlegenheit gegenüber allen anderen Ländern der Welt hergeleitet wurde. In anderen Epochen galt der chinesische Sinn für das Schöne als singulär (entsprechend grassierte ein regelrechtes »Ästhetik-Fieber« von Ende der siebziger bis Mitte der achtziger Jahre, welches dann vom »Kulturfieber« abgelöst wurde). In der Folge der Revitalisierung des Konfuzianismus hat sich das Schwergewicht der Begründungen chinesischer Einzigartigkeit auf den sozialen und moralischen Bereich verlagert: Eine der westlichen überlegene, weil angeblich nicht im äußerlichen verbleibende »Moralität« wird als Zement größerer sozialer Kohäsion und damit als Garant auch größeren wirtschaftlichen Erfolges gesehen.

Eine Weltsicht wie der Konfuzianismus, die seit mehr als 2 500 Jahren die geistige und seit etwa 2 100 Jahren die politische Geschichte Chinas – in freilich unterschiedlicher Intensität – geprägt hat, ist aufgrund ihrer hohen Komplexität allerdings ähnlich schwer auf einen Nenner zu bringen wie etwa »das Christentum« oder »der Islam«. Um den »Konfuzianismus« zu einem (kultur-) politischen Werkzeug zu gestalten, muß dieser zahlreichen Reduktionen unterworfen, müssen bedeutende Teilbereiche ausgeklammert werden. Da niemand genau zu sagen vermag, was der

Begriff beinhaltet, fällt das Definitionsmonopol im heutigen China demjenigen zu, der es am geschicktesten mit seinen politischen Zielen zu verknüpfen weiß; denn daß eine Theorie oder Weltanschauung utilitaristisch am Grade ihrer Nützlichkeit für die Herrschaftsausübung gemessen und nicht im Sinne eines Projekts des reinen Denkens bedacht wird, ist in der Tat chinesische Tradition. Mit dem »Konfuzianismus« lassen sich beispielsweise sowohl die Zurückweisung eines angeblich westlichen Verständnisses der Menschenrechte begründen als auch deren erste Spuren im chinesischen Denken.

Der Begriff »Konfuzianismus« verdankt sich vermutlich der seit dem ersten vorchristlichen Jahrhundert gebräuchlichen Wendung »Lehre des Herzogs von Zhou und des Konfuzius« (Zhou Kong zhi jiao), der in späteren Zeiten noch der Name des nach dem Herzog von Zhou (trad. bis 1105 v. Chr.) und Konfuzius (trad. 551–479) lebenden Denkers Menzius (trad. 372–289) hinzugefügt wurde (Zhou Kong Meng zhi jiao). Konfuzius selbst, der weniger ein philosophisches System als eine Reihe praktischer Lebensweisheiten und ein neues, im Gewande der Restauration auftretendes politisches Programm verkündete, scheint sich einer Gruppe von ritualkundigen »Schriftgelehrten« (ru) zugehörig gefühlt zu haben, was aber nicht ausschloß, daß noch im ersten Jahrhundert nach Christus ein Gelehrter sich zwar als »Ru« bezeichnen, gleichzeitig jedoch gegen Konfuzius polemisieren konnte (z. B. Wang Chong, 27–97). Heutzutage ist die Identifikation zwischen »Ru« und den »Konfuzianern« (Rujia) sowie dem »Konfuzianismus« (rujiao) längst vollzogen. Ritualkundig und schriftgelehrt, d. h. in zahllosen Exegesen den klassischen Kanon Chinas stets aufs neue interpretierend, sind die Konfuzianer zweifellos immer geblieben. Im Verlauf der Jahrhunderte traten neben die z. B. für die Opferpraxis und das höfische Zeremoniell bedeutsame Ritualkenntnis und die Exegese der Schriften weitere Elemente, die zu verschiedenen Zeiten in unterschiedlicher Weise dominant wurden: Kosmologie, Heilserwartung und damit einhergehende Vergöttlichung des Konfuzius, praktische Ethik auf verschiedenen Ebenen des sozialen Lebens, Wechsel zwischen dirigistisch-autoritären und am Individuum orientierten Ordnungsmodellen, philologische Kritik und Mystizismus (Lackner 1988). Der Konfuzianismus ist somit ein zentraler, wenn auch nicht der einzige Ausdruck der chinesischen Tradition. Zahlreiche Phänomene, die heutzutage von manchen als typisch konfuzianisch beschworen werden, hat bereits Konfuzius vorgefunden (z. B. den Familialismus und seinen Ausdruck im Ahnenkult sowie die Unterordnung des einzelnen im Kollektiv); andere sind gegen den Konfuzianismus entstanden – so kennt die konfuzianische Lehre im engeren Sinne z. B. nur eine Verzicht- und Armutsethik, nicht aber eine solche des Reichtums – und dies, obwohl heutzutage der »Konfuzianismus« gerne als Motor von Reichtum und Wohlstand gepriesen wird.

Werfen wir einen Blick auf derzeit in der Diskussion befindliche Definitionen von »Konfuzianismus«, so stellen wir zunächst fest, daß sie durchweg und untrennbar mit der Frage nach dem Beitrag konfuzianischer Denk- und Verhaltensweisen zur Modernisierung des Landes verknüpft sind. Die dadurch entstehenden Reduktionen und z. T. Verfälschungen der Tradition des Konfuzianismus nehmen anscheinend sowohl die intellektuellen Vordenker der konfuzianischen Renaissance als auch, auf der sich weitaus simpler gestaltenden Ebene der ideologischen Sedimentierung [wo Ideen als Ansichten selbstverständlich werden, denen keine Einsicht vorausgegangen ist], die Propagandisten der Kommunistischen Partei in Kauf. Auf keinen Fall darf daher das von chinesischen Intellektuellen im 20. Jh. gestaltete Bild des Konfuzianismus mit der authentischen Tradition verwechselt werden, die viel zu komplex ist, als daß sie sich in ihrer Gesamtheit instrumentalisieren ließe.

Die Entstehung fundamentalistischer Strömungen setzt ja gerade einen Traditionsbruch voraus (Meyer 1989). Diesen können wir uns für das China des 19. und 20. Jh. in sprachlicher, institutioneller und sozialer Hinsicht gar nicht radikal genug vorstellen. Über die Schaffung neuer Institutionen, eines neuen Vokabulars, über die im Zuge der alles durchdringenden Modernisierungsbemühungen vollzogene beinahe vollständige Vernichtung der traditionellen Zivilisation (abgeschlossen mit den Massenkampagnen der Kommunistischen Partei) ist zwar eine Nation entstanden, doch hat sie ihren Preis bezahlt: »Das Vergessen – ich möchte fast sagen, der historische Irrtum – spielt bei der Erschaffung einer Nation eine wesentliche Rolle, und daher ist der Fortschritt der historischen Erkenntnis oft für die Nation eine Gefahr.« (Renan 1996: 14). *(Siehe auch die Beiträge von Jürgen Osterhammel und Rudolf G. Wagner.)*

Die gelenkte bzw. von offizieller Seite zumindest begünstigte Revitalisierung des Konfuzianismus, deren Ursache zweifellos im Verfall der bislang mit der Modernisierung verbundenen kommunistischen Werte und der damit einhergehenden generellen Retraditionalisierung Chinas liegt, speist sich im wesentlichen aus drei Quellen. Ihr einziges Motiv ist aber der Wunsch nach einer Modernisierung ohne Verwestlichung. Eine derartige Teilmodernisierung hatte zwar bereits in den sechziger bis neunziger Jahren des 19. Jh. gemäßigte Reformer im Rahmen der sogenannten »Selbststärkungsbewegung« angezogen – und war gescheitert. Doch gescheitert ist auch die nach dem Willen Mao Zedongs vollzogene Reduktion Chinas auf ein »weißes Blatt«: auch sie war eine Teilmodernisierung, westlich inspiriert, aber gewissermaßen von einem »falschen Westen«, der Sowjetunion.

Von einer wahrhaft öffentlichen Diskussion kann im derzeitigen China freilich nicht die Rede sein. Zu untersuchen ist daher lediglich, in welchem Maße die politische Führung einem entweder von außen an sie herangetragenen oder von einer ihrer Faktionen gewünschten Diskurs Raum gewährt. Die drei Quellen für die Wiederbelebung des Konfuzianismus durch das offizielle China können wie folgt beschrieben werden:

1. Zum einen wird seit 1985, nach einem Vortragsaufenthalt des in Harvard lehrenden Gelehrten Tu Wei-ming (Du Weiming) in Peking, das Denken der sogenannten »Modernen« bzw. »Zeitgenössischen Neokonfuzianer« (dangdai xinrujia) in der VR China zur Kenntnis genommen. Tu war seit 1978, dem Datum einer generellen Neubewertung der »chinesischen« Philosophie, regelmäßig Gast in China gewesen, doch erst nach siebenjähriger Vorbereitung wurde der Durchbruch des »Modernen Neokonfuzianismus« erzielt, der sich ab etwa 1987 in massiver Publikationstätigkeit niederschlug. Diese Schule entstand, unter Rückgriff auf zwischen den zwanziger und vierziger Jahren von Philosophieprofessoren wie u. a. Xiong Shili (1885–1968), Liang Shuming (1893–1988), Zhang Junmai (»Carsun Chang«, 1887–1969), Qian Mu (1894–1990), Xu Fuguan (1902–1982), Feng Youlan (1895–1990) und He Lin (1902–1992) unternommenen Versuchen der Begründung einer genuin chinesischen Philosophie in Vergangenheit und Gegenwart, im Jahre 1958 am New

Asia College in Hongkong. Mou Zongsan (1909–1995), Tang Junyi (1909–1978), Xu Fuguan und Zhang Junmai (letzterer vermutlich von seinen radikaleren Schülern unter Druck gesetzt) veröffentlichten in jenem Jahr ein »an die Welt gerichtetes Manifest über die Bedeutung der chinesischen Kultur« (Übs. in Englisch in Chang 1962).

In dem »Manifest« wurde der Versuch einer Rettung der chinesischen Kultur im Angesicht ihres drohenden Untergangs im kommunistischen China unternommen. Über die Inhalte dieses »modernen Neokonfuzianismus«, die für die gegenwärtige Auseinandersetzung so prägend geworden sind, muß noch ausführlicher berichtet werden. Doch zunächst sei festgehalten, daß prominente Vertreter dieser Schule sich für die dritte Generation des Konfuzianismus schlechthin halten – nach Konfuzius (trad. Daten 551–479 v.Chr.) selbst und den Erneuerern der im Westen als »Neokonfuzianismus« bekannten Strömung des 11. und 12. nachchristlichen Jahrhunderts. Messianischer Anspruch verbindet sich hier mit einer Fundamentalkritik an gewissen Denk- und Lebensformen des Westens, die das chinesische Selbstbewußtsein vom Trauma der Modernisierung und dessen Folge, einem nationalen Minderwertigkeitskomplex, erlösen will. Mittlerweile zählt man innerhalb des »Modernen Neokonfuzianismus« bereits die dritte (Mikro-)Generation – manche Periodisierungen sind noch genauer –, die mit Vertretern wie Yü Ying-shih (geb. 1930; Historiker, Princeton), Liu Shu-hsien (geb. 1935, Philosoph, Hongkong und Taipei) und der bereits erwähnte Tu Wei-ming (geb. 1940; Philosoph, Berkeley und Harvard, ein bei der Rückvermittlung konfuzianischer Werte in das chinesische Festland besonders tätiger Gelehrter) in gewissem Maße die Meriten westlicher Demokratie anzuerkennen bereit ist. Freilich sind Zuordnungen zu Schulen immer problematisch: So nimmt etwa Yü Ying-shih in mancher Hinsicht eine differenziertere Position als seine Kollegen ein (er warnt vor einem »anti-pluralistischen« Kulturnationalismus der »kommunistischen Bürokraten« und sieht gleichzeitig im Pluralismus der Zukunft den Untergang westlicher Hegemonieansprüche). In der VR China wird er jedoch überwiegend zu »Neokonfuzianern« gerechnet, weil er u. a. in »17 Thesen« den Versuch unternommen hat, das »Wesen der chinesischen Kultur« zu definieren.

2. Eine zweite Quelle können wir in den Debatten ausmachen, die um den Begriff des »neuen Autoritarismus« kreisen. Schon im Jahre 1987 waren Berater des damaligen Parteichefs Zhao Ziyang (u. a. Zhu Jiaming und Zhang Gang) zu der Überzeugung gekommen, daß der Demokratie für die – als absoluter Wert gesetzte – Modernisierung gerade kein absoluter Wert beikomme und fühlten sich von Modellen eines paternalistischen, am Volkswohl orientierten, autoritären Regierungsstils angezogen, wie er insbesondere von Lee Kuan-yew auf Singapur, ferner dem Sohn des 1975 verstorbenen Chiang Kai-shek, Jiang Jingguo auf Taiwan praktiziert wurde. Demokratie wird in diesem Zusammenhang als kulturspezifisch westliche Einrichtung begriffen, Modernisierung interessanterweise nicht. Spätestens seit 1992/93 sind auch Theoretiker, die noch 1989 mehr oder minder offen auf der Seite der durch das harte Durchgreifen des Militärs auf dem Platz des Himmlischen Friedens unterdrückten »Demokratiebewegung« standen, zu einer Kritik am »Radikalismus« übergegangen. *(Siehe auch den Beitrag von Eberhard Sandschneider.)* Von den mit Demokratisierung und Liberalisierung als untrennbar empfundenen

Auflösungserscheinungen der Sowjetunion im eigenen nationalistischen Ordnungsdenken zutiefst verstört, proklamieren ehemals »liberale« marxistische Denker wie Li Zehou und Liu Zaifu den »Abschied von der Revolution« (gaobie geming), der wiederum mit der Rückbesinnung auf genuin chinesische Werte wie z. B. den der »Harmonie« einhergeht. Hatten ab dem Ende der siebziger Jahre vielfach in den USA lehrende Übersee-Chinesen bereits bei der Vermittlung von Normen und Praxis der westlichen Demokratie eine bedeutsame Rolle ge-spielt, so übernahmen nun z. T. dieselben Personen die Kritik an dieser angeblich zu einseitig auf die historisch gewachsenen Bedürfnisse des Westens ausgerichteten Staatsform. In engem Zusammenhang damit steht der in der VR China neidvoll wahrgenommene wirtschaftliche Aufschwung von Singapur, Taiwan und Südkorea, der von zahlreichen Politikern und Gelehrten jener Länder unter anderem dem Konfuzianismus, wenigstens aber dem Festhalten an – wie immer auch zu bestimmender – Tradition zugeschrieben wird.

3. Der dritte Faktor ist die allgemeine soziale, religiöse und geistige Retraditionalisierung Chinas im Gefolge der teilweisen Liberalisierung seit Beginn der achtziger Jahre *(siehe auch den Beitrag von Thomas Heberer):* auf dem Lande z. B. die partielle Wiedereinführung traditioneller Ehebräuche (Polygamie, Brautkauf etc.) und der damit einhergehende Verlust der – freilich nie vollständig verwirklichten – Gleichberechtigung der Frau, das Aufleben volksreligiöser und taoistischer Kulte (Clan-Zeremonien, Ahnenkult, rituelle Theateraufführungen, taoistisches Opferritual) sowie der Wahrsagerei; im kulturellen Leben die teilweise Abkehr von den von vielen als unschön empfundenen vereinfachten Schriftzeichen, die in den fünfziger Jahren eingeführt wurden, und die Wiederverwendung der traditionellen Zeichen (im Sinne eines ästhetisierenden Protestes gegen kommunistische Nivellierung), zunächst auf Visitenkarten, Inschriften von Unternehmen und Neuauflagen klassischen Schrifttums (besonders erleichtert durch die vermehrten Kontakte mit Taiwan und Hongkong, wo die traditionelle Schreibweise beibehalten wurde); im sozialen Bereich etwa die verstärkte Bedeutung der Familie bei allgemeiner Lokkerung nichtfamilialer Bindungen und infolge der Einrichtung zahlreicher Familienbetriebe. Korruptionsaffären von gewaltigem Ausmaß machen ferner die negative Seite der chinesischen Variante des Erwerbs von sozialem Kapital, der sogenannten »Beziehungen« (guanxi) deutlich. Zur Bekämpfung dieses in vielerlei Hinsicht unkontrollierbaren Wildwuchses an Retraditionalisierung sowie der insbesondere bei der städtischen Jugend nach wie vor fortschreitenden Verwestlichung greift die Partei nicht zufällig – neben anderen Disziplinierungsmaßnahmen – auf das staatsreligiöse Element der konfuzianischen Lehren zurück; unter Anwesenheit ranghoher Politiker und Gelehrter aus dem In- und Ausland wurde 1994 der 2 545. Geburtstag des Konfuzius begangen, bereits 1989 war anläßlich des 2 540. Wiegenfestes des Meisters eine Konfuzius-Gesellschaft begründet worden (eine Konfuzius-Stiftung bestand schon zuvor), die sogleich zahlreiche Seminare z. D. unter Beteiligung des ehemaligen Ministerpräsidenten von Singapur, Lee Kuan-yew – veranstaltete und eine Zeitschrift (»Konfuzius-Studien«) herausgibt. Schon 1992 hatte Deng Xiaoping bei seiner – nach dem Modell des Kangxi-Kaisers (ab 1684) durchgeführten – Inspektionsreise in die Südprovinzen die »strenge gesellschaftliche Disziplin« des »konfuzianisch« orientierten Singapur gepriesen. 1995 lobte Parteichef

Jiang Zemin elegisch die »5 000 Jahre Geschichte, Kultur und glänzender Traditionen des großen chinesischen Volkes«, in einer Tonlage, die an die offiziellen Diskurse taiwanesischer Politiker aus den sechziger und siebziger Jahren erinnert. Am 14. 10. 1996 begann in der VR China eine von allen Massenmedien mitgetragene Kampagne für den Aufbau »geistiger Zivilisation des Sozialismus«, die heftig gegen »Verwestlichung« polemisierte. Auf der Grundlage von »Patriotismus, Kollektivismus und sozialistischer Erziehung« wurden u. a. Wettbewerbe in Genres der traditionellen Kultur abgehalten, wie z. B. Malerei und Liedgut.

In etwas weniger als zehn Jahren hat sich die immer noch äußerst vitale kommunistische Propagandamaschine des Konfuzianismus-Diskurses bemächtigt, der, ursprünglich außerhalb der Partei geführt, paradoxerweise von nicht- bzw. antikommunistischen Intellektuellen initiiert wurde und mit zunächst ganz anderen Zielen verbunden war.

Insgesamt erscheint der Rückgriff auf den »Konfuzianismus« also als eines der möglichen Mittel, die zwischen Traditionalisierung und Verwestlichung schwankende Gesellschaft auf eine historisch begründete Sicht nationaler Identität und eine aus dieser angeblich hervorgehende Regierungs- und Wirtschaftsweise zu verpflichten.

Kaum eines der in der VR China zu diesem Zweck eingesetzten Argumente ist neu, denn fast alle sind im Zeitraum zwischen 1890 und 1960 entwickelt und lediglich in der VR China[1] unterdrückt worden. Nach dem weitgehenden ideologischen Bankrott des chinesischen Sozialismus bedient sich die Kommunistische Partei nun in parasitärer Weise der Argumente ihrer bisherigen Todfeinde.

2. Konfuzianismus und »nationale Renaissance«

Der Konfuzianismus wird zunächst, noch ganz ungeachtet der genauen Bestimmung seiner Inhalte, als Ausdruck der chinesischen Kultur und Zivilisation dargestellt; in einer Rede anläßlich der Feier zum 2 540. Geburtstag des Konfuzius im Jahre 1989 sagte Xin Guanjie, Vizepräsident der Konfuzius-Stiftung, die Lehre des Konfuzius sei eine der Quellen der chinesischen Zivilisation, deren Einfluß von Konfuzius selbst bis zu Sun Yat-sen reiche; vieles sei in der jüngeren Vergangenheit falsch gemacht worden: Unter den Bilderstürmern des Jahres 1919 (mit ihrer Parole »Nieder mit dem Konfuzius-Laden!«) wie auch während der »Kulturrevolution« habe es zahlreiche »historische Nihilisten« mit »wüsten Schmähungen des Ahnherren« gegeben. Doch jetzt drehe sich der Wind, der Konfuzianismus beginne, Einfluß auf die Weltkultur zu nehmen.

Der Gedanke, daß China durch seinen Konfuzianismus wieder in der kulturellen Weltgemeinschaft einen Platz an der Sonne einnehmen könne, ist nicht neu: Im

---

1 Ehemalige »Neokonfuzianer« wie Feng Youlan, Liang Shuming und He Lin wurden in der VR China zu einer radikalen Abkehr von ihren bisherigen Thesen gezwungen. Bezeichnenderweise ist im enorm umfangreichen Schrifttum, das derzeit in der VR China diesen Denkern gewidmet wird, von deren Tätigkeiten seit 1949 so gut wie gar nicht die Rede. Dabei tat sich Feng Youlan immerhin als Verfasser einer für kommunistische Zwecke revidierten Philosophiegeschichte Chinas und He Lin als Übersetzer zahlreicher Werke Hegels hervor.

Oktober 1987 erklärte in Peking der Harvard-Professor Tu Wei-ming die Welt der Zukunft zu einem Mosaik: »... und ein besonders leuchtender, ins Auge springender Mosaikstein wird der Konfuzianismus sein« (Zhongguo zhexue shi yanjiu, 1988/1). Um zu diesem Ziel zu gelangen, müssen nach Auffassung der Propagandisten jedoch zunächst einmal weitaus mehr Chinesen als bisher einsehen lernen, daß der Konfuzianismus einen »nationalen« (das moderne Chinesisch unterscheidet bis heute nicht zwischen »national«, »rassisch« und »völkisch«) Wert darstellt. Dementsprechend hebt ein Artikel der Volkszeitung vom 25. 10. 1995 auch hervor, daß »durch die vom Neokonfuzianismus betriebene Renaissance der nationalen Kultur der chinesischen Philosophie in der modernen Welt ein Ort errichtet werden« könne: »Während der Zeit des Krieges gegen Japan wurde von den Neokonfuzianern ... die nationale Kultur gekräftigt und die traditionelle Philosophie modernisiert. Durch die Berichtigung von Vorurteilen westlicher Betrachter in bezug auf die chinesische Kultur wurde [durch das oben erwähnte Manifest] das nationale Identitätsgefühl der Chinesen in Hongkong, Taiwan und in Übersee gestärkt, das war ein positiver Einfluß« der Neokonfuzianer.

Damit jedoch für die »chinesische Philosophie« ein systematischer Ort errichtet werden kann, muß zunächst das Denken des traditionellen China als »Philosophie« bestimmt werden. Bereits einer der Verfasser des »Manifests«, Mou Zongsan, hatte 1966 erklärt, daß »ein kulturelles System ohne Philosophie gar nicht zustandekommt«. China müsse daher eine Philosophie besitzen. Das war nicht immer unumstritten: Obwohl die erste »Fakultät für chinesische Philosophie« (vormals »Abteilung für Klassikerkunde«) in Anlehnung an japanische Vorbilder schon 1914 eingerichtet worden war, weigerte sich Fan Bingqing (der Verfasser eines höchst einflußreichen, erst jüngst auf Taiwan und in der VR China ohne jede Veränderung neu aufgelegten »Wörterbuchs der Philosophie«) noch im Jahre 1926, auch nur einen einzigen Begriff des traditionellen China in sein Werk aufzunehmen, weil er offenbar der Auffassung war, daß das traditionelle China keine Philosophie im strengen Sinne besaß. Zu den entschiedensten Verteidigern des philosophischen Charakters des Denkens im traditionellen China gehören die »Modernen Neokonfuzianer«. Dabei folgen sie einer seit den zwanziger Jahren verbreiteten Vorgehensweise, die, in einem ersten Schritt, anhand von aus der abendländischen Philosophie stammenden Begriffen und Fragestellungen die chinesische Tradition untersucht, um sodann, in einem zweiten Schritt, China in Form einer Antithese dem Westen gegenüberzustellen. »Intuition« versus »Analyse«, »Wendung nach Innen« statt »Wendung nach Außen«, »Lebensanschauung« statt »Wissenschaftlichkeit« (so etwa Zhang Junmai in Anlehnung an Rudolf Euckens Lebensphilosophie bereits 1923), »Weisheit« versus »Logik« und ähnliches kennzeichnen diese antithetische Denkweise, eine reduktionistische Kulturmorphologie (mit einem aus dem Englischen stammenden Wort könnten wir sie auch als »Essentialismus« bezeichnen), die in gleicher Weise große Teile der abendländischen wie der chinesischen Tradition ausblendet.

Der in Princeton lehrende, mit wissenschaftlichen Einrichtungen in Taiwan und Hongkong eng verbundene Historiker Yü Ying-shih polemisiert gegen einen universalen Begriff der Moderne (Quirin, 1992) und plädiert in siebzehn (relativ disparat formulierten) »Thesen« für die fortdauernde Einzigartigkeit der chinesischen Kultur. In einem Werk mit dem Titel »Die besondere Beschaffenheit der chinesischen Philosophie« führte Mou Zongsan 1966, wie bereits erwähnt, den Beweis für die Existenz von Philosophie im alten China mit dem Argument, jedes »kulturelle System« habe den Besitz von Philosophie zur Voraussetzung seines Zustandekommens; da China unzweifelhaft ein kulturelles System darstelle, müsse es auch Philosophie besessen haben. Diejenigen, die dies nicht einsähen, seien »wenige chinesische Vaterlandsverräter, Nestbeschmutzer und Selbsthasser [...,] deren kompradorenhafte Sklavennatur so weit geht, daß sie sich selbst erniedrigen: Chinas Abschaum.« Hatte Mou Zongsan mit diesen wenig schmeichelhaften Bezeichnungen noch insbesondere die chinesischen Kommunisten im Auge, so können wir die inzwischen zurückgelegte Wegstrecke daran ermessen, daß mittlerweile in der sozialistischen Volksrepublik der oben erwähnte Xin Guanjie in ganz ähnlicher Weise von »historischem Nihilismus« und »wüsten Schmähungen« gegen Konfuzius reden kann. Insgesamt wird denn auch von vielen Intellektuellen der VR China eingeräumt, daß ein wesentlicher Beitrag der »Modernen Neokonfuzianer« in der Bekämpfung des »nationalen Nihilismus« (Fang Keli in der Guangming Ribao, 24. 12. 1990) bestanden habe, womit eine Voraussetzung für den »Beitrag Chinas zur Weltkultur« geschaffen worden sei. Dies ist freilich die bescheidenere Variante, die China – wenngleich die nationale Stimme etwas lauter klingt – als einen gleichberechtigten Teil der Weltkultur betrachtet; in diesem Zusammenhang wird häufig die Vision einer »Verschmelzung« der östlichen (sprich: chinesischen) und der westlichen Kultur beschworen. Auch die anläßlich der chinesischen Übersetzung des Artikels von Samuel Huntington (zum »Clash of Civilizations«) in der in Hongkong erscheinenden Intelligenz-Zeitschrift »Das Einundzwanzigste Jahrhundert« (Ershiyi shiji) veröffentlichten Diskussionsbeiträge plädieren sämtlich für die Fusion einer essentialistisch verstandenen »chinesischen Kultur« mit der »westlichen Kultur«; häufig herrscht der naive Glaube vor, man könne die gesamte »westliche Kultur« »lernen« und sich dann »übernehmbare Teile« auswählen. (Ershiyi shiji 1993, Nr. 10 ff.)

Doch bleibt die Frage offen, unter welchen Bedingungen diese Fusion zustandekommen soll. Die drei Strömungen, die nach offizieller Anschauung (die von den Modernen Neokonfuzianern übrigens geteilt wird) die chinesische Moderne geprägt haben und noch beeinflussen, nämlich Liberale, Konservative und Marxisten, haben ganz unterschiedliche, manchmal jedoch auch überraschend ähnliche Vorstellungen dazu gehegt. Zusammenfassend läßt sich sagen, daß durchweg ein bilaterales Muster (also »China« und der »Westen«, unter Außerachtlassung sämtlicher anderer Traditionen der Welt) zugrundeliegt; ferner eine formale, ja formalistische Konstruktion von Kultur und Gesellschaft. Schließlich wird die »Fusion« in den meisten Fällen lediglich auf China bezogen gedacht. Doch weder der totale Ikonoklasmus der Advokaten der Verwestlichung noch die auf Teilmodernisierung orientierten Modelle von Konservativen (Übernahme westlicher »technischer« Formen in Denken und Institutionen) und Marxisten (Übernahme, schließlich Umgestaltung des Marxismus-Leninismus) haben eine intensive Befassung mit der chinesischen Tradition zur Voraussetzung gehabt.

Formeln dafür, wie mit dem von Westen her eindringenden Lebens- und Denkstil umzugehen sei, gibt es seit langer Zeit: Galt es nach den Opiumkriegen zunächst, »die Barbaren gegeneinander auszuspielen«, um das chinesische Wesen erhalten zu können, so wurde der chinesischen Tradition später die Rolle des »Kerns« (ti), den westlichen Bildungsinhalten dagegen die Rolle der – als etwas Äußerliches verstandenen – technischen Modernisierung (yong, wörtlich: »Anwendung, Gebrauch«) zugesprochen (Zhang Zhidong, »Ermahnung zum Lernen«, 1898). Noch die kommunistische Formel, nach welcher ein guter Funktionär »sowohl rot als auch Experte« (you hong you zhuan) sein müsse, geht in diese Richtung. Unter Radikalmodernisierern war ca. ab 1915 die »totale Verwestlichung« (quanpan xihua) erwogen worden, die noch der derzeitigen Parteileitung ein Dorn im Auge ist. Kritiker verweisen allerdings – durch Veränderung nur einer Silbe im Chinesischen – darauf, daß nach 1949 eine besondere Form der totalen Verwestlichung, die »totale Sowjetisierung« (quanpan suhua) praktiziert worden ist. Gegen Ende der achtziger Jahre nahm der Pekinger Philosoph Li Zehou die alte Formel wieder auf, nur stellte er sie auf den Kopf: Westliche Bildungsinhalte müßten künftig den »Kern« (ti) Chinas ausmachen, während die Äußerlichkeiten (yong) getrost chinesisch bleiben sollten. Wenn man also derzeit sehr beliebte Allgemeinplätze, nach denen »die edelsten Bestandteile« von West und Ost verschmolzen werden sollen, außer Acht läßt, harrt die Frage nach dem Endprodukt der finalen Verschmelzung noch ihrer Antwort.

In dem erwähnten Werk über die »besondere Beschaffenheit der chinesischen Philosophie« hatte Mou Zongsan zwar auch von »Verschmelzung« gesprochen, doch stellte er, zumindest für den Bereich des philosophischen Denkens, fest: »Nach meiner Auffassung bewegt sich die große idealistische Tradition, die die westliche Philosophie in dieser Hinsicht [gemeint ist die Vereinigung von Subjektivität und Objektivität im Denken Martin Heideggers] hervorgebracht hat, in ihrer letzten und vollkommensten Form in Richtung der chinesischen Lebensbildung. Ungeachtet aller Schwankungen und Umwälzungen wird sie schließlich hier einmünden«. In ähnlicher Weise hatte sich Liang Shuming in einem 1921 veröffentlichten Werk »Östliche und westliche Kulturen und deren Philosophie« vorgestellt, daß China sich auf dem Wege in die Welt zwar zunächst in gewissem Maße zu verwestlichen habe, dann jedoch die Welt sinisieren würde. Wir finden die Vermutung bestätigt, daß erstens der Ort der Verschmelzung stets in China liegt, zu welchem zweitens der Rest der Welt – ganz wie in alten sinozentrischen Vorstellungen – »heimkehrt« (und, wenn möglich, Tribut leistet).

Im Gefolge einer – von Kommunisten und Kulturkonservativen gleichermaßen propagierten – Kritik am »Verfall der Werte« in westlichen Ländern und eines daraus entwickelten »neuen asiatischen Selbstbewußtseins« werden deutlichere Töne angeschlagen. So äußert sich etwa Ma Zhenduo vom Institut für Philosophie der Chinesischen Akademie der Sozialwissenschaften in einem Artikel vom 8. September 1995 in der als »Zeitung der Intelligenz« geltenden Guangming Ribao über den »Platz des Konfuzianismus in der Welt von morgen« wie folgt: Zwar habe die westliche Gesellschaft seit der Frühen Neuzeit durch die Verbindung von Wissenschaft und christlichem Glauben große Erfolge für »den Fortschritt bei gleichzeitiger Kontrolle der Gesellschaft« erreicht. Aber, so fährt Ma Zhenduo fort, Wissenschaft und Christentum könnten nicht miteinander auskommen, sie seien antagonistisch. Weil das Christentum in der neuzeitlichen und modernen westlichen Kultur die wichtige Aufgabe hatte, zum Guten zu ermahnen, sich um den Wert des menschlichen Lebens zu kümmern und die zwischenmenschlichen Beziehungen zu harmonisieren, auf der anderen Seite die Wissenschaft jedoch einen definitiven Sieg über das Christentum errungen habe, sei das Ergebnis nunmehr eine halbseitige Lähmung. Die Menschen im Westen hätten den Glauben an Gott, an ein Jenseits verloren, dementsprechend habe die Ethik der Westler ihre Garantie verloren. Das stete Absinken des moralischen Niveaus in den westlichen Ländern seit einigen Jahren, die Indifferenz und Kälte der zwischenmenschlichen Beziehungen, der Verlust des Wertes des menschlichen Lebens sowie, natürlich, Selbstmorde, Rauschgift, die stetig anwachsende Verbrechensrate – all das stehe damit in Beziehung. Gleichzeitig sei die Wissenschaft wegen des Verlustes der christlichen Glaubensbindungen skrupellos. Das sei die Krise der westlichen Kultur. Diese Krise der modernen westlichen Kultur sei in deren eigenem Rahmen nicht mehr zu lösen, man müsse einen Weg außerhalb der westlichen Kultur suchen. Hätten sich die Menschen im Westen in ihrer Moral und Ethik nur auf einen Humanismus beschränkt, wäre der Widerspruch gar nicht entstanden. Nun sei aber der Konfuzianismus justament eine nicht religiöse, auf Humanismus gründende Vorstellung von Moral und dem Wert des menschlichen Lebens, und die Kultur, die aus der Verbindung des Konfuzianismus mit der Wissenschaft entstünde, sei eine nach der Wahrheit suchende, das Gute befördernde, Erkenntnis in der Außenwelt anstrebende und zugleich um den Wert des menschlichen Lebens besorgte, die Gesellschaft fördernde und harmonisierende Kultur, aus der keinerlei Widersprüche entstehen könnten. Daher meinten etliche westliche Wissenschaftler, daß man, um die Schattenseiten der gegenwärtigen Gesellschaft zu beseitigen, nach der Weisheit des Konfuzius streben müsse. Die Kultur, die Konfuzianismus und Wissenschaft verbinde, sei in Asien bereits entstanden. Deshalb werde dort jetzt die Modernisierung schneller als im Westen vorangetrieben, wobei gleichzeitig die Fehler der westlichen Modernisierung vermieden würden. So werde sie an die Stelle der neuzeitlichen und modernen westlichen Kultur treten und im nächsten Jahrhundert den Wind allein bestimmen.

So weit die Zusammenfassung der Thesen eines Philosophen der VR China, denen etwas mehr Platz eingeräumt wurde, weil sie im Grunde alle wesentlichen Argumente für den Zusammenhang zwischen wirtschaftlichem Aufschwung und der Renaissance nationaler Identität sowie deren letztendliche Überlegenheit über den Westen enthalten.

Daß »der Ostwind über den Westwind siegt«, hat schon Mao Zedong behauptet. Auf philosophischer Ebene hat Mou Zongsan den Nachweis zu führen versucht, daß der westliche Geist seit seinen Anfängen in der griechischen Naturphilosophie stets die Außenwelt zum Gegenstand gemacht habe, schließlich auch den Menschen selbst nur in Form eines Gegenstandes habe sehen können. Somit habe er es selbst in seinem hervorragendsten Repräsentanten, Immanuel Kant, lediglich zu einer »Metaphysik der Moral« gebracht, während China eine »moralische Metaphysik« hervorgebracht habe, eine »innerliche« und nicht bloß »äußerliche« (im Sinne von objektivierter Wissenschaftlichkeit) Bestimmung des Menschen. Wo der »Westen« Moral als Gegenstand ansieht und untersucht, ist demnach »China« in jeder seiner Tätigkeiten (unter Einschluß der Reflexion) moralisch; vom »Westen« kann es allenfalls die – freilich »begrenzten« – analytischen Techniken übernehmen.

Das Grundübel des Westens tritt nunmehr, wie wir sahen, durch den – ironischerweise ausgerechnet im sozialistischen China beklagten – Verfall der christlichen Moral noch deutlicher hervor. Wirksame Schützenhilfe erhalten chinesische Kulturkonservative und um den Patriotismus besorgte Parteifunktionäre seit langer Zeit durch etliche westliche Sinologen sowie durch japanische und koreanische Konfuzianer: Anläßlich der Tagung zu Konfuzius' Geburtstag im Oktober 1994 erläuterte ein europäischer Sinologe in einem Interview vom 7. 10. 1994 gegenüber der Zeitung Guangming Ribao den Wert konfuzianischer Maximen bei der Bekämpfung des »extrem individualistischen Denkens in der heutigen westlichen Gesellschaft« und bei der Bewältigung der Umweltkrise. Noch weiter ging ein australischer Sinologe, der gegenüber der Zeitung rundweg erklärte, daß von »allen geistigen Traditionen der Welt der Konfuzianismus die einzigartigste darstellt«, woraus er schloß, daß die »konfuzianische Kultur das kulturelle, politische und wirtschaftliche Zentrum der Welt im 21. Jahrhundert« bilden werde. Bereits einen Monat zuvor hatte ein koreanischer Wissenschaftler erklärt, daß »die östliche Kultur die Krise der gegenwärtigen Zivilisation überwinden wird.«

Mittlerweile scheint es, als sei im Westen das Denken in Gegensätzen und Hypostasierungen besonders in der Auseinandersetzung mit Asien wieder ungemein populär geworden: Wie auch immer die angeblichen Besonderheiten heißen mögen – »Konfuzianismus«, »Metakonfuzianismus«, »asiatische Werte«, »Langzeitorientierung als Wesensmerkmal neuer asiatischer Industriekulturen«[2] etc. –, dahinter verbirgt sich bei Repräsentanten der ehemaligen Linken im Westen der aus dem fortwährenden abendländischen Selbsthaß geborene Wunsch nach einer globalen Zukunft ohne die europäische Tradition. An die Stelle gescheiterter utopischer Vorstellungen eines Sozialismus ohne den Westen tritt nun die Sehnsucht nach einer industriellen Moderne ohne den Westen. Für Angehörige der ehemaligen und gegenwärtigen Rechten bietet »Asien« dagegen Ordnungsmodelle einer heilen Welt mit autoritär-familialem Charakter an.

Es ist deutlich geworden, daß, häufig unter Vermittlung von Theorien verschiedener Generationen von »Neokonfuzianern«, der Konfuzianismus in der Presse der VR China und im Denken vieler Intellektueller einen Platz bei der Wiedergewinnung von »nationalem Selbstbewußtsein« einnimmt. Dieses stellt zunächst eine Setzung gegen den Westen dar, doch gibt es verschiedene Auffassungen darüber, welche Rolle letzterem in der Zukunft zukommen wird. Dies gilt insbesondere für die Zukunft Chinas, denn viele Debatten kreisen nur scheinbar um die Zukunft der Welt, meinen jedoch innerchinesische Angelegenheiten; so geht es letztlich weniger um die Rolle des Westens in der künftigen Welt als um die Rolle von »Westlichem« in China selbst.

3. Konfuzianismus in Politik und Wirtschaft

Abgesehen von einigen sehr allgemein gehaltenen Charakteristika wie »Moralität« und »Innerlichkeit« wurden im vorangegangenen noch keine strengeren Bestimmungen von Konfuzianismus vorgenommen. Zur Beschwörung nationaler Identität genügt ja im Grunde auch bereits der Verweis auf die Existenz einer Jahrtausende alten Tradition. Dies ändert sich in dem Augenblick, wo das Verhältnis zwischen konfuzianischer Weltanschauung und Lebenswelt und der seit 150 Jahren angestreb-

---

2 Eine Charakterisierung, die im offenen Widerspruch zu Phänomenen wie der ›bubble economy‹ Japans sowie dem eher reaktiven ›muddling through‹ der chinesischen Regierung in Fragen der Krisenbewältigung steht.

ten Modernisierung konkret erörtert werden muß. *(Siehe auch den Beitrag Nr. II von Carsten Herrmann-Pillath.)* Dabei ergibt sich ein ausgesprochen paradoxes Bild: Auf der einen Seite werden konfuzianische Tugenden wie »Treu und Glauben« (zhongxin) beschworen, um der im Gefolge der wirtschaftlichen Liberalisierung eingetretenen, allgemeinen sozialen Rücksichts- und Prinzipienlosigkeit und der bedenkenlosen Bereicherung Herr zu werden. In diesem Falle wird der moralische Verfall als von Westen her kommend beschrieben, und der »Konfuzianismus« soll bremsend wirken. Er wird in dieser Lesart zu einem Faktor der »sozialistischen Marktwirtschaft chinesischer Prägung«. Auf der anderen Seite werden gerade die jüngsten Erfolge der ost- und südostasiatischen »Tigerstaaten« (v. a. Südkorea, Singapur, Taiwan und Hongkong) dem Konfuzianismus zugeschrieben. In diesem Falle ist das angestrebte Ziel die politische und wirtschaftliche Expansion.

»Bescheidenheit« einerseits und »Profitsteigerung« andererseits spiegeln das Dilemma einer Parteiführung wider, die zwar mehr oder minder bereitwillig die egalitaristischen Fehler der Vergangenheit einräumt, auf der Suche nach »Werten«, die das nach dem Wegfall des Egalitarismus entstandene »Vakuum« füllen könnten, jedoch nur zu gerne nach scheinbar bewährten Mustern traditioneller Disziplin greift. Keinesfalls kann sie jedoch zugeben, daß sie selbst – angesichts ihrer Vergangenheit und gegenwärtigen Zusammensetzung – ein wesentliches Hindernis auf dem Wege zur Modernisierung darstellen könnte; auch der häufige Appell an autoritäre Regierungsformen, die angeblich den Konfuzianismus zur Grundlage hätten, kann nicht über die Tatsache hinwegtäuschen, daß keiner der »Tigerstaaten« eine mit der VR China vergleichbare totalitäre Phase durchlaufen hat, und daß in all diesen Staaten der autoritäre Regierungsstil entweder bereits überwunden ist oder – wie von vielen Intellektuellen in Singapur – massiv und öffentlich in Frage gestellt wird. Um eine Modernisierung ohne Verwestlichung zu proklamieren, muß also u. a. die Demokratisierung, die in zahlreichen angeblich konfuzianischen Ländern stattgefunden hat, geleugnet werden. Die Berufung auf den Konfuzianismus als Motor wirtschaftlicher Entwicklung und Bremser von deren Auswüchsen ist demnach ein zweischneidiges Schwert.

Das Bindeglied zwischen der Neuentdeckung des Konfuzianismus in China und den zurückliegenden Erfahrungen der »Tigerstaaten« ist freilich die »Disziplin«. Von seiten der »Modernen Neokonfuzianer« hat Tu Wei-ming 1988 die wesentlichen Merkmale der für Politik und Wirtschaft relevanten »konfuzianischen Ethik« wie folgt zusammengefaßt: Grundwerte seien zu sehen in der Familie ähnlichen Vertrauensgemeinschaften, der Bedeutung eingefahrener Rituale im Alltagsleben, dem Primat der Erziehung bei der Charakterbildung, der Bedeutung exemplarischer Führerpersönlichkeiten in der Politik sowie der Betonung von Konsensus und Selbstkultivierung (Tu 1988).

In der Volkszeitung vom 9. 1. 1994 gibt der Chef der Qingdao Iron and Steel Corporation unter der Überschrift »Moderne Unternehmen und traditionelle Kultur« sein Erfolgsgeheimnis zum besten: Ihn beseelen die konfuzianischen »Fünf Kardinaltugenden«. »Menschlichkeit« (ren) bedeute, für die Mitarbeiter ein fürsorgliches Herz zu zeigen, »Rechtschaffenheit« (yi) heiße, in Übereinstimmung mit dem Zentralkomitee der Partei die gesamte Lage zu überblicken, »Höflichkeit« (li) meine, in der Marktwirtschaft auf zivilisierte moralische Formen zu achten,

»Weisheit« (zhi) sei die Zusammenarbeit bei der Entwicklung von Marktstrategien, »Glaube« (xin) schließlich bedeute, sich an Versprechen zu halten, die Reputation des Unternehmens zu gewährleisten und das Vertrauen und die Unterstützung der Massen zu gewinnen. Daß konfuzianische Ethik die Grundlage der traditionellen Handelsmoral gewesen sei und die konfuzianischen Prinzipien von »Treu und Glauben« den »Erwerb von Besitz im Geiste der Harmonie« begünstigt hätten, führt Jiang Xiaoping in der Guangming Ribao vom 25. 9. 1995 darauf zurück, daß »der Geist praktischer Vernunft der Kern der Seele des chinesischen Volkes« sei und »tiefe Bescheidenheit und seelische Ausgeglichenheit den konfuzianischen Handelsmann prägten«. Somit müßten Rechtschaffenheit und Profit keine Gegensäze bilden.

Interessant sind bei derlei Argumentationen weniger die zumeist recht redundanten Schlußfolgerungen als vielmehr der Umstand, daß, mehr als 70 Jahre nach der intellektuellen Begeisterung bei der »Zerschlagung des Konfuzius-Ladens«, nach mehr als 30 Jahren ideologischer Schwarz-Weiß-Malerei[3] und ca. 20 bis 30 Jahre nach der kulturrevolutionären Vernichtung eines Großteils der bedeutenden Kulturdenkmäler konfuzianisches Gedankengut nunmehr wieder ganz unbefangen zitiert wird. Freilich beschränkt sich dies häufig, wie im Falle des oben erwähnten Artikels, auf die relativ zusammenhanglose Wiedergabe von erbaulichen Sprüchen: »Menschlichkeit hat zum Gesetz, die anderen, nicht sich selbst zu lieben« (Dong Zhongshu, 1. Jh. v. Chr.); »ein Mensch ohne Glauben, ich weiß nicht, ob das möglich ist« (Konfuzius) etc. etc., doch auch diese Form des Umganges mit Spruchgut hat in China eine Tradition, die vom Aufbau der »Gespräche« des Konfuzius über die Vorschulerziehung der Antike bis hin zu den »Worten« von Mao Zedong reicht.

Die von Wang Tongce in der Guangming Ribao am 23. 5. 1994 veröffentlichte Liste der »traditionellen Tugenden, an die es anzuknüpfen« gelte, läßt vermutlich Rückschlüsse auf Defizite der derzeitigen Moral zu: innige Vaterlandsliebe, Zurückstellung des privaten Wohls zugunsten des Allgemeinwohls, fleißiges Lernen, Ehrlichkeit und Verläßlichkeit, Bescheidenheit und Höflichkeit, Strenge gegenüber sich selbst, Großzügigkeit gegenüber anderen, Genügsamkeit und Maßhalten, Respekt gegenüber den Eltern und Lehrern sowie freundschaftlicher Zusammenschluß mit anderen. Nur die Beachtung dieser Tugenden, so der Verfasser, ermögliche es, »mittlerweile, wo wir Marktwirtschaft betreiben dürfen, Rechtschaffenheit und Profit gleichermaßen anzustreben«.

Die bereits von Mou Zongsan als Inbegriff des Konfuzianismus ausgemachte »Moralität« ist auch für den als Wirtschaftsexperte geltenden Stellvertretenden Ministerpräsidenten der VR China, Li Lanqing, entscheidend: In der Volkszeitung vom 6. 10. 1994 lobt er den Konfuzianismus, weil dieser Wert auf Moralität lege, für eine gesunde Beziehung zwischen den mittlerweile im Anwachsen begriffenen indivuellen Bedürfnissen einerseits und den Verpflichtungen gegenüber Mitmen-

---

3 Konfuzius als Vertreter des »stinkenden Feudalismus«; die chinesische Geistesgeschichte war lange Jahre säuberlich aufgeteilt in brave »Materialisten« und böse »Idealisten«; erst seit 1983 ist durch eine auf die Initiative des Pekinger Philosophieprofessors Tang Yijie zurückgehende »Suche nach Kategorien in der chinesischen Philosophie« eine differenziertere Sicht möglich geworden. Statt »gut« und »böse« durften nunmehr Begriffe (nicht Kategorien, wie Tang Yijie sie fälschlicherweise nannte) ins Zentrum von Untersuchungen gerückt werden (Lackner 1993).

schen, Nation und Gesellschaft andererseits sorge; der Konfuzianismus stelle »reiches Material für die Entstehung einer neuen idealistischen, moralischen und disziplinierten Generation zur Verfügung«.

In der Tat ist das konfuzianische Denken jedweder Festlegung politischer Verhältnisse im Sinne einer Verrechtlichung stets feind gewesen; Herrschaft der Moral, wie sie das Denken des »Modernen Neokonfuzianismus« fordert, beinhaltet nicht notwendig eine »Herrschaft des Gesetzes«. Im Gegenteil hat sich die konfuzianische Schule seit dem vierten vorchristlichen Jahrhundert zunächst gegen die totalitaristische, auf der selbst unkontrollierten, aber alle Untertanen gegeneinander ausspielenden Herrschaft eines einzelnen (des Fürsten) beruhenden Schule des Gesetzes« (fajia) gewandt, und der »Neokonfuzianismus« des 11. Jh. entstand nicht zuletzt durch die Opposition konfuzianisch inspirierter Gelehrter gegen eine dirigistisch und zentralistisch orientierte Verrechtlichung des Staates. *(Siehe auch den Beitrag von Robert Heuser.)*

Zu den für Politik und Wirtschaft relevanten konfuzianischen Grundwerten hatte Tu Wei-ming auch die »Selbstkultivierung« gezählt. Sie steht insofern in einer – für den westlichen Leser zunächst erstaunlich anmutenden – Beziehung zum »Konsensus«, als in der klassischen Vorstellung der Konfuzianer sich zunächst jedermann – allen voran der Herrscher – selbst moralisch zu perfektionieren hatte, worauf das »Reich« (d. h. das chinesische Staatsvolk inklusive der es umgebenden Barbaren) dann in einer Art von zwingendem Automatismus »von selbst heimkehren« würde.

Das derzeit gern beschworene Prinzip von »Treu und Glauben« ist jedoch mittlerweile, trotz seiner in dieser Hinsicht durchaus antitotalitären Ursprünge, zum Inbegriff der Rechtfertigung einer sozusagen vorrechtlichen Sphäre geworden, in der nicht nur der Händler, sondern auch der Staatsmann sich »moralisch«, wenn nicht gar charismatisch zu verhalten haben. Das Fehlen einer durch einen »contrat social« begründeten Zivilgesellschaft (die auch in China in der ersten Hälfte des 20. Jh. von zahlreichen Intellektuellen angestrebt wurde) wird durch den Appell an individualethisches Verhalten allein angesichts der Konfliktpotentiale der gegenwärtigen chinesischen Gesellschaft allerdings auf Dauer schwerlich zu kompensieren sein. Wiederum ist eine paradoxe Situation entstanden: Während die meisten Vertreter des modernen Neokonfuzianismus und zahlreiche Intellektuelle in der VR China mehr oder minder offen eingestanden meinen, die kommunistische Herrschaft sei nicht durch »Moral« legitimiert, nutzt die Propaganda die Thesen von der »Moralität des chinesischen Menschen« u. ä. zum Zwecke der Begrenzung von Schäden (zumeist einer »Verwestlichung« im Sinne von Manchester-Kapitalismus) im Gefolge der Modernisierung.

Der Tenor offizieller Verlautbarungen geht also eher in Richtung moralischer Disziplin durch Befolgung konfuzianischer Werte. Einige Argumente zur Begründung des Erfolges und der Expansion konfuzianischer Wirtschaftsweise in anderen Ländern werden auch Vertretern dieser Länder überlassen: Mizoguchi Yuzo (Greater East Asia Culture University, Tokyo) ist zwar einerseits der Auffassung, daß der chinesische Konfuzianismus im Angesicht des 21. Jh. sich weltweit dem Egoismus und der Profitgier entgegenzustellen habe. Gleichzeitig jedoch weist er darauf hin, daß der wirtschaftliche Erfolg gewisser Länder in Ost- und Südostasien eine wachsende Aufmerksamkeit auf den Konfuzianismus gelenkt habe. Die Weltgemeinschaft sei der Auffassung, daß die betreffenden Gegenden ihre Wirtschaft nicht auf Kosten der traditionellen Kultur entwickelt hätten. Der Versuch, in der ehemaligen Sowjetunion und in den Staaten Osteuropas »westliche demokratische Systeme und ökonomische Muster« einzuführen, habe mit gesellschaftlichen Erschütterungen bezahlt werden müssen. Eine vollständige Verwestlichung, so die Mahnung, bedeute den Verlust sozialer Ordnung und der Möglichkeit wirtschaftlicher Prosperität (Volkszeitung, 11. 5. 1995: »Konfuzianismus kann moralischen Verfall bekämpfen«.)

Derlei Äußerungen von japanischer Seite treffen angesichts des Umstandes, daß das Japan des Zweiten Weltkrieges schon einmal eine »Neue Ordnung in Ostasien« einführen wollte, nicht auf einhellige Begeisterung auf chinesischer Seite, obgleich die allgemeine Furcht vor dem Chaos gewiß ein Faktor ist, der – auch unter ehemals »liberal« gesinnten Intellektuellen – sowohl die Parteiherrschaft als auch den Glauben an konservative Werte stabilisiert und begünstigt. Kritiker (wie Yin Shuhui, Zhexue dongtai, 1991/3) merken freilich an, daß der Wert des Beispiels Singapur, wo die »Modernen Neokonfuzianer« seit den achtziger Jahren großen Einfluß auf die schulische Erziehung genommen haben, für China nur sehr begrenzt sei, weil in Singapur die Besinnung auf traditionelle Werte erst nach einer langen Phase der Beeinflussung durch den Westen und erst nach Erreichung eines gewissen Wohlstandes eingesetzt habe. Beng Huat Chua, Soziologe an der National University of Singapore, hält denn auch der »Konfuzianismus-These« entgegen, daß der wirtschaftliche Erfolg lediglich darin begründet gewesen sei, »daß Singapur nach den Regeln des internationalen Kapitalismus ›gespielt‹ hat, wenn auch ohne die Ideologie der staatlichen Nichtintervention in das Wirtschaftsleben«, so daß zur Erklärung »auf konfuzianische Werte, wie verkleidet auch immer, nicht zurückgegriffen werden« müsse (Chua 1992). Chua weist auch auf den Umstand hin, daß der zum Nachweis »konfuzianischer Werte« viel beschworene Familienzusammenhalt häufig in der Praxis auf eine ausschließliche Konzentration auf das Wohl der eigenen Familie bei vollkommener Ignoranz gegenüber dem weiteren sozialen Umfeld hinauslaufe. *(Siehe auch den Beitrag von Thomas Menkhoff.)*

Die Einbeziehung der gesamtasiatischen (bzw. ostasiatischen) Dimension in den chinesischen Diskurs ist also ebenfalls ein zweischneidiges Schwert für die offizielle Propaganda der VR China: Zum einen müssen autoritäre Ordnungsvorstellungen zu Lasten von demokratischen hervorgehoben werden, zum anderen dürfen in dergleichen Zusammenhängen die Konflikte zwischen den verschiedenen Staaten nicht zum Vorschein kommen. Ferner stellt sich das Problem, daß die relativ abstrakte Formel »asiatischer Werte« in Ländern wie Malaysia und Singapur konzipiert wurde, die aufgrund der multiethnischen Zusammensetzung ihrer Bevölkerung gerade nicht auf »chinesische Werte« rekurrieren durften. Für Ideologen des Nationalismus in der VR China (und für zahlreiche weitere Nationalisten in der chinesischsprachigen Welt) löst sich das Problem allerdings dadurch, daß man eine durchweg von China geprägte ostasiatische Kulturgemeinschaft unterstellt. China – mit seinen »chinesischen«, »konfuzianischen« Werten – hat es in dieser Frage in der Tat leichter.

Konfuzianische Werte als Instrument der Disziplinierung des Wirtschaftsverhaltens stellen jedoch nur einen Aspekt der gegenwärtigen Revitalisierung dar; dem zur Seite steht ein Staatsverständnis, das Tu Wei-ming als durch die »Bedeutung exemplarischer Führerpersönlichkeiten in der Politik« und den Wert von »Konsensus und Selbstkultivierung« gekennzeichnet beschrieben hat. Auf die Frage, was die derzeit größte Herausforderung für den Konfuzianismus darstelle, gab der Leiter des bei der Verbreitung der »asiatischen Werte« besonders aktiven Singapurer »Instituts für Ostasiatische Philosophien«, Wu Teh Yao, denn auch zur Antwort: »Demokratie«. Die konfuzianische Konzeption der Gesellschaft wird häufig (so auch von Wu) im Sinne einer »Vertrauensgemeinschaft« beschrieben, die dem westlichen Demokratieverständnis zuwiderlaufe, in welchem das Bestehen von Spannungen zwischen Interessengruppen als gesund und nötig betrachtet würde. »Herrschaft durch Konsens ist chinesisch« (Tamney 1991). Der Aussage des Singapurer Ministers Goh Chok Tong zufolge liegt dem Staatsverständnis in Singapur die Vorstellung eines idealen politischen Führers, des konfuzianischen Edlen, zugrunde, der »glaubwürdig, aufrecht und moralisch tadellos« sei. Mittlerweile hätten, nach Goh, auch zahlreiche Politologen im Westen anerkannt, daß dieses System besser als die westliche Konzeption einer begrenzten und minimalisierten Herrschaft sei.

In der Tat sehen denn auch westliche Neokonservative seit geraumer Zeit Ostasien als Vorbild an, durch welches sich der Westen regenerieren könne. So ist etwa der amerikanische Sinologe MacFarquhar der Auffassung, daß der westliche Individualismus der Pionierzeit der Industrialisierung angemessen gewesen sei, möglicherweise jedoch ein »post-konfuzianischer ›Kollektivismus‹ im Zeitalter der Massenproduktion besser geeignet« sei (MacFarquhar 1980). Auch die Überlegungen zum sogenannten »Neo-Autoritarismus« im Umfeld von Zhao Ziyang in den Jahren zwischen 1987 und 1989 waren von westlichen Vorstellungen, die die Bedeutung der Ordnung in den Vordergrund rückten, beeinflußt gewesen: etwa Samuel Huntingtons *Political Order in Changing Societies* (1968; 1987 gleich in drei verschiedenen Übersetzungen in China erschienen) und Guillermo O'Donnells *Modernization and Bureaucratic Authoritarism* (1973). Der Autoritarismus, von seinen chinesischen Vertretern mit »Ordnung« gleichgesetzt, bot die Möglichkeit, einen entwicklungspolitisch »notwendigen« Sonderweg einer Modernisierung ohne Verwestlichung zu postulieren. Während mittlerweile jedoch der Begriff des »Autoritarismus« wegen seiner negativen Konnotationen eher in Vergessenheit gerät, steht »Autorität« hoch im Kurs. Die aus dem Umkreis konfuzianischer Verhaltensregeln für Familie und Staat stammende »Kindliche Ehrfurcht« (pietas, chinesisch: xiao) fördert zweifellos disziplinierte Unterordnung, die sich problemlos auf höhere »Vertrauensgemeinschaften«, als die Familie sie darstellt, übertragen läßt. In der Tat ist diese Form der Projektion von »Familie« auf den »Staat« (der Fürst als Familienvorstand, der Erste Minister als Großknecht des Fürsten etc.) spätestens seit der – bisweilen als das »Vaterunser« des Konfuzianismus bezeichneten – »Westinschrift« des Zhang Zai (1020–1078), eines Begründers der Renaissance des klassischen Schrifttums im 11. Jh., vertrauter Bestandteil konfuzianischer Vorstellungen. Zwar warnt ein jüngerer Vertreter des modernen Neokonfuzianismus wie Tu Weiming vor einer Politisierung des Konfuzianismus, einem »politischen Konfuzianismus«: »Konfuzianismus als politische Ideologie zwingt das Volk in einen Gehorsam, einzig zu dem Zweck, die Interessen einer kleinen Minderheit zu schützen« (Tu 1984); ferner möchte er dem Konfuzianismus lediglich eine kulturpolitische Aufgabe zuweisen. Doch sind für das politische Verhalten bedeutsame Elemente einer Bevorzugung ritualisierter zwischenmenschlicher Beziehungen im Gegensatz zum unpersönlichen Gesetz, von Charisma im Gegensatz zu funktionalisierten Herrschaftsformen, von Harmonie im Gegensatz zum »Parteienhader« und schließlich von »Vertrauen« im Gegensatz zum »Vertrag« sowohl bei Tu selbst als auch bei etlichen seiner Vor- und Mitläufer auszumachen.

4. Der philosophische Hintergrund

Zum Verständnis der – in der VR China derzeit allerdings erheblich simplifizierten – Rezeption konfuzianischer Vorstellungen lohnt es sich, einen etwas genaueren Blick auf grundlegende Theorien des Modernen Neokonfuzianismus zu werfen. Vorab sei allerdings festgehalten, daß bei aller Ähnlichkeit zwischen originaler Botschaft und gegenwärtiger Rezeption dennoch ein gravierender Unterschied besteht: Aus der Sicht der Verfasser des »Manifests« von 1959 mußte die chinesische Kultur durch den Sieg der kommunistischen Revolution (die ja als ein Sieg westlicher Ideen, nämlich des Marxismus-Leninismus, interpretiert wurde) in der Tat als bedroht erscheinen, während die Instrumentalisierung »konfuzianischer« Vorstellungen in der VR China der neunziger Jahre im Grunde den Versuch darstellt, aus der Bankrotterklärung der sozialistischen Idee nationalistisches Kapital zu schlagen.

Der Moderne Neokonfuzianismus ist zunächst durchweg dadurch gekennzeichnet, daß er Setzungen gegenüber einer methodologischen Begründung seiner Philosophie favorisiert; das in der konfuzianischen Interpretation der klassischen Schriften niedergelegte Denken, auf das er sich beruft, steht zum einen in einer wenig systematischen Tradition; zum andern erleidet es durch den Umstand, daß westlich inspirierte Fragestellungen an es herangetragen werden, noch einen zusätzlichen Verlust durch Reduktion. Daher ist es auch nicht weiter verwunderlich, daß z. T. immense Gedankengebäude beispielsweise auf einem einzigen aus dem Zusammenhang gerissenen Spruch des Konfuzius errichtet werden. Freilich ist der Moderne Neokonfuzianismus nicht an einer genauen Untersuchung der praktischen Aspekte des Konfuzianismus, z. B. Verhaltensregeln, Ritual und Zeremonie, interessiert. Auch der Umstand, daß jeder konfuzianische Literaten-Beamte im traditionellen China auch priesterliche Funktionen auszuführen hatte, wird nicht zur Kenntnis genommen, und die Kosmologie spielt ebenfalls kaum eine Rolle. Im Bestreben, eine der abendländischen ebenbürtige chinesische »Philosophie« in Vergangenheit und Gegenwart zu begründen, wird bei den Modernen Neokonfuzianern – die sämtlich auch von den Ergebnissen der philologischen Forschung nicht viel halten – aus dem ursprünglich wesentlich auch auf Ortho*praxis*, d. h. rechtes Handeln ausgerichteten Konfuzianismus eine vergleichsweise farb- und humorlose, zudem recht abstrakte Ortho*doxie*.

Als Ahnherr der von den Modernen Neokonfuzianern, u. U. in Anlehnung an polares Denken der chinesischen Tradition (Yin/Yang) betriebenen Dichotomisierung hatte – neben dem bereits erwähnten Zhang Junmai – schon Xiong Shili (1885–1968) zwischen »wissenschaftlicher« und »metaphysischer Wahrheit«, zwischen einer aus dem verstandesmäßigen »Messen« und einer aus dem die Einheit allen Seins aufzeigenden »Wesen« herrührenden Erkenntnis sowie zwischen einem »gewöhnlichen« und einem »ursprünglichen Bewußtsein« (chinesisch wörtlich: »Herz«) unterschieden. Obgleich sich hier gewisse philosophische Schwierigkeiten ergeben, weil »Herz« zugleich als teleologisches »ursprüngliches« Prinzip allen Werdens als auch im Sinne von Bewußtsein verstanden wird, übernahm Xiongs Schüler Mou Zongsan doch die zugrundeliegende Dichotomisierung und führte sie weiter, insbesondere in Richtung auf den Unterschied zwischen »China« und dem »Westen«, als dessen vornehmsten Repräsentanten er Kant ansah. Wo westliches Denken mit Wissenschaftlichkeit, chinesisches dagegen mit »Lebensbildung« (shengming xuewen) identifiziert wird, steht einer weiteren Ausdehnung des antithetischen Weltbildes nichts mehr im Weg. Allerdings räumt Mou ein, daß die konfuzianische Innerlichkeit, das Ziel, »im Innern heilig zu sein« (neisheng) zur Vernachlässigung einer im chinesischen Ur-Altertum noch vorhandenen »Beherrschung der äußeren Welt« (wörtl. »im Äußern herrschen«, chin. waiwang) geführt habe, die nun der Westen seinerseits in Gestalt von »Wissenschaft und Demokratie« perfektioniert habe. In der Wiederaneignung dieser Fähigkeit sieht Mou auch den instrumentellen Nutzen des »Westens« für die chinesische Zukunft begründet. Gleichwohl ist die »Innerlichkeit« (gefaßt als »Subjektivität« mit der Voraussetzung »Innerer Moralität«) Ausgangspunkt für ein Denken, das den »Menschen« und die »Einheit von Natur und Mensch« (tian ren heyi) in den Mittelpunkt stellt. Durch die Umdeutung der bei Kant als bloßes Gedankenexperiment erwähnten, dann jedoch verworfenen Erkenntnisweise der »intellektuellen Anschauung« (u. a. Kritik der Reinen Vernunft, B: 72 f.) versucht Mou Zongsan nachzuweisen, daß das westliche Denken »endlich« und »negativ« sei, der Mensch in China jedoch durch den Besitz von »immanenter Transzendenz« die »Möglichkeit zur Unendlichkeit« besitze. Kants »Ding an sich« besitze, im Gegensatz zum Stellenwert des »Noumenon in China« (ein weiteres Zeugnis für die tiefgreifende, jedoch uneingestandene Prägung der modernen chinesischen Philosophie durch westliche Kategorien), keinen moralischen Wert. Nur in China sei Verstand in Weisheit umgesetzt worden, sinnliche Anschauung in intellektuelle Anschauung. Im Grunde läuft dieses Denken auf einen Mystizismus hinaus, der zwar in der gern zitierten Maxime des Menzius (4. Jt. v. Chr.) »Alle Dinge sind in meinem Ich bereitet« (Menzius, 7A: 4) kulminiert, doch von entsprechenden mystischen europäischen Traditionen, wie auch von den in mancher Hinsicht durchaus kongruenten Anschauungen Fichtes und anderer auf Kant folgender Denker zur »intellektuellen Anschauung« nichts wissen will.[4]

Ferner werden »chinesische« und »westliche« Religion dichotomisiert. In einem 1960 erschienenen Aufsatz hatte Xu Fuguan, vielleicht von Martin Heidegger inspiriert, ein »Sorge-Bewußtsein« (youhuan yishi) ausfindig gemacht, das als Quelle des Moralbewußtseins beim chinesischen Menschen besonders ausgeprägt sei und das ihn, in gänzlicher Unabhängigkeit von der Vorstellung eines persönlichen Gottes, verantwortungsbewußter als den Menschen des Westens mache. Mou Zongsan, der diesen Gedanken aufgriff, konstatierte, daß im Westen die Religion sich aus

---

4 Dementsprechend werden auch die kritischen Bemühungen der chinesischen Philologen der Mandschu-Zeit von den Modernen Neokonfuzianern (insbesondere Tang Junyi) als Haarspaltereien abgetan, weil jene skeptisch gegenüber der verklärenden, in der politisch exegetischen Tradition der sogenannten »Neutextschule« beheimateten Vorstellung waren, die chinesische Tradition spreche mit nur einer Stimme, der des Konfuzius.

Angst, Furcht und Zittern herleite, also – z. B. durch die Vorstellung der Erbsünde – bei den negativen Seiten des Lebens ansetze, während der Konfuzianismus (dem er, im Gegensatz zu etlichen seiner Mitstreiter und zu einer bei chinesischen Intellektuellen verbreiteten Auffassung, durchaus religiösen Charakter attestiert) durch das ihm eigene »Sorge-Bewußtsein« tugendhaftes Verhalten befördere, sein Ansatz also positiv sei. Vorbildlich im Sinne des Sorge-Bewußtseins seien die frühen Könige der Zhou-Dynastie (um die Wende des ersten vorchristl. Jahrtausends) mit ihrer »Sorge für die Welt« gewesen.

Auch wenn, wie erwähnt, die praktischen Aspekte politischen und sozialen Verhaltens (etwa die »Kindliche Ehrfurcht«) nicht im Zentrum des Denkens der Modernen Neokonfuzianer stehen, ist doch leicht einzusehen, daß sich ein auf »Weisheit«, »Sorge« im Gegensatz zu der durch »Angst« motivierten Gesetzesgläubigkeit des westlichen Menschen, ferner auf »Intuition« begründetes Menschenbild durchaus für politische Zwecke instrumentalisieren läßt. Angesichts des Verfalls der Werte im Westen ist das »Sorge-Bewußtsein« gewissermaßen die überlegene Version der Weltzugewandtheit geworden. Angefangen von der Behauptung, Ostasien besitze aufgrund der Vorstellung von der »Einheit von Natur und Mensch« ein vorzüglicheres ökologisches Verständnis (was angesichts der Umweltbedingungen in den meisten betreffenden Regionen nur als Polemik verstanden werden kann) bis hin zu der Idee, auf harmonischen Konsensus gegründete Herrschaft sei, solange nur ein »Edler«, der sein »Selbst kultiviert« hat, an der Spitze steht, der westlichen Gesetzesherrschaft und ihrer objektivistischen, technischen Methode der Entscheidungsfindung vorzuziehen – die denkerischen Vorbilder sind wirkungsmächtig und haben sich mittlerweile auf einer politischen Ebene sedimentiert.

Der moderne Neokonfuzianismus gibt dem chinesischen Intellektuellen noch ein weiteres, äußerst verlockendes Instrument in die Hand. Die chinesischen Intellektuellen, die sich spätestens seit den zwanziger Jahren nostalgisch, aber zu unrecht, mit dem – Macht ausübenden – Typus des kaiserzeitlichen Beamten-Gelehrten identifizieren, haben in einer autoritären Staatskonzeption, die eine konservative Variante von Erziehungsdiktatur bevorzugt, einen entscheidenden Platz: Den des »Beraters des Fürsten«, den bereits ihre vermeintlichen Vorgänger – z. T. in Gestalt von väterlichen Mentoren der Kaiser – mit bald mehr, bald weniger Erfolg beanspruchten. Die chinesischen Intellektuellen sind derzeit der Macht fern. Doch um so intensiver ist ihr Wunsch, in einer anerkannten und zugleich der »Ordnung« dienenden Weise – einer ständisch verfaßten Gesellschaft – an ihr teilzuhaben.

Die Revitalisierung des Konfuzianismus in China ist jedoch keinesfalls ein monolithisches Phänomen, zumal die Zeit der Massenkampagnen, die politische Transformation einleiteten und vollzogen, vorbei zu sein scheint. *(Siehe auch den Beitrag von Eberhard Sandscheider.)* Auch der Moderne Neokonfuzianismus stößt auf bald verhaltene, bald explizite Kritik, die sich im Unterschied zu früheren Zeiten auch in Publikationen ausfindig machen läßt. Vom Standpunkt des Marxismus, der von offizieller Seite derzeit allerdings recht wenig bemüht wird, läßt sich einwenden, daß, wie etwa der Nestor der chinesischen Philosophiegeschichte, Zhang Dainian, sagt, »zum Alten kein Weg zurück führt«. Allerdings vermerkt Zhang in demselben Artikel (Xinhua wenzhai, 1991/12), daß in der »hervorragenden nationalen Tradition Chinas fortschrittliche Momente vorhanden« seien.

Ferner kann man, wie der um die öffentliche Diskussion des Neokonfuzianismus hoch bemühte Philosoph Fang Keli, den »Pan-Moralismus« (d.h. die Herleitung chinesischer Einzigartigkeit aus der »Moralität«, die angeblich das gesamte chinesische klassische Schrifttum durchzieht) verurteilen, der das Denken der Modernen Neokonfuzianer kennzeichnet. Weiterhin wird angemahnt, daß die Modernen Neokonfuzianer immer noch der überholten Dichotomisierung von chinesischem »Kern« einerseits und der Instrumentalisierung von westlichem Wissen andererseits anhingen. Tang Yijie und Fang Keli sind sich einig in der Auffassung, daß der Konfuzianismus, wie auch immer interpretiert, nur einen Teil der traditionellen Kultur ausmache. Darüber hinaus gehört es zum Repertoire dieser marxistisch inspirierten Schule, die Modernisierung generell, also auch für den Marxismus anzumahnen. Diesen vorsichtigen Versuchen einer Beschränkung des neokonfuzianischen Einflusses wäre allerdings mehr Glaubwürdigkeit beizumessen, wären sie verbunden mit einer ernsthaften und intensiven Befassung mit den beschworenen anderen Bestandteilen der chinesischen Kultur, und würde nicht in allen derartigen Aufsätzen unmittelbar die Beteuerung folgen, daß die Neokonfuzianer verdienstvoll auf die Bedeutung des nationalen Erbes aufmerksam gemacht und somit die Möglichkeit einer Verschmelzung von wissenschaftlicher und moralischer Kultur, instrumenteller Vernunft und »Wertvernunft« (Fang Keli, Xinhua wenzhai, 1991/12) aufgezeigt hätten.

Zu den schärfsten Gegnern einer Rekonfuzianisierung und somit der Modernen Neokonfuzianer gehört Bao Zunxin. Die Anfänge der Debatte um die chinesische Kultur sind seiner Meinung nach von »Erbärmlichkeit und Steifheit« gekennzeichnet gewesen. Der Moralismus und »Ethizismus« der Modernen Neokonfuzianer richte sich gegen den Geist der Modernisierung, er könne auf die Herausforderungen der Gegenwart nicht angemessen reagieren. (Bao Zunxin, Xin qimeng, 1991/3; vgl. auch Lin u.a. 1995). Leider ist Bao dem chinesischen essayistischen Stil, der sich im Grunde nur an Insider richtet, noch zu sehr verhaftet, denn er hat zwar recht, wenn er, im Zusammenhang mit einer Kritik an Mou Zongsan, der davon spreche, daß nur China wahre »Lebensbildung« besäße, darauf aufmerksam macht, daß sowohl Christentum wie Buddhismus als auch der moderne Existentialismus in ihrer »Lebensbildung« von Mou übersehen würden, auf ein Defizit weist; ein überprüfbarer Nachweis wird allerdings nicht geführt. Immerhin sind die Attacken, die Bao Zunxin gegen die Konstituierung eines »chinesischen Geistes« reitet, recht erfrischend.

5. Ein neuer Fundamentalismus?

Seit etwa 150 Jahren ist China Teil der politischen, wirtschaftlichen und geistigen Weltgesellschaft. Allerdings haben weder die chinesischen Beamten-Literaten noch die seit den neunziger Jahren des letzten Jahrhunderts entstandene, unter den ganz anderen Bedingungen eines neuen Ausbildungs- und Rekrutierungssystems funktionierende Schicht der Intellektuellen diese Tatsache problemlos anerkannt: In allen Absetzbewegungen, in jedem noch so trotzigen Versuch, die historische und geistige Einzigartigkeit Chinas herauszustreichen, in jeder Abkapselung steckt unweigerlich bereits ein Element der Reaktion auf einen globalen Diskurs und damit der Teilhabe an diesem.

Die in der VR China seit Mitte der achtziger Jahre in Gang gekommenen Bemühungen um eine Neubewertung chinesischen »Wesens«, chinesischer Kultur und Geschichte sowie der Charakteristika des chinesischen Regierungs- und Wirtschaftsstils sind hier keine Ausnahme. Im Rahmen der globalen Entwicklung der spätkommunistischen Ideologie drängt sich beispielsweise der Vergleich mit der sogenannten »Erbe-Diskussion« der letzten Dekade der DDR auf, in deren Verlauf immer mehr bislang Verbanntes der Integration für würdig befunden wurde. Die Diskussion in der VR China weist aber auch zahlreiche Parallelen auf zu den mehr oder minder fundamentalistischen Tendenzen einer weltweit seit Beginn der achtziger Jahre zu beobachtenden, durch den Wegfall der Polarisierung zwischen kommunistischer und westlicher Welt eher noch intensivierten »Rückbesinnung« auf nationale Identität in der »Dritten Welt«. Doch ob die Auseinandersetzung nun um »asiatische Werte«, die »Tiefenstruktur der chinesischen Psyche« oder auch die »Einzigartigkeit der chinesischen Moralität« geführt wird: Selbst die gewollte und forcierte Antithese zum Westen setzt diesen als (wenn auch bisweilen stummen) Gesprächspartner voraus, der sogar das begriffliche Instrumentarium liefert. Besonders deutlich wird dies an der Terminologie nationaler Identitätsdiskurse, die fast ausschließlich von westlichem Vokabular geprägt ist: Begriffe wie »Tiefenstruktur«, »Psyche«, »Moralität« sind eben keine autochthonen chinesischen Prägungen, sondern Lehnübersetzungen. Die Erschließung des angeblich Ureigenen erfolgt – zumeist unbewußt – mit einem methodischen Instrumentarium und mit Ausdrücken, die nicht der eigenen Tradition entstammen. Der japanische Philosoph Mishima Kenichi spricht in diesem Zusammenhang von einem »heteronom geleiteten Ethnozentrismus«. An einem ostasiatischen »Okzidentalismus« nehmen längst auch diejenigen teil, die sich am vehementesten für die eigene Identität, bisweilen sogar für deren Überlegenheit über den Westen, einsetzen.

Zu prüfen ist freilich, ob es sich bei derlei Absetzbewegungen nicht um mehr oder minder radikale Selbstbehauptungsdiskurse handelt. Der Westen hat während der vergangenen 150 Jahre bei weitem nicht so intensiv auf einen von Osten herrührenden Stimulus reagieren müssen wie umgekehrt. Die nunmehr intensivierte Artikulation nichtwestlicher Identität könnte ja lediglich den Versuch darstellen, nichtwestlichen Stimmen im gern beschworenen »Konzert der Nationen« ein bislang nicht vorhandenes Gehör zu verschaffen und dabei gleichzeitig in Kauf zu nehmen, daß sie etwas lauter und schriller klingen als bisher. Daß eine Anzahl chinesischer Theoretiker eine »Fusion westlichen und östlichen Denkens« wünscht, könnte in diese Richtung deuten. Allerdings hätten wir in diesem Falle auch zu prüfen, unter welchen Bedingungen diese Fusion zustandekommen soll: unter westlichen, unter chinesischen oder unter neuen, uns bislang nicht vorstellbaren? Von Afrika und der islamischen Welt beispielsweise ist im neueren chinesischen Diskurs der »Verschmelzung von Ost und West« so gut wie gar nicht die Rede, und der letzte chinesische Denker, der Indien einen systematischen Ort in einer Kulturmorphologie zuwies, war Anfang der zwanziger Jahre Liang Shuming, wenn man einmal vom Überleben »Indiens« als Kulturkonzept bei einigen chinesischen Buddhologen bis in die Zeit nach 1949 absieht. Die Beschwörung einer »Dritten Welt« während der hitzigsten Phase des chinesischen Kommunismus hatte mit kulturellen Fragen so gut wie nichts zu tun.

Auch wenn der chinesische Selbstbehauptungsdiskurs und insbesondere die kritische Reflexion darüber noch bei weitem nicht die Virtuosität und Dialogfähigkeit etwa des japanischen erreicht haben mögen (man vergleiche nur die Ansätze des Mitte 1996 verstorbenen Maruyama Masao), sind für die Zukunft des Konfuzianismus in China ganz andere Fragen als die der intellektuellen Brillanz von Bedeutung.

Obgleich zwischen den verschiedenen Generationen von Vordenkern des »Modernen Neokonfuzianismus« auf der einen und den an einer unmittelbaren ideologischen Umsetzung interessierten Vereinfachern in der VR China auf der anderen Seite Welten liegen, so ist doch deutlich, daß die Instrumentalisierung, die manche Gedanken erfahren haben, kein bloßer Zufall ist oder gar im Widerspruch zu ursprünglichen Aussagen der »Modernen Neokonfuzianer« steht. Die z. T. überraschenden Übereinstimmungen in den Schlußfolgerungen zur »chinesischen Kultur«, die Ende der fünfziger Jahre in antikommunistischen Milieus des »New Asia College« in Hongkong und Mitte der neunziger Jahre in der Volksrepublik China gezogen wurden bzw. werden, zeigen u. a. auch, wie durch das Ausfallen kreativer geistiger Produktion ganzer Generationen im modernen China jede Generation dazu verdammt ist, von vorne anzufangen, gerade bei der Auseinandersetzung mit der eigenen Identität. Auch wenn Yü Ying-shih angesichts der »Krise der kulturellen Identität Chinas« vor einem simplen Nationalismus und Fundamentalismus warnt (Ershiyi shiji 1995/10), stimmt er doch in den Chor derer ein, die den »Zusammenbruch der Vorherrschaft der westlichen Kultur« feiern und einen »kulturellen Pluralismus« befürworten, in dem China – als Kultur – eine Rolle spielen werde. Die »Besonderheiten« dieser Kultur werden, meist in enger Anlehnung an Debatten der amerikanischen Sinologie, ständig neu beschrieben. In der Zukunft wird man dem Verhältnis von gemäßigtem Kulturkonservatismus (z. B. der nächsten Generation von »Modernen Neokonfuzianern« in Hongkong und Tapei) einerseits und den politisch motivierten »Verwertern« in der VR China große Aufmerksamkeit schenken müssen. Die Frage, ob ein neuer Fundamentalismus zu erwarten ist, kann allerdings nur in Abhängigkeit von der weiteren politischen, wirtschaftlichen und sozialen Entwicklung Chinas beantwortet werden: Eine Wendung zu geistigem Pluralismus, zu größerer Gelassenheit in der Analyse gedanklichen Materials würde die Abkehr von der Idee lenkbarer Modernisierung, von dezisionistischen Modellen einer Machbarkeit der chinesischen und der Welt-Kultur, von dem philosophisch verbrämten, im Grunde jedoch ideologischen Superioritätsanspruch voraussetzen. »Konfuzianismus« wäre dann – ähnlich wie derzeit bereits auf Taiwan – eine unter vielen Schulen, die sich der Kritik der anderen zu stellen hätte. Solange jedoch eine unter chinesischem Vorzeichen entstandene und weiter (bzw. wieder!) unter chinesischer Vorherrschaft stehende »ostasiatische Kulturgemeinschaft« postuliert wird, gibt es kein zugkräftigeres Argument als den »Konfuzianismus«, um außenpolitisch chinesische Großmachtansprüche (etwa in der längst als »mare nostrum« definierten Südchinesischen See) auch kulturell im Sinne eines gegen den »Westen« gerichteten Sonderwegs zu legitimieren. Sollte der Pluralismus chancenlos bleiben, so bleibt innenpolitisch ein – wie auch immer gedeuteter – »Konfuzianismus« ein verlockendes Angebot für eine staatlich geförderte Einheit von national, sozial und wirtschaftlich disziplinierendem Denken, dem die Vereinigung von moralisch diszipliniertem »Heiligsein im Innern« und nationale wie internationale Geltung erheischendem »Herrschen im Äußeren« zugetraut wird.

Verwendete und weiterführende Literatur

CHANG, CARSUN (Zhang Junmai)(1962): The Development of Neo-Confucian Thought, Band 2, New York (im Anhang das »Manifest« des »Modernen Neokonfuzianismus«).

CHUA, BENG HUAT (1992): ›Konfuzianisierung‹ in der Modernisierung Singapurs, in: Matthes, Joachim (Hrsg.): Zwischen den Kulturen. Die Sozialwissenschaften vor dem Problem des Vergleichs (Soziale Welt, Sonderband 8), Göttingen, S. 247–269.

DRAGUHN, WERNER; SCHUCHER, GÜNTER (1995/Hrsg.): Das neue Selbstbewußtsein in Asien. Eine Herausforderung?, Hamburg.

KRIEGER, SILKE; TRAUZETTEL, ROLF (1990/Hrsg.): Konfuzianismus und die Modernisierung Chinas, (Deutsche Schriftenreihe des Internationalen Instituts der Konrad Adenauer Stiftung, Band 20) Mainz.

LACKNER, MICHAEL (1988): Immer gegenüber? Chinas geistige Auseinandersetzung mit dem Westen, in: Steckel, Helmut (Hrsg.): China im Widerspruch, Hamburg [Rowohlt], S. 139–152.

LACKNER, MICHAEL (1993): Les avatars de quelques termes philosophiques allemands et franais dans les traductions chinoises, in: Etudes Chinoises, Jg. XII, Nr. 2 (Automne 1993), S. 135–160.

LIN TONGQI; ROSEMONT, HENRY (JR.); AMES, ROGER T. (1995): Chinese Philosophy: A Philosophical Essay on the ›State of the Art‹, in: The Journal of Asian Studies, Jg. 54, Nr. 3, S. 727–758.

LIN YÜ-SHENG (1979): The Crisis of Chinese Consciousness. Radical Antitraditionalism in the May Fourth Era, Madison.

MACFARQUHAR, RODERICK: The Post-Confucian Challenge, in: The Economist, 9. 2. 1980.

MEYER, THOMAS: Aufstand gegen die Moderne, 1989.

MISHIMA, KENICHI (1996): Die Schmerzen der Modernisierung als Auslöser kultureller Selbstbehauptung – Zur geistigen Auseinandersetzung Japans mit der Moderne in: Hijiya-Kirschnereit, Irmela (Hrsg.): Überwindung der Moderne? Japan am Ende des zwanzigsten Jahrhunderts, Frankfurt/Main, S. 86–122.

NAESS, ARNE; HANNAY, ALASTAIR (1972/Hrsg.): Invitation to Chinese Philosophy (Skandinavian University Books), Oslo/Bergen/Tromsö, S. 19–40.

POHL, KARL-HEINZ et al. (1993/Hrsg.): Chinesische Intellektuelle im 20. Jahrhundert: Zwischen Tradition und Moderne, Hamburg.

QUIRIN, MICHAEL (1994): Yu Yingshi, das Politische und die Politik, in: minima sinica Jg. 1994, Nr. 1, S. 27–69.

RENAN, ERNEST: Was ist eine Nation, Hamburg 1996.

TAMNEY, JOSEPH B. (1991): Confucianism and Democracy, in: Asian Profile, Jg. 19 (1991), Nr. 5, S. 399–411.

TU WEI-MING (1984): Confucian Ethics Today: The Singapore Challenge, Singapore.

XXI. Literarische Aufbruchsversuche zwischen Zentrum und Peripherie

HELMUT MARTIN

Auf welchen Grundlagen kann die moderne chinesische Literatur, die seit zwei Jahrzehnten wieder präsent ist, aufbauen? Was sind die künstlerischen Merkmale der zwei so sehr verschiedenen Reformjahrzehnte? Können wir Gemeinsamkeiten der Entwicklung in Literatur, Film, Malerei, Kunst allgemein und in der Massenkultur entdecken? Schließlich, wie verträgt sich Pekings Willen zur staatlichen und ideologischen Einheit mit den Ansätzen kultureller Vielfalt? Das sind einige Fragen, denen wir uns hier nähern wollen.

1. Volksrepublik China: Von der Literatur zu Film und Kunst

Werfen wir einen Blick auf die Entwicklung der chinesischen Literatur über einen Zeitraum von zwei Jahrzehnten, also die Zeit zwischen dem Interregnum nach Mao Zedongs Tod 1976 und dem Jahre 1996, so zeigt sich große Beweglichkeit bis zur Flüchtigkeit, ein Aufleuchten kurzlebiger literarischer Moden und ein schnelles Abtreten vieler Autoren von der Bühne. Wir finden Brüche im Selbstverständnis und schließlich seit den 90er Jahren eine von Zynismus geprägte Grundeinstellung der jüngeren Autoren als eine Art Absicherung angesichts eines Wertewandels und Wertezerfalls, in dem der Einzelne vielfach vor den Trümmern des Gestrigen steht, ohne zu begreifen, wohin der Weg führt.

Die Besinnung auf die Vorentwicklungen zu Anfang der 80er Jahre bestärkt die Beobachtung der heftigen Sprünge und krassen Wandlungen. Es ist durchaus angemessen, von zwei Phasen der Literatur, jener der 80er und jener der 90er Jahre, seit Einsetzen des Reformprozesses in China zu sprechen. Allerdings haben einige Kritiker zu bedenken gegeben, daß die Erschütterung durch das Massaker von 1989 vielleicht nicht der eigentliche Einschnitt ist. Das Aufbegehren, die Unruhe, die sich bereits zwei bis drei Jahre vorher in den Debatten über das Wesen der neuen chinesischen Kultur offenbarte, bilden ihrer Ansicht nach streng genommen die eigentliche Grenzlinie zwischen den 80er und 90er Jahren.

1.1 Vorzeiten: Späte Qing-Kultur und die Literatur des Vierten Mai

Erst mit dem Beiseiteschieben der maoistischen Gesellschaftskonzeption ab 1979 hat sich in China wieder ein weniger selektiv gesteuerter Zugang zur eigenen kulturellen Entwicklung vor 1949 eröffnet. Man begann, Geschichte und Kulturgeschichte neu zu entdecken, sie zu rekonstruieren.

Literaturhistoriker, die nach kreativen Perioden des abgelaufenen Jahrhunderts Ausschau halten, gehen heute vom Aufbruch in die Moderne der Vierten-Mai-Literatur nach 1919, also der Republikliteratur der 20er und 30er Jahre aus, an die sich nach Jahrzehnten der Kriegswirren und des Kampagnen-Maoismus erst wieder die 80er und 90er Jahre als ein weiteres Doppeljahrzehnt des geistigen Aufbruchs angeschlossen hätten. Die experimentelle Phase der Republik-Literatur ist inzwischen durch ein Übersetzungsmosaik im Westen bekannt gemacht worden, eine Vielfalt von Forschungsansätzen hat die wesentlichen Entwicklungen offengelegt, sie aus der kulturellen und engeren literarischen Perspektive interpretiert. Sowohl die Veröffentlichung einer mehrbändigen deutschsprachigen Ausgabe des wichtigsten Schriftstellers und maßgeblichen Kritikers der modernen Psyche Chinas, Lu Xun (1881–1936), als auch die lexikalische Erfassung der Republik-Literatur und der bestehenden Übersetzungen durch eine Gruppe europäischer Wissenschaftler möchte ich als zwei Orientierungspunkte für den Leser anführen.

Die geistige Bewegung des »Vierten Mai« des Jahres 1919 war ikonoklastisch, wollte die Fesseln der traditionellen Kultur sprengen. Die jungen Intellektuellen, die vor allem in Amerika, teilweise in Europa, aber auch in Japan studiert hatten, sahen sich als die eigentlichen Erneuerer Chinas. Die heutige Forschung kommt dagegen zu dem Schluß, daß wesentliche neue Weichenstellungen für das moderne China schon in der sogenannten »Späten Qing-Periode« der zwei Jahrzehnte von 1890 bis 1910 vorgenommen worden seien. Der Späte Qing-Roman, etwa Liu E's *Reisen des Lao Can* (dtsch. 1989), stellt fiktiv-autobiographisch den sich abwendenden, entfremdeten Intellektuellen in den Mittelpunkt. Die Sozialkritik der neuen Autoren des untergehenden Kaiserreichs, die meist in Shanghai lebten, entwickelte bisweilen einen Zynismus der Verzweiflung über den Niedergang des Landes, wie wir ihn erst wieder in den 90er Jahren in China ausgedrückt finden. *(Siehe auch den Beitrag von Rudolf G. Wagner.)*

Chinas Literatur der 80er Jahre hat sich zunächst noch kaum als Glied in einer langen Kette der chinesischen Literaturtradition sehen können, weil die meisten früheren Texte jahrzehntelang unzugänglich geblieben waren. Erst Ende des Jahrzehnts stellte sich wieder partiell ein Traditionsbewußtsein im Rahmen der allgemeinen kulturellen Identitätssuche ein.

1.2 Kultur der 80er und 90er Jahre und die Peripherie

Was aber sind nun die Charakteristika der beiden Erneuerungsphasen der 80er und 90er Jahre? Was unterscheidet die zynischen 90er vom naiven Aufbruchdenken der 80er Jahre?

Aus der Enge des volksrepublikanischen China Mao Zedongs, in der man den Intellektuellen ausgetrieben hatte, über den Rand der eigenen Probleme zu sehen, hat sich der Blick auf »Greater China«, auf das Land mit seinen kulturellen Einzugs- und Randgebieten, das man auch »Kultur-China« oder ›wenhua zhongguo‹ nennt, geweitet. *(Siehe auch den Beitrag Nr. II von Carsten Herrmann-Pillath.)* Neben dem schnellen Wandel in der Volksrepublik, den aufgebrochenen Unterschieden in den

Küstenstädten und auf dem Lande, neben den vielen chinesischen Regionalismen fällt unser Blick heute nicht zuletzt auf Hongkong, das vor der politischen Rückführung 1997 unter radikal anderen Bedingungen angesichts aller politischer und wirtschaftlicher Ängste die Frage nach der eigenen, regionalen kulturellen Identität stellt. Vor allem aber schauen wir auf Taiwan, das sich seit 1987 in einer Situation befindet, in der es ohne weitere Repression sich selbst neu zu definieren versucht. Taiwan hat seine regionale Eigenständigkeit langfristig abzusichern und sein Verhältnis zu China zu klären, einem China, das wieder einmal vor tiefgehenden Veränderungen zu stehen scheint. Das kulturelle Selbstverständnis der Eliten chinesischer Herkunft in Südostasien, vor allen Dingen in Singapur und Malaysia, spielt eine zunehmend sichtbare Rolle. Auch für das »Kultur-China« in dieser Region ist so eine zusätzliche Leserschaft angetreten, hat sich ein erweiterter Markt aufgetan; Pierre Bourdieus Vorstellung vom »kulturellen Feld« hat man inzwischen auch auf Ost- und Südostasien angewendet.

Dazu wirkt eine dünne, aber einflußreiche chinesische intellektuelle Schicht in Amerika und im Westen auf China ein. Intellektuelle mit mehrjährigen Erfahrungen im Ausland finden mit ihrem neuen Wissen offene Arme bei Studenten und überhaupt den Intellektuellen im Lande. Das wachsende transkontinentale, kaum kontrollierbare Netzwerk der Kulturkommunikation, das die vielfältigen Meinungsäußerungen der chinesischen Exil-Intellektuellen miteinbezieht, prägt die Einzelelemente des Bildes der 90er Jahre.

Literatur hat als Bezugspunkt im Bereich der neuen Medien neue Funktionsaspekte und wohl auch eine erhebliche Beschränkung des Wirkungsfeldes hinzunehmen. Die alternativen Maler und Künstler setzen ganz ähnliche Ausdrucksformen wie die Schriftsteller in ihre Bilder und andere Schöpfungen um. Der vielfacher Weise aus der Literatur geborene neue chinesische Film wie auch Taiwans und Hongkongs filmische Regionalausformungen haben in ihrer Innen- wie Außenwirkung der Literatur in den 90er Jahren geradezu den Rang abgelaufen. *(Siehe auch den Beitrag von Stefan Kramer.)* Daneben ist im letzten Jahrzehnt erstmals eine Produkt-Flut der Massenkultur über die chinesischen Konsumenten hereingebrochen. Eine »popular culture« in Film und Fernsehen, in Zeitschriften und im Verlagswesen, prägt die neuen Realitäten des Kulturkonsums.

In diesen Ausführungen kann angesichts des chaotischen Wandels und all der Verwerfungen des Aufbruchs in China nur exemplarisch auf bestimmte Entwicklungstendenzen eingegangen werden. Wir haben an die Bravheit, an die Grenzen der Literatur der 80er Jahre zu erinnern, auf die elitäre Literatur, die Malerei und die Kunst des Absurden, des Postmodernismus und der Avantgarde in China hinzuweisen. Texte und Bilder der Avantgarde stehen in einer neuen Rollenverteilung den Produkten der Massenkultur und den Intellektuellen, die diese produzieren, gegenüber. Das Gelächter des neuen Zynismus, gepaart mit einer etwas gekünstelten Stimmung des Fin de siècle, sind Phänomene, mit denen weder die Schicht der Neureichen aus dem Kreis der hohen chinesischen Kader und Funktionäre, noch die Literaturwissenschaftler oder die westlichen Interpreten der Chinawissenschaften viel anzufangen wissen. Wang Shuo und seine Vagabunden-Literatur irritieren die meisten, für die Jugend wurden seine Texte dagegen zu einer Offenbarung.

Neben den Ausformungen der Massenliteratur in Film und Fernsehen möchte ich das Element neuer chinesischer Selbstbetrachtung und Nabelschau behandeln. Es gibt neue chinesische Kritiker im Bereich von Literatur und Medien, im In- und im Ausland wirkend, die schonungslos und in wacher Kommunikation mit den neuesten internationalen Trends die eigene Position bestimmen und wesentliche chinesische künstlerische Neuentwicklungen kommentieren.

1.2 Die begrenzten Experimente der 80er Jahre

Nach drei Jahren (1976–1979) des widersprüchlichen Übergangs nach dem Tode Mao Zedongs brachten die 80er Jahre eine literarische Aufbruchstimmung, wie China sie seit der Vierten-Mai-Bewegung nicht mehr gesehen hatte. Das Feld der Literatur wurde nicht zuletzt eine Spielwiese für alle Ungeduld, die den erwarteten Reformen auf dieser symbolischen Ebene den Weg bereiten wollte. Die meisten Autoren, die sich nun zum Schreiben drängten oder die endlich nach all der Repression zur Literatur zurückfanden, waren aus jeglicher Tradition geworfen, begannen am Nullpunkt. Gerade deshalb wirkten auch viele Konventionen der maoistischen Form des sozialistischen Realismus und der russisch-sowjetischen Vorbilder in der »Literatur der Neuen Ära«, wie die Reformphase ab 1979 genannt wurde, fast unbemerkt und ungebrochen weiter.

Man geht nicht fehl, die Literatur der 80er Jahre als einen Ausbruch der Vergangenheitsbewältigung, dazu als eine ungelenke Wiedereinübung in das literarische Metier zu bezeichnen. Einige Autoren wie Zhang Jie (Roman *Schwere Flügel*, dtsch. 1985) oder Jiang Zilong verfaßten mehr oder weniger biedere Reformliteratur, die, wie gehabt, von der Partei als propagandistische Begleitmusik der neuen Politik registriert und vereinnahmt wurde. Gleich serienweise ließen Reportagen die Schrecknisse für den Einzelnen, besonders auch für viele in die Enge getriebene Frauen, wiederaufleben, wie die innerhalb Chinas maßlos kritisierte Autobiographie der Yu Luojin. Journalisten wie Liu Binyan bedienten sich der Form der Reportage, um soziale Mißstände anzuprangern, fühlten sich dabei gedrängt, die Moral ihrer Geschichten auch für den letzten, den schlichtesten ihrer Leser festzuhalten. Aufrechte Kritiker der Mißstände des Regimes, wie Wang Ruowang, der sich mit Deng Xiaoping persönlich angelegt hatte, mußten auch in der euphorischen Reformphase für die eigenen Essays und Reportagen weiterhin bezahlen, hatten alle erdenklichen Schikanen bis hin zu Gefängnisstrafen zu ertragen.

Unruhige Talente wie Zhang Xinxin stellten mit ihren Einzelporträts der *Pekingmenschen* (dtsch. 1986) die eigene Realität dem geschönten Gesellschaftsbild der Parteipropaganda gegenüber. Die Ansätze der Vergangenheitsbewältigung kamen von Themen der Kulturrevolution nicht los, wie sie Feng Jicai in etwas oberflächlichen und verklärten Erzählungen und einem großen, nie zu Ende geführten Reportageprojekt ausbreitete. Dai Houying, selbst ursprünglich eine fehlgeleitete radikale Linke, beschrieb, nach »Humanismus« rufend, von Shanghai aus voller Reue das Generationsschicksal der Intellektuellen an den Hochschulen und die Verführung der jungen Generation durch die maoistischen Radikalen um den ungeduldigen Parteivorsitzenden (Roman »Oh Menschheit«, dtsch. 1987 *Die große Mauer*).

Schriftsteller, die 20 Jahre in den Lagern verbracht hatten, rehabilitierte »Rechte Elemente« wie Cong Weixi, brachten tastende Versuche einer Lagerliteratur zu Papier, die langatmige Passagen mit Ideologie-Verschnitt als Tarnung keineswegs verschmähte, dazu am Ende doch immer ihre unerschütterliche Dankbarkeit der sich angeblich reformierenden Partei gegenüber zum Ausdruck brachte. Zhang Xianliang erregte vielleicht am meisten Aufmerksamkeit, weil er die psychische Verunstaltung der Lagerinsassen und ehemaligen Rechtsabweichler bis in die sexuelle Repression in literarische Bilder zu verwandeln versucht hat.

Viele simple Rückblicke und weinerlich pauschale Anschuldigungen der Opfer der Massenkampagnen wurden gedruckt, etwa von Lu Yanzhou, Bai Hua oder Gu Hua. Nur wenigen gelang indes ein tieferer Einblick in die existentielle Verunsicherung wie der gelehrten Zong Pu und Yang Jiang. Yang war eine Theaterautorin und gebildete Übersetzerin, die mit unnachahmlichem Understatement die absurden Szenen der Lager für Chinas berühmteste Intellektuelle auf dem Lande dargestellt hat (»Sechs Aufzeichnungen von der Kaderschule«, engl. 1981). Für die protestierende Jugend, die sich innerlich völlig vom chinesischen Kommunismus getrennt hatte, können Lyriker wie Bei Dao oder Schriftsteller wie Acheng in ihrem frühen Werk sprechen. Erstaunliche Wandlungen hat auch Wang Anyi als Chronistin Shanghais und der damaligen Jugend durchgemacht – eine sich in schnellen schriftstellerischen Experimentschritten differenzierende Vertreterin der neuen chinesischen Frauenliteratur.

Die 80er Jahre haben ferner Schriftsteller vor die Öffentlichkeit gebracht, die die Quadratur des Kreises versuchten und zwei Metiers, Politik und Literatur, gleichzeitig gerecht werden wollten. Die clever sich dem politischen Wind anpassende Shen Rong fand ihre Grenzen in derartigem Schielen nach der Obrigkeit. Wang Meng, als Kulturminister dem Regime nur bis 1989 tragbar, setzte sich in beachtenswerten Essays für die Förderung des schriftstellerischen Nachwuchses ein. Wenn der Autor sich gern als Schmetterling bezeichnete, den kein Interpret mit Schlagworten wie Modernist u. ä. einfangen könne, so liegt gerade darin ironischerweise auch der Grund für eine nur begrenzte Binnenwirkung seiner die bestehenden Verhältnisse letztlich doch schonenden Prosa (Roman *Rare Gabe Torheit*, dtsch. 1994). Recht mittelmäßige Talente wie der Lehrer Liu Xinwu zeichneten sich ebenfalls durch ihre Essays aus, die mit bewundernswertem Gerechtigkeitssinn die aus den Massenkampagnen erwachsenen gesellschaftlichen Fehlentwicklungen aufs Korn nahmen. Höhepunkt des kulturell-politischen Essays wurden dagegen mehrere in den USA entstandene Bände einer an Lu Xun geschulten Essayistik des Kulturkritikers Liu Zaifu, des früheren Direktors des Literaturinstituts der Akademie, die die Exilsituation der chinesischen Intellektuellen mit einem nüchternen Rückblick auf Grundprobleme der chinesischen Gesellschaft im 20. Jh. verbanden.

Chinesische Kritiker und Autoren haben den Interpreten im Ausland vorgeworfen, sie betrachteten die neue Literatur Chinas vornehmlich als einen Kommentar zur sozialen und politischen Entwicklung des Landes der frühen Reformjahre. Bei den aufgezeigten Grenzen dieses chinesischen Literaturexperiments, das aus einer Unkenntnis der eigenen Situation im globalen Kontext und damit auch in einer Verkennung der Außenwelt erfolgte, zeigte sich aber gerade, daß wichtige literarische Werke mit internationaler Resonanz noch nicht geschrieben werden konnten, daß zunächst nur ein erschütternder Kommentar über chinesische gesellschaftliche Fehlentwicklungen und die oft vergeblichen Versuche des Einzelnen entstand, sich in und nach den Wirren der Kampagnen zu behaupten.

1.3 »New Wave« und Avantgarde in den 90er Jahren

Um 1984 hatten Schriftsteller und Intellektuelle eine Diskussion begonnen, wie weit die Kultur des Konfuzianismus im letzten Jahrhundert die Niederlagen der chinesischen Modernisierungsversuche verursacht habe. Autoren wie Acheng, Han Shaogong, Zheng Wanlong, Zheng Yi und viele andere begründeten die Literatur der »Suche nach den Wurzeln«, um die chinesische Kultur zu revitalisieren. Sie suchten außerhalb der Hauptkultur auf dem Lande und unter den Minderheiten eine unbefleckte Ur-Kultur jenseits der chinesischen Zivilisationsnormen. Natürlich lief dieser Ansatz Gefahr der erneuten Überhöhung. Solche Hinwendungen konnten als eine Literatur der Flucht vor den sozialen Problemen verstanden und insofern als eine Verirrung hin in eine romantisierende Einbahnstrasse abgetan werden. Die aufkommende Avantgarde-Literatur dagegen hat sich voll auf die chaotische Gegenwart eingelassen.

Von hier aus fand der chinesische Film seinen erfolgreichen Aufbruch, es entstand eine neue Malerei, die man 1993 in einer weitbeachteten Austellung im Haus der Kulturen der Welt in Berlin und 1996 im Kunstmuseum Bonn, unter traditionelleren Vorzeichen auch im Museum für Ostasiatische Kunst in Köln, in Augenschein nehmen konnte. *(Siehe auch den Beitrag von Juliane Noth.)* Vor allem auch die Rockmusik wurde Ausdruck des Protestes und Identifizierungspunkt einer Jugend ohne Illusionen. Neben neuen künstlerischen Ansätzen im Inland bildete sich eine international beachtete Exilliteratur heraus, der der große Durchbruch allerdings bisher nicht gelungen ist.

Die »Avantgarde« erhielt zunächst seit Mitte der 80er Jahre den vorläufigen Namen »Neue-Wellen-Literatur« (new wave), zu einem Zeitpunkt, als chinesische Verlage erstmals finanziell auf sich selbst gestellt waren und die westliche Unterhaltungsliteratur in Übersetzungen von der neuen chinesischen Leserschaft stürmisch begrüßt wurde. Eine wahre Flut von Nachdrucken von Liebes- und Unterhaltungsromanen sowie Schwertkämpfer-Romane aus Taiwan und Hongkong besetzten dazu den Markt als zweite Grundströmung der modernen chinesischen Unterhaltungsliteratur. Parallel kam unter den Intellektuellen eine Auseinandersetzung über den Charakter der chinesischen Kultur auf, der dann 1987 durch die Debatte über die reportageartige hybride Gattung der Fernsehserie *Flußode* (Neder 1996) ergänzt war, in der erstmals vor einer unerhört breiten Zuschauerschaft von 600 Millionen Chinas Krise behandelt wurde.

Ein großer Teil der früheren Leser wandte sich von der vorher begeistert begrüßten Literatur der Vergangenheitsbewältigung ab. Die Autoren anspruchsvoller Literatur fanden sich plötzlich auf sich selbst gestellt. Viele verstummten oder stellten sich um; die entscheidenden Impulse gingen nun von einer jüngeren Generation der in den 60er Jahren Geborenen aus. Die Erzählungen der »Neue-Wellen-Literatur« hat man eingeteilt in die Erzählprosa der »Verlorenen Generation«, in die Strömung der »Wurzelsuche« und schließlich die »Avantgardeliteratur«. Erzählungen der auch als Schlagersängerin auftretenden Liu Suola und von Chen Jiangong galten als Äußerungen der »Verlorenen Generation«. Einen Vorläufer hatten sie in dem künstlerisch abgezirkelten frühen Roman des Lyrikers Bei Dao *Gezeiten*, (Bei Dao 1990) in dem sich beschädigte junge Überlebende der aus der Kulturrevolution hervorgegangenen Generation in einer schicksalhaft-dunklen Begegnung skeptischer Zuneigung gegenüberstehen. Werke der »Wurzelsuche« reichten von Achengs *Schachkönig* (dtsch. 1996) bis zum Roman und zu den Theaterstücken des im Pariser Exil gebliebenen Schriftstellers, Dramaturgen, Malers und Kalligraphen Gao Xingjian; sein Roman *Seelenberg* (1990) hat noch 1995/96 in französischer Übersetzung großes Aufsehen erregt. Namen, die für die Avantgardeströmung stehen, sind z. B. der talentierte Ma Yuan, der inzwischen Geld und Geschäft für die Schriftstellerei eingetauscht hat, die jeder absurden Scheußlichkeit verschriebene Can Xue und vor allem, bis zu einem gewissen Grade, der zum reichen Medienstar gewordene Wang Shuo. Wang brüskiert mit postmodernem Spiel und zynischen Wahrheiten, die von keiner lichten Zukunft mehr schwärmen.

Die Werke der chinesischen Avantgardeliteratur sind erst in einigen Anthologien, dazu in nur wenigen Übersetzungen und interpretierenden Monographien zugänglich. Li Rui gelang es, wilde Szenen der bäuerlichen Gesellschaft festzuhalten, die in kein staatliches Lehrbuch mehr paßten. Mo Yans Romane zeigen barocke Helden, die an die wüsten Kriegsszenen des *Simplicissimus* erinnern.

Die Periode der kulturellen Reorientierung, wie sie der Kritiker Henry Zhao genannt hat, hat eine totale Subversion durch Texte einer Gegenkultur gezeitigt, wie *Die schmutzige Strasse* von Can Xue oder die Erzählung *Du hast keine andere Wahl* von Liu Suola. Die Periode brachte auch den Antagonismus der Auflehnung gegen die existierenden Normen in Wang Anyis *Jahrhundert auf dem Hügel* oder in mehreren Geschichten Han Shaogongs. Das existierende Wertesystem wurde erbarmungslos ins Lächerliche gezogen, etwa in Ye Zhaoyans *Zwielicht im Mai,* der *Geschichte des Dattelbaum* oder in Duo Duos *Letztem Lied.* Autoren tasteten sich zurück zu »ewigen Werten« außerhalb der Hauptkultur wie Acheng in seiner Erzählung *Schachkönig* oder Mo Yan in seinem Roman *Rotes Kornfeld* (dtsch. 1993). Zu den frühen Werken der Avantgarde gehört Erzählprosa wie Su Tongs *Flucht des Jahres 1934.* Es wird die Tragödie des Individuums offenbar, das in dieser Gesellschaft nicht entkommen kann, wie die Geschichte *Schicksal* von Shi Tiesheng oder *Das verlorene Boot* von Ge Fei zeigen. Esoterische und bizarre Botschaften enthalten Geschichten wie *Die Botschaft vom Briefträger* von Sun Ganlu oder der *Weiße Vogel* von He Liwei.

Ein wichtiger Avantgarde-Schriftsteller nach 1987 ist auch Yu Hua mit dem Kurzroman »*Eine Art der Realität*«. Yu breitet ein absurdes Muster der Grausamkeit in einer chinesischen Familie aus, am Ende geschieht ein erneut an eine Szene aus Grimmelshausens *Simplicissimus* erinnernder Mord: Ein Hündlein verursacht todbringende Lachkrämpfe durch Abschlecken der Füße des Opfers.

Für die jungen Zyniker unter den chinesischen Schriftstellern, geboren in den 60er Jahren, spielte also erstmals die Kulturrevolution und ihre Auswirkungen keine wichtige Rolle mehr. Die Avantgardeliteratur ließ sich nicht mehr auf eine bloße Lesart des »service trade« reduzieren, wie Rudolf Wagner die politisch folgsamen Produkte der chinesischen Form des sozialistischen Realismus und auch noch die halbgelungenen Experimente der 80er Jahre genannt hat. Es gab nun keine korrekte Interpretation mehr, eine neue Elite hatte das Wort ergriffen. Sie prägte die angesprochene Gegenkultur, die auf ihre Zeit gewartet hatte. Dabei schauen die Autoren natürlich voller Neugier und Staunen in die eigene Kulturgeschichte, die ihnen solange vorenthalten worden war, bis hin in die 20er Jahre der Vierten-Mai-Bewegung zurück. Wir können vielfältige Anregungen aus dem Westen in diesen chinesischen Werken aufspüren, besonders Einflüsse des magischen Realismus aus Lateinamerika. Salingers *The Catcher in the Rye* hat neben Marquez' *Hundert Jahre Einsamkeit* und Romanen von Borges gleich mehrfach als Vorbild gedient.

1.4 Der »Chaot« Wang Shuo und der Zynismus der 90er Jahre

Ein Merkmal des Erzählstils der nach 1960 Geborenen, das sie abhebt von den spätidealistischen Vorkämpfern der »Bei-Dao-Generation«, ist ein alleserfassender Zynismus, eine Negierung fast aller Werte, eine Negierung der Gesellschaft, sogar eine Negation des Sinnes der eigenen Existenz. Wang Shuo geriet bald in den Mittelpunkt mit Erzählungen wie *Führer der Bande* (1987), *Halb Feuer, halb Meereswasser* (1988), *Herzklopfen heißt das Spiel* (1988) und *Nimm mich nur nicht ernst* (1989). Wang entdeckte und entwickelte darin das virtuose Spiel der Gegenüberstellung zweier sprachlicher Welten, der verkrusteten Sprache des untergehenden Systems und seiner Ideologie gegenüber dem städtischen Slang der Jugendlichen ohne jegliche Illusionen. Wang nahm sich dazu für sich selbst und für seine Generation unerhörte sexuelle Freiheiten heraus, die die Autoren der 80er Jahre kaum auszuleben und zu beschreiben gewagt haben.

Der Autor stößt sich an der Wirkungslosigkeit der chinesischen Intellektuellen, er hat nur Verachtung für ihre hohlen Phrasen von einer neuen kulturellen Revolution übrig, bleibt lieber einstweilen ohne Ideale und Zukunftsvorstellungen. An die dumpfen Versuche eines Wegs zu neuen Werten, den etwa Zhang Chengzhi in seiner *Geschichte der Seele* und in anderer Erzählprosa eingeschlagen hat, glaubt er nicht.

Erst die Verbreitung seiner respektlosen Lebensperspektive durch Fernsehbearbeitungen und mehrfache Verfilmung seiner Erzählungen (allein vier Filme im Jahr 1988) hat die chinesischen Literaturwächter unter den Kadern und den Propagandisten zum Widerspruch herausgefordert. Die semi-offiziellen Literaturkritiker hatten ihn zunächst als einen Autor von Unterhaltungsliteratur abgetan.

Wang stößt den Leser mitten in die Hooligan-Kultur der städtischen Lumpen und arbeitslosen Jugendlichen. Es ist eine eigene Welt. Der Hooligan fürchtet sich vor niemandem; die Helden des traditionellen Volksromans und der modernen Abenteurer-Literatur scheinen in gewisser Weise als Vorbilder durch.

Wang selbst war wegen Beteiligung am Bandenkrieg von Jugendlichen im Gefängnis, schlug sich als Händler durch, lebte nach dem Militärdienst in der Marine von seinen Freundinnen – einer Sekretärin der Jugendorganisation der Partei, einer Stewardess und einer Tänzerin. Die Antihelden seiner Liebesgeschichten sind Hooligans, Chaoten und unverbesserliche Spielernaturen.

In der Verfilmung *Halb Feuer, halb Meereswasser* steht ein aus den Lagern Entkommener im Mittelpunkt, ein Gegenbild zu solch selbstbezogenen, oft theatralischen Figuren in den Romanen von Zhang Xianliang oder Dai Houying. Er posiert als Polizist und kommt als Erpresser über die Runden, organisiert auch Prostitution für Besucher aus Hongkong. In *Nimm mich nur nicht ernst* kämpft wieder eine Gruppe in einem chaotischen Umfeld. In dieser politischen Satire will man, aufgerüttelt von Bo Yangs *Häßlichen Chinesen*, die Niederlage bei einem internationalen Sportereignis in Sapporo wiedergutmachen. Es wird ein Sportler im Bereich der

Kampfkunst Kung-Fu ausgewählt, der natürlich am Ende in Japan Weltmeister in diesem Sport und in einem absurden Wettbewerb satirisch zelebrierter chinesischer Selbsterniedrigung wird.

In einer anderen Geschichte *Ich bin dein Vater* (1991) werden in komischer Weise die neuen Versuche eines Zusammenlebens der Generationen ad absurdum geführt. Der Vater, ein geschiedener kleiner Angestellter in einem Buchladen, hat mit seinen Gleichstellungsversuchen keinen Erfolg. Der Sohn fordert entnervt die Wiederbeachtung der Generationsgrenzen ein.

Wang Shuo stellt die desillusionierten städtischen Jugendlichen als entfremdete Elemente unter den Intellektuellen heraus. Er fordert für jeden das Recht auf eine eigene kleine Welt und äußert sich verächtlich über den chinesischen Modernismus, der lediglich neue Formen wie Kleider übergestreift habe. Eulenspiegel Wang spottet auf seine Weise über die Entgleisungen einer »totalen Verwestlichung«. Kein Wunder, daß dieses Wang-Shuo-Phänomen Vorbild und Variante zugleich für die Gruppe der wurzellosen oppositionellen Maler geworden ist. *(Siehe auch den Beitrag von Juliane Noth.)*

Wang hat nicht zuletzt angesichts seines immensen kommerziellen Erfolges, der eine Verbreitung seiner Bücher in zehn Millionen Exemplaren brachte, zahlreiche Nachahmer gefunden, darunter auch einige Autorinnen. Die Züge des Zynismus sind z. B. bei Hong Ying wesentlich gedämpfter; modische Extremsituationen wirken allzu gewollt. Im *Klub der Nelken* porträtiert die Schriftstellerin eine Gruppe von Mädchen mit ausgeprägten lesbischen Neigungen, welche auf die Jagd nach solchen Männern gehen, die sich die unverschämtesten Übergriffe gegen Frauen geleistet haben.

Die Unruhe über das Phänomen der Kultur-Chaoten hat sich bis 1995 nicht gelegt. Jüngere, selbstgerechte Kritiker bliesen zur konzertierten Attacke. Allen das Wang-Shuo-Phänomen tolerierenden Literaten, besonders aber Wang Meng, sagten sie den Kampf an, weil diese unzulässig derart billige Unterhaltungsliteratur im Schatten der Forderungen nach hehrer Kunst angesiedelt hätten. 1996/97 hat darüber hinaus die Parteispitze über ihre Propagandaabteilung sowie den fünften Schriftstellerkongreß und den sechsten Kongreß des Literatur- und Kunstverbandes am Jahresende 1996 versucht, sich ernsthaft den dargestellten Tendenzen im Bereich des kulturellen Lebens entgegenzustemmen. Wang Shuos Bücher, seine Filme und Fernseh-Produktionen wurden verboten, er habe Chinas noble kulturelle Werte untergraben. Der ehemalige Kulturminister Wang Meng war damit gleichzeitig Ziel der amtlichen Angriffe. Kultureller Defätismus vertrug sich sichtlich nicht weiter mit den Tönen eines erstarkenden chinesischen Nationalismus. *(Siehe auch den Beitrag von Christoph Müller-Hofstede.)*

1.5 Wiedergefundenes Selbstbewußtsein: Chinas neue Kulturkritiker

Die zwei Jahrzehnte der 80er und 90er Jahre haben schließlich neue Literatur- und Kulturkritiker hervorgebracht. Sie nehmen ihre Aufgabe als Intellektuelle ernst und treten mit dem gleichen neuen Selbstbewußtsein an, das sich in einer Reihe von Ländern Ostasiens und Südostasiens besonders seit Anfang der 90er Jahre immer stärker Bahn bricht.

Solche Kritiker finden wir in China innerhalb des Landes, etwa Ji Hongzhen, Chen Xiaoming und viele andere; wir finden sie unter den Literaturhistorikern, wie etwa Chen Pingyuan von der Peking-Universität. Chen Pingyuan hat in ungewohnter und stiller Verachtung der alten Orthodoxiekonstrukte eine neue Betrachtung der modernen Roman- und Novellenliteratur in Form einer Gattungsgeschichte der frühen Erzählliteratur versucht – methodisch untermauert, brilliant im Detail und offen für neue Lösungen. Aber auch vom Ausland aus haben sich solche Kritiker, unter denen ich hier Henry Zhao als Beispiel herausgreifen möchte, in den internationalen Literaturdiskurs eingeschaltet. Sie reflektieren die Entwicklungen Chinas in einer Weise, daß westliche Literaturkritiker und Literaturhistoriker erstmals seit Jahrzehnten wieder hinhören. Chinas neue Kritiker führen Wissenschaftler, Übersetzer, Verlage und Leser an wichtige neue Werke und Entwicklungen heran, nehmen nicht ohne Stolz die Position der einheimischen Interpreten ein, die sie wegen der holistischen Interpretationsansprüche der Partei seit den 50er Jahren ebenso hatten aufgeben müssen wie die Interpretation der eigenen chinesischen Geschichte, überhaupt das Nachzeichnen eines Bildes der gegenwärtigen politischen Entwicklung, unmöglich geworden war.

Henry Zhao hat, als ein Vertreter dieser neuen selbstbewußten Kritikergeneration, im Ausland (University of California, Berkeley) studiert, dann wie der Satiriker der Republikzeit, Lao She, an der School of African and Asian Studies in London unterrichtet. Zhao begleitet sowohl in Englisch als auch in Chinesisch die neuere kulturelle Entwicklung. Wiederholt hat er, als dem Umfeld der auf Chinesisch und Englisch erscheinenden Emigrantenzeitschrift *Today* und des Lyrikers Bei Dao nahestehender Kritiker, den Standpunkt der jüngeren volksrepublikanischen Literaturwissenschaftler durch die Herausgabe von Anthologien untermauert. Hierzu zählen sein Sammelband der Avantgarde-Literatur *The Lost Boat* (1993), die Auswahl *Under-Sky UnderGround* (1994) und weiter sein von einem hohen Niveau ausgehender, nur äußerlich der formalen Untersuchung des narrativen Diskurses gewidmeter Band von Essays über *Die Notwendige Einsamkeit* (1995) der modernen Elite-Literaten der Avantgarde und vielleicht auch der modernen chinesischen Intellektuellen überhaupt.

Zhao dokumentiert die Texte der Absurdität des Aufbruchs aus dem Nichts der Schriftsteller der 90er Jahre. Seine Sicht der neuesten chinesischen Entwicklung ordnet sich aber, die maoistisch geprägte kulturelle Einöde der aufgegebenen Vergangenheit verlassend, wieder ein in ein Entwicklungsschema der gesamten chinesischen Tradition.

Zhao wagt die Aussage, daß aus der Asche des chinesischen Mao-Realismus, nach einem vorbereitenden Jahrzehnt des zaghaften Experimentierens, eine neue Literatur der Avantgarde hervorgegangen sei. Sie verrate eine neue Sensibilität und in den Grundzügen beachtliche Eigenständigkeit, weil westliche Elemente nicht tote Nachahmung, sondern nur Anregungen gebracht hätten. Zhao moniert nicht, wie andere, modischen Modernismus oder Postmodernismus des äußeren Scheins, für ihn zeugt das neue Schaffen von autochthonen Formen einer neuen Kunst Chinas.

Es wird sich allerdings erweisen müssen, ob und wieweit Henry Zhao hier nur neues Selbstbewußtsein herauszufordern versucht, ob er lediglich den chinesischen Schriftstellern Mut zuspricht und wieweit er letztlich Fakten kommentiert. Jedenfalls rät der Kritiker zu langem Atem. Er sieht solche Reorientierungsphasen im

chinesischen Kontext als komplexen, undurchsichtigen Vorgang an und ruft denen, die Alarm geschlagen haben angesichts der Krise der chinesischen Kultur zu:
»Mehr als hundert Jahre sind vorübergegangen ohne eine direkte unmittelbare Perspektive des Erfolgs. Doch die Geschichte sagt uns, daß die Reorientierungsphasen der chinesischen Kultur immer länger als ein Jahrhundert gedauert haben. Wenn das der Fall ist, sollten meine pessimistischen Freunde vielleicht weniger erregt sein.« (Zhao 1994: 155 ff.; Zhao 1993: 9 ff.)

Den Kritikern im Westen wirft Zhao stolz Blindheit angesichts der neuen Entwicklungen vor, der eigenen Literatur bestätigt er die Fähigkeit, im globalen Wettstreit endlich bestehen zu können. Er schließt mit der Warnung, der Westen in seiner kulturellen Lethargie könnte etwas verpassen.

2. Hongkong: Späte Suche nach der regionalen Identität

Es ist eigentlich erstaunlich, daß eine internationale Stadt wie Hongkong, die mit einigem Stolz auf Jahrzehnte der uneingeschränkten Pressefreiheit zurückblicken kann, so wenige literarische Zeugnisse der Selbstreflektion hervorgebracht hat. Nur wenige Schriftsteller haben über die eigene Situation und die eigene Entwicklung in der Vorkriegs- und besonders in der Nachkriegszeit, dazu während der stürmischen Entwicklung nach der Kulturrevolution nachgedacht. Da haben eher noch westliche Medienspektakel, wie etwa Richard Masons *Die Welt der Suzie Wong*, Han Suyins *Alle Herrlichkeit auf Erden* oder professionell lancierte Romane und Fernsehfilmserien wie *Taipan* von Clavell die Welt der britisch-chinesischen Großunternehmen und Hongkongs High Society global ins Bewußtsein gehoben.

2.1 Gibt es eine Hongkonger Literatur?

Hongkonger Literaturwissenschaftler haben mehrfach versucht, Überblicke über die Regionalliteratur der Stadt vorzulegen. Solche Überblicke lesen sich aber mehr wie unbeholfene Aufforderungen, eine solche Literatur überhaupt erst zu schaffen. Lu Weiluan hat im Klima des wissenschaftlichen Desinteresses an solchen Fragen in jahrelanger mühsam rekonstruierender Detailarbeit die Welt der durchreisenden chinesischen Schriftsteller in Hongkong wie Yu Dafu, Xiao Hong, Zhang Ailing und anderer wiedererstehen lassen – Literatur in Hongkong, aber nicht Hongkonger Literatur!

Die Schwester der taiwanesischen Schriftstellerin Li Ang, Shi Shuqing, verheiratet mit einem britischen Banker und über ein Jahrzehnt mit Wohnsitz in der Hafenstadt, die hervorragende Porträts von Schriftstellern der 80er Jahre veröffentlicht hat, legte einen Novellen-Zyklus über das Leben der Oberschicht in Hongkong vor, Erzählungen, die aber über oberflächliche Vereinfachungen nicht hinausgelangen. In einer Romantrilogie hat die Schriftstellerin 1995 noch einmal Hongkong in Erwartung des Jahres 1997 darzustellen versucht. Daneben finden wir prononcierte Bemühungen von offizieller chinesischer Seite, über Mittelsmänner und Mitläufer eine Art chinesische Hongkong-Literatur ins Leben zu rufen. Das

Wirken des Literaten Liu Yichang, die Zeitschrift »Hongkongliteratur«, Pekingnahe lokale Schriftstellergruppierungen und deren Informationsblätter belegen das. In einer Grauzone toleriert operieren absurderweise auch zugewanderte Schriftsteller des chinesischen Postmodernismus wie Ma Jian mit einer oppositionellen Literaturzeitschrift. Schriftstellerinnen wie Xi Xi, urban und literarisch weltläufig wie kaum jemand im Reiche des kulturellen China, haben letztlich doch mehr Leser in Taiwan gefunden als in Hongkong, wo die Medien es deutlich versäumten, sie als lokalbewußte Autorin und Symbol der Stadt ernstzunehmen.

Die unruhigen 90er Jahre haben junge Wissenschaftler auf den Plan gerufen, die eine Identitätsstiftung der Stadt-Kultur über eine derart schwach ausgebildete Literatur Hongkongs als zu eng und wirkungslos ablehnten. Sie spüren inzwischen dem Konzept der Populärkultur nach, die Hongkong viel wesentlicher bestimme. Neben dem literarischen Schaffen wenden sie ihre Aufmerksamkeit den Medien, dem Fernsehen, dem Film, der Video-Industrie, dem Volkssport Karaoke, der Unterhaltungsmusik, der Mode und vielem anderen zu; dies alles definiere diese Stadt erst eigentlich kulturell. Auf diese Weise finden die Forscher eher Abbilder einer lokalen postmodernen Haltlosigkeit und Wurzellosigkeit, bisweilen Zeugnisse des kritischen Kontrapunkts zur notwendigen Anpassung der volksrepublikanischen Chinesen, aber auch erschreckende Selbstzensur und vorauseilenden Gehorsam den neuen Herrschern gegenüber vor.

2.2 Gefahren für die Filmindustrie, Hoffnungen auf China

Das Beispiel der Entwicklung des Hongkonger Films in den letzten Jahren zeigt, wie sehr die Verunsicherung über den eigenen politischen und kulturellen Status und die Fragen nach der regionalen kulturellen Identität, Hongkonger Künstler ebenso wie die Spezialisten der Volkskunst des Mediums Film China mit frommen Erwartungen in die Arme treiben. Das Jahr 1995 hat in Filmkreisen Hongkongs eine aufgeregte Debatte über den »Tod des Hongkong-Films« hervorgebracht. Seit dem Krisenjahr 1993 hatte sich eine Entwicklung vollzogen, die nahezu in einer Zerschlagung der erfolgsgewohnten Hongkonger Filmindustrie geendet war. Hongkong hatte in diesen Jahren jährlich weit über 100 Filme im Bereich des kommerziellen Unterhaltungskinos produziert. In den 70er Jahren waren die Filme mit dem Kung-Fu-Helden Li Xiaolong (Bruce Lee) Kassenschlager, die 80er Jahre setzten mit neuen Themen und Klischees den Erfolg fort. Aber selbst damals zog die Filmindustrie der Stadt mit sechs Millionen Einwohnern immer nur zu einem Drittel ihre Einnahmen aus dem Hongkonger Markt. Die restlichen Einnahmen wurden in Korea, auf Taiwan, in Südostasien und auch in den Chinatowns Amerikas eingespielt. Inzwischen sind diese Märkte unter dem Anprall des strategisch vorgehenden supranationalen Hollywood-Films zusammengebrochen. Regionale kulturelle Fehlentwicklungen wie die Produkte der Slapstick-Mentalität der Hongkonger Filmwelt haben dazu beigetragen.

In Hongkong erreichte der Hollywood-Film noch 1990 nur 20 Prozent der Zuschauer, 1995 war der Anteil auf weit über 40 Prozent gestiegen. Das sind einige der Gründe, weshalb das Wort vom Tod des Hongkong-Films aufkam. Die Ausweitung des Videomarktes bis hin in die letzte Familie und überhaupt die Ablenkungen der Elektronikmedien dürften sich auch ausgewirkt haben. Regisseure wie Wu Siyuan kamen jedenfalls zu dem Schluß, die einzige Hoffnung des Hongkong-Films sei eine Öffnung des Marktes auf dem chinesischen Festland.

Die Verunsicherung Taiwans im Bereich der kulturellen Identität ist von anderer Art; im Gegensatz zu Hongkong hat der Inselstaat nach wie vor eine geringe, von Außen und von Innen gefährdete Chance, in eine stabilere Unabhängigkeit und ein gefestigtes regionales, taiwanesisches Selbstbewußtsein zu steuern.

3. Andere bedrohte Formen des Regionalismus: Taiwans Literatur

Taiwans Literatur verdient aus künstlerischen wie aus kulturpolitischen Gründen Beachtung wegen ihrer fast ein Jahrhundert währenden Sonderentwicklung innerhalb der chinesischen Regionalliteraturen. Bestimmend gewesen ist für Taiwans Autoren sowohl der Geist der Auflehnung gegen Fremdherrschaft als auch bisweilen ein Zug melancholischer Selbstbeschränkung und die zentrale Frage nach der eigenen, beschädigten Identität.

Politisch ist die in den frühen 20er Jahren aufkeimende »Neue Literatur« Taiwans von der zunehmenden Repression unter der japanischen Kolonialherrschaft und von der festlandschinesischen Besatzungsmentalität des Guomindang-Regimes ab 1945 geprägt und beeinträchtigt worden. Erst ab Ende der 80er Jahre, mit der Einleitung des Demokratisierungsprozesses auf der Insel Taiwan, formierten sich Kräfte der Vergangenheitsbewältigung und der Selbstdefinition für die 90er Jahre. Auch die Literatur der Kolonialperiode konnte nun erst neu entdeckt, mußte geradezu »ausgegraben« werden. In den 90er Jahren stehen sich kulturell und politisch eine nach Unabhängigkeit strebende und eine sich nur im Kontext Chinas verstehende Grundeinstellung weiterhin so unversöhnlich gegenüber, daß kein Kompromiß sichtbar ist oder auch nur denkbar scheint. Diese Grundspannung zwischen »Taiwan-Bewußtsein«, dem taiwanesischen Nativismus oder Regionalismus und dem »China-Bewußtsein« hat auf der Insel bisher vor allem eine ausgeglichene Perspektive für eine lang beschworene, von kompetenten taiwanesischen Wissenschaftlern zu schreibende Literaturgeschichte unmöglich gemacht. *(Siehe auch den Beitrag von Gunter Schubert.)* Zeiten der »Nationwerdung«, wie bei uns die ersten Jahre des unter Bismarck geeinten Reichs, verlangen geradezu nach einem solchen Fundament der kulturellen Identität. Daß in Taiwan seit drei Jahrzehnten Ansätze dazu zu verzeichnen sind, ein solches identitätsstiftendes Werk für den Bereich der Literatur aber bisher nicht vorgelegt worden ist, muß als ein Zeichen für die innere Krise Taiwans am Ende der 90er Jahre gesehen werden.

In der Volksrepublik China hat man dem Leser dagegen überraschenderweise im vergangenen Jahrzehnt – zwar als politische Aufgabe von der Führung diktiert, aber doch mit erstaunlichem Weitblick von den volksrepublikanischen Wissenschaftlern umgesetzt – taiwanesische Literatur vorgestellt und dazu mehrere literarhistorische Überblicke vorgelegt, die ihren Weg angesichts der Entspannung zwischen Peking und Taipei, im Original und in Nachdrucken, auch auf den taiwanesischen Büchermarkt gefunden haben.

3.1 Wiederentdeckte Taiwan-Autoren der japanischen Periode

Nachstehend sei auf einige der wichtigen Autoren, die erst in den 90er Jahren wirklich ins Blickfeld rückten und die mittlerweile auch im Westen zunehmend das Interesse der Literaturwissenschaft finden, hingewiesen. Taiwanesischer Regionalismus kann erst nach genauerer Kenntnis der Biographie dieser Autoren und ihrer Gedankenwelt vom Kern her definiert und beschrieben werden.

Zhang Wenhuan (1909–1978) war ein Erzähler und Autor von Kurzgeschichten. Er absolvierte Mittelschule und Universität in Japan, wo er die Zeitschrift »Formosa« mitbegründete, um »eine echte taiwanesische Literatur« ins Leben zu rufen. Zhang schrieb nur auf Japanisch und hat mit einem seiner Romane auch in Japan zahlreiche Leser gefunden. So ist kein Zufall, daß er zusammen mit Long Yingzong im November 1942 als Vertreter Taiwans an der notorischen »Ersten Konferenz der Literatur Großostasiens« in Tokyo teilnahm. Japans Regierung wollte damals die kulturelle Vorherrschaft in den Kolonien und in den neu eroberten Gebieten durch Auszeichnung kollaborationswilliger Schriftsteller festigen. Der Erzähler und Literaturkritiker Lü Heruo (1914–1947) aus Taizhong war neben Zhang einer der begabtesten Autoren der »japanischen Periode«. Solche Autoren der japanischen Periode stehen neben den bekanntesten Vertretern wie dem Arzt Lai He oder dem linken Aktivisten Yang Kui, der tragischerweise sein ganzes Leben in Gefängnissen der Japaner und vor allem der GMD verbrachte.

3.2 Antikommunistische Prosa der 50er Jahre

Auch die Literatur seit 1949 erfuhr in den letzten Jahren eine tiefgreifende Umwertung. Jüngere Literaturwissenschaftler entdeckten, daß man die 50er und frühen 60er Jahre neu durchleuchten, neu beschreiben und neu bewerten mußte. Die Nostalgie des Rückblicks hat Mitte der 90er Jahre die gesamte Gesellschaft erfaßt und bereits eine übergreifende aufschlußreiche Neubeschreibung der Vergangenheit in Veröffentlichungen etwa des Verlags der »China Times« erfahren. Die Autoren der japanischen Periode wurden nach 1945 von der literarischen Bühne verdrängt. Junge Intellektuelle vom Festland, der GMD nahestehend, bestimmten nach dem Kriegsende, besonders ab 1949, die literarische Szene. Die Partei verlangte von ihnen eine Literatur der ideologischen Unterordnung und des militanten Antikommunismus.

Jiang Gui (1908–1980) war einer der wichtigsten Vertreter der antikommunistischen Erzählliteratur Taiwans der 50er Jahre. Es liegt eine Biographie Jiangs auf Englisch und eine Übersetzung seines bekanntesten Romans *Wirbelsturm* vor. Peng Ge, geb. 1926, war als ein vielseitiger Journalist im Dienste der GMD auf Taiwan tätig. Lange Jahre wirkte er als Chefkommentator und Chefredakteur der GMD-parteiamtlichen »Central Daily News«. Peng veröffentlichte über zwei Dutzend Sachbücher, Übersetzungen, Erzählprosa und Essays.

3.3 Taiwanesischer Modernismus

Eine Gruppe junger Schriftsteller in Taiwan, meist zur zweiten Generation neu eingewanderter Festländer gehörig, war in den späten 50er und frühen 60er Jahren tief von der modernen westlichen Literatur beeinflußt. Ihre Vorbilder wurden Camus und Sartre, Faulkner und Joyce. Von besonderer Bedeutung dabei ist, daß Taiwan zu dieser Zeit, abgeschnitten sowohl von den neuen chinesischen Traditionen der 30er Jahre als auch von der Literaturentwicklung auf dem Festland, eine »kulturelle Wüste« darstellte. Einige dieser Autoren verließen Taiwan und emigrierten in die USA und andere Länder, um ihre intellektuelle Unabhängigkeit zu bewahren. Da sie weiterhin Einfluß auf die Literaturkreise auf Taiwan und seit den späten 70er Jahren auch auf dem Festland hatten, wurden sie bisweilen »Halb-Emigranten« genannt. Am bekanntesten wurde Bai Xianyong, der die geflohene und entwurzelte Oberschicht der GMD auf Taiwan (*Menschen aus Taipei,* dtsch. 1986) porträtiert hat, dazu Wang Wenxing, Verfasser der beiden modernistischen Romane *Familienwandel* und *Der Mann mit dem Rücken zum Meer* (engl. 1995 und 1994). Die Kräfte des kulturellen Nativismus haben diesen Autoren und Wissenschaftlern, die über die USA noch weitgehend das Bild von der taiwanesischen Literatur im Ausland prägen, eine nachgeordnete Stellung hinter den autochtonen »Xiangtu-Schriftstellern« zugewiesen.

3.4 Autoren der Heimat-Literatur

In den 70er Jahren formierten sich die lokalchinesischen Schriftsteller gegen die bisher dominanten, der taiwanesischen Realität weitgehend ausweichenden »Modernisten« und vor allem gegen das GMD-Establishment neu. Sie wurden mit ihren Werken einer Heimat- oder Xiangtu-Literatur nun selbst erfolgreich und zum »Hauptstrom« der Literatur Taiwans.

Li Qiao, geb. 1934, war 20 Jahre als Lehrer auf dem Lande tätig, die nördliche Hauptstadt der Festländer, Taipeh, meidend. Er wurde Autor einer Trilogie über die Geschichte Taiwans und bearbeitete das Thema des Februar-Massakers 1947, das die GMD-Armee an der Lokalbevölkerung verübt hatte, literarisch. Yang Qingchu, geb. 1940 in einem Dorf bei Tainan, tätig als Arbeiter und Angestellter in vielen Berufen, ist bekannt geworden als ein schlichter Schriftsteller der Arbeiterwelt, der aus eigener Erfahrung schreiben konnte und auch einen Verlag begründete. Wang Tuo und Yang kamen für ihre Überzeugungen mehrere Jahre ins Gefängnis; sie haben sich inzwischen von der Literatur entfernt und kulturpolitischen sowie allgemein-politischen Aufgaben zugewendet.

Song Zelai, geb. 1952, hat mit seinem kantigen Charakter als radikaler nationaltaiwanesischer Autor viele Wendungen vollzogen. Pessimistisch sah er mit Spengler nicht nur den Untergang des Westens, sondern vor allem Ostasiens voraus, suchte zeitweilig sein Heil im Buddhismus, vertrat eine »Literatur der Menschenrechte« und schrieb einen Bestseller über die mörderische Umweltzerstörung auf Taiwan. 1996 trat er mit einer radikalen Literaturzeitschrift gegen die GMD-nahe Literatur des Establishments an.

3.5 Unterhaltungs- und Massenliteratur

Taiwan ist bis in die 60er Jahre eine ganz in sich geschlossene Gesellschaft gewesen. Die von Taipeh aus auf der Insel verbreitete Massenliteratur hat daher zunächst die

Funktion gehabt, in weinerlicher Pseudo-Traditionalität und durch zynisches Wegsehen von der politischen Diktatur und den vielen gesellschaftlichen Tabus abzulenken. Seit der zunehmenden Öffnung der 80er Jahre hat, vor allem von den USA geprägt, im Gleichschritt mit einer lärmenden, sprunghaften Fernsehkultur, eine marktbeherrschende Unterhaltungsliteratur werbemäßig geschickte ästhetische äußere Buchformen geschaffen, ernsthaftere Ansätze zu literarischen Werken aber auch weitgehend damit an die Seite gedrängt.

Guo Lianghui, geb. 1926, schrieb larmoyante Liebesromane in unübersehbarer Zahl, die auch ihren Weg aufs Festland gefunden haben. San Mao (1943–1991) begeisterte in den 70er Jahren ihre jungen Leser, die sich auf der Insel immer mehr eingesperrt fühlten, durch apolitische Berichte vom Leben in der Sahara und überhaupt in der Ferne. Qiong Yao, geb. 1938, war eine Bestseller-Autorin von rund 50 gefühlvollen Liebes- und Eheromanen. Die Begeisterung der Schuljugend in der VR China selbst war, als ihre Bücher zugänglich geworden waren, so groß, daß man von einem »Qiong-Yao-Sturm« gesprochen hat, der über das Festland hinweg gebraust sei.

3.6 Neuer taiwanesischer Film und die Literatur

Von den Autoren in unserem Überblick, denen sich in den 90er Jahren das Interesse zugewendet hat oder die in einem neuen Licht neu behandelt werden – von der Rückbesinnung auf die Kolonialperiode über die Behandlung antikommunistischer Schmöker der 50er Jahre, über Taiwans Modernismus und die nativistische Literatur des Xiangtu-Bewußtseins – ist immer nur eine begrenzte Leserschaft angesprochen gewesen. Die Literaturkritiker, die wir erwähnten, waren sich dessen wohl bewußt; auch die Lyrik definierte sich als Domäne der Elite. Die Frauenliteratur allerdings erreichte ein breiteres Publikum, und erst recht die Unterhaltungsliteratur. Viele Schriftsteller waren von der Kolonialzeit bis in die 80er Jahre eigentlich als Sozialreformer angetreten, die sich der Literatur als eines gerade noch von den jeweils Herrschenden tolerierten Mediums bedienten. Der Film und die neuen Medien überhaupt boten ihnen schließlich Möglichkeiten, eben diese breitere Öffentlichkeit zu erreichen. Dieser Verlockung konnten sie sich nicht verweigern.

Film und Literatur sind in Taiwan eine sehr spezielle Symbiose eingegangen. Wie in der VR China der Reformperiode sind bevorzugt literarische Texte verfilmt worden. Fast hat man den Eindruck, als ob sich manche Literaten vom ursprünglichen Medium verabschiedet, als ob sie bewußt ihre »Botschaft« dem neuen Medium des Films und manchmal auch dem Fernsehfilm anvertraut hätten. Jedenfalls sind verstärkt literarische Aussagen, die sich zunächst an ein begrenztes Lesepublikum richteten, auf diese Weise über den Film erstmals an ein Massenpublikum herangetragen worden.

Eine hervorragende Stellung in der Geschichte des taiwanesischen Films erlangte 1983 die Verfilmung von drei Geschichten des Satirikers Huang Chunming durch den dann berühmt gewordenen Regisseur des »Neuen Taiwanesischen Films«, Hou Hsiao-hsien, und andere. Mit dem *Sandwichman* hatte sich der »Neue Taiwanesische Film« unangefochten etabliert. Die Filmtrilogie und ihre Folgeprodukte haben am Ende der 70er Jahre ganz entscheidend das Aufkommen des »taiwanesischen Bewußtseins« gegen die GMD-Einschränkungen mitgeprägt und die Botschaft der Xiangtu-Literatur, einen neuen taiwanesischen Lokalstolz und eine neue Abwehrbereitschaft ins Volk getragen. Verfilmte Unterhaltungsliteratur vom Schlage der Qiong-Yao-Produkte transportierte statt dessen nur vertraute traditionelle Inhalte.

In den 50er Jahren hatte die GMD vornehmlich Propagandastreifen und antikommunistische Dokumentarfilme produzieren lassen. Der Film in Mandarin strotzte vor falschen Gefühlen und mit der taiwanesischen Realität völlig inkongruenten Inhalten. Die 80er Jahre brachten den Durchbruch der Xiangtu-Literatur und der Ausbreitung dieses Bewußtseins über den Film auf das große Publikum. Ein Element des neuen Taiwan-Bewußtseins im Film war die Verwendung der regionalen Sprache des Taiwanesischen, auch der Hakka-Dialekt fand in manche Filme Eingang. In *Geschichte einer entfernten Kindheit* (1985) hat Hou, 1947 geboren und selbst Hakka, besonders die unterschiedlichen Sprachenwelten (Hakka-Dialekt, Taiwan-Dialekt und die chinesische Hochsprache, guoyu) miteinander vermischt. Thematische Schwerpunkte Hous und der anderen Regisseure des »Neuen Taiwanesischen Films« waren die deutliche Kritik an der wachsenden Industriegesellschaft und der Versuch, zu eigenen Wurzeln zu finden oder gar sich eine neue Identität zuzulegen. Neben Hou brachte Edward Yang in seinen Filmen *Taipeh Story* (1985) und *Die Terroristen* (1986) die zunehmende Vereinsamung, die Verwilderung der Sitten in den Städten ins Blickfeld.

Von ganz besonderer Art sind auch die Motive und Formen eines Zusammenwirkens von Regisseuren aus China und Taiwan. In der VR China hat der Aspekt künstlerischer Zusammenarbeit, etwa zwischen Taiwan, China und den USA, tiefgehende politische Auswirkungen gehabt.

3.7 Zur Einschätzung des kulturellen Regionalismus in Taiwan

Es soll am Ende der Versuch gemacht werden, die Bedeutung der Literatur Taiwans und ihre Wandlungen in den 90er Jahren für eine breitere Öffentlichkeit, über China und Taiwan hinaus, abzuwägen. Daß sie wie der Film als ein unentbehrlicher Teil des neuen Selbstbewußtseins dieser Insel mit ihrer sehr eigenen kolonialen Sonderentwicklung anzusehen ist, braucht nicht weiter betont zu werden. Es dürften zwei Generationen von taiwanesischen Wissenschaftlern voll damit beschäftigt sein, nach Jahrzehnten erzwungener Geschichtslosigkeit das eigene Erbe »auszugraben«, um ein neues gesellschaftliches Selbstbewußtsein zu definieren und zu verankern.

Die Grundspannung, von der eingangs die Rede war, ob Taiwan letztlich, wie Hongkong 1997, ins »Reich« zurückgeführt wird, oder ob die Insel gegenwärtig eine Sonderentwicklung zu einem selbständigen Staat durchmacht, ob sie auf ein einigermaßen geregeltes Verhältnis mit einem zukünftigen China zusteuert – diese Grundspannung dürfte in der vorhersehbaren Zukunft noch anhalten.

Die Probleme der Identitätsfindung, darunter die Ablösung vom Kolonialbewußtsein, wie sie auf Taiwan erfolgt, haben darüber hinaus eine allgemeinere Bedeutung. Taiwans Beispiel darf durchaus breitere Beachtung fordern. Die Biographien wichtiger Kämpfer für Taiwans Selbständigkeit im kulturellen Bereich, die psychische und physische Vernichtung von Intellektuellen durch Verfolgung und lange Gefängnisjahre, die Untiefen von Kollaboration mit den jeweils Herrschenden, die aufwühlende Frage, bis zu welchem Punkt Opportunismus erlaubt ist, bevor er das eigene Wesen schädigt, sind menschliche Erfahrungen und Herausforderungen, die wir überall auf der Erde finden. Das Exildasein (in unserem Falle hauptsächlich Taiwanesen in Japan, in China und in den USA) scheint mir ebensowenig Taiwan-spezifisch. Die Herausforderungen des Exils für den Einzelnen sind in Taiwan oder in anderen Ländern im wesentlichen gleich und präsentieren sich uns damit auch vergleichbar.

Die Bedeutung des taiwanesischen Paradigmas, ja vielleicht sogar die Essenz der regionalen literarischen Entwicklung Taiwans von einer globalen Perspektive aus, liegt in solchen Gemeinsamkeiten, in ähnlichen Herausforderungen und vergleichbaren Antworten von Individuen und von der Gemeinschaft insgesamt.

3.8 Widersprüche und Gegenkräfte im Prozeß der Identitätsfindung

Irritierend bleiben im Falle Taiwans Gegenwirkungen, die den Prozeß der sich heranbildenden »taiwanesischen« Identitätsfindung unterlaufen. Die Jugend der 90er Jahre orientiert sich in vieler Hinsicht an der städtischen Unterhaltungskultur in den USA, in Hongkong, in Tokyo und in Seoul, ein wenig dazu an Vorbildern in Singapur, vereinzelt wohl auch an Modetrends aus Shanghai oder aus Kanton. *(Siehe auch den Beitrag von Juliane Noth.)* Dieses von der modernen Industriekultur nahezu austauschbar gemachte Bewußtsein der städtischen Subkultur darf als ein Hindernis für das »taiwanesische Bewußtsein« in seiner kargen Strenge, seiner Verwurzelung in »Boden« und »Kampf« gesehen werden. Hinzu treten, ebenso ins Gewicht fallend, die einem Weg in dauerhafte, staatliche Unabhängigkeit geradezu entgegenwirkenden Bedürfnisse der regionalen Wirtschaft. Das Geschäft der Unternehmer Taiwans floriert besser in einem Klima des engen Austauschs und des Zusammengehens mit China; der regionale Nationalismus mit seinen Irritationen und seinem Aggressionspotential gegenüber China ist da nur einengend.

Schwer zu erklären erscheint mir, daß im zurückliegenden Jahrzehnt Kerntexte der taiwanesischen Literatur in den 90er Jahren nicht von den größeren Verlagen Taiwans verbreitet werden, daß dieses kulturelle Erbe durchaus nicht zum Allgemeingut gehört. Vorher herrschte die Repression der GMD, sie ist aber diesen kulturellen Symbolen des Nativismus gegenüber seit 1987 zunehmend zurückgegangen. Sollte dies bedeuten, daß Taiwans Öffentlichkeit und das ständig an Moment gewinnende Taiwan-Bewußtsein solche Kulturtexte eher als Ballast betrachtet, daß es nicht zurückblicken will durch die Augen dieser Schriftsteller und Intellektuellen, die doch einen langen einsamen Kampf geführt haben? Wird die Vor- und Frühphase der taiwanesischen Literatur als allzu rudimentär eingeschätzt?

Das mangelnde Interesse weiter Kreise an Literatur in einer hastig weitereilenden Gesellschaft ist ein zusätzlicher Faktor. Bedrängen und verdrängen die neuen Medien etwa die Literatur ernsthaft? Gibt es inzwischen immer weniger Leser und dafür entsprechend mehr Medienkonsumenten? Auch Schriftsteller sind heute zunehmend Medienfiguren; hier ist das übliche Naserümpfen wohl nicht angebracht. Jedenfalls sind widersprüchliche Tendenzen zu verzeichnen: Literatur als Vehikel des Regionalismus, ein Nativismus ohne tiefere Verankerung in der Literatur, Literaten und Intellektuelle, die ihre Botschaft lieber dem Film als den Texten anvertrauen.

Das Paradigma Taiwans und des taiwanesischen Prozesses der Identitätsfindung im Bereich Literatur und Film, aber auch in einem breiten kulturellen Verständnis, ist also widersprüchlich und fesselnd in sich selbst. Taiwans Erfahrungen haben gleichzeitig eine Bedeutung für den Komparatisten ähnlicher Prozesse des Regionalismus und der nativistischen Selbstbehauptung.

Wir können also gegenwärtig, im Rückblick auf alle behandelten regional-chinesischen Entwicklungen, lediglich festhalten, daß es deutliche Aufbruchsversuche in Richtung eines vielseitigen »kulturellen China« vom Festland, von Hongkong und von Taiwan aus gegeben hat. Wieweit sie schließlich erfolgreich kulturelle Erneuerung bringen, hängt wohl weitgehend davon ab, ob die politische Führung Chinas im kommenden Jahrzehnt eine solche Vielseitigkeit zu tolerieren bereit sein wird.

Verwendete und weiterführende Literatur

BEI DAO (1990): Gezeiten. Roman einer verlorenen Generation, übers. I. Wiesel, Frankfurt, Fischer.
CHEN KAIGE (1994): Autobiographie. Kinder des Drachen. Eine Jugend in der Kulturrevolution, übers. Stefan und Hu Chun Kramer mit Christiane Hammer (Serie Arcus Chinatexte des Richard-Wilhelm Übersetzungszentrums, Band 2), Leipzig, Kiepenheuer.
»DIE HOREN«, Jg. 34 (1989), Nr. 155 und 156: Wilde Lilien. Chinesische Literatur im Umbruch, 2 Bände, zusammengestellt von Helmuth F. Braun, Wolfgang Kubin und Kurt Morawietz.
»DIE HOREN«, Jg. 38 (1993), Nr. 169: Welt mit leerer Mitte: Die Literatur der chinesischen Avantgarde, zusammengestellt von Sabine Peschel.
HSIA, C.T. (1989): Der klassische chinesische Roman. Eine Einführung, Frankfurt, Insel.
KUBIN, WOLFGANG (1994/Hrsg.): Lu Xun. Werke in sechs Bänden, Zürich, Unionsverlag.
MALMQUIST, N.G.D. (1989/Hrsg.): A Selective Guide to Chinese Literature 1900–1949, 4 Bände, Leiden, E. J. Brill.
MARTIN, HELMUT: Chinabilder, 6 Bände (Band 1–2: Moderne chinesische Literatur des 20. Jahrhunderts und Vorläufer, Band 3: Taiwans Kultur und Literatur), Dortmund, projekt.
MARTIN, HELMUT; HAMMER, CHRISTIANE (1991/Hrsg.): Die Auflösung der Abteilung für Haarspalterei. Texte moderner chinesischer Autoren von den Reformen bis zum Exil, Reinbek-Hamburg, Rowohlt.
MARTIN, HELMUT; HASE-BERGEN, S. (1993/Hrsg.): Bittere Träume. Selbstdarstellungen chinesischer Schriftsteller, Bonn, Bouvier.
NEDER, CHRISTINA (1996): Flußelegie. Chinas Identitätskrise. Die Debatte um die chinesische Fernsehserie Heshang 1988–1994 (Reihe edition cathay, Band 20), Dortmund, projekt.
ZHAO, HENRY (1993): The Lost Boat, Avant-garde fiction from China, London, Wellsweep.
ZHAO, HENRY (1994): The Uneasy Narrator, Chinese Fiction from the Traditional to the Modern, London, Oxford University Press.
ZHAO; HENRY (1994/Hrsg.): Under-Sky UnderGround, Chinese Writing Today, London, Wellsweep.

XXII. Chinesische Filmkunst in den achtziger und neunziger Jahren

STEFAN KRAMER

Seit den Erfolgen von Regisseuren wie Chen Kaige, Tian Zhuangzhuang und Zhang Yimou auf internationalen Filmfestivals hat das chinesische Kino weltweit an Reputation gewonnen. Angesichts der Globalisierung des Mediengeschehens und einer allgemeinen Verschiebung der Publikumsgunst zugunsten der visuellen Massenmedien hat der Film in den neunziger Jahren eine größere Außenwirkung erlangt als jede andere Kunstgattung aus dem chinesischen Kulturraum. Durch seine Anschaulichkeit und seine kulturübergreifenden künstlerischen Ausdrucksformen, mit denen ein breites Publikum in aller Welt angesprochen wird, gilt der Film auch hierzulande mittlerweile als wichtigster Mittler für die fernöstliche Kultur.

Dieser Entwicklung trägt seit einigen Jahren auch die Film- und Chinaforschung Rechnung. Inzwischen liegt eine rasch wachsende Zahl populärer und wissenschaftlicher Literatur vor, die wesentliche Aspekte der chinesischen Filmgeschichte zumindest in Grundzügen abdeckt. Damit sind die Voraussetzungen für ein tieferes Durchdringen dieses interdisziplinären und interkulturellen Forschungsfeldes geschaffen, denen man sich – etwa im breitgefächerten Rahmen der »cultural studies« – in Zukunft verstärkt zu widmen haben wird. Hier kann allenfalls ein grober Überblick über wesentliche Tendenzen des chinesischen Kinos seit den achtziger Jahren geboten werden, die es international bekannt gemacht haben. Dabei müssen zwangsläufig einige bedeutende Aspekte – insbesondere die künstlerische Auseinandersetzung der Filmemacher mit Staat, Kultur und Gesellschaft – den Vorzug erhalten, ohne dabei allen anderen – ausgesparten – Bereichen dieses weiten Forschungsfeldes ihre spezifische Relevanz abzusprechen (Kramer 1997).

1. Film-Vorgeschichte

Seit der Einführung des »abendländischen Schattenspiels« in die traditionelle chinesische Gesellschaft im auslaufenden 19. Jh. ist die Geschichte des Films im Reich der Mitte maßgeblich von den gesellschaftlichen und politischen Umbrüchen geprägt, die der damals einsetzende Modernisierungsprozeß mit sich brachte. Nach drei Jahrzehnten des Experimentierens mit der technischen Nutzbarmachung des neuen Mediums und der Versuche seiner Einordnung in das Spektrum traditioneller chinesischer Literatur und Bühnenkunst etablierte sich mit der Unterstützung der kolonialen Besatzungsmächte im Shanghai der zwanziger Jahre ein kommerzielles Unterhaltungskino, das den Ruf der ostchinesischen Hafenstadt als »Hollywood Asiens« und den des Kinos als industrielle Ware auch in dieser Region begründete. Währenddessen entdeckten liberale und linksgerichtete politische Aktivisten und kulturelle Erneuerer den Film für ihre Zwecke. Sie entwickelten in den dreißiger und vierziger Jahren, überschattet von den Ereignissen des Asien-Pazifik-Krieges und den zunehmenden sozialen und innenpolitischen Spannungen, erstmals ein politisch unabhängiges Kunstkino mit nationalen und sozialen Motiven. Dieses orientierte sich formal am amerikanischen Mainstream und am sowjetischen Revolutionskino und brachte in der Vermischung dieser scheinbar gegensätzlichen filmtheoretischen Modelle erstmals Ansätze einer eigenständigen chinesischen Filmkunst hervor.

Den Prozeß der politischen Neuorientierung und künstlerischen Verselbständigung der Leinwandkunst unterbrachen die Kommunisten unter Mao Zedong nach ihrer Machtübernahme im Jahre 1949 gewaltsam. Die neuen Herren in China entdeckten den Massencharakter des Filmmediums für ihre eigenen politischen Ziele und reduzierten es auf seine didaktische Funktion als Instrument von Propaganda und Klassenkampf. Aus dem wirtschaftlichen Prozeß herausgelöst und von ihrer künstlerischen Bestimmung befreit, entstanden bis in die sechziger Jahre viele hundert Filme nach dem Vorbild des stalinistischen Sowjetkinos. Sie alle verfolgten das Ziel der Verbreitung des Marxismus und der Schaffung einer sinifizierten kommunistischen Volkskultur, für deren Propagierung sich das Kino als anschaulichste und zugleich jüngste, am wenigsten durch die Traditionen ›belastete‹, Kunst besser eignete als jede andere Gattung. Tatsächlich konnte sich der Film in der VR China unter Mao Zedong in seiner ›real-sozialistischen‹ Ausprägung aber in keinem Punkt über seine sowjetischen Vorbilder und die enge formale Anlehnung an Literatur und Sprechtheater erheben und zu künstlerischer Eigenständigkeit gelangen. Das endgültige Scheitern der von Mao angestrebten chinesischen Volkskultur zeigt sich am eindringlichsten in den von den Anführern der radikalkommunistischen Fraktion in den frühen Siebzigern am Reißbrett erdachten ›Modellfilmen‹. Ausgerechnet diese platt-propagandistischen Dokumente filmischer Heldenverehrung, die unter Verzicht auf jegliche Dramatisierung des verfilmten Bühnengeschehens und ohne jede filmische Gestaltung realisiert worden waren, wurden dem Volk als Manifestationen der neuen Kultur präsentiert.

2. Reformkino

Vor diesem (film-)historischen Hintergrund fand das chinesische Filmwesen nach Einleitung der Reformperiode in den achtziger Jahren und der Wiedereingliederung von Produktion und Distribution in den wirtschaftlichen Prozeß erst allmählich wieder zu größerer Vielfalt zurück. Das Kino der Reformperiode wandte sich von der Klassenkampfrhetorik und der Kampagnenpolitik der vergangenen Jahrzehnte ab, um sich fortan in den Dienst des ökonomischen Aufbaus und der gesellschaftlichen Modernisierung zu stellen. Dabei blieben allerdings die starren politischen

Strukturen und hierarchischen Machtverhältnisse unangetastet. Indem die Regierung Deng Xiaopings die Kunst erneut auf ihre staatspolitische Funktion reduzierte und die strenge Überwachung aller Bereiche von Produktion, Distribution und Import beibehielt, vermied sie es, den proklamierten gesellschaftlichen Wandel dazu zu nutzen, auch das Filmmedium neu zu ordnen und seine vielfältigen künstlerischen Möglichkeiten zu würdigen. Statt dessen wurde im nach wie vor institutionalisierten Filmwesen der achtziger Jahre, und auch nach seiner weitreichenden Privatisierung in den Neunzigern, die thematische und formale Beschränkung der Leinwandkunst unverändert beibehalten. Die meisten – opportunistischen – Regisseure greifen noch immer auf die wenig innovativen Mittel von Sprechtheater und Erzählliteratur zurück, um in ihren Filmen die Erfolge der Reformpolitik herauszustellen oder die seit der Niederschlagung der Demokratiebewegung von 1989 brüchig gewordene kommunistische Herrschaft historisch zu legitimieren.

Auf der anderen Seite haben die Rücknahme staatlicher Subventionen und die Öffnung des Marktes für die Medien zu einer Welle der Kommerzialisierung im Filmwesen geführt. In den neunziger Jahren konnte das – unpolitische und daher von der Regierung tolerierte – Unterhaltungsgenre rasant an Marktanteilen gewinnen; darunter insbesondere fernöstliche Martial-Arts-Filme, Historienepen, Thriller und Komödien nach Hongkonger und taiwanesischem Vorbild. Sie alle kommen dem von Importfilmen, Video und flacher Fernsehunterhaltung geprägten Publikumsgeschmack der jungen Generation entgegen. Allerdings konnte bisher kein chinesischer Film dieser Genres an die formale Qualität seiner ausländischen Vorbilder heranreichen, geschweige denn einen eigenen künstlerischen Charakter oder eine soziopolitische Bedeutung unter Beweis stellen. Mit zumeist niedrigsten Produktionsbudgets hergestellt, repräsentieren sie vielmehr jenen filmischen Mainstream, über den sich das Medium im Hinblick auf den in China längst übernommenen ›internationalen Publikumsgeschmack‹ inzwischen kaum noch als nationales Kulturgut und individuelles Kunstwerk definiert.

3. Künstlerische Neuorientierung: Die 4. Generation

Trotz der unverändert strengen Zensur durch den Staatsapparat und der persönlichen Verfolgung aller nicht-konformen Künstler, haben sich für einige mutige Regisseure in den achtziger Jahren dennoch Nischen für das Ausloten ihrer künstlerischen Freiheiten und für die vorsichtige politische Stellungnahme ergeben.

Zum einen begründeten einige Altregisseure aus der sogenannten 3. Generation wie Xie Jin, Xie Tieli oder Ling Zifeng das populäre chinesische Melodram und schufen damit seit 1949 erstmals wieder ein Filmgenre mit nennenswerten kulturspezifischen Charakteristika. Insbesondere Xie Jin führte in Filmen wie *Die Legende vom Tianyun Berg* (1980) oder *Die Stadt Hibiskus* (1986) ein Gut-Böse-Schema ein, das auf traditionell kategorisierende und die Gesellschaft nach ethischen Normen definierende konfuzianische Denkstrukturen zurückgriff, um darüber zur Harmonisierung der Widersprüche in Staat und Gesellschaft aufzurufen. Indem er ein stark vereinfachtes und vordergründig auf traditionelle soziale Beziehungen ausgerichtetes Weltbild präsentierte, beeinflußte er die Zuschauer nicht mehr ideologisch, sondern nunmehr moralisch. Exakt im Rahmen der offiziellen Geschichtsschreibung, die die Schuld an allen Übeln der jüngsten Vergangenheit auf eine kleine Gruppe »vom rechten Weg der kommunistischen Partei Abgewichener« reduzierte, sprach Xie Jin die Partei, die Masse der Menschen und nicht zuletzt sich selbst von aller Schuld frei. Er propagierte in seinen Melodramen humanistische Werte und rief zur Versöhnung mit der Vergangenheit und zur positiven Gestaltung der Zukunft »unter Führung der kommunistischen Partei« auf.

Während die Regisseure aus der 3. Generation an keiner Stelle eine mutigere politische Äußerung gewagt haben und ihre Filme damit die Unfähigkeit zum analytischen Rückblick unterstreichen, die die gegenwärtige Gesellschaft prägt, wurde ihr – künstlerisch nur wenig innovatives – Modell des chinesischen Melodrams immerhin zum formalen Vorbild für die subtileren und tiefergehenden Filmwerke der 4. Generation. Dazu gehören so bekannte Regisseure wie der Gewinner des »Goldenen Bären« der 1993er Berliner Filmfestspiele Xie Fei (*Das Mädchen aus Hunan*, 1986; *Die Frauen vom See der unschuldigen Seelen*, 1992), der Regisseur von *Der alte Brunnen* (1987) und *König der Masken* (1995), Wu Tianming, oder Huang Jianzhong (*Zwei tugendhafte Frauen*, 1987). Aber auch die Regisseurin Zhang Nuanxin (*Das war eine schöne Zeit*, 1985) oder ihre Kolleginnen Huang Shuqin (*Die Schauspielerin und der Geist*, 1987) und Wang Haowei (*Die Federtasche*, 1990) traten mit eindrucksvollen Einzelwerken an die Öffentlichkeit. Bereits in den sechziger Jahren ausgebildet, erhielten sie alle erst nach der Neuordnung des Filmwesens in den Achtzigern die Möglichkeit zum Filmemachen. Unter Verwendung des von Xie Jin begründeten melodramatischen Genres sowie des von dem französischen Filmtheoretiker André Bazin (»Qu'est-ce que le cinéma?«, 1958–1962) definierten Realismusmodells, durchbrachen sie in ihren Filmen die versteinerte gesellschaftliche Polarisierung und eröffneten dem chinesischen Kino neue weltanschauliche und künstlerische Perspektiven. Mit ihren Werken und theoretischen Schriften begründeten sie das chinesische Autorenkino und realisierten eine Realismuskonzeption, die sich im Sinne Bazins von der immanenten Bedeutungsebene des Kunstwerks verabschiedete. Die Melodramen der 4. Generation, mit denen ihre Autoren ein breites chinesisches Publikum ansprachen, rückten das Filmerleben des Zuschauers in den Vordergrund. Anders als in den platt-eindimensionalen Werken des sozialistischen Realismus, des Reformkinos und selbst der Melodramen Xie Jins, die alle auf die vordergründige Darstellung gesamtgesellschaftlicher Zusammenhänge bedacht waren, gerieten Fabel, Charaktere und die formale Gestaltung der Filme aus der 4. Generation zum bloßen Mittel des Ausdrucks der Weltanschauung und gesellschaftskritischen Stellungnahmen ihrer Regisseure. Allerdings wagten diese genauso wenig den grundsätzlichen Bruch mit der kommunistischen Herrschaft wie ihre älteren Kollegen. Statt dessen beschränkten sie sich auf die persönliche Bewältigung der erlebten Vergangenheit und vorsichtige Kritik am gegenwärtigen Entwicklungsweg. Sie übernahmen die traditionellen Moralbilder und plädierten für eine gesellschaftliche Harmonisierung und Rückbesinnung auf klassische Werte. So entstanden Werke großer visueller Schönheit, deren Harmoniestreben nicht nur in den Fabeln sichtbar wurde, sondern auch in ihrer formalästhetischen Gestaltung die traditionelle Landschaftsmalerei und Elemente der klassischen Literatur wiederaufleben ließ. Mit ihrem romantisch und nostalgisch verklärten Blick auf die Vergangenheit verweigerten auch sie sich in Wirklichkeit den notwendigen Zukunftsperspektiven wie einer grundlegenden Reform der Filmkunst.

4. Bruch mit der Vergangenheit: Die 5. Generation

Erst die Regisseure aus der 5. Generation haben das chinesische Kino wirklich revolutioniert und es nach seinen Erfolgen in den dreißiger und vierziger Jahren wieder in die Aufmerksamkeit der cineastischen Weltöffentlichkeit gebracht. Dabei waren sie, als sie nach ihrer Ausbildung an der Filmakademie (1978–1982) Mitte der achtziger Jahre mit ersten eigenen Werken hervortraten, Teil der innovativen kulturellen Bewegung, die sich in einer avantgardistischen Malerei, einer expressiven Bildhauerei und postmodernen Architektur genauso künstlerisch Ausdruck verschaffte wie im experimentellen Theater, der modernen Rockmusik, der sogenannten ›obskuren Lyrik‹ oder der Prosaliteratur der ›Suche nach den Wurzeln‹, deren Romane und Erzählungen darüber hinaus die Vorlagen für viele Drehbücher dieser jungen Film-Autoren abgaben.

Die meisten Werke der Regisseure aus der 5. Generation sind vom Rückblick in die Vergangenheit und vom Aufbruch in eine größere kulturelle Vielfalt geprägt. Einige von ihnen, wie Chen Kaige, Huang Jianxin, Tian Zhuangzhuang oder Zhang Yimou, genießen nach ihren Erfolgen auf den bedeutenden Festivals von Cannes, Venedig, Berlin und Tokio inzwischen weltweites Renommee. Sie haben ihr Medium mit avantgardistischen Ausdrucksformen und einer beispiellos kritischen Sichtweise auf Kultur und Gesellschaft in China erstmals wieder als individuelle und politisch oppositionelle Ausdrucksform einer unabhängigen persönlichen Weltanschauung definiert. Dabei haben sie die Beschränkungen des strengen konfuzianischen Moralkodex, der überkommenen Kunstauffassung und der sozialistischen Dogmatik abgeschüttelt, um in ihren streng stilisierten Filmparabeln grundsätzliche Kritk an kultureller Tradition wie Staatspolitik zu üben und darüber die Frage nach der persönlichen und nationalen kulturellen Identität zu stellen. *(Siehe auch die Beiträge von Helmut Martin und Juliane Noth.)*

Die Motive der Filme aus der 5. Generation speisen sich vorwiegend aus der erlebten Vergangenheit ihrer Autoren. In den frühen fünfziger Jahren geboren, sind sie in der Zeit der kommunistischen Massenkampagnen aufgewachsen und haben die Kulturrevolution nicht nur als Opfer erlebt, sondern in dieser Zeit als Teilnehmer an Maos Kinderarmee der ›Roten Garden‹ auch erhebliche Schuld auf sich geladen, wie Chen Kaige in seiner Autobiographie eindrucksvoll berichtet (*Kinder des Drachen*, 1994). Hinzu kamen die prägenden Jahre der Landverschickung, während der sie in den ärmsten Provinzen bei körperlicher Arbeit und unter primitivsten Lebensbedingungen »von den Bauern lernen« sollten. In der archaischen Lebensweise der Landbevölkerung erkannten sie aber auch die Wurzeln der chinesischen Volkskultur mit ihren Mythen und ihrem unverfälschten Umgang mit Religion und Natur. Darin verbargen sich vielfältige Perspektiven auf alternative gesellschaftliche Entwicklungswege zur Dogmatik des Konfuzianismus/Legalismus *(Siehe auch die Beiträge von Michael Lackner und Robert Heuser.)* wie der marxistisch-maoistischen

Ideologie. Die Jugendlichen entdeckten während ihrer Jahre der Landverschickung und des Ausbruchs aus der ideologisch reduzierten Gesellschaft der Städte die Vieldimensionalität des menschlichen Daseins und ihrer Kultur wieder und machten einen Selbstfindungsprozeß durch, der ihren weiteren Lebensweg maßgeblich geprägt hat.

Die Erfahrungen aus der Vergangenheit und die Lügen der Propaganda in der Gegenwart, mit denen China wirtschaftlich, keineswegs aber politisch und kulturell seinen Modernisierungsprozeß beschleunigte, fanden unübersehbar Eingang in die filmkünstlerische Auseinandersetzung der 5. Generation mit Staat, Gesellschaft und Kultur.

Im Jahre 1984 entstand mit dem Film *Einer und Acht* (Regie: Zhang Junzhao) das erste richtungsweisendes Werk dieser Generation. Inhaltlich eine eher konventionelle Heldengeschichte aus dem Japan-Krieg und allein durch die formale Gestaltung auf hintergründige Weise mit den ideologischen und moralischen Antagonismen abrechnend, die die Gesellschaft seit jeher auf ein Gut-Böse-Muster reduzieren, war es insbesondere Zhang Yimous unverwechselbarer Kamerastil, der die künstlerische und inhaltliche Vielschichtigkeit dieses Films begründete. Über die Bilder boten sich dem Publikum vielfältige Assoziationen an, durch die die virtuellen Filmbilder auf die Wirklichkeitsbedingungen der chinesischen Vergangenheit und Gegenwart hin parabolisch lesbar wurden.

Zum Synonym für die chinesische Filmavantgarde wurde in den darauf folgenden Jahren die Zusammenarbeit zwischen Zhang Yimou und dem Pekinger Regisseur Chen Kaige in den beiden Filmen *Gelbes Land* (1984) und *Die große Parade* (1986) sowie ihr gemeinsamer Weg an das Provinzstudio in Xi'an. Dort produzierten sie und einige ehemalige Mitstudenten in der zweiten Hälfte der achtziger Jahre unter der Leitung des künstlerisch aufgeschlossenen, politisch mutigen Studioleiters Wu Tianming eine große Anzahl bemerkenswerter Kinofilme. Darunter befinden sich Werke wie *Der Zwischenfall mit der schwarzen Kanone* (1985, R: Huang Jianxin), *Der Pferdedieb* (1986, R: Tian Zhuangzhuang), *König der Kinder* (1987, R: Chen Kaige) oder *Rotes Kornfeld* (1987, R: Zhang Yimou). Sie alle hinterfragen auf die eine oder andere Weise die staatliche Geschichtsschreibung und Propagandabildung und reflektieren die chinesische Geschichte bis in die Gegenwart.

Angesichts der erneuten Ideologisierung der Künste und der – teilweise auf die alten totalitären Mittel zurückgreifenden – Bemühungen der Machthaber, die vollständige Kontrolle über Produktion und Distribution zurückzugewinnen, hat sich die Tendenz der filmischen Vergangenheitsbewältigung und der Ideologie- und Kulturkritik auch in den neunziger Jahren fortgesetzt. Allerdings ist sie zusehends um die immer aktueller werdende Problematik des Modernisierungsprozesses mit seinen auch negativen Folgen erweitert worden: der kulturelle Identitätsverlust, die wachsenden Widersprüche zwischen Tradition, Ideologie und ökonomischem Aufbau und nicht zuletzt die zunehmenden sozialen Spannungen. Es entstanden Filme wie Zhang Yimous *Judou* (1990), *Rote Laterne* (1991), *Die Geschichte der Qiuju* (1992) und *Leben!* (1994), Chen Kaiges *Die Weissagung* (1991) und *Lebewohl meine Konkubine* (1993), Huang Jianxins *Geh aufrecht!* (1992) und *Wukui* (1993), Tian Zhuangzhuangs *Der blaue Drachen* (1993) und Wu Zinius *Feuerfuchs* (1994), sowie einige Werke weiterer Künstler und Künstlerinnen wie Li Shaohong (*Rouge*, 1994) oder Zhou Xiaowen (*Ermo*, 1994). Alle diese Filme blicken mit subtilen künstlerischen Mitteln und einer hintergründigen Metaphorik und Symbolik auf die Heimat ihrer Regisseure, daneben bieten sie dem Publikum – und den Zensoren – aber auch weitere Deutungsansätze an.

In allen ihren Werken haben die Filmemacher der 5. Generation provokativ mit der (Film-)Geschichte gebrochen und die gesellschaftliche Verantwortung übernommen, sich von der parteilichen Bestimmungsgewalt zu lösen, um als selbstbewußte Intellektuelle den Menschen soziopolitische Alternativen anzubieten. Sie haben fremde Filmtheorien kritisch auf ihre Kultur bezogen und die eigenen Kunsttraditionen von ihrer einschnürenden Dogmatik befreit, um daraus eine unverwechselbare filmische Stilistik mit expressiven, aber auch mit überraschend realistischen und sich dem Naturalismus annähernden Darstellungsweisen zu definieren. So entstanden Filme, denen die Suche nach einer Identität ihrer Schöpfer in der selbst identitätslosen chinesischen Gesellschaft und der Versuch der kritischen Aufarbeitung von Maos verheerender Kampagnenpolitik gemeinsam war. Darüber stellten die Regisseure die jüngste Vergangenheit und den gegenwärtigen Weg Chinas in Frage und eröffneten Perspektiven für die Zukunft, in der sich der einzelne Mensch von den Zwängen der nationalen Geschichte, der Starre der konfuzianisch geprägten Tradition, der Dogmatik des herrschenden sozialistischen Systems und nicht zuletzt der unreflektierten Übernahme importierter Gesellschaftsformen und Lebensanschauungen befreien könnte.

5. Schattenseiten der Modernisierung: Die 6. Generation

Viele Nachwuchsregisseure wie He Ping, Hu Xueyang oder Huang Jun, die erst in den neunziger Jahren mit eigenen Werken an die Öffentlichkeit drängten, wandten sich in ihren Filmen unter dem ästhetischen Einfluß von Fernsehen, Video und Werbung mit zunehmender handwerklicher Qualität den kommerziellen Genres von Action-Thriller, Komödie und Melodram zu. Sie verzichteten weitgehend auf politische Stellungnahmen und filmische Experimente und sind daher für die Filmgeschichte von nur geringer Bedeutung.

Daneben hat sich eine junge Nachfolgegeneration politisch oppositioneller Filmemacher herausgebildet, die von einer ausländischen Öffentlichkeit weitgehend unbemerkt geblieben ist und in der Heimat absichtsvoll totgeschwiegen wird. Mit ihren Werken, die auf jegliche Anbiederung an das System verzichten, diesem vielmehr unverhohlen ihre Wut und Verzweiflung über ihre Lebensumstände in den chinesischen Metropolen entgegenschreien, haben sie sich Berufsverbote und erhebliche persönliche Restriktionen eingehandelt, durch die sie gezwungen sind, vorwiegend illegal zu produzieren. Die sogenannten »Schwarzen Filme« der 6. Generation sprechen für das Lebensgefühl der heutigen Jugend. Mit ihrer sozialkritischen Sichtweise und der schlichten, auf künstlerische Stilisierung verzichtenden filmischen Form des – oft dokumentarisch anmutenden – urbanen Realismus zeigen sie unverschleiert die Schattenseiten des Modernisierungsprozesses und die desillusionierenden Bedingungen eines seiner Werte verlustig gegangenen, immer konturloser werdenden, postsozialistischen Chinas der neunziger Jahre. Die

»schwarzen Filme« lassen sich als lautstarke Abrechnung mit den Versprechungen des chinesischen Wirtschaftswunders lesen, die dem Alltag ihrer Autoren krass widersprechen.

Die Filme von Regisseuren wie Zhang Yuan (*Mama*, 1990; *Peking Bastard*, 1993; *Der Platz*, 1994; *Söhne*, 1996), He Jianjun (*Rote Perlen*, 1993; *Der Briefträger*, 1994), Wang Xiaoshuai (*Wintertage, Frühlingstage*, 1993; *Das große Spiel*, 1994) sowie von einigen weiteren Filmemachern wie Guan Hu, Jiang Wen, Lu Xuechang, Zhang Ming oder Lou Ye, die inzwischen mit Debütfilmen an die Öffentlichkeit getreten sind, zeugen alle von der gegenwärtigen geistigen Austrocknung Chinas. Angesichts der unaufgearbeiteten Vergangenheit und kulturellen Identitätslosigkeit wie der wachsenden Widersprüche zwischen konfuzianisch-sozialistischem Dogmatismus und westlich beeinflußtem Konsumdenken, die durch die Machthaber mit nationalistischen Parolen nur unzureichend aufgelöst werden, geraten diese Filme aus der 6. Generation mehr noch als die ihrer älteren Kollegen zu schonungslosen Zeitdokumenten der gegenwärtigen chinesischen Gesellschaft. Deren Zustand färbt sich auf das Leben eines jeden einzelnen ab und eröffnet allen optimistischen Konjunkturstatistiken zum Trotz eher düstere Perspektiven für die Zukunft.

6. Blick auf Taiwan und Hongkong

Sowohl die britische Kronkolonie Hongkong, die am 1. Juli 1997 in das chinesische Territorium integriert wurde, als auch die Republik China auf Taiwan müssen trotz langjähriger politischer Trennung vom Mutterland nach wie vor zum chinesischen Kulturraum gerechnet werden. In beiden Staaten konnte sich nach 1949 ein eigenes Filmwesen entwickeln und neben seiner vorwiegend industriellen Ausrichtung jeweils auch als politische und künstlerische Alternative zur kommunistisch funktionalisierten Kunst in der VR China etablieren.

Sowohl in Hongkong als auch in Taiwan sagten sich aber erst in den frühen Achtzigern einige innovative Filmkünstler allmählich von der ausschließlich staatspolitischen bzw. wirtschaftlichen Bestimmung ihres Mediums los. In Hongkong haben die rasant fortschreitende Westannäherung und die bevorstehende Eingliederung in das Mutterland die Themen für eine Vielzahl politisch und kulturell orientierter Filme geliefert, die Regisseure wie Allen Fong (*Vater und Sohn*, 1979), Ann Hui (*Lied der Verbannung*, 1990), Yim Ho (*Der Tag, als die Sonne erkaltete*, 1994), Lawrence Ah Mon (*Königin der Temple Street*, 1990), Tsui Hark (*Peking Opera Blues*, 1986), Cheng Xiaodong (*A Chinese Ghost Story*, 1987), Alex Law (*Leben hinter Masken*, 1988) oder Wong Kar-wai (*Chungking Express*, 1994) international bekannt gemacht haben. Angesichts der nach wie vor im Vordergrund stehenden kommerziellen Zwänge des Films haben sie alle den Konsens zwischen publikumsorientierter Unterhaltung und politischer Aussage gesucht. Im Vordergrund ihrer Thriller, Martial-Arts-Filme, Komödien und Melodramen steht die Frage nach der eigenen – Hongkonger – Identität zwischen chinesischer Tradition, unübersehbarer Urbanisierung und Westannäherung sowie dem immer mehr von Hongkong Besitz ergreifenden sozialistischen China der Gegenwart.

Vergleichbare Themen finden sich auch im künstlerisch orientierten neuen taiwanesischen Kino, dessen Entstehung erst durch die dortige Liberalisierung in den achtziger Jahren möglich wurde. Zu den bekanntesten taiwanesischen Regisseuren gehören Hou Hsiao-hsien (*Stadt der Traurigkeit*, 1989), Edward Yang (*Die Spur des Schreckens*, 1986), Wang Tung (*Der Strohmann*, 1987), Hsü Hsiao-ming (*Liebe, Wind, Staub*, 1992), Stan Lai (*Das Land der Pfirsichblüten*, 1992) und der weltberühmte Ang Lee (*Das Hochzeitsbankett*, 1993). Sie alle haben in ihren formal eindrucksvollen Werken neben der Bewältigung der vom Exil-Alltag geprägten jüngsten Vergangenheit und der Identitätssuche zwischen chinesischer Vorgeschichte und einer mittlerweile fünfzigjährigen eigenständigen Entwicklung insbesondere auch die Schattenseiten der Modernisierung und den Verlust traditioneller sozialer Werte kritisch ins Auge gefaßt. Neben den Werken der Fünften Generation aus der Volksrepublik China gehören die Filme des neuen taiwanesischen Kinos mittlerweile zu den Glanzlichtern vieler internationaler Festivals und feiern auch beim weltweiten Kinopublikum bemerkenswerte Erfolge.

7. Perspektiven

Das chinesische Kino hat in den vergangenen fünfzehn Jahren eine rasante Entwicklung durchgemacht und sowohl in der VR China als auch in Taiwan und – mit Abstrichen – in Hongkong in den Händen avantgardistischer Regisseure zu künstlerischer Eigenständigkeit und politischer Unabhängigkeit gefunden. Erstmals seit seiner Einführung in China hat der Film sich damit auch von seiner Unterordnung unter die traditionellen Künste der Erzählliteratur und des Bühnendramas befreit und seine Rolle als kulturell bedeutendstes Genre des 20. Jh. wahrgenommen. In der Entwicklung des Kinos spiegelt sich der soziopolitische Werdegang Chinas, wie sich im einzelnen Werk der gegenwärtige Zustand seiner Kultur manifestiert. Trotz der durch die langjährige politische Trennung der drei chinesischen »Filmländer« bedingten Differenz ihrer künstlerischen Ausdrucksformen und Themen überraschen vielfach die Gemeinsamkeiten zwischen ihren Leinwandprodukten auf der Basis einer identischen Vor- bzw. Kulturgeschichte. Schon heute ist man im Hinblick auf die Filmkunst in Hongkong, Taiwan und der VR China trotz unübersehbarer politischer, kultureller und filmhistorischer Differenzen dennoch berechtigt, von einem großchinesischen Kulturraum zu sprechen. Dies insbesondere, da schon heute eine untrennbare wirtschaftliche Verflechtung zwischen den drei chinesischen Filmindustrien und ein zukünftiger gemeinsamer Kampf um weltweite Marktanteile erkennbar, eine weitere Regionalisierung im Hinblick auf den gemeinsamen Markt hingegen kaum noch vorstellbar ist. Ob man dabei allerdings die überaus reiche gemeinsame Kultur mit ihren Mythen, religiösen Traditionen und den so vielen noch unerforschten Seiten des menschlichen Daseins für den Film wiederentdecken und daraus im Hinblick auf die moderne Gesellschaft ein politisch und künstlerisch unabhängiges – chinesisches – Filmgenre formen und weiterentwickeln wird, ist noch offen. Ebenso ist es möglich, daß das Kino sich verstärkt an internationalen ästhetischen Maßstäben und westlichen Genres flacher Unterhaltung bzw. platter sozialistischer Propagandabildung orientieren wird, um darüber die eigene Kultur zugunsten eines imaginären internationalen Publikumsgeschmacks und seiner staatspolitischen Determinierung in den Hintergrund zu drängen. Die Entwicklung wird maßgeblich von den Freiheiten abhängen, die die Politik und die wirtschaftlichen Zwänge den Künstlern lassen, ihre Ideen künstlerisch zu gestalten.

Verwendete und weiterführende Literatur

BROWNE, NICK u. a. (1994/ Hrsg.): New Chinese Cinemas. Forms, Identities, Politics, New York.
CHEN KAIGE (1994): Kinder des Drachen, Leipzig.
KRAMER, STEFAN (1996): Schattenbilder. Filmgeschichte Chinas und die Avantgarde der achtziger und neunziger Jahre, Dortmund.
KRAMER, STEFAN (1997): Geschichte des chinesischen Films, Stuttgart.
LAW KAR (1991): Hong Kong Cinema in the Eighties, Hongkong.
LENT, JOHN (1990/Hrsg.): The Asian Film Industry, Austin.
LI CHEUK-TO (1988/Hrsg.): Changes in Hong Kong Society through Cinema, Hongkong.
LI CHEUK-TO (1990/Hrsg.): The China Factor in Hong Kong Cinema, Hongkong.
SEMSEL, GEORGE S. (1990/Hrsg.): Chinese Film Theory. A Guide to the New Era, New York.
SEMSEL, GEORGE S. (1993): Film in Contemporary China. Critical Debates, 1979–1989, New York.

XXIII. »China-Avantgarde« – Bildende Kunst seit 1979

Juliane Noth

1. Die chinesische Kunst zwischen nationaler Selbstfindung und Internationalisierung

Im Juni 1996 fand im Shanghaier Liu-Haisu-Museum eine Ausstellung mit dem Titel »Im Namen der Kunst« statt. Gezeigt wurden unter anderem konzeptionelle Installationen, von denen sich die meisten mit der Funktion von Kunst, den Maßstäben in der Kunstbewertung oder dem Duchampschen Axiom, daß das Kunst ist, was ein Künstler Kunst nennt, auseinandersetzten. Dieses Verhältnis von Bezeichnendem und Bezeichnetem spiegelten die Arbeiten von Ni Weihua und Shi Yong am direktesten wider. Ni Weihuas Beitrag bestand aus den zwei Schriftzeichen für Kunst (Meishu), die eine ganze Wand füllten, während Shi Yong mit Neonröhren die Zeichen »Bitte nicht berühren« auf den Boden der Ausstellungshalle schrieb und seiner Arbeit den Titel »›Bitte nicht berühren‹ bitte nicht berühren« gab.

In den letzten Jahren arbeiten sich immer mehr chinesische Künstler in Installationen und Aktionen an abstrakten und nicht immer ganz präzisen Definitionen von Kunst ab. Daß sie auf diesem Wege die westliche Moderne nachvollziehen, ist eine Reaktion auf den direkten Kontakt mit der aktuellen westlichen Kunstwelt: Nachdem seit Anfang der neunziger Jahre verstärkt moderne Kunst aus nicht-westlichen Kulturen in das Blickfeld der westlichen Öffentlichkeit gelangte, hat eine wachsende Zahl von Künstlerinnen und Künstlern aus der VR China die Möglichkeit, im Ausland auszustellen. Beim Betreten der internationalen Kunstszene mußten sie jedoch feststellen, daß die Diskurse, auf die sie dort trafen, sich von den Ansätzen in der chinesischen »Avantgarde«-Kunst essentiell unterschieden. Im Westen wird der Begriff »Kunst« mit all seinen Ausformungen und Nebenprodukten zwar noch diskutiert, aber eigentlich hat er seinen festen gesellschaftlichen Rahmen und seine akzeptierten Spielräume. In China hingegen scheint die moderne Kunst permanent zwischen Angriff und Selbstverteidigung zu wechseln, weil die Frage, was »Kunst« überhaupt alles sein kann und darf, angesichts von staatlichen Ansprüchen, den Anforderungen des Kunstmarktes und den Vorstellungen der Künstler immer wieder von neuem umstritten ist. Dieser Kontext, der für eine Vielzahl von Künstlern prägend ist, ist jedoch im Westen weitgehend unbekannt. Statt dessen sahen sich die Künstler an Vorstellungen von China gemessen, in denen entweder Elemente der traditionellen Kultur und Philosophie oder Menschenrechtsfragen dominierten.

Zwei Glaubenssätze des chinesischen künstlerischen Selbstverständnisses begannen an diesem Punkt, einander zu behindern: Die in China verbreitete Gleichsetzung von »Avantgarde« mit dem Bild eines integren, unabhängig arbeitenden Künstlers, der ein Gegenbild zur Gesellschaft entwirft, wird im Westen ausschließlich als »Dissidenz« registriert. Das beeinträchtigt die beliebte Vorstellung von einem künstlerischen Genie, dessen Arbeiten von unanfechtbarer Qualität sind. Die Künstler fühlten sich im Ausland von einer gleichberechtigten Wahrnehmung ausgeschlossen, weil die Grundlagen ihres Kunstschaffens nicht registriert wurden. Sie fanden sich vielmehr als exotische Bereicherung der melancholischen westlichen Kunstwelt wieder.

Das Dilemma, in das die Künstlerinnen und Künstler hier gerieten, hat jedoch neben den psychologischen auch ganz praktische Implikationen. Denn innerhalb der VR China bestehen immer noch keine Strukturen, die eine ungehemmte und vielfältige Entwicklung eines modernen Kunstbetriebs ermöglichen. Ausstellungen sogenannter »inoffizieller«, d. h. von der Kommunistischen Partei nicht anerkannter Kunst, können zwar oft stattfinden, schweben aber immer in der Gefahr, kurzfristig abgesagt oder geschlossen zu werden. Liberale Kunstzeitschriften können jederzeit von konservativen Zensoren auf Kurs gebracht und nicht genehmigte Publikationen können mit Verhaftungen geahndet werden. Die kleine Kunstszene stellt eine bedrohte Nische dar, die zudem vom Rest der Gesellschaft wenig beachtet wird. Das künstlerische Erfolgsstreben richtet sich notgedrungen auf das westliche Ausland, während kommerzielle Erfolge meist in Hongkong erzielt werden. Das Bedürfnis nach einer gleichberechtigten Position innerhalb der internationalen Kunstwelt ist daher ein essentielles.

Um in einen internationalen Dialog treten zu können, wandten sich zahlreiche Künstlerinnen und Künstler in den letzten Jahren von der kritischen Bearbeitung der künstlerischen und gesellschaftlichen Situation in China hin zu einer Arbeitsweise, die oftmals eher abstrakten Theorien und nicht selten auch der traditionellen Kultur verpflichtet ist.[1] Sie begannen, sich die Diskurse und Techniken anzueignen, auf die sie im Ausland gestoßen waren. Das Aufeinandertreffen der gewachsenen Strukturen der innerchinesischen Kunstwelt und der aktuellen Tendenzen auf dem westlichen Kunstmarkt erzeugte neue Interpretationen der einen wie der anderen, und die Funktionen von Kunst mußten neu definiert werden. Die oben kurz beschriebenen Arbeiten von Ni Weihua und Shi Yong, aber auch zahlreiche andere Arbeiten in der Ausstellung »Im Namen der Kunst« vollziehen diesen Prozeß nach.

Gleichzeitig wächst der Anspruch, die künstlerische Arbeit wie den Umgang mit ihr zu professionalisieren, nachdem man sich bislang eher als rebellierende Alternative zum staatlich geförderten Kunsthandwerk verstanden hatte. Auch beginnen die Grenzen zwischen offizieller und inoffizieller Kunstszene zu verschwimmen. Das Risiko, in »Dissidenz« und Unterdrückung abgedrängt zu werden, wird geringer, und es können Voraussetzungen für eine künstlerische Tätigkeit geschaffen werden,

---

1 Der Widerspruch, der sich scheinbar zwischen »internationalem Dialog« und »traditioneller Kultur« auftut, ist ein unwesentlicher, da Kenntnisse über die traditionelle chinesische Kultur im Ausland wesentlich verbreiteter sind als solche über die aktuelle Lage in China. Nicht zuletzt wegen der Rezeption asiatischer Kunst und Philosophie durch Künstler wie Pollock, Rothko und Soulages richtet sich auch heutzutage die Erwartung nach multikulturellen Impulsen auf genuin chinesische, d. h. traditionelle, Ansätze in der modernen Kunst.

die über die Kämpfe um Anerkennung innerhalb Chinas hinausgeht und in die internationale Kunstszene integriert ist.

Das Bedürfnis nach internationaler Anerkennung, das für diese Neuorientierung ausschlaggebend war, fand seinen Ausdruck auch in einer Reihe von Artikeln, die Künstler und Kunstkritiker 1995 und 1996 in den Zeitschriften »Jiangsu Huakan«, »Hualang« und der von Künstlern herausgegebenen »Hongqi« publizierten. Hier wurden im wesentlichen zwei konträre Positionen vertreten, die aber beide von demselben Gefühl einer künstlerischen »Niederlage« im internationalen Vergleich geprägt sind. Die einen diskutierten in nationalistischem Tonfall Strategien, wie China auch in der Kunst den Platz erringen könnte, der ihm als Großmacht und aufgrund seiner uralten Kultur zustehe (Leng Lin, Kat. Erfurt 1995). Vertreter der anderen Position hingegen kritisieren solch eine nationale Definition von Kunst und deren implizite Akzeptanz der Aufteilung der Welt in Zentrum und Peripherie. Der in China verbreitete Anspruch, selbst zum Zentrum gehören zu wollen, wird demontiert, indem ihm die Unwissenheit und das mangelnde Interesse westlicher Menschen bezüglich Chinas gegenübergestellt wird (Zhang Peili, Kat. München 1996: 30–32).

2. Kunst zwischen Staat, Gesellschaft und Nation

2.1 Im traditionellen China

Die Identifikation chinesischer Künstler mit ihrer Nation, die, nachdem keinem chinesischen Künstler ein großer Durchbruch im Westen gelang, zu den oben beschriebenen nationalistischen Forderungen geführt hat, hat in China eine lange Tradition. Sie entspringt der moralischen Verpflichtung, die chinesische Intellektuelle traditionell für ihr Land empfinden. Im alten China basierte die Ausbildung für Staatsbeamte wie Gelehrte überwiegend auf den konfuzianischen Klassikern und damit der staatstragenden Ethik. Durch diese Ausbildung und durch das Prüfungssystem waren Bildung, Moral und Administration eng miteinander verknüpft. *(Siehe auch den Beitrag von Helwig Schmidt-Glintzer.)*

Die im alten China am höchsten bewertete Form der Bildenden Kunst, die Literaten- oder Gelehrtenmalerei, wurde nach der Idealvorstellung von diesen staatstragenden Gelehrten in ihrer Freizeit ausgeübt. Sie diente, im Idealfall losgelöst von kommerziellen Interessen, der »Kultivierung des Selbst« in zen-buddhistischer Verbundenheit mit Landschaft und war ein Ausgleich oder eine Alternative zur Beamtentätigkeit (Li 1992: 314). Der kultivierte Geist des Malenden fand in der Pinselführung seinen Ausdruck. Kunst, Bildung und Staatsangelegenheiten verschmolzen so zu einer ideellen Einheit.[2]

---

[2] Tatsächlich übten wohl die meisten Maler, und darunter nicht die schlechtesten, ihre Kunst hauptberuflich aus. Besonders in der Qing-Dynastie mußten viele Maler von ihrer Kunst leben, weil es mehr Gebildete als Stellen im Staatsdienst gab. Zum Verhältnis zwischen Ideal und Realität in der Literatenmalerei s. James Cahill, The Painter's Practice, New York: Columbia University Press, 1994.

2.2 In der Republikzeit

Diese Verbindung blieb auch nach der Abschaffung des staatlichen Prüfungssystems im Jahre 1905 erhalten. Einen neuen Ausdruck fand sie in der Vierten-Mai-Bewegung, die die traditionelle Gesellschaft grundlegend kritisierte und forderte, China durch Reformen nach westlichem Vorbild zu retten. Während die jungen Kunstschulen in Shanghai und Hangzhou mit modernen Kunstformen wie Kubismus und Expressionismus experimentierten, führte Xu Beihong (1895–1953) an der Kunstakademie in Peking den Realismus als »wissenschaftliche« Kunstform ein, die auch sozialkritische Botschaften transportieren konnte.

Ab den dreißiger Jahren begann das gesellschaftskritische Moment in der Kunst eine zunehmend wichtigere Rolle zu spielen. Der Schriftsteller Lu Xun (1881–1936) entdeckte im westlichen und sowjetischen Holzschnitt ein geeignetes Medium, um sozialkritische Kunst zu verbreiten. Insbesondere schätzte er die Arbeiten von Käthe Kollwitz und Frans Masereel. Neben Ausstellungen seiner Sammlung veranstaltete er einen Holzschnittkurs, an dem vor allem junge Künstler aus dem linken Spektrum teilnahmen (Laing 1988, 11). Nach der japanischen Invasion 1938 politisierten sich große Teile der Kunstwelt, und der Holzschnitt wurde zum wichtigsten Medium für anti-japanische Propaganda. Die Arbeiten, die in Shanghai und anderen von der Guomindang beherrschten Gebieten entstanden, waren von expressionistischen und sowjetischen Vorbildern geprägt, während in den kommunistischen Gebieten Nordchinas auf Formen der chinesischen Neujahrsbilder zurückgegriffen wurde.

2.3 Unter kommunistischer Herrschaft

Auf dem »Forum für Kunst und Literatur«, das 1942 in Yan'an stattfand, hatte Mao Zedong (1893–1976) die Grundlinien kommunistischer Kulturpolitik festgelegt, die bis 1979 bestimmend sein sollten, wenn auch unterschiedlich interpretiert wurden. Kunst und Literatur besäßen, so Mao, Klassencharakter, und eine sozialistische Kunst habe den Massen, d. h. den Arbeitern, Bauern und Soldaten zu dienen. Ihr Leben habe der Stoff für Schriftsteller und Künstler zu sein, und sie sollten das Publikum sein, für das produziert würde. Die wichtigste Aufgabe der Kunst sei es, die Volksmassen nach sozialistischen Idealen zu erziehen und »rückständige Gedanken« auszumerzen: »Wir haben sie [die Volksmassen, J. N.] lange und geduldig zu erziehen, müssen ihnen helfen, diese Last von ihrem Rücken abzuwerfen, müssen ihnen helfen, ihre Mängel und Fehler zu bekämpfen, damit sie mit Riesenschritten vorwärtsmarschieren können. [...] unsere Literatur und Kunst muß diesen Prozeß des Ummodelns widerspiegeln.« (Mao 1942: S. 77.)

Da die Kommunistische Partei sich als Interessenvertretung der Massen versteht, ist sie es auch, die deren künstlerische Bedürfnisse definiert und die Form, in die »umgemodelt« werden soll, bestimmt. Die inhaltlichen und stilistischen Anforderungen, die seit 1949 von offizieller Seite an die Künstler gestellt werden, wechseln daher bis heute je nach den Erfordernissen der Tagespolitik und der jeweils dominierenden Strömung innerhalb der Partei.

In den Jahren nach der Machtübernahme 1949 wurden vor allem sozialistische Neujahrsbilder und Bildergeschichten produziert, die einerseits die Kunst »popularisieren« und andererseits das »Niveau der Volksmassen heben« sollten, wie es Mao in den Yan 'an-Reden gefordert hatte (Mao 1942: 88–92). In der Mitte der fünfziger Jahre und Anfang der sechziger Jahre hingegen, als das politische Klima weniger revolutionär war, konnten selbst traditionelle Darstellungen von »Blumen und Gräsern« eine sozialistische Existenzberechtigung erlangen. Solch unpolitische Kunstformen wurden in der Zeit der Kulturrevolution von 1966 bis 1976 unmöglich. Nachdem in den späten sechziger Jahren nur Karikaturen und Produkte des Mao-Kultes an die Öffentlichkeit gelangten, mußten die Künstler in den siebziger Jahren Malkurse in Fabriken leiten, wo sie den Arbeitern beibrachten, plumpe und glückliche Kolleginnen und Kollegen bei der Arbeit oder beim Studium von Mao-Texten darzustellen.

2.4 Die KP China und die Kunst seit 1979

Nach dem Ende der Kulturrevolution und mit der »Öffnung nach Westen« 1979 war es Ziel der KPCh, auf kulturellem Gebiet ein Moment nationaler Identifikation zu schaffen, indem die traditionellen Formen der Malerei wieder rehabilitiert wurden. Von nun an waren hier wie in der Ölmalerei politisch interpretierbare Aussagen, die über Stolz auf die jahrtausende alte Kultur und Begeisterung für die »vier Modernisierungen« hinausgingen, unerwünscht.

Künstler, die sich als »inoffiziell« verstehen, also im Schaffen oder im Lebenswandel von der staatlichen Kulturbürokratie unabhängig bleiben wollen und von dieser auch nicht anerkannt werden, können sich dennoch nicht aus einer antagonistischen Beziehung zur KPCh lösen. Denn der Einfluß, den eine liberalere und restriktive Kulturpolitik auf Ausstellungs- und Publikationsmöglichkeiten hat, macht aus jeder Form von künstlerischem Ausdruck, die nicht in das offizielle Schema paßt, eine politische Stellungnahme. Politische Veränderungen haben dadurch direkte Auswirkungen auf die bildende Kunst, auch wenn diese nicht immer so eindeutig abzulesen sind wie die Verbindung zwischen der Künstlergruppe »Sterne« und der kurzen Demokratisierung von 1979 oder das Verstummen der Kunstszene nach den Ereignissen auf dem Tiananmen-Platz 1989.

3. 1979: Frühling in der Kunst – die Künstlergruppen »Ohne Namen« und »Sterne«

Als Deng Xiaoping von Ende 1978 bis Herbst 1979 für kurze Zeit freie Meinungsäußerung und Ansätze von Demokratie zuließ, wurde in der Kunst wie in den übrigen Bereichen der Gesellschaft radikal mit der Kulturrevolution abgerechnet. *(Siehe auch den Beitrag von Eberhard Sandschneider.)* Gegen das Primat der Politik, das seit dreißig Jahren jede künstlerische Tätigkeit bestimmt hatte, wurde das Prinzip der künstlerischen Selbstbestimmung gesetzt. Ausstellungen in Peking,

Shanghai und anderen Städten zeigten eine seit 1949 nicht dagewesene Vielfalt, die auch abstrakte Kunst, Aktmalerei und experimentelle Malerei umfaßte (van Dijk 1991-92, Teil 1: 27).

Neben alten Malern, die noch im Ausland studiert hatten und fest etabliert waren, traten jüngere Künstler an die Öffentlichkeit, die während der Kulturrevolution nicht die Möglichkeit gehabt hatten, eine Ausbildung zu genießen. Unter den zahlreichen Künstlergruppen, die sich bildeten, erregten die »Gruppe ohne Namen« (wuming huahui) und die »Sterne« (xingxing huahui) das größte Aufsehen. Beide Gruppen lehnten die staatlich verordnete Kultur radikal ab und forderten »Selbstausdruck« und künstlerische Autonomie. In der Umsetzung ihrer Standpunkte jedoch schlugen sie entgegengesetzte Richtungen ein.

Die »Gruppe ohne Namen« hatte sich schon in den frühen siebziger Jahren um die Maler Zhao Wenliang (geb. 1937) und Yang Yushu (geb. 1944) gebildet. Sie knüpfte an die Tradition der chinesischen Landschaftsmalerei an und übersetzte sie in das Medium der Ölmalerei. In ihren Bildern finden sich die Konzeptionen einer intuitiven Erfassung eines Gegenstandes oder einer Stimmung und der Übersetzung des künstlerischen Selbst in die dargestellte Landschaft wieder. Die Funktionen der kalligraphischen Linie und der Tuschestrukturen der traditionellen Malerei ersetzten sie durch intensive Farbigkeit. Auch daß sie Kunst als unabhängig von der Politik und als Ausdruck persönlicher Integrität auffaßten, verband die »Gruppe ohne Namen« mit der traditionellen Malerei (Kat. Berlin 1993: 318f.).

Die »Sterne« hingegen sind eng mit der kurzen Demokratiebewegung von 1979 verbunden. Die über dreißig Künstler um Wang Keping (geb. 1949), Ma Desheng (geb. 1952), Qu Leilei (geb. 1951) und Huang Rui (geb. 1952) organisierten Demonstrationen für »Demokratie und künstlerische Freiheit« und verfaßten ein Manifest, in dem sie verkündeten, sich selbst und ihre Arbeiten »anläßlich des dreißigjährigen Bestehens der Volksrepublik« der Erde und dem Volk »zurückzugeben« (Kat. Hongkong 1989: 9). Die programmatische Verbindung von Politik und Kunst spiegelte sich auch in ihrem Wahlspruch »Picasso ist unser Banner, Kollwitz ist unsere Vorreiterin« wider. Das Moment der künstlerischen und politischen Abrechnung mit der Kulturrevolution kam in den Holzskulpturen Wang Kepings am deutlichsten zum Ausdruck. Aus Holzblöcken schnitzte er für seine Arbeiten »Schweigen« und »Idol« von 1978 massige, abstrahierte Gesichtszüge. In »Schweigen« bleibt das eine Auge eine gerasterte Scheibe, eine größere Scheibe verstopft den weit aufgerissenen Mund. Der kubische Kopf des »Idols« mit Hamsterbacken und leicht süffisantem Mund erinnert gleichermaßen an Mao und an Buddhastatuen (Kat. Berlin 1993: 274f.). Diese Arbeiten sind jedoch nicht typisch für alle »Sterne«, vielmehr war die künstlerische Umsetzung des gemeinsamen Wunsches nach künstlerischer Freiheit alles andere als einheitlich: In der Ausstellung waren neben Skulpturen abstrakte, expressionistische und photorealistische Malerei, Ölmalerei wie Tuschemalerei und Collagen zu sehen.

Obwohl ein großer Teil der »Sterne« bereits in den frühen achtziger Jahren emigrierte, blieb die kritische Verwurzelung in der chinesischen Gesellschaft und das Experimentieren mit einer Vielzahl unterschiedlicher Stile, das für sie charakteristisch war, bis 1989 prägend für die inoffizielle Kunstszene. Obwohl die Liberalisierung der Gesellschaft durch Kampagnen wie die gegen »geistige Verschmutzung« und »bürgerliche Liberalisierung« in den Jahren 1983 und 1987 immer wieder

Rückschläge erfuhr, blieb das enthusiastische Bedürfnis weitgehend ungebrochen, für neue, selbstbestimmte Kunstformen zu kämpfen, die in die gesamte Gesellschaft eingebunden sein sollten.

4. Die achtziger Jahre: Die »Kunstbewegung 85« und »China/Avant-Garde«

In den bildungsbegeisterten achtziger Jahren wurde in China so viel ausländisches Wissen rezipiert wie möglich, als sollte die Isolation der vorausgegangenen Jahrzehnte wettgemacht werden. Auch viele Künstler lasen Freud, Sartre, Nietzsche, Wittgenstein und kunsthistorische Schriften. In einer Reihe von Ausstellungen westlicher Kunst, deren Spektrum von der Renaissance bis Picasso reichte, erregte eine Rauschenberg-Ausstellung, die 1985 als erste Ausstellung westlicher Nachkriegskunst in China stattfand, die heftigsten Reaktionen. (van Dijk 1991–92, Teil 1: 34).

Die Spannung, die sich zwischen der immer größer werdenden Bandbreite von Kunstformen und Denkweisen einerseits und der Borniertheit in den Kunstakademien, den Künstlervereinigungen und offiziellen Kunstzeitschriften andererseits aufbaute, entlud sich in der »Kunstbewegung 85«. Zum wiederholten Mal seit 1919 rückte die Frage in den Mittelpunkt, wie mit der westlichen und wie mit der chinesischen Kultur umzugehen sei, und inwieweit beide miteinander verbunden werden könnten. Während in den Kunstzeitschriften[3] die Perspektiven und Ideologien heftig umstritten wurden, entfalteten die Künstler eine lebhafte Ausstellungstätigkeit, in der eine Bandbreite von folkloristischer Kunst über abstrakte Tuschmalerei bis zu Performances vertreten war. Da die offizielle Kulturpolitik die Kunst vereinnahmen und zu Zwecken nationaler Identifikation instrumentalisieren wollte, wurde die »Kunstbewegung 85« zu einem kulturellen Experimentierfeld mit gesellschaftlicher Sprengkraft. Auch die Künstler verstanden ihre Tätigkeit so und blieben damit in der intellektuellen Tradition, sich in ihrem Handeln für das ganze Land verantwortlich zu fühlen. Die meisten waren allerdings weit davon entfernt, die identitätsstiftenden Bedürfnisse der Regierung erfüllen zu wollen, vielmehr empfanden sie sich als Avantgarde im wörtlichen Sinne, die kulturelle Veränderungen forderte und den Ist-Zustand radikal ablehnte.

Die »Erneuerung der chinesischen Kunst«, wie sie von offizieller Seite propagiert wurde, wurde auf der theoretischen Ebene von Li Xiaoshan (geb. 1957), einem Studenten der Kunsthochschule von Nanjing, in einem heftig umstrittenen Artikel attackiert. Li befand, daß die traditionelle Kunst am Ende ihrer Entwicklung angekommen sei, da ihre gesellschaftliche Basis nicht mehr vorhanden sei. Die Maler, die noch an ihr festhielten, täten dies nur aus Faulheit und Dummheit; ihre Arbeiten

---

3 Zu den staatlich herausgegebenen Zeitschriften »Meishu« (»Art«) und »Jiangsu Huakan« (»Jiangsu Art Monthly«) kamen 1985 die unabhängigen »Zhongguo Meishu Bao« (»Fine Arts in China«, hg. in Peking bis 1989) und »Meishu Sichao« (»The Trend of Art Thought«, hg. in Wuhan bis 1987).

seien weder traditionell noch modern (van Dijk 1991–92, Teil 1: 40). Der Künstler Gu Wenda (geb. 1955) hingegen fand neue Wege in der chinesischen Malerei, indem er Versatzstücke von Landschaftsmotiven und verfremdete kalligraphische Zeichen in irrationale Zusammenhänge brachte und in Rauminstallationen integrierte (Kat. Berlin 1993: 226 ff.).

Aber nicht allein der Umgang mit traditioneller Kunst stand in den Jahren um 1985 zur Debatte. Es schien notwendig, die Funktionen und Rezeptionsformen von Kunst im allgemeinen zu hinterfragen, da an der Vorstellung, Kunst sei ein unkritisches, rein ästhetisches Erbauungsobjekt, zahlreiche zunächst innovative Ansätze der frühen achtziger Jahre wie die »Narbenkunst« oder die »Heimatboden«-Kunst gescheitert waren. Die Aktionen der 1986 gegründeten Hangzhouer Gruppe »Teich«, die im öffentlichen Raum direkten Kontakt mit dem Publikum suchten, scheiterten, weil sie von den Adressaten nicht als Kunst anerkannt wurden (van Dijk 1991/92, Teil 2: 3).

Zhang Peili (geb. 1957) und Geng Jianyi (geb. 1962), beide Mitglieder der Gruppe, gingen daraufhin verstärkt dazu über, den Umgang mit Kunst und gesellschaftlichen Normen, aber auch das Selbstverständnis der Künstler auf zum Teil aggressive Weise zu hinterfragen. 1987 veröffentlichte Zhang Peili einen Entwurf mit dem Titel »Zuerst melden, dann hinrichten«, in dem er detaillierte Vorschriften darüber verfaßte, wie Gummihandschuhe zu malen seien – er setzte diese Vorschriften in der Serie »X?« auch um –, ferner darüber, wie diese Bilder auszustellen seien, wie sich die Zuschauer zu verhalten hätten und nach welchen Kriterien sie überhaupt Zutritt zur Ausstellung erhalten dürften: Unter anderem durften die Zuschauer nicht kleiner als 1,30 m und nicht größer als 1,73 sein (Kat. Berlin 1993: 188 ff.).

Geng Jianyis Arbeiten richteten sich weniger gegen ein ahnungsloses Publikum als gegen die allgegenwärtige Verbindung von Kunst und Kulturbürokratie. Sein Beitrag zu der Ausstellung »China/Avant-Garde«, die im Februar 1989 in der Pekinger Nationalgalerie stattfand, war ein offiziell aussehendes Formular, das er an alle Künstler verschickt hatte, die sich um die Teilnahme an der Ausstellung beworben hatten. Sie wurden darin u. a. nach Familienstand, Schulbildung, Gesundheitszustand, dem Lieblingstier und künstlerischen Vorlieben befragt. Als Belohnung für die Zusammenarbeit erhielten die Künstler eine Urkunde mit dem Titel »Fleisch schmeckt besser als Gemüse«, in der ihnen ein Platz in der Kunstgeschichte zugesichert wurde (Kat. Berlin 1993: 120 ff.).

Huang Yongping (geb. 1954) vertrat einen radikal kulturkritischen Ansatz und zielte mit seinen Arbeiten immer wieder auf die Befreiung von vorgefertigten künstlerischen und ästhetischen Normen. Dabei ließ er sich von Zen-Buddhismus und Daoismus, aber auch von Dada inspirieren. 1986 gründete er in seiner Heimatstadt Xiamen die Gruppe »Xiamen Dada«, die Holzteile und Schrott in die Ausstellungshallen brachte und ihre Bilder verbrannte oder »entsorgte«, indem sie sie auf die Straße stellte. Um den großen »Abfallhaufen« aus Worten und Schriften, den man Geschichte nennt, zu überwinden, bediente sich Huang Yongping 1987 moderner Haushaltstechnik. Er präsentierte einen Haufen Pappmaché mit dem Titel »›Eine Geschichte der chinesischen Malerei‹ und ›Kurze Geschichte der modernen Malerei‹ [von Herbert Read, J.N.] nach zweiminütigem Waschen in der Waschmaschine«. So fand er nebenbei auch eine abschließende Lösung der damals so brennenden Frage, wie sich westliche und chinesische Kultur verbinden ließen (Kat. Berlin 1993: 132 ff.).

Ihren Höhepunkt fand die künstlerische Entwicklung seit 1985 in der bereits erwähnten Ausstellung »China/Avant-Garde«, die im Februar 1989 einen Überblick über die Kunst der vorangegangenen Jahre bot. Daß die Ausstellung in der Pekinger Nationalgalerie, der wichtigsten Kunsthalle des Landes, stattfinden konnte, zeugt davon, wie erfolgreich sich die Künstler und Kritiker für eine kulturelle Liberalisierung in ihrem Land eingesetzt hatten. Auch als die Künstlerin Xiao Lu (geb. 1962) ihre Installation »Dialog« durch zwei Gewehrschüsse vervollständigte, wurde die Ausstellung zwar geschlossen, aber nach wenigen Tagen wieder geöffnet. Erst als eine anonyme Bombendrohung eingegangen war, wurde sie endgültig geschlossen. Die Plakate der Ausstellung zeigten das Verkehrszeichen »Keine Wende möglich«, und auch bei den Demonstrationen im Mai und Juni 1989 trugen die Künstler und die Redakteure der Zeitschrift »Bildende Kunst in China« Spruchbänder mit diesem Symbol.

Tatsächlich erfolgte die Wende kurz darauf mit der Niederschlagung der Demokratiebewegung und dem Einfrieren der Reformen. Zwei Jahre lang trat die alternative Kunstszene nicht an die Öffentlichkeit und wurde von den offiziellen Kunstzeitschriften totgeschwiegen. Die unabhängige Zeitschrift »Bildende Kunst in China« mußte im Oktober 1989 ihr Erscheinen einstellen.

5. Die Kunst der frühen neunziger Jahre: Autonomie der Kunst und Loslösung von der Gesellschaft

Das Selbstverständnis der Künstler wandelte sich durch die Ereignisse von 1989 grundlegend: Statt die kulturelle und gesellschaftliche Zukunft der VR China zu ihrem Anliegen zu machen und auf Veränderungen innerhalb des bestehenden Systems zu hoffen, nahmen sie von nun an eine Position außerhalb dieser Gesellschaft ein. Die Kunst wurde auf sich selbst zurückgeworfen. In einem gewissen Sinne erlebt sie jetzt eine Autonomie und hat sich inhaltlich von politischen Diskursen losgelöst. Die inoffizielle Kunstszene wurde damit zu einer tatsächlichen Untergrundszene, die auf sich selbst bezogen arbeitet und von der Öffentlichkeit kaum registriert wird.

Die allgemeine Begeisterung für Bildung und Reformen, die die achtziger Jahre geprägt hatte, wurde durch das Massaker auf dem Tiananmen erstickt, und die chinesische Gesellschaft wurde zunächst von einer kulturellen Lähmung erfaßt. Statt dessen begannen die Menschen, sich stärker für materielle Belange und den Spaß am Leben zu interessieren. Seit die Wirtschaftsreformen 1992 beschleunigt wurden und immer mehr Chinesen angefangen haben, Geschäfte zu machen, erscheint das Streben nach Wohlstand und einem angenehmen, unbeschwerten Lebenswandel als vernünftigste Alternative. Gleichzeitig brachte dieser Umbruch jedoch soziale Spannungen und Identitätskrisen für diejenigen mit sich, die an dem Aufschwung nicht teilhaben konnten oder wollten. Die chinesische Malerei, die ab 1992 den Hongkonger Kunstmarkt zu erobern begann, reflektierte dieses Lebensgefühl.

Junge Künstler, die Ende der achtziger Jahre die Kunsthochschulen absolviert hatten, bedienten sich des realistischen Stils, in dem sie ausgebildet worden waren, um das Alltags- und Freizeitleben ihrer selbst und ihrer Freunde darzustellen. Die kühle Distanziertheit, mit der Lebenslust und Langeweile in den Arbeiten vieler Künstlerinnen und Künstler dargestellt wurden, steigerte sich in den Bildern Fang Lijuns (geb. 1963) fast ins Karikaturistische. In seinen »Gruppen-Bildern« sind junge Männer mit Glatzköpfen und zynischem Lachen zu sehen, in deren identischen Gesichtszügen immer wieder die des Malers durchscheinen. In einer etwas späteren Serie sieht man diese Männer mit Frauen im Liebesglück, unter bombastisch-kitschigen Blumen und in leuchtendes Rot getaucht (Kat. Berlin 1993, 112 ff.).

Etwa in der gleichen Zeit begannen Maler, die Widersprüchlichkeit und Banalität, mit der die KPCh ihre sozialistische Ideologie mit kapitalistischer Wirtschaftspolitik verband, zu kommentieren, indem sie Standardbilder von Mao Zedong im Stile der Pop-Art oder mit kunsthandwerklichen Ornamenten verfremdeten. Wang Guangyi (geb. 1956), ein Protagonist der »Kunstbewegung 85«, griff auf grob gezeichnete, kraftstrotzende Arbeiter und Bäuerinnen aus dem propagandistischen Repertoire der Kulturrevolution zurück und stellte sie in den Dienst von Coca Cola, Marlboro und Kodak, den Speerspitzen kapitalistischen Konsums (Kat. Berlin 1993, 154 ff.).

6. Die ersten freischaffenden Künstler der VR China

In diesen Jahren bildete sich das Berufsbild des freischaffenden Künstlers heraus; viele Künstler verließen die staatlich gelenkten Institutionen, in die alle Kunstschaffenden seit 1949 eingebunden gewesen waren, oder wurden von diesen entlassen, weil sie sich dort nicht engagierten. Die Kunstszene wurde zu einer bohèmeähnlichen Nische in der Gesellschaft, in der Freiheit und Ungezwungenheit die Atmosphäre bestimmen. Dadurch daß Künstler wie Fang Lijun und Wang Guangyi auf dem Hongkonger Markt finanziell erfolgreich sind und daß chinesische Künstler immer öfter an internationalen Ausstellungen teilnehmen, erhält diese Entwicklung eine Perspektive und wird, wie im ersten Teil dieses Artikels beschrieben wurde, auch durch diese mit bedingt. Nach den realistisch beeinflußten Strömungen der frühen neunziger Jahre wird jetzt verstärkt mit verschiedenen Techniken und Medien experimentiert, und man konzentriert sich stärker auf das Wesen der Kunst.

Eine Reihe von Aktions- und Performancekünstlern traten hervor, die Kunstwerk und Künstler in ihrer Person vereinigen. In ihren z. T. sehr provokativen Arbeiten greifen sie auch die gesellschaftskritischen Elemente und das Moment der bewußten Irritation des Publikums wieder auf, die den Charme der »Kunstbewegung 85« ausgemacht hatten. So macht Liu Anping (geb. 1964) seine ganze Umgebung zu Teilnehmern an seinen Aktionen. Im Sommer 1995 ließ er große Teile der Pekinger Kunstszene an den Aktionen der »Ostwind«-Serie teilhaben, in denen er durch »Bestechungen« seine Beziehungen zu Kunstkritikern »verbesserte«. Daß er dem holländischen Ausstellungsmacher Hans van Dijk dreizehn Kilo Eier schenkte und gemeinsam mit Zhao Shaoruo (geb. 1962), Ai Weiwei (geb. 1957), ein früheres Mitglied der »Sterne« und Herausgeber der Zeitschrift »Hongqi«[4], zum Essen einlud, spielte sich noch in kleinem Rahmen ab – wenn man davon absieht, daß ein Foto von diesem Essen mitsamt einem erläuternden Text in der »Hongqi« erschien. Als Liu Anping jedoch Li Xianting, den einflußreichsten Pekinger Kritiker, in Begleitung zweier Schülerinnen durch eine Ausstellungseröffnung in der Nationalgalerie schleifte und, wieder gemeinsam mit Zhao, in einem extralangen Mercedes bei der Pekinger Kunstmesse vorfahren ließ, waren die dort anwesenden Künstlerinnen und Künstler als Zeugen unabdingbarer Bestandteil der Bestechung. Diese Arbeiten kritisieren jedoch nicht in erster Linie die in China weitverbreitete Korruption, sondern zielen auf die Mechanismen der kleinen Pekinger Untergrund-Kunstszene. Denn der kommerzielle Erfolg einiger Künstler in Hongkong beschleunigte die Entstehung hierarchischer Strukturen innerhalb Chinas. Künstler, die mit weniger leicht verkäuflichen Medien arbeiten, bildeten ihrerseits andere Strukturen, um ihre Interessen besser verwirklichen zu können. Die heftige Konkurrenz, die sich nun zwischen den verschiedenen Gruppen entwickelt, bereichert die Kunstszene sehr, führt naturgemäß jedoch auch zu Klüngeleien – bis hin zu Bestechlichkeit (Noth 1996, 9).

7. Die chinesische Kunst und der Hongkonger Kunstbetrieb

Der Einfluß Hongkongs auf die zaghafte Entstehung eines semi-professionellen Kunstbetriebs ist aber nicht nur wegen seines kommerziellen Potentials stark. Neben der Tatsache, daß Hongkong bislang den größten Markt für moderne Kunst aus der Volksrepublik darstellt, bildet die Stadt eine Schnittstelle, an der Künstler aus der VR Kollegen aus Hongkong und Taiwan begegnen können. Auch in Hongkong hat sich seit einigen Jahren eine experimentelle Kunstszene mit Installationskünstlerinnen wie Choi Yan-chi und Leung Mee-Ping (geb. 1961) herausgebildet, die ausländische Kunsthochschulen besucht haben. Im Gegensatz zur Szene in der VR ist sie weniger von politischen Klimaveränderungen bestimmt und bedient sich in stärkerem Maße der neuen Medien, die in der VR noch wenig zugänglich und erschwinglich, geschweige denn in die Hochschulausbildung integriert sind. Die Kunstszene in Taiwan hingegen hat sich unter ähnlichen Bedingungen entwickelt wie die in der Volksrepublik: Nachdem 1987 das Kriegsrecht und die Einschränkung der Pressefreiheit aufgehoben wurden, entlud sich diese neue Freiheit auch hier in Kunstaktionen, die mit den Demokratisierungsbestrebungen und der »Taiwanisierung« Taiwans eng verbunden waren. Gleichzeitig stehen die Künstler hier ebenso wie in der Volksrepublik und in Hongkong vor der Frage, wie man sich moderne, also westliche Techniken aneignet, aber dennoch die eigene nationale Authentizität

---

4   Die Zeitschrift »Hongqi« hat ihren Namen und den Titelschriftzug von der »Roten Fahne«, dem früheren theoretischen Organ der KPCh, dessen Erscheinen inzwischen eingestellt wurde. »Hongqi« wurde von den Künstlern Ai Weiwei und Xu Bing (geb. 1955) gegründet, um ein Forum für die inoffizielle Kunstszene zu bilden. Sie wird in Hongkong gedruckt, wird unter der Hand vertrieben und konnte bislang zweimal, als »Schwarzbuch« (1995) und »Weißbuch« (1996), erscheinen.

bewahrt. So kommt es, daß es starke Parallelen in der Kunst Chinas und Taiwans gibt, obwohl sich die Entwicklungen unabhängig voneinander vollzogen. In beiden Ländern finden wir Künstler, die mit Elementen der traditionellen Malerei spielen und sie neu kombinieren, andere, die angepopte Versatzstücke in schrillen Farben auf Leinwand präsentieren, Installationen, die alte Traditionen evozieren, und Aktionen, die einen starken politischen Bezug haben. Wu Mali (geb. 1957), die in London studiert hat und in ihren Arbeiten einen konzeptionellen Ansatz verfolgt, schuf 1993 die Installation »Die Texte zerfressen, die Wörter durchbohren«, deren Parallelen zu Huang Yongpings »Eine Geschichte der chinesischen Malerei‹ und ›Kurze Geschichte der modernen Malerei« nach zweiminütigem Waschen in der Waschmaschine« von 1988 auf eine direkte Rezeption zurückzugehen scheinen. Allerdings erfolgte die Umsetzung etwas aggressiver: Sie zerkleinerte Klassiker, die Bibel, Literatur, Kunstbücher und Enzyklopädien im Mixer, füllte den Brei wieder in die Buchdeckel und stellte sie ins Regal (Kat. Stuttgart 1995: 41).

Neben der Förderung des Austausches durch die zunehmende Liberalisierung der Kunstzeitschriften haben auch einige Ausstellungen, die in den letzten Jahren in Hongkong stattfanden, die künstlerischen Entwicklungen in Hongkong, der VR China und Taiwan nebeneinander präsentiert und den Künstlern die Möglichkeit gegeben, sich auszutauschen. So fand 1996 im Rahmen des Hongkong Festivals die Ausstellung »Jenseits der Galerien: Künstler vom chinesischen Festland, aus Hongkong und Taiwan in Wanchai« statt, die Installationen im öffentlichen Raum des Stadtteils Wanchai zeigte. Bislang war die Pekinger Regierung – meist erfolglos – bemüht, Kontakte zwischen der unabhängigen Kunstszene in China und der Hongkonger wie der internationalen Öffentlichkeit zu verhindern. Angesichts der drohenden Vereinnahmung der Hongkonger Gesellschaft durch die KPCh ist die Zukunft dieses eben begonnenen Austauschs ungewiß.

Andererseits sind mit dem gezielten Aufbau von Institutionen zur Kunstförderung, mit einigen etablierten Galerien und einem internationalen, kaufwilligen Publikum in den letzten Jahren in Hongkong Strukturen eines funktionierenden Kunstbetriebes entstanden, die sich auch innerhalb der Volksrepublik zu bilden beginnen, wenn sie auch zunächst nur rudimentär sind und sich noch auf schwankendem Boden bewegen. Insbesondere außerhalb Pekings, das zwar immer mehr zum Zentrum der Kunstproduktion wird, aber einer starken Kontrolle durch die Zentralregierung unterliegt, gibt es Anzeichen, daß die offizielle Seite beginnt, auch experimentellere Kunstformen zu akzeptieren. Guangzhou und Shanghai, wo die Reformen am weitesten fortgeschritten sind, spielen hier eine wichtige Rolle: In Guangzhou kann die Gruppe »Großschwanzelefant« ihre Installationen regelmäßig und ungehindert ausstellen, und alle zwei Jahre findet eine Kunstmesse statt. Das Shanghai Art Museum, die wichtigste Shanghaier Kunsthalle, sammelt seit zwei Jahren auch moderne Kunst und richtete 1996 erstmals eine Biennale aus, an der auch junge Künstler und ältere wie Gu Wenda, die in den achtziger Jahren emigrierten, teilnahmen.

Es bleibt zu hoffen, daß sich die jungen Hongkonger Kunstinstitutionen auch nach dem 1. Juli 1997 weiter festigen können und daß in anderen chinesischen Städten ähnliche oder konkurrierende Strukturen entstehen können – auch wenn die orthodoxen Kräfte innerhalb der KPCh derzeit versuchen, jede Form von unabhängiger Entwicklung zu behindern.

Verwendete und weiterführende Literatur

CHINA'S NEW ART (1993): Post-89, Hongkong: City Hall.
KAT. BERLIN 1993: China-Avantgarde, Berlin: Haus der Kulturen der Welt.
KAT. ERFURT 1995: Configura 2. Dialog der Kulturen, Erfurt: Galerie am Fischmarkt, 1995.
KAT. HONGKONG 1989: The Stars: Ten Years, Hongkong: Hanart TZ Gallery.
KAT. MÜNCHEN 1996: China. Aktuelles aus 15 Ateliers. Performances. Installationen, München (in improvisierten Räumen).
KAT. STUTTGART 1995: Balanceakte. Ni Haifeng, Leung Mee-Ping, Wang Gong-Xin, Wu Mali, Stuttgart: ifa-Galerie, 1995–1996.
LAING, ELLEN JOHNSTON (1988): The Winking Owl. Art in the People's Republic of China, Berkeley: University of California Press.
LI ZEHOU (1992): Der Weg des Schönen. Wesen und Geschichte der chinesischen Kultur und Ästhetik, Freiburg: Herder, 1992.
MAO ZEDONG (1942): Reden bei der Aussprache in Yenan über Kunst und Literatur (Mai 1942), in: ders., Ausgewählte Werke, Band 3, Peking: Verlag für fremdsprachige Literatur, 1969, S. 75–110.
NOTH, JULIANE (1996): Juliane Noth, Pekings Kunstszene heute: Geistige Zivilisation im Sozialismus, in: das neue China, Nr. 1, März, S. 8–11.
VAN DIJK, HANS (1991/92): Painting in China after the Cultural Revolution, in: China Information Vol.VI, No. 3, S. 25–43, und No. 4, S. 1–17.

Teil F:
Internationale Beziehungen und außenpolitische Interessen

XXIV. Die Volksrepublik China zwischen den Supermächten: 1949 – 1989

GU XUEWU

1. Einleitung

Seit der Niederwerfung Deutschlands und Japans 1945 spielt China in der internationalen Politik eine ungewöhnliche Rolle. Bereits unmittelbar nach dem Ende des Zweiten Weltkrieges wurde China zum Gegenspieler der führenden Mächte. Amerikanisch-sowjetische Vorstellungen, China unter Führung einer nationalistisch-kommunistischen Koalitionsregierung mit dem Generalissimus Chiang Kaishek an der Spitze die Führungsrolle in Asien übernehmen zu lassen, wurden durch die Eigendynamik der chinesischen Politik vereitelt. Zur Enttäuschung von Washington und zur Überraschung von Moskau trat die Kommunistische Partei Chinas als Sieger des Bürgerkriegs (1947–1949) hervor. *(Siehe auch den Beitrag von Hermann Halbeisen.)* Zum ersten Mal seit der Niederlage im Opiumkrieg gegen England gelang es China, sein Schicksal gegen den Wunsch fremder Mächte selbst zu bestimmen. In diesem Sinne erklärte Mao Zedong bei der Ausrufung der Volksrepublik China am 1. Oktober 1949 in Beijing (Peking), daß die Zeit der Unterjochung und Demütigung des chinesischen Volkes durch fremde Mächte für immer vorbei sei und China künftig als eine eigenständige Nation auf der internationalen Bühne auftreten werde.

Die weltpolitische Konstellation, in die die junge Volksrepublik hineingeworfen wurde, setzte der außenpolitischen Handlungsfreiheit der chinesischen Regierung allerdings enge Grenzen. Die beginnende globale Rivalität zwischen den beiden Supermächten USA und UdSSR erschwerte es allen Nationen, international frei zu handeln. Sie sahen sich gezwungen, zwischen den drei Optionen – Kooperation mit den USA, Hinwendung zur Sowjetunion oder Blockfreiheit – zu wählen. Obwohl sich China anfänglich für die Politik des »Sich-auf-eine-Seite-Lehnens« (yibiandao) im Sinne einer Anlehnung an die Sowjetunion entschied, wurde seine Strategie im Umgang mit der bipolaren Herausforderung im Verlauf des Ost-West-Konfliktes zunehmend zu einem Balanceakt zwischen den Supermächten. Diese Strategie zog sich wie ein roter Faden durch die chinesische Diplomatie der Nachkriegszeit und hat die chinesische Außenpolitik bis zur Auflösung der bipolaren Weltordnung im Jahre 1989 dominiert.

Für Beijing stellten Washington und Moskau die Hauptorientierungspunkte der Außenpolitik dar. Seine Außenpolitik gegenüber Europa, Asien, Afrika und Lateinamerika hatte ausschließlich sekundäre oder funktionale Bedeutung für die Beziehungen zu den Supermächten. Eine unabhängige, eigenständige Politik gegenüber einzelnen Regionen und Staaten ließ sich nicht erkennen. Sowohl Bündnisse und Konfrontationen mit den Supermächten als auch der Versuch eines Balanceaktes im strategischen Dreieck mit den USA und der UdSSR bestimmten zu wechselnden Zeiten die chinesische Weltpolitik seit 1949.

2. Von Nachbarn zu Verbündeten: Die Allianz mit der Sowjetunion 1949–1959

Bereits im Vorfeld der Gründung der Volksrepublik China wurde die Entscheidung für eine politische und militärische Allianz mit der Sowjetunion gefällt. Unmittelbar nach der Gründung der Volksrepublik China fuhr der Parteichef und Staatspräsident Mao Zedong nach Moskau, um persönlich mit Stalin ein Vertragswerk auszuhandeln. Die sino-sowjetische Allianz, die durch den Vertrag über Frieden, Freundschaft und gegenseitige Hilfe zwischen der Volksrepublik China und der Sowjetunion am 14. Februar 1950 geschlossen wurde, besiegelte die politische und militärische Zusammenarbeit zwischen den beiden kommunistisch regierten Ländern. Artikel 1 dieses Vertrages brachte die Entschlossenheit von Moskau und Beijing zur außen- und sicherheitspolitischen Kooperation besonders deutlich zum Ausdruck: »Die beiden vertragschließenden Parteien verpflichten sich, gemeinsam alle ihnen zur Verfügung stehenden, notwendigen Maßnahmen zu treffen, um eine Wiederholung der Aggression und eine Verletzung des Friedens seitens Japans oder irgendeines anderen Staates, der sich mit Japan unmittelbar oder mittelbar zu Aggressionsakten verbinden sollte, zu verhindern. Für den Fall, daß eine der vertragschließenden Parteien von Japan oder mit Japan verbündeten Staaten angegriffen und auf diese Weise in den Kriegszustand versetzt werden sollte, wird die andere vertragschließende Partei sofort mit allen ihr zur Verfügung stehenden Mitteln militärische und sonstige Hilfe leisten.« *(Siehe auch den Beitrag von Joachim Glaubitz.)*

Die Gründe und Ursachen für die chinesische Entscheidung, eine politische und militärische Allianz mit der Sowjetunion abzuschließen, sind in der Wissenschaft ausführlich erörtert worden. Für viele Chinaexperten war die chinesische Kooperation mit Moskau einleuchtend. Die ideologische Affinität zwischen den chinesischen und russischen Kommunisten, Beijings Hoffnung auf sowjetische Unterstützungsmaßnahmen beim Aufbau der sozialistischen Volkswirtschaft und die amerikanische Feindseligkeit gegenüber der neu gegründeten Volksrepublik werden als wichtige Beweggründe für Beijings freiwillige Entscheidung für ein Bündnis mit Stalin angeführt (Garver 1993, 40ff.). Dabei wird die chinesische Hoffnung auf sowjetische Wirtschaftshilfe bei der Entscheidung für eine Allianz mit der Sowjetunion besonders hervorgehoben: Die chinesische Führung hätte dringend groß angelegte Wirtschaftsunterstützung gebraucht, um die während des Zweiten Weltkriegs und des Bürgerkrieges zerstörte Volkswirtschaft wiederaufzubauen. Diese Hilfe hätte Mao angesichts der spürbaren Feindseligkeit des Westens gegenüber der jungen

Volksrepublik nur von der Sowjetunion erhalten können. Durch die Wiederherstellung der ökonomischen Ordnung hätte Mao nicht nur sein Regime nach innen sichern, sondern auch seine Macht nach außen hin stärken wollen.

Die sino-sowjetische Allianz war jedoch im Hinblick auf die historischen Erfahrungen der Chinesen mit Rußland von Anbeginn an ein unnatürliches Bündnis. Das von der anfänglichen Euphorie der sino-sowjetischen Freundschaft überlagerte traditionelle Rußlandbild der Chinesen, das sich im Laufe der fast 400jährigen Nachbarschaft mit Rußland gebildet und die chinesische Rußlandpolitik bald latent, bald manifest, bestimmt hatte, hätte eigentlich ein Hindernis für das Zustandekommen einer Allianz zwischen Beijing und Moskau darstellen müssen.

Die ersten Kontakte zwischen dem Kaiserreich und dem russischen Zarenreich gehen bis in das 17. Jh. zurück, als die russische Eroberung und Besiedlung Sibiriens begann. Die neue Nachbarschaft war aber von Anfang an von Spannungen und Konflikten geprägt. Kaum war die Qing-Dynastie etabliert, die die Ming-Dynastie (1368–1644) gestürzt hatte, drangen die Russen von 1644 an zum Amur (Heilong Jiang) vor, der unter der territorialen Oberhoheit Chinas stand. Durch mühsame Verhandlungen, aber auch durch Drohungen mit Gewaltanwendung, war es 1689 dem damals militärisch noch stärkeren China gelungen, Rußland zum Verzicht auf das Amurgebiet zu zwingen. China und Rußland schlossen in diesem Jahr den Vertrag von Nertschinsk (chin. Nibuchu Tiaoyue). Das war der erste Vertrag, den das diplomatisch unerfahrene China mit einer europäischen Macht abschloß.

Im 19. Jh. verschlechterte sich das chinesische Rußlandbild in einem zunehmenden Maße. China, in dem die Periode des Verfalls begonnen hatte, sah nun ein Rußland, das sich nach der Reform unter Peter dem Großen rasch entwickelte. Die russischen Abgesandten verweigerten jetzt nicht nur kategorisch den Vollzug des Kotaus, sondern traten auch mit territorialen Ansprüchen auf. Geschwächt durch die Niederlage im Opiumkrieg gegen Großbritannien, sah sich China gezwungen, 1858 den Vertrag von Aigun und 1860 den Vertrag von Peking zu unterzeichnen, in denen sich China verpflichtete, das Amurgebiet und das Ussurigebiet an Rußland abzutreten. 1860 gründete Graf Nikolai Murawjow, seit 1847 russischer Generalgouverneur von Sibirien, am durch den Vertrag von Peking erreichten Zugang zum Japanischen Meer einen eisfreien Hafen mit dem programmatischen Namen Wladiwostok, »Beherrscher des Ostens« (Reinhard 1988, 100).

Im Zeitraum von 1689 bis 1915 mußte China insgesamt 34 Grenzverträge mit Rußland abschließen und 1,5 Millionen km^2 von seinem Territorium abtreten (Wu 1988, 216). Für China, das inzwischen zum Konkurrenzort der europäischen Mächte und Japans geworden war, stellte dieser Zeitraum eine Periode der bitteren Erfahrungen mit Rußland dar. Das Bild der Russen als unersättliche Räuber von Territorium entstand in dieser Zeit und ist auch heute noch im Gedächtnis vieler Chinesen lebendig.

Auch die Loslösung der Äußeren Mongolei ist nach Meinung vieler Chinesen auf den Einfluß Rußlands zurückzuführen. Schon 1912 nach dem Sturz der Qing-Dynastie hatte sich die Äußere Mongolei mit stillschweigender Unterstützung Rußlands zu einem Autonomiegebiet erklärt, wobei Rußland die chinesische Suzeränität für dieses Gebiet offiziell noch nicht in Frage stellte.

1945 gelang es Moskau im Rahmen des Jalta-Abkommens, die Voraussetzungen für die endgültige Unabhängigkeit der Äußeren Mongolei resp. der Mongolischen Volksrepublik zu schaffen. Die Geheimvereinbarung zwischen Stalin und Roosevelt garantierte den Status quo, das heißt die sowjetische De-facto-Dominanz in der Äußeren Mongolei, und entsprach Stalins Wunsch nach einer offiziellen Anerkennung der Unabhängigkeit der Äußeren Mongolei von China. Unter dem Druck der USA stimmte die Guomindang-Regierung dem sowjetischen Konzept zu, wonach die Unabhängigkeitsfrage der am 26. November 1924 ins Leben gerufenen Mongolischen Volksrepublik durch ein Referendum gelöst werden sollte. Am 20. Oktober 1945 fand das Referendum statt. Es fiel ohne eine einzige Neinstimme zugunsten der Unabhängigkeit aus (Wu 1988, 63). Damit löste sich die Äußere Mongolei völkerrechtlich von China ab. Diese völkerrechtliche Unabhängigkeit der Mongolischen Volksrepublik wurde auch von der bürgerlichen chinesischen Regierung im Januar 1946 anerkannt.

Trotz des Widerstands der KPCh-Führung sah sich auch diese im Sommer 1949 gezwungen, Stalin die chinesische Anerkennung der mongolischen Unabhängigkeit zuzusichern. Ebensowenig wie Chiang Kai-shek 1945 besaß Mao Zedong 1950 die Macht, sich Stalin zu widersetzen. Mao und sein Ministerpräsident Zhou Enlai mußten in Moskau nachgeben, in der Hoffnung, durch ihr Opfer in der Frage der Mongolei die Hilfe der Sowjetunion für die Festigung und Konsolidierung der jungen Volksrepublik zu gewinnen.

Daß sich die politische Führung Chinas trotz dieser Erfahrungen für eine Allianz mit Rußland entschied, gründete in einer Reihe von politischen und strategischen Überlegungen. Neben den wirtschaftlichen Erwartungen und der ideologischen Affinität spielten die außen- und sicherheitspolitischen Aspekte eine wichtige Rolle. Vor allem wollten Mao und seine Mitarbeiter durch die Bildung einer Allianz mit der Sowjetunion die Gefahr einer internationalen Isolation für das »Neue China« abwehren. Dieses Bedürfnis entsprang dem Wesen der kommunistischen Revolution in China, die sich als antikolonialistisch und antiimperialistisch verstand.

Der nationalistische und antiimperialistische Charakter von Maos Revolution, die alle Sonderrechte für fremde Mächte in China abschaffen und damit deren Interessen erheblich beeinträchtigen sollte, mußte bei den betroffenen Staaten unvermeidlich zu einer feindseligen Einstellung gegenüber dem neuen Regime führen. Mao war sich dessen offensichtlich bewußt, als er im März 1949 in einer Rede vor den Mitgliedern des ZK der KPCh über die von ihm erwarteten Reaktionen der Westmächte auf den kommunistischen Sieg im chinesischen Bürgerkrieg referierte: »[...] der Imperialismus, der dem chinesischen Volk konsequent feindselig gesinnt ist, wird uns auf keinen Fall schnell gleichberechtigt behandeln [...]« (Mao Zedong 1994, 79–81).

Um die USA und ihre Verbündeten zur Anerkennung der VR China unter den von der KPCh gestellten Bedingungen zu zwingen, hielt Mao es für notwendig, sich mit ihrem Gegner – der Sowjetunion – zu verbünden. Von einer Allianz mit Moskau wurde nicht nur eine erfolgreiche Abwehr der vorhersehbaren Isolierung des »Neuen China« durch die »Imperialisten« erwartet, sondern auch eine außenpolitische Hebelkraft, die die Volksrepublik bei der »Säuberung« des durch den »imperialistischen Überrest versuchten Hauses« gegenüber dem erwarteten Druck des Westens unerpreßbar machen sollte. Im gewissen Sinne war Maos Entscheidung für Moskau aber auch eine Art Vergeltung gegenüber den Vereinigten Staaten, von deren pronationalistischer und antikommunistischer Politik die chinesische Führung enttäuscht war.

Darüber hinaus war die Hinwendung zur Sowjetunion durch ein starkes sicherheitspolitisches Bedürfnis bedingt. Bereits im Juli 1949 befahl Mao seiner Dritten Feldarmee, Operationen zur Landung in Taiwan vorzubereiten und erklärte, daß das Taiwan-Problem im Sommer 1950 gelöst werden sollte (Goncharov et al. 1993, 79). Gleichzeitig befürchtete Mao aber eine amerikanische Intervention zugunsten Taiwans. Die Sorge, daß die Vereinigten Staaten die Nationalisten in Taiwan unterstützen und Festlandchina bei einer Taiwan-Invasion der Volksbefreiungsarmee (VBA) angreifen könnten, wurde damals von den meisten chinesischen Spitzenpolitikern geteilt. Die Allianz mit der Sowjetunion sollte dazu dienen, der Volksbefreiungsarmee bei der Durchführung der nationalen Wiedervereinigung und einer eventuellen Reaktion der USA den Rücken zu stärken.

Trotz seiner starken Bedenken gegen das chinesische Vorhaben und seiner Besorgnis, daß die Sowjetunion wegen der »Befreiung von Taiwan« in eine direkte Konfrontation mit den Vereinigten Staaten hineingezogen werden könnte, stimmte Stalin vorrangig aus strategischen Überlegungen dem chinesischen Wunsch nach einem Bündnis zu. Maos Angebot an Stalin, für das »Sozialistische Lager« eine »zweite antiimperialistische Front« im Fernen Osten zu eröffnen, um Moskau bei der Machtprobe mit dem Westen auf dem europäischen »Hauptschauplatz« des Kalten Krieges zu entlasten, überzeugte den Kremlführer vom potentiellen Gewinn einer Allianz mit China (Shi 1991, 395 ff.).

Mao konnte nach zweimonatigen mühsamen Verhandlungen und Konzessionen in bezug auf die sowjetischen Forderungen nach Privilegien in China im Februar 1950 mit einem Sicherheitspakt in der Tasche nach Hause fahren. Im April 1950 begründete Mao vor hohen Funktionären die Notwendigkeit einer Allianz mit der Sowjetunion mit weiterhin bestehenden »großen innenpolitischen Problemen« und der Möglichkeit eines Angriffs der »Imperialistien«, die durch die Allianz abgeschreckt werden sollten.

Der Ausbruch des Koreakrieges veränderte die internationale Lage und vereitelte Maos Plan zur Einnahme von Taiwan. Die Blockade der Taiwan-Straße durch die amerikanische 7. Flotte unmittelbar nach dem Ausbruch des Koreakrieges im Juni 1950 machte dieses Seegebiet für die VBA, die damals noch über keine nennenswerte Operationsfähigkeit in der Luft und zu Wasser verfügte, zu einer unüberbrückbaren Kluft. Aber das sino-sowjetische Bündnis wirkte sich für die chinesische Führung positiv auf den Koreakrieg aus und erwies sich als funktionsfähig. Mao beeindruckte Stalin mit seiner Entschlossenheit, die chinesischen Freiwilligeneinheiten auch ohne sowjetische Luftwaffendeckung nach Korea zu schicken, die Stalin in der letzten Minute entgegen seiner Abmachung mit den Chinesen absagte. Die Großzügigkeit, die Mao bei der Rettung von Kim Il Sung und der koreanischen Revolution gezeigt hatte, veranlaßte Stalin dazu, seinen Eindruck von Mao als einem »kleinbürgerlichen Nationalisten« zu korrigieren. Der Koreakrieg war in diesem Sinne auch für die sino-sowjetischen Beziehungen ein Wendepunkt. In den nachfolgenden Jahren erhielt China umfangreiche militärische und wirtschaftliche Hilfe von der Sowjetunion. Trotz mancher Nachteile war China im großen und ganzen ein Nutznießer der Allianz mit der Sowjetunion. Das Bündnis mit einer Supermacht befähigte die junge Volksrepublik, in der Gründungsphase die Gefahr der internationalen Isolation abzuwehren und seine Machtposition gegenüber den feindseligen Staaten des Westens zu verbessern.

Die Jahre von 1950 bis 1957 werden auch als die »Flitterwochen« der sino-sowjetischen Beziehungen bezeichnet. Nach dem Ende des Koreakrieges im Jahre 1953 konzentrierte sich China auf seinen wirtschaftlichen Aufbau. Mit Hilfe der Sowjetunion konzipierte die chinesische Führung den 1. Fünfjahresplan (1953–1957) und begann im Jahr 1953 diesen Plan in die Praxis umzusetzen. Die Sowjetunion versprach, China beim Aufbau von 304 großen Fertigungsanlagen zu helfen. Als Moskau 1960 die Verträge brach, waren nach chinesischen Angaben bereits 154 Betriebe komplett oder nahezu vollständig aufgebaut. Die Fertigungsanlagen entstanden in folgenden Industriezweigen: Automobil- und Traktorproduktion, Eisen- und Stahlindustrie, Flugzeugherstellung, Kohlenbergbau, Petrochemie, Kraftwerke, Schwermaschinenkonstruktion, Chemie und Feinmaschinenbau. Durch den Aufbau dieser Industriezweige erhielt die Entwicklung der chinesischen Volkswirtschaft eine entscheidende Schubkraft. Etwa 15 000 chinesische Wissenschaftler und Studenten wurden in der Sowjetunion aus- und weitergebildet. Gleichzeitig wurden zahlreiche sowjetische Experten zur Ausbildung chinesischer Techniker von Moskau nach China entsandt. Sie bildeten an Ort und Stelle etwa 170 000 chinesische Arbeiter aus. Während der Zeit der »Flitterwochen« gab es auch einen intensiven Kulturaustausch zwischen beiden Ländern. Allein zwischen 1949 und 1958 wurden 102 chinesische Filme in der Sowjetunion und 747 sowjetische in der Volksrepublik vorgeführt. Die Zahl der chinesischen Zuschauer betrug mehr als zwei Milliarden. (Su 1992, 16) Dies war der bislang größte Kulturaustausch Chinas mit dem Ausland überhaupt. Kein Staat hatte es bisher geschafft, kulturell und technisch so flächendeckend und tiefgreifend auf das Reich der Mitte einzuwirken. Das Denken und Verhalten der chinesischen Nachkriegsgeneration wurde von den sowjetischen Zeitgenossen stark beeinflußt.

Auch in der internationalen Politik intensivierten Moskau und Beijing ihre Kooperation und die Koordinierung ihrer Aktivitäten. Die VR China und die Sowjetunion traten beispielsweise auf der Genfer Konferenz über Indochina im Jahre 1954 gemeinsam auf und ermöglichten den erfolgreichen Abschluß des internationalen Waffenstillstandsvertrages für Indochina. Dazu trug insbesondere der gemeinsam ausgeübte Druck auf Hanoi bei, das westliche Konzept der Teilung Vietnams entlang des 17. Breitengrades zu akzeptieren und die Unabhängigkeit von Laos und Kambodscha zu respektieren. (Garver 1993, 120) Moskau unterstützte Beijings Bemühungen, die taiwanesische Delegation aus den Vereinten Nationen zu vertreiben und den von Taiwan besetzten chinesischen Sitz einzunehmen. Während der Ungarnkrise 1956 schlug sich China auf die Seite der Sowjetunion und unterstützte die sowjetische Militäraktion gegen den ungarischen Volksaufstand. Auch auf der Moskauer Weltkonferenz der sozialistischen und kommunistischen Parteien 1957 rief Mao die Genossen auf, die Führungsrolle der KPdSU zu respektieren und sich geschlossen hinter die Sowjetunion zu stellen. Während sich die VR China bemühte, als ein loyaler Partner aufzutreten, erwies sich die Sowjetunion als ein Garant der chinesischen Sicherheit und Förderer der chinesischen Wirtschaft.

3. Von Freunden zu Feinden: Der Bruch mit der Sowjetunion 1959–1969

Nachdem Chruschtschow 1956 einen Entstalinisierungsprozeß eingeleitet hatte, begannen sich tiefe Risse in der sino-sowjetischen Freundschaft abzuzeichnen. Drei schwerwiegende Vorgänge kennzeichneten die Eskalation der Spannungen zwischen den beiden »Bruderstaaten«: Moskaus Abberufung sämtlicher sowjetischer Experten aus der VR China 1960, die polemische Debatte über die Generallinie des Weltkommunismus 1963/64 und die blutigen Konflikte entlang dem sino-sowjetischen Grenzfluß Ussuri 1969. Diese militärischen Auseinandersetzungen zwischen der sowjetischen Roten Armee und der chinesischen VBA setzten den 20 Jahre zuvor abgeschlossenen sino-sowjetischen Bündnisvertrag, in dem sich die beiden Bündnispartner dazu verpflichtet hatten, sich im Ernstfall gegenseitigen Beistand zu leisten, de facto außer Kraft.

Der sino-sowjetische Bruch ist auf verschiedene Ursachen zurückzuführen. Die Sowjetunion verließ China nach dem Koreakrieg als letzte »koloniale Macht«. 1954 gab die Sowjetunion ihre Anteile und damit ihre Kontrolle von verschiedenen sino-sowjetischen Gemeinschaftsunternehmen zurück. Im Juni 1955 erhielt die VR China von der sowjetischen Marine den Flottenstützpunkt Port Arthur (Dalian) zurück. Aber kurz nach der Beseitigung dieser alten kolonialen Privilegien verlangte Chruschtschow von Mao eine Reihe von neuen Sonderrechten. Dazu gehörten die Errichtung sowjetischer U-Boot-Stützpunkte an der chinesischen Küste, Landerechte für sowjetische Militärflugzeuge, der Aufbau einer Langwellenfunkstation und die Gründung eines gemeinsamen pazifischen Flottenkommandos. Diese Forderungen erinnerten Mao an die frühere Einflußnahme fremder Mächte in China und stärkten bei ihm den Verdacht, der russische Nachbar versuche im Namen der Sicherheitskooperation erneut, China zu kontrollieren. Er erteilte der Kremlführung eine kategorische Absage. Auch aus der Tatsache, daß die Kremlführung die Hilfe für die Chinesen bei der Entwicklung von Atombomben im Jahre 1958 abbrach und China statt dessen nuklearen Schutz anbot, zog Mao den Schluß, daß Moskau versuche, Chinas Abhängigkeit von der Sowjetunion zu vertiefen. Das Wiederaufleben des traditionellen Mißtrauens gegenüber dem nördlichen Nachbarn war offensichtlich für den Bruch der sino-sowjetischen Allianz mitverantwortlich.

Ideologische Divergenzen spielten bei dem Auseinandergehen der Allianzpartner keine unwesentliche Rolle. Schon in den Beziehungen zwischen Stalin und Mao zeigten sich ideologische Risse. Obwohl sich Stalin und Mao beide zum Kommunismus bekannten, waren sie doch überzeugte Nationalisten. Stalin betrachtete Mao anfänglich nicht als einen ›echten‹ Kommunisten und verdächtigte ihn einer nationalkommunistischen Haltung. Daß sich Stalin beim Empfang von Mao im Januar 1950 weigerte, den chinesischen Parteichef »Genosse« zu nennen, verdeutlichte seine Bedenken hinsichtlich der ›Reinheit‹ der kommunistischen Bewegung unter der Führung von Mao.

Auch Mao mißtraute Stalin. Das strategische Konzept Stalins, die chinesischen Kommunisten eher als ein Instrument zur Austragung der Interessenkonflikte mit Japan, der Republik China und später auch mit Amerika zu benutzen, verstärkte Maos Zweifel an Stalins Aufrichtigkeit bei der Unterstützung der chinesischen Revolution. Er war bereits über Stalins Befehl an die KPCh in den 30er Jahren verärgert gewesen, die von der Erschöpfung des Langen Marsches noch nicht regenerierte Rote Armee zur Bekämpfung der japanischen Truppen nach Nordchina zu schicken, um die sowjetischen Streitkräfte zu entlasten. Auch die diplomatische Unterstützung des Regimes von Chiang Kai-shek während des Bürgerkrieges (1946–1949) hatte Mao enttäuscht. Mao war insbesondere über Stalins Vorschlag empört, die Herrschaft über China mit Chiang Kai-shek entlang des Yangzi zu teilen, zumal zu einem Zeitpunkt, als der kommunistische Sieg über die Nationalregierung bereits absehbar war. Obwohl sich Stalin beim Treffen mit Liu Shaoqi, der als Vertreter von Mao zu politischen Sondierungsgesprächen im Juli 1949 nach Moskau gereist war, für sein Fehlverhalten entschuldigt hatte, war bei Mao ein latentes Mißtrauen gegenüber Stalin bestehen geblieben.

Stalins Tod im März 1953 befreite die chinesischen Kommunisten von den unsichtbaren, aber wirksamen Handlungsbeschränkungen, die von Stalins Autorität als Führer des Weltkommunismus ausgegangen waren. Mitte der 50er Jahre begann Mao, die Übertragbarkeit des sowjetischen Modells auf China zu bezweifeln und nach einem eigenen Wege zur Realisierung des Kommunismus zu suchen. Dies ließ den neuen Kremlchef Chruschtschow argwöhnen, die KPCh wolle die KPdSU übertrumpfen und die sowjetische Führungsrolle im Weltkommunismus usurpieren.

Mao war schockiert über Chruschtschows Geheimrede auf dem XX. Parteitag der KPdSU 1956, in der jener Stalin geißelte und zum Verbrecher verurteilte. Mao, der von Chruschtschow über dessen »Entstalinisierungs«-Vorhaben nicht informiert worden war, warf dem sowjetischen Parteichef vor, durch die Beschädigung des Stalinbildes die Grundlage der kommunistischen Bewegung erschüttert zu haben. Mao pochte auf eine »objektive Bewertung« Stalins, dessen Leistungen und Fehler in einem Verhältnis von 7 zu 3 (san qi kai) zu bewerten seien.

Die Kremlführung war ihrerseits ebenfalls empört, als Mao ohne vorherige Konsultierung Moskaus die Bewegungen des »Großen Sprungs nach vorn« und der »Volkskommunen« im Jahre 1958 einleitete. Das von Mao angestrebte Gesellschaftsmodell, in dessen Vordergrund die Uniformierung der Gesellschaft und die Mobilisierung der Massen als wesentliche Mittel zur Beschleunigung der Verwirklichung des kommunistischen Endzustandes standen, wurde von Moskau als »radikale Illusion« verurteilt. Die wachsenden ideologischen Spannungen führten zum Ausbruch einer Generaldebatte zwischen der KPCh und der KPdSU im Jahre 1963/64. Beide Seiten warfen sich gegenseitig Verrat am Marxismus-Leninismus vor. Während die Chinesen die Politik der Kremlführung als »modernen Revisionismus« brandmarkten, geißelten die Sowjets die chinesische Führung um Mao als »engstirnige Nationalisten«. Die sehr emotional und polemisch durchgeführte Debatte mündete bald in eine Feindschaft der ehemals Verbündeten.

Noch entscheidender als das historisch bedingte Mißtrauen und die ideologischen Divergenzen scheint aber Chinas Furcht vor einem Supermacht-Kondominium zum Bruch mit der Sowjetunion beigetragen zu haben. Ende der 50er Jahre war das Kräfteverhältnis zwischen den Vereinigten Staaten und der Sowjetunion bereits durch eine ungefähre Parität im Bereich der nuklearen Waffen gekennzeichnet. In einer Zeit, in der ein Mißbrauch der Massenvernichtungswaffen die ganze Menschheit hätte vernichten können, hatten die beiden Supermächte ein vitales Interesse an einer Kooperation, bei der sie das Interesse der jeweiligen Verbündeten nicht unbedingt berücksichtigen konnten. Die chinesische Führung befürchtete in der Zeit des Ost-West-Konfliktes permanent eine Vorherrschaft der Supermächte zuungunsten Chinas.

Ein solche Situation schien Chruschtschows Entspannungspolitik mit dem Westen Ende der 50er Jahre herbeizuführen. Mao war daher äußerst skeptisch gegenüber der von Chruschtschow verfolgten neuen Weltpolitik im Sinne der »friedlichen Koexistenz« und fühlte sich bestätigt, als Moskau der chinesischen Führung die Unterstützung in der sogenannten Quemoy-Krise (Jinmen Weiji) von 1958 versagte und sich 1959 weigerte, den Prototyp einer Atombombe zu liefern, wie es in einem Vertrag von 1957 vorgesehen war. (Heinzig 1988, 196) In der Tat flog Chruschtschow unmittelbar nach seinem Treffen mit dem US-Präsidenten Eisenhower in Camp David im September 1959 nach Beijing, um Mao über das amerikanisch-sowjetische Vorhaben eines Atomwaffensperrvertrags zu unterrichten und ihn von der Notwendigkeit der »friedlichen Koexistenz« mit den USA zu überzeugen. Der Kremlführer bat Mao darum, die Existenz von zwei chinesischen Staaten in Taiwan und auf dem Festland zu akzeptieren, im sino-indischen Grenzkonflikt territoriale Zugeständnisse an Indien zu machen und das chinesische Atomwaffenprogramm aufzugeben. Mao wurde gebeten, diesen Dienst im Interesse des Weltfriedens zu leisten.

Mao war nicht bereit, das chinesische Interesse an Integrität, nationaler Einheit und am Status einer Atommacht um der amerikanisch-sowjetischen Entspannung willen zu opfern. Mao fühlte sich von dem »alten großen Bruder« verraten und kam zu dem Ergebnis, daß China im Notfall nicht mehr mit einem Beistand der Sowjetunion als Allianzpartner rechnen könnte. Er lehnte Chruschtschows Vorschläge entschieden ab. Am 16. April 1960 veröffentlichte das Organ der KPCh, »Die Rote Fahne«, einen Leitartikel mit dem Titel »Es lebe der Leninismus«, in dem nach der Methode »die Akazie schelten, dabei aber auf den Maulbeerbaum zeigen« der »jugoslawische Revisionismus« kritisiert, aber in Wirklichkeit die Kremlführung angegriffen wurde. Drei Monate später brach Chruschtschow die wirtschaftliche Hilfe für China ab und rief die sowjetischen Experten in die Sowjetunion zurück. Aus chinesischer Sicht offenbarte diese Entscheidung das wahre Gesicht der Sowjetunion als eines unverläßlichen und heuchlerischen Bündnispartners. Der plötzliche Abbruch der wirtschaftlichen Zusammenarbeit traf China schmerzlich, zumal er in eine Zeit schwerster wirtschaftlicher Krisen nach dem Scheitern des »Großen Sprungs nach vorn« fiel. *(Siehe auch den Beitrag von Eberhard Sandschneider.)*

In der Tat war die sowjetische Abberufung der Experten aus China eine Reaktion auf die ablehnende Einstellung der Chinesen zum sowjetischen Arrangement mit den USA. Die Sowjetunion hatte ihr Interesse, einen nuklearen Krieg mit den Vereinigten Staaten zu vermeiden, dem chinesischen Interesse, die nationale Einheit wiederherzustellen und Atommacht zu werden, kurz, den Status quo zu verändern, übergeordnet. Diese Ziele hatte die chinesische Führung durch die Allianz mit der Sowjetunion erreichen wollen. Durch die sowjetische Politik der »friedlichen Koexistenz« sah Mao der sino-sowjetischen Allianz die Grundlage entzogen. Der Bruch der Allianz ließ auch die historischen Probleme zwischen China und Rußland wieder aufleben. China stellte die Gültigkeit der existierenden Grenzen zwischen den beiden Ländern in Frage, die aus chinesischer Sicht auf den »Ungleichen Verträgen« mit dem zaristischen Imperialismus beruhten, und forderte die sowjetische Regierung zu neuen Grenzverhandlungen auf. Im Jahre 1969 beendeten die beiden größten kommunistischen Mächte der Welt die ideologische Verschleierung ihrer Streitigkeiten und machten ihre schon seit 1964 ausgetragenen bewaffneten Grenzkonflikte erstmals publik.

4. Von Feinden zu Freunden: Die Annäherung an die USA 1969–1979

Während die Krise der sino-sowjetischen Beziehungen Ende der 60er Jahre ihren Höhepunkt erreichte, zeichneten sich Signale für eine Annäherung zwischen den alten Feinden, den USA und der VR China, ab. Der Antagonismus zwischen Beijing und Washington ging auf den Bürgerkrieg zwischen den Nationalisten und den Kommunisten (1946–1949) zurück. Anfänglich hatten die Vereinigten Staaten zwar versucht, zwischen den Nationalisten unter der Führung von Chiang Kai-shek und den Kommunisten unter der Führung von Mao Zedong zu vermitteln. Aber nach dem Scheitern der Vermittlung hatte sich Washington auf die nationalistische Seite geschlagen. Trotz militärischer und wirtschaftlicher Hilfe aus Washington vermochten die Nationalisten jedoch den Krieg gegen die Kommunisten nicht zu gewinnen und mußten nach Taiwan fliehen. *(Siehe auch den Beitrag von Hermann Halbeisen.)* Nach der Gründung der VR China weigerte sich die Truman-Regierung, das kommunistische Regime in Beijing diplomatisch anzuerkennen. Die amerikanische Zurückhaltung gründete teilweise in der ideologischen Abneigung gegenüber dem kommunistischen Regime, aber teilweise auch in der Unfähigkeit, nach dem unerwarteten »Verlust von China« sofort eine neue Chinapolitik zu entwickeln. Washingtons Zurückhaltung bei der Anerkennung wurde von Beijing als Feindseligkeit gegenüber der jungen Volksrepublik verstanden. Der wenige Monate später ausgebrochene Koreakrieg brachte die Volksrepublik als Retter Kim Il Sungs und die Vereinigten Staaten als Führer der UNO-Truppen in einen direkten militärischen Konflikt. Hunderttausend amerikanische und chinesische Soldaten wurden in diesem Krieg getötet, verletzt oder in Gefangenschaft genommen. Der Koreakrieg zerschlug die Illusion mancher Chinesen, mit den USA zusammenarbeiten zu können, veranlaßte aber auch die Amerikaner dazu, von nun an eine entschlossene Einkreisungspolitik gegen die VR China zu betreiben.

Im Rahmen seiner Eindämmungspolitik verhängte Washington ein Handelsembargo gegen Beijing, verstärkte seine militärische Präsenz entlang der chinesischen Peripherie und bezog die süd- und die südostasiatischen Staaten in eine Reihe von bilateralen bzw. kollektiven Sicherheitsverträgen gegen die Volksrepublik ein. Auch mit Taiwan schlossen die Vereinigten Staaten am 2. 12. 1954 einen »Vertrag zur gemeinsamen Verteidigung« ab. Die VR China ihrerseits betrachtete die Vereinigten Staaten als »Feind Nr. 1« und verfolgte im Rahmen ihrer Blockbildung mit der Sowjetunion eine antagonistische Politik gegen die Vereinigten Staaten. Innenpolitisch wurden verschiedene Kampagnen zur Beseitigung amerikanischer bzw. westlicher Einflüsse durchgeführt. Außenpolitisch agierte Beijing als kompromißloser Gegner Washingtons. Die VR China trug insbesondere durch umfangreiche militärische und wirtschaftliche Unterstützungsleistungen für Hanoi dazu bei, daß die Vereinigten Staaten im Vietnamkrieg ihre bislang schwerste diplomatische, politische und militärische Niederlage erlitten. Je mehr sich Beijing aber antiamerikanisch verhielt, desto enger wurde seine außenpolitische Bewegungsfreiheit. Denn der Bruch mit der Sowjetunion brachte China zwar außenpolitische Unabhängigkeit, trieb es jedoch gleichzeitig in eine Doppelkonfrontation mit den Supermächten. Zusätzlich belastet durch die Kulturrevolution, geriet Beijing Ende der 60er Jahre in eine außenpolitische Sackgasse. 1969 entschied die chinesische Führung, durch Annäherung an die USA China aus dieser Sackgasse herauszuführen.

Spielten ideologische Gemeinsamkeiten bei der Entscheidung für die Allianz mit der Sowjetunion im Jahre 1949/50 eine gewisse Rolle, so hatte die Entscheidung der chinesischen Führung für die Annäherung an die Vereinigten Staaten im Jahre 1969 rein militärisch-strategischen Charakter. Die Vermutung, daß wirtschaftliche Interessen eine wichtige Rolle gespielt haben könnten, läßt sich anhand der verfügbaren chinesischen Quellen nicht bestätigen, obwohl die Motivation, amerikanische Unterstützung für die Modernisierung Chinas zu gewinnen, bei Deng Xiaopings späterer Entscheidung zur Aufnahme der diplomatischen Beziehungen mit Washington deutlich zu erkennen war. Entscheidendes Motiv für die Annäherung an die USA waren ganz offensichtlich die wachsenden Spannungen mit der Sowjetunion, die 1969 in einem blutigen Grenzkonflikt am Ussuri ihren Höhepunkt fanden. Beijing erwies sich bei den Grenzstreitigkeiten als äußerst hartnäckig und wenig kompromißbereit. Die sowjetische Führung war ihrerseits dazu entschlossen, ihre Position durchzusetzen, und spielte im Sommer 1969 sogar mit dem Gedanken, einen begrenzten nuklearen Präventivschlag gegen die Chinesen durchzuführen.

China betrachtete die Sowjetunion immer mehr als Bedrohung. Das ganze Land wurde zur Vorbereitung eines Krieges mobilisiert. Die chinesische Regierung forderte die Bevölkerung auf, sich auf einen nuklearen Krieg mit der Sowjetunion einzustellen. Trotz der anhaltenden Konfrontation mit den USA gelangte Beijing wegen der spürbaren Verstärkung der sowjetischen Truppenpräsenz an der Grenze zu China zu der Erkenntnis, daß die Sowjetunion eine gefährlichere Bedrohung für die nationale Sicherheit darstellte als die USA.

Die Asienpolitik des neuen US-Präsidenten Richard Nixon trug entscheidend zu diesem Perzeptionswandel bei. Im Juli 1969 kündigte der amerikanische Präsident die sogenannte »Nixon-« oder »Guam-Doktrin« an, in deren Vordergrund der Rückzug der USA aus Indochina und die Reduzierung der militärischen Präsenz in Ostasien und im Westpazifik standen. Die Ankündigung dieser Doktrin signalisierte der chinesischen Führung, daß die Vereinigten Staaten keinen »zweiten Koreakrieg« mit den Chinesen entlang der südchinesischen Peripherie führen wollten.

Gleichzeitig leitete die Nixon-Regierung eine Reihe von Maßnahmen zur Entspannung der sino-amerikanischen Beziehungen ein. Dazu gehörten die Lockerung der Restriktionen im Handel und im Reiseverkehr sowie die Suspendierung der Patrouillenfahrten der 7. Flotte in der Straße von Taiwan. (Heinzig 1985, 588 ff.) All diese Maßnahmen wurden von Mao Zedong und Zhou Enlai als freundliche Signale verstanden. In den nachfolgenden Monaten ergriffen Mao und Zhou mehrere ungewöhnliche Maßnahmen, um die amerikanischen Signale ebenfalls freundlich zu beantworten.

Am 1. Oktober 1970 ließ Mao den amerikanischen Journalisten Edgar Snow und seine Ehefrau beim Abnehmen der Parade zum Nationalfeiertag neben sich stehen und ein Foto davon auf der ersten Seite des Parteiorgans »Volkszeitung« veröffentlichen. In einem Interview mit Snow am 18. Dezember desselben Jahres signalisierte Mao seine Bereitschaft, Nixon in Beijing zu begrüßen. Im April 1971 lud Zhou Enlai eine amerikanische Delegation von Tischtennisspielern zu einem Besuch nach Beijing ein. Beim Empfang der Delegation brachte Zhou den Willen der chinesischen Führung zur Beschleunigung des sino-amerikanischen Annäherungsprozesses zum Ausdruck.

Von der Weltöffentlichkeit unbemerkt konnte der Sicherheitsberater des amerikanischen Präsidenten, Henry Kissinger, am 9. Juli 1971 von Pakistan nach Beijing fliegen und dort mit Zhou Enlai Geheimgespräche führen. Kissingers Geheimbesuch führte zu einem Durchbruch im sino-amerikanischen Versöhnungsprozeß: Vom 21. bis zum 28. Februar 1972 besuchte Präsident Nixon die VR China. Die Reise des US-Präsidenten mündete in das sogenannte »Shanghaier Kommuniqué« vom 28. Februar 1972, das die Erfolge, aber auch die Grenzen des Entspannungsprozesses verdeutlichte.

Im Kommuniqué wurde eine »Anti-Hegemonie-Klausel« niedergelegt. Obwohl der Name der Sowjetunion im Kommuniqué nicht erschien, verstand Moskau diese Klausel als gemeinsame Bemühung der Volksrepublik und der Vereinigten Staaten zur Einschränkung der sowjetischen Einflußnahme in Asien (Heinzig 1985, 589). In der Tat sahen sowohl Beijing als auch Washington in den sino-amerikanischen Entspannungen die Möglichkeit, ihre eigene Position gegenüber Moskau zu verbessern und daraus international Kapital zu schlagen.

Eine Verbesserung der internationalen Lage für China zeichnete sich in dreierlei Hinsicht ab. Erstens gelang Beijing die Beendigung seiner internationalen Isolation. Schon im Vorfeld der Visite des amerikanischen Präsidenten übernahm China am 20. November 1971 den chinesischen Sitz in der UNO und konnte damit auch zum Ständigen Mitglied des UN-Sicherheitsrates werden. Zweitens vergrößerte die VR China ihren internationalen Handlungsspielraum erheblich. Im Anschluß an die sino-amerikanische Annäherung nahm Beijing diplomatische Beziehungen mit allen führenden Industrieländern auf. Die Tatsache, daß China in der relativ kurzen Zeit von Oktober 1970 bis Dezember 1972 33 Staaten zur Aufnahme der diplomatischen Beziehungen gewonnen hatte, verdeutlicht den Vorteil, den China aus der Annäherung an die USA zog. Drittens entstand, wie bereits erwähnt, durch die sino-amerikanische Annäherung das von Nixon und Kissinger angestrebte strategische Dreieck zwischen den USA, der Sowjetunion und der VR China. Dieses Dreieck eröffnete Beijing die Möglichkeit, auf die Beziehungen zwischen den Supermächten und damit auf die dominierende Struktur der Weltpolitik Einfluß zu nehmen. Die VR China war zwar als schwächstes Glied des Dreiecks von Änderungen der Machtverhältnisse im Dreieck am stärksten betroffen, konnte aber überproportional von der besonderen Dynamik, insbesondere von einem Konflikt der beiden Supermächte, profitieren und Einfluß über seine reale Machtposition hinaus entfalten (Ross 1993, 325 ff.).

Als der forcierte sowjetische Expansionismus in Afrika und Asien in den 70er Jahren dem Entspannungsprozeß zwischen Ost und West ein Ende setzte, begann die Carter-Regierung die »chinesische Karte« zu spielen. Durch Verstärkung der

Kooperation mit der VR China wollten Präsident Carter und sein Sicherheitsberater Zbigniew Brzezinski die Sowjetunion zur Abkehr vom Expansionskurs zwingen. Carter entschied, die VR China diplomatisch anzuerkennen und offizielle Beziehungen zwischen beiden Ländern am 1. Januar 1979 aufzunehmen. Chinas drei Bedingungen zur Aufnahme der diplomatischen Beziehungen mit den USA – Abbruch der offiziellen Beziehungen zu Taiwan, Abzug der amerikanischen Streitkräfte aus Taiwan und Aufhebung des amerikanisch-taiwanesischen Sicherheitsvertrags – wurden von Washington akzeptiert. Im Gegenzug machte Beijing Zugeständnisse an Washington in bezug auf die drei amerikanischen Forderungen: Die Weiterführung von kulturellen und wirtschaftlichen Beziehungen mit Taiwan, die Weiterlieferung von Verteidigungswaffen an Taiwan und eine Vereinbarung, wonach die amerikanische Regierung nach der Bekanntmachung der Aufnahme der diplomatischen Beziehungen eine einseitige Erklärung über das Interesse der USA an einer friedlichen Austragung des chinesisch-chinesischen Konfliktes abgeben und Beijing gegen diese Erklärung nicht protestieren würde (Ross 1993, 297).

Um einen spürbaren Druck auf die Sowjetunion auszuüben, erweiterte die Carter-Regierung die sino-amerikanische Kooperation um den Militärbereich. Der Präsident schickte seinen Verteidigungsminister im Januar 1980 mit dem Auftrag nach Beijing, der chinesischen Regierung mitzuteilen, daß Washington bereit sei, China mit »nicht-tödlichen« Militärausrüstungen einschließlich Bodenradar zu beliefern. Nach dem Besuch von Braun strich das amerikanische Handelsministerium China aus der »Y«-Länderliste, die Namen der Länder enthielt, die einem strengen Waffenexportverbot unterlagen, und stufte es in die »P«-Gruppe ein, für die eine relativ liberale Waffenlieferungspolitik galt. Die Carter-Regierung billigte auch das Konzept, verschiedene Artikel mit potentiell militärischem Nutzen wie Helikopter, High-Tech-Computer und Kommunikationsausrüstungen nach China zu exportieren. Den NATO-Verbündeten wurde mitgeteilt, daß Washington nichts dagegen hätte, wenn sie China Waffen lieferten.

Das amerikanische Werben um China versetzte Beijing in eine günstige Position gegenüber der Sowjetunion, von der es sich weiterhin bedroht fühlte. Der Einmarsch der Roten Armee in Afghanistan 1979 wurde von Beijing als ein Schachzug der sowjetischen Einkreisungsstrategie gegen China interpretiert. Um diese Einkreisungspolitik zu beenden, drängte Beijing ab 1978 auf die Bildung einer antisowjetischen »Einheitsfront« mit Japan, Westeuropa und den USA und gab zu verstehen, daß es eine informelle Allianz aller Staaten des Westens und der Dritten Welt gegen die Sowjetunion anstrebte.

In der Tat begannen die Vereinigten Staaten und die Volksrepublik Ende der 70er Jahre, ihre Kooperation im militärisch-strategischen Bereich zu verstärken. Die USA lieferten Geräte zur Überwachung der sowjetischen Atomversuche entlang der chinesischen Grenze zur Sowjetunion und zur bilateralen Abstimmung der strategischen Operationen in Südasien. Gemeinsam unterstützten Washington und Beijing Thailand bei der Eindämmung des vietnamesischen Expansionismus in Indochina und organisierten groß angelegte Hilfe für die kambodschanischen Widerstandskräfte gegen die vietnamesische Besatzungsmacht. Um eine vietnamesische Hegemonie in Indochina zu unterbinden und den Einfluß der Sowjetunion in Südostasien zu schwächen, führte Beijing im Februar/März 1979 einen sogenannten »Straffeldzug« gegen Hanoi. Die Entscheidung Washingtons, am 1. Januar 1979 diplomatische Beziehungen mit der VR China aufzunehmen, ermutigte Beijing zu diesem Unterfangen.

Auch die pakistanische Regierung und die afghanischen Widerstandsgruppen wurden bei der Bekämpfung der sowjetischen Besatzungstruppen von Beijing und Washington stark unterstützt. Beide Länder bemühten sich, ihre politischen, diplomatischen und militärischen Initiativen in dieser Region zu koordinieren. Eine gegen den sowjetischen Expansionismus in Asien gerichtete strategische Partnerschaft zwischen den Vereinigten Staaten und der VR China schien Anfang der 80er Jahre zusehends Konturen anzunehmen.

5. Vom Juniorpartner zur Selbständigkeit: Die Diplomatie der Äquidistanz 1979–1989

Gerade in dieser Zeit begann China jedoch langsam, eine Politik der Äquidistanz einzuläuten. Wenige Wochen nach der Aufnahme der diplomatischen Beziehungen mit den USA überreichte das chinesische Außenministerium der sowjetischen Botschaft in Beijing einen Brief, in dem China zwar den im April 1980 auslaufenden sino-sowjetischen Bündnisvertrag von 1950 kündigte, aber gleichzeitig die Aufnahme von Verhandlungen zur Normalisierung der bilateralen Beziehungen vorschlug. Völlig überrascht von Beijings Vorschlag fragte Moskau am 17. April 1979 zurück, über welche Themen verhandelt werden sollte. Beijings Antwort war noch ermutigender: Man denke an eine allgemeine Verhandlung ohne Vorbedingungen. Damit verzichtete China auf seine bisherige hartnäckige Verhandlungspolitik. Bis zu diesem Zeitpunkt hatte Beijing mit der Sowjetunion nur über Grenzfragen verhandeln wollen und sowjetische Vorschläge über Verhandlungen in anderen Bereichen abgelehnt. Aus dem Verzicht auf Vorbedingungen schloß die sowjetische Führung, daß Beijings Interesse an einer Normalisierung der bilateralen Beziehungen ernsthaft und aufrichtig sei. In der Tat kamen die ersten Verhandlungen bereits im Herbst 1979 zustande, die aufgrund des sowjetischen Einmarsches in Afghanistan allerdings erst im Herbst 1982 wieder aufgenommen wurden. Der Annäherungsprozeß erbrachte zwar bis Mitte der 80er Jahre keine konkreten Fortschritte, entspannte das politische Klima jedoch spürbar.

Gleichzeitig verlangsamte Beijing seine Schritte bei der Kooperation mit den Vereinigten Staaten. Die Entscheidung des neuen US-Präsidenten Ronald Reagan, in den ersten Monaten des Jahres 1981 den amerikanischen Export von Hochtechnologie nach China zu lockern, wurde von China nur kühl aufgenommen. Beijing ging auch nicht auf den Vorschlag des amerikanischen Außenministers Alexander Haig im Juni 1981 ein, die sino-amerikanische Zusammenarbeit im Militärbereich zu erweitern. Bis zur Mitte des Jahres 1983 war Chinas Verhalten gegenüber den amerikanischen Bemühungen zur Intensivierung der Militärkooperation durch Zurückhaltung und Vorsicht gekennzeichnet. Durch gleichzeitige Distanzierung von Washington und beginnende Annäherung an Moskau signalisierte Beijing der Welt, daß China seine einseitige strategische Partnerschaft mit den USA korrigieren und künftig eine Diplomatie der Äquidistanz zwischen den beiden Supermächten betreiben würde. Diese neue Strategie wurde auf dem XII. Parteitag der KPCh im September 1982 mit der Formel einer »unabhängigen und selbständigen Außenpolitik« offiziell verkündet.

Der Verzicht auf die Erweiterung und Vertiefung der strategischen Partnerschaft mit den Vereinigten Staaten gründete vor allem in Beijings Einsicht in den begrenzten Gewinn einer solchen Partnerschaft. Die ursprünglichen Erwartungen der chinesischen Führung, daß die Hinwendung zu Washington einen wesentlichen Beitrag zum Abbau der sowjetischen Bedrohung für China leisten könnte, waren nicht vollständig in Erfüllung gegangen. Die sino-amerikanische Kooperation hatte die Sowjetunion zwar von einer Militäraktion gegen die VR China abgehalten. Sie hatte aber die Kremlführung nicht zur Lockerung der Einkreisungspolitik gegen China bewegen können. Es gab keine Anzeichen für einen sowjetischen Rückzug aus der chinesischen Peripherie.

Im Gegenteil erhielt die Sowjetunion – nach Ansicht Beijings – ihre Nord-Süd-Einkreisungsstrategie gegen China weiterhin aufrecht, indem sie die vietnamesische Besetzung von Kambodscha unterstützte und konventionelle Streitkräfte mit erdrückender Übermacht entlang der sino-sowjetischen Grenzen stationierte. Die Ost-West-Entspannung, die durch die sino-amerikanische Verständigung wesentlich beschleunigt worden war, hatte nicht automatisch zu einer Erhöhung chinesischer Sicherheit gegenüber der Sowjetunion geführt. Die chinesische Führung gelangte zu der Auffassung, daß die sino-amerikanische Verständigung den Vereinigten Staaten mehr Nutzen brachte als der VR China.

In der Tat wurden die sowjetischen Mittelstreckenraketen, die ganz China erreichen konnten, von SALT-I, also von der tragenden Säule und dem Hauptwerk der Ost-West-Entspannungen der 70er Jahre, nicht erfaßt. Auch die Kurzstreckenraketen Yankee-Class SLBMs (Submarine-Launched Ballistic Missile), die konzentriert im Ochotskischen Meer stationiert waren und die sowjetischen Optionen für einen Angriff gegen China wesentlich vergrößerten, waren nicht Gegenstand der Abrüstungsverhandlungen zwischen den Supermächten. Der Eindruck, daß die Entspannung in Europa zu Lasten Chinas gehen könnte, begann das Denken der chinesischen Führung zu prägen. Auf der chinesischen Seite gewann man den Eindruck, von den Amerikanern lediglich als eine Karte gespielt zu werden.

Darüber hinaus zeigten sich Risse in der sino-amerikanischen Partnerschaft bezüglich der Taiwan-Frage. Präsident Reagan vertrat die Auffassung, daß Taiwan von seinem Vorgänger, Präsident Carter, ungerecht behandelt worden sei. Er erklärte bereits vor seiner Wahl zum Präsidenten wiederholt, die Beziehungen zu Taiwan aufwerten zu wollen. Der Präsident bekräftigte außerdem in der Öffentlichkeit die Verpflichtungen der Vereinigten Staaten gegenüber Taiwan, die sich aus dem »Gesetz über die Beziehungen zu Taiwan« (Taiwan-Relations Act) ergaben. Das Gesetz verpflichtete die amerikanische Regierung, Taiwans Verteidigungsfähigkeit durch Waffenlieferungen zu gewährleisten und Taiwan im Falle eines bewaffneten Angriffs durch die VR China Beistand zu leisten. Beijings Forderung an Washington, die Waffenlieferungen an Taiwan zu stoppen, wurde von der Reagan-Regierung abgelehnt.

Reagans Festhalten an Taiwan löste bei der chinesischen Führung Unbehagen aus. Für Deng Xiaoping war Taiwan nicht nur eine Frage der Ehre, sondern auch eine des politischen Überlebens. Der Alptraum, von Historikern für »den Verlust Taiwans« verantwortlich gemacht zu werden, beherrschte die politische Führung seit der Gründung der Volksrepublik.

Im Oktober 1981 stellte der chinesische Außenminister Huang Hua im Rahmen seines Amerika-Besuchs ein »Ultimatum« an seinen amerikanischen Amtskollegen Alexander Haig. Die amerikanische Regierung wurde aufgefordert, ein Versprechen abzugeben, die Waffenlieferungen an Taiwan innerhalb von fünf Jahren zu beenden. Ansonsten würde die VR China ihre Beziehungen zu den Vereinigten Staaten abkühlen lassen. Im Frühling 1982 zeigte sich die Reagan-Regierung bereit, Zugeständnisse in der Taiwan-Frage zu machen. Sie erklärte sich damit einverstanden, das aktuelle Niveau der Waffenlieferungen an Taiwan nicht zu überschreiten und künftig die Waffenlieferung zahlenmäßig um 20 Millionen US-Dollar jährlich zu reduzieren. Washington gab Beijing zu verstehen, daß dieser Kompromiß das letzte Angebot der amerikanischen Seite sei, und stellte Beijing ein Gegenultimatum, diesem Konzept bis zum 1. September 1982 zuzustimmen. Beijing ließ seine Forderung nach einer totalen Beendigung der Waffenlieferungen fallen und ging auf Washingtons Vorschlag ein. Die gegenseitigen Zugeständnisse führten zur Unterzeichnung des Gemeinsamen Kommuniqués vom 17. August 1982, in dem der amerikanische Vorschlag niedergeschrieben wurde.

Die sino-amerikanische strategische Partnerschaft schien aus chinesischer Sicht ihre Funktion erfüllt zu haben, nachdem sie China aus der internationalen Isolation geholfen hatte. Zur Erfüllung der beiden langfristigen Anliegen Chinas, nationale Sicherheit und territoriale Integrität, konnte sie jedoch nur wenig beitragen. Die militärisch-strategische Zusammenarbeit vermochte weder die sowjetische Bedrohung abzubauen noch den Prozeß der nationalen Einheit im Sinne Beijings voranzutreiben. Die amerikanische Unterstützung für Taiwan erwies sich als Hindernis für die Realisierung der Wiedervereinigung.

Als schwächerer Partner des Bündnisses hatte China nur beschränkte Möglichkeiten, um Einfluß auf die amerikanische Außenpolitik zu nehmen. Beijing gewann nur in jenen Phasen Einfluß, in denen die USA die Bedrohung durch die Sowjetunion als erheblich wahrnahm und sich deshalb kompromißbereit zeigte. Dies galt sowohl für die letzten zwei Jahre der Carter-Regierung als auch für die ersten zwei Jahre der Reagan-Regierung. Als die Reagan-Regierung Ende 1982 zu der Einsicht gelangte, daß die USA gegenüber der Sowjetunion wieder die Oberhand gewonnen hatten, gab sie sich gegenüber dem chinesischen Aufbegehren angesichts der andauernden amerikanischen Waffenlieferungen an Taiwan ruhig und gelassen. Außenminister Shultz erklärte, es sei für die USA nicht notwendig, die engen Beziehungen zu Taiwan zu opfern, um Fortschritte bei den Entwicklungen der sino-amerikanischen Beziehungen zu machen (Ross 1993, 316).

Von der kontrollierten Distanzierung von Washington und der vorsichtigen Annäherung an Moskau versprach sich die chinesische Regierung größere außenpolitische Bewegungsfreiheit. Der Amtsantritt von Gorbatschow 1985 schuf eine günstige Voraussetzung für einen Durchbruch im angespannten sino-sowjetischen Verhältnis. Gorbatschows neue Asienpolitik trug entscheidend dazu bei, das Mißtrauen der chinesischen Führung gegenüber Moskau abzubauen: Zum einen erklärte sich Gorbatschow bereit, die Rolle und den Einfluß Chinas im asiatisch-pazifischen Raum anzuerkennen und Beijing als einen gleichberechtigten Partner bei der Gestaltung eines asiatischen Sicherheitssystems zu akzeptieren. Diese Bereitschaft kündigte Gorbatschow im Mai 1985 und April 1986 mit dem Vorschlag eines »Gesamtasiatischen Forums« an. China sollte – im Unterschied zu dem in den 70er Jahren vorgeschlagenen System »kollektiver Sicherheit« – aus einem künftigen Sicherheitssystem für Asien nicht mehr ausgeschlossen werden, ja die »aktive Teilnahme« der VR China wurde als notwendig und wünschenswert angesehen.

Zum anderen leitete Gorbatschow im Rahmen seiner Strategie des globalen Rückzuges auch einen Rückzug aus asiatischen Gebieten ein. 1988 kündigte der Generalsekretär der KPdSU vor der Generalversammlung der Vereinten Nationen an, daß »sein Land in den nächsten beiden Jahren 12 Divisionen und 11 Luftwaffenregimenter sowie 16 Schlachtschiffe mit insgesamt 200 000 Soldaten aus Asien zurückziehen wolle.« Was die chinesische Führung von Gorbatschows Aufrichtigkeit überzeugte, war die Bereitschaft, auf die Bedingungen der chinesischen Führung zur Normalisierung der bilateralen Beziehungen einzugehen, nämlich die Beseitigung der sogenannten »drei großen Hindernisse«: Reduzierung der sowjetischen Militärpräsenz im Grenzgebiet zu China und in der Mongolei, Truppenabzug aus Afghanistan und Stop der Unterstützung des vietnamesischen Engagements in Kambodscha. Nachdem die Sowjetunion ihre Bereitschaft zur Beseitigung der »drei großen Hindernisse« mit konkreten Maßnahmen unter Beweis gestellt hatte, strebte Beijing nach einer umfassenden Normalisierung der Beziehungen, die mit Gorbatschows Chinabesuch im Mai 1989 ihren Abschluß fand.

Im Unterschied zu seiner Annäherung an die USA Anfang der 70er Jahre strebte China mit seiner Versöhnungspolitik gegenüber der Sowjetunion in den 80er Jahren nicht nach einem sicherheitspolitischen Gegengewicht zu Washington, sondern nach dem Abbau der Militärpräsenz der Sowjetunion an den nördlichen Grenzen und der des mit Moskau verbündeten Vietnams an den südlichen (Opitz 1991, 33). Die vorangegangene Annäherung an die USA hatte eine Normalisierung der Beziehungen Chinas zum Westen bewirkt und damit eine Verbesserung der Beziehungen zum Osten erst ermöglicht. Beijing konnte und wollte auch nicht auf ein gutes Verhältnis zu den Vereinigten Staaten verzichten. Erstens deshalb nicht, weil gerade die strategische Partnerschaft mit Washington China in eine starke Position versetzte, von der es mit Moskau um Zugeständnisse feilschen konnte. Eine dramatische Verschlechterung der Beziehungen zu Washington hätte sich negativ auf die chinesische Position auswirken können. Zweitens war China bei der Verwirklichung seines ehrgeizigen Modernisierungsprogramms auf amerikanische bzw. westliche Technik und Investitionen angewiesen. Mit der Diplomatie der Äquidistanz zu den beiden Supermächten verfolgte Beijing die Absicht, ein friedliches regionales und internationales Umfeld zu errichten, das sowohl die nationale Sicherheit als auch die internationalen Voraussetzungen für die wirtschaftliche Erneuerung des Landes gewährleisten sollte.

Die Qualität der Diplomatie der Äquidistanz bestand darin, ein strategisches Gleichgewicht in den Beziehungen zu Washington und Moskau herzustellen. Deng Xiaoping brachte den Sinn dieser neuen Politik zum Ausdruck, indem er die Prinzipien der »Selbständigkeit und Unabhängigkeit« interpretierte: »China spielt weder die amerikanische Karte noch die sowjetische Karte. China gibt anderen aber auch keine Möglichkeit, China als Karte zu spielen.« (Zong 1993, 523).

6. Zusammenfassung und Schlußfolgerungen

Während der 40 Jahre der bipolaren Weltordnung hat China mit einer strategischen Partnerschaft sowohl mit der Sowjetunion als auch mit den USA experimentiert. Erst nach diesen Bündniserfahrungen entschied sich China für eine Diplomatie der Äquidistanz.

Die außenpolitische Praxis der VR China in der Zeit des Ost-West-Konfliktes zeigt, daß weder die Innenpolitik noch die Ideologie die entscheidenden Bestimmungsfaktoren gewesen sind, die den »Gezeitenwechsel« (Opitz 1991) in der chinesischen Außenpolitik bewirkt haben. Vielmehr hat das Leitmotiv der Entfaltung und Selbstbehauptung der VR China in der von den beiden Supermächten dominierten Weltordnung die chinesische Führung zu einem ständigen Strategiewechsel getrieben. Dabei hat sie wiederholt versucht, auf die überlieferte Strategie der »Ausspielung der Barbaren« zurückzugreifen, um die Interessengegensätze zwischen den Supermächten zum eigenen Vorteil zu nutzen.

Der Ansatz der funktionalistischen Schule, die dazu neigt, Chinas Außenpolitik als Funktion bzw. Verlängerung seiner Innenpolitik zu interpretieren, scheint für die Erklärung der chinesischen Schaukelpolitik nicht ausreichend zu sein. Mao entschied sich für eine Allianz mit Stalin nicht, weil Stalin ein Kommunist und die Sowjetunion ein sozialistisches Land war, sondern weil der Kremlführer und sein Staat die Macht besaßen, die der Vorsitzende benötigte, um den Westen zur Räson zu bringen, auch wenn die westliche Feindseligkeit gegenüber China hauptsächlich durch die Radikalität des Antiimperialismus der chinesischen Revolution bedingt war. Wäre ideologische Solidarität eine ausreichende Basis der Allianz mit Stalin gewesen, hätte das sino-sowjetische Bündnis kaum einen zwischenstaatlichen und völkerrechtlich verbindlichen Vertrag gebraucht, um sich zu festigen.

Auch das sino-sowjetische Schisma läßt sich weniger auf Maos radikale Innenpolitik während des »Großen Sprungs nach vorn« und der »Volkskommunenbewegung« (1958–1960) zurückführen als auf das Scheitern der außenpolitischen Bemühungen der chinesischen Führung, den Herausforderungen der neuen Weltpolitik von Chruschtschow und Eisenhower zu begegnen. Vielmehr sahen sowohl der chinesische Vorsitzende als auch der sowjetische Parteichef keine Möglichkeit mehr, die Allianz fortzusetzen, weil die chinesischen und sowjetischen außen- und sicherheitspolitischen Vorstellungen und Zielsetzungen beim Anbruch der Epoche der atomaren Parität zwischen Ost und West nicht mehr kompatibel waren. Das Scheitern der sino-sowjetische Allianz stellte das Ergebnis eines Prozesses dar, in dem sowohl Moskau als auch Beijing versucht hatten, dem Partner ihre eigenen Zielsetzungen aufzuzwingen. Als sich die beiden Parteien von den Ansprüchen des Partners überfordert fühlten und die Grenze der Belastbarkeit der bilateralen Beziehungen erreicht worden war, brach das Bündnis zusammen.

Daß die chinesische Führung sich auf dem Höhepunkt der sogenannten »Kulturrevolution« im Frühjahr 1969 entschied, die VR China gegenüber den USA zu öffnen, liefert ein klassisches Beispiel für die geringe Bedeutung ideologischer Motive in der chinesischen Außenpolitik. Nicht die Rotgardisten auf den chinesischen Straßen, sondern die Rote Armee an den sino-sowjetischen Grenzen veranlaßten den Vorsitzenden Mao und seinen Ministerpräsidenten Zhou, sich den Vereinigten Staaten zuzuwenden, in der Hoffnung, ein militärisch-strategisches Gegengewicht gegen die perzipierten Bedrohungen aus dem Norden zu gewinnen. Durch die sino-amerikanische Kooperation im Fernen Osten sollte die Balance des Kräfteverhältnisses in Asien bewahrt werden, das wegen des beginnenden amerikanischen Abzuges aus Vietnam ins Wanken zu geraten drohte.

Beijing war deswegen auf seinen Erzfeind Washington zugegangen, weil der alte Verbündete im Norden inzwischen als »Feind Nr. 1« der VR China wahrgenommen wurde. Es wäre ein Fehlschluß anzunehmen, daß die Kulturrevolution, deren Eskalation und Entgleisungen die internationale Abneigung gegen die VR China eher verstärkte, ein gescheiterter Balanceakt der chinesischen Außenpolitik war. Daß die Kulturrevolution im Kern der Sache keine gegen die Außenwelt gerichtete Bewegung, sondern einen Machtkampf zwischen dem Vorsitzenden Mao und seiner »proletarischen Revolutionslinie« einerseits und dem Staatspräsidenten Liu Shaoqi und seiner »konterrevolutionären revisionistischen Linie« andererseits darstellte, ist durch zahlreiche Studien und Augenzeugenberichte nachgewiesen worden. *(Siehe auch den Beitrag von Eberhard Sandschneider.)*

Die tatsächlichen Zusammenhänge zwischen der Kulturrevolution und der internationalen Isolation der VR China sind nicht so deutlich, wie dies auf den ersten Blick erscheint. Die VR China geriet bereits im Jahr 1960, also sechs Jahre vor dem Ausbruch der Kulturrevolution, in eine Doppelkonfrontation mit den Supermächten als Folge des Bruches mit der Sowjetunion und der andauernden Feindschaft mit den USA. Die chinesische Isolation begann also schon vor der 1966 gestarteten Kulturrevolution.

Die Eigenständigkeit chinesischer Außenpolitik gegenüber innenpolitischen Entwicklungen zeigt sich auch deutlich in der Tatsache, daß China schon im Jahre 1972 mit allen westlichen Industriestaaten Botschafter austauschte und den ständigen Sitz im UNO-Sicherheitsrat einnahm, obwohl die Kulturrevolution noch nicht beendet war. Die Partei brauchte noch vier Jahre, bis sie 1976 die »Viererbande« aus dem Machtzentrum ausschalten und die Kulturrevolution definitiv als beendet erklären konnte. Mit anderen Worten: die Phase der Kulturrevolution wurde auf der internationalen Ebene sowohl von Isolation als auch von Integration begleitet. Dieses Phänomen läßt sich mit dem funktionalistischen Ansatz schwer erklären. Ebensowenig wie die internationale Isolation ihren Ursprung in der Kulturrevolution hatte, war der Ausbruch aus dieser Isolation auf die immer noch andauernde Kulturrevolution zurückzuführen.

Auch die Diplomatie der Äquidistanz zu Beginn der 80er Jahre war in ihrer Substanz und Zielsetzung außenpolitisch motiviert, auch wenn der Antrieb zur wirtschaftlichen Modernisierung dabei eine wichtige Rolle spielte. In diesem Zusammenhang scheint es wichtig, darauf hinzuweisen, daß Deng Xiaopings Modernisierungsprogramm zwar dem Inhalt nach ein innenpolitisches, aber dem Motiv nach ein außenpolitisches Programm ist. Die »Modernisierung« galt dem »Architekten« der chinesischen Reform als Hauptvoraussetzung für die Lösung der innen- und außenpolitischen Probleme. Die Bedeutung Chinas auf der internationalen Bühne hing seines Erachtens von der Größe der Aufbauleistungen im wirtschaftlichen Bereich ab. Nur wenn China sich entwickele und aufsteige, könne es in internationalen Angelegenheiten eine große Rolle spielen.

Die Diplomatie der Äquidistanz stellte zwar im Kerngehalt einen Balanceakt dar, unterschied sich jedoch subtil von den Ausspielungsmanövern der vergangenen

Jahre. Während die »sowjetische Karte« in den 50er Jahre und die »amerikanische Karte« in den 70er Jahre recht plump und grob ausgespielt wurden, verlief das »Ausbalancieren« der Supermächte in den 80er Jahren unter dem Deckmantel der »unabhängigen und selbständigen Außenpolitik« etwas »zivilisierter« und symbolisierte gleichzeitig einen Reifeprozeß in der chinesischen Kunst der Dreiecksdiplomatie.

Die VR China exerzierte in den Jahren von 1949 bis 1989 im wesentlichen eine durch realpolitische Ziele wie Macht, Sicherheit, nationales Interesse und nationales Prestige geprägte Außenpolitik, obwohl auch starke innenpolitische Prägungen und ideologische Motive feststellbar sind. Im Kern dieser Außenpolitik standen die ständigen Bemühungen, das Verhältnis zu den zwei weltpolitischen Polen Washington und Moskau zu balancieren. Die Phase der Doppelkonfrontation und Isolation in den 60er Jahren ging nicht auf eine Veränderung der Balancestrategie zurück, sondern bedeutete einen zeitweisen Mißerfolg derselben.

Insgesamt wurde die außenpolitische Strategie der VR China durch den Ost-West-Konflikt gestützt, und das Wetteifern der beiden Supermächte um globale Macht bot der VR China Handlungsspielraum. Zwar wählten die Vereinigten Staaten und die Sowjetunion Europa als »Hauptschauplatz« ihrer Machtprobe; in ihrer Globalstrategie kam dem asiatischen Kontinent und dem Fernen Osten nur eine flankierende Bedeutung zu. Aber die Vorstellung, gleichzeitig in Europa und Asien kämpfen zu müssen, war für die Amerikaner wie für die Sowjets ein Alptraum. Der Vermeidung eines Zweifrontenkampfes wurde deshalb sowohl von Washington als auch von Moskau eine strategische Priorität eingeräumt. China als Partner zu gewinnen oder zumindest an einer Hinwendung zum jeweiligen Rivalen zu hindern, wurde von beiden Seiten als eine Option angesehen, die zur Übertrumpfung der Gegenseite beitragen sollte.

Beim Spiel mit den Supermächten befand sich die VR China als eine ehrgeizige, aber schwache regionale Großmacht ständig in einem Dilemma: Für die Rolle als Juniorpartner der Supermächte war sie zu groß, für die Rolle einer eigenständigen Großmacht zu schwach. China brauchte also in der internationalen Politik einen mächtigen Bündnispartner. Gleichzeitig war China aber nicht willig, eine untergeordnete Rolle in der Allianz zu spielen. Das Streben, sich aus diesem Dilemma zu befreien und die damit verbundene Notwendigkeit, die Beziehungen zu und zwischen den Supermächten immer wieder neu zu gestalten, prägten Chinas Wechselspiel mit den beiden Supermächten.

Als eine regionale Großmacht konnte sich China insbesondere den Interessenkonflikten der Supermächte in Asien nicht entziehen. Seine Handlungsfreiheit wurde aufgrund des aktiven Engagements der Supermächte in dieser Region erheblich eingeschränkt. Chinas Ambition, seine territoriale Integrität (insbesondere die Wiedervereinigung mit Taiwan) zu erreichen und die Stellung einer Führungsmacht zu gewinnen, ging in der Zeit des Ost-West-Konfliktes nicht in Erfüllung. Seine Anstrengungen, den internationalen Status quo zu ändern, stießen immer auf den Widerstand der einen oder der anderen Supermacht und führten zu Spannungen in den bilateralen Verhältnissen. Diese Spannungen und das Unbehagen über die Nichtbeachtung chinesischer Interessen seitens der Supermächte veranlaßten China meist zu opponierendem, protestierendem, zuweilen auch aggressivem Verhalten gegenüber Moskau und Washington.

In der klassischen Politik der Balance erkannte die chinesische Führung schließlich ein geeignetes Mittel zur Machtetablierung in einer von zwei Supermächten dominierten Weltpolitik. Als der schwache Dritte war China bemüht, von den Konflikten zwischen Washington und Moskau zu profitieren. Beijing scheint sich nicht besonders vor den Auseinandersetzungen mit *einer* Supermacht gefürchtet zu haben. Konfrontationen mit einer Supermacht wurden in der Regel als der Preis für die Allianz mit der anderen hingenommen. Die Überzeugung, daß die Allianz mit der einen Seite zwar die andere Seite unvermeidlich feindselig stimmen, aber den Bündnispartner zu großzügiger wirtschaftlicher und militärischer Unterstützung veranlassen würde, ermutigte Beijing, eine aktive Bündnispolitik zu betreiben. Diese Überzeugung führte auch dazu, daß sich Beijing nicht scheute, die Seiten zwischen den Supermächten zu wechseln, wenn dies eine Maximierung des Eigeninteresses versprach.

Diese Strategie konnte aber nur erfolgreich sein, solange die Supermächte einen Kurs der totalen Konfrontation steuerten und miteinander um Chinas politische und militärische Ressourcen warben. Deshalb war das Hauptproblem der chinesischen Diplomatie in der Zeit des Ost-West-Konfliktes nicht die Suche nach einem Bündnispartner, sondern die Gefahr eines Supermacht-Kondominiums. Dieses zu vermeiden, wurde zum Hauptziel der chinesischen Außenpolitik in der Zeit des Ost-West-Konfliktes.

Das Ende des Ost-West-Konfliktes befreite die politische Führung Chinas von der permanenten Angst vor einem konspirativen Zusammengehen der Supermächte auf Kosten des chinesischen Handlungsspielraums. Aber gleichzeitig geriet die VR China wegen der blutigen Niederschlagung der Studentenbewegung auf dem Tiananmen-Platz am 4. Juni 1989 in eine internationale Isolierung. Die innenpolitischen Turbulenzen und weltpolitischen Umbrüche zwangen die chinesische Regierung, Chinas Rolle in der Weltpolitik neu zu definieren und eine entsprechende außenpolitische Strategie zu entwickeln. Es gibt Anzeichen dafür, daß China sich heute als eine Großmacht gleichen Rangs neben den anderen führenden Mächte versteht und eine führende Rolle in einer Weltpolitik der Multipolarität spielen will. Wie weit es von der Welt als eine Führungsmacht akzeptiert werden wird, muß die Zukunft entscheiden.

Verwendete und weiterführende Literatur

DENG XIAOPING 1983: Ausgewählte Werke von Deng Xiaoping 1975–1982 (chin.), Hubei.
GARVER, JOHN W. (1993): Foreign Relations of the People's Republic of China, Englewood Cliffs.
GLAUBITZ, JOACHIM; HEINZIG, DIETER (1988/Hrsg.): Die Sowjetunion und Asien in den 80er Jahren. Ziele und Grenzen sowjetischer Politik zwischen Indischem Ozean und Pazifik, Baden-Baden.
GONCHAROV, SERGEI N.; LEWIS, JOHN W.; XUE LITAI (1993): Uncertain Partners. Stalin, Mao, and the Korean War, Stanford.
HAN NIANGLONG (1990/Hrsg.): Diplomacy of Contemporary China, Hongkong.
HEINZIG, DIETER (1985): China zwischen den USA und der UdSSR, in: Kaiser, Karl; Schwarz, Hans-Peter (Hrsg.): Weltpolitik. Strukturen – Akteure – Perspektiven, Bonn.

HEINZIG, DIETER (1988): Chinas Beziehungen zur Sowjetunion: Vom Konflikt zur begrenzten Kooperation, in: Ostkolleg der Bundeszentrale für Politische Bildung (Hrsg.): VR China im Wandel, 2. Aufl., Bonn, S. 194–207

KINDERMANN, GOTTFRIED-KARL (1970): Der Ferne Osten (dtv-Weltgeschichte des 20. Jahrhunderts, Band 6), München.

LINKE, MARLIES (1992): Auswirkungen des Auseinanderbrechens der Sowjetunion und der Veränderung der internationalen Kräftekonstellation zu Beginn der neunziger Jahre auf die VR China, in: Hertzfeldt, Lothar (Hrsg.): Die Sowjetunion. Zerfall eines Imperiums, Frankfurt a. M. 1992, S. 239–256.

NELSEN, HARVEY W. (1989): Power and Insecurity. Beijing, Moscow, and Washington, 1949–1988, Boulder & London.

OPITZ, PETER (1991): Gezeitenwechsel in China: Die Modernisierung der chinesischen Außenpolitik, Zürich.

ROBINSON, THOMAS W.; SHAMBAUGH, DAVID (1994): Chinese Foreign Policy. Theory and Practice, Oxford.

ROSS, ROBERT S. (1993): Die amerikanische Chinapolitik der 70er und 80er Jahre: Strategischer Hintergrund und Entscheidungsprozeß (chin.) in: Robert. S. Ross (Hrsg.): Dreieck-Beziehungen zwischen den Vereinigten Staaten, der VR China und der Sowjetunion (chin.), Beijing, S. 283–323.

WU CHENG-CHI (1988): Über die Ursprünge des chinesisch-sowjetischen Grenzkonfliktes, Bochum.

XXV. Auf dem Weg zur Weltmacht – China im Spannungsfeld von Japan, Rußland und den USA

JOACHIM GLAUBITZ

1. Einleitung

Die einflußreichen Staaten der asiatisch-pazifischen Region, die USA, Japan und Rußland sowie die beiden koreanischen Teilstaaten nehmen in der Skala der Interessen Chinas sehr unterschiedliche Positionen ein. Das hat viel zu tun mit dem politischen Rang des jeweiligen Akteurs in der Region und in der Welt; es hängt mit dem wirtschaftlichen und militärischen Potential und schließlich mit der geographischen Situation zusammen. Japan, Korea und Rußland sind unmittelbare Nachbarn Chinas; die USA liegen an der Gegenküste des Pazifik, sind aber durch historisch gewachsene Verpflichtungen und durch wirtschaftliches sowie militärisches Engagement mit Asien und dem Pazifik auf das engste verbunden. Da die strategischen Gewichte der hier genannten Staaten kaum unterschiedlicher sein könnten, stehen sie zueinander in einem höchst komplexen Verhältnis. In der folgenden Betrachtung steht China mit seinen Beziehungen zu den anderen asiatisch-pazifischen Mächten im Mittelpunkt.

Das Ende des Ost-West-Konflikts hatte in Ostasien bei weitem nicht jene dramatischen Auswirkungen wie in Europa; die Konfrontation zwischen kommunistisch geführten Ländern und demokratisch verfaßten Staaten war dort nicht der dominierende Konflikt. Der militärische Gegensatz war im dicht besiedelten Zentraleuropa mit seiner Systemgrenze ausgeprägter und schärfer als in Ostasien – mit einer Ausnahme: der koreanischen Halbinsel. Dort steht die Überwindung des Systemgegensatzes noch bevor.

Charakteristisch war für Asien ferner, daß die internationalen Beziehungen nicht nur vom Ost-West-Gegensatz, sondern für fast drei Jahrzehnte auch vom Konflikt zwischen zwei einander ideologisch verwandten Mächten, von China und der Sowjetunion, wesentlich beeinflußt wurden. Der Kalte Krieg zwischen Kommunismus und Demokratie, der Zentraleuropa in Spannung hielt, spielte in Asien keine in gleichem Maße prominente Rolle. Im Gegenteil, vom Beginn der 70er Jahre bis in die zweite Hälfte der 80er Jahre war das kommunistisch regierte China Partner in einer informellen Koalition zwischen USA, Japan und Westeuropa gegen die Sowjetunion. *(Siehe auch den Beitrag von Gu Xuewu.)*

Noch in einem anderen, für die Politik Chinas nicht unwesentlichen Punkt unterscheidet sich die asiatisch-pazifische Staatenwelt von Europa: in der Struktur der internationalen Beziehungen, insbesondere bei der Kooperation auf dem Feld der Sicherheitspolitik. Hier bestehen seit Jahrzehnten multilaterale Organisationen wie NATO, WEU, KSZE bzw. OSZE und schließlich die Europäische Union mit dem erklärten Streben nach einer gemeinsamen Außen-und Sicherheitspolitik. Im asiatisch-pazifischen Raum konzentrieren sich die bereits vorhandenen multilateralen Organisationen ASEAN und APEC auf die wirtschaftliche Zusammenarbeit, ohne allerdings bereits die Verdichtung der EU erreicht zu haben. Anders als in Europa sind in diesem Raum bilaterale Strukturen charakteristisch. Das »ASEAN Regional Forum«, das 1994 als Gremium zur Erörterung von Fragen der regionalen Sicherheit geschaffen wurde, steht erst am Beginn seiner Aktivität. Seine Gründung ist zweifellos ein wichtiger Schritt in Richtung auf einen Mechanismus, der über den unverbindlichen Austausch von Meinungen hinausgehen und zu wirksamen Maßnahmen der Vertrauensbildung gelangen könnte, bisher aber den Beweis für diese Fähigkeit noch schuldig geblieben ist.

Dieser Strukturunterschied ist zum einen darin begründet, daß der asiatisch-pazifische Raum stärker als Europa geographisch weiträumig, kulturell von außerordentlicher Vielfalt und politisch wie wirtschaftlich von großer Unterschiedlichkeit ist. Nicht Homogenität, sondern Heterogenität ist das Merkmal dieses Raumes. Hinzu kommt, daß China als bevölkerungsreichstes Land der Welt das Zentrum der Region bildet – eine Tatsache, die gleichgewichtige Beziehungen notgedrungen zur Illusion macht. Das physische Gewicht Chinas und die daraus ableitbaren Belastungen, Chancen und Herausforderungen werden in wachsendem Maße die Gestalt der Region, und das heißt vor allem das Miteinander der Staaten, prägen.

2. Japans Stellenwert im politischen Kalkül Chinas

Mit Blick auf die Nachbarn gilt Chinas besonderes strategisches Interesse den Beziehungen zu Japan. Zwei Faktoren scheinen hier die chinesische Haltung wesentlich zu bestimmen: die historischen Erfahrungen, vor allem seit der zweiten Hälfte des 19. Jh. mit einem expansiven, militaristischen Japan und die hohe technologische, industrielle und wirtschaftliche Leistungsfähigkeit des Nachbarn als Ergebnis seines erfolgreichen Modernisierungsprozesses.

Der Chinesisch-japanische Krieg 1894/95, die darauf folgende 50jährige japanische Besetzung Taiwans und das Vordringen der japanischen Armee auf das asiatische Festland, ab 1910 zunächst nach Korea, Ende der 20er Jahre in die Mandschurei, und schließlich ab 1937 die offene Aggression gegen China sind Stationen eines leidvollen Jahrhunderts, die in China nicht nur unvergessen sind, sondern auch bewußt in Erinnerung gehalten werden. Daraus ergibt sich für jede Führung in Peking eine Doppelstrategie: Zum einen tut China alles, um zu verhindern, daß Japan erneut zu einer Bedrohung werden kann; zum andern ist es bestrebt, Japans Potential so wirksam und intensiv wie möglich für den eigenen Aufbau und die Modernisierung des Landes zu nutzen. Um diese Doppelstrategie wirksam zu verfolgen, braucht China eine im großen und ganzen freundliche Atmosphäre in seinen Beziehungen zu Japan. Tatsächlich erscheinen diese Beziehungen auf den ersten Blick eng und intensiv. Bei genauerer Betrachtung aber wird erkennbar, wie China immer wieder versucht, Japan als Werkzeug zur Erreichung anderer Ziele zu benutzen. Dies wurde vor allem im Vorfeld der Aufnahme diplomatischer Beziehungen 1972 erkennbar und durchzieht seitdem wie ein roter Faden Chinas Politik gegenüber Japan.

Als im Sommer 1971 der geheime Besuch Henry Kissingers, des Sicherheitsberaters von Präsident Nixon, in Peking mit einem Mal die Entspannung der chinesisch-amerikanischen Beziehungen deutlich werden ließ, geriet Japan innenpolitisch unter erheblichen Druck, ebenfalls seine Beziehungen zu China zu entspannen. *(Siehe auch den Beitrag von Gu Xuewu.)* China verstand es, die japanische Lage zu nutzen. Es stellte der japanischen Regierung drei Bedingungen für die Aufnahme offizieller Gespräche. Bezeichnenderweise berührten alle drei den Status von Taiwan, das 50 Jahre unter japanischer Herrschaft gestanden hatte und daher besonders enge Beziehungen zu Tokyo unterhielt. Demnach sollte Japan die Regierung der VR China als einzige legale Regierung des chinesischen Volkes anerkennen, Taiwan als untrennbaren Bestandteil des Territoriums der VR China ansehen und schließlich den 1952 zwischen Japan und der Regierung Chiang Kai-shek geschlossenen Friedensvertrag annullieren.

Das chinesische Vorgehen machte den Statusunterschied zwischen den USA und Japan aus Pekinger Sicht deutlich: Während die chinesische Führungsspitze mit Kissinger ohne Vorbedingungen konferierte und sich sogar bereit erklärte, den amerikanischen Präsidenten zu empfangen, türmte man vor dem an offiziellen Kontakten brennend interessierten Japan Hürden auf. Erst nach Erfüllung wenn nicht inakzeptabler, so doch nahezu demütigender Bedingungen wurden Japan Gespräche auf Regierungsebene in Aussicht gestellt. Es war die Absicht Pekings, das politische Ansehen Japans vor allem in Asien nicht zu stärken. Folgerichtig gab die chinesische Führung dem direkten Gespräch mit den Vereinigten Staaten Priorität, verhielt sich abweisend gegenüber Tokyo und machte es auf diese Weise konzessionsbereiter. Mit dieser Taktik gelang es China, den politischen Abstand zwischen Japan und den USA zeitweilig zu vergrößern, die öffentliche und veröffentlichte Meinung in Japan über die China-Politik im gewünschten Sinne zu beeinflussen und auf die Innenpolitik Japans einzuwirken. Die Rechnung ging auf. Japan war bis zum Ende der 80er Jahre ein außerordentlich gefügiger, nahezu willfähriger Partner.

Auch ein anderer Aspekt verdient hier Erwähnung. Es war das begehrte Ziel japanischer Politik gegenüber der Sowjetunion, die Rückgabe von vier seit dem Ende des Zweiten Weltkriegs besetzten Kurilen-Inseln zu erreichen. Moskau lehnte jeden Versuch in diesem Sinne ab und behauptete sogar, es gebe kein ungelöstes Territorialproblem zwischen beiden Staaten mehr. China – tief zerstritten mit der Sowjetunion – unterstützte die japanische Rückgabeforderung, was das Problem von einer Lösung natürlich noch weiter wegführte. Aber genau das war das Ziel der chinesischen Führung: Man wollte keine Annäherung zwischen Tokyo und Moskau. Die Unterstützung der Gebietsforderung Japans paßte genau in das antisowjetische Muster chinesischer Außenpolitik und diente gleichzeitig dem Interesse Chinas, Japan in den sino-sowjetischen Konflikt hineinzuziehen und dadurch eine Entspannung zwischen Tokyo und Moskau, die Chinas Position zwangsläufig geschwächt hätte, zu verhindern. Diese der chinesischen Politik zugrundeliegende Strategie wurde dadurch offenbar, daß die Unterstützung aus Peking in dem Moment aufhörte, als es Anfang der 80er Jahre begann, die Beziehungen zu Moskau wieder zu verbessern.

Genau in dieses Muster fügen sich auch die Appelle aus Peking an die Adresse der japanischen Regierung, die Verteidigungsanstrengungen beträchtlich zu verstärken. Japanischen Pressemitteilungen zufolge rief sogar Deng Xiaoping 1977 zu einer Stärkung der japanischen Verteidigungskraft auf und äußerte sich positiv über Japans Beziehungen zu den USA. Der stellvertretende Generalstabschef Wu Xiuquan empfahl sogar eine drastische Anhebung des japanischen Verteidigungsbudgets von den traditionellen 1 % des Bruttosozialprodukts auf 2 %. Ziel dieser Äußerungen war, die Sowjetunion zu irritieren und im japanisch-sowjetischen Verhältnis Mißtrauen zu säen. Auch diese Art von Appellen war in der zweiten Hälfte der 80er Jahre, als für Peking die Verbesserung seiner Beziehungen zu Moskau Vorrang bekommen hatte, nicht mehr zu vernehmen. Im Gegenteil, Deng Xiaoping reagierte mit unverhohlener Besorgnis, als Japan mit seinem Verteidigungsbudget 1987 den Ein-Prozent-Rahmen geringfügig durchbrach.

Allmählich durchschaute auch Tokyo die chinesische Strategie. Die eigentliche Ernüchterung in den Beziehungen Japans zu China kam aber mit der Niederschlagung der Demokratiebewegung im Juni 1989. Nachdem Japan die in der Folge erzwungene Zurückhaltung beendet hatte, stand der Austausch hochrangiger Besucher wieder auf der Tagesordnung. Der symbolische Akt der Rehabilitierung Pekings nach 1989 war der Chinabesuch des Tenno Ende 1992. Allein die japanische Diskussion im Vorfeld des Besuchs ließ erkennen, wie belastet das Verhältnis noch immer wegen der japanischen Greueltaten in China im Verlauf des Zweiten Weltkriegs ist. Kaiser Akihito absolvierte diese heikle Reise mit Würde; seine Worte des Bedauerns über Japans Verhalten in der Vergangenheit gingen ein wenig weiter, als die zurückhaltenden Äußerungen seines Vaters, in dessen Namen Japan seine Nachbarn mit Krieg überzogen hatte.

Die chinesische Seite dürfte mit Genugtuung aufgenommen haben, daß der Tenno, wie es in der japanischen Presse hieß, »tiefe Trauer« ausdrückte über die »unglückliche Periode, in der unser Land dem chinesischen Volk viele große Leiden zugefügt hat«. Darüber hinaus war erkennbar, daß die Pekinger Führung mit dem Besuch wirtschaftliche Hoffnungen verband, indem sie nicht müde wurde, auf die Komplementarität der beiden Wirtschaftspartner hinzuweisen: China sei reich an Rohstoffen, Arbeitskräften und ausgestattet mit einem großen Markt; Japan verfüge über Technologie und Kapital, sehe sich aber mit einem wachsendem Mangel an Arbeitskräften konfrontiert.

Der China-Reise des japanischen Kaiserpaares folgten wechselseitige Besuche der Spitzenpolitiker beider Seiten, und immer wieder sieht sich Japan mit seiner Vergangenheit konfrontiert: Als im April 1995 Premierminister Murayama nach Peking reiste, war er nicht in der Lage, seinen chinesischen Gastgebern die von ihm angestrebte Parlamentsresolution zum Ende des Pazifischen Krieges zu präsentieren. Es blieb ihm nur, sich zu entschuldigen, daß er keine Entschuldigung der japanischen Volksvertreter vorlegen konnte. Ohnehin wird es von Mal zu Mal schwieriger, japanischem Bedauern über die Folgen seiner militaristischen Politik Glaubwürdigkeit zu verleihen, da sich immer wieder Kabinettsmitglieder und Parlamentsabgeordnete in Tokyo zu Bemerkungen hinreißen lassen, die die tragischen Auswirkungen des Imperialismus und Militarismus ihres Landes entweder beschönigen oder gar als Übertreibungen zurückweisen.

Als Chinas Staatspräsident Ende 1995 Südkorea besuchte, beging ein Mitglied der Regierung in Tokyo die Torheit, Japans 35jährige Kolonialherrschaft über Korea als positiv für die koreanische Entwicklung darzustellen. Präsident Jiang nutzte die Gelegenheit, seinen südkoreanischen Gastgeber in dessen scharfer Kritik an Japans Umgang mit seiner Geschichte zu unterstützen. Es war das erste Mal, daß ein chinesischer Spitzenpolitiker sich auf fremdem Boden öffentlich der Kritik seines Gastgebers an Japan anschloß. (Korea Newsreview, 18. 11. 1995: 6).

Die gedankenlosen Äußerungen japanischer Politiker kommen der Strategie Pekings entgegen; sie eignen sich vorzüglich als Instrument, um in Asien das Mißtrauen gegenüber Japan wachzuhalten. Für Tokyo bedeutet das eine Beschränkung seiner politischen Optionen in der Region. Japans Wahrnehmung seiner jüngeren Geschichte bestimmt seine Rolle in Asien. Es ist nicht zu leugnen, daß sein enormes wirtschaftliches Gewicht in der Region eine positive politische Wirkung hatte und weiterhin hat. Aber es ist ebenso festzuhalten, daß Japan trotz seiner wirtschaftlichen Potenz auf absehbare Zeit keine Chance hat, die politisch führende Macht des asiatisch-pazifischen Raumes zu werden. Das heißt, Japan wird nicht in der Lage sein, seine Vorstellungen von einer politischen Gestaltung der Region – unter Umständen auch gegen den Willen seiner Nachbarn – durchzusetzen. Diese Fähigkeit ist von China eher zu erwarten, sofern seine Entwicklung nicht durch massive innere Erschütterungen gestört wird.

Dies führt zum zweiten Ziel chinesischer Japan-Politik: der Nutzung japanischer Technologie, Finanz- und Wirtschaftskraft für den eigenen Aufbau. China braucht Japan für die Modernisierung seines Wirtschaftssystems, für den Ausbau seiner unterentwickelten Infrastruktur und für die Finanzierung all der Aufgaben, die sich daraus ergeben. Japan ist seinerseits in hohem Maße am chinesischen Markt, an chinesischen Rohstoffen und an China als kostengünstigerer Fertigungsbasis für seine Produkte interessiert. Das bisher Geleistete weist Japan als einen der wichtigsten externen Träger der chinesischen Modernisierung aus: 1994 erreichte der bilaterale Handel ein Volumen von 46,3 Mrd. US $. China gehört zu den wenigen Ländern, die im Handel mit Japan einen Handelsbilanzüberschuß erwirtschaften (1994: 8,9 Mrd. US $). In der japanischen Importstatistik rangiert China mit einem Anteil von 10 % nach den USA auf Platz zwei (Japan Almanac 1996: 107). Unter den Handelspartnern Chinas nimmt Japan seit 1993 den ersten Platz vor Hongkong ein. China ist ferner mit nahezu 18,7 Mrd. US $ (seit 1979) der größte Einzelempfänger japanischer Entwicklungshilfe. Ab 1996 sind weitere 6,9 Mrd. US $ an offizieller Hilfe vorgesehen. *(Siehe auch den Beitrag von Song Xueming.)* Dagegen blieben Japans Direktinvestitionen in China mit 6,1 Mrd. US $ (1951–1993) lange Zeit gering im Vergleich sowohl zu Japans Investitionstätigkeit in anderen Ländern der asiatisch-pazifischen Region als auch im Vergleich mit Investitionen anderer Länder in China. *(Siehe auch Tab. 4.8.1 im Anhang.)* Erst 1995 änderte sich das Bild. Japans Investitionen erreichten in jenem Jahr einen Umfang von 3,2 Milliarden US-Dollar, was einen Zuwachs von 50 % gegenüber 1994 bedeutete. Damit überholte Japan die USA und rückte nach Hongkong und Taiwan auf Platz drei der ausländischen Investoren. Als wichtigste Investitionssektoren werden die Fertigung von Komponenten für Kraftfahrzeuge, Halbleiter und Ausgangsmaterialien für Industriegüter erkennbar.

Die chinesische Führung zeichnet gegenüber Japan ein überaus optimistisches Bild der Zukunftschancen ihres Marktes. Vizepremier Zhu Rongji erklärte Anfang 1994 in Tokyo, in zehn Jahren werde der bilaterale Handel mit Japan ein Volumen von 390 Milliarden US-Dollar erreichen, sich mithin verzehnfachen, wenn beide Länder mit dem derzeitigen Tempo weiterwüchsen. China ist vor allem an Technologietransfer interessiert; Japan aber zögert in diesem Punkt mehr als andere Industriestaaten.

In der Tat befindet sich Japan hier in einem Dilemma: Einerseits betrachtet es sein wirtschaftliches Engagement in China und insbesondere seine Hilfe als Beitrag zur Erhaltung der Stabilität Chinas; denn Aufstände, Unruhe und Anarchie – häufige Erscheinungen in der chinesischen Geschichte – machen Japan besorgt. Es befürchtet für den Fall politischer Instabilität auf dem Festland nicht nur negative Rückwirkungen auf die Wirtschaftslage in Asien, sondern auch, daß Japan von Hunderttausenden von Flüchtlingen überschwemmt werden könnte. Andererseits ist man sich in Tokyo im klaren darüber, daß ein wirtschaftlich erfolgreiches China nicht nur Konkurrent, sondern auch Rivale um Macht und Einfluß werden wird. Mit seinem wachsenden militärischen Potential wird China in Japan langfristig als Bedrohung wahrgenommen.

Im Grunde fürchtet Japan beide Varianten chinesischer Entwicklung: das Versinken im Chaos mit allen negativen Folgen für die Nachbarländer ebenso wie den Aufstieg zur politischen und militärischen Führungsmacht der Region. Auch der rasante Aufstieg Chinas zu einer Wirtschaftsmacht enthält für Japan beunruhigende Aspekte. Der wachsende Ölbedarf Chinas – so wird in Tokyo befürchtet – könnte zu einer drastischen Erhöhung des Ölpreises führen; die voraussehbare Zunahme des Ausstoßes an Kohlendioxid in China wird Japan in noch größerem Maße als bisher massiven Umweltbelastungen (z. B. saurer Regen) aussetzen. Dies bedeutet finanzielle Belastungen, denn Peking erwartet für verstärkte Umweltschutzmaßnahmen Japans Hilfe.

China ist zwar intensiv um wirtschaftliche Kooperation mit Japan bemüht, seine Bereitschaft zur politischen Kooperation aber ist bisher eher gering. Als Premierminister Hosokawa anläßlich seines Chinabesuchs 1994 die chinesische Führung dringend ersuchte, auf Nordkorea einzuwirken, daß dieses endlich die Inspektionen seiner Nuklearanlagen durch die IAEO zulasse, erhielt er nur ausweichende Antworten und die übliche Warnung vor zu viel Druck auf Pjöngjang. Auch in der Frage einer ständigen Mitgliedschaft Japans im Sicherheitsrat der Vereinten Nationen war bisher aus Peking nicht die geringste Unterstützung zu vernehmen. Man kann sich des Eindrucks nicht erwehren, daß die von chinesischen (und manchen japanischen) Politikern gern beschworene »Freundschaft« kaum mehr als eine gängige Floskel ist.

Es ist auch japanischen Beobachtern nicht verborgen geblieben, daß mit der Reduzierung der amerikanischen Militärpräsenz, bedingt insbesondere durch die Schließung der Stützpunkte auf den Philippinen, und mit wachsendem wirtschaftlichem Erfolg Chinas die Führer in Peking ihr Machtbewußtsein immer unverhohlener artikulieren. Chinas Nukleartests unmittelbar nach der Verlängerung des Nichtverbreitungsvertrags im Mai 1995 und im August 1995 wenige Tage nach den

Gedenkzeremonien anläßlich der Atombombenexplosionen über Japan belegten erneut das nationalistische Verständnis der Pekinger Führer von Frieden und Sicherheit. Die japanische Regierung beschloß daraufhin, die China gewährte nichtrückzahlbare Hilfe in Höhe von 7,8 Mrd. Yen (79 Mio. US $) für das laufende Jahr einzustellen. Davon ausgenommen waren humanitäre Hilfsprojekte. Tokyo hatte bereits im Mai 1995 angekündigt, es werde als Protest seine Hilfeleistungen kürzen. Es war das erste Mal, daß Japan sein ökonomisches Gewicht direkt als politisches Instrument einsetzte. Auch wenn die Kürzung nur einen winzigen Bruchteil der gesamten China-Hilfe Japans (seit 1979 fast 19 Mrd. US $) ausmacht, so war die Entscheidung dennoch ein wichtiges Signal, zumal sich japanische Regierungen bislang eher nachgiebig gegenüber China gezeigt hatten.

Peking reagierte bereits auf die Androhung einer Hilfekürzung ungehalten und mahnte Japan, besser über seine Untaten in der Vergangenheit nachzudenken, als in so unangemessener Weise auf die Tests zu reagieren. Als die Entscheidung dann tatsächlich gefallen war, wurde der Ton schärfer. Der chinesische Botschafter in Japan warf der Regierung in Tokyo vor, sich in ihrer Nuklearpolitik widersprüchlich zu verhalten, denn trotz seiner verbalen Ablehnung von Kernwaffen stehe Japan unter dem Schutz des amerikanischen Nuklearschirms. Und wieder diente die Geschichte als Argument, als der Botschafter erklärte, Japan solle seine Vergangenheit tief bedauern und die Länder, die es überfallen habe, angemessen behandeln. Sogar Chinas Premier Li Peng kritisierte die Reaktion Japans, indem er ebenfalls auf die Widersprüchlichkeit japanischen Verhaltens hinwies und das Nachbarland aufforderte, sich über die Atomversuche Chinas nicht so aufzuregen und nicht zu versuchen, mit ökonomischen Mitteln Druck auszuüben.

Offenbar verfehlte das chinesische Grollen seine Wirkung nicht. Die Regierung in Tokyo beließ es bei der einmaligen Stornierung der nichtrückzahlbaren Yen-Kredite. Als China am 8. Juni 1996 seinen 44. Kernwaffentest unternahm und gleichzeitig seine abschließende Versuchexplosion für September ankündigte, reagierte Japan vorsichtiger. Premierminister Hashimoto bedauerte zwar den Test, stellte aber gleichzeitig klar, daß eine Einstellung der Yen-Kredite den Bemühungen Japans zuwiderlaufen würde, China in die internationale Gemeinschaft einzubeziehen. Tokyo scheint damit wieder zu seiner bisherigen, eher nachgiebigen China-Politik zurückgekehrt zu sein.

Die Äußerung des chinesischen Botschafters in Tokyo, China habe die schmerzliche Erfahrung gemacht, daß ein schwaches Land mißachtet und schikaniert werde, mag ein Schlüssel sein zum Verständnis für das Streben Chinas nach Unabhängigkeit und umfassender Macht, die militärische Stärke einschließt. Die chinesische Führung sieht ihr Land künftig in einer Position, in der es von keinem Land mehr mißachtet und schikaniert wird und in der es auch von Japan respektiert werden muß. Es ist das Dilemma Japans, daß es die wachsende Stärke Chinas fürchtet, aber dazu verurteilt ist, China zu unterstützen und damit zu dessen weiterer Stärkung beizutragen.

Das Wachstum der chinesischen Rüstungsausgaben ist überdurchschnittlich hoch, die Tendenzen zur Modernisierung der Streitkräfte weisen in die Richtung künftiger Großmachtinteressen. Zudem erhebt China beträchtliche Territorialansprüche, vor allem im Südchinesischen Meer, die auch japanische Interessen berühren, da lebenswichtige Seeverbindungsrouten für die Ölversorgung Japans aus der Golfregion davon betroffen sind. Darüber hinaus besteht ein immer wieder aufflackernder Streit über die zwischen Okinawa und Taiwan liegenden Diaoyutai- bzw. Senkaku-Inseln, in deren Umgebung Ölvorkommen vermutet werden.

Hält man sich die physischen und politischen Ungleichgewichte der beiden Nachbarn vor Augen, dann liegt die Annahme nahe, daß die künftige politisch, militärisch und eines Tages wahrscheinlich auch wirtschaftlich dominierende Macht in der Region nicht Japan sein wird, sondern China. Chinas Bevölkerung ist zehnmal so groß wie die Japans; das Land hat die fünfundzwanzigfache Ausdehnung des japanischen Inselreichs, besitzt wichtige Rohstoffe und Energieträger, verfügt über eine in der Modernisierung befindliche Nuklearrüstung und über eine riesige, wenn auch zum Teil veraltete, konventionelle Streitmacht. Der Ausbau der chinesischen Marine zu einer hochseetüchtigen, weitreichenden Streitmacht ist anscheinend im Gange. Außerdem hat Peking einen ständigen Sitz im UNO-Sicherheitsrat inne und erfreut sich damit eines Status, den Tokyo ebenfalls anstrebt, der aber nur mit Zustimmung Chinas erreicht werden könnte.

Angesichts dieser ernüchternden Diskrepanz zwischen den beiden potentesten asiatischen Mächten läßt sich wohl folgende Annahme formulieren: China wird in den kommenden Jahren in wachsendem Maße zu einem zentralen Problem japanischer Außen- und Sicherheitspolitik werden. Im Hinblick auf die potentielle Bedrohung durch China wird jedoch keine japanische Regierung es wagen, mit massiver Aufrüstung zu reagieren; die psychologischen und politischen Barrieren im eigenen Land und in Asien generell sind dafür zu hoch. Japan bleibt langfristig nichts anderes übrig, als sich darauf einzustellen, daß China eines Tages die politisch und militärisch dominierende Position im asiatisch-pazifischen Raum einnehmen wird. Diese Aussicht macht für Japan die Fortführung des Bündnisses mit den USA notwendig, wenn nicht sogar unverzichtbar.

3. Instabilität in den Beziehungen zu den USA

Zu Chinas Mißtrauen gegenüber einem eventuell militärisch starken Japan mit dem damit verbundenen politischen Einfluß in Asien gesellt sich die noch größere Sorge einer gegen China gerichteten Allianz. Es gibt allerdings genügend Anzeichen dafür, daß die chinesische Führung in dem seit 1960 in der heutigen Form bestehenden amerikanisch-japanischen Sicherheitsvertrag ein Instrument sieht, das Japan daran hindert, eine unabhängige Militärmacht zu werden. Die Einbindung Japans in das Bündnis mit den USA läßt auch für Peking die Annahme zu, daß Japan keine erneute Bedrohung Asiens wird, solange dieses Vertragsverhältnis bestehen bleibt. Erst 1995 bestätigte Chinas Außenminister diese Auffassung, indem er sich jeder Kritik an dem Sicherheitsbündnis enthielt, aber darauf verwies, daß China grundsätzlich gegen die Stationierung von Streitkräften auf fremdem Boden sei. Darüber hinaus besteht aber in der chinesischen Führung offensichtlich die Sorge, das amerikanisch-japanische Bündnis könnte sich eines Tages gegen China richten. Anlaß zu dieser Sorge sieht die Führung in Peking in der Bekräftigung des amerikanisch-japanischen Bündnisses, wie sie beim Besuch von Präsident Clinton im April 1996 in

Japan erfolgte. In einer »Gemeinsamen Erklärung« vereinbarten beide Seiten, eine engere militärische Zusammenarbeit bei Krisen in der Region zu prüfen. Ein unmittelbar zuvor geschlossenes Abkommen sieht eine gegenseitige Belieferung mit militärischen Gütern sowie logistische Unterstützung in Friedenszeiten vor. China sah sich daraufhin veranlaßt, Japan vor einer Stärkung seiner Militärmacht zu warnen und darauf hinzuweisen, daß eine weitere Aufrüstung der Selbstverteidigungsstreitkräfte auch unter anderen asiatischen Staaten Mißtrauen hervorrufen werde. »Wir drängen Japan, mit Vorsicht zu handeln«, äußerte sich der Sprecher des chinesischen Außenministeriums. Gleichzeitig stellte er klar, daß China nicht glaube, daß sich das amerikanisch-japanische Sicherheitsabkommen gegen Peking richte. (International Herald Tribune, 19. 4. 1996). Obwohl die Führung in Tokyo den expansiven Nationalismus Chinas zunehmend als Bedrohung empfindet, ist sie sich im klaren darüber, daß sie das Bündnis mit den USA nur in einer Weise weiterentwickeln darf, die von vornherein den Eindruck vermeidet, es handele sich um eine gegen China zielende Allianz.

Dem Besuch des amerikanischen Präsidenten in Japan war eine kurze, aber nicht weniger wichtige Visite in Südkorea vorausgegangen. Bei dieser Gelegenheit erklärten die Präsidenten Clinton und Kim Youngsam in einer gemeinsamen Verlautbarung, daß die Zusammenarbeit mit China für das Zustandekommen von Gesprächen zwischen Nord- und Südkorea auf Regierungsebene »äußerst hilfreich« wäre. Wie das koreanische Ministerium für Nationale Einheit berichtete, schlugen beide Präsidenten vor, ein Vierertreffen aus Vertretern der beiden koreanischen Staaten, Chinas und der USA »sobald wie möglich und ohne Vorbedingungen« abzuhalten. Ziel dieser Konferenz sollte es sein, »einen Prozeß zum Zwecke der Erreichung eines dauerhaften Friedensabkommens in Gang zu setzen«. Diese Erklärung macht das Interesse der USA an der Einbeziehung Chinas in einen die koreanische Halbinsel betreffenden Friedensprozeß deutlich.

Mit Blick auf die Probleme der koreanischen Halbinsel, insbesondere in der Behandlung Nordkoreas, ist China außerordentlich vorsichtig und versucht auch den Anschein einer Einmischung zu vermeiden. Der amerikanisch-südkoreanische Vorschlag einer Viermächtekonferenz mit China wurde in Peking zurückhaltend aufgenommen. Man hoffe, so verlautete aus dem chinesischen Außenministerium, daß die interessierten Seiten ihre Differenzen durch Konsultationen lösen. Insgesamt gewinnt der Beobachter den Eindruck, daß Chinas Politik gegenüber Korea vom Grundsatz der Nichteinmischung geleitet wird. Es scheint das Ziel Chinas zu sein, zu beiden koreanischen Teilstaaten möglichst entspannte Beziehungen zu unterhalten. Dies gewährleistet ein unbelastetes Verhältnis zu einem eines Tages wiedervereinigten Korea und damit auch künftig einen gewissen Einfluß, unabhängig davon, unter welchen politischen Vorzeichen die Vereinigung erfolgen könnte.

Es ist offenkundig, daß China und die USA in einer Reihe von Problemen tiefgehende Meinungsverschiedenheiten haben. Zu diesen Problemen gehören Fragen des Copyright und des Schutzes geistigen Eigentums, Probleme der chinesischen Menschenrechtspraxis, der Verdacht, China gebe illegal Komponenten für Nuklearwaffen an Drittstaaten weiter, und schließlich die komplexe Problematik der Vereinigung mit Taiwan. Der massive Druck Washingtons auf China, sich bei diesen Problemen an bereits bestehende internationale Gesetze zu halten, rief auf chinesischer Seite das simple Argument auf den Plan, die USA und andere westliche

Staaten mischten sich in die inneren Angelegenheiten ein und wollten China zwingen, sich amerikanischen oder generell westlichen Vorstellungen zu unterwerfen. Die Gereiztheit nahm in der ersten Hälfte der 90er Jahre zu und ließ auch in der in den USA geführten Diskussion vereinzelt den Ruf nach einer Eindämmung Chinas laut werden. Diese Stimmen wären nur dann ernst zu nehmen, wenn die amerikanische Außenpolitik noch stärker als bisher zum Spielball innenpolitischer Interessen und Neigungen würde. Bislang warnt die Mehrheit der amerikanischen China-Fachleute vor einer Eindämmungspolitik gegenüber dem Riesenreich. Ein als Feind behandeltes China würde zum Feinde werden. Gegen eine Politik der Eindämmung spricht auch das voraussehbare Verhalten der asiatischen Partner der USA. Weder Japan noch andere Staaten Asiens würden eine solche Politik mittragen; auch Europa würde in dieser Frage den USA die Gefolgschaft verweigern. Am Ende wäre nicht China, sondern wären die USA isoliert. In China selbst wäre eine Stärkung der nationalistischen und militaristischen Kräfte die natürliche Reaktion auf eine solche Politik mit allen unerwünschten Folgen für die Welt.

In der Mitte der 90er Jahre sieht sich insbesondere die westliche Welt mit den USA als einziger Supermacht vor der Herausforderung, China als Großmacht zu akzeptieren und in die internationale Politik und ihre Institutionen zu integrieren. Teilweise ist dies bereits gelungen, aber in wichtigen Fragen wird China auch in Zukunft ein eigensinniges, selbstgerechtes und schwieriges Mitglied der internationalen Gesellschaft bleiben. Die nicht vergessenen Demütigungen aus der Zeit halbkolonialer Abhängigkeit werden von China kompensiert. Die Rückkehr Hongkongs unter die Souveränität Chinas wird seinem ohnehin starken Nationalgefühl einen besonders kräftigen Impuls geben. So werden das Taiwan-Problem und die Modalitäten seiner Lösung auch in Zukunft Anlaß zu Spannungen zwischen Peking und Washington geben. *(Siehe auch den Beitrag von Gunter Schubert.)* Bei einer Zuspitzung der Lage enthält der Gegensatz zwischen den USA und China aber auch das in Tokyo gefürchtete Problem einer Entscheidung für die USA gegen China oder umgekehrt. Diese und andere Detailprobleme werfen die grundsätzliche Frage auf, ob nicht das chinesisch-amerikanische Verhältnis auf einen langfristigen Antagonismus hin angelegt ist.

Die politisch dominierenden Mächte im asiatisch-pazifischen Raum sind am Ende dieses Jahrhunderts die USA und China, nicht Japan. Es ist das erkennbare Ziel Chinas, die Führungsmacht der Region zu werden. Chinas Außen- und Verteidigungspolitik liefert dafür den klaren Beleg. Dagegen ist das Bestreben der USA in diesem Raum auf das Erhalten von Stabilität gerichtet. Dem seit dem Beginn der 70er Jahre fortlaufenden Abbau der militärischen Präsenz, die – wiederholten Erklärungen zufolge – künftig 100 000 Mann nicht unterschreiten soll, stehen ein verbales Bekenntnis zu Frieden und Stabilität in der Region und massiv vertretene Wirtschaftsinteressen gegenüber. Der Umgang mit China wird erschwert durch die von amerikanischen Politikern mit missionarischem Eifer vertretenen Werte der westlichen Zivilisation. Es ist ein Leichtes für die chinesische Führung – und andere asiatische Staaten können ihr nur beipflichten – den westlichen Anklägern eine Doppelmoral nachzuweisen. So zeigt sich der Westen gegenüber Rußland trotz seines brutalen Vorgehens in Tschetschenien ungleich nachsichtiger und verständnisvoller als gegenüber chinesischen Menschenrechtsverletzungen. Auch ist nirgends Kritik aus offiziellem Munde an der Menschenrechtspraxis in Saudi-Arabien zu vernehmen. Komplexer wird dieses Bild noch durch den Umstand, daß Taiwan, mithin ein Teil Chinas, auf dem Wege zu einer funktionierenden Demokratie entscheidende Schritte zurückgelegt hat. Doch die USA und andere westliche Apologeten der Demokratie dürfen Taiwan aus völkerrechtlichen Gründen und strategischen Überlegungen weder anerkennen noch zu mehr Unabhängigkeit ermuntern. Das bedeutet, daß die Politik ihre Forderungen nach Demokratie und Menschenrechten als Güterabwägung zwischen moralischem Anspruch und strategischem Interesse betreibt; doch Moral ist nicht teilbar. Der Anspruch auf universelle Gültigkeit der Menschenrechte erweist sich in der politischen Praxis mithin als Farce. Dieses Dilemma wird auch in Zukunft die Beziehungen zwischen China einerseits und den USA sowie anderen demokratisch verfaßten Staaten andererseits belasten und in gewisser Weise instabil halten. An der grundsätzlichen Problematik wird auch die seit Sommer 1996 erkennbare Erwärmung der chinesisch-amerikanischen Beziehungen kaum etwas ändern.

China reagiert in dieser Lage mit zwei Strategien: Erstens nutzt es geschickt die unterschiedlichen Interessen zwischen den Staaten aus, die um Anteile am chinesischen Markt konkurrieren; zweitens deutet es eine strategische Partnerschaft mit Rußland an, ohne dabei weitreichende Festlegungen zu treffen. Das Verhältnis zu Rußland soll hier näher betrachtet werden.

4. Strategische Partnerschaft zwischen China und Rußland?

Auch zu Zeiten der chinesisch-sowjetischen Freundschaft war Mißtrauen ein Element der Beziehungen Chinas zu seinem Nachbarn im Norden. Der offene, im wesentlichen von chinesischer Seite betriebene Konflikt mit Moskau diente letzten Endes der strategischen Emanzipation Chinas von der kommunistischen Hegemonialmacht. Aus ihm ist China gestärkt hervorgegangen. Schließlich haben sich Chinas Reformen aus einer Reihe von Gründen als erfolgreicher erwiesen als die der Sowjetunion bzw. Rußlands.

Seitdem Gorbatschow mit seinem Besuch im Mai 1989 in Peking den jahrzehntelangen Konflikt offiziell beilegen konnte, hat sich das chinesisch-russische Verhältnis erkennbar erwärmt. Ironischerweise waren die Beziehungen zwischen Peking und Moskau am schlechtesten, als beide Seiten dieselbe Ideologie, den Marxismus-Leninismus, als Grundlage ihres politischen Systems vertraten. *(Siehe auch den Beitrag von Gu Xuewu.)* Seitdem beide in ihrem offiziellen Verständnis von Staat und Gesellschaft getrennte Wege gehen, sind die Beziehungen enger, als sie in Jahrzehnten je waren. In den vergangenen Jahren haben alle führenden Politiker und Militärs beider Seiten einander wiederholt besucht. Allein die Staatspräsidenten trafen sich dreimal zu offiziellen Gesprächen; zuletzt Ende April 1996 anläßlich der Reise Präsident Jelzins nach China. Hingegen hat es zwischen China und den USA seit 1989 keine offiziellen Besuche auf höchster Ebene mehr gegeben.

Angesichts der Neuordnung der Beziehungen stellt sich die Frage nach den Motiven hinter der Entwicklung und nach den Zielen der beiden Akteure; schließlich ist zu fragen, wie die neue chinesisch-russische Partnerschaft im Gesamtzusammenhang der internationalen Beziehungen zu bewerten ist.

Die geopolitische Grundlage der Beziehungen liefert die Nachbarschaft der beiden Länder. Die gemeinsame Grenze zwischen China und Rußland erstreckt sich über 4 000 km; weitere 3 000 km betreffen Chinas Grenze mit den einst im sowjetischen Staatsverband vereinten, heute selbständigen Republiken Kasachstan, Kirgistan und Tadschikistan. Diese Tatsache erzwingt Entscheidungen über die Frage des Umgangs miteinander. Konflikte sind für die Beteiligten ökonomisch kostspielig und militärisch riskant. Da sowohl China wie auch Rußland und die zentralasiatischen Republiken der wirtschaftlichen Entwicklung große Bedeutung beimessen, sind alle Seiten daran interessiert, ihre Beziehungen zueinander möglichst konfliktfrei zu gestalten. Wie die Geschichte lehrt, ist die Regelung von Grenzfragen dafür eine wichtige Voraussetzung.

Als in den 60er Jahren der sino-sowjetische Konflikt auch auf die zwischenstaatlichen Beziehungen übergriff, stand die Grenzfrage sofort im Mittelpunkt des Streits. Als Gorbatschow 1986 ernsthafte Initiativen zur Aussöhnung unternahm, stand wieder die gemeinsame Grenze, ihre Regulierung und Entmilitarisierung an prominenter Stelle auf der Agenda des Normalisierungsprogramms. In allen dann folgenden gemeinsamen Erklärungen und Kommuniqués zwischen beiden Staaten spielt bis heute die Grenzfrage eine Rolle. Der seit 1990 im großen und ganzen erfolgreiche Umgang mit den mannigfaltigen Problemen des Grenzkomplexes wurde schließlich zur Basis für die deutlich verbesserten Beziehungen zwischen den beiden großen Nachbarn. Doch obwohl im Februar 1992 die Parlamente in Peking und Moskau ein Abkommen über den Verlauf des größten und problematischsten Teiles der gemeinsamen Grenze ratifiziert hatten, war auch beim Besuch Jelzins im April 1996 über einige noch umstrittene Abschnitte keine Einigung zu erzielen. Im übrigen ist der ratifizierte Text bislang weder von China noch von Rußland veröffentlicht worden.

Auf beiden Seiten spielen nationales Prestige und nationalistische Stimmungen keine geringe Rolle. Die Regierung in Moskau mußte sich wiederholt von politischen Vertretern der Fernostregion Primorje den Vorwurf anhören, gegenüber China in der Grenzfrage zu nachgiebig zu sein. Zwar handelt es sich dabei nur um die Übergabe von 1 500 ha Land an China, doch drohte der Gouverneur von Primorje dem Präsidenten sogar mit dem Verfassungsgericht. Dies dürfte für Jelzin, der damals unmittelbar vor den Präsidentschaftswahlen stand, der Grund gewesen sein, die noch offenen Fragen auf künftige Verhandlungen zu vertagen. Gerade wegen der nationalen Emotionen, die allerorts durch Territorialfragen leicht zu entfachen sind, ist man sich in Moskau wie in Peking darüber im klaren, daß gute Beziehungen ohne Regelung der Grenzfragen nicht erreichbar sind. Daß sich beide Seiten im wesentlichen haben einigen können, läßt auf das gemeinsame Interesse an einer Lösung schließen. Dabei dürfte für China der Gewinn an Sicherheit ein wichtiges Motiv für die Bereitschaft zur Zusammenarbeit gewesen sein und weiterhin bleiben.

Die chinesische Forderung nach Reduzierung der Streitkräfte beiderseits der Grenze mit Rußland reicht bis in die Zeit Gorbatschows zurück. Es wirft einiges Licht auf die Schwierigkeiten, die insbesondere die russische Seite mit einer Lösung hat. So steht ein Abkommen, das die Reduzierungsfrage regelt, noch immer aus, beide Seiten beteuern aber bis in jüngste Zeit, ein solches Abkommen sei wichtig.

Wegen der fehlenden Infrastruktur im Hinterland ist für Rußland der Streitkräfteabbau im Grenzbereich außerordentlich schwierig. Sicherheitsinteressen sind auch das entscheidende Motiv für das ebenfalls beim Besuch des russischen Präsidenten im April 1996 in Shanghai unterzeichnete Abkommen zwischen China, Rußland und den drei zentralasiatischen Staaten Kasachstan, Kirgistan und Tadschikistan über militärische Vertrauensbildung (gegenseitiger Nichtangriff, Manöverankündigung, Beobachteraustausch etc.) an den gemeinsamen Grenzen. Damit hat China an der insgesamt 7 000 km langen Grenze mit seinen vier Nachbarn im Norden und Nordwesten seine Sicherheit erhöht und kann Streitkräfte für Aufgaben in anderen Gebieten freisetzen. Vertrauensbildung in Zentralasien hat für Peking aber auch einen innenpolitischen Aspekt: In der Provinz Xinjiang (früher Ostturkestan) wird China unter der überwiegend uigurischen Bevölkerung muslimischen Glaubens als fremde Macht angesehen. Kontakte mit den Glaubensbrüdern jenseits der Grenze scheinen nicht selten antichinesische Demonstrationen zu ermutigen. Die han-chinesisch dominierte regionale KPCh spricht offen von dem »bedrohlichen Charakter des nationalen Separatismus und der ungesetzlichen religiösen Aktivitäten«. Vermutlich strebt die Führung in Peking durch das Abkommen über Vertrauensbildung in Zentralasien auch Unterstützung bei ihren Bemühungen um Kontrolle über separatistische Strömungen an.

Ein weiteres Motiv für die chinesisch-russische Entspannung ist die Erweiterung des Handels und die Verbesserung der Wirtschaftsbeziehungen. Auf diesem Feld setzte – ausgehend von einem sehr niedrigem Niveau – die Belebung sehr rasch ein. 1992 erreichte das Handelsvolumen wertmäßig etwas über 5 Mrd. US $, fiel aber nach vorübergehendem Anstieg 1994/95 wieder auf diesen Wert zurück. Zum Vergleich: Der chinesisch-amerikanische Handel erreichte 1995 ein Volumen von über 40 Mrd. US $.

Die chinesisch-russischen Handelsbeziehungen weisen erhebliche strukturelle Schwächen auf. Die Qualität der Exportprodukte beider Seiten verschlechtert sich nach chinesischen Aussagen fortlaufend; der Handel besteht im wesentlichen aus Bartergeschäften; gegenseitige Investitionen und Entwicklungsvorhaben existieren praktisch nicht. Dennoch spielt für den schwach entwickelten russischen Fernen Osten der seit Anfang der 90er Jahre florierende Grenzhandel mit China eine wichtige Rolle bei der Versorgung der Bevölkerung mit Konsumgütern. Unter den asiatischen Handelspartnern Rußlands steht China daher an erster Stelle, aber Stagnation auf relativ niedrigem Niveau ist das vorherrschende Merkmal. Daran wird voraussichtlich auch ein jüngst angekündigtes großes Energievorhaben (Bau einer Ölpipeline aus dem Gebiet von Irkutsk) wenig ändern.

Für China haben Wirtschaftsbeziehungen zum russischen Nachbarn auch einen militärischen Aspekt: Mit dem Zerfall der Sowjetunion eröffneten sich Möglichkeiten eines kostengünstigen Erwerbs von Waffensystemen aus sowjetischer Produktion. Die Modernisierung der Streitkräfte ist Chinas vorrangiges Ziel. Auf Grund der Geschäftschancen für seine Rüstungsindustrie leistet Rußland dabei tatkräftige Hilfe. Anfang 1996 wurde der Abschluß eines russisch-chinesischen Abkommens bekannt, wonach durch die Lizenzproduktion des Überschallkampfflugzeuges Suchoi Su-27 in China die chinesische Luftwaffe weiter modernisiert werden soll. Rußland hat bereits eine Staffel von 26 Flugzeugen dieses Typs geliefert, soll aber die Lizenzfertigung von dem Verkauf von mindestens 50 Stück abhängig gemacht haben. Außerdem erhielt China auch den neuesten Panzer des Typs T-80. Auch soll sich bereits eine nicht genannte Zahl russischer Wissenschaftler in China aufhalten und an der Modernisierung von Raketentechnologie und anderen Waffensystemen arbeiten.

Nach jüngsten Äußerungen des chinesischen Generalstabschefs Fu Quanyou bei einem Besuch in Rußland werde die Modernisierung der chinesischen Armee in Zusammenarbeit mit den russischen Streitkräften erfolgen; dies bedeute vor allem Kontakte in militärischen und technischen Bereichen und den Kauf von fortgeschrittenen Waffensystemen in Rußland. Beide Länder, so der hohe chinesische Offizier, seien sich über die Notwendigkeit einig, »eine strategische Partnerschaft für das 21. Jahrhundert« zu schaffen.

Damit gehen Motive und Ziele für die Verbesserung der bilateralen Beziehungen ineinander über. Der Begriff »strategische Partnerschaft« erscheint auch beim Besuch Jelzins in China in der »Gemeinsamen Erklärung« vom 25. April 1996. Er bezieht sich dort auf die Gleichheit im Status der Partner, auf beiderseitiges Vertrauen und auf »gemeinsame Koordinierung im Hinblick auf das 21. Jahrhundert« – was immer das heißen mag. Nicht zu übersehen ist allerdings, daß gemeinsame Sicherheitsinteressen und Übereinstimmung in zahlreichen globalen, regionalen und nationalen politischen Positionen China und Rußland enger zusammenführen.

Die globale strategische Entwicklung seit dem Ende des Kalten Krieges hin zu einer multipolaren Struktur mit mehreren Machtzentren, aber einer beherrschenden Rolle der USA wird auch in Peking und Moskau wahrgenommen. Die Ablehnung der amerikanischen Dominanz durch China und Rußland aus unterschiedlichen Gründen schafft eine gewisse Gemeinsamkeit. Beide sehen sich hier auf einer Seite stehend, wobei Rußland die Übereinstimmung mit China intensiver zu suchen scheint als umgekehrt. Außenminister Primakow erklärte Anfang März 1997, Rußland müsse gegen jedes Land, das die internationalen Beziehungen zu dominieren versuche, die Rolle eines Gegengewichts spielen. Ende 1995 kündigte Verteidigungsminister Gratschow an, im Falle einer NATO-Osterweiterung werde Rußland neue Verbündete im Osten suchen.

Angesichts der schwankenden Beziehungen zwischen Washington und Peking ist es nur natürlich, wenn die chinesische Führung die sich bietende Chance nutzt, um die USA wissen zu lassen, eine Annäherung an Rußland sei eine realistische Option und jeder Versuch einer Eindämmung oder gar einer Isolierung Chinas in den internationalen Beziehungen werde scheitern. Aber die chinesische Führung ist behutsam; für Rußlands Ablehnung einer Osterweiterung der NATO spricht sie zwar ihr Verständnis, nicht aber ihre Unterstützung aus. Allerdings hat China damit seine bisherige Neutralität in dieser Frage aufgegeben. Diese Haltungsänderung stärkt natürlich den Führern in Moskau den Rücken. Auch hat China immer wieder erklärt, – und die jüngste chinesisch-russische »Gemeinsame Erklärung« wiederholt dies noch einmal – daß beide Mächte kein Bündnis eingehen werden. Dies ist glaubwürdig, da Entscheidungsfreiheit und Unabhängigkeit Prinzipien chinesischer Außenpolitik sind, die durch ein Bündnis, mit welchem Staat auch immer, nur beeinträchtigt würden.

Ferner finden sich China und Rußland auf derselben Seite, wenn es darum geht, westliche Kritik als Einmischung zurückzuweisen: Dies betrifft Tschetschenien ebenso wie Tibet und Chinas Umgang mit Taiwan. Ausdrücklich bestätigte Chinas

Führung gegenüber Jelzin den innenpolitischen Charakter der Tschetschenien-Frage, und Rußlands Präsident bekräftigte ein weiteres Mal, daß Tibet und Taiwan untrennbare Teile Chinas seien. Dafür wird Rußland künftig in China einen Fürsprecher für seine Aufnahme in die Asia-Pacific Economic Cooperation (APEC) haben. Für Moskau ist diese Unterstützung von größtem Interesse, da es sich im asiatisch-pazifischen Raum politisch von den USA ausgegrenzt fühlt und begierig nach Mitsprache strebt. Der mit Jelzin vereinbarten telefonischen »Hot line« zwischen den Regierungen in Peking und Moskau kommt allerdings wohl kaum mehr als symbolische Bedeutung zu.

Die Erwartungen aus dieser Lage sind bei beiden Partnern unterschiedlich. In der russischen politischen Elite ist die Annäherung an China keineswegs unumstritten. In Rußland wird nicht nur der Verlust der Weltmachtposition, sondern auch der Verlust der historischen Überlegenheit gegenüber dem einst armen und unterentwickelten China wahrgenommen Der stellvertretende Ministerpräsident Schachrai erklärte 1994 in der Duma, in den vierhundertjährigen Beziehungen zwischen Rußland und China habe das Reich der Mitte in seinem ökonomischen Entwicklungstempo Rußland erstmals überflügelt. (Izvestija, 20. 5. 1994). Ein führender russischer Chinakenner sieht eine Lage entstehen, in der sich »ein ›reiches‹ China und ein ›armes‹ Rußland« gegenüberstehen. In Anbetracht des Verfalls der russischen Militärmacht in Asien und der massiven Rüstung Chinas erscheint für einige russische Beobachter eine Verschiebung des militärischen Gleichgewichts bereits in vollem Gange. Sie stellen die Frage, ob die Rüstungsexporte nach China nicht eigentlich helfen, den künftigen Gegner aufzurüsten.

Diese Sorge wird durch das Einsickern chinesischer Siedler in den russischen Fernen Osten verstärkt. Genaue Zahlen werden russischerseits nicht genannt. Wahrscheinlich kennt sie auch niemand. Für Spekulationen ist das billige Nahrung. Einige Quellen sprechen von zwei Millionen Chinesen, die sich bereits illegal in Rußland aufhalten; Präsidentschaftskandidat Jawlinski soll sogar von fünf Millionen gesprochen haben. Wie dem auch sei, die Tatsache, daß Chinesen auf russischem Territorium siedeln und daß diese Migration von Peking nicht ausdrücklich unterbunden wird, ist nicht zu leugnen. Es ist vielleicht weniger der Umfang der Migration, der die Russen besorgt macht, als ihr schwer kontrollierbarer Verlauf. Wahrscheinlich ist die Behauptung einer »friedlichen Eroberung« Sibiriens und des russischen Fernen Ostens durch die Chinesen, die von russischen Politikern und Historikern stammt, eine Übertreibung. Vor allem schlagen lokale Behörden Alarm, denn mindestens bis Anfang 1994 soll die Regierung in Moskau die Entwicklung ignoriert haben. Da auch chinesische Banden in Rußland operieren, wird gelegentlich über antichinesische Reaktionen der russischen Bevölkerung berichtet.

Das demographische Ungleichgewicht zwischen dem bevölkerungsreichen Nordchina und dem außerordentlich schwach besiedelten Rußland östlich des Urals könnte bei einem rasch wachsenden chinesischen Bedarf an Rohstoffen, Energieträgern und Nahrungsmitteln zu einem Problem für Rußland werden. Ein Blick auf die Bevölkerung macht klar, daß sich hier ein folgenschweres politisches Problem aufbaut. In Sibirien und der russischen Fernostregion leben etwa 32 Millionen Menschen. Nach russischen Schätzungen werden dort bis zum Jahre 2010 nur noch acht bis zehn Millionen Menschen leben, wenn sich die gegenwärtigen ungünstigen ökonomischen und demographischen Tendenzen nicht ändern. Allein die drei

Nordostprovinzen Chinas zählen aber heute bereits 92 Millionen Einwohner. Auf der einen Seite herrscht Mangel an Arbeitskräften, auf der anderen sind sie im Überfluß vorhanden. Die russische Seite zeigt einerseits Verständnis und ist ökonomisch an arbeitsamen Chinesen interessiert. Andererseits – und darüber scheint man sich in der russischen Führung im klaren zu sein – hat man in Peking nicht vergessen, daß ein Teil der heute russischen Fernostgebiete bis in die zweite Hälfte des 19. Jh. zu China gehörte. Bisher gibt es zwar keine erkennbaren Revisionsabsichten Chinas, aber die Annahme, daß das Kapitel über die chinesisch-russische Grenze für immer abgeschlossen ist, widerspricht historischer Erfahrung.

Zusammenfassend ist festzuhalten: China und Rußland sehen in der Lösung gemeinsamer Probleme (Regelung der Grenzfragen, militärische Vertrauensbildung) einen Nutzen für sicherheitspolitische, wirtschaftliche und innenpolitische Zwecke.

Gewisse übereinstimmende Interessen (Ablehnung der US-Dominanz, Nichteinmischung in »innere« Angelegenheiten, Kritik am Westen) schaffen ein Klima der Kooperation in internationalen Fragen, doch bewegt sich diese Zusammenarbeit deutlich unterhalb eines formalen Bündnisses, das vor allem von China nicht gewünscht wird. Rußland strebt mit Hilfe Chinas wieder nach verstärkter Mitsprache in Asien, verfügt aber weder wirtschaftlich noch militärisch über das dafür erforderliche Potential; China, das sich der Schwäche Rußlands bewußt ist, nutzt dessen rüstungstechnisch überlegenen Status für ein zentrales nationales Ziel: die Modernisierung seiner Streitkräfte. Es liegt nahe, daß der Westen mit den USA als der dominierenden Macht alles vermeiden sollte, was chinesisch-russischen Annäherungstendenzen zusätzliche Impulse verleiht.

5. Chinas Reserve gegenüber multilateralen Lösungsprozessen

Ungelöste Territorialfragen, ein zunehmend machtbewußtes China und eine Reihe anderer Konfliktquellen haben im Laufe der letzten Jahre bei führenden Politikern der Region die Einsicht reifen lassen, daß sich die Institutionalisierung einer informellen Erörterung von Sicherheitsfragen als nützlich erweisen könnte. So entstand 1994 das ASEAN Regional Forum. Ihm gehören die sieben ASEAN-Staaten an sowie 14 weitere Mitglieder, darunter die USA, die Europäische Union, Rußland und China. Die bisherigen Sitzungen des Forums haben nicht der Entscheidung über konkrete Schritte, sondern einem unverbindlichen Gedankenaustausch und der Schaffung eines günstigen Gesprächsklimas gedient. Da atmosphärische Fragen in Asien generell eine größere Rolle spielen als gewöhnlich im Westen, hat eine solche Institution sicher ihren Sinn. Wo es dann aber um harte Machtinteressen und Fragen der Einflußsicherung geht, werden rasch die Grenzen der Unverbindlichkeit sichtbar. Chinas Anspruch auf praktisch das gesamte Südchinesische Meer wird sich künftig als Testfall der Leistungsfähigkeit des ASEAN Regional Forum erweisen; denn die Machtausdehnung Chinas wirft lange Schatten auf die asiatisch-pazifische Region. Chinas Anspruch ist nicht neu; er wird seit der Gründung der Volksrepublik erhoben und – wie immer bei chinesischen Gebietsforderungen – mit angeblich historischen Rechten begründet. Nachdem China 1974 die Inselgruppe der Paracel südöstlich des Golfs von Tonkin mit militärischen Mitteln fest in seine Hand gebracht hatte, diente diese Gruppe als Sprungbrett für den weiteren Vorstoß nach Süden zu den Spratley-Inseln. Diese Gruppe, im Zentrum und Südwesten des Seegebiets gelegen, besteht aus Hunderten von Inseln und Riffen, Sandbänken und Untiefen, die sich über ein Areal von der Größe des halben Belgien erstrecken. Außer seinem Fischreichtum enthält das Gebiet Naturgasvorkommen, Phosphor und Erdölreserven. Letztere sollen nach chinesischen Angaben wesentlich größer als die auf dem Festland bekannten Vorräte sein.

Es liegt nahe, daß das chinesische Interesse an den Vorkommen wegen des wachsenden Bedarfs an Energieträgern und anderen Ressourcen groß ist. So überrascht es nicht, wenn China die Kontrolle über das Seegebiet und seine Inbesitznahme vorantreibt. Dabei verknüpft es seine Marinerüstung mit der Einrichtung eines administrativen und logistischen Netzwerkes, mit systematischer ozeanographischer und meteorologischer Erkundung und mit Seemanövern. Dieses Vorgehen führt immer wieder zu politischen Spannungen mit Anrainerstaaten, von denen Vietnam, die Philippinen, Malaysia, Brunei und Taiwan ebenfalls Hoheitsrechte auf einzelne Inseln und Riffe geltend machen.

In allen bisher von der ASEAN initiierten Gesprächen zur Lösung des Problems war China nicht bereit, die Frage der Souveränität zu erörtern. Auch die Einrichtung einer internationalen Organisation zur Beilegung von Territorialkonflikten in der Region lehnt Peking ab und besteht darauf, derartige Konflikte mit den betroffenen Staaten bilateral zu lösen. China ist zwar bereit, über eine gemeinsame Nutzung zu sprechen, erweitert aber gleichzeitig seine Kontrolle über die Spratleys. Anfang 1992 veröffentlichte es sogar ein Gesetz über die Territorialgewässer, das die umstrittenen Gebiete einschließt. Diesen Akt versuchte es Ende Mai 1996 durch Ratifizierung der UNO-Seerechtskonvention völkerrechtlich zu untermauern. Nach chinesischen Angaben habe sich damit das unter chinesischer Jurisdiktion stehende Seegebiet von 370 000 auf 3 Mio. qkm erweitert. China macht nun von dem Recht Gebrauch, eine exklusive 200-Meilen-Wirtschaftszone entlang seiner Küste zu etablieren, dehnt aber dieses Recht offenbar auch auf die von ihm beanspruchten Inselgruppen aus, wie es am Beispiel der Paracel-Inseln demonstriert. Weitere Wirtschaftszonen dieser Art sollen folgen. Dies aber steht nicht im Einklang mit der Seerechtskonvention, die nur Inselstaaten wie z. B. Indonesien, nicht aber Kontinentalstaaten wie China gestattet, 200-Meilen-Zonen um ihre Inseln zu legen.

Die Hintergründe für Chinas Vorgehen sind komplex. Zweifellos hängt dies mit dem historisch verwurzelten Bewußtsein einer als natürlich empfundenen Großmachtrolle zusammen. Nach einem Jahrhundert der Demütigungen sieht sich China endlich zur regional dominierenden und weltweit beachteten Macht aufsteigen. Doch neben diesem Aspekt steht das nüchterne Motiv der Ressourcensicherung für eine sich unaufhaltsam vergrößernde Bevölkerung mit rasch wachsendem Energiebedarf.

Chinesische Veröffentlichungen weisen auf die Notwendigkeit der Sicherung der Meeresvorkommen hin und begründen dies mit den sich schnell erschöpfenden Rohstoffen auf dem Festland. Dabei geht es offenbar nicht um die nahe Zukunft, sondern um die nächsten 50 oder 100 Jahre: Mit der Nutzung der Ressourcen, heißt es in einem Kommentar, hänge eng die Stellung Chinas »in tausend Jahren« zusammen. Wir haben es also mit einer langfristigen Strategie zu tun, deren Ziel es ist, der beiden Hauptprobleme Chinas, der Armut und der Überbevölkerung, mit den vorhandenen Ressourcen Herr zu werden. Nach chinesischem Verständnis ist dieses Ziel offenbar nur mit der Herrschaft über das Südchinesische Meer zu erreichen. Auf den ersten Blick erscheint dieser Anspruch und die daraus erwachsenden Konflikte mit den Anrainern als ein regionales Problem. Die sicherheitspolitischen Implikationen gehen aber weit über die Region hinaus und betreffen auch Europa. Das Südchinesische Meer ist einer der wichtigsten Seefahrtkorridore der Welt. Die für die Versorgung Japans, Koreas und anderer Länder dieses Raumes unverzichtbaren Seetransportrouten laufen, von den Ölförderländern des Nahen Ostens kommend, durch die Straße von Malacca und weiter durch dieses Seegebiet. Entsprechendes gilt für den Export aus diesen Ländern nach Westen und für die europäischen Handelsrouten nach Südostasien und in den Fernen Osten. Eine chinesische Kontrolle über dieses wichtige Seegebiet ist ein Sicherheitsproblem von überregionaler Bedeutung.

Doch obwohl der Disput über das Südchinesische Meer diesen hohen Rang hat und China dabei ist, seinen Ansprüchen Rechtskraft zu geben, wurde jede Erörterung des chinesischen Anspruchs auf der Jahrestagung der Außenminister des ASEAN Regional Forum am 23. Juli 1996 in Jakarta vermieden. Ebensowenig erachteten die Teilnehmer des Forums Chinas Manöver in der Straße von Taiwan im Frühjahr 1996, die immerhin erhebliche Spannung in der Region ausgelöst hatten, einer Erwähnung wert. China hätte auch einen Versuch, darüber zu sprechen, sofort mit dem Hinweis auf den innerchinesischen Charakter der Taiwan-Frage blockiert.

Der schonende Umgang mit China ist offenbar der Preis, den vor allem die asiatischen Staaten für Chinas Mitarbeit im Forum zu zahlen bereit sind. Ob China nicht nur zur Durchsetzung seiner expansionistischen Ziele, sondern zur Konsolidierung von Sicherheit und Stabilität in Asien mitarbeiten wird, scheint nach seinem bisherigen Verhalten eher fraglich. Bei der Erörterung der Zukunft Asiens im Mai 1996 in Tokyo stimmten die führenden Politiker und Wirtschaftsführer aus 14 Staaten der asiatisch-pazifischen Region darin überein, daß der Schlüssel zum Frieden in der Region nicht das militärische Kräftegleichgewicht sei, sondern Dialog und wirtschaftliche Zusammenarbeit, die China in einen guten Nachbarn verwandeln werden. Zweifellos ist China auf dem Feld der Wirtschaft bereit zur Zusammenarbeit, sofern sie seiner Entwicklung dient; aber im Bereich der Politik verfolgt es beharrlich einen Kurs, der nur ein Ziel kennt: Mehrung von Macht und Einfluß. So ist noch immer Skepsis angebracht, ob die Bemühungen der USA und anderer Staaten, China »zu einem verantwortlichen Mitglied der internationalen Gemeinschaft« zu machen, langfristig erfolgreich sein werden.

Verwendete und weiterführende Literatur

FAIRBANK, JOHN KING (1979): The United States and China, Fourth edition, Cambridge, Mass..
FAUST, JOHN R.; JUDITH F. KORNBERG (1995): China in World Politics, Boulder, Col.
FUNABASHI, YOICHI, MICHEL OKSENBERG, HEINRICH WEISS (1994): China auf dem Wege zur Großmacht. Konsequenzen in einer interdependenten Welt. Ein Bericht an die Trilaterale Kommission, Bonn.

HARDING, HARRY (1992): A Fragile Relationship, The United States and China since 1972, Washington, D.C.
HOWE, CHRISTOPHER (1996): China and Japan. History, Trends, and Prospects, London.
MÖLLER, KAY (1997): Sicherheitspartner Peking, Die Beteiligung der VR China an Vertrauens- und Sicherheitsbildenden Maßnahmen, Stiftung Wissenschaft und Politik, Ebenhausen.
ROBINSON, THOMAS W.; SHAMBAUGH, DAVID (1994): Chinese Foreign Policy: Theory and Practice, Oxford.
ROBERT S. ROSS (1995/Hrsg.): East Asia in Transition. Toward a New Regional Order, Armonk, London.
SHAMBAUGH, DAVID (1996): Containment or Engagement of China? Calculating Beijing's Responses, in: International Security, Vol. 21, No. 2 (Fall 1996), S. 180–209.
SHINN, JAMES (1996/Hrsg.): Weaving the Net. Conditional Engagement with China, 1996.
YAHUDA, MICHAEL (1996): International Politics in the Asia-Pacific, 1945–1995, London.

XXVI. Reich und mächtig – Chinas Zukunft als Nation – ein Essay

CHRISTOPH MÜLLER-HOFSTEDE

1. Vorbemerkung oder Why China matters

Wird China die Weltmacht des 21. Jahrhunderts? Nicht wenige Beobachter sehen das Land mit seinen 1,3 Milliarden Menschen, unterstützt von einem globalen Netzwerk chinesischer Unternehmer von Hongkong bis Vancouver, gleichsam unaufhaltsam zur wirtschaftlichen Supermacht der Zukunft aufsteigen. Die boomenden chinesischen Küstenregionen und die Wirtschaftskraft von über 50 Mio. Auslandschinesen tragen in dieser Hinsicht zur neuen globalen Wirtschaftsmacht Chinas bei und bilden die Grundlage für einen »reichen und mächtigen« chinesischen Staat, der nun – nach mehreren gescheiterten Versuchen im 20. Jh. – wieder dorthin vorrückt, wo sich das Land bis zum Ende des 18. Jh. befand: in die Spitzengruppe der Weltmächte. Die Rückkehr Hongkongs in den Verbund der VR China, so der Wille der chinesischen Führung, soll nur der erste Schritt auf dem langen Marsch zu einem politisch geeinten »Großchina« unter Einschluß Taiwans sein. »Der Kalte Krieg ist vorbei, und gewonnen haben die Chinesen«, so die Formel von John Naisbitt in seinem Bestseller *Megatrends Asien*. Dieses Szenario ist populär, nicht nur in den westlichen Medien, sondern auch in China, wo gerne der Bedeutungszuwachs des Landes anhand westlicher Presseberichte »belegt« wird. In scharfem Kontrast dazu steht die ebenfalls sowohl in China als auch im Westen gern diskutierte Katastrophenvariante: Chinas soziale, wirtschaftliche, ökologische Krisenpotentiale seien auf absehbare Zeit nicht mehr beherrschbar; ein Zerfall des Landes, eine Militärdiktatur, blutige Unruhen oder der Abstieg Chinas zum internationalen Sozialfall werden nicht ausgeschlossen. Die Zukunft Chinas ist in den letzten Jahren mehr denn je das Objekt öffentlichen Interesses, wissenschaftlicher Konferenzen und politischer Spekulationen geworden. Warnungen vor einer expansionistischen und nationalistischen Supermacht unter der Kontrolle einer unwandelbar repressiven, kommunistischen Partei stehen Visionen einer friedlichen Evolution, einer sich schrittweise modernisierenden, demokratisierenden und weltoffenen Gesellschaft gegenüber. In der inzwischen unüberschaubaren Fachliteratur lassen sich für (fast) alle Szenarien Belege und Indizien finden: Das Land ist so vielfältig, daß fast jede Beobachtung zutreffend erscheint, aber auch das Gegenteil behauptet werden kann. Der ungeheure Reichtum an archivalisch und literarisch erschlossener Geschichte kann dazu verführen, diese gleichsam als Steinbruch zu benutzen, aus dem sich immer neue Konstruktionen chinesischer Realität gewinnen lassen. Die lange Karriere Chinas als Projektionsfläche westlicher Faszinationen, Hoffnungen und Ängste seit der Renaissance tut ein übriges, daß sich positive wie negative Zerrbilder in den Chinadiskurs des Westens einschmuggeln.

Trotz dieser durchaus nicht neuen Unübersichtlichkeit scheint auch bei konträren Bewertungen Konsens in drei Punkten zu bestehen:

Erstens, China verfügt über gewachsene, positive und negative Gestaltungsmacht im regionalen wie im globalen Maßstab. Als Mitglied im Ständigen Ausschuß des Sicherheitsrats der Vereinten Nationen müssen mit China Absprachen in allen wichtigen Fragen des internationalen Konfliktmanagements getroffen werden. Ob es sich um militärische, soziale, demographische oder Umweltfragen handelt, China ist mehr denn je Teil globaler Probleme und ihrer Lösung. Jede internationale Abrüstungs- und Rüstungskontrollvereinbarung bleibt ohne die Zustimmung Chinas wertlos. Ob China allerdings langfristig konstruktiv mit seinem Machtzuwachs umgehen wird, ist Gegenstand höchst kontroverser Diskussionen.

Ein zweiter Konsens bezieht sich auf die Tatsache, daß sich in China in den letzten 17 Jahren ein historischer Modernisierungsschub vollzogen hat, der in den USA während der Take-off-Phase ihrer Entwicklung etwa 50 Jahre und in Japan 35 Jahre benötigt hätte. Chinas Anteil am Welthandel beträgt heute 4 % (gegenüber 0,5 % 1978), sein Anteil an der Weltproduktion je nach Berechnungsart 3 % bis 10 %. Das Land gehört zu den zehn größten Exportländern der Welt und ist mit Abstand der wichtigste Standort für Auslandsinvestitionen unter den Entwicklungsländern. Die internen Voraussetzungen für weiteres Wachstum (Sparquote, landwirtschaftliche Erträge, natürliche Ressourcen) werden als vielversprechend beurteilt. Selbst bei einem leichten Absinken der gegenwärtigen Wachstumsraten von über 10 % scheint China auf dem besten Weg, sich zu einer der größten Volkswirtschaften der Welt zu entwickeln. Das Land wird in der Verflechtung mit dem asiatisch-pazifischen Wirtschaftsraum mit einiger Sicherheit zu einem Wachstumspol der Weltwirtschaft werden.

Drittens, wie auch immer man die Aussichten für eine »Weltwirtschaftsmacht« China einschätzen mag: Ein Land, dessen Bevölkerung sich bis zur Mitte des nächsten Jahrhunderts um mehrere hundert Millionen Menschen vermehren wird, benötigt einen wachsenden Anteil an den Energie- und Naturressourcen der Welt. Seit 1995 ist China auf Ölimporte angewiesen, wachsende Getreideimporte sind – aufgrund der veränderten Ernährungsgewohnheiten – in den nächsten 20 Jahren kaum zu vermeiden. Schon heute wird der Energieverbrauch Chinas (trotz eines extrem niedrigen Pro-Kopf-Verbrauchs) nur noch von dem der Vereinigten Staaten übertroffen. *(Siehe auch Abb. 4.6.3 und Tab. 4.6.2 im Anhang.)* Potentielle Risiken für die internationalen Rohstoffmärkte und beispiellose kommerzielle Möglichkeiten (Erschließung der Ressourcen, Modernisierung der Infrastruktur durch internationale Finanzierungen) werden derzeit in langfristigen Szenarien gegeneinander abgewogen (OECD 1996).

So wichtig es sein mag, sich im kreativen Chaos der China-Berichterstattung diese grundlegenden materiellen Ursachen für die wachsende globale Bedeutung Chinas zu vergegenwärtigen, so rasch wird man auf Fragen stoßen, die über die rein quantitativen Aspekte des chinesischen Aufstiegs hinausgehen. Wie hängen die internen Veränderungen und Umbrüche in China in den letzten zwei Jahrzehnten mit den ebenso auffälligen grundlegenden Wandlungen im internationalen System (Stichwort »Globalisierung«) zusammen? Kann sich China als souveräner Nationalstaat in einer globalisierten, vernetzten Welt behaupten? Ist nationalstaatliche Politik und damit auch ein Anspruch auf »Weltmacht« nicht eine Illusion angesichts der wachsenden Zahl von unabhängigen, nichtstaatlichen Akteuren in den internationalen Beziehungen, der Tendenz zur Dezentralisierung im Innern und zur supranationalen Bündelung von Souveränität in den Außenbeziehungen? Gilt nicht auch für China das Diktum des amerikanischen Soziologen Daniel Bell, wonach »der Nationalstaat für die kleinen Probleme zu groß und für die großen Problem zu klein geworden ist«? Ohne auch nur annähernd erschöpfend auf diese Fragen eingehen zu können, wird der Beitrag die Skizzen einer möglichen Antwort auf diese Fragen im zweiten Abschnitt umreißen, um sich ab dem dritten Abschnitt der kontroversen Frage nach dem chinesischen Nationalismus zu widmen. Fast gegenläufig zum wachsenden Grad weltwirtschaftlicher Verflechtung und der Einbindung in eine globale Informationsgesellschaft steigt die Fieberkurve des Nationalismus in der VR China. Er gilt heute als der einzige Kitt, der die Volksrepublik zusammen und die Partei an der Macht hält. Als wichtigstes Element in der Weltsicht der chinesischen Führung filtert er die Wahrnehmungen der Umgebung. Wo liegen seine historischen Wurzeln? Wie groß sind seine Zukunftschancen? Was heißt heute »chinesische Nation«? Handelt es sich um mehr als geschickt inszenierte Regierungspropaganda? Entsteht hier die politische Zukunftsideologie eines neuen »Großchinas«? Oder bilden sich neue Formen chinesischer Identität und Nationalstaatlichkeit an der maritimen Peripherie Chinas, insbesondere in Taiwan, heraus? Wie sind schließlich die Spielräume für autonome Entwicklungen in der westlichen Peripherie, insbesondere in Tibet und Xinjiang, einzuschätzen? Das neue komplexe Spannungsverhältnis zwischen der nationalen Integration Chinas, den Herausforderungen der globalen Modernisierungsschübe und des möglichen Weltmachtstatus Chinas wird Gegenstand abschließender Betrachtungen sein.

2. Chinas Modernisierung: Neue Bedingungen im Zeitalter der Globalisierung

Jede lineare Fortschreibung der Erfolge des chinesischen Modernisierungsprozesses in die nächsten Jahrzehnte neigt dazu, die gewaltigen Unwägbarkeiten und Herausforderungen zu unterschätzen, denen sich China in den nächsten 10 bis 20 Jahren gegenübersieht. Die größten strukturellen Defizite betreffen Qualität und Ausbau der Infrastruktur, Management- und Bildungskapazitäten sowie den institutionellen und juristischen Überbau. Ohne einen kontinuierlichen Zufluß von Kapital, Technologie und Beratung aus dem Ausland stehen alle Modernisierungsambitionen auf tönernen Füßen. Daher stellt sich den Beobachtern Chinas vor allem die eigentlich spannende Frage, wie sich das Land in eine neue interdependente Welt einfügen wird, wie umgekehrt die »Welt« Einfluß auf Chinas innere Strukturen nehmen wird und in welcher Weise der Einfluß Chinas sich auf die Reaktionen anderer Staaten und auf das internationale System auswirken wird. Wird die »Globalisierung«, unter der hier verkürzt die durch neue Technologien bewirkte Ausweitung und Verdichtung der grenzüberschreitenden Güterströme, Verkehrsflüsse, Informationsmassen und Kreditbeziehungen verstanden werden soll, die Macht des chinesischen Staates – wie in manchen Darstellungen angenommen – gleichsam automatisch einschränken, ihn zunehmend in ein regionales oder gar weltweites entstaatlichtes Netzwerkregime einbinden, in dem gesellschaftliche Akteure wichtiger werden als der »Staat«? Eine »endgültige« Antwort auf diese an die Zukunft gerichteten Fragen zu geben, ist selbstverständlich unmöglich, aber auch die derzeit zu beobachtenden Trends sind widersprüchlich und lassen unterschiedliche Interpretationen zu. Grundsätzlich muß sich China – wie alle Nationalstaaten – zunehmend in einem Spannungsfeld zwischen nationaler Souveränität und globalen Märkten, zwischen Territorialstaat und Handelsstaat (Hanns Maull) bewegen. Die Auswirkungen auf die interne Verfassung, auf die politische Ökonomie Chinas sind beachtlich und stützen auf den ersten Blick die These einer Machterosion des chinesischen Staates. Seit 1979 prägen Tendenzen der Dezentralisierung, Fragmentierung und Regionalisierung die chinesische Realität, die sich endgültig von der monolithischen, uniformierten Erscheinungsform der maoistischen Ära verabschiedet hat.

Zusammengefaßt handelt es sich um
- den politisch gesteuerten, noch unvollendeten Übergang von der Planwirtschaft maoistisch-stalinistischen Typs zu einer »sozialistischen Marktwirtschaft«, der zur Dezentralisierung wirtschaftspolitischer Kompetenzen und zur bürokratischen Fragmentierung des zentralen politisch-administrativen Apparates, kurz zu einem spürbaren Kontrollverlust der Zentralregierung und der KPCh geführt hat,
- einen durch die Ausweitung der Industrialisierung vorangetriebenen Modernisierungsschub, der neue gesellschaftliche Schichten entstehen läßt und Individualisierungsprozesse sowie die im weitesten Sinne verstandene »Selbstorganisation« der Gesellschaft gegenüber dem Staat fördert bzw. notwendig macht; dieser Prozeß setzt auch das politische System unter Wandlungs- und Anpassungsdruck *(siehe die Beiträge von Sebastian Heilmann und Thomas Heberer),*
- eine Regionalisierung des nationalen Wirtschaftsraums, begleitet von wachsenden regionalen Disparitäten und Migrationsströmen in die sich schneller entwickelnden Wirtschaftsräume *(siehe auch den Beitrag von Wolfgang Taubmann)* an der Küste sowie die für unsere Diskussion bedeutsame
- Internationalisierung und Globalisierung der politischen Ökonomie Chinas im Zuge eines anhaltenden Zustroms von Direktinvestitionen und der weiteren Öffnung von wichtigen Wirtschaftssektoren im Rahmen der Verhandlungen um einen Beitritt Chinas zur Welthandelsorganisation (WTO). Vertreter des Internationalen Währungsfonds und der Weltbank üben schon heute beträchtlichen Einfluß auf die wirtschaftspolitischen Entscheidungen der Regierung aus; der Beitritt zur WTO würde die wirtschaftspolitische Souveränität Chinas weiter einschränken und ist gerade daher umstritten. *(Siehe auch den Beitrag von Song Xueming.)*

China scheint also im Zangengriff grundlegender Trends des internationalen Systems zu stehen, die die Autonomie und Handlungsfähigkeit der Nationalstaaten in wachsendem Maße sowohl von innen her durch Dezentralisierungs- und Regionalisierungsprozesse als auch von außen her durch wirtschaftliche Verflechtungsprozesse einschränken. Dennoch gibt es bei näherer Betrachtung Anzeichen und Belege dafür, daß erstens Nationalstaaten generell »weiterhin zentral bleiben für die Zukunft der internationalen Politik. Sie bilden das wichtigste Instrument zur Bündelung sozialer Macht auf der Grundlage von Autorität durch Identifikation und Loyalität ihrer Bürger.« (Hanns Maull) Zweitens scheint die »Entgrenzung« des Territorialstaates durch transnationale Beziehungen in einer Art paradoxen Effekts die nationalstaatliche Politik aufzuwerten, statt sie zu verringern. Denn diese ist durchaus in der Lage, sich den neuen Bedingungen aktiv anzupassen. Niemand anders als der Staat als »strategische Entscheidungs- und Vermittlungsinstanz« befindet im Zusammenspiel mit transnationalen Akteuren über Marktöffnungen, Deregulierungen, Kooperationen etc. Gelten diese Beobachtungen schon für die durch internationale Organisationen und »Regime« geprägte Wirtschaftswelt der OECD-Staaten, so muß im Falle Chinas das »caveat!« vor einer Überbewertung der »Netzwerklogik« an den Peripherien Chinas und der wohltätigen Wirkungen globaler Interdependenz auf das Regimeverhalten noch deutlicher ausgesprochen werden. Die chinesische Regierung verfolgt offensichtlich die Strategie, dem internationalen System Ressourcen vielfältiger Art (weiche Kredite, Handelsprivilegien, Entwicklungshilfe) zu »entnehmen« und gleichzeitig die daraus folgenden Handlungsbeschränkungen so weit wie möglich zu minimieren. In der Tat akzeptiert China zwar die Tatsache, daß in einer »multipolaren« (duojihua) und »interdependenten Welt« (xianghu yicun de shijie) die Wohlfahrt eines Landes erheblich von dem Niveau abhängt, auf dem es sich in das weltwirtschaftliche System integriert. Wirtschaftliche Konkurrenz ersetze zunehmend die militärische Konkurrenz zwischen den Staaten, und die nationale Sicherheit hänge hauptsächlich davon ab, ob die eigene Wirtschaftskraft mit der wissenschaftlich-technologischen Epoche Schritt halten kann oder nicht, heißt es in einer chinesischen Analyse. Lassen sich so zwar Anzeichen für eine Ökonomisierung der Politik und eine Politisierung der Ökonomie in der Weltsicht der chinesischen Führung finden, so folgt die Grundlinie chinesischer Entwicklungsstrategie dennoch einem staatszentrierten und staatsermächtigenden Modell. Die Interdependenz wird, wie es ein Autor ausdrückte, als Einbahnstraße gesehen, in der die (westliche) Welt China alle Vorteile zu bieten hat, ohne die entsprechenden Kosten auf politischem, wirtschaftlichem und militärischem Gebiet verlangen zu können (Kim 1994). Ob diese Strategie langfristig erfolgversprechend ist, muß offen bleiben und kann hier nicht erschöpfend diskutiert werden.

So mag es grundsätzlich richtig sein, daß zumindest in den nächsten zehn Jahren die »Welt« China mehr prägen wird als umgekehrt. Es wäre auf der anderen Seite aber falsch, die »Risiken und Nebenwirkungen« zu unterschätzen, die Chinas Suche nach dem »ihm angemessenen Platz« (yingyou de diwei) in der Welt begleiten werden. Die nationalistische Komponente der chinesischen Reform- und Öffnungspolitik als Mittel zur Verteidigung der nationalen Souveränität und zur Erlangung eines Großmacht-Status, die Ansprüche und Ziele der chinesischen Regierung, als »reiche und mächtige« Großmacht die Spielregeln der internationalen Politik zu beinflußen, sind von der Logik der Globalisierung kaum beeinträchtigt worden. Die Erfahrung, daß die »software« der internationalen Beziehungen (historisch-kulturelle »Identitäten«, »Werte«) von den Modernisierungs- und Universalisierungsprozessen wesentlich langsamer (und mit komplexeren Rückkopplungseffekten verbunden) erfaßt werden als die allgegenwärtige »hardware« des Weltkapitalismus, bestätigt sich auch gerade im Falle Chinas. Eine näherer Blick auf die nationalistische Komponente der chinesischen Modernisierung scheint angebracht.

3. Historische Ursprünge des chinesischen Nationalismus

Der chinesische Nationalismus ist selbstverständlich weder ein »neues« noch ein einzigartiges oder zufälliges Phänomen. Ein vergleichender Blick auf die Geschichte Europas zeigt, daß die Institution des Nationalstaates und die ihn begleitenden Doktrinen und Ideologien sich erst am Ende des 18. Jh. auszubilden begannen und von dort als Begleiterscheinung der europäischen industriellen und kolonialen Expansion ihren Siegeszug über die Welt antraten. Spätestens seit den zwanziger Jahren des 20. Jh. konnte weder der Sozialismus noch eine andere politische Bewegung der Nachkriegsära erfolgreich sein, ohne daß sie sich über den Anti-Imperialismus hinaus auch ein ausdrücklich nationalistisches Gepräge gab (Isaiah Berlin). So machtvoll und universell sich der Nationalismus auch heute noch und wieder darstellt, so wichtig ist es, ihn mit Ernest Gellner und Bendict Anderson als ideologisches Artefakt zu begreifen, als Bilder einer Identität, die nicht »wirklich« existiert, obgleich der gegenteilige Glaube erhebliche reale Folgen hat (Anderson 1988; Gellner 1991). In funktionaler Perspektive kann Nationalismus als Instrument betrachtet werden, mit dem die Verunsicherungen der Modernisierung durch Intellektuelle und Politiker verarbeitet wurden (und werden!). Nationalismus als Prinzip homogener kultureller Einheiten, die die Grundlage politischen Lebens bilden, und einer künstlich erzeugten kulturellen Einheit von Herrschern und Beherrschten ist insbesondere von Gellner als universelle Voraussetzung und Folge jedes Industrialisierungsprozesses beschrieben worden. So kann der Nationalismus in all seinen Formen zwar nicht als gleichsam natürliche Erscheinung des »Erwachens einer Nation« begriffen werden. Aber es wäre ebenso falsch, ihn als beliebiges Zufallsprodukt oder als willkürliche Idee europäischer intellektueller Phantasie am Ende des 18. und 19. Jh. und damit als einen kognitiven Irrtum abzutun. Zwischen dem, was der Nationalismus vorgibt zu sein, und dem Nationalismus als Prinzip muß deutlich unterschieden werden:

»Nationalismus ist nicht das, was er scheint; und vor allem ist er nicht, als was er sich selbst erscheint. Die Kulturen, die er zu verteidigen und wiederzubeleben beansprucht, sind häufig seine eigenen Erfindungen oder werden bis zur Unkenntlichkeit modifiziert. Nichtsdestoweniger hat das nationalistische Prinzip als solches – anders als seine jeweils spezifischen Formen und der jeweilige Unsinn, den es verkünden mag – sehr tiefe Wurzeln in unserer gemeinsamen gegenwärtigen Situation; es ist keineswegs ein bloßes Zufallsprodukt und nicht so leicht in Abrede zu stellen.« (Gellner 1995: 87)

Auch für den Begriff »Nation« sind ähnliche Unterscheidungen angebracht.

»Das Problem mit dem Begriff ›Nation‹ besteht darin, daß er eine tiefe Zweideutigkeit beinhaltet. Auf der einen Seite bezeichnet Nation ein Volk mit gemeinsamer Geschichte und Identität. Auf der anderen Seite wird hiermit ein moderner Nationalstaat bezeichnet. Während im ersten Sinn kulturelles Gedächtnis, Kontinuität und Integrität wesentlich sind, sind im letzteren Fall die ökonomische, politische und militärische Macht wesentlich. Die ›Nation‹ im letzteren Sinn hat die ›Nation‹ im ersten Sinn oft unterworfen, manipuliert und ausgebeutet.« (Robert N. Bellah, zit. in White/Cheng 1993: 158)

China unterscheidet sich in dieser Beziehung nicht von anderen Staaten. »Nation« and »nationale Identität« wurden auch hier zur Ressource, die Loyalität und

Identifikation mit den Herrschenden erzeugen konnte. Allerdings hat der außerordentliche Reichtum Chinas an Traditionen, Umbrüchen und »Geschichten«, den Chinesen vielfältige und vielschichtige Möglichkeiten eröffnet, über sich und ihre Identität zu reflektieren. Wie im folgenden zu zeigen sein wird, haben sich in China im Laufe der letzten 150 Jahre nicht ein, sondern mehrere Geschichtenerzähler an der »Erfindung der Nation« versucht, wobei sie sich oft nicht einmal auf die generelle Struktur der Erzählung einigen konnten (White/Cheng 1993).

Enge Verbindungen mit den Industrialisierungs- und Modernisierungsprozessen seit Mitte des 19. Jh. prägen auch die chinesischen patriotischen Reformbewegungen, die sich als Antwort auf die gewaltsame Öffnung des Landes durch englische Kanonenboote bildeten. Seit dieser Zeit lassen sich zahllose Versuche nachweisen, eine nationale Identität Chinas mit unterschiedlichen und sich teilweise wechselseitig ausschließenden Begriffen zu erfinden und zu definieren. Erst in der zweiten Hälfte des 19. Jh. wurde China von der politischen Klasse unter dem Einfluß der Übersetzungen westlicher Klassiker von Adam Smith bis Darwin als schwache und unterdrückte und vor allem in ihren inneren Verhältnissen gründlich zu reformierende »Nation« wahrgenommen. Reform- und Rettungsrezepte entstammten denn auch der »westlichen Apotheke« (Rudolf G. Wagner). Ähnlich wie der »einsamen, zweisprachigen Intelligenz« in den alten Kolonialreichen (Anderson), standen den chinesischen Intellektuellen in den ersten Jahrzehnten des 20. Jh. »Modelle der Nation, des Nation-Seins und des Nationalismus zur Verfügung, die aus den turbulenten und chaotischen Erfahrungen [...] amerikanischer und europäischer Geschichte entworfen waren. Diese Modelle wiederum trugen dazu bei, Tausenden von noch konturlosen Träumen Gestalt zu geben.« (Anderson 1988, 140) Meist ohne sich dessen bewußt zu sein, betreiben die chinesischen Intellektuellen noch heute die Erschließung ihrer eigenen Gegenwart und Vergangenheit mit Begriffen, deren Herkunft völlig außerhalb ihrer Tradition liegt. *(Siehe auch die Beiträge von Michael Lackner und Rudolf G. Wagner.)*

Denn China hat trotz einer beeindruckenden Kohärenz und Kontinuität kultureller und politischer Traditionen in seiner zweitausendjährigen Geschichte nicht die Attribute eines modernen Nationalstaates angenommen: Einen »Nationalismus« im modernen Sinne des Wortes entwickelten weder die traditionelle Elite noch das in regionale und lokale Kulturen ausdifferenzierte inoffizielle China. Die Weltsicht der chinesischen Beamtengelehrten war im wesentlichen kulturalistisch, nicht nationalistisch geprägt: Loyalität galt den universalistischen Werten des immer neu interpretierten »Konfuzianismus« und der durch sie zu prägenden chinesischen »Welt« (tianxia), die als hierarchisch geordnetes moralisches Universum verstanden wurde, in dessen Mittelpunkt China stand. Ein mit anderen Nationen gleichberechtigter Nationalstaat im modernen Verständnis war in dieser Ordnung der Dinge nicht vorgesehen (Townsend 1996).

Führende chinesische Intellektuelle wie Liang Qichao (1873–1929), Yan Fu (1853–1921) und Liang Shuming (1893–1988) sahen dies denn auch als entscheidendes Defizit Chinas in der Auseinandersetzung mit den westlichen Mächten an. China mangele es an Patriotismus, weil es sich selbst eher als »Welt« (tianxia) denn als »Staat« (guojia) begreife und weil sich alle Loyalität eher auf die traditionelle Ethik und Kultur als auf die »Nation« konzentriere. Schon früh begann sich eine Rhetorik der »Krise«, des bevorstehenden »Untergangs« (wangguo) und der notwendigen »Rettung« des Staates (jiuguo) herauszubilden. Ursprünglich bezog sich der Begriff »Untergang des Staates« auf nicht mehr als auf den Untergang einer Dynastie, der den Wechsel von einem Herrscherhaus zum nächsten zur Folge hatte, ein in der chinesischen Geschichte durchaus üblicher Vorgang. Von einem wirklichen Untergang oder Aussterben – Chinas, der Tradition, der »Rasse« – konnte selbstverständlich keine Rede sein. Erst die sich im 19. Jh. in China verbreitende moderne, fortschrittsorientierte säkulare Sicht auf die Geschichte und eine spezifische Rezeption westlicher (insbesondere sozialdarwinistischer) Theorien machte es möglich – so der Historiker Fitzgerald –, den »Untergang« des Staates mit einem Ende Chinas, ja der »Zerstörung der chinesischen Rasse« (Sun Yat-sen) zu verbinden. Die »Rettung Chinas« verknüpfte sich erst im Bewußtsein der Modernisierer des 19. Jh., deren Erbe von den republikanischen Nationalisten und den chinesischen Kommunisten angetreten wurde, unauflösbar mit dem Überleben des Einheitsstaates (Fitzgerald 1996: 66).

Politischer Nationalismus vis à vis eines als feindlich empfundenen internationalen Systems, ein diffuses ethnisches »Wir«-Gefühl und kulturnationalistischer Stolz auf »vier- bis sechstausend« Jahre Geschichte haben sich als komplexe Komponenten des chinesischen Patriotismus seit den Tagen des Republikgründers Sun Yat-sen (1866–1925) bis heute erhalten:

»Von allen Völkern der Welt sind wir Chinesen das *größte*. Unsere Zivilisation und Kultur bestehen seit mehr als viertausend Jahren. Eigentlich sollten wir mit den europäischen und amerikanischen Ländern auf gleicher Stufe stehen; da wir aber nur Bewußtsein für Familie und Sippe, nicht aber für den Staat haben, sind wir doch [...] wirklich nichts weiter als ein Haufen losen Sandes, und deswegen ist unser Land bis heute das ärmste und schwächlichste und unsere Lage die erbärmlichste; unser Vaterland ist ein Kuchen, aus dem sich die anderen nach Belieben die besten Stücke herausschneiden.« (Sun Yat-sen 1927: 25, Hervorhebung durch den Verfasser)

Seit der zweiten Hälfte des 19. Jh. begannen die sich neu herausbildenden Eliten Chinas mit immer neuen Begriffen und Theorien, die Hauptgefahren für das Überleben des Staates zu definieren, Rettungsideologien zu entwerfen und schließlich die »nationale Identität« Chinas zu formulieren und zu transformieren. Diese ideologischen Erfindungen und Definitionen der »Nation« standen in heftiger Konkurrenz zueinander und schlossen sich nur allzu oft wechselseitig aus. So standen für Sun Yat-sen und seine nationalistisch-rassistische Vision der chinesischen Nation die Absicht an erster Stelle, China aus der Hand der mandschurischen Fremddynastie zu befreien und an die »chinesische Rasse« zurückzugeben. Für die Guomindang Chiang Kai-sheks bildeten die »Kommunisten« die Hauptgefahr, die (so Chiang Kai-shek) »niemals Loyalität für ihr eigenes Land empfinden können und weder nationales Bewußtsein noch Patriotismus haben.« Ein kommunistisches China war für Chiang keine Alternative zur Desintegration der Nation, sondern nur eine andere Form ihres Unterganges. Für Mao Zedong und die KPCh hingegen standen eine Kombination ausländischer »imperialistischer« und einheimischer »feudalistischer« Kräfte dem Aufstieg Chinas als »großer Nation mit langer Geschichte und revolutionärer Tradition« entgegen.

So sehr diese Definitionen auch miteinander rivalisierten und geistiges Antriebsmittel für den Bürgerkrieg der dreißiger und vierziger Jahre wurden, ist ihnen doch allen die uniformierte und reduzierte Sicht auf einen starken und zentralisierten Einheitsstaat gemeinsam. Mit ihm verknüpft bildete sich das Ideal eines einheitlichen »chinesischen Volkes« und einer radikalen Transformation der chinesischen Gesellschaft: Sahen die spätkaiserlichen Reformer die Nation als Kollektiv mit einer einheitlichen (dem »Westen« überlegenen) »Kultur«, so entdeckten liberale Republikaner eine Nation chinesischer »Bürger«. Sun Yat-sen beschwor eine »einheitliche chinesische Rasse«, und die KPCh schließlich redefinierte die chinesische »Nation« mit Begriffen der marxistischen Klassenanalyse; am Ende schloß sie ganze Gesellschaftsschichten aus der »Volksgemeinschaft« aus. Die Vorstellungen, die sich konkurrierende politische Bewegungen und Regime im Laufe des 20. Jh. vom »Wesen« der chinesischen Nation machten, dienten also vor allem dazu, dem (als condititio sine qua non verstandenen) starken Staat eine chinesische »Nation« nach durchaus abstrakten geographischen, ethnischen, kulturellen und sozialen Kriterien zuzuordnen (Fitzgerald 1996). Das chinesische Volk mit seinen sozialen und kulturellen Traditionen wurde als »rückständige«, zu transformierende Masse betrachtet. Die Anpassung und Transformation der »Nation« an die jeweiligen Staatsformen und -ideologien wurde nach Erlangung der Staatsmacht mit teilweise gewaltsamen Mitteln betrieben. Dies gilt für die kurze Blütezeit der chinesischen Republik von 1927 bis 1937, aber in noch weit größerem Maße für die gewaltigen Umwälzungen in der VR China, in der unter großen Opfern und Rückschlägen eine Industrialisierung sowjetischen Typs erzwungen wurde.

Im Rückblick läßt sich also festhalten, daß die nationalistischen Bewegungen in China erstens als Reaktion auf die neuen Herausforderungen durch den Westen begriffen werden können, d. h. als Übernahme neuer Wahrnehmungsformen der Welt, die es erst ermöglichten, den Begriff der »Nation« zu denken, und daß sie zweitens auf durchaus paradoxe Weise bemüht waren, Mythen des Einheitsstaates und der Uniformität aus der chinesischen Geschichte in eine radikal neu zu definierende und zu transformierende Gegenwart und Zukunft hinüberzuretten. Die Schaffung eines »reichen und mächtigen« Staates und dessen internationale Anerkennung blieb bei allen Unterschieden gemeinsames Ziel der nationalistischen Reformer seit der späten Qing-Zeit. Die traditionelle symbiotische Verknüpfung chinesischer Intellektueller mit dem Staat und eine fast 3 000-jährige etatistische Tradition haben den starken, zentralisierten Einheitsstaat zu einem wichtigen, wenn nicht dominanten Aspekt chinesischer nationaler Identität (aus Sicht der politischen und intellektuellen Elite!) werden lassen. Die »Anbetung des Staates« (guojia chongbai) prägt – so chinesische Kritiker – die politische Kultur Chinas bis heute. Der Streit um die konkurrierenden Konzeptionen des »state-building« konnte schließlich nur in einem blutigen Bürgerkrieg um die Beherrschung der Zentrale ausgetragen werden.

4. Aktuelle Nationalismustendenzen in der Volksrepublik

Ein Blick auf die Verlautbarungen der Pekinger Führung in den letzten Jahren macht deutlich, daß nach wie vor zwei Grundüberzeugungen die offizielle Patriotismus-Version der Volksrepublik prägen: Die KPCh legitimiert ihren Monopolanspruch auf politische Herrschaft mit der im Grunde schon im 19. Jh. von den ersten

Qing-Reformern entwickelten These von der Rückständigkeit des chinesischen Volkes, kurz einem Bild Chinas als eines »Haufen losen Sandes«, ohne staatsbürgerliche Tugenden und unfähig zur stabilen politischen Selbstorganisation. Mao sprach 1949 von dem für das »alte China charakteristischen Mangel an Zusammenhalt und Organisiertheit [...]«, dem durch die Einreihung der »überwiegenden Mehrheit der Chinesen« in die neuen politischen, wirtschaftlichen, militärischen und kulturellen Organisationen ein Ende bereitet werden müsse. Auch für seinen Widersacher und Nachfolger Deng Xiaoping bergen Angriffe auf das Organisationsmonopol der KPCh die Gefahr des »Chaos«. In bezeichnender Ähnlichkeit zur oben zitierten Denkfigur Sun Yat-sens stellte er 1987 fest:

»Wenn in China alles durcheinandergeht und es einem Haufen lockeren Sandes gleicht, wo ist dann noch Hoffnung für das Land zu finden? In der Vergangenheit gelang es den Imperialisten uns zu tyrannisieren, weil wir ein Haufen leichten Sandes waren.«

Ohne die KPCh, so der seit den achtziger Jahren unveränderte Grundgedanke der Führung in Peking, fehle dem chinesischen Volk »die Kraft, die es zusammenhält.« Chinas Modernisierungsweg müsse die »nationalen Bedingungen« (guoqing) berücksichtigen. Die besonderen »nationalen Bedingungen«, als da sind Chinas Größe, seine Überbevölkerung und Knappheit an Ressourcen, seine Rückständigkeit und schließlich seine Geschichte der Teilungen und nationaler Erniedrigungen, werden zum Schlüsselwort, um das autoritäre Modernisierungskonzepts der KPCh zu legitimieren. Schon vor 1989 war an der Chinesischen Akademie der Wissenschaften eine Gruppe zur »Analyse und Erforschung der nationalen Bedingungen« errichtet worden, die zu Beginn der 90er Jahre eine Serie von Berichten, u. a. mit Titeln wie »Überleben und Entwicklung« (Shengcun yu Fazhan) publizierte. Seit 1990 ist das »Verständnis der tatsächlichen Bedingungen des Landes« zum zentralen Bestandteil des patriotischen Curriculums der Partei, insbesondere in Schulen und Kindergärten geworden.

Die zweite Grundüberzeugung des chinesischen Staatsnationalismus betrifft den Gründungsmythos der VR China selbst, nämlich den der »Befreiung« des chinesischen Volkes von »Ausbeutung und Unterdrückung durch den ausländischen Imperialismus«. Nationale Unabhängigkeit, so die Botschaft, habe es erst mit der Errichtung der Volksrepublik am 1. Oktober 1949 und dem berühmten Ausruf Maos auf dem Tor des Himmlischen Friedens, »Das chinesische Volk ist aufgestanden!«, gegeben. Es gibt wohl noch heute kaum einen jungen Chinesen, für den dieser Mythos nicht zum Urgrund des Nationalgefühls gehören würde. Nach wie vor gestehen viele Chinesen der Volksrepublik einen »antiimperialistischen« Bonus zu (ähnlich dem »antifaschistischen« Bonus der DDR bis 1989), den die KPCh in Anspruch nimmt, um sich als Garant der Erlangung von Einheit, Reichtum und Macht zu legitimieren. Jede Auseinandersetzung mit dem »Westen«, sei es um Fragen der Menschenrechte, des Schutzes geistigen Eigentums oder des Verbots von Atomtests, wird in das historische Interpretationsmuster des 19. Jh. gepreßt.

Aber es läßt sich zeigen, daß diese Empörung über die Erniedrigung »Chinas«, die es »niemals zu vergessen gilt« (Li Peng), schon seit Ende des 19. Jh. als bewußt konstruiertes Gefühl in den patriotischen Diskurs über China eingespeist und in einem langen und komplexen Prozeß zum Credo des chinesischen Patriotismus gemacht wurde. So hat beispielsweise das legendäre Schild »Kein Einlaß für Hunde und Chinesen!« am Eingang eines Shanghaier Parks nie existiert, sondern wurde von einem Museumskurator in den fünfziger Jahren nachträglich angefertigt. Der antiimperialistische Aspekt des offiziellen Patriotismus führte darüber hinaus schon in den dreißiger und vierziger Jahren zu einer systematischen Unterschätzung und Verzerrung der Modernisierungsleistungen der dynamischsten Elemente in der chinesischen Gesellschaft: nämlich der entstehenden Mittelklasse und nationalen Bourgeoisie in den Vertragshäfen, vor allem in Shanghai. Diese wurden schon früh als »unpatriotisch« bzw. »unchinesisch«, wenn nicht gar als »dekadent« verurteilt. Daß sowohl Shanghai als auch Hongkong ihren Aufstieg der relativen Rechtssicherheit kolonialer Institutionen verdanken und lange Zeit Zufluchtsort für chinesische Unternehmer wie Revolutionäre waren, geht in die offiziellen Geschichtsbetrachtungen nicht weiter ein. Auch scheint selbst vielen Intellektuellen nicht bewußt zu sein, daß schon 1927 mit der Rückgewinnung der Zollautonomie und der Abschaffung der Konsulargerichtsbarkeit sowie mit der Liquidation der letzten Vorrechte Großbritanniens und der USA aus den »Ungleichen Verträgen« im Jahre 1943 und schließlich mit der Kapitulation Japans 1945 der formelle Imperialismus für China kein Problem mehr darstellte – anders als es der nationale Befreiungsmythos der KPCh wahrhaben will.

Der Sieg des binnenländisch-orientierten Nationalismus eines Mao Zedong beraubte die chinesische Gesellschaft nach 1949 nicht nur ihrer »innovativen Nischen« in den »dekadenten« Küstenstädten; er machte zahlreiche schon erbrachte Modernisierungsleistungen rückgängig und bildete eine Grundlage für die Vernichtungsattacken und Umerziehungskampagnen gegen die westlich ausgebildete Intelligenz in den 50er und 60er Jahren. Er läßt sich beschreiben als Modernisierungsbewegung ohne Moderne, als Fortsetzung des Weges auf die »Höhe der Zivilisation«, doch ohne die Elemente der zivilen Gesellschaft. *(Siehe die Beiträge von Rudolf Wagner und Eberhard Sandschneider.)*

Die Erinnerungen an das »Jahrhundert der Scham und Erniedrigung« (1839–1949) wird seit 1989, als die innere Krise der KP-Herrschaft mit der äußeren Isolierung Chinas zusammenfiel, bewußter denn je wach gehalten. Nationalistische Ideologen wie der Shanghaier Wissenschaftler Xiao Gongqin sprechen ganz offen davon, daß eine Neubelebung (jihuo) des Nationalismus und eine neue Ära nationaler Kohäsion auf der Grundlage der »Hauptströmungen« traditioneller Kultur durch die Erinnerung an die nationalen Erniedrigungen der letzten 100 Jahre und die Aufrechterhaltung des in allen Chinesen tiefenpsychologisch verwurzelten Traums von der Großmacht erreicht werden könne. Da China derzeit nicht existentiell bedroht sei und keinem konkreten äußeren Feind gegenüberstehe, sei die Pflege der Erinnerung an die Demütigungen durch den »Westen« um so wichtiger. Wirklich neu ist dieser »neue« Nationalismus nicht: Die Rechtfertigungen autoritärer Herrschaft und eines chinesischen Sonderweges zur Modernisierung sowie die Erweiterung des ideologischen Repertoires durch die Integration »konfuzianischer« Elemente lassen sich schon für die achtziger Jahre nachweisen. Auch die routinemäßigen Appelle an einen Patriotismus, der als Liebe zum sozialistischen Staat begriffen wird, gehören seit Beginn der Reformpolitik 1979 zur Routine der Propaganda- und Erziehungsapparate.

Neu ist hingegen seit Mitte der neunziger Jahre Ausmaß und Intensität der Kampagne zur patriotischen Erziehung, die das drohende ideologische Vakuum seit dem weltweiten Niedergang des Sozialismus füllen soll. In diesem Zusammenhang sind sowohl die Versuche zu sehen, den »Konfuzianismus« zu reinterpretieren und als moderne »unpolitische« Staatsideologie einzuführen, als auch eine kaum noch zu übersehende Vielzahl von staatlich geförderten Ritualen und Maßnahmen, die die Errungenschaften der chinesischen Nation stärker ins Bewußtsein rufen sollen. Gedenkstätten für den »Gelben Kaiser«, den mythischen Begründer der »chinesischen Rasse«, werden mit Hilfe von Spenden auslandschinesischer Geschäftsleute errichtet; Symposien zur Erinnerung an den Bau der »Großen Mauer« sollen an den Aufruf Deng Xiaopings von 1984 erinnern: »Liebt unser China, restauriert unsere Große Mauer« (ai wo zhonghua, xiu wo changcheng). Attacken gegen den »nationalen Nihilismus« der angeblich die »Verwestlichung« Chinas anstrebenden Dissidenten und eine chauvinistische Grundstimmung durchziehen die staatlich kontrollierten Medien. Da die Grundlagen der Nation durch »westliche Einflüße bedroht werden«, sei eine große patriotische Koalition des chinesischen Volkes zum »Aufbau eines politisch, ökonomisch und kulturell einheitlichen Nationalstaates« (so der Wissenschaftler Wang Jisi) erforderlich. Unverändert seit dem Ende des 19. Jh. bildet die »Rettung des Einheitsstaates« angesichts innerer Zerrissenheit und äußerer Bedrohungen die Grundlinie der propagandistischen Bemühungen.

Auch die Ausdifferenzierung des nationalistischen Mainstream ist relativ neueren Datums: Eine Flut nationalistischer bis chauvinistischer Literatur überschwemmt seit Beginn der neunziger Jahre den chinesischen Markt und erregt auch in den westlichen Medien Aufsehen. *China kann nein sagen. Die gefühlsmäßigen und politischen Optionen im Zeitalter nach dem Kalten Krieg* wurde zum bekanntesten und mit über 2 Mio. verkauften Exemplaren erfolgreichsten Buch aus dem Frühjahr 1996. Es knüpfte an eine Serie ostasiatischer »Neinsager-Werke« an, insbesondere an Shintaro Ishiras *Das Japan, das nein sagen kann* (1989) und an das von diesem und dem malaiischen Premier Mahatir 1995 verfaßte Buch *Das Asien, das nein sagen kann*. Das Buch präsentiert eine Variante aus dem breiten Spektrum eines diffusen Stimmungsnationalismus jenseits der offiziellen Propaganda. Da sich, nach Aussagen Pekinger Wissenschaftler, in den Akademien und Forschungsinstituten Chinas niemand bereit erklärt hatte, ein Werk mit diesem Titel im Auftrag eines Verlages zu verfassen, wurde das Buch in wenigen Wochen von fünf jungen freischaffenden Akademikern und Journalisten hastig zusammengeschrieben, um unter anderem die Konfrontation mit den USA während der Taiwan-Krise im Frühjahr 1996 auszubeuten. Die schnelle und sensationalistische Berichterstattung in den amerikanischen und ostasiatischen Medien verstärkte wiederum den kommerziellen Erfolg des Buches auch in China. Das trotzig auftrumpfende Selbstbewußtsein, mit dem der wirtschaftliche Aufstieg der eigenen Nation mit einem Sammelsurium antiamerikanischer und antiwestlicher Ressentiments unterlegt wird, erinnert an die Selbstfindungsphasen rebellierender Jugendlicher und ist an anderer Stelle zu Recht als Produkt studentischer Wohnheimphantasien bezeichnet worden.

Dennoch ist die neue nativistisch-chauvinistische Strömung in China ernst zu nehmen, da sie auf ein chinesisches Shirinovsky-Phänomen und auf die Möglichkeit zukünftiger ultranationalistischer und militaristischer Strömungen jenseits des Partei- und Staatsapparates verweist. *China kann nein sagen* bringt die zu extremen Umschwüngen neigende Haltung einer ganzen Schicht jüngerer Angestellter und

Intellektueller gegenüber dem »Westen« zum Ausdruck, die nach fast 20 Jahren Reform- und Modernisierungsschub immer neue Zyklen von Euphorie und Frustration im Verhältnis zum Ausland, aber auch zum eigenen Staat durchlaufen haben. Der allgemeine Einkommens- und Konsumzuwachs hat auf der einen Seite zu einer Erweiterung des Horizonts und zu einer Steigerung des Selbstbewußtseins geführt, das sich allerdings in vielen Fällen als komplexe Mischung aus Arroganz und Ignoranz äußert, in der sich die Unreife und der Peking-Opernstil der politischen Kultur und Öffentlichkeit in China zeigt. Hinzu kommt die wachsende westliche Präsenz in China, die zu einem Abbau positiver Mythen über den »goldenen Westen« beigetragen hat. Selbst in Joint-Venture-Betrieben können die beträchtlichen Gehalts- und Lohnunterschiede zwischen westlichen Führungskräften und chinesischen Angestellten, Hierarchien und Unterordnungsverhältnisse sowie kulturell unsensible Managementmethoden offensichtlich zu politischen und emotionalen Ressentiments ganz im Sinne des erwähnten Stimmungsnationalismus führen. Deutlicher noch scheint die prekäre Lage der zahlreichen Staatsbetriebe, die eine genuine Öffnung zum Weltmarkt und eine Konkurrenz mit westlichen Firmen nicht überleben würden, eine wachsende (wirtschafts-) nationalistische Stimmung unter den Mitarbeitern zu erzeugen. Auch in China gibt es Gewinner und Verlierer der Globalisierung. So haben im Windschatten der staatlichen Propaganda nationalistische Einkreisungs- und Belagerungsphantasien in China derzeit Konjunktur.

Noch vor einigen Jahren fanden Bücher wie *Wer pachtet China?*, in denen der Westen als ideale Universallösung für die chinesischen Probleme angepriesen wurde, in der Volksrepublik einen Riesenabsatz; auch die Protestbewegung von 1989 konnte cum grano salis noch als prowestlich und proamerikanisch gedeutet werden. Heute rufen die Autoren des oben erwähnten Bestsellers dazu auf, »Nein« zu Amerika zu sagen, was in erster Linie bedeute, »zu sich selbst nein zu sagen«. Denn insbesondere die junge, in den siebziger und achtziger Jahren sozialisierte Generation sei der »Krankheit der Amerikahörigkeit« (qinmei) verfallen und innerlich von den Amerikanern abhängig. Die amerikanische Chinapolitik sei Teil einer großangelegten antichinesischen Konspiration der westlichen Welt gegen China seit dem Ende des Kalten Krieges. Chinas Entwicklung zu einer reichen und mächtigen Nation, zur »Hoffnung der Welt im 21. Jh.« solle aufgehalten werden, denn im nächsten Jahrhundert, so die Autoren, werde China, dieser »Riese unter den Nationen«, die Welt nachhaltig beeinflussen, chinesische Ideologie und chinesisches Management würden dann »zur einzigen Triebkraft der Menschheit« werden. Im Verhältnis zu den USA fordern die Autoren Mut zur militärischen Konfrontation und empfehlen den Boykott amerikanischer Produkte. In weiteren Passagen erscheinen chauvinistische Ausfälle gegen die »sexuellen Übergriffe auf chinesische Frauen in ausländischen Joint-Ventures«, die »Sklavenmentalität« der im Ausland studierenden Chinesen oder die (angebliche) Überflutung Chinas mit Hollywood-Filmen. Elemente eines über den kulturellen und politischen Chauvinismus hinausschießenden antimodernen Fundamentalismus kommen zum Ausdruck, wenn die Autoren vor der Vorherrschaft des (amerikanischen) »Computers« warnen und sich in Interviews als die »neuen Boxer« bezeichnen – in Erinnerung an die fremdenfeindliche und antimoderne Bewegung des Jahres 1900. *(Siehe auch die Beiträge von Rudolf G. Wagner und Oskar Weggel.)*

Eine andere Variante des populären Krisen- und Zukunftsschrifttums in China stellen Bücher wie das ebenfalls 1996 in China erschienene *Megatrends China. Prosperity and Crisis* (Zhongguo da qushi) dar. Anders als *China kann nein sagen* sind die »Megatrends« von einer Gruppe neokonservativer Funktionäre, Akademiker und Militärs verfaßt, die über ein langfristiges Management des chinesischen Aufstiegs im 21. Jh. in einer feindlich gesonnenen Staatenwelt spekulieren. Durchaus realistisch werden die immensen sozialen, demographischen, wirtschaftlichen und ökologischen Probleme Chinas unter dem Gesichtspunkt »nationaler Stärke und Sicherheit« erörtert. Zentrale Passagen setzen sich auch hier mit dem »Westen« auseinander, dem unterstellt wird, China spalten zu wollen, um es in ein armes und schwaches Land zu verwandeln. Tibet beispielsweise sei ein entscheidender Baustein der westlichen Eindämmung, da sich von Tibet aus der Südwesten Chinas mit seiner Konzentration von Rüstungsindustrien kontrollieren lasse. China müsse sich ideologisch und wirtschaftlich auf eine langfristige Konfrontation mit den USA vorbereiten, dürfe sich angesichts seiner technologischen Unterlegenheit derzeit jedoch noch nicht in einen strategischen Gegensatz zu den USA zu begeben. Statt dessen »müssen wir uns noch längere Zeit die Demütigungen der eigenen Nation bewußt machen, unsere Fähigkeiten verbergen und den rechten Augenblick abwarten«, heißt es in der Analyse aus der Feder eines chinesischen Generals. Krisen- und Zerfallszenarien, denen die Notwendigkeit nationaler Kohäsion und Verteidigungsbereitschaft entgegengestellt wird, bilden den »Plot« dieses und anderer Bücher im Spektrum der nationalistischen Literatur, jenseits der sterilen offiziellen Patriotismusermahnungen des Parteiapparates.

Generell läßt sich in den Schriften der inoffiziellen Intelligenz, in den Massenmedien, in populären Filmen, Romanen und Kurzgeschichten der neunziger Jahre ein »Avantgardenationalismus« genanntes Phänomen entdecken, nämlich eine komplexe Mischung aus zynischer Selbstverachtung, moralischem Überlegenheitsgefühl und starken antiwestlichen Affekten. Der Wunsch nach einem mächtigen China, nach größerer Anerkennung chinesischer Leistungen durch die Welt und der ungebrochene Glaube an eine chinesische Einzigartigkeit (hinsichtlich positiver ebenso wie negativer Eigenschaften) bilden die Basis für einen patriotischen Konsens, der von der Partei manipuliert und ausgebaut werden kann.

Aber auch gegenläufige Strömungen und Stimmen sollten nicht unerwähnt bleiben: Die nationalistische Propaganda des Parteiapparates und die dubiosen Bestseller des Jahres 1996 haben einen gewissen Bumerang-Effekt erzeugt. Gegen den »falschen Patriotismus« der Ultranationalisten, ihre Tendenz, sich und China zu überschätzen, ihre »Kreuzzugsleidenschaft« und krankhaften, selbstverliebten Wahnideen über Chinas Würde und Nationalbewußtsein« (so das chinesische Fachblatt »Industrie und Handel«) haben sich eine Reihe von Stimmen erhoben. Kaum ein Wissenschaftler aus den großen Universitäten und Forschungsinstituten, der sich nicht von den radikalen Nationalisten distanziert, dabei aber oft eine eigene, weiche Version vorträgt. Ein demokratischer Nationalismus, der sich auf die kosmopolitische Qualität südchinesischer Kaufleute und weltoffener Hafenstädte beruft und die Vielfalt kultureller und regionaler Traditionen und Differenzen betont, ist zumindest als eine Strömung wahrnehmbar.

Auch ein anderer Bestseller mit dem Titel *Studium in den USA: Geschichte eines Jahrzehnts* (Liuxue Meiguo: Yi ge niandai de gushi), verfaßt von Qian Ning, dem

Sohn des Außenministers Qian Qichen, ist als Gegenstimme zum Mainstream der Neinsager-Literatur zu nennen. Qian berichtet über das Leben in Amerika und die Erfahrungen chinesischer Studenten in den achtziger und neunziger Jahren fair und differenziert: Offen spricht er von der Möglichkeit eines anderen (weniger kontrollierten) Lebens in den USA, über die Demokratiebewegung im Exil und die Emanzipation chinesischer Frauen in den USA. Qians Kritik am verbreiteten Sinozentrismus (zhongyang daguo) und kompensatorischen Patriotismus chinesischer Studenten im Ausland zeigt gleichwohl, wie stark nationalistische Gemeinplätze weiterhin zu den Selbstverständlichkeiten chinesischer Intellektueller gehören.

Abschließend bleibt festzuhalten, daß es den »chinesischen Nationalismus« nicht gibt; es wäre falsch, ihn einseitig auf die rechtsextremen Varianten einiger Militärs und Intellektueller zu reduzieren. Die schon angedeutete Bandbreite reicht von einem diffusen ethnisch-begründeten Han-Nationalismus, der auch außerhalb Chinas existiert und sich vor allem an der Gegnerschaft zu Japan entzündet, bis hin zu einem »aufgeklärten« politischen Nationalismus, der mit minimalen Zugeständnissen einen chinesischen Platz an der Sonne in einer modernen, interdependenten Welt anstrebt.

Der Wunsch schließlich, als unabhängige und wichtige Nation mit beeindruckender kultureller Tradition – trotz wirtschaftlicher Rückständigkeit und politischer Unsicherheit – anerkannt zu werden, scheint die (vom Westen zuweilen unbeachtete) Grundlinie des chinesischen Nationalgefühls zu bilden, das bis in Kreise der Opposition hineinreicht.

Das Definitionsmonopol über die »nationale Identität« Chinas, wie es sich historisch in den staatszentrierten Bewegungen der Guomindang und der KPCh herausgebildet hat, existiert unterdessen nicht mehr: Der patriotische Diskurs hat sich von den großen Vordenkern und Staatsvätern wie Sun Yat-sen, Mao Zedong, Chiang Kai-shek und Deng Xiaoping verabschiedet. Statt dessen versucht eine Vielzahl neuer Akteure und Strömungen, die nationalen Probleme Chinas neu zu interpretieren, um sie politisch (und kommerziell) auszubeuten. Die Inhalte des chinesischen Nationalismus werden in Reaktion auf die sozialen und wirtschaftlichen Umbrüche neu verhandelt. Nirgendwo wird dies deutlicher als in der Republik China auf Taiwan, die sich seit den achtziger Jahren zum wichtigsten Gegenspieler der traditionellen zentralstaatlichen Ansprüche Pekings entwickelt hat.

5. Auf der Suche nach der taiwanesischen Identität

Ähnlich wie die Kommunistische Partei auf dem Festland versuchte auch die Nationalpartei (Guomindang, hinfort: GMD), nach dem Abzug der japanischen Streitkräfte 1945 ihre monopolistische Interpretation chinesischer nationaler Identität der ganz anders geprägten taiwanesischen Gesellschaft zu oktroyieren. Der unvollendete Bürgerkrieg (bis zur Aufhebung des Kriegsrechts 1987) erlaubte die Errichtung einer Erziehungsdiktatur, mit deren Hilfe bis Mitte der achtziger Jahre eine neue Ideologie nationaler Geschichte und kultureller Tradition in Schulen, Massenmedien und vor allem durch den Partei- und Militärapparat verbreitet wurde. Eine politisierte »traditionelle Kultur« sollte von allen Spuren der fünfzigjährigen japanischen Kolonialherrschaft gesäubert werden, während die taiwanesische Lokalkultur und vor allem die lokale Elite in neokolonialer Weise unterdrückt und zurückgedrängt wurden. Weder der taiwanesische Lokaldialekt (Minnanhua) noch das weit verbreitete Japanisch durften bis zum Ende des Kriegsrechts 1987 in den Massenmedien verwendet werden; das zur Staatssprache (guoyu) erhobene Mandarin wurde in Schulen und Massenmedien zum verordneten Standard. Normierung und Vereinheitlichung nicht nur der Sprache, sondern auch von Alltagsritualen, Architektur, Kochbüchern oder Kleidung sollten die »ruhmreiche Wiederherstellung« chinesischer Kultur bewirken. In den Schulen wurde die Geschichte, Geographie (bis hin zu Bus- und Bahnverbindungen des Festlandes) und Literatur des »großen, strahlenden China« gelehrt, nicht die Taiwans. Die Eingriffe der republikanischen »Festländer« wirkten auf die einheimische Bevölkerung ähnlich »fremdartig« wie die Kolonialisierungs- und Assimilierungsbestrebungen der japanischen Kolonialmacht seit 1895. Chinesische Tradition und Kultur wurden politisiert und in den Dienst der Schaffung einer chinesischen »Nation« gestellt, die sich mit einer eigenen historisch-kulturellen Identität legitimieren sollte und gegenüber der VR China als Bewahrerin der traditionellen Werte chinesischer Kultur auftreten konnte.

Die beiden großen revolutionären Staatsbewegungen des 20. Jh, die KPCh und die GMD, haben also bis in die siebziger Jahre – wenn auch mit radikal unterschiedlichen Inhalten – in ähnlichen Formen versucht, die kulturelle und politische Identität Chinas neu zu definieren. Bei aller Strukturähnlichkeit sollten die wesentlich größeren Spielräume nicht aus den Augen verloren werden, die die GMD für die langsame Herausbildung einer zivilen Gesellschaft auf Taiwan zuließ. Die autoritären Strukturen Taiwans waren mit den gewaltsamen Umbrüchen und Kollektivierungskampagnen in der VR China nicht zu vergleichen. Hinzu kam die – trotz harscher Kontrollen – unvergleichlich größere Offenheit Taiwans für wissenschaftliche, kulturelle und schließlich auch politische Einflüsse des Westens, insbesondere der USA, die aufgrund der sicherheitspolitischen Garantien zugleich die zentrale »Referenzgesellschaft« für Taiwan darstellten. Nicht zuletzt führte die wesentlich erfolgreichere wirtschaftliche Entwicklungsstrategie verhältnismäßig schnell zu einer aufblühenden Mittelklasse noch vor der Aufhebung des Kriegsrechts 1987. *(Siehe auch den Beitrag von Gunter Schubert und den Beitrag Nr. XIII von Carsten Herrmann-Pillath.)* Der frühzeitige Rückzug aus den Positionen der Bürgerkriegsmentalität gehört zu den bleibenden Verdiensten der Guomindang-Elite, insbesondere der Präsidenten Jiang Jingguo und Lee Teng-hui. Die relativ demokratischen Verhältnisse auf der lokalen Ebene und die Ansätze einer Demokratisierung durch die Guomindang-Elite seit den siebziger Jahren trugen zur Stärkung einer taiwanesischen Oppositionsbewegung bei, die die Taiwanisierung (taiwan bentu hua) der Staatsorgane und letztlich eine Unabhängigkeit der Inselrepublik anstrebt. Die geistige Schubkraft dieser subethnischen Spannungen zwischen sogenannten »Festländern« und »Taiwanesen« für die Demokratisierung Taiwans kann nicht hoch genug eingeschätzt werden. Bis heute haben alle Fragen der »kulturellen Identität« besondere Sprengkraft und werden in einem politisierten und teilweise massenmedial emotionalisierten Klima debattiert. Kultureller Widerstand und politischer Protest bleiben eng miteinander verbunden.

Die scharfe Repression durch das GMD-Regime und die Homogenisierungsversuche im Sinne eines abstrakten Chinesentums provozierten ab Ende der siebziger

Jahre die Renaissance eines verschütteten (in den dreißiger Jahren ursprünglich gegen die japanischen Kolonialherren gerichteteten) »Taiwan-Bewußtseins«. Dieses wurde vor allem von der oppositionellen Demokratischen Fortschrittspartei reklamiert, die aggressiv die Karte der ethnischen Diskriminierung spielte und so von den Spannungen zwischen »Festländern« und »Taiwanesen« profitierte. Selbstverständlich ging es auch hier um die Erfindung einer Tradition: Die realen kulturellen, religiösen und sprachlichen Gemeinsamkeiten rechtfertigen keinerlei gesonderte ethnische Klassifizierung. Taiwan ist in dieser Perspektive – ebenso wie etwa die kantonesische Regionalkultur – Teil des chinesischen Kulturraums. Dennoch haben derzeit auf Taiwan – so eine jüngste Analyse des Harvard-Philosophen Tu Wei-ming – alle »chinazentrierten« Perspektiven ihre Überzeugungskraft verloren und gehen in der neuen intellektuellen Dynamik und der Suche nach dem »echten« Taiwan unter. Selbst die offene und moderate Konzeption eines »kulturellen China«, in der alle Varianten einer weltweiten chinesischen Lebenswelt aufgehoben wären, sei heute faktisch zum »oppositionellen Diskurs« geworden. Die »De-Sinisierung« Taiwans sei möglicherweise die Voraussetzung für die Bildung einer neuen kulturellen Identität Taiwans.

In der Tat spielt sich Taiwanisierung nicht nur auf der Ebene intellektueller Diskurse ab. Umfragen vom Juli 1997 zufolge bezeichneten sich mehr als die Hälfte der Befragten als »Taiwanesen«, nur ein Drittel als »Chinesen«. Der lange unterdrückte Lokaldialekt Minnanhua hat sich in den letzten Jahren sprunghaft verbreitet und ist in den Wahlkämpfen 1994 und 1996 von Politikern der Oppositions- und der Regierungspartei als demonstratives Bekenntnis zur Abgrenzung vom Festland eingesetzt worden. Curricula und Schulbücher wurden revidiert und ihre abstrakte Chinaorientierung durch konkrete Beschreibungen taiwanesischer Geographie und Geschichte ersetzt. Neben den angeführten historischen Gründen haben natürlich auch die aktuellen Erfahrungen mit den aggressiven Wiedervereinigungsansprüchen der VR China sowie die durch Tourismus und Handelsbeziehungen gewachsenen Informationen über Repression und Rückständigkeit auf dem Festland dazu beigetragen, das Mißtrauen gegenüber allem »Chinesischen« wachsen zu lassen. Vor allem bei der jüngeren Generation haben längst die modernen und postmodernen Einflüße aus den USA und Westeuropa China als eine zunehmend fremde Welt erscheinen lassen.

Selbst die in einer gesamtchinesischen Tradition stehende GMD mußte sich schrittweise »taiwanisieren«, um ihr Überleben im Demokratisierungsprozeß zu sichern. Zunehmend mußte die Partei sich mit den Bedürfnissen und Ansprüchen der taiwanesischen Gesellschaft befassen und konnte ihre Legitimität nicht mehr aus den Ansprüchen auf die Repräsentation Gesamtchinas beziehen. In der Person ihres Vorsitzenden und jetzigen Staatspräsidenten Lee Teng-hui erscheinen zahlreiche Bestandteile eines taiwanesischen Identitätscocktails: gebürtiger Taiwanese, Angehöriger der südchinesischen Hakka-Minorität, aufgewachsen und sozialisiert unter der japanischen Kolonialherrschaft, christlichen Glaubens, ausgebildet an einer amerikanischen Eliteuniversität, Taiwanesisch (Minnanhua), Japanisch, Mandarin und Englisch sprechend, in den neunziger Jahren gefeiert als Verteidiger Taiwans gegen die aggressiven Vereinigungsansprüche der Volksrepublik und gleichzeitig Vorsitzender der republikanisch-festländisch geprägten Nationalpartei.

5.1 Internationale Dimensionen des taiwanesischen Nationalismus

Der taiwanesische Nationalismus in seinen zahlreichen Facetten ist somit einerseits als Antwort auf die historischen Erfahrungen mit der politischen und kulturellen Hegemonie der festländischen GMD zu interpretieren, andererseits das »tägliche Plebiszit« der taiwanesischen Gesellschaft gegenüber den Ansprüchen Pekings auf eine – wie immer geartete – »Rückkehr« in den Verbund der VR China. Die Forderungen nach Anerkennung der Eigenstaatlichkeit Taiwans durch Peking und nach internationaler Anerkennung der De-facto-Unabhängigkeit durch Aufnahme in die UNO (im Rahmen des »deutschen« Modells) haben die Regierungs- und Oppositionspartei in zentralen Punkten in eine gemeinsame Frontstellung gegen Peking und die konservativen Anhänger einer traditionellen Wiedervereinigungspolitik in Taiwan gebracht. Höhepunkt dieser Abkehr von den politischen und kulturellen Konzepten der chinesischen Bürgerkriegsparteien war die Direktwahl des Präsidenten Taiwans im März 1996, mit positiven Auswirkungen auf das internationale Ansehen Taiwans in der Weltöffentlichkeit. *(Siehe auch den Beitrag von Gunter Schubert.)* Der völkerrechtliche Status Taiwans ist bekanntlich umstritten; über Anerkennung und Nichtanerkennung Taiwans haben in der Vergangenheit und werden auch zukünftig die politischen Interessenabwägungen der beteiligten Staaten entscheiden. Gleichzeitig muß betont werden, daß, unabhängig von divergierenden juristischen Definitionen des legalen Status Taiwans, auch bei Völkerrechtlern unumstritten ist, daß die 21 Mio. Einwohner der Inselrepublik seit 1949 effektiv und exklusiv von einer Regierung gelenkt werden, die de facto unabhängige Außenbeziehungen unterhält und dem internationalen Recht unterworfen ist. Als Handelsnation steht Taiwan an 14. Stelle mit den drittgrößten Währungsreserven in der Welt. Mit der Demokratisierung des politischen Systems schließlich veränderten sich auch die Legitimationsgrundlagen für Taiwans Ansprüche gegenüber Peking einerseits und der internationalen Staatengemeinschaft andererseits. Die Legitimation der Regierung und des Präsidenten durch direkte, freie und geheime Wahlen haben Taiwan zu einer demokratischen Gesellschaft gemacht, die nicht länger einen Anspruch auf die Repräsentation Gesamtchinas stellt. Gegenüber Peking stellt die freie Wahl des Staatsoberhauptes einen auch formalen Akt der Autonomie dar, da ein solches Rechtsinstitut auf dem Festland nicht existiert. Schließlich kann die Ausübung demokratischer Wahlen generell als ein Akt der Selbstbestimmung angesehen werden, der Ansprüche auf Anerkennung der Eigenstaatlichkeit kräftiger als bisher legitimiert und politische Signale in die Öffentlichkeit der westlichen Demokratien sendet.

Gleichzeitig verstärkt sich aufgrund der diplomatischen Verwirrungen und Verrenkungen um den ungeklärten Status Taiwans und ihrer Folgen für die Visaerteilung und den Reiseverkehr der Bürger Taiwans der einheimische Druck auf die Regierung, den internationalen Status quo der Inselrepublik aufzuwerten. Alle diesbezüglichen Bemühungen können, wie der Privatbesuch Lee Teng-huis in den USA vom Juni 1995 gezeigt hat, Peking (das ja dem Druck radikal-nationalistischer Kreise im Militär ausgesetzt zu sein scheint) weiter in die Defensive bringen und unkalkulierbare internationale Krisen auslösen.

Werfen wir zusammenfassend einen Blick auf die Stellung Taiwans im internationalen System und die Perspektiven einer Vereinigung Chinas:

1. Aus taiwanesischer Sicht hat die Demokratisierung den Abstand zwischen den beiden chinesischen Staaten vergrößert und sowohl eine Wiedervereinigung nach deutschem Modell als auch eine Rückkehr zum »Mutterland« nach dem Hongkong-Modell (»Ein Land – zwei Systeme«), selbst mit erweiterten Rechten, undenkbar gemacht. »Taiwan ist nicht Hongkong«, betonte Präsident Lee Teng-hui unmittelbar nach dem 1. Juli 1997 gegenüber allen Ankündigungen Pekings, nun die »Taiwan-Frage« in Angriff zu nehmen. Ein breiter Konsens über die Parteiengrenzen hinweg ist an der langfristigen Existenz der Republik China auf Taiwan und der Bewahrung der De-facto-Unabhängigkeit interessiert. Die Mehrheit der Bevölkerung ist gegen eine »Wiedervereinigung«, in welcher Form auch immer.
2. Eine formelle Unabhängigkeit Taiwans ist angesichts der Invasionsdrohungen Pekings ebenfalls keine Perspektive und wird heute selbst von der Oppositionspartei nicht mehr offiziell verfolgt. Auch andere Szenarien, wie diejenigen einer chinesischen Föderation oder eines chinesischen Commonwealth, erscheinen weder kurz- noch mittelfristig politisch durchsetzbar oder akzeptabel für eine der beiden Seiten.
3. Die Wahrung des Status quo und der langsame Ausbau des internationalen Spielraums sowohl durch beharrliche diplomatische Offensiven als auch der Ausbau der wirtschaftlichen und kulturellen Kontakte erscheinen demgegenüber als derzeit einzig realistische Option und zugleich den Interessen der Bevölkerung auf beiden Seiten der Taiwan-Straße dienlich. In der Tat hat Taiwan seit 1949 einen Platz im internationalen System gefunden, in dem es sich als wichtiges asiatisches Industrieland mit voller Verteidigungsfähigkeit und De-facto-Unabhängigkeit etablieren konnte. Handels-, Reise- und Kulturbeziehungen können unterhalb der Ebene diplomatischer Anerkennung vereinbart und – wie in den letzten Jahren – weiter ausgebaut werden. Auch die VR China kann auf der Basis des jetzigen Status quo weiterhin an ihrer »Ein-China-Politik« und den entsprechenden Souveränitätsansprüchen festhalten und gleichzeitig die wirtschaftlichen Vorteile der verstärkten Verflechtung mit der taiwanesischen Wirtschaft genießen. *(Siehe auch den Beitrag Nr. XIII von Carsten Herrmann-Pillath.)* Aus dieser Sicht erscheint der Status quo als akzeptabler Zustand, der nur durch Vereinbarungen zwischen Peking und Taibei verändert werden sollte. Ob die absehbare Aufnahme von direkten Post-, Handels- und Verkehrsverbindungen und die prinzipielle Gesprächsbereitschaft auf beiden Seiten in den nächsten Jahren zu einem modus vivendi führen können, der in eine Normalisierung mündet, bleibt eine offene Frage.
4. Beide Seiten verfolgen jedoch gegenseitig unakzeptable Fernziele: Pekings Modell »Ein Land – Zwei Systeme« strebt eine Wiedervereinigung à la Hongkong ohne internationale Beteiligung an; Taibei fordert dagegen eine »Verstaatlichung« und Internationalisierung der gegenseitigen Beziehungen. Für die nächste Zukunft ist daher ein permanentes Konflikt- und Spannungsverhältnis vorhersehbar, zumal sich – wie oben erwähnt – auf beiden Seiten politisch-kulturelle Identitäten entwickelt haben, die sich im Zeitablauf immer weiter voneinander zu entfernen scheinen. Die aktuellen Überhitzungen eines radikalen Nationalismus in der VR China, der auf Macht und Größe des Staates fixiert ist, kontrastieren scharf mit den geschilderten Phänomenen der De-Sinisierung im Kontext der taiwanesi-

schen Identitätssuche. Neue Konfliktpotentiale liegen insbesondere in diesen innenpolitischen, schwer zu kontrollierenden Strömungen. Die noch nicht abgeschlossene Erfolgsstory der taiwanesischen Demokratie und ihre Auswirkungen auf eine Abkehr vom zentralstaatlichen Paradigma zeigen, daß erst Fortschritte bei der Liberalisierung des politischen Systems in Peking eine Neudefinition der Beziehungen zwischen beiden Seiten ermöglichen werden.

5.2 »Greater China«: Wirtschaftliche Integration und politische Separation

Deutet der soeben beschriebene Doppelprozeß der Taiwanisierung und Demokratisierung auf die sich verfestigende De-facto-Unabhängigkeit der Inselrepublik hin, so hat die gegenläufige Ausweitung der wirtschaftlichen, aber auch politischen und kulturellen Kontakte zwischen den drei Kernregionen des chinesischen Wirtschafts- und Kulturraums den sehr unklaren Begriff eines »Großchina« (oder auch »Greater China«) entstehen lassen. Der Begriff weckt Assoziationen, die von westlichen und chinesischen Wissenschaftlern zurückgewiesen werden: Weder die kulturelle Homogenität noch das Ausmaß der wirtschaftlichen Integration oder gar die politische Einheit, die mit Vorstellungen von Großchina assoziiert werden können, sind langfristig zu erwarten. Selbst von regierungsnahen Forschungsinstituten der VR China wird der Gedanke an einen ethnischen Block von Chinesen vehement verworfen.

Mit Vorbehalten läßt sich der Begriff dennoch als Abkürzung für vier zusammenhängende wirtschaftliche und soziale Entwicklungen verwenden, die neben Hongkong, Taiwan und der VR China noch das Netzwerk auslandschinesischer Unternehmen und Vereinigungen einbeziehen.

Zunächst ist nicht zu bestreiten, daß sich in den letzten 20 Jahren die wirtschaftlichen, kulturellen und politischen Bindungen zwischen den drei Kernregionen ständig intensiviert haben. Die »Rückkehr« der britischen Kronkolonie Hongkong und ihre Umwandlung in eine Sonderverwaltungsregion der VR China sprechen für sich selbst. *(Siehe auch den Beitrag von Werner Meissner.)* In wirtschaftlicher Hinsicht verstärken sich die gegenseitigen Verflechtungen; seit 1978 fließt Hongkonger, seit Mitte der achtziger Jahre taiwanesisches Kapital in die küstennahen Wirtschaftsräume der Volksrepublik und trägt dort zum anhaltenden Wirtschaftsboom bei. Inzwischen erweist sich Chinas Wirtschaftsdynamik und die Öffnung weiterer Wirtschaftssektoren als Wachstumsmotor sowohl für Hongkong als auch für Taiwan. Die spezifischen informellen Prozesse der Wirtschaftsintegration zwischen den drei Regionen haben sich ungeachtet aller politischer Krisen und Unsicherheiten weiter fortgesetzt und lassen eine internationalisierte »natürliche« Wirtschaftszone in Süd- und Südostchina entstehen.

Auch die wachsende Zahl von multinationalen Firmen in Südostasien, die im Besitz ethnischer Chinesen sind, haben die Vision eines sogenannten »Bambus-Netzwerks« oder einer »Chinese connection« mit hocheffizienten, aber undurchsichtigen und schwer verständlichen Finanz- und Managementpraktiken hervorgerufen. Die Bedeutung der von diesen Firmen in China getätigten Investitionen wird jedoch oft überschätzt: Die aktive Werbung der VR China (gefördert durch die Rückgabe in den sechziger Jahren enteigneter Immobilien und Kapitalanteile) haben zwar in den achtziger Jahren zu einem Investitionsboom auslandschinesischen Kapitals in der VR China geführt. Von einer exklusiven – durch ethnisch-kulturelle Bande geförderte – Ausrichtung auf das Land der Vorfahren kann jedoch keine Rede sein. In den neunziger Jahren läßt sich – auch im Zusammenhang mit einer Reihe von geschäftlichen Mißerfolgen Hongkonger und auslandschinesischer Firmen auf dem Festland – ein wachsendes Interesse an den Märkten Südostasiens, Amerikas und Australiens feststellen. Viele auslandschinesische Investoren haben die gleichen Sorgen und Befürchtungen wie westliche Unternehmer, was die Durchschaubarkeit und Rechtssicherheit des chinesischen Marktes angeht. Zudem sind die traditionellen chinesischen Familienunternehmen fundamentalen Veränderungszwängen ausgesetzt, wollen sie auf den globalen Märkten für Hochtechnologieprodukte, hochwertige Markenartikel und Dienstleistungen mithalten. Schon heute existieren Allianzen und Gemeinschaftsunternehmen mit europäischen und amerikanischen Firmen, um »westliches« technologisches Know-how und Marketing mit dem regionalen Marktkenntnissen und Verbindungen der Auslandschinesen zu kombinieren. Und eine neue Generation westlich ausgebildeter Führungskräfte ist dabei, die Geschäftskultur dieser Unternehmen weiter zu verändern. Wenn die Börsennotierung entscheidend zur Deckung des umfangreichen Kapitalbedarfs für globalisierte Unternehmen wird, werden auch chinesische Geschäftsfamilien Bilanzen und Informationen offenlegen müssen, um den Anforderungen der bedeutenden Börsen zu genügen. Das Kapital der ethnisch-kulturellen Beziehungen könnte zukünftig geringer bewertet werden.

Eine dritte mit dem Begriff »Großchina« verbundene Entwicklung ist die wachsende Anzahl von informellen Netzwerken und formellen Vereinigungen chinesischer Fachleute und Experten weltweit, die sich auf allen Bereichen von der Umweltforschung bis zur Geschichte und Philosophie jenseits politischer Differenzen gebildet haben. Auch diese Vereinigungen lassen sich jedoch nicht auf ihre ethnische Komponente reduzieren, zumal sie in die internationale Welt der professionellen und wissenschaftlichen Fachverbände eingebunden sind. Insbesondere für die intellektuelle Landschaft der Volksrepublik bedeuten diese Verbindungen einen Zugewinn an Autonomie und Internationalisierung. Künstlerische, literarische und geistige Trends aus der VR China, Taiwan und Hongkong werden heute weltweit innerhalb einer neuen chinesischen intellektuellen Gemeinschaft diskutiert. *(Siehe die Beiträge von Helmut Martin, Stefan Kramer und Juliane Noth.)* E-mail und Internet-Verbindungen reichen längst in die Universitäten und Akademien Pekings und Shanghais.

Bei näherer Betrachtung ist weder kurz- noch langfristig der Aufstieg eines politisch geeinten und wirtschaftlich integrierten neuen Großchina absehbar. Eine genauere Untersuchung der wirtschaftlichen und kulturellen Verflechtungen zwischen den drei Kernregionen zeigt, daß sich zwar eine neue politische Ökonomie entwickelt hat, die durch klassische ökonomische Komplementaritäten (billige Arbeitskräfte und Rohstoffe, wenig Kapital auf dem Festland versus knappe, teure Arbeitskräfte und Kapitalreichtum in Hongkong und Taiwan), geographische, kulturelle und linguistische Nähe stark befördert worden ist. Dennoch bleibt der chinesische Kulturraum in absehbarer Zeit wirtschaftlich heterogen und wie im Falle Taiwans politisch und kulturell zunehmend auf Autonomie und Abgrenzung gegenüber einer durch Peking verkörperten Idee von »China« bedacht.

Die Unterschiede im Lebensstandard zwischen den drei Regionen bleiben beachtlich: Selbst wenn man großzügig berechnete Kaufkraftmaßstäbe für das BSP pro Kopf in der Volksrepublik anlegt (ca. 2 900 US $), wäre eine weitere Vervierfachung des volksrepublikanischen Wirtschaftsleistung erforderlich, um allein den Standard von Taiwan (ca. 14 000 US $) zu erreichen – ganz zu schweigen von dem Hongkongs (ca. 20 000 US $).

Am Beispiel Taiwans läßt sich zeigen, daß wirtschaftliche Verflechtung keineswegs zur politischen Annäherung führen muß. Die wirtschaftlichen Prozesse folgen einer anderen Logik als die politischen. Dafür sprechen die Demokratisierung Taiwans, die eng mit der Begründung einer neuen kulturellen Identität und der Internationalisierung der »Taiwan-Frage« verknüpft ist, und der Trend zur Aufwertung des Paria-Status Taiwans im internationalen System. Zu Recht hat man daher von der »unmöglichen Wiedervereinigung« gesprochen.

Auch der Umgang Pekings mit der Sonderverwaltungsregion Hongkong birgt die Gefahr vielfältiger politischer Konflikte zwischen einer demokratisch gesonnenen Mittelklasse und den von Peking abhängigen neuen Institutionen. Die wirtschaftliche und symbolische Bedeutung Hongkongs als »New York« des Fernen Ostens wird Instabilitäten, Irritationen, Verletzungen der Bürgerrechte im Zusammenhang mit der politischen Neuordnung der Stadt in den Mittelpunkt weltweiter Medienaufmerksamkeit stellen; die Beziehungen Chinas mit dem »Westen«, aber auch mit Taiwan werden hiervon nicht unberührt bleiben.

Generell ist das Muster wirtschaftlicher Integration durch die Netzwerke chinesischer Kaufleute in den drei Regionen deutlich zu unterscheiden von den formal kodifizierten supranationalen Zusammenschlüssen wie etwa der Europäischen Union oder der NAFTA. Wie stabil diese informelle Form der Integration langfristig sein wird, ob sie auch den höheren Anforderungen einer sich industriell weiterentwickelnden Gesellschaft gerecht werden wird und ob sie noch für absehbare Zeit als leistungsfähiges Instrument die politischen und ökonomischen Disparitäten im chinesischen Wirtschaftsraum überbrücken können wird, hängt nicht zuletzt vom Willen der Beteiligten ab, neue Ordnungsmuster in ihre Interaktionen einzuführen.

Der Rückgriff auf persönliche Beziehungen in den geschäftlichen Transaktionen läßt sich jedenfalls eher auf das Fehlen eines verbindlichen Rechtssystems zurückführen als auf eine kulturelle Veranlagung zur Pflege persönlicher Beziehungen. So effektiv Netzwerkregime in wirtschaftlicher Hinsicht sein können, so unverläßlich und instabil können sie werden, wenn es um die Schaffung eines stabilen politischen Rahmens geht. Den nationalstaatlich verfaßten Verwaltungen (andere gibt es nicht) wird daher, so scheint es, in den nächsten Jahren die zunehmend wichtigere Rolle zufallen, über eine Vielzahl von formal kodifizierten Schritten die wirtschaftliche Integration so abzustimmen, daß sich langfristig auch das politische Konfliktpotential zwischen den drei großen chinesischen Regionen entschärfen resp. der zur Zeit zwar ambivalente, aber allen Beteiligten gewinnbringende Status quo aufrechterhalten werden kann. So ist beispielsweise klar, daß die schrittweise Herstellung direkter Verkehrs- und Handelsverbindungen zwischen Taiwan und der VR China nur von Vertretern der »Zentrale« auf beiden Seiten politisch verhandelt und formal geregelt werden kann. Auch das öffentliche Gut »Rechtssicherheit« (Investitionsschutz etc.) kann nur durch Vereinbarungen auf zentraler Ebene erzeugt werden. Erst in einer späteren Phase könnten dann im Sinne subsidiärer Entwicklungen intensivere Integrationsschritte auf regionaler und lokaler Ebene vollzogen werden.

Der politische und wirtschaftliche Wettbewerb zwischen den Eliten in Peking, Taibei, Hongkong und Singapur ist langfristig als beständiger und dynamisierender Faktor des Modernisierungsprozesses im chinesischen Kulturraum anzusehen. Noch spielt die chinesische Peripherie – wie schon seit 100 Jahren – die Rolle einer innovativen, dem diktatorischen Zugriff des Einheitsstaates entzogenen Nische, in der alternative Optionen, Gesellschaft und Staat zu organisieren, freier und ungehinderter als auf dem Festland diskutiert und erprobt werden können. Alle Versuche, diese kulturelle und regionale Vielfalt Chinas in das Prokrustesbett eines »modern« interpretierten Einheitsstaates zu pressen, haben im Laufe des 20. Jh. zu schweren Krisen der kulturellen Identität und politischen Autorität geführt.

6. Chinas westliche Peripherie

Während die maritimen Regionen des chinesischen Kulturraums eine zunehmend wichtigere Rolle für die Modernisierung und Internationalisierung Chinas spielen, haben sich an der »westlichen Peripherie« des Subkontinents China, in Tibet und Xinjiang, Konfliktpotentiale aufgebaut, die mit den bisherigen Methoden kaum gelöst werden können. Der Ausbau und die Modernisierung der Verkehrs- und Kommunikationsmöglichkeiten sowie die beispiellose Binnenmigration haben zu einem in der chinesischen Geschichte noch nie dagewesenen Stand der nationalen Integration und interregionalen Abhängigkeit geführt. Gleichzeitig verstärkt sich bei den Nationalitäten, die innerhalb der Grenzen Chinas leben, der Ruf nach Autonomie. Der Zerfall der Sowjetunion hat in diesem Zusammenhang Spekulationen über einen Dominoeffekt auf die Gebiete »nationaler Minderheiten«, insbesondere in Xinjiang und Tibet, genährt. Die Wahrscheinlichkeit, daß sich die Unabhängigkeitsbestrebungen in diesen Landesteilen Chinas erfolgreich realisieren lassen, muß jedoch als sehr gering bezeichnet werden. In China herrschen grundlegend andere Bedingungen als in der ehemaligen Sowjetunion. Waren dort nicht-russische Völker (teilweise gewaltsam und künstlich unter Stalin erst zur »Nation« gebildet) in einer Union der Sozialistischen Sowjetrepubliken (UdSSR) organisiert, so haben die »Autonomen Regionen« (zizhiqu) der nationalen Minderheiten in der Volksrepublik, die sich als multinationaler Einheitsstaat mit insgesamt 55 nichtchinesischen Völkern versteht, schon auf den ersten Blick einen anderen Status. Noch bedeutender als die legalen Statusunterschiede sind wohl die quantitativen Dimensionen des Problems: Bildeten in der Sowjetunion nicht-russische Völker fast die Hälfte der Bevölkerung, so werden in China nur 8 % der Gesamtbevölkerung oder ca. 90 Mio. Menschen (gegenüber 1,2 Milliarden Han-Chinesen) zu den nationalen Minoritäten gezählt. Daß ihre Siedlungsgebiete über 50 % des Territoriums der Volksrepublik mit strategischen Rohstoffreserven und sicherheitspolitisch sensiblen Zonen umfassen, erschwert die Lösung der Konflikte allerdings.

6.1 Tibet

Insbesondere die Tibetfrage hat in den letzten Jahren weltweite Aufmerksamkeit gefunden. Trotz der auf den ersten Blick eindeutigen moralischen Beurteilung des Problems durch eine sensibilisierte Weltöffentlichkeit weist eine genauere Diskussion der territorialen, historischen und entwicklungspolitischen Dimensionen des Problems zahlreiche komplexe Sachverhalte auf, die sich raschen Bewertungen und eindeutigen Lösungen entziehen. So beginnt und endet jede Diskussion des Tibet-Problems zunächst mit dem fundamentalen Problem der territorialen Definition von »Tibet«. Für den Dalai Lama und die tibetische Exilgemeinschaft hat »Tibet« eine Gesamtbevölkerung von ca. 9 Mio. und umfaßt nicht nur das Gebiet der offiziell definierten »Tibetischen Autonomen Region« (TAR), sondern auch ein riesiges Gebiet, das wesentliche Teile der angrenzenden Provinzen Sichuan, Gansu, Yunnan und Qinghai einnimmt. Diese vom Dalai Lama als ehemalige tibetische Ostprovinzen Amdo und Kham reklamierten Gebiete wurden allerdings schon zur Zeit der Qing-Dynastie und in der ersten Hälfte des 20. Jh. dem chinesischen Staatsverband zugeschlagen. In diesen Gebieten gibt es eine wachsende han-chinesische Besiedlung, und die Tibeter sind vielerorts bereits zu einer Minderheit geworden. Dennoch wird dieses »Großtibet« genannte Gebiet von denen beansprucht, die die Unabhängigkeit Tibets fordern.

Auch die Geschichte bietet keine klaren Antworten auf die Frage nach der Souveränität über Tibet. Die chinesischen Ansprüche auf Tibet gehen teilweise zurück bis ins 9. Jh.; spätestens mit Beginn der mongolischen Yuan-Dynastie im 13. Jh. habe Tibet offiziell unter der Souveränität Chinas gestanden. Demgegenüber kann kein Zweifel an der großen Autonomie bestehen, die die spirituellen und politischen Oberhäupter der buddhistischen Theokratie, der Dalai-Lama und Pantschen-Lama, innerhalb ihres (territorial nie genau abgesteckten) Gebietes hatten. Die starke ethnisch-religiöse Identität Tibets kam in einer eigenen Verwaltung, Sprache, Rechtsentwicklung und Währung zum Ausdruck. Auf der anderen Seite läßt sich historisch auf eine unklare symbiotische Situation zwischen dem Kaiserhof und den Führern Tibets verweisen: So wurde ihre spirituelle Autorität durchaus von einigen Kaisern der Qing-Zeit anerkannt; große lamaistische Tempel in der Hauptstadt Peking zeugen noch heute davon. Gleichzeitig unterstellten sich Führer der tibetischen Theokratie im 18. Jh. der Oberhoheit Chinas und ließen die indirekte Kontrolle durch die Bevollmächtigten des Kaiserhofs zu. In Chengde, der Sommerresidenz der mandschurischen Kaiser, nahmen die Tibeter und andere Herrscher aus Zentralasien an Ritualen teil, die ihre Unterwerfung unter den chinesischen Kaiser demonstrierten. Auch die Unabhängigkeitserklärung des Dalai Lama von 1913 wurde von China – trotz der bis 1950 währenden De-facto-Unabhängigkeit – nie anerkannt. Je nach Standpunkt lassen sich aus der unklaren Geschichte tibetisch-chinesischer Beziehungen sowohl die Unabhängigkeitsforderungen legitimieren als auch die Standpunkte der Regierung in Peking.

Dennoch läßt sich am – auch von den Chinesen zumindest teilweise bestätigten – massenhaften Unrecht, das seit 1950 in Form ethnischer Unterdrückung, massiver Beschneidung religiöser Freiheiten und gewaltsamen Versuchen zur sozialen und kulturellen Gleichschaltung, die während der Kulturrevolution (1966–1969) einen Höhepunkt erreichten, kein Zweifel anmelden. Wie auch immer der völkerrechtliche Status Tibets beurteilt wird, der chinesische Umgang mit der ausgeprägten ethnisch-religiösen Identität der Tibeter bleibt als Menschenrechtsproblem definitiv auf der Tagesordnung der internationalen Gemeinschaft. Die Beschneidung und Unterdrückung religiöser Freiheiten in Tibet ist dabei nur eine Facette in den Restriktionen, die sich in ganz China gegen die institutionalisierten Religionen (insbesondere gegen die katholischen und protestantischen Kirchen, aber auch gegen den Islam) ebenso wie gegen die aufblühende, mit lokalen daoistischen Kulten verbundene, sogenannte illegale Religiosität etwa in Südostchina richten.

Dennoch steht Tibet vor besonderen Problemen, da sich zwei in den letzten Jahren deutliche Trends wechselseitig negativ verstärken: Es handelt sich zum einen um die nach langen Jahren der Repression unvermeidliche und verständliche Wiederbelebung des religiösen Lebens und der traditionellen politischen Führungsrolle der Klöster. Die Aktivitäten der Mönche und Nonnen sind nicht von den Ausdrucksformen des tibetischen Nationalismus (»Separatismus« in den Augen Pekings) zu trennen. Mit der Renaissance des klösterlichen Lebens, die von Peking ab 1980 als Akt der Normalisierung zugelassen wurde, bildeten sich spontane und populäre Zentren des nationalen Widerstands. Die repressiven Gegenmaßnahmen der Zentralregierung provozieren weiteren Protest und machen Kompromiß- und Verhandlungslösungen immer unwahrscheinlicher. Die Regierung sieht sich einem Dilemma gegenüber: Sie hat einerseits die Tatsache anerkannt, daß die religiöse Identität der Tibeter sich nicht durch soziale und ideologische Eingriffe von oben verändern läßt, andererseits will sie mit allen Mitteln verhindern, daß die Klöster zum politischen Kristallisationspunkt des ethnischen Widerstandes in Tibet werden. Die Konfliktspirale wird sich daher weiter drehen.

Der zweite große Trend scheint fast noch bedeutender: Tibet steht vor dem existentiellen Problem, seine religiösen und kulturellen Grundlagen gegen die ganz China prägende Kommerzialisierung und Entfesselung der Marktkräfte behaupten zu müssen. Die Migration hanchinesischer Kleinunternehmer, Händler und Bauarbeiter nach Tibet führt zu besonderen sozialen und ethnischen Spannungen. Die »Übernahme« profitabler Sektoren der tibetischen Wirtschaft verstärkt die Befürchtungen kritischer Tibeter, auf ihrem eigenen Territorium endgültig zu Bürgern zweiter Klasse zu werden. Hinzu kommen berechtigte Sorgen, Opfer des demographischen Wanderungsdrucks aus den angrenzenden Gebieten – insbesondere aus der völlig übervölkerten Provinz Sichuan mit ihren über 120 Mio. Einwohnern – zu werden. Die Ursachen des Problems liegen vor allem in der wesentlich geringeren unternehmerischen und fachlichen Kompetenz der Tibeter, die sich aus dem katastrophal niedrigen Bildungsniveau der Durchschnittsbevölkerung ergibt. *(Siehe auch Tab. 3.3 im Anhang.)* Die weitere Modernisierung der Infrastruktur Tibets und die schrittweise Verbesserung der Lebens- und Wohnverhältnisse wird in Zukunft nicht nur den Tibetern zugute kommen, sondern auch – möglicherweise in erster Linie – dem wachsenden Strom hanchinesischer Migranten. Es bedarf keiner zentral gesteuerten Sinisierungs- oder Siedlungspolitik, um auf diese Weise langfristig die ethnische und kulturelle Landkarte Tibets grundlegend zu verändern. Daß diese Prozesse wirtschaftlicher »Überfremdung« oder Verdrängung im Zusammenhang mit den historischen Erinnerungen an die Assimilationsversuche Chinas die ethnischen Auseinandersetzungen eher verschärfen werden, liegt ebenfalls auf der Hand.

Die Aussichten auf eine grundlegende Lösung der Tibet-Frage im Sinne der Unabhängigkeitsbefürworter oder auch nur der moderaten Vorschläge des Dalai Lama stehen gegenwärtig gleich null. Weder ist die internationale Staatengemeinschaft bereit, den völkerrechtlichen Status Tibets als Teil Chinas in Frage zu stellen, noch ist mittelfristig eine grundlegende Veränderung der Haltung Pekings in seiner Nationalitätenpolitik absehbar.

6.2 Xinjiang

Ähnliche Konfliktstrukturen lassen sich für die Autonome Region Xinjiang konstatieren, hier gefördert durch eine unbewältigte Vergangenheit der rücksichtslosen Assimilierungs- und Unterdrückungsbestrebungen sowie das seit Beginn der achtziger Jahre wachsende religiöse und ethnische Selbstbewußtsein der islamischen Bevölkerung und die modernisierenden Interventionen der chinesischen Zentralregierung.

Xinjiang ist mit 1,65 Mio. Quadratkilometern die größte Verwaltungseinheit der VR China; seine umfangreichen Öl- und Gasvorkommen, die in den nächsten Jahrzehnten mit internationaler Beteiligung erschlossen und ausgebeutet werden sollen, machen die Region in den Augen Pekings zur strategischen Energiereserve für das 21. Jh. Da sich die in Nordostchina gelegenen Ölvorkommen erschöpft haben, ist China (seit 1995 Nettoölimporteur) an der Erschließung und Ausbeutung der Ölreserven in höchstem Maße interessiert. Andere größere Öl- und Gasvorkommen befinden sich bekanntlich in den international umstrittenen Gewässern der Südchinesischen See. *(Siehe auch den Beitrag von Joachim Glaubitz.)* Um so bedeutsamer erscheinen aus der Sicht der Zentralregierung die Rohstoffvorräte der Region, die neben Öl und Gas auch Kohle, Eisen und seltene Metalle umfassen.

Hinzu kommt die strategische sicherheitspolitische Bedeutung Xinjiangs, das sowohl eine Landbrücke nach Zentralasien und zum Nahen Osten darstellt als auch einen »Sicherheitspuffer« zwischen der Großmacht Rußland und Zentralchina. Die Erschließung des dünnbesiedelten und unterentwickelten Raumes ist denn auch seit den fünfziger Jahren durch systematische Industrieansiedlungen, durch die Stationierung von Armeeeinheiten und durch eine offiziell geförderte Zuwanderung und Umsiedlung von Hanchinesen betrieben worden. Der Anteil der Hanchinesen in Xinjiang nahm allein zwischen 1953 und 1973 von 6,2 % auf fast 40 % der Bevölkerung zu. Die zentralstaatlich und sicherheitspolitisch motivierte Industrialisierungs- und Besiedlungsstrategie veränderte nicht nur die gewachsenen Produktions- und Marktverhältnisse der einheimischen (vorwiegend von Weidewirtschaft lebenden) Bevölkerung, sondern verursachte auch schwere Schäden am naturräumlichen und ökologischen Gesamtgefüge Xinjiangs, etwa durch die ökologisch unsinnige Umwandlung von Weide in Ackerland (insbesondere in den siebziger Jahren) und durch jahrzehntelange Atomtests beim Lop Nor. An der Grundform dieses strategisch inspirierten Industrialisierungsmusters hat sich auch in den achtziger Jahren nichts geändert und in den neunziger Jahren hat die spontane und unkontrollierte Migration aus den dicht besiedelten Gebieten Ostchinas deutlich zugenommen.

Die negative Wahrnehmung dieser zunehmenden Integration Xinjiangs in den gesamtchinesischen Wirtschaftsverbund durch die einheimische Bevölkerung als kolonialistische Strategie wird natürlich noch gesteigert durch die historisch unbewältigten, bis ins 18. Jh. zurückreichenden Konflikte zwischen den jeweiligen Zentralregierungen Chinas und den moslemischen Ethnien in diesem Raum. Ähnlich wie in Tibet erreichte allerdings erst der in den fünfziger Jahren errichtete zentralstaatliche bürokratische Apparat jene militärische und ideologische Zugriffsfähigkeit, die soziale Eingriffe und politische Unterdrückungsmaßnahmen von historisch neuen Ausmaßen ermöglichte. Die Gleichschaltungsversuche und rücksichtslosen Kampagnen gegen den »lokalen Nationalismus« führten schon Anfang der sechziger Jahre zur Flucht von zehntausenden Kasachen und Uiguren in die angrenzende Sowjetunion; der traurige Höhepunkt der Repressionen wurde dann in der Kulturrevolution erreicht, die darüber hinaus die jahrelange Abschottung Xinjiangs von seinen natürlichen Handelspartnern in Zentralasien bewirkte.

Mit dem Beginn der Reformen in China ab 1978 setzte eine allmähliche Liberalisierungspolitik gegenüber den moslemischen Ethnien in Xinjiang ein, die zwar zu einem Aufblühen des religiösen Lebens und der sprunghaften Zunahme der Zahl der Moscheen, Koranschulen und Pilgerfahrten nach Mekka führte, gleichzeitig aber das »Nationalbewußtsein« der dort lebenden Turkvölker stärkte. Der wachsende religiöse Freiraum wurde genutzt, um den Widerstand gegen die Zentrale in Peking zu organisieren. Seit Ende der achtziger Jahre kommt es bis in die jüngste Zeit in regelmäßigen Abständen zu Protesten, Unruhen und Bombenanschlägen, die die militärische und polizeiliche Gegengewalt der Staatsorgane hervorrufen. Die Warnungen vor »separatistischen Bestrebungen« haben sich seit dem Zerfall der Sowjetunion und der Bildung unabhängiger Staaten in Zentralasien verstärkt. Kampagnen gegen die Ausnutzung religiöser Aktivitäten für »konterrevolutionäre« oder separatistische Zwecke, verbunden mit rigoroser militärischer und polizeilicher Repression öffentlichen Protestes, haben seither die Stimmung zwischen »Minderheiten« und chinesischen Staatsorganen verschlechtert und werden die weitere Politisierung und Verschärfung der Konflikte fördern.

Aufgrund dieser negativen Rückkopplung von Konflikten um ethnische und religiöse Identität und um Entwicklungsstrategien zwischen regionalen und zentralen Interessen ist auch in Xinjiang mit einer »grundlegenden« Lösung auf absehbare Zeit nicht zu rechnen. Zum einen verfolgt die Zentralregierung eine Doppelstrategie, in der die miliärische Repression durch Liberalisierung und Restaurierung traditioneller Markt- und Handelsverhältnisse ergänzt wird. Die Loyalität der Bevölkerung soll – ähnlich wie in ganz China – durch die Steigerung des Lebensstandards und die Teilnahme am chinesischen Konsumwunder erreicht werden. Es wird entscheidend darauf ankommen, ob die weitere Modernisierung und Erschließung der Region mit größeren Wohlstandssteigerungen der moslemischen Bevölkerung einhergeht oder nach den Mustern eines inneren Kolonialismus inszeniert wird.

Unabhängig von bestehenden ethnischen Bindungen und möglichen politischen Sympathien macht die ökonomische Krise in den neu entstandenen zentralasiatischen Nachbarstaaten die Verhältnisse dort nicht sonderlich attraktiv für die Masse der Bevölkerung in Xinjiang. Die chinesische Außenpolitik tut alles, um zu verhindern, daß in Zentralasien pantürkische und islamistische Kräfte erstarken. In diesem Ziel ist sie sich einig mit Rußland und allen westlichen Staaten.

Schließlich ist auch auf die Schwäche und Uneinheitlichkeit der Separationsbestrebungen hinzuweisen: Die Organisationen des Widerstands gegen Peking sind außerordentlich zersplittert. Die etwa 10 Mio. Muslime in Xinjiang bei einer Bevölkerung von 16 Mio. verteilen sich auf Uiguren, Kasachen, Kirgisen, Usbeken und Tadschiken. Was »Nationalbewußtsein« hier beinhalten kann, worauf eine »ostturkestanische Identität« basieren soll, ist in höchstem Maße unklar.

Die mit der weiteren Modernisierung einhergehende schleichende Sinisierung des Raums erscheint fast unaufhaltsam. Xinjiang ist wie Tibet als Erbe des mandschurischen Kaiserreichs in den historisch neuen »multinationalen« Staatsverbund der VR China eingetreten, der beide Gebiete als strategische, ressourcenreiche und imagerelevante Unterpfänder seiner nationalen und internationalen Handlungsfähigkeit fester im Griff hat als alle Dynastien zuvor. Solange die Führung in Peking sich als historische Sachwalterin und Fortsetzerin dieser Tradition versteht, wird die westliche Peripherie in einem ständigen Konflikt zur Pekinger Zentrale verharren.

7. Chinas Zukunft als Nation: Trends und Gegentrends

Abschließend soll versucht werden, die Perspektiven Chinas als »Nation« und der Stellung Chinas in der Welt in drei – zum Teil gegenläufigen – »Megatrends« zu beschreiben, deren Fortwirken zumindest für die nächsten zehn Jahre als plausibel angenommen werden kann.

1. Der erste wichtige große Trend betrifft die mehrfach angesprochene neue Realität der politischen, wirtschaftlichen und kulturellen Vielfalt der chinesischen Welt. Die Vielfalt bezieht sich vor allem auf die Tatsache, daß der Begriff der chinesischen Nation weniger denn je mit den klassischen Begriffen eines fest umrissenen, klar definierten Territoriums in Deckung zu bringen ist.

Allein vier große ›Nationen‹ könnten mit dem Begriff »China« belegt werden (Townsend 1996): Erstens die ›Nation‹ der auf dem Territorium der Volksrepublik lebenden Han-Chinesen, die mit über 1,2 Milliarden Menschen die absolute Mehrheit aller auf der Welt lebenden Chinesen bilden. Die politische Verfassung und ökonomische Entwicklung dieser ›Nation‹ stehen daher im Mittelpunkt der Weltaufmerksamkeit.

Zweitens die ›Nation‹, die sich durch die Staatsbürgerschaft »Volksrepublik China« definiert und sich durch das Selbstverständnis eines »einheitlichen multinationalen Staates« auszeichnet. Die innere Legitimität dieser vor allem durch den Zentralstaat repräsentierten Nation ist instabil, wenn nicht brüchig; das Verhältnis zu den »nationalen Minderheiten« auf Dauer belastet.

Eine dritte ›Nation‹ schließt alle ethnischen Chinesen ein, wo immer sie gerade leben: in China, Hongkong, Taiwan, Südostasien, den USA, Australien oder auch Europa. Hier ließe sich der Begriff des »kulturellen China« verwenden, der die geistige und ethnische Gemeinschaft der Chinesen als Teil der Weltkultur umfaßt. Die politische Loyalität und kulturelle Identität dieser ›Gemeinschaft‹ ist selbstverständlich höchst pluralistisch und weder kontrollier- noch steuerbar. In soziologischer Hinsicht fallen die in ihren Gastländern fest integrierten Wissenschaftler und Geschäftsleute ebenso unter diesen Begriff wie eine wachsende Zahl von Armutsmigranten aus der Volksrepublik, die etwa die Chinatowns der USA bevölkern oder bestimmte Quartiere in Paris dominieren. Ein säkularer Trend zur legalen und illegalen Emigration dürfte die Anzahl der außerhalb des Festlandes lebenden Chinesen in der nächsten Dekade weiter ansteigen lassen. Allein die legale jährliche Aufnahmequote für Immigranten aus der VR China beträgt in den USA derzeitig 60 000 Menschen.

Innerhalb dieser größten chinesischen ›Nation‹ koexistieren, viertens, die riesige Volksrepublik mit der Sonderverwaltungsregion Hongkong, mit weiteren politisch unabhängigen, subethnisch und kulturell ausdifferenzierten Regimen in Taibei und Singapur. Dieser Kern des chinesischen Kulturraums wird sich zukünftig zwar weiterhin wirtschaftlich verflechten und eine wichtige Rolle als Innovationsquelle für die VR China spielen. Ein verstärkter personeller und intellektueller Austausch wird die Kommunikationsdichte beständig erhöhen. So entsteht ein informelles Netzwerk jenseits nationaler und ideologischer Grenzen. Denoch erscheint es verfrüht, von einer »Denationalisierung« des chinesischen Kulturraums zu sprechen. Eine politische Integration ist mit Ausnahme Hongkongs nicht einmal in Ansätzen erkennbar. Auch die anhaltenden Konflikte um den Status Taiwans machen einen Bedeutungsverlust »nationalstaatlicher« Politik und Ideologie nicht wahrscheinlich. Die Vielzahl informeller wirtschaftlicher, persönlicher und kultureller Beziehungen sind eher als Kompensation für den Mangel an soliden, rechtsstaatlich abgesicherten Vereinbarungen im chinesischen Kulturraum anzusehen.

Auch andere Prozesse zeigen die neue Pluralisierung »Chinas«: Die weitere Öffnung und Integration zusätzlicher Großregionen an der Küste Chinas in die ostasiatischen Wachstums- und Arbeitsteilungsprozesse, der sich rapide entwickelnde subregionale Handels- und Wirtschaftsaustausch in allen Grenzregionen von Yunnan im Südwesten bis Heilongjiang im Nordosten machen die Grenzen Chinas durchlässiger, fördern die Ökonomisierung und Entmilitarisierung der Außenbeziehungen und wirken als Korrektiv gegen die politischen Machtansprüche der Zentrale. China findet so zum seit dem 19. Jh. bewährten Grundmuster einer weltoffenen Peripherie zurück, das durch die historische Anomalie der Jahre 1949 bis 1976 verdeckt worden war.

2. Laufen die oben beschriebenen säkularen Trends auf den seit 1989 immer wieder beschworenen Zerfall Chinas oder zumindest auf eine schleichende »nationale Desintegration« heraus? Einerseits erscheint ein Zerfall des Landes aufgrund seiner relativen ethnischen Homogenität und der patriotischen Grundstimmung der politischen Elite als nicht plausibel. *(Siehe auch den Beitrag von Sebastian Heilmann.)* Andererseits steht das Regime vor großen institutionellen Herausforderungen, was seine Leit- und Kontrollfähigkeit betrifft. Nach wie vor wird China gekennzeichnet durch lokalen Protektionismus, der z.B neu gebaute Autobahnen an den Provinzgrenzen enden läßt und Städte und Gemeinden in einen heftigen Standortwettbewerb um Investitionen zieht. Das Wohlstandsgefälle zwischen Küstenprovinzen und Hinterland ist seit Jahren Thema einer nationalen Debatte. *(Siehe auch die Beiträge von Wolfgang Taubmann und Margot Schüller.)* Dem steht ein – angesichts der Größe der Aufgaben – erstaunlich schwerfälliger und unreformierter zentraler Apparat gegenüber, dessen finanzielle Handlungspielräume immer geringer werden. *(Siehe auch Abb. 4.7.1 im Anhang.)* Wenn auch die fiskalischen Machtgrund-

lagen der Zentrale schwach sind, so haben sich auf anderen Feldern, wie beim Währungsmanagement und der Inflationskontrolle, erste Erfolge gezeigt. Dem Wohlstandsgefälle soll u. a. begegnet werden, indem 60 % der Weltbankkredite zukünftig für Hinterlandprovinzen reserviert werden; auch werden immer mehr Binnenprovinzen den Küstenprovinzen in der Behandlung von Auslandskapital gleichgestellt. Die Neugestaltung der Beziehungen zwischen Provinzen und Zentrale ist seit 1994 im Gange und wird von Beobachtern als »schleichende Föderalisierung« gekennzeichnet. Vorschläge für vorsichtige Reformen der chinesischen Verfassung, im Sinne einer Stärkung des Nationalen Volkskongresses und einer Institutionalisierung der Machtverteilung zwischen Zentrale und Regionen, werden von Rechtsexperten diskutiert. Diese Diskussionen können zurückgreifen auf die in den achtziger Jahren von einzelnen Reformern schon ausgearbeiteten Vorschläge für ein »föderales China«. Diese Entwicklungen sprechen gegen ein Szenario »nationaler Desintegration«.

Schließlich muß beachtet werden, daß das Regime sowohl auf internationaler als auch auf nationaler Ebene an Legitimation gewonnen hat und entsprechende Unterstützung mobilisieren kann.

Erstens herrscht auf internationaler Ebene ein umfassender Konsens wirtschaftlicher wie politischer Eliten, daß ein Zerfall des Landes unabsehbare Risiken für die sicherheitspolitische und wirtschaftliche Stabilität des gesamten asiatisch-pazifischen Raumes nach sich ziehen würde. Weder an einem schwachen, durch Bürgerkriege zerrissenen China noch an einem internationalen Sozialfall ist die »Welt« interessiert. Die chinesische Regierung hat nach 1989 bewußt die negative Vision eines »chaotischen« China in die Diskussion gebracht und sich hierdurch innen- und außenpolitisch eine anhaltende Legitimationsgrundlage verschafft. Der erwähnte breite Grundkonsens führt wiederum zu einem permanenten Transfer von privaten und öffentlichen Kapital zum Ausbau der Infrastruktur und Beratungs- und Informationsressourcen, die zu einem großen Teil über die Zentrale abgewickelt werden und ihr im weitesten Sinne zugute kommen (etwa Beratungsleistungen beim Aufbau einer unabhängigen Geldpolitik oder zum Neuaufbau eines nationalen Steuersystems). Kurz, alles was im Sinne der »Verbesserung« und Einbindung Chinas in die internationalen Systeme unternommen wird, wirkt gleichzeitig stabilisierend auf die zentralen bürokratischen Apparate der VR China ein. Daß sich diese international vermittelte Stabilisierung Chinas fortsetzen wird, erscheint höchst plausibel. Längst existieren in allen großen Staaten des Westens einflußreiche »Chinalobbys« in der Regierung und im privaten Sektor.

Zweitens kann die Regierung (bei unveränderter Fortsetzung der gegenwärtigen Öffnungs- und Reformpolitik) auf die politische Loyalität der städtischen und intellektuellen Schichten Chinas zählen. Der Grundkonsens, »Chaos« in China abzuwehren, der nicht zuletzt durch den rapiden ökonomischen und politischen Verfall der Rußländischen Föderation seit 1991 mit erzeugt wurde, und der – wenn auch prekären und oft repressiven – Stabilität des Regimes den Vorzug zu geben, hat sich durch den beschleunigten sozialen und wirtschaftlichen Umbruch und durch den massenhaften Aufbruch verarmter Migranten aus den Landregionen in die Städte weiter gefestigt.

Eine weitere Schicht politischer Loyalität bildet die diffuse Mischung aus politischen Nationalismus und sinozentrischen Überlegenheitsgefühlen, die in weiten

Teilen der städtischen und intellektuellen Elite vorherrscht. Das Spektrum dieser Mischung ist – wie in Abschnitt 4 erwähnt – sehr breit und schließt demokratische, aufgeklärte Elemente ebenso ein wie chauvinistische und rassistische Strömungen.

Schließlich muß auch der Sprung in die Informationsgesellschaft nicht ausschließlich der Beförderung liberaler, »westlicher« Ideen dienen. Der volksrepublikanische Nationalismus entstammt der entwicklungsnationalistischen Stoßrichtung der fast fünfzigjährigen Geschichte der VR China, jener mit (fragwürdigen Mitteln erzeugten) aber gleichwohl erfolgreichen Verdichtung sozialer und politischer Kommunikation im Sinne des »nation-building«, wie sie in modernisierungstheoretischer Perspektive u. a. von Karl Deutsch und Ernest Gellner beschrieben wurde. Der rapide Ausbau der elektronischen Medien in China in den nächsten Jahren wird einerseits die unabhängigen Kommunikationsmöglichkeiten innerhalb der chinesischen Gesellschaft in großem Ausmaß steigern helfen, andererseits aber die virtuelle und symbolische Präsenz des chinesischen Staates, seine patriotischen Symbole und Rituale in die chinesischen Haushalte tragen. Die Partei kommt gewissermaßen per Fernsehen wieder ins Haus. Angesichts der ideologischen Schwäche des Staates und seiner abnehmenden Kapazitäten, soziale Sicherheit zu garantieren, wird seine Neigung, an nationalistische Gefühle zu appellieren, steigen. Zu der Schwäche des Staates gesellt sich eine insgesamt »schwache« Gesellschaft mit einer autoritären politischen Kultur und relativ geringem Bildungsniveau.

3. Erst eine Zusammenschau dieser gegenläufigen Trends macht es möglich, eine balancierte und nüchterne Sicht auf den möglichen Weltmachtstatus Chinas im 21. Jh. zu entwerfen. Wie an französischen Bahnübergängen gilt auch für China: »Un train peut en cacher un autre!« Eine genauere Untersuchung der internationalen Umgebung Chinas hält den Extremszenarien einer linear »reicher und mächtiger« werdenden Supermacht China (die sich für Optimisten automatisch verwestlicht, für Pessimisten wie Huntington hingegen zur neuen antiwestlichen Hegemonialmacht Ostasiens aufsteigt) nicht stand. Ebensowenig wie ein Zerfall Chinas in unabhängige regionale Machtzentren ist jedoch auch ein wirklicher Durchbruch zu einer demokratischen Verfassung in den nächsten 10 bis 15 Jahren zu erwarten.

Die Zeit arbeitet nicht für China, wie zuweilen behauptet wird. China rückt zwar ins »Zentrum«, muß jedoch entdecken, wie »eng« es dort geworden ist. China ist zweifellos ein Gigant in aggregierten volkswirtschaftlichen und ökologischen Größenordnungen und damit schon heute eine der großen Wirtschafts- und Handelsmächte.

Dennoch, eine grundlegende Asymmetrie der technologischen (die bestimmend sind für die militärischen), wirtschaftlichen und institutionell-kulturellen Kapazitäten Chinas und der großen Staaten des Westens wird mittelfristig die Beziehungen prägen (und belasten). Hinsichtlich zahlreicher Pro-Kopf-Indikatoren (insbesondere natürliche Ressourcen, Bildung, Infrastruktur) bleibt China ein armes Entwicklungsland. Auch der rasante Wachstumsschub der letzten 18 Jahre hat dies (noch) nicht grundlegend verändern können, sondern zunächst alte Probleme (Bildung) verschärft und neue (Migration) erzeugt. China ist Großmacht und Teil der unterentwickelten Welt, kurz eine arme Weltmacht.

Beide Elemente bilden widersprüchliche Bestandteile einer chinesischen »nationalen Identität«, die sich auch in der chinesischen Außenpolitik abbilden. Diese muß mit dem Phänomen der asymmetrischen Interdependenz vis à vis dem Westen fertig werden.

Die wirtschaftliche Macht Chinas wird daher in immer größerem Maße davon abhängen, wie stark sich das Land in die internationalen weltwirtschaftlichen und technologischen Verflechtungen einbinden läßt. Nur die Anpassung des chinesischen Staates an die technologischen und wirtschaftlichen Globalisierungsprozesse werden ihn »stärker« und »reicher« machen. Anpassung an die Globalisierungsprozesse heißt im Falle Chinas aber auch, die Ideologie und Institutionen einer zentralstaatlichen Steuerung der Gesellschaft schrittweise zu reformieren sowie die außenpolitische Identität als neu aufsteigender Nationalstaat gegen den Rest der Welt, als Diva auf der Bühne der Nationen bzw. als »Group of One«, abzulegen. Als Großmacht mit unvollendeten nationalen Ambitionen, historischen Ressentiments und einer auf die nationale Regimesicherheit zentrierten Weltsicht bleibt China ein schwieriger, reaktiver und unangepaßter Akteur. Als Entwicklungsland mit unabsehbaren sozialen Problemen, institutionellen und technologischen Defiziten hat China keine andere Wahl, als sich für die aktive Integration in die weltpolitischen und weltwirtschaftlichen Systeme zu entscheiden. Die katastrophalen Erfahrungen mit der Autarkiepolitik des Maoismus und die Ansprüche der Bevölkerung auf einen Anteil an den Wohlstandszuwächsen der chinesischen Peripherie haben sich bislang dämpfend auf die weltpolitischen Ambitionen der chinesischen Führung niedergeschlagen. Eine koordinierte und kooperative Chinastrategie des Westens sollte zudem in der Lage sein, diesen positiven Prozeß weiter zu fördern. Die hier aufgezeigten Trends sollten daher Grund zum Optimismus bieten, der allzu hohe Erwartungen an das Land jedoch ausschließt.

Verwendete und weiterführende Literatur

ANDERSON, BENEDICT (1988): Die Erfindung der Nation. Zur Karriere eines folgenreichen Konzepts, Frankfurt.
DITTMER, LOWELL; KIM SAMUEL S. (1993/Hrsg.): China's Quest for National Identity, Ithaca.
FITZGERALD, JOHN (1996): The Nationless State: The Search for a Nation in Modern Chinese Nationalism, in: Unger, Jonathan (Hrsg.): Chinese Nationalism, Armonk, London, S. 56–85.
GELLNER, ERNEST (1991): Nationalismus und Moderne, Berlin.
GRUNFELD, A. TOM (1996): The Making of Modern Tibet, Armonk, 2. Aufl., London.
HEBERER, THOMAS (1995): Die Tibet-Frage als Problem der internationalen Politik, in: Außenpolitik, Jg. 1995, Heft 3, S. 299–309.
HOPPE, THOMAS (1995): Die ethnischen Gruppen Xinjiangs. Kulturunterschiede und interethnische Beziehungen (Mitteilungen des Instituts für Asienkunde, Nr. 258), Hamburg.
HERRMANN-PILLATH, CARSTEN (1994): Wirtschaftsintegration durch Netzwerke: Die Beziehungen zwischen Taiwan und der Volksrepublik China, Baden-Baden.
KIM, SAMUEL S. (1994/Hrsg.): China and the World. Chinese Foreign Relations in the Post-Cold War Era, 2. Aufl., Boulder.
OECD 1996: China in the 21st Century. Long-term Global Implications, Paris.
SUN YAT-SEN 1927: Die Grundlehren von dem Volkstum, Berlin.

SWAINE, MICHAEL (1995): China: Domestic Change and Foreign Policy, Santa Monica.
THE CHINA QUARTERLY: Special Issue: Contemporary Taiwan, Nr. 148, December 1996.
WEIDENBAUM, MURRAY (1997): Die Geschäftskultur der Auslandschinesen: Bamboo Connection, in: Havard Business Manager, Jg. 1997, Nr. 1, S. 35–45.
WHITE, LYNN; CHENG, LI (1993): China Coast Identities: Regional, National, Global, in: Dittmer, Lowell; Kim Samuel S. (Hrsg.): China's Quest for National Identity, Ithaca, S. 154–193.
UNGER, JONATHAN (1996/Hrsg.): Chinese Nationalism, Armonk, London.

Anhänge 1–7

DORIS FISCHER

Anhang 1

Chronologie und Abbildungen zur Geschichte Chinas

Übersicht 1.1: Die chinesischen Dynastien
Übersicht 1.2: Chronologie der Geschichte Chinas ab dem Ende des 18. Jahrhunderts bis heute
Abbildung 1.1 Langfristige Bevölkerungsentwicklung Chinas und Kontinentaleuropas

Übersicht 1.1: Die chinesischen Dynastien

16.-11. Jh. v. Chr.	Shang	
11. Jh.–771 v. Chr.	Westliche Zhou	
770–256 v. Chr.	Östliche Zhou 770–476 v. Chr. 481–222 v. Chr.	Frühlings- und Herbstperiode Periode der ›Streitenden Reiche‹
221–206 v. Chr.	Qin	
206 v. Chr.–220 n. Chr.	Han 206 v. Chr.–8 n. Chr. 9–24 n. Chr. 25–220	Frühere (Westliche) Han Interregnum Wang Mang Östliche Han-Dynastie
221–280	Periode der ›Drei Reiche‹ 222–280 Wu 220–280 Chr. Wei 221–263 Chr. Shu (Han)	
265–316	Westliche Jin	
317–419	Östliche Jin	
420–588	Periode der nördlichen und südlichen Dynastien *Süden* 420–479 Song 479–502 Südliche Qi 502–557 Liang 557–589 Chen	*Norden* 386–534 Nördliche (Tuoba) Wei 534–550 Östliche Wei 534–556 Westliche Wei 550–577 Nördliche Qi 557–581 Nördliche Zhou
589–618	Sui	
618–907	Tang	
907–960	Periode der ›Fünf Dynastien‹ 907–923 Spätere Liang 923–936 Spätere Tang 936–946 Spätere Jin 947–950 Spätere Han 951–960 Spätere Zhou	
960–1279	Song-Dynastie *chinesische Dynastien* 960–1126 Nördliche Song 1127–1279 Südliche Song	*fremde Dynastien im Norden* 1125–1201 Westliche Liao 1032–1226 Xixia 1115–1234 Jin (Jurchen)
1280–1367	Yuan-Dynastie	
1368–1644	Ming-Dynastie	
1644–1911	Qing-Dynastie	
1912–	Republik China (seit 1949 auf Taiwan)	
1949–	Volksrepublik China	

Übersicht 1.2: Chronologie der Geschichte Chinas ab dem Ende des 18. Jahrhunderts bis heute[1]

DORIS FISCHER

	Ereignisse in der Geschichte des chinesischen Festlandes	Ereignisse in der Geschichte Hongkongs, Singapurs und Taiwans
1736–1796	Regierungszeit des Kaisers Qianlong.	1787 Niederwerfung eines Aufstandes in Taiwan durch die Qing-Regierung
1793	Britische Gesandtschaft unter Leitung von Earl George Macartney besucht den chinesischen Kaiserhof.	
1796–1820	Regierungszeit des Kaisers Jiaqing.	
1796	Kaiser Jiaqing verhängt ein Verbot über den Opiumhandel.	
1796–1804	Aufstand des »Weißen Lotus«.	
1814/15	Kaiser Jiaqing verhängt weitere Verbote gegen Opiumhandel.	
1816	Die britische Ostindische Gesellschaft gibt den Handel mit Opium frei.	1824 Sir Thomas Stamford Raffles erwirbt Singapur von malaiischen Häuptlingen. 1826 wird Singapur gemeinsam mit Penang und Malacca zur »Straits Settlement Presidency« zusammengefaßt.
1839–1842	(Erster) **Opiumkrieg** zwischen England und China. Der Krieg endet mit dem Vertrag von Nanjing (29. 8.) und mündet in die Abtretung der Insel Hongkong an England sowie die Öffnung von vier weiteren Häfen neben Guangzhou für den Außenhandel.	Durch den Vertrag von Nanjing vom 29. 8. 1842 wird die Insel Hongkong für »ewig« an Großbritannien abgegeben.
1843	Im Rahmen eines Zusatzvertrages werden England Meistbegünstigungsrechte sowie und eine Reihe von Exterritorialrechten eingeräumt.	
1850	Beginn des **Taiping-Aufstands** unter der Anführung von Hong Xiuquan in Guangxi.	
1851	Gründung des »Himmlischen Reiches des allgemeinen Friedens« (Taiping Tianguo) mit Hong Xiuquan als König.	
1853	Im *März* Eroberung Nanjings durch die Taiping, welche die Stadt zu ihrer Hauptstadt machen. Beginn des Aufstandes der Nian in Nordchina.	
1856	(Zweiter) **Opiumkrieg** zwischen England und China.	
1857	Britische und französische Truppen besetzen im *Dezember* Guangzhou, das bis 1861 unter anglo-französischer Militärherrschaft bleibt.	
1858	Im *Juni* Unterzeichnung der Verträge von Tianjin zwischen China, England, Frankreich, Rußland und den USA, dadurch Erweiterung der ausländischen Privilegien.	
1860	Im *September* dringen britische und französische Truppen in Beijing ein. Im Zuge der Eroberung Beijings wird der Sommerpalast zerstört. Der Abschluß der Verträge von Beijing im *Oktober* vervollständigt das System der sogenannten »Ungleichen Verträge«. China richtet ein Außenministerium ein.	Am Ende des zweiten Opiumkrieges, 1860, muß China Kowloon und die Stonecutters Inseln an Großbritannien abgeben.

---

1 Zu wichtigen Daten der deutsch-chinesischen Beziehungen siehe den Anhang 8 von Stefan Friedrich.

	Ereignisse in der Geschichte des chinesischen Festlandes	Ereignisse in der Geschichte Hongkongs, Singapurs und Taiwans
1862	Beginn der **Selbststärkungsbewegung** (zi qiang).	
1864	Rückeroberung Nanjings durch die kaiserlichen Truppen, Zerschlagung des Taiping-Aufstandes.	
		1867 Das »Straits Settlement«, zu dem Singapur gehört, erhält den Status einer britischen Kolonie. Durch die Eröffnung des Suez-Kanals im Jahr 1869 gewinnt Singapurs Hafen an wirtschaftlicher Bedeutung.
1868	Unterdrückung des Aufstandes der Nian.	
1870	Tianjin-Massaker vom 21. *Juni*: Erstürmung einer französischen Missionsstation als Höhepunkt der anti-christlichen Stimmung in China.	
1872	Erstmals Entsendung chinesischer Studenten ins Ausland.	
1880	Baubeginn der ersten chinesischen Eisenbahnlinie.	
1881	China erkennt die Besetzung der Ryukyu-Inseln (u. a. Okinawa) durch Japan an.	
1884/85	Chinesisch-französischer Krieg: Annam fällt an Frankreich	
1887	Macau wird an Portugal abgetreten.	
1888	Gründung der Beiyang-Armee, der ersten modernen Militärtruppe Chinas.	
1894/95	**Chinesisch-japanischer Krieg** aufgrund von Streitigkeiten um die Vorherrschaft in Korea. Die chinesische Niederlage hat zur Folge, daß China im Vertrag von Shimonoseki Taiwan (Formosa) und die Pescadoren an Japan abtreten und auf Herrschaftsansprüche in Korea verzichten muß. Ausländer erhalten das Recht, auf chinesischem Territorium Industriebetriebe zu errichten.	1895 wird Taiwan in Folge des Chin.-jap. Krieges von Japan besetzt.
1897	Deutsche Truppen besetzen Jiaozhou in der Provinz Shandong. Rußland pachtet Dalian (Dairen) und Port Arthur (Lüshun). Bau der ostchinesischen Eisenbahn durch Rußland (bis 1901).	
1898	Deutschland pachtet die Halbinsel Jiaozhou; Qingdao (Tsingtao) wird von Deutschland besetzt. England pachtet Weihaiwei und die New Territories und erwirkt Konzessionen zum Bau der Beijing-Hankou-Eisenbahn. Frankreich pachtet die Bucht von Guangzhou und erhält die Konzession zum Bau der Indochina-Bahn.	1898 werden die »New Territories«, das Hinterland der Halbinsel Kowloon, von den Engländern für 99 Jahre gepachtet.
1898	11. 6.–21. 9. Die **»Hundert-Tage«-Reformbewegung** nach einem Reformprogramm von Kang Youwei wird durch einen Staatsstreich beendet, mit dem die Kaiserin-Witwe Cixi die Regierungsgewalt übernimmt. Der amtierende Kaiser Guangxu wird gefangengesetzt.	
1900	Aufstand der ausländerfeindlich ausgerichteten und teilweise von der Qing-Regierung unterstützten Yihetuan (**Boxer-Aufstand**). Nach Angriffen der »Boxer« auf Beijing und Tianjin und der Belagerung des Gesandtschaftsviertels in Beijing erklärt China den Westmächten den Krieg. Daraufhin besetzen alliierte Streitkräfte Beijing (16. 8.). Die Kaiserin-Witwe und der Hof fliehen aus Beijing.	

	Ereignisse in der Geschichte des chinesischen Festlandes	Ereignisse in der Geschichte Hongkongs, Singapurs und Taiwans
1901	Im internationalen Boxerprotokoll wird China zu hohen Entschädigungszahlungen verpflichtet. Die Qing-Regierung leitet ein Programm gemäßigter Reformen ein.	
1904/05	Russisch-japanischer Krieg: Nach seinem Sieg übernimmt Japan Dalian, Port Arthur sowie Rußlands Konzessionen in der südlichen Mandschurei und wird damit zur vorherrschenden imperialistischen Macht im Nordosten Chinas.	
1905	Abschaffung des traditionellen Prüfungssystems. Sun Yat-sen gründet im japanischen Exil die Tongmenghui (»Liga der Verbündeten«).	
1906–1909	Serie von Aufständen und Protestbewegungen gegen die Qing-Regierung.	
1908	Tod des Kaisers Guangxu und der Kaiserin-Witwe Cixi.	
1911	**Revolution von 1911:** Als Reaktion u. a. auf die Eisenbahnpolitik der Qing-Regierung kommt es zu einem Truppenaufstand in Wuchang. Verschiedene Provinzgouverneure erklären sich für unabhängig. Der von der Qing-Regierung mit der Niederschlagung der Revolution beauftragte Marshall Yuan Shikai nimmt Verhandlungen mit den Aufständischen auf. Im *Dezember* wird in Nanjing eine Republik gegründet. Von Vertretern aus 16 Provinzen wird Sun Yat-sen zum Provisorischen Präsidenten gewählt.	
1912	Die Qing-Dynastie dankt ab und erklärt China offiziell zur Republik, Yuan Shikai wird im *Februar* zum Präsidenten des neuen Staates gewählt. Um einen Bürgerkrieg zu vermeiden, tritt Sun Yat-sen zugunsten des Marschalls Yuan Shikai von seinem Präsidentenamt zurück. Vier kleinere politische Gruppen, darunter die Tongmenghui, schließen sich unter Leitung Sun Yat-sens zur »Guomindang« (Nationalpartei) zusammen.	
1912–1916	Regierungszeit Yuan Shikais.	
1913	Yuan Shikai löst die Guomindang auf, die bis 1922 nur im Untergrund weiterwirken kann.	
1914	Yuan Shikai löst das Parlament auf.	
1915	Yuan Shikai erklärt sich zum Kaiser und versucht, eine neue Dynastie zu gründen. Japan legt die sogenannten »**Einundzwanzig Forderungen**« vor.	
1916	Yuan Shikai muß seine monarchistischen Pläne aufgrund massiver Protestaufstände und Unabhängigkeitsbewegungen in den Provinzen rückgängig machen. Yuan Shikai stirbt im Jahr 1916.	
1916–1927	**Zeit der Kriegsherren** (»warlords«). Die Kontrolle über China liegt in den folgenden Jahren in den Händen von mehreren Kriegsherren, die jeder unabhängig Kontrolle über eine bestimmte Region Chinas ausübten.	
1917	China erklärt seinen Beitritt zum Ersten Weltkrieg in der (vergeblichen) Hoffnung, sich so gegen die »Einundzwanzig Forderungen« Japans wehren zu können.	
1919, 4. Mai	»**Vierte-Mai-Bewegung**«. Am 4. *Mai* findet in Beijing eine Studentendemonstration statt, die sich gegen den Versailler Vertrag richtet, der die vor dem Ersten Weltkrieg Deutschland in der Provinz Shandong eingeräumten Rechte Japan zugespro-	

	Ereignisse in der Geschichte des chinesischen Festlandes	Ereignisse in der Geschichte Hongkongs, Singapurs und Taiwans
	chen hat. Die Demonstrationen dehnen sich auf das ganze Land aus. Die ursprünglich nationalistisch ausgerichtete Bewegung wird gleichzeitig zu einer intellektuellen Erneuerungsbewegung, die sich gegen die traditionellen Denk- und Herrschaftsstrukturen der Kaiserzeit richtet.	
1921, 1. Juli	**Gründung der Kommunistischen Partei Chinas (KPCh)** in Shanghai auf dem ersten nationalen Treffen von Vertretern der in verschiedenen Regionen entstandenen Parteizellen. Beteiligt waren insgesamt zwölf Gründungsdelegierte, darunter Mao Zedong.	1920–22: Durch Gewerkschaften organisierte Streiks für mehr Lohn führen zu scharfen Auseinandersetzungen mit der Kolonialregierung in Hongkong.
1923	Die Guomindang unter Leitung Sun Yat-sens und Chiang Kaisheks nimmt Kontakt mit der Sowjetunion auf.	
1924	Auf dem ersten Parteikongreß der Guomindang (GMD) werden die Kooperation mit der Sowjetunion und ein Bündnis mit der KPCh beschlossen. Die so entstandene Einheitsfront zwischen Nationalpartei und Kommunisten richtet sich gegen die Herrschaft der »warlords« und gegen Japan.	
1925	Nach dem Tod von Sun Yat-sen übernimmt Chiang Kai-shek die Führung in der GMD. Die »Erhebung vom 30. Mai« in Shanghai und Guangzhou stärkt den inländischen Protest gegen die Imperialisten und damit die Ziele der »Einheitsfront«.	Die Streikbewegung greift von Shanghai und Guangzhou nach Hongkong über. Proteste gegen die britische Kolonialregierung münden in einen Guangzhouer Boykott gegen Hongkong von *Juli* 1925 bis *Oktober* 1926.
1926	Beginn des »Nordfeldzugs« der gemeinsamen Truppen von Nationalisten und Kommunisten von Guangzhou aus gen Norden. Der Feldzug ist ein Erfolg, gerät aber nach der Eroberung und Sicherung der Städte entlang des Yangzi aufgrund von Streitigkeiten zwischen Kommunisten und Nationalpartei zunächst ins Stocken.	
1927	Zerfall des Bündnisses zwischen KPCh und GMD nach einem Überraschungsangriff der Nationalisten im *April* auf Shanghaier Gewerkschaften und Kommunisten. Chiang Kai-shek bereitet in Nanjing die Errichtung einer Regierung und die nationale Einigung Chinas vor, die 1928 anerkannt wird. Die Kommunisten ziehen sich in den Süden zurück und gründen regional begrenzte »Sowjets«.	
1927–1937	Sogenannte »**Nanjinger Dekade**«.	
1930	Mao Zedong und andere Kommunisten gründen den Jiangxi-Sowjet.	
1931, Sept.	Japanische Truppen bombardieren die nordchinesische Stadt Shenyang und unterwerfen sie der japanischen Kontrolle.	
1932–1934	Japan vollendet die Besetzung der Mandschurei.	
1934	Japan errichtet in der Mandschurei den Marionettenstaat »**Manzhuguo**« (Manchukuo). Der letzte Kaiser der Qing-Dynastie, Pu Yi, wird zum regionalen Diktator ernannt und im *März* als Kaiser Kangde inthronisiert. Die GMD versucht, durch eine militärische Offensive in Südchina die Kommunisten zu zerschlagen.	
1934/35	»**Langer Marsch**«: Nach dem Verlust ihres Sowjets in Jiangxi zieht sich die KPCh durch einen mehrere tausend Kilometer langen Marsch über Westchina nach Nordchina in den Sowjet von Yan'an in der Provinz Shaanxi zurück.	

	Ereignisse in der Geschichte des chinesischen Festlandes	Ereignisse in der Geschichte Hongkongs, Singapurs und Taiwans
1937	Im *Juli* greifen japanische Truppen chinesische Truppen auf der Marco-Polo-Brücke außerhalb von Beijing an. Drei Wochen später beginnt Japan eine breitangelegte Offensive gegen China. Im *September* vereinbaren die KPCh und die GMD ein zweite »Einheitsfront« für den Kampf gegen Japan. Für die Einheitsfront erklärt die KPCh ihren vorläufigen Verzicht auf die Bildung neuer Sowjets und die GMD verpflichtet sich zur Einstellung ihrer militärischen Angriffe gegen die KPCh.	
1937–1945	**Chinesisch-japanischer Krieg:** Der Kriegsverlauf wird häufig in drei Phasen eingeteilt: die Angriffsphase (Blitzkrieg) der japanischen Armee bis *Oktober* 1938, eine relativ friedliche Phase bis 1944 und eine dritte Phase der vorangetriebenen japanischen Invasion 1944/45. Eine andere Interpretation sieht die Entscheidung über eine amerikanische Unterstützung der Nationalregierung ab Anfang 1942 als Wendepunkt des Krieges.	Die Eroberung Guangzhous durch japanische Truppen im Jahr 1938 erhöht den Druck, den Japan auf Hongkong und Großbritannien ausübt. Im *Dezember* 1941 erobert Japan Hongkong. Am 15. *Februar* 1942 kapituliert England gegenüber den vom Festland her nach Singapur vordringenden Japanern. Singapur gerät unter japanische Besatzung.
1942	Die USA beginnen mit der personellen und finanziellen Unterstützung der Nationalregierung von Chiang Kai-shek. Im *November* wird der erste Botschafter der USA in China eingesetzt.	
1943	China wird als eine der »Großen Vier« Mächte neben den USA, der Sowjetunion und Großbritannien anerkannt, die den Krieg und die Friedensverhandlungen (gegen Deutschland, Italien und Japan) bestimmen. Auf der Konferenz von Kairo im *Dezember* verpflichten sich die anderen Großmächte, China in der Rückgewinnung seiner territorialen Rechte von Japan zu unterstützen.	
1945	Ende des Zweiten Weltkriegs, Kapitulation Japans.	Auf der Potsdamer Konferenz 1945 wird Japan verpflichtet, Taiwan an China zurückzugeben. Die Nationalregierung übernimmt die Kontrolle über Taiwan.
1945–1949	**Bürgerkrieg** in China: Nach der Kapitulation Japans treten die Differenzen zwischen den Kommunisten und den Anhängern der Nationalregierung wieder offener zutage. Trotz Versuchen seitens der USA, die zerstrittenen Parteien zur Zusammenarbeit zu bewegen, kommt es bereits 1946 zu Kampfhandlungen in Shanghai, in der Provinz Shandong und in Nordostchina.	Ab 1945 übernimmt Großbritannien wieder die koloniale Kontrolle über Singapur, das 1946 eine eigenständige Kolonie wird. Die britische Regierung strebt einen Zusammenschluß Singapurs mit der Malaiischen Union an. Dieses Vorhaben stößt auf Widerstand seitens der malaiischen Union und führt zu Streiks und Unruhen in den Jahren 1947/48.
1946	Im *November* tritt eine von Chiang Kai-shek einberufene Nationalversammlung in Nanjing zusammen und entwirft eine neue Verfassung. Die Nationalversammlung wird von der KPCh und anderen Delegierten, die nicht der GMD angehören, boykottiert.	
1947	Im *Juni* 1947 heben die USA ihr Waffenembargo gegen China auf und beginnen damit, die Nationalregierung für ihren Kampf gegen die Kommunisten mit Waffen zu unterstützen. Am 23. *November* werden Wahlen durchgeführt, aus denen die GMD als Sieger hervorgeht. Am 25. *November* verabschiedet die Nationalversammlung die neue Verfassung.	Am 28. *Februar* 1947 bricht auf Taiwan ein Aufstand gegen die Nationalregierung aus. Der Aufstand wird blutig unterdrückt.
1948	Chiang Kai-shek wird im *April* 1948 von der Nationalversammlung zum Präsidenten gewählt. Ab Mitte des Jahres können die Truppen der KPCh zunehmend militärische Erfolge erzielen. Da sich die wirtschaftliche Situa-	

	Ereignisse in der Geschichte des chinesischen Festlandes	Ereignisse in der Geschichte Hongkongs, Singapurs und Taiwans
	tion in China immer mehr verschlechtert (galoppierende Inflation), bittet Chiang Kai-shek die USA um weitere Unterstützung.	
1949	Am 1. *Oktober* ruft Mao Zedong in Beijing offiziell die **Gründung der Volksrepublik China** aus. Kurz zuvor hatte die Politische Konsultativkonferenz des Chinesischen Volkes ein Organisationsstatut der Konsultativkonferenz, ein Gesetz über die Bildung der Zentralen Volksregierung, eine neue Verfassung (»Gemeinsames Programm«), die Wiedereinsetzung Beijings als Hauptstadt, eine Nationalhymne und eine neue Flagge beschlossen. Die verbleibenden Truppen und Anhänger der Nationalregierung fliehen nach der Eroberung von Chongqing und Chengdu durch die Kommunisten nach Taiwan.	Verschiedene Verbände, Gewerkschaften und andere Organisationen in Hongkong fordern im Sommer 1949 Verfassungsänderungen. Die VR China schließt im *Oktober* die chinesische Grenze mit Hongkong. Chiang Kai-shek beansprucht erneut die Präsidentschaft über die Nationalregierung Chinas und bildet eine neue Regierung mit Sitz in Taibei, Taiwan.
1949–1952	Phase der wirtschaftlichen und politischen Umgestaltung mit teilweise gewaltsame Massenkampagnen in der VR China.	1949–1953 Bodenreform auf Taiwan
1950	Am 1. Mai wird ein Ehegesetz zur Stärkung der Rechte der Frauen und zur Legalisierung von Scheidungen verabschiedet; im *Juni* Erlaß eines Bodenreformgesetzes zur Enteignung der Grundbesitzer, religiösen Einrichtungen, Schulen und anderen nichtlandwirtschaftlichen Organisationen sowie zur Verteilung des Bodens an die Bauern. Einleitung einer Kampagne gegen Konterrevolutionäre, die sich insbesondere gegen Anhänger und Unterstützer der GMD richtet.	
1950–1953	**Koreakrieg:** Im *November* greift China auf der Seite Nordkoreas in den Koreakrieg ein. Im *Dezember* verhängt daraufhin Amerika ein inoffizielles Embargo für Exporte nach China, das über zwanzig Jahre in Kraft bleibt.	Die 7. US-Flotte erhält nach Ausbruch des Koreakrieges 1950 den Auftrag, Taiwan vor Übergriffen der VR China zu schützen.
1951	»**Drei-Anti-Kampagne**« zur Bekämpfung von Korruption, Verschwendung und Bürokratismus. Die Kampagne richtet sich gegen Kader innerhalb der KPCh, insbesondere jene, die mit Wirtschafts- und Finanzaufgaben betraut waren und ihre Macht mißbraucht haben.	
1952	Start der »**Fünf-Anti-Kampagne**« gegen Bestechung, Steuerhinterziehung, Veruntreuung von Staatseigentum, Betrug und Verrat von Staatsgeheimnissen, die sich gegen Kapitalisten, die »nationale Bourgeoisie« und durch den Westen beeinflußte Intellektuelle richtet.	
1953	Die chinesische Regierung erklärt die Phase der Konsolidierung für beendet und leitet mit dem **1. Fünfjahresplan (1953–1957)** eine Phase des wirtschaftlichen Aufbaus in Anlehnung an das sowjetische Modell der zentralen Planwirtschaft ein (»Sozialistische Umgestaltung«).	
1954	Die Truppen der VR China greifen die Insel Quemoy (Jinmen) an, die zum taiwanesischen Einflußgebiet gehört.	Die 7. US-Flotte patrouilliert 1954 nach chinesischem Angriff auf Quemoy erneut die Taiwan-Straße, um Taiwan vor den Truppen der VR China zu schützen.
1954/55	Verabschiedung der ersten Verfassung der VR China (als Ersatz des »Gemeinsamen Programms«).	Die USA und die Republik China, Taiwan, unterzeichnen 1954 ein Verteidigungs- und Koope-

Ereignisse in der Geschichte des chinesischen Festlandes	Ereignisse in der Geschichte Hongkongs, Singapurs und Taiwans
	rationsabkommen. Die USA ratifizieren das Abkommen im Jahr 1955. Durch eine Verfassungsreform in Singapur wird der Anteil der gewählten Mitglieder der gesetzgebenden Versammlung mit 25 von insgesamt 32 festgelegt. Damit sind erstmals mehr als die Hälfte der Mitglieder gewählte Vertreter.
1956 Beginn einer umfassenden Kollektivierung der Landwirtschaft, Verstaatlichung der restlichen Privatbetriebe. Auf Drängen Mao Zedongs hin wird die Kollektivierung in der Landwirtschaft durch die Einrichtung von »landwirtschaftlichen Produktionsgenossenschaften höheren Typs« beschleunigt und vertieft.	
1957 Mao Zedong verfaßt im *April* seine Schrift »Über die zehn großen Beziehungen«. Im *Mai* leitet Mao Zedong durch eine Rede die »**Hundert-Blumen-Bewegung**« ein, die einen Aufruf an die Bevölkerung darstellt, Kritik an der Partei zu üben, und eine Liberalisierung und eine Aufwertung der Rolle der Intellektuellen signalisiert. Der VIII. Parteikongreß versucht die Einpersonen-Führung Mao Zedongs einzudämmen, indem die Stellungen von Liu Shaoqi und Deng Xiaoping aufgewertet werden. Mao Zedong hält am 27. *Februar* seine Rede »Über die richtige Behandlung der Widersprüche im Volk« und unterstreicht damit die Ziele der »Hundert-Blumen-Bewegung«. Ein ZK-Beschluß im *April* segnet die Kampagne offiziell ab. Nachdem die Hundert-Blumen-Bewegung im *Juni* abrupt abgebrochen worden ist, bezeichnet Peng Zhen im *August* einige kritische Meinungen, die im Rahmen der Bewegung geäußert wurden, als antisozialistisch. Damit wird eine »**Anti-Rechts-Kampagne**« eingeleitet, im Rahmen derer mehrere hunderttausend Intellektuelle als »Rechtsabweicher« von ihren Arbeitsplätzen verwiesen und zur Arbeit auf dem Land oder in Fabriken verurteilt werden. Viele der in dieser Zeit als Rechtsabweicher, Konterrevolutionäre o. ä. abgestempelten Personen werden erst nach 1978 wieder rehabilitiert. Die UdSSR und China unterzeichnen ein geheimes Abkommen darüber, daß die UdSSR China helfen soll, eine Atomindustrie aufzubauen.	
1958 Auf der zweiten Sitzung des VIII. Parteikongresses wird der Plan Mao Zedongs, einen »**Großen Sprung nach vorn**« zu initiieren, verkündet. Durch dezentrale, arbeitsintensive Produktion und die Schaffung riesiger Volkskommunen auf dem Land, durch organisierte Massenaktionen für Großprojekte und die weitgehende Auflösung privater Hauswirtschaft sollen in der Industrieproduktion Wachstumsraten von durchschnittlich 45 Prozent und in der Landwirtschaft von 20 Prozent pro Jahr erzielt werden. Die übertriebenen Zielsetzungen hinsichtlich Quantität und Qualität der Leistungen und eine Vernachlässigung der landwirtschaftlichen Produktion führen in den Folgejahren zu einer Wirtschaftskrise und zu Hungerkatastrophen.	Im Jahr 1958 stimmt die britische Regierung dem Anliegen Singapurs nach innenpolitischer Autonomie zu, und Singapur bekommt eine eigenständige Verfassung und Staatsangehörigkeit.

	Ereignisse in der Geschichte des chinesischen Festlandes	Ereignisse in der Geschichte Hongkongs, Singapurs und Taiwans
	Die Volksrepublik kündigt Maßnahmen zur »Befreiung« Taiwans an und beginnt im August mit der Beschießung von Inseln in der Taiwan-Straße.	Taiwan ruft als Antwort auf die Drohung der Volksrepublik im Juli 1958 den Notstand für die Inseln Mazu und die Pescadores aus. In Folge der Bombardements der Volksrepublik meldet die Nationalregierung etwa 4 000 Tote auf den Inseln.
1959	Nach Unruhen in der tibetischen Hauptstadt Lhasa flieht der Dalai Lama nach Indien. Die von den Tibetern im Rahmen der Unruhen ausgerufene Unabhängigkeit wird von der chinesischen Regierung nicht akzeptiert. Die UdSSR kündigt ihre nukleare Unterstützung für China auf. Außerdem wird ein Abkommen für Technologie- und Verteidigungskooperation aufgelöst und die in China arbeitenden sowjetischen Techniker werden abgezogen. Auf dem ZK-Plenum von Lushan läßt Mao Zedong den Verteidigungsminister Peng Dehuai absetzen, der Kritik an Maos Konzept des »Großen Sprungs« geäußert hatte. An die Stelle Peng Dehuais tritt Lin Biao.	Bei den ersten umfassenden Wahlen in Singapur im *Mai* 1959 erzielt die People's Action Party (PAP) 43 von 51 Sitzen des Parlamentes. Sie bildet die Regierung, und Lee Kuan-yew wird der erste Ministerpräsident Singapurs. Der 3. 6. 1959 wird das offizielle Gründungsdatum des Staates Singapur. Die Regierung unter Lee Kuan-yew favorisiert in den folgenden Jahren die Gründung einer Föderation gemeinsam mit Malaya und anderen Nachbarregionen.
1961	Das Zentralkomitee gibt das Ende des »Großen Sprungs« bekannt, nachdem es sich mehrheitlich gegen Mao und sein Entwicklungskonzept ausgesprochen hat. Es wird eine Politik der »Readjustierung« beschlossen, in deren Rahmen der Landwirtschaft und der Leichtindustrie ein relativ höherer Stellenwert als der Schwerindustrie eingeräumt wird. Die Bauern erhalten ihre Privatparzellen zurück, private Nebenwirtschaft wieder erlaubt und weitere Aspekte der totalen Kollektivierung werden aufgegeben.	
1962	Indisch-chinesische Grenzstreitigkeiten führen zu kriegerischen Auseinandersetzungen entlang der Grenze.	
1963	Der Bruch zwischen der Volksrepublik und der Sowjetunion wird öffentlich bekanntgegeben.	Im *September* 1963 wird die »Föderation von Malaysia« gegründet, die Malaya, Singapur, Sarawak und Dabah umfaßt, nicht aber wie ursprünglich geplant das Sultanat Brunei. Singapur erhält mit dem Beitritt zur Föderation seine Unabhängigkeit von Großbritannien. Bei den 2. Parlamentswahlen gewinnt die PAP 37 der 51 Parlamentssitze. Schon 1965 scheidet Singapur wieder aus der Staatenföderation aus, u. a. aufgrund politischer Divergenzen zwischen der eher »links« orientierten PAP und den eher konservativen malaiischen Regierungsmitgliedern sowie wegen Spannungen hinsichtlich der Rechte und Privilegien der chine-

	Ereignisse in der Geschichte des chinesischen Festlandes	Ereignisse in der Geschichte Hongkongs, Singapurs und Taiwans
1964	Die VR China zündet ihre erste Atombombe, nachdem der Außenminister Chen Yi noch im Vorjahr bekanntgegeben hatte, daß China wegen der Absage der sowjetischen Unterstützung noch mehrere Jahre für die Entwicklung nuklearer Waffen benötigen werde.	sischen und malaiischen Bevölkerungsteile. Mit dem Austritt wird Singapur zu einem völlig selbständigen Staat. Als solcher wird der Stadtstaat noch 1965 Mitglied der UNO.
1965	China kündigt seine Unterstützung Nordvietnams durch Waffen, Ausrüstungen und Wirtschaftshilfe im Falle eines Angriffs der USA an.	US-Präsident Johnson kündigt 1965 die Einstellung der nicht-militärischen finanziellen Unterstützung Taiwans an.
1966–1976	Phase der »**Kulturrevolution**«: Mit dem Ziel, die eigene Machtposition innerhalb der Partei wieder zu stärken und bürokratische Strukturen innerhalb der Partei aufzubrechen, lanciert Mao Zedong im Frühsommer die sogenannte Kulturrevolution, nachdem er sich zuvor der Unterstützung durch das Militär unter Führung Lin Biaos versichert hat. Zur Durchsetzung seiner Ziele bedient er sich insbesondere der Jugend, die aufgefordert wird, »Rote Garden« einzurichten, sowie eines intensiven Personenkultes um seine Person.	
1966	Im Sommer 1966 werden alle Universitäten und Schulen geschlossen, damit die Schüler und Studenten sich an der Kulturrevolution beteiligen können. Obwohl die Schließung nur für ein halbes Jahr geplant ist, bleiben viele Schulen und Universitäten für mehrere Jahre geschlossen. Im Sommer schließt die Regierung das Land für ausländische Besucher und stellt die Ausgabe von Visa weitestgehend ein. Im *August* beschließt das 11. Plenum des VIII. ZK ein 16-Punkte-Programm über die »Große Proletarische Kulturrevolution«. Entmachtung Deng Xiaopings, der seit Mitte der fünfziger Jahre Vize-Ministerpräsident und Mitglied des Politbüros gewesen war.	
1967	Ein Leitartikel in der Volkszeitung ruft zu einer Ausdehnung der Kulturrevolution auf die Fabriken auf. Die Arbeiter sollten ähnlich wie die Roten Garden organisiert werden. Dieses Anliegen stößt allerdings seitens der Arbeiter auf zum Teil heftigen Widerstand und führt zu Streiks in verschiedenen Städten. Anfang des Jahres erhält außerdem das Militär die Aufgabe, die Kulturrevolution zu unterstützen, aber auch eine militärische Kontrolle auszuüben. Unter anderem soll das Militär in den neu zu gründenden Revolutionskomitees gemeinsam mit Arbeitern und Kadern vertreten sein. Ab Mitte des Jahres wird versucht, mit Hilfe des Militärs die Ausschreitungen und Aktionen der Roten Garden unter Kontrolle zu bekommen.	
1968	Die Regierung kündigt die entschiedene Durchsetzung des Plans an, Revolutionskomitees zu gründen. Die ersten Roten Garden werden aufgelöst. Im *Oktober* fordert Mao Zedong die Jugendlichen auf, zum »Lernen von den Massen« auf das Land zu gehen und in der Landwirtschaft mitzuarbeiten. Diese »Xiafang«-Aktion betrifft nach Schätzungen etwa 15 Millionen Jugendliche. Das 12. Plenum des VIII. ZK enthebt Liu Shaoqi seines Amtes als Staatspräsident und aller anderen Ämter. Seine Rolle als Staatspräsident war allerdings schon seit 1966 ausgehöhlt worden, da er wie Deng Xiaoping im Verlauf der Kulturrevolution als »Revisionist« und »Verfolger eines kapitalistischen Weges« kritisiert worden war.	Bei den Parlamentswahlen in Singapur im Jahr 1968 gewinnt die PAP alle 58 Sitze des Parlaments.

	Ereignisse in der Geschichte des chinesischen Festlandes	Ereignisse in der Geschichte Hongkongs, Singapurs und Taiwans
1969	Grenzkonflikte zwischen der VR China und den UdSSR führen zu Kämpfen im Gebiet des Ussuri-Flusses. Auf der 2. Tagung des IX. ZK wird eine neue Verfassung beschlossen (die nicht vom NVK verabschiedet wird). Die durch die Ereignisse der Kulturrevolution erfolgten Wechsel in der Parteiführung werden bestätigt. Die Rolle des Militärs unter der Führung Lin Biaos wird gestärkt. Lin Biao läßt außerdem sein Anliegen lancieren, Staatspräsident zu werden, und zieht damit Mao Zedongs Kritik auf sich. China lockert seine Isolationspolitik und ernennt verschiedene Botschafter für Vertretungen im Ausland.	Die USA beenden im November 1969 die seit 19 Jahren durchgeführten Patrouillen der 7. Flotte in der Taiwan-Straße zum Schutze Taiwans, nachdem die VR China sich bereit erklärt hat, die Warschauer Gespräche über Taiwan wieder aufzunehmen, die 1968 abgebrochen worden waren.
1970	China startet seinen ersten Weltraumsatelliten. Als erste Universität nimmt die Qinghua-Universität in Beijing den Unterricht wieder auf.	
1971	Trotz chinesischer Kritik an den amerikanischen Offensiven in Kambodscha und Laos kommt es zu weiteren Entspannungsbemühungen zwischen China und den USA. Die USA heben die Restriktionen für die Nutzung von US-Ausweisen für Reisen nach China auf. Ein amerikanisches Tischtennisteam wird von China eingeladen und bei seinem Besuch vom Ministerpräsidenten Zhou Enlai begrüßt. Im *Juni* kündigt die amerikanische Regierung die Aufhebung des seit 21 Jahren bestehenden Handelsembargos gegenüber China an. Henry Kissinger, der Nationale Sicherheitsberater des Präsidenten Nixon, fährt nach China zu einem geheimen Besuch, um eine offizielle Reise Nixons im Jahr 1972 vorzubereiten. Die Regierung in Beijing erklärt, daß die Revolutionskomitees, die in der ersten Phase der Kulturrevolution gegründet wurden, durch Parteikomitees auf Provinzebene ersetzt werden. Der Verteidigungsminister Lin Biao und seine Familie sterben bei einem Flugzeugunglück auf ihrer Flucht in die Mongolei. Lin Biao hatte zu fliehen versucht, nachdem seine Pläne für einen Putsch gegen Mao Zedong aufgedeckt worden waren. Die Volksrepublik China übernimmt im Spätherbst 1971 den Sitz Taiwans bei den Vereinten Nationen.	
1972	Im *Februar* erfolgt der Besuch des amerikanischen Präsidenten Richard Nixon in China. Nachdem Frankreich und Kanada die VR China schon in den Jahren zuvor diplomatisch anerkannt hatten, folgen nach der Annäherung der USA auch Großbritannien, die Niederlande, Westdeutschland, Griechenland, Australien und Japan mit der diplomatischen Anerkennung der Volksrepublik, die jeweils voraussetzt, daß diese Länder auch Chinas Anspruch unterstützen, daß Taiwan ein Bestandteil Chinas sei.	Die PAP erzielt bei den 4. Parlamentswahlen in Singapur 1972 erneut die Mehrheit.
1973	Rehabilitierung Deng Xiaopings durch Mao Zedong auf Drängen von Zhou Enlai. Deng wird erneut stellvertretender Ministerpräsident und Mitglied des Politbüros.	
1974	Kriegerische Auseinandersetzungen zwischen Südvietnam und der Volksrepublik um die Paracel-Inseln. China vertreibt die vietnamesischen Truppen, die daraufhin aber Teile der Spratley-Inseln besetzen, die China ebenfalls als Teil seines Hoheitsgebietes ansieht.	Der taiwanesische Präsident Chiang Kai-shek stirbt 1974 im Alter von 88 Jahren. Sein Nachfolger wird sein Sohn Jiang Jingguo.

	Ereignisse in der Geschichte des chinesischen Festlandes	**Ereignisse in der Geschichte Hongkongs, Singapurs und Taiwans**
1975	Der IV. Nationale Volkskongreß verabschiedet eine neue Verfassung. Zhou Enlai plädiert für eine umfassende Modernisierung der Landwirtschaft, Industrie, nationalen Verteidigung sowie von Wissenschaft und Technik, ein Programm, das später unter dem Namen »**Vier Modernisierungen**« weitergeführt wird. Der US-Präsident Gerald Ford besucht die VR China. Deng Xiaoping erklärt später, daß Ford die drei Bedingungen für eine Normalisierung der Beziehungen (Taiwan als Teil Chinas anzuerkennen, die Entscheidung über die politische Zukunft Südvietnams den Vietnamesen zu überlassen und alle asiatischen Konflikte friedlich beizulegen) akzeptiert habe.	
1976	Im *Januar* stirbt Ministerpräsident Zhou Enlai. Der Tod bringt den radikalen Kräften in der Partei Machtgewinn. Während des Qing-Ming-Festes im *April* kommt es zu Massen-Trauerkundgebungen auf dem Platz des Himmlischen Friedens. Die Trauernden bringen auch ihre Sympathie für den Vizepräsidenten Deng Xiaoping zum Ausdruck, der nach Zhous Tod vermehrt aus Parteikreisen kritisiert worden war, weil er stark für einen pragmatischen politischen Kurs und wirtschaftliche Entwicklung eintrat. Der Platz wird durch Sicherheitskräfte geräumt und Tausende von Demonstranten werden verhaftet. Hua Guofeng wird als Nachfolger von Zhou Enlai zum Ministerpräsidenten ernannt, gleichzeitig wird Deng Xiaoping all seiner Ämter enthoben, allerdings darf er Parteimitglied bleiben. Ein Erdbeben der Stärke 8,2 zerstört im *August* die Stadt Tangshan in der Provinz Hebei. Auch Beijing wird heftig von dem Beben erschüttert. Insgesamt fordert das Erdbeben ca. 655 000 Tote. Das Erdbeben wird vielfach, basierend auf traditionellen Glaubensvorstellungen, als ein Zeichen für einen bevorstehenden politischen Machtwechsel interpretiert. Der Parteivorsitzende Mao Zedong stirbt am 9. *September* im Alter von 82 Jahren. Kurze Zeit später werden die Mitglieder der sogenannten »**Viererbande**« sowie dreißig weitere hochrangige Parteimitglieder verhaftet, die für viele Maßnahmen während der Kulturrevolution verantwortlich gemacht werden. Hua Guofeng wird zum Nachfolger Mao Zedongs als Parteivorsitzender und Vorsitzender der Militärkommission ernannt. Hua Guofeng vertritt die Haltung, daß alle politischen Entscheidungen Mao Zedongs richtig und alle seine Anweisungen widerspruchslos zu befolgen seien. Mit dieser Haltung, die auch dazu dient, seine eigene Legitimität zu unterstreichen, da er angeblich Maos Wunschnachfolger ist, macht er sich zum Gegenpart der eher reform- und modernisierungsorientierten Kräfte.	Bei den 5. Parlamentswahlen 1976 gewinnt die PAP in Singapur erneut alle Parlamentssitze.
1977	Die Kontrolle über kulturelle Aktivitäten wird gelockert. Verbote der Werke von Shakespeare, Hugo, Beethoven, Chopin und Bach werden aufgehoben. Auf dem 3. Plenum des X. ZK im *Juli* wird Hua Guofeng offiziell als Parteivorsitzender bestätigt. Deng Xiaoping wird rehabilitiert und in seine alten Ämter zurückgewählt. Viele Parteimitglieder, die während der Kulturrevolution Mitglieder des Zentralkomitees geworden waren, werden nicht wiedergewählt. Eine Disziplinarkommission wird eingerichtet, um die	

	Ereignisse in der Geschichte des chinesischen Festlandes	Ereignisse in der Geschichte Hongkongs, Singapurs und Taiwans
	linken Kräfte in der Partei und die Parteiaufsicht zu stärken. Die Kulturrevolution wird offiziell als beendet erklärt. Bei der Sitzung des XI. ZK im *August* wird eine neue Verfassung angenommen und die Politik der »Vier Modernisierungen« durch Hua Guofeng bestätigt. Allerdings zeigen verschiedene Konferenzen und Reden im Jahr 1977, daß Hua Guofeng übertriebene Erwartungen an die wirtschaftliche Entwicklung stellt und fast einen zweiten »großen Sprung« anstrebt. Im Herbst werden die Eingangsprüfungen für die Universitäten wieder eingeführt, und es wird den Schulabgängern erlaubt, direkt nach der Schule an die Universitäten zu gehen, ohne vorher mehrere Jahre auf dem Land mit Arbeit verbringen zu müssen.	
1978	Bei verschiedenen Gelegenheiten im Frühjahr 1978 fordert Deng Xiaoping die Rehabilitierung der Intellektuellen und veranlaßt das ZK, die ehemals als Rechtsabweichler verurteilten Personen zu rehabilitieren. Im *Juli* kündigt der stellvertretende Ministerpräsident Li Xiannian an, daß China seine Politik der Ablehnung ausländischer Investitionen aufgeben werde. China benötige viel Kapital für den wirtschaftlichen Aufbau und sei bereit, dafür Investitionen aus dem Ausland zu nutzen. Japan und China unterzeichnen im *August* einen Freundschafts- und Friedensvertrag. Die USA und China erklären, daß sie mit Beginn des Jahres 1979 wieder volle diplomatische Beziehungen aufnehmen werden. Die USA versprechen, Chinas Haltung in der Taiwan-Frage anzuerkennen und die offiziellen Beziehungen zu Taiwan aufzuheben. China akzeptiert, daß die USA Taiwan weiterhin mit Verteidigungswaffen ausrüsten wird. Auf dem **3. Plenum des XI. ZK** im *Dezember* wird eine deutliche Abwendung von der Wirtschafts- und Gesellschaftspolitik Hua Guofengs und der Kulturrevolution eingeleitet. Die Tagung gilt seither als Ausgangspunkt des von Deng Xiaoping eingeleiteten Reformprozesses. Ebenfalls im *Dezember* entsteht in Beijings Zentrum eine **»Mauer der Demokratie«**. Mit Wandzeitungen bringt die Bevölkerung ihre Unterstützung für wirtschaftliche Reformen und ihre Ablehnung der Politik Mao Zedongs, an der Hua Guofeng festhalten will, zum Ausdruck. Die Mauer der Demokratie wird aber auch zu einem Ort des freien Meinungsaustausches, und bald tauchen Forderungen nach einer politischen Modernisierung, nach Demokratie auf.	
1979	Erlaß des Gesetzes für Gemeinschaftsunternehmen mit ausländischem Kapital (Joint Venture Gesetz). Der stellvertretende Ministerpräsident Deng Xiaoping besucht im *Januar* die USA und unterzeichnet ein Abkommen über die zukünftigen chinesisch-amerikanischen Beziehungen. Das ZK der Partei und der Staatsrat beschließen, für die weitere wirtschaftliche Entwicklung einen Kurs der »Readjustierung, Umgestaltung, Konsolidierung und Niveauanhebung« zu verfolgen. Dies bedeutet eine deutliche Abwendung von den überzo-	Taiwan richtet 1979 in den USA einen Koordinationsrat für nordamerikanische Angelegenheiten ein, der wie das Amerika-Institut in Taiwan als inoffizielle diplomatische Vertretung fungieren soll. Der Hongkonger Gouverneur Murray MacLehose besucht als erster Gouverneur seit Gründung

	Ereignisse in der Geschichte des chinesischen Festlandes	Ereignisse in der Geschichte Hongkongs, Singapurs und Taiwans
	genen Wachstums- und Entwicklungsvorstellungen Hua Guofengs. Deng Xiaoping kritisiert Ende *März* die Mauer der Demokratie und die damit verbundenen Aktionen. Kurz darauf wird die Demokratiebewegung zerschlagen und ein prominenter Vertreter der Aktivisten, Wei Jingsheng, verhaftet. Wei wird am Ende des Jahres zu 15 Jahren Haft verurteilt. Im *Mai* unterzeichnen China und die USA ein Handelsabkommen, das es den USA ermöglichen soll, China den Status einer »most favored nation« (Meistbegünstigung) einzuräumen. Das 4. Plenum des XI. ZK im *September* signalisiert den Beginn einer umfassenden Reform im Agrarsektor durch den Beschluß, erste Formen eines Systems der Produktionsverantwortlichkeit einzuführen.	der Volksrepublik im *März* 1979 Beijing. Er berichtet bei seiner Rückkehr nach Hongkong, daß Deng Xiaoping ihm zugesichert habe, die Hongkonger Investoren bräuchten sich keine Sorgen wegen 1997 zu machen. Die Laufzeiten der Pachtverträge für Objekte in den New Territories bereiten den Hongkonger Investoren Sorge und sind Ausgangspunkt für verschiedene Gespräche zwischen Beijing und London.
1980	Auf dem 5. Plenum des XI. ZK im *Februar* wird der ehemalige Staatspräsident Liu Shaoqi posthum von allen Verbrechen, deren er während der Kulturrevolution beschuldigt worden war, freigesprochen. Hu Yaobang wird zum Generalsekretär der Partei ernannt. Dadurch wird die Machtposition des Vorsitzenden Hua Guofeng deutlich geschmälert. Im *April* wird die VR China offiziell wieder in den Internationalen Währungsfonds (IMF) aufgenommen und im *Mai* in die Weltbank. Im *August* hält Deng Xiaoping auf einer erweiterten Sitzung des Politbüros eine Rede über »Die Reform des Parteisystems und der Staatsführung«, in der die Notwendigkeit betont wird, daß die Partei eine Reform durchlaufen müsse, um sich der ökonomischen Modernisierung anzupassen und ihr Image zu verbessern. Auf der 3. Sitzung des V. Nationalen Volkskongresses im *September* wird Zhao Ziyang anstelle von Hua Guofeng zum Ministerpräsidenten gewählt. Deng Xiaoping, Chen Yun, Li Xiannian, Wang Zhen und Xu Xiangpian treten – angeblich aus Altersgründen – von ihren Ämtern im Staatsrat zurück. Der Volkskongreß verabschiedet ein Gesetz über die Einkommensbesteuerung Joint Ventures. Die Ein-Kind-Politik soll künftig landesweit außer in den Gebieten der nationalen Minderheiten Anwendung finden.	Taiwan verliert in Folge der Aufnahme der VR China 1980 seine Position innerhalb des Weltwährungsfonds und der Weltbank. Am 30. *Juli* 1980 veröffentlicht Großbritannien ein Papier, demzufolge die Einwohner Hongkongs ihren Status als britische Bürger verlieren und dafür den Status »Einwohner des von Großbritannien abhängigen Gebietes Hongkong« erhalten. Ein britischer Erlaß verweigert Personen mit Hongkonger Paß das freie Niederlassungsrecht in Großbritannien. Bei den 6. Parlamentswahlen in Singapur gewinnt die Regierungspartei PAP 1980 alle 75 Sitze; für 37 Sitze gab es keine Gegenkandidatur.
1981	Im *Januar* werden Gerichtsurteile gegen die Mitglieder der »Viererbande« und verschiedene ihrer Anhänger verhängt. Alle vier Mitglieder, darunter Jiang Qing, die Witwe Mao Zedongs, werden zu Tode verurteilt. Die Todesurteile werden später in lebenslängliche Haftstrafen umgewandelt. Im *März* genehmigt der IMF einen Kredit über 550 Mio. Dollar für China. Die chinesische Regierung versucht ihrerseits, ihre Einnahmen zu erhöhen, indem sie erstmals Staatsanleihen ausgibt. Auf dem 6. Plenum des XI. ZK im *Juni* wird Hua Guofeng seiner Parteiämter enthoben. Die KPCh verabschiedet einen Beschluß über die Geschichte der Partei und versucht damit eine	

	Ereignisse in der Geschichte des chinesischen Festlandes	Ereignisse in der Geschichte Hongkongs, Singapurs und Taiwans
	Evaluierung der Kulturrevolution und eine Klärung der Rolle des Sozialismus für die Entwicklung der VR China. Ebenso erfolgt eine vorläufig abschließende Bewertung der Rolle Mao Zedongs, dem Fehler in seiner Politik in den letzten Jahren angehängt, dessen Rolle aber insgesamt positiv gesehen wird. Im *Oktober* äußert Deng Xiaoping seine Unterstützung für einen Neun-Punkte-Katalogs Ye Jianyings zur zukünftigen Taiwan-Politik. Insbesondere betont das Papier das Ziel einer Vereinigung mit Taiwan.	Taiwan lehnt den Vorschlag der chinesischen Regierung zu einer Vereinigung ab.
1982	Im *März* wird die Zahl der stellvertretenden Ministerpräsidenten im Staatsrat von 13 auf zwei und die Zahl der Ministerien und Kommissionen des Staatsrates von 98 auf 52 reduziert. Die Zahl der dem Staatsrat angehörenden Personen wird um 30 verringert. Durch die Umstrukturierung wird außerdem eine »Verjüngung« des Staatsrates angestrebt. Vergleichbare Bemühungen, dem politischen Nachwuchs Raum zu schaffen, werden im Sommer auch für die Parteigremien und den NVK angestrengt. Mehrere ältere Mitglieder scheiden im *Juli* aus dem NVK aus und werden dafür Angehörige der neugeschaffenen Zentralen Beraterkommission, deren Vorsitzender Deng Xiaoping wird. Im *Mai* besucht Ministerpräsident Zhao Ziyang Japan mit dem Ziel, die bilateralen wirtschaftlichen und politischen Beziehungen zu verbessern. Der Erfolg der Reise wird allerdings kurz darauf durch einen Streit über die Darstellung der japanischen Offensive (1937–1945) in China in japanischen Schulbüchern getrübt.	
	Der Stellvertretende Vorsitzende des NVK, Peng Zhen, erklärt im *Juli* 1982, die neue Verfassung Chinas werde die Möglichkeit vorsehen, Sonderverwaltungsregionen einzurichten. Dies könnte ein Lösungsweg für die Frage Hongkongs, Taiwans und Macaus sein.	
	Im *September* tritt der XII. Parteikongreß zusammen. Die Position des Parteivorsitzenden wird gestrichen, statt dessen die Rolle des Parteisekretariats mit Hu Yaobang als Generalsekretär gestärkt. Die Partei unterstreicht die Modernisierung, die Vereinigung mit Hongkong und Taiwan und eine unabhängige Außenpolitik als die wesentlichen Aufgaben der achtziger Jahre. Der Parteikongreß nimmt den Entwurf für eine neue Verfassung an. Die britische Premierministerin Margeret Thatcher besucht Beijing und verspricht weitere Gespräche über den Status von Hongkong nach 1997. Im *Oktober* nehmen China und die UdSSR erstmals nach drei Jahren wieder Verhandlungen über die bilateralen Beziehungen auf. China stellt drei Bedingungen für eine Normalisierung der Beziehungen: Beendigung der russischen Unterstützung Vietnams und der Besetzung Kambodschas durch Vietnam, Beendigung der russischen Militäraktionen in Afghanistan und Rückzug der russischen Truppen von der gemeinsamen Grenze mit China. Im *Dezember* verabschiedet der NVK die neue Verfassung. Damit wird der NVK offiziell zur obersten Gewalt im Staat. Durch die Verfassung wird das Amt des Staatspräsidenten wieder eingeführt.	Im *Oktober* 1982 beginnen die offiziellen Gespräche zwischen Großbritannien und China über Hongkong. Zuvor hat China die »Ungleichen Verträge«, welche die Basis für den Status der Insel als Kolonie darstellen, als illegal und ungültig bezeichnet. Die Gespräche geraten wegen unterschiedlicher Auffassungen über Chinas Rechtsansprüche bezüglich Hongkong ins Stocken.

	Ereignisse in der Geschichte des chinesischen Festlandes	Ereignisse in der Geschichte Hongkongs, Singapurs und Taiwans
1983	Im *April* nehmen Indien und China ihre diplomatischen Beziehungen wieder auf, die im Zuge der Grenzstreitigkeiten von 1968 abgebrochen waren. Ebenfalls im *April* unterzeichnen die UdSSR und China ein Abkommen über Barterhandel. Am 1. *Juni* gibt der Staatsrat bekannt, daß die Staatsunternehmen künftig Steuern zahlen sollen, anstatt direkt ihre Gewinne an den Staat abzugeben. Der Staat werde nicht mehr für alle Verluste der Staatsunternehmen eintreten. Gleichzeitig soll den Unternehmen das Recht gewährt werden, die Gewinne nach Steuern einzubehalten und darüber in gewissen Schranken selbständig zu verfügen. Verschiedene Unternehmen in strategischen Branchen werden von der neuen Regelung ausgenommen. Im *Oktober* wird China das 113. Mitglied des International Atomic Energy Agency (IAEA). Damit verpflichtet sich China letztlich auch zur friedlichen Nutzung seiner Atomanlagen. Ab *Oktober* startet eine **Kampagne gegen geistige Verschmutzung**: Ausgehend von Diskussionen zwischen verschiedenen Faktionen innerhalb der Partei über die politische, wirtschaftliche und politische Zukunft wird eine Rede Dengs auf dem 2. Plenum des XII. Parteitages von konservativen Kräften zum Anlaß genommen, verschiedenste Phänomene (von Prostitution bis zu gefärbten Haaren) in der chinesischen Gesellschaft auf »geistige Verschmutzung« zurückzuführen. Die Kampagne ebbt ab *Dezember* wieder ab, da Reformer wie Hu Yaobang und Zhao Ziyang darauf hinweisen, daß international wegen der erneuten Kampagne Zweifel an der Stabilität des Reformkurses in China aufkommen.	Im *März* wendet sich Premierministerin Thatcher an den chinesischen Ministerpräsidenten Zhao Ziyang mit dem Angebot, Chinas Souveränität über Hongkong zu akzeptieren, um so die gemeinsamen Gespräche wieder in Gang zu setzen. Der Gouverneur von Hongkong, Edward Youde, versucht sich als Vertreter der Einwohner Hongkongs für die Verhandlungen zwischen Großbritannien und China zu etablieren. China erklärt jedoch im *Juli*, daß Youde lediglich als Teil der britischen Delegation angesehen werde, nicht als Repräsentant Hongkongs. Von *Juli* 1983 bis Ende 1984 wird in insgesamt 15 Verhandlungen über die Zukunft Hongkongs beraten.
1984	Der chinesische Ministerpräsident, Zhao Ziyang, besucht im *Januar* 1984 auf Einladung Ronald Reagans die USA. Das ZK beschließt am 1. *Februar* die zweite Stufe der Reformen in der Landwirtschaft. 14 Küstenstädte werden für ausländische Investitionen geöffnet. Im *April* besucht der amerikanische Präsident, Ronald Reagan, die VR China. Bei dieser Gelegenheit werden u. a. ein Doppelbesteuerungs-, ein Kulturaustauschabkommen und eine Abmachung über die friedliche Nutzung von Kernenergie unterzeichnet. Im *Mai* verkündet der Staatsrat, daß den Staatsunternehmen mehr Entscheidungsautonomie eingeräumt werden soll. Es sollen Verträge mit den Unternehmensleitungen über Produktionsmengen, Wirtschaftlichkeit und Steuerabgaben geschlossen werden.	
	Nach mehr als zwei Jahren Verhandlungen unterzeichnen die britische und die chinesische Regierung eine »**Gemeinsame Erklärung**« über die Zukunft Hongkongs. Darin wird festgelegt, daß die wirtschaftliche und soziale Ordnung Hongkongs nach der Rückgabe im *Juli* 1997 für fünfzig Jahre unverändert bleiben soll.	
	Im *Oktober* verabschiedet das Zentralkomitee auf der 4. Plenum des XII. ZK den »**Beschluß über die Reform des Wirtschaftssystems**«. Der Beschluß sieht eine Ausdehnung der Marktelemente in der Wirtschaft vor, ferner die intensivere	Die 7. Parlamentswahlen in Singapur gewinnt 1984 erneut die Regierungspartei PAP (77 Sitze), die aber diesmal je einen Sitz an

583

	Ereignisse in der Geschichte des chinesischen Festlandes	Ereignisse in der Geschichte Hongkongs, Singapurs und Taiwans
	die Nutzung von ausländischem Kapital und zu diesem Zweck die weitere Förderung der Sonderwirtschaftszonen (SWZ) und der offenen Küstenstädte.	»Workers' Party« und die »Singapore Democratic Party« verliert.
1985	Im *März* wird 3. Plenum des VI. NVK eine Ausweitung der Preisreformen beschlossen, die aber wegen befürchteter Preissteigerungen nur modifiziert umgesetzt wird. Am 6. *Mai* bestätigt Deng Xiaoping Pläne zur Verkleinerung und gleichzeitigen Modernisierung der VBA. Die chinesische Regierung setzt im *Juli* 1985 ein Arbeitskomitee zum Entwurf eines Grundgesetzes (Basic Law) für Hongkong ein. Dem Komitee gehören 36 Vertreter des Festlandes und 23 Hongkonger an. Ende des Jahres wird zusätzlich ein Beratungskomitee für das Grundgesetz ins Leben gerufen, dem insgesamt 180 Personen angehören, die repräsentativ für die Hongkonger Bevölkerung sein sollen. Im *September* wird eine Neustrukturierung des Ständigen Ausschusses des ZK vorgenommen, zehn der 24 Mitglieder werden durch jüngere Kader ersetzt.	
1986	Mit dem Ziel, die Getreideproduktion zu steigern, senkt die Regierung im *Januar* die Getreidemengen, die die Bauern abliefern müssen, und vergrößert damit die Mengen, die zu höheren Preisen über die freien Märkte verkauft werden können. Die VR China wird im *März* Mitglied der Asiatischen Entwicklungsbank, nachdem zuvor der Kompromiß beschlossen worden war, daß Taiwan unter der Bezeichnung ›Taibei, China‹ Mitglied bleiben kann. Der Generalsekretär der KPCh, Hu Yaobang, unternimmt im *Juni* eine Reise durch Westeuropa, mit der eine neue Phase der Kooperation zwischen China und Europa eingeleitet werden soll. Im *August* wird experimentell der erste Wertpapiermarkt in Shenyang (Liaoning) eingerichtet. Im *September* folgt die Öffnung eines Wertpapiermarktes in Shanghai. Auf dem 6. Plenum des XII. Parteitags werden die »Leitlinien für den Aufbau einer sozialistischen Zivilisation« beschlossen. Darin wird betont, daß an den »Mao-Zedong-Ideen« festgehalten wird. Deng Xiaoping befürwortet eine politische Reform ähnlich der, die Mao Zedong mit der »Hundert-Blumen-Bewegung« 1956 eingeleitet hatte. Im *Oktober* werden Bestimmungen zur Einführung von Arbeitsverträgen verabschiedet. Neue Arbeiter in Staatsbetrieben sollen künftig über Arbeitsverträge eingestellt werden. Dies ist ein erster Schritt zur Aufhebung der lebenslangen Garantie von Arbeitsplätzen im Staatssektor. Im *Dezember* treten Studentendemonstrationen in Shanghai, Beijing, Nanjing, Hefei, Wuhan, Tianjin und anderen Städten auf. Die Studenten verlangen nach mehr Freiheit in der Berufswahl, verbesserten Lebensbedingungen, Wahlen und Pressefreiheit. Die Proteste werden von der Regierung für illegal erklärt, doch kommt es zunächst nicht zu einem härteren Durchgriff gegen die Demonstrationen. Für die Zurückhaltung der Regierung gilt der KPCh-Generalsekretär, Hu Yaobang, als verantwortlich.	

	Ereignisse in der Geschichte des chinesischen Festlandes	Ereignisse in der Geschichte Hongkongs, Singapurs und Taiwans
1987	Hu Yaobang wird im *Januar* seines Amtes als Generalsekretär enthoben, weil er nicht aktiv gegen die Studentendemonstrationen im *Dezember* des Vorjahres vorgegangen sei. Gleichzeitig werden verschiedene liberale Intellektuelle (Fang Lizhi, Liu Binyan etc.) wegen »bürgerlicher Liberalisierung« aus der Partei ausgeschlossen. China und Portugal unterzeichnen im *April* eine »Gemeinsame Erklärung« über die Rückgabe Macaus an China im Jahr 1999; wie Hongkong soll Macaus Wirtschafts- und Gesellschaftsordnung nach der Übergabe für 50 Jahre unverändert bestehen bleiben. Die Asiatische Entwicklungsbank vergibt im *September* ihren ersten Kredit an die VR China zur Förderung von technologischer Innovation in der Leichtindustrie. Die Autonome Region Tibet wird im *Oktober* für ausländische Besucher geschlossen, nachdem es verschiedene Unruhen in Lhasa gegeben hat. Zhao Ziyang wird im *November* XIII. Parteitag zum Generalsekretär der KPCh gewählt. Er ersetzt damit den ausgeschiedenen Hu Yaobang. Deng Xiaoping tritt von seinem Posten im Zentralkomitee der Partei zurück, und Li Peng wird zum Ministerpräsidenten ernannt. Der Parteitag erklärt, daß China sich in der »ersten Stufe des Sozialismus« befinde und versucht auf diese Weise, den Widerspruch zwischen dem Festhalten an sozialistischen Idealen und der Ausdehnung der Marktkoordination in der Wirtschaft zu glätten. In der Frühphase des Sozialismus seien »kapitalistische« Instrumente der Wirtschaftspolitik noch angemessen und notwendig.	Die Hongkonger Regierung gibt im *Mai* 1987 ein »Grünbuch« zur repräsentativen Regierung heraus, in dem sie für Direktwahlen zum Legislativrat plädiert. Die taiwanesische Regierung hebt im *Juli* 1987 das Kriegsrecht auf, das 38 Jahre lang in Kraft gewesen ist, und verkündet ein neues »Nationales Sicherheitsrecht«. Restriktionen für den Besitz und die Nutzung von Devisen werden aufgehoben. Die Einwohner Taiwans dürfen künftig Verwandte auf dem Festland besuchen.
1988	Im *März* kündigt Yang Shangkun weitere Reformen des Militärs an, unter anderem die Wiedereinführung von Rangtiteln. Auf der ersten Tagung des VII. NVK im *April* wird Yang Shangkun zum Staatspräsidenten ernannt, Wang Zhen zum stellvertretenden Präsidenten und Li Peng zum Ministerpräsidenten. Deng Xiaoping wird zum Vorsitzenden der Militärkommission gewählt, Zhao Ziyang und Yang Shangkun zu stellvertretenden Vorsitzenden. Die Insel Hainan wird vom NVK zu einer eigenständigen Provinz erhoben. Die Insel erhält darüber hinaus den Status einer Sonderwirtschaftszone. Ein vom NVK beschlossener Verfassungszusatz sichert die Rechte der in den letzten Jahren vermehrt entstandenen Privatunternehmen ab. Im Herbst erläßt der Staatsrat erste Rechtsbestimmungen zu Privatunternehmen. Am 1. *Juli* wird in Hongkong das ständige Büro der »Joint Liaison Group« (JLG) eingerichtet. Die Vertreter Großbritanniens und Chinas der JLG sollen sich regelmäßig in Hongkong und Beijing treffen, um Fragen der Übergabe Hongkongs im Jahr 1997 zu besprechen. Pläne für eine weitergehende Preisreform und stärkere Inflationstendenzen führen im Sommer zu Panikkäufen der Bevölkerung. Die gespannte wirtschaftliche Lage führt ihrerseits zu neuen Diskussionen über den Reformkurs und einer Schwächung der Position von Befürwortern einer raschen Reform wie Zhao Ziyang.	Jiang Jingguo, Präsident Taiwans und Sohn von Chiang Kai-shek, stirbt im *Januar* 1988 in Taibei. Kondelenzbriefe von der Regierung der VR China preisen Jiangs Festhalten an der »Ein-China-Politik«. Jiangs Stellvertreter, Lee Teng-hui, folgt ihm im Präsidentenamt bis zum Ende der Amtsperiode 1990. Im *Juli* wird Lee Teng-hui auch zum Vorsitzenden der Guomindang gewählt. In Hongkong entsteht im Laufe des Sommers 1988 ein wachsender Konflikt um die Frage, ob der Legislativrat künftig direkt gewählt werden sollte oder nicht. Während die Hongkonger Regie-

	Ereignisse in der Geschichte des chinesischen Festlandes	Ereignisse in der Geschichte Hongkongs, Singapurs und Taiwans
		rung dies befürwortet, zeichnet sich in den Arbeitsgruppen für das »Basic Law« keine Sympathie für diese Lösung ab. Bei den Parlamentswahlen im *September* 1988 in Singapur gewinnt die PAP 80 von 81 Sitzen.
1989	Nach mehreren Demonstrationen in der Autonomen Region Tibet im *Dezember* 1988 und Anfang 1989 werden Militärtruppen in Tibet eingesetzt, um die Unruhen zu unterdrücken. Hu Yaobang, ehemaliger Generalsekretär der KPCh, stirbt am 15. *April.* Sein Tod löst spontane Sympathiekundgebungen bei Studenten in Beijing und anderen Städten aus, da sie Hu als Beschützer während der Studentenproteste im Dezember 1986 in Erinnerung halten. Die Trauerkundgebungen münden in den folgenden Wochen in eine Welle von Demonstrationen für bessere Lebensbedingungen für Studenten. Die Regierung, insbesondere der Generalsekretär Zhao Ziyang, bemüht sich um eine Einigung mit den Studenten. Am 26. *April* veröffentlicht die »Volkszeitung« einen Leitartikel, der die **Studentenproteste** als Aufruhr verdammt, der gegen die Partei und den Sozialismus gerichtet sei. Die Studenten setzen ihre Demonstrationen fort. In Beijing unterstreichen sie ihre Forderungen später durch den Beginn eines Hungerstreiks. Am 18. *Mai* besucht der russische Präsident, Michail Gorbatschow, Beijing. Der Besuch, der durch die Studentenaktivitäten auf dem Platz des Himmlischen Friedens in Beijing beeinträchtigt wird, verstärkt auch international die Aufmerksamkeit für die Demonstranten. Als Reaktion auf die anhaltenden Studentenproteste verhängt Ministerpräsident Li Peng am 20. *Mai* den Ausnahmezustand über Beijing. Trotzdem verbleiben viele Studenten, unterstützt durch Arbeiter und Beijinger Einwohner auf dem Platz. Am 30. *Mai* wird die sogenannte »Göttin der Demokratie« von den Studenten auf dem Platz des Himmlischen Friedens errichtet. Nachdem ab Ende *Mai* Soldaten friedlich und unbewaffnet in die Hauptstadt eingedrungen waren, beginnen Militärtruppen in der Nacht vom 3. zum **4. Juni 1989** mit der gewalttätigen Vertreibung der verbliebenen Protestteilnehmer vom Platz des Himmlischen Friedens. Bis heute gibt es keine Klarheit über die Zahl der Todesfälle im Zusammenhang mit der Niederschlagung der Protestbewegung in Beijing und anderen Städten. Schätzungen für Beijing gehen von mehreren hundert Toten aus. Am 9. *Juni* gratuliert Deng Xiaoping den VBA-Truppen für ihr Eingreifen in Beijing. Zhao Ziyang, dessen Sympathie für die Studenten im *Mai* offenkundig geworden ist, wird kritisiert und auf dem 4. Plenum des XIII. ZK Ende *Juni* seines Amtes als Generalsekretär der Partei enthoben. Sein Nachfolger wird Jiang Zemin. Als Reaktion auf das »Massaker vom 4. Juni« frieren einige internationale Finanzierungsorganisationen ihre Kredite an die VR China ein.	Im *Januar* 1989 verabschiedet der Legislativyuan Taiwans ein Gesetz für den freiwilligen Rücktritt der Altparlamentarier. Damit wird der Abdankung der noch aus den Wahlen auf dem Festland in den vierziger Jahren hervorgegangenen Mitgliedern der parlamentarischen Institutionen der Weg bereitet. Die Hongkonger Bevölkerung reagiert mit großen Solidaritätskundgebungen (bis zu 1 Mio. Menschen) auf die Studentenproteste in Beijing. Martin Lee u. a. gründen eine »Allianz für die Unterstützung der demokratischen Bewegung in China«. Ende *Mai* wird in Hongkong ein Kompromiß des Büros der Mitglieder des Legislativ- und des Exekutivrates veröffentlicht, der für die direkte Wahl von 50 % der Vertreter im Legislativrat eintritt (»Omelco-Konsens«). Nach der Niederschlagung der Protestbewegung in der VR China kommt es in Hongkong zu Protest- und Solidaritätsmärschen. Die britischen Teilnehmer der JLG sagen bis Oktober ihre Teilnahme an Treffen der JLG ab. Im *Juli* 1989 teilt der britische Außenminister in Hongkong mit, daß die Hongkonger Bürger mit britischem Paß kein ständiges Wohnrecht in Großbritannien eingeräumt bekommen werden.

	Ereignisse in der Geschichte des chinesischen Festlandes	Ereignisse in der Geschichte Hongkongs, Singapurs und Taiwans
	Ende *August* kündigt der Staatsrat an, daß das wirtschaftliche Konsolidierungsprogramm, das im Jahr zuvor eingeleitet wurde, verlängert werde. Im *November* tritt Deng Xiaoping von seinem Posten des Vorsitzenden der Militärkommission zurück; sein Nachfolger wird Jiang Zemin. Damit gibt Deng Xiaoping seinen letzten Regierungsposten ab.	Im *November* finden in Taiwan u. a. Wahlen zum Legislativyuan statt.
1990	Die chinesische Regierung protestiert gegen das Angebot Großbritanniens, 50 000 Hongkongern die britische Staatsangehörigkeit zu gewähren. Da diese Regelung über 1997 hinaus Wirkung habe, sei sie eine Einmischung in innere Angelegenheiten Chinas. Der Ausnahmezustand in Beijing wird am 11. *Januar* aufgehoben. Die Regierung verkündet, daß die Stabilität im Inland wieder hergestellt sei.	Anfang *Januar* beschließt die britische Regierung, 50 000 ausgewählten Hongkonger Familien (225 000 Personen) die volle britische Staatsangehörigkeit zu gewähren, die es ermöglicht, sich in Großbritannien niederzulassen.

Im *Februar* beschließt das Arbeitskomitee den Entwurf eines Hongkonger Grundgesetzes (»Basic Law«). Das Gesetz wird vom NVK im *April* verabschiedet und von der chinesischen Regierung in Kraft gesetzt.

Auf einer Sitzung des VII. NVK im *April* wird eine Distanzierung von der Art und Weise der Transformation in den osteuropäischen Ländern ausgesprochen. Jiang Zemin wird formell als Vorsitzender der Militärkommission bestätigt. Ende *April* besucht Li Peng als erster Ministerpräsident seit 1964 die Sowjetunion. Während des Besuches werden sechs Abkommen zu Handelsbeziehungen, Grenzfragen, Wissenschaftskooperation u. a. unterzeichnet. Am 1. *Mai* wird auch in Tibet der Ausnahmezustand aufgehoben. Jiang Zemin besucht Tibet. Im *Juni* gibt Jiang Zemin eine Grundsatzerklärung zu Chinas Haltung gegenüber Taiwan ab, in der er betont, daß die VR China eine Lösung in der Form »Ein Land, zwei Systeme« anstrebe. Im *September* finden in Beijing die 11. Asiatischen Spiele statt, die u. a. Beijings Chancen für die Bewerbung um die Austragung der Olympischen Spiele des Jahres 2000 erhöhen sollen.	Im *März* wird Präsident Lee Teng-hui zum achten Präsidenten der Republik China gewählt. Im *April* schließt sich die »Allianz für die Unterstützung der demokratischen Bewegung in China« mit anderen Gruppen zur Partei der »United Democrats of Hong Kong« (UDHK) zusammen, deren Vorsitzender Martin Lee wird. Im *Juli* 1990 ruft die taiwanesische Regierung einen Rat für Festlandsangelegenheiten innerhalb des Exekutivyuan ins Leben. Der Rat hat die Aufgabe, die Festlandspolitik zu formulieren und umzusetzen.

Die Rote-Kreuz-Organisationen von Taiwan und der VR China unterzeichnen ein Abkommen über die gegenseitige Abschiebung von illegalen Einwanderern und Straftätern.

Die Asiatische Entwicklungsbank hebt im *November* ihre Sperre für Kredite an die VR China auf, zuvor hatte dies auch bereits die Weltbank getan. Die 7. Plenartagung des XIII. ZK erarbeitet im *Dezember* Vorschläge für den 8. Fünfjahresplan und ein Zehnjahresprogramm. Beide halten an der Konsolidierungspolitik fest und verwirklichen nicht eine der von Deng Xiaoping im Oktober erhobenen Forderungen nach Beschleunigung der Reformen.	Auf Taiwan wird im *November* die halböffentliche »Straits Exchange Foundation« (SEF) gegründet, die zukünftig Kontaktorganisation für mit der VR China zu regelnde Angelegenheiten ist. Ende *November* 1990 tritt der seit 1959 amtierende Ministerpräsident Singapurs, Lee Kuan-yew, sein Amt an Goh Chok Tong ab. Lee verbleibt als »Senior-Minister« im Kabinett.

	Ereignisse in der Geschichte des chinesischen Festlandes	Ereignisse in der Geschichte Hongkongs, Singapurs und Taiwans
1991	Anfang des Jahres werden mehrere Strafprozesse gegen Studenten und andere Aktivisten der Protestbewegung von 1989 durchgeführt. Abgesehen von den Urteilen, die gegen einige exponierte Studenten- und Arbeiteranführer verhängt werden, fallen die Urteile vergleichsweise moderat aus. Eine Reihe von Intellektuellen, die 1989 verhaftet worden war, wird freigelassen.	
	Auf der 4. Plenartagung des VII. NVK Anfang *April* werden Zhu Rongji und Zou Jiahua zu stellvertretenden Ministerpräsidenten ernannt. Kurz darauf besucht Zhu Rongji als erster Besucher seit 1989 auf Ministerebene die Bundesrepublik Deutschland.	Im *Juni* wird von der britischen Regierung für Hongkong eine »Bill of Rights« in Kraft gesetzt, die darauf zielen soll, die Grundfreiheiten der Hongkonger Bürger zu sichern.
	Im *Mai/Juni* werden 15 Provinzen von schweren Regenfällen und Überflutungen betroffen, die mehrere hundert Menschenleben fordern und Schäden in Höhe von etwa 40 Mrd. Yuan verursachen.	
	Nach neun Monaten schwieriger Verhandlungen einigen sich die chinesische und die britische Regierung am 4. Juli 1991 auf den Bau eines neuen Flughafens in Hongkong. Die Verhandlungen waren zwischenzeitlich beinahe gescheitert, weil China weitgehende Mitspracherechte forderte, da der Bau über die Rückgabe Hongkongs an China andauern und die finanzielle Position der Kolonie bei der Übergabe beeinträchtigen könnte. Die Streitigkeiten über die Finanzierung des Flughafens setzen sich allerdings bis 1995 fort.	
	Mit zwei Rote-Kreuz-Vertretern und zwei Journalisten reisen im *August* erstmals nach 42 Jahren halb-offizielle Vertreter der VR China in Taiwan ein.	
	Der Staatsrat veröffentlicht im *November* ein »Weißbuch« über die Situation der Menschenrechte in China, in dem die Rechte der Existenz und der wirtschaftlichen Entwicklung als wichtigste Menschenrechte betont werden.	Eine Verfassungsreform im *November* führt in Singapur die Direktwahl des Präsidenten ein, der gewisse Vetorechte bekommt.
	Im *Dezember* verabschiedet der Ständige Ausschuß des NVK eine Resolution, derzufolge die VR China dem Vertrag über die Nichtweitergabe von Kernwaffen ohne Einschränkungen beitritt. Der Vertrag wird im *März* 1992 ratifiziert.	
1992	Im *Dezember* 1991/*Januar* 1992 erkennt die VR China elf ehemals sowjetische Staaten der neuen Gemeinschaft Unabhängiger Staaten (GUS) an.	
	Deng Xiaoping unternimmt vom 19. bis 29. *Januar* eine Reise in die Sonderwirtschaftszonen Zhuhai und Shenzhen, während der er vehement für eine Beschleunigung der Wirtschaftsentwicklung und -reformen eintritt. Die »**Reise in den Süden**« ist der erste öffentliche Auftritt Dengs seit einem Jahr. Zwar wird der Inhalt der Reden Dengs während dieser Zeit erst allmählich publik, letztlich bilden sie jedoch den Anlaß zu einem erneuten Schub der Wirtschaftsreformen und der Beendigung der wirtschaftlichen Konsolidierungsphase (seit 1988).	Im *März* findet das erste Treffen zwischen der taiwanesischen SEF und der Partnerorganisation des Festlandes, der »Association for Relations Across the Taiwan Straits« (ARATS), in Beijing statt.
	Mit ungewöhnlich vielen Gegenstimmen wird im *April* vom NVK der Bau des »Drei-Schluchten-Staudamms« sowie dessen Aufnahme in den 8. Fünfjahresplan beschlossen. Um das Projekt hatte es national und international heftige Diskussionen gegeben, da wegen der Größe des Projekts erhebliche soziale Veränderungen und ökologische Risiken in Kauf genommen werden müssen.	Im *April* wird Chris Patten von der britischen Regierung zum Gouverneur von Hongkong ernannt.
		Im *Mai* treten die Zusatzartikel §§ 11 bis 18 der taiwanesischen Verfassung in Kraft. Damit ist die

	Ereignisse in der Geschichte des chinesischen Festlandes	Ereignisse in der Geschichte Hongkongs, Singapurs und Taiwans
	Im *August* nehmen die VR China und Südkorea nach mehr als vierzig Jahren (Koreakrieg) wieder diplomatische Beziehungen auf. Im *September* hebt das Staatliche Preisverwaltungsamt in großem Umfang die Planpreise für Güter und Materialien auf.	Grundlage für die Direktwahl von Präsident und Vizepräsident gelegt.
	Der neue Gouverneur Hongkongs, Chris Patten, kündigt in seiner Antrittsrede im *Oktober* Pläne an, nach denen die Wahlrechte der Hongkonger Bürger noch vor der Übergabe 1997 erweitert werden sollen. Anschließend stellt Patten seine neuen Pläne persönlich in Beijing der chinesischen Regierung vor, die sie ablehnt, da sie die Pläne für unvereinbar mit dem »Basic Law« hält. Lu Ping, der Direktor des Büros für Hongkong und Macau Angelegenheiten, betont, daß die chinesische Regierung die Einrichtung der Legislative, der Rechtsprechung und der Regierung Hongkongs im Alleingang vorbereiten werden, sofern Patten an seinen Plänen festhalte.	
	Auf dem **XIV. Parteitag der KPCh** wird der von Deng Xiaoping forcierte erneute Reformkurs bestätigt. Der Parteitag erklärt den Aufbau einer »sozialistischen Marktwirtschaft« zum Ziel der chinesischen Wirtschaftspolitik. Der neue Kurs der Wirtschaftspolitik macht nicht nur eine »Korrektur« des 8. Fünfjahresplanes notwendig, sondern bewirkt auch Veränderungen der Machtverhältnisse zwischen den Ministerien und Kommissionen.	Der Hongkonger Legislativrat erklärt im *November* seine Zustimmung zu den Reformplänen des Gouverneurs Patten.
	Im *Dezember* reagiert die chinesische Regierung auf die Vereinbarung über eine Lieferung französischer Kampfflugzeuge an Taiwan mit heftigem Protest. Das französische Generalkonsulat in Guangzhou wird daraufhin geschlossen; französische Firmen werden bei der Vergabe von Großaufträgen vorübergehend nicht mehr berücksichtigt.	
	Nachdem Bauern in verschiedenen Provinzen über Monate hinweg immer wieder gegen die Ausgabe von Schuldscheinen anstelle von Bargeld durch staatliche Getreideankaufstellen protestiert haben, verkündet die Regierung im *Dezember* ein Zehn-Punkte-Programm zur Unterstützung der Landwirtschaft. Das Programm richtet sich nicht nur gegen die Praxis der Vergabe von Schuldscheinen, sondern auch gegen andere Mißstände, wie zum Beispiel willkürlich von den Lokalregierungen erhobene Gebühren und Abgaben. Die Unzufriedenheit und Protestaktionen der Bauern halten allerdings auch in den nächsten Monaten an.	
1993	Nach erfolglosen Gesprächen im *März* und *Oktober* 1992 gelingt es bei einem Treffen der Vorsitzenden der beiden halbamtlichen Institutionen SEF (Taiwan) und der ARATS (VR China) in Singapur, zu vier gemeinsamen Abkommen zu gelangen, die Fragen wie die gegenseitige Beglaubigung von Urkunden, Nachforschungen nach Posteinschreibsendungen, aber auch die Agenda für künftige Gespräche zum chinesisch-chinesischen Verhältnis enthalten.	
	Wegen der anhaltenden Unruhen unter den Bauern wird im *April* eine speziell für die Landwirtschaft zuständige Führungsgruppe unter der Leitung des stellvertretenden Ministerpräsidenten Zhu Rongji eingerichtet.	
	Ein im *Mai* veröffentlichter Bericht des IMF zieht zur Bewertung des relativen Gewichtes einzelner Länder erstmals die Kaufkraftparitäten-Methode heran, die ermittelt, wieviel Währungseinheiten für denselben Warenkorb im Inland notwendig	

	Ereignisse in der Geschichte des chinesischen Festlandes	Ereignisse in der Geschichte Hongkongs, Singapurs und Taiwans
	sind, der für 1 US $ in den USA gekauft werden könnte. Ein Ergebnis der Studie ist, daß die VR China anders als nach herkömmlichen Berechnungen mit ihrem BSP bereits die drittgrößte Volkswirtschaft der Welt sei. Die chinesische Regierung lehnt diese Art der Kalkulation ab, da sie die Wirtschaftskraft Chinas deutlich überschätze (und Chinas Anspruch, von internationalen Organisationen als Entwicklungsland anerkannt zu werden, gefährdet).	
	Während der 2. Sitzung des Ständigen Ausschusses des VIII. NVK Ende *Juni*/Anfang *Juli* wird ein vorläufiges Arbeitskomitee für die Sonderverwaltungsregion Hongkong eingerichtet, dessen Vorsitzender der Außenminister Qian Qichen wird. Zu den stellvertretenden Vorsitzenden zählen Lu Ping, der gleichzeitig die Position des Direktors des »Büros des Staatsrats für Hongkong und Macau« innehat, und Zhou Nan, der Leiter des Hongkonger Büros der Nachrichtenagentur Xinhua. Das Komitee soll sich bis zur Etablierung des eigentlichen Vorbereitungskomitees (1996) mit allen Fragen beschäftigen, die die Rückgabe Hongkongs an China betreffen.	
	Aufgrund krisenhafter Entwicklungen im Bankensektor und Mängeln in der geldpolitischen Steuerung wird der stellvertretende Ministerpräsident Zhu Rongji im *Juli* (in Personalunion) zum Zentralbankpräsidenten ernannt. Kurz darauf werden drastische Maßnahmen zur Bekämpfung der Inflationstendenzen und zur Rezentralisierung der geld- und finanzpolitischen Kompetenzen eingeleitet. Zhu Rongji bleibt zwei Jahre im Amt des Zentralbankpräsidenten.	Die ersten Präsidentschaftswahlen in Singapur gewinnt der ehemalige Ministerpräsident Ong Teng Cheong.
	Am 14. *September* wird der politische Häftling Wei Jingsheng wenige Monate vor Ablauf seiner Haftstrafe von 15 Jahren entlassen. Wei war im Jahr 1979 wegen seiner Forderungen nach Demokratie verhaftet worden.	
	Im *September* entscheidet sich das Internationale Olympische Komitee für eine Austragung der Olympischen Spiele des Jahres 2000 in Sydney. Die Bewerbung Beijings um die Austragung der Spiele wird damit abgelehnt. Die chinesische Regierung gibt vor allem dem amerikanischen Repräsentantenhaus, das dazu aufgefordert hatte, Beijing wegen der Menschenrechtssituation in China nicht zum Zuge kommen zu lassen, die Schuld an der Niederlage.	
	Nach 17 Verhandlungsrunden brechen die sino-britischen Gespräche über Hongkongs Zukunft ab. Ursache sind vor allem die Uneinigkeit über die Einführung demokratischer Wahlen zum Legislativrat. Die VR China schließt im Anschluß britische Unternehmen von der Bewerbung um das Guangzhouer U-Bahn-Projekt aus. Die britische Regierung veröffentlicht sehr zum Unwillen der chinesischen Regierung einen Bericht über die 17 Verhandlungsrunden über die Wahlreformen.	
1994	Die französische Regierung sagt der chinesischen Regierung im *Januar* zu, künftig keine Waffen mehr an Taiwan zu liefern. Die Vereinbarung von Ende 1992, Taiwan Kampfflugzeuge zu liefern, bleibt in Kraft. Daraufhin hebt die VR China die Handelsbeschränkungen gegen Frankreich auf. Die VR China protestiert gegen die »Urlaubsdiplomatie« des taiwanesischen Präsidenten bei den Regierungen der besuchten Länder und sagt eine Delegationsreise von NVK-Vertretern nach Manila ab.	Eine »Urlaubsreise« des Präsidenten, Lee Teng-hui, auf die Philippinen, nach Thailand und Indonesien bietet Gelegenheit für Treffen mit hochrangigen Regierungsvertretern dieser Länder und zu einer Stärkung des taiwanesischen Ansehens.

Ereignisse in der Geschichte des chinesischen Festlandes	Ereignisse in der Geschichte Hongkongs, Singapurs und Taiwans
Ein vom Fernsehen dokumentierter öffentlicher Auftritt Deng Xiaopings anläßlich des Frühlingsfestes macht seinen schlechten Gesundheitszustand offensichtlich und heizt Spekulationen über die Nachfolgeregelungen und damit möglicherweise verbundene Krisen an. Der Auftritt ist der letzte öffentliche Auftritt Dengs. Während der NVK-Sitzung im *März* fordert der Vorsitzende des NVK, Qiao Shi, eine stärkere Rolle für den NVK als Legislative und als Organ, das die Arbeit der Regierung kontrolliert. Diese Ziele stehen im Gegensatz zu den Machtinteressen der Ministerien, die bisher starken Einfluß auf die Gesetzgebung gehabt haben und nicht an einer weitergehenden Gewaltenteilung interessiert sind. Nachdem mehrere Jahre hintereinander die Entscheidung über die Gewährung der Meistbegünstigung die sino-amerikanischen Beziehungen belastet hat, da die Meistbegünstigung von der Menschenrechtssituation in der VR China abhängig gemacht wurde (eine Vorgehensweise, gegen die China protestierte), verkündet der amerikanische Präsident im *Mai*, daß künftig die Entscheidung über die Anwendung der Meistbegünstigung auf China unabhängig von der Menschenrechtssituation getroffen werden solle. Der KPCh-Generalsekretär und Vorsitzende der Zentralen Militärkommission, Jiang Zemin, veranlaßt im *Juni* die Beförderung von neun hochrangigen Militäroffizieren zu Generälen. Die Maßnahme wird als ein Schritt zur Festigung seiner Machtbasis angesehen, die bisher im Militär als eher schwach einzustufen war. Aufgrund anhaltender Inflationsgefahr werden im Laufe des Sommers verschiedene Reformprojekte wie die Emission neuer Aktien und die Preisreform gebremst. Parallel zu den Versuchen, eine effektive »makroökonomische Steuerung« zu etablieren, kommt es zu heftigen Auseinandersetzungen über die Prioritäten der Wirtschaftspolitik (z. B. Beschäftigungsziele versus Preisstabilität) unter Politikern und Wirtschaftswissenschaftlern. Ende *August* veröffentlicht das ZK der KPCh ein »Programm zur Durchführung patriotischer Erziehung«, das ein Signal für die wachsende Betonung von Patriotismus bzw. Nationalismus in der Regierungsideologie setzt. Durch seine Teilnahme an einem informellen Treffen der Staatsoberhäupter der APEC gelingt es dem Staatspräsidenten Jiang Zemin, sein persönliches Image wie das der VR China in Südostasien zu verbessern. Jiang setzt sich in den Gesprächen für einen raschen Beitritt Chinas zum GATT ein. Am Rande des Treffens kommt es zu einem Gespräch mit dem amerikanischen Präsidenten Clinton, bei dem Jiang den Präsidenten zu einem Besuch in die VR China einlädt. Verhandlungen für die (Wieder-) Aufnahme Chinas ins GATT scheitern Mitte *Dezember* in Genf. Die chinesische Regierung führt dies insbesondere auf den Einfluß der USA zurück und beteuert, daß man nicht gedenke, ungerechtfertigte Forderungen als Voraussetzung für den GATT-Beitritt zu akzeptieren.	Im *Juni* verabschiedet der Hongkonger Legislativrat die von Gouverneur Christopher Patten vorgeschlagenen Wahlreformen. Die chinesische Regierung kündigt daraufhin an, daß sie den gewählten Legislativrat mit der Übergabe am 1. 7. 1997 auflösen werde. Im *September* verändert die amerikanische Regierung ihre Haltung zu Taiwan. U.a. werden die Möglichkeiten für den Besuch von amerikanischen Regierungsvertretern in Taiwan und die Transitmöglichkeiten für Politiker Taiwans durch die USA erleichtert. Beijing reagiert auf diese Neuerung mit Protest und droht mit negativen Auswirkungen für das Verhältnis zwischen USA und Volksrepublik. Die ersten Wahlen des Gouverneurs der Provinz Taiwan, der Bürgermeister von Taibei und Gaoxiong sowie der Stadtparlamente beider Städte sorgen für Aufregung wegen der Erfolge der Oppositionsparteien.

591

	Ereignisse in der Geschichte des chinesischen Festlandes	Ereignisse in der Geschichte Hongkongs, Singapurs und Taiwans
1995	Der Staatspräsident Jiang Zemin legt im *Januar* einen Acht-Punkte-Plan zur Taiwan-Politik vor, in dem er Taiwan zu Gesprächen auffordert. Durch Aussagen des Staatspräsidenten und KPCh-Generalsekretärs Jiang Zemin und eine Sitzung der Zentralen Disziplinarkommission wird eine verstärkte Bekämpfung von Korruption in Partei und Staat für das Jahr 1995 angekündigt. Ein Streit um den Schutz geistiger Eigentumsrechte zwischen den USA und der VR China droht Anfang *Februar* in gegenseitige Handelsbeschränkungen zu eskalieren. Erst kurz vor dem Ablauf der gegenseitig gestellten Ultimaten kann im letzten Moment ein Einverständnis erzielt und ein Handelskrieg abgewendet werden. Ein Korruptionsskandal in Beijing findet große Aufmerksamkeit, als der stellvertretende Bürgermeister Beijings Anfang *April* Selbstmord begeht. Der Bürgermeister von Beijing, der ebenfalls in der Korruptionsaffäre involviert war, muß Ende des Monats zurücktreten und wird im *September* seiner Ämter innerhalb der Partei enthoben. Am 1. *Mai* wird landesweit der Achtstunden-Arbeitstag und eine Fünftage-Arbeitswoche eingeführt. Von der neuen Regelung wird u. a. ein Impuls für die Freizeitindustrie und den inländischen Tourismus erwartet. Der inoffizielle Besuch des taiwanesischen Präsidenten Lee Teng-hui in den USA im *Juni* sorgt für weitere Spannungen im Verhältnis der VR China zu den USA. Die chinesische Regierung wirft der amerikanischen vor, den Alleinvertretungsanspruch der VR China zu mißachten und die Unabhängigkeit Taiwans zu befürworten, und zieht zeitweise ihren Botschafter aus den USA zurück. Militärische Manöver und Raketentests im *Juli* werden ebenfalls als Reaktion Beijings auf die amerikanische Taiwan-Politik interpretiert. Im *Juli* bekommt die VR China einen Beobachterstatus bei der Welthandelsorganisation (WTO), der Nachfolgeorganisation des GATT, eingeräumt und kann dadurch zukünftig an WTO-Treffen teilnehmen, allerdings ohne Stimmrecht. Die Weltfrauenkonferenz und das (Welt-)Frauenforum der Nichtregierungsorganisationen finden Ende *August*/Anfang *September* in Beijing und Umgebung statt. Im *Oktober* werden der 9. Fünfjahresplan und die langfristigen Wirtschaftsziele bis zum Jahr 2010 veröffentlicht. Wei Jingsheng, prominenter Dissident, der erst im *September* 1993 aus der Haft entlassen worden war, wird im *November* erneut verhaftet und im *Dezember* zu 14 Jahren Haft verurteilt. Das vorläufige Arbeitskomitee für die SAR Hongkong tritt im *Dezember* zu seinem sechsten und letzten Treffen zusammen. Der Vorsitzende des Arbeitskomitees und Außenminister Qian Qichen gibt bekannt, daß alle notwendigen Voraussetzungen für die Arbeit des Vorbereitungskomitees geschaffen worden seien. Zwei Wochen später wird eine Liste der Mitglieder des Vorbereitungskomitees veröffentlicht, das im Jahr 1996 seine Arbeit aufnehmen soll. Dem neuen Komitee gehören 56 festländische und 94 Hongkonger Vertreter an. Das Komitee wird am 26. Januar 1996 offiziell gegründet.	Präsident Lee Teng-hui reagiert mit einem Sechs-Punkte-Plan auf die Forderungen Beijings zur Wiederaufnahme von Gesprächen mit Taiwan. Der taiwanesische Präsident Lee Teng-hui besucht im *Juni* während einer inoffiziellen Reise in die USA die Universität Cornell, an der er früher studiert hat. Im *September* werden in Hongkong die ersten Wahlen zum Legislativrat durchgeführt. Die demokratische Bewegung trägt bei allerdings geringer Wahlbeteiligung einen deutlichen Sieg davon.

	Ereignisse in der Geschichte des chinesischen Festlandes	Ereignisse in der Geschichte Hongkongs, Singapurs und Taiwans
1996	Beijing veranstaltet im *März* Raketentests und Manöver in der Straße von Taiwan, um die Präsidentschaftswahlen auf Taiwan zu beeinflussen. Im *April* besucht der russische Präsident Boris Jelzin die VR China. Während seines Aufenthaltes wird ein Fünf-Länder-Abkommen zwischen Rußland, China, Kasachstan, Kirgistan und Tadschikistan unterzeichnet. Das Treffen dient auch der Vorbereitung einer »Strategischen Partnerschaft für das 21. Jahrhundert« zwischen Rußland und China. Die KPCh leitet im Frühjahr eine landesweite Kampagne zur Kriminalitätsbekämpfung ein, die ihrerseits eine Welle von Verhaftungen und Verurteilungen nach sich zieht. Amnesty International führt den beträchtlichen Anstieg von Todesurteilen und -vollstreckungen auch für Bagatellverbrechen im Jahr 1996 auf diese Kampagne zurück. Im *Juni* erscheint ein von fünf Journalisten, Dozenten und Publizisten geschriebenes Buch mit dem Titel »China kann nein sagen«. Dem Buch wird von der chinesischen und internationalen Öffentlichkeit viel Aufmerksamkeit entgegengebracht, da die Autoren eine sehr ablehnende Haltung gegenüber den USA und eine radikale Position in der Taiwan-Frage einnehmen. Das chinesische Außenministerium stellt sich im August hinter das Buch und seine Inhalte und empfiehlt es als Lektüre. Anfang *Juli* gibt das Außenministerium bekannt, daß während der zweimal wöchentlich stattfindenden Pressekonferenzen künftig nicht mehr Englisch, sondern Chinesisch gesprochen werde.	Lee Teng-hui wird im 23. *März* bei den ersten direkten Präsidentschaftswahlen zum neunten Präsidenten der Republik China gewählt. Gleichzeitig werden die Mitglieder der dritten Nationalversammlung gewählt. Am 31. *März* läuft für Einwohner Hongkongs die Möglichkeit, einen britischen Reisepaß zu beantragen, aus. In den Jahren zuvor wurden insgesamt ca. 3,5 Mio. Reisepässe ausgestellt, die es den Hongkongern auch nach der Übergabe ermöglichen sollen, visumfrei in rund 80 Länder zu reisen, die aber kein Niederlassungsrecht für Großbritannien begründen.
	Nachdem am 14. *Juli* Vertreter einer rechtsradikalen Gruppe auf den Senkaku-Inseln (chin. Diaoyutai) eine japanische Flagge gehißt haben, reagieren in den folgenden Monaten Bürger und z. T. auch Politiker in Hongkong, Taiwan und der VR China mit Protesten, da sie die Inseln als Teil des chinesischen Territoriums ansehen. Die Empörung gegen (die ehemalige Besatzungsmacht) Japan führt zu einer sonst seltenen Parallelität der Reaktionen.	
	Mit einem Weißbuch zur Ernährungslage im *Oktober* und einer Rede auf der FAO-Gipfelkonferenz im *November* betont die Regierung, daß China in der Lage sei, seine Bevölkerung zu ernähren. Diese Beteuerungen sind eine Reaktion auf seit dem Frühjahr kursierende Spekulationen, wie der Getreidebedarf Chinas, der insbesondere wegen des zunehmenden Fleischkonsums stark ansteigt, künftig gedeckt werden könne. Die Spekulation, China werde seine Bevölkerung nicht ernähren können, ist auch deshalb politisch »pikant«, weil die chin. Regierung das Recht auf Ernährung international als wesentlichstes Menschenrecht (im Gegensatz zu politischen Freiheiten etc.) propagiert.	In Taiwan wird im *Oktober* von einer Gruppe ehemaliger Mitglieder der Oppositionspartei DDP die Taiwan Independence Party gegründet, die für eine klare Unabhängigkeit Taiwans eintritt. Die Gründung ist eine Folge der Streitigkeiten über den richtigen Kurs der DDP, nachdem diese bei den Wahlen im März eine deutliche Niederlage erlitten hatte. Der Gouverneur Hongkongs legt im *Oktober* den letzten politischen Bericht der Kolonialregierung vor, der bei den verschiedenen politischen Gruppierungen Hongkongs auf heftige Kritik stößt. Am 2. *November* wird von Beijing das Auswahlkomitee für den er-

	Ereignisse in der Geschichte des chinesischen Festlandes	Ereignisse in der Geschichte Hongkongs, Singapurs und Taiwans
		sten Regierungschef und den Provisorischen Legislativrat der Hongkonger SAR eingesetzt. Bei den Wahlen am 11. *Dezember* wird Tung Chee-hwa (Dong Jianhua) zum Regierungschef (›Chief Executive‹) gewählt.
1997	19. *Februar*: **Tod Deng Xiaopings** im Alter von 92 Jahren. Am 7. *März* wird Beijing erstmals Schauplatz eines Bombenanschlags. Der Anschlag in Beijing und im Februar erfolgte Anschläge in Xinjiang werden uigurischen Separatisten im In- und Ausland zugeschrieben. Schon 1996 hatte es in Xinjiang wiederholt Auseinandersetzungen zwischen muslimischen Untergrundkämpfern und lokalen Sicherheitskräften gegeben.	Im *Januar* stellt der designierte Regierungschef der SAR Hongkong, Tung Chee-hwa, sein Kabinett vor.
	Auf der 5. Tagung des VIII. NVK im *März* wird u. a. beschlossen, die Stadt Chongqing (mit Umland) zu einer provinzfreien (»regierungsunmittelbaren«) Stadt zu machen. Die Stadt bekommt damit den gleichen Status wie Beijing, Tianjin und Shanghai. Die Aufwertung Chongqings ist Bestandteil der Bemühungen, das wachsende Auseinanderfallen der wirtschaftlichen Entwicklung in den Küsten- und den Binnenregionen aufzuhalten.	
	Nach einer Unterbrechung von fast einem halben Jahrhundert wird im *April* die Schiffahrtsverbindung zwischen beiden Seiten der Taiwan-Straße wieder eröffnet, zunächst zwischen den Häfen Fuzhou (Festland) und Gaoxiong. Bisher mußten Güter und Personentransporte per Schiff zwischen Taiwan und China immer über einen Dritthafen, meist Hongkong, abgewickelt werden.	
	Arbeiterunruhen in verschiedenen Städten Chinas, insbesondere aber in Sichuan im *Juni*, führen in der ersten Jahreshälfte erneut die Probleme der chinesischen Regierung mit der Reform der Staatsunternehmen vor. Die Sanierung oder Schließung maroder Staatsunternehmen bei gleichzeitiger Aufrechterhaltung des sozialen und politischen Friedens ist ein Anliegen, an dem die Regierung seit Jahren arbeitet. Es wird als entscheidende Herausforderung der Wirtschaftspolitik der nächsten Jahre angesehen.	
	Am **1. Juli 1997** wird Hongkong von der britischen Kolonialregierung an die VR China zurückgegeben. Fünf Feiertage, massive chinesische Propaganda und umfangreiche Festaktivitäten begleiten die »Übergabe« und die Etablierung der Sonderverwaltungsregion Hongkong.	

Quellen: Bianco, Lucien (Hrsg.): Das moderne Asien (Fischer Weltgeschichte Nr. 33), Frankfurt 1969; Brosseau, Maurice et al. (Hrsg.): China Review 1996, Hongkong 1996; China aktuell, verschiedene Jahrgänge; Gernet, Jaques: Die chinesische Welt, 2. Aufl., Frankfurt 1983; Heilmann, Sebastian: Das politische System der VR China im Wandel, Mitteilungen des Instituts für Asienkunde, Nr. 265, Hamburg 1997; Lam, Willy Wo-Lap: China after Deng Xiaoping, Singapore 1995; Lo Chi Kin et al (Hrsg.): China Review 1995, Hongkong 1995; MacFarquhar, Roderick (Hrsg.): The Politics of China 1949–1989, Cambridge 1993; Solid, Dobra E. (Hrsg.): China – A Nation in Transition, Washington 1995, S. 324 ff.;Wang, James C.F.: Comparative Asian Politics, New Jersey 1994; Weggel, Oskar: Geschichte Chinas im 20. Jahrhundert, Stuttgart 1989.

Abbildung 1.1: Langfristige Bevölkerungsentwicklung Chinas und Kontinentaleuropas

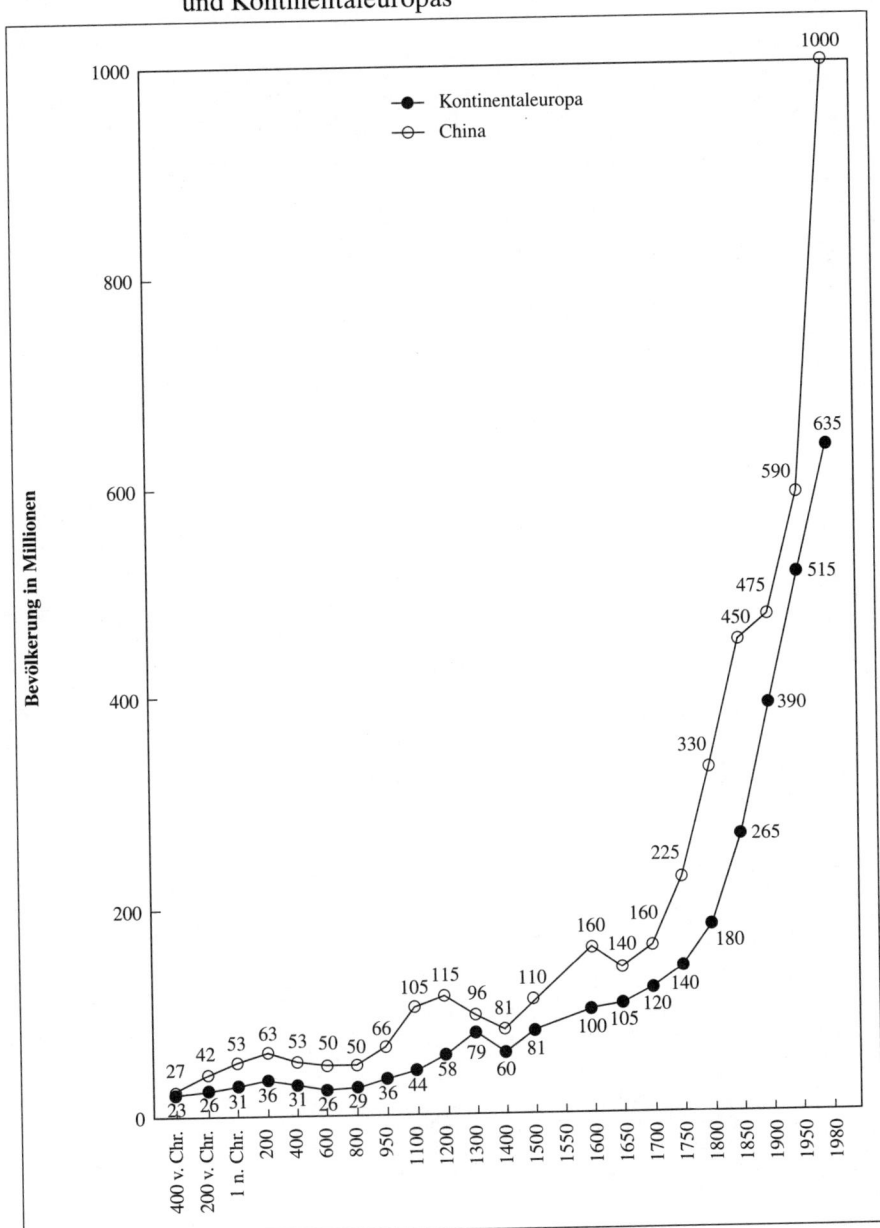

Quelle: Feuerwerker, Albert: Chinese Economy in Comparative Perspective, in: Ropp, Paul S. (Hrsg.): The Heritage of China, Berkeley 1990, S. 227.

Anhang 2

Daten und Abbildungen zur Politik der VR China

Abbildung 2.1: Die zentralen staatlichen Führungsorgane der VR China
Abbildung 2.2: Das zentrale politische System der VR China
Übersicht 2.1: Die Besetzung der höchsten Partei- und Regierungsämter der VR China seit 1945
Tabelle 2.1: Chinas, Taiwans und Hongkongs Mitgliedschaften in internationalen Organisationen

Abbildung 2.1: **Die zentralen staatlichen Führungsorgane der VR China**
(Stand März 1997)

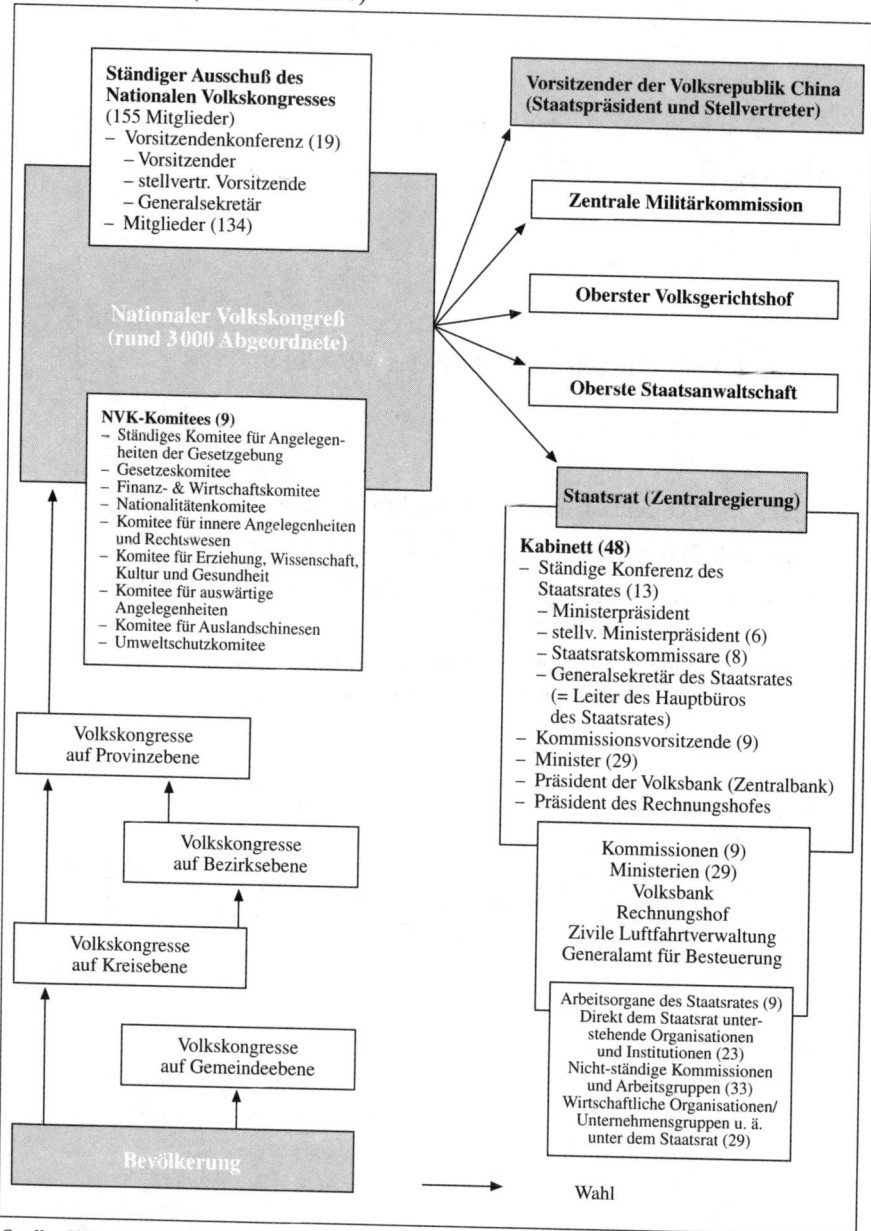

Ständiger Ausschuß des Nationalen Volkskongresses (155 Mitglieder)
- Vorsitzendenkonferenz (19)
  - Vorsitzender
  - stellvertr. Vorsitzende
  - Generalsekretär
- Mitglieder (134)

Nationaler Volkskongreß (rund 3000 Abgeordnete)

NVK-Komitees (9)
- Ständiges Komitee für Angelegenheiten der Gesetzgebung
- Gesetzeskomitee
- Finanz- & Wirtschaftskomitee
- Nationalitätenkomitee
- Komitee für innere Angelegenheiten und Rechtswesen
- Komitee für Erziehung, Wissenschaft, Kultur und Gesundheit
- Komitee für auswärtige Angelegenheiten
- Komitee für Auslandschinesen
- Umweltschutzkomitee

Volkskongresse auf Provinzebene

Volkskongresse auf Bezirksebene

Volkskongresse auf Kreisebene

Volkskongresse auf Gemeindeebene

Bevölkerung

Vorsitzender der Volksrepublik China (Staatspräsident und Stellvertreter)

Zentrale Militärkommission

Oberster Volksgerichtshof

Oberste Staatsanwaltschaft

Staatsrat (Zentralregierung)

Kabinett (48)
- Ständige Konferenz des Staatsrates (13)
  - Ministerpräsident
  - stellv. Ministerpräsident (6)
  - Staatsratskommissare (8)
  - Generalsekretär des Staatsrates (= Leiter des Hauptbüros des Staatsrates)
- Kommissionsvorsitzende (9)
- Minister (29)
- Präsident der Volksbank (Zentralbank)
- Präsident des Rechnungshofes

Kommissionen (9)
Ministerien (29)
Volksbank
Rechnungshof
Zivile Luftfahrtverwaltung
Generalamt für Besteuerung

Arbeitsorgane des Staatsrates (9)
Direkt dem Staatsrat unterstehende Organisationen und Institutionen (23)
Nicht-ständige Kommissionen und Arbeitsgruppen (33)
Wirtschaftliche Organisationen/Unternehmensgruppen u. ä. unter dem Staatsrat (29)

Wahl

Quelle: China aktuell, Mai 1993, S. 455, und März 1997, S. 250/2 ff; Entwurf von Peter Schier und Sebastian Heilmann, Institut für Asienkunde, Hamburg, aktualisiert und bearbeitet von Doris Fischer.

Abbildung 2.2: Das zentrale politische System der VR China
(Stand Frühjahr 1997)

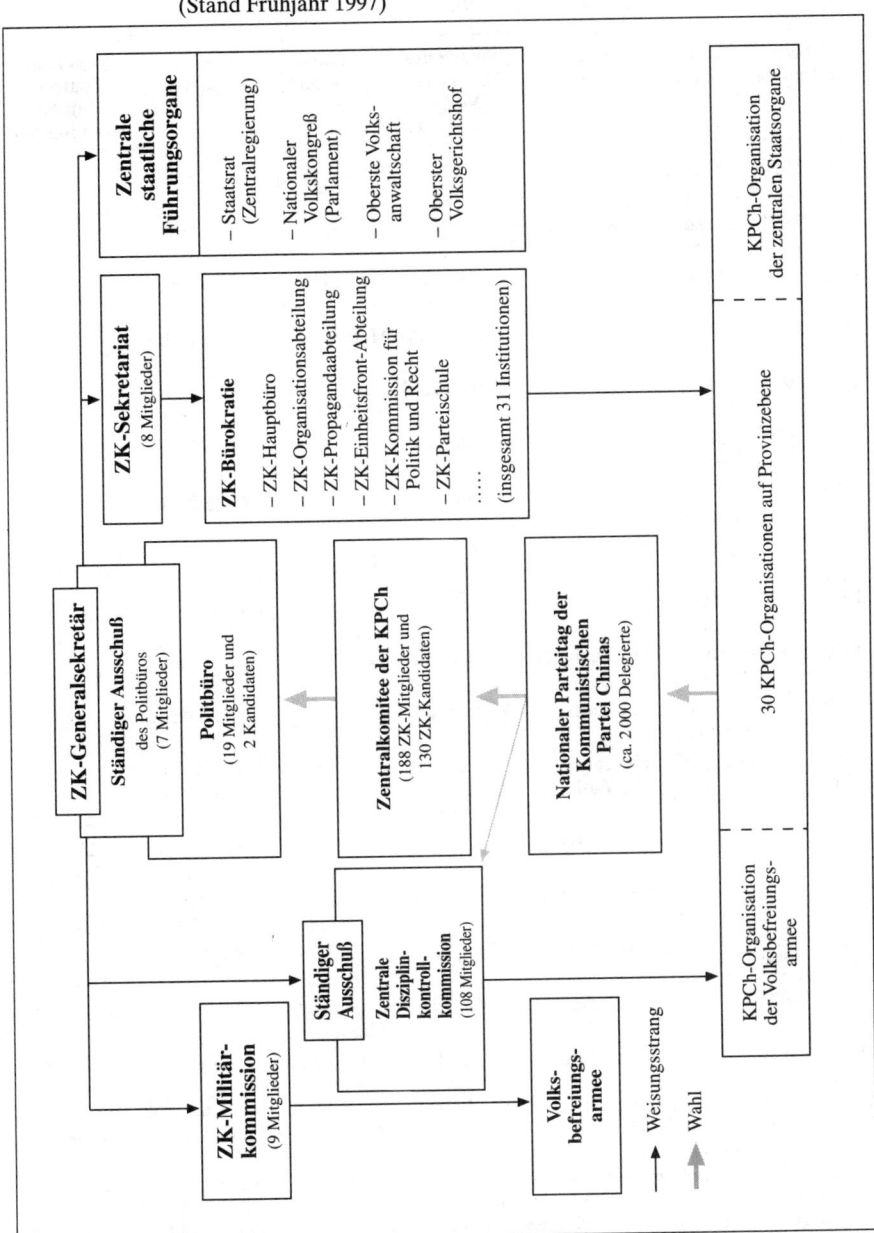

Zentrale staatliche Führungsorgane
- Staatsrat (Zentralregierung)
- Nationaler Volkskongreß (Parlament)
- Oberste Volksanwaltschaft
- Oberster Volksgerichtshof

ZK-Sekretariat (8 Mitglieder)

ZK-Bürokratie
- ZK-Hauptbüro
- ZK-Organisationsabteilung
- ZK-Propagandaabteilung
- ZK-Einheitsfront-Abteilung
- ZK-Kommission für Politik und Recht
- ZK-Parteischule
......
(insgesamt 31 Institutionen)

ZK-Generalsekretär

Ständiger Ausschuß des Politbüros (7 Mitglieder)

Politbüro (19 Mitglieder und 2 Kandidaten)

Zentralkomitee der KPCh (188 ZK-Mitglieder und 130 ZK-Kandidaten)

Nationaler Parteitag der Kommunistischen Partei Chinas (ca. 2 000 Delegierte)

ZK-Militärkommission (9 Mitglieder)

Ständiger Ausschuß Zentrale Disziplinkontrollkommission (108 Mitglieder)

Volksbefreiungsarmee

KPCh-Organisation der zentralen Staatsorgane

30 KPCh-Organisationen auf Provinzebene

KPCh-Organisation der Volksbefreiungsarmee

Weisungsstrang
Wahl

Quelle: Autor des Schaubilds: Peter Schier; Institut für Asienkunde, aktualisiert und bearbeitet von Doris Fischer.

Übersicht 2.1: Die Besetzung der höchsten Partei- und Regierungsämter der VR China seit 1945

Jahr/ Zeitraum	Parteivorsitz	Generalsekretär	Vorsitz des Nationalen Volkskongresses	Staatspräsident	Ministerpräsident	Vorsitz der Zentralen Militärkommission
1945–1950	Mao Zedong			Mao Zedong	Zhou Enlai	
1950–1954	Mao Zedong			Mao Zedong	Zhou Enlai	
1955	Mao Zedong		Liu Shaoqi	Mao Zedong	Zhou Enlai	
1956–1958	Mao Zedong		Liu Shaoqi	Mao Zedong	Zhou Enlai	
1959–1965	Mao Zedong		Zhu De	Liu Shaoqi	Zhou Enlai	
1966–1976	Mao Zedong		Zhu De		Zhou Enlai	
1975	Mao Zedong		Zhu De		Zhou Enlai	
1976	Mao Zedong		Zhu De		Zhou Enlai	
1977	Hua Guofeng				Hua Guofeng	
1978–1980	Hua Guofeng	Hu Yaobang	Ye Jianying		Hua Guofeng	
1980	Hua Guofeng	Hu Yaobang	Ye Jianying		Zhao Ziyang	
1981		Hu Yaobang	Ye Jianying		Zhao Ziyang	
1982		Hu Yaobang	Ye Jianying		Zhao Ziyang	Deng Xiaoping*
1983–1986		Hu Yaobang	Peng Zhen	Li Xiannian	Zhao Ziyang	Deng Xiaoping
1987		Zhao Ziyang	Peng Zhen	Li Xiannian	Zhao Ziyang	Deng Xiaoping
1988		Zhao Ziyang	Wan Li	Yang Shangkun	Li Peng	Deng Xiaoping
1989–1992		Jiang Zemin	Wan Li	Yang Shangkun	Li Peng	Jiang Zemin
1993–1997		Jiang Zemin	Qiao Shi	Jiang Zemin	Li Peng	Jiang Zemin

Quelle: Shou Xiaohe, Li Xiongfan, Sun Shuyu: Zhongguo gongheguo ziliao shouce 1949–1985, Beijing 1986; MacFarquhar, Roderick (Hrsg.): The Politics of China 1949–1989, Cambridge 1993, Appendixes, S. 473 ff.; china aktuell, verschiedene Jahrgänge.

* Die Zentrale Militärkommission wurde als Leitungsorgan für die Volksbefreiungsarmee erst im Jahr 1982 geschaffen. Entgegen der bereits vorher und auch weiterhin existierenden Parteikommission für militärische Angelegenheiten sollte die Zentrale Militärkommission dem Nationalen Volkskongreß und nicht der Partei verantwortlich sein.

Zusammenstellung: Doris Fischer

Tabelle 2.1: Chinas, Taiwans und Hongkongs Mitgliedschaften in internationalen Organisationen

	VR China	Taiwan	Hongkong
Vereinte Nationen (UN)	Ja (aufgenommen 1971)	Nein (ausgeschlossen 1971)	Nein
International Atomic Energy Agency (IAEA)	Ja	Nein	Nein
Internationaler Währungsfonds (IMF)	Ja	Nein	Nein
Weltbank	Ja	Nein	Nein
Welthandelsorganisation (WTO)	Antrag	Antrag	Ja
Asiatische Entwicklungsbank	Ja	Ja	Ja
Asia-Pacific Economic Cooperation (APEC)	Ja (Staatspräsident nimmt teil)	Ja (Präsident nimmt nicht teil)	Ja (Finanzminister nimmt teil)
Internationales Olympisches Komitee	Ja	Ja (Teilnahme als ›Chinese Taipei‹)	Ja
Asiatische Spiele	Ja	Ja	Ja
Internationale Fußballvereinigung (FIFA)	Ja	Ja	Ja
World Wide Fund for Nature (WWF)	Nein	Nein	Ja

Quelle: Chan, Gerald: China and International Organizations, in: China Review 1995, The Chinese University Press, Hongkong: 1995, S. 7.13.; Internet-Informationsseiten einzelner Organisationen.

Anhang 3

Daten und Abbildungen zur Gesellschaft der VR China

Abbildung 3.1: Geburten, Sterbe- und Wachstumsrate der Bevölkerung in der VR China, 1951–1995

Abbildung 3.2: Die Bevölkerungsstruktur der VR China nach Alter und Geschlecht, 1990 und 1995

Abbildung 3.3: Regionale Bevölkerungsstruktur

Abbildung 3.4: Entwicklung der Urbanisierung in der VR China, 1951–1996

Tabelle 3.1: Ausgewählte soziale Indikatoren im internationalen Vergleich

Abbildung 3.5: Schema des Schul- und Ausbildungssystems der VR China

Tabelle 3.2: Entwicklung der Schüler- und Studentenzahlen der VR China 1952–1995

Tabelle 3.3: Regionale Bevölkerungsstruktur nach Art des Schulabschlusses und Analphabetenquote im Jahr 1990

Abbildung 3.6: Internationaler Vergleich der Anteile der Schüler verschiedener Bildungsstufen in Prozent der zugehörigen Altersgruppen, 1993

Abbildung 3.1: Geburten-, Sterbe- und Wachstumsrate der Bevölkerung in der VR China, 1951–1995

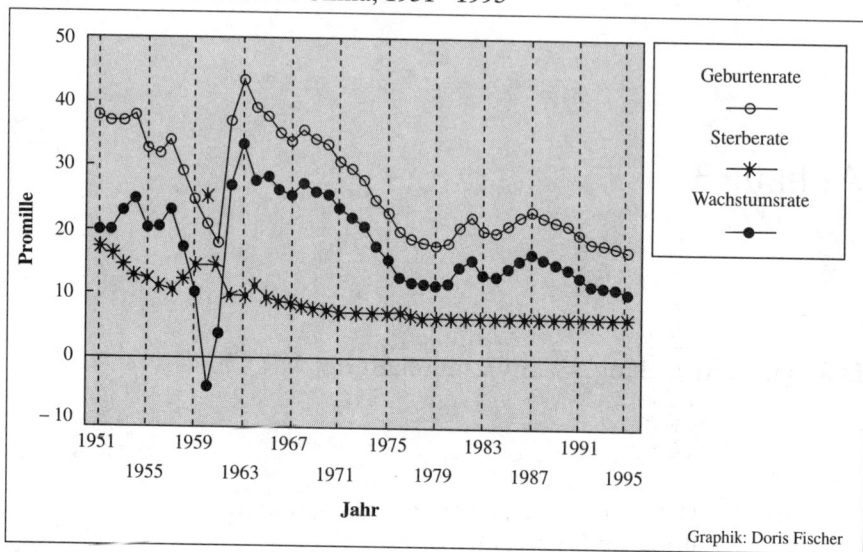

Quelle: Statistical Yearbook of China, verschiedene Jahrgänge.

Abbildung 3.2: Die Bevölkerungsstruktur der VR China nach Alter und Geschlecht, 1990 und 1995

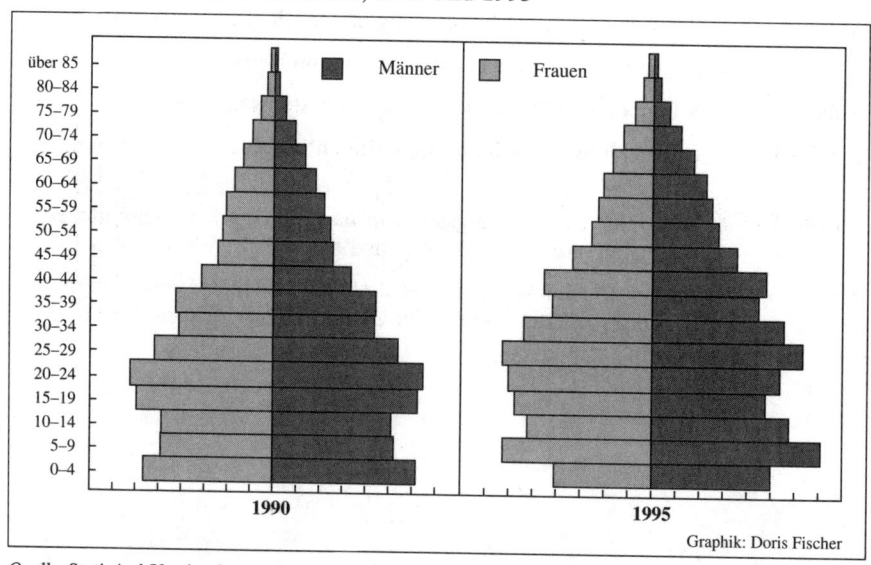

Quelle: Statistical Yearbook of China 1991 und 1996. Die Strukturangaben basieren auf Stichproben von 10 bzw. 1,04 Prozent der Bevölkerung, die in den Jahren 1990 und 1995 erhoben wurden.

Abbildung 3.3: Regionale Bevölkerungsstruktur

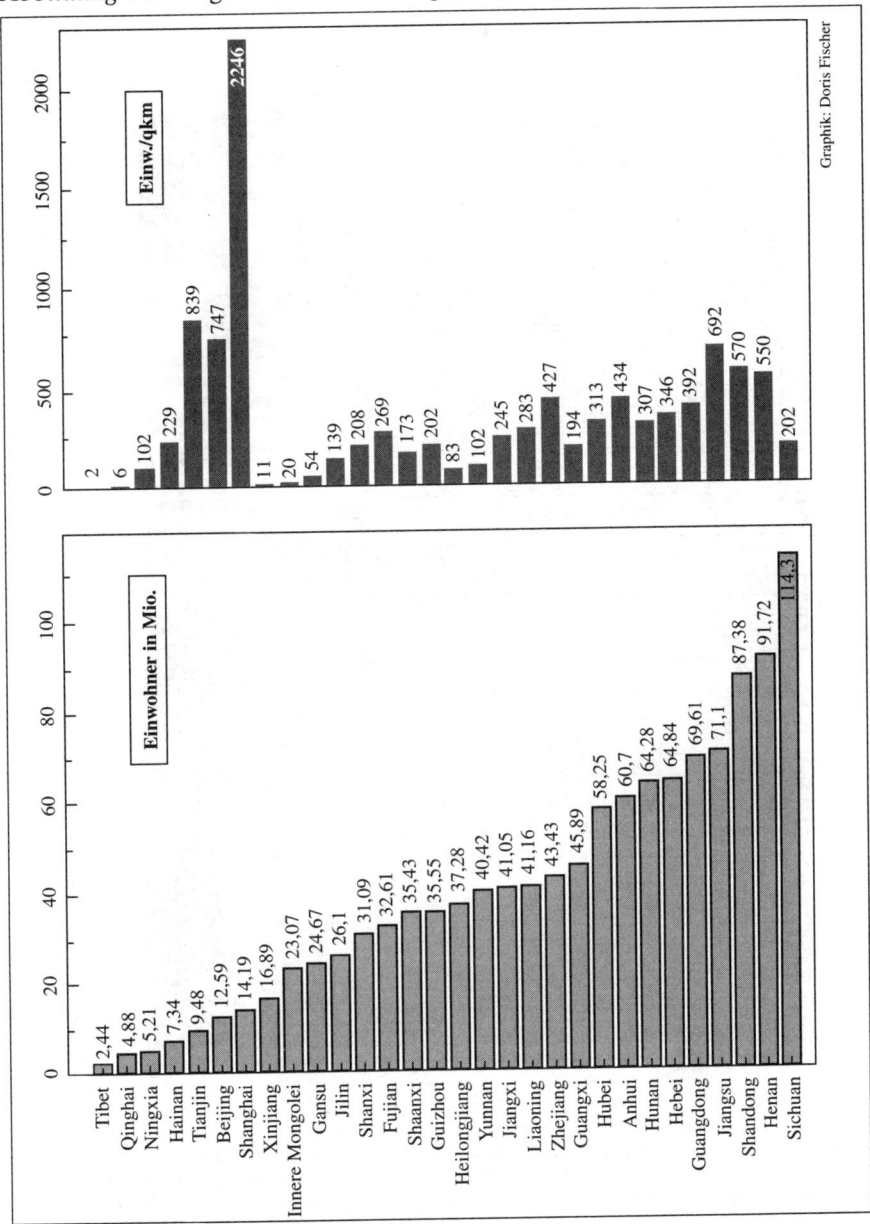

Provinz	Einw/qkm	Einwohner in Mio.
Tibet	2	2,44
Qinghai	6	4,88
Ningxia	102	5,21
Hainan	229	7,34
Tianjin	839	9,48
Beijing	747	12,59
Shanghai	2246	14,19
Xinjiang	11	16,89
Innere Mongolei	20	23,07
Gansu	54	24,67
Jilin	139	26,1
Shanxi	208	31,09
Fujian	269	32,61
Shaanxi	173	35,43
Guizhou	202	35,55
Heilongjiang	83	37,28
Yunnan	102	40,42
Jiangxi	245	41,05
Liaoning	283	41,16
Zhejiang	427	43,43
Guangxi	194	45,89
Hubei	313	58,25
Anhui	434	60,7
Hunan	307	64,28
Hebei	346	64,84
Guangdong	392	69,61
Jiangsu	692	71,1
Shandong	570	87,38
Henan	550	91,72
Sichuan	202	114,3

Graphik: Doris Fischer

Quelle: A Statistical Survey of China 1997, S. 26; Berechnung der Einwohner/qkm anhand der in Herrmann-Pillath, Carsten (Hrsg.): Wirtschaftliche Entwicklung in Chinas Provinzen und Regionen, 1978–1992, S. 10 f. zugrunde gelegten Provinzflächen.

Abbildung 3.4: Entwicklung der Urbanisierung in der VR China, 1951–1996

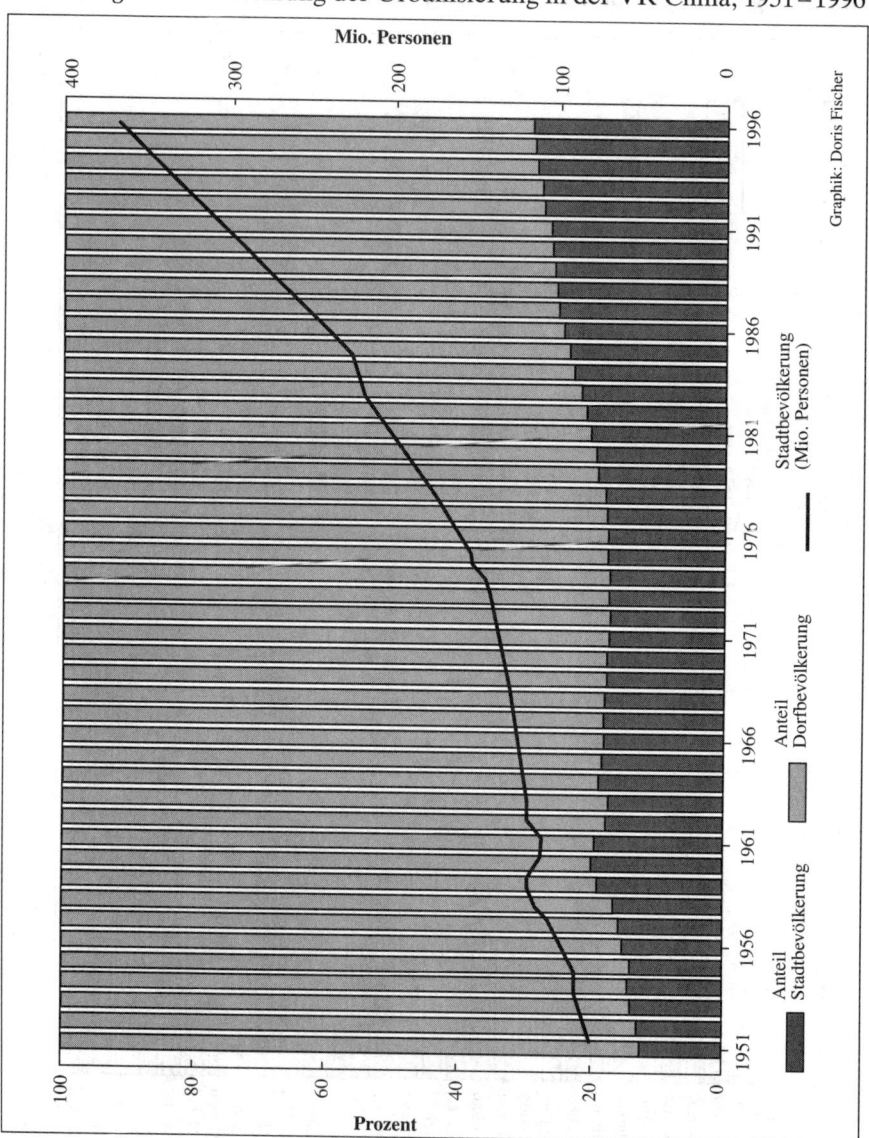

Quelle: Statistical Yearbook of China 1993, S. 81; A Statistical Survey of China 1997, S. 25. Die Zahlen der städtischen Bevölkerung von 1951 bis 1981 umfassen die gesamte Bevölkerung der Gebiete, die zu den Städten (shi) und Landstädten (zhen) gehören; die Dorfbevölkerung bezieht sich nur auf Kreise, nicht auf Landstädte. Ab 1982 wurden die Zahlen auf der Basis der 4. Volkszählung korrigiert. Die Stadtbevölkerung umfaßt die Bevölkerung der Distrikte, die zu den Städten mit Distrikten gehören, ferner die Bevölkerung der Städte ohne Distrikte und der Landstädte, die den Städten und Kreisen zugeordnet sind. Die Landbevölkerung bezieht sich auf die Restbevölkerung.

Tabelle 3.1: Ausgewählte soziale Indikatoren im internationalen Vergleich[1]

	VR China	Indien	Taiwan	Hongkong	Singapur	Deutschland
Bev./qkm im Jahr 1994	125	278	586	6 100	2 900	228
Durchschnittliche Wachstumsrate der Bevölkerung, 1980–1990 (%)	1,5	2,1	1,3	1,2	1,7	0,1
Durchschnittliche Wachstumsrate der Bevölkerung, 1990–1994 (%)	1,2	1,8	1,0	1,5	2,0	0,6
Anteil der Stadtbevölkerung (%)	29	27	k.A.	95	100	86
Anteil der Bevölkerung in Städten mit mehr als 1 Mio. Einwohner (%)	10	9	k.A.	95	100	40
Lebenserwartung bei der Geburt, 1994	69	62	75	78	75	76
Säuglingssterblichkeit 1980[2]	42	116	k.A.	11	12	12
Säuglingssterblichkeit 1994[2]	30	70	k.A.	5	5	6
Analphabetenquote Männer	10	35	[4]5,8	4	4	unter 5
Analphabetenquote Frauen	27	62		12	14	unter 5
BSP pro Kopf 1994 in US-Dollar	530	320	11 597	21 650	22 500	25 580
⌀-Wachstum des BSP pro Kopf 1985–1994 (%)	7,8	2,9	14,2	5,3	6,1	k.A.
Kaufkraftparität des Pro-Kopf-Einkommens (intern. $, 1994)	2 510	1 280	k.A.	k.A.	21 900	19 480
Anteil der Bevölkerung, mit Zugang zu sauberem Trinkwasser (%, 1993)	71	k.A.	86,2	k.A	100	k.A.
Ungleichheit[3]	7,08	5,01	5,24	8,7	9,5	5,75

Zusammenstellung und Berechnungen: Doris Fischer

1 Für weitere Angaben zu Taiwan, Hongkong und Singapur siehe auch die speziellen Anhänge.
2 Pro tausend Geburten.
3 Relation des Anteils der 20 Prozent der Bevölkerung mit den höchsten Einkommen am Gesamteinkommen zum Anteil der 20 Prozent der Bevölkerung mit dem niedrigsten Einkommen. Eine höhere Zahl deutet auf größere Ungleichheit in der Verteilung der Einkommen zugunsten der reicheren Bevölkerung hin. Angaben zu China und Indien für 1992, bezogen auf Einzelpersonen; Angaben zu Hongkong und zu Singapur für 1982/83 und zu Deutschland für 1988, jeweils bezogen auf Haushalte. Wert für Taiwan 1992.
4 Männer und Frauen.

Quelle: Alle Angaben außer für Taiwan nach: The World Bank: From Plan to Market – World Development Report 1996, S. 185ff. Angaben zu Taiwan nach Taiwan Statistical Data Book 1996; Hung, Rudy: The Great U-Turn in Taiwan: Economic Restructuring and a Surge in Inequality, Journal of Contemporary Asia, Jg. 1996, Nr. 2, S. 151–163.

Abbildung 3.5: Schema des Schul- und Ausbildungssystems der VR China

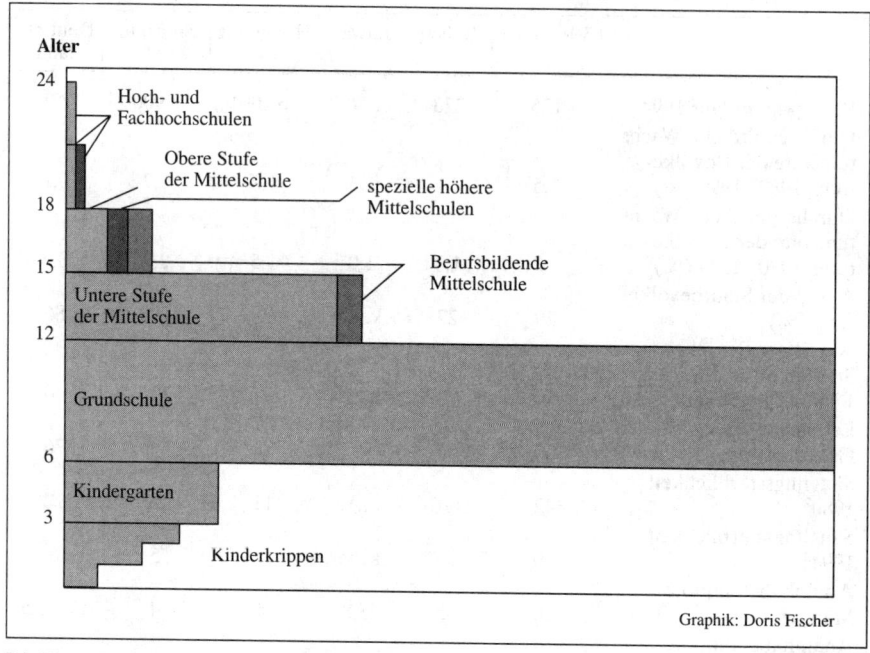

Alter	
24	Hoch- und Fachhochschulen
	Obere Stufe der Mittelschule — spezielle höhere Mittelschulen
18	
15	Berufsbildende Mittelschule
	Untere Stufe der Mittelschule
12	
	Grundschule
6	
	Kindergarten
3	
	Kinderkrippen

Graphik: Doris Fischer

Die Flächengrößen spiegeln die Zahlenverhältnisse der im Jahr 1995 in den jeweiligen Bildungsstufen gezählten Kinder, Schüler und Studenten wider. Ausnahme: Die Angaben für die Kinderkrippen sind geschätzt. Vgl. Statistical Yearbook of China 1996, S. 631 f.

Tabelle 3.2: Entwicklung der Schüler- und Studentenzahlen der VR China (1952–1995)

	Grundschulen		Mittelschulen		Hochschulen	
	Schülerzahl in 1 000	Schüler pro 10 000 Einw.	Schülerzahl in 1 000	Schüler pro 10 000 Einw.	Schülerzahl in 1.000	Schüler pro 10 000 Einw.
1952	51 100	889	3 145	55	191	3,3
1957	64 283	994	7 081	110	441	6,8
1965	116 209	1 602	14 318	197	674	9,3
1970	105 280	1 269	26 483	319	48	0,6
1978	146 240	1 519	66 372	690	856	11,6
1985	133 702	1 263	50 926	481	1 703	16,1
1990	122 414	1 071	51 054	447	2 063	18,0
1995	131 952	1 089	61 915	511	2 906	24,0

Quelle: Statistical Yearbook of China 1996, S. 69, 631, 638.   Zusammenstellung: Doris Fischer

Tabelle 3.3: Regionale Bevölkerungsstruktur nach Art des Schulabschlusses und Analphabetenquote im Jahr 1990
(Schüler/Studenten pro 1 000 Einwohner)

	Hochschule	Oberschule	Mittelschule	Grundschule	Analphabeten*
Beijing	13	145	306	226	10,7
Tianjin	85	121	394	296	11,8
Hebei	22	62	247	268	19,3
Shanxi	33	69	293	257	14,0
Neimenggu	35	81	255	334	20,4
Liaoning	48	87	323	343	11,5
Jilin	45	103	264	353	14,0
Heilongjiang	42	96	285	341	14,6
Shanghai	104	157	316	227	13,1
Jiangsu	28	73	264	348	20,3
Zhejiang	24	58	238	397	21,3
Anhui	19	40	200	347	31,0
Fujian	26	56	169	432	21,0
Jiangxi	23	58	189	407	22,1
Shandong	24	57	252	363	20,9
Henan	19	60	265	347	20,3
Hubei	34	71	232	359	19,9
Hunan	25	67	226	421	15,5
Guangdong	27	76	230	405	15,0
Guangxi	21	56	192	451	16,6
Hainan	28	88	225	346	20,6
Sichuan	22	41	217	439	19,8
Guizhou	20	27	147	374	34,5
Yunnan	21	28	138	379	35,0
Tibet	17	10	38	186	70,4
Shaanxi	33	77	38	312	22,8
Gansu	25	64	244	292	36,7
Qinghai	37	61	169	265	38,6
Ningxia	35	61	178	294	31,4
Xinjiang	45	77	203	365	18,9
VR China 1990	29	64	207	372	20,6
VR China 1987	9	69	212	362	26,8
VR China 1982	6	66	178	354	23,7

* Analphabetenrate: Anteil der Analphabeten ab 6 Jahren an der Gesamtbevölkerung ab 6 Jahren in % (1987: Bev. ab 12 Jahren; 1982: Bev. ab 15 Jahren)

Quelle: Herrmann-Pillath, Carsten (Hrsg.): Wirtschaftliche Entwicklung in Chinas Provinzen und Regionen, 1978–1992, S. 15–17. Die Daten basieren auf den Volkszählungen in der VR China in den Jahren 1990, 1987 und 1982.

Abbildung 3.6: Internationaler Vergleich der Anteile der Schüler verschiedener Bildungsstufen in Prozent der zugehörigen Altersgruppen, 1993

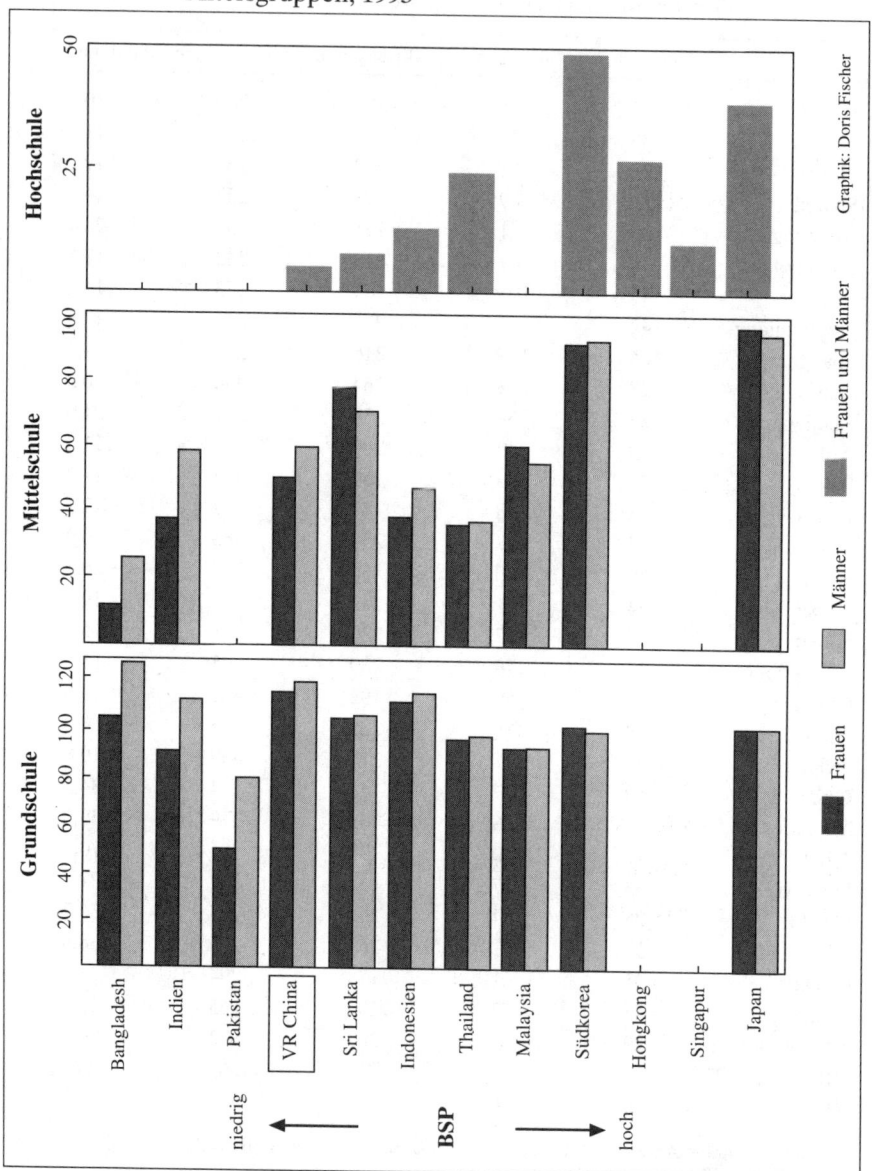

Quelle: The World Bank: From Plan to Market – World Development Report 1996, New York 1996, S. 200. Die Prozentanteile für die Grundschule können über 100 liegen, wenn auch Schüler die Grundschule besuchen, die nicht zu der gewöhnlichen Altersgruppe von Grundschülern gehören.

Anhang 4
Daten und Abbildungen zur Wirtschaft der VR China

Anhang 4.1

Vergleich der Wirtschaftsentwicklung der VR China und Taiwans

Tabelle 4.1.1.1 VR China: Phasen des Wirtschaftswachstum
Tabelle 4.1.1.2 Taiwan: Phasen des Wirtschaftswachstums
Tabelle 4.1.2.1 VR China: Anteil einzelner Sektoren am Volkseinkommen
Tabelle 4.1.2.2: Taiwan: Anteil einzelner Sektoren am Bruttoinlandsprodukt
Tabelle 4.1.3.1: VR China: Veränderungen in der Beschäftigtenstruktur, 1952–1995
Tabelle 4.1.3.2: Taiwan: Veränderungen in der Beschäftigungsstruktur, 1952–1995

Tabelle 4.1.1.1: VR China: Phasen des Wirtschaftswachstum
(durchschnittliche reale Wachtumsrate pro Jahr pro Zeitraum in Prozent, Basisjahr 1990)

Zeitraum	Volkseinkommen	Pro-Kopf-Einkommen	Bruttofixkapital-akkumulation	Exporte
1952–1960	*8,16	*5,95	*27,24	10,59
1961–1970	5,71	3,39	11,86	(0,25)
1971–1980	5,62	3,74	6,91	16,33
1981–1990	7,48	5,93	7,17	20,18
1991–1995	+12,15	+10,75	+32,13	23,93

Zusammenstellung und Berechnungen: Doris Fischer

* Zeitraum 1953–1960
\+ Zeitraum 1991–1993, seit 1994 wird das Volkseinkommen in den Statistiken der VR China nicht mehr ausgewiesen.
Angaben in Klammern sind negative Werte
Quelle: Statistical Yearbook of China 1993, 1994 und 1996

Tabelle 4.1.1.2: Taiwan: Phasen des Wirtschaftswachstums
(durchschnittliche reale Wachstumsrate pro Jahr der jeweiligen Periode in Prozent, Basisjahr 1991)

	BSP	Pro-Kopf-Einkommen	Gesellschaftliche Fixkapitalbildung*	Exporte
1952–1960	7,6	7,2	k.A.	k.A.
1961–1970	10,0	10,1	15,4	k.A.
1971–1980	9,4	8,5	13,4	+18,6
1981–1990	7,9	8,9	6,5	10,4
1991–1995	#6,1	5,4	8,7	6,1

Zusammenstellung und Berechnungen: Doris Fischer

\+ Zeitraum 1967–1980
\# Zeitraum 1991–1994
* Angaben für 1961–1990 basieren auf vergleichbaren Preisen des Jahres 1986, Angaben für 1991–1995 auf vergleichbaren Preisen des Jahres 1991.

Quelle: Council for Economic Planning: Taiwan Statistical Data Book 1992 und 1996; Howe, Christopher: The Taiwan Economy: The Transition to Maturity and the Political Economy of its Changing International Status, in: The China Quarterly Nr. 148, Dezember 1996, S. 1172.

Tabelle 4.1.2.1: VR China: Anteil einzelner Sektoren am Volkseinkommen
(Durchschnittswerte, Angaben in Prozent)

Zeitraum	Volks-einkommen	Landwirtschaft	Industrie	Bau	Transport	Handel
1952–1960	100	45,5	29,5	5,0	4,9	15,2
1961–1970	100	46,0	35,7	3,8	3,9	10,5
1971–1980	100	36,9	46,4	4,4	3,8	8,6
1981–1990	100	36,0	45,7	5,9	4,0	8,4
1991–1993	100	28,6	49,0	7,1	4,9	10,4

Zusammenstellung und Berechnungen: Doris Fischer

Nach 1993 wird das Volkseinkommen in den statistischen Jahrbüchern der VR China nicht mehr ausgewiesen. Für die Struktur des Bruttoinlandsproduktes der VR China seit 1978 siehe Tab. 4.3.2 und Abb. 4.3.1. Erst seit 1993 hat die VR China angefangen, ihre Statistik vom System der Materialbilanzen (Material Product System, MPS), das auch in anderen sozialistischen Ländern verwendet wurde, auf das international gebräuchliche System der Volkswirtschaftlichen Gesamtrechnung (System of National Accounts, SNA) umzustellen. Angaben zum Bruttosozialprodukt und zum Bruttoinlandsprodukt für die Jahre nach 1978 wurden rekonstruiert, für davor liegende Jahre nicht.
Quelle: Statistical Yearbook of China 1993, S. 33; Statistical Yearbook of China 1994, S. 33.

Tabelle 4.1.2.2: Taiwan: Anteil einzelner Sektoren am Bruttoinlandsprodukt (BIP)
(Angaben in Prozent)

	BIP	Landwirtschaft	Industrie	Dienstleistungen
1953–1960	100	28,5	24,4	47,1
1961–1972	100	20,2	33,1	46,7
1973–1980	100	10,6	43,5	45,9
1981–1990	100	5,5	45,0	49,5
1991–1995	100	3,6	38,7	57,6

Zusammenstellung und Berechnungen: Doris Fischer.

Quelle: Für die Zeiträume 1953–1972 vgl. Howe, Christopher (1996), S. 1173; für spätere Zeiträume vgl. Council for Economic Planning: Taiwan Statistical Data Book 1996, S. 2.

Tabelle 4.1.3.1: VR China: Veränderungen in der Beschäftigtenstruktur, 1952–1995

Jahr/Zeitraum	Beschäftigte in Mio.	Beschäftigtenstruktur nach Sektoren (%)		
		Primärsektor	Sekundärsektor	Tertiärsektor
1952	207,29	83,5	7,4	9,1
1955	223,28	83,2	8,5	8,3
1960	258,80	65,7	15,7	18,6
1961–1970	294,82	81,2	9,0	10,1
1971–1980	385,37	75,1	14,6	10,6
1981–1990	501,99	63,0	20,6	16,4
1991–1995	603,74	56,4	22,2	21,4
		Zusammenstellung und Berechnungen: Doris Fischer		

Aufgrund der geringen Vergleichbarkeit der Angaben zur Arbeitslosigkeit in den volksrepublikanischen Statistiken wurde hier auf deren Auflistung verzichtet. Vgl. aber für die offiziellen Zahlen zur Arbeitslosigkeit seit 1978 in Tab. 4.3.3.

Quelle: Statistical Yearbook of China 1993, S. 101; Statistical Yearbook of China 1996, S. 88.

Tabelle 4.1.3.2: Taiwan: Veränderungen in der Beschäftigungsstruktur, 1952–1995

Jahr/Zeitraum	Beschäftigte in Tsd.	Arbeitslosenquote in %	Beschäftigtenstruktur nach Sektoren (%)		
			Primärsektor	Sekundärsektor	Tertiärsektor
1952	2 929	4,4	65,1	16,9	27,0
1955	3 108	3,8	53,6	18,0	28,4
1960	3 473	4,0	50,2	20,5	29,3
1961–1970	3 946	#2,2	44,9	22,4	31,7
1971–1980	5 687	3,7	28,2	36,2	35,6
1981–1990	7 870	2,4	16,3	41,8	41,9
1991–1995	8 760	1,8	11,7	39,3	49,0
			Zusammenstellung und Berechnungen: Doris Fischer		

\# Zeitraum 1965–1970

Quelle: Gold, Thomas B.: Taiwan Society at the Fin de Siècle, in: The China Quarterly, Nr. 148, Dezember 1996, S. 1101; Council for Economic Planning: Taiwan Statistical Data Book 1992 und 1996.

Anhang 4.2

Daten und Abbildungen zur allgemeinen wirtschaftlichen Entwicklung und zur Wirtschaftpolitik Chinas

Tabelle 4.2.1:	Daten zur wirtschaftlichen Entwicklung der VR China, 1953–1996
Abbildung 4.2.1:	Reale Wachstumsraten des Volkseinkommens, 1953–1993
Tabelle 4.2.2:	Ausgewählte Kennzahlen zur wirtschaftlichen Entwicklung der VR China seit 1978
Abbildung 4.2.2:	Anteile einzelner Sektoren am Bruttoproduktionswert seit der Gründung der VR China
Abbildung 4.2.3	Bruttoinlandsprodukt und BIP/Kopf in einzelnen Provinzen
Tabelle 4.2.3:	Liberalisierung der Märkte und Preise, 1978–1993
Tabelle 4.2.4:	Durchschnittliche Zahl von vorhandenen Gebrauchsgegenständen je 100 Haushalte in Städten und Dörfern
Abbildung 4.2.4:	Strukturveränderungen der Konsumausgaben der Dorf- und der Stadtbevölkerung

Tabelle 4.2.1: Daten zur wirtschaftlichen Entwicklung der VR China, 1953–1996

	Bevölkerung Mio.	Volkseinkommen pro Kopf, Yuan	Handelsvolumen in Mrd. Yuan	Getreide pro Kopf (kg)	durchschnittlicher Reallohn (Yuan/Jahr)
1953	587,96	122	8,09	284	1 209
1954	602,66	126	8,47	281	1 234
1955	614,65	129	10,98	299	1 245
1956	628,28	142	10,87	307	1 420
1957	646,53	142	10,45	302	1 453
1958	659,94	171	12,87	303	1 246
1959	672,02	183	14,93	253	1 179
1960	662,07	183	12,84	217	1 141
1961	658,59	151	9,07	224	980
1962	672,95	139	8,09	238	1 020
1963	691,72	147	8,57	246	1 134
1964	704,99	167	9,75	266	1 198
1965	725,38	194	11,84	268	1 239
1966	745,42	216	12,71	287	1 228
1967	763,68	197	11,22	285	1 245
1968	785,34	183	10,85	266	1 223
1969	806,71	203	10,70	262	1 232
1970	829,92	235	11,29	289	1 205
1971	852,29	247	12,09	293	1 211
1972	871,77	248	14,69	276	1 274
1973	892,11	263	22,05	297	1 264
1974	908,59	261	29,22	303	1 252
1975	924,20	273	29,04	308	1 241
1976	937,17	261	26,41	306	1 226
1977	949,74	280	27,25	298	1 204
1978	962,59	315	35,50	317	1 277
1979	975,42	346	45,46	340	1 360
1980	987,05	376	57,00	325	1 463
1981	1 000,72	397	73,53	325	1 448
1982	1 016,54	422	77,13	349	1 469
1983	1 030,08	463	86,01	376	1 498
1984	1 043,57	545	120,10	390	1 718
1985	1 058,51	668	206,67	358	1 861
1986	1 075,07	737	258,04	364	2 032
1987	1 093,00	859	308,42	369	2 079
1988	1 110,26	1 066	392,20	355	2 101
1989	1 127,04	1 178	415,59	362	1 976
1990	1 143,33	1 267	556,01	390	2 140
1991	1 158,23	1 439	722,58	376	2 274
1992	1 171,71	1 736	911,96	378	2 500
1993	1 185,17	2 111	1 127,10	385	2 746
1994	1 198,50	k.A.	2 038,19	371	3 280
1995	1 211,21	k.A.	2 349,87	385	3.472
1996	1 223,89	k.A.	k.A.	400	3 695

Zusammenstellung und Berechnungen: Doris Fischer

Das Volkseinkommen wird seit 1994 nicht mehr ausgewiesen. Alle Angaben in Preisen des jeweiligen Jahres, Reallohn in Preisen von 1990. Wechselkurs (Yuan RMB je 1 US $:) 1981 = 1,7051; 1987 = 3,7221; 1996 = 8,3142.

Quelle: Statistical Yearbook of China, verschiedene Jahrgänge; A Statistical Survey of China 1997.

Abbildung 4.2.1: Reale Wachstumsraten des Volkseinkommens
der VR China, 1953–1993 (Basis 1950)

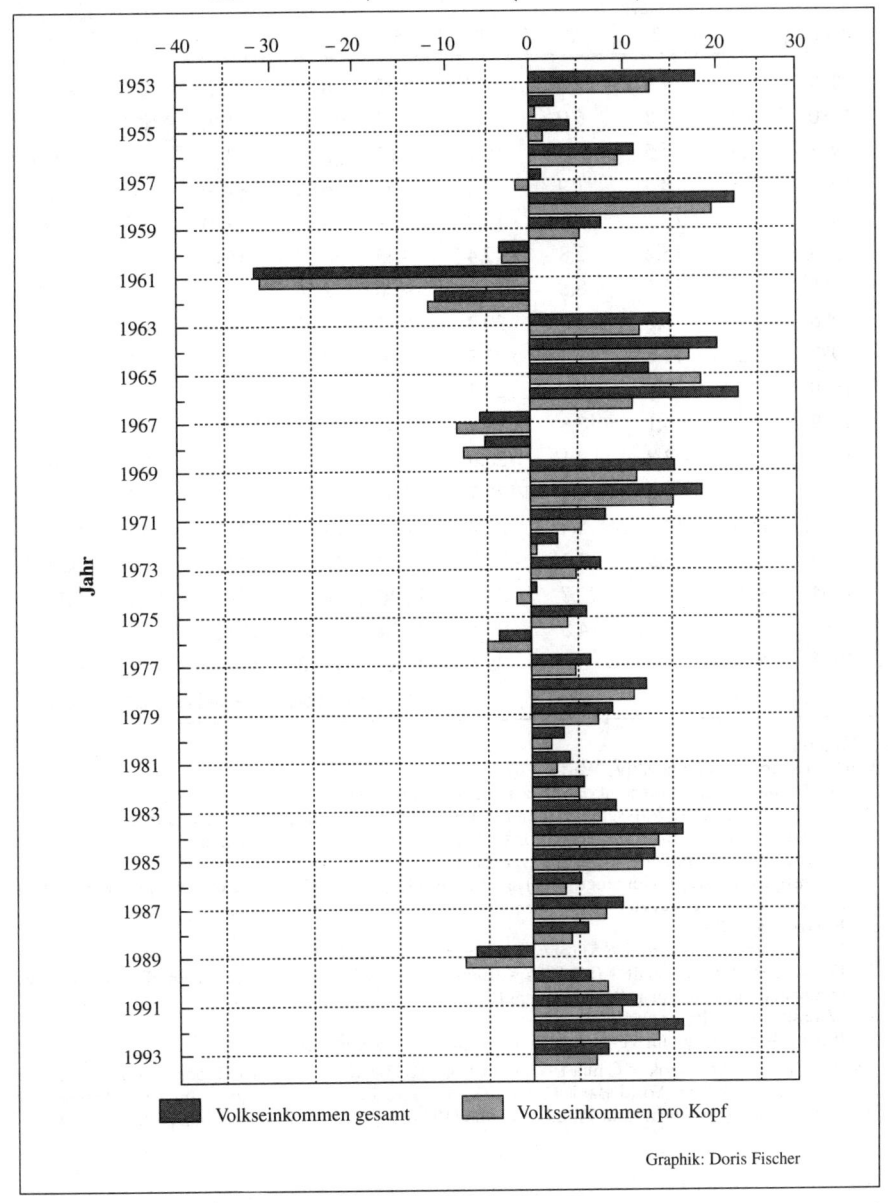

■ Volkseinkommen gesamt   ▨ Volkseinkommen pro Kopf

Graphik: Doris Fischer

Quelle: Statistical Yearbook of China 1993, S. 33 und 238; Statistical Yearbook of China 1994, S. 33 und 231; für die Jahre seit 1994 wird das Volkseinkommen in den statistischen Jahrbüchern der VR China nicht mehr ausgewiesen.

Tabelle 4.2.2: Ausgewählte Kennzahlen zur makroökonomischen Entwicklung der VR China seit Reformbeginn

Jahr	1	2	3	4	5	6	7	8	9
1979	7,0	7,6	2,0	9,7	5,37	0,84	(13,5)	12,7	k.A.
1980	6,4	7,8	6,0	24,1	5,95	(1,30)	(6,9)	13,4	0,314
1981	4,9	4,5	2,4	19,7	7,61	2,71	3,8	3,8	0,310
1982	8,3	8,5	1,9	13,1	8,35	6,99	(1,8)	5,7	0,328
1983	9,8	10,2	1,5	19,2	7,79	8,90	(4,3)	4,5	0,349
1984	13,4	15,2	2,8	42,4	8,45	8,22	(5,8)	18,5	0,339
1985	13,1	13,5	8,8	17,0	9,00	2,64	0,1	13,2	0,353
1986	7,9	8,8	6,0	30,2	10,61	2,07	(8,3)	14,0	0,377
1987	10,2	11,6	7,3	25,3	12,30	2,92	(6,3)	6,0	0,409
1988	11,1	11,3	18,5	20,7	11,84	3,37	(13,4)	4,6	0,449
1989	3,7	4,1	17,8	18,7	11,56	5,55	(15,9)	(4,7)	0,494
1990	5,1	3,8	2,1	28,9	16,06	11,09	(14,7)	10,6	0,519
1991	7,7	9,3	2,9	26,7	17,67	21,71	(23,7)	9,7	0,536
1992	15,4	14,2	5,4	31,3	17,54	19,40	(25,9)	13,1	0,534
1993	15,1	13,5	13,2	37,3	15,29	21,20	(29,3)	11,6	0,557
1994	k.A.	12,7	21,7	34,5	22,40	51,62	(57,5)	13,7	0,547
1995	k.A.	10,6	14,8	29,5	21,74	73,60	(58,2)	6,9	0,571
1996	k.A.	9,7	6,1	25,3	k.A.	105,00	(54,8)	k.A.	0,580

Zusammenstellung und Berechnungen: Doris Fischer

Erläuterungen:
Werte in Klammer sind negative Werte.
1: Wachstumsrate des Volkseinkommens, real, Basisjahr 1990, Angaben in %; seit 1994 weist die chinesische Statistik das Volkseinkommen nicht mehr aus. Siehe auch Anmerkung Tab. 4.1.2.1.
2: Wachstumsrate des Bruttoinlandsproduktes, real, Basisjahr 1990, Angaben in %
3: Inflationsrate nach dem Einzelhandelspreisindex
4: Wachstumsrate der Geldmenge (M2) in %; Definition von M2: Bargeldumlauf plus kurzfristige Spar- und Termineinlagen
5: Export/BSP (%)
6: Währungsreserven (Mrd. US $) (ohne Reserven der Bank of China)
7: Defizit des Staatshaushaltes (bis 1986 wurden die staatlichen Preissubventionen als negative Einnahmen, danach als Ausgaben verrechnet)
8: Wachstumsrate der Lohnsumme, real
9: Private Spareinlagen im Verhältnis zu den gesamten Spareinlagen

Quelle: Statistical Yearbook of China 1993 und 1996; DRC Institute Quarterly Report: China: Economic Scene (June 1997); The World Bank (1996): The Chinese Economy – Fighting Inflation, Deepening Reforms, Washington; Herrmann-Pillath, Carsten (1995): Marktwirtschaft in China, Opladen S. 141.

Abbildung 4.2.2: Anteile einzelner Sektoren am Bruttoproduktionswert seit der Gründung der VR China

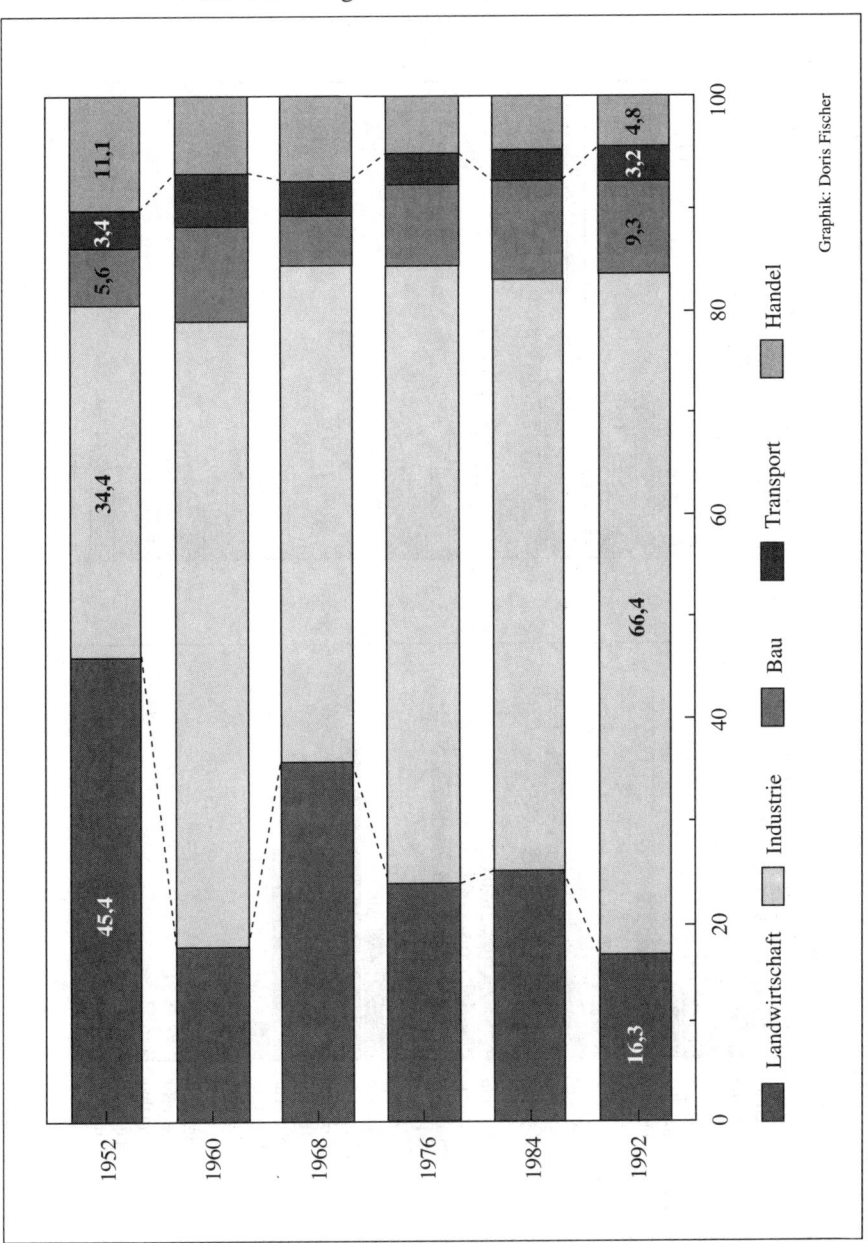

Graphik: Doris Fischer

1952: Landwirtschaft 45,4; Industrie 34,4; Bau 5,6; Transport 3,4; Handel 11,1
1992: Landwirtschaft 16,3; Industrie 66,4; Handel 9,3; Transport 3,2; Bau 4,8

Quelle: Statistical Yearbook of China 1993, S. 53.

Abbildung 4.2.3: Bruttoinlandsprodukt und BIP/Kopf 1995 in einzelnen Provinzen

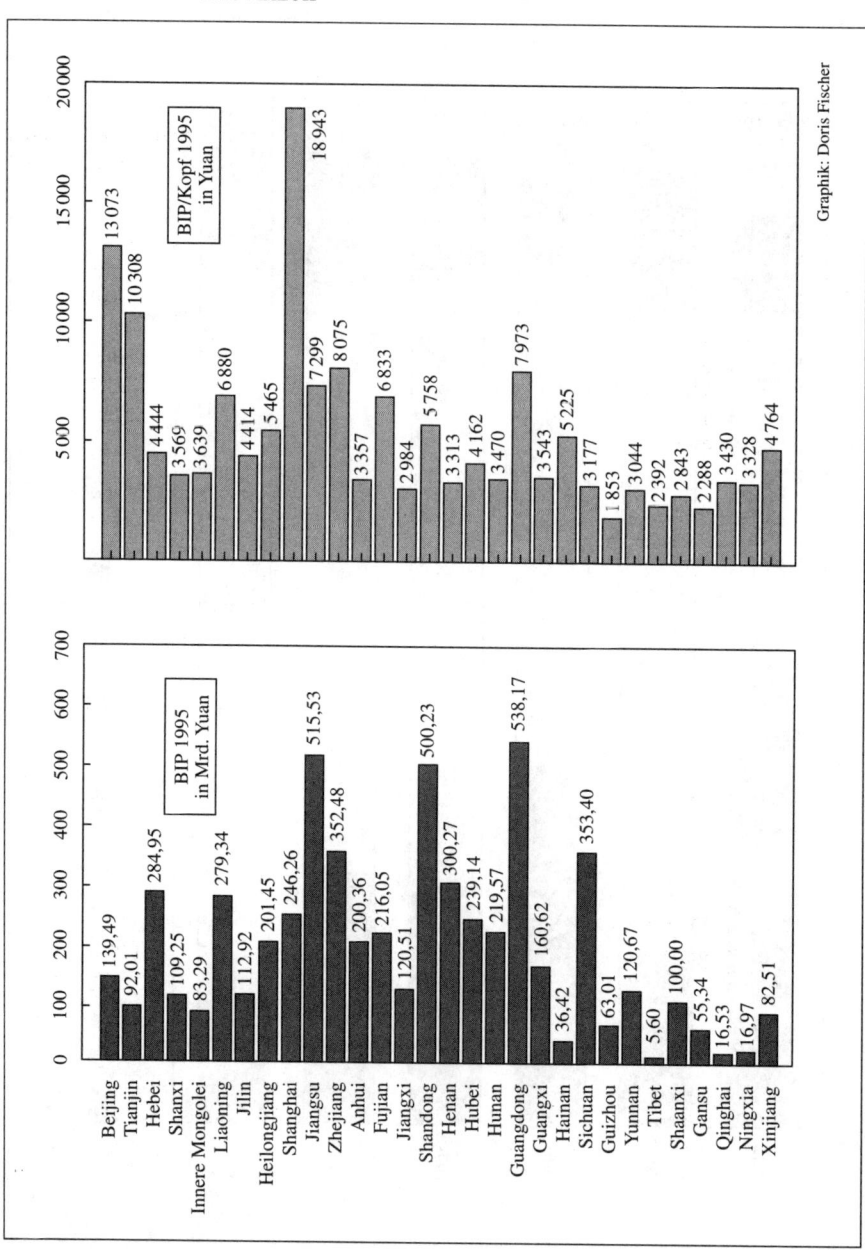

BIP/Kopf 1995 in Yuan:
Beijing 13 073; Tianjin 10 308; Hebei 4 444; Shanxi 3 569; Innere Mongolei 3 639; Liaoning 6 880; Jilin 4 414; Heilongjiang 5 465; Shanghai 18 943; Jiangsu 7 299; Zhejiang 8 075; Anhui 3 357; Fujian 6 833; Jiangxi 2 984; Shandong 5 758; Henan 3 313; Hubei 4 162; Hunan 3 470; Guangdong 7 973; Guangxi 3 543; Hainan 5 225; Sichuan 3 177; Guizhou 1 853; Yunnan 3 044; Tibet 2 392; Shaanxi 2 843; Gansu 2 288; Qinghai 3 430; Ningxia 3 328; Xinjiang 4 764

BIP 1995 in Mrd. Yuan:
Beijing 139,49; Tianjin 92,01; Hebei 284,95; Shanxi 109,25; Innere Mongolei 83,29; Liaoning 279,34; Jilin 112,92; Heilongjiang 201,45; Shanghai 246,26; Jiangsu 515,53; Zhejiang 352,48; Anhui 200,36; Fujian 216,05; Jiangxi 120,51; Shandong 500,23; Henan 300,27; Hubei 239,14; Hunan 219,57; Guangdong 538,17; Guangxi 160,62; Hainan 36,42; Sichuan 353,40; Guizhou 63,01; Yunnan 120,67; Tibet 5,60; Shaanxi 100,00; Gansu 55,34; Qinghai 16,53; Ningxia 16,97; Xinjiang 82,51

Graphik: Doris Fischer

Quelle: A Statistical Survey of China 1997, S. 15 f.

Tabelle 4.2.3: Liberalisierung der Märkte und Preise, 1978-1993

	1978	1985	1986	1987	1988	1989	1990	1991	1992	1993
Ankauf von Agrarprodukten										
Zahl der Festpreise	113									6
Anteil Festpreise	94,4	37,0	35,3	29,4	24,0	35,3	31,0	22,2	12,5	10,3
Richtpreise	0,0	23,0	21,0	16,8	19,0	24,3	28,0	20,0	k.A.	7,0
Marktpreise	5,6	40,0	43,7	53,8	57,0	40,4	42,0	57,8	k.A.	87,7
Einzelhandelspreise										
Zahl der Festpreise	158									7
Anteil Festpreise	97,0	47,0	35,0	33,7	28,9	31,3	30,0	20,9	17,9	12,2
Richtpreise		19,0	25,0	28,0	21,8	23,2	25,0	10,3	7,1	4,2
Marktpreise	3,0	34,0	40,0	38,3	49,3	45,5	45,0	68,8	75,0	84,6
Produktionsmaterialien der Industrie*										
Zahl der Festpreise	1 086								48	33
Anteil Festpreise	100						44,6	36,0	18,7	12,0
Richtpreise	0,0						19,0	18,3		7,0
Marktpreise	0,0						36,4	45,7		81,0
Industrieller Output – Anteil der Allokation durch										
Plan	80	20								11,7
Markt	20	80								88,3
Anzahl der zentral verteilten Rohstoffe bzw. Investitionsgüter										
	**256									19

Anmerkung: Die Angaben zu den Fest- und Richtpreisen beziehen sich jeweils nur auf die durch die Zentralregierung vorgegebenen Preise.
* Ab-Werk-Preise. Die Zahl der Festpreise bezieht sich auf Produktarten. So verbergen sich hinter den 48 Produktarten, die für das Jahr 1991 angegeben werden 737 einzelne Produkte
** Wert 1979
Quelle: Expertengruppe des »Chinesischen Reform- und Entwicklungsberichtes«: Chinesischer Reform- und Entwicklunsbericht (1992-1993), (chin.), Beijing 1994, S. 54; Herrmann-Pillath, Carsten: Marktwirtschaft in China, Opladen 1995, S. 133; Ma Kai: Vom Planpreis zum Marktpreis (chin.), Beijing 1993, S. 353 ff.

Tabelle 4.2.4: Durchschnittliche Zahl von vorhandenen Gebrauchsgegenständen je 100 Haushalte in Städten und Dörfer

	Fahrräder		Waschmaschinen		Nähmaschinen		Farbfernseher		Kühlschränke	
	Stadt	Dorf	Stadt	Dorf	Stadt	Dorf	Stadt	Dorf	Stadt	Dorf
*1981	135,9	36,9	6,3	k.A.	70,4	23,5	#57,7	k.A.	0,2	k.A.
1985	152,3	80,6	48,3	1,9	70,8	43,2	17,2	0,8	6,6	0,1
1988	177,8	107,5	73,4	6,8	70,8	52,5	43,9	2,8	28,1	0,6
1992	190,5	125,7	83,4	12,2	65,9	57,3	74,9	8,1	52,6	2,2
1996	193,2	139,8	90,1	20,5	62,7	64,6	93,5	22,9	69,7	7,23

* 1980 für die Angaben zu den Dörfern # alle Fernseher
Quelle: Statistical Yearbook of China, verschiedene Jahrgänge; A Statistical Survey of China 1997.

Abbildung 4.2.4: Strukturveränderungen der Konsumausgaben
(Angaben in Prozent)

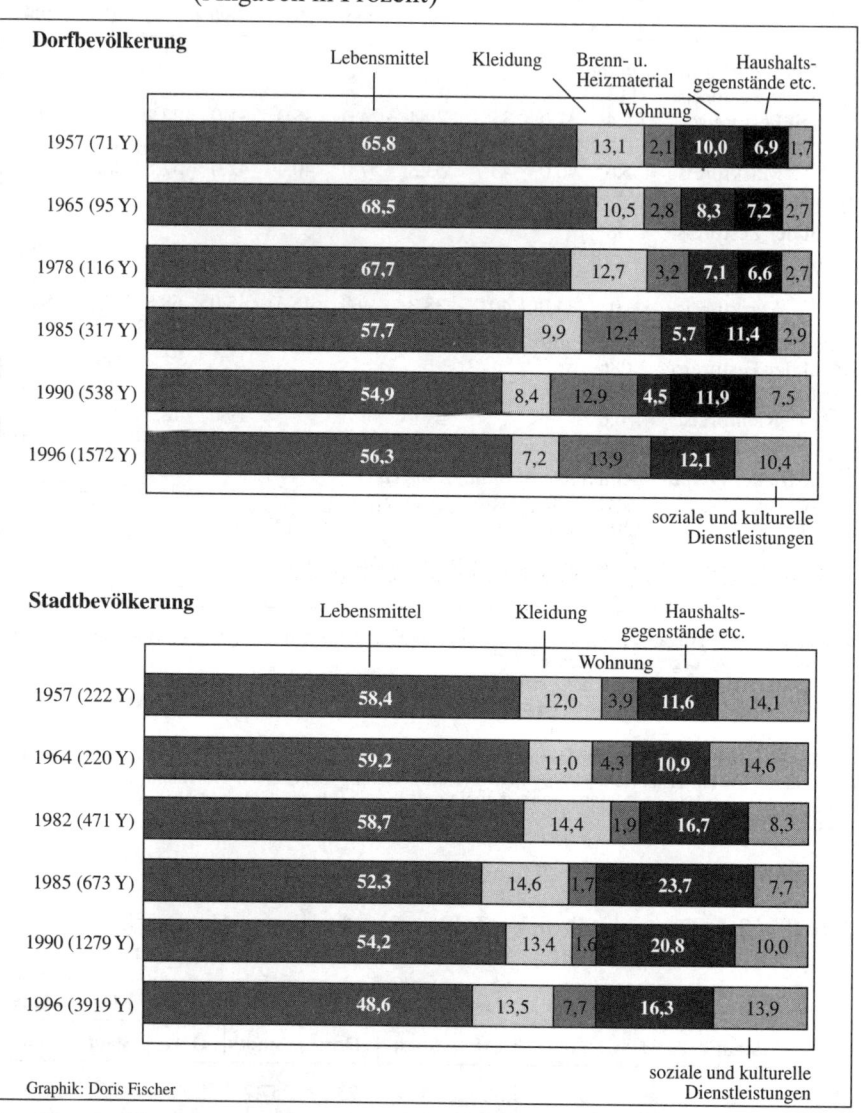

Dorfbevölkerung

Jahr	Lebensmittel	Kleidung	Brenn- u. Heizmaterial	Wohnung	Haushaltsgegenstände etc.	soziale und kulturelle Dienstleistungen
1957 (71 Y)	65,8	13,1	2,1	10,0	6,9	1,7
1965 (95 Y)	68,5	10,5	2,8	8,3	7,2	2,7
1978 (116 Y)	67,7	12,7	3,2	7,1	6,6	2,7
1985 (317 Y)	57,7	9,9		12,4	5,7	11,4	2,9
1990 (538 Y)	54,9	8,4		12,9	4,5	11,9	7,5
1996 (1572 Y)	56,3	7,2		13,9		12,1	10,4

Stadtbevölkerung

Jahr	Lebensmittel	Kleidung	Wohnung	Haushaltsgegenstände etc.	soziale und kulturelle Dienstleistungen
1957 (222 Y)	58,4	12,0	3,9	11,6	14,1
1964 (220 Y)	59,2	11,0	4,3	10,9	14,6
1982 (471 Y)	58,7	14,4	1,9	16,7	8,3
1985 (673 Y)	52,3	14,6	1,7	23,7	7,7
1990 (1279 Y)	54,2	13,4	1,6	20,8	10,0
1996 (3919 Y)	48,6	13,5	7,7	16,3	13,9

Graphik: Doris Fischer

Anmerkungen: Die Angaben in Klammern hinter den Jahreszahlen geben die durchschnittlichen Konsumausgaben (nominal) pro Person im genannten Jahr an. Sofern die Ausgaben für Heiz- und Brennmaterialien nicht separat ausgewiesen sind, sind sie in den Ausgaben für Wohnung enthalten. Ausgaben für Transport, Kommunikation und medizinische Versorgung sind in den Ausgaben für ›Haushaltsartikel etc.‹ enthalten.

Quelle: Statistical Yearbook of China, verschiedene Jahrgänge; A Statistical Survey of China 1997, S. 77; Toshio Watanabe; Tetsuya Shirasago: Chinas Wirtschaft in Bildern (jap.), Tokio 1993, S. 26.

Anhang 4.3

Daten und Abbildungen zur Beschäftigung in der VR China

Tabelle 4.3.1:	Beschäftigungsentwicklung der VR China, 1978–1995
Tabelle 4.3.2:	Struktur des Bruttoinlandsproduktes und der Beschäftigung im Zeitvergleich
Abbildung 4.3.1:	Struktur des Bruttoinlandsproduktes und der Beschäftigung im Zeitvergleich
Tabelle 4.3.3:	Arbeitslosen- und Rentenstatistik der VR China, 1978–1995

Tabelle 4.3.1: Beschäftigungsentwicklung der VR China, 1978–1995

Jahr	Anzahl aller Beschäftigten (Mio.)	davon auf dem Land (Mio.)	davon in den Städten und Gemeinden (Mio.)	Beschäftigte in Privatunternehmen und im Einzelgewerbe (Land und Stadt) (Mio.)
1978	401,52	306,38	95,14	0,15
1980	423,61	318,36	105,25	0,81
1984	481,97	359,68	122,29	3,39
1985	498,73	370,65	128,08	4,50
1986	512,82	379,90	132,93	4,83
1987	527,83	390,00	137,83	5,69
1988	543,34	400,67	142,67	6,59
1989	553,29	409,39	143,90	6,48
1990	567,40	420,10	147,30	22,75
1991	583,60	430,93	152,68	24,92
1992	594,32	438,02	156,30	27,00
1993	602,20	442,56	159,64	33,31
1994	614,70	446,54	168,16	44,24
1995	623,88	450,42	173,46	55,70

Jahr	Anzahl der Arbeiter und Angestellten (A) (Mio.)	Anteil von (A) in staatlichen Einheiten in %	Anteil der Frauen an (A) in %	Anteil Vertragsarbeiter an (A) in %
1978	94,99	78,44	32,93	
1980	104,44	76,78	35,41	
1984	118,90	72,64	36,38	1,76
1985	123,58	72,75	36,41	3,31
1986	128,09	72,86	36,60	4,87
1987	132,14	73,06	36,85	6,61
1988	136,08	73,36	37,01	9,07
1989	137,42	73,56	37,38	10,68
1990	140,59	73,59	37,66	12,11
1991	145,08	73,50	37,79	13,59
1992	147,92	73,61	37,76	17,18
1993	148,49	73,54	37,32	21,03
1994	148,49	73,34	38,02	25,85
1995	149,08	73,48	38,60	40,89

Zusammenstellung und Berechnungen: Doris Fischer

Quelle: Statistical Yearbook of China, Jg. 1993 und 1996.

Tabelle 4.3.2: Struktur des Bruttoinlandsproduktes (BIP) und der Beschäftigung im Zeitvergleich

	BIP in Mrd. Yuan	Anteil am BIP in %			Beschäftigtenanteil in %		
		Primär-sektor	Sekundär-sektor	Tertiär-sektor	Primär-sektor	Sekundär-sektor	Tertiär-sektor
1978	362,41	28,0	48,2	23,7	70,5	17,3	12,2
1980	451,78	30,1	48,5	21,4	68,7	18,2	13,1
1984	717,10	32,0	43,3	24,7	64,0	19,9	16,1
1986	1 020,22	27,1	44,0	28,9	60,9	21,9	17,2
1989	1 690,92	25,0	43,0	32,0	60,1	21,6	18,3
1992	2 663,81	21,8	43,9	34,3	58,5	21,7	19,8
1996	6 779,50	20,0	48,9	31,1	50,5	23,5	26,0

Zusammenstellung: Doris Fischer

Quelle: siehe Abbildung 4.3.1.

Abbildung 4.3.1: Struktur des Bruttoinlandsproduktes und der Beschäftigung im Zeitvergleich

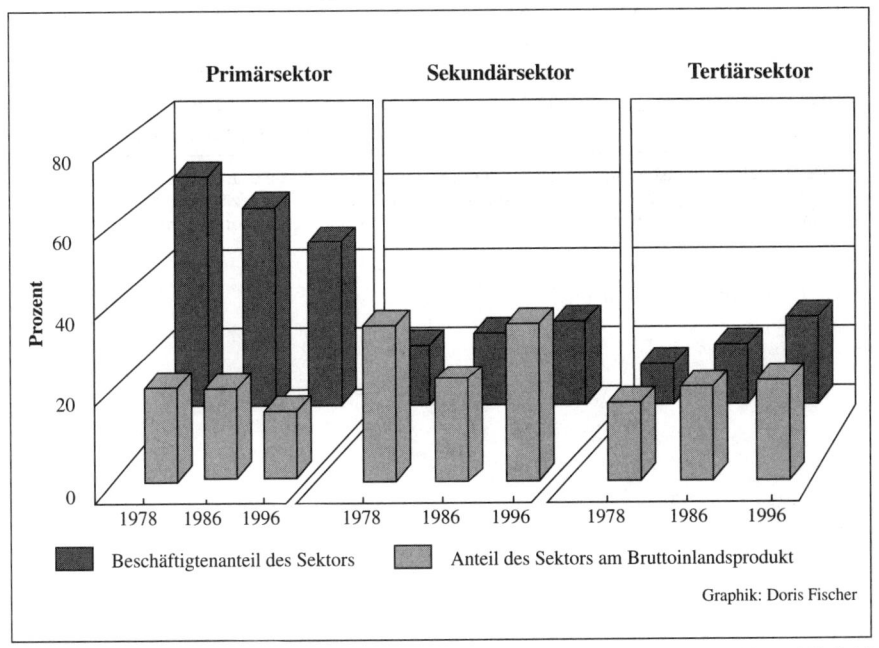

Graphik: Doris Fischer

Quelle: China Labour Statistical Yearbook, 1996, S. 7 und 12; A Statistical Survey of China, 1997, S. 14 und 28.

Tabelle 4.3.3: Arbeitslosen- und Rentenstatistik der VR China, 1978-1995

Jahr	Arbeitslose in Städten und Gemeinden (Mio.)	Arbeitslosenquote* in %	Rentner** (Mio.)	Zahl der Rentner im Verhältnis zur Zahl der Arbeiter und Angestellten (Zahl der Rentner =1)	Durchschnittliche Rentenzahlungen, nominal in Yuan, pro Jahr pro Rentner	reales Wachstum der Durchschnittsrente (%)
1978	5,300	5,3	3,14	1:30,3	551	
1979	5,676	5,4	5,96	1:16,7	714	27,58
1980	5,415	4,9	8,16	1:12,8	714	-6,00
1981	4,395	3,8	9,50	1:12,8	706	-3,52
1982	3,794	3,2	11,13	1:11,5	709	-1,48
1983	2,714	2,3	12,92	1:10,1	726	0,90
1984	2,357	1,9	14,78	1:8,0	766	2,71
1985	2,385	1,9	16,37	1:7,5	935	13,26
1986	2,644	2,0	18,05	1:7,1	983	-0,87
1987	2,766	2,0	19,68	1:6,7	1 083	2,87
1988	2,962	2,1	21,20	1:6,4	1 322	3,57
1989	3,779	2,6	22,01	1:6,2	1 450	-8,12
1990	3,832	2,5	23,01	1:6,1	1 726	16,93
1991	3,522	2,3	24,33	1:6,0	1 936	9,27
1992	3,639	2,3	25,98	1:5,7	2 260	11,34
1993	4,201	2,6	27,80	1:5,4	2 779	9,76
1994	4,764	2,8	29,29	1:5,1	3 597	7,74
1995	5,196	2,9	30,94	1:4,8	4 263	3,72

Zusammenstellung und Berechnungen: Doris Fischer

* Die offizielle Arbeitslosenquote gilt als deutlich unterschätzt, da sie u. a. diejenigen Arbeitnehmer nicht berücksichtigt, die noch zum Personal der Staatsunternehmen gezählt werden, de facto aber keine Beschäftigung haben. Sie bekommen häufig auch keinen Lohn, sondern nur eine Art Sozialhilfe gezahlt.

** in den Städten und Gemeinden

Quelle: China Labour Statistical Yearbook 1996

Anhang 4.4

Daten und Abbildungen zur Eigentums- und Unternehmensstruktur in der VR China

Übersicht 4.4.1:	Klassifizierung der Unternehmensformen in der VR China
Tabelle 4.4.1:	Veränderungen in der Eigentumsstruktur der Industrieunternehmen
Tabelle 4.4.2:	Veränderungen in der Größenstruktur der Industrieunternehmen
Abbildung 4.4.1:	Beschäftigte in den ländlichen Unternehmen (xiangzhen qiye) nach Branchen
Abbildung 4.4.2:	Anteil der ländlichen Unternehmen an der landwirtschaftlichen und industriellen Produktion
Abbildung 4.4.3:	Regionale Verteilung der Beschäftigten und der Wertschöpfung der ländlichen Unternehmen

Übersicht 4.4.1: Klassifizierung der Unternehmensformen in der VR China

»wirtschaftlicher Charakter«	»juristische Gestalt«	Bewirtschaftungsart
volkseigen	klassische Form der Unterstellung unter Ministerien etc.	Plan, direkte Lenkung durch die Verwaltung
	Trennung von Eigentums- und Bewirtschaftungsrecht	vertragliches Verantwortungssystem (VVS), Verpachtung
	Umwandlung der Eigentumsform (AG, GmbH)	
kollektiv	Trennung von Eigentum und Bewirtschaftung	VVS, Verpachtung
	(Aktien-Genossenschaftsbetriebe)	
private	Ein-Investor-Unternehmen	
	Partnerschaften von Einzelpersonen	
	GmbHs	
Einzelgewerbetreibende	Ein-Investor-Unternehmen	
verbundene Unternehmen	AG, GmbH	
	Unternehmensgruppen	
Unternehmen mit ausländischem Kapital: Equity Joint Ventures Contractual Joint Ventures Wholly Foreign Owned Enterprises		

■ »traditionelle Unternehmensformen« aus der Vor-Reformzeit

■ während des Reformprozesses bereits weitgehend etablierte Unternehmensformen

■ Unternehmensformen, die in den 90er Jahren noch in der Aufbauphase sind

Zusammenstellung und Layout: Doris Fischer

Tabelle 4.4.1: Veränderungen in der Eigentumsstruktur der Industrieunternehmen (Angaben in Prozent)

Unternehmens-form	nach Gesamtvermögen		nach Beschäftigten		nach Bruttoproduktion	
	1985	1995	1985	1995	1985	1995
staatlich	74,6	53,7	41,1	31,6	64,9	34,0
kollektiv	24,0	23,8	49,5	39,8	32,1	36,6
privat	–	1,0	–	3,3	–	2,6
Einzelgewerbe	0,5	1,9	8,9	17,5	1,8	10,5
Kapital-gesellschaften	–	5,0	–	1,7	–	3,5
andere	0,9	14,6	0,5	6,1	1,2	12,8

Quelle: Ergebnisse des Industriezensus von 1995, China Economic News Supplement, 24. 3. 1997, S. 3.

Tabelle 4.4.2: Veränderungen in der Größenstruktur der Industrieunternehmen

	1985		1995	
	absolut	Anteil in %	absolut	Anteil in %
Zahl der Industrieunternehmen (absolute Angaben in Tsd.)	5 185	100	7 431	100
davon auf und oberhalb der Gemeindeebene	463	8,93	592	7,97
davon große U.	2,3	0,50	6,4	1,08
davon mittelgroße U.	5,6	1,21	16,6	2,8
davon kleine U.	455	98,23	569	96,11
Bruttoproduktionswert der Industrieunternehmen (absolute Angaben in Mrd. Yuan)	971,6	100	9 189,4	100
davon auf und oberhalb der Gemeindeebene	791,9	81,51	6 663,9	72,25
davon große U.	200,4	25,30	2 536,3	38,20
davon mittelgroße U.	138,6	17,50	1 075,1	16,19
davon kleine U.	452,2	51,70	3 027,6	45,60

Zusammenstellung und Berechnungen: Doris Fischer

Die Einteilung von Unternehmen in große, mittelgroße und kleine erfolgt durch die chinesische Verwaltung. Kriterien hierfür sind die Produktionskapazität, der Wert des Anlagevermögens und teilweise (z. B. Stromindustrie) die Zahl bzw. Kapazität der vorhandenen Anlagen. Die Abgrenzungen werden nach Branchen festgelegt und gelegentlich im Zeitverlauf angepaßt. Die Einstufung ist für die Unternehmen von Bedeutung, da die chinesische Industriepolitik meist nur die großen und mittelgroßen Unternehmen aktiv unterstützt.

Quelle: Statistical Yearbook of China, verschiedene Jahrgänge; Fang Jia et al.: Chanye zuzhi lilun yu zhengce yanjiu, Beijing 1993.

Abbildung 4.4.1: Beschäftigte in den ländlichen Unternehmen
(xiangzhen qiye) nach Branchen

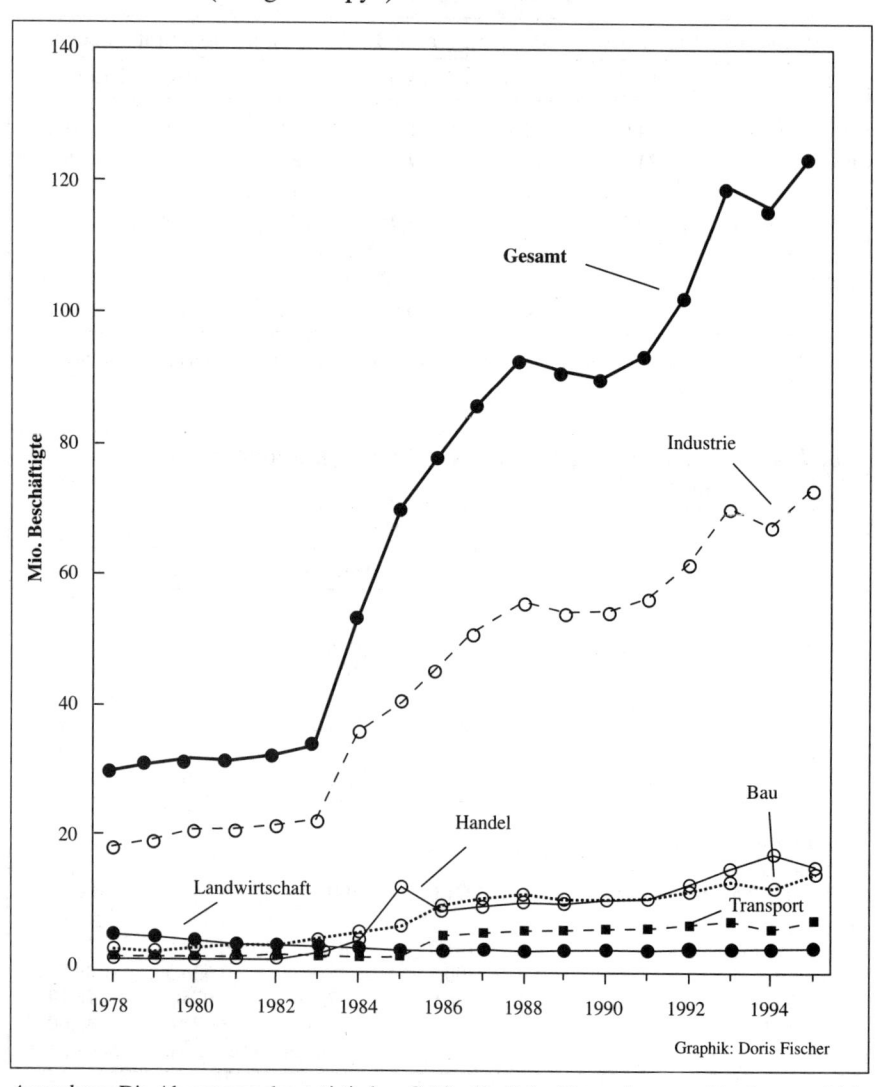

Anmerkung: Die Abgrenzung der statistischen Größe ›ländliche Unternehmen‹ erfolgt in erster Linie nach dem Rang der Verwaltungsebene, denen die Unternehmen zugeordnet ist. In der Kategorie der ›ländlichen Unternehmen‹ sind daher Unternehmen unterschiedlicher Eigentumsformen (Kollektivunternehmen, Einzelgewerbe und Privatunternehmen) enthalten, ebenso Unternehmen unterschiedlichster Größe.

Die Beschäftigtenzahlen enthalten bis 1983 nur die Beschäftigten der Betriebe auf Dorf und Gemeindeebene, ab 1984 auch die Beschäftigten der Landstädte.

Quelle: Statistical Yearbook of China, verschiedene Jahrgänge.

Abbildung 4.4.2: Anteil der ländlichen Unternehmen an der landwirtschaftlichen und industriellen Produktion

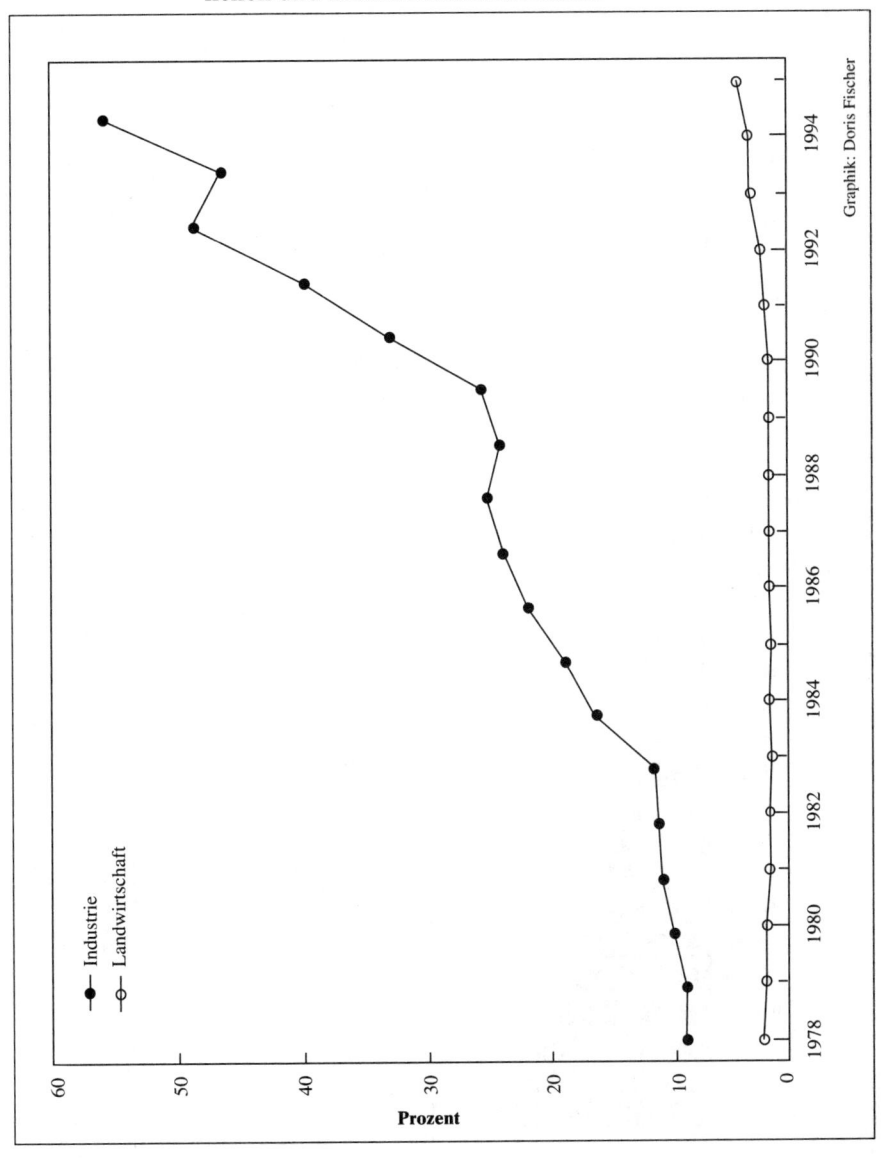

Industrie: Anteil der ländlichen Industrieunternehmen am nationalen Bruttoproduktionswert der Industrie
Landwirtschaft: Anteil des Bruttoproduktionswertes der zur Landwirtschaft gezählten ländlichen Unternehmen am gesamten Bruttoproduktionswert der Landwirtschaft.
Quelle: Statistical Yearbock of China, verschiedene Jahrgänge.

Abbildung 4.4.3: Regionale Verteilung der Beschäftigten
und der Wertschöpfung der ländlichen Unternehmen

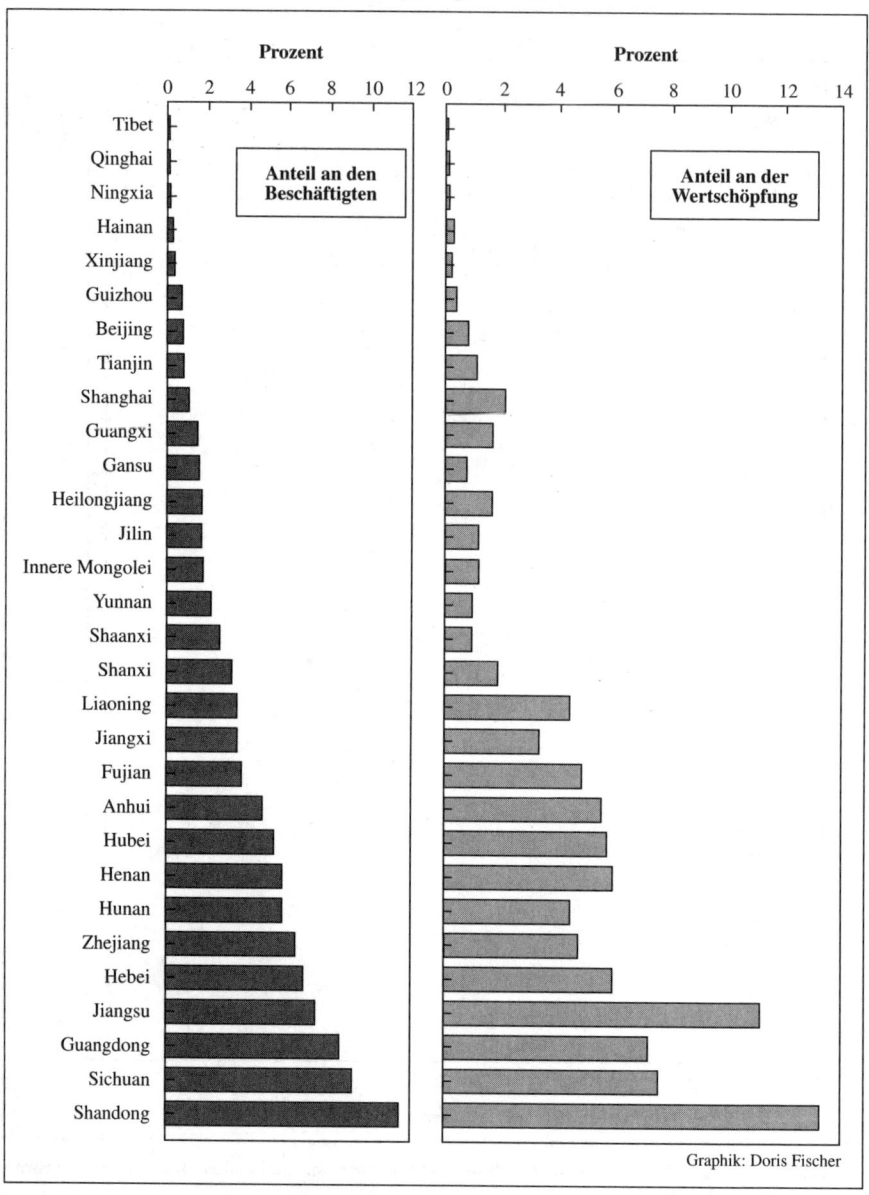

Anteil an den Beschäftigten

Anteil an der Wertschöpfung

Graphik: Doris Fischer

Angegeben ist der Anteil der einzelnen Provinzen an allen Beschäftigten in den ländlichen Unternehmen bzw. an der gesamten Wertschöpfung der ländlichen Unternehmen
Quelle: Statistical Yearbook of China 1996, S. 388 und 390.

Anhang 4.5

Daten und Abbildungen zur Landwirtschaft der VR China

Tabelle 4.5.1:	Daten zur Kollektivierung der chinesischen Landwirtschaft, 1950–1982
Abbildung 4.5.1:	Entwicklung der Getreideproduktion in der VR China, 1955–1995
Abbildung 4.5.2:	Entwicklung der Produktion von Baumwolle und Obst, 1955–1995
Abbildung 4.5.3:	Entwicklung von agrarwirtschaftlicher Landnutzung und Düngemitteleinsatz
Tabelle 4.5.2:	Ausgewählte Kennzahlen zur agrarwirtschaftlichen Landnutzung

Tabelle 4.5.1: Daten zur Kollektivierung der chinesischen Landwirtschaft, 1950–1982

	1950	1951	1952	1953	1954	1955	1956	1957
Gruppen zur gegenseitigen Hilfe in Mio.	2,724	4,675	8,026	7,450	9,931	7,147	0,085	
Anzahl der Haushalte in Mio.	11,314	21	45,364	45,637	68,478	60,389	1,042	
– Ø-Anzahl der Haushalte pro Gruppe	4,2	4,5	5,7	6,1	6,9	8,4	12,3	
LPG niedriger Stufe	18	129	4 000	15 000	114 000	633 000	216 000	36 000
– Anzahl der Haushalte in Mio.	1)0,187	1)1,588	0,057	0,273	2,285	18,881	10,401	1,602
– Ø-Anzahl der Haushalte pro LPG	10,4	12,3	15,7	18,1	20,0	26,7	48,2	44,5
LPG höherer Stufe	1	1	10	15	200	500	544 000	753 000
– Anzahl der Haushalte in Mio.	1)0,032	1)0,030	1)1,840	1)2,060	0,012	0,040	107,422	119,450
– Ø-Anzahl der Haushalte pro LPG			184,0	137,3	58,6	81,5	198,9	158,6

	1958	1959	1961	1963	1966	1970	1978	1982
Volkskommunen (VK)								
– Anzahl der Haushalte in Mio.	23 630	25 450	58 755	80 956	70 278	51 478	52 781	2)54 352
– Ø-Anzahl der Haushalte pro VK	128,610	127,450	131,990	134,240	136,610	151,780	173,470	182,790
– Ø-Anzahl der VK-Mitglieder in Mio.	5 443	5 008	2 281	1 658	1 944	2 948	3 287	3 363
– Ø-Anzahl der Bevölkerung pro VK	560,170	554,430		568,330	606,480	699,840	803,200	827,990
	23 706	21 785		7 020	8 630	13 595	15 218	15 234
Produktionsbrigaden (PB)		518 000	734 000	652 000	651 000	643 000	690 000	3)719 438
– Ø-Anzahl der PB pro VK		20,4	12,7	8,1	9,3	12,0	13,1	13,2
– Ø-Anzahl der Haushalte pro PB		246,0	179,8	205,9	209,8	236,0	251,4	254,1
– Ø-Anzahl der Bevölkerung pro PB		1070		872	932	1 088	1 164	1 151
Produktionsgruppen (PG) in Mio.		3,299	4,989	5,643	5,164	4,564	4816	4)5,977
– Ø-Anzahl der PG pro VK		129,6	86,2	69,8	73,5	88,7	91,2	110,0
– Ø-Anzahl der PG pro PB		6,4	6,8	8,7	7,9	7,0	7,0	8,3
– Ø-Anzahl der Haushalte pro PG		38,6	26,5	23,8	26,5	33,3	36,0	30,6
– Ø-Anzahl der Bevölkerung pro PG		168		101	117	153	167	139

1) Einheiten in Tausend. 2) An die Stelle der Volkskommunen traten 1983 Gemeinden und Kleinstädte als unterste staatliche Verwaltungseinheiten. 1985 gab es 83 182 Gemeinden und 7 956 Kleinstädte. 3) An die Stelle der Produktionsbrigaden traten 1983 die Dörfer, von denen es 1985 940 617 gab. 4) Seit 1985 gibt es keine Produktionsbrigaden mehr, da die landwirtschaftliche Produktion nahezu vollständig privatisiert wurde.

Quelle: Schier, Peter, in: Bundeszentrale für politische Bildung: VR China im Wandel, Bonn 1988, S. 334.

Abbildung 4.5.1: Entwicklung der Getreideproduktion in der VR China, 1955–1995

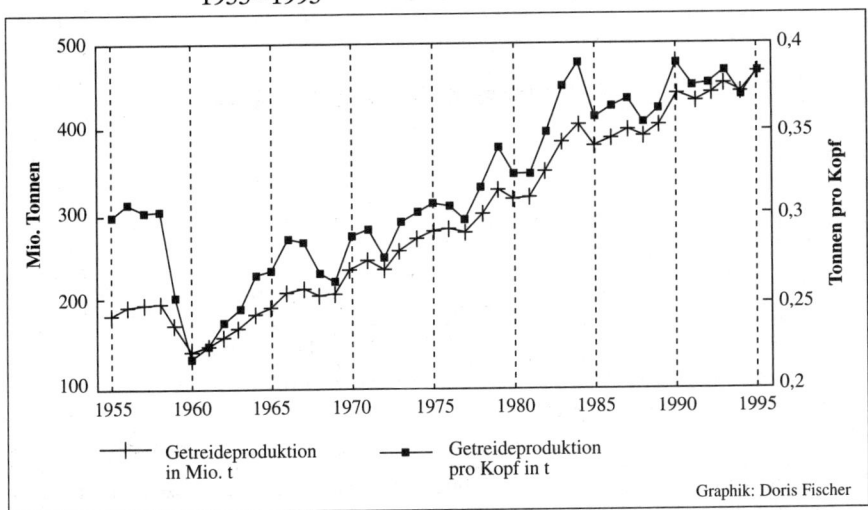

Quelle: Statistical Yearbook of China 1993, S. 81, 364; Statistical Yearbook of China 1996, S. 69, 351.

Abbildung 4.5.2: Entwicklung der Produktion von Baumwolle und Obst, 1955–1995

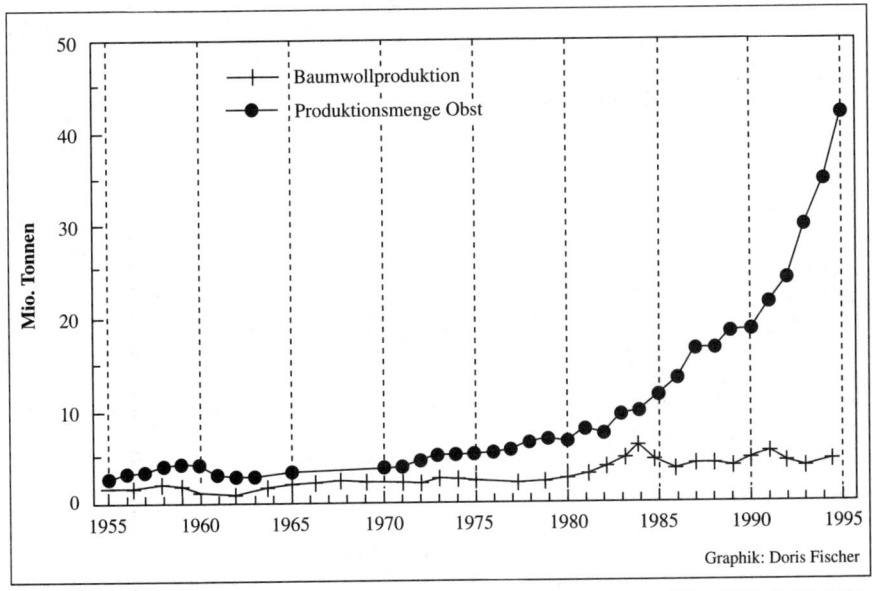

Quelle: Statistical Yearbook of China 1993, S. 365 f., Statistical Yearbook of China 1996, S. 351 f. Für einige Jahre liegen keine Daten zur Obstproduktion vor.

Abbildung 4.5.3: Entwicklung von agrarwirtschaftlicher Landnutzung und Düngemitteleinsatz

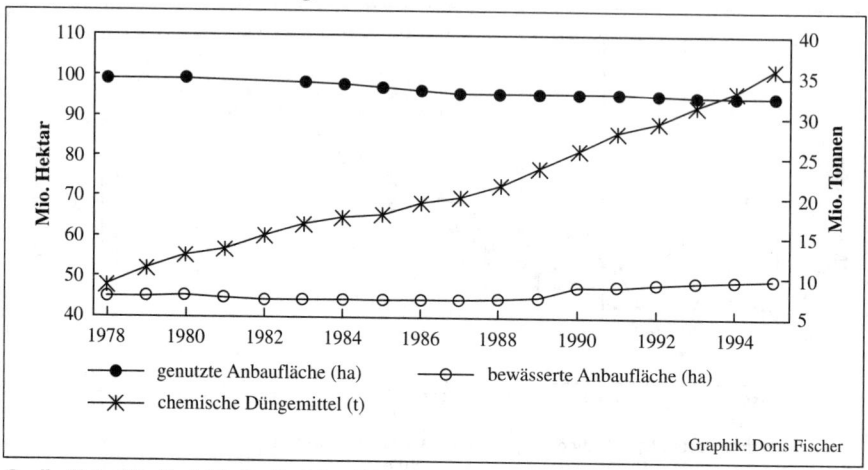

- ● genutzte Anbaufläche (ha)
- ○ bewässerte Anbaufläche (ha)
- ✱ chemische Düngemittel (t)

Graphik: Doris Fischer

Quelle: Siehe Tabelle 4.5.2; für die Jahre 1979, 1981 und 1982 liegen keine Daten zur »tatsächlich genutzten Anbaufläche« vor.

Tabelle 4.5.2: Ausgewählte Kennzahlen zur agrarwirtschaftlichen Landnutzung

	1978	1980	1984	1988	1992	1994	1995
Genutzte Anbaufläche/ Beschäftigte in der Landwirtschaft (ha/Person)	0,35	0,33	0,31	0,30	0,27	0,28	0,29
Anteil bewässerte Fläche an gesamter Anbaufläche (Prozent)	45	45	45	46	51	51	52
Chemischer Dünger/ Anbaufläche (t/ha)	0,09	0,13	0,18	0,22	0,31	0,35	0,38
Leistung der landwirtschaftlich genutzten Maschinen/ Agrarfläche (kW/ha)	1,18	1,48	1,99	2,78	3,18	3,56	3,80
Leistung der landwirtschaftlich genutzten Maschinen/ Beschäftigte in der Landwirtschaft (kW/Person)	0,41	0,49	0,62	0,82	0,87	1,01	1,09
BPW der Landwirtschaft/ Anbaufläche (Yuan/ha)	1 405,6	1 936,5	3 284,5	6 127,1	9 478,5	16 595,2	21 418,1
BPW der Landwirtschaft/ Beschäftigte in der Landwirtschaft (Yuan/Person)	490,9	645,1	1 014,4	1 818,7	2 599,5	4 717,5	1 610,6

Berechnungen: Doris Fischer

Quelle: Statistical Yearbook of China, 1993: S. 349, 1994: S. 329 u. 335, 1996: S. 355 u. 361.

Anhang 4.6

Daten und Abbildungen zur Industrie der VR China

Tabelle 4.6.1:	Ausgewählte Daten zur Wirtschaftslage in einzelnen Industriebranchen
Abbildung 4.6.1:	Relative Bedeutung der Schwerindustrie und Entwicklung der Stahlproduktion, 1953–1996
Abbildung 4.6.2:	Entwicklung von Energieverbrauch und Stromerzeugung, 1953–1996
Tabelle 4.6.2:	Energieverbrauch (Öläquivalent) und CO_2-Emissionen im internationalen Vergleich
Abbildung 4.6.3:	Energieverbrauch im internationalen Vergleich
Abbildung 4.6.4:	Entwicklung des Personenverkehrsaufkommens der VR China
Abbildung 4.6.5:	Entwicklung der Gütertransportleistung der VR China

Tabelle 4.6.1: Ausgewählte Daten zur Wirtschaftslage in einzelnen Industriebranchen (1995)

Branche	Anzahl der Unternehmen (A)	Anzahl der Verlustunternehmen (B)	Umsatz in Mrd. Yuan (C)	Gewinne vor Einkommensteuer in Mrd. Yuan (D)	Verluste der Verlustunternehmen in Mrd. Yuan (E)	(B/A) (%)	Anteil der Staatsunternehmen an (E) (%)	Umsatzrentabilität (D/C)*100	(E/C)*100
Gesamt	510 381	127 920	5 293,626	163,49	119,855	25,1	53,36	3,09	2,26
Kohleförderung	11 953	2 550	111,861	3,461	2,663	21,3	10,33	3,09	2,38
Öl- und Gasförderung	134	35	136,715	12,303	1,486	26,1	98,79	9,00	1,09
Schwarzmetallförderung	2 141	395	10,167	0,189	0,393	18,4	69,97	1,86	3,87
Buntmetallförderung	3 774	574	30,000	2,218	0,688	15,2	82,12	7,39	2,29
Nichtmetallförderung	11 820	1 735	33,256	1,144	0,786	14,7	61,70	3,44	2,36
Holz-/Bambusgewinnung	1 237	250	15,602	0,654	0,345	20,2	99,13	4,19	2,21
Lebensmittelverarbeitung	30 711	6 156	286,396	4,564	5,863	20,0	68,70	1,59	2,05
Lebensmittelproduktion	16 130	4 875	92,944	1,702	3,385	30,2	48,66	1,83	3,64
Getränkeproduktion	14 719	4 204	108,760	3,602	1,881	28,6	90,70	3,31	1,73
Tabakverarbeitung	423	112	99,448	12,583	0,480	26,5	84,58	12,65	0,48
Textilindustrie	25 686	8 728	425,701	-4,130	14,387	34,0	56,60	-0,97	3,38
Textilverarbeitung	20 007	6 026	134,642	2,439	2,967	30,1	4,04	1,81	2,20
Pelz- u. Lederverarbeitung	10 468	3 061	89,195	0,975	2,239	29,2	23,00	1,09	2,51
Holzverarbeitende Produktion	15 480	3 141	36,528	0,194	1,490	20,3	42,42	0,53	4,08
Möbelherstellung	8 760	1 937	12,872	0,131	0,487	22,1	15,61	1,02	3,78
Papierindustrie	13 890	3 647	56,561	0,721	2,299	26,3	30,71	1,27	4,06
Druckindustrie	15 436	4 075	23,482	0,336	0,975	26,4	50,56	1,43	4,15
Kultur- und Sportartikel	5 564	1 411	17,317	0,222	1,168	25,4	9,16	1,28	6,74
petrochemische und Kokereiprodukte	2 734	544	204,742	7,586	0,634	19,9	56,47	3,71	0,31
Chemische Industrie	28 371	7 267	359,510	12,006	5,901	25,6	48,86	3,34	1,64
Arzneimittel	5 388	1 727	90,267	5,388	2,139	32,1	58,25	5,70	2,37
Kunstfasern	1 333	407	78,298	4,603	1,277	30,5	42,91	5,88	1,63
Gummiprodukte	4 663	1 328	-0,570	0,008	0,055	28,5	k.A.	-1,40	-9,65
Plastikprodukte	19 255	5 708	0,576	0,073	0,152	29,6	k.A.	12,67	26,39
Baumaterialien	61 278	11 838	277,439	5,836	10,026	19,3	42,15	2,10	3,61
Schwarzmetallverarbeitung	7 299	2 222	376,376	13,068	5,446	30,4	62,63	3,47	1,45
Buntmetallverarbeitung	4 621	1 332	128,725	4,286	1,985	28,8	49,12	3,33	1,54
Metallprodukte	30 728	7 679	151,562	2,618	4,094	25,0	25,23	1,73	2,70
Maschinenbau	29 631	7 250	220,210	6,665	5,145	24,5	56,37	3,03	2,34
Anlagen- und Spezialmaschinenbau	18 701	4 632	164,334	2,687	4,301	24,8	71,36	1,64	2,62
Verkehrseinrichtungen	19 445	5 500	318,549	8,692	6,683	28,3	60,21	2,73	2,10
Elektrogeräte	19 671	5 345	247,902	7,428	5,039	27,2	33,86	3,00	2,03
Elektronikindustrie	7 997	2 682	242,455	11,682	4,600	33,5	45,65	4,82	1,90
Meßgeräte und Instrumente	5 637	1 705	41,667	0,691	1,250	30,2	58,40	1,66	3,00
Stromerzeugung und -versorgung	12 600	2 397	307,583	19,784	8,174	19,0	82,74	6,43	2,66
Gasproduktion und Versorgung	372	173	9,149	(0,454)	0,642	46,5	96,11	-4,96	7,02
Leitungswasserversorgung	2 147	1 146	17,708	1,707	0,688	53,4	87,94	9,64	3,89

Alle Angaben beziehen sich nur auf jene Industrieunternehmen auf Gemeindeebene und darüber, die eine eigene Buchführung und Kostenrechnung haben.

Quelle: Büro des dritten Industriezensus der VR China: Daten des dritten Industriezensus der VR China im Jahr 1995, Band 1 (Branchen), Band 2 (Eigentumsformen), Beijing 1997.

Zusammenstellung und Berechnungen: Doris Fischer

Abbildung 4.6.1: Relative Bedeutung der Schwerindustrie und Entwicklung der Stahlproduktion, 1953–1996

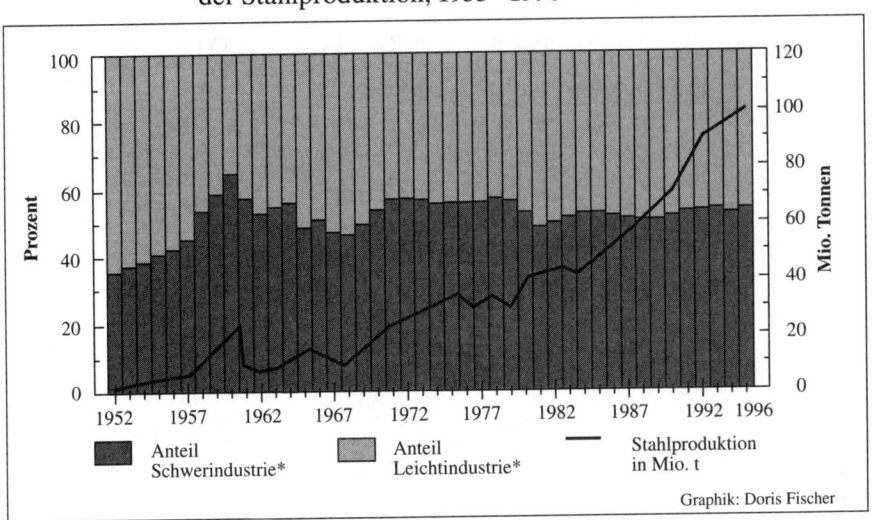

* Anteil am Bruttoproduktionswert der Industrie

Quelle: Zhongguo Gongye Jingji Tongji Nianjian 1993 (Statistisches Jahrbuch der Industriewirtschaft 1993), S. 17; A Statistical Abstract of China 1997, S. 94.

Abbildung 4.6.2: Entwicklung von Energieverbrauch und Stromerzeugung, 1953–1996

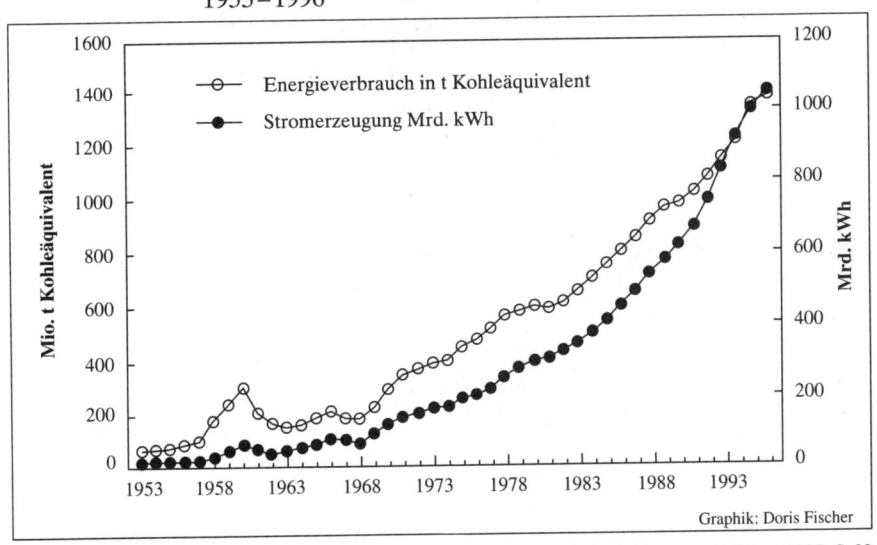

Quelle: Statistical Yearbook of China 1993, S. 447 und 477; A Statistical Abstract of China 1997, S. 99 und 109.

Tabelle 4.6.2.: Energieverbrauch (Öläquivalent) und CO_2-Emissionen im internationalen Vergleich

	durchschnittliches jährliches Wachstum des Energieverbrauches		BIP pro Kilogramm Energieverbrauch 1994	CO_2 Emission 1992	
	1980–1990	1990–1994	(US $)	insgesamt (Mio. metrische Tonnen)	pro Kopf (metrische Tonnen)
Vietnam	4,0	8,3	2,1	21,5	0,31
Bangladesh	9,0	5,8	3,4	17,2	0,15
Indien	6,9	4,8	1,3	769,4	0,87
VR China	5,6	4,0	0,5	2 668,0	2,29
Indonesien	7,4	9,3	3,1	184,6	1,00
Philippinen	2,6	8,3	2,4	49,7	0,77
Thailand	9,5	10,0	3,2	112,5	1,98
Malaysia	9,4	11,2	2,1	70,5	3,76
Südkorea	8,5	10,2	2,8	289,8	6,64
Hongkong	7,0	7,7	9,5	29,1	5,01
Singapur	7,2	10,5	3,6	49,8	17,67
Deutschland	0,5	–1,5	6,1	1 068,3	10,89
Japan	2,4	2,3	9,6	1 093,5	8,79

Zusammenstellung: Doris Fischer

Quelle: The World Bank: From Plan to Market, World Development Report 1996, S. 202 f.

Abbildung 4.6.3: Energieverbrauch im internationalen Vergleich
(Pro-Kopf Energieverbrauch [Öläquivalent] in Kilogramm (1994))

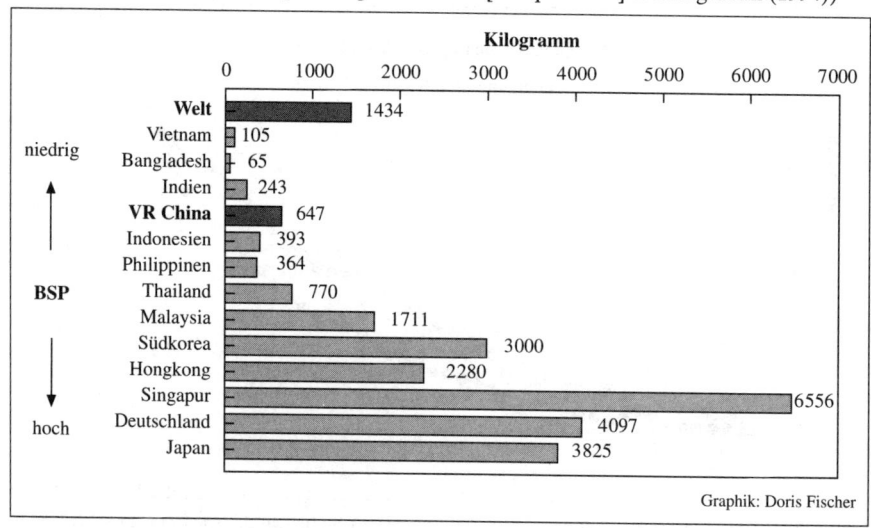

	Kilogramm
Welt	1434
Vietnam	105
Bangladesh	65
Indien	243
VR China	647
Indonesien	393
Philippinen	364
Thailand	770
Malaysia	1711
Südkorea	3000
Hongkong	2280
Singapur	6556
Deutschland	4097
Japan	3825

niedrig ↑ BSP ↓ hoch

Graphik: Doris Fischer

Quelle: Siehe Tabelle 4.6.2

Abbildung 4.6.4: Entwicklung des Personenverkehrsaufkommens der VR China (in Mio. Personen)

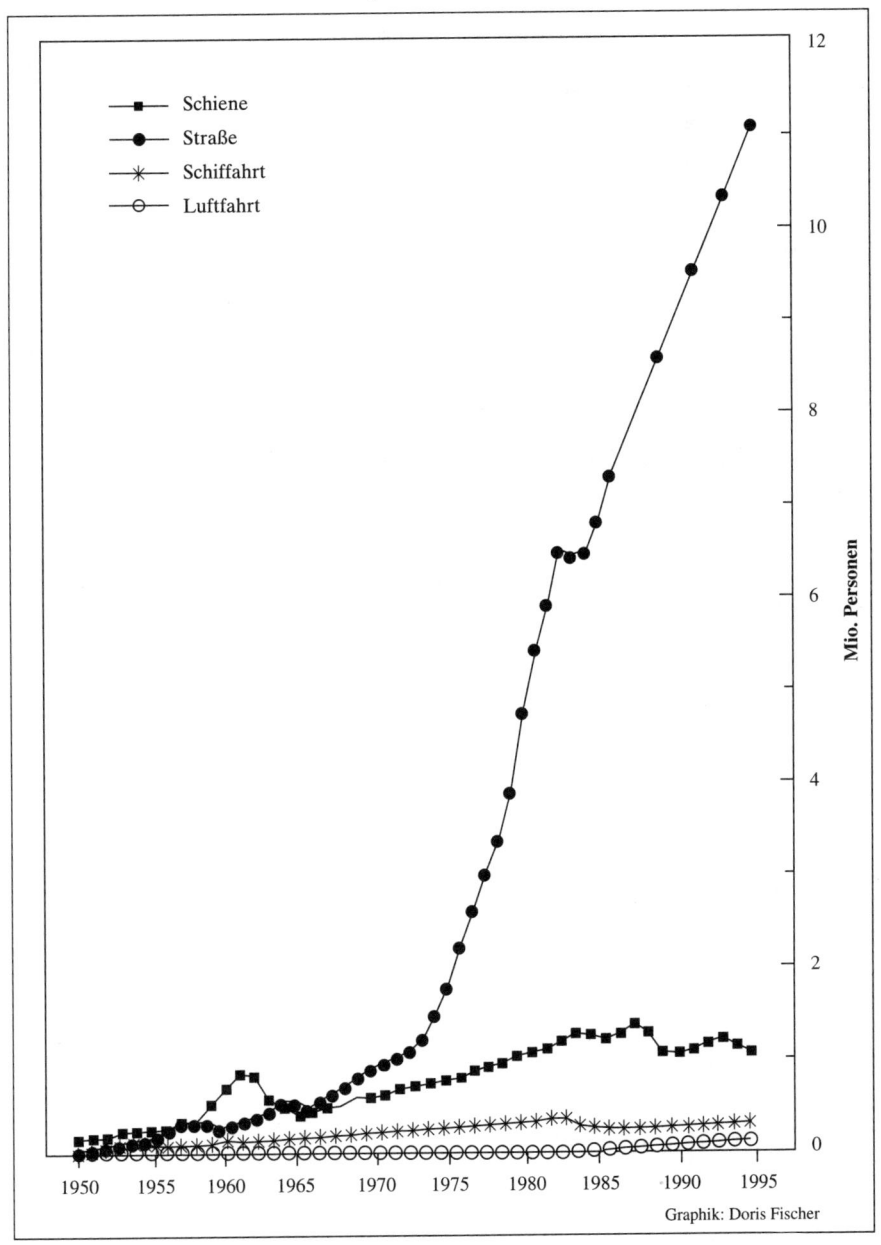

- ■ Schiene
- ● Straße
- ✱ Schiffahrt
- ○ Luftfahrt

Graphik: Doris Fischer

Quelle: Statistical Yearbook of China, Jahrgänge 1993 und 1996; A Statistical Survey of China 1997.

641

Abbildung 4.6.5: Entwicklung der Gütertransportleistung der VR China
(in Mrd. tkm)

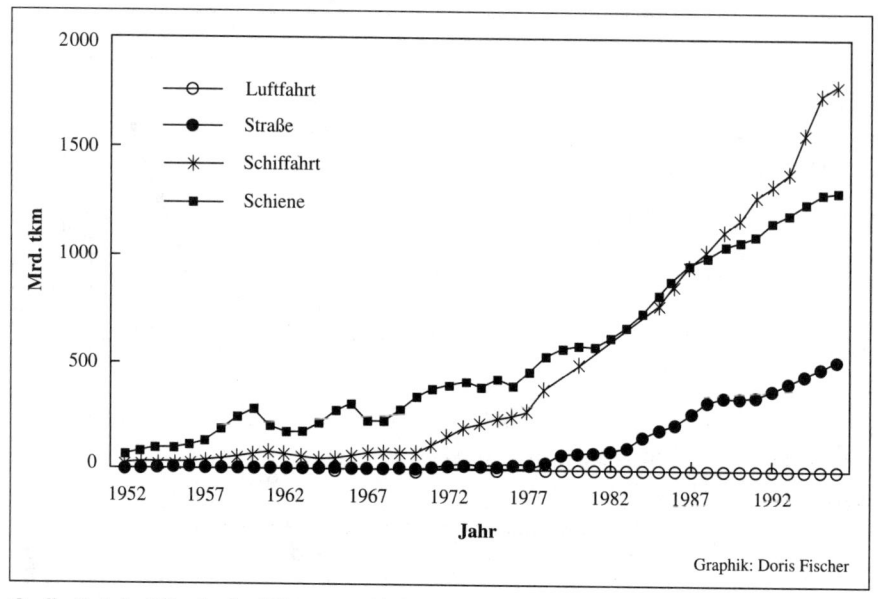

Graphik: Doris Fischer

Quelle: Statistical Yearbook of China, verschiedene Jahrgänge; A Statistical Survey of China 1997.

Anhang 4.7

Daten und Abbildungen zum Banken- und Finanzsystem der VR China

Übersicht 4.7.1: Die Institutionen des chinesischen Bankensektors
Abbildung 4.7.1: Die Entwicklung von Staatseinnahmen, Staatsausgaben und Haushaltsdefizit der chinesischen Regierung
Tabelle 4.7.1: Reguläre und budgetexterne Einnahmen und Ausgaben
Abbildung 4.7.2: Verteilung der Regierungseinnahmen und Ausgaben auf Zentral- und Lokalregierungen

Übersicht 4.7.1: Die Institutionen des chinesischen Bankensektors

Zentralbank
- People's Bank of China
  - 1984 eingerichtet;
  - zuständig für Geldpolitik, die Aufsicht über das Kreditwesen, die Festlegung der Zinsen etc.
  - nicht unabhängig: Weisungsrecht des Staatsrates

politisch-strategische Banken
- State Development Bank
- Import and Export Credit Bank
- Agricultural Development Bank
  - 1994 eingerichtet;
  - sollen (industrie-)politisch bedingte Finanzierungsgeschäfte durchführen;
  - als Entlastung für die staatlichen Geschäftsbanken von politischen Aufgaben gedacht

direkt staatliche Geschäftsbanken
- Bank of China
- Agricultural Bank of China
- Industrial and Commercial Bank of China
- Construction Bank of China

Ehemals branchenorientierte Spezialbanken. Die Banken stehen direkt im staatlichen Besitz und wurden noch nicht in Kapitalgesellschaften umgewandelt. Sie werden in ihren Geschäften nach wie vor stark von Zentral- und Lokalregierungen beeinflußt.

mittelbar staatliche Geschäftsbanken
- Bank of Communications
- CITIC Industrial Bank
- China Merchant Bank
- Everbright Bank
- Huitong Bank
- Shenzhen Development Bank
- Shanghai Pudong Development Bank
- China Investment Bank
- Guangdong Development Bank
- Huaxia Bank
- Hainan Development Bank etc.

Landesweit oder regional operierende Geschäftsbanken, die in der Regel in der Form von Kapitalgesellschaften organisiert sind, wobei die Anteilseigner Staatsunternehmen und/oder staatliche Institutionen sind. Sie unterliegen in geringerem Umfang den Weisungen der verschiedenen Regierungsebenen und haben in der Regel geringere Liquiditätsprobleme als die direkt staatlichen Geschäftsbanken.

städtische Genossenschaftsbanken

Lokale Banken, die aus der Umwandlung von städtischen Kreditgenossenschaften hervorgegangen sind.

Privatbank(en)
- Minsheng Bank

Erste Privatbank, 1995 gegründet.

Ausländische Banken

Ausländische Banken können in der Mehrheit noch keine Geschäfte in Landeswährung durchführen, mit entsprechenden Reformen wird aber bereits experimentiert.

Nichtbanken-Finanzinstitutionen
- Treuhand- und Investmentgesellschaften
- Finanzgesellschaften
- Finanzleasinggesellschaften
- ländliche Kreditgenossenschaften
- städtische Kreditgenossenschaften

→ Zulassung, Aufsicht und Kontrolle

Graphik: Doris Fischer

Abbildung 4.7.1: Die Entwicklung von Staatseinnahmen, Staatsausgaben und Haushaltsdefizit der chinesischen Regierung

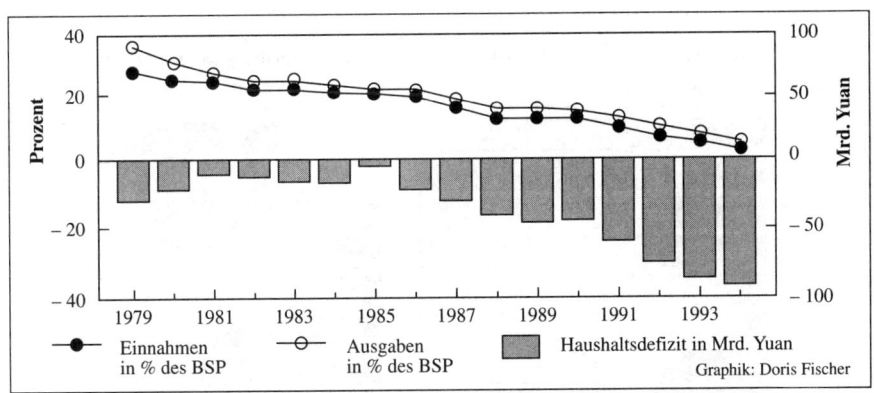

Quelle: The World Bank: The Chinese Economy – Fighting Inflation, Deepening Reform, Statistischer Anhang, S. 94. Die Berechnung der Einnahmen und Ausgaben basiert auf dem Standard des IMF, das heißt, die in den chinesischen Statistiken ausgewiesenen Werte (siehe auch Tabelle) wurden bereinigt. So werden z. B. in der chinesischen Statistik regelmäßig die an die Staatsunternehmen als Verlustausgleich gezahlten Subventionen als negative Einnahmen statt als Ausgaben verrechnet. Derartige Verzerrungen wurden bei den hier zugrundegelegten Werten bereits herausgerechnet.

Tabelle 4.7.1: Reguläre und budgetexterne Einnahmen und Ausgaben

	Reguläre Haushaltseinnahmen in Mrd. Yuan	Reguläre Haushaltsausgaben in Mrd. Yuan	Budgetexterne Einnahmen in Mrd. Yuan	Budgetexterne Ausgaben in Mrd. Yuan	Budgetexterne Einnahmen in % der regulären Einnahmen	Budgetexterne Ausgaben in % der regulären Ausgaben
1971	74,5	73,2	11,9	k.A.	15,9	–
1975	81,6	82,1	25,1	k.A.	30,8	–
1980	116,0	122,9	55,7	k.A.	48,1	–
1985	200,5	200,4	153,0	137,5	76,3	68,6
1989	266,5	282,4	265,9	250,31	99,8	88,6
1990	293,7	308,4	270,9	270,71	92,2	87,8
1991	314,9	338,7	324,3	309,23	103,0	91,3
1992	348,3	374,2	385,5	364,99	110,7	97,5
1993	434,9	464,2	143,3	131,43	32,9	28,3
1994	521,8	579,3	186,3	171,04	35,7	29,5
1995	624,2	682,4	240,7	233,13	38,6	34,2

Zusammenstellung und Berechnungen: Doris Fischer

Angaben zu regulären und budgetexternen Einnahmen bzw. Ausgaben entsprechend den chinesischen Angaben. Siehe zur Problematik der chinesischen Definitionen auch die Anmerkung zur Abbildung 4.7.1. Zu den regulären Haushaltseinnahmen zählen vor allem Steuereinnahmen. Die budgetexternen Einnahmen setzen sich überwiegend aus von den Lokalregierungen erhobenen Abgaben und Gebühren zusammen. Bis Ende 1993 zählten dazu auch einbehaltene Gewinne der Staatsunternehmen. Die neuesten Statistiken zählen rückwirkend die Mittel der Staatsunternehmen ab dem Jahr 1993 nicht mehr zu den budgetexternen Einnahmen. Dies erklärt den deutlichen Rückgang ab 1993, obwohl die Reform des Finanzsystems erst 1994 durchgesetzt wurde.

Quelle: Statistical Yearbook of China 1993, S. 230; A Statistical Survey of China 1997, S. 49.

Abbildung 4.7.2: Verteilung der Regierungseinnahmen und -ausgaben auf Zentral- und Lokalregierungen

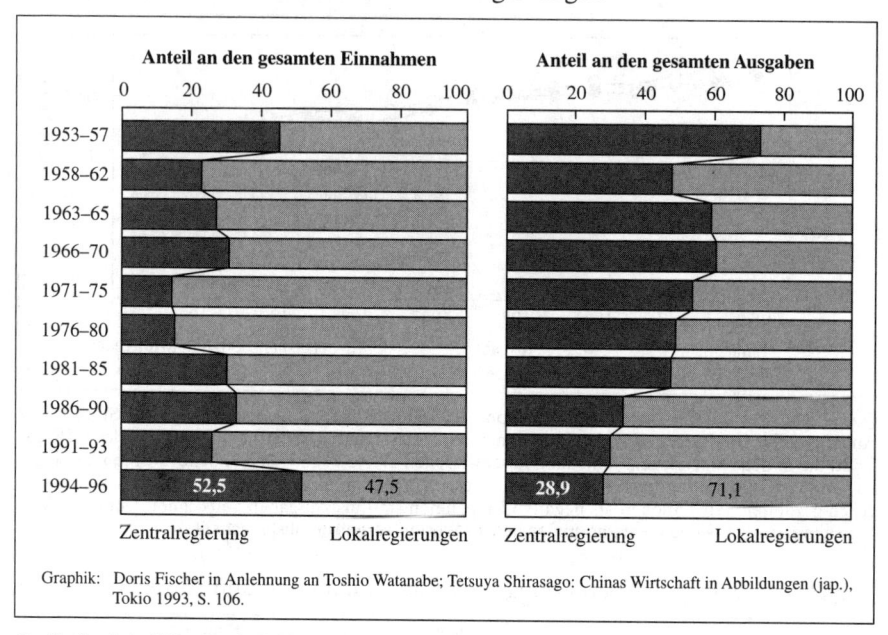

	Anteil an den gesamten Einnahmen	Anteil an den gesamten Ausgaben
1953–57		
1958–62		
1963–65		
1966–70		
1971–75		
1976–80		
1981–85		
1986–90		
1991–93		
1994–96	52,5 / 47,5	28,9 / 71,1

Zentralregierung — Lokalregierungen   Zentralregierung — Lokalregierungen

Graphik: Doris Fischer in Anlehnung an Toshio Watanabe; Tetsuya Shirasago: Chinas Wirtschaft in Abbildungen (jap.), Tokio 1993, S. 106.

Quelle: Statistical Yearbook of China, verschiedene Jahrgänge; A Statistical Survey of China 1997, S. 49

Anhang 4.8

Daten und Abbildungen zur Außenwirtschaft der VR China

Abbildung 4.8.1: Die Entwicklung des chinesischen Außenhandelsvolumens 1950 bis 1996

Tabelle 4.8.1: Realisierte Auslandsinvestitionen in der VR China, ausgewählte Länder

Abbildung 4.8.2: Außenhandelsstruktur der VR China nach Kontinenten

(Siehe auch die Tabellen zur Außenwirtschaft im Beitrag von Song Xueming)

Abbildung 4.8.1: Die Entwicklung des chinesischen Außenhandelsvolumens 1950 bis 1996

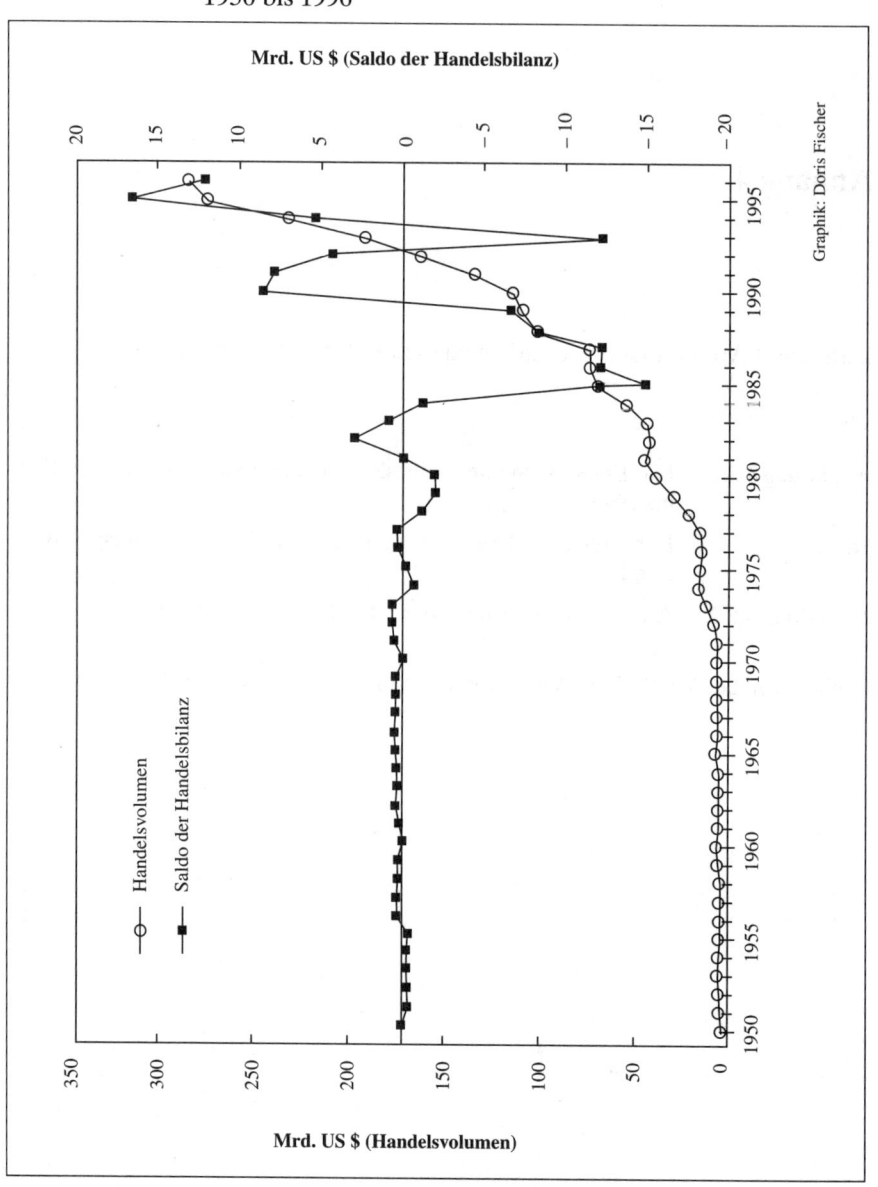

Anmerkung: Die Daten bis 1979 basieren auf der chinesischen Außenhandelsstatistik, die Daten ab 1980 auf der Zollstatistik.

Quelle: Statistical Yearbook of China, verschiedene Jahrgänge; A Statistical Survey of China 1997, S. 127.

Tabelle 4.8.1: Realisierte Auslandsinvestitionen in der VR China, ausgewählte Länder (Mio. US $)

Jahr	Gesamt	Hongkong	Taiwan	Japan	USA	Singapur	Südkorea	England	Deutschland	Italien	Frankreich	Australien
1979–82	1 767											6
1983	916	473		186	3			11	17	12	35	0
1984	1 419	748		225	256	3		98	8	18	20	14
1985	1 959	956		315	357	1		71	24	19	33	79
1986	2 244	1 329		263	326	10		35	27	29	44	5
1987	2 647	1 809		267	271	14		14	16	22	17	4
1988	3 739	2 428		598	244	22		47	25	36	32	46
1989	3 773	2 342		408	288	30	–	29	91	34	12	25
1990	3 755	2 118		520	461	87	–	20	69	8	23	15
1991	4 666	2 662	472	610	331	53	120	38	162	41	12	35
1992	11 292	7 909	1 053	748	511	58	381	39	91	27	47	110
1993	27 771	18 032	3 139	1 361	2 063	126	726	221	62	318	141	188
1994	33 946	19 822	3 391	2 086	2 491	492	1 047	689	264	206	193	233
1995	37 806	20 185	3 165	3 212	3 084	1 180	1 861	915	391	270	287	761
1983–95	135 933	80 812	11 221	10 799	10 686	3 936	1 861	2 225	1 247	1 041	896	

Zusammenstellung von Song Xueming, aktualisiert von Doris Fischer

Quelle: Statistical Yearbook of China, verschiedene Jahrgänge

Abbildung 4.8.2: Außenhandelsstruktur der VR China nach Kontinenten
(Angaben in %)

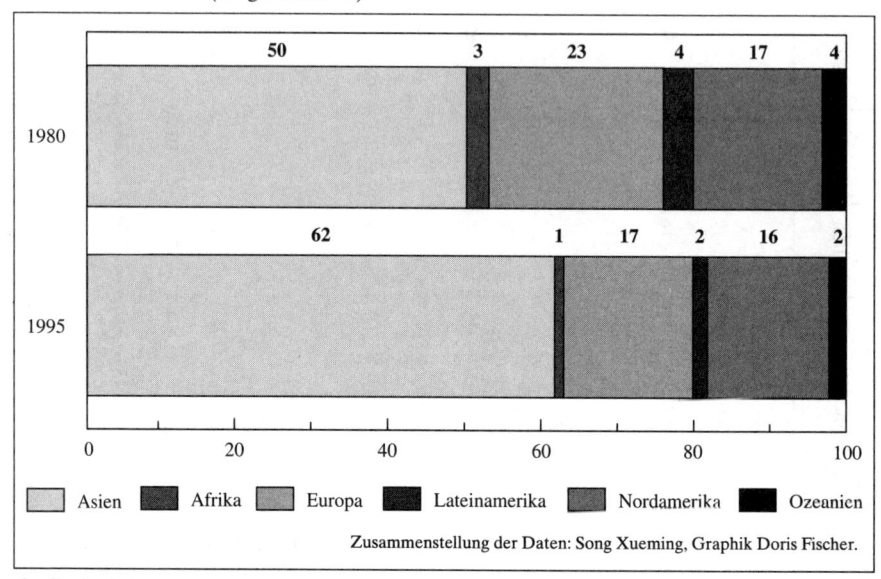

	Asien	Afrika	Europa	Lateinamerika	Nordamerika	Ozeanien
1980	50	3	23	4	17	4
1995	62	1	17	2	16	2

Zusammenstellung der Daten: Song Xueming, Graphik Doris Fischer.

Quelle: Statistical Yearbook of China, verschiedene Jahrgänge.

Anhang 5

Daten und Abbildungen zur Politik und Wirtschaft Taiwans

Übersicht 5.1: Das Regierungssystem Taiwans
Tabelle 5.1: Ausgewählte Kennzahlen zur Wirtschaftsentwicklung Taiwans, 1952–1995
Tabelle 5.2: Ausgewählte Kennzahlen zur wirtschaftlichen Rolle des Staates in Taiwan
Tabelle 5.3: Wachstum der industriellen Produktion Taiwans nach Branchen
Abbildung 5.1: Entwicklung des taiwanesischen Außenhandels, 1952–1995
Tabelle 5.4: Anteile einzelner Güterarten an den Importen und Exporten Taiwans
Tabelle 5.5: Anteile einzelner Länder bzw. Regionen an den Exporten Taiwans
Tabelle 5.6: Taiwans Direktinvestitionen im Ausland und ausländische Direktinvestitionen in Taiwan
Tabelle 5.7: Veränderung in der Ausgabenstruktur der privaten Haushalte Taiwans
Tabelle 5.8: Ausgewählte Daten zur sozialen Entwicklung Taiwans
Tabelle 5.9: Entwicklung und Struktur der Schülerzahlen nach Schularten

Übersicht 5.1: Das politische System Taiwans

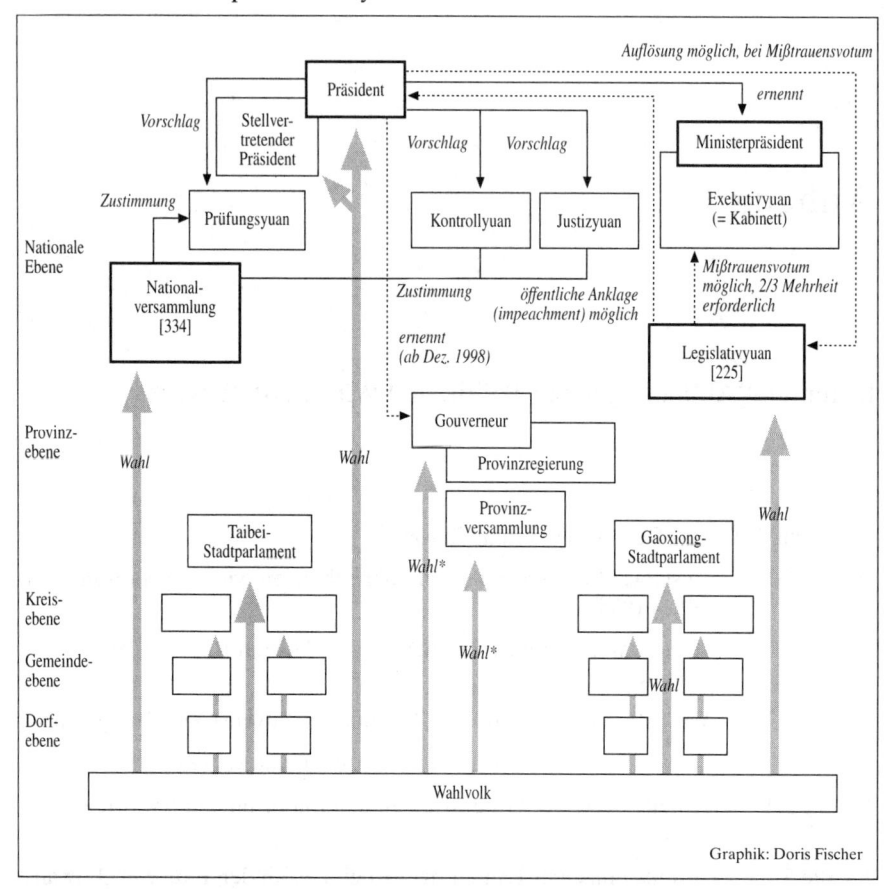

```
                                              Auflösung möglich, bei Mißtrauensvotum
                         Präsident  ◄┄┄┄┄┄┄┄┄┄┄┄┄┄┄┄┄┄┄┄┄┄┄┄┄┄┄┄┄┄┄┄┄
                                                            ernennt
         Vorschlag  Stellver-
                    tretender        Vorschlag  Vorschlag         Ministerpräsident
                    Präsident
                                                                   Exekutivyuan
            Zustimmung                                             (= Kabinett)
Nationale        ┌─► Prüfungsyuan    Kontrollyuan   Justizyuan
Ebene                                                              Mißtrauensvotum
           National-            Zustimmung  öffentliche Anklage    möglich, 2/3 Mehrheit
           versammlung                      (impeachment) möglich  erforderlich
           [334]                ernennt
                                (ab Dez. 1998)                     Legislativyuan  ◄┄┄
                                                                   [225]

                                       Gouverneur
Provinz-
ebene    Wahl          Wahl          Provinzregierung

                                     Provinz-                                  Wahl
                    Taibei-          versammlung       Gaoxiong-
                    Stadtparlament          Wahl*     Stadtparlament

Kreis-
ebene

Gemeinde-                                  Wahl*
ebene                                                        Wahl

Dorf-
ebene

                                        Wahlvolk
```

Graphik: Doris Fischer

* Die Wahlen für die Provinzversammlung und den Gouverneur wurden bis auf weiteres eingestellt. Mehrere Verfassungsänderungen haben zu Neuerungen im taiwanesischen Regierungssystem in den letzten Jahren geführt. Kurz vor Redaktionsschluß wurde beschlossen, u. a. die Wahlen zur Provinzversammlung und des Gouverneurs einzufrieren. Darüber hinaus erhielt der Präsident das Recht, ohne Zustimmung des Legislativyuans den Ministerpräsidenten zu bestimmen; der Legislativyuan erhielt seinerseits das Recht, ein Mißtrauensvotum gegen den Ministerpräsidenten auszusprechen.
Das Provinzparlament soll durch einen Provinzrat ersetzt werden. Von Beijing wurden diese Änderungen als Schritte zur Unabhängigkeit Taiwans kritisiert.
Siehe auch den Beitrag X. von Gunter Schubert.

Quelle: Schubert, Gunter: Taiwan – Die chinesische Alternative, Hamburg 1994; South China Morning Post, verschiedene Ausgaben Juli 1997; China aktuell, verschiedene Ausgaben.

Tabelle 5.1: Ausgewählte Kennzahlen zur Wirtschaftsentwicklung Taiwans, 1952–1995

Jahr/ Zeitraum	BSP, real in Preisen von 1991 (Mrd. NT $)	Investitionsquote	Pro-Kopf-BSP, real in Preisen von 1991 (NT $)	gesamtwirtschaftliche Sparquote (%)	Sparquote der privaten Haushalte (%)	Wechselkurs (NT $ je 1 US $)
1952	183,1	15,3	22 521	15,3	2	10,25
1955	237,0	13,3	26 110	14,6	4	15,60
1961–1970	*515,0	21,9	*40 790	21,1	7	**40,05
1971–1980	1 445,6	30,5	87 407	31,9	20	++38,00
1981–1990	3 267,0	22,3	167 928	33,3	23	§ 37,84
1991	4 927,8	22,7	239 714	29,4	21	25,75
1992	5 234,7	24,4	252 252	28,3	19	25,40
1993	5 549,9	24,8	264 986	27,8	18	26,63
1994	5 587,1	23,6	278 665	26,1	17	26,24
1995	6 234,1	23,5	k.A.	25,8	18	27,27
1991–1995	5 566,7	23,8	+258 904	27,5	19	26,26

Zusammenstellung und Berechnungen: Doris Fischer

* Wert des Jahres 1965 ** fester Wechselkurs 1965–1972
+ Ø-Wert 1991–1994 ++ fester Wechselkurs 1973–1977
§ Wert 1981
Investitionsquote: Gesellschaftliche Fixkapitalbildung/Bruttosozialprodukt. Gesamtwirtschaftliche Sparquote: Bruttoersparnisse bezogen auf das Bruttosozialprodukt. Sparquote der privaten Haushalte: Ersparnisse der privaten Haushalte/verfügbares Einkommen der priv. Haushalte.
Quelle: Council for Economic Planning: Taiwan Statistical Data Book 1992 und 1996.

Tabelle 5.2: Ausgewählte Kennzahlen zur wirtschaftlichen Rolle des Staates in Taiwan (Angaben in Prozent)

Jahr/ Zeitraum	Staatlicher Verbrauch in Relation zum BSP in Marktpreisen	Anteil der Regierung an der Bruttofixkapitalbildung	Anteil der Staatsunternehmen an der Bruttofixkapitalbildung	Anteil der Staatsunternehmen an der Industrieproduktion[#]
1952	17	17,8	31,7	56,6
1955	18,9	16,2	37,8	51,1
1961–1970	18,2	12,8	28,7	38,5
1971–1980	15,6	14,6	32,9	21,8
1981–1990	15,6	18,8	25,5	18,8
1991	17,0	27,8	24,1	16,0
1992	16,7	28,8	21,1	16,2
1993	15,7	31,1	18,0	16,9
1994	14,9	32,7	15,2	16,5
1995	14,3	32,5	14,4	15,7
1991–1995	15,7	30,6	18,6	16,3

Zusammenstellung und Berechnungen: Doris Fischer

\# Die Anteile wurden aufgrund der realen Industrieproduktion berechnet. Basis für die Produktionswerte von 1952 bis 1980 ist das Jahr 1981, für 1981 bis 1990 das Jahr 1986, für 1991 bis 1995 das Jahr 1991.
Quelle: Council for Economic Planning: Taiwan Statistical Data Book 1992 und 1996.

Tabelle 5.3: **Wachstum der industriellen Produktion Taiwans nach Branchen**
(Durchschnittswerte, Angaben in Prozent)

	Industrie insgesamt	Bergbau	verarbeitendes Gewerbe	Wasser, Strom, Gas	Bauwesen
1955	12,9	13,1	10,4	6,2	33,7
1961–1970	16,5	5,2	17,3	13,2	41,6
1971–1980	13,8	–0,9	14,2	11,9	22,0
1981–1990	6,2	–6,8	6,6	7,0	0,1
1991–1995	5,3	–3,5	4,8	7,9	13,7

Zusammenstellung und Berechnungen: Doris Fischer

Quelle: Council for Economic Planning: Taiwan Statistical Data Book 1992 und 1996.

Abbildung 5.1: **Entwicklung des taiwanesischen Außenhandels, 1952–1995**

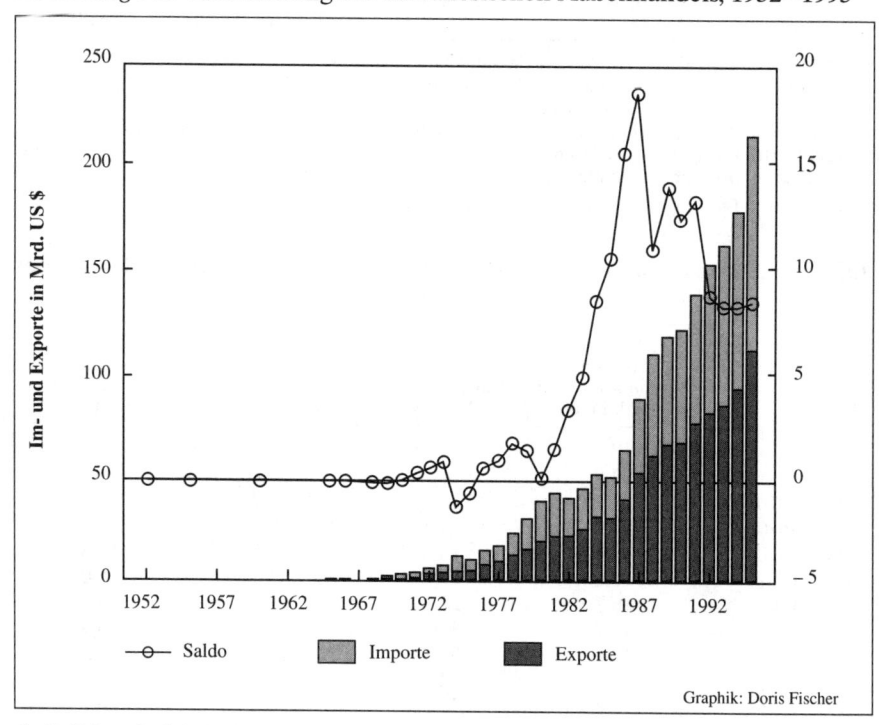

Quelle: Taiwan Statistical Data Book 1996.

Tabelle 5.4: Anteile einzelner Güterarten an den Importen und Exporten Taiwans
(Durchschnittswerte, Angaben in Prozent)

	Exporte			Importe		
	Landwirtschaftliche Erzeugnisse	Verarbeitete landwirtschaftliche Erzeugnisse	Industriegüter	Anlagen	Rohmaterialien	Konsumgüter
1953–1960	18,6	65,3	16,1	20,2	70,5	9,4
1961–1972	13,1	26,6	60,2	28,9	65,2	5,9
1973–1979	5,4	7,8	86,8	27,7	65,6	6,6
1980–1987	2,0	4,8	93,1	16,1	75,8	8,1
1988–1993	0,8	3,8	95,4	16,7	71,4	11,9
1994–1995	1,0	3,5	95,6	16,1	71,4	12,5

Quelle: Siehe Tabelle 5.5.

Tabelle 5.5: Anteile einzelner Länder bzw. Regionen an den Exporten Taiwans
(Angaben in Prozent)

	Asien	Japan	Hongkong (VR China)	Europa	Nordamerika	andere
1957	69	35	9	3	4	24
1970	38	15	9	10	42	10
1980	29	11	8	16	36	19
1990	38	12	13	18	35	9
1995	53	12	23	14	25	8

Quelle: Howe, Christopher: The Taiwan Economy: The Transition to Maturity and the Political Economy of its Changing International Status, in: The China Quarterly Nr. 148, Dezember 1996, S. 1175–1176.

Tabelle 5.6: Taiwans Direktinvestitionen im Ausland und ausländische Direktinvestitionen in Taiwan

Teil A)

	Taiwans Direktinvestitionen lt. Zahlungsbilanz	Ausl. Direktinvestitionen in Taiwan lt. Zahlungsbilanz
1981	60	151
1982	33	104
1983	19	149
1984	70	201
1985	80	340
1986	66	326
1987	704	715
1988	4 120	959
1989	6 951	1 604
1990	5 243	1 330
1991	1 854	1 271
1992	1 869	879
1993	2 451	917
1994	2 460	1 375
1995	2 662	1556

Teil B)

	1991	1992	1993	1994	1995	*1996
Taiwans Investitionen im Ausland nach Angaben der MOEA						
USA	297,5	193	529,1	143,9	248,2	115,1
Südkorea	k.A.	k.A.	k.A.	108,4	108,1	57,8
Hongkong	199,6	54,4	161,9	127,3	99,6	44,8
Malaysia	442	155,7	64,5	101,1	67,3	73,8
Thailand	86,4	83,3	109,2	57,3	51,2	6,8
Philippinen	1,3	1,2	6,5	9,6	35,7	23,1
Mittel- und Südamerika	361,2	256,1	211	843,4	538,9	666,6
Europa	60,3	45,9	255,9	22,2	59,9	8,7
andere	207,7	97,6	322,8	203,6	148	83,5
Gesamt ohne VR China	1 656	887,2	1 660,9	1 616,8	1 356,9	1 080,2
VR China	174	247	3 168,6	962,2	1 092,7	556,6
Ausländische Investitionen in Taiwan nach Angaben des MOEA						
Gesamt				1 630,7	2 925,3	843,5

Zusammenstellung: Doris Fischer

MOEA: Ministry of Economic Administration (Taiwan)
* Angaben für 1996 für die Monate Januar bis Juni.

Quelle: Taiwan Statistical Data Book 1996; Chevalérias, Philippe: From US to Mainland: Taiwanese Investments Abroad, in: China Perspectives, Jg. 1996, Nr. 6, S. 43; Wang Muheng (Übers.): 1995–96 nian Taiwan de waizi touzi yu duiwai touzi, in: Taiwan yanjiu jikan, Jg. 1997, Nr. 2, S. 57 f.

Tabelle 5.7: Ausgabenstruktur der privaten Haushalte Taiwans
(Angaben in Prozent)

	1970	1974	1980	1984	1990	1994
Gesamt	100	100	100	100	100	100
Lebensmittel, Getränke, Tabak	52,46	49,90	40,35	38,83	38,20	26,05
Kleidung, Schuhe	5,79	6,15	7,03	5,93	5,92	4,90
Miete, Heizung, Strom	18,19	20,71	23,65	23,34	24,62	25,65
Möbel, Hausrat	3,96	3,79	4,57	4,42	4,27	4,56
Medizinische Versorgung, Medikamente	5,95	3,92	4,20	5,07	4,82	8,49
Transport, Kommunikation	3,00	3,99	6,68	8,18	8,83	9,87
Ausbildung und Freizeit	2,66	6,06	8,18	9,03	13,34	13,48
andere	7,99	5,98	5,34	5,20	5,87	7,00
					Zusammenstellung und Berechnungen: Doris Fischer	

Quelle: Council for Economic Planning: Taiwan Statistical Data Book 1992 und 1996.

Tabelle 5.8: Ausgewählte Daten zur sozialen Entwicklung Taiwans

	1952	1965	1975	1985	1990	1995
Kalorien pro Tag	2 078,2	2 410,6	2 721,7	2 874,2	3 019,5	#3 047,8
Medizinisches Personal je 10 000 Einw.	–	10,31	16,47	34,42	44,79	53,91
Patientenzahl je Arzt	1 584	1901	1492	1130	913	776
Lebenserwartung Männer	–	65,12	68,27	70,82	71,33	71,91
Lebenserwartung Frauen	–	69,76	73,42	75,81	76,75	77,92
Farbfernseher*	–	–	–	92,3	98,26	99,25
Kühlschränke*	–	–	–	96,67	98,37	99,14
Waschmaschinen*	–	–	–	77,84	88,79	91,51
Telefone*	–	–	–	82,12	93,08	96,00
Auto*	–	–	–	11,91	29,07	41,05
					Zusammenstellung und Berechnungen: Doris Fischer	

\# Wert 1992
* je hundert Haushalte

Quelle: Council for Economic Planning: Taiwan Statistical Data Book 1992 und 1996; Gold, Thomas B. (1996), S. 1095.

Tabelle 5.9: Entwicklung und Struktur der Schülerzahlen nach Schularten

Schuljahr	Schülerzahl gesamt in TSD.	Anteil an der Schülerzahl in Prozent				
		Hochschulen	Mittelschulen	Grundschulen	Vorschulen	andere
1952/3	1 188	0,8	11,7	84,4	2,4	0,6
1960/1	2 365	1,5	15,0	79,5	3,4	0,7
1965/6	3 101	2,7	21,3	72,4	2,5	1,0
1970/1	3 969	5,1	29,0	61,2	2,3	2,4
1975/6	4 425	6,5	33,9	53,1	2,6	3,9
1980/1	4 577	7,5	34,9	48,6	3,8	5,2
1985/6	4 924	6,8	35,8	47,0	4,7	5,7
1990/1	5 295	8,7	36,4	44,3	4,4	5,6
1995/6	5 212	12,2	39,2	37,7	4,6	6,3

Zusammenstellung und Berechnungen: Doris Fischer

Quelle: Council for Economic Planning: Taiwan Statistical Data Book 1992 und 1996.

Anhang 6

Daten und Abbildungen zur Politik und Wirtschaft Hongkongs

Übersicht 6.1: Politische Institutionen Hongkongs im Übergang zur chinesischen Sonderverwaltungsregion (SVR)
Tabelle 6.1: Ausgewählte Daten zur wirtschaftlichen Entwicklung Hongkongs
Tabelle 6.2: Ausgewählte Daten zum Außenhandel Hongkongs
Tabelle 6.3: Branchenstruktur von Hongkong nach BIP
Tabelle 6.4: Ausgewählte Kennzahlen der sozialen Entwicklung Hongkongs

Übersicht 6.1: Politische Institutionen Hongkongs im Übergang zur chinesischen Sonderverwaltungsregion (SVR)

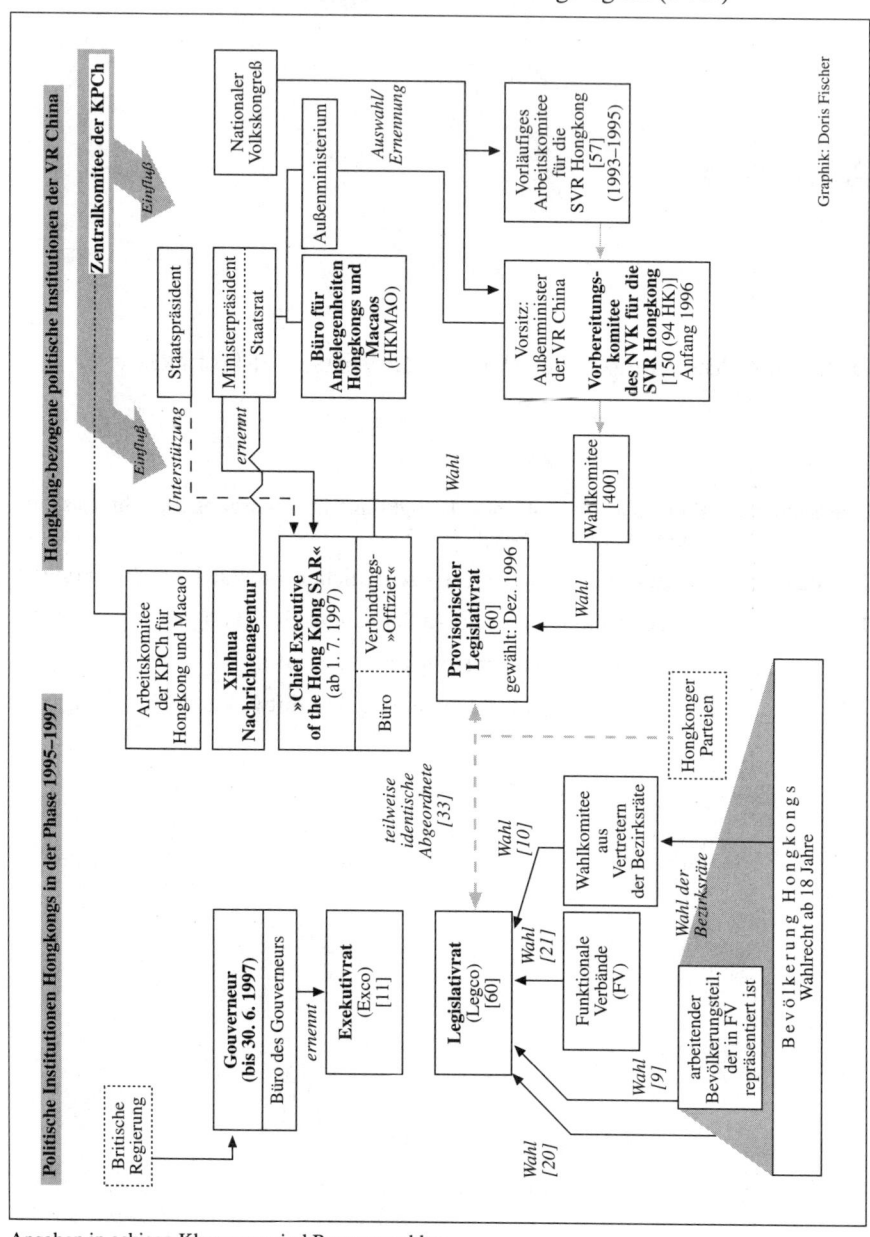

Graphik: Doris Fischer

Tabelle 6.1: Ausgewählte Daten zur wirtschaftlichen Entwicklung Hongkongs

	Bevölkerung	BIP, real (Mio. HK $)*	⌀ -Zuwachs (%) pro Jahr bzw. Zeitraum**	BIP real pro Kopf (HK $)*	Zuwachs (%)* pro Jahr bzw. Zeitraum**	Wechselkurs (HK $ je 1 US $)#	Arbeitslosenquote
1971	4 045 300	60 536	6,8	14 965	5,1	5,582	k.A.
1976	4 443 800	90 967	8,7	20 134	15,7	4,910	5,0
1981	5 183 400	149 585	10,5	28 858	6,8	k.A.	3,9
1986	5 524 600	199 498	6,0	36 111	9,7	7,800	2,8
1991	5 754 800	272 480	6,8	47 348	3,0	7,781	1,8
1992	5 902 100	288 053	6,0	49 566	4,3	7,741	2,0
1993	6 019 900	690 223	5,9	116 916	3,6	7,726	2,0
1994	6 148 148	727 505	5,4	120 540	3,1	7,738	1,9
1995	6 308 000	762 007	4,7	123 781	2,7	7,732	3,3
1996	6 421 000	789 031	4,7	126 451	2,2	7,736	2,6
					Zusammenstellung und Berechnungen: Doris Fischer		

* Daten bis 1992 real in Werten von 1980, ab 1993 real in Werten von 1990;
** 1971: ⌀ 1966–71; 1976: ⌀ 1972–76 etc. bis 1986.
\# Der Hongkong-Dollar ist seit 1983 an den US-Dollar zu einem Kurs von HK $ 7,8 = US $ 1 gekoppelt; seither sind nur geringe Kursschwankungen möglich.

Quelle: Herrmann-Pillath, Carsten: Marktwirtschaft in China, Opladen 1995, S. 67; Cheng, Joseph Y. S.; Lo, Sonny S. H. (Hrsg.): From Colony to SAR – Hong Kong's Challenges Ahead, Hongkong 1995; Howlett, Bob (Hrsg.): Hong Kong 1997 [Hongkong Jahrbuch], Hongkong 1997.

Tabelle 6.2: Ausgewählte Daten zum Außenhandel Hongkongs
(Angaben in Mio. HK $, Anteile in %)

	Eigenexporte*	Re-Exporte	Gesamte Exporte	Importe	Handelsbilanzsaldo	Anteil der Eigenexporte
1986	153 983	122 546	276 530	277 500	– 970	55,7
1987	195 254	182 780	378 034	379 989	– 1 955	51,7
1988	217 664	275 405	493 069	501 174	– 8 105	44,1
1989	224 104	346 405	570 509	565 219	5 290	39,3
1990	225 875	413 999	639 874	645 200	– 5 326	35,3
1991	231 045	534 841	765 886	782 042	– 16 156	30,2
1992	234 124	690 829	924 952	958 462	– 33 510	25,3
1993	223 027	823 223	1 046 250	1 075 710	– 29 460	21,3
1994	222 092	947 921	1 170 013	1 250 709	– 80 696	19,0
1995	231 657	1 112 470	1 344 127	1 491 121	– 146 994	17,2
1996	212 160	1 185 758	1 397 918	1 535 582	– 137 664	15,2
				Zusammenstellung und Berechnungen: Doris Fischer		

* Eigenexporte: Güter mit einem Hongkonger Wertschöpfungsanteil von über 25 %. Der hohe Anteil von Re-Exporten und Importen am Außenhandel Hongkongs erklärt sich durch die Auslagerung zahlreicher Produktionsprozesse (Lohnveredelung) in die südlichen Regionen der VR China. Siehe auch den Beitrag von Song Xueming sowie den Anhang 8.

Quelle: Siehe Tabelle 6.1

Tabelle 6.3: Branchenstruktur von Hongkong nach BIP
(Angaben in Prozent)

	1960	1970	1979	1992	1994	1995
Industrie	38	37	32,0	18,5	16,4	16,0
Landwirtschaft	4	2	0,8	0,2	0,2	0,1
Dienstleistungen	55	56	67,2	81,3	83,4	83,8

Quelle: Siehe Tabelle 6.1

Tabelle 6.4: Ausgewählte Kennzahlen der sozialen Entwicklung Hongkongs

	1991	1994	1995	1996
Medizinisches Personal je 10 000 Einwohner	70,4	76,5	77,9	84,7
Patientenzahl je Arzt	2 012	1 796	1 719	1 680
Lebenserwartung Männer	75,1	75,7	76,0	75,9
Lebenserwartung Frauen	80,6	81,5	81,5	81,5
Telefone je 100 Einwohner	60,0	66,8	68,3	69,3
Privat-Pkws (zugelassen) je 100 Einwohner	k. A.	4,54	4,53	4,57

Zusammenstellung und Berechnungen: Doris Fischer

Quelle: [Hongkong Jahrbuch] (siehe Tabelle 6.1.), verschiedene Jahrgänge

Anhang 7

Daten und Abbildungen zur Politik und Wirtschaft Singapurs

Übersicht 7.1: Legislative und Exekutive der Regierung Singapurs
Tabelle 7.1:   Ausgewählte Daten zur wirtschaftlichen Entwicklung Singapurs
Tabelle 7.2:   Ausgewählte Zahlen zur sozialen Entwicklung Singapurs

Übersicht 7.1: Legislative und Exekutive der Regierung Singapurs
(Stand Anfang 1997)

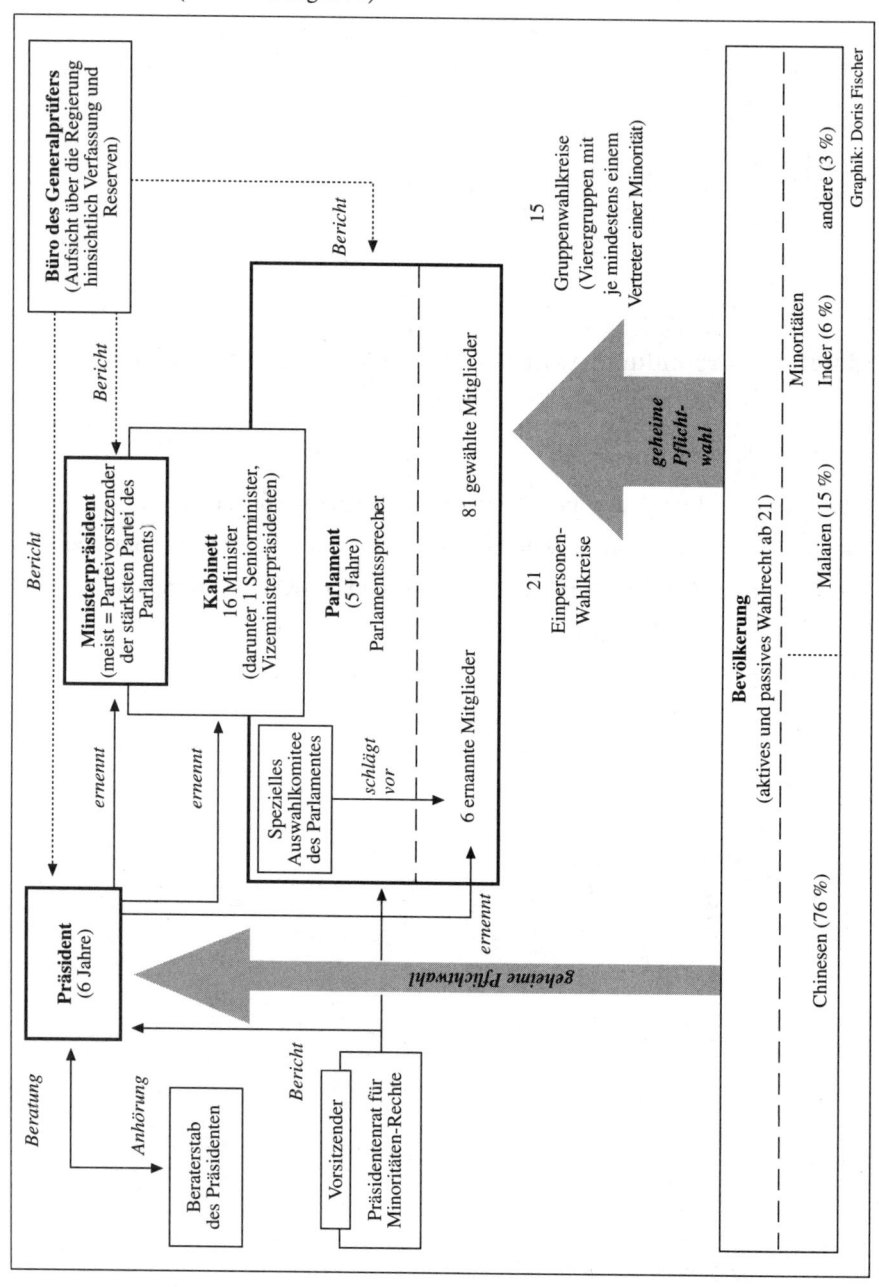

Tabelle 7.1: Ausgewählte Daten zur wirtschaftlichen Entwicklung Singapurs

	Bevölkerung in Mio.	BSP Mio. S $	BIP pro Kopf in Preisen von 1985 (Mio. S $)	Exporte in Mio. US $	Importe in Mio. US $	Saldo der Handelsbilanz in US $	Wechselkurs S $: 1 US $	Arbeitslosenquote in Prozent
1983	2,41	36 561	17 464	21 833	29 566	(7 733)	2,13	3,20
1984	2,44	40 815	19 122	24 108	30 147	(6 039)	2,18	2,70
1985	2,48	40 330	16 452	22 815	26 288	(3 473)	2,10	4,10
1986	2,52	39 911	14 132	22 495	25 511	(3 016)	2,18	6,50
1987	2,55	42 716	14 405	28 692	32 566	(3 874)	2,00	4,70
1988	2,60	50 946	15 911	39 305	43 862	(4 557)	1,95	3,30
1989	2,65	59 388	19 035	44 661	49 657	(4 996)	1,85	2,20
1990	2,71	68 133	21 443	52 730	60 774	(8 044)	1,74	1,70
1991	2,76	75 288	25 142	58 964	66 093	(7 129)	1,63	1,90
1992	2,82	81 852	28 797	63 435	72 132	(8 697)	1,64	2,70
1993	2,87	93 081	32 925	74 008	85 299	(11 291)	1,61	2,70
1994	2,93	104 880	36 267	96 749	102 590	(5 841)	1,46	2,60

Quelle: UN (Hrsg.): Statistical Yearbook of Asia and the Pacific 1995, S. 485 ff.
Angaben in eckigen Klammern sind negative Werte.

Tabelle 7.2: Ausgewählte Zahlen zur sozialen Entwicklung Singapurs

	1984	1991	1993	1994
Medizinisches Personal je 10 000 Einwohner	48,6	58,8	60,1	52,8
Patientenzahl je Arzt	976	731	693	681
Lebenserwartung Männer	70,9	73,5	74,1	74,4
Lebenserwartung Frauen	75,8	78,0	78,4	78,5
Telefone je 100 Einwohner	24,4	26,3	27	k. A.
Privatautos je 100 Einwohner	9,5	10,9	11,2	11,6

Zusammenstellung: Doris Fischer

Quelle: UN (Hrsg.): Statistical Yearbook of Asia and the Pacific 1995, S. 485 ff.; Ministry of Information and the Arts: Singapore Facts and Pictures 1994.

Anhang 8

Die Beziehungen Deutschlands zur VR China sowie zu Taiwan, Hongkong und Singapur

STEFAN FRIEDRICH

Die Beziehungen Deutschlands zur VR China sowie zu Taiwan, Hongkong und Singapur

Übersicht 8.1: Besucherliste BR Deutschland – VR China (1972–1996)

Übersicht 8.2: Liste der »privaten« Besuche zwischen der BR Deutschland und Taiwan

Übersicht 8.3: Besucherliste BR Deutschland – Hongkong (ab 1993)

Übersicht 8.4: Besucherliste BR Deutschland – Singapur (ab 1993)

Tabelle 8.1: Partnerschaften zwischen Bundesländern und Provinzen

Abbildung 8.1: Realisierte Investitionen der BR Deutschland in der VR China, Taiwan und Hongkong

Abbildung 8.2: Warenhandel der BR Deutschland mit der VR China

Abbildung 8.3: Warenhandel der BR Deutschland mit Taiwan

Abbildung 8.4: Warenhandel der BR Deutschland mit Hongkong

Abbildung 8.5: Warenhandel der BR Deutschland mit Singapur

Die Beziehungen Deutschlands zur VR China sowie zu Taiwan, Hongkong und Singapur

STEFAN FRIEDRICH

Die neunziger Jahre stehen im Zeichen des angekündigten »Pazifischen Jahrhunderts«. Dieser Entwicklung wurde in der Bundesrepublik Rechnung getragen mit der Gründung des Asien-Pazifik-Ausschusses der deutschen Wirtschaft (Sept. 1993), dem Asienkonzept der Bundesregierung (Okt. 1993) sowie einer Fülle von Asienreisen führender Politiker. Auch die Europäische Union hat Anfang der 90er Jahre eine eigene Asienstrategie entwickelt (Juli 1994). Darüber hinaus ist der erste Europäisch-Asiatische Gipfel (ASEM), der im März 1996 stattfand, Beleg für das wachsende Interesse beider Seiten an einer Intensivierung der Beziehungen.

1. Die deutsch-chinesischen Beziehungen vor und nach der deutschen Einheit

Offizielle Beziehungen zwischen Deutschland und China bestehen seit mehr als 100 Jahren. 1861 wurde das preußische Generalkonsulat in Shanghai, 1877 die chinesische Gesandtschaft in Berlin eröffnet. Mit der Inbesitznahme der Halbinsel Jiaozhou in der Provinz Shandong wurde das Deutsche Reich zwischen 1898 und 1914 zu einer der Kolonialmächte in China. Zwischen den Weltkriegen intensivierten beide Seiten ihre Wirtschaftskontakte. Darüber hinaus arbeiteten zahlreiche deutsche Militärberater für die chinesische Regierung in Nanjing. Diese Phase der Kooperation endete jedoch 1938, nachdem Hitlerdeutschland den japanischen Marionettenstaat »Manchukuo« in Chinas Nordosten diplomatisch anerkannt hatte. 1941 brach China schließlich nicht nur die diplomatischen Beziehungen zu Deutschland ab, sondern trat zudem im Dezember an der Seite der Alliierten in den Zweiten Weltkrieg ein. Dies hatte zur Folge, daß China nach dem Kriege den Status einer Siegermacht über Deutschland erhielt. Der Kriegszustand wurde im Jahre 1955 mit einem Erlaß von Mao Zedong für beendet erklärt.

1.1 Bundesrepublik Deutschland – VR China (1949–1996)

Bei vielen sonstigen Gegensätzen herrschte zwischen Bonn und Beijing Übereinstimmung in dem Wunsch nach Überwindung der staatlichen Teilung. Von beiden wurde ein Alleinvertretungsanspruch erhoben, der in China auch heute noch Gültigkeit besitzt. Als die Bundesregierung Ende der 60er Jahre die sogenannte »Hallsteindoktrin« fallen ließ, wurde der Weg zur Aufnahme diplomatischer Beziehungen zwischen Bonn und Beijing frei, die dann am 11. Oktober 1972 aufgenommen wurden. Denn im Gegensatz zur Volksrepublik, die offizielle Beziehungen zur DDR unterhielt, hat die Bundesregierung zu keiner Zeit die Republik China (auf Taiwan) anerkannt.

- Politische Distanz bei langsamer Annäherung im Handel (1949–1970)

Der Beginn des Kalten Krieges ließ Bonn und Beijing wenig Raum, aufeinander zuzugehen. Im Juni 1954 fand lediglich ein humanitäres Treffen in Genf statt, das der Rückführung inhaftierter Chinadeutscher dienen sollte. Chinesische Annäherungsbemühungen, wie z. B. 1955 nach Aufnahme diplomatischer Beziehungen zwischen der Bundesrepublik und der Sowjetunion, wies die Bundesregierung zurück. 1964 wurden aber Geheimgespräche über ein Handelsabkommen in Bern geführt. Die insgesamt vier Treffen scheiterten jedoch sowohl am Widerstand der USA als auch an Beijings Ablehnung, der von der Bundesregierung geforderten Berlinklausel zuzustimmen. Jene Klausel hätte in den Augen der chinesischen Führung die Beziehungen zu Ostdeutschland in einer inakzeptablen Weise belastet. Als einziges Ergebnis wurden Büros der Nachrichtenagenturen »Xinhua« und »dpa« in Bonn bzw. Beijing eingerichtet (Mai 1964).

Erfolgreicher waren die Bemühungen des Ostausschusses der Deutschen Wirtschaft, dem es schon 1957 gelang, mit Beijing einen auf ein Jahr befristeten Handelsvertrag abzuschließen. Der Vertrag wurde jedoch nicht verlängert. Die Kontakte des Ausschusses waren auch für die Anbahnung der Berner Gespräche von großer Bedeutung. 1967 überstieg der bilaterale Handel erstmals das Volumen von einer Milliarde D-Mark.

- Politische Annäherung (1971–1978)

Im Zuge der sino-amerikanischen Annäherung Anfang der 70er Jahre erhöhte sich der Druck von Wirtschaft und Opposition auf die Regierung Brandt, den Zugang zum chinesischen Markt durch die Aufnahme diplomatischer Beziehungen zu erleichtern. In Bonn wollte man aber vermeiden, mit einem solchen Schritt die eigene Ostpolitik zu gefährden. Diplomatische Beziehungen mit China wurden daher erst etabliert, nachdem die von Beijing heftig kritisierten Ostverträge weitgehend abgeschlossen waren. Denn die chinesische Führung betrachtete die deutsch-sowjetische Annäherung als Unterminierung ihrer eigenen Strategie, eine Einheitsfront gegen die Sowjetunion aufzubauen, und zudem als leichtsinnige Gefährdung der Sicherheit Westdeutschlands. Zu den wichtigsten Ereignissen zwischen Bonn und Beijing bis zum Beginn der Reform- und Öffnungspolitik (Dez. 1978) gehörten der Abschluß verschiedener Abkommen in den Bereichen Handel (Juli 1973), Studentenaustausch (1973), Seeverkehr und Zivilluftfahrt (Okt. 1975) sowie wissenschaftlich-technologische Zusammenarbeit (Okt. 1978). Höhepunkte waren die Besuche des CSU-Vorsitzenden Strauß und von Bundeskanzler Helmut Schmidt in China (Jan./Sept. bzw. Okt. 1975).

- Intensivierung der Kontakte auf allen Ebenen (1978–1989)

Der erste hochrangige Gast aus China, Ministerpräsident Hua Guofeng, kam im Oktober 1979 nach Deutschland – also erst nach Beginn der Reformpolitik, die auf allen Ebenen zu einer Intensivierung der Beziehungen führte (vgl. Übersicht 8.1). Eine Fülle von Abkommen wurde in dieser Phase abgeschlossen, so u. a. über Wirtschaftskooperation (Okt. 1979); technische Zusammenarbeit (Okt. 1982), über den Schutz von Kapitalanlagen (Okt. 1983), über die Doppelbesteuerung und finanzielle Zusammenarbeit (Juni 1985) und ein Protokoll der beiden Außenministerien über regelmäßige Konsultationen zu bilateralen und internationalen Fragen (Okt. 1988). Im kulturellen Bereich unterzeichneten beide Seiten bereits 1979 ein Kooperationsabkommen, auf dessen Grundlage seitdem jeweils im Abstand von ca. zwei Jahren Kulturaustauschprogramme festgelegt werden. Am 1. November 1988 wurde in Beijing als bislang einzige ausländische Kultureinrichtung in China eine Zweigstelle des Goethe-Instituts eröffnet. Auch auf anderen Gebieten hat sich die Zusammenarbeit verstärkt. So entstanden zehn deutsch-chinesische Partnerschaften auf

Bundesländerebene und 17 Städtepartnerschaften. Die größten politischen Stiftungen sind mit Repräsentanzen und verschiedenen Projekten in China vertreten.

- Abkühlung und Re-Normalisierung (seit 1989)

Dieser Höhenflug in den bilateralen Beziehungen, der sich auch in einer enormen Steigerung des Handelsaustausches zeigte, fand im Jahre 1989 ein abruptes Ende. Bundestag und Bundesregierung reagierten auf die blutige Niederschlagung der Protestbewegung in Beijing mit scharfen Verurteilungen. Im Einklang mit den anderen EG-Staaten wurden wirtschaftliche Sanktionen verhängt und alle Kontakte auf höchster politischer Ebene eingefroren. Die langsame Rückkehr zur »Normalität« begann im März 1990 mit der Bewilligung eines Kredites zum Bau der U-Bahn in Shanghai. Sie war nach Worten von Außenminister Kinkel Ende 1992 mit seiner Chinareise (Nov.) und der Aufhebung aller Sanktionen durch den Bundestag (Dez.) erreicht. Zu den wichtigsten Zwischenschritten gehören der Beschluß des Bundestages zur Wiederaufnahme der entwicklungspolitischen Zusammenarbeit (Okt. 1990) und gegenseitige Besuche durch den Staatssekretär im BMZ Lengl (Dez. 1990; Juni 1991), die Bundesminister Möllemann (Nov. 1991), Töpfer (April 1992) und Schwarz-Schilling (Mai 1992) sowie den Shanghaier Oberbürgermeister Zhu Rongji (April 1991) und Außenminister Qian Qichen (März 1992). Seitdem erreichten die bilateralen Kontakte wieder ein hohes Niveau. Dazu zählen die Wiederaufnahme der politischen Konsultationen, die Eröffnung einer DAAD-Außenstelle in Beijing (1994), das Abkommen über die Errichtung zusätzlicher Generalkonsulate in München und Guangzhou (Juli 1995), vor allem aber die Besuche von Ministerpräsident Li Peng (1994) und Staatspräsident Jiang Zemin (1995) in Deutschland sowie von Bundeskanzler Kohl (1993 und 1995) in China. Gerade während der insgesamt vier Besuche von Helmut Kohl hat die deutsche Seite großes Entgegenkommen gezeigt. Als jeweils erster Regierungschef eines westlichen Landes besuchte der Bundeskanzler 1987 Tibet und 1995 eine Einheit der Volksbefreiungsarmee. Ebenso setzte die Bundesregierung im Herbst 1996 mit der Gewährung von Hermes-Bürgschaften für das prestigeträchtige, jedoch sehr umstrittene Drei-Schluchten-Projekt der chinesischen Regierung ein international bislang einzigartiges Signal.

- Bilaterale Problemfelder

Dennoch ist das Verhältnis nicht ungetrübt. Entscheidend hierfür ist die Auseinandersetzung um die Frage der Menschenrechte in China. Bereits vor der Niederschlagung der Studentenbewegung von 1989 äußerte der Bundestag seine Besorgnis über die Politik Beijings in Tibet (Okt. 1987). Umgekehrt wurde der Empfang des Dalai Lama durch Bundespräsident von Weizsäcker (Okt. 1990) von der chinesischen Führung scharf kritisiert. Verstimmungen zeigten sich auch in den verärgerten Reaktionen Li Pengs auf Protestveranstaltungen am Rande seines Deutschlandbesuches (1994) sowie in der chinesischen Weigerung, das Arbeitsvisum des deutschen Journalisten Henrik Bork zu verlängern (Ende 1995). 1996 kulminierten die Unstimmigkeiten in der chinesischen Ausladung von Außenminister Kinkel und der darauffolgenden Absage hochrangiger deutsch-chinesischer Treffen durch die Bundesregierung (Juni). Vorangegangen waren die deutliche Kritik an China von Außenminister Kinkel während der Tagung der UN-Menschenrechtskommission in Genf (März). Dieser war die chinesische Drohung gefolgt, das Goethe-Institut in Beijing wegen der Beteiligung des Instituts an den Münchner China-Tagen zu schließen. Dieser Drohung folgte die tatsächliche Schließung der Beijinger Repräsentanz der Friedrich-Naumann-Stiftung wegen einer Tibet-Veranstaltung der Stiftung in Bonn sowie die chinesische Weigerung, Mitglieder des Unterausschusses für Menschenrechte des Deutschen Bundestages nach Tibet reisen zu lassen, schließlich die Tibet-Resolution des Deutschen Bundestages (Juni). Beide Seiten waren jedoch bemüht, die neuerliche Abkühlung der Beziehungen rasch zu überwinden. So wurden bei dem im Oktober nachgeholten Kinkel-Besuch u. a. Pläne zur Eröffnung eines dritten deutschen Konsulates in Chengdu bekannt. Auch der Besuch von Bundespräsident Herzog fand planmäßig im November 1996 statt.

- Wirtschaftsbeziehungen (seit 1978)

Die Wirtschaftsbeziehungen stellen den wichtigsten Aspekt im Verhältnis beider Seiten dar. Für China ist die Bundesrepublik der bedeutendste Handelspartner in Europa. Sie stand 1995 in der chinesischen Außenhandelsstatistik an weltweit vierter (Exporte) bzw. sechster Stelle (Importe). Umgekehrt hat sich die Volksrepublik in den 90er Jahren zum nach Japan wichtigsten Absatzmarkt Deutschlands in Asien entwickelt. 1986 überstieg das deutsche Exportvolumen die chinesischen Ausfuhren um das doppelte. Seit 1989 ist allerdings die deutsche Außenhandelsbilanz mit China negativ. In den Jahren 1991 und 1992 waren es sogar die chinesischen Exporte, die bundesdeutschen um mehr als das Doppelte übertrafen. Die derzeitige Situation resultiert vor allem aus dem gezielten Ausbau der chinesischen Ausfuhren (1983: 1,95 Mrd. DM; 1994: 15,35 Mrd. DM). Demgegenüber schwankt die Höhe der deutschen Exporte. Nach einem euphorischen Start 1979 (2,7 Mrd. DM) wurden die großen Erwartungen zunächst durch die wirtschaftspolitische Kurskorrektur der chinesischen Führung 1980/81 gedämpft. Ein ähnliches Volumen wurde erst 1983 wieder erreicht. Es folgte eine neuerliche Wellenbewegung, deren Eckdaten das Hoch 1985/86 (6,4 Mrd. DM), ein Tief 1991 (4 Mrd. DM) und der erneute, sehr rasche Anstieg bis 1994 auf 10,2 Mrd. DM sind. Der Tiefpunkt 1991 wird u. a. auf die Sanktionspolitik nach dem 4. Juni 1989, insbesondere aber auf die Austeritätspolitik der chinesischen Regierung (1988–1991) zurückgeführt. Während sich die wichtigsten deutschen Exportprodukte weitgehend unverändert auf die Bereiche Maschinenbau, Fahrzeugbau und Chemie konzentrieren, hat sich die Struktur der chinesischen Exporte in den letzten drei Jahrzehnten stark verändert – von Agrarprodukten und Rohstoffen über Fertigerzeugnisse (z. B. Textilien, Lederwaren) bis hin zu langlebigen Gebrauchsgütern (z. B. elektronische Geräte).

Seit den 90er Jahren stehen die gegenseitigen Staatsbesuche noch deutlicher als früher im Zeichen der Wirtschaftsförderung durch die Politik. Mittel hierzu sind auf deutscher Seite die Gewährung von Hermes-Bürgschaften und von Entwicklungshilfe. So wurden zwischen 1980 und 1995 insgesamt 667 Mio. DM für Projekte im Rahmen der technischen sowie über 3 Mrd. DM für Projekte im Rahmen der finanziellen Zusammenarbeit – z. B. für den Bau der U-Bahnen in Shanghai und Guangzhou – gewährt. Seit 1982 tritt eine »Gemischte Kommission für wirtschaftliche Zusammenarbeit« jährlich einmal zusammen. Sie hat inzwischen zahlreiche Arbeitsgruppen gebildet, u. a. für die Bereiche Agrarwirtschaft, Umweltfragen sowie Handel und Investitionen. Nach Angaben der Deutschen Bundesbank sind die deutschen Investitionen in China im Jahre 1994 mit über 1 Mrd. DM dreizehn Mal höher als 1986 und doppelt so hoch wie noch 1992. Bei den realisierten Direktinvestitionen in China nimmt die Bundesrepublik international Rang acht ein. (Siehe auch Tabelle 4.8.1.)

1.2 DDR – VR China (1949–1990)

Die DDR und die VR China nahmen bereits am 27. Oktober 1949 diplomatische Beziehungen auf. Aufgrund der Gemeinsamkeiten der beiden neugegründeten kommunistischen Staaten verwundert dies nicht. Für die bilateralen Beziehungen sollte jedoch entscheidend sein, daß die DDR im Gegensatz zur VR China keine von der Sowjetunion unabhängige Außenpolitik betreiben konnte. Dies hatte zur Folge, daß sich die Spannungen zwischen der Sowjetunion und China auch auf das Verhältnis zwischen Ostberlin und Beijing auswirkten.

- Konfliktfreie Kooperation (1949–1960)

Nach einer schleppenden Anfangsphase gelang es beiden Seiten, bis Mitte der 50er Jahre die Beziehungen zu intensivieren. Dazu trugen zahlreiche Abkommen und Verträge bei, wie z. B. über Warenaustausch und Zahlungsverkehr (Nov. 1950), kulturelle Zusammenarbeit (Okt. 1951) sowie technologische und wissenschaftliche Kooperation (Okt. 1953). 1955 unterzeichneten beide Seiten bei einem Besuch von Ministerpräsident Otto Grotewohl in Beijing einen »Vertrag über Freundschaft und Zusammenarbeit«. Zu weiteren hochrangigen Besuchern zählten Ministerpräsident Zhou Enlai (Juli 1954), Verteidigungsminister Peng Dehuai (Mai 1955) sowie Walter Ulbricht (Sept. 1956) und erneut Otto Grotewohl (Jan. 1959). Daneben nahmen Gastdelegationen an den jeweiligen Parteitagen teil. 1953 wurden die »Diplomatischen Missionen« auf Vorschlag der Volksrepublik in Botschaften umgewandelt, und 1959 erhielt die DDR als erster Ostblockstaat neben der Sowjetunion das Recht, in Shanghai ein Generalkonsulat zu eröffnen. In grundlegenden Fragen sicherten sich beide Seiten volle Unterstützung zu. Dies galt in bezug auf Taiwan sowie die UNO-Mitgliedschaft der VR China und umgekehrt in bezug auf die Deutschlandpolitik der DDR. In der Phase zwischen 1956 und 1959 wurde sogar von einer »Achse Beijing-Pankow« gesprochen, da die positive Haltung der SED zur »Hundert-Blumen-Bewegung« und zu den chinesischen Volkskommunen größere idcologische Gemeinsamkeiten zu Maos KPCh als zur KPdSU Chruschtschows erkennen ließ.

- Entfremdung und offener Bruch (1960–1979)

Diese Hochphase der Beziehungen wurde durch den offenen Bruch zwischen Moskau und Beijing gestört. Die DDR-Führung versuchte zwar zunächst, eine Mittlerposition in diesem Konflikt einzunehmen, spätestens jedoch die Behandlung der chinesischen Delegation auf dem 6. Parteitag der SED (Jan. 1963) markierte ihre offene Parteinahme für die Sowjetunion. Chinesische Avancen im Zusammenhang mit Beijings Theorie der »Zwischenzonen« (1964) wurden von Ostberlin zurückgewiesen. Die abgekühlten Beziehungen kulminierten während der Kulturrevolution in tätlichen Angriffen gegen Mitarbeiter der DDR-Botschaft in Beijing (Jan. 1967), in Verstimmungen, weil Schaukästen vor der chinesischen Botschaft in Ostberlin heruntergerissen wurden (Feb. 1967) sowie in Mordvorwürfen im Zusammenhang mit dem Unfalltod von vier chinesischen Botschaftsmitgliedern in Ostberlin (Juni 1967).

- Wiederannäherung und Normalisierung (1980–1989)

Eine wirkliche Wende in den bilateralen Beziehungen blieb bis Anfang der 80er Jahre aus. Auch hier erwies sich das nunmehr entspanntere Verhältnis zwischen Moskau und Beijing als richtungsweisend. So äußerten sowohl Breshnew als auch Honecker auf den Parteitagen von KPdSU bzw. SED 1981 ihr Interesse an guten Beziehungen zur VR China. Die von der chinesischen Führung 1982 eingeleitete »unabhängige Außenpolitik« begünstigte diese Entwicklung, bei der die DDR eine Vorreiterrolle für die Verbesserung der Beziehungen zu Osteuropa einnehmen sollte. Abkommen in den Bereichen Wirtschaft (Sept. 1984; Juli 1985; Okt. 1986), Wissenschaft und Technologie (Mai 1986) und Kultur (Mai u. Sept. 1985) kennzeichneten die rasche Verbesserung der Beziehungen. Darüber hinaus wurden im Mai 1985 ein Kooperationsvertrag zwischen den beiden Außenministerien und im Juni 1986 zwei Verträge über gegenseitige Befreiung von Visumspflicht und Doppelbesteuerung unterzeichnet. Erster Höhepunkt der Wiederannäherung war der Besuch des stellvertretenden Ministerpräsidenten Li Peng in Ostberlin (Mai 1985), dem ein Besuch von Erich Honecker in der Volksrepublik folgte (Okt. 1986). Honecker war damit als erster Führer eines osteuropäischen Staates, mit Ausnahme der Sowjetunion, zu Gast in Beijing. Im darauffolgenden Jahr besuchte der Generalsekretär der KPCh und chinesische Ministerpräsident Zhao Ziyang die DDR (Juni 1987).

- Solidarität mit China und Beitritt zur Bundesrepublik (1989–1990)

Die vorbehaltlose Unterstützung für die Niederschlagung der Protestbewegung 1989, wie sie in einer einstimmigen Erklärung der Volkskammer zum Ausdruck kam (8. Juni 1989), leitete eine neuerliche Hochphase in den bilateralen Beziehungen ein. Dies manifestierte sich insbesondere während hochrangiger Besuche, bei denen sich beide Seiten der Freundschaft und Unterstützung versicherten (Qian Qichen, Juni; Yao Yilin, Oktober; sowie Günter Schabowski, Juli; Egon Krenz, Oktober). Das neuerliche Zusammenrücken von Beijing und Ostberlin offenbarte sich auch in der argwöhnisch-kritischen Beurteilung des Vereinigungsprozesses der beiden deutschen Staaten durch die chinesische Führung. Die Folgen der Veränderungen in der »Noch-DDR« bekam die VR China direkt zu spüren. Kurz vor dem Beitritt zur Bundesrepublik verabschiedete die erste frei gewählte Volkskammer am 7. Juni 1990 eine Erklärung, in der sie die Unterstützung der Tiananmen-Ereignisse durch die damalige Volkskammer bedauerte und ihrer Hoffnung auf eine friedliche und demokratische Entwicklung Chinas Ausdruck verlieh. Am 1. Oktober 1990 verließ der chinesische Botschafter die DDR.

- Wirtschaftsbeziehungen

In den 50er Jahren konnte die DDR mit 6 % einen relativ hohen Anteil am chinesischen Außenhandel erwirtschaften. Dieser Wert, der bereits 1965 auf 1 % gesunken war, konnte später jedoch nie wieder erreicht werden. Dies gelang auch nicht während der Wiederannäherung in den 80er Jahren. Die Dynamik des chinesischen Außenhandels ließ trotz z. T. hoher Steigerungsraten im bilateralen Handel keine Erhöhung des ostdeutschen Anteils zu. Zwischen 1980 und 1989 sank er sogar noch einmal von 1,1 % auf 0,6 %. Zu den wichtigsten Exportgruppen der DDR gehörten der Fahrzeugbau (z. B. Eisenbahnwaggons) sowie Industrie- und Werkzeugmaschinen. Die chinesischen Lieferungen in die DDR umfaßten neben den zunächst dominierenden Rohstoffen später vor allem Konsumgüter und verarbeitete landwirtschaftliche Produkte.

Mit der Umstellung des Handels auf die D-Mark sowie dem Ende des Clearingsystems im RGW (Rat für Gegenseitige Wirtschaftshilfe) brachen die Exporte ostdeutscher Unternehmen nach China ein. Im Vergleich zum Vorjahr gingen 1990 die Ausfuhren um 45 %, die Einfuhren um 28 % zurück.

2. Deutschland und die Republik China (Taiwan)

Die Republik China und die Bundesrepublik Deutschland unterhalten seit langem enge Wirtschaftsbeziehungen. 1995 war Deutschland Taiwans größter europäischer Wirtschaftspartner, und im asiatisch-pazifischen Raum ist Taiwan der viertwichtigste Handelspartner der Bundesrepublik. Dies ist um so bemerkenswerter als beide Seiten nach wie vor keine diplomatischen Beziehungen unterhalten.

Im Gegensatz zu anderen westlichen Staaten, wie z. B. den USA und Frankreich, hatte die Regierung Adenauer keine Beziehungen zur Republik China aufgenommen. Begründet wurde dies damit, daß die Deutschlandfrage durch eine Entscheidung in der »China-Frage« nicht zusätzlich kompliziert werden sollte. Die Haltung der Bundesregierung wurde dadurch begünstigt, daß die Republik China ihrerseits 1949 beschlossen hatte, ihre Militärmissionen in Berlin (als Siegermacht des Zweiten Weltkrieges) und ihre Konsulate in

Hamburg und Stuttgart aus »finanziellen Gründen« zu schließen. Auch dem von seiten der US-Regierung in den 50er und 60er Jahren an Bonn herangetragenen Wunsch, amtliche Beziehungen zu Nationalchina aufzunehmen, wurde nicht entsprochen. Eine Folge dieser Politik war, daß die Bundesrepublik im Kommuniqué zur Aufnahme diplomatischer Beziehungen mit der VR China nicht wie sonst üblich ausdrücklich anerkennen mußte, daß die Regierung der VR China die einzige legale Regierung Chinas sei.

Zur Unterstützung des antikommunistischen Taiwans wurden jedoch Beziehungen unterhalb der diplomatischen Ebene aufgenommen. So wurde in Taibei 1963 das Deutsche Kulturzentrum gegründet. Bereits seit 1955 vergibt der DAAD Stipendien an taiwanesische Studenten. Umgekehrt wurden 1962 erstmals deutsche Stipendiaten von Taiwan akzeptiert. Im Rahmen der Vereinbarungen über technische Zusammenarbeit werden seit 1961 u. a. von der Carl-Duisberg-Gesellschaft taiwanesische Fachleute in Deutschland ausgebildet. 1964 begann sogar eine militärische Zusammenarbeit, in deren Rahmen insgesamt 18 chinesische Stabsoffiziere an der Bundeswehr-Führungsakademie ausgebildet wurden. Die Bundesregierung kündigte dieses Programm nach Aufnahme diplomatischer Beziehungen zur Volksrepublik 1972. Bedeutende Neuerungen in den 80er Jahren stellen insbesondere die Gründung des »Deutschen Wirtschaftsbüros Taipei« (1981) sowie des Taiwan-Ausschusses der Deutschen Wirtschaft dar. Letzterer organisierte im Juni 1995 seine dritte »Chinesisch-Deutsche Wirtschaftskonferenz« in Hamburg.

- Qualitative Verbesserung der Beziehungen (seit 1989)

Insgesamt haben die deutsch-taiwanesischen Beziehungen in den 90er Jahren eine deutliche Verbesserung erfahren. Dies kann als Folge von drei Entwicklungen betrachtet werden: zum einen der zunehmenden wirtschaftlichen Bedeutung Taiwans und der Region, zum zweiten der fortschreitenden Demokratisierung des politischen Systems Taiwans und darüber hinaus des Entsetzens der deutschen Öffentlichkeit über die Ereignisse vom Juni 1989 in China. Die Taiwan-Lobby im Deutschen Bundestag schloß sich kurz darauf im »Parlamentarischen Freundeskreis Bonn-Taipei« zusammen (Okt.). Die ungewöhnliche Bezeichnung dieser mittlerweile größten Parlamentariergruppe geht auf eine semantische Herabstufung der Gruppe im Zuge ihrer offiziellen Anerkennung durch den Bundestag (1992) zurück. Zeichen für die qualitative Verbesserung der Beziehungen sind die »privaten« Taiwan-Besuche der Bundesminister Schwarz-Schilling (Aug. 1991), Möllemann (Nov. 1992) und Rexrodt (Apr. 1994), wobei insbesondere der Besuch Möllemanns als amtierender Vizekanzler großes Aufsehen erregte. Umgekehrt wurden auch die Wirtschaftsminister Vincent Siew (Okt. 1992; Sept. 1993) und Jiang Bingkun (Juni 1995) zu Wirtschaftsgesprächen in Bonn begrüßt. Im März 1996 hielten sich einige Abgeordnete, u. a. Bundestagsvizepräsident Burkhard Hirsch, während der Präsidentschaftswahl in Taiwan auf. Zusätzlich wurden die Beziehungen im Juni 1994 aufgewertet, als erstmals ein beurlaubter deutscher Diplomat die Leitung des Deutschen Wirtschaftsbüros übernahm. Dieser Entscheidung war der Antrag von 127 Bundestagsabgeordneten, den deutsch-taiwanesischen Handel zu stärken, vorausgegangen (Feb. 1993). Neben der Handelsförderung liegt die besondere Aufgabe dieses Büros mittlerweile darin, konsularische Funktionen – formal im Auftrag des deutschen Generalkonsulates Hongkong – auszufüllen. 1993 wurden direkte Flugverbindungen zwischen Frankfurt und Taibei ebenso wie eine Vereinfachung des Visumverfahrens vereinbart. Taiwan selbst unterhält halboffizielle Wirtschafts- und Kulturbüros in Bonn, Berlin, Hamburg und München sowie Handelsbüros in Frankfurt, Hamburg und Stuttgart. Daneben bestehen derzeit zwei deutsch-taiwanesische Städtepartner- bzw. -freundschaften zwischen Marktheidenfeld und Taidong sowie Starnberg und Taibei.

Im wirtschaftlichen Bereich machten vor allem die taiwanesischen Anfragen nach deutscher Waffentechnologie Schlagzeilen. So wollte Taiwan 1992/93 zehn U-Boote und zehn Fregatten im Gesamtwert von 12,5 Mrd. DM in Deutschland bestellen. Die Bundesregierung verweigerte dieses Geschäft mit Rücksicht auf Beijing und unter Verweis auf die Rechtslage (Taiwan und die VR China standen bis Juli 1995 auf der »Länderliste H« der Spannungsgebiete). Der Verkauf von Flugabwehrraketen wurde dagegen genehmigt (Feb. 1993). Das gestiegene Interesse der deutschen Wirtschaft steht zudem in engem Zusammenhang mit möglichen Großaufträgen im Rahmen des taiwanesischen Sechsjahresplans zur Entwicklung von Industrie und Infrastruktur. So ist beispielsweise das deutsche ICE-System Mitbewerber um den Ausbau von Hochgeschwindigkeitsverbindungen (Gesamtvolumen ca. 17 Mrd. US $).

3. Deutschland – Hongkong

Für Deutschland ist Hongkong vor allem aufgrund seiner Rolle als Drehscheibe für den Kapital- und Warenverkehr in ganz Ostasien und insbesondere mit der VR China von großer Bedeutung. Dies unterstrich auch Bundeskanzler Helmut Kohl während seines Besuches im November 1993. Umgekehrt ist die Bundesrepublik der wichtigste europäische Handelspartner Hongkongs. Seit 1992 wurde Deutschland unter den internationalen Handelspartnern jedoch von Singapur (1994) und Südkorea (1995) auf den derzeit siebten Platz verdrängt. Insgesamt sind mehr als 450 deutsche Firmen in Hongkong tätig. Der überwiegende Teil von ihnen hat sich in der 1983 gegründeten »German Business Association of Hong Kong« organisiert. Sie wird geleitet von einem Entsandten des DIHT, der gleichzeitig als Delegierter der deutschen Wirtschaft tätig ist. 1991 übernahm die Vereinigung die Organisation der »Deutschen Woche«, einer Sonderausstellung der Deutschen Wirtschaft im Rahmen des jährlich stattfindenden »Hong Kong Industrial Trade Fair« (19.–22. 11. 1991).

Zwischen der Bundesrepublik und Hongkong gibt es aufgrund der bis 1997 geltenden Zuständigkeit Großbritanniens für den Stadtstaat formal keine politischen Beziehungen. Es besteht lediglich ein Wirtschaftshilfeprotokoll von 1962. Seit 1953 ist die Bundesrepublik mit einem Generalkonsulat in Hongkong vertreten. Die Interessen Hongkongs in Deutschland werden von der britischen Botschaft in Bonn, der Vertretung der Hongkonger Regierung in Brüssel sowie vom »Hong Kong Trade Development Council« in Frankfurt a. M. wahrgenommen. Ein umfangreiches deutsches Kulturprogramm, zum Teil bereits in Zusammenarbeit mit Institutionen in Südchina, wird von der Hongkonger Zweigstelle des Goethe-Instituts durchgeführt. Seit 1969 gibt es in Hongkong eine deutsch-schweizerische Schule.

Nach der Übernahme durch China (1. Juli 1997) soll Hongkong entsprechend den Vereinbarungen der Volksrepublik mit Großbritannien seine bisherige Teilautonomie in den Außenbeziehungen behalten. Wie sich dieser Prozeß langfristig auf die Beziehungen zwischen Deutschland und Hongkong auswirken wird, ist nicht absehbar.

4. Deutschland – Singapur

Singapurs wirtschaftliche Bedeutung sowie seine herausragende Rolle in der ASEAN machen den Stadtstaat zu einem wichtigen Partner innerhalb der deutschen Asienstrategie. Mitte der 90er Jahre rangiert die Bundesrepublik im Gesamthandel Singapurs an 6. Stelle und ist seit einigen Jahren sein wichtigster nicht-pazifischer Handelspartner. Die deutsche Wirtschaft hat sogar begonnen, mit Partnern aus Singapur Joint-Ventures zur Bearbeitung von Drittmärkten wie Vietnam, China und Indien durchzuführen. Die politische Bedeutung Singapurs wird unterstrichen durch seine Rolle als ASEAN-Koordinator für die Beziehungen zur Europäischen Union. So geht beispielsweise das erste europäisch-asiatische Gipfeltreffen (ASEM) auf eine Anregung des Ministerpräsidenten von Singapur, Goh Chok Tong, zurück.

Bereits seit 1844 bestehen regelmäßige Handelskontakte zwischen Deutschland und Singapur. Sie nahmen nach den beiden Weltkriegen, welche die Handelsentwicklung unterbrachen, stetig zu. Die Bundesrepublik eröffnete 1953 ein Generalkonsulat, das nach der Unabhängigkeit Singapurs 1965 in eine Botschaft umgewandelt wurde. Zu den wichtigsten bilateralen Vereinbarungen zählten ein deutsch-britisches Rechtsverkehrsabkommen (seit 1929 auf Singapur ausgedehnt), ein Luftverkehrsabkommen (Feb. 1969), ein Doppelbesteuerungsabkommen (Feb. 1972) und Kapitalschutzvertrag (Okt. 1973). In jüngster Zeit wurden bilaterale Abkommen über Umweltschutz (Nov. 1991), kulturelle Zusammenarbeit (Mai 1990) und Kulturkonsultationen (Mai 1994) unterzeichnet. Ferner sind für die bilateralen Beziehungen das Handels- und wirtschaftspolitische Kooperationsabkommen (1980) sowie das 1991 paraphierte Textilabkommen zwischen der EG und ASEAN bedeutsam. Seit 1982 werden im »German-Singapore Institute« technische Führungskräfte Singapurs nach dem deutschen dualen System ausgebildet. Außerdem sind in Singapur die großen politischen Stiftungen aktiv, wobei die Konrad-Adenauer-Stiftung ihr Büro 1994 aus finanziellen Gründen schließen mußte. Darüber hinaus gibt es eine Deutsche Schule (seit 1971) und ein Goethe-Institut.

Zur jüngsten Intensivierung der Beziehungen trugen vor allem die Besuche von Bundeskanzler Helmut Kohl (Feb. 1993, Nov. 1995) in Singapur sowie von Ministerpräsident Goh Chok Tong (Apr. 1994) und »Seniorminister« Lee Kuan-yew (Mai 1994) in Bonn bei. Nicht weniger als vier Ministerpräsidenten reisten 1994/1995 in den Stadtstaat (1994: Schröder; 1995: Stoiber, Teufel, Simonis). Zu weiteren neuen Aktivitäten, die insbesondere den bilateralen Handel fördern sollen, gehören das im April 1994 auf Initiative der beiden Regierungschefs gegründete »German Singapore Business Forum«, dem Großunternehmen beider Länder angehören, die Entsendung eines Vertreters des DIHT nach Singapur (Juli 1994) sowie die Gründung des »German Centers« (Deutsches Industrie- und Handelszentrum) am 16. Juni 1995, das vor allem mittelständischen deutschen Unternehmen beim Markteinstieg in Südostasien helfen soll. Insgesamt waren 1995 mehr als 400 deutsche Firmen in Singapur verzeichnet. Mit ca. 2,2 Mrd. DM Gesamtinvestitionen gehört die Bundesrepublik zwar zu den großen ausländischen Investoren, allerdings weit hinter den USA, Japan und Großbritannien. Eine besondere Rolle in den bilateralen Beziehungen spielt die Zusammenarbeit in der Umwelttechnologie. Anfang der 90er Jahre wurde die »German-Singapore Environment Technology Agency« ins Leben gerufen. Seit Mai 1992 werden regelmäßig gemeinsame Seminare zu Umweltthemen durchgeführt, an denen Umweltexperten aus den entsprechenden Ministerien fast aller asiatischen Länder teilnehmen.

Einen herben Schlag mußte Anfang 1996 die Firma Siemens hinnehmen. Sie wurde gemeinsam mit vier anderen ausländischen Unternehmen wegen Korruptionsvorwürfen für fünf Jahre von allen öffentlichen Aufträgen ausgeschlossen.

Ohne Belastung der bilateralen Beziehungen regelten beide Seiten die Affäre um den in Frankfurt a. M. verhafteten Börsenmakler Nick Leeson. Dem Auslieferungsantrag Singapurs wurde auf der Basis eines entsprechenden Abkommens aus dem Jahre 1960 stattgegeben. Zuvor hatte die Bundesregierung die Zusicherung erhalten, daß Leeson wegen seiner Aktivitäten in Singapur, die zum Zusammenbruch der britischen Baring-Bank führten, nicht die Todesstrafe drohe.

Übersicht 8.1: Besucherliste BR Deutschland – VR China (1972–1996)

Besuche deutscher Regierungsvertreter in der VR China

Juli	1972	Gerhard Schröder	(Außenminister a. D.)
Sept.	1972	Helmut Kohl	(Ministerpräsident von Rheinland-Pfalz)
Okt.	1972	Walter Scheel	(Außenminister)
Jan.	1975	Franz-Josef Strauß	(Ministerpräsident von Bayern)
Sept.	1975	Franz-Josef Strauß	(Ministerpräsident von Bayern)
		Albert Oswald	(Ministerpräsident von Hessen)
Okt.	1975	Helmut Schmidt	(Bundeskanzler)
Okt.	1977	Hans-Dietrich Genscher	(Außenminister)
Juli	1980	Richard Stücklen	(Bundestagspräsident)
Okt.	1981	Hans-Dietrich Genscher	(Außenminister)
Okt.	1982	Karl Carstens	(Bundespräsident)
Okt.	1984	Helmut Kohl	(Bundeskanzler)
Okt.	1985	Hans-Dietrich Genscher	(Außenminister)
Juli	1987	Helmut Kohl	(Bundeskanzler)
Okt.	1988	Hans-Dietrich Genscher	(Außenminister)
Mai	1990	Helmut Schmidt	(Bundeskanzler a. D.)
Okt.	1990	Carl-Ludwig Wagner	(Ministerpräsident von Rheinland-Pfalz)
Dez.	1990	Siegfried Lengl	(Staatssekretär im BMZ)
Juni	1991	Siegfried Lengl	(Staatssekretär im BMZ)
Okt./Nov.	1992	Klaus Kinkel	(Außenminister)
Nov.	1993	Helmut Kohl	(Bundeskanzler)
Nov.	1995	Helmut Kohl	(Bundeskanzler)
Okt.	1996	Klaus Kinkel	(Außenminister)
Nov.	1996	Roman Herzog	(Bundespräsident)

Besuche chinesischer Regierungsvertreter in der Bundesrepublik Deutschland:

Okt.	1974	Qiao Guanhua	(Vizeaußenminister)
Mai	1978	Gu Mu	(Stvtr. Ministerpräsident)
Okt.	1979	Hua Guofeng	(Ministerpräsident, Vorsitzender der KPCh)
Juni	1980	Huang Hua	(Außenminister)
Juni	1982	Huang Hua	(Außenminister)
Mai	1984	Li Peng	(Stvtr. Ministerpräsident)
Juni	1985	Zhao Ziyang	(Ministerpräsident)
Juni	1986	Hu Yaobang	(Generalsekretär der KPCh)
März	1987	Wu Xueqian	(Außenminister)
Okt.	1988	Yao Yilin	(Vizepräsident)
Jan.	1991	Zheng Hongye	(Präsident des Rates für die Förderung des Internationalen Handels)
April	1991	Zhu Rongji	(Bürgermeister von Shanghai)
März	1992	Qian Qichen	(Außenminister)
Mai	1993	Qian Qichen	(Außenminister)
Jan.	1994	Qiao Shi	(Präsident des NVK)
Juli	1994	Li Peng	(Ministerpräsident)
Juli	1995	Jiang Zemin	(Staatspräsident)
Feb.	1996	Zhu Rongji	(Mitglied des Politbüros)

Übersicht 8.2: Liste der »privaten« Besuche zwischen der BR Deutschland und Taiwan

Besuche deutscher Regierungsvertreter in Taiwan			
Nov.	1964	Franz-Josef Strauß	(CSU-Vorsitzender)
Aug.	1991	Christian Schwarz-Schilling	(Bundespostminister)
Nov.	1992	Jürgen Möllemann	(Bundeswirtschaftsminister, Vizekanzler)
April	1994	Günter Rexrodt	(Bundeswirtschaftsminister)
März	1996	Burkhard Hirsch	(Bundestagsvizepräsident)
Besuche taiwanesischer Regierungsvertreter in Deutschland:			
Okt.	1992	Vincent Siew [Xiao Wanchang]	(Wirtschaftsminister)
Sept.	1993	Chiang Pinkung [Jiang Bingkun]	(Wirtschaftsminister)
Juni	1995	Chiang Pinkung [Jiang Bingkun]	(Wirtschaftsminister)

Übersicht 8.3: Besucherliste BR Deutschland – Hongkong (ab 1993)

Besuche deutscher Regierungsvertreter in Hongkong			
März	1993	Bernhard Vogel	(Ministerpräsident von Thüringen)
April	1993	Günter Rexrodt	(Bundeswirtschaftsminister)
Okt.	1993	Rita Süßmuth	(Bundestagspräsidentin)
Nov.	1993	Helmut Kohl	(Bundeskanzler)
April	1994	Kurt Biedenkopf	(Ministerpräsident von Sachsen)
April	1994	Eberhard Diepgen	(Regierender Bürgermeister von Berlin)
Juni	1994	Oskar Lafontaine	(Ministerpräsident des Saarlandes)
Okt.	1994	Richard von Weizsäcker	(Bundespräsident a. D.)
Mai	1995	Matthias Wissmann	(Bundesverkehrsminister)
Juli	1995	Heide Simonis	(Ministerpräsidentin Schleswig-Holstein)
Besuche Hongkonger Regierungsvertreter in der BR Deutschland:			
April	1995	Frau Anson Chan	(Chief Secretary)
März	1996	Frau Denise Yue	(Secr. for Trade and Industry)

Übersicht 8.4: Besucherliste BR Deutschland – Singapur (ab 1993)

Besuche deutscher Regierungsvertreter in Singapur			
Feb.	1993	Helmut Kohl	(Bundeskanzler)
Nov.	1995	Helmut Kohl	(Bundeskanzler)
Nov.	1994	Gerhard Schröder	(Ministerpräsident von Niedersachsen)
Apr.	1995	Edmund Stoiber	(Ministerpräsident von Bayern)
Juni	1995	Erwin Teufel	(Ministerpräsident Baden-Württemberg)
Juli	1995	Heide Simonis	(Ministerpräsidentin von Schleswig-Holstein)
Besuche von Regierungsvertretern Singapurs in der BR Deutschland:			
April	1994	Goh Chok Tong	(Ministerpräsident)
Mai	1994	Lee Kuan Yew	(Senior Minister)

Tabelle 8.1: Partnerschaften zwischen Bundesländern und Provinzen

Bundesland	Partner-provinz(en)	Vertrags-unterzeichnung	Besuche der Ministerpräsidenten in China		
Baden-Württemberg	Liaoning Jiangsu	20. 6. 1986 k. A.	Sept. Nov. Juni Sept. April	1977 1979 1981 1985 1994	Hans Filbinger Lothar Späth Lothar Späth Lothar Späth Erwin Teufel
Bayern	Shandong	9. 7. 1987	Jan. Sept. Nov. Okt. Okt. April	1975 1975 1981 1985 1987 1995	Franz-Josef Strauß Franz-Josef Strauß Franz-Josef Strauß Franz-Josef Strauß Franz-Josef Strauß Edmund Stoiber
Berlin	Beijing	5. 4. 1994	Juni April April	1988 1994 1995	Eberhard Diepgen Eberhard Diepgen Eberhard Diepgen
Bremen	Dalian	17. 4. 1985	April	1985	Hans Koschnick
Hamburg	Shanghai	29. 5. 1986	Okt.	1983	Klaus von Dohnanyi
Hessen	Jiangxi Hunan Liaoning	3. 4. 1984 k. A. k. A.	Sept. April	1975 1985	Albert Osswald Holger Börner
Niedersachsen	Anhui	6. 9. 1984	März Aug.	1985 1988	Ernst Albrecht Ernst Albrecht
Nordrhein-Westfalen	Sichuan Jiangsu Shanxi	7. 7. 1988 9. 7. 1988 k. A.	Aug. Juli	1983 1988	Johannes Rau Johannes Rau
Rheinland-Pfalz	Anhui Fujian	k. A. Mai 1989	Sept. Sept. Nov. Okt.	1972 1983 1985 1990	Helmut Kohl Bernhard Vogel Bernhard Vogel Carl-Ludwig Wagner
Saarland	Hunan Hubei Tianjin	k. A. k. A. 27. 9. 1994	Sept. Juni	1986 1994	Oskar Lafontaine Oskar Lafontaine
Schleswig-Holstein	Zhejiang	20. 4. 1986	April April Juli	1981 1986 1995	Gerhard Stoltenberg Uwe Barschel Heide Simonis

Im März 1993 besuchte der Ministerpräsident Thüringens, Bernhard Vogel, die VR China.

Abbildung 8.1: Realisierte Investitionen der BR Deutschland in der VR China, Taiwan und Hongkong

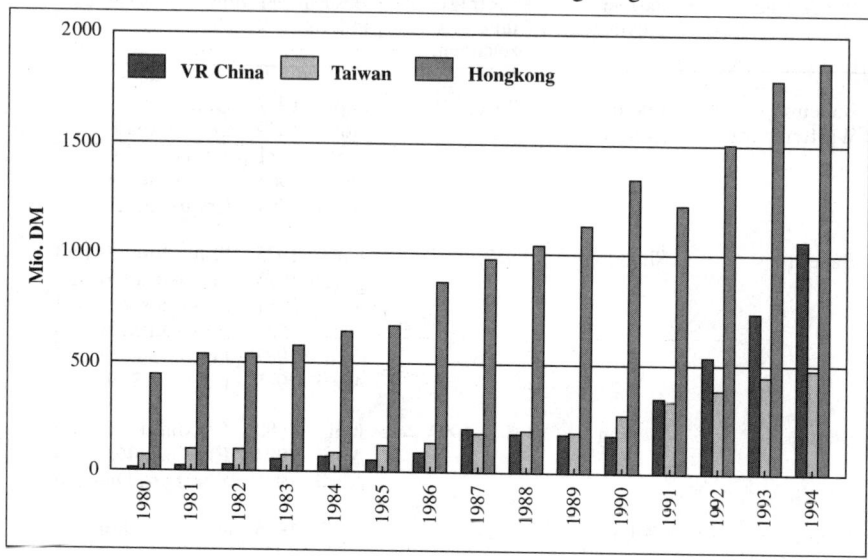

Quelle: Deutsche Bundesbank, Angaben der Bestandsstatistik.

Abbildung 8.2: Warenhandel der BR Deutschland mit der VR China

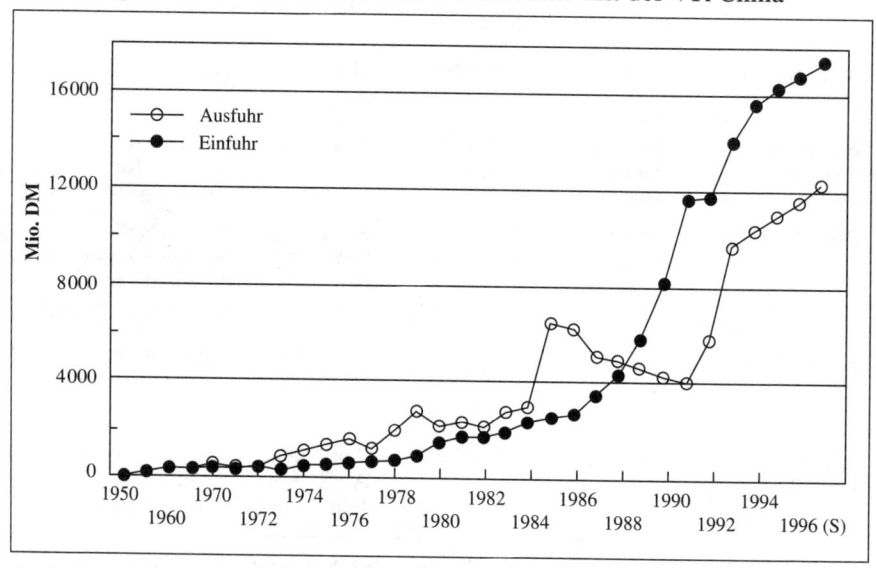

Quelle: Statistisches Bundesamt; Wirtschaftshandbuch Asien-Pazifik (verschiedene Jahrgänge); (S) = Schätzung; Angaben für 1997: Prognose (P)

Abbildung 8.3: Warenhandel der BR Deutschland mit Taiwan

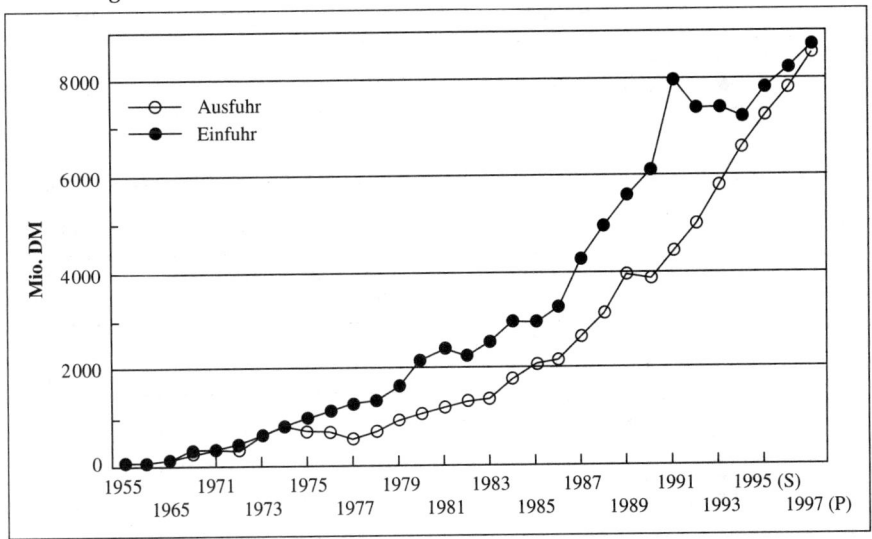

Quelle: Siehe Abbildung 8.2.

Abbildung 8.4: Warenhandel der BR Deutschland mit Hongkong

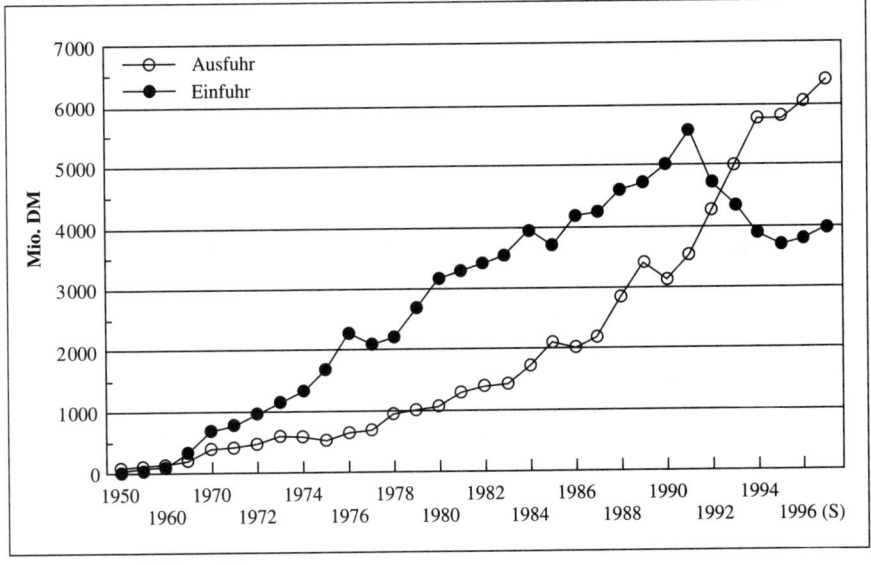

Quelle: Siehe Abbildung 8.2.

Abbildung 8.5: Warenhandel der BR Deutschland mit Singapur

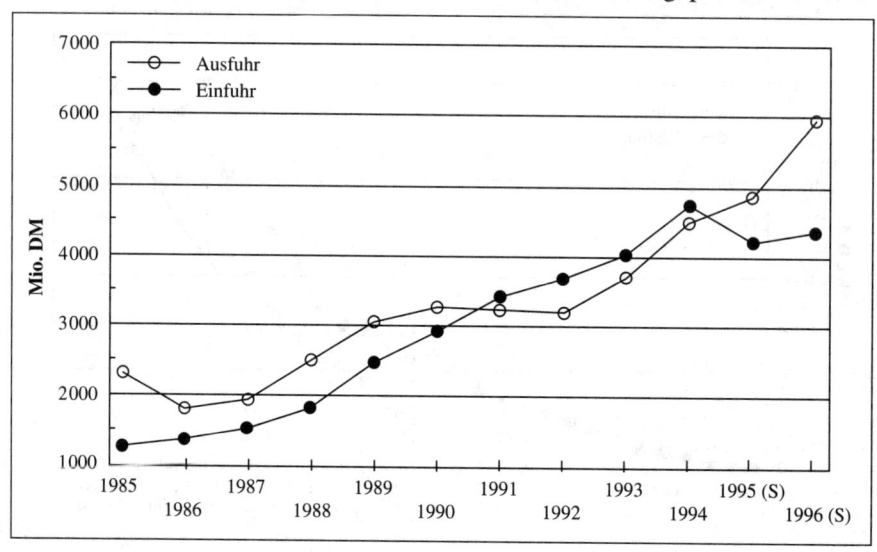

Quelle: Siehe Abbildung 8.2.

Personenregister

Acheng 455
Ah Mon, Lawrence 475
Ai, Weiwei (1957 –) 487
An, Lushan (703 – 757) 90

Bai, Hua 453
Bai, Xianyong 463
Bao, Zunxin 445
Bazin, André 471
Bei, Dao 453 – 454, 456, 458
Beng Huat Chua 440
Bo, Yang 456

Can, Xue 455
Cao, Cao (155 – 200) 86
Carter, James Earl (Jimmy)
 (1924 –) 505, 507
Chen, Boda (1904 – 1942) 176
Chen, Duxin (1879 – 1942) 132, 142
Chen, Jiangong 454
Chen, Jitong (Tcheng-Ki-Tong) 128
Chen, Kaige 472 – 473
Chen, Pingyuan 458
Chen, Xiaoming 458
Chen, Yi (1901 – 1972) 206, 577
Chen, Yun (1905 – 1995) 581
Cheng, Xiaodong 475
Chiam, See Tong 255
Chiang, Ching-kuo, siehe Jiang Jingguo
Chiang, Kai-shek (Jiang, Jieshi)
 (1887 – 1975) 138, 140, 143, 145,
 152, 159 – 161, 206 – 207, 210, 358,
 496, 500, 541, 572 – 574, 578
Choi, Yan-chi 488
Chruschtschow, Nikita Sergejewitsch
 (1894 – 1971) 499 – 501
Clinton, Bill (1946 –) 522
Cong, Weixi 452

Dai, Houying 452, 456
Dalai Lama 557

Deng, Xiaoping (1904 – 1997) 169,
 178 – 181, 183, 188, 194, 430, 470, 482,
 507, 509, 543, 545, 575, 577 – 582,
 584 – 588, 591, 594, 600
Duo, Duo 455

Fan, Bingqing 432
Fang, Keli 445
Fang, Lijun (1963 –) 487
Fang, Lizhi 585
Feng, Jicai 452
Feng, Youlan (1895 – 1990) 428
Feng, Yuxiang (1882 – 1948) 137
Fok, Henry 235
Fong, Allen 475

Gao, Xingjian 455
Gao, Yi 235
Ge, Fei 455
Geng, Jianyi (1962 –) 485
Goh, Chok Tong (1941 –) 242, 441,
 587
Goh, Keng Swee 248
Gorbatschow, Michael (1931 –) 183,
 508 – 509, 525 – 526, 586
Gu, Hua 453
Gu, Wenda (1955 –) 485, 489
Guo, Lianghui (1926 –) 464
Gützlaff, Karl August 123

Haig, Alexander (1924 –) 506, 508
Han, Dongfan 421
Han, Feizi (gest. 233 v. Chr.) 407
Han, Shaogong 455
Han, Suyin 459
Hark, Tsui 475
Hart, Sir Robert (1835 – 1911) 110
He, Jianjun 475
He, Lin (1902 – 1992) 428
He, Liwei 455
He, Ping 474

He, Shen (1750 – 1799)   105
Ho, Yim   475
Hong, Liangji (1746 – 1809)   104
Hong, Ren'gan (1822 – 1864)   109
Hong, Xiuquan (1814 – 1884)
   108 – 109, 121, 569
Hong, Ying   457
Hou, Hsiao-hsien   464, 476
Hsü, Hsiao-ming   476
Hu, Hanmin (1879 – 1936)   145
Hu, Jintao (1942–)   189
Hu, Shi (1891 – 1962)   132
Hu, Xueyang   474
Hu, Yaobang (1915 – 1989)   180, 182, 581 – 586
Hua, Guofeng (1921 –)   169, 178 – 179, 579 – 580, 600
Huang, Chunming   464
Huang, Hua (1913 –)   508
Huang, Jianxin   472 – 473
Huang, Jianzhong   471
Huang, Jun   474
Huang, Rui (1952 –)   483
Huang, Shuqin   471
Huang, Xing (1874 – 1916)   135
Huang, Yongping (1954 –)   485, 489
Hui, Ann   475
Huntington, Samuel   425, 433, 441, 564

Jelzin, Boris N. (1931 –)   526
Ji, Hongzhen   458
Ji, Pengfei   233
Jiang, Gui (1908 – 1980)   462
Jiang, Jingguo (Chiang, Ching-kuo) (1908 – 1988)   210, 214, 429, 549, 578, 585
Jiang, Qing (1913 – 1991)   174, 176, 581
Jiang, Zemin (1926 –)   189, 195, 519, 586 – 587, 591 – 592, 600
Jiang, Zilong   452

Kaiser Chongzhen
   (reg. 1628 – 1644)   96
Kaiser Hongwu (reg. 1368 – 1398)   96
Kaiser Jiajing (reg. 1522 – 1566)   96
Kaiser Jiaqing (reg. 1796 – 1820)   99, 111, 569

Kaiser Kangxi (reg. 1662 – 1722)
   98 – 99, 430
Kaiser Qianlong
   (reg. 1736 – 1796)   98 – 99, 102, 105, 107, 569
Kaiser Wanli (reg. 1573 – 1620)   96
Kaiser Yongle (reg. 1403 – 1424)   96
Kaiser Yongzheng
   (reg. 1723 – 1735)   98 – 99
Kaiserinwitwe Cixi (1835 – 1908)   111, 131, 570 – 571
Kang, Youwei (1858 – 1927)   129, 158, 570
Kant, Immanuel (1724 – 1804)   435, 443
Khubilai, Khan   95
Kim, Youngsam (1927 –)   523
Kissinger, Henry (1923 –)   504, 517, 578
Konfuzius (trad. 551 – 479 v. Chr.)   82, 427
Krugman, Paul   72

Lai, He (1894 – 1943)   462
Lai, Stan   476
Lao, She (1899 – 1966)   458
Laozi (4. Jh. v. Chr.)   82
Lau, Emily   230
Law, Alex   475
Lee, Ang   476
Lee, Kuan-yew (1923 –)   73, 242 – 243, 254, 429 – 430, 576, 587
Lee, Martin (Lee Chu-ming)   229, 586
Lee, Teng-hui (Li, Denghui) (1923 –)   213 – 214, 219, 549 – 550, 585, 592 – 593
Lei, Zhen   209
Leung, Mee-Ping (1961 –)   488
Li, Hongzhang (1823 – 1901)   110 – 111, 122
Li, Lanqing (1932 –)   438
Li, Peng (1928 –)   183, 189, 521, 585 – 587
Li, Qiao (1934 –)   463
Li, Rui   455
Li, Ruihuan (1934 –)   189
Li, Shaohong   473

Li, Xiannian (1909 – 1992)   580 – 581, 600
Li, Xianting   488
Li, Xiaoshan (1957 –)   484
Li, Zehou (1930 –)   426, 430, 434
Liang, Qichao (1873 – 1929)   130, 132, 158, 540
Liang, Shuming (1893 – 1988)   428, 434, 540
Liem, Sioe Liong   251
Lim, Chin   243
Lin, Biao (1907 – 1971)   174, 176 – 178, 576, 578
Lin, Zexu (1785 – 1850)   106, 125
Ling, Zifeng   470
Liu, Anping (1964 –)   487 – 488
Liu, Binyan   452, 585
Liu, E   450
Liu, Huaqing (1917–)   189
Liu, Shaoqi (1898 – 1969)   173, 500, 511, 575, 581, 600
Liu, Shu-hsien (1935 –)   429
Liu, Suola   454
Liu, Xinwu   453
Liu, Yichang   460
Liu, Zaifu   430, 453
Loh, Christine (Loh Kung-wai)   230
Long, Yingzong   462
Lü, Heruo (1914 – 1947)   462
Lu, Ping (1929 –)   233, 590
Lu, Weiluan   459
Lu, Xun (1881 – 1936)   132, 450, 453, 481
Lu, Yanzhou   453

Ma, Desheng (1952 –)   483
Ma, Jian   460
Ma, Yinchu (1882 – 1982)   361
Ma, Yuan   455
Ma, Zhenduo   434
Macartney, Lord George   107, 569
MacLehose, Murray   580
Mahathir, Mohammad (1925 –)   254, 545
Major, Ernest   127
Malthus, Thomas Robert (1766 – 1834)   359

Mao, Zedong (Mao, Tse-tung) (1893 – 1976)   142 – 143, 169, 172 – 173, 175, 178 – 179, 359, 361, 426, 428, 435, 481, 493, 496 – 497, 499, 501, 503, 511, 543, 572, 575 – 579, 600, 574, 544
Marx, Karl (1818 – 1883)   359
Mason, Richard   459
Mengzi (Menzius) (trad. 372 – 289 v. Chr.)   82, 427, 443
Mo, Yan   455
Möngkes (1229 – 1259)   95
Mou, Zongsan (1909 – 1995)   429, 432 – 435, 438, 443, 445
Murawjow, Graf Nikolai   495

Ni, Weihua   478 – 479
Nixon, Richard (1913 – 1994)   209, 503 – 504, 517, 578

Ong, Teng Cheong (1941 –)   590

Patten, Christopher (1945 –)   223, 226, 236 – 237, 589, 591
Peng, Dehuai (1898 – 1974)   143, 173, 576
Peng, Ge (1926 –)   462
Peng, Zhen (1902 – 1997)   189, 582, 600
Polo, Marco (1254 – 1324)   98
Puyi, Aisin Giorro (Kaiser Xuantong) (1906 – 1967)   141, 572

Qian, Mu (1894 – 1990)   428
Qian, Ning   547
Qian, Qichen (1928 –)   548, 590, 592
Qiao, Shi (1924 –)   591, 600
Qiong, Yao (1938 –)   464 – 465
Qu, Leilei (1951 –)   483
Qu, Qiubai (1899 – 1935)   142

Raffles, Sir Stamford (1781 – 1826)   241, 569
Reagan, Ronald (1911 –)   507, 583
Ricci, Matteo (1552 – 1610)   98

San, Mao (1943 – 1991)   464
Schall von Bell, Johann Adam   98

Shen, Rong 453
Shi, Shuqing 459
Shi, Tiesheng 455
Shi, Yong 478 – 479
Snow, Edgar 504
Song, Jian 351
Song, Jiaoren (1882 – 1913) 136
Song, Zelai (1952 –) 463
Stalin, Iossif W. (1879 – 1953) 142, 496 – 497, 499 – 500
Su, Tong 455
Sun, Ganlu 455
Sun, Yat-sen (Sun, Yixian) (1866 – 1925) 124, 132, 135, 137 – 138, 148, 154, 158 – 159, 208, 358, 417, 541 – 542, 571 – 572

Tang, Junyi (1909 – 1978) 429
Tang, Yijie 445
Thatcher, Margeret (1925 –) 582
Tian, Zhuangzhuang 472 – 473
Tschingis, Khan (ca. 1160 – 1227) 95
Tu, Wei-ming (Du, Weiming) (1940 –) 428 – 429, 432, 437, 439 – 440, 550
Tung, Chee-Hwa (Dong, Jianhua) 229, 237, 594

Waldersee, Graf Alfred (1832 – 1904) 131
Wang, Anshi (1021 – 1086) 408
Wang, Anyi 453, 455
Wang, Haowei 471
Wang, Jingwei (1883 – 1944) 138, 140, 145
Wang, Keping (1949 –) 483
Wang, Mang (9 – 23) 86
Wang, Meng (1934 –) 453
Wang, Ruowang 452
Wang, Shuo 455 – 457
Wang, Tung 476
Wang, Tuo 463
Wang, Wenxing 463
Wang, Xiaoshuai 475
Wang, Zhen (1910 – 1993) 581
Wei, Jingsheng 179, 581, 592
Wei, Yuan (1794 – 1856) 104
Winsemius, Albert 242

Wong, Kar-wai 475
Wu, Mali (1957 –) 489
Wu, Tianming 471, 473
Wu, Ziniu 473

Xi, Xi 460
Xi, Yang 235
Xiao, Hong 459
Xiao, Lu (1962 –) 486
Xie, Fei 471
Xie, Jin 470 – 471
Xie, Tieli 470
Xin, Guanjie 431, 433
Xiong, Shili (1885 – 1968) 428, 442
Xu, Beihong (1895 – 1953) 481
Xu, Fuguan (1902 – 1982) 428 – 429, 443
Xu, Jiatun (1917 –) 233
Xu, Xiangpian (1901 – 1990) 581
Xunzi (300 – 230 v. Chr.) 82, 408

Yan, Fu (1853 – 1921) 116, 128, 130, 540
Yang, Edward 465, 476
Yang, Jiang 453
Yang, Kui (1906 – 1985) 462
Yang, Qingchu (1940 –) 463
Yang, Shangkun (1907 –) 585
Yang, Yushu (1944 –) 483
Ye, Jianying (1897 – 1986) 582, 600
Ye, Zhaoyan 455
Yip Kwok Wah (Yee Guohua) 229
Youde, Edward 583
Yu, Dafu (1896 – 1945) 459
Yu, Hua 455
Yu, Luojin 452
Yü, Ying-shih (1930 –) 429, 432, 447
Yuan, Shikai (1859 – 1916) 102, 136, 571

Zeng, Guofan (1811 – 1872) 110, 122
Zhang, Ailing 459
Zhang, Chengzhi 456
Zhang, Dainian 444
Zhang, Jie 452
Zhang, Junmai (Carson Chang) (1887 – 1969) 428 – 429, 432, 442

Zhang, Junzhao 473
Zhang, Nuanxin 471
Zhang, Peili (1957 –) 485
Zhang, Wenhuan (1909 – 1978) 462
Zhang, Xianliang 453, 456
Zhang, Xinxin 452
Zhang, Xueliang (1901 –) 162
Zhang, Yimou 472 – 473
Zhang, Yuan 475
Zhang, Yunsheng 233
Zhang, Zai (1020 – 1078) 64, 441
Zhang, Zongchang (1881 – 1909) 137
Zhao, Henry 458
Zhao, Shaoruo (1962 –) 487
Zhao, Wenliang (1937 –) 483
Zhao, Ziyang (1919 –) 180, 182, 410, 429, 441, 581 – 583, 585 – 586
Zhou, Enlai (1898 – 1976) 159, 177 – 178, 361, 503 – 504, 578 – 579, 600
Zhou, Nan (1927 –) 229
Zhou, Xiaowen 473
Zhu, De (1885 – 1976) 143, 600
Zhu, Rongji (1928 –) 189, 520, 588
Zhu, Xi (1130 – 1200) 65
Zhu, Yuanzhang (reg. 1328 – 1398) (Kaiser Hongwu) 96
Zhuangzi (um 365 – 290 v. Chr.) 82
Zou, Jiahua (1926 –) 588
Zong, Pu 453

Sachregister

ASEAN   252, 321, 516, 530 – 532, 675
Außenpolitik der VR China   493, 515, 560
(siehe auch USA, Deutschland)
- Allianz mit der UdSSR   494 – 498, 510
- Annäherung an die USA   503 – 504
- Bruch mit der UdSSR   499, 501, 576
- Diplomatie der Äquidistanz   506, 509, 511
- Ein Land – zwei Systeme   552
- Grenzfragen   506, 530
- Grenzkonflikte   499, 503, 526, 576, 578
- Grenzverträge mit der UdSSR   495
- Hongkong   227, 232, 234, 555
- Koreakrieg   497, 502, 574
- Menschenrechtsfrage   316, 670
- Multipolarität   513, 538
- Öffnungspolitik   287
- Sicherheitspolitik   497, 507 – 508, 559
- Spratley-Inseln   531
- strategische Partnerschaft   528
- Taiwanfrage   501, 505, 507 – 508, 517, 523, 551, 555, 592 – 593, 672 – 673
- UNO-Mitgliedschaft   209, 511, 578, 672
Außenwirtschaft   54, 287, 302, 317, 647
- Außenhandel   287 – 288, 303 – 304, 315 – 317, 321, 535, 616, 648, 650, 671, 673, 680
- ausländische Direktinvestitionen   290, 305, 318, 324, 649, 656, 680
- Internationaler Währungsfonds (IMF)   289, 309 – 311, 581, 601
- Öffnungspolitik   273, 278, 302
- Wechselkursliberalisierung   288 – 289
- Weltbank   309 – 311, 581, 601

- Wirtschaftshilfe der UdSSR   498
- WTO   287, 309, 312, 314, 537, 592, 601

Beamte   92, 105
- Beamten-Gelehrte   60, 444, 480, 540
- Korruption   323, 389, 393, 398, 404, 592
- Prüfungssystem (Kaiserzeit)   93, 105, 112, 480, 571
Bevölkerung   607, 616
- Bevölkerungsentwicklung   40 – 41, 99, 103, 358, 361, 365, 369, 367, 381, 595, 604
- Bevölkerungsverteilung   40, 371, 605
- Geburtenkontrolle   359 – 362, 364, 388
- Lebenserwartung   366
- Migration   41, 43, 67, 268, 282, 328, 361 – 362, 558
- Minderheiten   41, 363, 371, 556, 560
Bildungssystem   150, 296 – 297, 608 – 610

Deutschland
- Asienkonzept   668
- Beziehungen zu Hongkong   668, 675, 678, 680 – 681
- Beziehungen zu Singapur   668, 675, 678, 682
- Beziehungen zu Taiwan   668, 673 – 674, 678, 680 – 681
- Beziehungen zur VR China   668 – 673, 677, 679 – 680
- DDR   671
- Entwicklungshilfe   671
Dynastien   103, 568
- Han   84 – 86
- Liao   91

689

- Ming 96 – 97, 102
- Qin 83
- Qing 65, 98, 102, 105 – 106, 108 – 110, 112, 121, 450, 495
- Shang 81
- Song 92 – 94
- Tang 88 – 91
- Xia 81
- Yuan 95
- Zhou 81 – 82

Einkommen 395
- Einkommensentwicklung 386, 612, 616 – 617
- Einkommensunterschiede 55, 281, 384, 386 – 387, 394

Energie 47, 335, 535, 639 – 640
- Erdöl 48, 531
- Kohle 47 – 48

Energiepolitik 48, 339, 344

Europäische Union
- ASEM 668, 676
- Asienstrategie 668
- Wirtschaftsbeziehungen zum chinesischen Wirtschaftsraum 319

Familie 59 – 62, 64 – 65, 75, 255, 380, 390, 397, 401, 437, 441
- Clan 62, 398 – 400, 430
- Familienunternehmen 72
- Lineage 59, 62

Geschichte (s. auch Opiumkrieg, Dynastien, Republikzeit) 567
- Bevölkerungsentwicklung 99, 103
- Boxeraufstand 131, 154, 570
- Bürgerkrieg 109
- Bürokratie 85, 92, 112, 121
- Chinesisch-japanischer Krieg (1894/95) 118, 128, 570
- Chinesisch-japanischer Krieg (1937 – 1945) 157, 573
- Chronologie 569 – 594
- Einfluß des Auslands 110, 115, 125
- Einheitsstaat 83, 92, 96, 99
- Fremdherrschaft 95, 98
- Gründung der Volksrepublik 166, 169, 493, 574
- Industrialisierung 99, 121, 148
- Kriegsherren (warlords) 122, 136, 162, 571
- Modernisierung 109 – 111, 130
- Nordfeldzug 138, 572
- Reformen 1898 131, 570
- Revolution von 1911 571
- Selbststärkungsbewegung 111, 122, 125, 570
- Taiping-Aufstand 108 – 109, 119, 121, 124, 569
- Ungleiche Verträge 106, 162, 501 – 502, 544, 569
- Vierte-Mai-Bewegung 120, 133, 571
- westliche Großmächte 107 – 108, 110, 113 – 114, 154 – 155, 162
- Wirtschaft 93, 97, 99, 105, 113, 148 – 150, 155 – 156

Gesellschaft
- civil society 70
- Einfluß des Auslands 115 – 116, 119, 123, 126, 131, 163
- Eliten 61, 64, 69, 115, 118, 120, 158, 393 – 396
- Gentry 60, 112, 114, 116
- Interessengruppen 404
- Märkte 42, 60 – 61
- Modernisierung 110 – 111, 180, 255, 409, 425, 428, 435, 473, 536
- Netzwerke 73 – 74, 399, 534, 553
- Selbstorganisation 70 – 71, 73 – 74, 389, 401, 403, 537
- Wertewandel 396, 437

Großbritannien 105 – 107, 155, 222, 582, 587 – 588, 590
- Gemeinsame Erklärung 583
- Joint Liaison Group 233, 585 – 586

Guomindang (Nationalpartei/GMD) 145 – 147, 165, 206 – 207, 210, 212, 215, 217, 548 – 549, 571 – 572
- Bürgerkrieg (1945 – 1949) 152, 164, 573

- Drei Grundlehren vom Volk 159, 208, 216

Hongkong 53, 115, 222, 276, 314, 416, 553, 569, 581 – 583, 588, 590, 594, 601, 607, 675
- Außenwirtschaft 54, 304 – 307, 319, 661, 681
- Basic Law 222, 226 – 228, 584, 587
- Bildende Kunst 479, 488 – 489
- Durchfahrender Zug 226 – 227
- Ein Land – zwei Systeme 232
- Film 460, 475
- Gemeinsame Erklärung 222, 583
- Guangdong 53, 274
- Joint Liaison Group 233, 585 – 586
- Literatur 459
- Parteien 228 – 229
- Partizipation 224
- Politische Institutionen 223, 227, 231, 234, 592, 660
- Rechtssystem 416
- soziale Entwicklung 662
- Verhältnis zur VR China 227 – 228, 230, 232, 234, 237
- Vertrag von Nanjing (1842) 107, 569
- Wahlreformen 226
- Wirtschaftsentwicklung 661 – 662
- Wirtschaftspolitik 263

Industrie 273, 305, 335, 340, 619, 629, 631 (s. auch Geschichte, Wirtschaftspolitik)
- Branchen 350, 638
- Industrialisierung 148, 267 – 268, 326, 381
- Kohleindustrie 344
- Schwerindustrie 639
- Stahlindustrie 639

Japan 103, 130, 162, 164, 317, 515, 517, 520 – 521, 523 – 524, 582, 593
- 21 Forderungen 136, 157, 159
- Chinabesuch des Tenno 518
- Chinesisch-japanischer Krieg (1894/95) 118, 128, 516, 570
- Chinesisch-japanischer Krieg (1937 – 1945) 151, 157, 163, 573
- Entwicklungshilfe 318, 521
- Invasion der Mandschurei 140, 160
- Manchukuo (Manzhuguo) 141, 161, 572
- Mukden-Zwischenfall (1931) 141, 160
- Senkaku-Inseln 71, 209
- Wirtschaftsbeziehungen zur VR China 317 – 318, 519

Kommunistische Partei Chinas (KPCh) 120, 133, 138, 142, 166, 171 – 173, 176, 181, 187, 197, 203, 300, 326, 393, 543, 572, 599
- 3. Plenum des XI. ZK (1978) 179, 580
- Bürgerkrieg (1945 – 1949) 152, 164, 573
- Führung 175, 178, 182, 188 – 190, 198, 385, 411, 600
- Korruption 193, 197, 382, 389, 393, 398, 592
- Langer Marsch 144, 161, 572
- Organisation 191 – 192
- Parteiorganisation 187 – 188
- Sowjetgebiete 143
- Trennung von Partei und Staat 194
- Vier Grundlegende Prinzipien 180, 192, 411
- XIV. Parteitag (1992) 184, 190, 195, 280, 589

Konfuzianismus 65, 129, 253 – 254, 421, 425 – 427, 430, 434, 440, 444 – 445, 454, 545
- versus Demokratisierung 429, 437, 441
- versus Verwestlichung 431, 436

Kultur 432, 541
- Abgrenzung vom Westen 433 – 434, 446, 480, 545 – 546
- Avantgarde 451, 454 – 455, 473, 479, 484, 486, 547
- Bildende Kunst 478, 480, 482, 485
- Film 451, 468 – 469, 471 – 472
- Guanxi (Beziehungen) 73, 327, 430

- Identitätsfindung 71, 74, 431, 435, 459, 465, 473 – 474, 486, 540
- Kulturkritiker 457
- Kulturpolitik 484
- Kulturrevolution 482
- Literatur 451, 454
- Modernisierung 474
- Schrift 80
- Übersetzungen 123, 127 – 128, 130, 454
- Vierte-Mai-Bewegung 450, 481, 571

Kulturraum, chinesischer 23, 58, 68, 261, 264, 273, 434, 447, 450, 476, 550, 562 (s. auch Konfuzianismus)
- asiatische Werte 254, 436, 440
- Auslandschinesen 68, 253, 534, 553
- Entwicklungsstrategien 262
- Identitätsfindung 459
- Wettbewerb der Systeme 266
- »asiatische Werte« 255

Kunst, Literatur 449

Landwirtschaft 150, 268, 385, 387, 589, 619, 631, 636
- Abgabenlast 387
- Agrarregionen 36
- Anbaufläche 34 – 35, 369, 636
- Düngemittel 636
- Getreide 35, 282, 381, 584, 616, 635
- Kollektivierung 171, 575, 634
- Reformen 280 – 281, 390

Macau 54, 416
Militär 110, 139, 146, 159, 175, 183, 195, 521 – 522, 527, 584
Missionare 97 – 98, 108, 116, 123 – 124, 129

Nation 58, 69, 129 – 130, 156, 534, 539 – 540, 542, 561 – 562
Nationalismus 69, 71, 133, 164, 383, 425, 440, 447, 457, 480, 523, 538 – 539, 543 – 544, 546, 548, 558, 564, 591
- Abgrenzung vom Westen 547
- nationale Identität 540 – 541, 548
- Selbststärkungsbewegung 111, 122

- taiwanesischer 551
Neokonfuzianismus 64, 426, 428, 432, 436, 439, 442, 447
Nordkorea 520, 523

Ökologie (s. auch Energie)
- Abgase 330, 340
- Bodenerosion 39, 342 – 343
- Bodenversalzung 34
- CO_2-Emissionen 340, 344 – 346, 640
- Luftqualität 335, 342
- Müll 340
- Naturkatastrophen 104
- Umweltorganisationen 350, 352
- Umweltprobleme 323, 327, 329, 344, 373
- Wasser 39, 331, 333
- Wüstenbildung 34, 342, 344

Opiumkrieg (1839 – 1842) 106 – 107, 125, 154, 222, 495, 569
- Vertrag von Nanjing (1842) 107, 569
- Zweite Vertragsordnung (1860) 107, 108, 113

Politik 598 – 600 (s. auch Außenpolitik, Wirtschaftspolitik, Kommunistische Partei Chinas)
- Bevölkerungspolitik 358, 361 – 362
- Beziehung Zentrale/Regionen 190, 299, 382, 415, 563
- Bürokratie 112, 299 – 300, 388, 563
- civil society 439
- Demokratiebewegung (1989) 182 – 183, 225, 470, 486, 513, 518, 586, 588, 670
- Guomindang (Nationalpartei/ GMD) 120, 136, 138
- Hundert-Blumen-Bewegung 172, 360, 575, 672
- Interessengruppen 353, 400 – 404
- Kampagnen 172, 174, 187, 271, 409, 453, 469, 483, 502, 544, 560, 574 – 575, 583
- Kulturpolitik 469, 481 – 482

- Kulturrevolution 174 – 177, 179, 198, 361, 510, 557, 577, 580
- Minderheiten 204, 363, 383
- Minderheitenpolitik 527
- neuer Autoritarismus 429, 441
- Selbstorganisation 389, 537
- Umweltpolitik 325, 333, 339, 347, 349, 351, 353, 355
- Vier Grundlegende Prinzipien 180, 192
- Viererbande 174, 179, 579, 581

Recht 94, 399, 407
- Gesetzesschule (fajia) 407
- Menschenrechte 374, 417 – 418, 420 – 421, 558, 588
- Rechtstradition 407, 412, 416, 420
- Umweltrecht 348
- Wirtschaftsgesetzgebung 413 – 414

Regionen 32, 49, 204
- Agrarregionen 36
- Bevölkerungsverteilung 40, 360, 371, 605
- Beziehung Zentrale/Regionen 52, 190, 291, 299, 646
- Bürokratie 299
- Entwicklungsunterschiede 295, 297, 537, 562, 609, 620, 632
- Migration 296
- naturräumliche Gliederung 31
- Provinzen 52
- regionale Interessenkonflikte 50, 294 – 295, 383
- Wirtschaftsregionen 49, 56, 156, 295

Religion 62, 443, 557
- Ahnenkult 62 – 63, 430
- Buddhismus 87, 90
- Christentum 116, 127
- Taoismus (Daoismus) 82, 86
- Volksreligion 63 – 64

Republikzeit
- Bürgerkrieg (1945 – 1949) 152, 164, 573
- Chinesisch-japanischer Krieg (1937 – 1945) 151, 163, 573
- Einheitsfront 572 – 573

- Gründungsphase 132, 136
- Guomindang (Nationalpartei/ GMD) 138, 140, 144 – 145
- Invasion der Mandschurei 140, 160
- Kommunistische Partei Chinas (KPCh) 138, 142 – 144
- Kriegsherren (warlords) 136, 139, 162
- Nanjing-Dekade (1927 – 1937) 144, 146, 160, 408, 572
- Nordfeldzug 138, 150, 160
- Xi'an-Zwischenfall 144, 161

Rußland 322, 515, 525 – 526, 529 – 530, 593 (s. auch UdSSR)
- chinesisch-russische Partnerschaft 526
- chinesische Siedler 529
- strategische Partnerschaft 528
- Wirtschaftsbeziehungen zur VR China 527

Singapur 55, 68, 240, 276, 440, 573, 576, 587 – 588, 607, 675
- Außenwirtschaft 682
- ausländische Direktinvestitionen 244, 247, 250, 256
- Central Provident Fund 245, 247, 250
- Geschichte 241, 243
- nationale Grundwerte 254
- People's Action Party (PAP) 242 – 243, 246, 256, 576
- Präsidentschaftswahlen 590
- Regierung 664
- soziale Entwicklung 666
- Wirtschaftsentwicklung 248 – 249, 251, 665
- Wirtschaftspolitik 244, 247 – 248, 250, 252, 263

Sonderwirtschaftszonen 51, 53, 303, 585

Sprache 58, 66 – 67, 132 – 133, 465, 549
- Schrift 67, 80, 430

Staat 104, 300, 382, 441, 542, 561
- Dezentralisierung 174, 181, 190, 290, 327, 537

693

- Einheitsstaat 83, 99, 407, 414, 541 – 542, 545, 556
- Korruption 193

Südkorea 207, 321, 405, 523, 589

Taiwan 36, 54, 66, 68, 152, 157, 206 – 207, 265, 271, 276, 405, 548, 570, 574, 576, 590, 592, 601, 607, 673 (siehe auch Guomindang)
- Außenpolitik 209, 216 – 217
- Außenwirtschaft 307, 654 – 656, 681
- Beschäftigung 614
- Bildende Kunst 488
- Demokratisierung 70, 214, 422, 555
- Ein-China-Politik 68, 218 – 219, 552
- Festländer 68, 206, 269, 462, 549
- Film 464, 475
- Fujian 54
- Kriegsrecht 207, 213
- Literatur 461, 463 – 464, 466
- Mehrparteiensystem 215 – 216
- Opposition 210, 212 – 214
- politisches System 652
- Rechtssystem 408 – 409, 416 – 417
- Rolle des Staates 653
- soziale Entwicklung 657 – 658
- Taiwanesen 206, 208, 210, 461, 463, 549
- USA 207, 212, 269
- Verfassung 207 – 208, 214, 219 – 220, 418, 589
- Verhältnis zur VR China 209, 217 – 219, 308, 314, 451, 552, 582, 585, 587 – 589
- Wahlen 210 – 211, 213 – 215, 551, 591, 593, 652
- Weißer Terror 208
- Wirtschaftsentwicklung 612 – 613, 653 – 654, 657
- Wirtschaftspolitik 263 – 264, 266, 270, 275

Tibet 383, 547, 557 – 558, 561, 576, 585, 587, 670

Transportsystem 48 – 49, 149, 296, 298 – 299, 641 – 642

UdSSR 162, 266, 494, 508, 582, 587, 669, 672
- Grenzkonflikte 578
- Grenzverträge 495
- Wirtschaftshilfe 498, 501

UNO-Mitgliedschaft 504, 601

Unternehmen
- Eigentumsformen 628 – 629
- Familienunternehmen 72 – 73, 391
- Größenstrukturen 629
- ländliche Unternehmen 283 – 284, 341, 392, 397, 630, 631 – 632
- Netzwerke 73 – 74
- und Partei 188, 195, 393 – 394
- Privatunternehmen 283, 391, 585, 624
- Staatsunternehmen 284 – 285, 291, 294, 381, 413, 583, 594, 624

Urbanisierung 40, 43 – 44, 89, 93, 325, 606
- Stadt-Land-Unterschiede 50, 55, 70, 368, 386, 621 – 622
- Städtesystem 42, 46

USA 164, 266, 515, 522, 524, 547 – 548, 578, 592, 669
- Eindämmungspolitik 502, 524
- Koreakrieg 207
- Menschenrechtsfragen 523 – 524, 591
- militärische Kooperation 505 – 506
- Nixon-Doktrin 503
- Schutz geistigen Eigentums 523, 592
- Taiwanfrage 507 – 508, 551, 580
- Wirtschaftsbeziehungen zur VR China 315 – 316, 502

Verfassungen 140, 171, 347, 418 (siehe auch Taiwan, Hongkong – Basic Law)
- Verfassung der Republik 136
- Verfassungen der VR China 410, 414, 574, 579, 582, 585

Wirtschaftsentwicklung 328, 612, 616, 618

- Beschäftigung 284, 614, 624 – 626, 630
- Konsum 621 – 622
- regional 620
- Wirtschaftsstruktur 613, 619, 625
Wirtschaftspolitik 265, 268, 587 – 588, 590 – 591
- 1. Fünfjahresplan 171, 498, 574
- Bankensystem 290, 292 – 293, 644
- Beschäftigung 282, 286, 373, 384, 391, 584
- Beziehung Zentrale/Regionen 52, 646
- Finanzsystem 290, 292, 296, 388, 645 – 646
- Großer Sprung nach vorn 172 – 173, 268, 360, 500, 575 – 576
- ländliche Unternehmen 283, 341
- maoistisches Wirtschaftsmodell 173 – 174, 177, 268, 270, 272
- Marktliberalisierung 278 – 279, 281, 385, 413, 621
- Privatisierung 278 – 279, 284, 390
- Reformen 273, 278, 328, 379
- Reformpolitik 180 – 181, 183, 187, 190, 197
- Republikzeit 148
- sowjetisches Wirtschaftsmodell 172, 266, 325, 360
- soziale Sicherung 384, 626
- Staatsunternehmen 283, 286, 291, 294
- Steuersystem 291
- Vier Modernisierungen 178 – 179, 579 – 580
- Wirtschaftsgesetzgebung 413
Wirtschaftsraum, chinesischer 31, 273 – 274, 302, 308, 553
- Auslandschinesen 534, 554
- Entwicklungsstrategien 262, 265, 270
- Netzwerke 538, 553, 555
- Wettbewerb der Systeme 261, 272, 556

Xinjiang 371, 383, 527, 559, 561, 594

695

Verzeichnis der Autoren

BETKE, DIRK, M. A.; Sinologe und Landschaftsplaner, Institut für Management in der Umweltplanung (IMIUP) der Technischen Universität Berlin.

FISCHER, DORIS; Dipl.-Kauffrau und Sinologin, wissenschaftliche Mitarbeiterin am Lehrstuhl Ostasienwissenschaft/China, Institut für Ostasienwissenschaften, Gerhard-Mercator-Universität – Gesamthochschule – Duisburg.

FRIEDRICH, STEFAN, M. A.; wissenschaftlicher Mitarbeiter, Institut für Asienkunde, Hamburg.

GLAUBITZ, JOACHIM, Dr.; Professor für politische Wissenschaften, Universität Chemnitz.

GU, XUEWU, Dr. habil.; wissenschaftlicher Assistent am Seminar für Wissenschaftliche Politik der Albert-Ludwigs-Universität Freiburg im Breisgau.

HALBEISEN, HERMANN, Dr.; wissenschaftlicher Mitarbeiter der Sektion Politik Ostasiens an der Ruhruniversität Bochum; Chefredakteur der Zeitschrift »Wirtschaftswelt Chinas«.

HEBERER, THOMAS, Dr.; Professor für Politikwissenschaften/Ostasien am Zentrum für Ostasien-Pazifik-Studien der Universität Trier.

HEILMANN, SEBASTIAN, Dr.; wissenschaftlicher Referent (Innenpolitik VR China) am Institut für Asienkunde, Hamburg.

HERRMANN-PILLATH, CARSTEN, Dr.; Professor für gesamtwirtschaftliche und institutionelle Entwicklung; Leiter des Instituts für kulturvergleichende Wirtschaftsforschung an der Universität Witten-Herdecke.

HEUSER, ROBERT, Dr.; Professor für Chinesische Rechtskultur im Studiengang Moderne China-Studien an der Universität zu Köln.

KRAMER, STEFAN, Dr.; Filmwissenschaftler und Sinologe, Essen.

LACKNER, MICHAEL, Dr.; Professor für Sinologie am Ostasiatischen Seminar der Universität Göttingen.

MARTIN, HELMUT, Dr.; Professor für Sprache und Literatur Chinas an der Fakultät für Ostasienwissenschaften der Ruhr-Universität Bochum.

MEISSNER, WERNER, Dr.; Professor für Politikwissenschaft am Department of Government and International Studies, GIS, Hong Kong Baptist University.

MENKHOFF, THOMAS, Dr.; Human Resources Development Council, Kuala Lumpur.

MÜLLER-HOFSTEDE, CHRISTOPH, M. A.; Sinologe und Politikwissenschaftler, wissenschaftlicher Mitarbeiter des Ost-West-Kollegs der Bundeszentrale für politische Bildung, Brühl.

NOTH, JULIANE, Kunsthistorikerin und Sinologin, Berlin.

OSTERHAMMEL, JÜRGEN, Dr.; Professor für Neuere Geschichte am Institut des Hautes Etudes Internationales, Genf.

SANDSCHNEIDER, EBERHARD, Dr.; Professor für Politikwissenschaften am Institut für Politikwissenschaften der Universität Mainz.

SCHARPING, THOMAS, Dr.; Professor für Neuere Geschichte/Politik, Wirtschaft und Gesellschaft Chinas im Studiengang Moderne China-Studien an der Universität zu Köln.

SCHMIDT-GLINTZER, HELWIG, Dr.; Prof. für Geschichte Chinas an der Universität Göttingen; Direktor der Herzog August Bibliothek Wolfenbüttel.

SCHUBERT, GUNTER, Dr.; wissenschaftlicher Mitarbeiter der Forschungsstätte der Evangelischen Studiengemeinschaft e. V., Institut für interdisziplinäre Forschung Heidelberg.

SCHÜLLER, MARGOT, Dr.; wissenschaftliche Referentin (Wirtschaft VR China) am Institut für Asienkunde, Hamburg.

SONG XUEMING, Dr.; wissenschaftlicher Mitarbeiter am Lehrstuhl Ostasienwirtschaft/China, Institut für Ostasienwissenschaften, Gerhard-Mercator-Universität – Gesamthochschule – Duisburg.

TAUBMANN, WOLFGANG, Dr.; Professor für Geographie am Fachbereich Sozialwissenschaften der Universität Bremen.

WAGNER, RUDOLF G., Dr.; Professor für Sinologie an der Universität Heidelberg.

WEGGEL, OSKAR, Dr.; Wissenschaftlicher Referent (Außenpolitik VR China) am Institut für Asienkunde, Hamburg.

HES REICH
Irkutsk
Amur
Urga
ußere Mongolei
1697
Mandschurei
Khorchin
1629-30
MANDSCHU
Shenyang (Mukden)
(Hauptstadt 1625-44)
Innere Mongolei
(Chahar 1635)
Beijing (Peking)
(Hauptstadt seit 1421)
781-1804
KOREA
ZHILI
1644
SHANXI
1644-45
SHANDONG
1645
1807
1781-1804
GANSU
1649
1811-14
Gelbes Meer
JAPAN
ES REICH
Hwangho
SHAANXI
1645-46
HENAN
1644-45
JIANGSU
1645
ANHUI
1645
1746-49
1795-1804
HUBEI
1645
SICHUAN
1646
Jangtsekiang
ZHEJIANG
1646
Ost-chinesisches Meer
1726-29
1795-97
HUNAN
1647-50
JIANGXI
1649-52
FUJIAN
1646
GUIZHOU
1658
Taiwan
(1624-1662 niederländisch
1662-1682 Ming-Loyalisten
1683 Qing-Dynastie)
YUNNAN
1659
1790
GUANGDONG
1650-55
GUANGXI
1650-52
Guangzhou (Kanton)
Macao
(1555 port.)
ANNAM
Südchinesisches Meer
AM
LAOS
Hainan
Philippinen

Ingenieurbüro für Kartographie J. Zwick. Gießen

China im 17. bis Anfang 19. Jahrhundert

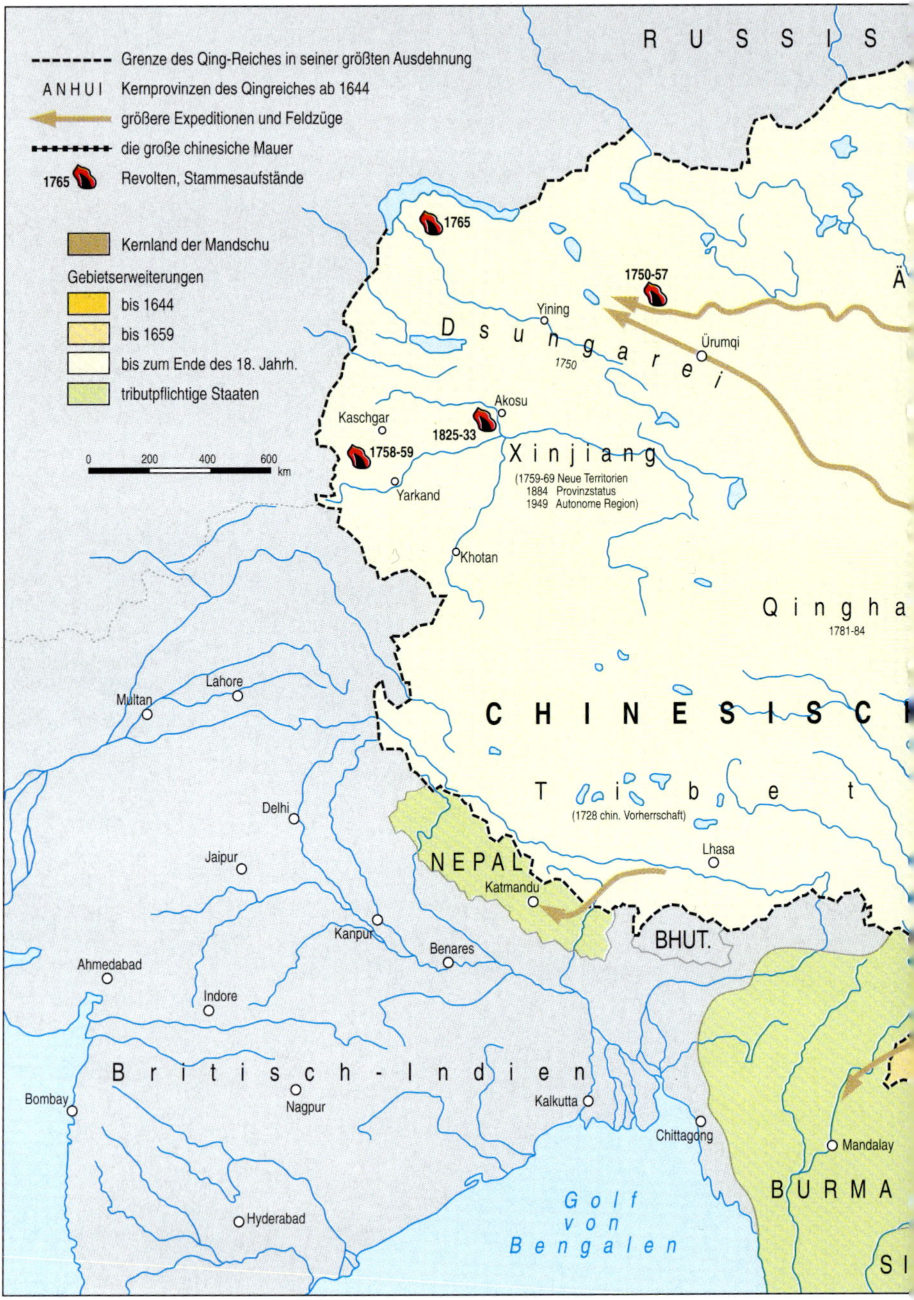

- - - - - Grenze des Qing-Reiches in seiner größten Ausdehnung
ANHUI Kernprovinzen des Qingreiches ab 1644
→ größere Expeditionen und Feldzüge
•••••••• die große chinesische Mauer
1765 Revolten, Stammesaufstände

Gebietserweiterungen:
- bis 1644
- bis 1659
- bis zum Ende des 18. Jahrh.
- tributpflichtige Staaten
- Kernland der Mandschu

0 200 400 600 km

RUSSLAND

Dsungarei
Urumqi 1750
Yining
1750-57
1765

Xinjiang
(1759-69 Neue Territorien
1884 Provinzialstatus
1949 Autonome Region)
Kaschgar Aksou Khotan Yarkand
1758-59
1825-33

Qinghai 1781-84

CHINESISCH

Tibet
Lhasa
(1728 chin. Vormacht)

NEPAL
Kathmandu
BHUT.

BURMA
Mandalay

Britisch-Indien
Delhi, Multan, Lahore, Jaipur, Ahmedabad, Indore, Kanpur, Benares, Nagpur, Bombay, Hyderabad, Kalkutta, Chittagong

Golf von Bengalen

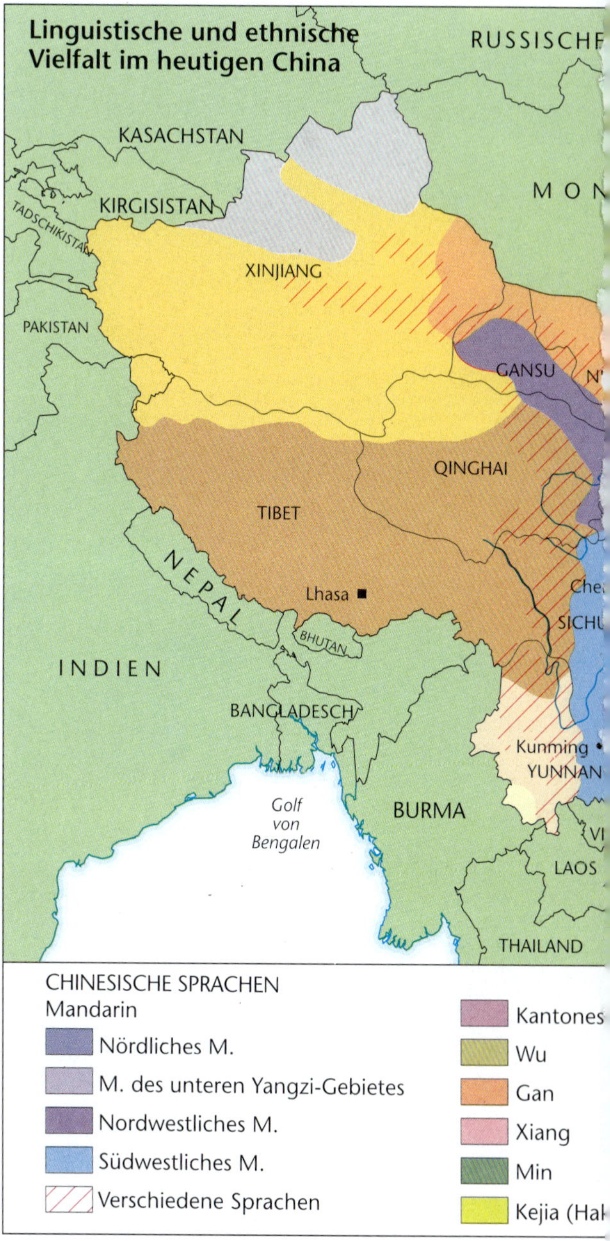

Linguistische und ethnische Vielfalt im heutigen China

CHINESISCHE SPRACHEN

Mandarin
- Nördliches M.
- M. des unteren Yangzi-Gebietes
- Nordwestliches M.
- Südwestliches M.

- Kantones
- Wu
- Gan
- Xiang
- Min
- Kejia (Hakka)

- Verschiedene Sprachen

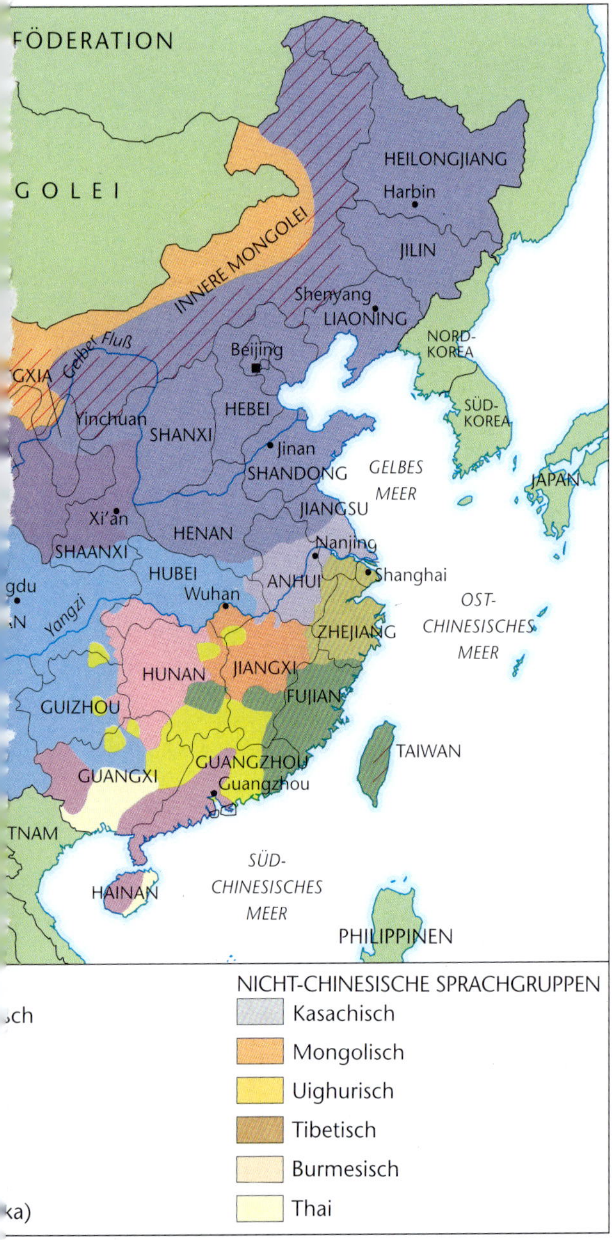

Quelle: China. Eine illustrierte Geschichte. Campus Verlag 1996

NICHT-CHINESISCHE SPRACHGRUPPEN

- Kasachisch
- Mongolisch
- Uighurisch
- Tibetisch
- Burmesisch
- Thai

Map: China – Treaty Ports and Foreign Concessions

Ingenieurbüro für Kartographie J. Zwick, Gießen

Labels (clockwise / by region)

- **SIBIRISCHES REICH** (Russian Empire)
- **Amurgebiet** – zwischen 1689 und 1858 schrittweise an Russland
- **Irkutsk**
- **Wladiwostok**
- **Mandschurei** (bis 1905 russ. besetzt, seit 1905 jap. Einfluß, 1931 jap. Okkupation)
- **Harbin** (1905)
- **Ulan Bator**
- **Mongolei**
- **Dandong** (1903)
- **Niuzhuang** (1858)
- **Dalian (Pt. Arthur)** (1905 jap. Protektorat, 1910 von Japan annektieren) – bis 1898 tributpflichtig, 1895 unabhängig
- **Korea**
- **Beijing (Peking)**
- **Tianjin** (1860)
- **Zhifu** (1858)
- **Weihaiwei** (brit. Pachtgeb. 1930)
- **Qingdao (Tsingtau)** (1898)
- **Gelber Fluss**
- **Gelbes Meer**
- **JAPAN**
- **CHINESISCHES REICH**
- **Zhenjiang** (1858)
- **Nanjing** (1858)
- **Suzhou** (1895)
- **Shanghai** (1842)
- **Wuhu** (1870)
- **Hangzhou** (1895)
- **Ningbo** (1842)
- **Wenzhou** (1858)
- **Ost-chinesisches Meer**
- **Hankou** (1858)
- **Jiujiang** (1858)
- **Shashi** (1895)
- **Yichang** (1876)
- **Wanxian** (1902)
- **Chongqing** (1890)
- **Changsha** (1903)
- **Fuzhou** (1842)
- **Xiamen (Amoy)** (1842)
- **Taiwan** (1895–1945 japanisch)
- **Shantou (Swatow)** (1858)
- **Guangzhou (Kanton)** (1842)
- **Wuzhou** (1897)
- **Nanning** (1897)
- **Longzhou** (1889)
- **Mengzi** (1886)
- **Simao-Gebiet** (1895)
- **Tengchong (Tengüe)** (1897)
- **Macao** (1565 port.)
- **Hongkong** – 1842 Abtretung Hongkongs an England zur Kronkolonie; 1860 Abtretung der Hl. Kowloon; 1898 Pachtvertrag über die "New Territories and Outlying Islands" über 99 Jahre
- **Südchinesisches Meer**
- **Hainan**
- **Haikou** (1876)
- **Beihai** (1876)
- **Hanoi**
- **Franz. Indochina**
- **Philippinen** (1898 zu den USA)

China Mitte 19. bis Anfang 20. Jahrhundert

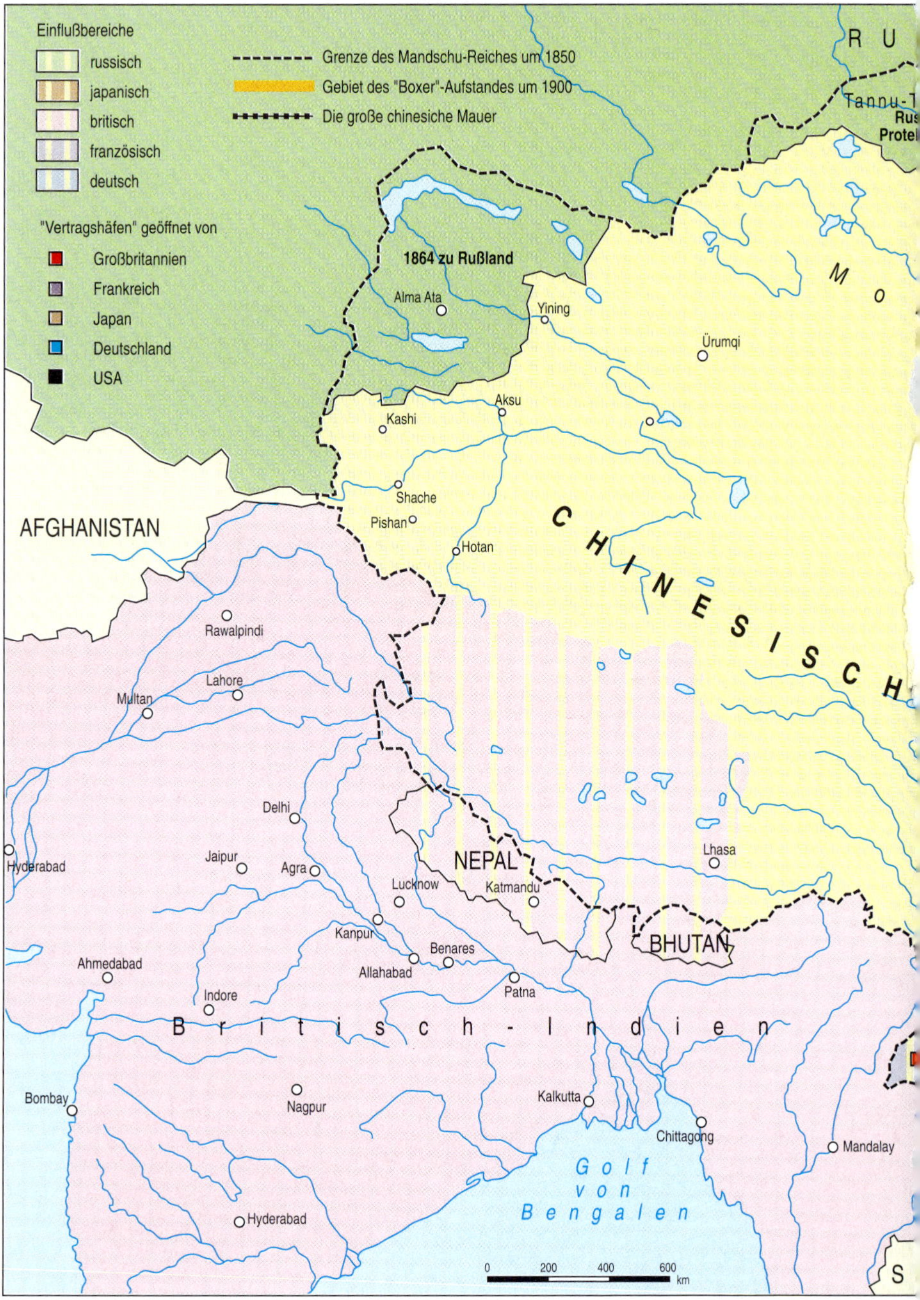

Einflußbereiche
- russisch
- japanisch
- britisch
- französisch
- deutsch

"Vertragshäfen" geöffnet von
- Großbritannien
- Frankreich
- Japan
- Deutschland
- USA

- — — — Grenze des Mandschu-Reiches um 1850
- Gebiet des "Boxer"-Aufstandes um 1900
- ••••••• Die große chinesische Mauer

1864 zu Rußland

CHINESISCH

Britisch-Indien

NEPAL
BHUTAN
AFGHANISTAN

Golf von Bengalen

Orte: Mandalay, Chittagong, Kalkutta, Nagpur, Hyderabad, Bombay, Patna, Benares, Allahabad, Ahmedabad, Indore, Kanpur, Lucknow, Katmandu, Lhasa, Agra, Jaipur, Delhi, Hyderabad, Multan, Lahore, Rawalpindi, Hotan, Shache, Pishan, Kashi, Aksu, Ürumqi, Yining, Alma Ata

0 200 400 600 km

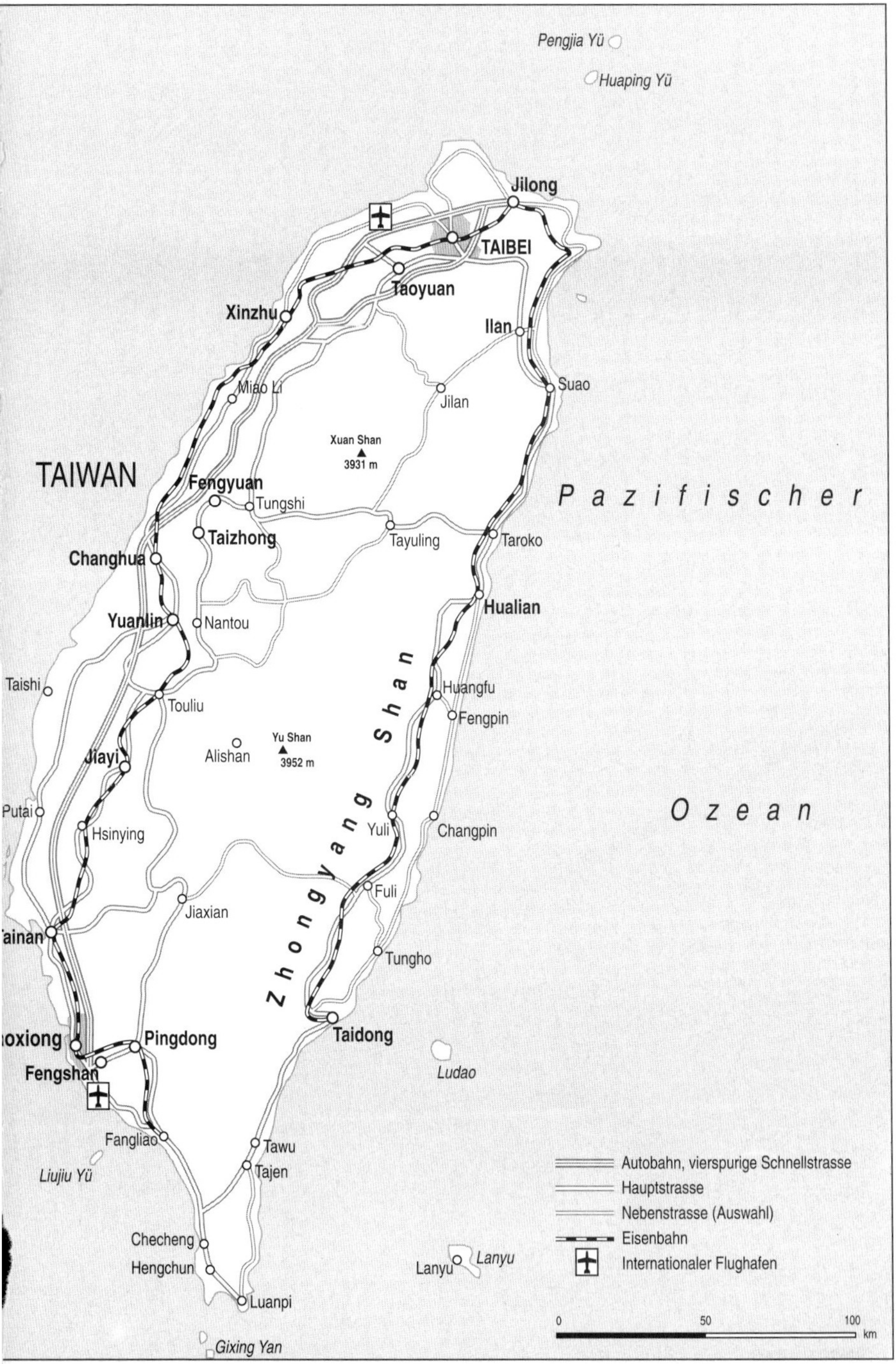

Ingenieurbüro für Kartographie J. Zwick, Gießen

Taiwan

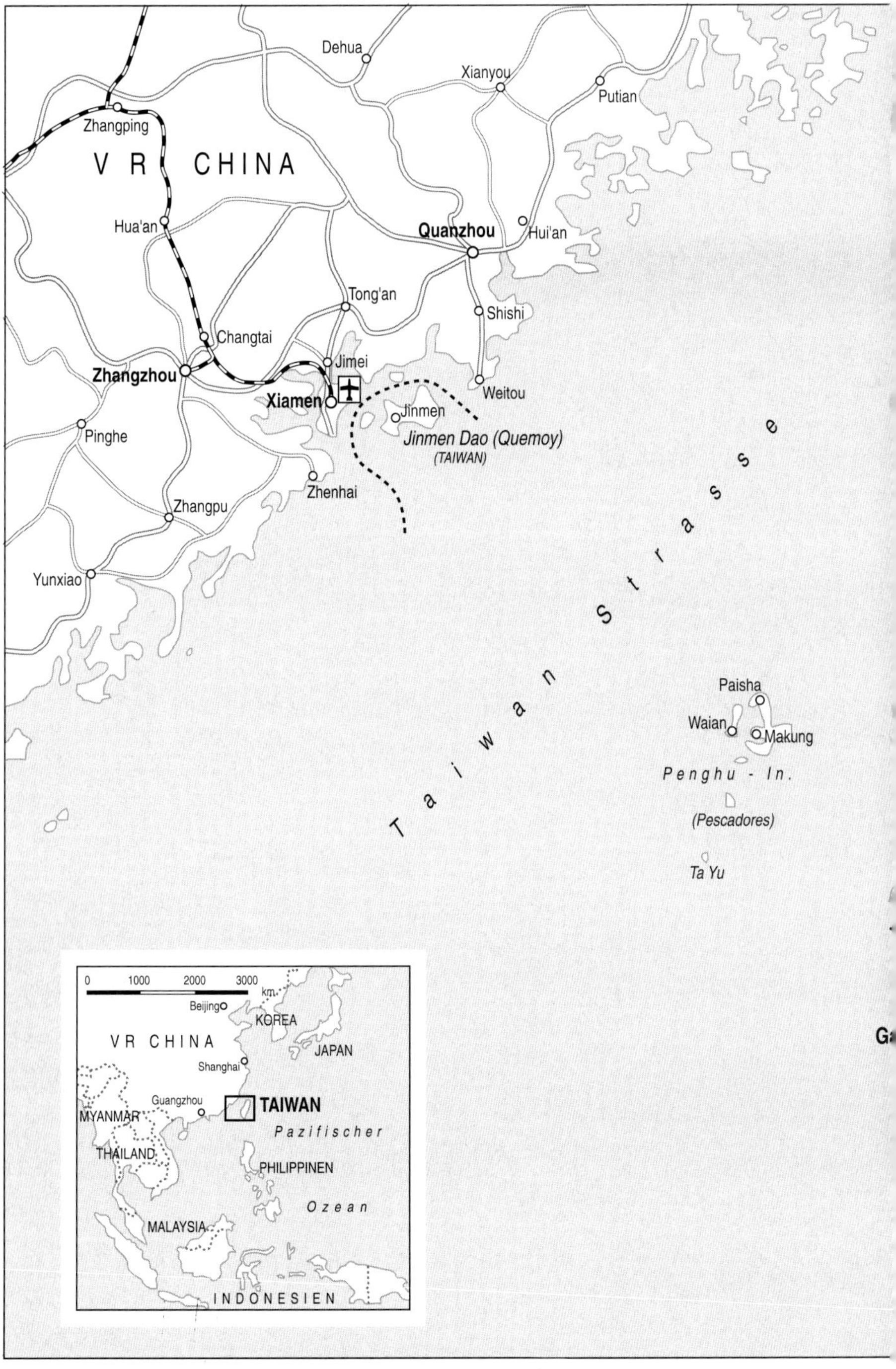

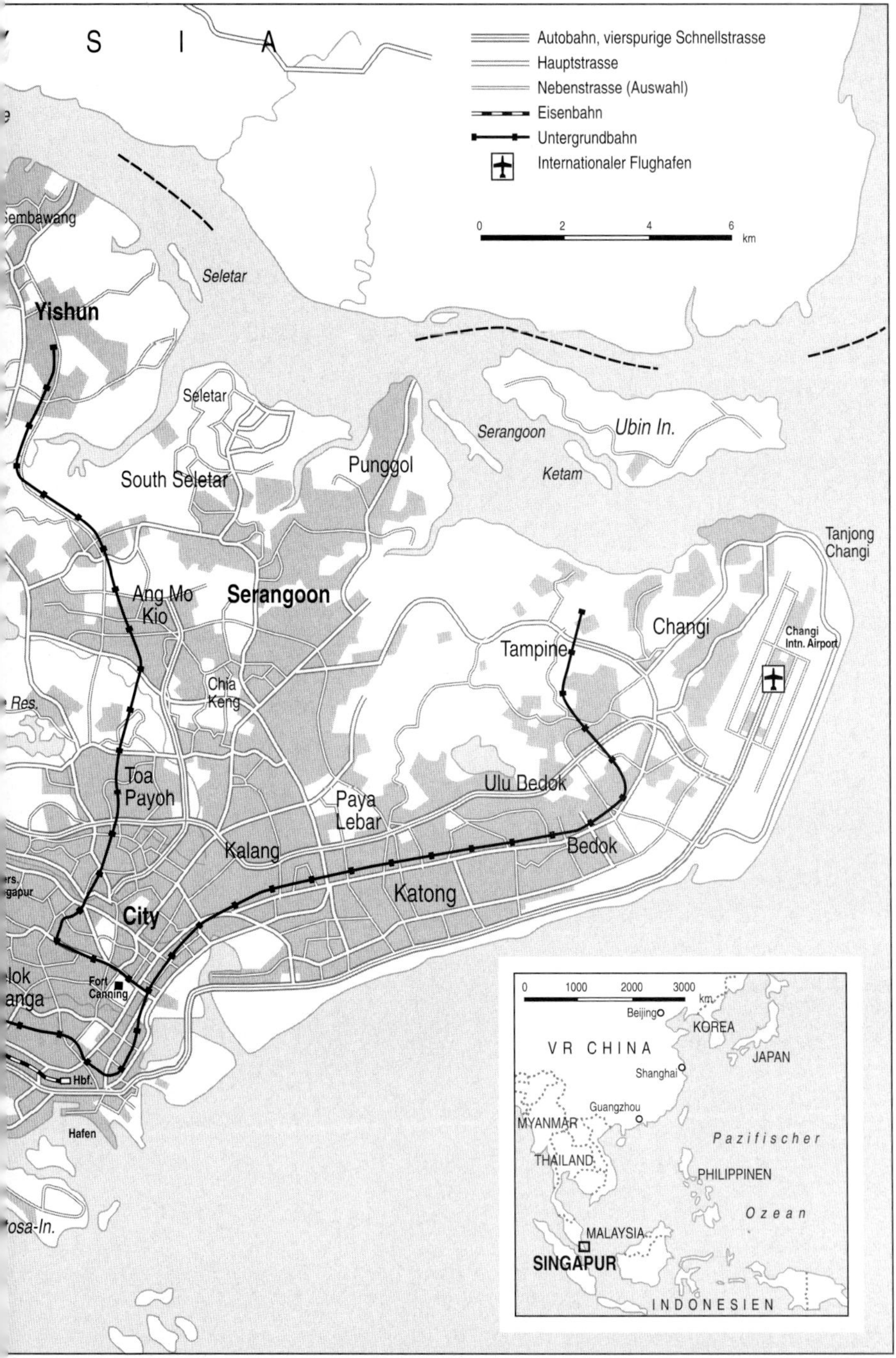

Ingenieurbüro für Kartographie J. Zwick. Gießen

Republik Singapur

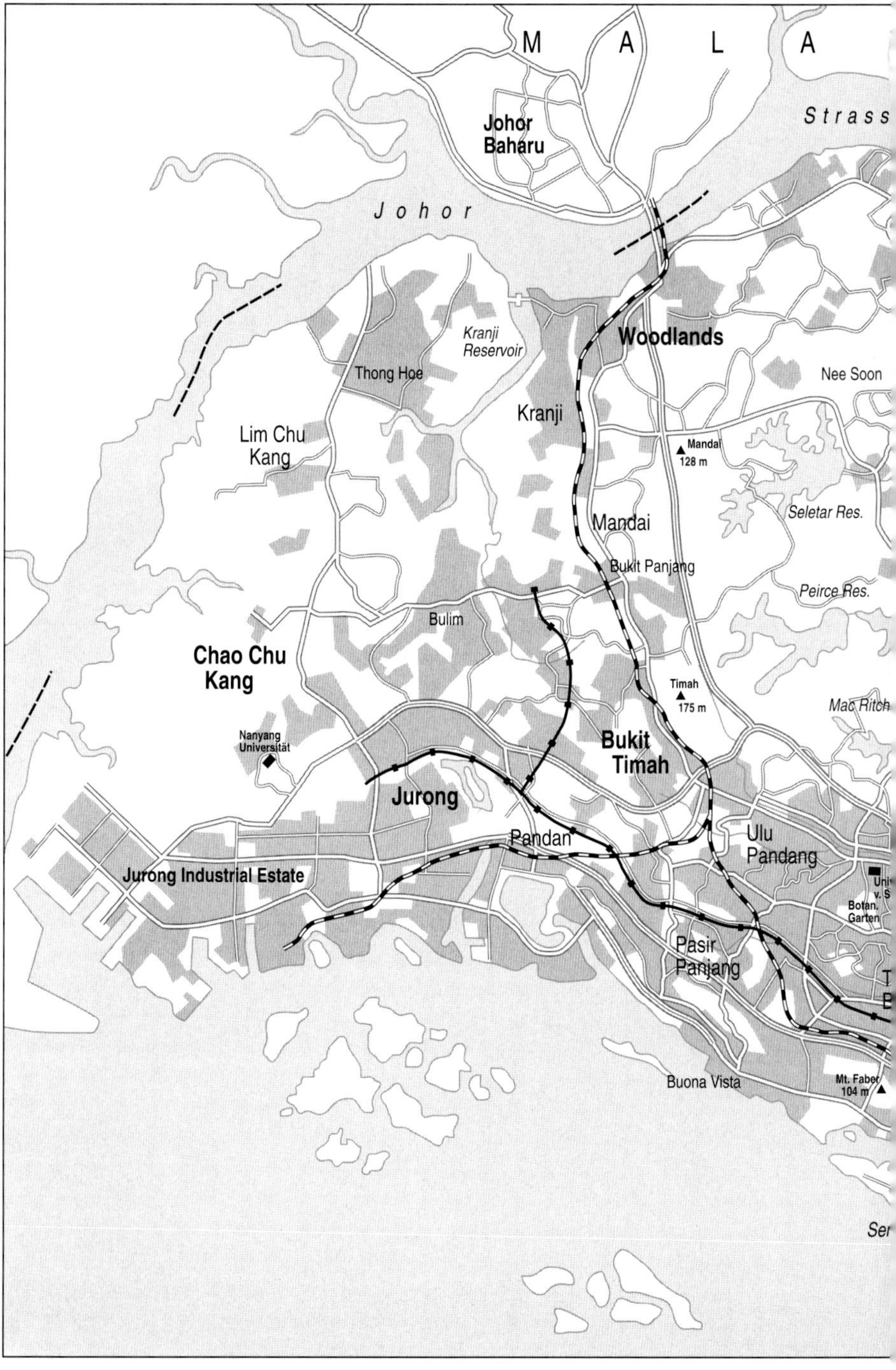

Sonderverwaltungsregion Hongkong

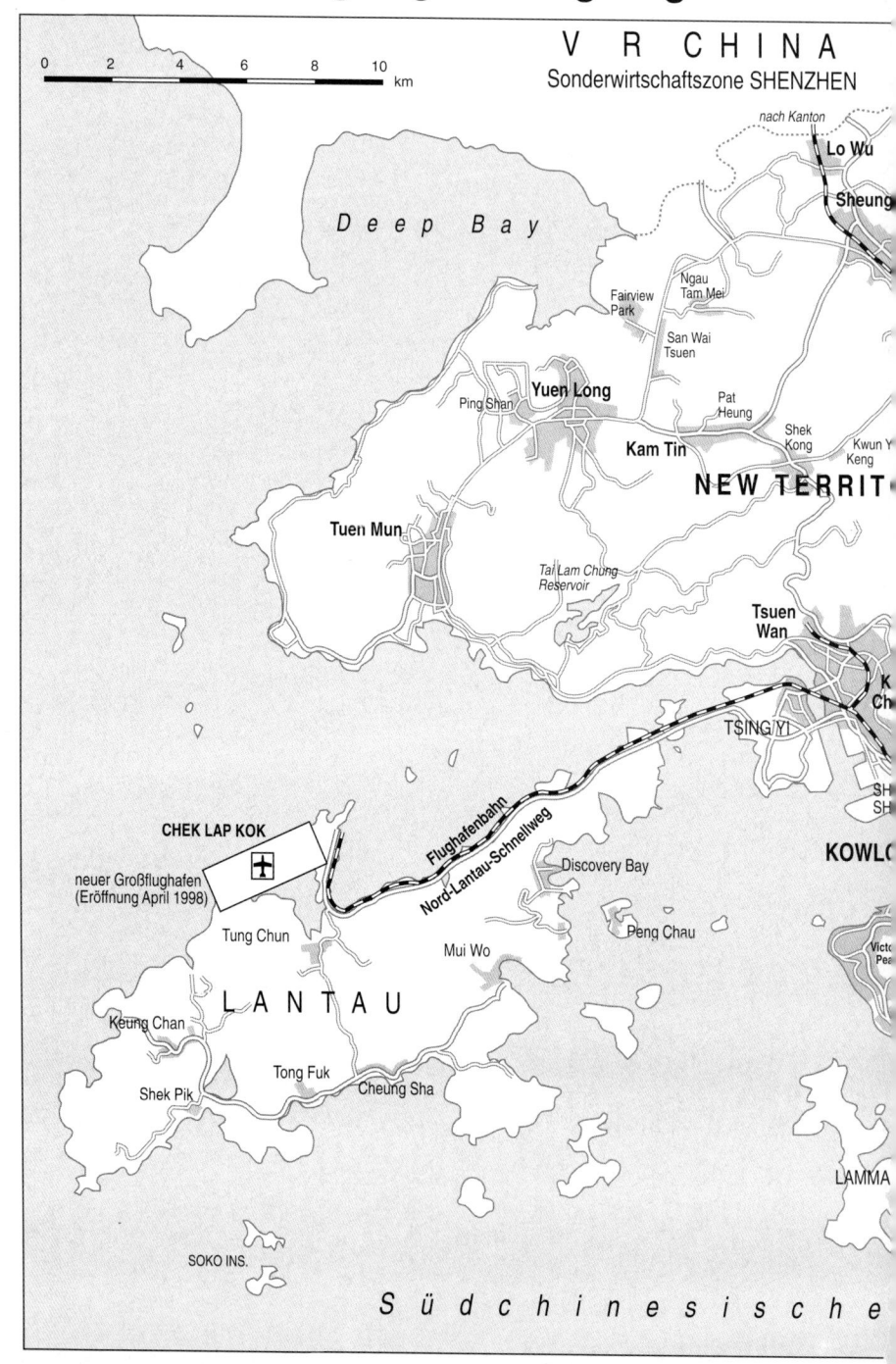

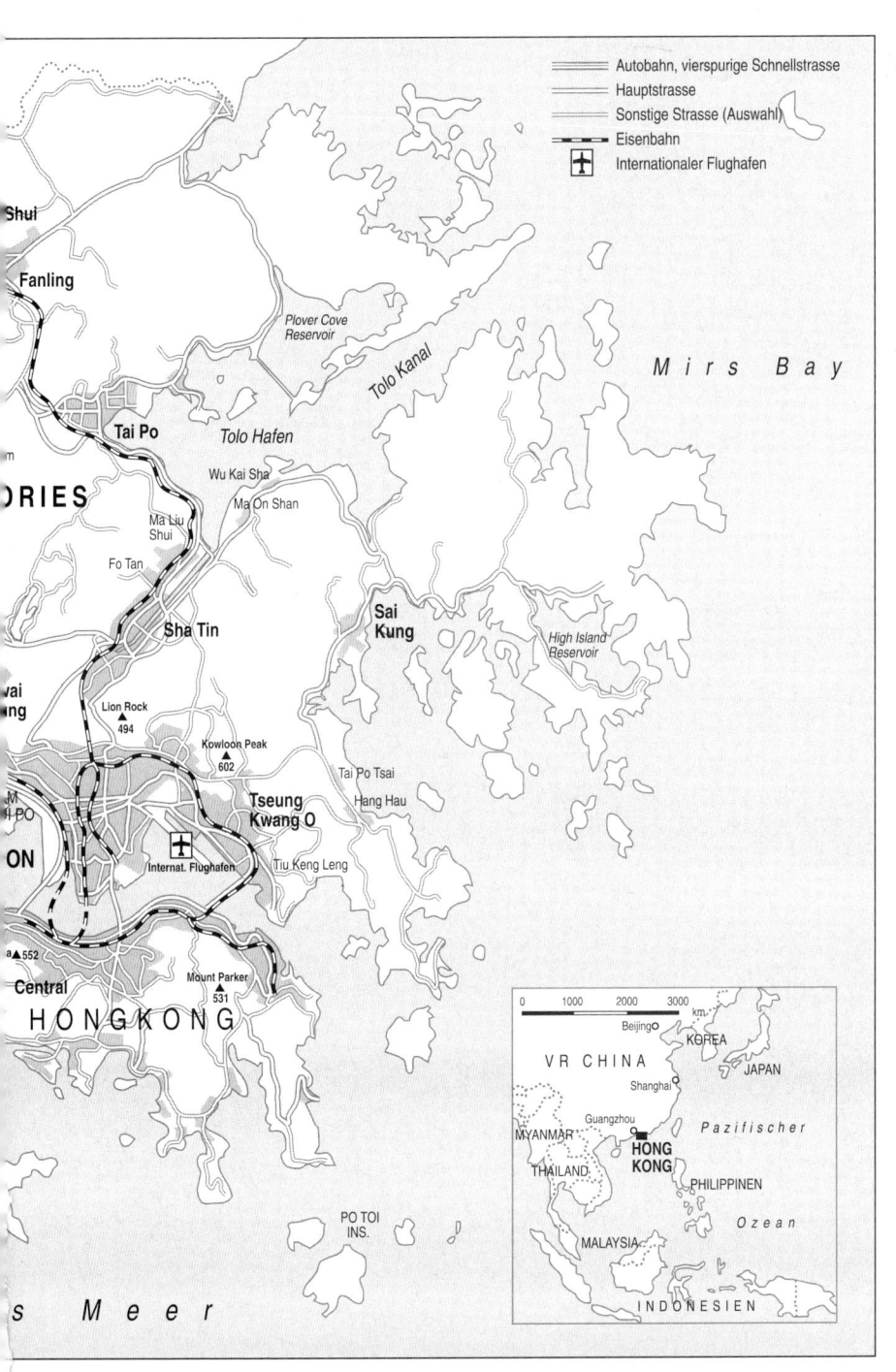

═══	Autobahn, vierspurige Schnellstrasse
───	Hauptstrasse
───	Sonstige Strasse (Auswahl)
┼─┼	Eisenbahn
✈	Internationaler Flughafen

Shui
Fanling
Plover Cove Reservoir
Tolo Kanal
Mirs Bay
Tai Po
Tolo Hafen
Wu Kai Sha
Ma On Shan
ORIES
Ma Liu Shui
Fo Tan
Sai Kung
High Island Reservoir
Sha Tin
Lion Rock 494
Kowloon Peak 602
Tai Po Tsai
Tseung Kwang O
Hang Hau
Internat. Flughafen
Tiu Keng Leng
▲ 552
Central
Mount Parker 531
HONGKONG

PO TOI INS.

Meer

0 1000 2000 3000 km
Beijing
VR CHINA
KOREA
JAPAN
Shanghai
Guangzhou
MYANMAR
HONG KONG
Pazifischer
THAILAND
PHILIPPINEN
Ozean
MALAYSIA
INDONESIEN

Ingenieurbüro für Kartographie J. Zwick. Gießen

Wirtschaft

Industrien

- Eisen- und Stahlerzeugung
- Buntmetallverhüttung
- Aluminiumverhüttung
- Metallindustrie
- Elektron. Industrie
- Chem. Industrie
- Nahrungs- und Genußmittel
- Erdölraffinerie
- Atomkraftwerk
- Automobilindustrie
- Schiffsbau

Bodenschätze

- Eisen
- Kupfer
- Wolfram
- Bauxit
- Zinn
- Steinkohle
- Erdöl
- Erdgas
- Erdölleitung

Landwirtschaft

- Trockenfeldbau auf Löß (Weizen)
- Naßfeldbau (Reis)
- Teeanbau
- Baumwolle
- Hochgebirgsregionen

Wirtschaftspolitischer Sonderstatus

- Offene Küstenstädte
- Sonderwirtschaftszonen
- Wachstumsschwerpunkt Küste
- Binnenstädte mit Wirtschaftssonderrechten
- Hongkong Sonderverwaltungsregion

0   200   400   600 km

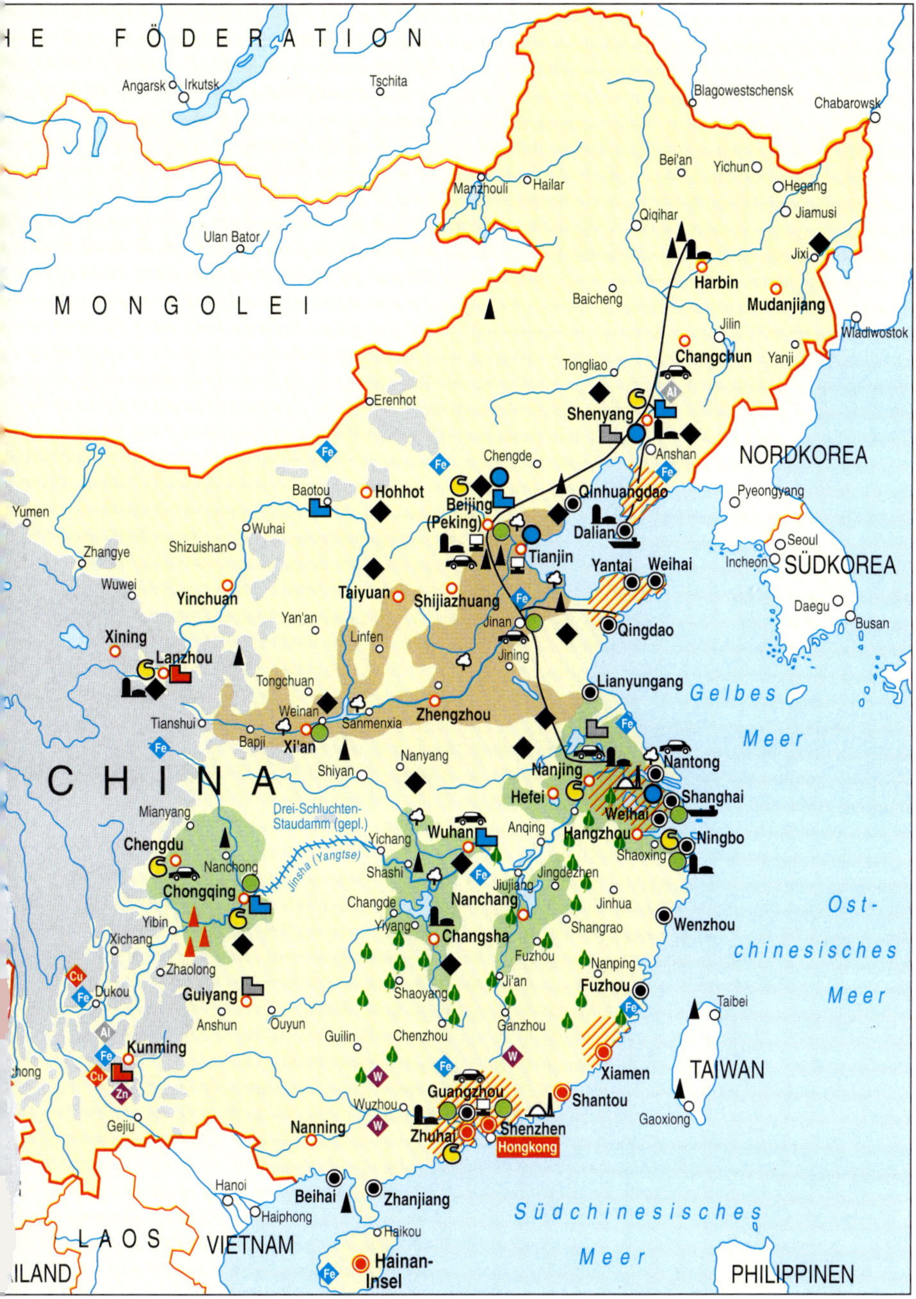

Ingenieurbüro für Kartographie J. Zwick, Gießen

Physische Übersicht und Verkehr

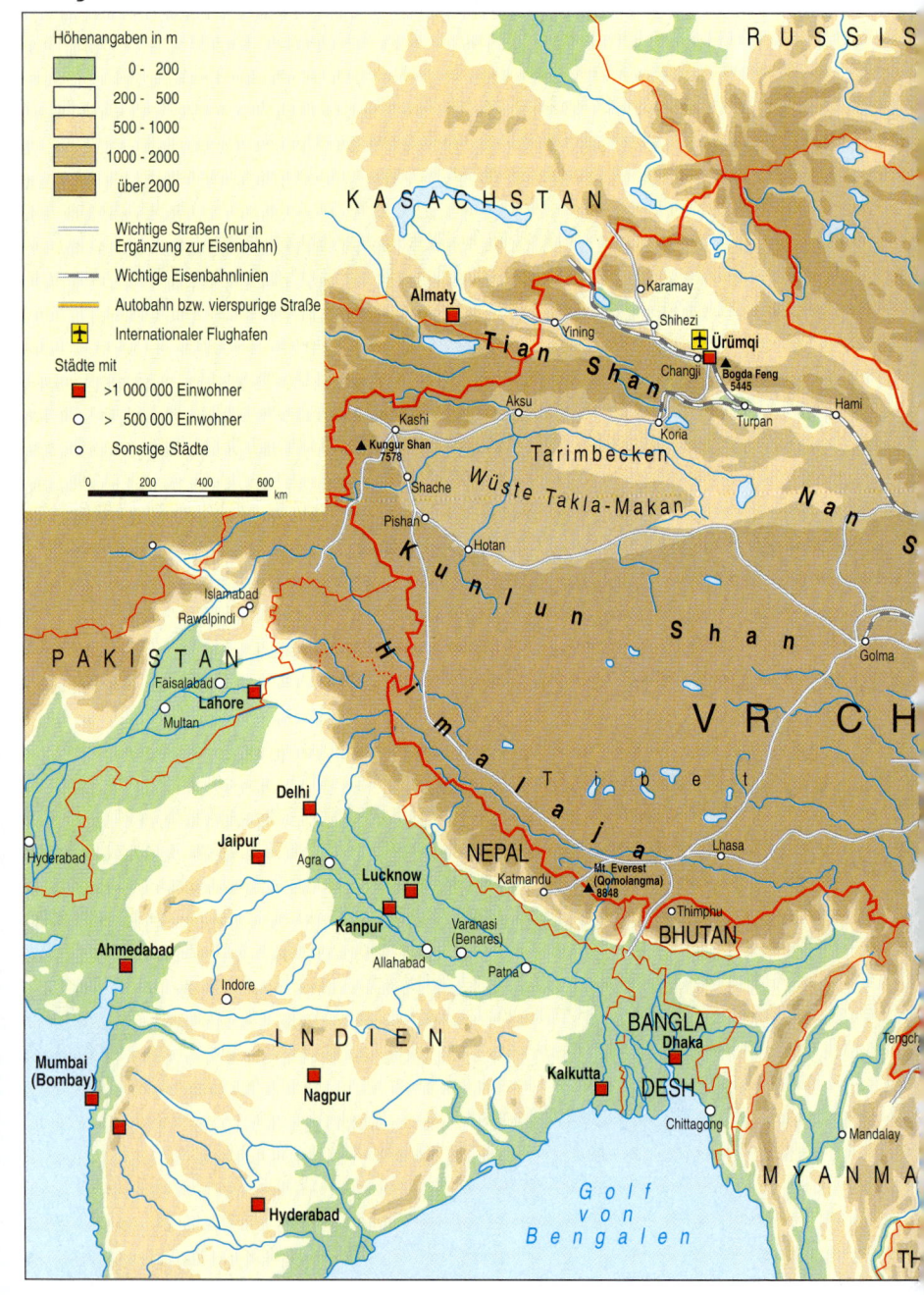

Höhenangaben in m
- 0 - 200
- 200 - 500
- 500 - 1000
- 1000 - 2000
- über 2000

Wichtige Straßen (nur in Ergänzung zur Eisenbahn)
Wichtige Eisenbahnlinien
Autobahn bzw. vierspurige Straße
Internationaler Flughafen

Städte mit
- >1 000 000 Einwohner
- > 500 000 Einwohner
- Sonstige Städte

0　200　400　600 km

RUSSISS

KASACHSTAN

Almaty
Karamay
Yining　Shihezi
Ürümqi
Tian Shan
Changji　Bogda Feng 5445
Aksu　Hami
Kashi　Korla　Turpan
Kungur Shan 7578
Tarimbecken
Shache
Wüste Takla-Makan
Pishan
Hotan
Nan S

Kunlun Shan
Golma
Islamabad
Rawalpindi
VR CH
PAKISTAN
Faisalabad
Lahore
Multan
H i m a l a j a
T i b e t
Delhi
Jaipur
Agra
Lucknow
NEPAL
Mt. Everest (Qomolangma) 8848
Lhasa
Katmandu
Kanpur
Varanasi (Benares)
Thimphu
Hyderabad
Allahabad　Patna
BHUTAN
Ahmedabad
Indore
BANGLA
Dhaká
Mumbai (Bombay)
Nagpur
Kalkutta
DESH
Tengch
Chittagong
INDIEN
Mandalay
MYANMA
Hyderabad
G o l f　v o n　B e n g a l e n
TH

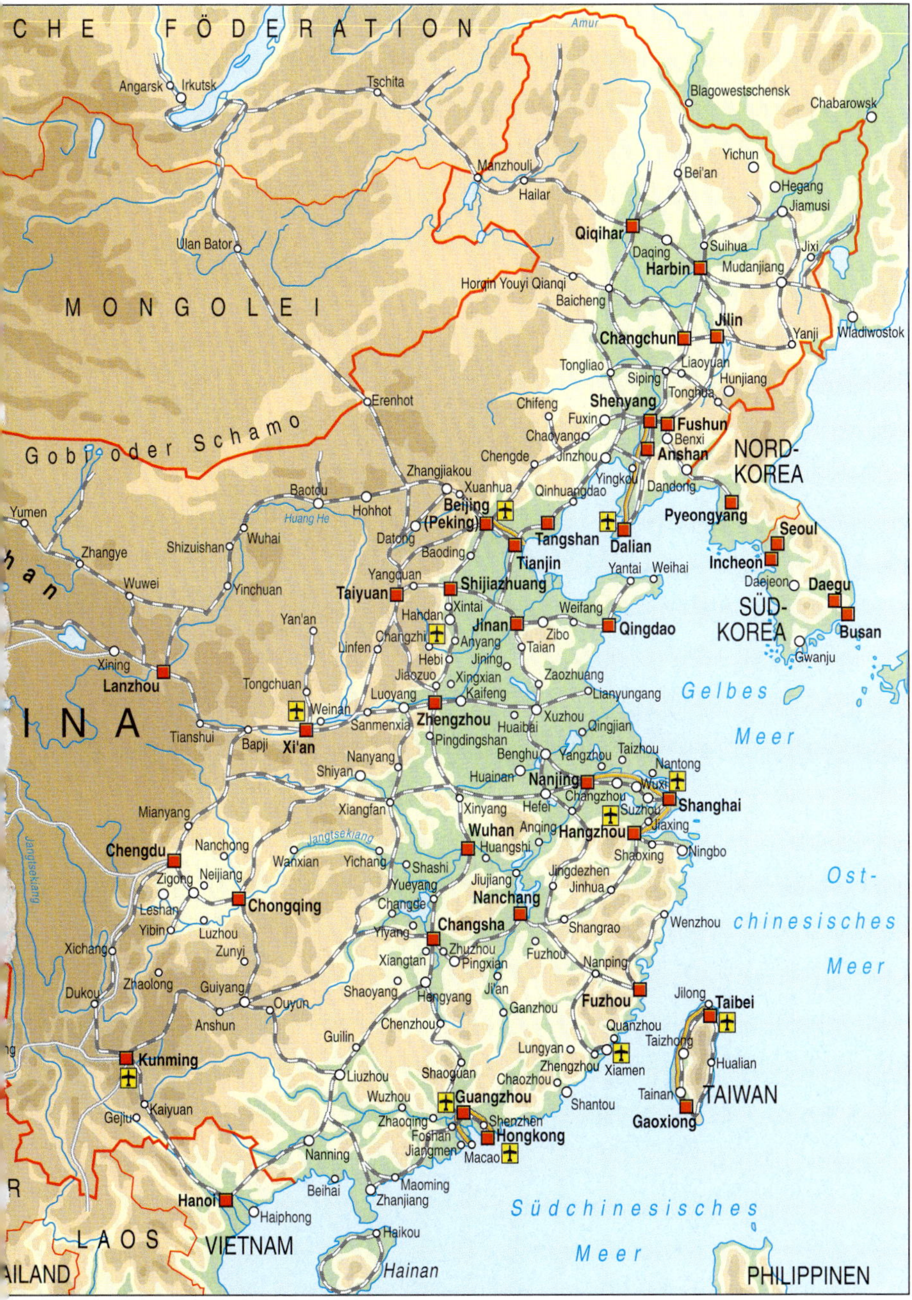

Ingenieurbüro für Kartographie J. Zwick, Gießen

Administration und Bevölkerungsdichte

Einwohner pro qkm
- < 1
- 1 - 10
- 10 - 50
- 50 - 200
- 200 - 500
- > 500

Orte mit
- ○ > 100 000 Einwohner (Auswahl)
- ◯ > 500 000
- ☐ > 1 000 000
- ■ > 3 000 000 Einwohner

— Staatsgrenze von China
— Provinzgrenze
Xi'an Provinzhauptstadt
— Sonstige Staatsgrenzen
⋯ Umstrittene Grenzen
* Autonome Regionen

RUSSIS[SLAND]
KASACHSTAN
Almaty
Karamay
Yining
Shihezi
Ürümqi
Changji
Aksu
Kashi
Koria
Turpan
Hami
XINJIANG*
Shache
Pishan
Hotan
AKSAI
Islamabad
Rawalpindi
PAKISTAN
Faisalabad
Golmud
QINGH[AI]
XIZANG* (TIBET)
Lhasa
BHUTAN
Thimphu

Territoriale Ansprüche

Beijing (Peking)
NORDKOREA
SÜDKOREA
JAPAN
Tokyo
von der VR China besetzt
VR CHINA
von der VR China beansprucht
Delhi
INDIEN
Hanoi
VIETNAM
TAIWAN
Paracel-In. VR China
Manila
PHILIPPINEN
beansprucht
Spratly-In.
MALAYSIA
Kuala Lumpur
BANGLADESH
Dhaka
Kalkutta
Chittagong
Mandalay
MYANMA[R]

⋯ Grenze des kontinentalen Festlandsockels
— — Anspruchsgrenzen

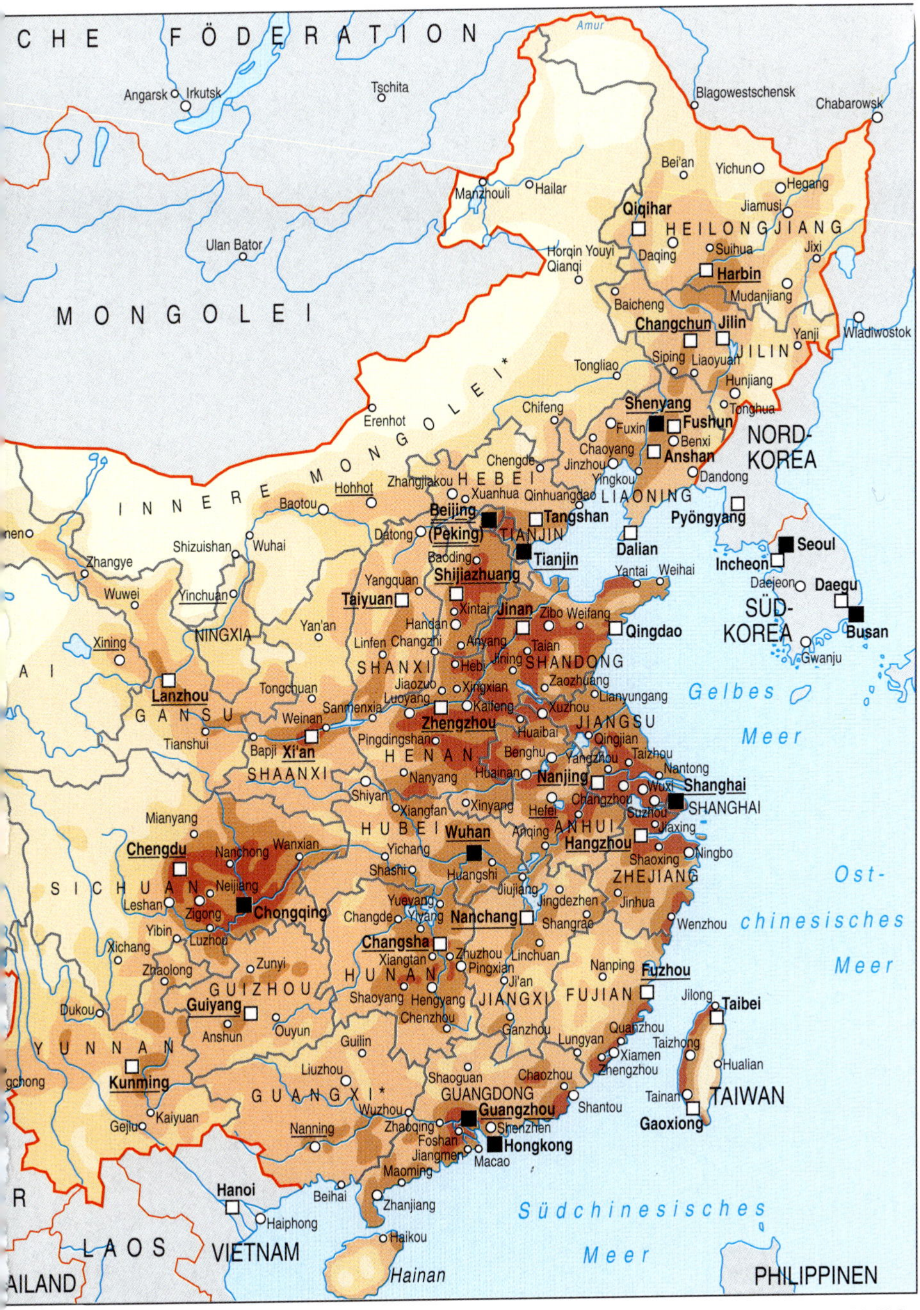

Ingenieurbüro für Kartographie J. Zwick. Gießen